Grundgesetz und Europa

Grundgesetz und Europa

Liber Amicorum für
Herbert Landau zum Ausscheiden aus dem
Bundesverfassungsgericht

Herausgegeben von

Volker Bouffier, Hans-Detlef Horn,
Roman Poseck, Henning Radtke und
Christoph Safferling

Mohr Siebeck

Volker Bouffier ist Ministerpräsident in Hessen und Mitglied des Hessischen Landtags.

Hans-Detlef Horn ist Professor für Öffentliches Recht an der Universität Marburg und Richter am Hessischen Verwaltungsgerichtshof.

Roman Poseck ist Präsident des Oberlandesgerichts Frankfurt am Main.

Henning Radtke ist Richter am Bundesgerichtshof im 1. Strafsenat.

Christoph Safferling ist Professor für Strafrecht, Strafprozessrecht, Internationales Strafrecht und Völkerrecht an der Universität Erlangen-Nürnberg und Vizepräsident der Internationalen Akademie Nürnberger Prinzipien.

ISBN 978-3-16-154599-3

Die Deutsche Nationalbibliothek verzeichnet diese Publikation in der Deutschen Nationalbibliographie; detaillierte bibliographische Daten sind im Internet über *http://dnb.dnb.de* abrufbar.

Das Buch wurde von Gulde Druck in Tübingen gesetzt, auf alterungsbeständiges Werkdruckpapier gedruckt und von der Buchbinderei Spinner in Ottersweier gebunden.

Vorwort der Hessischen Justizministerin

Das Thema der Festgabe für Professor *Herbert Landau* – Grundgesetz und Europa – ist treffend gewählt, denn in seine über zehnjährige Amtszeit als Richter des Bundesverfassungsgerichts fielen prägende Entscheidungen im Verhältnis des Grundgesetzes zu den Europäischen Verträgen. Die wichtigste unter ihnen war sicherlich das Urteil zum Vertrag von Lissabon im Jahr 2009, an dem er als Mitglied im 2. Senat mitwirkte. Bis zum heutigen Tag stützen sich alle nachfolgenden Entscheidungen zum Thema, bis hin zum ersten Vorlagebeschluss des Bundesverfassungsgerichts im Jahr 2014, auf die seinerzeit festgelegten Grundsätze.

Das Verhältnis zwischen Europa und dem Grundgesetz, so viel ist klar, wird Gesetzgebung, Wissenschaft und Rechtsprechung noch über Jahrzehnte beschäftigen und es wird die Nachfolger im 2. Senat des Bundesverfassungsgerichts sehr viel Mühe kosten, diese wertegetragenen Grundsätze gegenüber einem immer enger zusammenwachsenden Europa zu behaupten.

Wer das Wirken *Herbert Landaus* aufmerksam betrachtet, wird eine ganze Reihe vergleichbarerer rechtspolitischer Weichenstellungen feststellen, an denen er in seinen verschiedenen Funktionen beteiligt war. Angefangen von der Einführung der elektronischen Aufenthaltsüberwachung in Hessen bis hin zu weitreichenden Weichenstellungen zur Modernisierung der hessischen Justiz. *Herbert Landau* ist niemand, der vor großen Aufgaben zurückschreckte. Diese Einstellung, der Respekt vor dem Bestehenden und der Wille zur behutsamen Modernisierung haben ihm einen einzigartigen und nachhallenden Ruf über die Grenzen der hessischen Justiz hinweg eingebracht.

„Für einen Richter hat Herbert Landau einen erstaunlich abwechslungsreichen Lebenslauf vorzuweisen", kommentierte im Dezember 2005 die Sächsische Zeitung seine Wahl zum Richter des Bundesverfassungsgerichts. Und in der Tat offenbart der Lebenslauf *Herbert Landaus*, dass er in vielen Erfahrungswelten zu Hause ist. Gradlinigkeit, Selbstbewusstsein, (Siegerländer) Bodenständigkeit und eine direkte und ungefilterte Art, die Dinge anzusprechen, zeugen von einem festen und gefestigten Selbstvertrauen, welches man nur auf Basis erlebter Erfahrungen entwickeln und leben kann. Dazu beigetragen haben sicherlich seine Erfahrungen in der elterlichen Bäckerei sowie seine Tätigkeit in der evangelischen Jugendarbeit.

In der letzten Dekade seines Arbeitslebens hatte *Landau* das Privileg, als Richter des Bundesverfassungsgerichts einen besonderen Blick auf Recht und Gesellschaft werfen zu dürfen. Dieser Blick war geschärft durch ein jahrzehntelanges Wirken in der und für die Justiz. Der erste christdemokratische Justizminister Hessens, Karl-Heinz Koch, machte ihn einst zu seinem persönlichen Referenten und führte ihn damit an den sensiblen Berührungspunkt der Staatsgewalten zwischen Exekutive und Judikative heran. In seinen weiteren Verwendungen pendelte *Herbert Landau* immer wieder zwischen diesen Welten. Seinen persönlichen roten Faden, das Strafrecht, hat er dabei niemals aus dem Auge verloren. Ob als Leitender Oberstaatsanwalt in Limburg, als Richter am Bundesgerichtshof, als Honorarprofessor in Marburg oder als Mitherausgeber der Neuen Zeitschrift für Strafrecht; immer war die Strafrechtspflege sein persönliches Anliegen. Niemals hat er einen Hehl daraus gemacht, dass er den Deal im Strafverfahren als Fremdkörper ansah, und kritisch waren seine Fragen in der mündlichen Verhandlung zum Vertrag von Lissabon hinsichtlich der strafrechtlichen Kompetenzen in den Europäischen Verträgen. Er verkörpert nicht zuletzt aufgrund seiner Beharrlichkeit in diesen Sachfragen ein sachorientiertes und konservatives Selbstverständnis im besten Sinn. Diesem Selbstverständnis folgend, waren seine wenigen Minderheitenvoten als Verfassungsrichter – etwa in der Honeywell-Entscheidung oder zum Thema Ehegattensplittung für gleichgeschlechtliche Paare – wenig überraschend.

Herbert Landau kann auf einen abwechslungsreichen, erfolgreichen und nachhaltig wirkenden Lebensweg zurückblicken. Die hochkarätigen Autorinnen und Autoren dieser Festschrift zeigen auf den ersten Blick, dass Weggefährten, frühere Kolleginnen und Kollegen aber auch frühere Mitarbeiterinnen und Mitarbeiter ihm großen Respekt und Anerkennung zollen. Dieser Anerkennung schließe ich mich ausdrücklich an. Sie ist verdient und würdigt zu Recht das hervorragende Lebenswerk eines Mannes, dem nicht nur die hessische Justiz sehr viel zu verdanken hat.

Eva Kühne-Hörmann
Hessische Ministerin der Justiz
Mitglied des Hessischen Landtags

Vorwort der Herausgeber

Am 26. April 2016 wird *Herbert Landau* sein 68. Lebensjahr vollenden und im Verlaufe des Jahres 2016 aus dem Amt eines Richters des Bundesverfassungsgerichts ausscheiden. Beide Ereignisse geben Grund und Anlass, den Justizpraktiker, den Justizpolitiker und den Rechtswissenschaftler *Herbert Landau* durch diesen Band zu ehren, der sowohl die freundschaftlich-kollegiale Verbundenheit mit ihm als auch die höchste Wertschätzung seiner Person und seiner Verdienste im Verlaufe einer wahrlich reichen beruflichen Biographie zum Ausdruck bringt. Die Zusammensetzung des Kreises der Herausgeber dieser Ehrengabe selbst versucht bereits, die zahlreichen beruflichen Facetten und Stationen von *Herbert Landau* in einem gewissen Umfang abzubilden. Aber erst der Kreis der Autoren und die breitgefächerten Themen ihrer Beiträge geben ein weitgehend vollständiges Bild des Wirkens des Jubilars als Jurist.

Dass *Herbert Landau* als Richter des Bundesverfassungsgerichts maßgeblich dazu beigetragen hat, dem Strafrecht und dem Strafverfahrensrecht als Teilrechtsgebiete des einfachen Rechts innerhalb des Verfassungsrechts eine derart große Bedeutung zu verschaffen, wie etwa mit der Einordnung des Schuldprinzips als Teil der Verfassungsidentität im Sinne von Art. 79 Abs. 3 GG (BVerfGE 123, 267, 413), ließ sich zu Beginn seiner juristischen Karriere kaum erahnen. An deren Anfang lag ein Schwerpunkt der Beschäftigung mit strafrechtlichen bzw. strafverfahrensrechtlichen Fragestellungen eher fern. Nach Abschluss der Lehre im elterlichen Betrieb, dem Studium der Sozialarbeit und der Tätigkeit als Sozialarbeiter im Rahmen der Jugendarbeit nahm er, teils parallel zu der genannten beruflichen Tätigkeit, das rechtswissenschaftliche Studium in Gießen auf, das er 1979 erfolgreich abschließt. Während des Vorbereitungsdienstes ist er zudem am Lehrstuhl von *Alfred Söllner* tätig; in einer Zeit vor dessen Wahl zum Bundesverfassungsrichter. Verfassungsrecht dürfte während der Zeit am Lehrstuhl in den Auswirkungen auf das Arbeitsrecht Gegenstand der Beschäftigung gewesen sein.

Unmittelbar im Anschluss an die Zweite Juristische Staatsprüfung tritt *Herbert Landau* 1982 in den höheren Justizdienst des Landes Hessen ein und absolviert während der Assessorenzeit Verwendungen in unterschiedlichen richterlichen Tätigkeiten. 1985 folgt die Ernennung zum Richter auf Lebenszeit. Mit ihr setzt eine erste Phase von Abordnungen ein, die naturgemäß verschiedene Betätigungsfelder mit sich bringt. Die Abordnung in die damalige Abteilung III des

Bundesministeriums der Justiz mit ihrer Zuständigkeit für Handels- und Gesellschaftsrecht liegt noch recht nahe an den Rechtsgebieten des Lehrstuhls Söllner. Rasch folgt aber eine weitere Abordnung zur Verwaltung des Deutschen Bundestages. Hier wird *Herbert Landau* als Sekretär des Vorsitzenden des Untersuchungsausschusses zum Komplex „Neue Heimat" wirken. Die Ausschussarbeit wurde medial intensiv begleitet, der Verlauf einzelner Sitzungen war spektakulär (siehe etwa Der Spiegel 43/1986, S. 28). Die Tätigkeiten im Ministerium wie diejenige im Rahmen des Deutschen Bundestages zeigen die Breite der Interessen von *Herbert Landau* an und sind gleichsam Ausdruck der Bereitschaft, sich stets neuen Herausforderungen in unterschiedlichsten konkreten Aufgabenfeldern juristischer Tätigkeit zu stellen. Anzunehmen, dass die Abordnungen auch durch ein starkes rechtspolitisches Interesse des Jubilars mit motiviert waren, dürfte mehr als Spekulation sein. Der weitere berufliche Lebensweg ist ein eindeutiger Beleg dafür.

Auf eine kurze Phase der straf- und zivilrichterlichen Tätigkeit am Amtsgericht Dillenburg folgt eine weitere Abordnung; dieses Mal an das „eigene" Hessische Ministerium der Justiz. *Herbert Landau* wird persönlicher Referent des Justizministers *Karl-Heinz Koch*. Die während dieser Zeit gewonnenen Erfahrungen sowohl im Hinblick auf die politischen Gestaltungsmöglichkeiten als auch auf die Strategien zur Führung einer Verwaltungsbehörde werden in den Jahren als Staatssekretär im Hessischen Ministerium der Justiz in zwei von *Roland Koch* geführten hessischen Landesregierungen hilfreich sein. In die Abordnung fällt die Ernennung zum Richter am Oberlandesgericht. 1991 erfolgt die Ernennung zum Leitenden Oberstaatsanwalt der Staatsanwaltschaft bei dem Landgericht Limburg. *Herbert Landau* wird die Behörde gut sechs Jahre lang leiten. Der Schwerpunkt der Tätigkeit verlagert sich erstmals eindeutig auf das Strafrecht und das Strafverfahrensrecht. Die Aufgaben des Behördenleiters einer Staatsanwaltschaft und sich in diesem Zusammenhang stellenden Rechtsfragen werden zum Gegenstand von wissenschaftlichen Veröffentlichungen (etwa NStZ 1992, 68 ff. und DRiZ 1992, 130 ff.). 1995 publiziert er einen umfassenden Beitrag über „Verfahrensabsprachen in Ermittlungsverfahren" (DRiZ 1995, 132 ff.). Diese Thematik wird *Herbert Landau* nicht mehr „loslassen". 1999, bereits in der Zeit als Richter am Bundesgerichtshof, folgt ein Beitrag über „Absprachen zur strafrechtlichen Hauptverhandlung" (NJW 1999, 321 ff. mit *R. Eschelbach*). Auf das Urteil des Zweiten Senats des Bundesverfassungsgerichts vom 19. März 2013 über die Verfassungsmäßigkeit der – vereinfacht formuliert – strafverfahrensrechtlichen Regelungen über Urteilsabsprachen (BVerfGE 133, 168 ff.) mit dem Berichterstatter *Herbert Landau* wird noch etwas näher einzugehen sein. 1996 wählt ihn der Bundesrichterwahlausschuss zum Bundesrichter. Im Dezember 1996 wird er als Richter am Bundesgerichtshof ernannt und dem 1. Strafsenat zugeteilt. Zugleich ist er als Ermittlungsrichter des Bundesgerichtshofs tätig. Die neue Betätigung schlägt sich auch hier in wissenschaftlichen Veröffentlichungen nieder. So etwa in dem Beitrag über „Ermittlungsrichterliche Entscheidungen und ihre Revisibilität" (StraFo 1998, 397ff. mit *G. Sander*).

1999 wird *Herbert Landau* unter Beurlaubung von dem Amt des Richters am Bundesgerichtshofs Staatssekretär im Hessischen Ministerium der Justiz. Dieses Amt bekleidet er bis zu seiner Ernennung zum Richter des Bundesverfassungsgerichts am 1. Oktober 2005. Die lange Amtszeit als Justizstaatssekretär wird geprägt durch eine große Zahl von Projekten zur Reform gerade auch auf dem Feld des weit verstandenen Strafrechts. Lediglich an das Modellprojekt zum Einsatz der elektronischen Fußfessel sei erinnert. Das Projekt ist beständig fortentwickelt worden und hat eine Verstetigung in der in Hessen angesiedelten Gemeinsamen elektronischen Überwachungsstelle der Länder (GÜL) gefunden.

Im Jahr 2000 nimmt *Herbert Landau* – zunächst als Lehrbeauftragter – seine Lehrtätigkeit am Fachbereich Rechtswissenschaft der Philipps-Universität Marburg auf. Regelmäßig unterrichtet er die Studierenden mit großem Erfolg über neue Entwicklungen in der Rechtsprechung der Strafsenate des Bundesgerichthofs und schlägt so eine Brücke zwischen der Strafrechtspraxis und der Strafrechtswissenschaft, die auch für die Studierenden begehbar ist. 2006 wird er im Hinblick auf seine akademische Lehrtätigkeit und seine zahlreichen wissenschaftlichen Veröffentlichungen zum Honorarprofessor an der Philipps-Universität ernannt. Seine unter dem Titel „Die Pflicht des Staates zum Erhalt einer funktionstüchtigen Strafrechtspflege" veröffentlichte Marburger Antrittsvorlesung (als Aufsatz in NStZ 2007, 121ff.) hat programmatischen Charakter. Mit der Inhaltsbestimmung der Gewährleistung der „Funktionstüchtigkeit der Strafrechtspflege" als staatliche Pflichtaufgabe wird die wissenschaftliche Grundlage für spätere, das Straf- und vor allem Strafverfahrensrecht betreffende Entscheidungen des Zweiten Senats des Bundesverfassungsgerichts gelegt. Das bereits angesprochene Urteil vom 19. März 2013 ist ein Bespiel dafür (siehe BVerfGE 133, 168, 199 Rn. 57). Zu den Lehrveranstaltungen in Marburg kommen Seminarverstanstaltungen in Karlsruhe (häufig verbunden mit einem Besuch des EGMR in Straßburg) hinzu. Für den Teilnehmerkreis sind es stets prägende Erfahrungen, die eigenen Referate nicht nur vor dem Seminarleitern und den Kommilitonen zu halten, sondern sich zudem Senatsvorsitzenden des Bundesgerichtshofs oder einer Generalbundesanwältin gegenüber zu sehen. Für die Studierenden sind es jeweils Höhepunkte im Rahmen der eigenen akademischen Ausbildung.

Für die Tätigkeit von *Herbert Landau* als Richter des Bundesverfassungsgerichts ist es kennzeichnend, auf der Grundlage einer einige wesentliche rechtliche Aspekte umfassenden Agenda die Rechtsprechung des Zweiten Senats in bedeutendem Umfang mit geprägt zu haben. Beschränkt wiederum auf für das Strafrecht und Strafverfahrensrecht maßgebliche verfassungsrechtliche Vorgaben sind in erster Linie der Bestimmtheitsgrundsatz des Art. 103 Abs. 2 GG, die bereits genannte „Funktionstüchtigkeit der Strafrechtspflege“, der verfassungsrechtliche Schuldgrundsatz und in enger Verbindung damit die „Idee der Gerechtigkeit“ mit der Konsequenz des Gebots der strafprozessualen Aufklärung des wahren Sachverhalts als (notwendige) Grundlage einer materiell gerechten Entscheidung der einzelnen Strafsache anzuführen. Die Anwendung und Umsetzung dieser Verfassungssätze in der Judikatur des Bundesverfassungsgerichts hat die Anwendung des einfachen Rechts in der fachgerichtlichen Rechtsprechung der Strafgerichte nachhaltig beeinflusst, ja verändert. Im Bereich der Vermögensdelikte (vor allem §§ 263, 266 StGB) ist die „Botschaft“ des Bestimmtheitsgrundsatz bei der Feststellung und Bezifferung des Vermögensschadens bzw. Vermögensnachteils, insbesondere auch in den Konstellationen des meist sog. „Gefährdungsschadens“, von den Strafgerichten verstanden worden. Als Ausfluss des Urteils vom 19. März 2013 haben die Strafsenate des Bundesgerichtshofs, gelegentlich murrend, die Grundsätze des Beruhens bei in mangelnder Transparenz und mangelnder Dokumentation bestehenden Verfahrensfehler teilweise neu justieren müssen. Das u. a. aus dem verfassungsrechtlichen Schuldgrundsatz ableitbare „Abstandsgebot“ (vgl. BVerfGE 109, 133, 166; BVerfGE 128, 326, 374 ff.) hat eine Ausgestaltung der einfachgesetzlichen Regelungen über den Vollzug der Sicherungsverwahrung bewirkt, die mit den Vorgaben der EMRK in Einklang steht und es dem EGMR nicht ganz leicht machen dürfte, die Sicherungsverwahrung zukünftig noch als „Strafe“ im Sinne von Art. 7 Abs. 1 EMRK zu verstehen. Um derart prägend auf die Rechtsprechung eines achtköpfigen Spruchkörpers einwirken zu können, bedarf es einer starken Persönlichkeit, einer breitgefächerten beruflichen Erfahrung und der Fähigkeit, sich auf die wesentlichen rechtlichen Aspekte zu konzentrieren, diese dann aber auch konsequent im eigenen Tätigkeitsfeld umzusetzen.

Die vorstehenden Bemerkungen vermögen nur einige wenige Schlaglichter auf seine Person, seine Persönlichkeit und sein berufliches Wirken zu werfen. Wer *Herbert Landau* kennt, weiß wie viel reichhaltiger seine Interessen und Betätigungen gestreut sind. Ein Blick in seine Publikationsliste belegt dies eindrucksvoll, u. a. durch die Beschäftigung mit Themenstellungen aus dem Schnittbereich von Recht, Ethik und Religion. Es ist unsere Hoffnung, mit den nachstehenden Beiträgen *Herbert Landau* dennoch wenigstens in Ansätzen gerecht geworden zu sein.

In freundschaftlicher und kollegialer Verbundenheit
Volker Bouffier, Hans-Detlef Horn, Roman Poseck, Henning Radtke und Christoph Safferling

Danksagung

Ein Werk wie die vorliegende Festgabe für Professor Herbert Landau, das fast vierzig Autoren zusammenbringt, kommt nicht ohne viele helfenden Hände zustande, vor allem dann nicht, wenn wie in diesem Falle, unter enormem Zeitdruck gearbeitet werden musste. Unser besonderer Dank gilt deshalb den Mitarbeiterinnnen und Mitarbeitern des Lehrstuhls von Professor Christoph Safferling an der Friedrich-Alexander-Universität Erlangen-Nürnberg. Die Koordination der redaktionellen Bearbeitung lag bei Frau Karin Neeb und Frau Marlene Wüst. Bei der Durchsicht der Texte haben geholfen (in alphabetischer Reihenfolge): Dr. Hilde Farthofer, Johanna Grzywotz, Johannes Lechler, Laura Neumann, Svenja Ottmann, Christian Rückert sowie Sarah Wirth. Die Verantwortung für Fehler verbleibt selbstredend bei den Herausgebern.

Dankbar sind wir auch für die – wie gewohnt – unkomplizierte und perfekte Zusammenarbeit mit Dr. Franz-Peter Gillig und dem Verlag Mohr Siebeck.

Schließlich gilt es der Hessischen Staatskanzlei und dem Hessischen Justizministerium für die Finanzierung des Bandes zu danken.

Zuletzt sei natürlich auch den vielen Autoren gedankt, die trotz der Kürze der Fristen so pünktlich und so interessante Texte geliefert haben, dass ein stattliches Buch zustande gekommen ist, an dem – wie wir hoffen – der zu Ehrende und viele Leserinnen und Leser Gefallen finden werden.

Die Herausgeber

Inhalt

Teil II

Europarecht

Teil III

Strafrecht und Prozessrecht

Teil IV

Sonstiges

Abkürzungsverzeichnis

a. F.	alte Fassung
ABl.	Amtsblatt der Europäischen Union
Abs.	Absatz
abw. M.	abweichende Meinung
AcP	Archiv für die civilistische Praxis
AEUV	Vertrag über die Arbeitsweise der europäischen Union
AG	Amtsgericht
AGB	Allgemeine Geschäftsbedingungen
AMG	Arzneimittelgesetz
Anm. d. Verf.	Anmerkung des Verfassers
Anm.	Anmerkung
AntiDopG	Anti-Doping-Gesetz
AnwBl.	Anwaltsblatt
AöR	Archiv des öffentlichen Rechts
APP	Asset Purchase Programme
ArbU	Arbeit und Recht
Art.	Artikel
AsylbLG	Ayslbewerberleistungsgesetz
ATD	Anti-Terror-Datei
Aufl.	Auflage
AuR	Arbeit und Recht
Az.	Aktenzeichen
BAG	Bundesarbeitsgericht
Bd.	Band
Beschl.	Beschluss
BFH	Bundesfinanzhof
BFH/NV	Sammlung der Entscheidungen des Bundesfinanzhofs
BGB	Bürgerliches Gesetzbuch
BGBl.	Bundesgesetzblatt
BGH	Bundesgerichtshof
BGHSt	Entscheidungen des Bundesgerichtshofs in Strafsachen
BGHZ	Entscheidungen des Bundesgerichtshofs in Zivilsachen
BKA	Bundeskriminalamt
BMJV	Bundesministerium der Justiz und für Verbraucherschutz
BRAK	Bundesrechtsanwaltskammer
BR-Drs.	Bundesrat-Drucksache
BRJ	Bonner Rechtsjournal
BSG	Bundessozialgericht
BSI	Bundesamt für Sicherheit in der Informationstechnologie

Bsp.	Beispiel
BT-Drs.	Bundestag-Drucksache
BVerfG	Bundesverfassungsgericht
BVerfGE	Bundesverfassungsgerichtsentscheidung
BVerfGK	Kammerentscheidungen des Bundesverfassungsgerichts
BVerfGG	Bundesverfassungsgerichtsgesetz
BVerwG	Bundesverwaltungsgericht
BVerwGE	Entscheidungen des Bundesverwaltungsgerichts
BVMW	Bundesverband mittelständische Wirtschaft
CCZ	Corporate Compliance Zeitschrift
CETA	umfassendes Wirtschafts-und Handelsabkommen
CIC	Corpus Iuris Canonici
COM	(European) Comission
CPT	Europäisches Komitee zur Verhütung von Folter
CSM	Consiglio Superiore della Magistratura
DJT	Deutscher Juristen Tag
DÖV	Die öffentliche Verwaltung
DRiG	Deutsches Richtergesetz
DRiZ	Deutsche Richterzeitung
DStJG	Deutsche Steuerjuristische Gesellschaft
DStR	Deutsches Steuerrecht
DStRE	Deutsches Steuerrecht Entscheidungsdienst
DVBl	Deutsches Verwaltungsblatt
ECPT	Europäische Konvention zur Verhütung von Folter und unmenschlicher oder erniedrigender Behandlung oder Strafe
EFA	Europäisches Fürsorgeabkommen
EFTA	Europäische Freihandelsassoziation
EG	Europäische Gemeinschaft
EGBGB	Einführungsgesetz zum Bürgerlichen Gesetzbuch
EGMR	Europäischer Gerichtshof für Menschenrechte
EGMR (K)	Kammer des Europäischen Gerichtshofs für Menschenrechte
EGMR (GK)	Große Kammer des Europäischen Gerichtshofs für Menschenrechte
EGKS	Europäische Gemeinschaft für Kohle und Stahl
EGVP	Elektronisches Gerichts- und Verwaltungspostfach
Einl.	Einleitung
EJIL	European Journal of International Law
EKMR	Europäische Kommission für Menschenrechte
EMRK	Europäische Konvention zum Schutz der Menschenrechte
ENCJ	European Network of Councils for the Judiciary
ESIF	Europäische Struktur- und Investitionsfonds
EStG	Einkommenssteuergesetz
ETS	European Treaty Series
EuGH	Europäische Gerichtshof
EuGRZ	Europäische Grundrechte-Zeitschrift
EuR	Zeitschrift Europarecht
Euratom	Europäische Atomgemeinschaft
EUV	Vertrag über die Europäische Union
EuZA	Europäische Zeitschrift für Arbeitsrecht

EuZW	Europäische Zeitschrift für Wirschaftsrecht
EWG	Europäische Wirtschaftsgemeinschaft
EWU-Kommentar	Kommentar zur Europäischen Währungsunion
EZB	Europäische Zentralbank
FamFG	Gesetz über das Verfahren in Familiensachen und in den Angelegenheiten der freiwilligen Gerichtsbarkeit
FamRZ	Zeitschrift für das gesamte Familienrecht
FAZ	Frankfurter Allgemeine Zeitung
FG	Finanzgericht
FHA	Freihandelsabkommen
Fn.	Fußnote
FR	Finanz-Rundschau
FS	Festschrift
GA	Goltdammer's Archiv für Strafrecht
GATT	Allgemeines Zoll- und Handelsabkommen
GG	Grundgesetz
GLJ	German Law Journal
GlüStV	Glücksspielstaatsvertrag
GOBVerfG	Geschäftsordnung des Bundesverfassungsgerichts
GVBl.	Gesetz- und Verordnungsblatt
GVG	Gerichtsverfassungsgesetz
HRLR	Human Rights Law Review
Hrsg.	Herausgeber
ICC	International Chamber of Commerce
ICSID	Internation Centre for Settlement of Investment Disputes
i. d. F.	in der Fassung
info also	Informationen zum Arbeitslosenrecht und Sozialhilferecht
IPOS	Institut für Polizeiforschung
i. V. m.	in Verbindung mit
IWF	Internationaler Währungsfonds
IRP	Institut für Recht und Politik
JA	Juristische Arbeitsblätter
juris PR-SozR	juris PraxisReport Sozialrecht
JuS	Juristische Schulung
JZ	Juristen Zeitung
KAGG	Gesetzes über Kapitalanlagegesellschaften
Kap.	Kapitel
KDD	Kriminaldauerdienst
K & R	Kommunikation und Recht
KrimZ	Kriminologische Zentralstelle
KritV	Die Kritische Vierteljahresschrift für Gesetzgebung und Rechtswissenschaft
KStG	Körperschaftsteuergesetz
Lit.	Literatur
LS	Leitsatz
LSG	Landessozialgericht
m.a.W.	mit anderen Worten

m.w.N.	mit weiteren Nachweisen
MDR	Monatsschrift für Deutsches Recht
MK	Münchener Kommentar
MLR	Modern Law Review
MwStR	MehrwertSteuerrecht
NADC	Nationaler Anti Doping Code
NADA	Nationale Anti Doping Agentur
NAFTA	Nordamerikanisches Freihandelsabkommen
NJW	Neue juristische Wochenschrift
NJW-RR	Neue Juristische Wochenschrift-Rechtsprechungs-Report
NPM	Nationale Präventionsmechanismen
Nr.	Nummer
NStZ	Neue Zeitschrift für Strafrecht
NVwZ	Neue Zeitschrift für Verwaltungsrecht
NVwZRR	Neue Zeitschrift für Verwaltungsrecht –Rechtsprechungs-Report
NZA	Neue Zeitschrift für Arbeitsrecht
NZS	Neue Zeitschrift für Sozialrecht
NZWiSt	Neue Zeitschrift für Wirtschafts-, Steuer- und Unternehmensstrafrecht
OBG	Ordnungsbehördengesetz
OLG	Oberlandesgericht
OMT	Outright Monetary Transactions
OPTAC	Fakultativprotokoll zum Übereinkommen gegen Folter und andere grausame, unmenschliche oder erniedrigende Behandlung oder Strafe
OUP	Oxford University Press
PAngV	Preisangabenverordnung
PersV	Die Personalvertretung
PUAG	Gesetz zur Regelung des Rechts der Untersuchungsausschüsse des Deutschen Bundestages
QIL	Questions of International Law
RdA	Recht der Arbeit
red.	redaktionell
RGBl.	Deutsches *Reichsgesetzblatt*
RL	Richtlinie
Rn.	Randnummer
Rs.	Rechtssache
RW	Die Rechtswissenschaft
S.	Satz
SächsGVBl.	Sächsisches Gesetz- und Verordnungsblatt
SchiedsVZ	Neue Zeitschrift für Schiedsverfahren
SG	Sozialgericht
SGB	Sozialgesetzbuch
SGb	Die Sozialgerichtsbarkeit
SK	Systematischer Kommentar
Slg.	Sammlung der Rechtsprechung des Gerichtshofes und des Gerichts Erster Instanz
SozSich	Soziale Sicherheit
SPT	Untersuchungsausschuss zur Verhütung von Folter
StEntlG	Steuerentlastungsgesetz

StraFo	Strafverteidiger Forum
st. Rspr.	ständige Rechtsprechung
StGB	Strafgesetzbuch
StPO	Strafprozessordnung
StuW	Steuer und Wirtschaft
StV	Strafverteidiger
SZ	Süddeutsche Zeitung
TabStG	Tabaksteuergesetz
TTIP	Transatlantisches Freihandelsabkommen
TzBfG	Gesetz über Teilzeitarbeit und befristete Arbeitsverträge
UAbs.	Unterabsatz
UNCAT	UN-Antifolterkonvention von 1984
UNCITRAL	United Nations Commission on International Trade Law
UNTS	United Nations Treaty Series
Urt.	Urteil
v.	vom
VerwArch	Verwaltungsarchiv
VO	Verordnung
VVDStRL	Veröffentlichungen der Vereinigung der Deutschen Staatsrechtslehrer
WADC	Welt Anti Doping Code
wistra	Zeitschrift für Wirtschafts- und Steuerstrafrecht
WM	Wertpapier-Mitteilungen, Zeitschrift für Wirtschafts- und Bankrecht
WTO	Welthandelsorganisation
WÜV	Wiener Übereinkommen über das Recht der Verträge
ZaöRV	Zeitschrift für ausländisches öffentliches Recht und Völkerrecht
ZESAR	Zeitschrift für europäisches Sozial- und Arbeitsrecht
ZFSH/SGB	Zeitschrift für die sozialrechtliche Praxis
ZfZ	Zeitschrift für Zölle und Verbrauchsteuern
ZGE	Zeitschrift für Geistiges Eigentum
Ziff.	Ziffer
ZIS	Zeitschrift für Internationale Strafrechtsdogmatik
ZIT	Hessische Zentralstelle zur Bekämpfung der Internetkriminalität
ZParl	Zeitschrift für Parlamentsfragen
ZPO	Zivilprozessordnung
ZRP	Zeitschrift für Rechtspolitik
ZSE	Zeitschrift für Staats- und Europawissenschaften
ZStW	Zeitschrift für die gesamte Strafrechtswissenschaft
ZUM-RD	Zeitschrift für Urheber- und Medienrecht

Teil I

Verfassungsrecht

Anmerkungen zum Recht Parlamentarischer Untersuchungsausschüsse

Rechtsschutz Betroffener, Aufgaben der Exekutive und Pflichten der Ausschüsse

Volker Bouffier und Herbert Günther

Die Parlamentarischen Untersuchungsausschüsse in Bund und Ländern haben dem Zweiten Senat des Bundesverfassungsgerichts zwar nicht ihre verfassungsrechtliche Stellung, aber deren tatkräftigen Ausbau zu verdanken. Mit der Ausdeutung von Art. 44 des Grundgesetzes (GG) gilt das – selbstverständlich – nur für den Bund; die Vorbildwirkung, vor allem jedoch die argumentative Leistung des Bundesverfassungsgerichts entfaltet ihren Eindruck indessen auch in den Ländern, deren Verfassungen sämtlich Untersuchungsausschüsse ihrer Parlamente vorsehen[1] und sich bei deren Aufgaben- und Kompetenzbeschreibungen von Art. 34 der Weimarer Verfassung kaum entfernen. Die Autonomie der Landesverfassungen leidet unter der Anlehnung an grundgesetzliche Maßstäbe nicht. Wenn das Bundesverfassungsgericht sie zur Bestimmung parlamentarischer Kontrollbefugnisse etwa dem Gewaltenteilungsgrundsatz und dem Demokratieprinzip entnimmt, schlägt deren Interpretation unmittelbar auf die Länder, mitunter wie etwa in Sachsen, Schleswig-Holstein und Thüringen sogar auf den Wortlaut der Landesverfassungen durch. Als Stichworte gemeindeutschen Verfassungsrechts mögen dafür im Verhältnis zur Exekutive der Kernbereich exekutiver Eigenverantwortung[2] und zum Schutz des Individualbereichs die im Hinblick auf Art. 1 Abs. 3 GG ohnehin nicht zweifelhafte

---

[1] Vgl. mit gelegentlich abweichenden Formulierungen die Verfassungen von Baden-Württemberg (Art. 35), Bayern (Art. 25), Berlin (Art. 48), Brandenburg (Art. 72), Bremen (Art. 105 Abs. 5), Hamburg (Art. 26), Hessen (Art. 92), Mecklenburg-Vorpommern (Art. 34), Niedersachsen (Art. 27), Nordrhein-Westfalen (Art. 41), Rheinland-Pfalz (Art. 91), Saarland (Art. 79), Sachsen (Art. 54), Sachsen-Anhalt (Art. 54), Schleswig-Holstein (Art. 24) und Thüringen (Art. 64).

[2] Dazu – auch über die Unterrichtung Parlamentarischer Untersuchungsausschüsse hinaus – BVerfGE 67, 100 (139); 77, 1 (59); 110, 199 (214 f.); 124, 78 (120); 124, 161 (188 f.); 131, 152 (206); 137, 185 (233–235); BVerfG NVwZ 2015, 1377 (1380).

Grundrechtsbindung der Untersuchungsausschüsse genannt sein,[3] die stets eine beiderseits funktionstaugliche Abstimmung mit dem parlamentarischen Untersuchungsauftrag und seiner verfassungsrechtlichen Effektivitätsgarantie fordert. Und schließlich kommt auch die Verwaltungsgerichtsbarkeit – nach § 36 Abs. 1 PUAG[4] im Bund der Bundesgerichtshof – ohne Anleihen beim Bundesverfassungsgericht nicht aus, wenn sie über privatgerichtete Aufklärungsmaßnahmen eines Untersuchungsausschusses und über deren Grundlage im Einsetzungsbeschluss zu entscheiden hat.

Herbert Landau gehört dem Zweiten Senat seit seinem Dienstbeginn am 01.10.2005 an. Wer ihn kennt, wird an einem nicht zweifeln: Die Rechtsprechung des Senats und seiner Kammern hat er auch in den Fällen mitgestaltet, in denen er nicht Berichterstatter war.[5] Mit den Themen seines Strafrechtsdezernats war er als Richter am Bundesgerichtshof und zuvor als Leitender Oberstaatsanwalt ohnehin vertraut; die Praxis Parlamentarischer Untersuchungsausschüsse kennt er, seit er – damals als Richter am Amtsgericht – an das Sekretariat des Untersuchungsausschusses „Neue Heimat" abgeordnet war,[6] den der Deutsche Bundestag im Juni 1986 eingesetzt hatte. In seine nunmehr ablaufende Amtszeit fallen bedeutende Entscheidungen zum Informationsanspruch des Deutschen Bundestages und zum Untersuchungsausschussrecht wie insbesondere diejenige vom 17.06.2009,[7] die mit beträchtlichem Aufwand den Kernbereich exekutiver Eigenverantwortung und die Bedingungen ausleuchtet, unter denen die Bundesregierung ihn in Anspruch nehmen darf.[8]

Was das Gericht hier nahezu lehrbuchartig entwickelt, regt dazu an, das Untersuchungsausschussrecht aus dem Blickwinkel dessen zu betrachten, dem wie der Exekutive insgesamt das bevorzugte Kontrollinteresse des Parlaments zu gelten pflegt. Ausgangspunkt ist die Beobachtung, dass der Umgang der Untersuchungsausschüsse mit ihren Auskunftspersonen mitunter fragwürdiger erscheint, als es die Rechtsprechung vermuten lässt; es könnte also lohnen, darauf einen Blick zu werfen. Zum anderen haben nicht nur die Untersuchungsausschüsse mit der Exekutive, vielmehr hat diese mit den Ausschüssen gleichfalls ihre Schwierigkeiten, und auch davon soll hier die Rede sein. Um eine bundesweite Rechtsvergleichung sei es der Verfassungstexte, sei es des einfach-rechtli-

---

[3] BVerfGE 67, 100 (142); 76, 363 (387 f.); 77, 1 (48); 137, 185 (243).

[4] Gesetz zur Regelung des Rechts der Untersuchungsausschüsse des Deutschen Bundestages (Untersuchungsausschussgesetz – PUAG) v. 19.06.2001 (BGBl. I S. 1142), geändert durch Gesetz v. 05.05.2004 (BGBl. I S. 718).

[5] Eindrucksvoll hierzu als Mitglied des Zweiten Senats *Lübbe-Wolff* EuGRZ 2014, 509.

[6] Vgl. den Ausschussbericht v. 07.01.1987 BT-Drucks. 10/6779 S. 18.

[7] BVerfGE 124, 78.

[8] Bis in die jüngste Zeit hat der Senat im Streit über die Pflicht der Bundesregierung zur Beantwortung parlamentarischer Anfragen an diesem Begrenzungskriterium festgehalten: BVerfGE 124, 161 (188 f.); 137, 185 (233 – 235); BVerfG NVwZ 2015, 1377 (1380).

chen Regelwerks und schließlich der (verfassungs-) gerichtlichen Praxis kann es bei alledem freilich nicht gehen.

I. Aufklärungsinteresse und Grundrechtsschutz

1. Das parlamentarische Untersuchungsverfahren unter Erfolgsdruck

Dominant, weil von der ganz einheitlichen Rechtsprechung gebilligt[9] ist das Ziel, den Parlamenten in Gestalt ihrer Untersuchungsausschüsse ein Hilfsorgan an die Hand zu geben, das seinem Aufklärungsauftrag so wirkungsvoll wie nur möglich nachkommen kann. Diese Vordringlichkeit des Untersuchungsinteresses findet ihre Rechtfertigung darin, dass der Einsetzungsantrag zwar üblicherweise von einer Minderheit gestellt zu werden pflegt, dass es dann aber das Parlament in seiner Gesamtheit ist, das antragsgemäß zu beschließen hat und damit die Aufklärung selbst, aber ebenso die Verfassungsmäßigkeit des Auftrags und dessen Erledigung in seine eigene Verantwortung überführt und zu seiner Angelegenheit macht. Bestimmend bleibt freilich die Sicht der Antragsteller: Als aufklärungsbedürftig gelten „die Sachverhalte ..., die sie in Erfüllung ihres Verfassungsauftrags als Vertretung des Volkes für aufklärungsbedürftig halten",[10] das erforderliche Instrumentarium stellen die Verfassungen in ihrer Mehrzahl mit ihrer als dynamische Verweisung zu verstehenden[11] Bezugnahme auf die sinngemäß anzuwendenden Bestimmungen der Strafprozessordnung zur Verfügung. Deren bevorzugtes Einsatzgebiet ist die Untersuchung von Missständen, zumindest aber von skandalisierbaren Sachverhalten. Ein über sich selbst hinausweisendes Ziel, etwa die Vorbereitung parlamentarischer Initiativen, muss sie nicht einmal verfolgen – mit ihrem grundsätzlich öffentlichen Verfahren, vielleicht auch mit ihrem Ergebnis und jedenfalls mit der Plenardebatte über den Abschlussbericht kann eine Untersuchung schon sich selbst genügen.[12] In jedem Fall ist der Untersuchungsausschuss nicht nur ein demokratisch

[9] Vgl. BVerfGE 67, 100 (130); 76, 363 (384) (so ist wohl auch der Hinweis ebenda S. 386 auf die „Erfordernisse der parlamentarischen Untersuchung" zu verstehen, „die angesichts der zu bewältigenden Materie besonderer Stütze bedarf"); 77, 1 (48); 124, 78 (114); BVerfG – Kammerentscheidungen – NVwZ 1994, 54 (55) und NVwZ 2002, 1499 (1500); OVG Münster NVwZ 1987, 608. Ähnlich spricht der Hess. Staatsgerichtshof von einem „Verfassungsgebot der Effektivität parlamentarischer Untersuchungsverfahren" (Urt. v. 09.12.1998 P.St. 1297, juris Rn. 32).

[10] BVerfGE 49, 70 (85); 77, 1 (42).

[11] BVerfGE 76, 363 (385 f.); 77, 1 (47); Waldhoff/Gärditz-*Gärditz*, PUAG, 2015, Vorbem. E Rn. 12.

[12] BVerfGE 77, 1 (44 ff.) fordert „ein die parlamentarische Beratung und Beschlussfassung rechtfertigendes öffentliches Interesse", begnügt sich damit, dass „lediglich Empfehlungen politischer Art angestrebt werden", und lässt offen, „ob eine Gesetzesenquete ernsthaft beabsichtigt war" (S. 57). In der Sache dürfte das mit der hier vertretenen Auffassung übereinstimmen. Wie hier etwa *Buchholz*, Der Betroffene im parlamentarischen Untersuchungsausschuß,

legitimiertes,[13] er ist auch ein für die Demokratie unentbehrliches Instrument[14] typischerweise, aber nicht notwendig der parlamentarischen Minderheit zur Kontrolle der Exekutive. Bereits sein Auftrag, allemal aber seine Tätigkeit machen ihn zu einem legitimen Kampfmittel in der Auseinandersetzung der politischen Parteien und ihrer Parlamentsfraktionen mit dem politischen Gegner und seinen Repräsentanten. Nichts anderes ist gemeint, wenn das Bundesverfassungsgericht die parlamentarische Kontrolle – hier von Regierung und Verwaltung, was allerdings die Möglichkeit etwa einer Mehrheits- oder einer Kollegialenquete ausblendet – nur unter der Voraussetzung gewährleistet sieht, dass zwischen Parlament und Regierung – tatsächlich zwischen dieser und den sie tragenden Fraktionen – auf der einen und der Opposition auf der anderen Seite ein „politisches Spannungsverhältnis" besteht.[15] Daran schließen die Gerichte Zustandsbeschreibungen an, die durchgängig hervorzuheben pflegen, in welchem Maße das Verfahren Parlamentarischer Untersuchungsausschüsse politisch determiniert sei.

Hiergegen ist wenig einzuwenden – die Feststellung freilich ausgenommen, dass die politische Zweckbestimmung nicht als verfassungsrechtliche Kategorie taugt, die zur Bestimmung der Kompetenzen Parlamentarischer Untersuchungsausschüsse und der Verfahrensrechte ihrer Auskunftspersonen eingesetzt werden dürfte.[16] Es ist fraglos richtig, dass die Mitglieder des Untersuchungsausschusses strukturell befangen und die Vertreter der Antragsteller im Ausschuss Ankläger und Richter zugleich sind, dass er kein Gericht, Rechtskenntnis bei seinen Mitgliedern nicht vorauszusetzen,[17] sein Verfahren kein gerichtliches und sein Untersuchungsgegenstand weder ein von vornherein fest umrissener Sachverhalt – eine Tat im Sinne von Art. 103 Abs. 3 GG oder von § 264 StPO – noch die Täterschaft und Schuld einzelner Personen ist.[18] Wo es nicht um Voraussetzungen und Durchsetzung des staatlichen Strafanspruchs, sondern um die (Re-)Konstruktion von Geschehensabläufen und Verantwort-

1990, S. 29 ff.; *Steinberger*, Rechtsgutachten vom 16.10.1988, BT-Drucks. 11/7800, S. 1181, (1191 f.), anders noch der Hess. Staatsgerichtshof DÖV 1967, 51 (55).

13 BVerfGE 77, 1 (40 f.).

14 Dazu statt aller Hess. Staatsgerichtshof StAnz. 2011, 820 (825).

15 BVerfGE 49, 70 (85).

16 Es ist deshalb wenig glücklich, wenn die Enquete-Kommission Verfassungsreform in ihrem Schlussbericht vom 09.12.1976 (BT-Drucks. 7/5924, S. 52) die Aufgabe des Untersuchungsverfahrens als „Aufklärung tatsächlicher Sachverhalte *mit parlamentarischen Mitteln*" (Hervorhebung nur hier) beschreibt – welche sollten das sein? – und deshalb den Hinweis des Art. 44 Abs. 2 GG auf die Strafprozessordnung für unzweckmäßig hält. Der als Begründung genannte politische Gegensatz hat mit dieser Verfahrensfrage nichts zu tun.

17 Hess. Staatsgerichtshof StAnz. 2011, 1557 (1565).

18 Diese Differenzierung ist mittlerweile Allgemeingut; siehe dazu schon die Enquete-Kommission Verfassungsreform BT-Drucks. 7/5924, S. 54 f. und sodann BVerfGE 77, 1 (42, 51 f., 54 f.); 124, 78 (116); OVG Schleswig-Holstein, Urt. v. 19.11.1991 2 – L 1/91, juris Rn. 14; OVG Hamburg, Beschl. v. 03.02.2010 – 5 Bs 16/10, juris Rn. 17; zur Unschuldsvermutung jedoch anders *Schaefer* NJW 1998, 434 (435); *ders.*, NJW 2002, 490.

lichkeiten geht, ist auch für die Unschuldsvermutung kein Raum.[19] Von einem Beratungsgeheimnis (§§ 43, 45 Abs. 1 Satz 2 DRiG), von einer Pflicht zu „ununterbrochener Gegenwart der zur Urteilsfindung berufenen Personen" (§ 226 Abs. 1 StPO) kann keine Rede sein und die Öffentlichkeit der Hauptverhandlung (§ 169 GVG) hat mit derjenigen des Ausschussverfahrens nichts zu tun: Die Gerichtsöffentlichkeit sichert, ganz unabhängig von dem verhandelten Sachverhalt, die Kontrolle eines ordnungsgemäßen, allein der „Erforschung der Wahrheit" (§ 244 Abs. 2 StPO) dienenden Verfahrens, der Zugang zum Untersuchungsausschuss will vor allem über den Gegenstand des Einsetzungsbeschlusses unterrichten, das parlamentarische Aufklärungsinteresse legitimieren, den Vorgang der Beweisaufnahme und ihre Ergebnisse auch in ihrer parteipolitischen Bewertung präsentieren und insgesamt die demokratische Teilhabe an dem Aufklärungsprozess gewährleisten. Je enger sich die Verbindung des Beweisthemas mit der Regierung darstellen lässt, desto unterschiedlicher werden auch interessengeleitete politische Bewertungen und deren öffentliche Wahrnehmung ausfallen. Damit rechtfertigt sich die noch zurückhaltend formulierte Beobachtung, ein grundsätzliches Vertrauen in die Ausschussergebnisse sei jedenfalls „nicht gewissermaßen institutionell verbürgt".[20]

Folgerichtig verbieten sich jede Gleichsetzung mit dem Strafverfahren[21] und der Versuch, aus scheinbaren Parallelen Folgerungen für die Gestaltung des Ausschussverfahrens abzuleiten. Wenngleich die Strafprozessordnung dort sinngemäß anzuwenden ist, scheidet sie als verbindendes Element aus. Der ohnehin eingeschränkte Anwendungsbefehl des Art. 44 Abs. 2 GG und ähnlich in den meisten Landesverfassungen[22] behauptet nicht die Vergleichbarkeit der Sachverhalte, sondern begnügt sich damit, dem Untersuchungsausschuss ein ausdifferenziertes und erprobtes Verfahren zur Beweisaufnahme zu liefern, das hierfür im Wesentlichen brauchbar erscheint, das sich aber den parlamentarischen Ermittlungsanforderungen sachgerecht anpassen lässt. Daher dürfen

---

[19] Das mag zum Schutz Privater anders sein, wenn der staatliche Umgang mit ihrem (Fehl-) Verhalten den Einsetzungsbeschluss veranlasst hat (vgl. Bayer. VerfGH BayVBl. 2015, 154 (161)).

[20] Saarl. Verfassungsgericht, Beschl. v. 31.10.2002 – Lv 2/02, juris Rn. 25 und 42. Das Saarl. OVG NVwZ-RR 2003, 253 (254) bezieht dieses Fehlen institutioneller Verbürgung allgemeiner auf die „Sachlichkeit, Gründlichkeit und Fairness ihres Vorgehens". Noch deutlicher BGHSt. 55, 257 (259): „Da im Untersuchungsverfahren die politische Bewertung im Vordergrund steht und häufig Tatsachen mit Bewertungen eng verknüpft sind, kann es eine vollständige und in jeder Hinsicht objektive Aufklärung des zu untersuchenden Sachverhalts nicht gewährleisten." Ebenso *Schneider* NJW 2001, 2604 (2605): „In parlamentarischen Untersuchungsverfahren geht es nicht um Wahrheit, sondern um Klarheit ... Aufgabe der Untersuchungsausschüsse ist es nicht herauszufinden, wie es wirklich war, sondern das, was man für einen Skandal oder für einen Missstand hält, aufzuklären und zu veröffentlichen ...".

[21] Dazu näher *di Fabio* Rechtsschutz im parlamentarischen Untersuchungsverfahren, 1988, S. 65 ff.; Waldhoff/Gärditz-*Gärditz*, PUAG, 2015, Vorbem. E.

[22] Anders dagegen in Baden-Württemberg, Berlin, Brandenburg, Nordrhein-Westfalen, Sachsen, Sachsen-Anhalt und Schleswig-Holstein.

selbst diejenigen, deren Verhalten als Einsetzungsgrund und Untersuchungsgegenstand namhaft gemacht wird, trotz der verfassungsrechtlichen Verweisung auf das Strafprozessrecht nicht auf die Selbstverteidigungsrechte eines Beschuldigten hoffen. Vielmehr kennt das Ausschussverfahren als „Personen, bei denen sich aus dem Untersuchungsauftrag oder aus dem Verlauf der Untersuchung ergibt, dass die Untersuchung sich ausschließlich oder ganz überwiegend gegen sie richtet",[23] allenfalls „Betroffene". Dieser Status versteht sich nicht einmal von selbst, sondern muss ihnen ausdrücklich zuerkannt werden[24] und ist im Wesentlichen mit Äußerungs- und Informationsrechten verbunden,[25] deren Grundlage die Gerichte durchweg im einfachen Recht, im Fall der IPA-Regeln in der Geschäftsordnung und zum wenigsten in der Verfassung sehen. Folglich macht das Verfassungsrecht auch diesen Status selbst entbehrlich und manche Untersuchungsausschussgesetze – diejenigen des Bundes, von Berlin, Brandenburg, Bremen, Mecklenburg-Vorpommern, Nordrhein-Westfalen, Rheinland-Pfalz und Schleswig-Holstein – verzichten daher gänzlich auf ihn.[26]

Eine Begründung hat vor 40 Jahren schon die Enquete-Kommission Verfassungsreform des Deutschen Bundestages gegeben: Sie hat zwar die Möglichkeit erwogen, „dem Betroffenen einen gewissen Schutz zu gewähren, der etwa analog dem Schweigerecht des Angeklagten im Strafverfahren besondere Aussageverweigerungsrechte hätte vertretbar erscheinen lassen", hat die Anlehnung an den Strafprozess jedoch verworfen, da der Untersuchungsausschuss „objektive Missstände im staatlichen Bereich aufzuspüren und die Voraussetzungen für ihre Beseitigung zu schaffen" habe. „Ziel des Untersuchungsverfahrens ist, eine ordnungsgemäße, saubere und zweckmäßige Regelung der öffentlichen Verwaltung zu gewährleisten, nicht aber persönliche Vorwürfe gegen einzelne Personen zu erheben. Darüber hinaus würde in der Praxis die Unterscheidung zwischen (bloßer) Zeugenschaft und Betroffensein sehr schwer zu ziehen sein und damit zu in der Sache unfruchtbaren Auseinandersetzungen und Bewertungsdifferenzen im Untersuchungsausschuss führen, die Sachaufklärung also nur behindern."[27] Maßgeblich dürfte allerdings eine andere Überlegung sein: Woll-

[23] § 18 Abs. 1 Nr. 4 der in Hessen als Ersatz für ein Untersuchungsausschussgesetz üblicherweise angewandten IPA-Regeln (BT-Drucks. V/4209); zum Teil abweichende Varianten finden sich in den Untersuchungsausschussgesetzen von Baden-Württemberg (§ 19 Abs. 1 Nr. 2 und 4), Bayern (Art. 13), Hamburg (§ 19), Sachsen (§ 19), Schleswig-Holstein (§ 18), Thüringen (§ 15) und in § 54 des Gesetzes über den Landtag des Saarlandes.

[24] § 18 Abs. 2 der IPA-Regeln; die konstitutive Bedeutung ergibt sich aus § 18 Abs. 4 Satz 1. Für § 19 des Hamburger Untersuchungsausschussgesetzes allerdings anders OVG Hamburg NVwZ 2014, 1390 (1391).

[25] Statt aller § 18 Abs. 3 und 4 der IPA-Regeln.

[26] Es ist daher kennzeichnend, dass in BVerfGE 76, 363 (387) das Aussageverweigerungsrecht des Beschuldigten in den Katalog der sinngemäß anwendbaren Vorschriften der Strafprozessordnung nicht aufgenommen wird.

[27] BT-Drucks. 7/5924, S. 55; mit Recht kritisch hierzu *Buchholz* Der Betroffene im parlamentarischen Untersuchungsausschuß, 1990, S. 86 f. „Schwierige Abgrenzungsstreitigkeiten"

te man den im Mittelpunkt des Aufklärungsinteresses Stehenden, typischerweise also Regierungsmitgliedern einen Status zubilligen, der demjenigen des Beschuldigten gleichkäme, müssten sie das umfassende Schweigerecht aus § 136 Abs. 1 Satz 2 StPO wahrnehmen können, ohne dass daraus zu ihrem Nachteil Schlüsse gezogen werden dürften. Die für den aufklärungsbedürftigen Missstand möglicherweise verantwortlichen Akteure würden den Ausschuss damit zwingen, sich mit in der Regel mittelbaren Zeugen des behördlichen Umfeldes zu begnügen, ohne unmittelbaren Zugang zu den entscheidenden politischen und Verwaltungsabläufen zu erhalten. Das entspräche indessen weder dem Prinzip parlamentarischer Verantwortung, der die Regierung sich durch Schweigen nicht entziehen kann, noch dem Aufklärungsbedürfnis des Parlaments und der Öffentlichkeit. Selbst die zum Teil strafprozessualen,[28] das Auskunftsverweigerungsrecht (§ 55 StPO) mitunter auch modifizierenden Regeln der Untersuchungsausschussgesetze werden im Hinblick auf die Ermittlungsbedürfnisse des Untersuchungsausschusses kritisch betrachtet[29] zumal dann, wenn § 22 Abs. 2 PUAG die Verweigerungsgründe auf die Gefahr einer Untersuchung nach einem gesetzlich geordneten Verfahren ausweitet[30] und damit den Nöten eines formell nicht vorgesehenen Betroffenen entgegenkommt.

2. *Grundrechte als Aufklärungshindernis?*

So unterschiedlich Straf- und Untersuchungsverfahren auch sind, so vergleichbar belastend können sie sich auf den Angeklagten einer- und andererseits als Betroffenen auf denjenigen auswirken, gegen den sich die Untersuchung richtet oder über dessen etwa festgestellte Verfehlungen sich der Ausschuss äußern

---

will auch das Untersuchungsausschussgesetz des Bundes vermeiden (so im Anschluss an einen älteren Ausschussbericht [BT-Drucks. 11/8085, S. 24] der dem Gesetz zu Grunde liegende Ausschussbericht [BT-Drucks. 14/5790, S. 18], der gleichzeitig aber vermutet, „dass eine über die Regelungen des Untersuchungsausschussgesetzes hinausgehende Zuerkennung von Rechten für Zeugen in bestimmten Sonderkonstellationen durch die Rechtsprechung nicht ausgeschlossen werden könne".).

[28] § 16 Abs. 3, § 18 Abs. 3 Satz 2 der IPA-Regeln; in der Sache ähnlich die Untersuchungsausschussgesetze in Brandenburg (§ 19 Abs. 1), Bremen (§ 14 Abs. 1), Hamburg (§ 21 Abs. 1), Mecklenburg-Vorpommern (§ 26 Abs. 2), Nordrhein-Westfalen (§ 17 Abs. 1), Rheinland-Pfalz (§ 16 Abs. 3) und § 54 Abs. 3 Satz 2 des Saarl. Landtagsgesetzes; differenzierend Thüringen (§ 15 Abs. 2 i. V. m. § 16 Abs. 3 Satz 2) und enger Sachsen-Anhalt (§ 18 Abs. 2) und Schleswig-Holstein (§ 18 Abs. 3 i. V. m. § 14 Abs. 2).

[29] Zu § 22 Abs. 2 PUAG siehe Waldhoff/Gärditz-*Stuckenberg*, PUAG, 2015, § 22 Rn. 8, 44 m.w.Hinw.

[30] Ähnlich für den Betroffenen die Untersuchungsausschussgesetze von Baden-Württemberg (§ 19 Abs. 5), Berlin (§ 24 Abs. 2) und Sachsen (§ 19 Abs. 5); noch weitergehend Art. 13 des bayerischen Gesetzes: „Geht aus dem Untersuchungsauftrag … eindeutig hervor, dass sich die Untersuchung ausschließlich oder ganz überwiegend gegen eine bestimmte Person richtet", „so ist sie nach Art eines Beschuldigten anzuhören." Davon gehen auch OLG Köln NJW 1988, 2485 (2487), und OLG Schleswig SchlHA1991, 120 aus.

will.[31] Die Akzentuierung mangelnder Vergleichbarkeit versperrt den Blick auf die möglichen Folgen für die der Öffentlichkeit präsentierten Auskunftspersonen. Für Untersuchungsausschüsse liegt es auf der Hand, dass sie ihre Prangerwirkung – *di Fabio*[32] spricht zurückhaltender von einem Publizitätsfaktor – nicht nur beiläufig und unvermeidlich entfalten. Tatsächlich ist sie durchaus beabsichtigt[33] – nebenbei eine weitere Abgrenzung gegenüber dem Strafverfahren, die indessen kaum angesprochen wird –, was den Gedanken an zumindest prozedurale Schutzmechanismen nahelegen sollte. Vielleicht hatte das Bundesverfassungsgericht auch diese Wirkungen im Blick, wenn es der Verweisung des Artikel 44 Abs. 2 GG auf das Strafprozessrecht eine nicht nur befugnisbegründende, sondern auch befugnisbegrenzende Funktion zuschrieb,[34] die dann freilich, weil es nur um dessen sinngemäße Anwendung gehen kann, mit den Erfordernissen des Untersuchungsausschussverfahrens in Übereinstimmung gebracht werden muss.[35] Gleichwohl lässt sich nicht einmal dem grundlegenden Bericht der Enquete-Kommission ein Bewusstsein für die Grundrechtsrelevanz parlamentarischer Untersuchungen entnehmen. Im Vordergrund steht deren Effizienz; ihr gegenüber erscheinen sogar die strafprozessualen Zeugnisverweigerungsrechte „für das Verfahren des Untersuchungsausschusses häufig zu weit".[36]

---

[31] Die Landes-Untersuchungsausschussgesetze verstehen, soweit sie ihn überhaupt kennen, den Begriff des Betroffenen unterschiedlich, vgl. für Baden-Württemberg § 19 Abs. 1 Nr. 4, für Bayern Art. 13 Abs. 1 Satz 2, für Berlin § 19 Abs. 1, für das Saarland § 54 Abs. 1 des Landtagsgesetzes, für Sachsen § 19 Abs. 1 Nr. 4, für Schleswig-Holstein § 18 Abs. 1 und für Thüringen § 15 Abs. 1. Für den von einer möglichen Minister-, Abgeordneten- oder Richteranklage Betroffenen gilt dieser Status ohnehin.

[32] *Di Fabio* Rechtsschutz im parlamentarischen Untersuchungsverfahren, 1988, S. 89.

[33] Dazu realistisch VG Hamburg, Urt. v. 18.05.2010 – 20 K 817/10, juris Rn. 79 f. und 171 f.; Maunz/Dürig- *H.H. Klein*, GG, Stand: August 2005, Art. 44 Rn. 252–254; Waldhoff/Gärditz – *Roßbach* PUAG, 2015, § 20 Rn. 1, *Steinberger* Rechtsgutachten vom 16.10.1988, BT-Drucks. 11/7800, S. 1181 (1217), *Zeh* DÖV 1988, 701 (706); aus eigener Beobachtung *Jekewitz* in: Jekewitz/Klein/Kühne/Petersmann/Wolfrum (Hrsg.), Partsch-FS, 1989, S. 404 (407 ff.); zu den Folgen wahrheitswidriger Behauptungen im Abschlussbericht OVG Hamburg NVwZ 2014, 1386 (1389). „Dass die Auswirkungen einer personalisierten Enquete auf Persönlichkeitsrechte des Betroffenen regelmäßig weitaus geringer sind als eine strafgerichtliche Verurteilung" (VG Stuttgart, Urt. v. 03.07.2015 – 7 K 806/14, juris Rn. 117), trifft daher insbesondere dann nur sehr eingeschränkt zu, „wenn das Verhalten der Auskunftsperson durch die parlamentarische Untersuchung ins rechtliche oder gesellschaftliche Abseits gerückt wird" (*Schröder* in: Schneider/Zeh (Hrsg.), Parlamentsrecht und Parlamentspraxis in der Bundesrepublik Deutschland, 1989, § 46 Rn. 38).

[34] BVerfGE 67, 100 (133); 76, 363 (387); 124, 78 (115); ebenso der Hess. Staatsgerichtshof StAnz. 2011, 1557 (1565).

[35] BVerfGE 67, 100 (143 f.); 93, 195 (205) („dem Sinn parlamentarischer Kontrolle durch einen Untersuchungsausschuss entsprechend").

[36] BT-Drucks. 7/5924 S. 54; ähnlich spricht das Saarl. OVG NVwZ-RR 2003, 253 (254) von der „Sorge, dass bei großzügigerer Handhabung das Aufklärungsinteresse und die Verfahrenshoheit des parlamentarischen Untersuchungsausschusses zu weitgehend eingeschränkt würden".

Es ist allein das weit zu verstehende[37] Verfahren der Beweisaufnahme durch den Ausschuss, das diese Verweisung ordnen will. Von Verfassungs wegen beachtliche Beteiligungs- und Mitwirkungsrechte Betroffener soll sie nicht begründen.[38] Für das als Beweismittel in Betracht kommende Auskunftspersonal hat das zur Folge, dass dem Grundgesetz – und Entsprechendes gilt für die Landesverfassungen – besondere Begrenzungen seiner Auskunftspflichten ebenso wenig entnommen werden wie seine Befugnis, auf den Gang der Beweisaufnahme Einfluss zu nehmen oder sich aus eigener Initiative Gehör zu verschaffen. Verfassungsrechtliche Verfahrenssicherungen zu Gunsten des Einzelnen und korrespondierende, für ihn durchsetzbare Verhaltenspflichten des Untersuchungsausschusses und seiner Mitglieder scheint es nicht zu geben. Soweit sie aus den IPA-Regeln abgeleitet werden, haben diese als Geschäftsordnungsrecht ohnehin keinen drittschützenden Charakter,[39] und einfachrechtliche Gewährleistungen sind zumindest verfassungsgerichtlich nicht durchsetzbar. Was die Verwaltungsgerichte aus dem Grundgesetz zugunsten derjenigen herleiten, die von der Untersuchungstätigkeit im weitesten Sinne betroffen werden, beschränkt sich auf einen prozeduralen Minimalstandard namentlich bei der Zubilligung rechtlichen Gehörs[40] als Möglichkeit, zum Entwurf des Abschlussberichts Stellung zu nehmen, wohl auch auf Gestattung eines Rechtsbeistandes während der Vernehmung[41] wenngleich grundsätzlich ohne Anspruch auf Auslagenersatz.[42] Damit fehlt es insbesondere den wohlwollenden Verfahrensgarantien des § 18 Abs. 3 der IPA-Regeln an einer unverfügbaren, weil verfassungsrechtlichen Grundlage. Ein Recht auf Anwesenheit während der Beweis-

[37] BVerfGE 77, 1 (79); 124, 78 (115); Bayer. VerfGH, Entsch. v. 10.10.2006 – Vf. 19 – VIa – 06, juris Rn. 35.

[38] OVG Münster NVwZ 1987, 606 (607).

[39] OVG Münster NVwZ 1987, 606 (607); OVG Schleswig-Holstein, Urt. v. 19.11.1991 – 2 L 1/91, juris Rn. 9; *di Fabio* Rechtsschutz im parlamentarischen Untersuchungsverfahren, 1988, S. 62 f.; *Klenke* NVwZ 1995, 644 (645); anders wohl der Hess. VGH, der ihnen mit dem Anspruch auf Zubilligung des Betroffenen-Status Außenwirkung einräumt und sie in seinem Beschl. v. 29.10.1995 – 11 TG 3617/95, 11 TG 3618/95, juris Rn. 59, 65 als parlamentarisches Gewohnheitsrecht ansieht, aber offen lässt, ob ihre Anwendung im Einzelfall nicht beschlossen zu werden braucht oder ob ein gewohnheitsrechtlicher Anspruch auf eine entsprechende Beschlussfassung besteht.

[40] OVG Münster NVwZ 1987, 606 (607 f.); OVG Hamburg NVwZ 1987, 610 (611) und Beschl. v. 03.02.2010 – 5 Bs 16/10, juris Rn. 17 f.; Saarl. OVG NVwZ-RR 2003, 253 (254).; VG Stuttgart, Urt. v. 03.07.2015 – 7 K 806/14, juris Rdn. 117; *di Fabio* Rechtsschutz im parlamentarischen Untersuchungsverfahren, 1988, S. 63 f.; großzügiger dagegen VG Hamburg, Beschl. v. 06.01.2010 – 20 E 3486/09, juris Rn. 19, 25, 27, und – ausführlicher – Urt. v. 18.05.2010 – 20 K 817/10, juris Rn. 73 ff., 167 ff., 174 ff. für ein Recht des Betroffenen aus Art. 1 Abs. 1 und Art. 2 Abs. 1 GG, auch an nicht-öffentlichen Beweisaufnahmen des Untersuchungsausschusses teilzunehmen.

[41] VG Hamburg NVwZ 1987, 1568 (1569); zurückhaltend dagegen Saarl. OVG NVwZ-RR 2003, 153 (154); eingehend zu dieser Frage Anm. *Brocker* DVBl. 2003, 667.

[42] OVG Schleswig-Holstein, Urt. v. 19.11.1991 – 2 L 1/91, juris Rn. 16–18; BVerwG, Beschl. v. 31.03.1992 – 7 B 25/92, juris Rn. 4.

aufnahme lässt sich nach ganz überwiegender Meinung aus den Grundrechten und der sinngemäß anwendbaren Strafprozessordnung ebenso wenig herleiten wie ein Recht auf Abgabe einer zusammenhängenden Darstellung vor der eigentlichen Zeugenvernehmung, auf die Befragung von Zeugen[43] oder ein selbständiges Beweisantragsrecht.[44] Erst recht wird ein Anspruch darauf ausgeschlossen, überhaupt als Zeuge gehört zu werden.[45] Die Begründungen fallen unterschiedlich und nicht durchweg dogmatisch konsistent aus – mögen sie nun in der tatbestandlichen Beschränkung des grundrechtlichen Schutzbereichs[46] oder darin gesehen werden, dass – gelegentlich unter Hinweis auf den Unterschied zum Strafverfahren – anderenfalls die Effizienz der Untersuchung und ihr Abschluss vor dem Ende der Legislaturperiode gefährdet wäre.[47]

Materielle Grundrechte geraten in Gestalt des Allgemeinen Persönlichkeitsrechts, des informationellen Selbstbestimmungsrechts und des Eigentumsschutzes ursprünglich nur mittelbar in das Blickfeld des Bundesverfassungsgerichts, soweit sie den Aktenvorlageanspruch des Ausschusses und die Herausgabepflicht der Exekutive begrenzen[48] und diese zu deren Beachtung verpflichten. Sehr zu Recht sieht es einen Zusammenhang zwischen der unvermeidlichen, im Hinblick auf den politischen Charakter des Untersuchungsausschusses nahezu zwingenden Befangenheit seiner Mitglieder und der Gefahr von Grundrechtsbeeinträchtigungen.[49] Zwangsmaßnahmen des Untersuchungsausschusses prüft das Gericht deshalb selbstverständlich am Maßstab der Grundrechte aus Art. 2 Abs. 1 i. V. m. Art. 1 Abs. 1 und Art. 14 GG, aber auch am nemo-tenetur-Grundsatz darauf nach, ob sie durch das Allgemeininteresse an der Aufklärung des Untersuchungsgegenstandes, durch dessen und durch das Gewicht des Beweisthemas unter Berücksichtigung von Verhältnismäßigkeit und Zumutbarkeit gerechtfertigt sind.[50] Damit war der Weg offen, zumindest einen möglicherweise grundrechtsverletzenden Einsetzungsbeschluss nicht etwa als Parlamentsinternum zu behandeln[51] oder sich mit der Feststellung zu begnügen, er entfalte je-

---

[43] OVG Hamburg, Beschl. v. 03.02.2010 – 5 Bs 16/10, juris Rn. 17 f.

[44] OVG Münster NVwZ 1987, 606 (607); VG Stuttgart, Urt. v. 03.07.2015 – 7 K 806/14, juris Rn. 117.

[45] OVG Hamburg NVwZ 1987, 610 (611).

[46] OVG Münster NVwZ 1987, 606 (607).

[47] Saarl. OVG NVwZ-RR 2003, 253 (254); VG Stuttgart, Urt. v. 03.07.2015 – 7 K 806/14, juris Rn. 117–119, 121; *di Fabio* Rechtsschutz im parlamentarischen Untersuchungsverfahren, 1988, S. 67 f.; kritisch insoweit VG Hamburg, Urt. v. 18.05.2010 – 20 K 817/10, juris Rn. 175 ff.

[48] BVerfGE 67, 100 (142–144).

[49] BVerfG – Kammerentscheidung – NVwZ 1994, 54 (55); dem folgend OVG Münster NJW 1999, 80 (81).

[50] BVerfGE 76, 363 (388); 77, 1 (38 ff., 44, 46 f.); 124, 78 (125); BVerfG – Kammerentscheidungen – NVwZ 1994, 54 (55) und NVwZ 2002, 1499 (1500); Saarl. OVG, Beschl. v. 03.08.2010 – 3 B 205/10, juris Rn. 103 ff.; näher dazu *Klenke* NVwZ 1995, 644 (645 ff.).

[51] So noch der Hess. Staatsgerichtshof ESVGH 22, 136, der dann aber dennoch mögliche Grundrechtsverletzungen prüft.

denfalls keine unmittelbare Eingriffswirkung, sondern ihn als Zulässigkeitsvoraussetzung jener Eingriffe und vor allem auch unmittelbar auf Grundrechtsverletzungen zu überprüfen.[52]

Von einer parlamentarischen Prärogative weitgehend sanktionslosen Umgangs mit Betroffenen wird sich daher kaum sprechen lassen. Unmissverständlich findet sie sich allein in Art. 44 Abs. 4 GG und den entsprechenden Normen zahlreicher Landesverfassungen,[53] die die Beschlüsse der Untersuchungsausschüsse der richterlichen Erörterung entziehen. Unstreitig geht der Wortlaut hier über das rechtsstaatlich sonst Vertretbare hinaus und kann nur einschränkend verstanden werden – selbstverständlich werden Ausschussentscheidungen auf ihre Vereinbarkeit mit den Ansprüchen der Einsetzungsminderheit, aber auch mit den Verfassungs- und Verfahrensrechten der Unterstützungs- und Auskunftspflichtigen überprüft.[54] Der für das Plenum und als Parlamentsdrucksache zugleich für die Öffentlichkeit bestimmte Abschlussbericht ist dagegen selbst dann nicht justiziabel, wenn ihm gegenüber die Verletzung von Grundrechten geltend gemacht wird[55] – seine Darstellung von Ablauf und Ergebnis der Beweisaufnahme ist ebenso unangreifbar wie deren Bewertung. Das Grundgesetz erklärt ihn unabhängig von seinem Inhalt und seinen Folgen zur Ausnahme von der Rechtsschutzgewährleistung seines Art. 19 Abs. 4[56] und in

---

[52] Saarl. Verfassungsgericht, Beschl. v. 31.10.2002 – Lv 2/02, juris, im Hinblick auf die Namensgebung des Ausschusses; Bayer. VerfGH NVwZ 1995, 681 (682f.); BayVBl. 2015, 154 (156) (etwa dann, wenn sich der Einsetzungsbeschluss ausdrücklich gegen bestimmte Personen richtet „und damit in deren allgemeines Persönlichkeitsrecht oder in das Recht auf informationelle Selbstbestimmung eingreift"), (162–164) (zur Namensnennung im Einsetzungsbeschluss)); *Glauben* DVBl. 2006, 1263 (1264); *ders.* NVwZ 2015, 1023 (1024); *ders.* in: *Glauben/Brocker*, Das Recht parlamentarischer Untersuchungsausschüsse in Bund und Ländern, 2. Aufl. 2011, § 8 Rn. 18ff. S. 146ff.; anders *di Fabio* Rechtsschutz im parlamentarischen Untersuchungsverfahren, 1988, S. 96; Maunz/Dürig- *H.H. Klein,* GG, Stand: August 2005, Art. 44 Rn. 244.

[53] Nach dem Vorbild des Grundgesetzes finden sie sich in den Verfassungen von Berlin (Art. 48 Abs. 4), Brandenburg (Art. 72 Abs. 4 Satz 1), Hamburg (Art. 26 Abs. 5 Satz 1), Mecklenburg-Vorpommern (Art. 34 Abs. 6 Satz 1), Niedersachsen (Art. 27 Abs. 8 Satz 1), Nordrhein-Westfalen (Art. 41 Abs. 4 Satz 1), Sachsen (Art. 54 Abs. 7 Satz 1), Sachsen-Anhalt (Art. 54 Abs. 6 Satz 1), Schleswig-Holstein (Art. 24 Abs. 5 Satz 1) und Thüringen (Art. 64 Abs. 6 Satz 1).

[54] Dazu etwa BVerfGE 93, 195 (204f.) und allgemein *Glauben* DVBl. 2006, 1263 (1265ff.) und in: *Glauben/Brocker* Das Recht parlamentarischer Untersuchungsausschüsse in Bund und Ländern, 2. Aufl. 2011, § 28 Rn. 44ff. S. 406ff.; Maunz/Dürig- *H.H. Klein,* GG, Stand: August 2005, Art. 44 Rn. 231; Waldhoff/Gärditz-*Roßbach,* PUAG, 2015, § 20 Rn. 32–36.

[55] OVG Hamburg NVwZ 1987, 610 (611); *Brocker* NVwZ 2014, 1357 (1358f.); Waldhoff/Gärditz-*Gärditz,* PUAG, 2015, § 32 Rn. 3; *Glauben* DVBl. 2006, 1263 (1267f.); *ders.* in: *Glauben/Brocker* Das Recht parlamentarischer Untersuchungsausschüsse in Bund und Ländern, 2. Aufl. 2011, § 29 Rn. 24ff. S. 438ff.; Maunz/Dürig-*H.H. Klein,* GG, Stand: August 2005, Art. 44 Rn. 232f.; zumindest für die Kontrollenquete auch *Masing*, Parlamentarische Untersuchungen privater Sachverhalte, 1998, 304f.

[56] Mit der Folge, dass ein landesverfassungsrechtliches Erörterungsverbot nach OVG Hamburg NVwZ 2014, 1387 (1388f.) restriktiv verstanden werden müsse und dem Individualrechtsschutz gegen einen Abschlussbericht nicht entgegenstehe.; hiergegen schon *Brocker*

einem Maße für sakrosankt, das ihn in eine Reihe mit der parlamentarischen Indemnität (Art. 46 Abs. 1 GG) stellt und für das es sonst keinen Raum lässt. Auf diese Weise kommt der Feststellung und schließlich der Würdigung eines für aufklärungsbedürftig befundenen Sachverhalts und des daran beteiligten Personals eine allenfalls durch ihre parteipolitische Prägung relativierte Bedeutung zu, der gegenüber die Belange der Auskunftspersonen zurückzutreten haben.

3. Verbleibende Rechtsschutzdefizite

Das Konfliktpotential im Verhältnis Parlamentarischer Untersuchungsausschüsse zu ihren Auskunftspersonen wäre unzulänglich beschrieben, wenn man es auf Zwangsmaßnahmen und bedenklich formulierte Einsetzungsbeschlüsse eingrenzen wollte. Die Untersuchungsausschussgesetze wie die IPA-Regeln bieten hierfür hinreichenden Stoff. Nicht nur die Rechte und Pflichten der Auskunftspersonen, auch der Umgang des Ausschusses mit ihnen und die Verhaltensweisen seiner Mitglieder können Anlass zu Meinungsverschiedenheiten geben und als Rechtsbeeinträchtigungen verstanden werden. Dass die Gesetze nur selten erkennen lassen, wo sie lediglich parlamentsintern verbindliche Regeln aufstellen und wo sie eigene Rechte der Auskunftspersonen begründen, macht deren Lage nicht einfacher, zumal diese sich selbst dort, wo sie antragsbefugt sind, einem ablehnenden Beschluss fügen oder den Konflikt mit Sanktionsfolgen in Kauf nehmen müssen.[57] Das kommt etwa in Betracht, wenn sie erfolglos den Ausschluss der Öffentlichkeit beantragen (§ 14 Abs. 3 Nr. 3 PUAG), sich auf Zeugnis- oder Auskunftsverweigerungsrechte (§ 22 Abs. 1 und 2 PUAG) oder zu Unrecht auf das Fehlen oder Einschränkungen der Aussagegenehmigung berufen (§ 23 Abs. 1 PUAG i. V. m. § 54 StPO) oder wenn der Vorsitzende der Aufforderung, eine für unzulässig gehaltene Frage zurückzuweisen (§ 25 Abs. 1 Satz 1 PUAG), nicht nachkommt und der Zeuge daraufhin die Aussage verweigert. In diesen Fällen sehen sich die Auskunftspersonen in eine Rolle gedrängt, in der sie entweder nachgeben oder ihre Rechte auf eigenes Risiko wahrnehmen müssen, auf Sicherungen im Ausschussverfahren selbst aber jedenfalls nicht rechnen können. Der Parlamentarische Untersuchungsausschuss ist eben nicht ein an Gesetz und Recht gebundener Spruchkörper, der

---

NVwZ 2014, 1357 (1360 f.), und nunmehr das Hamburg. Verfassungsgericht DVBl. 2015, 1452 (1453), das den Rechtsweg insoweit als ausgeschlossen ansieht, „als das Recht der Untersuchungsausschüsse auf autonome Abfassung eines Abschlussberichts nicht nach dem Grundsatz der praktischen Konkordanz durch Grundrechte oder andere Verfassungsgüter eingeschränkt wird".

[57] Beispielhaft BVerfGE 76, 363 für die Anordnung von Beugehaft und VG Berlin NVwZ 2003, 708 für die Verhängung von Ordnungsgeld wegen der – unter Berufung auf ein Rechtsgutachten erklärten – Weigerung, den Zeugeneid auf die ausdrücklich als richtig bekräftigte Aussage zu leisten.

durch seinen Vorsitzenden oder mit Mehrheitsentscheidungen sein neutrales Verständnis von geordneten Verfahrensabläufen gegenüber allen Beteiligten in gleicher Weise durchsetzt, nur inhaltlich und formal sachgerechte Fragen stellt und zulässt, unzulässige Fragen zurückweist und die Voraussetzungen von Zeugnisverweigerungsrechten in einer Weise überprüft, die zumindest die Vermutung der Objektivität und Richtigkeit für sich hat. Es kann auch nicht davon die Rede sein, dass die gegensätzlichen politischen und Aufklärungsinteressen der Ausschussmitglieder einander zugunsten Betroffener derart neutralisieren könnten, dass sich der Vergleich mit dem Wächteramt eines Gerichts vertreten ließe.[58] Von der Debatte über den Ausschussbericht dürfen sich Betroffene und Zeugen ihre Rehabilitierung oder die Beseitigung von Rechtsverletzungen schon gar nicht erhoffen. Das Plenum pflegt sich nicht mit Einzelheiten des Berichts und des ihm zugrundeliegenden Verfahrens, sondern mit den für die Beteiligten wesentlichen Ergebnissen zu befassen, die es ohne genauere Betrachtung von Verfahrensproblemen aus meist gegensätzlicher politischer Sicht mit dem Ziel bewertet, Verantwortlichkeiten zuweisen oder bestreiten zu können. Individualrechtsschutz wird dabei weder beabsichtigt noch von der Öffentlichkeit erwartet, die sich ihr Bild aufgrund des Abschlussberichts und seiner medialen Vermittlung bereits gemacht hat. Rechtsschutz findet vielmehr nur außerhalb des Ausschussverfahrens regelmäßig vor den Verwaltungsgerichten[59] statt, bei denen jedenfalls die den Beschwerdeführer unmittelbar treffenden[60] und bereits verhängten, von dem Verdacht der Parteilichkeit nicht immer freien Zwangsmaßnahmen des Ausschusses zur Überprüfung gestellt werden können.

Diese auch zeitliche Verlagerung des Rechtsschutzes ist in dem politischen Auftrag, deshalb in der Konstruktion des Parlamentarischen Untersuchungsausschusses angelegt und ebenso unvermeidbar wie verfassungsrechtlich unbedenklich. Verzögerungen der Beweisaufnahme durch Rechtsmittel mit aufschiebender Wirkung etwa bei Meinungsverschiedenheiten über Bestehen und Umfang von Zeugnisverweigerungsrechten oder über die Zeugnispflicht selbst ließen sich schon mit dem begrenzten Zeitrahmen einer Legislaturperiode vielfach nicht vereinbaren, stünden aber auch unabhängig davon dem Fortgang der Beweisaufnahme im Wege. Das heißt freilich nicht, dass auch die inhaltliche Beschränkung des nachgelagerten Rechtsschutzes auf unmittelbar belastende

---

58 Beispielhaft hierzu die Berichte von *Jekewitz* in: Jekewitz/Klein/Kühne/Petersmann/Wolfrum (Hrsg.), Partsch-FS, 1989, S. 404 (407, 414), und *Plöd*, Die Stellung des Zeugen in einem parlamentarischen Untersuchungsausschuss des Deutschen Bundetages, 2003, S. 162 ff.

59 Zu den möglichen Rechtswegfragen siehe *di Fabio* Rechtsschutz im parlamentarischen Untersuchungsverfahren, 1988, S. 98 ff.; *Glauben* DVBl. 2006, 1263 (1265 f.); Maunz/Dürig-*H.H. Klein*, GG, Stand: August 2005, Art. 44 Rn. 234–244.

60 In Betracht kommen die Reaktionen des Ausschusses auf ein unentschuldigtes Ausbleiben von Zeugen, auf eine unberechtigte Verweigerung des Zeugnisses oder Herausgabe von Beweismitteln (§§ 21 Abs. 1, 27 Abs. 1 und 2, 29 Abs. 2 PUAG) oder die unberechtigte Ablehnung eines Gutachtenauftrags (§ 28 Abs. 6 PUAG).

Eingriffsakte unter der Verfassungsgarantie effektiven Rechtsschutzes hingenommen werden müsste.

Maßnahmen und Verhaltensweisen von Ausschussmitgliedern oder des Ausschusses insgesamt lassen die Untersuchungsausschussgesetze auch dann folgenlos, wenn sie mit den eigenen Vorgaben oder denen der Verfassung nicht zu vereinbaren sind. Das fällt schon allgemein, vor allem aber dort auf, wo der parlamentarische Gesetzgeber seinen Mitgliedern im Verfahren der Beweisaufnahme selbst gröbste Entgleisungen zutraut. In § 24 Abs. 6 PUAG[61] verbietet er die zweifelsfrei gegen die Menschenwürde verstoßenden Vernehmungsmethoden des § 136a StPO, was darauf hindeutet, dass er sie mindestens für vorstellbar hält. Diesen Ansatz denkt er jedoch nicht zu Ende. Mit dem Verwertungsverbot des § 136a Abs. 4 StPO ist dem in dieser Weise misshandelten Zeugen nicht geholfen, zumal wiederum der Ausschuss selbst es ist, der über die Rechtswidrigkeit seiner eigenen Vernehmungsmethoden zu entscheiden hätte, und ebenso wenig mit der vielleicht möglichen Straflosigkeit einer so entstandenen falschen Aussage. Dieser Fall mag als Ausnahme durchgehen, zeigt aber eine Wehrlosigkeit des Zeugen gegenüber Verletzungen seines Allgemeinen Persönlichkeitsrechts, die in einem rechtsstaatlichen Straf- und Rechtsmittelverfahren nicht vorstellbar wäre. In dem gänzlichen Ausschluss des Rechtsweges gegen den Abschlussbericht durch das Grundgesetz und die Mehrzahl der Landesverfassungen setzt sie sich zudem besonders eindrücklich fort.[62]

Auch der Anspruch der Auskunftspersonen auf rechtliches Gehör ist verfahrensrechtlich nicht abgesichert. Soweit es – selten genug – überhaupt vorgesehen ist, beschränkt es sich auf die Befugnis, als Betroffener bei der Beweisaufnahme zugegen zu sein,[63] oder auf die Möglichkeit, eine Stellungnahme zum Entwurf des Abschlussberichts vorzulegen, deren wesentlicher Inhalt darin

---

[61] Ebenso § 25 Abs. 6 des Berliner Untersuchungsausschussgesetzes.

Ob sich die von OLG Köln NJW 1988, 2486 wiedergegebene Schilderung verbotener Vernehmungsmethoden in der erneuten Hauptverhandlung bestätigt hat, hat sich nicht feststellen lassen. Bedenklich erscheint in diesem Zusammenhang der – allerdings auf die Auswertung von Akten bezogene – Hinweis in BVerfGE 124, 78 (127), die Regeln für die nur eingeschränkte Verwertbarkeit rechtswidrig erlangter Informationen könnten nicht ohne weiteres auf das Verfahren der Untersuchungsausschüsse übertragen werden: „Insbesondere kann der Gesichtspunkt präventiver Vermeidung künftiger Rechtsverstöße gerade gegen ein Verwertungsverbot sprechen, soweit es um die Zugänglichkeit von Informationen für einen Untersuchungsausschuss geht. Dies gilt vor allem im Rahmen von Missstandsenqueten und erst recht dann, wenn das Ziel des Untersuchungsausschusses gerade in der Aufdeckung von Rechtsverstößen bei der Erhebung oder Aufbewahrung der fraglichen Informationen liegt."

[62] Immerhin sechs Länder (vgl. Fn. 53) kennen diesen Ausschluss nicht. Gerichtlich geklärte Einwendungen gegen den Abschlussbericht scheint es dort dennoch nicht gegeben zu haben.

[63] So mit unterschiedlicher Ausstattung in Baden-Württemberg (§ 19 Abs. 3 Satz 2; vgl. auch Abs. 8), im Saarland (§ 54 Abs. 3 Satz 3, ergänzend auch Abs. 4), in Sachsen (§ 19 Abs. 3 Satz 2, weiter auch Abs. 8), in Schleswig-Holstein (§ 18 Abs. 2 Satz 2 und weiter Abs. 7) und Thüringen (§ 15 Abs. 3).

wiederzugeben ist. Dieser Vorzug gilt aber nur für den, der durch dessen Veröffentlichung in seinen Rechten erheblich beeinträchtigt werden könnte (§32 PUAG),[64] und auch das nur, soweit „diese Ausführungen" – die es vor Fertigstellung des Entwurfs noch gar nicht geben kann – im Laufe der Beweisaufnahme mit ihm erörtert worden sind. Wirkungsvoll durchsetzbar ist dieses Gehörsrecht nicht. Ob der Betroffene die Gelegenheit zur Stellungnahme überhaupt erhält, hängt von der Bewertung des Ausschusses ab. Sie lässt sich ohne Kenntnis des Entwurfs, dessen Mitteilung an den Betroffenen etwa in §32 PUAG vielleicht gemeint, aber nicht vorgesehen ist, mit gerichtlicher Hilfe nicht überprüfen, und in welcher Weise sich der wesentliche Inhalt der Stellungnahme im Abschlussbericht wiederfinden müsste, kann ebenso streitanfällig sein wie die Qualität der vorangegangenen Erörterung.

Dass Ausschussmitglieder die Ergebnisse einzelner Vernehmungen öffentlich wiedergeben und bewerten, gehört zur Alltagserfahrung. Das Bundesrecht äußert sich dazu nicht, manche Länder erklären es, ohne allerdings Sanktionen vorzusehen, immerhin für unerwünscht.[65] Wenn dabei mit den Auskunftspersonen nicht eben zurückhaltend umgegangen wird, liegt auch hier die Gefahr von Rechtsverletzungen nicht fern. Ähnliche Äußerungen muss das Bundesverfassungsgericht im Blick gehabt haben, wenn es den Betroffenen bei der Verletzung des Dienstgeheimnisses durch die Offenlegung von Daten auf die nachträgliche Möglichkeit gerichtlichen Rechtsschutzes verweist.[66]

Derartige Fälle geben Anlass zur Überprüfung der Rechtsschutzmöglichkeiten. Sie scheiden jedenfalls nicht schon deshalb aus, weil sie rechtsstaatlich und nach Art. 19 Abs. 4 GG ohnehin nicht geboten wären. Entscheidend, als rechtsschutzbegründend aber auch hinreichend ist der Umstand, dass der Ausschuss

---

[64] Ähnliches gilt in Sachsen-Anhalt (§29 Abs. 3), Schleswig-Holstein (§25) und Thüringen (§15 Abs. 5 – dort als Stellungnahme vor Beendigung der Beweisaufnahme). Das übersieht *Glauben* DVBl. 2006, 1263 (1269), und in: *Glauben/Brocker* Das Recht parlamentarischer Untersuchungsausschüsse in Bund und Ländern, 2. Aufl. 2011, §29 Rn. 35 S. 443, wenn er meint, im Zusammenhang mit dem Abschlussbericht gebe es keine wesentlichen Verfahrensvorschriften.

[65] §9 Abs. 5 des Untersuchungsausschussgesetzes von Baden-Württemberg: „Vor Abschluss der Beratung über einen Gegenstand der Verhandlung sollen sich die Mitglieder des Untersuchungsausschusses einer öffentlichen Beweiswürdigung enthalten." Vergleichbare Bestimmungen kennen Brandenburg (§12 Abs. 3), Nordrhein-Westfalen (§10 Abs. 3 – allerdings verpflichtend: „... haben sich ... zu enthalten"), Rheinland-Pfalz (§25 Abs. 2), Sachsen (§9 Abs. 5) und Thüringen (§25 Abs. 2). *Brocker* ZParl. 1999, 739 (746) sieht in den Soll-Vorschriften bloße Appelle, ohne auf Rechtsschutzfragen einzugehen; im Ergebnis ebenso *Weisgerber*, Das Beweiserhebungsverfahren parlamentarischer Untersuchungsausschüsse des Deutschen Bundestages, 2003, S. 433–443. Für *Schaefer* NJW 1998, 434 (435) verletzen solche Erklärungen die Unschuldsvermutung.

[66] BVerfGE 77, 1 (62); Maunz/Dürig-*H.H. Klein,* GG, Stand: August 2005, Art. 44 Rn. 236, und ähnlich *Peters,* Untersuchungsausschussrecht, 2012, Rn. 174 S. 93 f. sehen bei solchen nicht durch die Indemnität geschützten Ehrverletzungen den ordentlichen Rechtsweg eröffnet.

und innerhalb seines Verfahrens dessen Mitglieder als Träger öffentlicher Gewalt tätig werden und ihr Handeln sich aus der Sicht des Verletzten als Eingriff in eine grundrechtlich geschützte Position darstellt.[67] Grundsätzliche Bedenken lassen sich auch nicht daraus herleiten, dass Rechtsschutzmaßnahmen erst in Betracht kommen, wenn sich der Eingriff bereits erledigt hat. Das Untersuchungsverfahren verträgt Unterbrechungen und den Aufschub einzelner Ermittlungsschritte nur dort, wo die Befugnisse des Ausschusses enden und der Fortgang deshalb wie bei dem Streit über die Zulässigkeit einer Beschlagnahme etwa nach § 29 Abs. 3 PUAG oder bei der Anfechtung von Ordnungsmaßnahmen (§ 22 PUAG) von einer gerichtlichen Entscheidung abhängig ist. Über die Zulässigkeit aller sonstigen Maßnahmen und Verfahrensschritte lässt sich allenfalls mit dem Ausschuss selbst streiten. Könnte der Misserfolg einer solchen Auseinandersetzung und die für diesen Fall erwartbare Gefügigkeit der Auskunftsperson eine nachfolgende gerichtliche Klärung ausschließen, bliebe die Entscheidung über den durch Art. 19 Abs. 4 GG gewährleisteten Kontrollstandard dem Gesetzgeber überlassen. Dem lässt sich nur dadurch begegnen, dass in solchen Fällen unvermeidlich vorprozessualer Erledigung ein Rechtsschutzbedürfnis dann anerkannt wird, wenn das gerichtliche Verfahren einen Beitrag dazu leisten kann, fortwirkende Beeinträchtigungen zu beheben oder doch jedenfalls abzumildern.[68]

Damit wird der nachträgliche Zugang zu den Gerichten nicht etwa voraussetzungslos allein deshalb eröffnet, weil der Beschwerdeführer noch nachträglich eine Rechtsfrage klären lassen möchte. Geht es indessen um schwerwiegende Grundrechtseingriffe oder um Maßnahmen diskriminierenden Charakters, die namentlich das Persönlichkeitsrecht des Betroffenen verletzen und sein Rehabilitierungsinteresse begründen, kann ihm ein Rechtsschutzbedürfnis nicht abgesprochen werden.[69] Erklärungen von Ausschussmitgliedern, die etwa die Bekundungen und das Aussageverhalten von Auskunftspersonen zum Gegenstand haben, begründen ein solches Interesse regelmäßig schon deshalb, weil sie durchweg Teil der öffentlichen Beweisaufnahme und damit Gegenstand öffentlicher Aufmerksamkeit sind. Verstärkt wird es noch dadurch, dass solche Angaben in die Sachdarstellung und Bewertung des Abschlussberichts eingehen, also die Vernehmungssituation perpetuieren und als Inhalt des Abschlussberichts

[67] *di Fabio* Rechtsschutz im parlamentarischen Untersuchungsverfahren, 1988, S. 88 ff.

[68] So allgemein BVerfGE 104, 220 (233); 110, 77 (86). Eines vergleichbaren Problems im Wahlrecht hat sich der Gesetzgeber mittlerweile angenommen: Weil Rechtsverletzungen im Verfahren der Wahlen und ihrer Vorbereitung nur ausnahmsweise ausgeräumt werden können und die Wahlprüfung allein deren Relevanz für das Abstimmungsergebnis klärt, ist nunmehr die hierfür folgenlose Verletzung subjektiver Rechte gesondert festzustellen (Art. 2 Nr. 1 und 3, Art. 3 Nr. 2 des Gesetzes zur Verbesserung des Rechtsschutzes in Wahlsachen v. 12.07.2012 BGBl. I S. 1501).

[69] BVerfGE 104, 220 (234 f.); v. Mangoldt/Klein/Starck-*Huber*, GG, 6. Aufl. 2010, Art. 19 Abs. 4 Rn. 501; Berliner Kommentar-*Ibler*, GG, Stand: Oktober 2002, Art. 19 Abs. 4 Rn. 331.

andererseits der gerichtlichen Erörterung entzogen sind; für eine Fernwirkung von Art. 44 Abs. 4 GG, die daraus das Verbot ableiten wollte, das behauptetermaßen rechtswidrige Zustandekommen einzelner Beweisergebnisse überprüfen und feststellen zu lassen, gibt es keinen Anhalt.

Unstreitig sind die Gesetzgeber in Bund und Ländern berechtigt, bei der Ausgestaltung ihres Untersuchungsausschussrechts den Auskunftspersonen nicht mehr als den verfassungsrechtlich gebotenen Mindeststandard an Gehörsrechten und an Möglichkeiten zur Wahrnehmung ihrer Interessen einzuräumen. Davon haben sie in unterschiedlichem Umfang Gebrauch gemacht. Die Ausprägungen dieses Mindeststandards sind indessen während des Untersuchungsverfahrens allenfalls im Wege des Eilrechtsschutzes, deshalb nach nur überschlägiger Prüfung und aufgrund einer Interessenabwägung durchsetzbar, die dem Aufklärungsauftrag erhebliche Bedeutung zumessen wird. Rechtsschutzbedarf besteht daher überall dort, wo der Untersuchungsausschuss im Konflikt mit seinem Auskunftspersonal vollendete Tatsachen schafft und dessen Einwendungen in eigener Zuständigkeit abschließend und nicht weiter überprüfbar entscheidet. Zulässigkeit und Begründetheit einer in solchen Fällen in Betracht kommenden Feststellungsklage[70] zu den Verwaltungsgerichten, nach § 36 Abs. 1 PUAG möglicherweise auch zum Bundesgerichtshof[71] bestimmen sich daher nach Bedeutung und Gewicht des streitigen Rechts und seiner behaupteten und festgestellten Verletzung.

Als Prüfmaßstab kommt in diesen Fällen vor allem der Anspruch auf ein faires Verfahren in Betracht. Trotz aller inhaltlichen Unbestimmtheit liefert er jenseits bloßer Stilfragen situationsadäquate Kriterien für das Auftreten von Vertretern der öffentlichen Gewalt gegenüber dem Bürger. Es dürfte der kritische Blick der Gerichte auf die als parteipolitisch dominiert wahrgenommene Tätigkeit Parlamentarischer Untersuchungsausschüsse sein, der sie in auffälliger Häufung dazu veranlasst, den Ausschüssen die Pflicht zu rechtsstaatlich gebotener Fairness in Erinnerung zu rufen[72] und daraus etwa einen Anspruch

---

[70] Dazu statt aller *Kopp/Schenke*, VwGO, 19. Aufl. 2013, § 113 Rn. 98.

[71] Siehe zu dieser Zuständigkeitsfrage Waldhoff/Gärditz-*Gärditz*, PUAG, 2015, § 36 Rn. 34; *Glauben* in: *Glauben/Brocker* Das Recht parlamentarischer Untersuchungsausschüsse in Bund und Ländern, 2. Aufl. 2011, § 28 Rn. 60 S. 412 f.

[72] OLG Köln NJW 1985, 336 (337); VG Hamburg NJW 1987, 1568, und Beschl. v. 06.01.2010 – 20 – E 3486/09, juris Rn. 38; OVG Schleswig-Holstein, Urt. v. 19.11.1991 – 2 L 1/91, juris Rn. 16; BVerwG, Beschl. v. 31.03.1992 – 7 B 25/92, juris Rn. 4; Saarl. VerfGH, Beschl. v. 31.10.2002 – Lv 2/02, juris Rn. 42, und daran anschließend das Saarl. OVG NVwZ-RR 2003, 253; Bayer. VerfGH BayVBl. 2015, 154 (157–159); VG Stuttgart, Urt. v. 03.07.2015 – 7 K 806/14, juris Rn. 117. Ein dort unter dem Gesichtspunkt der Verhältnismäßigkeit missbilligtes Verhalten behandeln OVG Münster NJW 1999, 80 f. und BVerfG – Kammerentscheidung – NVwZ 2002, 1499 (1500 f.). Folgerichtig wird es als Aufgabe des Ausschussvorsitzenden hervorgehoben, die Fairness von Anhörungen und Vernehmungen zu überwachen (Waldhoff/Gärditz-*Hoppe*, PUAG, 2015, § 6 Rn. 7).

Die Literatur behandelt unter diesem Stichwort die Verfahrensrechte der Auskunftspersoauf rechtlichen Beistand und dessen wirkungsvolle Unterstützung auch dort einzuräumen, wo das Gesetz ihn nicht vorsieht.[73]

Dass das Fairnessgebot aus dem Rechtsstaatsprinzip abzuleiten ist und über Art. 2 Abs. 1 GG grundrechtliche Wirkung entfaltet, ist heute nicht mehr streitig.[74] Weitergehende als bloße Minimalgarantien lassen sich aus ihm freilich nicht ableiten. Dennoch kann es Rechtsschutzlücken dort schließen, wo die öffentliche Gewalt keinen besonderen Verfahrensregeln unterliegt, ihr Vorgehen in höherem Maße fehleranfällig ist und zu schwerwiegenden Rechtsverletzungen führen kann, gegen die besondere Rechtsbehelfe nicht zur Verfügung stehen. Aus der Sicht der Auskunftspersonen ist ihr Auftreten vor dem Untersuchungsausschuss allemal gefahrengeneigt, und das umso mehr, je näher sie dem aufzuklärenden Sachverhalt stehen und je tiefere Einblicke sich die Ausschussmitglieder von ihnen erhoffen. Der Ablehnung ihrer Bitten zur Verfahrensgestaltung können sie nichts, ihrer Behandlung – etwa der Formulierung von Fragen und Vorhalten, der Kommentierung ihrer Aussagen und ihres Aussageverhaltens – können sie auch in Fällen erheblicher Eingriffe in ihr Persönlichkeitsrecht kaum mehr als die Aufforderung an den Vorsitzenden entgegenhalten, unangemessene Äußerungen zu unterbinden. Soll die Pflicht zu fairer Behandlung als Rechtspflicht und nicht als bloße Verhaltensmaxime verstanden werden, dann bleibt sie, solange verfahrensrechtliche Sicherungen fehlen, ohne Realisierungschancen. Zumal unter Berücksichtigung der parlamentarischen Indemnität lässt sich das Verhalten der Ausschussmitglieder als Gegenstand eines gerichtlichen Feststellungsbegehrens indessen kaum formulieren. Angreifbar bleibt deshalb im Wesentlichen nur eine zu duldsame Verhandlungsleitung des Vorsitzenden. Da andere Sanktionsmöglichkeiten nicht zur Verfügung stehen, kann den Betroffenen zumindest[75] die nachgängige gerichtliche Feststellung der Rechtsverletzung nicht versagt werden, wenngleich schwerwiegende

---

nen, geht aber auf Rechtsschutzfragen nicht ein (vgl. etwa Anm. *Brocker* DVBl. 2003, 667 [668], und *ders.* in: *Glauben/Brocker* Das Recht parlamentarischer Untersuchungsausschüsse in Bund und Ländern, 2. Aufl. 2011, § 22 Rn. 1 f. S. 320 f.; *Buchholz* Der Betroffene im parlamentarischen Untersuchungsausschuß, 1990, S. 131 ff.; Waldhoff/Gärditz-*v. Cossel,* PUAG, 2015, § 24 Rn. 42; *Plöd* Die Stellung des Zeugen in einem parlamentarischen Untersuchungsausschuss des Deutschen Bundestages, 2003, S. 123 f.; *Schaefer* NJW 2002, 490 f.; *Vetter* ZParl. 1989, 345 [352]; *Weisgerber* Das Beweiserhebungsverfahren parlamentarischer Untersuchungsausschüsse des Deutschen Bundestages, 2003, S. 239).

[73] So in Anknüpfung an BVerfGE 38, 105 (111 ff.): VG Hamburg NJW 1987, 1568; OVG Schleswig-Holstein Urt. v. 19.11.1991 – 2 L 1/91, juris Rn. 16; Waldhoff/Gärditz-*Roßbach,* PUAG, 2015, § 20 Rn. 37, 40.

[74] Vgl. etwa BVerfGE 57, 250 (274–276); BVerfG – Kammerentscheidung – v. 20.12.2000 – 2 BvR 591/00, juris Rn. 41; *Dreier,* GG, 3. Aufl. 2013, Art. 2 Abs. 1 Rn. 39; Jarass/Pieroth-*Jarass,* GG, 13. Aufl. 2014, Art. 20 Rn. 31a-31b.

[75] Hinter rechtspolitischen Forderungen, nach denen die Art des Umgangs mit Auskunftspersonen wirksame Folgen für die Akteure haben müsse (vgl. nur *Jekewitz* in: Jekewitz/Klein/Kühne/Petersmann/Wolfrum (Hrsg.), Partsch-FS, 1989, S. 403 [421 ff.] im Anschluss an *Zeh* DÖV 1988, 701 [706]), bleibt diese Überlegung bewusst zurück.

Beeinträchtigungen damit nicht wirklich auszugleichen sind. Das amtierende und im Regelfall auch das frühere politische Spitzenpersonal benötigt diesen Schutz dagegen noch am wenigsten – seine Interessen darf es mit der parteipolitischen Besetzung des Ausschusses üblicherweise als hinlänglich gewahrt ansehen.

II. Untersuchungsausschuss und Regierung – Konfrontation oder Kooperation?

1. Die Unbestimmtheit der Maßstäbe am Beispiel der Kernbereichsrechtsprechung

Nicht nur die Umweltinformations- und Informationsfreiheitsgesetze, auch die Landesverfassungsgerichte und das Bundesverfassungsgericht bemühen sich, den vorgeblichen Reservaten regierungsamtlichen Geheimwissens ständig engere, in den unterschiedlichen Verfassungsräumen unterschiedlich definierte Grenzen zu ziehen. Was das Bundesverfassungsgericht dem Parlament vorzuenthalten erlaubt, bestimmt es in erster Linie organisationsbezogen: Das in Art. 20 Abs. 2 und Abs. 3 GG zu Grunde gelegte Gewaltenteilungsprinzip schützt die Exekutive in ihrem Initiativ-, Beratungs- und Handlungsbereich vor parlamentarischer Ausforschung deshalb, weil die Vorbereitung von Regierungsentscheidungen allein ihre Sache und eine auch nur beobachtende Mitwirkung des Parlaments unzulässig ist.[76] Die Schranken des nachträglichen Zugriffs auf abgeschlossene Entscheidungsabläufe konstruiert das Gericht als Reflex jenes Mitregierungsverbotes insoweit, als „ein – sei es auch erst nach Abschluss des jeweiligen Entscheidungsprozessen einsetzender – schrankenloser parlamentarischer Informationsanspruch…vor allem durch seine einengenden Vorwirkungen die Regierung in der selbständigen Funktion beeinträchtigen (würde), die das Gewaltenteilungsprinzip ihr zuweist".[77] Letztlich setzt es auf die „Berücksichtigung der jeweiligen Umstände",[78] ohne deutlich zu machen, wo genau es als Gegenstand eines anzuerkennenden Vertraulichkeitsinteresses jenen „innersten Bereich der Willensbildung der Regierung" verortet. Einerseits sind Informationen über den Willensbildungsprozess „umso schutzwürdiger, je näher sie dem Prozess der gubernativen Entscheidung ste-

---

[76] BVerfGE 124, 78 (120 f.) im Anschluss an BVerfGE 110, 199 (215); wegen des Umfangs siehe BVerfGE 77, 1 (59) und zusammenfassend etwa Waldhoff/Gärditz-*Gärditz*, PUAG, 2015, § 18 Rn. 31–35.

[77] BVerfGE 124, 78 (121) und, insoweit wiederum einschränkend, (130); zum Schutzbereich auch BVerfGE 67, 100 (139); 100, 199 (214).

[78] BVerfGE 124, 78 (122) und ähnlich (131 f.); 124, 161 (189); und gegen eine pauschale Betrachtung bereits BVerfGE 110, 199 (218 f.); Waldhoff/Gärditz-*Waldhoff*, PUAG, 2015, § 1 Rn. 25 („unbefriedigend, da Rechtssicherheit so kaum zu erzielen sein wird").

hen", andererseits sind die jenem innersten Bereich „vorgelagerten Beratungs- und Entscheidungsabläufe" der parlamentarischen Kontrolle in geringerem Maße und umso weniger dann entzogen, wenn mögliche Rechtsverstöße und vergleichbare Missstände innerhalb der Regierung aufzudecken sind.[79]

Möglicherweise könnten sich den Grenzbeschreibungen des Gerichts klarere Markierungen abgewinnen lassen. Hier soll es jedoch um nicht mehr als um den Versuch gehen, die Informationsverweigerung der Regierung am Beispiel des exekutivischen Kernbereichs im Verhältnis zum Parlament so operabel auszugestalten, dass sie mit dem Gewaltenteilungsprinzip zugleich dem Gebot gegenseitigen Organrespekts gerecht wird. Das kann den Gang zum Verfassungsgericht nicht entbehrlich machen, soll ihm aber in einem auch für den Untersuchungsausschuss hinnehmbaren Zeitrahmen einen Klärungsprozess vorschalten. Die Behandlung der Interessengegensätze zwischen der themenbestimmenden Einsetzungs- und Ausschussminderheit auf der einen und der Regierung auf der anderen Seite sollte dabei eine Form finden, die den Verfassungskonflikt zu vermeiden sucht und dem Aufklärungsauftrag des Ausschusses nicht entgegensteht.

2. *Informationsvermittlung und -verhinderung*

Wenn die Regierung üblicherweise zu Beginn des Verfahrens um sämtliche deren Gegenstand betreffende Akten und sonstige Unterlagen gebeten wird, folgen Grund und Umfang ihrer Vorlagepflicht aus der Verfassungsmäßigkeit des Einsetzungsbeschlusses und der Übereinstimmung des Beweisbeschlusses mit dem Untersuchungsauftrag.[80] Den klärungsbedürftigen Sachverhalt können Parlament und Ausschuss zu diesem Zeitpunkt oft nur in Umrissen beschreiben. Dem entspricht die gegenständliche Unbestimmtheit jener ersten Anforderung. Wenngleich daraufhin alle Unterlagen zu übermitteln sind, die einen Zusammenhang mit dem Untersuchungsgegenstand aufweisen unabhängig davon, ob sie nach Einschätzung der Regierung letztlich für den Ausschuss entscheidungserheblich sein können,[81] verbleiben ihr in den Randbereichen des Untersuchungsgegenstandes doch Auslegungsspielräume, die sie restriktiv nutzen darf, ohne schon dadurch ihre Auskunftspflichten zu verletzen. Soweit sich ihre Vollständigkeitserklärung auf den vorgelegten Aktenbestand in seiner Gesamtheit bezieht und sie gleichzeitig solche Vorgänge zurückhält, die sie zwar als

---

[79] BVerfGE 124, 78 (122f., 132) im Anschluss an BVerfGE 110, 199 (222).

[80] BVerfGE 124, 78 (119); zu den dabei möglichen Zuständigkeitsfragen im Bereich der Regierung (§ 18 Abs. 2 PUAG) siehe Waldhoff/Gärditz-*Gärditz*, PUAG, 2015, § 18 Rn. 23–27. Dabei schließt das Ressortprinzip eine einvernehmliche Handhabung nicht aus. Erst recht hindert es dort, wo es vergleichbare Zuweisungen nicht gibt, nicht die Befugnis der (Landes-) Regierung, solche Ersuchen zentral zu bearbeiten und Entscheidungen äußerstenfalls der Richtlinienkompetenz zu unterwerfen.

[81] BVerfGE 124, 78 (117).

bedeutungslos ansieht, von denen sie aber nicht ausschließen will, dass der Ausschuss sich in den Grenzen seines Auftrags auch für sie interessieren könnte, wird sie deshalb ihr Verständnis der Aktenanforderung offen legen und dem Ausschuss Gelegenheit zur Klarstellung des mit dem Beweisbeschluss Gemeinten geben müssen. Darauf wird dieser sich einzulassen haben,[82] wenn er sich nicht dem Vorwurf unzureichenden Aufklärungsinteresses und in einem Verfassungsstreit über die Vorlagepflicht der Regierung dem Einwand des fehlenden Rechtsschutzbedürfnisses aussetzen will.

Erst dieses Verfahren steckt dann auch den Rahmen ab, innerhalb dessen die Regierung über mögliche Übermittlungshindernisse etwa in den Grundrechten,[83] im Staatswohl,[84] im Brief-, Post- und Fernmeldegeheimnis,[85] in Geheimhaltungserfordernissen[86] oder eben im Kernbereich exekutiver Eigenverantwortung entscheidet. Jede Ablehnung hat sie dem Ausschuss gegenüber substantiell zu begründen und ihn über die Art der zurückgehaltenen Schriftstücke und Informationen, die Geheimhaltungsgründe und den Grad der Geheimhaltungsbedürftigkeit zu unterrichten.[87] Das kann ihr Gelegenheit geben, ihre Vorstellungen von dem Geheimnisschutz, den der Untersuchungsausschuss gewährleisten müsse, zu entwickeln[88] und diesen zwingen, sich hierzu zu verhalten auf die Gefahr hin, bei Unvereinbarkeit der Standpunkte auf die geforderten Unterlagen verzichten zu müssen.[89] Auch hier begründet erst der letztlich fruchtlose Meinungsaustausch, also die Erschöpfung von Verständigungsmöglichkeiten die Notwendigkeit verfassungsgerichtlichen Rechtsschutzes und damit das dort erforderliche Rechtsschutzbedürfnis.

Aber auch wenn die Regierung sich auf den unverfügbaren Ablehnungsgrund des Schutzes von Grundrechten oder auf ihren eigenen Kernbereich beruft, muss ihre Sperrerklärung nicht das letzte Wort sein. In Fragen des Grundrechtsschutzes kann sie nach verfassungsrechtlichen Maßstäben zwar nur richtig oder falsch, aber nicht lediglich vertretbar entscheiden, während sie bei möglicher Kernbereichsrelevanz zur Informationssperre berechtigt, nicht verpflichtet ist. Die Verfassungspflicht zur Begründung zwingt sie in jedem Fall, einen

---

[82] Das entspricht der Verfahrensweise, die BVerfGE 77, 1 (76) in Fällen erläuterungsbedürftiger Beschlagnahmeanträge für das Verhältnis zwischen Gericht und Ausschuss entwickelt hat.

[83] BVerfGE 124, 78 (125f.); dazu etwa Waldhoff/Gärditz-*Gärditz*, PUAG, 2015, §18 Rn. 29–30, 36–38.

[84] BVerfGE 67, 100 (136, 139); 124, 78 (123f.).

[85] BVerfGE 124, 78 (126f., 146) auch zu den Einschränkungen eines Verwertungsverbotes.

[86] BVerfGE 67, 100 (134, 137); zu den möglichen Fallgruppen Waldhoff/Gärditz-*Gärditz*, PUAG, 2015, §18 Rn. 39–44.

[87] BVerfGE 67, 100 (138); eingehend BVerfGE 124, 78 (128f.); 124, 161 (193) und ergänzend Waldhoff/Gärditz-*Gärditz*, PUAG, 2015, §18 Rn. 49–52.

[88] BVerfGE 67, 100 (138): „Dazu ist die Regierung gehalten, dem Untersuchungsausschuss für die Erörterung ihres Standpunktes zur Verfügung zu stehen."

[89] Dazu BVerfGE 67, 100 (137); 77, 1 (76).

problematischen Sachverhalt aufzudecken, den sie nicht deshalb verschweigen darf, weil sie sich in der Sache ohnehin nicht äußern dürfte, und ihre Ablehnungsgründe nachvollziehbar vorzutragen. Nimmt man das Gebot der Verfassungsorgantreue ernst als Verpflichtung, Kompetenzen so wahrzunehmen, dass der verfassungsrechtliche Status des jeweils anderen Organs geachtet und nicht gemindert wird,[90] dann kann sich der Sinn dieser Begründung nicht darin erschöpfen, den mutmaßlich nicht nachbesserungsfähigen[91] Streitgegenstand eines Organstreits zu begrenzen und damit dem Untersuchungsausschuss die Möglichkeit zu geben, dessen Erfolgsaussichten einzuschätzen. Von einer formal verfassungskonformen Begründung darf er die Darstellung eines Sachverhalts und dessen Subsumtion unter die in Betracht kommenden Hinderungsgründe erwarten. Rechtsgespräche hierüber muss der Ausschuss mit der Regierung nicht führen, dass sie den Fall aus ihrer Sicht tatsächlich und rechtlich vollständig geprüft hat, darf er als selbstverständlich zugrunde legen. Gleichwohl können sich im Einzelfall verfehlte Annahmen, Missverständnisse und Unklarheiten ausräumen lassen, deren Beseitigung nicht erst dem verfassungsgerichtlichen Verfahren vorbehalten bleiben muss.

Bei der Anforderung von Beweismitteln lässt sich die Informations- und notfalls die Begründungspflicht der Regierung auf der Grundlage von Einsetzungs- und Beweisbeschluss immerhin eingrenzen und im Dialog konkretisieren. Für die Einschränkung von Aussagegenehmigungen ist ein entsprechendes Verfahren noch zu entwickeln. Ob das Bundesverfassungsgericht dafür eine praxistaugliche Anleitung geliefert hat, erscheint zweifelhaft.

Die in §54 StPO genannten Amtsträger benötigen, um als Auskunftspersonen befragt werden und aussagen zu dürfen, eine Aussagegenehmigung; in ihrer Mehrzahl heben die Untersuchungsausschussgesetze dies eigens hervor, im Übrigen ergibt sich das Genehmigungserfordernis aus der Verweisung auf die sinngemäß anwendbare Strafprozessordnung mit ihrer Anknüpfung an das öffentliche Dienstrecht.[92] Wird die Genehmigung verweigert, ist das ebenso substantiiert zu begründen wie die Sperre anderer Beweismittel (vgl. etwa §23 Abs.2 i.V.m. §18 Abs.2 Satz2 PUAG).[93] Der Untersuchungsausschuss erhält damit, wie bei erkennbaren Fehlvorstellungen der Regierung, Gelegenheit zu Rückfragen und korrigierenden Hinweisen. Praktisch bedeutsamer als die umfassende ist jedoch die nur teilweise Versagung der Aussagegenehmigung. Sie folgt zwar denselben Regeln, lässt sich aber kaum zweckmäßig handhaben – es ist, wie die Erfahrung zeigt, in manchen Fällen nahezu unmöglich, eine Einschränkung im Vorhinein so zu formulieren, dass sie den Umfang der zulässi-

---

90 v. Mangoldt/Klein/Starck-*Sommermann*, GG, 6. Aufl. 2010, Art. 20 Rn. 225.
91 Waldhoff/Gärditz-*Gärditz*, PUAG, 2015, §18 Rn. 52.
92 Siehe BVerfGE 124, 78 (118).
93 BVerfGE 124, 78 (132); *Peters* DÖV 2014, 10 (18).

gen Aussage für den Zeugen wie für den Ausschuss verlässlich beschreibt und zugleich einer verfassungsrechtlichen Prüfung standhält.

Oft ist schon der Einsetzungsbeschluss auf einen nur in sehr weitem Sinne zeitlich und gegenständlich eingegrenzten Lebenssachverhalt bezogen. Ähnlich werden Beweisthemen dadurch unscharf gefasst, dass sie nicht einen eng umschriebenen Sachverhalt in das Wissen der Auskunftspersonen stellen, sondern einen nur thematisch benannten Geschehensablauf als ihren Gegenstand bezeichnen. Selbst wenn sie aber konkretere Fragen stellen, lassen sich zwar einzelne Bereiche von der Aussagegenehmigung ausnehmen. Eine solche Beschränkung geht jedoch nach dem Maßstab zulässiger Versagungsgründe im Regelfall zu weit – dass etwa ein gesamter Themenkomplex aus Gründen des Staatswohls, zum Schutz der Grundrechte oder des exekutivischen Kernbereichs gesperrt werden dürfte, ist schwerlich begründbar. Enthält die Genehmigung, um darauf Rücksicht zu nehmen, dann aber Vorbehalte, die anders als in Generalklauseln nicht zu fassen sind, dann setzt sie sich in dieser Allgemeinheit dem Vorwurf der Verfassungswidrigkeit aus,[94] bleibt überdies in ihrer Reichweite unbestimmt und wird zu einem ergiebigen Streitfall zunächst zwischen den Fragestellern und dem Zeugen, später dann zwischen dem Ausschuss und der Regierung. Für den Zeugen hängt die Zulässigkeit einer Antwort von seinem Verständnis der Aussagegenehmigung und ihrer in unbestimmte Rechtsbegriffe gekleideten Einschränkung ab, die bei Auslegungszweifeln Zurückhaltung nahe legt. Hier ist es sachgerecht, die Ursache für die Verweigerung nicht bei einem unwilligen Zeugen, sondern bei dem Urheber der unklaren Aussagegenehmigung zu sehen. Es indessen kaum mehr als ein Notbehelf, die Interpretation des in der Ausschusssitzung anwesenden Regierungsvertreters als maßgeblich zu Grunde zu legen.[95] Wenn es – so in dem vom Bundesverfassungsgericht behandelten Fall – der zuständige Ressortminister ist, der persönlich über die Aussagegenehmigung zu entscheiden hat (§23 Abs. 2 i.V.m. §18 Abs. 2 PUAG) und diese Aufgabe nicht einmal delegieren kann,[96] dann scheidet eine gleichsam authentische Interpretation durch einen Sitzungsvertreter aus, und das gilt allemal, wenn die Entscheidung dem Kabinett vorbehalten ist.

Zu der Alternative nimmt das Gericht nicht Stellung: „Ob und inwieweit es von Verfassungs wegen geboten ist, die in der Aussagegenehmigung für Zeugen vor einem Untersuchungsausschuss enthaltenen Beschränkungen über allgemeine Vorgaben hinaus bereits in der Genehmigung selbst auf einzelne im Rahmen des Untersuchungsgegenstandes erwartbare Fragenkomplexe hin – mit entsprechenden Begründungen – zu spezifizieren", lässt es vorsorglich offen.[97] Tatsächlich kommt eine solche Verfahrensweise nicht einmal als Hilfslösung

[94] BVerfGE 124, 78 (129f.).
[95] So aber BVerfGE 124, 78 (131, 133f.).
[96] Waldhoff/Gärditz-*Gärditz*, PUAG, 2015, §18 Rn. 24.
[97] BVerfGE 124, 78 (130).

in Betracht. Die Ausschussmitglieder auf mögliche Fragen hinzuweisen und gleichzeitig anzukündigen, dass ebendiese Fragen nicht beantwortet werden dürfen, wird einer Vernehmungssituation nicht annähernd gerecht, in der jede Antwort neue Fragen hervorrufen und jede Verweigerung den Ehrgeiz wecken kann, auf veränderte und dann unvorhergesehene Fragen doch eine Antwort zu erhalten. Damit muss die Regierung auch deshalb rechnen, weil „der Ausschuss seine Befragung auf alle zur Sache gehörenden Gegenstände erstrecken (könnte), ohne durch den von ihm erlassenen Beweisbeschluss gebunden zu sein".[98] „Erwartbare Fragenkomplexe" kommen in diesem Rahmen nur sehr eingeschränkt in Betracht. Wollte man die Regierung verpflichten, sie bei der punktuellen Genehmigungsversagung vorwegzunehmen, dem Parlament also nicht nur die Aufklärung, sondern schon die Fragestellung zu liefern, ginge das über ihre Verfahrensrolle als Kontrollobjekt weit hinaus.

Immerhin scheint es dem Gericht abschließend erwägungswert, ob es nicht Sache des Untersuchungsausschusses gewesen sein könnte, im Anschluss an die Vernehmungen die Regierung den Umfang der Aussagegenehmigung klarstellen zu lassen. Seine Lösung ist allerdings ebenso apodiktisch wie bedenklich: „Weder ist erkennbar, weshalb es hier eher den Antragstellerinnen (sc.: u. a. den Trägern des Einsetzungsantrags) als der Antragsgegnerin (sc.: der Bundesregierung) oblegen haben sollte, nach Wegen der Klärung und Konfliktbeilegung zu suchen, noch ist ersichtlich, dass eine solche Verfahrensweise zu einer einvernehmlichen Lösung geführt hätte."[99] Es ist indessen zunächst Sache des Ausschusses, sich darüber klar zu werden, ob er sich mit den Aussagen und mit ihrer Beschränkung abfinden will, und dann die Bringschuld der Regierung einzufordern. Zum anderen kann das Ergebnis einer solchen Rückfrage nur im besseren Fall eine einvernehmliche, sonst wird es eine verfassungskonforme Lösung sein müssen, die den zulässigen Gegenstand der Aussage jetzt präziser begrenzt und die darauf abgestimmte Begründung nachliefert. Dass solche Bemühungen des Ausschusses von vorneherein aussichtslos wären, lässt sich ohne besondere Anhaltspunkte nicht annehmen und vor allem nicht mit den Erklärungen eines insoweit nicht autorisierten Regierungsvertreters in der Ausschusssitzung begründen.

3. Ergebnis

Diese Problembeschreibung – unvermeidlich aus der Sicht einer Landesregierung – kann nicht vollständig sein. Sie beschränkt sich auf den Versuch, deutlich zu machen, dass die Regierung ihre Informationspflichten gegenüber Parlamentarischen Untersuchungsausschüssen wirkungsvoll nur im Dialog erfüllen

---

[98] BGH NJW 1979, 266 (267); ebenso *Buchholz* Der Betroffene im parlamentarischen Untersuchungsausschuß, 1990, S. 55 ff.

[99] BVerfGE 124, 78 (135).

kann, dass aber auch die Ausschüsse selbst bei regierungsgerichteten Missstandsenqueten in ähnlichem Maße die Kommunikation mit der Regierung pflegen sollten, wenn sie ihrem Aufklärungsauftrag nachkommen wollen. Für die danach verbleibenden Streitfragen steht der Rechtsweg zu den Verfassungsgerichten weiterhin offen. Zumal den Parlamentarischen Untersuchungsausschüssen sollte jedoch bewusst sein, dass sie dabei wenig zu gewinnen haben: Allenfalls erstreiten sie die Feststellung, dass die Regierung sich mit der bisherigen Begründung ihren Informationspflichten nicht habe entziehen können, so dass sie neu zu entscheiden haben und möglicherweise bessere Gründe finden wird. Ob es dann dem erfolgreichen Ausschuss noch vor dem Ende der Wahlperiode und damit vor seiner Auflösung gelingt, die soeben eingeklagten Beweise auch zu erheben, ist angesichts der Dauer solcher verfassungsgerichtlichen Verfahren denkbar zweifelhaft.

Überlegungen zu den Grundlagen von Staatenverbindungen

Siegfried Broß

Der nachfolgende Beitrag reflektiert auch zahlreiche kollegiale Gespräche mit dem Jubilar in und am Rande zahlreicher bedeutender Verfahren unserer langjährigen konstruktiven und vertrauensvollen Zusammenarbeit im Zweiten Senat des Bundesverfassungsgerichts.

Die Ausführungen entwickeln frühere Gedanken weiter, so unter anderem im Umfeld der Lissabon-Entscheidung des Bundesverfassungsgerichts aus dem Jahr 2009, aber auch der früheren Entscheidung zu dem Vertrag von Maastricht 1993, an dessen Verfahren wir noch nicht beteiligt waren. Hierbei berücksichtige ich von den zahlreichen eigenen Untersuchungen und Veröffentlichungen vor allem die im Anhang gennanten, ohne sie im Einzelnen noch einmal zu zitieren.

I. Ausgangsüberlegungen

Die gegenwärtige Lage an Staatenverbindungen leidet bei nüchterner Betrachtung nicht an Mangel. Es bereitet vor diesem Hintergrund den politischen Akteuren weltweit gewiss nicht wenige Schwierigkeiten, den Überblick zu behalten und das Gespür dafür zu bewahren, wie die von den Staatenverbindungen gebildeten verschiedenen Ebenen weltweit und regional in Einklang zu bringen sind, ihr stimmiges sowie harmonisches Ineinandergreifen und reibungsloses Nebeneinander in der politischen Wirklichkeit und im Alltag und nicht nur in gedanklichen Vorstellungen gewährleistet werden kann.

Vor dem Eingehen neuer Staatenverbindungen ist es unumgänglich, die verschiedenen Ebenen der schon bestehenden in den Blick zu nehmen und zu bewerten wie auch die Überlegung anzustellen, ob durch die Gründung einer weiteren Staatenverbindung auf einer unteren Ebene die darüber angeordneten Ebenen geschwächt werden. Im Hinblick auf die aktuell bestehenden Staatenverbindungen weltweit und neue im Entstehen begriffenen wie etwa durch die Freihandelsabkommen der Europäischen Union mit den Vereinigten Staaten von Amerika und Kanada wie auch z.B. dem geplanten Beitritt der Europäischen Union zur Europäischen Konvention zum Schutz der Menschenrechte und Grundfreiheiten oder dem Gemeinschaftspatent der Europäischen Union ist es reizvoll, sich differenziert hierüber unter übergeordneten den Gesamtzusammenhang umfassenden Gesichtspunkten Gedanken zu machen.

1. Bestandsaufnahme

a) Die grundlegende Frage vor der Inangriffnahme einer Staatenverbindung ist zunächst darauf zu richten, auf welcher Ebene der internationalen Staatenverbindungen diese angesiedelt werden soll. Davon unabhängig ist zu erwägen, ob die Außenwirkungen der in Aussicht genommenen Staatenverbindung regional oder gar weltumspannend zum Tragen kommen können. Es ist zu bedenken, dass jede Staatenverbindung, die nicht gleichsam weltumspannend ist, alle nicht beteiligten Staaten ausschließt und damit diskriminiert. Es kommt nahe liegend und zwangsläufig zu einer Blockbildung.

Geopolitisch und geostrategisch ist die Überlegung nicht fern liegend, dass die „Außenseiterstaaten" sich aufgerufen fühlen müssen, gegenläufige Entwicklungen zu initiieren. So ist etwa mit einer Ausdehnung der Europäischen Integration daran zu denken, dass der Druck auf Russland dort Überlegungen wach rufen muss, wie dem politisch und strategisch zu begegnen ist. Eine solche Gegenreaktion kann in verschiedener Richtung einmünden, etwa in einer Annäherung an die Volksrepublik China, aber auch in einer Gegenblockbildung wie die der BRIC-Staaten.

b) Des weiteren ist zu überlegen, welche weltumspannenden Staatenverbindungen schon bestehen. Eine verantwortungsvolle Politik hat deshalb in eine differenzierte und weit ausgreifende Betrachtung einzubeziehen, dass es seit 1945 die Vereinten Nationen als weltumspannende Staatenverbindung gibt, der die weit überwiegende Mehrzahl der Staaten als Mitglied zugehört. Dabei hat es nicht sein Bewenden. Auf der obersten Ebene der Völkergemeinschaft gibt es weitere Unterorganisationen, die diese umfassende Völkergemeinschaft abstützen. Zu nennen sind unter anderen das Übereinkommen zur Errichtung der Welthandelsorganisation (WTO), der Internationale Pakt über wirtschaftliche, soziale und kulturelle Rechte wie auch die Einrichtung der Weltbank, die Installierung der Internationalen Arbeitsorganisation, der UNESCO, Kinderhilfswerk und der Internationale Währungsfonds (IWF).

Schon allein vor diesem Hintergrund des vorhandenen „Bestands" muss man überlegen, wie die beabsichtigte neue Staatenverbindung in das bestehende Geflecht auf der obersten Völkergemeinschaftsebene eingreift und diese möglicherweise schwächt.

2. Zieldefinition

a) Die nächste Überlegung muss dahingehend eingeengt werden, ob es sich um eine politisch umfassende, partiell militärische oder wirtschaftliche Staatenverbindung handeln soll. Für letztere ist etwa die ursprüngliche Gemeinschaft der sechs Staaten der EWG, die zunächst auf eine rein wirtschaftliche engere Verbindung angelegt war, wie auch gegenläufig die EFTA in europäischer Nachbarschaft zu nennen. Zugleich waren aber auch dieselben Staaten dieser beiden europäischen Staatenverbindungen nicht nur Mitglieder der Vereinten Nationen, sondern auch der darunter liegenden Ebene des Wirtschaftsbereichs, seinerzeit noch des GATT. Im Gegenzug hatte der Ostblock ein eigenes umfassendes Wirtschaftsgebiet aufgebaut, seinerzeit Comecon.

b) Des Weiteren ist in diesem Zusammenhang eine präzise Beschreibung und Definition des Ziels der Staatenverbindung unumgänglich. Es ist mit Worthülsen und Allgemeinplätzen wie „Finalität Europas", „unumkehrbarer dynamischer Prozess" wie auch „alternativlos" nicht getan und wird dem beschriebenen komplexen Sachverhalt nicht entfernt gerecht, sondern ist eher ein Hinweis auf Rat- und Hilflosigkeit in Bezug auf den in Gang gesetzten Prozess der Staatenverbindung wie auch das so nicht beherrschbare Endziel.

c) Die gebotene Zieldefinition in Bezug auf die angestrebte neue Staatenverbindung hat des Weiteren für die politischen Akteure als elementare Voraussetzung die Verpflichtung, gegenüber sich selbst und den Menschen in den an diesem Integrationsprozess zu beteiligenden Staaten sich darüber zu vergewissern und sich darüber Rechenschaft abzulegen, welcher Mehrwert nicht nur politisch, sondern vor allem auch für die Menschen der zu beteiligenden Staaten und der absehbaren Rückwirkungen auf die oberste Ebene der Völkergemeinschaft seriös und in Verantwortung gegenüber den anderen Staaten als Mitglieder der obersten Völkergemeinschaftsebene zu rechtfertigen ist. In diesem Zusammenhang ist z.B. auf europäischer Ebene an die Erklärung von Lissabon im Jahr 2000 zu erinnern, dass die Europäische Gemeinschaft bis zum Jahre 2010 die stärkste Wirtschaftsmacht der Welt sein wolle. Unabhängig von der Maßlosigkeit einer solchen Erklärung spricht nicht nur die weitere Entwicklung bis zur Gegenwart dem Hohn, sondern schon seinerzeit hätte verantwortliche Politik erkennen müssen, dass mit dieser Zielrichtung die oberste Ebene der Völkergemeinschaft mit ihrer friedenssichernden Funktion geschwächt und gegenüber allen anderen Staaten außerhalb der europäischen Staatenverbindung unverhohlen ein großes Aggressionspotenzial angekündigt wird.

Bei der Ermittlung des Mehrwerts bedarf es einer umfassenden von Wunschvorstellungen freien Vorgehensweise. So wurde bei der Einführung des Europäischen Haftbefehls ausgeblendet, dass beteiligte Staaten zum Teil an in rechtsstaatlicher Hinsicht nicht hinnehmbaren Defiziten leiden. Es wurde ferner nicht bedacht, dass die Menschen, die von einem Europäischen Haftbefehl betroffen werden, gleichsam zum Objekt herab gewürdigt und wie ein Gegenstand von Staat zu Staat befördert werden können. Auch Missbrauchsmöglichkeiten wurden nicht erwogen, so die Instrumentalisierung des Europäischen Haftbefehls zur Vermeidung aufwändiger Rechtshilfeersuchen zur Erreichung von Zeugen.[1]

Im Zusammenhang mit dem Abkommen von Schengen wurde in die Gesamtabwägung nicht das Gefährdungspotenzial durch offene Grenzen hinsichtlich grenzüberschreitender Kriminalität eingestellt, und auch nicht der Öffentlichkeit im Vorfeld vermittelt, dass zum Ausgleich im Rückraum der Grenzen umfassende Überwachungseinrichtungen und -Instrumente wie etwa Schleierfahndungen und Kontrollstellen unumgänglich werden. Zugleich wurde etwa wenige Jahre später in Richtung Schweiz das Abkommen zeitweise suspendiert wegen der Kontrolle von Schwarzgeldbewegungen und nunmehr wegen der Asylantenströme aktuell die Forderung des belgischen Ministerpräsidenten zur Überprüfung des Abkommens am 23.08.2015.

3. Koordinierungsfragen

a) Vor dem Hintergrund, dass es weltweit und vor allem in Europa schon zahlreiche Staatenverbindungen gibt, ergeben sich häufig komplexe Koordinierungsprobleme, denen erfahrungsgemäß nicht die gebotene Aufmerksamkeit geschenkt wird. Zunächst ist zu überlegen, ob eine weltumspannende Ebene wie die der Vereinten Nationen oder etwa der Welthandelsorganisation tangiert wird. Kollisionen oder Friktionen müssen vermieden werden. Man darf sich allerdings auch nicht der Einsicht verschließen, dass es Konstellationen gibt, die normativ nicht mehr sachgerecht gelöst und im politischen Alltag umgesetzt werden können. Dies beruht u. a. auf dem Problem der Teilidentitäten von Mitgliedschaften in mehreren Staatenverbindungen.

Als Beispiel mag die Europäische Konvention zum Schutz der Menschenrechte und Grundfreiheiten dienen. Die Mitgliedstaaten der Europäischen Union sind auch Mitgliedstaaten der Konvention, darüber hinaus aber noch zahlreiche weitere Staaten. Es drängt sich bei dieser Ausgangslage nicht auf, dass die Europäische Union als Verbindung von 28 Mitgliedstaaten, die ihrerseits schon Mitgliedstaaten der Konvention sind, ihrerseits dieser beitritt. Die Multiplikation der völkerrechtlichen Verbindlichkeiten – je für jeden Mitgliedstaat der Europäischen Union und zusätzlich über diese selbst führt zwangsläufig zu Koordinierungs- und Harmonisierungsproblemen, die nicht mehr in rechtsstaatlich überzeugender Weise gelöst werden können. Darauf hat zu

[1] Einzelheiten hierzu bei *Broß* in: Griesbaum, Hannich, Schnarr (Hrsg.), Nehm-FS, 2006, S. 27ff.; BVerfGE 113, 273, mit abw. M. *Broß* S. 319ff. und Problem der Haftbedingungen in Griechenland für Asylanten.

Recht der Europäische Gerichtshof in seinem Gutachten vom 18.12.2014 (C-2/13) aufmerksam gemacht.

Eine vergleichbare Fehlleistung liegt in dem EU-Abkommen über ein einheitliches europäisches Patent auf der Grundlage der Verordnung Nr. 1257/2012 (EPEW), in dessen Zusammenhang der Europäische Gerichtshof am 05.05.2015 Klagen von Spanien abgewiesen hat (C-146/13 und C-147/13). Mit der beabsichtigten Schaffung des einheitlichen europäischen Patents der EU knüpft diese an das Europäische Patentübereinkommen vom 05.10.1973 an. Dieses ist am 07.10.1977 in Kraft getreten und hat 38 Mitgliedstaaten. Von vornherein begegnet hier wieder das Problem der Teilidentität von Mitgliedschaften. Mit Rücksicht darauf ist es nicht hinnehmbar, dass die Europäische Union nicht selbst für das Gemeinschaftspatent eine eigene Patentorganisation errichtet hat, sondern sich damit begnügt, die abschließende Entscheidung des Europäischen Patentamts, der maßgeblichen Institution der Europäischen Patentorganisation, zu übernehmen. Vor allem gibt es keinen Gerichtsschutz auf Erteilung eines Patents nach einer ablehnenden Entscheidung des Europäischen Patentamts. Das bedeutet, dass sich die Europäische Union mit ihrer „Patentpolitik" in eine von ihr nicht beherrschbare internationale Abhängigkeit begibt. Der Mehrwert einer solchen Staatenverbindung erschließt sich nicht, von den Verfassungsverstößen einmal abgesehen.[2]

b) Koordinierungsfragen ergeben sich noch vielfältig und sie nehmen mit der Bildung immer weiterer Staatenverbindungen zu. So ist der Widerspruch mancher Teilidentitäten nicht überzeugend aufzulösen, so etwa was die Mitgliedschaft in der Europäischen Union einerseits und in der NATO andererseits betrifft. In diesem Zusammenhang ist an die Türkei zu erinnern. Sie ist ein „sehr altes" und anerkanntes NATO-Mitglied, in der zahlreiche Mitgliedstaaten der Europäischen Union ebenfalls Mitglied sind und denen aufgrund dieser gemeinsamen Mitgliedschaft wechselseitig Verpflichtungen obliegen. Gleichwohl bestehen bisher nicht zu überwindende Widerstände gegen eine Mitgliedschaft der Türkei in der Europäischen Union.

Es ist eine Frage politischer Glaubwürdigkeit, solche und andere Widersprüche und Ungereimtheiten von Mitgliedschaften in verschiedenen Staatenverbindungen zu vermeiden. Diesen Gesichtspunkten ist, damit eine Staatenverbindung gelingen kann, mehr Aufmerksamkeit und Gewicht vor Inangriffnahme neuer Vorhaben in dieser Richtung zu widmen.

c) Für den vorliegenden Zusammenhang bieten die geplanten Freihandelsabkommen TTIP und CETA der Europäischen Union mit den Vereinigten Staaten von Amerika und Kanada reichlich Anschauung. Es geht hier nicht – wie die Bezeichnung „Freihandelsabkommen" vermitteln soll – um Freihandel im be-

---

[2] Hierzu im einzelnen *Broß* ZGE 2014, 89ff.

kannten herkömmlichen Sinn, also etwa um die Reduzierung oder den Abbau von Zöllen oder Warenkontingenten.[3] Die Breite und Tiefe der vereinbarten Bereiche und Gegenstände wie auch die Institution regulatorischer Zusammenarbeit in vielfältiger Form bedeutet die Gründung einer neuen Staatenverbindung, der der Charakter eines Teilbundesstaates zuzumessen ist.

Abgesehen davon, dass für ein solches Vorhaben weder national noch gemeinschaftsrechtlich die verfassungsrechtlichen Voraussetzungen gegeben sind, wird verkannt, dass bei dieser Struktur eine weit über die Wirtschaft hinausreichende Blockbildung geschaffen wird, die schon allein aufgrund ihrer Größe und nach dem damit verbundenen Zweck international und weltweit ein ganz beträchtliches latentes Aggressionspotenzial gegenüber allen nicht beteiligten Staaten birgt, die zu „Außenseitern" werden. Im Hinblick auf die weltumspannende Handelsorganisation der Vereinten Nationen, die durchaus noch vital ist, ist dieses Vorhaben bemakelt.[4]

II. Ermittlung der rechtlichen Rahmenbedingungen

In den letzten Jahrzehnten hat sich bei der Inangriffnahme der Bildung von neuen Staatenverbindungen eine bemerkenswerte Mentalität Bahn gebrochen: Es wird ein politischer Wille artikuliert, den es umzusetzen gilt, ohne dass zuvor weit ausgreifend die hierfür notwendigen Grundlagen und Rahmenbedingungen ermittelt und bewertet worden wären. Den Eigenheiten der insoweit einzubindenden Staaten in ihrer historischen Entwicklung, den gesellschaftlichen Gegebenheiten hinsichtlich Religion, ethnischen Befindlichkeiten, Wirtschaftsstrukturen und Abstand oder Erreichen des weltweiten durchschnittlichen Niveaus hinsichtlich Rechtsstaat, Demokratie und Stabilität, Letztere etwa gespeist durch Bildung breiter Bevölkerungsschichten, wirksame staatliche Infrastruktur zur Sicherung eines erträglichen Alltagslebens der Menschen wie auch medizinische Versorgung, wird nicht die gebotene Aufmerksamkeit geschenkt und vor allem nicht die grundlegende Voraussetzung für das Gelingen des Vorhabens einer neuen Staatenverbindung erkannt. Davon abhängig ist aber und das zeigt die langjährige Entwicklung, dass die mit diesen Voraussetzungen akzessorisch verbundenen Bedingungen der nationalen Verfassungen und der Verfassung der schon eingegangenen Staatenverbindungen regelmäßig nicht in ihrer für das Gelingen der neuen Staatenverbindung letztlich ausschlaggebenden Bedeutung entsprechend einbezogen werden.

[3] Hierzu etwa BVerfGE 102, 147 – Bananenmarktordnung.

[4] Vgl. zur WTO jüngst: Zölle auf mehr als 200 Hightech-Geräte fallen weg, NJW-aktuell Heft 32/2015 S. 28.

1. Nationale Verfassungen

Naheliegend ist hier dem Grundgesetz der Bundesrepublik Deutschland verstärkt Aufmerksamkeit zu widmen, weil diese Verfassung aufgrund der Teilung Deutschlands nach Beendigung des Zweiten Weltkriegs zu Recht auf die Gründung von Staatenverbindungen angelegt war: Die Vereinigung beider Teile Deutschlands war das zentrale Anliegen wie auch die Integration in ein Zusammenwachsen der europäischen Staaten. Gleichwohl ließ das weder bei Inkrafttreten des Grundgesetzes noch in der Folgezeit den Schluss zu, dass hierfür der politische Wille der jeweiligen Mehrheit für die Gesetzgebung ausreichend sein könnte. Der politische Wille darf sich im demokratischen Rechtsstaat nur in dem Rahmen entfalten, der von der Verfassung definiert und abgesteckt wird. Das gilt – bezogen auf die europäische Ebene – für alle Mitgliedstaaten der Europäischen Union. Diese Eckpunkte ergeben sich und beruhen auf dem rechtsstaatlichen demokratischen Prinzip, auch wenn es nicht völlig deckungsgleich für alle Mitgliedstaaten der Europäischen Union ist. Es geht hier um die unabänderlichen Grundstrukturen dieser Staatsform.

Vor diesem Hintergrund dürfen Formulierungen einer Verfassung, wie etwa in der Präambel des Grundgesetzes über die Integration Deutschlands in ein vereintes Europa wie auch die in verschiedenen Bestimmungen zum Ausdruck kommende so genannte Völkerrechtsfreundlichkeit des Grundgesetzes nicht dahin missverstanden werden, dass es sich hierbei gleichsam um „Blankovollmachten“ für die jeweilige gerade „herrschende“ Bundesregierung für ihr politisches Agieren europa- und weltweit handele. Vielmehr wird der Inhalt materiell definiert und konturiert durch die grundlegenden Bestimmungen des Grundgesetzes über die Gesetzgebung, die bundesstaatliche Ordnung mit Bund und Ländern wie auch die Grundrechte und die zentralen Normen in Art. 1, Art. 20 und Art. 79 Abs. 3 GG. Die Aufgabe der Staatlichkeit der Bundesrepublik Deutschland als autonomes und souveränes Staatswesen ergibt sich hieraus nicht.

Im Hinblick darauf wurde aufgrund zutreffender Einschätzung der Verfassungsrechtslage 1992 das Grundgesetz der Bundesrepublik Deutschland geändert und sein Art. 23 neu gefasst. Aufgrund der angestrebten Vertiefung der Europäischen Gemeinschaft mit der Vollendung des Binnenmarktes zum 01.01.1993 und einer Währungsunion war es unumgänglich, eine entsprechende verfassungsrechtliche Grundlage zu schaffen. Die fortschreitende europäische Integration hatte zweifelsfrei entgegen der politischen Verlautbarungen, keinen europäischen Bundesstaat anstreben zu wollen, das Stadium eines Europäischen „Teilbundesstaates“ erreicht.[5]

---

[5] Einzelheiten hierzu bei *Broß* in: Wollenschläger, Kreßel, Egger (Hrsg.), Hablitzel-FS, 2005, S. 55 ff.

Es ist deshalb vor Eingehen einer Staatenverbindung auf nationaler Ebene sorgfältig und gewissenhaft ohne „hymnischen Überschuss" die Verfassungsrechtslage zu „analysieren". Das ist ein Essentiale des demokratischen Rechtsstaats, an das immer wieder und zunehmend erinnert werden muss. Zur Abrundung mag der Hinweis genügen, dass Art. 24 GG das Eingehen von Staatenverbindungen nicht abstützt, wie schon allein die Neufassung des Art. 23 GG erhellt. Art. 24 GG beschränkt sich auf die Übertragung einzelner Hoheitsrechte, die aber nicht wie beim Eingehen einer Staatenverbindung entsprechend der Europäischen Union umfassende Bereiche der Staatlichkeit betreffen. Unter Art. 24 GG fallen etwa die NATO, die gemeinsame Überwachung des Luftraums in Europa durch Eurocontrol wie auch die Europäische Patentorganisation auf der Grundlage des Europäischen Patentübereinkommens.

2. Europäisches Verfassungsrecht

a) Im Hinblick auf den inzwischen erreichten Stand der europäischen Integration durch den Vertrag von Lissabon genügt es für die Inangriffnahme neuer Staatenverbindungen der Mitgliedstaaten der Europäischen Union nicht, sich hierfür allein der nationalen Verfassungsrechtslage rück zu versichern. Für die Bundesrepublik Deutschland wäre dies ohnehin nicht tunlich, weil diese aufgrund des hohen Standards und der mit wirksamer Unterstützung durch das Bundesverfassungsgericht gelebten Wirklichkeit von vornherein argwöhnischer Beobachtung zahlreicher anderer Mitgliedstaaten ausgesetzt ist, nicht selten mündend in dem Vorhalt, es handele sich um eine „deutsche Besonderheit und Befindlichkeit", für die man kein Verständnis erwarten könne. Bei einem solchen „Störfall" müsse letztlich die nationale Verfassung unbeachtet bleiben.

b) Vor diesem Hintergrund ist der deutliche Hinweis geboten, dass es auch rechtswissenschaftlich – viel weniger politisch – noch nicht zum gesicherten allgemeinen Gedankengut gehört, dass bei der Integration von Staaten in eine Staatenverbindung sehr sorgfältig zunächst auseinander gehalten und dann wieder zusammen betrachtet werden muss, wie für jeden Mitgliedstaat sich die Verpflichtungen aus der nationalen Verfassung und sich dann „Fernwirkungen" ergeben, wenn diese Staatenverbindung sich in eine weitere Staatenverbindung begeben möchte. Es bedarf dann einer doppelten verfassungsrechtlichen Legitimation, die allerdings weder allein auf nationales Verfassungsrecht noch allein auf das Verfassungsrecht der schon bestehenden Staatenverbindung gestützt werden kann. Vielmehr müssen zunächst die Grundstrukturen der schon bestehenden Staatenverbindung ermittelt werden und vor allem die insoweit mit deren Mitgliedstaaten begründeten Legitimationsstränge.

c) Für die Europäische Union ist folgende Grundstruktur anerkannt und das ist ihr grundlegendes Fundament: Es handelt sich um einen Staatenverbund

und (noch) keinen Bundesstaat, bei dem inzwischen erreichten Stand der Integration allerdings um einen Teilbundesstaat.[6] Zudem speisen sich die Zuständigkeiten und Handlungsmöglichkeiten der Europäischen Union allein aus dem Grundsatz und Instrument der begrenzten Einzelermächtigung durch die Mitgliedstaaten, was allgemeine oder generelle „zentrale" Zuständigkeiten und ein dem widersprechendes Handeln der Europäischen Institutionen ausschließt.

Schon dieser Umstand erhellt, dass etwa ein Verhandlungsmandat wie das für das Freihandelsabkommen mit den Vereinigten Staaten von Amerika (von einem Verhandlungsmandat und dessen Inhalt mit Kanada für das CETA-Abkommen ist noch nichts in die Öffentlichkeit durchgedrungen), nicht gleichsam als „Blankoermächtigung" für inhaltlich unbegrenzte „Freihandelsabkommen" begriffen werden durfte, die sachlich in Richtung einer neuen Staatenverbindung mit der Eingliederung der Europäischen Union und der Vereinigten Staaten von Amerika gelenkt wird, auch wenn insoweit kein umfassender gemeinsamer Bundesstaat verwirklicht wird.

d) Auf diese Gesichtspunkte hat der Europäische Gerichtshof in seiner Stellungnahme vom 18.12.2014 zu dem beabsichtigten Beitritt der Europäischen Union zur Europäischen Konvention zum Schutz der Menschenrechte und Grundfreiheiten wegen der Vereinbarkeit mit dem EU-Vertrag und dem AEU-Vertrag aufmerksam gemacht (C-2/13).

Die Besonderheit der verfassungsrechtlichen Ausgangslage auf der Gemeinschaftsebene liegt hier allerdings zunächst darin, dass die Vertragsfassung von Lissabon in Art. 6 EUV eine spezielle Rechtslage für den Beitritt ausweist. Damit ist der Grundsatz der begrenzten Einzelermächtigung voll umfänglich gewahrt. Man könnte allerdings die Ermächtigungsgrundlage in Art. 6 EUV schon als Systembruch der Konzeption der europäischen Integration – kein Bundesstaat – ansehen, weil dann nicht ein völkerrechtliches individuelles Staatswesen der Konvention beitreten dürfte. Der Sache nach würde es sich um einen Bündelbeitritt von 28 Staaten als Mitgliedstaaten der Europäischen Union handeln, was unter rechtsstaatlichen Gesichtspunkten zum Schutz der Menschenrechte und Grundfreiheiten nicht mehr seriös und handhabbar normativ ausgestaltet werden kann; denn die Mitgliedstaaten haben ihrerseits als Mitgliedstaaten der Konvention originäre Verpflichtungen, derer sie sich auch nicht über die Mitgliedschaft in der Europäischen Union entziehen können (zu diesen Problemen etwa *Broß* VerwArch 92 (2001), 425 ff. und VerwArch 97 (2006), 332 ff.).

Maßgeblich ist für die vorliegende Thematik der Gesichtspunkt des EuGH, dass die Autonomie, über die das Unionsrecht im Verhältnis zum Recht der

---

[6] Nachweise im Einzelnen bei *Broß* in: Wollenschläger, Kreßel, Egger (Hrsg.), Hablitzel-FS, 2005, S. 55 ff.

Mitgliedstaaten sowie zum Völkerrecht verfügt, es gebietet, dass – hier die Auslegung der Grundrechte – im Rahmen der Struktur und der Ziele der Union gewährleistet ist (Rn. 170). Der Gerichtshof weist des Weiteren in diesem Zusammenhang darauf hin, dass zur Sicherstellung der besonderen Merkmale und der Autonomie der Rechtsordnung der Union die Verträge ein besonderes Gerichtssystem geschaffen haben, dass der Gewährleistung der Kohärenz und der Einheitlichkeit bei der Auslegung des Unionsrechts dient (Rn. 174).

Es ist unschwer zu erkennen, dass hiermit den in den geplanten Freihandelsabkommen mit den Vereinigten Staaten von Amerika und Kanada vorgesehenen privaten Schiedsgerichten, aber auch einem allgemeinen internationalen Handelsgericht eine unmissverständliche Absage erteilt ist. Diese gilt auch für die geplante regulatorische Zusammenarbeit im Rahmen der Abkommen, weil diese unmittelbare und substantielle Rückwirkung auf die europäischen Verträge und die Zuständigkeit des Gerichtshofs hätte. Sowohl durch die Schiedsgerichte wie die regulatorische Zusammenarbeit würde dem Gerichtshof seine Wächterrolle über die europäischen Verträge und seine Stellung als Verfassungsgericht der Europäischen Union für den Geltungsbereich der geplanten Freihandelsabkommen entrissen.

3. Sonderproblem der geplanten Freihandelsabkommen CETA und TTIP

Wenn man Überlegungen zu den Grundlagen von Staatenverbindungen anstellt, darf man die geplanten Freihandelsabkommen der Europäischen Union mit den Vereinigten Staaten von Amerika und Kanada nicht ausblenden. Entgegen der Bezeichnung als „Freihandelsabkommen" geht es im Kern und zentral nicht um Freihandel im herkömmlichen und bekannten Sinn. Vielmehr werden Staatenverbindungen angestrebt, die weit über Handels- und Wirtschaftsbeziehungen hinausreichen und zentrale staatliche Strukturen der Vertragspartner durch gemeinsame Institutionen ersetzen.

Zunächst ist auf die in der aktuellen Diskussion im Vordergrund stehenden privaten Schiedsgerichte und den Investorschutz einzugehen. Diese werden der Sache nach durch die geplante regulatorische Zusammenarbeit zwischen den Vertragspartnern substantiell weiterentwickelt und damit Demokratie- und Rechtsstaatsprinzip weiter unterlaufen und ausgehöhlt.

a) Die in Rede stehenden Schiedsgerichte sind nach ihrer Organisation und ihrer institutionellen Stellung eine private Einrichtung. Ihnen fehlt von vornherein der rechtsstaatlich-demokratische Legitimationsstrang vom Volk über dessen repräsentative Vertretung im Parlament zur staatlichen Gerichtsorganisation. Bei dieser Konstellation kommt aber ein ganz wesentlicher Umstand hinzu. Dieser wird allgemein übersehen oder gezielt ausgeblendet. Durch solche Freihandelsabkommen wie auch durch die schlichter gestalteten Investorschutzabkommen wird jeweils beschränkt auf den Geltungsumfang der Abkommen eine mehr oder weniger komplexe autonome Rechtsordnung geschaffen.

Als Beispiele und Vorbilder sind etwa zu nennen die ursprüngliche Gemeinschaft der sechs Länder und Vertragsstaaten der EWG. Diese hatte von vornherein den Gerichtshof in Luxemburg als „Staatsschiedsgericht" zur Auslegung der Verträge und aufgrund der Zusammensetzung als ständiges Gericht und durch die Organisation durch die Vertragsstaaten die gebotene rechtsstaatlich-demokratische Legitimation mit der Anbindung über die nationalen Parlamente an die Völker dieser Gemeinschaft. Vergleichbar war die Gerichtsorganisation der „Konkurrenzvereinigung" EFTA mit deren bis heute existierendem Gerichtshof. In diesen Zusammenhang gehören aber auch der Europäische Gerichtshof für Menschenrechte in Straßburg für die durch die Europäische Konvention zum Schutz der Menschenrechte und Grundfreiheiten geschaffene autonome Rechtsordnung und der Internationale Seegerichtshof in Hamburg.

Es bedarf deshalb bei dem Eingehen von Staatenverbindungen, die mit der Schaffung einer autonomen Rechtsordnung regelmäßig bei Handels- und Wirtschaftsabkommen verbunden sind, der Einrichtung eines von den Vertragsstaaten gebildeten Staatsschiedsgerichts zur Auslegung und Handhabung der getroffenen Vereinbarungen und der damit begründeten Verpflichtungen und Bindungen. Nur so kann dem Rechtsstaats- und Demokratieprinzip als unentbehrlichem Legitimationsstrang eines Staatswesens genügt werden. Die Gegenposition übersieht viele maßgeblichen Gesichtspunkte, aber vor allem den, dass mit dem Inkrafttreten eines solchen Vertrags die Definitionshoheit darüber, was und in welchem Umfang vereinbart worden ist, auf die im Vertrag vorgesehene und eingerichtete Schiedsgerichtsbarkeit übergeht. Das kann nie eine private Institution sein, die den durch die nationalen Parlamente der Vertragsstaaten repräsentierten Willen des Volkes definiert und diesen seinem Schiedsspruch unterwirft.

Des Weiteren liegt in der Einrichtung privater Schiedsgerichte der in Rede stehenden Art ein fundamentaler Bruch grundlegender Funktionsbedingungen des Völkerrechts: Subjekte und legitimierte Akteure auf der Ebene des Völkerrechts sind nur Staaten oder von ihnen entsprechend anerkannte nicht staatliche Organisationen, etwa IKRK und Johanniterorden. Die Menschen werden deshalb nicht zu Objekten im internationalen Verkehr herabgewürdigt. Ihr Heimat- oder Sitzstaat ist ihnen zu entsprechendem Schutz verpflichtet.

Alle diese Gesichtspunkte bestätigen und ändern nichts an der Erkenntnis, dass sich Staaten nicht einer privaten Schiedsgerichtsbarkeit innerhalb einer von ihnen geschaffenen autonomen Rechtsordnung unterwerfen dürfen. Sie würden dadurch überdies ihre elementare rechtsstaatlich-demokratische Verpflichtung zum Schutz der Grundrechte für die ihnen anvertrauten Menschen verletzen. Das gilt nicht nur für die nationale, sondern in Europa auch für die Gemeinschaftsrechtsebene, wie der Europäische Gerichtshof in seinem Gutachten bezüglich des Beitritts der EU zur EMRK am 18.12.2014 klargestellt hat.

Es wäre allerdings unbedenklich, bei übereinstimmender Struktur solcher Abkommen, wie das bei zahlreichen herkömmlichen Investorschutzabkommen seit 1959 der Fall ist, für diese ein einheitliches Staatsschiedsgericht der Vertragsstaaten als dauernde Institution und nicht als ad-hoc Einrichtung nach Belieben der Investoren vorzusehen.

b) Die Schiedsgerichtegerichtsbarkeit wirft allerdings eine in der Vergangenheit und bis heute nicht thematisierte Problematik auf. Deutschland gilt als Erfinder der Investorschutzabkommen. In diesem Zusammenhang wird das Investorschutzabkommen zwischen Pakistan und der Bundesrepublik Deutschland im Jahr 1959 gemäß dem Gesetz zu dem Vertrag vom 25.11.1959 zur Förderung und zum Schutz von Kapitalanlagen vom 29.06.1961 (BGBl. 1961 II S. 793) genannt. In der Folgezeit sind solche Schiedsgerichte weltweit in Investitionsschutz- und Freihandelsabkommen im weiteren Sinne vereinbart worden. Die damit verbundenen Vorstellungen gingen dahin, dass es zahlreiche Staaten gibt, denen man nicht von vornherein das Siegel, rechtsstaatlich-demokratisch anerkannten Standards zu entsprechen, zuerkennen würde. Schon damals im Jahr 1959 wie auch in der Folgezeit und bis heute wurden grundlegende rechtsstaatlich-demokratische wie auch Prinzipien des Völkerrechts übersehen. Das gebotene Problembewusstsein war und ist bis heute nicht in dem Maße ausgebildet, wie es die weltweit bestehenden Staatenverbindungen seit Gründung der Vereinten Nationen mit zahlreichen Unterorganisationen, aber auch die schon weit fortgeschrittene europäische Integration nahe legen müssten.

Zunächst verstoßen solche Investorschutzklauseln gegen allgemeine Rechtsgrundsätze einer rechtsstaatlich-demokratischen Rechtsordnung. Eine solche hat zum wesentlichen Inhalt auch, dass alle Rechtsunterworfenen gleichbehandelt werden müssen und ihnen eine gleichwertige Menschenwürde zukommt. Hiergegen wird mit den herkömmlichen Investorschutzklauseln verstoßen, weil sie den ausländischen Investor aus dem Geltungsbereich der jeweils geltenden nationalen Rechtsordnung des Vertragspartners herausnehmen. Die nationalen Wettbewerber werden diskriminiert und benachteiligt. Das verletzt das Gerechtigkeitsempfinden der Menschen und untergräbt fortwährend die Neigung der Menschen in einem Staat, dessen Entscheidungen als legitim und sachgerecht zu akzeptieren. Dieses Empfinden der Menschen ist nicht sektoral begrenzt, sondern es ergreift allmählich alle Lebensbereiche bis hin zur Steuerehrlichkeit und der Beachtung der Straßenverkehrsregeln auch ohne Überwachungseinrichtungen.

Vor dem Hintergrund von Staatenverbindungen ist allerdings noch weiter darüber nachzudenken, ob die zu schützende Investition überhaupt schützenswert ist. Schon 1959 hätte auffallen müssen, dass es sich nicht um eine schützenswerte Investition entsprechend dem rechtsstaatlichen Standard der Bundesrepublik Deutschland, vor allem durch den Grundrechtekatalog geprägt, handeln kann. Bedarf es eines solchen Schutzes wie vereinbart, ist es zunächst ein Widerspruch, sich mit einem privaten Schiedsgericht gegen willkürliche Maßnahmen des anderen Vertragsstaates schützen zu wollen. Mit einem privaten Schiedsgericht, dessen Zusammensetzung beliebig ist, knüpft man an die Mentalitäten an, gegen die man sich meint schützen zu müssen.

Des Weiteren ist den in Rede stehenden Staaten häufig eigen, dass sie den Schutz der Menschen- und Grundrechte nicht ernst nehmen. Die Diskussion um den Schutz der Menschen- und Grundrechte in für die deutsche Politik und Wirtschaft wichtigen Staaten ist bedauerlicherweise Alltag, hat aber noch nicht zu einem Umdenken und einer anderen Gestaltung der „Schutzinstrumente" geführt. Solche gibt es, so man sich nur bemüht und nicht von den rechtsstaatlichen Defiziten und Menschenrechtsverletzungen profitieren möchte.

Alle solche Investorschutzabkommen schließenden Staaten sind Mitglied der Vereinten Nationen. Sie verstoßen allerdings bei Abkommen mit den genannten Staaten schon gegen eine grundlegende Zielbestimmung der Charta der Vereinten Nationen vom 26.06.1945. Diese formuliert in Art. 1 Nr. 3 als ein Ziel der Vereinten Nationen, eine internationale Zusammenarbeit herbeizuführen, um internationale Probleme wirtschaftlicher, sozialer, kultureller und humanitärer Art zu lösen und die Achtung vor den Menschenrechten und Grundfreiheiten für alle ohne Unterschied der Rasse, des Geschlechts, der Sprache oder der Religion zu fördern und zu festigen. Des Weiteren enthält die Allgemeine Erklärung der Menschenrechte vom 10.12.1948 zahlreiche für diesen Zusammenhang einschlägige Schutzbestimmungen für die Menschen. So etwa die Konturierung sozialer Sicherheit (Art. 22), Recht auf Arbeit und gleichen Lohn wie auch Koalitionsfreiheit (Art. 23), Erholung und Freizeit (Art. 24) und soziale Betreuung (Art. 25). Nicht vergessen werden darf ferner der zeitlich spätere Internationale Pakt über wirtschaftliche, soziale und kulturelle Rechte vom 19.12.1966 (BGBl. 1973 II S. 1570).

Dieser Befund ist noch aus einem anderen Grund aufschlussreich: Es macht keinen Sinn, immer mehr und immer breitere Staatenverbindungen zu gründen, wenn schon die Verpflichtungen aus früheren und einer noch verhältnismäßig einfach zu überschauenden Vertragslage missachtet werden. Das Ineinandergreifen und das Koordinieren stößt sehr schnell an die Grenzen. Zudem helfen die normativen Regelungsgeflechte nicht, wenn wegen unterschiedlicher Mentalitäten, „Kulturen" und rechtsstaatlich-demokratischen wie auch wirtschaftlichen Gefällen der zusammen gebundenen Staaten schon vor Abschluss solcher Verträge unschwer zu erkennen ist, dass keine Annäherung an einen wenigstens „mittleren Level" erwartet werden kann. Das wird z. B. auch an der europäischen Integration und der Entwicklung der Eurozone sichtbar.

Literatur

Broß in: Bruns, Kern u.a. (Hrsg.), Stürner-FS, 2013, S. 3ff.; *Broß* in: Deutscher Hochschulverband, Glanzlichter der Wissenschaft, 2007, S. 25ff.; *Broß* JZ 2003, 874ff.; *Broß* in: Hans-Böckler-Stiftung (Hrsg.), Reihe Mitbestimmungsförderung, Düsseldorf 2015, Report Nr. 4; *Broß* in: Berliner Wassertisch, Schriftenreihe zur kommunalen Daseinsvorsorge, 2015, Heft 4; *Broß* ZGE 2014, 1ff.; *Broß* JZ 2003, 429ff.; *Broß* EuGRZ 2002, 574ff.; *Broß* Vortrag am 03.09.2010 in Rastatt, Erstes Gustav-Heinemann-Forum, veröff. 2011 (Humanistische Union); *Broß* Vortrag am 28.09.2012 in Freiburg/Br., DAAD-Alumnitreffen; *Broß* JZ 2008, 227ff.; *Broß* Vortrag am 19.05.2011 in Erfurt, Vortrag im Plenum des Landtags des Freistaates Thüringen; *Broß* VerwArch 92, 425ff.; *Broß* VerwArch 97, 332ff.; *Broß* Privatisierung staatlicher Infrastrukturbereiche in der „sozialen Demokratie", Baden-Baden 2015.

Sozialhilfeleistungen für Unionsbürger in Deutschland – was gebietet unser Sozialstaat?

Zum Umfang des Grundrechts auf Gewährleistung eines menschenwürdigen Existenzminimums

Jürgen De Felice

Ja, es herrscht Uneinigkeit darüber, in welchen Fallgestaltungen Unionsbürger aus den EU-Mitgliedstaaten, die sich in der Bundesrepublik Deutschland aufhalten, existenzsichernde Leistungen nach dem Recht der Grundsicherung für Arbeitsuchende (Sozialgesetzbuch, Zweites Buch – SGB II) bzw. dem Sozialhilferecht (Sozialgesetzbuch, Zwölftes Buch – SGB XII) für sich beanspruchen können. Ein komplexes Geflecht an europarechtlichen und nationalen Regelungen im Lichte des Sozialstaatsprinzips führte zu den unterschiedlichsten Auslegungen – und sozialgerichtlichen Entscheidungen. Das Bundessozialgericht (BSG) hat nun in seinen Urteilen vom 03.12.2015[1] einige der offenen Fragen für sich und die Sozialgerichte in Deutschland entschieden – die gesellschaftliche und juristische Diskussion hierüber wird darin aber nicht ihr Ende finden.

I. Die europarechtlichen Vorgaben

Der Europäische Gerichtshof (EuGH) hat sowohl in der Rechtssache Dano[2] als auch in der Rechtssache Alimanovic[3] entschieden, dass der in §7 Abs. 1 S. 2 Nr. 2 SGB II vorgesehene Leistungsausschluss nicht gegen europarechtliche Vorgaben verstoße. Auch wenn der EuGH nicht zu allen zuvor in der nahezu unüberschaubaren Literatur und Rechtsprechung[4] aufgeworfenen Problemen

---

[1] BSG, Urt. v. 03.12.2015 – B 4 AS 43/15 R, B 4 AS 44/15 R und B 4 AS 59/13 R.

[2] EuGH NZS 2015, 20.

[3] EuGH SGb 2015, 638.

[4] So war die Thematik Gegenstand des 47. Kontaktseminars des Deutschen Sozialrechtsverbands, vgl. dazu den Tagungsbericht von *Steingraeber* Sozialrecht aktuell 2015, 111; vgl. außerdem neben den nachfolgend zitierten Arbeiten u. a. *Anders* ArbuR 2015, 397; *Eichenhofer* ZESAR 2012, 357; *Schreiber,* info also 2015, 3, *Frenz* DVBl. 2015, 36, *Thym* NJW 2015, 130 und *Fuchs* ZESAR 2014, 103; ein sinnvoller Überblick über die Rspr. ist an dieser Stelle aus

Stellung genommen hat, dürfte zumindest für die Praxis[5] damit hinsichtlich der grundlegenden Fragen europarechtlich Klarheit geschaffen sein; der Schwerpunkt der gerichtlichen Verfahren wird sich daher, soweit die europarechtlichen Vorgaben berührt sind, auf die tatsächlichen Umstände des einzelnen Falles verlagern, etwa auf die Frage, ob dem Antragsteller europarechtlich der Arbeitnehmerstatus oder der eines Selbständigen zuzubilligen ist bzw. weiterhin erhalten bleibt und daher §7 Abs. 1 S. 2 Nr. 2 SGB II von vornherein nicht einschlägig ist.

In der Rechtssache Dano zunächst hat der EuGH – auf Vorlagebeschluss des Sozialgerichts (SG) Leipzig[6] – zu einem Sachverhalt Stellung genommen, der dadurch gekennzeichnet war, dass die 1989 geborene Antragstellerin rumänischer Staatsangehörigkeit weder dort noch in Deutschland, wo sie sich seit Herbst 1990 aufhielt, jemals einer Erwerbstätigkeit nachgegangen war. Da, so der EuGH, auch nichts darauf hindeute, dass sie sich um Arbeit bemüht habe, folgert der EuGH, dass ihr in Deutschland kein Aufenthaltsrecht nach RL 2004/38/EG[7] zustehe. Daher könne sie sich bei der Ausübung der Freiheit, sich im Hoheitsgebiet der Mitgliedsstaaten zu bewegen und aufzuhalten, und eines sich daraus möglicherweise ergebenden Anspruchs auf die streitigen Leistungen nicht auf das zwar primärrechtlich in Art. 18 AEUV relativ weit gefasste, aber sekundärrechtlich in Art. 24 RL 2004/38/EG und Art. 4 VO (EG) 883/2004[8] ausgestaltete und begrenzte Diskriminierungsverbot[9] berufen. Da Leistungen wie das Arbeitslosengeld II als Sozialhilfe im Sinne von Art. 24 Abs. 2 RL 2004/38/EG einzuordnen seien, könne ein Unionsbürger Gleichbehandlung mit einem Staatsangehörigen des Aufnahmestaats hinsichtlich des Bezugs derartigen Leistungen nur verlangen, wenn sein Aufenthalt dort die Voraussetzungen der Aufenthaltsrichtlinie RL 2004/38/EG erfülle: Das setzt aber bei nicht erwerbstätigen Unionsbürgern bei einem Aufenthalt, der über drei Monate hinausgeht (aber fünf Jahre nicht erreicht), gerade das Vorhandensein ausreichender Existenzmittel voraus (Art. 7 Abs. 1 Buchst. b RL 2004/38/EG). Die Mitgliedsstaaten dürften daher wirtschaftlich inaktive Unionsbürger wegen der Ausnahme vom Diskriminierungsverbot, das in Art. 24 Abs. 2 RL 2004/38/EG

Platzgründen nicht möglich, nachdem juris bei einer Recherche zu „§7 Abs. 1 S. 2 SGB 2“ im Bereich Rechtsprechung 545 Treffer (Stand: 08.12.2015) liefert.

[5] Das gilt allerdings nicht uneingeschränkt, so finden sich bereits erste Entscheidungen, die dem EuGH nicht folgen, vgl. z.B. SG Mainz, Beschl. v. 12.11.2015 – S 12 AS 946/15 ER.

[6] SG Leipzig, Beschl. v. 03.06.2013 – S 17 AS 2198/12.

[7] Richtlinie 2004/38/EG des Europäischen Parlaments und des Rates vom 29.04.2004 über das Recht der Unionsbürger und ihrer Familienangehörigen, sich im Hoheitsgebiet der Mitgliedstaaten frei zu bewegen und aufzuhalten, zur Änderung der Verordnung (EWG) Nr. 1612/68 und zur Aufhebung der Richtlinien 64/221/EWG, 68/360/EWG, 72/194/EWG, 73/148/EWG, 75/34/EWG, 75/35/EWG, 90/364/EWG, 90/365/EWG und 93/96/EWG.

[8] Verordnung (EG) Nr. 883/2004 des Europäischen Parlaments und des Rates vom 29.04.2004 zur Koordinierung der Systeme der sozialen Sicherheit.

[9] Vgl. zum Diskriminierungsverbot u.a. *Greiser* ZESAR 2014, 18ff.

für Sozialhilfeleistungen vorgesehen ist, vom Bezug von Leistungen wie dem Arbeitslosengeld II (auch dauerhaft) ausschließen.

Schon diese Entscheidung musste man, jedenfalls in dieser Deutlichkeit, nicht unbedingt erwarten, etwa hinsichtlich der umstandslosen Einordnung von Leistungen wie dem Arbeitslosengeld II als Sozialhilfe im Sinne von Art. 24 Abs. 2 RL 2004/38/EG[10]. Dabei ist vor allem eine gewisse Zurückhaltung des EuGH augenfällig. So spielt die primärrechtliche Ausgestaltung des Unionsbürgerstatus,[11] namentlich das allgemeine Diskriminierungsverbot aus Art. 18 AEUV und die Gewährleistung der Arbeitnehmerfreizügigkeit in Art. 45 AEUV, eine auffallend geringe Rolle. Auch hat sich der EuGH – obwohl das nach der Entscheidung in der Rechtssache Trojani[12] durchaus erwartbar gewesen wäre[13] – nicht zu der Frage verhalten, ob sich Frau Dano möglicherweise darauf berufen kann, dass ihr zwar europarechtlich kein Aufenthaltsrecht zusteht, die – innerstaatlich begründete – Vermutung der Freizügigkeit[14] aber in ihrem Falle, soweit ersichtlich, nicht beseitigt worden war und sie sich daher rechtmäßig in Deutschland aufhielt. Ausdrücklich hat es der EuGH im Hinblick auf die Grenzen seiner Zuständigkeit abgelehnt, zu der Vorlagefrage Stellung zu nehmen, ob sich aus Art. 1, 20 und 51 der EU-Grundrechtecharta Leistungsansprüche ergeben, die über die Absicherung akuter Notfälle und die Ermöglichung der Rückkehr in den Heimatstaat hinausgehen. Recht deutlich wahrnehmbar ist damit schon in der Entscheidung Dano, dass der EuGH sich jedenfalls im Bereich des Sozial(hilfe)rechts nicht (mehr) als „Motor der Integration" begreift oder, anders gewendet, den mitgliedstaatlichen (Grund-)Rechten und ihrer Anwendung durch die mitgliedstaatlichen (Verfassungs-)Gerichte Spielraum lässt.[15]

Noch deutlicher sind diese Tendenzen in der Entscheidung in der Rechtssache Alimanovic, über die der EuGH auf Vorlage des BSG[16] mit Urteil vom 15.09.2015 entschieden hat. Auch hier lässt der EuGH die Regelung aus § 7 Abs. 1 S. 2 Nr. 2 SGB II unbeanstandet, obwohl Frau Alimanovic (und ihre Kinder) deutlich engere Verbindungen zur Bundesrepublik Deutschland und dem

---

[10] Deutlich zurückhaltender hierzu hatte sich der EuGH noch in der Entscheidung in den Rechtssachen Vatsouras / Koupatantze (Urt. v. 04.06.2009 – C-22/08 und C-23/08, SozR 4–6034 Art. 39 Nr. 5) geäußert; vgl. hierzu auch *Groth* jurisPR-SozR 2/2015 Anm. 1 und *Wunder* SGb 2015, 620.

[11] Vgl. hierzu nochmals *Greiser* ZESAR 2014, 18.

[12] EuGH NZA 2005, 757; dort hatte der EuGH bei einem ebenfalls wirtschaftlich inaktiven Kläger, der (nur) über eine (belgische) Aufenthaltsbescheinigung verfügte, vertreten, dieser könne sich auf das unionsrechtliche Diskriminierungsverbot berufen.

[13] Vgl. in diesem Sinne *Kingreen* NVwZ 2015, 1503 (1504).

[14] Vgl. in diesem Sinne z. B. die Gesetzesbegründung zum Zuwanderungsgesetz: BT-Drs. 15/420 S. 106; von einer Freizügigkeitsvermutung ausgehend – als Beispiel für viele – in jüngster Zeit BVerwG, Urt. v. 16.07.2015 – 1 C 22/14.

[15] So die Deutung von *Kingreen* NVwZ 2015, 1503 (1506).

[16] BSG ZFSH/SGB 2014, 158.

inländischen Arbeitsmarkt aufwiesen als Frau Dano (und ihr Kind): So hatte Frau Alimanovic, die schwedische Staatsangehörige ist, bereits vor 1999 in Deutschland gelebt, ihre drei Kinder sind hier geboren. Im Juni 2010 kehrten sie nach Deutschland zurück; Frau Alimanovic und ihre älteste Tochter arbeiteten danach auch im Inland, allerdings weniger als ein Jahr, so dass es im streitigen Zeitraum an einem fortwirkenden Arbeitnehmerstatus fehlte. Vor allem aber hielt sich – so jedenfalls die Feststellungen des erstinstanzlich zuständigen SG Berlin[17], an die das BSG im Rahmen des Verfahrens, das zum Vorlagebeschluss geführt hatte, gebunden war und wovon deshalb auch der EuGH ausging – Frau Alimanovic allein[18] zur Arbeitsuche in der Bundesrepublik auf. Der EuGH hat (dennoch) den Leistungsausschluss aus § 7 Abs. 1 S. 2 Nr. 2 SGB II ohne jede erkennbare Einschränkung für europarechtskonform erachtet.

Besonders bemerkenswert ist dabei, dass er – anders als noch in der Rechtssache Brey[19] – eine individuelle, also an die persönlichen Umstände des Betreffenden anknüpfende Prüfung, ob mit dem Aufenthalt eine unangemessene Belastung des Sozialhilfesystems verbunden ist, für nicht erforderlich gehalten hat; vielmehr enthalte die RL 2004/38/EG selbst bereits ein abgestuftes, persönliche Umstände der betroffenen Person berücksichtigendes und den Zugang zu Sozialleistungen regulierendes System, das die Verhältnismäßigkeit ausreichend sichere. Der EuGH wählt also eine stärker verallgemeinernde Perspektive als in seiner bisherigen Rechtsprechung, was besonders deutlich wird, wenn er schreibt, dass die einem einzigen Antragsteller gewährte Hilfe schwerlich als „unangemessene Inanspruchnahme" eines Mitgliedstaats im Sinne von Art. 14 Abs. 1 RL 2004/38/EG eingestuft werden könne, weshalb regelmäßig die mögliche Belastung nach Aufsummierung sämtlicher Einzelanträge ausschlaggebend sei. Er scheint sich damit das Ziel, einen „Zuzug in die Sozialleistungssysteme" zu verhindern, relativ umstandslos zu eigen zu machen, obwohl gerade die individuelle Lebensgeschichte von Frau Alimanovic und ihren Kindern, soweit sie den zitierten Entscheidungen zu entnehmen ist, durchaus Gründe für einen (Rück-)Umzug von Schweden nach Deutschland vermuten lässt, die mit einer Optimierung von Sozialleistungen wenig zu tun haben. Solche Gründe geraten auf der Argumentationsebene der Alimanovic-Entscheidung allerdings nicht in den Blick.

---

[17] SG Berlin, Urt. v. 19.12.2012 – S 55 AS 18011/12.

[18] Sonstige Aufenthaltszwecke – etwa im Hinblick auf den Schulbesuch der (jüngeren) Kinder – blieben ungeprüft, was dem Vorlagebeschluss ebenso eine gewisse „Schieflage" verleiht wie die Frage nach einer tatsächlichen Arbeitsuche, zu der tatsächliche Feststellungen im Einzelnen fehlten; vgl. dementsprechend die zwischenzeitlich erfolgte Zurückverweisung zur Prüfung möglicher weiterer Aufenthaltsrechte durch das Urteil des BSG vom 03.12.2015 – B 4 AS 43/15 R.

[19] EuGH NZS 2014, 20; vgl. dazu auch die Anm. von *Schreiber* ZESAR 2014, 44.

II. Die Vorgaben des Grundgesetzes

Mit zwei Beschlüssen vom 26.07.2010[20] und 22.11.2010[21] hatte das Landessozialgericht für das Land Nordrhein-Westfalen dem Bundesverfassungsgericht (BVerfG) die Frage zur Entscheidung vorgelegt, ob die in § 3 Abs. 2 S. 2 und § 3 Abs. 2 S. 3 i. V. m. Abs. 1 S. 4 Nr. 2 Asylbewerberleistungsgesetz (AsylbLG) in der Fassung der Bekanntmachung vom 05.08.1997[22] vorgegebenen Geldleistungen mit dem Grundgesetz (GG) vereinbar sind.[23] Für die juristische Fachwelt keineswegs überraschend, erklärte das BVerfG in seinem Urteil vom 18.07.2012[24] die Bedarfssätze des AsylbLG für unvereinbar mit dem Grundrecht auf Gewährleistung eines menschenwürdigen Existenzminimums aus Art. 1 Abs. 1 GG in Verbindung mit dem Sozialstaatsprinzip des Art. 20 Abs. 1 GG. Darüber hinaus verpflichtete es den Gesetzgeber, unverzüglich für den Anwendungsbereich des AsylbLG eine Neuregelung zur Sicherung des menschenwürdigen Existenzminimums zu treffen und ordnete für die Zeit ab dem 01.01.2011 bis zum Inkrafttreten dieser Neuregelung eine Übergangsregelung auf der Basis des Regelbedarfs-Ermittlungsgesetzes[25] nebst Fortschreibung entsprechend der Veränderungsrate des Mischindexes nach § 138 und § 28a SGB XII an. Nicht zuletzt wegen der sehr eingehend und detailliert vom BVerfG ausgestalteten Übergangsregelung kam der Gesetzgeber der ihm auferlegten Pflicht zur Neuregelung jedoch tatsächlich erst durch das Gesetz zur Änderung des AsylbLG und des Sozialgerichtsgesetzes vom 10.12.2014[26] nach, das schließlich zum 01.03.2015 in Kraft getreten ist.[27]

Mit der Entscheidung vom 18.07.2012 hat das BVerfG in konsequenter Weise die Doktrin und seine Rechtsprechung zum Recht der sozialen Fürsorge fortgesetzt, das seit jeher auf die Menschenwürde gestützt wird. Schon der frühen Rechtsprechung des Bundesverwaltungsgerichts zufolge führen die Leitgedanken des Grundgesetzes dazu, das Fürsorgerecht dahin auszulegen, dass die Rechtspflicht zur Fürsorge deren Träger gegenüber dem Bedürftigen obliegt und diesem ein entsprechender Rechtsanspruch zusteht.[28] Die zum AsylbLG ergangene Entscheidung knüpft an eben jene Auslegung an, die das BVerfG zuvor auch schon seiner Entscheidung zur Unvereinbarkeit der Regelleistungen

---

[20] LSG NRW ZFSH/SGB 2010, 604.

[21] LSG NRW, Beschl. v. 22.11.2010 – L 20 AY 1/09, veröffentlicht in juris.

[22] BGBl. 1997 I S. 2022.

[23] Für einen alleinstehenden Erwachsenen beliefen sich diese Geldleistungen im Monat auf umgerechnet rund 225 € (184,07 € + 40,90 €).

[24] Az. 1 BvL 10/10 und 1 BvL 2/11, BVerfGE 132, 134.

[25] BGBl. I 2011 S. 453.

[26] BGBl. I 2014 S. 2187.

[27] Für einen alleinstehenden Erwachsenen sind seitdem Geldleistungen in Höhe von 359 € monatlich vorgesehen.

[28] BVerwGE 1, 159.

nach dem SGB II mit den verfassungsrechtlichen Vorgaben zugrunde gelegt hatte.[29]

In Bezug auf die SGB II-Regelleistungen hatte das BVerfG deren Unvereinbarkeit mit dem verfassungsrechtlichen Anspruch auf Gewährleistung eines menschenwürdigen Existenzminimums entschieden, wie er in Art. 1 Abs. 1 GG i.V.m. Art. 20 Abs. 1 GG verbürgt ist. Neben dem Fehlen eines zusätzlichen Leistungsanspruchs für einen über den typischen Bedarf hinausgehenden unabweisbaren, laufenden, nicht nur einmaligen Bedarf[30] und einer nur unzureichenden Bedarfsbemessung bei Kindern[31] bemängelte das BVerfG vor allem das Verfahren, mit dem die Regelleistungen ermittelt worden waren. Es forderte insoweit ein transparentes und sachgerechtes Berechnungsverfahren, das realitätsgerecht und nachvollziehbar auf der Grundlage verlässlicher Zahlen gestaltet sein müsse. Gleichwohl erachtete das BVerfG die für seine damalige Entscheidung relevanten Regelleistungen in Höhe von 345 €, 311 € und 207 € nicht für evident unzureichend. Anders hat das BVerfG nunmehr beim AsylbLG geurteilt: Die Höhe der Geldleistungen nach § 3 AsylbLG seien evident unzureichend, weil diese Leistungen seit dem Inkrafttreten des AsylbLG zum 01.11.1993[32] trotz zwischenzeitlich erheblicher Preissteigerungen[33] unverändert geblieben seien. Dies wog aus Sicht des BVerfG umso schwerer, als der Gesetzgeber mit § 3 Abs. 3 AsylbLG schon im Jahr 1993 einen Anpassungsmechanismus vorgesehen hatte, der jedoch in der Rechtspraxis nie umgesetzt worden war – obwohl dies aufgrund des allgemeinen Preisanstiegs durchaus geboten gewesen wäre. Der Gesetzgeber hatte es nicht einmal für notwendig erachtet, die in § 3 Abs. 1 S. 4 AsylbLG und § 3 Abs. 2 S. 2 AsylbLG vorgegebenen DM-Beträge in Euro-Beträge umzurechnen. Zudem hat das BVerfG kritisiert, dass die Höhe der Geldleistungen nach dem AsylbLG sich etwa ein Drittel unterhalb des Leistungsniveaus bewege, das Hilfebedürftigen nach dem SGB II und SGB XII damals zustand.[34]

Die Frage, ob diese erheblichen Differenzen im Leistungsniveau der unterschiedlichen staatlichen Fürsorgeleistungen wegen der Verschiedenheit der Leistungsberechtigten nach dem SGB II/SGB XII einerseits und dem vom AsylbLG erfassten Personenkreis andererseits hinnehmbar seien, verneinte das BVerfG mit klaren Worten: Der Staat sei im Rahmen seines Auftrags zum

---

[29] BVerfGE 125, 175.

[30] Seit dem 03.06.2010 in § 21 Abs. 6 SGB II geregelt (Art. 3a Nr. 2 Buchst. b des Gesetzes vom 27.05.2010, BGBl. I, S. 671).

[31] „Kinder sind keine kleinen Erwachsenen".

[32] Art. 3 des Gesetzes zur Neuregelung der Leistungen an Asylbewerber (AsylbLNG) vom 30.06.1993, BGBl. 1993 I, S. 1074.

[33] Das Preisniveau war den Feststellungen des BVerfG zufolge zwischenzeitlich um mehr als 30 v.H. gestiegen.

[34] Für einen alleinstehenden Erwachsenen betrug im Jahr 2012 der monatliche Regelbedarf 374 € (§ 2 Abs. 1 Regelbedarfsstufenverordnung 2012 vom 17.10.2011 [BGBl. 2011 I, S. 2090]).

Schutz der Menschenwürde und in Ausfüllung seines sozialstaatlichen Gestaltungsauftrags verpflichtet, die materiellen Voraussetzungen für Hilfebedürftige zur Verfügung zu stellen. Als Menschenrecht stehe dieses Grundrecht deutschen und ausländischen Staatsangehörigen, die sich in der Bundesrepublik Deutschland aufhielten, gleichermaßen zu. Maßgeblich für die Bestimmung des Existenzminimums könnten dabei nur die Gegebenheiten in Deutschland sein, dem Land, in dem dieses Existenzminimum gewährleistet sein müsse. Überlegungen, das in Deutschland zu einem menschenwürdigen Leben Notwendige unter Hinweis auf das Existenzniveau des Herkunftslandes oder auf das Existenzniveau in anderen Ländern niedriger als nach den hiesigen Lebensverhältnissen festzulegen, erteilte das BVerfG damit eine deutliche Absage. Auch migrationspolitische Erwägungen, die Leistungen an Asylbewerber und Flüchtlinge möglichst gering zu halten, um Wanderungsbewegungen durch ein im internationalen Vergleich eventuell hohes Leistungsniveau zu vermeiden, könnten von vornherein kein Absenken des Leistungsstandards unter das physische und soziokulturelle Existenzminimum in Deutschland rechtfertigen. Anders formuliert: Die Menschenwürde ist migrationspolitisch nicht zu relativieren. Damit stellte sich das BVerfG entschieden gegen die Ansätze des Gesetzgebers, den Mindestunterhalt für die Leistungsberechtigten nach dem AsylbLG eigenständig zu regeln, um die Leistungen, die ihrerseits dem Sozialhilferecht folgten und damit schon selbst an der Gewährleistung eines menschenwürdigen Existenzminimums orientiert waren, angesichts der „drängenden Probleme", die damals in Verbindung mit der „großen Zahl der Asylbewerber" gesehen worden waren, aus migrationspolitischen Gründen deutlich zu reduzieren.[35] Überdies müsse der Gesetzgeber nach Ansicht des BVerfG bei der Ausgestaltung der Leistungen an Flüchtlinge und Asylbewerber auch das Menschenrecht von Kindern auf Bildung beachten und insbesondere beim Existenzminimum für Kinder und Jugendliche – ebenso wie bei den SGB II-Regelleistungen – die kinder- und altersspezifischen Bedarfe hinreichend berücksichtigen. Minderjährige Flüchtlinge dürfen hiernach im Vergleich zu Kindern mit einem dauerhaften Aufenthaltsrecht bei den Leistungen für Kinder und Jugendliche keinesfalls schlechter gestellt werden.[36]

Die evident unzureichenden Geldleistungen nach dem AsylbLG könnten, so das BVerfG weiter, auch nicht über § 6 AsylbLG kompensiert werden, weil es sich hierbei dem eindeutigen Wortlaut zufolge – „im Einzelfall zur Sicherung des Lebensunterhalts oder der Gesundheit unerlässlich" sowie „zur Deckung besonderer Bedürfnisse von Kindern geboten" – um eine Ausnahmevorschrift für einen atypischen Bedarfsfall handele, die von vornherein nicht geeignet sei, strukturelle Leistungsdefizite im Regelbereich des § 3 AsylbLG auszugleichen.

---

[35] BT-Drs. 12/4451 S. 5.

[36] *Wenner* SozSich 2012, S. 277 (278).

Dieser Gesetzeszweck rechtfertige es nicht, die Ermessensvorschrift[37] des § 6 AsylbLG im Wege verfassungskonformer Auslegung zu einem von Art. 1 Abs. 1 i. V. m. Art. 20 Abs. 1 GG für die Existenzsicherung geforderten Anspruch umzuwandeln.[38]

Ebenso wie schon bei den SGB II-Regelleistungen, hat das BVerfG die Verfassungswidrigkeit der Höhe der Geldleistungen nach dem AsylbLG auch aus ihrer nicht realitätsgerechten und nicht nachvollziehbar begründeten Bemessung abgeleitet. Der Bestimmung der Leistungshöhe für diese Geldleistungen lägen keine verlässlichen Daten zugrunde, sondern der Gesetzgeber hätte sich auf eine bloße Kostenschätzung gestützt. Namentlich den Gesetzesmaterialien[39] zum AsylbLG ließen sich keinerlei Hinweise auf ein Bemessungsverfahren zur Bestimmung der Geldleistungen entnehmen. Obwohl die Aufenthaltsdauer in Deutschland grundsätzlich als mögliches, verfassungsrechtlich zulässiges Kriterium angesehen wird um den Zugang von Ausländern zu Sozialleistungen zu regeln,[40] hat es das BVerfG als besonders kritisch angesehen, dass die dem AsylbLG ersichtlich zugrunde gelegte Annahme, dass eine kurze Aufenthaltsdauer die begrenzte Leistungshöhe rechtfertige, ohne hinreichend verlässliche Grundlage geblieben sei und hat außerdem zu bedenken gegeben, dass ein nur vorübergehender Aufenthalt durchaus auch zu Mehrbedarfen führen könne, die dann bei der Bemessung der Geldleistungen betragserhöhend zu berücksichtigen wären. Ferner war der vom AsylbLG erfasste Personenkreis seit dem Jahr 1993 mehrfach erweitert worden und erfasste nunmehr Menschen mit einem sehr unterschiedlichen Aufenthaltsstatus, bei denen keinesfalls davon auszugehen war, dass sie sich allesamt nur kurzfristig und vorübergehend in Deutschland aufhalten würden. Zumindest entsprach dies nicht den tatsächlichen Gegebenheiten, wie das BVerfG ausführlich und mit umfangreichem Zahlmaterial belegt aufgezeigt hat.[41] Ungeachtet dessen hat das BVerfG in diesem Zusammenhang aber auch klargestellt, dass selbst ein nur kurzfristiger

---

[37] Differenzierend hierzu: *Deibel* ZFSH/SGB 2012, 582 (586), wonach § 6 Abs. 1 S. 1 AsylbLG zum einen die Behörde verpflichte, sonstige Leistungen zu erbringen, wenn sie im Einzelfall zur Sicherung des Lebensunterhalts oder der Gesundheit unerlässlich, zur Deckung besonderer Bedürfnisse von Kindern geboten oder zur Erfüllung einer verwaltungsrechtlichen Mitwirkungspflicht erforderlich seien, zum anderen die Behörde in sonstigen Härtefällen in Ausübung pflichtgemäßen Ermessens entscheiden dürfe, ob und in welchem Umfang sie den geltend gemachten Bedarf decke.

[38] Entgegen des damals noch für Streitigkeiten in Angelegenheiten nach dem AsylbLG zuständigen 8. Senats des BSG, der in seiner Stellungnahme zu den beiden Vorlagebeschlüssen unter anderem meinte, dass die Leistungen zur Deckung des Lebensunterhalts gestaffelt nach der Aufenthaltsdauer der Leistungsempfänger durch sonstige Leistungen nach § 6 Abs. 1 AsylbLG aufgestockt werden könnten, um das soziokulturelle Existenzminimum zu gewährleisten.

[39] BT-Drs. 12/4451 und 12/5008.

[40] BVerfGE 111, 160 (Kindergeld).

[41] Danach halte sich der überwiegende Teil des von § 1 AsylbLG erfassten Personenkreises länger als sechs Jahre in Deutschland auf.

Aufenthalt nicht die Beschränkung des Anspruchs auf Gewährleistung eines menschenwürdigen Existenzminimums auf die bloße Sicherung der physischen Existenz rechtfertige.

In Anbetracht der evident unzureichenden Geldleistungen hat es das BVerfG jedoch nicht bei dem Ausspruch der Verfassungswidrigkeit des § 3 Abs. 2 S. 2 AsylbLG und des § 3 Abs. 2 S. 3 i. V. m. Abs. 1 S. 4 Nr. 2 AsylbLG belassen, sondern hat eine Übergangsregelung, wonach jene Vorschriften trotz ihrer Verfassungswidrigkeit noch bis zum 31.12.2010 weiter angewandt werden könnten, formuliert. Hieraus folgte unmittelbar der Ausschluss von Ansprüchen auf höhere Leistungen für vor dem 01.01.2011 liegende Leistungszeiträume. Für die Zeit ab dem 01.01.2011 bis zu der geforderten Neuregelung durch den Gesetzgeber hat das BVerfG bestimmt, den vom AsylbLG erfassten Personen seien ungeachtet der Dauer ihres Aufenthalts in Deutschland grundsätzlich Leistungen nach den Vorgaben des RBEG zu gewähren, soweit hierüber noch nicht bestandkräftig entschieden worden sei.[42] Weiterhin hat das BVerfG bedacht, dass nach § 3 AsylbLG nur Gebrauchsgüter des Haushalts, nicht aber der Hausrat selbst (Abteilung 5: Innenausstattung, Haushaltsgeräte und -gegenstände), zu den Grundleistungen gerechnet werden müssten und daher bei den übergangsweise zu erbringenden Geldleistungen unberücksichtigt zu bleiben hätten. Da die von § 3 Abs. 2 S. 2 AsylbLG erfassten Bedarfe – weiterhin verfassungsrechtlich unbedenklich – durch Sachleistungen befriedigt werden konnten und für diesen Fall ergänzende Geldleistungen nicht vorgesehen waren, machte sich die vom BVerfG geschaffene Übergangsregelung jedenfalls bei der Höhe des Barbetrags nach § 3 Abs. 1 S. 4 AsylbLG bemerkbar,[43] der sich für einen alleinstehenden Erwachsenen von zuvor 40,90 € auf 130 € erhöhte.

Im Lichte des Urteils des BVerfG vom 18.07.2012 könnte die bislang in der sozialgerichtlichen Rechtsprechung und Literatur höchst umstrittene Frage, ob die Ausschlussklausel des § 7 Abs. 1 S. 2 SGB II für erwerbsfähige Ausländer und Ausländerinnen europarechtskonform ist, nunmehr von einer gänzlich anderen Problematik abgelöst werden: Genügt § 7 Abs. 1 S. 2 SGB II eigentlich den Anforderungen von Art. 1 Abs. 1 i. V. m. Art. 20 Abs. 1 GG? Die vom BVerfG gegebene Begründung ist in ihrer Aussagekraft derart eindeutig, dass sie bei Streitigkeiten im Zusammenhang mit der Ausschlussklausel des § 7 Abs. 1 S. 2 SGB II nicht unberücksichtigt bleiben darf, auch wenn dies keinesfalls zwingend die Verfassungswidrigkeit dieser Vorschrift zur Folge haben muss.[44]

---

[42] Die Anwendbarkeit von § 44 Sozialgesetzbuch, Zehntes Buch (SGB X) und § 48 SGB X schloss das BVerfG in Bezug auf den Regelungsgegenstand des Urteils für Zeiträume bis Juli 2012 ausdrücklich aus.

[43] *Öndül* jurisPR-SozR 17/2012 Anm. 1.

[44] Vgl. hierzu bspw. LSG Bayern, Beschl. v. 13.10.2015 – L 16 AS 612/15 ER.

III. … und das „einfache" Sozialrecht: Der Anspruch auf Sozialhilfe für Unionsbürger bei einem Ausschluss von Leistungen der Grundsicherung für Arbeitsuchende

Die europarechtlichen und verfassungsrechtlichen Vorgaben sind komplex, die Fragen des „einfachen" Sozialrechts, die sich vor ihrem Hintergrund hinsichtlich des Bezugs von Leistungen zur Sicherung des Lebensunterhalts durch EU-Ausländer stellen, sind es nicht weniger. Sie knüpfen an verschiedene Tatbestandsmerkmale der in § 7 Abs. 1 S. 1 SGB II normierten Anspruchsgrundlage und selbstverständlich an die der Ausschlussklausel in § 7 Abs. 1 S. 2 SGB II an. Hier ist nicht der Raum, um all diesen Fragen[45] im Detail nachzugehen; daher soll nur ein Problem exemplarisch näher beleuchtet werden, nämlich die Frage nach dem Zusammenspiel von Arbeitslosengeld II und Sozialhilfe nach dem SGB XII, wenn ein möglicher Leistungsausschluss nach § 7 Abs. 1 S. 2 Nr. 2 SGB II im Raum steht.[46] Das BSG hat hierzu in seinen Entscheidungen vom 03.12.2015[47] schon einige Leitlinien aufgezeigt,[48] die im Folgenden dargestellt werden sollen.

In diesem Zusammenhang ist zunächst eine Systemfrage zu entscheiden, nämlich die, ob Sozialhilfeleistungen in Form der Hilfe zum Lebensunterhalt (§§ 27 ff. SGB XII)[49] überhaupt in Betracht kommen, wenn die Leistungsberechtigung nach dem SGB II „nur" an dem Ausschlusstatbestand aus § 7 Abs. 1 S. 2 SGB II scheitert. Das BSG hat in seinen Urteilen vom 03.12.2015 zu Gunsten einer Öffnung der Leistungen der Hilfe zum Lebensunterhalt nach dem Dritten Kapitel des SGB XII in diesen Fällen entschieden. Dieser Lösung war insbesondere entgegengehalten worden, dass die Systemabgrenzung zwischen

---

[45] So ist z. B. die Frage, ob ein anderes Aufenthaltsrecht als das zur Arbeitsuche vorliegt, alles andere als trivial; als Indiz hierfür mag genügen, dass das BSG in zwei der drei den Leistungsausschluss betreffenden Fälle, über die es am 03.12.2015 entschieden hat, die Sache zurückverwiesen hat, weil noch Feststellungen zu möglichen anderen Aufenthaltsrechten zu treffen seien (vgl. BSG, Urt. v. 03.12.2015 – B 4 AS 59/13 R und B 4 AS 43/15 R; bei letzterem handelt es sich um den Rechtsstreit Alimanovic, der also auch nach der Entscheidung des EuGH gerade noch nicht entscheidungsreif war).

[46] Vgl. zu der Problematik u. a. *Körtek* SozSich 2015, 370.

[47] Der 4. Senat des BSG hat am 03.12.2015 über drei Revisionen entschieden, in denen der Leistungsausschluss Thema war, und zwar in den Verfahren B 4 AS 59/13 R, B 4 AS 43/15 R und B 4 AS 44/15 R.

[48] Die Position des BSG kann hier nur mit einer gewissen Vorläufigkeit wiedergegeben werden, da bei Abschluss des Manuskripts nur der allerdings verhältnismäßig ausführliche Terminbericht vorlag.

[49] Unstreitig war man auch vor den Entscheidungen des BSG vom 03.12. 2015 davon ausgegangen, dass Leistungen nach § 73 SGB XII, also in sonstigen (besonderen) Lebenslagen, auch bei erwerbsfähigen Hilfebedürftigen in Betracht kommen können. Hierzu war allerdings überlegt worden, ob die Sozialhilfeträger diese auf die allernotwendigsten Mittel für die Zeit bis zur (regelmäßig sofort zu bewerkstelligenden) Ausreise und für die Rückkehr in den Herkunftsstaat hätten beschränken dürfen.

der Grundsicherung für Arbeitsuchende einerseits und der Sozialhilfe andererseits an das Vorliegen von Erwerbsfähigkeit (§ 8 SGB II) anknüpft[50] – es stellt sich daher durchaus die Frage, ob in Fällen, in denen ein SGB II-Anspruch aus anderen Gründen entfällt, der Antragsteller aber „im Grunde" durchaus zum Kreis der dem SGB II zugewiesenen Leistungsberechtigten gehört, auf das SGB XII ausgewichen werden kann. Orientiert man sich weniger an diesen Systemüberlegungen, sondern eher am Wortlaut der Ausschlussklauseln, die die Abgrenzung von SGB II und SGB XII steuern sollen, kann man die Lösung des BSG jedenfalls als stringent begründet bezeichnen: So stellt § 21 S. 1 SGB XII nur darauf ab, ob die Betreffenden „nach dem Zweiten Buch als Erwerbsfähige oder Angehörige dem Grunde nach leistungsberechtigt" sind; fehlt es an einer solchen Leistungsberechtigung dem Grunde nach – ohne dass dem Gesetz weitere Differenzierungen zu entnehmen wären –, sind Leistungen zum Lebensunterhalt nach dem SGB XII denkbar. Allerdings ist nicht zu übersehen, dass auf der Grundlage dieser Lösung fortan häufig gerade Arbeitsuchende um Leistungen der Hilfe zum Lebensunterhalt nach dem Dritten Kapitel des SGB XII nachsuchen werden – ein Phänomen, das durch die Zusammenlegung von Arbeitslosen- und Sozialhilfe der Vergangenheit angehören sollte und sofort die Frage aufwirft, ob und gegebenenfalls von wem die in diesem Zusammenhang denkbaren Förderleistungen, also z. B. die Übernahme von Bewerbungskosten, zu erbringen sind: Vom SGB XII-Träger selbst; vom SGB II-Träger – insoweit ist eine europarechtliche Klärung noch nicht erfolgt –; von der Bundesagentur für Arbeit als Träger der Leistungen nach dem Dritten Buch Sozialgesetzbuch; oder – von niemandem? Auch ist deutlich, dass der Zweck des Leistungsausschlusses aus § 7 Abs. 1 S. 2 Nr. 2 SGB II auf diese Weise vielfach nicht realisierbar sein wird, nachdem die Leistungen zur Existenzsicherung nach dem SGB II und dem SGB XII regelmäßig gleich hoch sind.[51]

Folgt man bei dieser Weichenstellung dem BSG, dann haben Bürger aus Vertragsstaaten des EFA[52] (und das sind nicht wenige[53]), die sich materiell berechtigt im Inland aufhalten (z. B. zur Arbeitsuche), Anspruch auf Leistungen zur Sicherung des Lebensunterhalts in gewohnter Höhe, zwar nicht aus §§ 7, 9 ff.,

[50] Vgl. in diesem Sinne z. B. LSG Berlin-Brandenburg, Beschl. v. 10.12.2014 – L 20 AS 2697/14 B ER und LSG Hessen ZFSH/SGB 2015, 465; anders z. B. *Eicher* in: juris-PK SGB XII § 21 Rn. 35.

[51] Nur am Rande sei darauf verwiesen, dass auf diese Weise die Kommunen die Existenzsicherung von arbeitsuchenden oder doch jedenfalls arbeitsfähigen Hilfebedürftigen zu gewährleisten haben werden; auf die durch die Entscheidungen des BSG ausgelösten Verhandlungen zwischen dem Bundesfinanzministerium und den kommunalen Spitzenverbänden wird man gespannt sein dürfen.

[52] Europäisches Fürsorgeabkommen vom 11.12.1953 (BGBl. II 1956, S. 564).

[53] Vertragsparteien sind nach derzeitigem Stand (08.12.2015): Belgien, Dänemark, Deutschland, Estland, Frankreich, Griechenland, Großbritannien, Irland, Island, Italien, Luxemburg, Malta, Niederlande, Norwegen, Portugal, Schweden, Spanien, Türkei.

19ff. SGB II, aber aus §§ 17, 27ff. SGB XII. Denn die Bundesregierung hat zwar einen Vorbehalt (nach Art. 16 Abs. b EFA) hinsichtlich der Anwendbarkeit des EFA auf Leistungen der Grundsicherung für Arbeitsuchende erklärt und das BSG hat diesen für formell und materiell wirksam erachtet.[54] Die Erklärung eines derartigen Vorbehalts war und ist aber hinsichtlich der Sozialhilfe im engeren Sinne ausgeschlossen,[55] für diese gilt das Gleichbehandlungsgebot aus Art. 1 EFA also (weiterhin); der Leistungsausschluss aus § 23 Abs. 3 S. 1 SGB XII[56] für Ausländer, die eingereist sind, um Sozialhilfe zu erlangen oder deren Aufenthaltsrecht sich allein aus dem Zweck der Arbeitsuche ergibt, ist auf Personen aus EFA-Mitgliedsstaaten, die sich berechtigt im Inland aufhalten, nicht anwendbar.

Aber auch Ausländer, die nicht materiell freizügigkeitsberechtigt sind, können nach der Rechtsprechung des BSG[57] in relativ weitem Umfang (Sozialhilfe-) Leistungen zum Lebensunterhalt beanspruchen: Zwar hält das BSG den Ausschluss wirtschaftlich inaktiver Unionsbürger von Leistungen nach dem SGB II auf der Grundlage des außerordentlich umstrittenen Erst-Recht-Schlusses zu § 7 Abs. 1 S. 2 Nr. 2 SGB II für gerechtfertigt; auch wird der gebundene Anspruch auf Sozialhilfe in diesen Fällen häufig auf der Grundlage von § 23 Abs. 3 S. 1 SGB XII abzulehnen sein.[58] Das BSG greift jedoch – trotz systematischer Bedenken[59] – auf die Auffangklausel des § 23 Abs. 1 S. 3 SGB XII zurück, wonach Sozialhilfe „im Übrigen" geleistet werden kann, wenn dies im Einzelfall geboten ist, und geht in diesem Rahmen davon aus, das in der genannten Vorschrift vorgesehene Ermessen sei aus Gründen der Systematik des Sozialhilferechts und der verfassungsrechtlichen Vorgaben des BVerfG in dem Sinne auf Null reduziert, dass im Falle eines verfestigten Aufenthalts – über sechs Monate – regelmäßig zumindest Hilfe zum Lebensunterhalt in gesetzlicher Höhe zu gewähren sei.

Der relativ kurze Zeitraum von sechs Monaten für die Annahme einer Verfestigung wird dazu führen, dass jedenfalls für EU-Bürger aus einem der EFA-Staa-

---

[54] BSG, Urt. v. 03.12.2015 – B 4 AS 59/13 R.

[55] Vgl. hierzu BVerwGE 111, 200.

[56] Vgl. zu diesem Ausschlusstatbestand, insbes. zu der „Um-zu-Klausel" des § 23 Abs. 3 S. 1 Alt. 1 SGB XII: BSG, Urt. v. 18.11.2014 – B 8 SO 9/13 R, SozR 4-3500 § 25 Nr. 5 und – zur entspr. Vorschrift im BSHG –BVerwGE 90, 212.

[57] BSG, Urt. v. 03.12.2015 – B 4 AS 44/15 R.

[58] Auch hier stellt sich natürlich die Frage eines „Erst-Recht-Schlusses" von dem in § 23 Abs. 3 S. 1 Alt. 2 SGB XII vorgesehenen Ausschlusstatbestand bei einem Aufenthalt allein zum Zweck der Arbeitsuche auf Ansprüche von Antragstellern ohne materielles Aufenthaltsrecht; vgl. hierzu abl. LSG NRW, Beschl. v. 22.042015 – L 9 SO 496/14 B.

[59] Vgl. hierzu etwa SG Mainz, Beschl. v. 12.11.2015 – S 12 AS 946/15 ER; im Sinne einer Anwendbarkeit von § 23 Abs. 1 S. 3 SGB XII auch in Fällen, in denen die Ausschlussklausel des § 23 Abs. 3 S. 1 SGB XII dem gebundenen Anspruch auf Sozialhilfe entgegensteht, aber auch der für Sozialhilfe zuständige 8. Senat des BSG im Urteil vom 18.11.2014 – B 8 SO 9/13 R, SozR 4-3500 § 25 Nr. 5.

ten regelmäßig durchgehend ein Anspruch auf Leistungen zur Sicherung des Lebensunterhalts nach dem SGB XII bestehen wird: Zunächst im Hinblick auf das Aufenthaltsrecht zur Arbeitsuche aus Art. 7 und 14 RL 2004/38/EG bzw. § 2 Abs. 2 Nr. 1a FreizügG/EU[60], anschließend wegen der vom BSG angenommenen Ermessensreduzierung auf Null. Allerdings ist absehbar, dass gerade um die Annahme einer Ermessensreduzierung noch in einer Vielzahl von Einzelfällen gestritten werden wird: Ist der Sechs-Monats-Zeitraum eine „fixe" Grenze? Inwieweit sind für die Frage der Verfestigung außer dem Zeitablauf noch andere Gesichtspunkte geringerer oder stärkerer Integration zu berücksichtigen? Steht die Verfestigung in Frage, wenn die zuständige Ausländerbehörde sich anschickt, aufenthaltsbeendende Maßnahmen zu ergreifen?

Aus der sozialgerichtlichen Praxis ist noch auf einen weiteren Aspekt hinzuweisen. In einer Vielzahl von Fällen wird nicht von vornherein eindeutig sein, ob der Anspruch auf Leistungen zum Lebensunterhalt gegenüber dem Träger der Grundsicherung für Arbeitsuchende oder gegenüber dem Sozialhilfeträger besteht. Die Sozialgerichte – und vor ihnen natürlich zunächst die Leistungsberechtigten und die betroffenen Leistungsträger – werden daher einmal mehr die mit der Komplexität des bundesdeutschen gegliederten Sozialleistungssystems verbundenen Probleme zu bewältigen haben, so dass die in diesem Zusammenhang vorgesehenen Instrumente eine große Rolle spielen müssen, die die Verfahren aber nicht unbedingt einfacher und schneller machen: So wird insbesondere sehr häufig im Rechtsstreit gegen den einen Leistungsträger der jeweils andere Leistungsträger beizuladen sein;[61] ist der „falsche" Leistungsträger angegangen, sind im Verwaltungsverfahren z. B. die Pflicht zur Antragsweiterleitung aus § 16 Abs. 2 Sozialgesetzbuch, Erstes Buch (SGB I), die Regelungen über die vorläufige Leistungserbringung (insbesondere § 43 SGB I, § 40 Abs. 2 Nr. 1 SGB II i. V. m. § 328 SGB III) oder über die wiederholte Antragstellung nach § 28 SGB X (für das SGB II i. V. m. § 40 Abs. 5 SGB II) und schließlich eine mögliche Erfüllungsfiktion nach § 107 SGB X zu beachten.

Damit bleibt trotz einer klaren Grundentscheidung aus Kassel abzuwarten, wie (un)einheitlich sich die sozialgerichtliche Rechtsprechung in den Instanzen entwickeln wird – und ob und in welcher Form der Gesetzgeber auf die Rechtsprechung des Bundessozialgerichts reagieren wird.

---

[60] Gesetz über die allgemeine Freizügigkeit von Unionsbürgern vom 30.07.2004 (BGBl. 2004 I, S. 1950).

[61] Auch hier sei zur Illustration wieder auf die vom BSG am 03.12.2015 entschiedenen Verfahren verwiesen: So hat es im Verfahren B 4 AS 59/13 R dem LSG nahegelegt, im wiedereröffneten Berufungsverfahren den Sozialhilfeträger beizuladen, jedoch im Verfahren B 4 AS 44/15 R den dort bereits beigeladenen Sozialhilfeträger zur Leistungserbringung verurteilt.

Verfassungsschutz als Auftrag

Wilhelm Kanther

I. Einleitung

Gegenstand der Betrachtung anlässlich des Ausscheidens Professor Herbert Landaus aus dem Bundesverfassungsgericht ist nicht die Rolle des Gerichts im Verfassungssystem des Grundgesetzes. Dabei entspricht der „Verfassungsschutz als Auftrag" ja durchaus dem gerichtlichen Selbstverständnis, so wie er prominent auf der gerichtlichen Homepage wieder gegeben wird: „Das Bundesverfassungsgericht in Karlsruhe wacht über die Einhaltung des Grundgesetzes für die Bundesrepublik Deutschland. Seit seiner Gründung im Jahr 1951 hat das Gericht dazu beigetragen, der freiheitlich-demokratischen Grundordnung Ansehen und Wirkung zu verschaffen." Der Schutz der Verfassung durch das Bundesverfassungsgericht ist unmittelbare Folge seiner Rechtsprechung, auch wenn es im konkreten gerichtlichen Verfahren, etwa bei der Entscheidung einer Verfassungsbeschwerde, um den Schutz des Bürgers vor der Verletzung seiner Grundrechte durch die öffentliche Gewalt geht oder beim Organstreitverfahren um die Wahrung der grundgesetzlichen Rechte und Pflichten der Verfassungsorgane. Immer aber geht es am Ende um den Schutz der Verfassung.

Nicht nur das Bundesverfassungsgericht schützt die Verfassung durch deren höchstrichterliche Auslegung und Anwendung. In diesem Beitrag wird der Blick auf die „Handwerker" des Verfassungsschutzes gerichtet, eben die Verfassungsschutzbehörden von Bund und Ländern, für deren „Zusammenarbeit der Bund nach Art. 73 Abs. 1 Nr. 10 Buchst. b) GG zum Schutze der freiheitlichen demokratischen Grundordnung, des Bestandes und der Sicherheit des Bundes oder eines Landes (Verfassungsschutz)" die ausschließliche Gesetzgebungskompetenz hat. Deren Aufgaben und Befugnisse ergeben sich aus den jeweiligen Landes- und dem Bundesverfassungsschutzgesetz (BVerfSchG). Auch hier gibt es ein Selbstverständnis, das sich nicht allein aus den gesetzlichen Grundlagen herauslesen lässt:

„Den Kern der Demokratie in der Bundesrepublik Deutschland bildet die freiheitliche demokratische Grundordnung. In ihr sind tragende Grundprinzipien festgeschrieben, die absolute Werte und unverzichtbare Schutzgüter sind. Resultierend aus den Erkenntnissen über das Scheitern der Weimarer Republik (1918 bis 1933) und aus den furchtbaren

Erfahrungen mit dem nationalsozialistischen Terror- und Unrechtsregime (1933 bis 1945) ist die Demokratie in Deutschland heute streitbar und abwehrbereit. Sie ist willens und fähig, sich gegen Angriffe ihrer Feinde zu verteidigen. Der Verfassungsschutz hat hierbei die wichtige Funktion eines „Frühwarnsystems."

Dieser Eingangssatz im hessischen Verfassungsschutzbericht für das Jahr 2013 ist wie viele anderen Aussagen in entsprechenden Publikationen Zeugnis für die besondere Tradition und das Selbstverständnis deutscher Verfassungsschutzbehörden, die ihre Legitimation und ihren Auftrag unmittelbar aus den Erfahrungen mit der nationalsozialistischen Schreckensherrschaft ableiten. Die Mütter und Väter der Hessischen Verfassung (HV) vom 1.12.1946 haben noch auf Regelungen über einen Geheim- oder Nachrichtendient verzichtet. Die Verfassung zu verteidigen ist nach Art. 146 Abs. 1 HV Bürgerpflicht: „Es ist Pflicht eines jeden, für den Bestand der Verfassung mit allen ihm zu Gebote stehenden Kräften einzutreten." Auch in den ostdeutschen Bundesländern gab es nach 1990 vor dem Hintergrund der Erfahrungen mit der kommunistischen SED-Herrschaft und dem umfassenden Spitzelsystem der Staatssicherheit eine kritische Diskussion über die Notwendigkeit geheimdienstlicher Tätigkeit. Art. 83 Abs. 3 der sächsischen Verfassung bestimmt: „Der Freistaat unterhält keinen Geheimdienst mit polizeilichen Befugnissen." Das bedeutet weder in Sachsen noch in anderen ostdeutschen Bundesländern den Verzicht auf Verfassungsschutzämter und entsprechende Gesetze, zumal sich die bundesrechtliche Pflicht zur Einrichtung und Unterhalt einer solchen Landesbehörde unmittelbar aus § 2 Abs. 2 BVerfSchG ergibt: „Für die Zusammenarbeit der Länder mit dem Bund und der Länder untereinander unterhält jedes Land eine Behörde zur Bearbeitung von Angelegenheiten des Verfassungsschutz."

Inzwischen sind ost- und westdeutsche Verfassungsschutzbehörden als wesentliche Bestandteile der deutschen Sicherheitsarchitektur nicht mehr wegzudenken: Unumstritten sind sie trotzdem nicht, und zwar unabhängig von Erkenntnissen aus möglichen Fehlern und Versäumnissen im Zusammenhang mit den rechtsterroristischen NSU-Morden. Auch jenseits dieses historischen Schockerlebnisses gibt es in der bundesrepublikanischen Zivilgesellschaft Vorbehalte gegen nachrichtendienstliches Vorgehen. Das ist nicht nur vor dem geschichtlichen Hintergrund nachvollziehbar, sondern weil nachrichtendienstliches Vorgehen in strikter oder doch überwiegender Geheimhaltung erfolgt und das in einer von Transparenz, Durchlässigkeit und kritischer Informiertheit geprägten Öffentlichkeit seltsam anmutet. Dass es für die nachrichtendienstliche Erkenntnisgewinnung auch in Zukunft ein dringendes Bedürfnis gibt, hat sich allerdings im Reformprozess der letzten Jahre bestätigt und wird von den großen politischen Lagern nicht in Frage gestellt. Nachrichtendienstliche Erkenntnisgewinnung wird immer zu einem wesentlichen Teil geheim erfolgen müssen. Andererseits muss sichergestellt sein, dass die so gewonnenen Erkenntnisse von anderen Sicherheitsbehörden genutzt und auch in die Öffentlichkeit transportiert werden. Zunächst werden deshalb die Forderungen der parlamentarischen Untersuchungsausschüsse und Kommissionen und deren Umsetzung im Reformprozess der letzten Jahre vorgestellt (II.).

Das Thema der Festschrift lautet „Grundgesetz und Europa". Zum Spannungsverhältnis von nationalstaatlicher Verfassung und mitgliedstaatlicher Rechtsetzung sowie den höchsten Interpreten dieser Rechtssysteme – Bundesverfassungsgericht, Europäischer Gerichtshof und Europäischer Gerichtshof für Menschenrechte – kann dieser Beitrag nichts beitragen. Wenn es auch in der deutschen Rechtswirklichkeit nahezu schlicht keinen Bereich mehr gibt, der nicht unmittelbar oder mittelbar von europäischer Rechtssetzung und europagerichtlicher Interpretation betroffen ist: Beim Thema Verfassungsschutz ist „Brüssel" weitgehend enthaltsam. Der Vertrag über die Arbeitsweise der Europäischen Union (AEUV) und insbesondere sein Titel V. „Der Raum der Freiheit, der Sicherheit und des Rechts" (Art. 67ff. AEUV) enthalten keine unmittelbaren Vorschriften zur Arbeit oder Zusammenarbeit der Nachrichtendienste. So bleibt eigentlich ein großartiges Betätigungsfeld für das Bundesverfassungsgericht, frei von europarechtlicher Einflussnahme und institutioneller Spannung! In der Realität hat sich das Bundesverfassungsgericht mit dem Thema Nachrichtendienste eher selten befasst. Es gibt wenige Entscheidungen, die sich unmittelbar mit der operativen Tätigkeit der Nachrichtendienste befassen, was in erster Linie am eingeschränkten gerichtlichen Rechtsschutz in diesem Bereich liegt. Dennoch gibt es auch hier einige wichtige verfassungsgerichtliche Urteile, die für den Reformprozess und die Arbeit des Verfassungsschutzes von Bedeutung sind. Zu erwähnen sind hier die Urteile des Gerichts vom 27.02.2008 zur Online-Durchsuchung[1], zur Beobachtung von Abgeordneten durch den Verfassungsschutz vom 17.09.2013[2] und zur sog. Antiterrordatei vom 24.04.2013[3]. Vor allem die letztere Entscheidung hat erheblichen Einfluss auf den Reformprozess und politische Zielvorgaben zum Teil sogar in Frage gestellt (III.). Der Beitrag schließt mit einer Bemerkung zur bleibenden Bedeutung der Nachrichtendienste in der deutschen Sicherheitsarchitektur (IV.).

II. Die Reform des Verfassungsschutzes seit 2011

Im Anschluss an die ersten Erkenntnisse zu den NSU-Morden kam es sehr bald zu einer umfassenden Diskussion über die Arbeitsweise der deutschen Sicherheitsbehörden, wobei der Verfassungsschutz im besonderen Fokus stand. Am Ende haben die vertiefte Betrachtung der Institution, so genau sind Behörden

[1] BVerfGE 120, 274ff.
[2] BVerfG NVwZ 2013, 1468ff.
[3] BVerfGE 133, 277ff.

sicher noch nie durchleuchtet worden, und die anschließenden Reformen, Modernisierungen und Gesetzesänderungen den Verfassungsschutz auf ein neues und mehrheitlich akzeptiertes Fundament gestellt. Dass dies zu einem Zeitpunkt geschehen ist, wo Deutschlands Sicherheit durch den weltweiten kriegerischen Islamismus und den im Rahmen der Flüchtlingswelle teilweise wieder aufkommenden Rechtsextremismus bedroht ist, ist zu begrüßen.

Unmittelbar nach Bekanntwerden von Einzelheiten zu den NSU-Morden im Spätherbst 2011 wurden Maßnahmen auf allen staatlichen Ebenen eingeleitet. Im Dezember 2011 beschloss die Ständige Konferenz der Innenminister der Länder (IMK) die Einsetzung einer von Bund und Ländern paritätisch besetzten Regierungskommission (Bund-Länder-Kommission Rechtsextremismus, BLKR). Am 26.01.2012 beschloss der Bundestag die Einsetzung des Untersuchungsausschusses „Rechtsterrorismus" mit dem umfangreichen Auftrag, nicht nur Fehler und Versäumnisse zu ermitteln, sondern auch Vorschläge für die künftige Zusammenarbeit der Sicherheitsbehörden zu machen. Im August und Dezember 2012 folgten Beschlüsse und Reformagenden der IMK zur Neuausrichtung des Verfassungsschutzes.[4] Parallel befassten sich mehrere Kommissionen, Expertengremien und parlamentarische Ausschüsse in den Ländern mit der Nachzeichnung und Aufklärung des NSU-Geschehens. Weil die eingesetzten Gremien häufig zu ganz ähnlichen Schlussfolgerungen kamen, wird hier vor allem auf den Abschlussbericht des 2. Bundestags – Untersuchungsausschusses vom 22.08.2013 (BT-Drucks. 17/14600; zit. NSU – Untersuchungsausschuss) verwiesen. Insbesondere der Abschlussbericht des NSU – Untersuchungsausschusses schloss mit 21 konkreten Empfehlungen für den Bereich der Polizei, zehn Empfehlungen für den Bereich des Verfassungsschutzes und vier Vorschlägen für den Bereich V-Leute.

Im besonderen Betrachtungsinteresse standen die V-Leute oder schlicht „VP" für „Vertrauenspersonen". Der NSU-Untersuchungsausschuss forderte in Empfehlung Nr. 44 „klare gesetzliche Regelungen ... für menschliche Quellen." In der Tat war es angesichts der mit dem Einsatz von V-Leuten möglichen Grundrechtsbetroffenheit an der Zeit, differenziertere gesetzliche Vorgaben aufzustellen. Allzu tiefgehenden Bestimmungen ist dagegen eine klare Absage zu sagen: Es handelt sich um den innersten Bereich des Nachrichtendienstes, der entweder verdeckt Erkenntnisse erhebt oder gar nicht funktioniert. Wichtige operative Details müssen auch in Zukunft eingestuften Dienstvorschriften vorbehalten bleiben. Die überwiegenden Erkenntnisse über Extremisten gewinnt der Verfassungsschutz durch offene Internet- und Medienrecherche oder sonstige offene Informationsbeschaffung. Den nachrichtendienstlichen Mitteln – Observation, verdeckte Recherchen, G10 – Maßnahmen und dem Einsatz von V-Leuten – kommt die zentrale Funktion zu, die große Menge zugänglicher

[4] www.innenministerkonferenz.de (zuletzt aufgerufen am 07.12.2015).

Informationen zu einem sinnvollen Bild zusammen zu führen. Viele offen zugängliche Informationen lassen sich erst begreifen und in ein Lagebild einstellen, wenn sie mit nachrichtendienstlichen Erkenntnissen u. a. von V-Leuten abgeglichen und ergänzt werden. Solche Erkenntnisse sind dann wortwörtlich das Salz in der Suppe.

In der Reformdebatte und nicht zuletzt bei der jüngsten Änderung des BVerfSchG[5] war die Thematik der Strafbarkeit von V-Leuten allgemein und speziell bei einer Mitgliedschaft in extremistischen Gruppierungen höchst umstritten. Straftaten dürfen V-Leute grundsätzlich genauso wenig begehen wie andere auch. Sicher ist die Welt bei diesen Einsätzen nicht schwarz und weiß, sondern grau. Es gibt szenetypische Vergehen, bei deren strikter Nichtbeteiligung eine Aufdeckung droht, mindestens der Ausschluss aus dem „engeren Kreis". Trotzdem sollte gelten: Der Staat darf den eingesetzten Personen nicht die entschädigungs- und folgenlose Verletzung der Rechtsgüter Unbeteiligter erlauben. Zumal bestimmte Delikte den Erkenntniswert von Informationen eines V-Mannes gegen Null minimieren. Vorrangig waren aber die Straftaten zu betrachten, die allein aufgrund einer Mitgliedschaft in einer extremistischen Organisation begangen werden können. Hier bedurfte es rechtlicher Regelungen, die den V-Mann und den V-Mann-Führer vor Strafbarkeit und/oder Strafverfolgung schützen. Das neue BVerfSchG hat diesen Bereich deshalb in §§ 9a und 9b neu geregelt. Danach dürfen auch V-Leute weder zur Gründung einer strafbaren Vereinigung noch zur steuernden Einflussnahme auf die Bestrebungen eingesetzt werden. Sie dürfen sich aber an einer solchen Vereinigung als Mitglied oder Unterstützer beteiligen, um deren Bestrebungen aufzuklären. Im Einsatz ist eine Beteiligung an Bestrebungen ansonsten zulässig, wenn sie

1. nicht in Individualrechte eingreift,
2. von den an den Bestrebungen Beteiligten derart erwartet wird, dass sie zur Gewinnung und Sicherung der Informationszugänge unumgänglich ist und
3. nicht außer Verhältnis zur Bedeutung des aufzuklärenden Sachverhalts steht.

Sofern zureichende tatsächliche Anhaltspunkte dafür bestehen, dass Verdeckte Mitarbeiter rechtswidrig einen Straftatbestand von erheblicher Bedeutung verwirklicht haben, soll der Einsatz unverzüglich beendet werden; über das sog. „Abschalten" sollen der Behördenleiter oder sein Vertreter entscheiden. Nach § 9a Abs. 3 BVerfSchG kann außerdem die Staatsanwaltschaft unter den dort genannten Voraussetzungen von der Verfolgung von im Einsatz begangenen Vergehen absehen oder eine bereits erhobene Klage in jeder Lage des Verfahrens zurücknehmen und das Verfahren einstellen.

---

[5] Gesetz zur Verbesserung der Zusammenarbeit im Bereich des Verfassungsschutzes vom 17.11.2015, BT-Drucks. 18/4654.

Damit ist eine angemessene Regelung gefunden worden, auch wenn staatsanwaltliche Einstellungsbefugnisse außerhalb der StPO gewissermaßen ein Fremdkörper sind. Einen etwas anderen Weg schlägt das nordrhein-westfälische Verfassungsschutzgesetz[6] ein. Es normiert eine landesrechtliche Befugnis, die gleichzeitig den tatbestandlichen Verstoß rechtfertigt.

Auch in Hessen gibt es umfassende Reformaktivitäten. Die Koalitionsparteien bekannten sich nach der Landtagswahl 2013 zum Reformprojekt.[7] Im Frühjahr 2014 wurde eine Expertenkommission unter der Leitung des ehemaligen Bundesverfassungsrichters Prof. Dr. Hans-Joachim Jentsch, des Vorgängers von Prof. Herbert Landau im 2. Senat, einberufen, die im Auftrag der Landesregierung die Umsetzung der Empfehlungen des NSU-Untersuchungsausschusses des Bundestags kritisch begleiten sollte. Ihr Abschlussbericht vom 15.09.2015 bestätigt der Hessischen Landesregierung und dem Landesamt für Verfassungsschutz viele Reformschritte im Sinne der Empfehlungen des NSU – Untersuchungsausschusses. Ein Schwerpunkt des hessischen Reformprozesses ist dabei die Neuorganisation der Aus- und Fortbildung. Während Quereinsteiger eine einjährige Zusatzausbildung in der von Bund und Ländern getragenen Akademie für Verfassungsschutz erhalten, wird der gehobene Dienst seit Oktober 2015 zusammen mit den Anwärtern des Bundesamtes für Verfassungsschutz in der Fachhochschule des Bundes in Brühl und durch praktische Ausbildung sowohl beim Landesamt als auch beim Bundesamt für Verfassungsschutz auf seine Aufgabe vorbereitet. Ziel ist nicht nur die effiziente Nutzung vorhandener Ressourcen und ein fachspezifisch-anspruchsvolles Curriculum, sondern auch die persönliche Vernetzung von Mitarbeitern der Bundes- und Landesbehörden von Anfang an. Damit setzt Hessen eine wichtige Forderung des Reformprojekts um: Gegen Schubladendenken und für einen vertrauensvollen Umgang beim Kampf gegen den gemeinsamen Gegner, den politischen und religiösen Extremismus.

III. Die Entscheidung des Bundesverfassungsgerichts zur Antiterrordatei

Gegenstand intensiver Erörterung im bundesweiten Reformprozess und Gegenstand der Rechtsprechung des Bundesverfassungsgerichts war der Informationsaustausch zwischen den Sicherheitsbehörden. Viele der eingesetzten Gremien machten hier einen Schwachpunkt der Zusammenarbeit der Sicherheitsbe-

[6] § 7 Abs. 3 VSG NRW, zuletzt geändert durch Artikel 1 des Gesetzes vom 21.06.2013 (GV. NRW. S. 367).

[7] Koalitionsvereinbarung von CDU und BÜNDNIS 90/DIE GRÜNEN für die 19. Wahlperiode, Rn. 1841, unter www.hessen.de/sites/default/files/media/staatskanzlei/koalitionsvertrag_2013-12-18.pdf (zuletzt aufgerufen am 07.12.2015).

hörden aus und sahen darin einen Grund für Aufklärungsfehler im Zusammenhang mit den NSU-Morden. Die Innenministerkonferenz hatte sich im Dezember 2012 speziell mit diesem Punkt befasst und beschlossen: „Der Verfassungsschutz muss die Belange der unmittelbaren Gefahrenabwehr und der Strafverfolgung stärker berücksichtigen“[8]. Auch die Bund-Länder-Kommission Rechtsterrorismus setzte hier einen Schwerpunkt.[9] Empfehlung Nr. 33 des NSU-Untersuchungsausschusses lautet schließlich: „Die aufgrund der geltenden Rechtslage ohnehin bestehende Verpflichtung, die Vorschriften für die Übermittlung von Informationen der Nachrichtendienste von Bund und Ländern an die Strafverfolgungsbehörden konsequent anzuwenden, muss unter Beachtung des Trennungsgebotes umgesetzt werden.“

Vor diesem Hintergrund schlug die Entscheidung des Bundesverfassungsgerichts vom 24.04.2013 zur Antiterrordatei[10] schon ein. Einige Beteiligte orakelten gar das Reformende nach bisherigen Maßstäben herbei. Das war nicht gerechtfertigt. Das Bundesverfassungsgericht hatte die Antiterrordatei ja gehalten und nicht verworfen. „Die Antiterrordatei ist auf ein legitimes Ziel gerichtet. Sie soll den Sicherheitsbehörden in erster Linie schnell und einfach Kenntnis darüber verschaffen, ob bei anderen Sicherheitsbehörden relevante Informationen zu bestimmten Personen aus dem Umfeld des internationalen Terrorismus vorliegen.“[11] Wenn auch einzelne Vorschriften an den strengen Maßgaben des Verhältnismäßigkeitsgrundsatzes oder wegen mangelnder Normenklarheit verworfen wurden, im Ergebnis konnte die Datei mit ihrem ursprünglichen Konzept der „Informationsanbahnung im Vorfeld“ weiterbetrieben werden. Selbst die verfassungswidrigen Vorschriften durften unter gewissen Vorgaben bis zum 31.12.2014, also noch 1 ¾ Jahr weiter angewendet werden. Der lange Zeitraum mag auch der Bundestagswahl im Oktober 2013 geschuldet gewesen sein, war aber auch ein Zeichen gegen Dramatisierung.

Wenn man sich aber vor Augen hält, dass Politik, Medien und Zivilgesellschaft nach Bekanntwerden der NSU-Verbrechen einen enormen Veränderungsdruck in Sachen Weitergabe von nachrichtendienstlichen Informationen an die Polizeibehörden und stärker operativer Ausrichtung der Verfassungsschutzämter aufgebaut und das als wichtige Marschrichtung der Reform vereinbart hatten, kann man die erste Aufregung über Sätze des Bundesverfassungsgerichts dennoch verstehen:

---

[8] Beschlussniederschrift der 196. Konferenz der Innenminister und -senatoren (TOP 22 Ziffer 6); Quelle: www.innenministerkonferenz.de (zuletzt aufgerufen am 07.12.2015).

[9] Bund-Länder-Kommission Rechtsterrorismus, Rn. 560, 597 f: „Im Hinblick auf die Weitergabe von Erkenntnissen durch den Verfassungsschutz hält es die Kommission für sinnvoll, ein standardisiertes Verfahren für eine strukturierte Informationsübermittlung zu entwickeln, das sich an den Bedürfnissen des Informationsempfängers orientiert.“.

[10] BVerfGE 133, 277 ff.

[11] BVerfGE 133, 277 ff. Rn. 106.

„Aus dem Grundrecht auf informationelle Selbstbestimmung folgt insoweit ein informationelles Trennungsprinzip. Danach dürfen Daten zwischen den Nachrichtendiensten und Polizeibehörden grundsätzlich nicht ausgetauscht werden. Einschränkungen der Datentrennung sind nur ausnahmsweise zulässig. Der Austausch von Daten zwischen den Nachrichtendiensten und Polizeibehörden für ein mögliches operatives Tätigwerden muss deshalb grundsätzlich einem herausragenden öffentlichen Interesse dienen, das den Zugriff auf Informationen unter den erleichterten Bedingungen, wie sie den Nachrichtendiensten zur Verfügung stehen, rechtfertigt."[12]

Die nähere Befassung mit den Urteilsgründen hat die anfängliche Betriebstemperatur der Diskussion wieder abkühlen lassen. Für das Bundesverfassungsgericht steht der Grundsatz der Zweckbindung von Daten im Vordergrund, der unmittelbar der Verfassung entnommen wird. Zwar schließe der Grundsatz der Zweckbindung eine mit dem Datenaustausch verbundene Zweckänderung durch den Gesetzgeber nicht aus. Je verschiedener die Aufgaben und Befugnisse der beteiligten Behörden und die Art der Aufgabenwahrnehmung seien, desto schwerer sei der mit dem Austausch verbundene Eingriff: „Ausgeschlossen ist eine Zweckänderung danach dann, wenn mit ihr grundrechtsbezogene Beschränkungen des Einsatzes bestimmter Ermittlungsmethoden umgangen werden, also die Information für den geänderten Zweck nicht oder nicht in dieser Art und Weise hätten erhoben werden dürfen."[13]

Zentraler Ansatzpunkt des Gerichts beim Datenaustausch sind also die verschiedenen Aufgaben und Befugnisse von Nachrichtendiensten und Polizei:

„Den Nachrichtendiensten kommt die Aufgabe zu, Aufklärung bereits im Vorfeld von Gefährdungslagen zu betreiben. … Sie haben mannigfaltige Bestrebungen auf ihr Gefahrenpotenzial hin allgemein zu beobachten und sie gerade auch unabhängig von konkreten Gefahren in den Blick zu nehmen. … Diesem vorfeldbezogenen Aufgabenspektrum entsprechend haben die Nachrichtendienste weitreichende Befugnisse zur Datensammlung, die weder hinsichtlich der konkreten Tätigkeitsfelder spezifisch ausdefiniert noch hinsichtlich der jeweils eizusetzenden Mittel detailscharf ausgestaltet sind."[14]

Diese Befugnisse, so das Bundesverfassungsgericht, spiegelten die Weite der Aufgaben bei relativ geringen Eingriffsschwellen und begrenzter gerichtlicher Überprüfbarkeit. Andererseits sei aber die Zielrichtung der Aufklärung begrenzt. Sie solle den Entscheidungsträgern eine politische Einschätzung der Sicherheitslage ermöglichen: „Ziel ist nicht die operative Gefahrenabwehr, sondern die politische Information. … Entsprechend zielt auch die Aufklärung der Verfassungsschutzbehörden nicht unmittelbar auf die Verhütung und Verhinderung von konkreten Straftaten oder die Vorbereitung operativer Maßnahmen."[15] Dass der Auftrag der Nachrichtendienste in der politischen Vorfeldauf-

[12] BVerfGE 133, 277 ff. Rn. 123, 126.
[13] BVerfGE 133, 277 ff. Rn. 114.
[14] BVerfGE 133, 277 ff. Rn. 116 f.
[15] BVerfGE 133, 277 ff. Rn. 118.

klärung bestehe, zeige sich in den Befugnissen. Nachrichtendienste hätten keine polizeilichen Befugnisse und dürften auch nicht im Wege der Amtshilfe die Polizei ersuchen.[16]

Anders die Aufgaben und Zuständigkeiten der Polizei: Ihr obliege die Strafverhütung, Strafverfolgung und Gefahrenabwehr. Die Polizei habe eine operative Verantwortung und die Befugnis, gegenüber dem Einzelnen bei konkretem Tatverdacht oder im Gefahrenfall notfalls Zwang anzuwenden. Die für die Aufgabenerfüllung zur Verfügung stehenden Datenerhebungs- und Datenverarbeitungsbefugnisse seien dafür wesentlich enger und präziser gefasst als bei den Nachrichtendiensten. Die Polizei ermittle grundsätzlich offen bzw. offen verwertbar, der Nachrichtendienst dagegen überwiegend geheim. Nicht zuletzt in der mündlichen Verhandlung im Strafverfahren könnten sich die Betroffenen auch zu den eingesetzten Ermittlungsmethoden äußern.[17]

Weil die Rechtsordnung zwischen den Polizeibehörden mit grundsätzlich offener, operativer und detailliert geregelter Aufgabenwahrnehmung und den Nachrichtendiensten mit grundsätzlich verdeckter und normativ weniger ausdifferenzierten Informationserhebung unterscheide, seien an den Datenaustausch zwischen diesen Behörden gesteigerte verfassungsrechtliche Anforderungen zu stellen.[18] Aus dem Grundrecht auf informationelle Selbstbestimmung folge angesichts der unterschiedlichen Aufgabenbeschreibungen und Eingriffsschwellen ein informationelles Trennungsgebot. Datenübertragungen zwischen den Nachrichtendiensten und der Polizei seien nur im „herausragenden öffentlichen Interesses" zulässig. Niederschwellige Voraussetzungen wie die der Erforderlichkeit oder der Wahrung der öffentlichen Sicherheit reichten nicht aus.[19] Die Antiterrordatei selbst wird vom Gericht als Medium der „Informationsanbahnung" bzw. als „handlungsanleitende Informationsquelle" eingestuft und in dieser Funktion bestätigt. Es sei nicht unverhältnismäßig, in diese Datei

> „Daten aufzunehmen, die den beteiligten Behörden zur Informationsanbahnung zur Verfügung stehen sollen. Da sie nur rechtlich begrenzte Einzelübermittlungen vorbereiten, ist eine solche Zusammenführung von Daten der Nachrichtendienste und Polizeibehörden durch die Aufgaben der Terrorismusbekämpfung gerechtfertigt."[20]

Die Entscheidung betrifft speziell die Zusammenführung von Daten in einer gemeinsamen Datei von Nachrichtendiensten und Polizeibehörden. Sie ist aber mit der Betonung zulässiger „Informationsanbahnung" allgemein für den Informationsaustausch zwischen den Sicherheitsbehörden relevant. Mit Blick auf

---

[16] BVerfGE 133, 277 ff. Rn. 119.
[17] BVerfGE 133, 277 ff. Rn. 121.
[18] BVerfGE 133, 277 ff. Rn. 122.
[19] BVerfGE 133, 277 ff. Rn. 126.
[20] BVerfGE 133, 277 ff. Rn. 134 f.

die ATD-Entscheidung ist ein solcher auch künftig zwischen Verfassungsschutz und Polizei möglich, ohne dass für den Verfassungsschutz geltende niedrige Eingriffsschwellen durch Datenweitergabe an die Polizei umgangen werden müssten.

Die wichtigste Erkenntnis ist die, dass die meisten Informationen aus öffentlichen, jedermann zugänglichen Quellen gewonnen werden. Die Kunst ihrer Zuordnung, Bewertung und Aufbereitung für die politischen Entscheidungsträger setzt zwar ein spezifisches nachrichtendienstliches Können voraus. Aber der ganze Vorgang hat nichts mit dem vom Bundesverfassungsgericht problematisierten möglichen Unterlaufen von Eingriffsschwellen zu tun. Informationen, die die Verfassungsschutzbehörde offen, also ohne Einsatz nachrichtendienstlicher Mittel aus Printmedien oder dem Internet gewinnt, kann und darf sie auf Basis der geltenden Übermittlungsvorschriften an die Polizeibehörden und die Staatsanwaltschaften übermitteln. Für die so erhobenen Daten gilt als zulässiger Übermittlungszweck auch weiterhin, dass die Übermittlung etwa in Hessen an Polizei- und Ordnungsbehörden erfolgen darf, „wenn dies zu ihrer Aufgabenerfüllung erforderlich ist und die Übermittlung der Abwehr einer im Einzelfall bestehenden erheblichen Gefahr oder zur Verhütung der in § 100a der StPO genannten Straftaten sowie von Verbrechen, für deren Vorbereitung konkrete Hinweise vorliegen." Auch die Expertenkommission der Hessischen Landesregierung (nachfolgend „Expertenkommission") hat sich in ihren „Bewertungen und Handlungsempfehlungen" vom 15.09.2015 zur Umsetzung der Reformbeschlüsse des NSU-Untersuchungsausschusses dieser Einschätzung angeschlossen und noch differenziertere Argumentationen im Hinblick auf das ATD-Urteil entwickelt.[21]

Die Expertenkommission schlägt vor, dass nicht nur „offene Informationen", sondern auch „Sachinformationen" übermittelt werden dürften, also solche Daten, „die zwar mit nachrichtendienstlichen Mitteln (z. B. Observation nach § 3 Abs. 2 HVerfSchG) erlangt wurden, hinsichtlich derer jedoch aus tatsächlichen oder rechtlichen Gründen fern liegt, dass sie Grundalge einer operativen Maßnahme gegen eine bestimmte Person werden. Zu denken ist etwa an die Information, dass an einem näher bekannten Tag in einer bestimmten Region ein Konzert verbotener rechtsradikaler Musikgruppen stattfinden soll. Diese Information ist für sich genommen nicht ausreichend substantiiert, um konkrete Eingriffsmaßnahmen zu begründen. Sehr wohl aber kann sie die Polizei veranlassen, selbst Maßnahmen zur Gewinnung weiterer Informationen mit polizeilichen Mitteln zu treffen."[22] Dieser Argumentation ist zuzustimmen, schon weil keine unmittelbar personenbezogene Daten einzelner natürlicher Personen

---

[21] https://innen.hessen.de/sites/default/files/media/hmdis/bewertungen_und_handlungsempfehlungen.pdf (zuletzt aufgerufen am 07.12.2015); zit.: Expertenkommission, Bewertungen und Handlungsempfehlungen, Rn.

[22] Expertenkommission, Bewertungen und Handlungsempfehlungen, Rn. 42.

übermittelt werden und weil zweitens diese Form des Informationsaustauschs als nach Bundesverfassungsgericht als zulässiges „Instrument der Informationsanbahnung und auch als handlungsanleitende Informationsquelle" angesehen werden kann.[23] Wenn man beim Merkmal des Personenbezugs von Daten bleibt, ist die Argumentation des Gesetzes zur Verbesserung der Zusammenarbeit im Bereich des Verfassungsschutzes[24] folgerichtig, die das informationelle Trennungsgebot dann als nicht betroffen bezeichnet, wenn nicht „Rohdaten", sondern bereits bearbeitete Daten übermittelt werden. Die Expertenkommission hat dies aufgegriffen: „Denn der Empfänger erhält im Umfang der Mitteilung keine „Kopie" dessen, was durch den Beschaffungseingriff erlangt worden ist. Vielmehr wird ihm lediglich berichtet, was der Auswerter aus den Daten der Beschaffung im doppelten Wortsinne „herausgelesen hat."[25] Schließlich ist die Expertenkommission sogar der Ansicht, dass die Gefahr des Unterlaufens von Eingriffsschwellen dann an Gewicht verliere, wenn deren „Differenz" abnehme. Erfahre zum Beispiel der Verfassungsschutz aus einer Observation von der Übergabe einer Waffe, die mutmaßlich für einen Mordanschlag genutzt werden solle, so müsse er diese Erkenntnis der Polizei übermitteln können, da sie ein Gewicht habe, das den Voraussetzungen für eine Observation nach § 163f StPO, § 15 HSOG entspreche.[26] Ob die Argumentation mit einer sozusagen „fiktiven" richterlichen Anordnung nach § 163f Abs. 3 StPO dem ATD-Urteil standhält, sei dahin gestellt. Jedenfalls wird sich der gewählte Beispielsfall allemal unter das Merkmal „herausragendes öffentliches Interesse" subsummieren lassen.

Welche gesetzgeberischen Konsequenzen sind zu ziehen? Zunächst einmal wäre eine verfassungskonforme Datenübermittlung von den Nachrichtendiensten an die Polizeibehörden und Staatsanwaltschaften auch auf Basis der derzeitigen Vorschriften möglich, wenn in erster Linie nicht Rohdaten, sondern Auswertungsergebnisse übermittelt werden. Für die Übermittlung von „Rohdaten" ist dagegen eine gesetzgeberische Reaktion geboten. Der Bundesgesetzgeber hat den bisher ausreichenden Übermittlungszweck in § 19 Abs. 1 Satz 1 BVerfSchG („oder sonst für Zwecke der öffentlichen Sicherheit benötigt") bereits der ATD-Rechtsprechung angepasst. Im neuen § 19 Abs. 1 Satz 1 Nr. 1 BVerfSchG werden besonders hochwertige Rechtsgüter und in den Nummern 3 und 4 Straftaten von erheblicher Bedeutung benannt. Übernommen wird die Regelung voraussichtlich in Niedersachsen.[27] Damit dürfte dem ATD-Urteil des Bundesverfassungsgerichts Genüge getan sein, angesichts der Auslegungsspiel-

---

[23] BVerfGE 133, 277 ff. Rn. 134.

[24] Gesetz zur Verbesserung der Zusammenarbeit im Bereich des Verfassungsschutzes vom 17.11.2015, BGBl. 2015 I S. 1938.

[25] Expertenkommission, Bewertungen und Handlungsempfehlungen, Rn. 48, 49.

[26] Expertenkommission, Bewertungen und Handlungsempfehlungen, Rn. 48; HSOG: Hessisches Gesetz über die öffentliche Sicherheit und Ordnung, GVBl. 2005 I S. 14.

[27] Gesetzentwurf der Landesregierung vom 14.10.2014, LT-Drucks. 17/2161.

räume wäre es aber aus praktischen Gründen zu überlegen, auf einen konkreten Straftatenkatalog wie zum Beispiel in § 100a StPO Bezug zu nehmen. Art. 14 Abs. 1 Bayerisches Verfassungsschutzgesetz regelt noch herkömmlich, dass die empfangene Stelle die Information „sonst für Zwecke der öffentlichen Sicherheit einschließlich der Strafverfolgung benötigt." § 21 Abs. 1 und 2 des Thüringer Verfassungsschutzgesetz wiederum unterscheidet zwischen „Darf-" und „Mussübermittlungen". In beiden Fällen ist die Gefährdung besonders hochwertiger Rechtsgüter bzw. die Verletzung von besonders schweren Straftaten Voraussetzung. § 20 des Landesverfassungsschutzgesetzes Mecklenburg-Vorpommern setzt bei der Übermittlung von Informationen beim Strafmaß an (Straftat mit mindestens sechs Monaten Freiheitsstrafe). Insgesamt gesehen ist es jedenfalls möglich, die ATD-Rechtsprechung gesetzlich so umzusetzen, dass eine notwendige Informationsübermittlung zwischen Verfassungsschutz und Polizei weiterhin möglich ist.

IV. Schlussbemerkung

Mögliche Versäumnisse nachrichtendienstlicher Aufklärung und polizeilicher Ermittlungsarbeit im Rahmen der Bearbeitung NSU-Straftaten dürfen nicht darüber hinwegtäuschen, dass insbesondere die Nachrichtendienste unverzichtbar sind, um den politischen Entscheidungsträgern in den Regierungen und Parlamenten wichtige Informationen zur Sicherheit und/oder Bedrohung unserer freiheitlichen demokratischen Grundordnung zur Verfügung zu stellen. Hier kommt es weniger auf die Wertigkeit jeder einzelnen Information an, als auf gute Lagebilder zum Extremismus. Geradezu unverzichtbar ist die Beobachtung des Internets als Geburtsstätte und Hort radikaler Bestrebungen. Was sich dort findet, muss gesammelt, geordnet und durch Erkenntnisse von V-Leuten und sonstige nachrichtendienstliche Mittel in den richtigen Zusammenhang gebracht werden. Es wäre schlicht blauäugig, darauf in einer Welt zu verzichten, deren Globalisierung jeden blutigen Konflikt in kürzester Zeit in unser Land tragen kann. Ein gut aufgestellter Verfassungsschutz, der immer wieder das Vertrauen von Politik und Zivilgesellschaft erarbeiten muss, ist ein Pfand für die Zukunft.

Rückwirkung von Steuergesetzen und Nichtanwendungsgesetzgebung

Rudolf Mellinghoff

I. Einführung

Herbert Landau hat in den letzten zehn Jahren die Rechtsprechung des Zweiten Senats des Bundesverfassungsgerichts mitgeprägt. Aufgrund seiner juristischen Fähigkeiten, seiner menschlichen Qualitäten und seiner Erfahrung als Staatsanwalt, Richter in verschiedenen Instanzen und als Staatssekretär verfügt er über eine Lebensklugheit und eine politische Erfahrung, die für die Rechtsprechung des Zweiten Senats ein großer Gewinn ist. *Herbert Landau* gehört zu den verlässlichen Stützen im Zweiten Senat, die auch auf Rechtskontinuität, Verlässlichkeit und Umsetzbarkeit von Entscheidungen geachtet haben. In seine Zeit fallen wesentliche Entscheidungen zur Rückwirkung im Steuerrecht. Ausgehend von seinen strafrechtlichen Erfahrungen und dem Bewusstsein, dass der demokratische Rechtsstaat eine kontinuierliche Weiterentwicklung des geltenden Rechts ermöglichen muss, hat er diese Rechtsprechung aktiv begleitet.

II. Verfassungsrechtliche Grundlagen des Vertrauensschutzes

Das Verbot rückwirkender Gesetze ist ein Rechtsprinzip, dass schon lange vor dem demokratischen Verfassungsstaat anerkannt war. Die einleitenden Bestimmungen zum Allgemeinen Landrecht für die Preußischen Staaten von 1794 enthielt den Grundsatz „Neue Gesetze können auf schon vorhin vorgefallene Handlungen und Begebenheiten nicht angewendet werden“[1] und der Code Napoléon stellte zu Beginn fest: „Das Gesetz verfügt nur für die Zukunft; es hat keine zurückwirkende Kraft“[2]. Der verfassungsrechtlich verankerte Vertrauensschutz entwickelt sich jedoch erst unter der Geltung des Grundgesetzes. Nach ersten verwaltungsgerichtlichen Entwicklungen ist der Vertrauensschutz

[1] Vgl. *Schneider* Gesetzgebung, 3. Aufl. 2002, S. 310 Rn. 530.

[2] Napoleons Gesetzbuch, Einzig officielle Ausgabe für das Königreich Westphalen, 1808, Einleitungs-Titel Nr. 2, (Faksimile Nachdruck, Stroemfeld Verlag, 2001).

in Literatur und Rechtsprechung umfangreich entfaltet und dessen verfassungsrechtliche Geltung gegenüber Gesetzgeber, Verwaltung, aber auch für die Judikative postuliert worden.

Der verfassungsrechtlich verankerte Vertrauensschutz bringt grundlegende Verfassungspositionen zum Ausgleich. Auf der einen Seite gilt es, die Rechtssicherheit und damit die Verlässlichkeit der Rechtsordnung zur Geltung zu bringen. Auf der anderen Seite muss die im Demokratieprinzip verankerte Freiheit des Gesetzgebers, die Rechtsordnung zu ändern, um Politik betreiben zu können, berücksichtigt werden. Damit steht häufig dem Bestandsinteresse des Steuerpflichtigen das Änderungsinteresse des demokratisch legitimierten Gesetzgebers gegenüber. Diese sind zu einem angemessenen Ausgleich zu bringen.[3]

Im Steuerrecht hat das Bundesverfassungsgericht in jüngerer Zeit wegweisende Entscheidungen zur verfassungsrechtlichen Beurteilung rückwirkender Gesetze getroffen. Hervorzuheben sind zunächst die Entscheidungen des 2. Senats des Bundesverfassungsgerichts aus dem Jahr 2010, an denen auch *Herbert Landau* mitgewirkt hat. Daran schließen sich weitere Urteile des Bundesverfassungsgerichts an. Einen Höhepunkt bildet sodann die Entscheidung des Bundesverfassungsgerichts vom 17. Dezember 2013, in der das Bundesverfassungsgericht seine Rechtsprechung zur echten Rückwirkung bei Gesetzen fortentwickelt, in denen der Gesetzgeber geltend macht, er habe den Inhalt einer Norm lediglich klarstellend präzisieren wollen. Diese Entscheidung ist auch deshalb von besonderer Bedeutung, weil sie klarstellt, unter welchen Voraussetzungen der Gesetzgeber und die Exekutive die höchstrichterliche Rechtsprechung beachten müssen.

III. Entwicklung der Rechtsprechung des Bundesverfassungsgerichts zur Rückwirkung

1. Rechtsprechung zum Vertrauensschutz bis zum Jahr 2010

Die Rechtsprechung des Bundesverfassungsgerichts zur Rückwirkung im Steuerrecht war zunächst eher allgemein gehalten und zurückhaltend. Seit jeher unterscheidet das Gericht bei der Beurteilung der Schutzwürdigkeit des Vertrauens zwei Arten der Rückwirkung. Dabei wurde zunächst allgemein zwischen der sog. echten und der sog. unechten Rückwirkung unterschieden.[4] Der Zweite Senat differenzierte dann später zwischen der Rückbewirkung von Rechtsfolgen und einer tatbestandlichen Rückanknüpfung.[5] Inzwischen hat sich die Ter-

[3] Vgl. ausführlich: *Mellinghoff* in: Pezzer (Hrsg.), Vertrauensschutz im Steuerrecht, DStjG Bd. 27 2004, S. 25 ff.
[4] Vgl. z. B. BVerfGE 63, 343, 353 f.
[5] Grundlegend BVerfGE 72, 200 (242).

minologie wieder angeglichen. Die sog. echte Rückwirkung wird in einem Atemzug mit der Rückbewirkung von Rechtsfolgen genannt und die sog. unechte Rückwirkung wird der tatbestandliche Rückanknüpfung gleichgestellt.

Eine echte Rückwirkung liegt danach vor, wenn eine gesetzlich bereits entstandene Steuerschuld nachträglich abgeändert wird. Da die Einkommensteuerschuld erst mit Ablauf des Veranlagungszeitraums – in der Regel des Kalenderjahres – entsteht, führt jede Änderung, die abgeschlossene Veranlagungszeiträume betrifft, zu einer echten Rückwirkung. Die echte Rückwirkung wird seit jeher grundsätzlich als unzulässig angesehen und lässt sich nur ausnahmsweise und unter strengen Voraussetzungen rechtfertigen.[6] Dagegen stellen Änderungen, die einen laufenden oder zukünftigen Veranlagungszeitraum betreffen, eine unechte Rückwirkung (tatbestandliche Rückanknüpfungen) dar. Diese wurden in der älteren Rechtsprechung des Bundesverfassungsgerichts grundsätzlich als zulässig angesehen.[7]

Da der Gesetzgeber immer häufiger rückwirkende Gesetze im Steuerrecht verabschiedete, entwickelte sich in den letzten 15 bis 20 Jahren eine intensive Diskussion über die Grenzen der verfassungsrechtlichen Rückwirkung. Mehrere Habilitationen[8] und eine Jahrestagung der Deutschen Steuerjuristischen Gesellschaft[9] widmeten sich dem Thema. Es würde zu weit führen, alle unterschiedlichen Positionen hier auszubreiten. Hervorzuheben sind aber vielleicht zwei wesentliche Kritikpunkte: Zum einen wurde geltend gemacht, die Abgrenzung zwischen echter und unechter Rückwirkung, aber auch die Anknüpfung an den Veranlagungszeitraum sei zu formal, sie knüpfe an die „Veranlagungsreife" und nicht an die eigentlich schutzwürdigen Vertrauenstatbestände an. Zum anderen präjudiziere die Abgrenzung das Ergebnis.

Dieser Einwand lässt sich im Steuerrecht statistisch belegen. Bis zum Jahr 2010 kam das Bundesverfassungsgericht in allen 20 Senatsverfahren und auch in allen Kammerentscheidungen, die unechte Rückwirkungen im Steuerrecht zum Gegenstand hatten, zu einer Verfassungsmäßigkeit der entsprechenden Regelungen.[10] Dagegen waren von sieben echten Rückwirkungen im Steuerrecht vier auch verfassungswidrig. Zur Stärkung des Vertrauensschutzes wurden daher insbesondere zwei Maßnahmen vorgeschlagen: Einerseits sollten die Kategorien echte/unechte Rückwirkung zugunsten eines dispositionsbezogenen Rückwirkungsbegriffs ersetzt werden. Andererseits sollte die Abgrenzung der echten von der unechten Rückwirkung bei periodisch erhobenen Steuern nicht

6 Vgl. z.B. BVerfGE 63, 343, 353f.; BVerfGE 114, 258, 300.

7 Vgl. z.B. BVerfGE 38, 61, 83; BVerfGE 109, 133, 180f.

8 *Leisner* Kontinuität als Verfassungsprinzip, 2001; *Hey* Steuerplanungssicherheit als Rechtsproblem, 2002; *Schwarz* Vertrauensschutz als Verfassungsprinzip, 2002; *Weber-Dürler* Vertrauensschutz im öffentlichen Recht, 1983.

9 *Pezzer* (Hrsg.), Vertrauensschutz im Steuerrecht, DStjG Bd. 27 2004.

10 *Desens* StuW 2011, 113, 114.

mehr anhand des Veranlagungszeitraums, sondern anhand der Verwirklichung des letzten Merkmals des materiellen Steuertatbestandes vorgenommen werden.

2. Die Grundlagenentscheidungen des Bundesverfassungsgerichts vom 7. Juli 2010

Im Jahr 2010 hat sich das Bundesverfassungsgericht dann unter Mitwirkung von *Herbert Landau* grundlegend mit der Frage der Rückwirkung im Steuerrecht beschäftigt. In drei Entscheidungen vom 7. Juli 2010 hat das Bundesverfassungsgericht die Maßstäbe für die Verfassungsmäßigkeit der Rückwirkung neu justiert.[11] Es handelt sich um drei Leitentscheidungen, die den Vertrauensschutz zugunsten der Steuerpflichtigen erheblich gestärkt haben. In allen drei Entscheidungen hielt der Zweite Senat unechte rückwirkende Steuerrechtsänderungen für verfassungswidrig – erstmals in der sechzigjährigen Geschichte der Verfassungsrechtsprechung. Diese Beschlüsse verschieben die Gewichte der Abwägung zwischen Bestands- und Änderungsinteressen. Untersuchte das Bundesverfassungsgericht zuvor lediglich allgemein, ob die Bestandsinteressen der Betroffenen die Änderungsgründe des Gesetzgebers als solche überwiegen, hat das Gericht seither die Abwägung zwischen dem Vertrauensschutz des Bürgers und dem Änderungsinteresse des Gesetzgebers präzisiert. Das Gericht hält zwar grundsätzlich an der Unterscheidung zwischen echter und unechter Rückwirkung fest. Es prüft aber sehr viel intensiver, ob in den Fällen der unechten Rückwirkung Sachverhalte geregelt werden, die das Vertrauen des Steuerpflichtigen so erheblich beeinträchtigen, dass der Gesetzgeber an einer Änderung gehindert ist. Dies führt dazu, dass auch geprüft werden muss, ob in bestimmten Sachverhaltskonstellationen der unechten Rückwirkung der Gesetzgeber an einer Änderung der Rechtslage gehindert ist.[12] Damit trägt das Gericht der Tatsache Rechnung, dass der echten und der unechten Rückwirkung dieselben dogmatischen Wertungen zugrunde liegen. Insbesondere muss der Gesetzgeber prüfen, ob er im Rahmen von Übergangsregelungen dem Vertrauensschutz besser Rechnung tragen kann.

---

[11] BVerfGE 127, 1; BVerfGE 127, 31; BVerfGE 127, 61.

[12] Vgl. *Hey* JZ 2014, 500, 501.

a) Die vom Bundesverfassungsgericht entschiedenen Fällen

aa) Verlängerung der Spekulationsfrist im Sinne des § 23 EStG von zwei auf zehn Jahre

Durch das Steuerentlastungsgesetz 1999/2000/2002 (StEntlG)[13] – verkündet erst am 31. März 1999 – wurde die Spekulationsfrist für private Grundstücksveräußerungsgeschäfte für alle Veräußerungen ab dem 1. Januar 1999 von zwei auf zehn Jahre verlängert. Der Entscheidung des Bundesverfassungsgerichts lagen drei konkrete Normenkontrollen zugrunde: Im ersten Fall wurde das Grundstück am 26. Februar 1999, im zweiten Fall am 16. März 1999 und im dritten Fall am 22. April 1999 veräußert. In allen Fällen war zwar die alte Zwei-Jahresfrist längst abgelaufen, aber nicht die neue Zehn-Jahresfrist, so dass die Finanzverwaltung alle Veräußerungsgewinne der Einkommensteuer unterworfen hat.

Das Bundesverfassungsgericht erklärt diese Regelung wegen Verstoßes gegen die verfassungsrechtlichen Grundsätze des Vertrauensschutzes für verfassungswidrig, soweit in einem Veräußerungsgewinn Wertsteigerungen steuerrechtlich erfasst werden, die bis zur Verkündung des StEntlG am 31. März 1999 entstanden sind und nach der zuvor geltenden Rechtslage bis zum Zeitpunkt der Verkündung steuerfrei realisiert worden sind oder steuerfrei hätten realisiert werden können.[14]

bb) Absenkung der Beteiligungsgrenze im Sinne des § 17 EStG von 25 auf zehn Prozent

Durch das StEntlG wurde weiter die Beteiligungsgrenze in § 17 EStG von 25 auf zehn Prozent für alle Veräußerungen ab dem 1. Januar 1999 abgesenkt. Der Entscheidung des Bundesverfassungsgerichts lagen drei Verfassungsbeschwerden zugrunde: Im ersten Fall wurde ein Teil einer 20 % Beteiligung mit Vertrag vom 11. März 1999 am 30. April 1999 veräußert. Im zweiten Fall betrug die Beteiligung innerhalb der letzten fünf Jahre 10 % und wurde am 26. Juni 1999 veräußert. Im dritten Fall wurde eine Beteiligung in Höhe von 24,01 % sogar erst am 23. Juli 2001 veräußert. Der jeweilige Veräußerungsgewinn wurde von der Finanzverwaltung der Einkommensteuer unterworfen.

Das Bundesverfassungsgericht hat auch diese Regelung wegen Verstoßes gegen die verfassungsrechtlichen Grundsätze des Vertrauensschutzes für verfassungswidrig erklärt, soweit in einem Veräußerungsgewinn Wertsteigerungen steuerrechtlich erfasst werden, die bis zur Verkündung des StEntlG am 31. März

---

[13] Steuerentlastungsgesetz 1999/2000/2002 (StEntlG 1999/2000/2002) vom 24. März 1999, BGBl. I 1999, 402.

[14] BVerfGE 127, 1.

1999 entstanden sind und entweder – bei einer Veräußerung bis zu diesem Zeitpunkt – nach der zuvor geltenden Rechtslage steuerfrei realisiert worden sind oder aber bei der Veräußerung nach Verkündung des Gesetzes – sowohl zum Zeitpunkt der Verkündung als auch zum Zeitpunkt der Veräußerung – nach der zuvor geltenden Rechtslage steuerfrei hätten realisiert werden können.[15] Lag somit zum Zeitpunkt der Verkündung (31. März 1999) innerhalb der letzten fünf Jahre keine 25 % Beteiligung vor, hätten die Veräußerungsgewinne bis zum 31. März 1999 steuerrechtlich überhaupt nicht erfasst werden dürfen. Spätere Veräußerungsgewinne dürfen zwar besteuert werden, lag aber sowohl am 31. März 1999 (Verkündung) innerhalb der letzten fünf Jahre als auch zum Zeitpunkt der Veräußerung keine 25 % Beteiligung vor, sind bei der Ermittlung des Veräußerungsgewinns die Wertzuwächse steuerfrei zu lassen, die bis zum 31. März 1999 entstanden sind.

cc) Mehrbelastung von Entschädigungszahlungen im Sinne des § 24 Nr. 1 Buchst. a EStG durch die sog. Fünftel-Regelung statt eines halben Steuersatzes (§ 34 EStG)

Durch das StEntlG – Gesetzesinitiative der Bundesregierung war am 9. November 1998 – wurde u. a. für Entschädigungen im Sinne des § 24 Nr. 1 Buchst. a EStG als außergewöhnliche Einkünfte die Vergünstigung beim Sondertarif des § 34 Abs. 1 EStG durch die sog. Fünftel-Regelung statt des hälftigen Steuersatzes reduziert. Die Neuregelung galt für alle Entschädigungen, die ab dem 1. Januar 1999 zufließen. Der Entscheidung des BVerfG lagen drei konkrete Normenkontrollen zugrunde: Im ersten Fall wurde das Arbeitsverhältnis zum 31. Dezember 1998 aufgelöst, aber die Höhe der Entschädigung, die im Januar 1999 zugeflossen ist, bereits im Oktober 1996 vereinbart. Im zweiten Fall wurde für das am 31. März 1999 vorgesehene Ausscheiden am 24. Juli 1998 eine Abfindung vereinbart, die am 30. März 1999 ausgezahlt wurde. Im dritten Fall wurde das Arbeitsverhältnis zum 30. Juni 1999 aufgehoben, die Höhe der Entschädigung, die am 22. März 1999 zugeflossen ist, am 22. November 1998 vereinbart. In allen Fällen wendete die Finanzverwaltung die für die Steuerpflichtigen ungünstigere Fünftel-Regelung an.

Das Bundesverfassungsgericht hat einen Verstoß gegen die verfassungsrechtlichen Grundsätze des Vertrauensschutzes gesehen und die Verfassungswidrigkeit angenommen, soweit für Entschädigungen die sog. Fünftel-Regelung anstelle des halben durchschnittlichen Steuersatzes zur Anwendung kommt, wenn diese im Jahr 1998, aber noch vor Einbringung des Gesetzentwurfs des Bundestages am 9. November 1998 vereinbart und im Jahr 1999 ausgezahlt wur-

[15] BVerfGE 127, 61.

den, oder – unabhängig vom Zeitpunkt der Vereinbarung – noch vor der Verkündung der Neuregelung (31. März 1999) ausgezahlt wurden.[16]

b) Folgerungen aus diesen Beschlüssen

Allen drei Entscheidungen liegen grundlegende und weiterführende Wertungen zugrunde, die für die Zukunft neue Maßstäbe für die verfassungsrechtliche Prüfung der Rückwirkung setzen.

Das Bundesverfassungsgericht hat den Vertrauensschutz bei unechten Rückwirkungen deutlich gestärkt. Nachdem eine „unechte" Rückwirkung bislang „grundsätzlich zulässig" war, wird sie nunmehr vom Zweiten Senat als „nicht grundsätzlich unzulässig" angesehen. Nach Auffassung des Bundesverfassungsgerichts würde zwar die Gewährung vollständigen Schutzes zu Gunsten des Fortbestehens der bisherigen Rechtslage den dem Gemeinwohl verpflichteten Gesetzgeber in wichtigen Bereichen lähmen und den Konflikt zwischen der Verlässlichkeit der Rechtsordnung und der Notwendigkeit ihrer Änderung im Hinblick auf einen Wandel der Lebensverhältnisse in nicht mehr vertretbarer Weise zu Lasten der Anpassungsfähigkeit der Rechtsordnung lösen. Der verfassungsrechtliche Vertrauensschutz geht daher nicht so weit, den Staatsbürger vor jeder Enttäuschung zu bewahren. Soweit nicht besondere Momente der Schutzwürdigkeit hinzutreten, genießt die bloß allgemeine Erwartung, das geltende Recht werde zukünftig unverändert fortbestehen, keinen besonderen verfassungsrechtlichen Schutz.[17]

Der Gesetzgeber muss aber trotzdem, soweit er für künftige Rechtsfolgen an zurückliegende Sachverhalte anknüpft, dem verfassungsrechtlich gebotenen Vertrauensschutz in hinreichendem Maß Rechnung tragen. Die Interessen der Allgemeinheit, die mit der Regelung verfolgt werden, und das Vertrauen des Einzelnen auf die Fortgeltung der Rechtslage sind gegeneinander abzuwägen. Der Grundsatz der Verhältnismäßigkeit muss gewahrt werden. Auch eine unechte Rückwirkung ist mit den Grundsätzen grundrechtlichen und rechtsstaatlichen Vertrauensschutzes daher nur vereinbar, wenn sie zur Förderung des Gesetzeszwecks geeignet und erforderlich ist und wenn bei einer Gesamtabwägung zwischen dem Gewicht des enttäuschten Vertrauens und dem Gewicht und der Dringlichkeit der die Rechtsänderung rechtfertigenden Gründe die Grenze der Zumutbarkeit gewahrt bleibt.[18]

Die echte wird zwar weiterhin von der unechten Rückwirkung bei periodisch erhobenen Steuern anhand des Veranlagungszeitraums abgegrenzt.[19] Entschei-

---

16 BVerfGE 127, 31.

17 BVerfGE 127, 1 (17) m.w.N.

18 BVerfGE 127, 1 (18) m.w.N.

19 Kritisch: *Mellinghoff* in: Pezzer (Hrsg.), Vertrauensschutz im Steuerrecht, DStjG Bd. 27 2004, S. 25 (43 f.).

dend ist der Zeitpunkt, in dem die Steuerschuld entsteht. Im Sachbereich des Steuerrechts liegt eine echte Rückwirkung (Rückbewirkung von Rechtsfolgen) daher nur vor, wenn der Gesetzgeber eine bereits entstandene Steuerschuld nachträglich abändert. Für den Bereich des Einkommensteuerrechts bedeutet dies, dass die Änderung von Normen mit Wirkung für den laufenden Veranlagungszeitraum der Kategorie der unechten Rückwirkung zuzuordnen ist; denn nach § 38 AO in Verbindung mit § 36 Abs. 1 EStG entsteht die Einkommensteuer erst mit dem Ablauf des Veranlagungszeitraums, das heißt nach § 25 Abs. 1 EStG des Kalenderjahres.[20]

In der neuen Vertrauensschutzdogmatik des Bundesverfassungsgerichts bleibt es damit bei der Unterscheidung zwischen echter und unechter Rückwirkung und – für periodisch erhobene Steuern – bei der Abgrenzung anhand des Veranlagungszeitraums. Mit dieser Bestätigung seiner ständigen Rechtsprechung hat das Bundesverfassungsgericht den Forderungen, die bisherige Einteilung in echte und unechte Rückwirkung im Steuerrecht durch einen einheitlichen, dispositionsbezogenen Rückwirkungsbegriff zu ersetzen, eine Absage erteilt.

Das Bundesverfassungsgericht hat aber die Problematik des dispositionsbedingten Vertrauensschutzes insoweit aufgenommen, als es die Anforderungen an die Zulässigkeit einer gesetzlichen Neuregelung bei der unechten Rückwirkung deutlich erhöht hat. Anhand der zu entscheidenden Fälle hat das Gericht jedenfalls in drei Fallgruppen, im Vergleich zur älteren Rechtsprechung des Bundesverfassungsgerichts, zu einem höheren Schutzniveau zugunsten des Steuerpflichtigen votiert. Die Rechtsprechung betrifft insbesondere verbindliche Dispositionen, bei denen aber besondere Umstände hinzutreten müssen, wie die Verwirklichung des letzten Merkmals des materiellen Steuertatbestandes oder eine „konkret gefestigte Vermögensposition".

Die genaue verfassungsrechtliche Verankerung der einzelnen Vertrauenstatbestände wird vom Bundesverfassungsgericht in seiner Rechtsprechung nur angedeutet. Der Dispositionsschutz ist insbesondere im Rechtsstaatsprinzip und in der allgemeinen Handlungsfreiheit (Art. 2 Abs. 1 GG) angelegt. Der Schutz der konkret gefestigten Vermögensposition lässt sich ergänzend auf die freiheitsrechtlich verankerte Eigentumsgarantie stützen, auch wenn das Bundesverfassungsgericht Art. 14 GG in diesem Zusammenhang nicht ausdrücklich nennt.

Bei seiner neuen Vertrauensschutzdogmatik hat das Bundesverfassungsgericht hervorgehoben, dass – sofern bei unechten Rückwirkungen schutzwürdige Vertrauenstatbestände vorliegen und entwertet werden – ein strenger Maßstab bei der Verhältnismäßigkeitsprüfung anzulegen ist, bei der das Änderungs-

---

[20] Vgl. auch bereits BVerfGE 13, 261 (263 f., 272); BVerfGE 13, 274 (277 f.); BVerfGE 19, 187 (195); BVerfGE 30, 272 (285); BVerfGE 72, 200 (252 f.); BVerfGE 97, 67 (80).

interesse des Gesetzgebers das enttäuschte Vertrauen des Steuerpflichtigen überwiegen muss.[21] Eine solche Entwertung des Vertrauens des Steuerpflichtigen ist auch bei der unechten Rückwirkungen nur zulässig, wenn dies zur Förderung des Gesetzeszwecks geeignet und erforderlich ist und wenn bei einer Gesamtabwägung zwischen dem Gewicht des enttäuschten Vertrauens und dem Gewicht der Dringlichkeit der die Rechtsänderung rechtfertigenden Gründe die Grenze der Zumutbarkeit gewahrt bleibt. In diesem Maßstab liegt eine deutliche Stärkung des Vertrauensschutzes bei unechten Rückwirkungen. Rechtfertigungsgründe müssen eng interpretiert werden und dürfen nicht nur das allgemeine Änderungsinteresse begründen. Vielmehr müssen sie gerade die Entwertung des Vertrauenstatbestandes rechtfertigen.

3. Die Entscheidung des BVerfG vom 10. Oktober 2012 zur Fortentwicklung des Rückwirkungsverbots bei periodisch erhobenen Steuern

In der Folgezeit hat sich der Erste Senat des Bundesverfassungsgerichts im Ergebnis dieser Rechtsprechung angeschlossen.[22] In dem Beschluss ging es um die Frage, ob die Gewerbesteuerpflicht für Streubesitzdividenden (§ 8 Nr. 5 GewStG) gerade mit Wirkung für den *gesamten* Erhebungszeitraum 2001 durch das erst am 24. Dezember 2001 verkündete Gesetz zur Fortentwicklung des Unternehmenssteuerrechts mit den verfassungsrechtlichen Grundsätzen des Vertrauensschutzes vereinbar war.

Der Erste Senat schloss sich der strengeren Linie des Zweiten Senats dem Grunde nach an, auch wenn der Beschluss andere Akzente setzt. So hat der Erste Senat rückwirkende Änderungen des Steuerrechts für einen noch laufenden Veranlagungs- oder Erhebungszeitraum als Fälle unechter Rückwirkung („tatbestandliche Rückanknüpfung") den Fällen echter Rückwirkung („Rückbewirkung von Rechtsfolgen") nahestehend angesehen und daher den besonderen Anforderungen von Vertrauensschutz und Verhältnismäßigkeit unterworfen. Wie zuvor der Zweite Senat des Bundesverfassungsgerichts hält auch der Erste Senat ausdrücklich an der „Veranlagungszeitraum-Rechtsprechung" fest. Auch der Erste Senat des Bundesverfassungsgerichts erkennt nun in der Verwirklichung des letzten Merkmals des besonderen Steuertatbestandes – hier im Zufluss einer Vorabausschüttung – einen besonderen Vertrauenstatbestand.

Damit knüpft der Erste Senat des Bundesverfassungsgerichts an die Rechtsprechung des Zweiten Senats an und stärkt den Vertrauensschutz bei der unechten Rückwirkung weiter. Entscheidend ist, dass gegenüber der älteren Rechtsprechung, die schutzwürdigen Vertrauenstatbestände herausgearbeitet werden, deren Entwertung nur anhand einer strengen Verhältnismäßigkeit gerechtfertigt werden kann. Anders als früher kann dem berechtigten Vertrauen

---

21 BVerfGE 1, 127 (20 f.).

22 BVerfGE 132, 302.

des Steuerpflichtigen in die Geltung einer Rechtslage nicht das allgemeine Änderungsbedürfnis des Gesetzgebers entgegengestellt wird, sondern gerade die Rückanknüpfung selbst muss besonders gerechtfertigt werden.

4. Die Entscheidung des BVerfG zu sog. klarstellenden Gesetzesänderungen

Am 17. Dezember 2013[23] hat das Bundesverfassungsgericht die verfassungsrechtliche Rückwirkungsdogmatik an einer für das Steuerrecht und die Rechtspraxis besonders relevanten Stelle wegweisend weiterentwickelt.

a) Entscheidung des Bundesverfassungsgerichts

Anlass der Entscheidung war eine Korrektur des Gesetzes über Kapitalanlagegesellschaften (KAGG). Das KAGG verwies ursprünglich nur auf § 8b Abs. 2 KStG, der mit Wirkung ab dem Veranlagungszeitraum 2002 Gewinne aus Anteilsveräußerungen von der Körperschaftsteuer freistellt, ohne auch den Absatz 3 von § 8b KStG zu nennen, der als Kehrseite zu der Steuerfreiheit die Geltendmachung von Gewinnminderungen (Teilwertabschreibungen, Veräußerungsverluste) im Zusammenhang mit § 8b Abs. 2 KStG-Anteilen ausschließt. Erst mit Gesetz vom 22. Dezember 2003 wurde das Gesetz geändert und auch auf den Absatz 3 von § 8b KStG verwiesen, und zwar für „alle Veranlagungszeiträume …, soweit Festsetzungen noch nicht bestandskräftig sind“, also mit unbegrenzter Rückwirkung.

Die Gesetzesbegründung sah darin lediglich eine „redaktionelle Klarstellung“. Die Finanzverwaltung und einzelne Finanzgerichte hielten § 8b Abs. 3 KStG auch ohne den später aufgenommenen ausdrücklichen Verweis bereits im Wege der Auslegung der Ursprungsfassung für anwendbar. Eine höchstrichterliche Klärung sowohl der ursprünglichen Rechtslage als auch der Beurteilung der Nachbesserung stand noch aus.

Das Finanzgericht Münster hielt die Anwendung von § 8b Abs. 2 KStG i. V. mit §§ 40a Abs. 1 Satz 2, 43 Abs. 18 KAGG für den Veranlagungszeitraum 2002 für verfassungswidrig und rief das Bundesverfassungsgericht an.[24] Dabei stellten sich dem Ersten Senat zwei Fragen: Zum einen, ob es sich überhaupt um eine konstitutiv die Rechtslage verschärfende Rückwirkung handelte; zum anderen, falls dies zu bejahen war, ob der Gesetzgeber hierfür eine besondere Rechtfertigung in Anspruch nehmen konnte. Das Bundesverfassungsgericht erblickte in der Anwendung für alle offenen Veranlagungszeiträume eine unzulässige echte Rückwirkung und erklärte die rückwirkende Anordnung für verfassungswidrig. Dabei geht das Gericht in zwei Schritten vor:

---

[23] BVerfGE 135, 1 ff.

[24] FG Münster v. 22.2.2008, EFG 2008, 983.

In einem ersten Schritt widmet sich das Gericht der Frage, unter welchen Voraussetzungen eine nachträgliche klärende Feststellung durch den Gesetzgeber eine konstitutiv rückwirkende Regelung darstellt und so überhaupt erst den verfassungsrechtlichen Restriktionen für rückwirkende Gesetze unterfällt.

Hierbei geht es zunächst um die Frage nach der Eröffnung des Anwendungsbereichs der verfassungsgerichtlichen Rückwirkungsrechtsprechung im Fall von Gesetzesänderungen. Diese sah das Bundesverfassungsgericht als gegeben an und hat sodann in einem zweiten Schritt eine „normale" verfassungsrechtliche Prüfung anhand des typisierenden Rückwirkungsbegriffes vorgenommen.

Besonders wichtig war in diesem Zusammenhang die Frage, wann es sich um eine lediglich unproblematische deklaratorische Gesetzesanpassung handelt und wann eine konstitutive Gesetzesänderung vorliegt. Hier hat der Erste Senat eine klare Aussage getroffen:

„Eine rückwirkende Regelung [...] ist aus verfassungsrechtlicher Sicht stets schon dann als konstitutiv anzusehen, wenn sie sich für oder gegen eine vertretbare Auslegung einer Norm entscheidet und damit ernstliche Auslegungszweifel im geltenden Recht beseitigt."[25]

Dieser Maßstab wird im Folgenden konkretisiert: Zum einen „genügt für die Beantwortung der Frage, ob eine rückwirkende Regelung aus verfassungsrechtlicher Sicht als konstitutiv zu behandeln ist, die Feststellung, dass die geänderte Norm in ihrer ursprünglichen Fassung von den Gerichten in einem der Neuregelung zuwider laufenden Sinne ausgelegt werden konnte und ausgelegt worden ist." Zum anderen ist „eine rückwirkende Klärung der Rechtslage durch den Gesetzgeber in jedem Fall als konstitutiv rückwirkende Regelung anzusehen, wenn der Gesetzgeber damit nachträglich einer höchstrichterlich geklärten Auslegung des Gesetzes den Boden zu entziehen sucht." Dies sind zwei typisierende Fallgruppen, die eine Subsumtion unter die beiden Tatbestandsmerkmale des Ausgangsmaßstabes vereinfachen.

Nachdem der Erste Senat den Anwendungsbereich der Rückwirkungsrechtsprechung positiv beantwortet hat, ordnet er die in Frage stehende Gesetzesnorm als unzulässige echte Rückwirkung ein.

Eine solche echte Rückwirkung ist zwar bei Unklarheit und Verworrenheit der geltenden Rechtslage zulässig. Das Bundesverfassungsgericht weist jedoch darauf hin, dass Auslegungsoffenheit alleine nicht ausreicht, um eine echte Rückwirkung ausnahmsweise zu rechtfertigen, weil sich andernfalls insbesondere in den Anfangsjahren einer gesetzlichen Regelung nie ein schutzwürdiges Vertrauen gegen rückwirkende Änderungen entwickeln könne. Erforderlich ist vielmehr eine derartige Verworrenheit der Rechtslage, dass es unter Berücksichtigung von Wortlaut, Systematik und Normzweck völlig unverständlich ist, welche Bedeutung die fragliche Norm haben soll.

---

25 BVerfGE 135, 1 (15).

b) Kontroverse

Diese Entscheidung des Bundesverfassungsgerichts hat vehemente Gegner, aber auch entschiedene Befürworter gefunden. Die Kontroverse in der Literatur dreht sich insbesondere um die Frage, ob das Gericht sich mit dieser Entscheidung von den bisherigen subjektiven Voraussetzungen der Rückwirkungsrechtsprechung verabschiedet hat und ob ein abstraktes Vertrauen in die Geltung von Gesetzen genügt, um dem Gesetzgeber an einer Änderung der Rechtslage zu hindern.

Diese Entscheidung war schon im Bundesverfassungsgericht selber umstritten; sie ist mit fünf zu drei Stimmen ergangen. *Masing* hat zu dieser Entscheidung eine abweichende Meinung verfasst, in der er die Mehrheitsmeinung mit ungewöhnlich scharfen Worten ablehnt.[26] Von einem Irrweg und einer gravierenden Störung der Balance zwischen Demokratie- und Rechtsstaatsprinzip ist die Rede. Im Kern kritisiert er, dass das Bundesverfassungsgericht die Obersätze bisheriger verfassungsgerichtlicher Rückwirkungsentscheidungen von ihrer Einbindung an die Grundsätze des Vertrauensschutzes ablöse und sie zu für sich stehenden abstrakten Regeln verselbständige. Für die Fälle der echten Rückwirkung werde das Rückwirkungsverbot damit im Ergebnis zu einem apriorischen Prinzip der Gewaltenteilung verselbständigt.

Dieser grundsätzlichen Kritik schließt sich *Lepsius* an, der das Sondervotum als einzigen Lichtblick feiert, der den Senat insgesamt vor der vollständigen Blamage gerettet habe.[27] Das fulminante Sondervotum von *Masing* verspreche ein Klassiker zu werden. Er wirft dem Gericht teilweise eine absurde Argumentation vor. Die Thesen seien aus einer fachgerichtlichen oder steuerrechtlichen Brille gewonnen worden und einfach nicht durchdacht. Darüber hinaus fürchtet *Lepsius* einen verfassungsrechtlichen Flurschaden, den es zu verhindern gelte. Auch die frühere Verfassungsrichterin *Osterloh* sieht den Beschluss des 1. Senats kritisch.[28] Sie ist der Auffassung, dass sich das Bundesverfassungsgericht von dem herkömmlichen, subjektivrechtlich orientierten Verständnis des Vertrauensschutzes verabschiedet habe. Mit der Erweiterung des Begriffs der konstitutiven Gesetzesänderung auf potentiell – ex post – deklaratorische Klarstellungen und die Gewährung von Vertrauensschutz gegenüber jeder derartigen Änderung sei der Schutz der individuellen, gesetzlich begründeten Rechtsposition durch objektivrechtliche Gehalte der Rechtssicherheit erweitert worden.

Lepsius und *Osterloh* wenden sich insbesondere gegen den Schutz eines abstrakten Vertrauens in die Geltung von Gesetzen. Der Gesetzgeber sei grundsätzlich nicht gehindert, eine Rechtslage rückwirkend zu gestalten. Ein absolu-

[26] BVerfGE 135, 1 (29ff.).
[27] *Lepsius* JZ 2014, 488.
[28] *Osterloh* StuW 2015, 201.

tes Rückwirkungsverbot enthalte die Verfassung nur in Art. 103 Abs. 2 GG. Das abstrakte Vertrauen in eine inhaltsoffene Norm sei nicht geschützt. Insbesondere *Lepsius* sieht ein Fehlverständnis der Gewaltenteilung und eine Privilegierung der Fachgerichtsbarkeit, wenn ihr zugestanden werde, darüber zu entscheiden, ob eine Norm deklaratorischen oder konstitutiven Charakter habe.

Die überwiegende Mehrzahl derjenigen, die sich bisher in der Literatur zu diesem Beschluss geäußert haben, begrüßt hingegen die Entscheidung des Bundesverfassungsgerichts. Nach *Birk* ist die Entscheidung ein wichtiger Baustein in der Rückwirkungsarchitektur der bundesverfassungsgerichtlichen Rechtsprechung.[29] Er wirft die Frage auf, ob vom Gesetzgeber als „klarstellende Gesetzesakte" bezeichnete Gesetze unter den Rückwirkungsbegriff fallen, oder ob der Gesetzgeber die Freiheit hat, sich durch die Behauptung bloßer Klarstellung aus den Fesseln der Rückwirkungsdogmatik zu befreien. Diese Frage könne nur so beantwortet werden, wie es das Bundesverfassungsgericht getan habe, denn Gesetzesänderungen seien keine Norminterpretationen, und zu diesen seine nur Gerichte berufen. Es sei auch zutreffend, dass ein Gesetz, über dessen Auslegung Streit besteht, Vertrauen erzeugen könne, weil andernfalls dem Gesetzgeber ein „Freibrief" für rückwirkende Gesetzesänderungen bei auslegungsbedürftigen Gesetzen eingeräumt werde.

Auch *Hey* hält es für richtig, dass es den Gerichten obliege einzuschätzen, ob eine echte oder unechte Rückwirkung vorliegt.[30] Bagatellisierungen durch den Gesetzgeber in der Gesetzesbegründung seien ohne Bedeutung. Es sei auch nicht zutreffend, dass der Beschluss allgemeine abstrakte Grenzen gesetzgeberischer Regelungsbefugnis enthalte. Vielmehr werde das subjektivrechtliche Vertrauensverständnis zugrunde gelegt und das Vertrauen in eine geltende Rechtslage geschützt. Zu deren Interpretation seien die Gerichte zuständig. Dabei gehe es entgegen *Masing* nicht um übertriebene Anforderungen an den Gesetzgeber, sondern um eine lang überfällige Sanktion schlampiger Gesetzgebung. Unklare Formulierungen, vergessene oder fehlerhafte Verweise, unterbliebene Anpassungen in anderen Gesetzen, wie sie der Entscheidung des Ersten Senats zu Grunde lagen, seien durchaus vermeidbar.

c) Begrüßenswerte Weiterentwicklung

Sowohl das Sondervotum als auch die Kritik in der Literatur stellen darauf ab, dass sich das Bundesverfassungsgericht von der subjektiv-rechtlichen Verankerung des Vertrauensschutzgedankens entfernt und ein lediglich abstraktes Vertrauen auf die Gültigkeit einer inhaltsoffenen Norm geschützt habe. Dem Gericht wird vorgeworfen, Bezugspunkt und Grundlage des geschützten Vertrau-

---

[29] *Birk* FR 2014, 338.
[30] *Hey* JZ 2014, 500.

ens seien nicht mehr eine bestimmte Rechtslage sondern ein Recht auf objektive Rechtssicherheit.

Es stellt sich schon die Frage, ob diese Kritik im Ansatz zutreffend ist, denn das Bundesverfassungsgericht hat sich nicht von den verfassungsrechtlichen Grundlagen des Vertrauensschutzes verabschiedet, sondern geht von dem Vertrauen in eine bestimmte Rechtslage und damit dem subjektiven Recht des Bürgers auf Vertrauen und Kontinuität in das Recht aus. Zu Recht hat *Hey* darauf hingewiesen, dass trotz der subjektiv-rechtlichen Begründung des Verbots rückwirkender belastender Gesetze Gesetzesvertrauen nicht individuell, sondern nur abstrakt und damit objektiv bestimmt werden kann.[31] Weder kommt es darauf an, ob der Betroffene das Gesetz tatsächlich kannte, noch ob dieses für seine Handlungen ursächlich war. Auch die Frage der geeigneten Vertrauensgrundlage wird normativ und nicht empirisch ermittelt. Es geht allein um die Frage, ob der Bürger vertrauen durfte, nicht ob er vertraut hat.

Grundlage in das Vertrauen ist und bleibt alleine das Gesetz.[32] Der eigentliche Streit geht daher um die Frage, ob ein interpretationsbedürftiges Gesetz Vertrauen begründen kann, und wer über die Interpretation letztendlich entscheidet. Hier hat das Bundesverfassungsgericht zu Recht entschieden, dass auch ein interpretationsbedürftiges Gesetz eine Vertrauensgrundlage bilden kann. Andernfalls könnten nur eindeutige, nicht auslegungsbedürftige Gesetze, die es praktisch nicht gibt, Vertrauen begründen. Dabei handelt es sich auch nicht um ein lediglich abstraktes, sondern um das konkrete Vertrauen in eine ganz bestimmte Rechtslage, die durch den Gesetzgeber geschaffen worden ist.

Auch ein Gesetz, über dessen Auslegung Streit besteht, bildet daher eine Vertrauensgrundlage. Der Vertrauensschutzbereich umfasst dabei jede unter Anwendung anerkannter Auslegungsregeln gewonnene Auslegung, wobei der Betroffene darauf vertrauen darf, dass sich die für ihn günstigste Auslegung durchsetzt. Der einzige Vorbehalt, unter dem sein Gesetzesvertrauen steht, ist das Normverständnis der zur Auslegung berufen Fachgerichte, die im Auslegungskonflikt angerufen werden. Der Bürger kann nicht darauf vertrauen, dass sich sein Gesetzesverständnis vor Gericht durchsetzt, aber er kann darauf vertrauen, dass die Rechtsprechung auf der Grundlage der Norm entscheidet, so wie sie der Gesetzgeber erlassen und im Gesetzblatt verkündet hat.

---

[31] *Hey* NJW 2014, 1564.

[32] *Mellinghoff* in: Pezzer (Hrsg.), Vertrauensschutz im Steuerrecht, DStjG Bd. 27 2004 S. 25 (34 f.) m. w. N.

IV. Auswirkung auf Nichtanwendungsgesetze

Die aktuelle Rechtsprechung des Bundesverfassungsgerichts hat insbesondere Bedeutung für die sogenannten Nichtanwendungsgesetze, mit denen der Deutsche Bundestag auf Veranlassung des Bundesministers der Finanzen eine Rechtsprechung des Bundesfinanzhofs durch ein nachfolgendes Gesetz korrigiert. Seit jeher besteht ein besonderes Spannungsverhältnis zwischen Finanzgerichtsbarkeit und der Finanzverwaltung. Nicht immer akzeptieren Finanzverwaltung und Gesetzgebung die vom Bundesfinanzhof gefundenen Auslegungsergebnisse der Steuergesetze und begegnen unerwünschten Entscheidungen mit sogenannten Nichtanwendungserlassen bzw. -gesetzen.

Mit einem Nichtanwendungserlass – in der Regel in Form eines Nichtanwendungsschreibens des Bundesfinanzministeriums – weist die Finanzverwaltung die nachgeordneten Behörden an, die Erkenntnisse einer Entscheidung des Bundesfinanzhofs über den konkreten Einzelfall hinaus nicht anzuwenden. Beweggrund für einen solchen Nichtanwendungserlass ist zum einen die Hoffnung, in einem weiteren Verfahren das Gericht zu einer Änderung seiner Rechtsansicht bewegen zu können. Zum anderen kann ein solcher Erlass die Vorstufe zu einem Nichtanwendungsgesetz sein, mit dem aus Sicht der Finanzverwaltung abzulehnende Entscheidungen neutralisiert werden sollen.

Über viele Jahre haben sich zahlreiche Autoren[33] gegen die Praxis der Nichtanwendungserlasse gewandt. Häufige und regelmäßige Nichtanwendungserlasse berühren die verfassungsrechtlich verankerte Gewaltenteilung. Außerdem beeinträchtigen Nichtanwendungserlasse die Rechtssicherheit, die gleichmäßige Gesetzesauslegung[34] und verursacht Fragen im Bereich der Amtshaftung. Diese Kritik hat dazu geführt, dass von den Nichtanwendungserlassen nur noch zurückhaltend Gebrauch gemacht wird.

Dafür wird immer häufiger auf das Mittel der Nichtanwendungsgesetze zurückgegriffen. Unabhängig von einer Rechtsprechungsänderung wird immer häufiger die Rechtsprechung des Bundesfinanzhofs dadurch konterkariert, dass der Gesetzgeber, auf Vorschlag des Bundesfinanzministeriums, seine dem Urteil des Bundesfinanzhofs widersprechende Rechtsauffassung in Form eines Gesetzes durchsetzt.

Der Gesetzgeber ist hierzu zwar grundsätzlich berechtigt und beeinträchtigt mit einer solchen Rechtsprechungskorrektur-Gesetzgebung in der Regel nicht die Rechte der Dritten Gewalt. Allerdings ergibt sich aus dem Rücksichtnahmegebot und der Verfassungsorgantreue, dass der Gesetzgeber von diesem Mittel

---

[33] Z.B. *Kaminski* Die Steuerberatung 12 (2013), M1; *Vinken* in: Mellinghoff/Schön/Viskorf (Hrsg.), Spindler-FS, S. 549; *Spindler* DStR 2007, 1061; *Schaumburg* in: Brandt (Hrsg.), Für eine bessere Steuerrechtskultur, 2004, S. 73.

[34] Vgl. *Gosch* in: Mellinghoff/Schön/Viskorf (Hrsg.), Spindler-FS, S. 379ff.

grundsätzlich nur zurückhaltend Gebrauch machen sollte.[35] Wenn der Gesetzgeber häufig die Rechtsprechung der Finanzgerichte korrigiert, besteht zudem die Gefahr der Korrektur systematischer Gesetzesauslegung und damit der Verkomplizierung des Steuerrechts. Die Vielzahl an Nichtanwendungsgesetzen verunsichert die Steuerpflichtigen aber ebenso wie die Nichtanwendungserlasse des Bundesfinanzministeriums und birgt die Gefahr, das Vertrauen in die Rechtsprechung zu erschüttern. Die Steuerpflichtigen können sich nicht auf die Rechtsprechung des höchsten deutschen Steuergerichts einstellen. Dieser Zustand beeinträchtigt daher die Befriedungsfunktion des richterlichen Urteils und damit die Rechtssicherheit, mit deren Sicherung die Rechtsprechung gerade beauftragt ist. Abgesehen davon ist es rechtspolitisch bemerkenswert, dass Nichtanwendungsgesetze insbesondere Gerichtsentscheidungen zu Gunsten des Bürgers betreffen die den Staat viel Geld kosten. Daher verwundert es nicht, dass gerade das Steuerrecht besonders viel Anschauungsmaterial für Nichtanwendungsgesetze bietet.

Die Entscheidung des Ersten Senats vom 17. Dezember 2013 zur Rückwirkung verhindert jedoch immerhin in Zukunft, dass rückwirkende Nichtanwendungsgesetze verabschiedet werden. Bisher hat der Gesetzgeber in vielen Fällen ihm oder insbesondere der Finanzverwaltung missfallenden Gerichtsentscheidungen rückwirkend den Boden entzogen und durch ein rückwirkendes Nichtanwendungsgesetz dem Bürger die Möglichkeit genommen, sich auf diese für ihn günstige Entscheidung zu berufen. Häufig beruft er sich darauf, dass es sich lediglich um eine gesetzgeberische Klarstellung handele. Deshalb ist es so wichtig, wenn das Bundesverfassungsgericht betont, dass nicht der Gesetzgeber über die Auslegung einer Norm verfügt wenn diese erst einmal im Bundesgesetzblatt steht. Diese Aufgabe ist vielmehr der Rechtsprechung und damit in letzter Instanz den obersten Bundesgerichten übertragen. Der Gesetzgeber hat dann zwar die Möglichkeit, diese Rechtsprechung durch einen entsprechenden gesetzgeberischen Akt zu korrigieren; aber eben nur mit Wirkung für die Zukunft und nicht für die Vergangenheit.

Das Bundesverfassungsgericht hält allerdings in dem Fall eine rückwirkende Korrektur der Rechtsprechung für zulässig, wenn sich die höchstrichterliche Rechtsprechung kurzfristig geändert hat und der Gesetzgeber mit der klarstellenden Regelung nur die bis dahin gefestigte Rechtspraxis rückwirkend festschreibt. Diese Rechtsprechung berücksichtigt, dass sich in einer solchen Situation kein schutzwürdiges Vertrauen des Bürgers entwickeln kann. Sowohl Finanzverwaltung als auch Steuerpflichtige und deren Berater haben sich in diesem Fall auf eine gefestigte Rechtsprechung eingestellt und ihre Vermögensdispositionen dieser Rechtsprechung zugrunde gelegt. Das Vertrauen in die Kontinuität des Rechts erlaubt dem Gesetzgeber, bei einer Änderung der Recht-

---

[35] *Drüen* StuW 2015, 201 (215).

sprechung, die alte Rechtslage wiederherzustellen. Hierbei handelt es sich jedoch um eine Sondersituation, die nicht den Regelfall der Nichtanwendungsgesetze betrifft.

V. Zusammenfassung

Dieser Überblickt zeigt, dass sich in den letzten zehn Jahren die verfassungsgerichtliche Rechtsprechung erheblich weiter entwickelt hat. Anders als früher kann sich der Gesetzgeber nicht mehr sicher sein, dass ein Gesetz verfassungsgemäß ist, wenn es der Kategorie der unechten rückwirkenden Gesetze zugeordnet wird. Vielmehr muss der Gesetzgeber in jedem Einzelfall prüfen, ob das Vertrauen des Steuerpflichtigen in eine bestimmte Gesetzeslage schutzwürdig ist. Auch Typisierungs- und Pauschalierungserwägungen erlauben nicht immer ein rückwirkendes Steuergesetz. Vielmehr bedarf es gegebenenfalls Sonderregelungen für bestimmte Fallgestaltungen oder Übergangsregelungen, die bestimmte Vertrauenstatbestände in den Blick nehmen.

In dieser neueren Rechtsprechung kommt zum Ausdruck, dass den verschiedenen Arten der Rückwirkung die gleichen Maßstäbe zugrunde liegen. In beiden Fällen der Rückwirkung ist eine Abwägung zwischen dem Vertrauen des Steuerpflichtigen einerseits und den Gemeinwohlbelangen des Staates andererseits vorzunehmen. Die formale Differenzierung der verschiedenen Rückwirkungskategorien prägt nicht mehr automatisch das verfassungsrechtliche Ergebnis.

Hervorzuheben ist darüber hinaus, dass der Gesetzgeber nicht unter dem Deckmantel einer sog. deklaratorischen Gesetzesänderung das Verbot rückwirkender Gesetze überspielen kann. Insoweit bestimmen zunächst die Fachgerichte, ob ein Gesetz lediglich deklaratorischen Charakter hat. Immer dann, wenn die Finanzgerichte zu dem Ergebnis kommen, dass eine Gesetzesänderung konstitutiven Charakter hat, ist dieses Gesetz an den strengen Maßstäben der verfassungsrechtlichen Rückwirkung zu messen.

Das BVerfG hat mit seinen ab dem Jahr 2010 ergangenen Entscheidungen seine Vertrauensschutzdogmatik für das Steuerrecht grundlegend weiterentwickelt. Zwar hat das Gericht die tradierte Abgrenzung einer echten von einer unechten Rückwirkung bei periodisch erhobenen Steuern anhand des Veranlagungszeitraums aufrechterhalten. Zugleich hat es aber den Vertrauensschutz bei unechten Rückwirkungen durch die Herausarbeitung abgrenzbarer Vertrauenstatbestände, deren Entwertung nur am Maßstab einer strikten Verhältnismäßigkeitsprüfung gerechtfertigt werden kann, deutlich gestärkt und an das Schutzniveau echter Rückwirkungen angenähert.

Gesetzlicher Richter und europäische Schlange

Armin Nack

I. Die Warteschlangentheorie

Angenommen, der Personalbedarf für einen Abfertigungsschalter ist auf eine durchschnittliche Bearbeitungszeit von 60 Sekunden je Kunde kalkuliert. Dabei geht man davon aus, dass die Kunden im Durchschnitt alle 50 Sekunden kommen. Warum bildet sich dann trotzdem eine Warteschlange (von etwa acht Kunden)? Weil die Kunden eben nicht alle 50 Sekunden kommen, sondern eher zufällig: manchmal mehr, manchmal weniger. Und auch die Abfertigungszeit kann im Einzelfall länger dauern als 60 Sekunden. Das verursacht Warteschlangen, aber auch Leerlauf. Je größer die Unregelmäßigkeit des Kundenstroms ist, desto länger ist die Warteschlange.

Die Betriebswirtschaft beschäftigt sich seit hundert Jahren mit diesem Phänomen. Das zugrunde liegende mathematische Modell ist die sog. Warteschlangentheorie;[1] damit sollen effizientere Abläufe gefunden werden. Diese Theorie findet nicht nur Anwendung bei dem eher simplen Problem der Kassenschalter, sondern auch bei wesentlich komplexeren Produktionsabläufen, etwa in der Fabrikation. Die Warteschlangentheorie ist (höhere) Mathematik mit unglaublich komplizierten Formeln zur Optimierung solcher Abläufe. Wer sich einen Überblick über den heutigen Stand dieser Wissenschaft verschaffen will, dem sei das Buch „Grundlagen der Warteschlangentheorie" von *Dieter Baum* zur Lektüre empfohlen,[2] das aus fast 600 Seiten kompliziertester Formeln besteht.[3] Auch im Internet finden sich zahlreiche Warteschlangen-Rechner.

Das Ärgernis von Warteschlangen ist uns allen bestens vertraut. In der Erwartung, schneller bedient zu werden, stellen wir uns im Supermarkt an der Kasse mit den wenigsten Kunden und den weniger vollen Einkaufswagen an. Trotzdem stehen wir immer an der falschen Kasse, etwa weil ein Kunde vor uns – das nervt – die Centmünzen aus seinem Geldbeutel kramt und mühsam einzeln abzählt.

---

[1] Begründer dieser Theorie ist der dänische Ingenieur *Erlang*, der mittels mathematischer Methoden 1917 Telefonvermittlungsanlagen optimierte.

[2] Da merkt man erst, wie „einfach" doch die Jurisprudenz ist.

[3] Ein Beispiel daraus findet sich am Endes des Beitrags.

Die Betriebswirte haben zur Verkleinerung der Warteschlange die „europäische Schlange“ erfunden. Die kennen wir. Es wird ad hoc eine weitere Bedienungsstation bzw. Kasse aufgemacht („Verehrte Kunden, wir öffnen Kasse 4“). Selbst wenn es uns gelingt, mit unserem Einkaufswagen an anderen Kunden vorbei, schnell zu Kasse 4 zu navigieren, dann steht dort bestimmt ein Kunde vor uns, dessen Kreditkarte streikt. Dass es inzwischen an den anderen Kassen – wo wir besser geblieben wären – zügiger vorangeht, empfinden wir als ungerecht.

Deswegen haben die Betriebswirte die effektivere „amerikanische Schlange“ erfunden. Auch die kennen wir, etwa beim Check-in am Flughafen und neuerdings sogar bei der Post. Alle Kunden warten zwar in einer einzigen Schlange, aber sie werden nach und nach vom nächsten freiwerdenden Schalter bedient. Das verringert nicht nur den Frust; es geht auch schneller voran.

II. Gesetzlicher Richter und Warteschlange

Aber was hat die Warteschlangentheorie mit dem gesetzlichen Richter zu tun? Sehr viel. Der gesetzliche Richter ist nach diesem Modell für das jeweilige Verfahren der – sogar nur allein zuständige – „Abfertigungsschalter“ und die bei ihm anstehenden Verfahren (die Aktenhalde im „Warteraum“) bilden eine Warteschlange. Ob die Verkleinerung der Warteschlange durch eine europäische Schlange (Umverteilung der Verfahren auf andere Spruchkörper) oder gar eine amerikanische Schlange (Verteilung eines Verfahrenspools auf „freiwerdende“ Spruchkörper) möglich und sinnvoll ist, soll hier näher betrachtet werden.

Das gilt namentlich für erstinstanzliche Strafverfahren vor den Landgerichten und Oberlandesgerichten. Zwar werden in allen Gerichtsverfahren die zuständigen Spruchkörper mit oft unvorhersehbaren Verfahren befasst, die eher zufällig und unregelmäßig eingehen. Erstinstanzliche Strafverfahren vor den Landgerichten (und Oberlandesgerichten) haben aber ein spezifisches Warteschlangenproblem: Die unberechenbare und oft lange Dauer der mündlichen Hauptverhandlung. Solange die Hauptverhandlung andauert, bleiben die anderen Verfahren in der Warteschlange. Und das führt bei diesen Verfahren oftmals zur Verfahrensverzögerung. Wenn sich die Angeklagten dieser Verfahren zudem noch – was oft der Fall ist – in Untersuchungshaft befinden, wird der Beschleunigungsgrundsatz verletzt. Das unterscheidet solche Strafverfahren von den anderen Gerichtsverfahren, die überwiegend schriftlich oder nach nur kurzer Hauptverhandlung entschieden werden. Hier kann die Reihenfolge der Bearbeitung geändert werden, indem etwa eiligere Verfahren vorgezogen werden. Auch können mehrere solche Verfahren „parallel“ bearbeitet werden (eine Art europäische Schlange). Strafverfahren können demgegenüber in der Regel nur sukzessiv abgearbeitet werden.

Von daher stellt sich die Frage, wie die generellen Grundsätze zur Garantie des gesetzlichen Richters[4] mit dem Verfassungsgebot einer beschleunigten Behandlung von Strafsachen – bei der praktischen Anwendung der einschlägigen Vorschrift des § 21e Abs. 3 GVG (unterjährige Umverteilung von Strafsachen) – zum Ausgleich gebracht werden können.

Die Verteilung der Verfahren auf den gesetzlichen Richter regelt § 21e GVG. Nach dessen Absatz 1 bestimmt das Präsidium die Besetzung der Spruchkörper und verteilt die Geschäfte in einem schriftlichen Geschäftsverteilungsplan. Dabei gilt das Jährlichkeitsprinzip: Das Präsidium trifft diese Anordnungen vor dem Beginn des Geschäftsjahres für dessen Dauer.

Bei den Landgerichten sieht der Geschäftsverteilungsplan üblicherweise vor, dass die eingehenden Verfahren den großen Strafkammern nach den Endziffern des Aktenzeichens oder dem Anfangsbuchstaben des Namens des (ältesten) Angeklagten[5] zugewiesen werden. Hat eine Strafkammer – wie regelmäßig – mehrere anhängige noch nicht terminierte Sachen, so kann sie durchaus einzelne Verfahren (namentlich Haftsachen) vorrangig terminieren. In Konflikt mit dem Beschleunigungsgrundsatz kommt die Kammer aber dann, wenn mehrere Haftsachen verhandelt werden müssen, was in der Regel nur nacheinander möglich ist. Und wenn die Kammer dann noch durch eine schon länger andauernde Hauptverhandlung blockiert wird, deren Ende nicht absehbar ist, dann stellt sich die Frage, ob nicht eine andere, weniger belastete oder sogar unterbelastete Strafkammer (oder eine Hilfsstrafkammer) „einspringen" kann und ein oder mehrere Verfahren aus der Warteschlange übernimmt.

Die unterjährige Umverteilung auf einen anderen Spruchkörper ist grundsätzlich möglich und im Absatz 3 des § 21e GVG ausdrücklich, allerdings restriktiv, geregelt: Der Geschäftsverteilungsplan darf im Laufe des Geschäftsjahres nur geändert werden, wenn dies wegen Überlastung oder ungenügender Auslastung eines Spruchkörpers nötig wird. Bei der Auslegung dieser Vorschrift müssen allerdings die engen und womöglich zu strengen Anforderungen des Bundesverfassungsgerichts und ihm folgend des Bundesgerichtshofs eingehalten werden. Als da namentlich sind: Das Abstraktionsprinzip, das Verbot verdeckter Einzelzuweisung und die umfassende Revisibilität der Entscheidung des Präsidiums mit der Folge, dass ein Verstoß gegen den gesetzlichen Richter, weil absoluter Revisionsgrund nach § 338 Nr. 1 StPO, zwingend zur Aufhebung des angefochtenen Urteils führt.

---

[4] Die hier selbstverständlich nicht in Frage gestellt werden sollen, auch wenn bei anderen europäischen Gerichten wie beim EuGH und dem EGMR der gesetzliche Richter pragmatischer bestimmt und darin keine Verletzung des gesetzlichen Richters gesehen wird.

[5] Im „Kassenbeispiel" wäre die Schlange noch länger, wenn sich die Zuständigkeit der jeweiligen Kasse nach den Namen des Kunden richten würde.

III. Rechtsprechung des BVerfG zum gesetzlichen Richter

Grundlegend ist der Plenumsbeschluss des Bundesverfassungsgerichts vom 08.04.1997 (ergangen zu überbesetzten Spruchkörpern).[6] Dieser hatte zur Garantie des gesetzlichen Richters nach Art. 101 Abs. 1 S. 2 GG – für alle Gerichtsverfahren – folgende Grundsätze aufgestellt:

- Es soll vermieden werden, dass durch eine auf den Einzelfall bezogene Auswahl der zur Entscheidung berufenen Richter das Ergebnis der Entscheidung beeinflusst werden kann, gleichgültig, von welcher Seite eine solche Manipulation ausgeht.
- Der – schriftliche – Geschäftsverteilungsplan muss im Voraus generell-abstrakt die Zuständigkeit der Spruchkörper regeln.
- Das schließt zwar die Verwendung unbestimmter Begriffe nicht aus. Das gilt auch für konkret nicht vorhersehbare Tatsachen und Ereignisse wie Überlastung oder ungenügende Auslastung.
- Auch kann den Anforderungen an die Effektivität der Tätigkeit der Rechtsprechungsorgane Rechnung getragen werden.
- Aber es muss vermieden werden, dass im Einzelfall durch eine gezielte Auswahl von Richtern das Ergebnis der gerichtlichen Entscheidung beeinflusst werden kann.

Zu der hier interessierenden Umverteilung von Strafverfahren durch unterjährige Änderung des Geschäftsverteilungsplans wegen Überlastung einer Strafkammer sind in der Folgezeit mehrere Kammerbeschlüsse des Zweiten Senats des Bundesverfassungsgerichts ergangen. In den Beschlüssen vom 27.09.2002[7] und 30.10.2002[8] ist dazu, auch für bereits anhängige Strafverfahren, ausgeführt:

- Der Geschäftsverteilungsplan muss im Voraus generell-abstrakt die Zuständigkeit der Spruchkörper regeln, damit die einzelne Sache „blindlings“ aufgrund allgemeiner, vorab festgelegter Merkmale an den entscheidenden Richter gelangt und so der Verdacht einer Manipulation der rechtsprechenden Gewalt ausgeschlossen wird.
- Konkret nicht vorhersehbaren Tatsachen und Ereignissen wie Überlastung oder ungenügender Auslastung kann allerdings ebenso Rechnung getragen werden wie Anforderungen an die Effektivität der Tätigkeit der Rechtsprechungsorgane.

---

[6] BVerfGE 95, 322.

[7] BVerfG, Beschl. v. 27.09.2002 – 2 BvR 1843/00, ergangen zu BGH, Beschl. v. 14.07.2000 – 3 StR 454/99.

[8] BVerfG, Beschl. v. 30.10.2002 – 2 BvR 1837/00, ergangen zu BGH, Beschl. v. 14.07.2000 – 3 StR 53/00.

- Art. 101 Abs. 1 S. 2 GG steht daher einer Änderung der Zuständigkeit auch für bereits anhängige Verfahren nicht entgegen, wenn die Neuregelung generell gilt, also außer anhängigen Verfahren auch eine unbestimmte Vielzahl künftiger, gleichartiger Fälle erfasst und nicht aus sachwidrigen Gründen geschieht.

Der Kammerbeschluss vom 16.02.2005[9] befasste sich – soweit ersichtlich – erstmals mit der Umverteilung nur anhängiger Sachen (von der dann faktisch aber nur ein Verfahren betroffen war).[10] Die Kammer nahm zunächst Bezug auf die Rechtsprechung des BVerfG zur nachträglichen Änderung des Geschäftsverteilungsplans bei Überlastung. Dabei wurde auch erstmals der Beschleunigungsgrundsatz näher angesprochen. Auch diesem müsse („geboten sein") Rechnung getragen werden:

- Eine nachträgliche Änderung der Geschäftsverteilung kann geboten sein, wenn nur auf diese Weise dem Verfassungsgebot einer Gewährleistung von Rechtsschutz innerhalb angemessener Zeit, insbesondere einer beschleunigten Behandlung von Strafsachen nachzukommen ist.
- Das auf Art. 6 Abs. 1 S. 1 EMRK gegründete Gebot, anhängige Sachen zügig zu entscheiden, lässt das Recht auf den gesetzlichen Richter (Art. 101 Abs. 1 S. 2 GG) aber nicht vollständig zurücktreten. Vielmehr besteht ein Anspruch auf eine zügige Entscheidung durch den gesetzlichen Richter.

Das bedeutet für die Umverteilung von zugleich anhängigen und künftigen Verfahren:

- Art. 101 Abs. 1 S. 2 GG steht daher einer Änderung der Zuständigkeit auch für bereits anhängige Verfahren jedenfalls dann nicht entgegen, wenn die Neuregelung generell gilt, zum Beispiel mehrere anhängige Verfahren und eine unbestimmte Vielzahl künftiger, gleichartiger Fälle erfasst und nicht aus sachwidrigen Gründen geschieht.
- Ob es darüber hinaus Konstellationen geben kann, in denen die Umverteilung ausschließlich bereits anhängiger Verfahren als ultima ratio geboten ist, um die konfligierenden Verfassungsgüter angemessen zur Geltung zu bringen, bedarf hier keiner Entscheidung.

Wenn nur anhängige Verfahren umverteilt werden, bedarf es aber einer detaillierteren Dokumentation durch das Präsidium[11] und – auch ein weiteres Kriterium wird stärker betont – die Umverteilung muss zudem noch effizient sein:

---

[9] BVerfG NJW 2005, 2689; siehe auch Kammerbeschl. v. 29.3.2007 – 2 BvR 188/07.

[10] BGH, Beschl. v. 26.02.2003 – 2 StR 2/03, hatte die darauf gestützte Revision nach § 349 Abs. 2 StPO verworfen.

[11] Die hatte hier gefehlt.

- Gleichgültig, ob ausschließlich anhängige Verfahren oder daneben auch zukünftig eingehende Verfahren umverteilt werden, muss jedoch jede Umverteilung während des laufenden Geschäftsjahres, die bereits anhängige Verfahren erfasst, geeignet sein, die Effizienz des Geschäftsablaufs zu erhalten oder wiederherzustellen. Änderungen der Geschäftsverteilung, die hierzu nicht geeignet sind, können vor Art. 101 Abs. 1 S. 2 GG keinen Bestand haben.

Der Kammerbeschluss vom 29.03.2007[12] hat die Umverteilung bloß anhängiger Verfahren zur beschleunigten Behandlung von Haftsachen zwar grundsätzlich gebilligt, aber zur Gefahr einer verdeckten Einzelzuweisung ausgeführt:

- Dass die nachträgliche Änderung der Geschäftsverteilung eine verdeckte Einzelzuweisung und deshalb verfassungsrechtlich zu beanstanden wäre, ist [hier] nicht ersichtlich. Eine verdeckte Einzelzuweisung setze voraus, dass die Änderung abstrakt formuliert, bei Beschlussfassung aber bekannt ist, dass sie nur ein einziges Verfahren erfasst. Hier waren von der Änderung vier verschiedene Verfahren erfasst.

Die – soweit ersichtlich – letzte und wichtigste Kammerentscheidung vom 18.03.2009[13] konkretisiert die Kriterien zur Umverteilung bereits anhängiger Verfahren mit Blick auf den Beschleunigungsgrundsatz. Sie nimmt zunächst Bezug auf die oben genannten Grundsätze und spricht dann auch das Erfordernis einer funktionstüchtigen Strafrechtspflege an.

- Eine nachträgliche Änderung der Geschäftsverteilung kann namentlich dann geboten sein, wenn nur auf diese Weise dem Verfassungsgebot einer beschleunigten Behandlung namentlich von Strafsachen nachzukommen ist. Allerdings tritt in diesen Fällen das Recht auf den gesetzlichen Richter aus Art. 101 Abs. 1 S. 2 GG nicht vollständig zurück, denn es besteht der Anspruch auf eine zügige Entscheidung durch den gesetzlichen Richter. Vielmehr muss in diesen Fällen das Recht des Beschuldigten auf den gesetzlichen Richter mit dem rechtsstaatlichen Gebot einer funktionstüchtigen Strafrechtspflege und dem verfassungsrechtlichen Beschleunigungsgrundsatz zu einem angemessenen Ausgleich gebracht werden.

Die im Kammerbeschluss vom 16.02.2005[14] noch offen gelassene Frage, ob die Umverteilung nur anhängige Verfahren (Haftsachen) betreffen darf, wird nun beantwortet:

---

12 BVerfG, Beschl. v. 29.03.2007 – 2 BvR 188/07, ergangen zu BGH, Beschl. v. 14.12.2006 – 4 StR 440/06.

13 BVerfG NJW 2009, 1734, ergangen zu BGH, Beschl. v. 16.12.2008 – 4 StR 331/08.

14 BVerfG NJW 2005, 2689.

- Eine Erstreckung der Umverteilungsmaßnahme auf künftig eingehende Strafverfahren war aus verfassungsrechtlicher Sicht nicht zwingend geboten. Eine solche weiterreichende Umverteilung hätte hier wohl im Wesentlichen dazu gedient, die Abstraktheit der neuen Geschäftsverteilung zu dokumentieren. Die Gerichte würden zu übermäßigen und damit teilweise sinnlosen Entlastungsmaßnahmen gezwungen, forderte man in ausnahmslos jedem Fall einer Änderung des Geschäftsverteilungsplans wegen Überlastung auch eine Regelung für künftig eingehende Verfahren.
- In Ausnahmefällen kann auch eine Änderung des Geschäftsverteilungsplans verfassungsrechtlich zulässig sein, die ausschließlich bereits anhängige Verfahren betrifft, wenn nur so dem verfassungsrechtlichen Beschleunigungsgebot insbesondere in Haftsachen angemessen Rechnung getragen werden kann.
- Allerdings bedarf es in solchen Fällen – mit Rücksicht auf die Garantie des gesetzlichen Richters aus Art. 101 Abs. 1 S. 2 GG – einer umfassenden Dokumentation und Darlegung der Gründe, die eine derartige Umverteilung erfordern und rechtfertigen, um den Anschein einer willkürlichen Zuständigkeitsverschiebung auszuschließen.

Diese Folgeentscheidungen nach dem Plenumsbeschluss verstehe ich dahin, dass die Kammern des Zweiten Senats des Bundesverfassungsgerichts die generellen Anforderungen an den gesetzlichen Richter für die spezifische Situation von „Warteschlangen“ bei den Strafkammern (vor allem verursacht durch längere mündliche Hauptverhandlungen) behutsam weiterentwickelt haben. Dem dort besonders drängenden Beschleunigungsgrundsatz wird zunehmend Rechnung getragen und – auch das ist wichtig – die Effizienz des Geschäftsablaufs ist zu erhalten.

Demnach darf die Umverteilung auch nur bereits anhängige Strafsachen betreffen. Das ist freilich schwer mit dem – generell berechtigten – Erfordernis vereinbar, dass die Sache „blindlings“ zu dem zuständigen Richter oder Spruchkörper gelangen muss. Natürlich sind dem Präsidium und den Spruchkörpern die Sachen bekannt, die umverteilt werden. Diese Kenntnis ist sogar unerlässlich zur Beurteilung der Effizienz der Regelung. Das Präsidium muss doch insbesondere wissen, wieviele Haftsachen in der Warteschlange sind, wie lange die Untersuchungshaft schon andauert, wann Haftprüfungen anstehen, wie lange die noch durchzuführenden Hauptverhandlungen voraussichtlich dauern werden und wie die Belastung und die Terminplanung der betroffenen Kammern aussieht.[15]

Die vielleicht spannendste Frage ist, ob die Umverteilung eines einzigen anhängigen Verfahrens (namentlich eine eilige Haftsache) auch dann zulässig ist, wenn schon dies allein ausreicht, die Effizienz des Geschäftsablaufs wiederher-

[15] So ausdrücklich BGHSt 44, 161; BGHSt 49, 49; NStZ 2000, 219.

zustellen. Sollen dann zur Vermeidung der riskanten verdeckten Einzelzuweisung auch weitere Verfahren umverteilt werden, allein um die Abstraktheit der Regelung zu „dokumentieren“, obwohl eine solche weitreichende Umverteilung weniger effizient wäre?[16] Und: Würden dadurch vielleicht gerade die anderen umverteilten Sachen ihrem gesetzlichen Richter entzogen? Zu dieser noch ungeklärten Frage stehen die Kammerentscheidungen vom 29.03.2007[17] und vom 18.03.2009[18] in einem gewissen Spannungsverhältnis: scheinbare Abstraktheit zur Vermeidung einer verdeckten Einzelzuweisung?

IV. Rechtsprechung des BGH zum gesetzlichen Richter

Die fünf Strafsenate des Bundesgerichtshofs treffen jährlich etwa drei bis fünf mit Gründen versehene Revisionsentscheidungen, bei denen der Beschwerdeführer den absoluten Revisionsgrund des § 338 Nr. 1 StPO wegen der Umverteilung von Strafsachen nach § 21e Abs. 3 GVG geltend gemacht hat. Etwa eine solche Rüge hat pro Jahr Erfolg. Die Zahl solcher Revisionsrügen ist wohl doppelt so hoch, wenn man die nicht näher begründeten Revisionsentscheidungen nach § 349 Abs. 2 StPO mit einbezieht. Bei etwa 3.000 Revisionsentscheidungen des BGH im Jahr erscheint damit das hier angesprochene Problem der Umverteilung auf den ersten Blick eher marginal zu sein.

Der Grund für die überschaubare und wohl durch das Revisionsgericht auch handhabbare Zahl solcher Rügen ist aber eher, dass die Präsidien der Landgerichte mit Umverteilungen äußerst restriktiv umgehen. Sie nehmen lieber durch Warteschlangen verursachte Verfahrensverzögerungen[19] in Kauf, die ja über die Strafzumessungslösung kompensiert werden können. Man will offenbar vermeiden, ein Verfahren von Anfang an mit dem Risiko eines absoluten Revisionsgrundes zu belasten. Wird dennoch einmal das Risiko eingegangen, mag die Strafkammer vielleicht auch geneigt sein, eine „verfahrensbeendende“ Verständigung anzustreben.[20] Vor allem aber dann, wenn eine überlastete Kammer „vorsichtshalber“ nicht entlastet wird, kann bei dieser der Anreiz und womöglich auch der Druck zunehmen, schwierige Verfahren, „notfalls“ auch durch eine problematische Absprache zu beenden, um die Belastung zu reduzieren.

Dass die Umverteilung für jedes erstinstanzliche Strafverfahren vor dem Landgericht (neuerdings auch dem Oberlandesgericht) eine erhebliches und

---

[16] Vgl. dazu BGHSt 44, 161.

[17] BVerfG, Beschl. v. 29.03.2007 – 2 BvR 188/07, ergangen zu BGH, Beschl. v. 14.12.2006 – 4 StR 440/06.

[18] BVerfG NJW 2009, 1734, ergangen zu BGH, Beschl. v. 16.12.2008 – 4 StR 331/08.

[19] Notfalls auch Haftentlassungen.

[20] Mitunter drängt das Präsidium auch die überlastete Strafkammer, doch ebenso wie andere Kammern auch, mehr zu „dealen“.

kaum kalkulierbares Risiko der Urteilsaufhebung mit sich bringt, zeigen insbesondere die Entscheidungen des BGH, welche sich mit der Einhaltung des Abstraktionsprinzips und der Unzulässigkeit einer verdeckten Einzelzuweisung befassen.[21]

Der BGH hatte zunächst versucht – auf einfachrechtlicher Ebene – die Revisibilität der Entscheidung des Präsidiums einzuschränken. Der 3. Strafsenat hatte dazu im Jahre 1999[22] ausgeführt:

Grundsätzlich unterliege die Gesetzmäßigkeit der Aufstellung und Abänderung der Geschäftsverteilung der Nachprüfung des Revisionsgerichts. Dieser Nachprüfung seien jedoch Grenzen gesetzt, die aus der eigenverantwortlichen Stellung des Präsidiums als Gremium verwaltungsunabhängiger Selbstorganisation der Gerichte und aus der Besonderheit der ihm übertragenen Aufgaben folgen. Der Beurteilung durch das Präsidium müsse wegen der Notwendigkeit flexibler, an die konkrete Situation angepasster und auf wesentliche Veränderungen zeitnah reagierender Entscheidungen schon deshalb ein gewisser Vorrang zukommen, weil es mit den persönlichen und sachlichen Gegebenheiten im Gericht sowie mit den örtlichen Verhältnissen im Gerichtsbezirk, insbesondere was den Anfall von Strafverfahren und anderen Rechtssachen angeht, aufgrund längerer Erfahrung besonders vertraut sei und damit über Entscheidungsgrundlagen verfüge, die dem sachverhaltsferneren Revisionsgericht durch dienstliche Äußerungen und andere Mittel des Freibeweises nur unvollkommen vermittelt werden können. Dem Präsidium werde daher ein weiter Beurteilungsspielraum zugebilligt. Ein durchgreifender Rechtsmangel sei jedenfalls erst dann begründet, wenn offen zutage liege, dass die Mehrbelastung von Dauer und nicht bloß vorübergehend ist, und daher die Entscheidung des Präsidiums als objektiv willkürlich erscheine.

Diesen Maßstab – reine Willkürprüfung – hat der 3. Strafsenat aber 2009[23] mit Blick auf die Entscheidung des BVerfG vom 16.02.2005[24] aufgegeben. Kontrollmaßstab auch des BGH ist nunmehr jede Rechtswidrigkeit der durch das Präsidium getroffenen Regelung des Geschäftsverteilungsplans mit der Konsequenz, dass eine damit begründete Besetzungsrüge zur Urteilsaufhebung führt (§ 338 Nr. 1 StPO).

---

[21] BGH, Urteil vom 01.04.1992 – 2 StR 538/91; BGH NStZ 2007, 537; BGH NStZ 2014, 226; BGH NStZ-RR 2001, 241; BGHSt 53, 268; BGH StV 2010, 294; BGH NStZ 2014, 668; BGHSt 44, 161; Beschluss vom 22.05.2007, 5 StR 94/07; BGH NStZ 2014, 287; BGH StV 2015, 749.

[22] BGH NStZ 2000, 219.

[23] BGHSt 53, 268; BGH NStZ-RR 2015, 288; damit dürfte das im Beschluss des 5. Strafsenats vom 22.05.2007, 5 StR 94/07 angesprochene „pflichtgemäße Ermessen" des Präsidiums als Kontrollmaßstab überholt sein.

[24] BVerfG NJW 2005, 2689.

Eine neuere Entscheidung des 3. Strafsenats[25], in der die Besetzungsrüge nach § 338 Nr. 1 StPO durchgriff, zeigt die mit einer Umverteilung deshalb weiterhin verbliebenen revisionsrechtlichen Risiken besonders anschaulich auf. Sie betraf ein erstinstanzliches Verfahren vor dem OLG Düsseldorf wegen Unterstützung einer terroristischen Vereinigung im Ausland. Die Anklage war im Dezember 2012 eingegangen; der Angeklagte befand sich seit April 2012 in Untersuchungshaft. Der an sich zuständige 6. Strafsenat des OLG zeigte dem Präsidium seine Überlastung an: Er verhandle gegenwärtig ein Verfahren, das keinesfalls vor September 2013 abgeschlossen werden könne. Danach stünden noch zwei weitere Verfahren zur Verhandlung an; das dritte Verfahren – eine Zurückverweisung vom BGH – sei eine besonders dringliche Haftsache, weil der Angeklagte sich seit über sechs Jahren in Untersuchungshaft befinde.

Damit war eigentlich absehbar, dass die neue Anklage erst in zwei bis drei Jahren verhandelt werden konnte. Das Präsidium übertrug deshalb das neue Verfahren – und nur dieses – auf den 5. Strafsenat, der mit der Verhandlung im April 2013 begann und nach einem Jahr, im Mai 2014, das Urteil verkündete. Die Besetzungsrüge wies der 5. Strafsenat des OLG zurück: Es liege keine unzulässige Einzelzuweisung vor. Nur so habe dem Beschleunigungsgebot in Haftsachen Rechnung getragen werden können. Eine Übertragung anderer beim 6. Strafsenat anhängiger Verfahren wäre nicht sachgerecht gewesen. Auch für weiterreichende Regelungen habe angesichts der regelmäßig nur geringen Zahl (mitunter sehr umfangreicher) Staatsschutzsachen kein Anlass bestanden. Einer bloß abstrakt formulierten Anordnung des Präsidiums, die dann doch nur das konkrete Verfahren zum Gegenstand gehabt hätte, habe es nicht bedurft.

Der 3. Strafsenat des BGH sah darin einen Verstoß gegen den gesetzlichen Richter. Er setzte sich in seiner Entscheidung ausführlich mit der einschlägigen Rechtsprechung des BVerfG und des BGH auseinander: dem Abstraktionsprinzip, dem Beschleunigungsgebot, der Effizienz des Geschäftsablaufs und der Dokumentationspflicht. Die Begründung des Präsidiums, nur ein einziges Verfahren umzuverteilen, sah er danach als unzulänglich an; es fehle zudem an einem rechtzeitig beschlossenen Gesamtkonzept zum Belastungsausgleich. Nach alledem könne es dahinstehen, ob Fälle denkbar seien, in denen eine spezielle Zuweisung eines einzigen bestimmten Verfahrens vor Art. 101 Abs. 1 S. 2 GG überhaupt Bestand haben kann.

[25] BGH NJW 2015, 2597.

V. Möglichkeiten zur Verkleinerung der Warteschlange

Wenn man Überlegungen anstellt, wie die Warteschlagen (namentlich von Haftsachen) mit Blick auf den Beschleunigungsgrundsatz verkleinert werden können, verbleiben aus Rechtsgründen nur wenige einigermaßen erfolgversprechende Lösungsansätze.

Natürlich könnte der Staat für die Strafjustiz mehr Staatsanwälte und Richter einstellen. Das hat das Bundesverfassungsgericht sogar angemahnt:[26] „Die Überlastung eines Gerichts fällt – anders als unvorhersehbare Zufälle und schicksalhafte Ereignisse – in den Verantwortungsbereich der staatlich verfassten Gemeinschaft. Dem Beschuldigten darf nicht zugemutet werden, eine längere als die verfahrensangemessene Aufrechterhaltung des Haftbefehls nur deshalb in Kauf zu nehmen, weil der Staat es versäumt, seiner Pflicht zur verfassungsgemäßen Ausstattung der Gerichte zu genügen."

Auch wenn einige Justizverwaltungen dieser Forderung – freilich nur in geringem Umfang – nachgekommen sind, steht kaum zu erwarten, dass das Personal im notwendigen Umfang erhöht werden wird.

Denkbar sind auch Verfahrensvereinfachungen für die mündliche Hauptverhandlung, etwa ein erleichterter Beweistransfer aus dem Ermittlungsverfahren. Es bleibt aber abzuwarten, welche Empfehlungen der vom Bundesjustizminister einberufenen Expertenkommission Strafprozessrecht tatsächlich umgesetzt werden. Man mag auch darüber nachdenken, ob die Konzentrationsmaxime[27] wirklich beibehalten werden soll.[28] Sinnvoll wäre auch eine Überprüfung des materiellen Strafrechts dahin, welche Strafbestimmungen mit Blick auf den ultima-ratio-Grundsatz verzichtbar sind. Letzteres würde allerdings für die hier behandelten Fallgestaltungen eher wenig bringen. Deshalb gehe ich der Frage nach, ob die Warteschlangentheorie vielleicht erfolgversprechendere und zudem „kostengünstige" Lösungen anbietet.

Da wäre zunächst die amerikanische Schlange. Alle eingehenden Anklagen gelangen zunächst in einen einzigen Anklage-Pool (und bilden die große Schlange). Wenn eine Kammer wieder „frei" wird, wird ihr das älteste[29] Verfahren aus dem Pool zugewiesen. Wird eine (andere) Kammer wieder „frei", dann bekommt sie das nächste Verfahren usw. Rein betriebswirtschaftlich gesehen, würde dies die optimale Auslastung der Kammern ermöglichen und deswegen auch zu einer zügigeren Bearbeitung aller Verfahren führen. Eine solche Verteilung der Geschäfte könnte schon zu Beginn des Geschäftsjahres bestimmt werden. Sie würde wohl den Anforderungen des § 21e Abs. 1 GVG genügen und

---

[26] BVerfG StV 2015, 39.

[27] BGHSt 59, 205.

[28] Früher konnte eine Wirtschaftsstrafkammer in den Verhandlungspausen oft noch einen „kleinen Mord" verhandeln, der nur wenige Hauptverhandlungstage dauerte.

[29] First in, first out; denkbar wäre aber auch eine Prioritätenliste, z. B. nach Haftdauer.

darüber hinaus unterjährige Umverteilungen nach § 21e Abs. 3 GVG eher entbehrlich machen.

Das Problem der amerikanischen Schlange ist allerdings die Gefahr einer Manipulation. Diese – so das Bundesverfassungsgericht – soll vermieden werden, gleichgültig, von welcher Seite sie ausgeht. Hier könnten insbesondere die Strafkammern selbst den zuständigen Richter bestimmen. Da die Richter – natürlich – wissen, welches das nächste Verfahren aus dem Pool ist, könnten sie versucht sein, mit der laufenden Hauptverhandlung zu „trödeln",[30] um einem „unangenehmen" Verfahren zu entgehen oder umgekehrt, ein Verfahren schnell abzuschließen,[31] um ein einfacheres Verfahren zu bekommen. Bei dieser durchaus realistischen Gefahr der Manipulation hilft auch das Argument nicht, dass die Gefahr einer Manipulation auch sonst nicht völlig auszuschließen ist, etwa bei der Besetzung einer Vorsitzendenstelle durch die Justizverwaltung[32] oder bei der Bestimmung des „federführenden" Angeklagten durch die Staatsanwaltschaft. Ob man die Manipulationsgefahr wirklich dadurch verringern könnte, dass das zuzuteilende Verfahren durch Los aus den nächsten drei Verfahren bestimmt wird, sei dahingestellt. Jedenfalls bleibt als Fazit: Die amerikanische Schlange, so effizient sie auch sein mag, scheidet aus rechtlichen Gründen aus.

Rechtlich zulässig – wenn auch weniger effektiv – erscheint deshalb allein die europäische Schlange, also die unterjährige Umverteilung von Verfahren nach § 21e Abs. 3 GVG. Hier wäre es aber wünschenswert, das Risiko einer Urteilsaufhebung zu verringern. Denn nur dann wird ein Präsidium eher zu Entlastungsmaßnahmen bereit sein, die dem Verfassungsgebot einer beschleunigten Behandlung, namentlich von Haftsachen, Rechnung tragen. Das führt unweigerlich zu der Frage nach der Revisibilität der Präsidiumsentscheidung. Es wäre deshalb der Überlegung wert – und diesen „Stein will ich ins Wasser werfen" – zu überdenken, ob nicht vielleicht die aus meiner Sicht gut begründete Entscheidung des 3. Strafsenats von 1999[33] doch geeigneter erscheint, dem verfassungsrechtlichen Beschleunigungsgebot insbesondere in Haftsachen nachzukommen. Hält das Präsidium – freilich mit sorgfältiger und nachvollziehbarer Dokumentation – eine Umverteilung für geboten, und sei davon auch nur eine einzige anhängige Sache betroffen[34], dann sollte auch das Revisionsgericht grundsätzlich bereit sein, diese Entscheidung als rechtsfehlerfrei hinzunehmen.[35]

---

[30] Es käme dann zu einem regelrechten „Trödelwettbewerb" unter den Kammern.

[31] Womöglich mittels einer Verständigung.

[32] Wenn schon absehbar ist, welches Verfahren auf den neuen Vorsitzenden zukommt.

[33] BGH NStZ 2000, 219.

[34] Bloß deswegen mehrere Verfahren umzuverteilen, um dem Vorwurf der Einzelfallzuweisung auszuweichen, ist nicht wirklich ehrlich.

[35] Ein gewisses Grundvertrauen in die Redlichkeit seiner Entscheidungen sollte dem Präsidium zugebilligt werden.

Zum Schluss – für die eher wenigen mathematisch interessierten Juristen – ein nicht ernst gemeinter Vorschlag: Würde die Umverteilung etwa nach folgender Formel aus der Warteschlangentheorie (Abb. 1) erfolgen, dann wäre das Risiko der Aufhebung aufgrund einer Besetzungsrüge wirklich „kalkulierbar".

1.8 Integrale in Maßräumen II: Allgemeine Funktionen 57

Wir zeigen nachfolgend, daß für jede der Mengen E_k und jedes Indexpaar $\ell_1 \neq \ell_2$ eine Abschätzung der Form

$$|\nu^{(\ell_1)}(E_k) - \nu^{(\ell_2)}(E_k)| \leq \overline{\lim_{n\to\infty}} \int_{E_k} |s_n^{(\ell_1)} - s_n^{(\ell_2)}| \, d\mu \leq \varepsilon$$

mit beliebigem $\varepsilon > 0$ gilt. Dazu setze man $\eta = \varepsilon/[4 + \breve{\mu}(E_k)]$ und

$$U_n(\eta; \ell_1, \ell_2) = \left\{x : |s_n^{(\ell_1)}(x) - s_n^{(\ell_2)}(x)| \geq \eta\right\},$$

womit offenbar

$$U_n(\eta; \ell_1, \ell_2) \subset \left\{x : |s_n^{(\ell_1)}(x) - f(x)| \geq \frac{\eta}{2}\right\} \cup \left\{x : |s_n^{(\ell_2)}(x) - f(x)| \geq \frac{\eta}{2}\right\}$$

gilt. Da nach Lemma 1.8.2 jede der $\mathcal{L}^1$-Cauchy-Folgen $\{s_n^{(\ell)}\}_{n\in\mathbb{N}}$ μ-stochastisch gegen f konvergiert, hat man $\mu\big(U_n(\eta; \ell_1, \ell_2)\big) \to 0$ für $n \to \infty$. Des weiteren gilt offenbar

$$\begin{aligned}\int_{E_k} |s_n^{(\ell_1)} - s_n^{(\ell_2)}| \, d\mu \leq & \int_{E_k \setminus U_n(\eta;\ell_1,\ell_2)} |s_n^{(\ell_1)} - s_n^{(\ell_2)}| \, d\mu \\ & + \int_{E_k \cap U_n(\eta;\ell_1,\ell_2)} |s_n^{(\ell_1)}| \, d\mu + \int_{E_k \cap U_n(\eta;\ell_1,\ell_2)} |s_n^{(\ell_2)}| \, d\mu,\end{aligned}$$

worin $\int_{E_k \setminus U_n(\eta;\ell_1,\ell_2)} |s_n^{(\ell_1)} - s_n^{(\ell_2)}| \, d\mu \leq \eta \cdot \mu(E_k)$ ist. Die Cauchy-Folgen-Eigenschaft impliziert, daß für genügend große Zahlen n und m die Abschätzung

$$\int_{E_k \cap U_n(\eta;\ell_1,\ell_2)} |s_n^{(\ell_s)} - s_m^{(\ell_s)}| \, d\mu \leq \eta \quad \text{für } s \in \{1, 2\}$$

erfüllt wird, so daß

$$\begin{aligned}\int_{E_k \cap U_n(\eta;\ell_1,\ell_2)} |s_n^{(\ell_s)}| \, d\mu & \leq \int_{E_k \cap U_n(\eta;\ell_1,\ell_2)} \left(|s_n^{(\ell_s)} - s_m^{(\ell_s)}| + |s_m^{(\ell_s)}|\right) d\mu \\ & \leq \eta + \int_{E_k \cap U_n(\eta;\ell_1,\ell_2)} |s_m^{(\ell_s)}| \, d\mu\end{aligned}$$

für $s \in \{1, 2\}$ folgt. Wird nun m festgehalten, so daß $|s_m^{(\ell_s)}(x)| \leq c_s(m)$ f. ü. mit einer Konstanten $c_s(m)$ und $\int_{E_k \cap U_n(\eta;\ell_1,\ell_2)} |s_m^{(\ell_s)}| \, d\mu \leq c_s(m) \cdot \mu\big(U_n(\eta; \ell_1, \ell_2)\big)$ ist, so bedeutet $\lim_{n\to\infty} \mu\big(U_n(\eta; \ell_1, \ell_2)\big) = 0$, daß auch $\int_{E_k \cap U_n(\eta;\ell_1,\ell_2)} |s_m^{(\ell_s)}| \, d\mu \leq \eta$ wird, sofern nur n genügend groß ist. Dies impliziert $\int_{E_k \cap U_n(\eta;\ell_1,\ell_2)} |s_n^{(\ell_s)}| \, d\mu \leq 2\eta$ $(s = 1, 2)$, also

$$|\nu^{(\ell_1)}(E_k) - \nu^{(\ell_2)}(E_k)| \leq \overline{\lim_{n\to\infty}} \int_{E_k} |s_n^{(\ell_1)} - s_n^{(\ell_2)}| \, d\mu \leq \eta \, \mu(E_k) + 4\eta = \varepsilon$$

für beliebig kleines $\varepsilon > 0$, und daher $\nu^{(\ell_1)}(E_k) = \nu^{(\ell_2)}(E_k)$ für jede der disjunkten Mengen E_k endlichen Maßes. Aus der vollständigen Additivität der Mengenfunktionen ν_ℓ folgt nun die Satzbehauptung: $\nu^{(\ell_1)}(E) = \nu^{(\ell_1)}\left(\bigcup_{k=1}^{\infty} E_k\right) = \sum_{k=1}^{\infty} \nu^{(\ell_1)}(E_k) = \nu^{(\ell_2)}(E)$ für alle ℓ_1, ℓ_2 aus $\{1, \ldots, w\}$. □

Abb. 1: Kopie einer Seite des Buches von *Dieter Baum* Grundlagen der Warteschlangentheorie, 2013.

Die Trennung der Dritten von der Zweiten Gewalt

Zur Einflussnahme europäischer Institutionen auf die deutsche Gerichtsverfassung

Gerd J. Nettersheim

„Diese Justizverwaltung ist ... in die Hand der Exekutive gelegt. Das hebt aber den Seinsbestand der Dritten Gewalt auf und macht ihn zur Fiktion trotz Anerkennung im Grundgesetz und in den Landesverfassungen."[1]

Dieser Leitgedanke lag dem flammenden Plädoyer für „Die Entfesselung der Dritten Gewalt" zugrunde, das der damalige Präsident des nordrhein-westfälischen Oberverwaltungsgerichts Paulus van Husen 1951 in einer Phase des Wiederaufbaus der Justiz auf der Tagung der Oberverwaltungsgerichtspräsidenten gehalten hat. Sämtliche Argumente, die in der heutigen Debatte für die Einführung der Selbstverwaltung der Justiz ins Feld geführt werden, sind bereits in dieser nach wie vor aktuellen Rede formuliert.[2] Seine Forderung wurde im juristischen Schrifttum aufgegriffen[3] und auch der 40. Deutsche Juristentag befasste sich zwei Jahre später mit der Frage „Empfiehlt es sich, die vollständige Selbstverwaltung der Gerichte im Rahmen des Grundgesetzes gesetzlich einzuführen?"[4]. Der von der Bundesregierung im Jahre 1958 eingebrachte Gesetzentwurf eines Deutschen Richtergesetzes[5] setzte sich in seiner Begründung ebenfalls intensiv mit dem Gedanken einer richterlichen Selbstverwaltung auseinander und stellte hierzu einen umfangreichen internationalen Rechtsvergleich an. Im Ergebnis verwarf er jedoch diesen Gedanken aus verfassungsrechtlichen Gründen. Danach verebbte die Debatte.

Ein Wiederaufleben erfuhr das Thema Ende der 90er Jahre im Kontext der Diskussion über die „Neuen Steuerungsmodelle", mit deren betriebswirtschaftlichen Methoden der Justiz neue Freiräume in Aussicht gestellt wurden. 2002,

---

[1] *Paulus van Husen* AöR 78 (1952/1953), 52.

[2] Nullum est iam dictum, quod non dictum sit prius (*Terenz, Eunuch*).

[3] *Scheuner* DÖV 1953, 515 ff.; *Bockelmann* DÖV 1953, 525 ff.; *v. Schowingen* DÖV 1953, 531 ff.; *Kern* AöR 79 (1953/1954), 87 ff.

[4] Verhandlungen des 40. DJT 1953, Bd. I, 93 ff.; Bd. II, C 5 ff., C 41 ff.

[5] BR-Drs. 40/58 S. 22 ff., 29.

nach einem halben Jahrhundert, griff der 64. Deutsche Juristentag diese Fragestellung wieder auf und setzte die Debatte sogar vier Jahre später fort.[6] Dass entsprechende Reformüberlegungen mittlerweile Aktualität gewonnen haben und wieder im Blickfeld stehen, wird auch dadurch deutlich, dass sich die Deutschen Staatsrechtslehrer auf ihrer Jahrestagung im Oktober 2014 mit den verfassungsrechtlichen Aspekten der Thematik auseinandergesetzt haben.[7]

I. Impulse europäischer Institutionen

Seit dem Ende der letzten Dekade hat die Forderung nach einer autonomen, sich selbstverwaltenden Justiz von europäischer Seite Auftrieb gewonnen. Seitdem der Europarat und die Europäische Kommission – unterstützt durch internationale Netzwerke – dieses Thema als Projekt entdeckt haben, wird auch die nationale Debatte wieder intensiver geführt. Auch wenn die von diesen Institutionen ausgehenden Impulse keine rechtsverbindliche Wirkung entfalten, ist ihre rechtspolitische Virulenz nicht zu unterschätzen.

Leitbild des *Europarates* ist das Modell, das der Beirat der Europäischen Richter (CCJE)[8] in seiner Stellungnahme 10 (2007) auf dessen Anforderung entworfen hat. Der Beirat spricht sich darin für einen verfassungsrechtlich verankerten, eigenständigen Justizverwaltungsrat aus, der mit breit gefächerten Kompetenzen ausgestattet ist, dem die Auswahl, Ernennung und Beförderung der Richter obliegt, dem umfassende Haushaltsbefugnisse zustehen und der auf diese Weise die Unabhängigkeit eines jeden Richters schützen und gleichzeitig die Effektivität und Qualität der Justiz gewährleisten soll.

Im September 2009 nahm das Plenum der Parlamentarischen Versammlung des Europarates ohne Gegenstimme die Empfehlungen an, die auf der Grundlage eines von der damaligen Abgeordneten Leutheusser-Schnarrenberger erstellten Berichts[9] über „behaupteten politisch motivierten Missbrauch des Strafrechtssystems in Mitgliedstaaten des Europarates" beruhten.[10] Am deutschen System kritisierte der Bericht primär die Weisungsbindung der Staatsanwälte und die fehlende justizielle Selbstverwaltung. Anders als in den meisten europäischen Staaten und entgegen der Venedig-Kommission[11] bestünden in der Bundesrepublik keine Justizräte. Auch wenn vom Weisungsrecht der Justizminister

[6] Verhandlungen des 64. DJT 2002, Bd. II/1 Q 7ff.; Verhandlungen des 66. DJT 2006, Bd. II/1 R 7ff.

[7] *Wittreck/Brosius-Gersdorf* VVDStRL 74 (2015), S. 115ff.

[8] www.coe.int/ccje, Stand: 20.11.15.

[9] Doc. 11993 v. 07.08.2009 „Allegations of politically-motivated abuses of the criminal justice system in Council of Europe members states".

[10] Resolution 1685 (2009).

[11] www.venice.coe.int/, Stand: 20.11.15.

gegenüber den Staatsanwälten wenig Gebrauch gemacht werde, stelle allein die Existenz des Weisungsrechts eine politische Abhängigkeit dar.

Das deutsche Rechtssystem steht auch weiterhin unter Beobachtung des Europarates. Der Rechtsausschuss der Parlamentarischen Versammlung des Europarates hat im Dezember 2014 einstimmig den Bericht der Abgeordneten Marieluise Beck zum Thema „Gefahren für den Rechtsstaat in den Mitgliedstaaten des Europarates: Bestätigung der Autorität der Parlamentarischen Versammlung“[12] angenommen. In der Entschließung wird bemängelt, dass Deutschland entgegen der Empfehlung der Parlamentarischen Versammlung noch keine Elemente justizieller Selbstverwaltung eingeführt und das Weisungsrecht der Justizminister gegenüber den Staatsanwälten in Einzelfällen noch nicht eingeschränkt habe.

Auch das *European Network of Councils for the Judiciary (ENCJ)* wirkt seit seiner Gründung im Jahre 2004 werbend für den Gedanken einer richterlichen Selbstverwaltung. In ihm haben sich die nationalen Justizverwaltungsinstitute der EU-Mitgliedstaaten zusammengeschlossen, in denen eine organisatorisch verselbstständigte Dritte Gewalt besteht. Seit 2007 besitzt es eine eigene Rechtspersönlichkeit nach belgischem Recht. Derzeit zählt das Netzwerk 20 Mitglieder und 16 Institutionen mit Beobachterstatus. Letztere, zu denen auch das Bundesjustizministerium zählt, haben folglich kein Stimmrecht.

Das ENCJ dient der Europäischen Kommission als wesentlicher Berater und Ansprechpartner der Justiz. Die Kommission begleitet seine Arbeiten und greift bei Datenerhebungen in der Justiz auf die Ergebnisse seiner Arbeitsgruppen zurück. Nach dem Haager Programm der EU gilt das ENCJ als erstrangig förderungswürdiges Netzwerk.

Die Kooperation hat ihren Niederschlag auch in dem von der EU konzipierten und betriebenen *Justizbarometer* gefunden. Bei diesem Instrument handelt es sich um eine rechtlich unverbindliche Mitteilung der Kommission an die übrigen EU-Institutionen, in dem anhand verschiedener Parameter in erster Linie die Zivilrechtssysteme der Mitgliedstaaten untersucht werden. Es wird seit dem Jahr 2013 jährlich veröffentlicht. Da die Ergebnisse des Justizbarometers in die länderspezifischen Analysen des Europäischen Semesters einfließen, mit dem die Mitgliedstaaten der EU ihre Wirtschafts- und Fiskalpolitik jährlich aufeinander abstimmen, sowie bei der Festlegung der Finanzierungsprioritäten im Rahmen der europäischen Struktur- und Investitionsfonds (ESIF) berücksichtigt werden, entfaltet es jedoch eine faktische Bindungswirkung. Dass die Kompetenz der EU für diese Erhebung fraglich ist[13] und die Methodik der Untersu-

---

[12] „Threats of the rule of law in Council of Europe members states: Asserting the Parliamentary Assembly's authority“.

[13] Art. 121 AEUV dürfte bereits deshalb ausscheiden, weil die Justiz kompetenzrechtlich nicht Bestandteil der Wirtschaftspolitik ist. Art. 70 AEUV sowie Art. 17 EUV, die in diesem Zusammenhang angeführt werden, bieten insoweit keine tragfähige Rechtsgrundlage.

chung seitens des Bundesrates mit Fug und Recht kritisch gesehen wird,[14] sei dahin gestellt. Tatsache ist, dass die Kommission im EU-Justizbarometer 2015 in einer offenen Weise werbend einen vergleichenden Überblick über die Befugnisse und die Zusammensetzung der bestehenden Räte für das Justizwesen in der EU aufgenommen hat. Zur Begründung wird angeführt: „Diese vergleichenden Übersichten könnten die Mitgliedstaaten dabei unterstützen, Reformen anzunehmen, die die Wirksamkeit der Räte für das Justizwesen als unabhängige nationale Einrichtungen gewährleisten."[15] Dass diese Ausweitung des Justizbarometers auf die enge und kontinuierliche Zusammenarbeit mit dem ENCJ zurückgeht, stellt die Kommission ausdrücklich klar.[16]

Auch im Zuge der Beitrittsverhandlungen der *Europäischen Kommission* mit den Ländern des westlichen Balkans wirkt die Selbstverwaltung der Justiz in die Überprüfung der Unabhängigkeit der Justiz hinein. Über die Kopenhagener Kriterien hinaus, die jeder Beitrittskandidat erfüllen muss, um Vollmitglied der EU zu werden, hat die Kommission für diese Länder zusätzliche Bedingungen festgelegt. Im aktuellen Dokument „Erweiterungsstrategie und wichtigste Herausforderung 2014–2015" stellt die Kommission fest, dass es in den meisten Beitrittsfällen einer weitreichenden Justizreform mit dem Ziel der Schaffung eines effizienten und unabhängigen Justizwesens bedarf. In diesem Kontext steht die Forderung „Die Unabhängigkeit der Staatlichen Justizräte muss gewährleistet sein, es müssen solidere Verfahren für die Ernennung von Richtern und Staatsanwälten eingeführt werden und die Unabhängigkeit der Justiz muss unter Sicherstellung ihrer Rechenschaftspflicht geschützt werden."[17] In den Beitrittsverhandlungen mit den Westbalkan-Ländern ist es der Kommission gelungen, dieser Forderung erfolgreich Geltung zu verschaffen. Im Screening-Bericht (Kapitel 23) zu Montenegro[18] erkennt die Kommission unter der Rubrik „Unabhängigkeit der Justiz" zwar an, dass in diesem Beitrittsstaat die Richter von einem Justizrat ernannt werden, bemängelt jedoch, dass die Mehrheit dieses Gremiums von politischen Institutionen besetzt werde. Dieser übermäßige politische Einfluss, der auch bei der parlamentarischen Wahl der Staatsanwälte zum Ausdruck komme, stehe nicht im Einklang mit „europäischen Standards".

II. Gesetzentwürfe zur Einführung der Selbstverwaltung der Justiz

In diesem Fahrwasser Europas bewegen sich auch Gesetzentwürfe, die von deutschen Richterverbänden sowie aus der Mitte des Deutschen Bundestages

[14] BR-Drs. 244/13; BR-Drs. 171/14 und BR-Drs. 92/15.
[15] EU-Justizbarometer 2015 – COM(2015) 116 final Part. 1/2 Nr. 3.3.2, S. 43, 51.
[16] EU-Justizbarometer 2015 – COM(2015) 116 final Part. 1/2 Nr. 3.3.2, S. 42.
[17] COM (2014) 700 final v. 08.10.2014, II c i, S. 13.
[18] EU-Dokument MD 281/12 v. 12.11.2012, III a, S. 18ff.

vorgelegt worden sind und die sich eben auf diese „europäischen Standards" berufen und eine entsprechende Angleichung des deutschen Rechts einfordern.

Das „Zwei-Säulen-Modell" des *Deutschen Richterbundes*[19] aus dem Jahre 2010 sieht vor, dass an die Stelle des Justizministers ein Justizverwaltungsrat aus Richtern und Staatsanwälten tritt. Zu dessen Aufgaben zählen alle Personalentscheidungen einschließlich der obersten Dienstaufsicht sowie die Haushaltsangelegenheiten. Gewählt wird er von einem Justizwahlausschuss, der paritätisch aus gewählten Richtern, Staatsanwälten und parlamentarischen Mitgliedern besetzt ist. Der Justizpräsident, der aus der Mitte des Justizverwaltungsrates gewählt wird, vertritt diesen nach außen.

Nach dem Selbstverwaltungsmodell der *Neuen Richtervereinigung*[20] sollen Gerichtsbarkeitsräte die Ministerien ersetzen und die Verwaltung der personellen und sachlichen Ressourcen – einschließlich eines eigenen Budgetrechts gegenüber dem Parlament – übernehmen. Die Ersteinstellung von Richtern liegt in der Hand von Richterwahlausschüssen. Die Präsidien werden zu kollektiven Leitungsorganen der Gerichte ausgebaut.

Die von der *Fraktion DIE LINKE* in der vergangen Wahlperiode in den Deutschen Bundestag eingebrachten Gesetzentwürfe lehnen sich eng an die Vorschläge der Neuen Richtervereinigung an.[21] Die dort vorgesehenen Änderungen der Artikel 92ff. GG bewirken die organisatorische Selbstverwaltung der Justiz in Bund und Ländern. Die Staatsanwaltschaften sind in die Judikative einbezogen, wodurch deren hierarchische Struktur einschließlich des externen und internen Weisungsrechts beseitigt wird. Diese Gesetzesinitiative ist im Deutschen Bundestag bereits in der zweiten Lesung mit deutlicher Mehrheit abgelehnt worden.[22] Dies war gewiss ein Rückschlag für die Debatte über die justizielle Selbstverwaltung, obsolet ist das Thema damit gleichwohl nicht geworden.

Auch wenn sich die Gesetzentwürfe in den institutionellen und organisatorischen Strukturen unterscheiden, so besteht doch im richterlichen Selbstverständnis der Initiatoren und in deren Überzeugung Einigkeit, dass die Justiz aus ihrer Abhängigkeit von der Exekutive entlassen werden muss und nur die justizielle Selbstverwaltung dem Gewaltenteilungsprinzip und der Unabhängigkeit der Dritten Gewalt gerecht wird.

---

19 http://www.drb.de/cms/fileadmin/docs/sv_gesetzentwurf_100325.pdf, Stand: 20.11.15.

20 https://www.neuerichter.de/fileadmin/user_upload/bundesmitgliederversammlung/BMV-2011-03_Verfassungsaenderung.pdf, Stand: 20.11.15; https://www.neuerichter.de/fileadmin/user_upload/bundesmitgliederversammlung/BMV-2011-03_AEnderung_einfachgesetzlicher_Vorschriften.pdf, Stand: 20.11.15.

21 BT-Drs. 17/11701 und BT-Drs. 17/11703.

22 Stenografischer Bericht der 250. Sitzung des Deutschen Bundestages vom 27.06.2013, Plenarprotokoll 17/250 S. 32060f.

III. Europäische Modelle auf dem Prüfstand

Dass die deutsche Gerichtsverfassung – wie behauptet – gegenüber „europäischen Standards" im Rückstand ist, hält jedoch einer kritischen Nachprüfung nicht stand. Tatsache ist, dass die meisten Mitgliedstaaten der EU eine Justizorganisation aufweisen, die den Anspruch erhebt, über eine autonome, von den übrigen Staatsgewalten getrennte Verfassung zu verfügen. Eine eingehendere Analyse der Strukturen richterlicher Selbstverwaltung in anderen europäischen Ländern führt indes zu einem deutlich differenzierteren Bild. Den Autonomiestatus von vier ausgewählten Ländern aus diesem Kreis hat unter der Moderation von *Prof. Peter-Alexis Albrecht* eine Kommission untersucht, der Vertreter des Bundes, der Länder sowie der Richterverbände angehörten. Dem *Abschlussbericht der sogenannten Albrecht-Kommission*[23] ist folgender Befund zu entnehmen:

Der Justizrat der *Niederlande* wird lediglich zur Hälfte mit Richtern besetzt. Das Justizministerium ernennt die Ratsmitglieder auf Vorschlag eines fünfköpfigen Auswahlausschusses, dem nur ein Richter angehört. Im Vordergrund der Arbeit des Justizrates stehen die Aspekte der Budgetierung und Mittelverwendung zum Zwecke der Produktivitätssteigerung. Als Kernkompetenz des Rates wird die betriebswirtschaftlich geprägte Führung und Anleitung der Gerichte verstanden. Das Budgetantragsrecht übt der Richterrat in Kooperation mit dem Justizministerium aus. Die Basis der Richterschaft hat keine Partizipationsmöglichkeit im Justizrat und ist in dessen Entscheidungen nicht eingebunden. Die Richterschaft bemängelt, dass wegen der einseitigen Fokussierung der Justiz auf Produktivität und Quantität die Qualität der Rechtsprechung abgenommen und deren Bürokratisierung zugenommen habe.

In *Italien* ist die Verantwortung für die Justiz durch die Verfassung einerseits dem Justizminister, andererseits dem Consiglio Superiore della Magistratura (CSM), d. h. dem obersten Gerichtsrat, übertragen. Während das Justizministerium die Budgetverantwortung trägt und die personellen Ressourcen bereit zu stellen hat, ist der CSM für die Auswahl, die Ernennung sowie die Beförderung von Richtern zuständig und hat die Disziplinarhoheit inne. Beide Akteure sind nach der Rechtsprechung des Verfassungsgerichts zur „loyalen Zusammenarbeit" verpflichtet. Dieses duale System gilt sowohl auf der Makro- als auch auf der Mikroebene der unteren Gerichte. Der Oberste Justizrat trägt dazu bei, die Effizienz der Rechtsprechung zu verbessern. Bei den hierzu als Mittel dienenden statistikgestützten Gerichtsratings steht die Arbeitsproduktivität des einzelnen Richters im Vordergrund, wohingegen Qualitätsmerkmale außer Betracht bleiben.

---

[23] KritV 4/2014, 331 (345 ff.).

Die *polnische* Verfassung erhebt den Landesjustizrat in den Rang eines Verfassungsorgans, dessen Aufgabe es ist, sowohl die Unabhängigkeit der Justiz als Ganzes als auch die der Richter zu gewährleisten und zu schützen. Seine Kernkompetenz besteht in der Auswahl und Ernennung von Richtern. Die Gerichtsdirektoren und -präsidenten werden hingegen vom Justizminister ernannt und unterstehen diesem. Sie sind zuständig für die Mittelvergabe sowie für die personelle und sachliche Ausstattung der Gerichte. Der dem Gerichtspräsidenten im Rahmen einer Doppelspitze zugeordnete Verwaltungsdirektor berichtet dem Justizminister über die Effizienz der Richter. Diese wird an den Quoten der zu bearbeitenden sowie der aufgehobenen Verfahren gemessen. Über die Vorgabe von Richtlinien kann der Justizminister die Richter insoweit steuern und über die Gerichtspräsidenten Impulse zur Verkürzung von Verfahrensdauern vermitteln. Als Kontrollmittel dient ihm dazu eine aufwendige Statistik.

21 von 26 Kantonen der *Schweiz* haben in unterschiedlicher Form die justizielle Selbstverwaltung eingeführt. Deren Betätigungsfeld reicht von der Budgetkompetenz bis zur Führungsfunktion gegenüber dem nichtrichterlichen Personal. Die Verleihung des Richteramtes erfolgt per Volkswahl oder durch die Parlamente, meist auf Zeit, in einigen Kantonen jedoch auch auf Lebenszeit. Die Richterstellen an den einzelnen Gerichten werden nach Parteienproporz vergeben. Daher erfordert die Wahl in ein Richteramt in den meisten Fällen die Mitgliedschaft in einer Partei. Dies führt – nicht zuletzt aufgrund der finanziellen Abgaben der in das Amt gewählten Richter an „ihre" Partei – zu einer Verflechtung von Politik und Justiz. Die mit dem System der Vergabe des Richteramtes auf Zeit verbundene Notwendigkeit der Wiederwahl gefährdet nach eigener Einschätzung der Richter deren innere Unabhängigkeit und freie Entscheidungsfindung („Schere im Kopf"), dies umso mehr, als die Kantonsparlamente zum Teil offen einen Zusammenhang zwischen der Wiederwahl und einer inhaltlichen Ausrichtung der richterlichen Entscheidung herstellen.

IV. Selbstverwaltungselemente und Partizipationsmöglichkeiten im deutschen Recht

Diese vier recht unterschiedlichen Ländermodelle und -systeme vermitteln einen Eindruck von der Vielgestaltigkeit richterlicher Selbstverwaltung in Europa. Bemerkenswert erscheint, dass in keinem der untersuchten Fälle die Existenz von Justizverwaltungsräten eine Autonomie der Dritten Gewalt nach sich gezogen hat. Des Weiteren ist festzustellen, dass ein einheitlicher „europäischer Standard" im Hinblick auf die Selbstverwaltung der Justiz gerade nicht besteht. Keines dieser Ländermodelle dürfte jedenfalls als Vorbild für das deutsche Recht geeignet sein. Insbesondere der Systemwechsel in den Niederlanden verdeutlicht, dass die abrupte Abkehr von gewachsenen Justizstrukturen mit erheblichen Risiken behaftet ist. Dieser Befund veranschaulicht zudem, dass die deutsche Gerichtsverfassung einen Vergleich mit diesen Rechtsordnungen nicht zu scheuen braucht. Das deutsche Recht weist breit gefächerte *Selbstverwaltungselemente* und *Partizipationsmöglichkeiten der Richterschaft* auf, die mitunter weit über die Mitwirkungsmöglichkeiten in den Staaten hinausgehen, deren Justiz formal organisatorisch verselbständigt ist:

Nach Art. 98 Abs. 4 GG können die Länder bestimmen, dass über die Anstellung der Richter der Landesjustizminister gemeinsam mit einem *Richterwahlausschuss* entscheidet. Über ihren Wortlaut hinaus erstreckt sich diese Verfassungsnorm auch auf die Beförderung von Richtern. Die Hälfte der Bundesländer[24] hat von dieser Ermächtigung Gebrauch gemacht. Die Richterwahlausschüsse weisen in den einzelnen Ländern teilweise erhebliche Unterschiede hinsichtlich Besetzung und Funktion auf. Mehrheitlich gehören ihnen Abgeordnete oder von diesen Beauftragte, teilweise Vertreter der Richterschaft und in einigen Ländern auch Rechtsanwälte an. In Hessen beispielsweise besteht der Richterwahlausschuss gemäß Art. 127 Abs. 3 der Landesverfassung und § 20 Abs. 1 des Hessischen Richtergesetzes aus sieben vom Landtag berufenen Vertretern, fünf richterlichen Mitgliedern aus allen Gerichtsbarkeiten und einem Präsidenten der Rechtsanwaltskammern. Die richterlichen Mitglieder werden von der Richterschaft der jeweiligen Gerichtsbarkeit aus den Reihen der auf Lebenszeit ernannten Richterinnen und Richter gewählt. Die Richterwahlausschüsse wirken teilweise bereits bei der Einstellung, zum anderen Teil erst bei der Lebenszeiternennung und der Beförderung mit. Neben der größeren Legitimation der Richterschaft bewirken die Ausschüsse eine pluralistischere Zusammensetzung dieses Personenkreises.

Das bei jedem Gericht bestehende *Präsidium* ist ein unabhängiges gerichtliches Selbstverwaltungsorgan (§§ 21a bis 21e GVG). Es vollzieht die institutionelle Verfassungsgarantie des gesetzlichen Richters (Art. 101 Abs. 1 S. 2 GG, § 16 Abs. 2 GVG) und sichert zugleich die Unabhängigkeit der Richter (Art. 97 Abs. 1 GG). Das Präsidium besteht aus dem Gerichtspräsidenten und je nach Größe des Gerichts aus maximal zehn weiteren auf vier Jahre gewählten Richterinnen und Richtern. Es ist an Weisungen nicht gebunden und trifft seine Entscheidungen in vollständiger richterlicher Unabhängigkeit. Ihm obliegen die Zuteilung der Richterinnen und Richter zu den Spruchkörpern des Gerichts sowie die Verteilung der Geschäfte. Eine Möglichkeit der Exekutive, auf diesen Geschäftsbereich Einfluss zu nehmen, ist dadurch ausgeschlossen.

Darüber hinaus sind die Richterinnen und Richter durch die Gremien der *Richtervertretungen* in die Entscheidungsprozesse der Gerichtsverwaltung eingebunden. Dadurch soll ein Interessenausgleich zwischen der Richterschaft ei-

[24] Dies sind Berlin, Brandenburg, Bremen, Hamburg, Hessen, Rheinland-Pfalz, Schleswig-Holstein und Thüringen.

nerseits und der Justizverwaltung andererseits ermöglicht werden. Nach dem Deutschen Richtergesetz sind hierfür die Richterräte (§§ 50ff., 72f.) und die Präsidialräte (§§ 54ff., 74f.) vorgesehen.

Die *Richterräte* sollen die Interessen des einzelnen Richters und der Gesamtheit der Richter eines Gerichts gegenüber dessen Vorstand vertreten. Ihr Aufgabenkreis ist den Mitbestimmungs-, Mitwirkungs- und Beteiligungsrechten des allgemeinen Personalvertretungsrechts nachgebildet. Die Bildung von Richterräten ist obligatorisch. Ihre Mitglieder müssen unmittelbar und geheim aus der Mitte der Richterschaft gewählt werden. In fast allen Bundesländern bestehen Stufenvertretungen in Form eines Bezirksrichterrats und Hauptrichterrats. Bei der Berufung von Richtern ist nach dem Gesetz zwingend die Mitwirkung der Präsidialräte vorgesehen. Diese haben die Aufgabe, die Interessen der Gerichtsbarkeit gegenüber der zuständigen obersten Dienstbehörde und dem Richterwahlausschuss zu vertreten.

Auf der Bundesebene ist der *Präsidialrat* vor jeder Ernennung oder Wahl zu beteiligen. Er gibt eine Stellungnahme zu der persönlichen und fachlichen Eignung des Bewerbers ab. Diese ist zwar formal unverbindlich, hat allerdings in der Praxis ein nicht unbeachtliches Gewicht. Spricht sich der Präsidialrat etwa bei Bundesrichterwahlen gegen die Eignung eines Kandidaten aus, stellt dies ein schwer zu überwindendes Hindernis für dessen Berufung dar.

Den Ländern ist bei der Konstituierung der Präsidialräte ein Spielraum eingeräumt (§§ 74ff. DRiG). Vorgegeben ist allerdings, dass die Hälfte ihrer Mitglieder gewählt sein muss und die Präsidialräte zumindest an der Ernennung der Richter in ein Beförderungsamt zu beteiligen sind. In der Landesgesetzgebung erstrecken sich die Beteiligungsrechte darüber hinaus teilweise auf die Beendigung des Richterverhältnisses, Abordnungen und Versetzungen. Die Landesgesetze sehen im Übrigen recht unterschiedliche Mitwirkungsformen vor, die von einer bloßen Anhörung bis zu einer dem Veto-Recht angenäherten Rechtsposition reichen.

Über diese gesetzlichen Bestimmungen und Institutionen hinaus ist den Gerichten im Rahmen der ministeriellen Praxis teilweise ein weiter Gestaltungsspielraum eingeräumt. Kraft ihrer Organisations-, Personal- und Sachgewalt haben die Justizministerien der Länder durch *Delegation von Verwaltungsaufgaben* den Gerichtspräsidenten zahlreiche Tätigkeitsfelder überantwortet. Als Beispiel sei hier der Erlass des schleswig-holsteinischen Justizministeriums vom 22.07.2005 genannt.[25] Auch wenn die Präsidenten bei der Erfüllung dieser Aufgaben als Verwaltungsorgane tätig werden und damit in die Hierarchie der Exekutive eingebunden bleiben, ist hier die behördliche Subordination mehr eine formale als eine in der Praxis gehandhabte. Die Präsidenten verwalten diese Bereiche in einer Weise, die weitgehend einer selbstverwaltenden Justiz ent-

---

[25] Amtsblatt Schleswig-Holstein 2005, S. 662.

spricht. Eines dieser Felder ist die Einstellung von Proberichtern. In Nordrhein-Westfalen z.B. setzen die Oberlandesgerichtspräsidenten Einstellungskommissionen ein, deren Votum ihnen als Entscheidungsgrundlage dient.

V. Gründe für einen Systemwechsel

Angesichts dieses hohen Niveaus der Beteiligungskultur in der Justiz steht der Ruf nach einem in das Verhältnis der Staatsgewalten einschneidenden Systemwechsel unter einem erhöhten Begründungszwang.

Die auf Paulus van Husen zurückgehende Annahme, dass das Prinzip der Gewaltenteilung und die verfassungsrechtliche Gewährleistung der richterlichen Unabhängigkeit eine institutionalisierte Selbstverwaltung der Justiz erforderten,[26] findet indes im Grundgesetz keine Stütze.

Das Grundgesetz verlangt keine Abtrennung der Dritten Gewalt von der Exekutive. Vielmehr geht es insoweit von einer Gewaltenverschränkung aus. Was den *Grundsatz der Gewaltenteilung* betrifft, hat das Bundesverfassungsgericht hierzu eine klare, geradezu klassische Aussage getroffen: „Seine Bedeutung liegt in der politischen Machtverteilung, dem Ineinandergreifen der drei Gewalten und der daraus resultierenden Mäßigung der Staatsherrschaft. Dieses Prinzip ist jedoch nirgends rein verwirklicht."[27] Das Grundgesetz fordert daher nicht eine absolute Trennung, sondern die gegenseitige Kontrolle, Hemmung und Mäßigung der Gewalten.[28] Das Unterworfensein des Richters gegenüber dem Gesetzgeber ergibt sich bereits aus dem Wortlaut von Art. 97 Abs. 1 GG. Und die Art. 96 Abs. 2 S. 4, Art. 97 Abs. 2 S. 3 und Art. 98 Abs. 4 GG verdeutlichen, dass das Grundgesetz selbst von einer Anbindung der Justiz an die Exekutive ausgeht.

Ebenso wenig lässt sich aus *Art. 97 Abs. 1 GG* ein Anspruch auf einen ministerialfreien Raum für die Justiz ableiten. Diese Verfassungsnorm gewährleistet die *sachliche und persönliche Unabhängigkeit des Richters,* nicht jedoch die Unabhängigkeit der Justiz. Sie schützt die richterliche Tätigkeit und nicht die Justizverwaltung. Sie steht im Dienste des Rechtsuchenden und seines Anspruchs auf Justizgewähr. Die Abschottung eines Bereichs staatlicher Hoheitsgewalt liegt ihr fern. Der Schutzschirm des Art. 97 Abs. 1 GG würde im Übrigen unter jedem Verwaltungsregime der Justiz gelten, denn auch in einer sich selbst verwaltenden Justiz wäre das Spannungsverhältnis zwischen dem einzelnen Richter und der Verwaltung selbstverständlich nicht aufgehoben.

---

[26] Gesetzentwurf der Fraktion DIE LINKE BT-Drs. 17/11701, S. 1.

[27] BVerfGE 3, 225 (247).

[28] BVerfGE 95, 1 (15), so bereits der Entwurf eines Deutschen Richtergesetzes vom 15.02.1958, BR-Drs. 40/58 S. 29.

Entgegen dem Versprechen der Richterverbände würde ein Systemwechsel auch *keinen greifbaren verfassungspolitischen Mehrwert* mit sich bringen.

Ein Interesse der rechtsuchenden Öffentlichkeit an einer Justizreform zeichnet sich jedenfalls nicht ab. Die deutsche Justiz steht national wie international in hohem Ansehen und genießt *großes Vertrauen.* Der vom Weltwirtschaftsforum herausgegebene *Global Competitiveness Report*[29] belegt Jahr für Jahr, dass die deutsche Justiz im Bereich der Unabhängigkeit weltweit vordere Plätze einnimmt und damit deutlich vor den Ländern mit einer sich selbstverwaltenden Justiz liegt. Dies erklärt, warum sich die Debatte über einen Systemwechsel bislang im Binnenbereich der Justiz abgespielt hat und es den Richterverbänden nicht gelungen ist, diese in die Öffentlichkeit hineinzutragen. Der Gesetzentwurf der Fraktion DIE LINKE ist folglich auch im Deutschen Bundestag ohne Resonanz geblieben und in zweiter Lesung ohne Aussprache abgelehnt worden.[30]

Die Vorschläge der Richtervereinigungen steigern auch nicht die *Verwaltungseffizienz.* Die Annahme, dass Personalentscheidungen durch richterliche Gremien per se nur fachlich motiviert und damit objektiver seien, widerspricht aller Lebenserfahrung. Die beklagten informellen Abhängigkeiten der Richterschaft von der Justizverwaltung würden durch eine Reform daher nicht beseitigt, sondern lediglich in den Binnenbereich der Selbstverwaltung verschoben. Und ob in Zeiten, in denen das Bundesverfassungsgericht eine angemessene Alimentation der Richterschaft durchsetzen muss,[31] ein Gremium der Richterschaft die Haushaltsbelange der Justiz mit größerer Kraft im Ressortkreis zur Geltung bringen könnte als das Justizministerium, muss bezweifelt werden. Der Kampf um die stets knappen Haushaltsmittel würde notwendigerweise auch zu einer Politisierung der Justiz führen und infolge dessen mit ihrer Rolle als neutrale Instanz kollidieren.

Die Einführung der Selbstverwaltung würde mithin weder einen Gewinn für den Rechtsuchenden noch für die Justiz bringen, sondern im Gegenteil *das System von Justiz und Justizverwaltung fragmentieren und schwächen.* Die Justizministerien der Länder würden entkernt. Mit ihren Restkompetenzen auf den Gebieten der Landesgesetzgebung, Strafvollzug, Gnadensachen, Notariatswesen etc. wären sie als eigenständige Ressorts wohl nicht mehr lebensfähig und würden möglicherweise als Annex anderen Ressorts zugeschlagen werden. Die Abkoppelung der sich selbstverwaltenden Justiz vom Justizministerium würde

---

[29] http://www.weforum.org/reports/global-competitiveness-report-2013-2014, Stand: 20. 11.15; http://reports.weforum.org/global-competitiveness-report-2014-2015/, Stand: 20.11.15; http://reports.weforum.org/global-competitiveness-report-2015-2016/, Stand: 20.11.15.

[30] Stenografischer Bericht der 250. Sitzung des Deutschen Bundestages vom 27.06.2013, Plenarprotokoll 17/250, S. 32060.

[31] BVerfG, Urt. des Zweiten Senats v. 05.05.2015 – 2 Bvl 17/09, BGBl. 2115 728–729 (red. Leitsatz), NJW 2015, 1935 ff., DVBl 2015, 834 ff., NVwZ 2015, 1047 ff., EuGRZ 2015, 303 ff.

dessen Praxisbezug und damit dessen rechtspolitisches Gewicht schmälern. Eine Entfremdung zwischen beiden Bereichen wäre zu befürchten. Dies hätte auch Folgen für das Justizministerium des Bundes, dem die Landesjustizverwaltungen als Ansprechpartner dienen und auf deren praktische Erfahrungen es bei der Bundesgesetzgebung angewiesen ist.

VI. Verfassungsrechtliche Maßstäbe

Das Grundgesetz würde letztendlich eine solche Justizreform vor hohe Hürden stellen. Da der Gesetzentwurf der Neuen Richtervereinigung/DIE LINKE vom Deutschen Bundestag in der Sache abgelehnt wurde, ist ihm diese Nagelprobe erspart geblieben. Der Entwurf geht jedenfalls zutreffend davon aus, dass die Überführung der Justiz in die richterliche Selbstverwaltung eine Änderung des Grundgesetzes erfordern würde. Auch für das Modell des Deutschen Richterbundes erwächst ein entsprechender Bedarf aus Art. 95 Abs. 2, 98 Abs. 4 GG.[32] Die hierfür erforderlichen politischen Mehrheiten zeichnen sich indes für keinen der zur Diskussion gestellten Vorschläge ab. Fraglich wäre überdies, ob eine dahingehende Änderung der Verfassung mit deren Wertekanon in Einklang stünde. Maßstab hierfür ist Art. 79 Abs. 3 GG, neuralgischer Punkt *das von der Ewigkeitsgarantie umfasste Demokratieprinzip.*

Das demokratische Prinzip erstreckt sich auf alle Arten der Ausübung von Staatsgewalt. Deren notwendige demokratische Legitimation erfordert eine *ununterbrochene Legitimationskette* vom Volk zu den mit den staatlichen Aufgaben betrauten Organen und Amtswaltern.[33]

Da nach den Vorstellungen der Richterverbände die Selbstverwaltungsorgane von gemischt zusammengesetzten Wahlausschüssen bestimmt werden sollen, sind diese nur unter der Voraussetzung *personell legitimiert,* dass ihre Wahl auf eine *doppelte Mehrheit* des Ausschusses zurückzuführen ist. Dies bedeutet, dass die Wahlentscheidung nicht nur von einer Mehrheit der Mitglieder getragen werden muss und eine Mehrheit der Mitglieder demokratisch legitimiert ist, sondern darüber hinaus die Mehrheit der demokratisch legitimierten Mitglieder die Entscheidung tragen muss.[34] Während der Gesetzentwurf des Deutschen Richterbundes hier eine passgenaue Umsetzung bereithält,[35] erfüllt das gemeinsame Modell von der Neuen Richtervereinigung und DIE LINKE bereits diese Grundvoraussetzungen nicht. Der Gerichtsbarkeitsrat, das von ihm vorgesehene Selbstverwaltungsorgan, soll sich zu zwei Dritteln aus richterlichen Mitglie-

[32] *Papier* NJW 2002, 2591; *Landau* in: Deutscher Richterbund (Hrsg.), Festgabe 100 Jahre Deutscher Richterbund, 2009, S. 51 f.

[33] BVerfGE 77, 1 (40); BVerfGE 83, 60 (72 f.); BVerfGE 107, 59 (87 f.).

[34] BVerfGE 93, 37 (67 f.); BVerfGE 107, 59 (88).

[35] Vgl. §§ 2 und 9.

dern und lediglich zu einem Drittel aus parlamentarischen Vertretern zusammensetzen.

Über die personelle Legitimation der Selbstverwaltungsorgane hinaus bedarf die Wahrnehmung hoheitlicher Aufgaben dieser Organe selbst einer *sachlich-inhaltlichen Legitimation.* Das Demokratieprinzip verlangt insoweit, dass für die Ausübung von Staatsgewalt bei bedeutenden Entscheidungen die Letztentscheidung eines dem Parlament verantwortlichen Verwaltungsträgers gesichert ist (Verantwortungsgrenze).[36] Justizielle Selbstverwaltung muss also so strukturiert sein, dass die parlamentarische Kontrolle über sie jederzeit gewährleistet ist. Der parlamentarischen Verantwortlichkeit kommt dabei eine besondere Bedeutung zu, weil nach beiden Gesetzentwürfen dem Justizrat beziehungsweise Gerichtsbarkeitsrat große Gestaltungsspielräume und Aufgaben von bedeutender Tragweite zugewiesen sind. In ihre Zuständigkeit soll die Planung und Verwaltung eines nicht unbedeutenden Teils des Staatshaushalts sowie die Personalverantwortung nicht nur für Richter und Staatsanwälte, sondern auch für die weitaus größere Gruppe des nichtrichterlichen Justizpersonals fallen.

Ob die beiden Gesetzentwürfe diesen Anforderungen genügen, muss als äußerst fraglich angesehen werden.

Die Neue Richtervereinigung/DIE LINKE erklären die Justiz ausdrücklich für unabhängig, legen deren Verwaltung in die Hände von Justizräten als obersten Justizbehörden und Dienstherren und trennen sozusagen mit einem Federstrich die Legitimationskette zwischen Parlament und Justiz, die durch die Regierung und die Justizministerien hergestellt wird. Da die ministerielle Dienstaufsicht nicht einmal durch eine bloße Rechtsaufsicht substituiert wird, ist die Justiz damit von jeder Verantwortung freigestellt, in ein Eigenleben entlassen, parlamentarischen Impulsen entzogen, von gesellschaftlichen Entwicklungen abgekoppelt und somit anfälliger für Fehlentwicklungen.

Nicht anders verhält es sich mit dem Entwurf des Deutschen Richterbundes. Trotz einzelner Elemente, die auf eine Verbindung zwischen Justizverwaltungsrat und Parlament angelegt sind, verhindert er im Ergebnis eine effiziente demokratische Kontrolle. Die zentrale Regelung besagt, dass die Mitglieder des Justizverwaltungsrates bei der Wahrnehmung ihres Amtes an Aufträge und Weisungen nicht gebunden und nur dem Gesetz unterworfen sind (§ 13 S. 1). Das Privileg der richterlichen Unabhängigkeit wird damit unbesehen auf die Eigenverwaltung übertragen. Eine Anbindung an das Parlament wird auch an anderer Stelle nicht wiederhergestellt. Die ausschließliche Dienstaufsicht über die Mitglieder des Justizverwaltungsrates durch den Vorsitz des Justizwahlausschusses, der vom Präsidenten des Landtages wahrgenommen wird (§ 8 Abs. 3 i. V. m. § 2 Ziff. 1), läuft inhaltlich-sachlich ins Leere, da der Justizverwaltungsrat sachlich unabhängig ist und seinerseits als oberste Landesbehörde die ihm

---

[36] BVerfGE 93, 37 (38, LS. 2).

zugewiesene oberste Dienstaufsicht (§ 15 Abs. 1) in eben dieser Unabhängigkeit wahrnimmt. Die dem Justizverwaltungsrat obliegende Pflicht, den Landtag und die Landesregierung regelmäßig über die Führung seiner Geschäfte zu unterrichten (§ 10 Abs. 3), ist kein Äquivalent für eine demokratische Kontrolle, da die Empfänger des Berichts diesen nur zur Kenntnis nehmen, ohne daraus aufsichtsrechtliche Konsequenzen ziehen zu können. Die jederzeitige Abwählbarkeit eines Mitglieds des Justizverwaltungsrates (§ 12 Abs. 2) stellt jedenfalls kein taugliches Mittel einer effektiven demokratischen Kontrolle dar.

Die beiden Selbstverwaltungsmodelle berühren damit den durch Art. 79 Abs. 3 GG geschützten *Gehalt des Demokratieprinzips.*[37]

Bei Art. 79 Abs. 3 GG handelt es sich zwar um eine eng auszulegende Ausnahmevorschrift[38], die den verfassungsändernden Gesetzgeber nicht daran hindert, die dort genannten Grundsätze aus (evident) sachgerechten Gründen zu modifizieren.[39] Damit ist dem verfassungsändernden Gesetzgeber ein weiter Spielraum eingeräumt. Die Bewertung der Sachgerechtigkeit unterliegt seiner Einschätzungsprärogative. Bei einer Verfassungsänderung, die weder für den Rechtsuchenden noch für die Justiz einen Gewinn abwirft und nicht einmal dem einzelnen Richter zugutekommt, wird ihm eine positive Begründung allerdings schwer fallen.[40] Hier hilft auch ein Vergleich mit dem untauglichen Vorbild disparater europäischer Modelle ebenso wenig weiter wie ein Blick auf die Rechtsprechung des EuGH zur Unabhängigkeit einer Datenschutzbehörde.[41] Ob der EuGH ein vom Grundgesetz abweichendes Verständnis vom Demokratieprinzip hat, mag dahin stehen. Das nationale Gerichtsverfassungsrecht unterliegt jedenfalls nicht dem Unionsrecht, sodass hier kein Kohärenz- oder Berücksichtigungsgebot gilt.[42]

Zum Kerngehalt des Demokratieprinzips zählen indes die Legitimationsanforderungen an eine effektive demokratische Herrschaft.[43] In seinem Urteil zum Europäischen Stabilitätsmechanismus hat das Bundesverfassungsgericht betont, *dass Art. 79 Abs. 3 GG Strukturen und Verfahren gewährleiste, „die den demokratischen Prozess offenhalten.“*[44] Beide Gesetzentwürfe trennen jedoch die demokratische Legitimationskette und unterbinden damit diesen Prozess.

---

[37] So im Ergebnis: *Brosius-Gersdorf* VVDStRL 74 (2015), S. 216 Fn. 219; *Sennekamp* NVwZ 2010, 216; *Papier* NJW 2010, 2589f.; differenzierend *Wittreck* VVDStRL 74 (2015), S. 155; kritisch gegenüber dem Modell des Deutschen Richterbundes: *Landau* in: Deutscher Richterbund (Hrsg.), Festgabe 100 Jahre Deutscher Richterbund, 2009, S. 51 ff.

[38] BVerfGE 109, 279 (310).

[39] BVerfGE 30, 1 (24); BVerfGE 84, 90 (120 f.); BVerfGE 94, 12 (34); BVerfGE 109, 279 (310 f.).

[40] *Brosius-Gersdorf* VVDStRL 74 (2015) S. 217 f., 242.

[41] EuGH, Urt. v. 09.03.2010 – Richtlinie 95/46/EG – Rs. C-518/07 und EuGH, Urt. v. 16.10.2012 – Richtlinie 95/46/EG – Rs. C-614/10.

[42] *Brosius-Gersdorf* VVDStRL 74 (2015), S. 242.

[43] Jarass/Pieroth-*Pieroth*, 13. Aufl., Art. 79 Abs. 3. Rn. 11.

[44] BVerfGE 132, 195 Rn. 118, 124.

VII. Fazit

Wie könnte man ein treffenderes Fazit ziehen als mit den Worten dessen, dem diese Festschrift gewidmet ist:

„Die Grundstrukturen der deutschen Justizverfassung, zu der auch die traditionell durch die Exekutive geprägte Richterernennung und die Justizorganisation gehören, sind das Ergebnis eines Jahrzehnte und Jahrhunderte langen Entwicklungsprozesses. Solche historisch gewachsenen, überkommenen Strukturen eigenen sich nicht als Gegenstand von rechtspolitischen Experimenten."[45]

[45] *Landau* in: Deutscher Richterbund (Hrsg.), Festgabe 100 Jahre Deutscher Richterbund, 2009, S. 52.

Nassauskiesung und kein Ende?

Anmerkungen zum Stand der Enteignungsdogmatik

Lerke Osterloh

Das Jahr 2016 gibt nicht nur Anlass, dem langjährigen Senatskollegen für die schöne, durch engagierte Sachlichkeit, erfrischende Offenheit, Humor[1] und persönliche Liebenswürdigkeit geprägte Zusammenarbeit im Zweiten Senat zu danken – in dieses Jahr fällt auch ein Jubiläum besonderer Art: Der Nassauskiesungsbeschluss des Ersten Senats des Bundesverfassungsgerichts[2] wird 35 Jahre alt. Dieser Beschluss markiert bekanntlich einen Paradigmenwechsel der Interpretation der Eigentumsgewährleistung des Art. 14 GG, der in den Folgejahren eine kaum noch überschaubare Flut kontroverser Stellungnahmen in der Literatur auslöste[3] und um den es bis heute nicht still geworden ist. Bei der Bestimmung und gegenseitigen Abgrenzung zwischen der Enteignung gem. Art. 14 Abs. 3 GG einerseits und der Inhalts- und Schrankenbestimmung des Eigentums gem. Art. 14 Abs. 1 Satz 2 GG andererseits kam es seit 1981 in der Rechtsprechung des Bundesgerichtshofs und des Bundesverwaltungsgerichts zu erheblichen Umbrüchen und Verschiebungen und auch die Rechtsprechung des BVerfG hat sich in bemerkenswerter Weise bis in die jüngste Zeit fortentwickelt und verändert.[4] Dass auch noch gegenwärtig von einer abschließenden Klärung des Tatbestands der entschädigungspflichtigen Enteignung kaum die Rede sein kann, belegen aktuelle, nicht nur rechtspolitisch sondern auch verfassungsrechtlich höchst umstrittene Probleme im Zusammenhang mit der sog. Energiewende[5] oder mit Plänen zur Beschränkung der Ausfuhr von Kulturgütern.[6] Typisch

---

1 „... aber das Ergebnis passt mir nicht!"

2 BVerfGE 58, 300.

3 Dazu mit umfassenden Bestandsaufnahmen und Analysen *Rozek* Die Unterscheidung von Eigentumsbindung und Enteignung, 1998.

4 BVerfGE 134, 242 (288 ff.).

5 Z.B. *Klinski* NVwZ 2015, S. 1473 ff.; Übersicht über die umfangreiche Literatur bei *Schlömer* Der beschleunigte Ausstieg aus der friedlichen Nutzung der Kernenergie, 2013, S. 114 ff.

6 Zum Streit um den „Referentenentwurf" etwa *Raue*, Wie es dem Staat gefällt, Tagesspiegel v. 13.07.2015; *Häntzschel*, Kunstfestung Deutschland, Süddeutsche Zeitung v. 13.07.2015; *Bernheimer*, Die Befreiung, Süddeutsche Zeitung v. 14.11.2015 („kalte Enteignung").

für die Unklarheiten der Rechtslage ist es, wenn in gutachterlichen oder gutachterlich geprägten Stellungnahmen zur Energiewende bzw. zum Atomausstieg zunächst die Erfüllung des Tatbestands der Enteignung bejaht und die praktisch entscheidende Rechtsfolge, die staatliche Entschädigungspflicht, anschließend hilfsweise auf das „neuere" Institut der ausgleichspflichtigen Inhalts- und Schrankenbestimmung des Eigentums gestützt wird.[7] Das gibt Anlass für einen prüfenden Blick auf Entwicklung und Stand der Interpretation des verfassungsgesetzlichen Tatbestands der entschädigungspflichtigen Enteignung.

Zum Verständnis und zur Würdigung dieses Tatbestands des Art. 14 GG ist es erforderlich, dessen wechselvolles rechtliches Schicksal zumindest in sehr groben Zügen in den Blick zu nehmen (I.). Thematisiert werden deshalb der maßgebliche Ausgangspunkt und die Entwicklung der Rechtsprechung des BGH zu den Grundsätzen enteignungsrechtlicher Entschädigung bis 1981 (1.), sodann die Kehrtwende durch die Rechtsprechung des BVerfG im Grundsätzlichen (2.) und schließlich die weitere Entwicklung der Rechtsprechung „nach der Nassauskiesung" (3.). Vor diesem Hintergrund soll ein besonders ungesichertes und umstrittenes Element des Enteignungsbegriffs einschließlich eines Blicks auch auf die europarechtliche Rechtslage näher betrachtet werden: das Element der „Güterbeschaffung" (II.).

I. Die bisherige Entwicklung: Der lange Weg vom Sonderopfer zum Güterbeschaffungsvorgang

1. Der Ausgangspunkt: Die „Aufopferungsenteignung" in der Rechtsprechung des BGH

Mit der Trias von Eigentumsgewährleistung gem. Art. 14 Abs. 1 Satz 1 GG, Inhalts- und Schrankenbestimmung durch den Gesetzgeber sowie Sozialbindung gem. Abs. 1 Satz 2 und Abs. 2 und schließlich Enteignung nur mit angemessener Entschädigung gem. Abs. 3 schließen die Regelungen des Art. 14 GG eng an den Text des Art. 153 WRV an. Den Enteignungsbegriff dieses historischen Vorbildes hatte das Reichsgericht nicht auf die heute sog. klassische oder technische Grundstücksenteignung (i. S. d. speziellen preußischen Enteignungsgesetze) beschränkt, sondern zu einem seinerzeit einzigartigen verfassungsrechtlichen Rechtsinstitut umfassenden Entschädigungsschutzes aller privaten Vermögensrechte ausgebaut.[8] Enteignungsentschädigung war nach dem aufopferungsrechtlichen Modell der §§ 74, 75 Einl. ALR zu einem – auch gegenüber dem

[7] So etwa *Ossenbühl* Verfassungsrechtliche Fragen eines beschleunigten Ausstiegs aus der Kernenergie, 2012, S. 52 ff.

[8] RGZ 105, 251; 109, 310; 116, 268; 150, 9; StGH in RGZ 124, Anh. S. 19.

(Landes-)Gesetzgeber wirksamen – unmittelbar einklagbaren subjektiven Recht geworden.

Dies fand in der Rechtsprechung des BGH zu Art. 14 GG seit der Leitentscheidung des Großen Senats für Zivilsachen aus dem Jahr 1952[9] seine ungebrochene Fortsetzung. Der Satz des § 75 Einl. ALR, „Dagegen ist der Staat denjenigen, welcher seine besonderen Rechte und Vorteile dem Wohl des gemeinen Wesens aufzuopfern genötigt wird, zu entschädigen gehalten", wurde zum Ausgangspunkt der Interpretation des Art. 14 Abs. 3 GG, das „Sonderopfer" des Einzelnen zugunsten der Allgemeinheit zum Wesen und Kern des Begriffs der Enteignung und Art. 14 Abs. 3 GG zur Grundlage eines unmittelbar in der Zivilgerichtsbarkeit einklagbaren Entschädigungsanspruchs.

Neben dem die Interpretation des Enteignungstatbestands leitenden Opferkonzept des BGH wirkte aber auch der allgemeine Gleichheitssatz des Art. 3 Abs. 1 GG als ein zentrales Scharnier für die Verkopplung des Aufopferungsgrundsatzes mit dem verfassungsrechtlichen Entschädigungsanspruch. Spätestens nachdem die sog. formale Einzelakttheorie explizit zugunsten eines materiellen Verständnisses des Gleichheitssatzes überwunden war,[10] zeigte sich auch dessen wesentliche Bedeutung für die Rechtsprechung. Der BGH verstand und versteht den allgemeinen verfassungsrechtlichen Gleichheitssatz als grundlegenden Gerechtigkeitsmaßstab und als Auftrag zur unmittelbaren richterlichen Orientierung am Gerechtigkeitsgedanken.

Dieses durch Opferkonzept und Gleichheitssatz geprägte Denkmodell, das für die Rechtspraxis bis 1981 maßgeblich war und bis heute bei der Abgrenzung zwischen entschädigungspflichtiger Enteignung und entschädigungsloser Sozialbindung des Eigentums fortwirkt,[11] klingt bereits sehr deutlich an in den einprägsamen Formulierungen des BGH in seiner Leitentscheidung im Jahr 1952:[12] „Bei der Enteignung handelt es sich nicht um eine allgemeine und gleichwirkende, mit dem Wesen des betroffenen Rechts vereinbare inhaltliche Bestimmung und Begrenzung des Eigentumsrechts, sondern um einen gesetzlich zulässigen zwangsweisen staatlichen Eingriff in das Eigentum, sei es in der Gestalt der Entziehung oder der Belastung, der die betroffenen Einzelnen oder Gruppen im Vergleich zu anderen ungleich besonders trifft und sie zu einem besonderen, den übrigen nicht zugemuteten Opfer für die Allgemeinheit zwingt, und zwar zu einem Opfer, das gerade nicht den Inhalt und die Grenzen der betroffenen Rechtsgattung allgemein und einheitlich festlegt, sondern das aus dem Kreise der Rechtsträger Einzelne oder Gruppen von ihnen unter Ver-

---

9 BGHZ 6, 270.

10 BGHZ 23, 30.

11 Das gilt vor allem für die Rechtsprechung zum enteignenden Eingriff, dazu *Osterloh* in: Wolfgang Durner u. a. (Hrsg.), Freiheit und Sicherheit in Deutschland und Europa, 2013, S. 547 ff.

12 BGHZ 6, 270 (279 f.).

letzung des Gleichheitssatzes besonders trifft. Der Verstoß gegen den Gleichheitssatz kennzeichnet die Enteignung."

Die Suggestionskraft des Opferbildes, die Offenheit und Dynamik des Leitgedankens gleicher Gerechtigkeit und das Ziel wirksamen Eigentumsrechtsschutzes dürften als wesentliche Antriebskräfte für die Weite und zugleich Einheitlichkeit des „Tatbestands" der sog. Aufopferungsenteignung des BGH anzusehen sein:[13] Von Beginn an wurden rechtmäßige und rechtswidrige, „enteignungsgleiche", Eingriffe einbezogen[14] und nicht nur finale, imperative Eingriffe konnten Entschädigungsansprüche auslösen, sondern unter dem Begriff des rechtmäßigen enteignenden Eingriffs kamen auch (faktische) „unmittelbare Auswirkungen" hinzu, wie umsatzschädigende Beeinträchtigungen von Gewerbebetrieben durch Zugangs- und Sichtbehinderungen oder Lärm- und Schmutzeinwirkungen aufgrund von Straßen- und U-Bahnbau.[15] In den Einzugsbereich potentieller Entschädigung gehörten danach alle Eigentumsbeschränkungen durch oder aufgrund von Normen, gleich ob Parlamentsgesetze oder untergesetzliche Normen des Bundes- und Landesrechts, insbesondere auf den Gebieten des Bau-, Umwelt- und Denkmalschutzrechts sowie allgemein des öffentlichen Nachbarrechts und des sog. Fachplanungsrechts.[16]

Nicht nur die Weite der Anwendungsfelder kennzeichnete die Aufopferungsenteignung, auch die Einheitlichkeit der Anspruchsvoraussetzungen war bemerkenswert. Trotz terminologischer Unterscheidungen, insbesondere zwischen rechtmäßigem enteignenden und rechtswidrigem enteignungsgleichen Eingriff, kam es in der Rechtsprechung zu einem Zusammenfließen der Konturen aller entschädigungsrechtlichen Anspruchsgrundlagen im Geltungsbereich des Art. 14 GG. Alle Unterschiede wurden eingeebnet in dem Bild der Überschreitung der enteignungsrechtlichen Opfergrenze: Diesseits entschädigungslose Sozialbindung des Eigentums, jenseits Entschädigung „nach enteignungsrechtlichen Grundsätzen".[17]

Als gemeinsame Entschädigungsvoraussetzungen blieben die hoheitliche Maßnahme im weitesten Sinn einschließlich parlamentsgesetzlicher Regelungen, die unmittelbare Auswirkung auf das Eigentum sowie das die Grenzen zulässiger Sozialbindung überschreitende gleichheitswidrige Sonderopfer.

---

[13] Überblick etwa bei *Maurer* Allgemeines Verwaltungsrecht, 18. Aufl. 2011, § 27 Rn. 12 ff.

[14] Bei den dem Großen Senat, BGHZ 6, 270, vorliegenden Fällen ging es bereits ausnahmslos um rechtswidrige Eingriffe, nämlich um rechtswidrige Einweisungen von Wohnungssuchenden, die aus unterschiedlichen Gründen im Ergebnis zu Mietausfällen oder besonderen Aufwendungen geführt hatten.

[15] Dazu nur die Leitentscheidungen: BGH MDR 1964, 656; BGH NJW 1965, 1907; BGHZ 57, 359 mit zusammenfassendem Überblick.

[16] M.w.N. etwa *Osterloh* in: Hoffmann-Riem/Schmidt-Aßmann/Voßkuhle (Hrsg.), Grundlagen des Verwaltungsrechts III, 2. Aufl. 2013, § 55 Rn. 21 ff.

[17] Z.B. BGHZ 50, 284 (290); 59, 250 (253).

2. Die Intervention des BVerfG: Abschied vom enteignungsrechtlichen Opferkonzept?

Darüber, ob mit dem Nassauskiesungsbeschluss die aufopferungsrechtliche Konzeption des Enteignungsbegriffs des Art. 14 Abs. 3 GG aufgegeben wurde, konnte man zunächst streiten.[18] Sicher war nur die Verabschiedung der Interpretation des Art. 14 Abs. 3 GG als eine unmittelbar in der Zivilgerichtsbarkeit einklagbare Anspruchsgrundlage. Entscheidend war insofern ein Satz im Rahmen der Erörterung der Zulässigkeit der Vorlage des BGH:[19] „Die im Vorlagebeschluss zitierte Auffassung des Berufungsgerichts, eine Überschreitung ‚der Sozialpflichtigkeit ... löse einen Entschädigungsanspruch aus', steht mit dem Grundgesetz nicht in Einklang." Die wesentliche Bedeutung dieses Satzes wird in der zwei Jahre zuvor ergangenen, aber seinerzeit noch nicht hinreichend beachteten Entscheidung zum Kleingartenrecht[20] deutlich formuliert: „Eine verfassungswidrige Inhaltsbestimmung kann nicht in eine Enteignung umgedeutet und der Verfassungsverstoß nicht durch Zubilligung einer gesetzlich nicht vorgesehenen Entschädigung ‚geheilt' werden."

Im Zentrum der „Paukenschläge"[21] der Nassauskiesungsentscheidung stand nicht die zentrale Frage der Rechtsprechung des BGH nach den Voraussetzungen entschädigungsrechtlichen Eigentumsschutzes, sondern es ging – aus der Sicht des BVerfG auf der Basis seiner bisherigen grundrechtlichen, auch eigentumsgrundrechtlichen, Rechtsprechung – um Klarstellungen zu den Entscheidungskompetenzen bei der Bestimmung von Voraussetzungen und Folgen der Verfassungswidrigkeit von Gesetzen wegen Verletzung des Eigentumsgrundrechts. Es ging um die Erinnerung an die allgemeinen verfassungsrechtlichen Maßstäbe parlamentsgesetzlicher Grundrechtsausgestaltung und Grundrechtsbegrenzung, an die Vorlagepflicht der Gerichte gem. Art. 100 Abs. 1 GG[22] und an das Verwerfungsmonopol des BVerfG.

In diesem Zusammenhang hob das BVerfG vor allem hervor, dass Art. 14 GG keine unmittelbaren und unmittelbar einklagbaren Anspruchsgrundlagen normiere, sondern dem Gesetzgeber drei Regelungsmöglichkeiten eröffne[23]. Der Gesetzgeber könne „im Rahmen des Art. 14 GG in dreifacher Weise eigentumsrechtlich relevante Vorschriften erlassen", nämlich Normen der Inhaltsbestimmung, der Legalenteignung und der Ermächtigung zur Administrativenteignung. Danach war klar, dass es – entsprechend dem Wortlaut und der Systematik des verfassungsrechtlichen Normtextes und auch entsprechend der

[18] Dazu m. w. N.: *Osterloh* DVBl. 1991, 906 (908) mit Fn. 23.
[19] BVerfGE 58, 300 (320).
[20] BVerfGE 52, 1 (28).
[21] *Maurer* Allgemeines Verwaltungsrecht, 18. Aufl. 2011, § 27 Rn. 26, S. 718.
[22] Dazu im enteignungsrechtlichen Zusammenhang zuletzt BVerfG NVwZ 2015, 510ff.
[23] BVerfGE 58, 300 (330ff.).

„grundrechtlichen Normalität" –[24] um unterschiedliche Regelungsermächtigungen geht und also bei der Interpretation der verfassungsgesetzlichen Begriffe um die Bestimmung der Art und der Voraussetzungen verfassungsmäßiger eigentumsrechtlicher Gesetze, nicht aber um unmittelbar an die Gerichte adressierte Aufträge zur Entwicklung richterrechtlichen Eigentumsschutzes durch Entschädigung.

Wie nun aber innerhalb des systematischen Gefüges unterschiedlicher Regelungsermächtigungen die Tatbestände der Inhalts- und Schrankenbestimmung des Eigentums und der Enteignung voneinander abzugrenzen und näher zu konturieren sind – auf diese entscheidende Folgefrage der verfassungsgerichtlichen Weichenstellung blieb die Leitentscheidung eine brauchbare Antwort schuldig: Dort wurden die generelle und abstrakte Festlegung von Rechten und Pflichten des Eigentümers als Inhaltsbestimmung einerseits und andererseits die Entziehung konkreter Eigentumsrechte Einzelner (durch Administrativenteignung) oder eines bestimmten oder bestimmbaren Personenkreises (durch Legalenteignung) einander gegenübergestellt. Mit diesem liberal-rechtsstaatlich geprägten Gegensatzpaar von einerseits generell-abstrakter Rechtsgestaltung und andererseits individuell-konkretem Rechtsentzug war indes keine Rückkehr zur sog. Einzelakttheorie als Grundlage eines Konzepts der Enteignung beabsichtigt. Wie auch vorangegangene Entscheidungen[25] belegen, handelt es sich bei dem konkret-individuellen Entzug eines durch gesetzliche Inhaltsbestimmungen ausgeformten Eigentumsrechts um eine abstrahierende Kennzeichnung typischer Eigenschaften der sog. klassischen Grundstücksenteignung, allerdings ohne Festlegung auf deren enge Grenzen. Vielmehr formulierte der Nassauskiesungsbeschluss als wesentliche Ergänzung seiner engen Ausgangsformeln ausdrücklich: „Inhaltsbestimmung, Legalenteignung und Administrativenteignung sind jeweils eigenständige Rechtsinstitute, die das Grundgesetz deutlich unterscheidet. Das schließt jedoch nicht aus, dass eine neue, für die Zukunft geltende objektiv-rechtliche Regelung im Sinne des Art. 14 Abs. 1 Satz 2 GG zugleich eine Legalenteignung bewirkt, weil und soweit sie subjektive Rechte entzieht, die der Einzelne aufgrund des alten Rechts ausgeübt hat...".[26] Durch diese Ergänzung, die gerade die Fülle der eigentumsbeschränkenden Gesetze des Bau-, Landschafts-, Natur- und Denkmalschutzrechts betraf, war eigentlich wieder alles offen für ein weites Konzept einer Aufopferungsenteignung nach altem Recht, wenn auch mit dem Unterschied, dass

---

[24] *Schoch* Jura 1989, 113.

[25] So spricht BVerfGE 24, 367 (397), mit Blick auf die dort betroffenen Deichgrundstücke von der Entziehung konkreter Eigentums*gegenstände* und von durch die Eigentumsgarantie geschützten Gegenständen; auch BVerfGE 45, 297 (331 f.), kennzeichnet die klassische Enteignung als Verwaltungstätigkeit im materiellen Sinn, weshalb die Legalenteignung die Ausnahme bleiben müsse.

[26] BVerfGE 58, 300 (331 f.).

die Verfassungsmäßigkeit solcher Regelungen an Art. 14 Abs. 3 GG, insbesondere an der Junktimklausel zu messen und im Falle verfassungsrechtlicher Defizite dem BVerfG als Frage vorzulegen war. Ein wirklich neues Konzept der Konturierung des Enteignungstatbestands hatte der Nassauskiesungsbeschluss jedoch nicht präsentiert.

3. Die Entwicklung bis zum Konzept des Güterbeschaffungsvorgangs

Weichenstellend für die weitere Entwicklung der enteignungsrechtlichen Rechtsprechung und die fortschreitende deutlichere Konturierung des Enteignungstatbestands des Art. 14 Abs. 3 GG war der, einen Tag vor dem Nassauskiesungsbeschluss ergangene, Pflichtexemplarbeschluss.[27] Hier anerkannte das BVerfG erstmals ausdrücklich eine ausgleichspflichtige Sozialbindung des Eigentums, also die Normierung eines Ausgleichsanspruchs für den Fall einer anderenfalls unzumutbaren Beeinträchtigung des Eigentums. Zwar liege eine allgemeine gesetzliche Pflicht der Verleger, eine beschränkte Anzahl von Druckwerken staatlichen Bibliotheken unentgeltlich zur Verfügung zu stellen, im Rahmen zulässiger Sozialbindung des Eigentums, nicht mehr aber dann, wenn es sich um kleine Auflagen besonders wertvoller Exemplare handele. Die Bindungen auch des eigentumsausgestaltenden Gesetzgebers im Rahmen des Art. 14 Abs. 1 Satz 2 GG an die Grundsätze der Verhältnismäßigkeit und an den allgemeinen Gleichheitssatz führen danach zu einer verfassungsrechtlich gebotenen Ausgleichsregelung, um die Grenzen zumutbarer und gleichheitsgerechter Eigentumsbeschränkung zu wahren.

Neu an dieser Entscheidung war nicht die Geltung der Grundsätze der Verhältnismäßigkeit und des allgemeinen Gleichheitssatzes auch als Maßstäbe der Verfassungsmäßigkeit gesetzlicher Inhalts- und Schrankenbestimmungen des Eigentums gem. Art. 14 Abs. 1 Satz 2 GG. Neu aber war, dass hierbei auch die Möglichkeit des finanziellen Ausgleichs als eines Instruments verfassungsmäßiger Ausgestaltung von Eigentumsrechten anerkannt wurde. Dass allen Mitgliedern des Ersten Senats selbst die dogmatische Sprengkraft dieses Effekts der Pflichtexemplarentscheidung bewusst war, mag man bezweifeln. Im Ergebnis bewirkte sie jedoch gleichsam einen Dammbruch, öffnete jedenfalls ein großes Schleusentor, durch das wesentliche Teile potentiell verfassungsrechtlich entschädigungspflichtiger Eigentumsbeeinträchtigungen aus dem Bereich des enteignungsrechtlichen Opferkonzepts des BGH in das vorgelagerte Sammelbecken potentiell verfassungsrechtlich ausgleichspflichtiger Inhalts- und Schrankenbestimmungen des Eigentums hinüberflossen[28]. Am markantesten sichtbar

[27] BVerfGE 58, 137.

[28] Dazu näher mit zahlreichen Nachweisen: *Ossenbühl/Cornils* Staatshaftungsrecht, 6. Aufl. 2013, S. 212 ff.; *Osterloh* in: Hoffmann-Riem/Schmidt-Aßmann/Voßkuhle (Hrsg.), Grundlagen des Verwaltungsrechts III, 2. Aufl. 2013, § 55 Rn. 136 ff.

geworden ist dieser Effekt auf den Gebieten der zahlreichen Nutzungsbeschränkungen des Bau-, Landschafts-, Natur- und Denkmalschutzrechts und vor allem auch des sog. Fachplanungsrechts, dessen gesetzliche Ausgleichsansprüche wegen Eigentumsbeeinträchtigungen nicht nur unterhalb, sondern auch oberhalb der sog. enteignungsrechtlichen Zumutbarkeitsgrenze trotz langer Gegenwehr des III. Senats des BGH[29] nach nunmehr fast einhelliger Ansicht den Ansprüchen im Geltungsbereich des Art. 14 Abs. 1 Satz 2 GG zuzuordnen sind mit der Folge der seit 2001 ausdrücklich – klarstellend – normierten grundsätzlichen Rechtswegzuweisung an die Verwaltungsgerichte.

Komplementär zu der immer deutlicher erkannten und anerkannten Möglichkeit ausgleichspflichtiger „Sozialbindung" im Geltungsbereich des Art. 14 Abs. 1 Satz 2 GG bemühte sich das BVerfG sichtbar auch um eine eigenständige neue Konturierung des Enteignungstatbestands, um ein eigenständiges Konzept der entschädigungspflichtigen Enteignung im Sinne des Art. 14 Abs. 3 GG. Dass es schon bei vordergründiger Betrachtung angesichts der Entwicklungen zur ausgleichspflichtigen Inhaltsbestimmung zu einer Verengung des Enteignungstatbestandes kommen musste, war klar und ebenso, dass die Entschädigungsbedürftigkeit einer Eigentumsbeeinträchtigung anders als nach dem Opferkonzept nicht die entscheidende Rolle spielen musste oder nur durfte. Dies erleichterte den ohnehin verfassungsrechtlich durch das Entschädigungsjunktim des Art. 14 Abs. 3 Satz 2 GG vorgegebenen Weg hin zu einem engeren Tatbestand mit einem in der Perspektive des Gesetzgebers überschaubaren Anwendungsbereich.

Auf diesem Weg der Konturierung eines engeren Enteignungstatbestands gewann, neben der Betonung des Entzugs konkreter Rechtspositionen durch gezielten staatlichen Zugriff, das Merkmal „zur Erfüllung bestimmter öffentlicher Aufgaben" zunehmende Bedeutung.[30] Hiermit griff das Gericht auf ältere Judikate zurück, in denen dieses Merkmal als Kennzeichnung eines spezifischen Enteignungszwecks sehr deutlich einer Orientierung an der „klassischen" Grundstücksenteignung entsprach. Dieser Sinnzusammenhang zeigt auch, dass mit dem Zweck der Erfüllung einer bestimmten öffentlichen Aufgabe nicht etwa eine Rechtfertigungsanforderung in ein Begriffsmerkmal der Enteignung umgedeutet wird. Der spezifisch enteignungsrechtliche Zweck war und ist vielmehr im Sinne konkreter „Vorhaben"[31] zu verstehen, die, wie etwa konkrete Infrastrukturvorhaben (Straßen, Brücken, Gleisanlagen etc.), ihrerseits der

29 Dazu nur, einlenkend, BGHZ 140, 285 (298 ff.); vgl. auch die Entscheidung des V. Senats, BGHZ 161, 323.

30 Vgl. m. w. N. auch älterer Judikate BVerfGE 70, 191 (199 f.); ferner etwa BVerfGE 72, 66 (76); 101, 239 (259); 114, 1 (59); zuletzt BVerfGE 134, 242 (289).

31 So bereits deutlich BVerfGE 24, 367 (404): Die Enteignung müsse erforderlich sein, „um das dem Allgemeinwohl dienende Vorhaben durchführen zu können".

Rechtfertigung durch öffentliche Interessen bedürfen, um (Grundstücks-)Enteignungen verfassungsrechtlich zu rechtfertigen.

Eine weitere konkretisierende Eingrenzung des Enteignungstatbestands nach dem Modell der klassischen Grundstücksenteignung mit Hilfe des Begriffs der Güterbeschaffung hatte das BVerfG[32] noch im Jahr 1991 ausdrücklich abgelehnt. Entscheidend sei nicht die Übertragung „des entzogenen Objekts", sondern der „Entzug des Eigentums und der dadurch bewirkte Rechts- und Vermögensverlust". Gleichwohl qualifizierte das Gericht die Aufhebung eines Vorkaufsrechts im Rahmen einer gesetzlichen Neuordnung des Bergbaurechts nicht als Enteignung, sondern als gesetzliche Inhaltsbestimmung des Eigentums. Allerdings seien die Wertungen des Art. 14 Abs. 3 GG bei der Gewichtung des eigentumsrechtlichen Vertrauensschutzes zu beachten, „da sich der Eingriff für den Betroffenen wie eine (Teil- oder Voll-)Enteignung auswirkt". Erst die Entscheidung zur Baulandumlegung[33] im Jahr 2001 stellte dann zur Ausgrenzung des Eigentumsentzugs zum Zweck der Umlegung auf den konkreten Zweck der Güterbeschaffung ab. Nicht jeder Entzug konkreter Rechtspositionen sei eine Enteignung: „Diese beschränkt sich auf solche Fälle, in denen Güter hoheitlich beschafft werden, mit denen ein konkretes, der Erfüllung öffentlicher Aufgaben dienendes Vorhaben durchgeführt werden soll."

Mit dieser konkreten Eingrenzung der zuvor verwendeten abstrakteren Formeln schien – jedenfalls aus der Sicht derer, die ohnehin für die grundsätzliche Richtung „zurück zum klassischen Enteignungsbegriff"[34] plädiert hatten – [35] die Entwicklung des verfassungsrechtlichen Enteignungstatbestands zu einem vorläufigen Abschluss gekommen zu sein. Dem alten Aufopferungskonzept des BGH stand nun ein in seinen Konturen deutlich greifbares alternatives Konzept gegenüber: das Konzept der Güterbeschaffung im Wege des „Zwangskaufs".[36]

Mit dem Rechtsentzug zum Zweck der Güterbeschaffung zur Realisierung eines konkreten Vorhabens (oder auch: zur Nutzung für ein konkretes Vorhaben) öffentlichen Interesses sind Konturen eines Tatbestands formuliert, deren praktische Vorteile evident sind: Der Güterbeschaffungszweck erklärt zwanglos, warum etliche Fälle der Eigentumsentziehung, wie im Ergebnis allgemein anerkannt, nicht als Enteignung zu qualifizieren sind, nämlich v. a. Maßnahmen des Verfalls und der Einziehung nach Straf- und Ordnungswidrigkeitenrecht, der Zwangsvollstreckung sowie der polizeilichen Gefahrenabwehr oder -vor-

---

[32] BVerfGE 83, 201 (211 ff.) i m Anschluss an BVerfGE 24, 367 (394).

[33] BVerfGE 104, 1 (9 f.); ebenso BVerfGE 126, 331 (359); bezugnehmend auch BVerfGE 115, 97 (112), übereinstimmend auch noch BVerfG, Beschl. v. 08.11.2012, 1 BvR 2153/08, Rn. 26 f. – juris.

[34] So *Dürig* JZ 1954, 4 ff.

[35] Dazu jeweils m.w.N: *Osterloh* in: Hoffmann-Riem/Schmidt-Aßmann/Voßkuhle (Hrsg.), Grundlagen des Verwaltungsrechts III, 2. Aufl. 2013, § 55 Rn. 116; kritisch namentlich *Ossenbühl/Cornils* Staatshaftungsrecht, 6. Aufl. 2013, S. 207 ff.

[36] *Lege* Zwangskontrakt und Güterdefinition, 1995, S. 59 ff.

sorge. Aber auch die zahlreichen problematischen Abgrenzungsfälle der Nutzungsbeschränkungen des Baurechts, des Natur-, Landschafts- und Denkmalschutzrechts sowie allgemein des Umweltschutzrechts lassen sich mit einfacher Begründung aus dem Anwendungsfeld des Art. 14 Abs. 3 GG ausschließen.[37] Und das gilt schließlich für alle Fälle des Interessenausgleichs im öffentlichen Nachbarrecht sowie für das gesamte Privatrecht.

Vielleicht war es gerade die rigorose Begrenzungswirkung des Güterbeschaffungskonzepts, die dem Enteignungstatbestand nur noch einen engen Anwendungsbereich belässt und damit den verfassungsrechtlichen Eigentumsschutz gegenüber „neuen" Angriffen des parlamentarischen Gesetzgebers dem weiten und für gesetzgeberische Gestaltungen weit offenen Feld der Inhalts- und Schrankenbestimmungen überlässt, die den Ersten Senat des BVerfG veranlasst hat, die Tür für einen Rückzug auf seinem bisherigen Weg wieder zu öffnen. Jedenfalls präsentiert das Urteil „Garzweiler II",[38] 12 Jahre nach der Entscheidung zur Baulandumlegung, eine vom Güterbeschaffungszweck wieder bereinigte Formel und bemerkt nur ergänzend, dass die dort betroffene bergrechtliche Grundabtretung auch dann eine Enteignung sei, „wenn als solche nur Fälle angesehen werden, in denen hoheitlich Güter beschafft werden, mit denen ein konkretes, der Erfüllung öffentlicher Aufgaben dienendes Vorhaben durchgeführt werden soll." Damit bleibt als sicheres Fundament des Enteignungtatbestands des Art. 14 Abs. 3 GG nur die vergleichsweise abstrakte Formel:[39] „Mit der Enteignung greift der Staat auf das Eigentum Einzelner zu. Sie ist auf die vollständige oder teilweise Entziehung konkreter subjektiver, durch Art. 14 Abs. 1 Satz 1 GG gewährleisteter Rechtspositionen zur Erfüllung bestimmter öffentlicher Aufgaben gerichtet."

Die schwächere Abgrenzungskraft dieser abstrakten Formulierungen im Vergleich mit dem Güterbeschaffungskonzept ist evident. Nimmt man die einzelnen Begriffe isoliert für sich, muss sich Ratlosigkeit ausbreiten: Der „Zugriff auf das Eigentum des Einzelnen" gibt dem Waldeigentümer, der Spaziergänger auf seinem Grundstück dulden muss, kaum nähere Auskunft darüber, ob das, was er als staatlichen Zugriff erlebt, auch ein Zugriff im Sinne des Art. 14 Abs. 3 GG ist. Entzogen wird ihm sein eigentumsrechtliches Abwehrrecht, und nur er, der Waldbesitzer, muss die Spaziergänger auf seinem Grund dulden, nicht aber die benachbarten Landwirte mit ihren ausgedehnten Maisfeldern oder die Betreiber eines großen Freizeitparks, die hohe Eintrittsgelder kassieren. Man wird dem Waldbesitzer, der entsprechend argumentiert, entgegenhalten können, dass er die Formeln nicht richtig verstanden habe, die verwendeten Begriffe seien

---

[37] Dazu, dass auch der Güterbeschaffungszweck keine Zauberformel für die Lösung aller Probleme liefert, *Ossenbühl/Cornils* Staatshaftungsrecht, 6. Aufl. 2013, S. 209f.

[38] BVerfGE 134, 242 (289).

[39] BVerfGE 134, 242 (289) unter Hinweis auf BVerfGE 101, 239 (259); 102, 1 (15f.) und 104, 1 (9).

enger zu verstehen. Dann muss aber auch der spezifische Sinnzusammenhang dieser Begriffe mit der Abgrenzung zwischen Inhaltsbestimmung und Enteignung erklärt werden und die engere Bedeutung der abstrakten Begriffe in diesem Sinnzusammenhang erklärbar sein.

Die alten und neuen, um die Güterbeschaffung „bereinigten" Formulierungen des BVerfG geben deshalb Anlass, erneut den Blick auf Grund, Richtung und Konturen eines gegenüber dem Aufopferungskonzept des BGH engeren Enteignungsbegriffs zu richten.

II. Der Güterbeschaffungszweck als legitimes und notwendiges Merkmal des verfassungsrechtlichen Enteignungstatbestands?

Die Legitimation eines Enteignungsbegriffs, der auf die zwangsweise Beschaffung von eigentumsrechtlich geschützten Gütern zur Realisierung konkreter Projekte öffentlichen Interesses reduziert ist, folgt in erster Linie aus der Anerkennung verfassungsrechtlicher Ausgleichspflichten auch im Rahmen gesetzlicher Inhalts- und Schrankenbestimmungen. Wenn der Gesetzgeber verfassungsrechtlich verpflichtet ist, eigentumsrechtliche Rechtspositionen gleichheitsgerecht und unter Wahrung der Grundsätze der Verhältnismäßigkeit auszugestalten, und wenn er bei der Erfüllung dieser Pflicht auch das Instrument des Wertschutzes durch Entschädigung oder Ausgleich einsetzen darf und muss, dann folgt daraus unausweichlich, dass das Konzept der Aufopferungsenteignung bereits im Geltungsbereich des Art. 14 Abs. 1 Satz 2 GG abzuarbeiten ist:[40] Dem Gesetzgeber ist aufgegeben, gleichheitswidrige Sonderopfer durch die Regelung von Ausgleichsansprüchen zu vermeiden. Betrachtet man die Abwägungen in der Rechtsprechung des BGH zur Entschädigung nach enteignungsrechtlichen Grundsätzen und vergleicht diese mit den (verfassungsgerichtlichen) Abwägungen bei der Anwendung des Gleichheitssatzes und der Grundsätze der Verhältnismäßigkeit, so muss deren Ähnlichkeit nach Methode und Inhalt ins Auge springen.[41] Gleichheitswidrigkeit und Unzumutbarkeit einer entschädigungslosen Eigentumsbeeinträchtigung kennzeichnen gleichermaßen die Voraussetzungen notwendigen finanziellen Ausgleichs der Beeinträchtigung. Mit anderen Worten: Das Aufopferungskonzept bildet nicht die Grundlage eines eigenständigen Entschädigungstatbestands, sondern die Grundlage für die Anwendung von Abwägungsmaßstäben, die nicht erst im Geltungsbereich des Art. 14 Abs. 3 GG, sondern bereits in dem des Art. 14 Abs. 1 Satz 2 GG zu beachten sind.

---

[40] Gerade dagegen richtet sich die grundsätzliche Kritik an der ausgleichspflichtigen Inhaltsbestimmung, eingehend *Ossenbühl/Cornils* Staatshaftungsrecht, 6. Aufl. 2013, S. 220 ff.

[41] Dazu bereits *Schulze-Osterloh* Das Prinzip der Eigentumsopferentschädigung im Zivilrecht und im öffentlichen Recht, 1980, S. 236 ff.

Es ist die Absorption der Abwägungen nach dem Aufopferungskonzept durch die grundrechtlich gebotenen Abwägungen nach allgemeinem Gleichheitssatz und Grundsätzen der Verhältnismäßigkeit, die erklärt, warum die Figur der ausgleichspflichtigen Inhalts- und Schrankenbestimmung des Eigentums zum Sammelbecken für alle wesentlichen Fälle der „Aufopferungsenteignung“ werden konnte, und es ist auch diese Absorptionswirkung, die zur Legitimation und Notwendigkeit einer Interpretation des Enteignungstatbestands jenseits solcher allgemeinen Abwägungsgebote und hin zu einem engeren Enteignungsbegriff führt.

Das Nebeneinander zweier verschiedener verfassungsrechtlicher Entschädigungsgebote ist es auch, was den engen Enteignungsbegriff des Art. 14 Abs. 3 GG gegenüber dem Enteignungsbegriff in der Rechtsprechung des Europäischen Gerichtshofs für Menschenrechte unterscheidet. Der Blick auf diese Rechtsprechung bietet allerdings keinen Anlass, von dem bisherigen Weg der Rechtsprechung des BVerfG abzuweichen. Der EGMR, dessen enteignungsrechtliche Rechtsprechung vermutlich auch weiterhin für die bisher wenig ergiebige unionsrechtliche Rechtsprechung des Europäischen Gerichtshofs[42] von Bedeutung bleiben wird, unterscheidet, dem Text des Art. 1 des 1. Zusatzprotokolls zur EMRK folgend, im Ansatz[43] zwischen (de jure und de facto) Enteignung durch Entziehung oder entziehungsgleiche Beschränkung nach Abs. 1 Satz 2 einerseits und Nutzungsbeschränkungen nach Abs. 2 andererseits, ergänzt durch sonstige, in Extremfällen nur gegen Entschädigung zulässige Eingriffe im Geltungsbereich des Art. 1 Abs. 1 Satz 1 des 1. Zusatzprotokolls zur EMRK. Zwar wird der Tatbestand der Nutzungsbeschränkungen auf finale Nutzungsregelungen beschränkt, was die Ergänzung durch sonstige Eingriffe erklärt. Der Enteignungstatbestand ist dagegen rein wirkungsbezogen, also nicht durch spezifische Zwecke eingeengt. Die entscheidende Beschränkung folgt aber durch das Erfordernis vollständiger und endgültiger Entziehung des Eigentums, so dass auch hier von einem relativ engen Enteignungstatbestand zu sprechen ist, dessen Entschädigungsfolge zudem dem Text des Art. 1 des 1. Zusatzprotokolls zur EMRK nur mittelbar durch den Verweis auf die allgemeinen Grundsätze des Völkerrechts zu entnehmen ist. Zwar wird die danach – nur grundsätzlich, nach Maßgabe des zusätzlich geprüften Grundsatzes der Ver-

[42] Nachweise zu dem eng an den EGMR angelehnten, jedoch sehr restriktiven Kurs des EuGH, der bisher noch in keinem Fall einen enteignungsrechtlichen Entschädigungsanspruch anerkannt hat, bei *Osterloh* in: Hoffmann-Riem/Schmidt-Aßmann/Voßkuhle (Hrsg.), Grundlagen des Verwaltungsrechts III, 2. Aufl. 2013, § 55 Rn. 163 f. Gewisse Ansätze des EuGH, auch Ausgleichspflichten als Mittel zur Wahrung der Verhältnismäßigkeit von Nutzungsbeschränkungen in Betracht zu ziehen, haben jedenfalls noch keine praktisch erhebliche Wirkung entfaltet.

[43] Z. B. EGMR, Urt. v. 21.02.1986 – James u. a. – 8793/79, Rn. 37; EGMR, Urt. v. 08.07.1986 – Lithgow u. a. – 9006/80 u. a., Rn. 106; EGMR, Urt. v. 30.06.2005 – Jahn u. a. – 46 720/99 u. a., Rn. 62; EGMR, Urt. v. 30.06.2005 – Bosphorus – 45 036/98, Rn. 141.

hältnismäßigkeit –[44] gebotene Entschädigung ergänzt durch die für Extremfälle begründete Entschädigungspflicht bei unverhältnismäßigen sonstigen Eingriffen. Auch trotz zunehmender Tendenz des EGMR, eigentumsrechtliche Ausgleichspflichten übergreifend unter dem Gesichtspunkt des Verhältnismäßigkeitsgrundsatzes zu würdigen,[45] kann jedoch von einem dem deutschen Verfassungsrecht vergleichbaren entschädigungsrechtlichen Eigentumsschutz durch ein Nebeneinander verschiedener Ansprüche nicht gesprochen werden: Das Zusammenspiel der ausgleichspflichtigen Inhalts- und Schrankenbestimmung des Eigentums mit einem verengten Enteignungsbegriff nach deutschem Verfassungsrecht, das die wesentliche Legitimationsgrundlage für einen eingeschränkten, auch handlungsbezogenen Enteignungsbegriff bildet, ist die spezifische Folge des verfassungsgerichtlich ausgebauten und ausdifferenzierten umfassenden Grundrechtsschutzes auch nach Maßgabe der Grundsätze der Verhältnismäßigkeit, der in diesem Ausmaß weder in der Rechtsprechung zur EMRK noch in der zum Unionsrecht eine Entsprechung findet.

Kann nach allem kaum ein Zweifel an der Legitimation einer Beschränkung des Enteignungsbegriffs auf Vorgänge hoheitlicher Güterbeschaffung zum Zweck der Realisierung konkreter Vorhaben öffentlichen Interesses bestehen, so bleibt die Frage zu beantworten, ob diese Verengung auch notwendig ist. Zu bedenken ist immerhin, dass die wesentlichen Weichenstellungen in der verfassungsgerichtlichen Rechtsprechung bis zur Baulandumlegung ohne ausdrücklichen Rekurs auf Fälle der Güterbeschaffung ausgekommen sind und auch dort hätte man die Begründung vielleicht darauf stützen können, dass es bei der Umlegung zwar auch um die Verfolgung öffentlicher Interessen an einer ökonomisch sinnvollen baulichen Nutzung der Grundstücke des Umlegungsgebiets gehe, primär aber um die hoheitliche Regulierung eines Interessenausgleichs zwischen den (privaten) Grundstückseigentümern und deshalb um eine Inhalts- und Schrankenbestimmung des Eigentums.

Bei der notwendigen Suche nach einem engeren Enteignungstatbestand „jenseits der Aufopferungsenteignung" fungiert allerdings die sog. klassische Enteignung mit ihrem Güterbeschaffungszweck zunächst unbestreitbar als eine wichtige Wegmarke: Die klassische Grundstücksenteignung bildet den „harten Kern" des Enteignungstatbestands nach vorkonstitutioneller wie auch nach aktueller verfassungsrechtlicher Rechtslage und für den Zweck der Beschaffung von Gütern zur Realisierung konkreter Projekte öffentlichen Interesses ist geklärt, dass dieser Zweck den Rechtsentzug nur gegen Entschädigung rechtfertigen kann.

---

[44] EGMR, Urt. v. 23.11.2000 – The Former King of Greece u. a. – 25701/94, Rn. 90; EGMR, Urt. v. 30.06.2005 – Jahn – 46 720/99, Rn. 83; EGMR, Urt. v. 23.10.2006 – Weber – 55878/00, Rn. 107 ff.

[45] Vgl. bei den Nachweisen in den vorangehenden Fußnoten.

Der Enteignungstatbestand in der Verbindung mit dem Gebot, die angemessene Entschädigung dem Grunde nach schon im Enteignungsgesetz zu regeln, ist als ein konditionales Programm, als eine „Wenn-Dann-Regel" konzipiert und bedarf hinreichend klarer Konturen, um so als eine verlässliche, vom Gesetzgeber auch erkennbare Entscheidungsanleitung zu funktionieren. Der Tatbestand der klassischen Grundstücksenteignung leistet diese Funktion vor allem durch zwei Elemente: Zum einen mit dem Schwerekriterium des Entzugs, zum anderen mit dem konkreten Zweckzusammenhang dieses Entzugs, also durch das Zusammenspiel eines Wirkungs- und eines Handlungselements. Ein Rückzug auf die Beschränkung nur des Wirkungselements, also ein „Zurück zur Aufopferungsenteignung" sollte nach dem Stand der bisherigen verfassungsrechtlichen Entwicklung ausgeschlossen sein. Es sollte also bei den wiederholt ausdrücklich formulieren Sätzen bleiben:[46] „Eine Enteignung setzt den Entzug konkreter Rechtspositionen voraus; aber nicht jeder Entzug ist eine Enteignung im Sinne dieser Vorschrift." Der für das Handlungselement verwendete abstrakte weitere Satz: „Ihrem Zweck nach ist die Enteignung auf die Erfüllung bestimmter öffentlicher Aufgaben gerichtet", bedarf jeweils der Konkretisierung. Mit Blick auf den die Enteignung im Kern prägenden Zweck der Güterbeschaffung zur Realisierung konkreter Vorhaben öffentlichen Interesses sollten insoweit nur solche Zwecke in Betracht zu ziehen sein, für die mit vergleichbarer Sicherheit oder Konsensfähigkeit wie beim Güterbeschaffungszweck festgestellt werden kann, dass sie zwar den Entzug des Gegenstands des Rechts oder den Entzug der „Rechtsposition" rechtfertigen, nicht aber zugleich auch den Entzug des darin verkörperten Vermögenswertes. Solche Zwecke dürften allerdings schwer zu finden sein.

[46] BVerfGE 104, 1 (10); 112, 93 (109).

Schadensersatz und Entschädigung wegen Wasserschäden infolge planfestgestellter Straßenbaumaßnahmen

Wolfgang Schlick

I. Vorbemerkung

Das BVerfG ist als höchstes deutsches Gericht der berufene Hüter und Interpret des Grundgesetzes. Gleichwohl darf die Bedeutung der Fachgerichtsbarkeiten, wenn es darum geht, die Verfassung „mit Leben zu erfüllen", keineswegs unterschätzt werden. Insbesondere der ordentlichen Gerichtsbarkeit, an ihrer Spitze dem BGH, kommt hierbei eine tragende Rolle zu. Dies leuchtet unmittelbar ein, soweit es um das Straf- und Strafprozessrecht geht. Das Strafen ist das schärfste Schwert, das dem Staat bei Missachtung seiner Ge- und Verbote zu Gebote steht; ein Schwert freilich, das unverzichtbar ist: Die Sicherung des Rechtsfriedens durch Strafrechtspflege ist, wie gerade der Jubilar immer wieder betont hat,[1] zentrale Aufgabe staatlicher Gewalt. Aber gerade, weil dieses Schwert so scharf ist, sind die von Verfassungs wegen (insbesondere von Art. 1 Abs. 1 GG, Garantie der Würde des Menschen, und von dem in Art. 20 Abs. 3 GG verankerten Rechtsstaatsprinzip) gezogenen Grenzen strikt zu beachten. Das Austarieren der Belange einer funktionierenden Strafrechtspflege einerseits und der Wahrung der (verfassungsmäßigen) Rechte der Beschuldigten andererseits ist eine schwierige Aufgabe, die nur der mit Augenmaß bewältigen kann, der – wie der Jubilar – in der Verfassungs- wie in der ordentlichen Gerichtsbarkeit gleichermaßen zu Hause ist.[2] Dass im Übrigen in der Vita des Jubilars auch eine Bäckerlehre auftaucht, kann ebenfalls nur anerkennend vermerkt werden: im Handwerk erworbene, „mit Händen zu greifende" Lebensnähe kann Niemandem schaden.[3]

Aber nicht nur die Strafsenate, auch die Zivilsenate des BGH müssen sich nicht selten mit schwierigen verfassungsrechtlichen Fragen befassen. Dabei

---

[1] Siehe zuletzt *Landau* in: Hadding/Herrmann/Krämer (Hrsg.), Schlick-FS, 2015, S. 523.

[2] Wie es überhaupt aus der Binnensicht eines BGH-Richters nur zu begrüßen ist, wenn Verfassungsrichter in ihrem früheren Leben in der ordentlichen Gerichtsbarkeit ihren Weg gemacht haben.

[3] Wobei dem Bäckerhandwerk, wie mir aus meinem eigenen familiären Umfeld bestens bekannt ist, ein besonders hoher Stellenwert zukommt.

kommt dem III. Zivilsenat des BGH, dem ich mehr als einundzwanzig Jahre angehört habe, eine Sonderrolle zu: Er ist der „öffentlich-rechtliche" Senat des BGH, der für das Recht der Amts- und Staatshaftung sowie das Recht der öffentlich-rechtlichen Entschädigung zuständig ist. Bis zu dem berühmten „Nassauskiesungsbeschluss" des BVerfG vom 15.07.1981[4] war es der BGH, der die Dogmatik des Eigentums und der Enteignung jahrzehntelang geprägt hatte.[5] Es ist hier nicht der Ort, diesen Paradigmenwechsel und seine praktischen Auswirkungen zu problematisieren. Nur soviel sei gesagt: Der BGH hatte bis zur Nassauskiesungsentscheidung die von ihm entwickelten Haftungsinstitute enteignungsgleicher und enteignender Eingriff in Art. 14 Abs. 3 GG verortet; d. h. sie waren nichts anderes als „Unterarten" der Enteignungsentschädigung. Durch die Entscheidung des BVerfG war dieser Weg verstellt, so dass sich die Frage stellte, ob man an diesen besonderen Haftungsinstituten überhaupt noch festhalten konnte. Der BGH hat dies getan; zur Rechtfertigung hat er auf den allgemeinen Aufopferungsgedanken zurückgegriffen.[6] Dieses Festhalten an tradierten Rechtsinstituten war sehr weise. Denn wenn auch mittlerweile immer mehr und immer ausdifferenziertere Rechtsvorschriften der Sache nach diese richterrechtlich entwickelten Ansprüche in Gesetzesform gegossen haben, besteht auch heute noch Bedarf für diese richterrechtlichen Ansprüche.

In diesem Zusammenhang ist hier aus jüngster Zeit das Urteil des III. Zivilsenats vom 23.04.2015 (III ZR 397/13) hervorzuheben, das vor allem den Ersatz von Substanzschäden zum Gegenstand hat, die im Zuge einer Straßenbaumaßnahme an einem Anliegergrundstück entstanden sind. Die zentrale Rechtsfrage, die sich stellte, war die, ob und inwieweit neben den fachplanungsrechtlichen Entschädigungsansprüchen noch Raum bzw. Bedarf für „zivilrechtliche Ausgleichsansprüche"[7] besteht. Diese Grundsatzfrage schien aufgrund der neueren Rechtsprechung von BGH und BVerwG eine Klärung dahin erfahren zu haben, dass der geschädigte Bürger ausschließlich fachplanungsrechtliche Ansprüche geltend machen kann. Nach der Senatsentscheidung vom 23.04.2015 stellt sich diese Frage – zumindest partiell – neu.

[4] BVerfGE 58, 300.

[5] Siehe dazu bzw. über den Eigentums- und Enteignungsbegriff des GG in seiner historischen Entwicklung die Darstellung bei *Ossenbühl/Cornils* Staatshaftungsrecht, 6. Aufl., S. 157 ff.

[6] Grundlegend BGHZ 90, 17 zum enteignungsgleichen Eingriff; BGHZ 91, 20 zum enteignenden Eingriff.

[7] Der Begriff zivilrechtliche Ansprüche, der in diesem Verfahren durchgängig verwendet wurde, ist eigentlich nicht korrekt. Gemeint ist damit, dass es sich um solche Ansprüche handelt, über die die Zivil- und nicht die Verwaltungsgerichte zu entscheiden haben. Der Sache nach geht es durchgängig um solche Ansprüche, denen ein hoheitliches Tätigwerden des Staates zugrunde liegt.

II. Urteil vom 23.04.2015 – III ZR 397/13[8]

1. Sachverhalt und Entscheidung der Vorinstanzen

Zum Sachverhalt: Der Kläger nimmt das beklagte Land auf „Ausgleich" in Anspruch, weil auf seinem mit einem Wohnhaus bebauten Grundstück infolge einer von dem Beklagten geplanten und durchgeführten Straßenbaumaßnahme Wasserschäden aufgetreten sind.

Bei der Maßnahme handelte es sich um die Ortsumgehung einer Landesstraße im Gebiet einer Moselgemeinde. Das beklagte Land Rheinland-Pfalz führte diesen Straßenbau auf der Grundlage eines am 13.04.2000 erlassenen und am 28.05.2001 bestandskräftig gewordenen Planfeststellungsbeschlusses durch. Wegen der bestehenden Hanglage waren besondere bauliche Vorkehrungen erforderlich, insbesondere um bei Starkregen die Unterliegergrundstücke vor Überschwemmungen zu schützen. Entsprechend den planerischen Festsetzungen wurden drei Regenrückhaltebecken errichtet, die zum Teil über einen im tieferliegenden Gelände vorhandenen Straßendurchlass sowie über einen bereits vorhandenen Vorflutgraben in Richtung Moselufer entwässern sollten. Der Kläger, dessen Grundstück im Bereich der Hanglage unterhalb der neuen Ortsumgehung liegt, bemerkte ab Februar 2007 (nach Fertigstellung der Baumaßnahme) Feuchtigkeitsschäden an seinem Hausanwesen und beanstandete dies gegenüber dem Beklagten. Die Beklagte veranlasste daraufhin umfangreiche Nachbesserungsmaßnahmen und errichtete schließlich einen neuen Entlastungskanal. Nach den Feststellungen der Vorinstanzen führten diese Maßnahmen zum Erfolg; seit Mai 2011 treten auch bei Starkregenereignissen keine Beeinträchtigungen des Grundstücks des Klägers durch Oberflächenwasserzufluss mehr auf.

Der Kläger, nach dessen Vorbringen die Feuchtigkeitsschäden an und innerhalb seines Wohngebäudes erstmals nach dem Bau der Umgehungsstraße aufgetreten sind, verlangt vom beklagten Land Ersatz der eingetretenen Substanzschäden (Reparaturkosten) und Ersatz von Aufwendungen, die er getätigt hat, um sein Grundstück künftig vor Wasserschäden zu schützen (u. a. Kosten für die Errichtung einer Schwergewichtsmauer). Der Kläger stützt sein Klagebegehren vor allem darauf, dass das Land den Bau der Ortsumgehung fehlerhaft geplant habe.

Das beklagte Land hat eine Haftung abgelehnt. Die Schäden beruhen seiner Auffassung nach auf einer unzulänglichen Bauwerksabdichtung sowie einer nicht fachgerechten Drainierung. Die Straßenbaumaßnahme sei „völlig ausreichend und geradezu optimal" aus der Sicht eventuell betroffener Grundstückseigentümer ausgeführt worden.

---

[8] BayVBl 2015, 610 = KommJur 2015, 316 = MDR 2015, 888 = NVwZ 2015, 1317 = UPR 2015, 396.

Die auf Zahlung von 172.000 € gerichtete Klage hat das Landgericht auf der Grundlage eines eingeholten Sachverständigengutachtens abgewiesen. Das Landgericht hielt es danach für erwiesen, dass der Beklagte durch nicht ordnungsgemäße Planung bzw. Bauausführung den vermehrten Wasserzufluss auf das klägerische Grundstück verursacht habe. Der Kläger habe es aber seinerseits verabsäumt, gebotene Abdichtungsmaßnahmen gegen eindringende Feuchtigkeit zu ergreifen. Dieser eigene Verursachungsbeitrag des Klägers für den eingetretenen Schaden überwiege den Verursachungsbeitrag des beklagten Landes so sehr, dass dieser vollständig zurücktrete.

Die hiergegen gerichtete Berufung des Klägers ist im Ergebnis erfolglos geblieben. Das Berufungsgericht hat sowohl einen Schadensersatzanspruch aus Amtshaftung nach § 839 Abs. 1 BGB i. V. m. Art. 34 GG als auch einen Entschädigungsanspruch nach enteignungsrechtlichen Grundsätzen (Anspruch aus enteignungsgleichem und enteignendem Eingriff) mit der Begründung verneint, der bestandskräftige Planfeststellungsbeschluss vom 13.04.2000 führe dazu, dass sämtliche Ausgleichsansprüche nach privatrechtlichen Grundsätzen ausgeschlossen seien.

Die vom Senat zugelassene Revision des Klägers führte zur Aufhebung des Berufungsurteils und zur Zurückweisung der Sache an das Berufungsgericht.

2. *Mögliche Anspruchsgrundlagen bei straßenbaubedingten Nachteilen*

Welches sind nun die Anspruchsgrundlagen, die in Betracht kommen, wenn ein Bürger – als Eigentümer eines Anliegergrundstücks – durch die Ausführung einer plangenehmigten Straßenbaumaßnahme Nachteile erleidet? Derartige Nachteile sind typischerweise Lärm- und Geruchsimmissionen beim Bau und beim Betrieb der Straße. Nachteile, die in Form von Substanzschäden auftreten, sind eher die Ausnahme; denkbar sind etwa Schäden, die auf durch Schwerlastverkehr hervorgerufene Erschütterungen zurückzuführen sind oder etwa auch – wie hier – Überschwemmungsschäden.

a) Die klassischen „zivilrechtlichen" Anspruchsgrundlagen, die hier in Betracht kommen, sind Ansprüche aus Amtshaftung sowie enteignungsgleichem und enteignendem Eingriff.

aa) Der Amtshaftungsanspruch ist in § 839 BGB normiert. Nach § 839 Abs. 1 S. 1 BGB hat ein Beamter, wenn er vorsätzlich oder fahrlässig die ihm einem Dritten gegenüber obliegende Amtspflicht verletzt, dem Dritten den aus dieser Pflichtverletzung entstandenen Schaden zu ersetzen. Nach § 839 Abs. 3 BGB tritt die Ersatzpflicht nicht ein, wenn der Verletzte es vorsätzlich oder fahrlässig unterlassen hat, den Schaden durch Gebrauch eines Rechtsmittels abzuwenden. Dass in diesem Sinne den für die Plangenehmigungsbehörde tätigen Amtswaltern drittgerichtete Amtspflichten gegenüber den von der zu genehmigenden

Straßenbaumaßnahme betroffenen Grundstückseigentümern bestehen können, steht außer Frage.

bb) Ein Entschädigungsanspruch aus enteignungsgleichem Eingriff setzt voraus, dass rechtswidrig in eine von Art. 14 GG geschützte Rechtsposition eingegriffen wird, die hoheitliche Maßnahme also unmittelbar eine Beeinträchtigung des Eigentums herbeiführt, und dem Berechtigten dadurch ein besonderes, anderen nicht zugemutetes Opfer für die Allgemeinheit auferlegt wird.[9]

cc) Ein Entschädigungsanspruch aus enteignendem Eingriff kommt in Betracht, wenn rechtmäßige hoheitliche Maßnahmen bei einem Betroffenen zu – meist atypischen und unvorhergesehenen – Nachteilen führen, die er aus rechtlichen oder tatsächlichen Gründen hinnehmen muss, die aber die Schwelle des enteignungsrechtlich Zumutbaren übersteigen.[10]

b) Im Bereich des Straßenbaus kommen als gesetzliche Ausgleichsansprüche in erster die Linie Entschädigungsansprüche nach §§ 42, 43 BImSchG i. V. m. der VerkehrslärmschutzVO (16. BImSchV) in Betracht. Danach kann der Eigentümer eines Anliegergrundstücks dann, wenn durch den Bau oder Ausbau einer öffentlichen Straße die durch Rechtsverordnung festgelegten Immissionsgrenzwerte überschritten werden, grundsätzlich eine angemessene Entschädigung in Geld für Schallschutzmaßnahmen verlangen.

Weiter kommen Ausgleichsansprüche nach §§ 74, 75 VwVfG in Frage. Nach § 74 Abs. 2 S. 2 VwVfG sind dem Träger des Vorhabens Vorkehrungen oder die Errichtung und Unterhaltung von Anlagen aufzuerlegen, die zum Wohl der Allgemeinheit oder zur Vermeidung nachteiliger Wirkungen auf Rechte anderer erforderlich sind. Sind solche Vorkehrungen oder Anlagen untunlich oder mit dem Vorhaben unvereinbar, so hat der Betroffene Anspruch auf angemessene Entschädigung in Geld (§ 74 Abs. 2 S. 3 VwVfG). Treten derartige nachteilige Wirkungen auf die Rechte anderer erst nach Unanfechtbarkeit des Plans auf und waren diese Wirkungen nicht voraussehbar, so kann der Betroffene im Nachhinein derartige Vorkehrungen oder die Errichtung von Anlagen bzw. – subsidiär – eine Entschädigung in Geld verlangen. Dies ergibt sich aus § 75 Abs. 2 S. 2 und 4 VwVfG.

3. Anspruchskonkurrenz von allgemeinen „zivilrechtlichen" Ansprüchen und speziellen fachplanungsrechtlichen Entschädigungsansprüchen

Das Berufungsgericht hat sich zur Begründung seiner Auffassung, der bestandskräftig gewordene Planfeststellungsbeschluss vom 13.04.2000 führe dazu, dass sämtliche Ausgleichsansprüche nach privatrechtlichen Grundsätzen

---

[9] Vgl. nur BGHZ 125, 258 (264).
[10] Siehe nur BGHZ 166, 37 Rn. 6.

– also vor allem Schadensersatzansprüche aus Amtshaftung nach § 839 Abs. 1 BGB i. V. m. Art. 34 GG und Entschädigungsansprüche nach enteignungsrechtlichen Grundsätzen (Anspruch aus enteignungsgleichem und enteignendem Eingriff) – wegen Vorrangs der spezialgesetzlichen Ausgleichsansprüche ausgeschlossen seien, auf eine ständige obergerichtliche Rechtsprechung berufen. Eine genauere Analyse der vorliegenden BGH-Urteile, insbesondere der Entscheidungen des III. Zivilsenats, zeigt jedoch, dass in den Fällen, in denen planbetroffene Grundeigentümer im Zusammenhang mit der Durchführung einer planfestgestellten Maßnahme Nachteile oder Schäden erleiden, von einer abschließenden Klärung dieses Anspruchskonkurrenzverhältnisses keine Rede sein kann.

a) Zunächst zur Amtshaftung: Ausgangspunkt ist die Grundsatzentscheidung des III. Zivilsenats vom 15.11.1990.[11] Dort hat der Senat entschieden, dass dann, wenn der Amtshaftungsanspruch auf den Erlass eines rechtswidrigen Verwaltungsakts gestützt wird, die Zivilgerichte die Rechtmäßigkeit dieses Verwaltungsakts ohne Rücksicht auf seine Bestandskraft zu überprüfen haben. D.h. mit anderen Worten: der Schadensersatzanspruch wird nicht durch den Eintritt der Unanfechtbarkeit des Verwaltungsakts ausgeschlossen; ein solcher Ausschluss kommt vielmehr – wie sich ohne weiteres aus § 839 Abs. 3 BGB ergibt – erst und nur dann in Betracht, wenn der Verletzte es vorwerfbar versäumt hat, den Verwaltungsakt mit den dafür vorgesehenen Rechtsbehelfen anzufechten. Ob es – so der Senat weiter – Fallgruppen geben könne, bei denen auch im Amtshaftungsprozess eine Nachprüfung des bestandskräftig gewordenen Verwaltungsakts mit Rücksicht auf dessen verfahrensmäßige Ausgestaltung und umfassende rechtsgestaltende Wirkung über den Anwendungsbereich des § 839 Abs. 3 BGB hinaus ausgeschlossen oder eingeschränkt sei, brauche nicht abschließend entschieden werden. Als solche Verfahren werden genannt: Flurbereinigungsplan und Planfeststellungsbeschlüsse; wobei Planfeststellungsbeschlüssen die umfassende rechtsgestaltende Wirkung geradezu immanent ist, vgl. auch § 75 Abs. 1 S. 2 VwVfG. Eine derartige abschließende Entscheidung gibt es bis heute nicht. Der Hauptgrund dafür dürfte vor allem darin liegen, dass größere Infrastrukturmaßnahmen wie der Bau oder der Ausbau von Autobahnen, Bahnlinien oder Flughäfen regelmäßig vor den Verwaltungsgerichten angefochten werden und die in diesem (Primär-)Prozess ergangenen Urteile der Fachgerichtsbarkeit im Amtshaftungsprozess bindend sind. Außerdem wird sich bei derart sensiblen und öffentlichkeitswirksam diskutierten Großvorhaben kaum ein Betroffener damit herausreden können, er habe nicht ahnen können, was da an (insbesondere) Lärmimmissionen auf ihn zukommt.

---

[11] BGHZ 113, 17.

b) Was Ansprüche aus enteignendem Eingriff betrifft, so ist hier vor allem die Grundsatzentscheidung des III. Zivilsenats vom 21.01.1999 zu nennen,[12] die sich mit Verkehrslärmimmissionen befasst.

Bevor sich der Gesetzgeber im VwVfG, im BImSchG und in den einzelnen Fachplanungsgesetzen dem Problem Lärmimmissionen widmete, gab es schon eine reichhaltige Rechtsprechung zu dem Thema. Ja, man kann sagen, Entschädigungen wegen Lärmbeeinträchtigungen infolge vor Infrastrukturmaßnahmen (Bau von Straßen, Flugplätzen etc.) waren geradezu ein klassischer Anwendungsfall des Rechtsinstituts enteignender Eingriff. Danach stand dem Betroffenen ein Anspruch auf Entschädigung zu, wenn Lärmimmissionen von hoher Hand, deren Zuführung nicht untersagt werden konnte, sich als unmittelbarer Eingriff in nachbarliches Eigentum darstellten und die Grenze dessen überschritten, was ein Nachbar nach § 906 BGB entschädigungslos hinnehmen musste. Dieser Anspruch besteht bzw. bestand grundsätzlich in einem Geldausgleich für Schallschutzeinrichtungen. Er setzt, wenn keine (Teil-)Enteignung von Grundeigentum erfolgt ist, weiter voraus, dass die zugelassene Nutzung des lärmemittierenden Grundstücks die vorgegebene Grundstückssituation nachhaltig verändert und dadurch das benachbarte Wohneigentum schwer und unerträglich trifft.[13]

Seitdem sich der Gesetzgeber des Problems angenommen hat, stellt sich die Frage, ob und inwieweit angesichts der Gesetzeslage überhaupt noch ein Bedürfnis bzw. eine Rechtfertigung dafür besteht, neben den gesetzlichen Ausgleichsansprüchen noch richterrechtliche Haftungsinstitute greifen zu lassen.

Der BGH hat sich hier lange um eine Entscheidung gedrückt. Erst in dem besagten Urteil vom 21.01.1999, auf das sich auch das OLG in erster Linie berufen hatte, hat er Farbe bekannt. Dort hatte der Kläger unter dem Gesichtspunkt des enteignenden Eingriffs einen Ausgleich in Geld für unterbliebene passive Schallschutzmaßnahmen verlangt. Dabei bestand die Besonderheit, dass der betroffene Eigentümer bereits im Planfeststellungsverfahren die Anordnung derartiger Schutzmaßnahmen – vergeblich – begehrt hatte und den sein Ansinnen zurückweisenden Planfeststellungsbeschluss bestandskräftig werden ließ. Hier urteilte der Senat wie folgt: ein durch Autobahnlärm betroffener Anlieger, der den – sein Ansinnen auf Anordnung weitergehender Schallschutzmaßnahmen (§ 74 Abs. 2 S. 2 VwVfG) zurückweisenden – Planfeststellungsbeschluss bestandskräftig werden lässt und später auch keine zusätzlichen Schallschutzvorkehrungen wegen nicht voraussehbarer Geräuschauswirkungen des Vorhabens bei der Planfeststellungsbehörde geltend macht (§ 75 Abs. 2 S. 2, Abs. 3 VwVfG), kann vor den ordentlichen Gerichten auch unter dem Gesichtspunkt des enteig-

---

[12] BGHZ 140, 285.

[13] Siehe nur BGHZ 129, 124.

nenden Eingriffs keinen Anspruch auf eine Entschädigung geltend machen.[14] Diese Einzelfallentscheidung des III. Zivilsenats ist vom V. Zivilsenat aufgegriffen und in dem Sinne fortgeführt worden, dass bei planfestgestellten Vorhaben ein zivilrechtlicher Entschädigungsanspruch nach § 906 Abs. 2 S. 2 BGB wegen Lärmbelästigungen grundsätzlich nicht in Betracht kommt.[15]

Erstes Zwischenfazit: Bei bestandskräftig planfestgestellten Vorhaben bedarf es näherer Prüfung, ob Amtshaftungsansprüche oder Ansprüche aus enteignungsgleichem oder enteignendem Eingriff in Frage kommen. Bei Amtshaftungsansprüchen fehlt es an entsprechenden Leitentscheidungen überhaupt. Bei Ansprüchen aus enteignendem Eingriff ist die Rechtslage nur für die Frage der Lärmimmissionen geklärt. Das heißt: Einen Rechtssatz des Inhalts, dass derartige Ansprüche bei Schäden infolge planfestgestellter (Straßenbau-)Maßnahmen von vorneherein stets zu verneinen seien, hat der BGH bisher noch nicht aufgestellt.

4. Entschädigung nach § 75 Abs. 2 S. 4 VwVfG oder aus enteignendem Eingriff

Zum konkreten Fall: Es versteht sich, dass unabhängig von der Grundsatzfrage des „Totalausschlusses" zivilrechtlicher Ausgleichsansprüche zunächst die spezialgesetzlichen Anspruchsnormen in den Blick zu nehmen sind, hier also § 75 VwVfG. Ist der Anwendungsbereich dieser Vorschrift eröffnet, verbietet sich ein – stets subsidiärer – Rückgriff auf Richterrecht.

Nach § 75 Abs. 2 S. 1 VwVfG sind zwar nach Unanfechtbarkeit des Planfeststellungsbeschlusses Unterlassungs-, Beseitigungs- oder Änderungsansprüche hinsichtlich des betreffenden Vorhabens bzw. der betreffenden Anlagen ausgeschlossen. Jedoch kann der Betroffene – wie bereits erwähnt – nach § 75 Abs. 2 S. 2 VwVfG dann, wenn nach diesem Zeitpunkt nicht voraussehbare Wirkungen des Vorhabens oder der dem festgestellten Plan entsprechenden Anlagen auftreten, Vorkehrungen oder die Errichtung und Unterhaltung von Anlagen verlangen, welche die nachteiligen Wirkungen ausschließen. Sind solche Vorkehrungen oder Anlagen untunlich oder mit dem Vorhaben unvereinbar, so richtet sich der Anspruch auf angemessene Entschädigung in Geld (§ 75 Abs. 2 S. 4 VwVfG).

Vorliegend war nach den Feststellungen des Berufungsgerichts im Revisionsverfahren davon auszugehen, dass die eingetretenen Beeinträchtigungen des Grundeigentums des Klägers nicht voraussehbar waren. Diese Hürde war also genommen. Ein Entschädigungsanspruch nach § 75 Abs. 2 S. 4 VwVfG kommt allerdings nur dann in Betracht, wenn Schutzmaßnahmen unterbleiben, weil sie

[14] § 42 Abs. 1 BImSchG kam in dem konkreten Fall als Anspruchsgrundlage noch nicht zur Anwendung, weil das dortige Planfeststellungsverfahren vor dem Inkrafttreten der VerkehrslärmschutzVO abgeschlossen worden war.

[15] Siehe insbesondere BGHZ 161, 323.

untunlich oder mit dem Vorhaben unvereinbar sind. Untunlich sind Schutzmaßnahmen dann, wenn sie keine wirksame Abhilfe erwarten lassen oder wenn sie für den Vorhabenträger unzumutbar wären, insbesondere weil der Aufwand außer Verhältnis zu dem angestrebten Schutzzweck stünde. Kommen danach Schutzmaßnahmen in Betracht, unterbleiben sie aber – aus welchen Gründen auch immer, etwa weil sie dem Grundstückseigentümer lästig sind – so scheidet auch ein Entschädigungsanspruch aus. Es gibt insoweit kein Wahlrecht; keinen Dulde und liquidiere-Grundsatz. Die Entschädigung in Geld stellt also lediglich ein Surrogat für nicht realisierbare Ansprüche auf einen technisch-realen Ausgleich unzumutbarer Auswirkungen der Planung durch Schutzmaßnahmen dar.

Im vorliegenden Fall sind Vorkehrungen zum Schutz des klägerischen Grundstücks weder deshalb unterblieben, weil sie keine wirksame Abhilfe erwarten ließen oder unverhältnismäßig waren, noch deshalb, weil sie dem Zweck des Vorhabens zuwidergelaufen wären. Im Gegenteil, das beklagte Land hat – so die Feststellungen des OLG – im Ergebnis erfolgreich Nachbesserungsarbeiten durchgeführt und einen neuen Entlastungskanal errichtet, wodurch die Beeinträchtigung des Eigentums des Klägers beendet wurde.

Nach Meinung des OLG, das auch in unserem Fall durchaus ein Bedürfnis gesehen hatte, dem durch die Straßenbaumaßnahme so erheblich geschädigten Kläger „zu helfen", werde dem Eigentumsschutz durch das Fachplanungsrecht hinreichend Rechnung getragen: Der subsidiäre fachplanungsrechtliche Entschädigungsanspruch nach § 74 Abs. 2 S. 2 und 4 VwVfG – die Vorschrift ist nach § 5 LStrG i. V. m. § 1 LVwVfG in Rheinland-Pfalz entsprechend anzuwenden – erstrecke sich auch auf bereits eingetretene Folgeschäden. Der Begriff der „Untunlichkeit" der Schutzvorkehrungen im Sinne von § 75 Abs. 2 S. 4 VwVfG erfasse auch die Fälle der Unmöglichkeit im Sinne einer Überholung von Schutzvorkehrungen.[16] Da über diesen Anspruch erst in einem Verwaltungsverfahren zu befinden sei und der Kläger gegebenenfalls anschließend den Rechtsweg zu den Verwaltungsgerichten einzuschlagen habe, sei die Klage abzuweisen.

Dieser Weg war nach Meinung des III. Zivilsenats nicht gangbar.[17] Ein solches Verständnis widerspricht schon dem allgemeinen Wortsinn. Der Begriff untunlich ist gegenwarts- und zukunftsbezogen – es ist bzw. es gibt nichts mehr zu tun. Danach ist eine Schutzvorkehrung untunlich, wenn es jetzt und künftig keine Vorkehrungen gibt, die wirksamen Schutz bieten können. Auf die Gesetzesmaterialien zum VwVfG lässt sich die weite Auslegung des OLG nicht stützen. Sie lässt sich auch kaum mit dem Surrogatscharakter der in § 74 Abs. 2 S. 3,

[16] So auch das OLG Hamm in seinem vom Berufungsgericht zitierten Urteil VersR 2011, 673 (674).

[17] Siehe dazu im Einzelnen Rn. 26 ff. des Urteils vom 23.04.2015.

§75 Abs. 2 S. 4 VwVfG geregelten Geldentschädigung vereinbaren, der in der Rechtsprechung des BVerwG stets betont wird[18].

Allerdings ist vorliegend eine Fallkonstellation gegeben, bei dem ein völliger Ausschluss von Entschädigungsansprüchen zu einem untragbaren Ergebnis führen würde. Die Besonderheit des vorliegenden Falles gebietet es daher, dem Betroffenen einen billigen Ausgleich zu verschaffen. In Frage kommt insbesondere – auf der Grundlage der vom Berufungsgericht getroffenen Feststellungen – ein Anspruch aus enteignendem Eingriff. Da über diesen Anspruch die Zivilgerichte zu entscheiden haben, war das Urteil des OLG aufzuheben und die Sache zur neuen Verhandlung und Entscheidung an das OLG zurückzuverweisen. Dabei kann es freilich nur um den Substanzschaden gehen. Die geltend gemachten Aufwendungen für zusätzliche Schutzmaßnahmen könnten allenfalls nach Maßgabe des §75 VwVfG geltend gemacht werden.

III. Einordnung des Urteils vom 23.04.2015 in das Gesamtsystem des Staatshaftungsrechts

Wie fügt sich nun das Urteil des III. Zivilsenats vom 23.04.2015 in das Gesamtsystem des Staatshaftungsrechts ein? Ist die Entscheidung ein „Solitär", ein „Ausreißer", der den grundsätzlich akzeptierten Vorrang des Fachplanungsrechts vor dem Amtshaftungs- und Richterrecht wieder in Frage stellt und ohne Not neue Abgrenzungsprobleme schafft?

Hier darf daran erinnert werden, dass die vorliegende Klage primär als Amtshaftungsklage „aufgezogen" war. Über Amtshaftungsansprüche haben aber schon von Verfassungs wegen (Art. 34 GG) die Zivilgerichte zu entscheiden. Wenn aber vorliegend Amtshaftungsansprüche – wozu sich der Senat in seinem Urteil freilich mit keinem Wort verhalten hat und wozu er sich aufgrund des Sach- und Streitstands, wie er sich dem Senat im Revisionsverfahren darbot, auch nicht zu äußern brauchte – ernsthaft in Betracht kommen, ist es nur prozessökonomisch und „systemkonform", wenn die Zivilgerichte, sofern sich ein Verschulden der Behörde oder eine fehlerhafte Planung nicht nachweisen lassen, nicht genötigt sind, die Klage abzuweisen, sondern die Möglichkeit haben, eine Entschädigung aus enteignungsgleichem oder auch enteignendem Eingriff zuzusprechen.

Erste Frage in diesem Zusammenhang: um welche konkreten, drittschützenden Amtspflichten geht es eigentlich? Zunächst und vor allem um die jedem Planfeststellungsverfahren innewohnende Kardinalpflicht, bei der planerischen Abwägung die von dem Vorhaben berührten privaten Belange zu berücksichtigen. Dabei steht bei Anhörungen und Bürgerbeteiligungen im Zusammenhang

[18] Vgl. BVerwGE 87, 332 (377); BVerwGE 123, 37 (47) und NVwZ 2006, 603 (604).

mit größeren Straßenbaumaßnahmen typischerweise das Thema im Zentrum der Diskussionen, welche Beeinträchtigungen die Eigentümer von Anliegergrundstücken durch Lärm und Abgase zu befürchten haben. Insoweit ist bei den planbetroffenen Bürgern regelmäßig eine besondere Sensibilität vorhanden. Und insoweit kann dann auch von dem einzelnen Bürger verlangt werden, dass er besonders wach und kritisch das Planfeststellungsverfahren beobachtet und gegebenenfalls auch bereit ist, die zu Gebote stehenden Rechtsschutzmöglichkeiten zu ergreifen.

Unser Fall ist anders gelagert. Hier geht es eigentlich „nur" um die Pflicht der Behörde, bei der Planung von Straßen die anerkannten Regeln der Straßenbautechnik und der Wasserwirtschaft zu beachten, wozu auch die landesrechtlichen Vorschriften des Wasser- und Nachbarrechts über Veränderungen des Ablaufs wild abfließenden Wassers gehören.[19] Nach § 82 Abs. 1 Nr. 2 des Wassergesetzes für das Land Rheinland-Pfalz[20] darf der natürliche Zufluss wild abfließenden Wassers von den höherliegenden Grundstücken nicht so verändert werden, dass Nachteile für andere Grundstücke entstehen. Demzufolge sind im Rahmen der Planung eines Straßenbauvorhabens Schutzmaßnahmen erforderlich, wenn durch Veränderungen der Oberflächenwassersituation Beeinträchtigungen für Unterliegergrundstücke entstehen können. Konkretisiert man die der Planungsbehörde im Rahmen der Planfeststellung obliegenden Amtspflichten in diesem Sinne, so geht es nicht darum, über den Weg der Amtshaftungsklage die gesamte planerische Abwägung, die gesamte planerische Konfliktbewältigung sozusagen in toto über den Weg der Amtshaftungsklage wieder in Frage zu stellen. Und in der Tat wäre es bedenklich, den Betroffenen zwar gemäß § 75 Abs. 2 S. 1 VwVfG jeden Anspruch auf Beseitigung der Straße oder auf Unterlassung der Straßennutzung zu versagen, sie im Wege der Amtshaftungsklage aber wirtschaftlich so zu stellen, als ob die Straße nie gebaut worden wäre. Bei unserem Fall geht es nur um einen kleinen Ausschnitt der Pflichten der Plangenehmigungsbehörde, nämlich darum sicherzustellen, dass die Straße wenn sie denn gebaut wird, richtig bzw. verkehrssicher geplant und gebaut wird.

Reduziert man die Fragestellung in diesem Sinne, so fällt auf, dass der III. Zivilsenat in diesem Kontext schon verschiedentlich Amtshaftungsansprüche zuerkannt hat.

Zu nennen ist hier zum einen der Beschluss vom 29.06.2006.[21] Dort war am Straßenrand ein Lärmschutzwall angebracht. Anfallendes Oberflächenwasser wurde durch ein Kanalrohr unter dem Lärmschutzwall abgeleitet. Infolge unzureichender Dimensionierung des Rohrdurchlasses wurde bei einem Starkregen ein anliegendes Hausgrundstück überschwemmt. Der Senat bejahte Amts-

[19] Vgl. NVwZ-RR 2006, 758 (759) m. w. N.

[20] In der Fassung der Bekanntmachung vom 22.01.2004, GVBl. 2004, 54.

[21] NVwZ-RR 2006, 758.

haftungsansprüche gegen den Träger der Straßenbaulast, weil bei der Planung bzw. beim Bau der Straße bzw. des Lärmschutzwalls die anerkannten Regeln der Straßenbautechnik und der Wasserwirtschaft nicht beachtet worden seien.

Im Urteil vom 21.11.2013[22] hat der III. Zivilsenat ausgesprochen, dass die dem Straßenverkehrssicherungspflichtigen obliegende Amtspflicht, eine Bundesstraße einschließlich der zur Straße gehörenden Entwässerungsanlagen in einem verkehrssicheren Zustand zu erhalten, auch und gerade den Zweck hat, Anlieger vor der Gefahr von Überschwemmungen zu schützen.

Richtig ist allerdings, dass in der Entscheidung vom 29.06.2006 nur der Ausbau der eigentlichen Straße auf der Grundlage eines Planfeststellungsbeschlusses erfolgt war, nicht aber die Errichtung des Lärmschutzwalls. Und der Aspekt der dem Straßenbaulastträger obliegenden Straßenverkehrssicherungspflicht ist sicherlich nicht deckungsgleich mit der Amtspflicht zur „überschwemmungssicheren" Straßenplanung. Wenn daher auch diese Entscheidungen nicht unmittelbar einschlägig sind, so legen sie m.E. in ihrer Gesamtschau doch den Schluss nahe, dass bei einer Fallkonstellation wie der vorliegenden Amtshaftungsansprüche nicht schon deshalb ausgeschlossen sind, weil der zugrunde liegende Planfeststellungsbeschluss bestandskräftig geworden ist. Insbesondere würde bei einer derart vorsichtigen und begrenzten „Reduktion" des – wie gesagt: in dieser Eindeutigkeit gar nicht formulierten – „Ausschließlichkeitsgrundsatzes" zugunsten der fachplanungsrechtlichen Ausgleichsansprüche nicht die Gefahr bestehen, dass über den Umweg des Amtshaftungsrechts die Verbindlichkeit der planerischen Grundentscheidung konterkariert und im Amtshaftungsprozess die gesamte Planentscheidung einschließlich der Festlegung der Trassenführung auf den Prüfstand gebracht werden kann.

Würde man die „Amtshaftungsvariante" für möglich halten, wäre auch die Anwendung der richterrechtlichen Haftungsinstitute problemlos möglich und folgerichtig. Ließe sich im Falle einer unzulänglichen Planung ein Verschulden der Planungsbehörde nicht nachweisen, könnte ohne weiteres eine Entschädigung aus enteignungsgleichem Eingriff zugesprochen werden. Käme ein Sachverständiger zu dem Ergebnis, dass niemand mit den auf den Straßenbau zurückzuführenden Schäden rechnen konnte, weil die Planung nach menschlichem Ermessen als „optimal" einzustufen war, so käme ein Entschädigungsanspruch aus enteignendem Eingriff in Betracht.

Dieses „zivilrechtliche Haftungssystem" hätte zudem den großen Vorteil, dass unbillige und aus Sicht des geschädigten Bürgers nicht hinnehmbare Haftungslücken vermieden werden können. Hält man mit dem OLG eine Haftung ausschließlich auf der Grundlage des §75 VwVfG für möglich, ergibt sich folgendes Problem: Nach der ständigen Rechtsprechung des BVerwG ist bei der Auslegung des Begriffs der Vorhersehbarkeit ein objektiver Maßstab anzuwen-

[22] NVwZ-RR 2014, 252.

den. Auf die subjektiven Fähigkeiten des Planbetroffenen, das Eintreten möglicher nachteiliger Wirkungen sachkundig einschätzen zu können, kommt es grundsätzlich nicht an.[23] Das bedeutet: Gerade dann, wenn die unzureichende Beseitigung von Oberflächen- bzw. Niederschlagswasser auf einen schuldhaften Planungsfehler zurückzuführen ist, sind die eingetretenen Schadensfolgen aus sachverständiger Sicht regelmäßig voraussehbar, ja u.U. sogar unvermeidbar. Hier müsste jeder Geschädigte notwendigerweise vollständig leer ausgehen, und zwar selbst dann, wenn er aufgrund seiner Erkenntnismöglichkeiten keinerlei Veranlassung hatte, die Tauglichkeit der Planung in Zweifel zu ziehen und insoweit im Planfeststellungsverfahren irgendwelche Einwendungen zu erheben. Das wäre ein sehr unbefriedigendes Ergebnis. Bei Anwendung des § 839 BGB wäre ein Haftung des Staates nur dann ausgeschlossen, wenn es dem Geschädigte zum Verschulden gereichen würde, nachträgliche Schutzanordnungen nicht bzw. zu spät verlangt zu haben (§ 839 Abs. 3 BGB). Und was die Ansprüche aus enteignungsgleichem und enteignendem Eingriff angeht, so würde das schuldhafte Unterlassen möglicher Rechtsbehelfe lediglich den Mitverschuldenseinwand nach § 254 BGB begründen.

---

[23] BVerwGE 80, 7 (13).

Solidarität als Rechtspflicht?

Andreas Voßkuhle[*]

I. Einleitung

Das Rechtsdenken von *Herbert Landau* ist eingebettet in ein christlich geprägtes Wertefundament.[1] Dieser Umstand macht die juristische Auseinandersetzung mit ihm besonders reizvoll, aber auch besonders herausfordernd, denn Recht und Moral sind bekanntlich nicht immer deckungsgleich. Bei kaum einem aktuellen Thema wird letzteres so deutlich wie bei dem der Solidarität. – Gebietet uns Solidarität mit den Millionen von Flüchtlingen aus Syrien und dem Irak, noch mehr von ihnen in unser friedliches und wohlhabendes Land aufzunehmen? Gebietet uns Solidarität mit den von der Ebola-Epidemie und anderen Krankheiten betroffenen Menschen, gerade in der sogenannten Dritten Welt, mehr Geld in die Erforschung, Entwicklung und Verbreitung von Impfstoffen und Medikamenten zu investieren? Gebietet uns Solidarität mit den krisengeschüttelten Mitgliedstaaten der Europäischen Union, gemeinsam für deren erdrückende Schulden einzustehen? Gebietet uns Solidarität mit den bedürftigeren Bundesländern, weiterhin einen Solidaritätszuschlag abzuführen? – Der Katalog an Fragen ließe sich mühelos weiter ergänzen. Ihnen gemeinsam und gleichsam vorgelagert ist eine grundsätzlichere Frage: Was bedeutet Solidarität und kann ein Handeln nach dem Prinzip der Solidarität, das seit vielen Jahrhunderten das Zentrum christlicher Ethik bildet,[2] auch zur Rechtspflicht erstarken? Ihr möchte ich im Folgenden näher nachgehen.

---

[*] Für wertvolle Unterstützung danke ich meiner Wissenschaftlichen Mitarbeiterin Frau Dr. *Andrea Diehl*. Erste Überlegungen zu dem Thema habe ich auf dem Neujahrsempfang der Evangelischen Akademie Tutzing am 22.01.2015 vorgestellt.

[1] Vgl. z.B. *Landau* in: Kraus/Schröder (Hrsg.), Kulturelle Grundlagen Europas. Grundbegriffe, 2012, S. 159, 169, 171; *Landau* Mitteilungen der Konferenz der katholischen Seelsorge bei den Justizvollzugsanstalten in der Bundesrepublik Deutschland, Nr. 1/2010, S. 17; *Landau* in: Schumpelick/Vogel (Hrsg.), Innovationen in Medizin und Gesundheitssystem, 2010, S. 470 ff.; *Landau* IDEA Spektrum Nr. 19/2009, S. 15 ff.; *Landau* ZRP 2005, 50 (54).

[2] Vgl. *Kerber* in: Ritter/Gründer (Hrsg.), Historisches Wörterbuch der Philosophie, Bd. 9, 1995, Sp. 1015 f.; *Wildt* in: Ritter/Gründer (Hrsg.), Historisches Wörterbuch der Philosophie, Bd. 9, 1995, Sp. 1010.

Dazu spüre ich zunächst dem Begriff und dem Phänomen der Solidarität im Spiegel verschiedener (Wissenschafts-)Disziplinen nach (II.). Sodann sollen in einem zweiten Schritt einige im positiven Recht auffindbare Formen verrechtlichter Solidarität näher beleuchtet werden (III.), bevor ich auf dieser Grundlage in einem dritten Schritt versuchen werde, Möglichkeiten und Grenzen der Verrechtlichung von Solidarität aufzuzeigen (IV.).

II. Begriff und Phänomen Solidarität

Etymologisch stammt der Begriff „Solidarität" vom Lateinischen „*solidus*" ab, das heißt „fest zusammengefügt"; auch wird er vom Lateinischen „*solidum*" abgeleitet, was so viel heißt wie „das Ganze, Gesamtsumme". Im römischen Privatrecht bezeichnete eine „Solidarobligation" eine Verpflichtung mehrerer Schuldner gegenüber dem Gläubiger, dergestalt, dass jeder Schuldner die ganze Leistung zu bewirken verpflichtet, der Gläubiger aber die Leistung nur einmal zu fordern berechtigt ist. Für diese Verpflichtung der Schuldner, dem Gläubiger gegenüber füreinander einzustehen, verwenden wir im heutigen Bürgerlichen Recht, der römischen Privatrechtstradition folgend, das Wort „Gesamtschuld" (§ 421 BGB).[3]

In einem wesentlich breiteren Spektrum begegnet uns der Solidaritätsgedanke in vielen Bereichen unseres täglichen Lebens und lässt sich aus der Sicht vieler Disziplinen beschreiben – der Soziologie (1.), der Religion (2.), der Biologie (3.), der Staatstheorie (4.) und nicht zuletzt auch der Ökonomie (5.).[4]

1. Soziologie

Beginnen wir mit einem Definitionsversuch aus der Soziologie. Nach *Alfred Vierkandt* ist Solidarität die Gesinnung und das Handeln einer Gemeinschaft mit innerer Verbundenheit.[5] Solidarität hat ihm zufolge notwendig mit mehreren Personen zu tun, die ein Zusammengehörigkeitsgefühl verbindet, die sich mit der Gruppe identifizieren.[6] Voraussetzung von Solidarität ist damit stets eine Unterscheidung, eine Priorisierung: „Nicht alle Menschen werden Brü-

[3] Zum juristischen Ursprung des Begriffs und der Begriffsgeschichte vgl. *Wildt* in: Ritter/Gründer (Hrsg.), Historisches Wörterbuch der Philosophie, Bd. 9, 1995, Sp. 1004 ff. m. w. N. Danach erhält der Begriff Solidarität seinen dezidiert politischen Sinn erst Mitte des 19. Jahrhunderts, siehe unten, II. 4.; zur Entwicklung politischer Begriffe von Solidarité/Solidarität im Ländervergleich *Reisz,* Solidarität in Deutschland und Frankreich, Eine politische Deutungsanalyse, 2006, S. 49 ff., 102 ff.

[4] Zum Terminus Solidarität als „hochaggregierte[s] politisch-soziale[s] Schlüsselwort" vgl. *Hense* in: Atienza et al. (Hrsg.), Krawietz-FS, 2003, S. 525 (529).

[5] *Vierkandt* in: Bernsdorf (Hrsg.), Wörterbuch der Soziologie, 1969, S. 944 ff.

[6] Zur Bewegung des „Solidarismus" vgl. *Rauscher* in: Görres-Gesellschaft (Hrsg.), Staatslexikon, Bd. 4, 1988, Sp. 1191 f. m. w. N.; *Bülow/von Nell-Breuning* in: Bernsdorf (Hrsg.),

der"![7] Ferner besitzt Solidarität eine Handlungsdimension. Das unterscheidet sie von Mitleid oder schlichter Sympathie. Aufgrund der inneren Verbundenheit ist man zur Unterstützung verpflichtet, jedenfalls soweit es zumutbar erscheint.[8]

2. *Religion*

Einen solchen Handlungsimperativ kennen auch viele Religionsgemeinschaften. So werden etwa in der jüdischen Tora – genauer: drittes Buch Mose („Wajikra"), Kapitel 19 Vers 11 bis 18 – Gebote sozialen Verhaltens und der Nächstenliebe aufgestellt, namentlich in Vers 13: *„Du sollst deinen Nächsten nicht ausbeuten und ihn nicht um das Seine bringen"* und in Vers 18: *„Du sollst deinen Nächsten lieben wie dich selbst."*

Jesus von Nazareth hat das Gebot der Nächstenliebe dem ersten der Zehn Gebote gleichgestellt. Das christliche Doppelgebot der Liebe lautet bekanntlich: *„Du sollst den Herrn, deinen Gott, lieben von ganzem Herzen, von ganzer Seele und von ganzem Gemüt. Dies ist das höchste und größte Gebot. Das andere aber ist dem gleich: Du sollst deinen Nächsten lieben wie dich selbst"* (Matthäus 22, Vers 37). Am anschaulichsten wird dies am biblischen Gleichnis des barmherzigen Samariters,[9] am Heiligen Sankt Martin, vor allem aber an Jesu Selbsthingabe am Kreuz zur Erlösung derer, die an ihn glauben.[10]

Selbstlose Hilfsbereitschaft ist ein weltweit anzutreffendes menschliches Verhalten und in den meisten Religionen als ethisches Grundmotiv verankert. So ist z. B. die Wohltätigkeit gegenüber den Mitmenschen auch eine der fünf Säulen des Islam – neben dem Glauben an Allah, den fünf täglichen Gebeten, dem Fasten während des Ramadan und der Pilgerfahrt nach Mekka. Das Bedeutungsfeld des Begriffs „Nächster" bzw. „Mitmensch" reicht dabei von einem religiösen oder sozialen Näheverhältnis bis hin zu *jedem Menschen*, der Hilfe braucht – und sei es ein „Fremder" wie im Gleichnis vom barmherzigen Samariter.[11]

Wörterbuch der Soziologie, 1969, S. 943; *Grimm* Solidarität als Rechtsprinzip, Die Rechts- und Staatslehre Léon Duguits in ihrer Zeit, 1973, S. 38 ff.

[7] Vgl. *Depenheuer* in: Dassmann et al. (Hrsg.), Solidarität in Knappheit, 1998, S. 141 ff.; *Depenheuer* Solidarität und Freiheit, HStR Bd. 9, 2011, § 194 Rn. 15.

[8] *Depenheuer* Solidarität und Freiheit, HStR Bd. 9, 2011, § 194 Rn. 23.

[9] Lk 10, Vers 25–37.

[10] Das „Solidaritätsprinzip" wird in der katholischen Soziallehre neben dem Prinzip der Personalität und dem Prinzip der Subsidiarität zu den grundlegenden Prinzipien des gesellschaftlichen Lebens gezählt, vgl. *Kerber* in: Ritter/Gründer (Hrsg.), Historisches Wörterbuch der Philosophie, Bd. 9, 1995, Sp. 1015 f.

[11] Hier wird die Hilfsbereitschaft nicht einem Gruppenangehörigen, sondern Fremden (bzw. – je nach Perspektive – von einem Fremden) gewährt, vgl. *Vierkandt* in: Bernsdorf (Hrsg.), Wörterbuch der Soziologie, 1969, S. 945.

3. Biologie

Die ursprünglichste, auch biologisch begründete Solidargemeinschaft ist die Familie, die innigste darunter typischerweise die zwischen Eltern und Kindern, wobei letztere über viele Jahre naturgemäß mehr entgegen*nehmen* als geben können.[12] Fragt man beispielsweise eine Mutter, warum sie ihrem Kind beisteht, so fällt die Antwort in aller Regel sehr einfach aus: „*Weil* es mein Kind ist." Mit zunehmender Entfernung der Verwandtschaft werden diese Bindungen typischerweise loser.[13] Dieser Befund der „natürlichen" Solidargemeinschaft sieht sich durch einen Blick in die Fauna bestätigt: Von den Delphinen bis hin zu den Antilopen lassen sich bei zahlreichen Tierarten solidarische Verhaltensweisen in der „Familie", ja in der Gruppe, beobachten, etwa Schutzgewährung und Hilfeleistung gegenüber der schwangeren und gebärenden Artgenossin, in Situationen also, die von besonderer Anfälligkeit und Unterstützungsbedürftigkeit des Familien- respektive Gruppenmitglieds geprägt sind.

4. Staatstheorie

Überwiegend mag die Natur jedoch eher als grausam denn als barmherzig gelten. Dies bleibt *grosso modo* gewiss ein Unterschied zwischen Tieren und Menschen, auch wenn man – angesichts der mitunter barbarisch anmutenden Konflikte der Welt – bisweilen daran zweifeln mag.

War auch hierzulande einst der „Mensch des Menschen Wolf", so beschreibt und analysiert die Staatstheorie den Übergang des „Krieges aller gegen alle" hin zum Gesellschaftsvertrag, der Frieden und Wohlstand ermöglicht, indem das staatliche Gewaltmonopol errichtet und als Kehrseite den Bürgern Gewaltverzicht und Solidarität abverlangt wird. 1789 wurde in der revolutionären Trias neben Freiheit und Gleichheit auch die – politisch polarisierende[14] – Brüderlichkeit ausgerufen. „*Solidarité*", die im 19. Jahrhundert immer stärker an die Stelle der „*Fraternité*" trat, stand einerseits für die Verpflichtung des Subjekts auf die revolutionäre Einheit der Nation Freier und Gleicher gegen die alte Ständegesellschaft, andererseits gegenrevolutionär für die Beziehung des Individuums zur traditionellen Gemeinschaft.[15] Nur am Rande sei erwähnt, dass in der Geschichte der Arbeiterbewegung und des Staatssozialismus hinreichend histori-

---

[12] Vgl. *Köhler* in: Klesczewski et al. (Hrsg.), Kants Lehre vom richtigen Recht, 2005, S. 131 ff.; *Hense* in: Atienza et al. (Hrsg.), Krawietz-FS, 2003, S. 525 (525); *Bayertz* in: Bayertz (Hrsg.), Solidarität: Begriff und Problem, 1998, S. 35: „Idealvorstellung".

[13] Vgl. *Kremer* Das Prinzip der familiären Solidarität im Unterhaltsrecht des BGB, 2010, S. 8 ff.

[14] Vgl. *Röttgers* in: Busche (Hrsg.), Solidarität, 2011, S. 40.

[15] *Köhler* in: Klesczewski et al. (Hrsg.), Kants Lehre vom richtigen Recht, 2005, S. 124.

sche Belege für die Verknüpfung von Solidarität mit Gefolgschaft und Disziplin existieren.[16]

5. *Ökonomie*

Man kann Solidarität schließlich auch durch die ökonomische Brille betrachten: Die Fremdnützigkeit des solidarischen Handelns ist nicht stets exklusiv. Es gibt altruistische, es gibt aber auch egoistische Solidarität.[17] So stellt etwa die Einrichtung der Solidargemeinschaft einer Versicherung ökonomisch betrachtet eine Win-Win-Situation dar: Hiermit werden Risiken vergemeinschaftet – einer für alle, alle für einen. Auch haben etwa die englischen Gewerkschaften schon früh angefangen, ihren arbeitslosen Mitgliedern Unterstützung zu gewähren; dies allerdings nicht aus direktem Hilfswillen gegenüber den in Not geratenen Menschen, sondern um die Gewerkschaft vor Lohnsenkung durch Unterbietung der Arbeitslöhne zu bewahren.[18]

Wir können nach alledem festhalten: Während Solidarität aus Sicht der großen Religionen eher entgrenzend ist – liebe *jeden* Nächsten – setzt sie aus soziologischer, biologischer, staatstheoretischer und ökonomischer Sicht eine Exklusion voraus: solidarisch ist man nur bestimmten Menschen gegenüber; man braucht dafür einen Grund.

III. Solidarität im Recht

Mit dieser Erkenntnis im Gepäck wenden wir uns dem Phänomen der Verrechtlichung des Solidaritätsgedankens zu und beginnen – bevor wir uns dem nationalen Recht widmen (2.) – mit dem Europarecht (1.), in dem dieser Gedanke besonders prominent angesiedelt ist.

1. *Europarecht*

a) Die – inzwischen vollständig in der Europäischen Union aufgegangenen – Europäischen Gemeinschaften können rückblickend als Solidargemeinschaften begriffen werden:[19] Anfangs steht die ökonomische Zweckbindung im Vordergrund, vor allem im Bereich Kohle und Stahl, wenige Jahre später auch im Bereich Atom. Diese Zweckbindung setzte auf ihre Weise erfolgreich die ange-

[16] Vgl. *Röttgers* in: Busche (Hrsg.), Solidarität, 2011, S. 46; zur Solidarität als Kampfbegriff vgl. *Bayertz* in: Bayertz (Hrsg.), Solidarität: Begriff und Problem, 1998 S. 40ff., 48ff.

[17] Vgl. *Kunig* in: Becker et al. (Hrsg.), Schwarze-FS, 2014, S. 190 (191).

[18] *Vierkandt* in: Bernsdorf (Hrsg.), Wörterbuch der Soziologie, 1969, S. 79.

[19] Zur Formulierung *„solidarité de fait"* im *Schuman*-Plan vom 09.05.1950, die auch in die Präambel des EGKS-Vertrags Eingang fand (in der deutschen Fassung übersetzt als „tatsächliche Verbundenheit"), vgl. *Tomuschat* in: Capotorti et al. (Hrsg.), Du droit international au droit de l'intégration, Liber Amicorum Pierre Pescatore, 1987, S. 730f.

sprochene staatstheoretische Idee der Sicherung von Frieden und Wohlstand nach dem Zweiten Weltkrieg um.

b) Kurz nach dem Vertrag von Rom (1957) wird 1962 die Gemeinsame Agrarpolitik[20] geboren, die seit über 50 Jahren einen erheblichen Teil des EU-Haushalts ausmacht und noch heute mit etwa 38 % des mehrjährigen EU-Finanzrahmens[21] finanzielle Solidarität im Rahmen der Gemeinsamen Agrarpolitik ermöglicht. Wir stellen fest: Transfers innerhalb der EU sind keineswegs neu; sie prägen den Staatenverbund vielmehr seit langem.

c) Im aktuellen Vertragswerk der Union – dem EU-Vertrag (EUV) und dem EU-Arbeitsweisenvertrag (AEUV) in der Ende 2009 in Kraft getretenen Fassung des Vertrags von Lissabon – findet sich das Wort „Solidarität" bzw. die Wendung „im Geiste der Solidarität" insgesamt 13 Mal.[22] Den engsten Bedeutungsgehalt von Beistand in Not enthält dabei die in Art. 222 AEUV niedergelegte „Solidaritätsklausel" zwischen der Union und ihren Mitgliedstaaten für Fälle von Terroranschlägen, Natur- oder vom Menschen verursachten Katastrophen. Weitere Verwendung findet der Begriff

- im EUV: in der Präambel als Solidarität zwischen den Völkern der EU[23] und in den Wertebestimmungen der Union als Solidarität insbesondere zwischen den Generationen, den Mitgliedstaaten und unter den Völkern der übrigen Welt[24] sowie in der Gemeinsamen Außen- und Sicherheitspolitik als Solidarität zwischen den Völkern und Mitgliedstaaten[25] sowie
- im AEUV: in den Bestimmungen über die Wirtschafts-[26] und die Energiepolitik[27] sowie über den „Raum der Freiheit, der Sicherheit und des Rechts", jeweils als Solidarität unter den Mitgliedstaaten; die oben angesprochene, jeder Solidargemeinschaft immanente Abgrenzung wird bei der Asyl- und Einwanderungspolitik und der Kontrolle an den Außengrenzen ganz unverhohlen im Wortlaut deutlich, indem die Rede ist von einer „gemeinsame[n] Poli-

---

[20] Heute Art. 38 ff. AEUV.

[21] Siehe unter http://www.bundesfinanzministerium.de/Web/DE/Themen/Europa/EU_auf_einen_Blick/Politikbereiche_der_EU/EU_Agrarpolitik/eu_agrarpolitik.html, Stand: 14.10.2015.

[22] Protokolle, Erklärungen, Inhaltsverzeichnisse und Konkordanztabellen ausgeklammert.

[23] Genauer: „[…] zwischen ihren Völkern unter Achtung ihrer Geschichte, […] Kultur und […] Traditionen".

[24] Art. 2 und 3 EUV.

[25] Auswärtiges Handeln der Union (Art. 21 EUV) – im Sinne der Solidarität zwischen den Völkern; insb. GASP (Art. 24, 31 EUV) – eher im Sinne politischer Loyalität zwischen den Mitgliedstaaten; deutlich Art. 24 Abs. 3 EUV: „Die Mitgliedstaaten unterstützen die Außen- und Sicherheitspolitik der Union aktiv und vorbehaltlos im Geiste der Loyalität und der gegenseitigen Solidarität und achten das Handeln der Union in diesem Bereich".

[26] Art. 122 AEUV.

[27] Art. 194 Abs. 1 AEUV.

tik […], die sich auf die Solidarität der Mitgliedstaaten gründet und gegenüber Drittstaatsangehörigen angemessen ist".[28]

Dabei wird der Begriff „Solidarität" teilweise mit einiger Unschärfe verwendet; „Solidarität" stellt – um mit *Friedrich von Hayek* zu sprechen – bisweilen ein „Wieselwort" dar,[29] also eine sprachliche leere Hülle, vergleichbar einer äußerlich unversehrten, aber von einem Wiesel ausgesaugten Eierschale.[30] Gerade in Bezug auf die „Solidarität zwischen den Mitgliedstaaten" könnte anstelle dessen oft auch „politische Loyalität"[31] oder Geschlossenheit[32] stehen. Mit dem teils inflationären Gebrauch des schönen Wortes „Solidarität" ist möglicherweise die Hoffnung verbunden, diese durch das Recht erst herzustellen. Dass die *originär* solidaritätsstiftende Kraft von Rechtstexten allerdings gering ist, hat uns kürzlich die Geschichte der europäischen Verfassung gelehrt: Durch Ablehnung in den Referenden Frankreichs und der Niederlande wurde die in dieses Projekt gesetzte Hoffnung der „Integration durch Verfassung" enttäuscht. Die Lektion lautet: Die *Voraussetzungen* für eine Verfassung lassen sich nicht erst *durch* eine Verfassung schaffen![33]

d) Solidaritätsklauseln im europäischen Verfassungsrecht betreffen aber nicht nur die verschiedenen Entitäten (Union und Mitgliedstaaten) sowie Völker; auch die einzelnen Menschen sind angesprochen: Zum einen knüpft die Unionsbürgerschaft (Art. 9 S. 2, 3 EUV und Art. 20 AEUV) in den Worten des Bundesverfassungsgerichts in der Maastricht-Entscheidung „ein auf Dauer angelegtes rechtliches Band […], das zwar nicht eine der gemeinsamen Zugehörigkeit zu einem Staat vergleichbare Dichte besitzt, dem bestehenden Maß existentieller Gemeinsamkeit jedoch einen rechtlich verbindlichen Ausdruck verleiht".[34] An diesem Ergänzungsverhältnis der Unions- zur Staatsbürgerschaft wird deutlich: Solidaritätsbeziehungen können parallel in unterschiedlichen Bezügen bestehen. Dabei werden in einer globalisierten Welt neben der gemeinsamen Staatsangehörigkeit zunehmend andere Faktoren und Gemeinsamkeiten für Solidargemeinschaften entscheidend, die durchaus grenzüberschreitend sein

---

28 Art. 67 Abs. 2 AEUV.

29 Vgl. *Köhler* in: Klesczewski et al. (Hrsg.), Kants Lehre vom richtigen Recht, 2005, S. 123.

30 So auch unter Hinweis auf die Entwicklung in den 1960er und 1970er Jahren *Wildt* in: Ritter/Gründer (Hrsg.), Historisches Wörterbuch der Philosophie, Bd. 9, 1995, Sp. 1008.

31 Vgl. die parallele Nennung in Art. 24, 31 EUV (GASP), Auswärtiges Handeln der Union (Art. 21 EUV) – im Sinne der Solidarität zwischen den Völkern; insb. GASP (Art. 24, 31 EUV) – eher im Sinne politischer Loyalität zwischen den Mitgliedstaaten.

32 Z. B. Art. 24 Abs. 3 EUV (GASP).

33 Vgl. *Grimm* Merkur, Heft 12 (2014), S. 1045 (1052); *Volkmann* Solidarität – Programm und Prinzip der Verfassung, 1998, S. 407 ff.

34 BVerfGE 89, 155 (184) – Maastricht; vgl. *Pernice* in: Calliess (Hrsg.), Europäische Solidarität und nationale Identität, Überlegungen im Kontext der Krise im Euroraum, 2013, S. 30 ff., auch mit Hinweis auf das damit verbundene Eigeninteresse jedes Einzelnen, Herausforderungen gemeinsam zu meistern S. 43.

können.[35] Zum anderen widmet die inzwischen seit einigen Jahren geltende Grundrechte-Charta, die die EU wie auch die Mitgliedstaaten bei der Durchführung des Unionsrechts bindet, der „Solidarität" sogar ein eigenes Kapitel. Im mit „Solidarität" überschriebenen Titel IV findet sich ein weites Feld an Gewährleistungen aus den Bereichen Kollektiv- und Individualarbeitsrecht, Arbeitsschutz, Familienrecht, soziale Sicherung, Daseinsvorsorge, Gesundheitsschutz, Umweltschutz und auch Verbraucherschutz. Die EU hatte freilich auch vor Inkrafttreten der Grundrechte-Charta im Jahr 2009 einen eigenen, in zahlreichen Entscheidungen seit Ende der 1960er Jahre durch den EuGH entwickelten Grundrechtsschutz.[36] Nichtsdestotrotz: Die Kodifizierung dieser „weichen" sozialen Teilhaberechte aus dem Titel „Solidarität" der Grundrechte-Charta führt zu deren Akzentuierung.

All diese Solidaritätsbekundungen und -leistungen in Geschichte und Gegenwart des europäischen Integrationsprozesses zeigen: Heute stellt sich nicht mehr die Frage des Ob, sondern des Ausmaßes an Solidarität in Europa!

2. *Nationales Recht*

Auch im nationalen Recht hat der Solidargedanke vielfach Niederschlag gefunden, sowohl im Verfassungsrecht wie auch im einfachen Recht.

a) Im Verfassungsrecht lässt sich die Verrechtlichung des Solidargedankens exemplarisch in verschiedenen Bezügen denken:[37] in Bezug auf größere Gebilde wie Gebietskörperschaften (aa.), auf Mehrheiten von Personen (bb.) wie auch auf die Einzelnen (cc.).

aa) Auf recht abstrakter Ebene steht der Länderfinanzausgleich nach Art. 107 Abs. 2 GG. Auf der einen Seite erscheint dieser horizontale wie vertikale Mechanismus der Umverteilung finanzieller Mittel zwischen den Ländern und zwischen Bund und Ländern als Ausprägung des Solidargedankens. So spricht etwa das Maßstäbegesetz vom „bundesstaatlichen Prinzip des solidarischen Einstehens füreinander".[38] Der Ausgleich hat eine sozialstaatliche Funktion, indem er die finanziellen Voraussetzungen für eine gleichmäßige Versorgung der Bevölkerung schafft.[39] Auf der anderen Seite ist diese Zuordnung mit Recht umstritten: Der Begriff Solidarität mag auf staatsorganisatorischer Ebene ver-

[35] Vgl. *Pernice* in: Calliess (Hrsg.), Europäische Solidarität und nationale Identität, Überlegungen im Kontext der Krise im Euroraum, S. 28.

[36] Vgl. nur *EuGH,* Urt. v. 12.11.1969 – Stauder – Rs. C-29/69, Slg. 1969, 419; *EuGH*, Urt. v. 17.12.1970 – IHG – Rs. C-11/70, Slg. 1970, 1125.

[37] Zur Frage, ob es ein Verfassungsprinzip der Solidarität gibt, grundlegend *Volkmann* Solidarität – Programm und Prinzip der Verfassung, 1998, S. 369 ff.; ablehnend *Reimer* Freiburger Universitätsblätter 173, 97 (110 ff.); *Scholz* AöR Beiheft 2014, S. 1 ff.

[38] § 11 Abs. 1 Satz 1 MaßstG.

[39] Jarass/Pieroth-*Pieroth*, 13. Aufl. 2014, Art. 107 Rn. 6 m. w. N.

zichtbar erscheinen, da Organisationseinheiten als Zweckschöpfungen mit Zuständigkeiten und Befugnissen ausgestattet werden können und sich aus einem Solidaritätsprinzip über das verfassungsrechtliche Konstrukt der Bundestreue hinaus nichts folgern lässt.[40] In der Tat stellen die Finanzausgleichssysteme, insbesondere die sogenannten Bundesergänzungszuweisungen, lediglich eine Kompensation für das weitgehend fehlende Steuererhebungsrecht der Länder dar.[41]

bb) In ähnlich abstrakter, vom Einzelnen gelöster Weise thematisiert die Verfassungsnorm des Art. 20a GG Solidarität, und zwar zwischen den Generationen – durch das Gebot der Erhaltung der natürlichen Lebensgrundlagen.[42] Und – um noch einmal auf die Finanzverfassung zurückzukommen – auch die in Art. 109 Abs. 3, Art. 115 Abs. 2 GG festgeschriebene „Schuldenbremse“ lässt sich mit Solidarität zwischen den Generationen assoziieren.

cc) Das Grundgesetz gewährt durch die Grundrechte die *Freiheit* zu Solidarität – wie auch zu ihrer Verweigerung.[43] Das „Menschenbild des Grundgesetzes“ ist nach einer Formulierung des Bundesverfassungsgerichts „nicht das eines isolierten souveränen Individuums; das Grundgesetz hat vielmehr die Spannung Individuum – Gemeinschaft im Sinne der Gemeinschaftsbezogenheit und Gemeinschaftsgebundenheit der Person entschieden, ohne dabei deren Eigenwert anzutasten.“[44] Der Solidaritätsgedanke zugunsten des Einzelnen kommt insbesondere im in Art. 20 Abs. 1 und Art. 28 Abs. 1 GG verankerten Sozialstaatsziel und dem Grundrecht auf Gewährleistung eines menschenwürdigen Existenzminimums[45] zum Ausdruck. Weiter gehend sind die Diskriminierungsverbote und auch die grundrechtlichen Schutzpflichten[46] des Staats, die für ein Hineinwirken der Grundrechte auch in das Privatrechtsverhältnis sorgen, dem Solidargedanken zuordenbar.

b) aa) Im einfachen Recht finden wir den urtümlichsten, zwischenmenschlichen Solidargedanken – Stichwort: barmherziger Samariter – sogar im Strafrecht. Gemäß § 323c StGB kann wegen unterlassener Hilfeleistung bestraft werden, *„[w]er bei Unglücksfällen oder gemeiner Gefahr oder Not nicht Hilfe leistet,*

---

[40] Vgl. *Kunig* in: Becker et al. (Hrsg.), Schwarze-FS, 2014, S. 190 ff. (193).

[41] Vgl. Art. 105 Abs. 2a GG; *BMF*, Bund/Länder-Finanzbeziehungen auf der Grundlage der Finanzverfassung, Ausgabe 2014, S. 8.

[42] *Kunig* in: Becker et al. (Hrsg.), Schwarze-FS, 2014, S. 190 ff. (194); *Scholz* AöR Beiheft 2014, S. 1 ff. (7).

[43] *Reimer* Freiburger Universitätsblätter 173, 97 (111 f.); vgl. zum parallel gelagerten völkerrechtlichen Spannungsverhältnis von Solidarität und Souveränität *Steiger* in: Stein et al. (Hrsg.), Ridder-FS, 1989, S. 97 (99 f.).

[44] BVerfGE 4, 7 (15 f.).

[45] Aus Art. 1 Abs. 1 GG i. V. m. Art. 20 Abs. 1 GG; vgl. BVerfGE 125, 175 – Hartz IV-Regelsatz; 132, 134 – Asylbewerberleistungsgesetz.

[46] *Kunig* in: Becker et al. (Hrsg.), Schwarze-FS, 2014, S. 190 ff. (194).

obwohl dies erforderlich und ihm den Umständen nach zuzumuten, insbesondere ohne erhebliche eigene Gefahr und ohne Verletzung anderer wichtiger Pflichten möglich ist". Rechtsphilosophisch betrachtet, beruht das unbedingte Rechtsgebot der Hilfeleistung in Existenznot nur sekundär auf dem utilitären Kalkül, dass jeder einmal in eine ähnliche Lage kommen könne und dann der Hilfe nicht entbehren wolle. Primär beruht es auf der unbedingten Selbstaffirmation der menschheitlichen Vernunftexistenz, für die es einen Grundwiderspruch bedeutete, einen ihrer Glieder dem zufälligen Existenzverlust zu überlassen.[47] Strafrechtsdogmatisch ist diese Vorschrift jedoch – insbesondere wegen ihrer tatbestandlichen Weite – höchst umstritten.[48]

bb) Deutlich kommt der Solidaritätsgedanke im Sozialrecht zum Ausdruck. Was früher das religiös angemahnte Almosen war, ist heute durchsetzbarer Rechtsanspruch – mit dem wichtigen Unterschied gegenüber Zeiten der Abwesenheit des allzuständigen Staats, dass der Sozialstaat unserer Zeit als Mittler zwischen Geber und Nehmer tritt. Die Sozialversicherung institutionalisiert die ehemals freiwillig getätigten Leistungen an den Einzelnen – zugunsten der Kranken, Einkommensschwachen, Alten und Kinderreichen. Sie diente allerdings schon *Otto von Bismarck* zugleich weiteren, abstrakteren Zwecken wie der Sicherung des sozialen Friedens (und dem eigenen Machterhalt).[49] Auf diese Ambiguität weist auch der Philosoph *Jürgen Habermas* hin, wenn er vom „engen Zusammenhang der Sorge für das Wohl des Nächsten mit dem Interesse für das allgemeine Wohl" spricht.[50]

cc) Aber nicht jede tatsächliche Solidargemeinschaft ist bereits in Recht gegossen worden. § 1618a BGB normiert: „Eltern und Kinder sind einander Beistand und Rücksicht schuldig." Näher ausgestaltet wird diese Generalklausel[51] des Familienrechts etwa durch die Personensorgepflichten oder die wechselseitigen Unterhaltspflichten. Das Familienrecht bildet jedoch das Füreinander-Einstehen im „kleinen Sozialstaat Familie" angesichts der Vielgestaltigkeit moderner Lebensformen rechtlich nur mehr unvollkommen ab – gemeint sind nicht nur die inzwischen rechtlich eingehegten eingetragenen Lebenspartnerschaften, sondern die breite Vielfalt etwa bei *Patchwork*familien. Die Verrechtlichung von Solidarität ist träge.

---

[47] *Köhler* in: Klesczewski et al. (Hrsg.), Kants Lehre vom richtigen Recht, 2005, S. 130.

[48] Vgl. nur *Harzer* Die tatbestandsmäßige Situation der unterlassenen Hilfeleistung, 1999, S. 107; Kindhäuser-*Wohlers/Gaede*, 4. Aufl. 2013, § 323c Rn. 1.

[49] Vgl. *Bayertz* in: Bayertz (Hrsg.), Solidarität: Begriff und Problem, 1998, S. 36: „politisches *Klugheits*kalkül".

[50] *Habermas* in: Edelstein/Nunner-Winkler (Hrsg.), Zur Bestimmung der Moral, 1986, S. 311; vgl. auch *Röttgers* in: Busche (Hrsg.), Solidarität, 2011, S. 45.

[51] Eine weitere Generalklausel stellt § 1353 BGB dar, wonach die Ehegatten einander zur ehelichen Lebensgemeinschaft verpflichtet sind und füreinander Verantwortung tragen.

dd) Schließlich finden wir vielfach verrechtlichte Formen *ambivalenter* Solidaritätsphänomene vor: Eine rechtliche Anerkennung nicht nur altruistischer Formen von Solidarität enthält das Abgabenrecht, wie an der sogenannten Spendenquittung zum Ausdruck kommt.[52] Die steuerliche Absetzbarkeit schafft Anreize für potenzielle Spender, da sich eigene Steuerersparnis durch Mildtätigkeit erkaufen lässt. Denken wir an den derzeit heftig umstrittenen Solidaritätszuschlag, eine Abgabe, die bis zum Jahr 2019 – längst nur noch teilweise – der Finanzierung des geltenden Solidarpakts zur Abfederung teilungsbedingter Sonderlasten in den ostdeutschen Bundesländern dient. Das private Versicherungsrecht beruht zwar historisch auf dem Solidarprinzip. Heute werden jedoch oftmals keine Almosen verteilt, sondern dem individuellen Risiko entsprechende Beiträge entrichtet und das Prinzip solidarischer Risikotragung auf diese Weise sogar zunehmend in Frage gestellt. Das hohe Gut der verfassungsrechtlich garantierten Koalitionsfreiheit (Art. 9 Abs. 3 GG) schließlich dient nicht nur einer Form der verbandsinternen Solidarisierung, sondern gleichzeitig der eigenen Interessendurchsetzung.

IV. Möglichkeiten und Grenzen der Verrechtlichung von Solidarität

Was folgt aus diesem eher disparaten Befund? Meine Kernthese lautet: Solidarität lässt sich verrechtlichen und sollte in bestimmten Bereichen auch verrechtlicht werden. Letzteres gelingt aber nur, wenn das Gebot der Solidarität durch die Lebenswirklichkeit abgestützt ist. Den tieferen Grund für solidarisches Verhalten von Menschen kann das Recht selbst nicht schaffen. Wir erkennen daran: Auch die Kraft des Rechts ist begrenzt. Schauen wir uns also an, was Recht leisten kann (1.), was Recht *nicht* leisten kann (2.) und in welchem Verhältnis Solidarität und Recht zueinander stehen (3.).

1. Was Recht leisten kann

Die soeben beleuchteten Beispiele der Verrechtlichung des Solidaritätsgedankens zeigen: Dem Recht kann es gelingen, ein Handeln aus innerer Verbundenheit im Einzelfall auf eine abstraktere Ebene zu heben, zu allgemeingültigen Pflichten und Rechten zu kondensieren. Mittels rechtlicher Pflichten können Solidaritätserwartungen innerhalb von Gemeinschaften fixiert und stabilisiert werden. Das Recht erfüllt dann eine Garantie-, eine Konkretisierungs- und auch eine Disziplinierungsfunktion für möglicherweise „Unsolidarische".[53] Nicht zu verschweigen ist ein Nebeneffekt der Verrechtlichung: Mit der Ver-

---

[52] Vgl. § 10b EStG.

[53] Zu den Funktionen des Rechts vgl. statt vieler *Rehbinder* Rechtssoziologie, 2003, Rn. 96 ff.; *Baer* Rechtssoziologie, 2015, § 4, Rn. 71 ff., jeweils m. w. N.

bindlichmachung, der Beanspruchbarkeit von Hilfe weicht auch oft das Gefühl der Dankbarkeit. Die Kodifizierung von Solidaritätspflichten stärkt aber wiederum die *Rechts*gemeinschaft selbst; sie dient ihrer Selbstvergewisserung.

2. *Was Recht nicht leisten kann*

Die Verrechtlichung des Solidargedankens darf aber nicht überstrapaziert werden! Die Pflicht zur Solidarität setzt die Rückanbindung an die Lebenswirklichkeit voraus. Was heißt das genau? – Die Abbildung von Solidarität im Recht kann nur in spezifischen Zusammenhängen gelingen, in denen ein Grundbestand an innerer Verbundenheit der rechtlich zu Bindenden präexistiert. Nur unter dieser Bedingung können die eingangs aufgeworfenen Fragen bejaht und in rechtliche Antworten transformiert werden.

Solidarität ist zunächst einmal ein stark außerrechtlich geprägtes, ein vorstaatliches, ein zwischenmenschliches Phänomen. Sie ist das Grundprinzip gelingenden menschlichen Zusammenlebens und von kaum zu unterschätzender Bedeutung für unsere Gesellschaft. Solidarität steht im Gegensatz zur puren Eigenverantwortung und zum Recht des Stärkeren – und macht den Menschen (als Mitmenschen) aus.[54] Darauf *sollte* man sich und *kann* man sich auch ein Stück weit verlassen! Wenn ein jeder solidarisch empfindet und danach handelt, entsteht dabei – auch in Abwesenheit von Recht – ein gewisses Reziprozitätsverhältnis. Selten ist dies ein striktes „*Tit for tat*" oder „*Do ut des*". Solidarität hat gegenüber einem Vertrag überschießende Elemente: Die Reziprozität ist – im Unterschied zum gegenseitigen Vertrag – nicht derart verdichtet, dass die eine Leistung um des Empfanges der Gegenleistung Willen erfolgte. Der Helfende handelt solidarisch trotz des Risikos, dass sich die Bedürftigkeitslage nie verkehren und ein „Zurückerhalten" ermöglicht wird. Dieses nur unvollkommene Gegenseitigkeitsverhältnis bei solidarischem Handeln wird jedoch aufgewogen durch das die Solidarpartner umspannende Gefühl der Verbundenheit und Gemeinschaftlichkeit, welches sie von Außenstehenden unterscheidet und entsprechende Ungleichheiten in den Leistungen neutralisiert.[55]

Auch das Recht kann diese Asymmetrie von Solidarbeziehungen nicht ignorieren. Daher müssen wir festhalten: Wohlwollen oder gar Aufopferung des einen für den anderen kann mit Rechtszwang nicht geboten werden.[56] Solidarität beruht letztlich auf wechselseitigem Vertrauen, auf Erwartung und ist – ebenso wie Liebe – nur schwerlich erzwingbar. Während das Recht nicht zur Emotion innerer Verbundenheit, nicht zur gewissermaßen subjektiven Seite der Solidari-

---

[54] Zur sozialethischen Grundlegung der Solidarität vgl. *Denninger* Rechtsperson und Solidarität, Ein Beitrag zur Phänomenologie des Rechtsstaats unter besonderer Berücksichtigung der Sozialtheorie Max Schelers, 1967, S. 212 ff.

[55] *Kremer* Das Prinzip der familiären Solidarität im Unterhaltsrecht des BGB, 2010, S. 7.

[56] *Köhler* in: Klesczewski et al. (Hrsg.), Kants Lehre vom richtigen Recht, 2005, S. 128.

tät, sondern nur zu deren objektivem Ergebnis verpflichten kann, vermag Wohltätigkeit moralisch, ja ethisch,[57] sehr wohl einzufordern sein.

Eine – von den Rechtsadressaten akzeptierte – Verrechtlichung von Solidarität muss also stets an eine tatsächliche bzw. moralische Verpflichtung anknüpfen, darf nicht „übergestülpt“ werden, eine durch den Solidarbegriff getarnte Bevormundung sein. Deshalb sind wir bei dem mitunter inflationären Solidaritäts- und Kohäsionsgerede zur politischen Rechtfertigung einer Diffusion der Sozial-, Wirtschafts- und Steuerinterventionen auf allen Ebenen[58] dazu aufgerufen, immer wieder neu kritisch über den Solidaritätsbegriff zu reflektieren – um ihn nicht zum „Wieselwort“ verkümmern zu lassen, zur bloßen Redewendung von „Friede, Freude, Eierkuchen“. Die Gefahr des schönen Wortes „Solidarität“ liegt in seiner Instrumentalisierbarkeit. Wer emphatisch ausruft „Wir sitzen alle in einem Boot!“, will meistens nur gerudert werden.

3. Das Verhältnis von Solidarität und Recht

Nach alledem kann man sich das Verhältnis von Solidarität und Rechtspflichten als zwei einander teilweise überschneidende Kreise vorstellen: *Einerseits* ist Solidarität primär ein außerrechtliches, ein vorstaatliches Phänomen; Recht kann Solidarität nicht beliebig einfordern; es muss stets auf einer tatsächlichen (moralisch bereiteten) Solidarbereitschaft aufbauen. Deshalb kann Solidarität in Solidarsystemen im weitesten Sinne verrechtlicht werden. *Andererseits* lässt sich freilich nicht jegliche Rechtspflicht aus Solidarbezügen begründen.

Mit einem etwas weiteren Fokus betrachtet, beruht unser ganzes Rechtssystem auf einer Solidar-, auf einer Gemeinschaftsbereitschaft aller Bürger. Ein funktionierendes demokratisches System etwa setzt *auf der einen Seite* die Akzeptanz der Mehrheitsentscheidung durch die Minderheit, *auf der anderen Seite* einen unabdingbaren Minderheitenschutz voraus; das rechtsstaatlich gebundene Gewaltmonopol des Staats wiederum setzt Gewaltverzicht des einzelnen Bürgers voraus. Insofern gilt: Solidarität mag ohne Recht auskommen, Recht aber nicht ohne Solidarität! Man muss kein Prophet sein, um zu erkennen, dass der hypertrophe Neoliberalismus der vergangenen Jahre nach dem Motto „Jeder ist sich selbst der Nächste“ auf Dauer eine Rechtsgemeinschaft nicht trägt!

Solidarität liegt dem Recht allerdings nicht nur voraus, als eine Art Grundgefühl einer politischen Gemeinschaft, die sich erst auf dieser Basis seine Rechtsordnung als verbindliche Sollensordnung gibt. Vielmehr richtet gerade das Recht diese politische Gemeinschaft auch als Solidarverband ein, eröffnet Räume arbeitsteilig-solidarischer Kooperation, ebenso wie es je nach seiner konkre-

---

[57] Zum Begriffsverhältnis *Vönekey* in: Kube et al. (Hrsg.), Kirchhof-FS, Bd. 1, 2013, § 30 Rn. 13 f.; zur Unterscheidung von „moralischen und erzwingbaren positiven Rechten“ *Habermas* in: Edelstein/Nunner-Winkler (Hrsg.), Zur Bestimmung der Moral, 1986, S. 305 f.

[58] Vgl. *Köhler* in: Klesczewski et al. (Hrsg.), Kants Lehre vom richtigen Recht, 2005, S. 138.

ten Ausformung und Gestalt auch das Selbstverständnis dieses Solidarverbandes abbildet.[59] Damit kommt dem Recht eine stabilisierende Funktion einer bestimmten Solidaritätserwartung zu; originär erzeugen kann Recht Solidarität jedoch kaum. Das gelingt nur im moralischen und politischen Diskurs, der jeder Verrechtlichung vorgelagert sein muss.

[59] Vgl. *Volkmann* in: Kube et al. (Hrsg.), Kirchhof-FS, Bd. 1, 2013, § 4 Rn. 3 und 4.

Das Verständnis des Richteramts in der Schweiz

Historische, europäische und nationale Aspekte

Bernhard Wahl

I. Einleitung[1]

Die „Konjunktur" des europäischen Gedankens ist mitunter erheblichen Schwankungen unterworfen. „Europäische Solidarität" wird oft eher als eine Forderung für die Zukunft empfunden, weniger als eine Beschreibung der Gegenwart. Jenseits aller schwierigen Probleme, die letztlich in weltpolitischem Geschehen wurzeln, wächst aber Europa dennoch immer weiter zusammen, nicht zuletzt auch auf dem Gebiet des Rechts. Dies kann dadurch geschehen, dass sich die nationalen Rechtsordnungen inhaltlich immer mehr einander angleichen. Ebenso gibt es Fallgestaltungen, in denen grenzüberschreitende Vereinbarungen den Vorrang vor nationalen Regelungen haben. Hier stellt sich die Frage nach dem zuständigen Richter.

In Europa ist – ohne dass hier alle prozessualen Besonderheiten in den Einzelheiten nachzuzeichnen wären – die Rechtslage im Kern dadurch gekennzeichnet, dass die letztverbindliche Auslegung europarechtlicher Verträge in der Zuständigkeit des Europäischen Gerichtshofes (EuGH) liegt, der jedoch überwiegend im Wesentlichen nicht unmittelbar von den Verfahrensbeteiligten angerufen werden kann, sondern dem die nationalen, insbesondere letztinstanzlichen Gerichte einschlägige Verfahren bzw. die dort wesentlichen Fragen zur Entscheidung vorlegen müssen.

Speziell für die Entscheidung darüber, ob eine Verletzung der Europäischen Menschenrechtskonvention (EMRK) vorliegt, ist der Europäische Gerichtshof für Menschenrechte (EGMR) in Straßburg zuständig, vor dem der betroffene Staat von demjenigen, der seine Menschenrechte für verletzt hält, verklagt werden kann und der gegebenenfalls eine Menschenrechtsverletzung feststellt und diesen Staat zu Schadensersatz verurteilt.

---

[1] Aus Gründen der Übersichtlichkeit wird auf die Angabe von allgemein zugänglichen Presseartikeln als Belegstellen verzichtet.

Die Einpassung des internationalen Rechts und der Zuständigkeit der genannten Gerichte in die nationale Rechtsordnung stellt in vielen Ländern, so auch in der Bundesrepublik, eine dauernde Aufgabe der nationalen Gerichte dar. Ein Blick über den Zaun des eigenen Landes zeigt jedoch, dass sich die Schweiz, obwohl sie geographisch, historisch und kulturell ein zentraler Bestandteil Europas ist, jedenfalls in weit geringerem Maß als andere europäische Staaten diese Entwicklung zu eigen gemacht hat. Sie hat sich in wesentlich größerem Umfang auch in rechtlicher Hinsicht ihre nationalen Eigenheiten bewahrt. Dies zeigt sich in erster Linie im Verhältnis der Schweiz zum EuGH. Der EGMR ist hingegen uneingeschränkt auch für die Schweiz zuständig. Es besteht dort aber erheblicher politischer Streit, ob dies dauerhaft so bleiben soll.

Ehe dem Verhältnis der Schweiz zu den genannten Gerichten näher nachgegangen wird, soll ein historischer Rückblick aufzeigen, dass Fragen nach dem Recht und insbesondere auch nach dem Richter essentielle Bestandteile des Staatsverständnisses der Schweiz sind. Spuren hiervon finden sich – unbeschadet aller grundsätzlichen Entscheidungen und pragmatischer Notwendigkeiten – im Verhältnis der Schweiz sowohl zum EuGH als auch in den aktuellen tagespolitischen Auseinandersetzungen, bei denen es in der Sache um die Zuständigkeit des EGMR geht. Darüber hinaus werden durch den historischen Rückblick auch Grundlagen innerstaatlicher Regeln etwa zu Berufung und Kompetenz von Richtern deutlich, die sich von den Regeln anderer europäischer Länder teilweise deutlich unterscheiden.

II. Die Schweizer Eidgenossenschaft und der Bundesbrief

Einen engen Bezug zum Recht zeigt schon der offizielle Name des Staates auf. Dieser lautet (seit der Neukonstituierung des Staates im Jahre 1803) „Schweizerische Eidgenossenschaft", hinzugefügt wird (seit der Schaffung des Bundesstaates im Jahre 1848) das offizielle Kürzel „CH", was „Confoederatio Helvetica" bedeutet. Das älteste der unterschiedlichen Elemente des Namens des Staates ist mit dem Begriff der „Eidgenossenschaft" ein in seinem Kern rechtlicher Begriff. Der Eid ist die besonders feierliche Bekräftigung einer Aussage; erweist sie sich gleichwohl als unwahr, so ist (göttliches und menschliches) Recht schwer verletzt.

Der Begriff der „Eidgenossenschaft" bezieht sich, so ein wesentlicher Nationalmythos der Schweiz, auf den so genannten „Rütli-Schwur". Rütli ist der Name einer Wiese am Vierwaldstätter See. Der Legende nach schlossen hier die Vertreter der Kantone Uri, Schwyz und Unterwalden einen mit wechselseitigen Eiden bekräftigten Bund gegen die „Habsburger bösen Vögte". Als Gründungsurkunde gilt ein auf den 01.08.1291 datierter, 1798 wiederentdeckter „Bundesbrief", der inzwischen sowohl in der traditionellen als auch in der populären Geschichtsschreibung als eine, wenn nicht *die* Gründungsurkunde der Schweizer Eidgenossenschaft gilt.

In seinem Schwerpunkt ist dieser Bundesbrief ein Rechtsdokument, das nach dem Tod des (am 12.07.1291 verstorbenen) deutschen Königs Rudolf I. die Rechtssicherheit in den Vordergrund stellen und den Landfrieden sichern sollte. Zwei der sieben Absätze des Bundesbriefs betreffen gegenseitige Beistandspflichten im Kriegsfall, der überwiegende Teil des Textes betrifft Fragen des Strafrechts und des Zivilrechts, wie die Folgen eines Totschlags, eines Brandes oder eines Raubes, ebenso Fragen des Schadensersatzes oder der Pfändung.

Neben diesen im Grunde weitgehend eher materiell-rechtlichen Fragen befasst sich der Bundesbrief aber auch näher mit dem Amt des Richters. Es ist festgehalten, dass nur Männer aus den eigenen Reihen als Richter in Betracht kommen.

Hierzu heißt es:

> „Wir haben auch einhellig gelobt und festgesetzt, dass wir in den Tälern durchaus keinen Richter, der das Amt irgendwie um Geld oder Geldeswert erworben hat, oder nicht unser Einwohner oder Landsmann ist, annehmen sollen."

Es handelt sich um eine Übersetzung des ursprünglich in lateinischer Sprache abgefassten Textes. Durch den Bundesbrief von Brunnen (einem am Vierwaldstätter See gelegenen Ort) vom 09.12.1315 wurde der inhaltliche Kern des Bundesbriefs von 1291 – nunmehr in (mittelhoch-)deutscher Sprache – wiederholt und bekräftigt. In diesem Dokument ist übrigens bereits das Wort „Eitgenoze" verwendet.

Es ist hier nicht der Raum, die Geschichte der Schweiz über Jahrhunderte nachzuzeichnen, die Vorbehalte gegen „fremde Richter" sind aber letztlich geblieben.

III. Die Schweiz und der EuGH

Dies wird in besonderer Weise deutlich am Verhältnis zwischen der Schweiz und dem EuGH.[2] Die Schweiz hat mit der EU eine Reihe von Verträgen abgeschlossen.

Ohne Anspruch auf Vollständigkeit sind in diesem Zusammenhang insbesondere folgende Vereinbarungen zu nennen: Das Freihandelsabkommen vom 22.07.1972 (FHA) und das sog. bilaterale Abkommen I vom 21.06.1999. Dieses umfasst insgesamt sieben Abkommen über

---

[2] Vgl. insgesamt eingehend den Beitrag des Schweizer Bundesrichters Seiler zum Thema „Auswirkungen des EU-Rechs auf Nicht-EU-Mitglieder" beim Treffen der obersten Verwaltungsgerichtshöfe Österreichs, Deutschlands, des Fürstentums Liechtenstein und der Schweiz vom 18./19.09.2008.

- die wissenschaftliche und technologische Zusammenarbeit (Beteiligung der Schweiz am 6. Rahmenprogramm EG und Euratom),
- bestimmte Aspekte des öffentlichen Beschaffungswesens, über die gegenseitige Anerkennung von Konformitätsbewertungen (betrifft bestimmte technische und medizinische Produkte),
- den Handel mit landwirtschaftlichen Erzeugnissen,
- den Luftverkehr,
- den Güter- und Personenverkehr auf Schiene und Straße (grenzüberschreitender Straßen und Bahnverkehr),
- die Freizügigkeit (Grundsatz gegenseitiger Nichtdiskriminierung in den Bereichen, Einreise, Aufenthalt, Erwerbstätigkeit, Erbringung von Dienstleistungen und sozialer Sicherheit[3]).

Das sog. bilaterale Abkommen II vom 26.10.2004 ist insoweit ähnlich strukturiert, als es ebenfalls eine Reihe Abkommen zusammenfasst. Diese betreffen unter anderem

- einen liberalisierten Handel mit verarbeiteten Landwirtschaftsprodukten,
- Zusammenarbeit in der Statistik,
- Teilnahme an der Europäischen Umweltagentur,
- Assoziierung an Schengen,
- Bestimmung des zuständigen Staates für die Prüfung eines Asylantrags,
- Besteuerung von Zinserträgen,
- Betrugsbekämpfung.

Die Abkommen sind im Einzelnen zwar unterschiedlich rechtlich strukturiert, teilweise – praktisch bedeutsam ist dies insbesondere für das Abkommen über die Freizügigkeit – ist EU-Recht Bestandteil der Abkommen, teilweise ist dies nur im Ergebnis der Fall, teilweise ist das Recht der EU lediglich als Teil des Völkerrechts bei der Auslegung der Verträge heranzuziehen.

Wenn sich danach in der Sache auch eine vielfältige, wenn auch im Einzelnen unterschiedlich gestaltete Verknüpfung des Rechts der EU mit dem Recht der Schweiz zeigt, ist es auf verfahrensrechtlicher Ebene anders.

Eine Zuständigkeit des EuGH für Auseinandersetzungen, die in den genannten Vereinbarungen wurzeln, besteht fast nicht. Auf Grundlage des EU-Vertrages kommt sie ohnehin nicht in Betracht, weil die Schweiz der EU nicht beigetreten ist. Denkbar wäre jedoch, dass die Zuständigkeit des EuGH in den genannten Verträgen zwischen der Schweiz und der EU vereinbart wäre. So

---

[3] Allerdings stimmte eine – knappe – Mehrheit der Wähler einem auf die Eindämmung der „Masseneinwanderung“ gerichteten Volksinitiative im Februar 2014 zu, entsprechende Verhandlungen zwischen der Schweiz und der EU-Kommission sind im Gang, im Falle ihrer Erfolglosigkeit beabsichtigt die Schweiz einseitige Beschränkungen der Freizügigkeit für EU-Bürger.

verhält es sich bei dem im bilateralen Abkommen I enthaltenen Abkommen über den Luftverkehr. Danach ist vereinbart, dass die in diesem Abkommen festgelegten wettbewerbsrechtlichen Regeln auch für die Schweiz von den EU-Behörden und auch den EU-Gerichten angewendet und vollzogen werden.

Diese Regelung ist jedoch die Ausnahme geblieben. Dies wird auch daraus deutlich, dass in einigen Verträgen zwar eine Zuständigkeit sonstiger EU-Behörden in der Schweiz vorgesehen ist, jedoch eine gleichzeitige Zuständigkeit von EU-Gerichten dort gerade nicht begründet ist.

Insoweit verbleibt es vielmehr weitestgehend bei der Zuständigkeit der nationalen Schweizer Gerichte. Schon zu dem Freihandelsabkommen von 1972 hat das Bundesgericht der Schweiz entschieden, dass der Schweizer Richter die Bestimmungen dieses Abkommens grundsätzlich autonom auszulegen und anzuwenden hat, also entsprechend den allgemeinen Regeln des Völkerrechts und nicht nach EU-Recht, mag dieses auch als Auslegungshilfe neben anderen Auslegungselementen heranzuziehen sein. Dieser grundsätzliche Ansatz bleibt nicht ohne praktische Auswirkungen. So lehnt es die Rechtsprechung der Schweiz ab, das aus der Rechtsprechung des EuGH abgeleitete „Cassis-de-Dijon-Prinzip"[4] – danach dürfen grundsätzlich alle Produkte, die in einem EU-Mitgliedsstaat rechtmäßig in den Verkehr gebracht werden, auch in den anderen Mitgliedsstaaten verkauft werden – im Zusammenhang mit dem Freihandelsabkommen anzuwenden.[5] Von den Besonderheiten im Luftverkehrsabkommen abgesehen, gibt es kein internationales bzw. supranationales Gericht, das über die Auslegung der Abkommen mit verbindlicher Wirkung für beide Vertragsparteien entscheidet. Dies gilt auch, soweit die Abkommen teilweise ausdrücklich die Pflicht zur Berücksichtigung der Rechtsprechung der jeweils anderen Vertragspartei enthalten oder durch Verwendung von Begriffen des Gemeinschaftsrechts die hierzu ergangene Rechtsprechung des EuGH Vertragsgegenstand geworden sind. Die konkrete Umsetzung dieser Grundsätze bleibt in der Schweiz dem nationalen Gericht vorbehalten, eine wie auch immer beschaffene grundsätzliche primäre Zuständigkeit des EuGH für die Schweiz gibt es nicht, dementsprechend ebenso wenig ein Vorlageverfahren.

Die in weitestem Umfang bestehende uneingeschränkte justizielle Zuständigkeit der Schweiz auch für internationales bzw. supranationales Recht geht letztlich weiter als die Unabhängigkeit von internationalen bzw. supranationalen Regelungen, die sich aus einer Vielfalt von praktischen Vereinbarungen in Verbindung mit damit zusammenhängenden verfahrensrechtlichen Detailregelungen ergeben. Schon aus einer Gesamtschau dieser Regelungen wird deutlich, dass die erheblichen Vorbehalte gegen „fremde Richter", wie sie sich schon vor

[4] EuGH, Urt. v. 20.02.1979 – Cassis-de-Dijon – Rs. 120/78.

[5] Schweizerisches Bundesgericht, Urt. v. 06.09.2006 – 2A.593/2005.

Jahrhunderten etwa aus dem Bundesbrief von 1291 ergaben, nach wie vor im Grundverständnis der Schweiz fortwirken.

IV. Die Schweiz und der EGMR

Nach langwierigen politischen Auseinandersetzungen hat die Schweiz 1974 die Europäische Konvention zum Schutz der Menschrechte und Grundfreiheiten (Europäische Menschenrechtkonvention, EMRK) ratifiziert. Damit notwendig verbunden ist die Zuständigkeit des Europäischen Gerichtshofs für Menschenrechte (EGMR) in Straßburg.

Der zahlenmäßige Anteil der die Schweiz betreffenden Fälle am gesamten Fallaufkommen des Gerichts – zwischen 1959 und Ende 2013 wurden insgesamt 664.357 Beschwerden registriert, von denen 22.764 zu einem Urteil führten – ist aber eher gering. Zwischen 1974 und Ende 2013 fielen 5.940 gegen die Schweiz gerichtete Beschwerden an; endgültige Entscheidungen (Urteile) ergingen davon in 125 Fällen. Im Ergebnis kam es in etwas über 1,5 % der die Schweiz betreffenden Fälle zu einer Verurteilung.

Gleichwohl wird in diesem Zusammenhang die Abwehrhaltung gegen „fremde Richter" ganz besonders deutlich.

Dies zeigt die im politischen Meinungskampf hochemotional und streitig geführte Diskussion um die Volksinitiative „Schweizer Recht gegen fremde Richter (Selbstbestimmungsinitiative)"[6]. Deren Ziel ist nämlich der absolute Vorrang der Schweizer Verfassung gegenüber allen anderen Rechtsquellen, ausgenommen sind lediglich „zwingende Regeln" des Völkerrechts. Als Beispiel für zwingendes Völkerrecht werden von den Initiatoren des Volksbegehrens nur das Verbot von Folter oder Völkermord genannt.[7]

Im Falle des Erfolgs des Volksbegehrens wäre – wenn dies auch in der Initiative nicht ausdrücklich, sondern nur in allgemeiner Form angesprochen ist – letztlich eine mögliche und (zumindest teilweise) auch erwünschte Folge, dass die Schweiz die EMRK „kündigen" und sie für sich als nicht mehr verbindlich anerkennen könnte und sollte. Damit entfiele zugleich die mit der Anerkennung der EMRK notwendig verbundene Zuständigkeit des EGMR. Mit den „fremden Richtern" sind also hauptsächlich die Richter des EGMR gemeint. Im politischen Kampf stehen sich dementsprechend – überspitzt – gegenüber die Forderungen nach Bewahrung und Wiederherstellung nationaler Souveränität, wobei der Gegner durch die als Kampfbegriff verwendete Formulierung „frem-

---

[6] Diese ist bisher „lanziert"; die Initiatoren haben bis September 2016 Zeit, insgesamt 100.000 Unterstützungsunterschriften zu sammeln.

[7] Demgegenüber wird von den Initiatoren das für die Definition zwingenden Völkerrechts bedeutsame „Wiener Übereinkommen über das Recht der Verträge" (für die Schweiz 1990 in Kraft getreten) in diesem Zusammenhang nicht erwähnt.

de Richter" symbolisiert wird und die Forderung nach Fortgeltung der Menschenrechte. Die Befürworter der Volksinitiative verweisen auf Entscheidungen des EGMR, die der Schweizer Rechtsauffassung elementar widersprächen, so dass ihre Hinnahme mit der Wahrung staatlicher Souveränität nicht vereinbar sei.

Genannt wird etwa eine Entscheidung, wonach es menschenrechtswidrig unverhältnismäßig sei, einen Verein mit dem Vereinszweck (illegaler) Hausbesetzungen ohne weiteres aufzulösen.[8]

Weiter wird die Rüge des EGMR genannt, die gesetzliche Grundlage für Beihilfe zum Suizid sei unklar. Zu Grunde lag, dass einer nicht todkranken Frau die behördliche Erlaubnis verweigert wurde, sich eine tödliche Dosis eines bestimmten Mittels zu beschaffen.[9]

Auch die Bewertung einer an sich zulässigen „Rückschiebung" einer afghanischen Familie, die Asyl begehrte, nach Italien als menschenunwürdig, stieß in diesem Zusammenhang auf Kritik. Es war, so der EGMR, nicht hinlänglich überprüft, ob die Familie dort zusammenbleiben könne und eine kindgerechte Unterbringung gewährleistet sei.[10]

In besonderem Maße erregte die Öffentlichkeit eine „Ausschaffungsentscheidung".[11] Ausschaffung – dieser Begriff wurde 2010 in der Schweiz zum „Wort des Jahres" – ist ein Rechtsbegriff und bedeutet Vollstreckung einer Ausreisepflicht.[12] Es ging um die Ausweisung eines wegen Rauschgifthandels nicht unerheblich bestraften Nigerianers, die im Blick auf den Schutz von dessen Familienleben daran scheiterte, dass er mit zwei Schweizerinnen Kinder hatte. Die besondere Brisanz dieses Falles liegt darin, dass die Ausweisung der 2010 erfolgreich gewesenen Volksinitiative „Für die Ausschaffung krimineller Ausländer (Ausschaffungsinitiative)" entsprochen hatte. In der Sache ging es dabei nicht um den Vollzug der Ausreisepflicht, sondern darum, dass mit der Verurteilung eines Ausländers wegen schwerer Delikte gegen Leib und Leben, Sozialhilfemissbrauch, Drogenhandel und Einbruch automatisch seine Ausweisung verbunden sein sollte. Vor diesem Hintergrund fällt daher die Behauptung, „fremde Richter" setzten sich über „Schweizer Recht" hinweg, in diesem Fall auf besonders fruchtbaren Boden.

Diese Entscheidungen werden von den Gegnern der Volksinitiative als Einzelfälle gekennzeichnet. Sie verweisen ihrerseits auf die positiven Weiterentwicklungen des Rechts in der Schweiz, die auf die EMRK und den EGMR un-

[8] EGMR, Urt. v. 11.10.2011 – Verein Rhino u.a. ./. Schweiz – 48848/07.

[9] EGMR, Urt. v. 14.05.2013 – Gross ./. Schweiz – 67810/10.

[10] EGMR, Urt. v. 4.11.2014 – Tarakhel ./.Schweiz – 29217/12.

[11] EGMR; Urt. v. 16.04.2013 – Udeh ./. Schweiz – 12020/09.

[12] Die Möglichkeit der Landesverweisung im Falle bestimmter Delikte ist, was ihre Bedeutung für das allgemeine Bewusstsein in der Schweiz belegen mag, bereits im Bundesbrief von 1291 angesprochen.

mittelbar oder zumindest mittelbar zurückgehen („So halfen uns die fremden Richter"):

Letztlich unter dem Oberbegriff „faires Verfahren" hat der EGMR in einer Entscheidung beanstandet, dass das Vorbringen einer mit einer polizeilichen Geldbuße belegte Person, in Wahrheit sei der Sachverhalt anders gewesen, als dies die Polizei behaupte, im Ansatz nicht geeignet war, eine gerichtliche Prüfung des tatsächlichen Geschehens zu veranlassen.[13] Dies führte zu einer umfangreichen Überprüfung und einer Reihe von Änderungen von Gesetzen sowohl im strafrechtlichen als auch im zivilrechtlichen Bereich, im kantonalen Bereich ebenso wie auf Bundesebene.

Von nicht unerheblicher praktischer Bedeutung war auch der Wegfall des sog. Heiratsverbots auf Grund einer Entscheidung des EGMR aus dem Jahre 1987.[14] Nach früherem Scheidungsrecht hatte der Richter dem schuldig geschiedenen Ehegatten ein erneutes Eingehen einer Ehe auf die Dauer von – gestaffelt nach dem Scheidungsgrund – bis zu drei Jahren untersagen müssen.

Auch das Ehenamensrecht der Schweiz wurde durch den EGMR beeinflusst[15].

Zu nennen ist auch die Entscheidung, wonach ein Schadensersatzanspruch nicht als (absolut) verjährt angesehen werden darf, wenn der Geschädigte zum Zeitpunkt der Verjährung noch keine Kenntnis von seinem Anspruch haben konnte (sog. Asbesturteil[16]).

Zumindest mittelbar, aber wesentlich durch die EMRK beeinflusst, waren weitere heute weitgehend als positiv bewerteten Rechtsentwicklungen in der Schweiz.

Hierzu zählt die Aufhebung des sog. „Jesuitenverbots", also die Aufhebung konfessionsbezogener Ausnahmebestimmungen, die etwa der Gründung neuer Klöster oder Orden entgegenstanden. Diese Aufhebung war die Bedingung dafür, dass die Schweiz die (von ihr genutzte) Möglichkeit bekam, die EMRK zu übernehmen.

Genannt wird auch ein enger Zusammenhang zwischen der Einführung des Frauenwahlrechts (1971) und dem damals anstehenden Beitritt der Schweiz zur EMRK, auch wenn er nicht in gleicher Weise wie hinsichtlich der Aufhebung des „Jesuitenverbots" belegbar ist.

Weiter ist erwähnenswert, dass „Administrativ Versorgte" (faktisch handelte es sich dabei z.B. um Personen mit „liderlichem" Lebenswandel, Alkoholiker oder psychisch Kranke) nicht weiterhin wie zuvor ohne vorangegangenes gerichtliches Verfahren – teilweise sogar auf unbestimmte Zeit – in staatlichen

[13] EGMR; Urt. v. 29.04.1988 – Belilos ./. Schweiz – 10328/83.
[14] EGMR, Urt. v. 18.12.1987 – 5 F. ./. Schweiz – 11329/8.
[15] EGMR Urt. v. 22.02.1994 – Burghartz ./. Schweiz – 16213/90.
[16] EGMR, Urt. v. 11.03.2014 – Moor et autres ./. Schweiz – 52067/10; 41072/11.

Einrichtungen (z. B. Heime, psychiatrische Anstalten) untergebracht werden konnten.

Eng mit der EMRK hängt auch zusammen, dass mit der im Jahre 1999 (erstmals seit 1874) erfolgten Totalrevision der Bundesverfassung dort zahlreiche Freiheitsrechte in einem eigenen Grundrechtskatalog aufgenommen wurden. Dabei wurde im Wesentlichen der Grundrechtskatalog der EMRK übernommen. Schon zuvor hatte das Bundesgericht, wiederholt auch von der EMRK beeinflusst, eine Reihe von „ungeschriebenen" Grundrechten anerkannt (z. B. Meinungsäußerungs-, Versammlungs- oder Sprachenfreiheit). Diese Entwicklungen bzw. Entscheidungen und ihre Konsequenzen sind heute im öffentlichen Diskurs im Wesentlichen nicht (mehr) im Streit.

Es ist hier nicht der Ort, die Argumente von Befürwortern und Gegnern der Volksinitiative zu gewichten und die jeweils herangezogenen Entscheidungen des EGMR zu bewerten oder gar das Ergebnis der angestrebten Volksinitiative zu prognostizieren. Es wird aber deutlich, dass der Begriff der „fremden Richter" nicht nur ein in lange zurückliegender Zeit verwendeter Begriff ohne aktuelle Bedeutung ist, sondern dass er und seine Grundlagen die aktuelle Tagespolitik in erheblichem Umfang beeinflussen.

V. Nationale Besonderheiten[17]

Dies gilt nicht nur für die Beziehungen der Schweiz im Blick auf inter- oder supranationale Gerichte, sondern es spielt auch in der Innenpolitik bzw. der (rein) nationalen Rechtspolitik eine erhebliche Rolle. Wesentliche Ansätze finden sich auch hier schon im Bundesbrief von 1291. Das Bündnis gegen Habsburgs „böse Vögte"[18] erstrebte zwar im Ansatz auch den Schutz durch den (aus den eigenen Reihen stammenden) Richter, ebenso aber auch den Schutz vor dem Richter. Angesichts der weitgehenden und in Volksinitiativen auch immer wieder in Anspruch genommenen unmittelbaren Gesetzgebungsbefugnis des Volkes werden richterliche Entscheidungen daher im Ansatz nicht allein als Schutz der Rechte des Volkes sondern ebenso auch als Eingriff in die Rechte des Volkes empfunden.

Auch dies wird an Problemen im Zusammenhang mit der „Ausschaffung" sehr deutlich.

---

[17] Vgl. insgesamt eingehend *Thomas Stadelmann*, Richter am Verwaltungsgericht Luzern, Aspekte richterlicher Unabhängigkeit in der Schweiz – de iure und de facto –, überarbeitete Fassung eines Vortrags anlässlich der „international scientific practical conference 2004" in Cernovtsy, Ukraine.

[18] Vogt war die Bezeichnung eines hohen mittelalterlichen Beamten, der als Vertreter eines Feudalherrschers regierte und richtete (man denke an die Rolle des legendären Landvogts Gessler in „Wilhelm Tell").

Letztlich im Anschluss an die aufgezeigte Rechtsprechung des EGMR hat das Bundesgericht in einem ähnlich gelagerten Fall die Ausweisung eines wegen Betäubungsmittelhandels bestraften Ausländers aus in seiner Person liegenden Gründen abgelehnt.[19] Der auf Grund der Ausschaffungsinitiative in die Verfassung aufgenommene Automatismus zwischen Verurteilung und Ausweisung kollidiere mit der EMRK und anderen internationalen Abkommen. Im Konfliktfalle gehe das Völkerrecht vor. Inzwischen hat der Nationalrat im Rahmen der sog. Umsetzungsgesetzgebung (Umsetzung der erfolgreichen Ausschaffungsinitiative) auf „Gesetzesebene" dem in der Verfassung aufgenommenen Automatismus eine Härtefallklausel hinzufügt, die es im Einzelfall ermöglichen kann, diesen Automatismus wieder aufzuheben. Dem gegenüber steht die ebenfalls hoch umstrittene Volksinitiative „Zur Durchsetzung der Ausschaffung krimineller Ausländer (Durchsetzungsinitiative)", durch die die wort- und sinngetreue Umsetzung der Ausschaffungsinitiative erzwungen werden soll. Hierüber wird am 28.02.2016 eine Volksabstimmung stattfinden, über deren Ergebnis hier nicht zu spekulieren ist.

Die Stärke der grundsätzlichen Annahme, rechtliche Auslegungen hätten nicht den Vorrang vor demokratischen Entscheidungen (z.B. durch Volksinitiativen), zeigt sich über die konkreten Auseinandersetzungen über die Bedeutung von bestimmten gerichtlichen Entscheidungen hinaus auch daran, dass es in der Schweiz eine Verfassungsgerichtsbarkeit jedenfalls in dem Sinne, wie sie in Deutschland und einer Reihe anderer westlicher Staaten vorhanden ist – also eine Gerichtsbarkeit, die die Vereinbarkeit sämtlicher staatlicher Hoheitsakte mit der Verfassung mit Verbindlichkeit überprüft – nicht gibt. Die Idee einer Verfassungsgerichtsbarkeit, also einer Gerichtsbarkeit, die (auch) die Vereinbarkeit sämtlicher Gesetze mit der Verfassung mit Verbindlichkeit überprüfen kann, wird als nicht mit der Verfassungstradition des Landes vereinbar angesehen. Dem entsprechend gibt es ein eigenes Verfassungsgericht in der Schweiz nicht, oberstes Gericht ist das Bundesgericht. Es entstand 1848, als sich die Schweiz von einem Staatenbund in einen Bundesstaat wandelte, was für die Kantone mit dem Verlust eines Teils ihrer Autonomie verbunden war. Aufgabe des Bundesgerichts war – von der Zuständigkeit für einzelne Strafsachen und an das Bundesgericht von der Bundesversammlung überwiesene Grundrechtsfälle abgesehen – nur die Beurteilung von Klagen unter den Kantonen oder zwischen den Kantonen und dem Bund.

Im Lauf der Zeit sind dem Bundesgericht zwar weitere genau eingegrenzte Zuständigkeiten in Richtung einer Verfassungsgerichtsbarkeit zugewachsen, wie etwa im Ergebnis eine abstrakte Normenkontrolle hinsichtlich der Vereinbarkeit kantonalen Rechts mit der Bundesverfassung; hinsichtlich kantonaler Verfassungen besteht diese Möglichkeit nur insoweit, als es um die Vereinbar-

---

[19] Schweizerisches Bundesgericht, Urt. v. 12.10.2012 – 2.2C 828/2011.

keit der kantonalen Verfassung mit Bestimmungen der Bundesverfassung geht, die nach der in Rede stehenden Regelung des kantonalen Verfassungsrechts in Kraft getreten sind.

Noch weitaus deutlicher als an diesem Teil seiner Zuständigkeiten wird die Einschränkung der Kompetenz des Bundesgerichts (und aller übrigen Gerichte) gegenüber dem Volkswillen aber daran, dass Bundesgesetze auf jeden Fall verbindlich sind, sie können daher nicht aufgehoben, für ungültig erklärt oder sonst nicht angewendet werden. Es ist zwar möglich (und geboten), unbestimmte Rechtsbegriffe in Bundesgesetzen verfassungskonform auszulegen, eine Umdeutung oder Korrektur des Willens des Gesetzgebers ist jedoch nicht möglich. Im Ergebnis kann es also sein, dass das Bundesgericht Bestimmungen anwenden muss, obwohl es sie für unvereinbar mit der Bundesverfassung hält. Bundesgesetze unterliegen nämlich dem sog. fakultativen Referendum (seit 1874 Teil der Bundesverfassung), einem wesentlichen Element der Ausgestaltung der Schweizer Demokratie. Das bedeutet, dass (seit 1999) acht Kantone oder 50.000 Stimmberechtigte im Zeitraum von 100 Tagen nach der Veröffentlichung eine Volksabstimmung hierüber verlangen können. Verlangen sie dies nicht oder bleibt ihr Begehren erfolglos, soll nicht ein Gericht – auch nicht das höchste Gericht des Landes – in der Lage sein, das Gesetz wieder aufzuheben.

Zugebilligt wird dem Bundesgericht allerdings das Recht, in seinen Entscheidungen gegebenenfalls näher darzulegen, warum es ein Gesetz für nicht vereinbar mit der Bundesverfassung hält. Bindende Wirkung hat dies nicht, es kommt aber vor, dass solche Ausführungen aufgegriffen und in der praktischen Politik umgesetzt werden. Darauf, ob und in welchem Umfang dies im Einzelfall so ist, hat das Gericht aber keinen Einfluss.

Bemühungen, die Rolle des Bundesgerichts in diesem Zusammenhang zu stärken, etwa ihm die Möglichkeit zu geben, im Rahmen eines konkreten Falles (nicht: einer abstrakten Normenkontrolle) ein Bundesgesetz für ungültig zu erklären, sind auf politischer Ebene erfolglos geblieben. Zuletzt sind sie 2012 am Ständerat – eine mit Vertretern der Kantone besetzte Kammer des Parlaments – gescheitert.

Das Verhältnis zwischen dem, zumal unmittelbar geäußerten, Volkswillen und der Rolle des Richters wird auch daran deutlich, dass Richter in der Schweiz regelmäßig nicht von der Exekutive ernannt, sondern gewählt werden. Durch unmittelbare Volkswahl werden insbesondere die meisten Richter der Eingangsgerichte gewählt, in einigen kleineren Kantonen auch die Richter der kantonalen Obergerichte. Die Richter des Bundesgerichts und die Richter der Obergerichte der übrigen Kantone werden durch die Parlamente gewählt. Der unstreitig erhebliche politische Einfluss, den in diesem Zusammenhang die Parlamentsparteien ausüben, wird im öffentlichen Diskurs nur vereinzelt problematisiert. Gleiches gilt für den Umstand, dass Richter nur für eine begrenzte Zeit gewählt werden. Diese beträgt meistens vier oder sechs Jahre; im Kanton

Tessin werden die Richter auf zehn Jahre gewählt, nur im Kanton Fribourg werden Richter auf Lebenszeit gewählt. Die Möglichkeit einer Wiederwahl der auf Zeit gewählten Richter ist vorgesehen. Auch diese Notwendigkeit wird damit begründet, dass staatliche Tätigkeit immer wieder durch das Volk bzw. die Volksvertretung, das Parlament, legitimiert werden muss. Parteipolitischer Einfluss bei der Berufung der Richter und die Notwendigkeit für Richter, sich einer Wiederwahl zu stellen, sind Gesichtspunkte, die eher gegen den formalen Schutz der Richter vor Beeinflussung sprechen.

In ähnliche Richtung deutet im Übrigen auch, dass die gerichtsinterne Geschäftsverteilung in der Schweiz zwar teilweise auch an Aktenzeichen, Anfangsbuchstaben oder vergleichbare objektive Kriterien anknüpft, aber vielfach auch sehr pragmatisch gehandhabt wird. Bedenken gegen Überlegungen, im Einzelfall etwa die Arbeitslast oder besondere Fähigkeiten eines Richters – was etwa im Zusammenhang mit der Mehrsprachigkeit des Landes Bedeutung haben kann[20] – zu berücksichtigen, bestehen weniger, sind jedenfalls nicht sehr ausgeprägt.

Dass durch all dies Probleme von größerem Gewicht aufgetaucht wären, ist nicht bekannt geworden. Rechtsvergleichende – ihrerseits nicht völlig unumstrittene – Untersuchungen haben ergeben, dass im internationalen Vergleich die richterliche Unabhängigkeit in der Schweiz zwar nicht in ihren rechtlichen Grundlagen, wohl aber faktisch sehr hoch angesiedelt ist.

Die in diesem Rahmen nur angerissenen verschiedenen nationalen und europäischen Aspekte belegen für die Schweiz ein letztlich auf ihrem staatsrechtlichen Grundverständnis beruhendes Verhältnis von Recht und Gericht, das trotz gleicher Grundwerte mit dem System anderer westlicher Staaten nur begrenzt vergleichbar ist.

Über alle Unterschiede hinweg tritt aber das Bewusstsein von der Bedeutung des Rechts für ein geordnetes staatliches Zusammenleben in Freiheit klar zu Tage.

Hierzu in unserem Lande wesentlich beigetragen zu haben, ist das Ergebnis des langen und überaus erfolgreichen Berufslebens von Herbert Landau. Ad multos annos!

---

[20] Vgl. die Ansprache von Prof. *Marin Schubarth*, Präsident des Schweizer Bundesgerichts vom 25.09.1999 auf dem Schweizer Juristentag in Delemont/Porrentruy.

Richtermacht im Gesetzesstaat

Ein Einwurf zur Methodendebatte (aus der Instanz)

Wilhelm Wolf

I. Einleitung

Am 07.05.2013 fasste der Zweite Senat des Bundesverfassungsgerichts den Beschluss,[1] dass die Ungleichbehandlung von Verheirateten und eingetragenen Lebenspartnern in den Vorschriften der §§ 26, 26b, 32a Abs. 5 EStG zum Ehegattensplitting mit dem allgemeinen Gleichheitssatz des Art. 3 Abs. 1 GG nicht vereinbar sei. Die Entscheidung erging nicht einstimmig, sondern mit 6 : 2 Stimmen.[2] Eine abweichende Auffassung zur Senatsmehrheit vertraten Richterin *Kessal-Wulf* und Richter *Landau*.[3]

Die Senatsmehrheit habe mit ihrer Entscheidung eine der Ehe im Hinblick auf das Bestehen einer Gemeinschaft von Erwerb und Verbrauch vergleichbare rechtliche Ausgangssituation der eingetragenen Lebenspartnerschaft „von Anfang an" konstruiert, die die Legislative zu diesem Zeitpunkt ausdrücklich nicht gewollt hatte. Die Senatsmehrheit setze damit ihre Einschätzung an die Stelle des hierzu alleine berufenen Gesetzgebers. Gesellschaftlichen Wandel aufzunehmen, zu bewerten und gegebenenfalls rechtliche Formen hierfür bereitzustellen, könne nur Sache des Gesetzgebers, nicht aber des Verfassungsgerichts sein.[4]

Damit, so *Rüthers*, sei die zentrale Frage aufgeworfen, wer die politische Gestaltungs- und Normsetzungsmacht im demokratischen Rechtsstaat ausübe, das Parlament oder das Bundesverfassungsgericht. Konkret gehe es um die Frage, ob die Senatsmehrheit mit ihrem Beschluss das Grundgesetz (noch) ausgelegt oder (schon) geändert habe.[5]

---

[1] BVerfG, Beschl. v. 07.05.2013 – 2 BvR 909/06, 2 BvR 1981/06, 2 BvR 288/07, BVerfGE 133, 377–443, im Folgenden mit Randnummern zitiert nach juris.

[2] BVerfG, Beschl. v. 07.05.2013 – 2 BvR 909/06, 2 BvR 1981/06, 2 BvR 288/07, Rn. 115.

[3] Ausführlich begründet: BVerfG, Beschl. v. 07.05.2013 – 2 BvR 909/06, 2 BvR 1981/06, 2 BvR 288/07, Rn. 116–151.

[4] BVerfG, Beschl. v. 07.05.2013 – 2 BvR 909/06, 2 BvR 1981/06, 2 BvR 288/07, Rn. 137.

[5] *B. Rüthers* FAZ vom 17.11.2013; ähnlich schon im Titel *M. Jestaedt/O. Lepsius/Ch. Möl-*

II. Fortsetzung einer Debatte

Mit der abweichenden Auffassung der beiden Bundesverfassungsrichter und den Reaktionen in der Literatur lebt eine im Kern methodologische Diskussion auf, die – für die Sperrigkeit dieser Materie eher untypisch – rasch ein Forum in den führenden Tageszeitungen Deutschlands gefunden hat. Das mag der Prominenz der Diskutanten geschuldet sein, dürfte seine Ursache aber vor allem darin finden, dass der Kern des Streits die Verschiebung der Kompetenzgrenzen zwischen Gesetzgebung und Rechtsprechung, mithin also einen verfassungsrechtlich relevanten und brisanten Konflikt zwischen der legislativen und der judikativen Staatsgewalt zum Gegenstand hat, der bisher von den Prozessen demokratischer Willensbildung weitgehend unbeobachtet abgelaufen ist.

1. „Demokratischer Rechtsstaat oder oligarchischer Richterstaat?"

Auf die Problematik nicht nur durch provokante Überschriften, sondern mit gewichtigsten Beobachtungen, Analysen und Argumenten hingewiesen zu haben, ist und bleibt das Verdienst von *Bernd Rüthers*, dem es spätestens 2002 mit dem so überschriebenen Debattenbeitrag[6] gelungen ist, eine intensive Diskussion über seine Thesen zu einer Verschiebung der Machtverhältnisse zu Lasten des Gesetzgebers auszulösen. Sie lassen sich in drei Kernaussagen zusammenfassen:

a) auctoritas non veritas facit legem

Nicht mehr das als parlamentarisch zustande gekommene und demokratisch legitimierte Gesetz bestimme heute noch, was Recht sei, sondern das Richterrecht der letzten Instanzen.[7] Das verlangt nach empirischen Belegen, die *Rüthers* nicht schuldig bleibt. Für das Verfassungsrecht führt er exemplarisch die Entscheidung zu Mutlangen an, mit der das Bundesverfassungsgericht eine 80-jährige Rechtsprechungstradition mit der Veränderung einer Richterstimme im zuständigen Senat[8] entgegen der eigenen früheren Rechtsprechung[9] beiseitegeschoben habe. Auch das Grundrecht auf informationelle Selbstbestimmung erachtet *Rüthers* als richterrechtliches Konstrukt ohne normative Grundlage im Grundgesetz. Im Zivilrecht zeige sich die normsetzende Anmaßung der obersten Instanzen etwa in der Herrenreiter-Entscheidung des BGH,[10] mit der erst-

lers/Ch. Schönberger Das entgrenzte Gericht, Eine kritische Bilanz nach sechzig Jahren Bundesverfassungsgericht, 2011.

[6] Zuerst veröffentlicht in: *E. Picker/B. Rüthers* Recht und Freiheit, Symposion zu Ehren von Reinhard Richardi, 2003, S. 111–136f.; gekürzte Fassung in: JZ 2002, 365ff.

[7] *B. Rüthers* in: Hoffmann/Robbers (Hrsg.), Institut für Rechtspolitik IRP, Rechtspolitisches Forum, Bd. 15, 2003, S. 18.

[8] BVerfGE 92, 1.

[9] BVerfGE 73, 206.

[10] BGHZ 26, 349.

malig ein Schmerzensgeldanspruch im Falle der Verletzung des allgemeinen Persönlichkeitsrechts anerkannt wurde, oder für das Arbeitsrecht in den haftungsbeschränkenden Entscheidungen des BAG zur Arbeitnehmerhaftung, die kaum auf ihre gesetzlichen Grundlagen zurückgeführt werden könnten.[11] Was Recht auch über den Einzelfall hinaus ist, ergibt sich danach nicht mehr aus den gesetzlichen und nach der Verfassung bindenden normativen Grundlagen, sondern aus den mit Rechtkraft und damit absolutem faktischem Geltungsanspruch ergehenden letztinstanzlichen Judikaten der obersten Bundesgerichte und des Bundesverfassungsgerichts. Die von Macht getragene Autorität schaffe das Recht, nicht eben das Gesetz.[12]

b) Von der Demokratie zur „Richteraristokratie"[13]

Mit dem Bedeutungszuwachs des Richterrechts sieht *Rüthers* gleichzeitig eine Entdemokratisierung der Gesetzgebung verbunden. Die Normsetzung liege faktisch immer weniger beim Parlament und wachse stattdessen in erheblichem Umfang dem Tätigkeits- und Einflussbereich der letztinstanzlich tätigen Richterinnen und Richter zu. Diese bildeten eine nach ihrer Ausbildung, ihrer Qualifikation und ihrer sonstigen Sozialisierung recht einheitliche Berufsgruppe, deren Zusammensetzung gerade wegen des Machtzuwachses immer stärker zum Gegenstand des politischen Kampfs geworden sei.[14] Dieser Kampf habe inzwischen, nicht nur in Einzelfällen, erkennbare und problematische Auswirkungen auf das Gewicht des Kriteriums der fachlichen Eignung der Gewählten, da, wie Konkurrentenklagen wiederholt gezeigt hätten, der Parteitreue und der politisch-ideologischen Zuverlässigkeit der Kandidatinnen und Kandidaten für Richterstellen an den obersten Bundesgerichten der Vorzug vor der Fachkompetenz und der richterlichen Unabhängigkeit gegeben werde.[15]

c) Die „objektive Auslegung" als Machtinstrument

Das Bundesverfassungsgericht vermeidet es, soweit bekannt, Ausführungen zu seiner Methodenwahl vor dem Hintergrund sich daraus ergebender rechtspolitischer Gestaltungsoptionen zu reflektieren. Bei oberflächlicher Betrachtung mag sich sogar der Eindruck methodologischer Indifferenz einstellen, etwa mit

---

[11] *B. Rüthers* in: Hoffmann/Robbers (Hrsg.), Institut für Rechtspolitik IRP, Rechtspolitisches Forum, Bd. 15, 2003, S. 19.

[12] *B. Rüthers* in: Hoffmann/Robbers (Hrsg.), Institut für Rechtspolitik IRP, Rechtspolitisches Forum, Bd. 15, 2003, S. 19.

[13] So *B. Rüthers* in: Hoffmann/Robbers (Hrsg.), Institut für Rechtspolitik IRP, Rechtspolitisches Forum, Bd. 15, 2003, S. 19.

[14] *B. Rüthers* in: Hoffmann/Robbers (Hrsg.), Institut für Rechtspolitik IRP, Rechtspolitisches Forum, Bd. 15, 2003, S. 21.

[15] *B. Rüthers* in: Hoffmann/Robbers (Hrsg.), Institut für Rechtspolitik IRP, Rechtspolitisches Forum, Bd. 15, 2003, S. 21; *B. Rüthers* JZ 2002, 365ff.

Blick auf die dem früheren Präsidenten des Bundesverfassungsgerichts *Wolfgang Zeidler* zugeschriebene[16] Sentenz: „Ach wissen Sie, bei uns hat halt jeder Fall seine eigene Methode." Gleichwohl findet man auch in der Judikatur des Bundesverfassungsgerichts Belege für die Favorisierung der sogenannten objektiven Auslegungstheorie:

„Maßgebend für die Auslegung einer Gesetzesvorschrift ist der in dieser zum Ausdruck kommende objektivierte Wille des Gesetzgebers, so wie er sich aus dem Wortlaut der Gesetzesbestimmung und dem Sinnzusammenhang ergibt, in den diese hineingestellt ist. Nicht entscheidend ist dagegen die subjektive Vorstellung der am Gesetzgebungsverfahren beteiligten Organe oder einzelner ihrer Mitglieder über die Bedeutung der Bestimmung. Der Entstehungsgeschichte einer Vorschrift kommt für deren Auslegung nur insofern Bedeutung zu, als sie die Richtigkeit einer nach den angegebenen Grundsätzen ermittelten Auslegung bestätigt oder Zweifel behebt, die auf dem angegebenen Weg allein nicht ausgeräumt werden können."[17]

Rüthers sieht darin indes lediglich ein bloßes Lippenbekenntnis.[18] Denn das Bundesverfassungsgericht messe dem historischen Argument bei der Gesetzesauslegung in aller Regel ein besonderes, oft das entscheidende Gewicht bei. Richterrechtspolitisch komme der objektiven Methode indes eine wichtige Funktion zu: Sie gebe den Gerichten in zahlreichen Fällen mehrdeutiger und inhaltlich wandlungsfähiger Wortlaute von Rechtsvorschriften einen weiten Spielraum zur Durchsetzung richterlicher Eigenwertungen.[19]

Das entscheidende Instrument ist letztlich die Lösung des Normtextes aus seinem historischen Entstehungszusammenhang. Erst dies ermöglicht, was die Vertreter der objektiven Theorie als Gegenstand der Auslegung des Gesetzes sehen, nämlich die Suche einer Antwort auf die Fragen der Gegenwart.[20] Darin liegt letztlich auch die Attraktivität der objektiven Auslegung begründet. Für sie entfällt die Notwendigkeit der Differenzierung zwischen dem Bereich der Gesetzesauslegung und dem der Entscheidungstätigkeit in den Fällen der Gesetzgebungslücken, die dort bestehen, wo sich nach wortlautorientierter, historischer und systematischer Auslegung eine Antwort des Gesetzes auf die zu entscheidende Frage nicht mehr entwickeln lässt. Denn nach dem Konzept eines vom historischen Gesetzgeber unabhängigen Willens des Gesetzes selbst erscheint jede Entscheidungstätigkeit als Verwirklichung des im Gesetz selbst liegenden Willens völlig unabhängig von den in der Vergangenheit liegenden Umständen, Bedingungen und Verhältnissen seiner Entstehung. Der Anspruch auf Objektivität der Auslegung und ihres Ergebnisses ist folgenreich und wird

---

[16] *B. Rüthers* in: Hoffmann/Robbers (Hrsg.), Institut für Rechtspolitik IRP, Rechtspolitisches Forum, Bd. 15, 2003, S. 33; *Ch. Fischer* in: O. Depenheuer (Hrsg.), Reinheit des Rechts, Kategorisches Prinzip oder regulative Idee?, 2010, S. 101 ff., 114.

[17] BVerfGE 1, 299 (312); BVerfGE 10, 234 (244); BVerfGE 11, 126 (130).

[18] *B. Rüthers* Rechtstheorie 2005, Rn. 800.

[19] *B. Rüthers* Rechtstheorie 2005, Rn. 800.

[20] *K. Larenz/C.-W. Canaris* Methodenlehre der Rechtswissenschaft, 1995, S. 139.

in den Beschreibungen ihrer Vertreter und Verfechter nur angedeutet. „Schöpferische Geistestätigkeit“[21] verlange die Gesetzesauslegung, wenn andere Ansätze aus dem Wortlaut, der Systematik und der Geschichte nicht mehr weiterführen.“ Wenn der Interpret indes zum Schöpfer mutiert, wird der Normanwender zum Normsetzer.[22] Diese Konsequenz markiert die zentrale Bedeutung der objektiven Auslegung als methodologisches Instrument zur Verschiebung der Machtverhältnisse zwischen Legislative und Judikative.

Eine zweite Folge dieses Ansatzes erscheint mit Blick auf die Funktion der Transparenz der Auslegungsergebnisse für den Meinungsbildungs- und rechtswissenschaftlichen Prozess in der Rechtsprechung mindestens ebenso zentral und problematisch. Die objektive Auslegung entzieht sich mit dem Akt „schöpferischer Geistestätigkeit“ dem kritischen Diskurs ihres Erkenntnisprozesses. Denn in diesem Stadium der Gesetzesauslegung bestimmen nicht mehr überprüfbare Maßstäbe, deren Einhaltung und Wahrung Ansatz der Reflektion bieten könnte, den Prozess der Rechtsfindung, sondern letztlich das Vorverständnis des Interpreten und seine Gewichtung der ausschlaggebenden Aspekte. „Das jeweilige Gewicht der verschiedenen Kriterien“, so *C.-W. Canaris*,[23] „hängt nicht zuletzt davon ab, was sie im Einzelfall hergeben“. *Rüthers* sieht hierin nur den Anschein einer kognitiven, rational zwingenden Operation[24] begründet. Die reale richterliche Normsetzung werde durch beide Begriffe, nämlich „objektiv“ und „Auslegung“, vernebelt und mit der Aura einer scheinbar rein wissenschaftlichen Prozedur irreführend etikettiert. Tatsächlich, so zitiert *Rüthers* einen der prominentesten Methodenlehrer des frühen 20. Jahrhunderts, sei das Gesetz in objektiver Auslegung „mit einem Freiballon zu vergleichen, der aufgelassen, jedem Bestimmungswunsch entrückt, dem Winde folgt“.[25] Gleichzeitig öffnet sich die objektive Auslegungsmethode Gemeinwohlformeln[26] unterschiedlichster Provenienz, sei es allgemein etwa die Idee der „Gerechtigkeit“ oder – nur scheinbar konkreter – die der „sozialen Gerechtigkeit“,[27] mit denen es mühelos gelingt, den Inhalt gesetzlicher Bestimmungen beliebig umzudeuten.[28]

---

[21] *K. Larenz/C.-W. Canaris* Methodenlehre der Rechtswissenschaft, 1995, S. 166.

[22] *B. Rüthers* Rechtstheorie 2005, Rn. 813.

[23] *K. Larenz/C.-W. Canaris* Methodenlehre der Rechtswissenschaft, 1995, S. 166.

[24] *B. Rüthers* Rechtstheorie 2005, Rn. 814.

[25] *Ph. Heck* AcP 112 (1914), 1 (62) mit Fn. 87, zitiert nach *B. Rüthers* Rechtstheorie, 2005, Rn. 815.

[26] Kennzeichnend auch für das Rechtsverständnis des Nationalsozialismus, vgl. hierzu die grundlegende Arbeit von *M. Stolleis* Gemeinwohlformeln im nationalsozialistischen Recht, 1974.

[27] Insbesondere dem Gerechtigkeitsbegriff lassen sich nahezu unbeschränkt Attribute zur Seite stellen, mit denen sich unbegrenzt Ideologien äußerst zweifelhaften Gehalts verklärend transportieren lassen.

[28] *B. Rüthers* Rechtstheorie, 2005, Rn. 808.

Diese Analyse der methodischen Ausrichtung letztinstanzlicher Rechtsprechungstätigkeit und ihrer Folgen und Gefahren für den gewaltenteilenden Rechtsstaat lässt sich als Provokation für die Vertreter der obersten Bundesgerichte lesen. Deren Reaktion könnte offenbaren, ob die These ihre Berechtigung hat.

2. Der moderne Richter – „ein mehr oder weniger virtuoser Pianist“[29]

„Journalistisch – salopp formuliert", so der frühere Präsident des BGH *G. Hirsch*[30] habe er mit dieser Beschreibung zum Ausdruck bringen wollen, dass das Bild des großen Methodenlehrers *Philipp Heck* von 1914, das Verhältnis des Richters zum Gesetzgeber sei das eines Dieners zum Herrn, nicht mehr so recht in unsere Zeit passe. Suche man ein aktuelles Bild passe am ehesten das des Pianisten zum Komponisten. Denn der Richter interpretiere bindende Vorgaben des Gesetzgebers, er habe Spielräume, dürfe aber das Stück nicht verfälschen. Im Übrigen passe dieses Bild auch deshalb ganz gut, weil die Medien mitunter auf den Pianisten schössen, obwohl sie eigentlich auf den Komponisten zielen müssten.

Dieses Bild – unabhängig davon wie passend es nun sein mag – weist im Kern schon darauf hin, dass zwischen *Rüthers* und *Hirsch* als führendem Repräsentanten der deutschen Justiz grundsätzlich Einigkeit darin besteht, dass sich in der deutschen Rechtsprechung die Auslegung der Gesetze im Wege der objektiven Methode durchgesetzt hat.[31]

Der Einigkeit in diesem Befund steht der Dissens in der Bewertung dieser Entwicklung gegenüber. *Hirsch* stützt seine Präferenz für die objektive Auslegung auf drei zentrale Thesen, die diese Methodenwahl der Obergerichte stützen sollen.

a) Faktische aber nicht rechtliche Autorität des Gesetzes[32]

In Art. 20 Abs. 3 GG, der als „Staatsfundamentalnorm" höherrangiger als Art. 97 Abs. 1 GG sei und im Übrigen selbst auch nicht die Unterschiedlichkeit von Recht und Gesetz in Frage stelle,[33] sieht *Hirsch* das Verfassungsprinzip der nicht absoluten Gesetzesbindung des Richters angelegt.[34] Erst unterhalb dieses Verfassungsprinzips stellten sich die daraus abzuleitenden Methodenfragen

---

29 *G. Hirsch* ZRP 2006, 161.

30 So in seinem Beitrag zur Deutsch-Niederländischen Juristenkonferenz in Dresden am 04.10.2009 mit der Überschrift „Rechtsstaat oder Richterstaat"? Der Richter im Spannungsfeld von erster und dritter Gewalt.

31 *G. Hirsch* „Rechtsstaat oder Richterstaat"?, S. 5.

32 *G. Hirsch* „Rechtsstaat oder Richterstaat"?, S. 3 formuliert seine erste These wörtlich: „Faktisch ist das Gesetz die oberste Autorität des Richters, rechtlich aber nicht."

33 *G. Hirsch* „Rechtsstaat oder Richterstaat"?, S. 3.

34 *G. Hirsch* „Rechtsstaat oder Richterstaat"?, S. 4.

nach der Grenzziehung zwischen richterlicher Auslegung der Gesetze einerseits und der Fortbildung des Rechts andererseits. Hier sei der objektiven Auslegung, die sich in der deutschen Rechtsprechung durchgesetzt habe, zu folgen, nach der der Wille des historischen Gesetzgebers zwar als ein wesentlicher Aspekt bei der Auslegung zu berücksichtigen sei, im Kollisionsfall indes objektiv-teleologischen Kriterien zu weichen habe.[35] Unter Rückgriff auf *Friedrich Carl v. Savigny* und dessen Definition von Auslegung, die die Rekonstruktion des dem Gesetz innewohnenden Gedankens sei, sieht *Hirsch* die Aufgabe der anzuwendenden Methode letztlich darin, herauszuarbeiten, was mit dem Gesetz geregelt werden sollte, nicht aber in der Klärung der rein subjektiven Vorstellungen der am Gesetzgebungsverfahren Beteiligten.[36]

b) Das Gesetz kann klüger sein als der Gesetzgeber[37]

Mit dieser zweiten These wird das Problem dieses methodischen Ansatzes, den *Hirsch* dahingehend beschreibt, dass der Auslegende hiermit vom subjektiven Willen des historischen Gesetzgebers abweiche,[38] gleichzeitig metaphorisch[39] überdeckt. Er selbst wirft insoweit die entscheidende Frage auf: „Ist die Vorstellung, das Gesetz könne klüger sein als die, die es schufen, nicht die eigentliche Lebenslüge der Richter, weil sie vertuscht, dass sie sich selbst für klüger halten als den Gesetzgeber? Ist es nicht eigentlich die „ratio judicis", die von Richtern als „ratio legis" ausgegeben wird?".[40]

Auf diese Frage gibt *Hirsch* eine doppelte Antwort. Zunächst finde sich der Richter mit der Notwendigkeit konfrontiert, auch dann eine Entscheidung zu treffen, wenn das Gesetz schweige, unklar sei oder einer gewandelten Werteordnung nicht mehr entspreche.[41] In dieser Lage sei der Richter auf Grund seiner Kompetenz, also von Verfassungs wegen vor dem Hintergrund seiner im Grundgesetz garantierten Unabhängigkeit und seiner Bindung an Recht und Gesetz gleichsam als „Handlanger der Gerechtigkeit"[42] prädestiniert, den objektiven Gehalt des Gesetzes in seiner Entscheidung zum Tragen zu bringen.

---

35 *G. Hirsch* „Rechtsstaat oder Richterstaat"?, S. 5.

36 *G. Hirsch* „Rechtsstaat oder Richterstaat"?, S. 5.

37 So ausdrücklich die zweite These von *G. Hirsch* „Rechtsstaat oder Richterstaat"?, S. 6.

38 *G. Hirsch* „Rechtsstaat oder Richterstaat"?, S. 5.

39 *E. Picker* in: Ch. Bumke (Hrsg.), Richterrecht zwischen Gesetzesrecht und Rechtsgestaltung, 2012, S. 85 ff., 90.

40 *G. Hirsch* „Rechtsstaat oder Richterstaat"?, S. 6.

41 *G. Hirsch* „Rechtsstaat oder Richterstaat"?, S. 6.

42 *G. Hirsch* „Rechtsstaat oder Richterstaat"?, S. 8.

c) Die Konkretisierung des Rechtsstaats

Dieser besonderen Kompetenzzuschreibung folgend sieht *Hirsch* im Richterstaat die Konkretisierung des Rechtsstaats.[43] Es sei auffallend, dass der Gesetzgeber, erachtete er die Tätigkeit der Rechtsprechung tatsächlich als Kompetenzüberschreitung zu seinen Lasten, gleichwohl keine Gegenmaßnahmen ergreife. Die Vermutung liege nahe, dass „Gesetzgebung und Rechtsprechung einvernehmlich in einer Symbiose zur institutionellen Garantie des Rechtsstaats lebten",[44] deren Verhältnis zueinander sich jeweils verändernden Verhältnissen anzupassen habe. Insbesondere in der Rasanz der Veränderungen der sozialen, der technischen, der naturwissenschaftlichen und der ökonomischen Gegebenheiten läge ein Agens dieses ständigen Anpassungsprozesses, da der Gesetzgeber damit einem „Normenhunger einer modernen Industriegesellschaft" ausgesetzt sei, denen er in politischen Koalitions- und Systemzwängen nicht mehr hinreichend rasch gesetzgeberisch entsprechen könne. Hier träte verstärkt die Notwendigkeit „richterrechtlicher Normanpassung" zu Tage.[45]

3. Stellungnahme

Dem übereinstimmenden Befund einer Prävalenz der objektiven Auslegung wird man sich auch mit Blick auf die überwiegende Rechtsprechungspraxis der Bundesgerichte und des Bundesverfassungsgerichts kaum grundsätzlich entgegenstellen können. Auf der Grundlage dieser Erkenntnis liegt die Vermutung nahe, dass eine Zunahme der Relevanz des Richterrechts auch empirisch zu bestätigen sein wird. In diesem Sinne dürfte Richterrecht – und dies seit langem und sich weiter verstärkend – tatsächlich Konjunktur haben. Der Begriff des Richterrechts indes ist mehrdeutig. Eher unproblematisch und nicht weiter erörterungsbedürftig erscheint insoweit das beschreibende Verständnis der Entscheidungen von oberen und obersten Gerichtshöfen als Orientierungspunkte der Instanzrechtsprechung zur Auslegung bestimmter gesetzlicher Vorschriften. Die Tatsache der Beachtung und Anerkennung dieser Entscheidungen beschreibt *Picker* als Richterrecht im rechtstatsächlichen Sinn.[46]

Problematisch wird Richterrecht aber dort, wo es selbst gleichsam als Rechtsquelle gelten soll und ihm Normqualität, also allgemein Verbindlichkeit zugewiesen wird. Einem Teil der Literatur erscheint Richterrecht in dieser Funktion als Rechtsquelle in Ansehung einer wachsenden Komplexität und Krisenanfälligkeit moderner Gesellschaften zumindest als notwendige Ergänzung der klas-

[43] *G. Hirsch* „Rechtsstaat oder Richterstaat"?, S. 8.
[44] *G. Hirsch* „Rechtsstaat oder Richterstaat"?, S. 9.
[45] *G. Hirsch* „Rechtsstaat oder Richterstaat"?, S. 9.
[46] *E. Picker* in: Ch. Bumke (Hrsg.), Richterrecht zwischen Gesetzesrecht und Rechtsgestaltung, 2012, S. 85.

sischen Gesetzgebung durch die erste Gewalt.[47] Das entspricht der These *Hirschs* von dem Richterstaat als Konkretisierung des Rechtsstaats. So sehr die Beobachtung zunehmender Komplexität gesellschaftlicher, wissenschaftlicher, ökonomischer und politischer Zusammenhänge und Regelungsgegenstände überzeugen mag, folgt hieraus doch erkennbar wenig für die Rechtfertigung der objektiven Auslegung. Zum einen bleibt hierbei unberücksichtigt, dass es der Gesetzgeber selbst ist, der durch ständige Produktion neuer normativer Vorgaben gesellschaftliche Komplexität generiert und steuert, zum anderen bleibt offen, aus welchen Gründen gerade die schwächer demokratisch legitimierte Justiz über das effektivere Instrumentarium zur Bewältigung allfälliger Krisen verfügen soll. Es scheint die doppelte Problematik des „Richters als Sozialingenieur" wieder auf. Er erhält über das Instrumentarium der objektiven Auslegung das Werkzeug zur politischen Gestaltung, die er – ganz idealistischer Tradition folgend – zur Verwirklichung der „guten" und „richtigen" Ordnung einsetzen wird.[48] Das mag mit Blick auf die soziologischen Erkenntnisse über die Zusammensetzung, die Werthaltungen und politischen Überzeugungen der gegenwärtigen Richterschaft im Ergebnis überwiegend zu Entscheidungen und Auslegungen führen, die sich unproblematisch mit den Traditionen der freiheitlich-demokratischen Grundordnung in Übereinstimmung bringen lassen, gleichwohl liegt darin eine Inanspruchnahme eines nicht zuletzt politischen Gestaltungsauftrags, den die Verfassung alleine dem demokratischen Gesetzgeber zugewiesen hat, nicht jedoch der dritten Gewalt. Jenseits dieses verfassungsrechtlichen Einwands spricht auch rein pragmatisch die spezifische Begrenztheit richterlicher Erkenntnisquellen gegen eine Befugnis zur Ersatzgesetzgebung dort, wo der Gesetzgeber bisher geschwiegen hat. Der Richter verfügt regelmäßig nicht über die Erkenntnismöglichkeiten des Gesetzgebers, der sich beinahe nach Belieben nicht nur ministerieller Expertise, sondern externen Sachverstands sowie weitreichender Abwägungs- und politischer Abstimmungsprozesse einschließlich der kontroversen parlamentarischen Debatte selbst bedienen kann, um so demokratisch legitimierte Willensbildung zum Abschluss und Ergebnis zu führen.[49]

Der Versuch der dogmatischen Rechtfertigung der objektiven Auslegungsmethode durch die Heranziehung der sog. Staatsfundamentalnorm des Art. 20 Abs. 3 GG als höherrangiges Recht gegenüber der strikten Gesetzesbindung des Richters in Art. 97 GG erscheint keineswegs zwingend. Art. 97 GG lässt sich

[47] *E. Picker* in: Ch. Bumke (Hrsg.), Richterrecht zwischen Gesetzesrecht und Rechtsgestaltung, 2012, S. 86 f. verweist insoweit etwa auf *Th. Raiser* ZRP 1985, 111 (116); *A. Voßkuhle* Rechtsschutz gegen den Richter, 1993, S. 62 f.; *W. Däubler* AuR 1992, 130; *G. Hirsch* JZ 2007, S. 853 (856).

[48] Siehe hierzu treffend *E. Picker* in: Ch. Bumke (Hrsg.), Richterrecht zwischen Gesetzesrecht und Rechtsgestaltung, 2012, S. 98.

[49] *E. Picker* in: Ch. Bumke (Hrsg.), Richterrecht zwischen Gesetzesrecht und Rechtsgestaltung, 2012, S. 103.

auch als lex specialis für die Richter zu Art. 20 Abs. 3 GG lesen, der gerade für die dritte Gewalt die Gesetzesbindung in besonderer Weise betont, jedenfalls aber keine Legitimationsgrundlage für rechtsschöpfende judikative Akte liefert. Die Berufung auf *Friedrich Carl von Savigny* zur Stützung der objektiven Auslegung dürfte auf einem grundlegenden Missverständnis beruhen. Die moderne rechtshistorische Forschung hat längst geklärt, dass die Diskussion über objektive und subjektive Auslegung bei *Savigny* gänzlich verfehlt ist, zumindest aber historisch naiv bleibt. Abgesehen davon, dass beide Begriffe in seiner Lehre schlicht keine Verwendung finden, stellt sich bei seinen Prämissen über den Gegenstand des Rechts und des Gesetzesbegriffs das in diesen Begrifflichkeiten liegende Problem schon nicht.[50] Ohne dass dies an dieser Stelle vertieft dargestellt werden kann, mag der zentrale Hinweis darauf genügen, dass *Savigny* in seinen „Grundregeln der Auslegung" einen völlig anderen Gesetzesbegriff zugrunde legt. Gesetz ist ihm ein Instrument, um bereits bestehende, sich im Volk gebildet habende „Rechtsverhältnisse", die bereits zeitlich vor dem Gesetz bestehen, festzustellen und zu sichern. Das Gesetz fungiert nach diesem Verständnis anders als unser heutiges Parlamentsgesetz gerade nicht als eigenständige Rechtsquelle, sondern ist lediglich das Mittel der Sicherung und Überlieferung der die eigentliche Rechtsquelle bildenden Rechtsverhältnisse.[51] *Savigny* und seine Grundregeln als Zeugen für die objektive Auslegungsmethode zu benennen, überzeugt dank der Erkenntnisse der rechtswissenschaftlichen Grundlagenforschung schon ansatzweise nicht mehr. Wenig überzeugend,[52] wenn auch sprachlich verlockend, erscheint zudem die These, das Gesetz sei oft klüger als seine Schöpfer. Selbst wenn dem so wäre und sich die „Klugheit" sowohl des Gesetzes als seiner Schöpfer empirisch messen ließe, um sodann verglichen werden zu können, verdeckt diese Behauptung letztlich nur, dass es im Ergebnis weder die Klugheit des Gesetzes, noch die seines Schöpfers, sondern ausschließlich die seines Interpreten ist, die im Rahmen der objektiven Auslegung zum normativen Maßstab wird.

So durchgreifend auch die Bedenken gegenüber der objektiven Auslegung erscheinen, bleibt auch für ihre Kritiker die Frage zu beantworten, wie zu verfahren ist, wenn die Auslegung nach dem Wortlaut, die historische wie die systematische Auslegung ein Ergebnis nicht zu liefern vermögen. Auch sie verkennen nicht, dass der Richter in dieser Lage vor der Notwendigkeit einer Entscheidung gestellt nicht in das gesetzliche „non-liquet" flüchten kann. Anders als die Vertreter der objektiven Auslegung sehen sie hierin jedoch keinen

---

[50] So *J. Rückert* in: Rückert/Seinecke (Hrsg.), Methodik des Zivilrechts – Von Savigny bis Teubner, 2012, S. 54, Rn. 141.

[51] So *J. Rückert* in: Rückert/Seinecke (Hrsg.), Methodik des Zivilrechts – Von Savigny bis Teubner, 2012, S. 42, Rn. 97.

[52] *E. Picker* in: Ch. Bumke (Hrsg.), Richterrecht zwischen Gesetzesrecht und Rechtsgestaltung, 2012, S. 90 bewertet sie als „kognitionswissenschaftlich drollig".

Akt der Gesetzesauslegung, sondern eine Form der eigenen vor allem aber transparenten, weil ausdrücklich zu erklärenden, richterlichen Rechtssetzung.[53] Der Unterschied beider Konzepte ist markant: Während die objektive Auslegungsmethode mit dem gefundenen Ergebnis gleichzeitig behauptet, eine zwingende Erkenntnis aus dem Gesetz – eben objektiv – abgeleitet zu haben, verstehen ihre Kritiker das Ergebnis richterlicher Entscheidung in diesen Lückenfällen als Dezision. Sie vermag keinen objektiven Wissenschaftlichkeitsanspruch zu erheben, sondern räumt ein, selbst im Einzelfall rechtssetzend, also normativ-wertend, tätig gewesen zu sein. Der normative Gehalt der Entscheidung über den Einzelfall hinaus wird entscheidend bestimmt von der Überzeugungskraft der die Entscheidung tragenden Begründung. Sie entzieht sich damit trotz ihres Geltungsanspruchs im Einzelfall nicht der generellen Kritik, während die objektive Auslegung mit einer solchen Öffnung den selbst formulierten Anspruch der gesicherten rechtswissenschaftlichen Erkenntnis, die in ihrem Ergebnis begründet liegt, aufgeben würde.

Dass die Auseinandersetzung zwischen diesen beiden methodischen Konzepten zu einem endgültigen Abschluss kommen könnte, der beide Seiten befriedigt, steht kaum zu erwarten. Soweit indes Einigkeit besteht, nämlich in der Feststellung, dass der Richterstaat gegenüber dem Gesetzesstaat an Macht und Einfluss gewinnt, kann dies vor dem Hintergrund der geltenden Verfassungslage die Überlegung nahelegen, wie dieser Prozess zumindest vor Übertreibungen, die zu massiven Ungleichgewichtslagen in der Balance der ersten und dritten Staatsgewalt führen könnten, zu bewahren wäre. Diese Frage ist in erster Linie zu richten an die Kritiker der objektiven Lehre. Ihre Antworten sind jedoch ebenso akademisch anspruchsvoll[54] wie praktisch folgenlos. Die Forderung nach „einer kritischen Theorie der Rechtsanwendung", die die so verwandten methodologischen Generalklauseln der Beliebigkeit wie „sachlogische Strukturen" und die ewige „Natur der Sache" ebenso wie den „objektivierten Willen des Gesetzes" mit dem Ziel entmythologisieren soll,[55] „die Illusion wissenschaftlich gesicherter juristischer Erkenntnisse zu ersetzen durch die Einsicht in die begrenzte Tragfähigkeit subjektiver richterlicher Bekenntnisse und Entscheidungsbegründungen" und diese Aufgabe der Juristenausbildung anheimzugeben,[56] erscheint zwar stimmig und konsequent, in ihrer praktischen Realisierbarkeit vor dem Hintergrund der eigenen Prämissen und Feststellungen zur Lage der Methodenlehre in der Bundesrepublik aber mehr als beschränkt. Wenn es zutrifft, dass die objektive Auslegung die Rechtsprechung

[53] *B. Rüthers* Rechtstheorie, 2005, Rn. 817.

[54] Exemplarisch *E. Picker* in: Ch. Bumke (Hrsg.), Richterrecht zwischen Gesetzesrecht und Rechtsgestaltung, 2012, S. 119.

[55] *B. Rüthers* Rechtstheorie, 2005, Rn. 819.

[56] *B. Rüthers* Rechtstheorie, 2005, Rn. 819 m.w. Hinweis auf MK/BGB-*Säcker*, 4. Aufl. 2001. Einl., Rn. 109.

ebenso dominiert wie weite Teile der Rechtswissenschaft, wird man die Frage aufwerfen müssen, wer denn in diesem Sinne die Juristenausbildung betreiben soll, die da eingefordert wird.

III. Einwurf

Ein Praktiker, noch dazu derjenige aus der Instanz wie der Verfasser, der – obwohl Richter – die methodischen Debatten um höchstrichterlich-letztinstanzliche Judikate zumindest nicht als Partei verfolgt, würde den Ansatz für eine vorsichtige Korrektur der Machtverschiebung zu Lasten des demokratischen Gesetzgebungsprozesses eher dort suchen, wo abstrakte Rechtskonzepte sehr konkrete Folgen haben und sich zeigt, wie ernst man die eigenen Rechtsprinzipien nimmt. Das geschieht regelmäßig dort, wo Rechte und Prinzipien durchsetzbar und damit folgenreich werden, also in gerichtlichen Verfahren. Mit einem institutionellen Lösungsansatz befände man sich in bester rechtswissenschaftlicher und gesetzgeberischer Gesellschaft. *Friedrich Carl von Savigny*, Nestor der historischen Rechtsschule und eben auch als preußischer Gesetzgebungsminister der justiziellen Praxis verpflichtet, hat sich einer verwandten Fragestellung angenommen und in seinen Worten das Ergebnis gefunden, es sei dafür wünschenswert, dass irgendeine hochstehende Gewalt vorhanden sei, in welcher beide Befugnisse (Auslegung und Fortbildung des Rechts) vereinigt angetroffen werden, und deren Tätigkeit daher durch die Zweifel über jene Grenze nicht gehemmt sei. Dem mag man die zutreffende Feststellung entgegenhalten, dass dieses Konzept „in Gestalt der legal und erst recht faktisch anerkannten Rechtsfortbildungskompetenz der obersten Gerichte und gar des Verfassungsgerichts verwirklicht sei und es freilich auch nicht habe verhindern können, dass de facto über die schwierigen Fälle hinaus eben diese Kompetenz weit überschritten“[57] sei. Gleichwohl bleibt der mögliche doppelte Ertrag einer zumindest verwandten institutionellen Lösung erkennbar: Sie muss es nicht bei dem Erkennen des Problems und seiner zunehmend als unbefriedigend empfundenen Lösung durch Ausdehnung des Richterrechts belassen und ist zudem nicht auf einen methodologischen Konsens angewiesen, der in der Praxis ferner denn je erscheint. Ein institutioneller Lösungsansatz zeichnet einen transparenten und formal vorhersehbaren Entscheidungsprozess aus, der in seinen Eckpunkten durch den Gesetzgeber abgewogen festgelegt wird. So könnte in Betracht gezogen werden, dass in Fällen, in denen eine qualifizierte Senatsminderheit dafürhält, dass durch die Auslegung einer Norm durch die Senatsmehrheit in die Gesetzgebungskompetenz der ersten Gewalt eingegriffen wird, das Plenum

---

[57] *J. Rückert* in: Rückert/Seinecke (Hrsg.), Methodik des Zivilrechts – von Savigny bis Teubner, 2005, 2012, S. 59, Rn. 158.

des Bundesverfassungsgerichts die Zuständigkeit erhält, abschließend über die Normauslegung zu befinden. Damit rückten die Methodenfragen, die über die konkrete Ausformung und Reichweite zentraler Kompetenzen der ersten und dritten Staatsgewalt und ihre Abgrenzung entscheiden, in den Fokus nicht nur der Rechtsprechung des Gerichts, sondern in den der öffentlichen interessierten Debatte. Gleichzeitig bliebe unterstrichen und gewahrt, dass die Entscheidung über die konkrete Grenze zulässiger Auslegung eine juristische bleibt, die im gerichtlichen Verfahren zu klären ist. Schließlich wären Entscheidungen zu derartigen Auslegungsfragen mit höchster verfassungsgerichtlicher Autorität versehen, die zwar Gegenstand insbesondere der rechtswissenschaftlichen Analyse und Kritik bleiben, aber dem Vorwurf der eigenen Entgrenzung das gesteigerte Niveau der institutionellen Absicherung der getroffenen Entscheidung entgegenhalten könnten.

Unabhängig von derartigen institutionellen Lösungsansätzen bleibt es wichtig, das Verhältnis des Gesetzesrechts zum Richterrecht im Auge zu behalten. Denn die zunehmende Bedeutung des Richterrechts könnte auch weniger bedingt sein durch die ungerechtfertigte Inanspruchnahme gesetzgeberischer Kompetenzen durch die Justiz, sondern in der spezifischen Problematik einer Gesetzgebung wurzeln, die modernen Regelungsbedürfnissen und gesellschaftlichem Wandel nur noch sehr bedingt zu folgen in der Lage ist. Um jedem Missverständnis vorzubauen: Aus einer solchen Aporie moderner Gesetzgebung würde noch keine Legitimation für die dritte Gewalt folgen, sich von der ihr vorgegebenen Gesetzesbindung zu lösen und zum Ersatzgesetzgeber zu mutieren. Wichtig aber bliebe, die Zeichen richtig zu deuten. Der Bedeutungszuwachs des Richterrechts lässt sich auch als Krisensymptom einer Gesetzgebung verstehen, die ihre Aufgabe nicht mehr zu erfüllen vermag.

Teil II

Europarecht

Einheit gewährleisten, Vielfalt bewahren

Monika Böhm

I. Einleitung

Die Einbindung Deutschlands in europäische Verträge ist Ausdruck einer Entwicklung, die ihren Anfang auf den Trümmerfeldern des 2. Weltkrieges nahm und Europa in den vergangenen Jahrzehnten Frieden und Stabilität gebracht hat. Die deutsche Rechtsordnung musste und muss sich europäischen und internationalen Einflüssen öffnen und diese integrieren. Die primär- und sekundärrechtlichen Vorgaben der Europäischen Union (EU) sind zu beachten, den Gewährleistungen der Europäischen Konvention zum Schutz der Menschenrechte und Grundfreiheiten (EMRK) ist Rechnung zu tragen. Um nationale Eigenheiten soweit wie möglich zu bewahren, ist allerdings eine ausgewogene Herangehensweise erforderlich, um im europäischen Mehrebenensystem so viel Einheit wie nötig zu gewährleisten und so viel Vielfalt wie möglich zu erlauben. Der Jubilar hat in seiner Tätigkeit als Richter des Bundesverfassungsgerichts (BVerfG) und in einer ganzen Reihe von Vorträgen und Veröffentlichungen die Thematik bearbeitet und dabei wichtige Impulse gesetzt. Er hat aber auch davor gewarnt, dass die nationale Rechtsordnung durch Rechtsanwendung und Rechtsfortbildung des Europäischen Gerichtshofes (EuGH) und des Europäischen Gerichtshofes für Menschenrechte (EGMR) stärker beeinflusst wird, als dies mittlerweile durch den nationalen Gesetzgeber der Fall ist.[1] Die auf das Strafrechtssystem bezogenen Äußerungen lassen sich auch auf andere Rechtsbereiche übertragen. Nachfolgend wird zunächst auf die Einbindung Deutschlands in die EU eingegangen. Danach auf die Vorgaben der EMRK.

---

[1] Vgl. *Landau* Die jüngere Rechtsprechung des Bundesverfassungsgerichts zu Strafrecht und Strafverfahrensrecht, Vortrag gehalten am 17.04.2015 auf dem Kongress des BACDJ: Ist unser Strafrecht zukunftsfähig? s. insbes. Manuskript S. 2f. und 32f.

II. Deutschland und die EU

1. Entwicklung

Die europäische Zusammenarbeit hat sich seit der Gründung der Europäischen Gemeinschaft für Kohle und Stahl (EGKS) im Jahre 1951 sowie der Europäischen Wirtschaftsgemeinschaft (EWG) und der Europäischen Atomgemeinschaft (Euratom) 1957 in einem damals kaum denkbaren Ausmaß ausgeweitet. Kurz nach Ende des 2. Weltkrieges standen naturgemäß Friedens- und Sicherheitsinteressen im Vordergrund. Schon früh zeichnete sich insbesondere im sog. Monnet/Schuman-Plan aber auch eine Entwicklung ab, über wirtschaftliche Interessen eine politische Zusammenarbeit zu erreichen. Heute stehen Themen der wirtschaftlichen und sozialen Solidarität im Zentrum der Aufmerksamkeit. Als Stichworte seien nur genannt die Bankenkrise, Staatshaushaltskrisen in Irland, Portugal und vor allem Griechenland und ganz aktuell die Bewältigung der Flüchtlingsproblematik.

Durch Verordnungen und Richtlinien wird das Recht der Mitgliedstaaten mittlerweile umfassend vorgegeben und beeinflusst. Es wird davon ausgegangen, dass in manchen Rechtsgebieten bis zu 90 % der deutschen Regelungen unmittelbar oder mittelbar auf EU-Recht beruhen. Auch der Einfluss des Europarechts auf die Auslegung des deutschen Rechts ist nicht zu unterschätzen. Um nur einige Beispiele zu nennen: Der EuGH hat dafür gesorgt, dass die Klagebefugnis nach § 42 Abs. 2 VwGO erweiternd auszulegen ist, wenn europäisches Recht Positionen einräumt, die unterhalb dessen liegen, was in Deutschland als subjektives Recht anerkannt ist.[2] Zu beachten sind außerdem Modifikationen des § 48 VwVfG bei der Rücknahme unionsrechtswidriger Verwaltungsakte.[3] Bei Staatshaftungsfällen mit europäischem Einschlag gibt es Schadensersatz auch in den ansonsten in Deutschland grundsätzlich nicht anerkannten Fällen legislativen Unrechts.[4]

Die Anerkennung des Vorrangs des Unionsrechts[5] und die Ausweitung der Kompetenzen des seit dem Maastricht-Vertrag als EU bezeichneten Staatenverbundes[6] durch eine ganze Reihe von Änderungsverträgen zeigen hier Wirkung. Besondere Bedeutung kommt darüber hinaus dem vom EuGH häufig herangezogenen Grundsatz des effet utile zu. Begrenzungen europäischer Regelungsfreude durch das Prinzip der begrenzten Einzelermächtigung, das Subsidiaritäts- sowie das Verhältnismäßigkeitsprinzip[7] haben sich demgegenüber als nur bedingt wirksam erwiesen. Ob die im Rahmen des Lissabon-Vertrages als Re-

---

[2] Instruktiv dazu *Kokott/Sobotta* DVBl. 2014, 132 ff.

[3] *Maurer* Allgemeines Verwaltungsrecht, 18. Aufl. 2011, § 11, Rn. 38a ff.

[4] Schulze/Zuleeg/Kadelbach-*Böhm*, Europarecht, 3. Aufl. 2015, § 12, Rn. 91 ff. m. w. N.

[5] Grundlegend hierzu EuGH, Urt. v. 15.07.1964 – Costa/Enel – C-6/64.

[6] BVerfGE 89, 155, Rn. 90 ff.

[7] S. zu diesen Vorgaben nur Art. 5 EUV.

aktion auf die diesbezüglichen Defizite eingeführte sog. Subsidiaritätsklage Abhilfe schaffen kann, ist zweifelhaft.[8] Auch wenn mittlerweile durchaus Ansätze erkennbar sind, Aufgaben auf die Mitgliedstaaten zurück zu verlagern,[9] kommt insbesondere den Gerichten die Aufgabe zu, den mitgliedstaatlichen Spielraum zu wahren. Dies gilt insbesondere für die nationalen Verfassungsgerichte.

2. Nationale Spielräume nach der Rechtsprechung des BVerfG

a) Kontrolle europäischer Organe

Das BVerfG hat sich wiederholt mit dem Verhältnis von europäischem und deutschem Recht und damit auch mit seinem eigenen Verhältnis zum EuGH befasst. Nachdem über die Einfügung von Art. 23 GG eine neue Stufe der europäischen Zusammenarbeit im Rahmen des Maastricht-Vertrages möglich geworden war, hob es das Kooperationsverhältnis der beiden Gerichte hervor.[10] Darüber, was dies im Einzelnen bedeuten soll, wurde viel spekuliert. In seinem Lissabon-Urteil[11] präzisierte das BVerfG seine Rechtsprechung und legte damit den Rahmen für eine europarechtsfreundlich durchzuführende Kontrolle möglicher Kompetenzüberschreitungen und Identitätsverletzungen durch Organe der EU fest. Es behielt sich zum einen eine ultra-vires-Kontrolle vor und damit die Prüfung, ob sich Rechtsakte der Europäischen Organe in den Grenzen der ihnen eingeräumten Hoheitsrechte halten. Zum anderen überprüft es, ob der unantastbare Kerngehalt der Verfassungsidentität nach Art. 79 Abs. 3 sowie Art. 1 und 20 GG gewahrt wird.

Praktisch kam es insoweit zu einem ersten Schwur, als das BVerfG über die Verfassungsbeschwerde eines Arbeitgebers zu entscheiden hatte, der sich gegen ein Urteil des Bundesarbeitsgerichts (BAG)[12] wandte, das wiederum maßgeblich auf die sog. Mangold-Entscheidung des EuGH[13] gestützt war. Zu Grunde lag der Streit um die Frage, ob die Befristung eines Arbeitsverhältnisses nach Maßgabe des § 14 Abs. 3 S. 4 des deutschen TzBfG mit dem Europarecht vereinbar war. Gestützt insbesondere auf die Richtlinie 2000/78/EG sowie einen allgemeinen europäischen Grundsatz des Verbots der Altersdiskriminierung stellte der EuGH die Unvereinbarkeit fest. Das Arbeitsverhältnis musste im Ergebnis als unbefristetes weitergeführt werden. Der EuGH kam zu diesem Ergebnis, indem er zum einen vor Ablauf der Umsetzungsfrist eine unmittelbare Geltung einer Richtlinie auch zwischen Privaten unterstellte. Zum anderen leitete er eine

---

[8] Vgl. das Protokoll über die Anwendung der Grundsätze der Subsidiarität und der Verhältnismäßigkeit vom 13.12.2007 (ABl. Nr. C 306 S. 150) sowie Art. 23 Abs. 1a GG.

[9] Vgl. *Priebe* EuZW 2015, 697ff.

[10] BVerfGE 89, 155, Rn. 70ff.

[11] BVerfGE 123, 267, u.a. Rn. 140ff.

[12] BAGE 118, 76ff.

[13] EuGH, Urt. v. 22.11.2005 – Mangold – C-144/04, Slg. 2005, I-9981.

Kompetenz aus einem allgemeinen Rechtsgrundsatz ab. Mit dem Prinzip der begrenzten Einzelermächtigung ist dies nicht in Übereinstimmung zu bringen.[14]

In nachvollziehbarer Weise sah sich ein deutscher Arbeitgeber in seiner Vertragsfreiheit und in seinem Recht auf den gesetzlichen Richter verletzt. Das Urteil des BAG beruhe auf einer unzulässigen Rechtsfortbildung des EuGH und hätte als sog. ultra-vires-Akt in Deutschland nicht angewendet werden dürfen.

Das BVerfG konkretisierte daraufhin die Anforderungen an die Feststellung eines Kompetenzverstoßes.[15] Eine sog. ultra-vires-Kontrolle setzt danach voraus, dass das Handeln der Unionsgewalt offensichtlich kompetenzwidrig ist und der angegriffene Akt im Kompetenzgefüge zwischen Mitgliedstaaten und EU zu einer strukturell bedeutsamen Verschiebung zulasten der Mitgliedstaaten führt. Im konkreten Fall wurde ein Verstoß abgelehnt.

Der Entscheidung war ein Sondervotum des Richters Landau beigefügt.[16] Er stellte darauf ab, dass die Senatsmehrheit die Anforderungen an die Feststellung eines ultra-vires-Handelns überspannt habe. Der dem Lissabon-Urteil zugrunde liegende Konsens sei verlassen worden, indem nicht nur ein „ersichtlicher", sondern ein „hinreichend qualifizierter" Kompetenzverstoß gefordert worden sei. Zu Recht ging Landau davon aus, dass der EuGH mit dem Mangold-Urteil die ihm verliehenen Kompetenzen zur Auslegung der europäischen Verträge überschritten hat.

Unterstützung erhielt Landau u. a. durch den ehemaligen Richter des BVerfG Dieter Grimm, der betonte, dass die Mehrheitsentscheidung unrealistisch sei.[17] Gerichte seien mit Einzelentscheidungen befasst, die für sich nur selten schon strukturverändernd wirken würden. Sie setzten Trends in Gang, die später nicht mehr gestoppt werden könnten. Strukturveränderungen seien die Folge einer Kumulation von Einzelfällen, das Kumulat selbst stehe nicht mehr zur Überprüfung an. Das Lissabon-Urteil habe sich deshalb bewusst auch gegen schleichende Kompetenzaushöhlungen gewandt.

Im Zusammenhang mit einem Verfahren zur Durchführung eines europäischen Haftbefehls hat nun das BVerfG die Gewährleistung einzelfallbezogenen Grundrechtsschutzes im Rahmen der Identitätskontrolle konkretisiert.[18] Der Schuldgrundsatz des deutschen Strafrechts wurzelt demnach in der Menschenwürdegarantie des Art. 1 Abs. 1 GG. Er ist deshalb auch bei der Auslieferung eines in Italien in Abwesenheit zu einer Freiheitsstrafe von 30 Jahren verurteilten US-Bürgers zu beachten, der in Deutschland festgenommen wurde. Grundsätzlich dürfte sich unter dem Strich die Grundrechtsrechtsprechung des EuGH

---

[14] Vgl. zum Ganzen *Böhm* JZ 2008, 324 ff. m. w. N. auch zu der Gegenauffassung.

[15] BVerfGE 126, 286, Rn. 49 ff.

[16] BVerfGE 126, 286, Rn. 94 ff.

[17] *Grimm* Die große Karlsruher Verschiebung, FAZ vom 09.09.2010, S. 8.

[18] Vgl. Beschluss vom 15.12.2015 – 2 BvR 2735/14.

zwar auch weiterhin häufig kaum von der des BVerfG unterscheiden.[19] Dies zeigen auch die Entscheidungen des EuGH in den Fällen Akerberg Fransson und Melloni[20], die sich auf das Verbot der Doppelbestrafung beziehen. Gleichwohl vermag es nicht zu überzeugen, dass der EuGH den von Art. 51 Abs. 1 EU-Grundrechte-Charta geforderten Unionsbezug dabei im Wesentlichen daraus hergeleitet hat, dass ein Steuerrechtsverstoß sich auf den Finanzhaushalt der EU auszuwirken vermag. Herbert Landau spricht insoweit davon, dass sich Rechtsfortbildung und Rechtsschöpfung des EuGH mitunter von politischen Vertragsrevisionen nur wenig unterscheiden.[21] Mit der Entscheidung zum Schuldprinzip hat das BVerfG seinen Maßstab bezüglich der Überprüfung europäischer Rechtsakte nunmehr neu justiert.

b) Vorgaben für deutsche Organe

Die insbesondere von Seiten der Politik häufig kritisierte, oft aber auch nachgefragte Überprüfung durch das BVerfG hat sich dieses vor allem über eine weite Auslegung des grundrechtsgleichen Rechts aus Art. 38 Abs. 1 S. 2 GG ermöglicht.[22] Auf dieser Grundlage wurde insbesondere eine Überprüfung der deutschen Gesetze zur Umsetzung von Änderungen der europäischen Verträge im Rahmen von Grundrechtsklagen ermöglicht. Nicht selten wurden Modifikationen der deutschen Bestimmungen als erforderlich angesehen, insbesondere im Sinne einer Stärkung der Rechte von Bundestag und Bundesrat. Deutlich zeigt sich dies auch an der Lissabon-Entscheidung, die die Verabschiedung umfassender gesetzlicher Regelungen zur Sicherung der Integrationsverantwortung erforderlich machte.[23]

Im Verfahren zum sog. OMT-Beschluss des Rates der Europäischen Zentralbank (EZB) wurden erstmals dem EuGH vom BVerfG mehrere Fragen zur Vorabentscheidung vorgelegt.[24] Direkt richten sich die Verfahren auf Unterlassungs- und Handlungspflichten deutscher Staatsorgane, ausgelöst allerdings von einem potentiellen ultra-vires-Akt der EZB. Im Vorlagebeschluss werden die bisherigen Prüfungsansätze zusammengeführt. Auf der einen Seite geht es

---

[19] Eine Ausnahme bildet insofern die Hoechst-Entscheidung des EuGH, in der das Recht auf Unverletzlichkeit der Wohnung ausschließlich auf private Räume bezogen wurde, vgl. EuGH, Urt. v. 21.09.1989 – Hoechst AG, Polyäthylen – C-46/87, Slg. 1989, 2859, u.a. Rn. 17. Nach deutschem Verständnis unterfallen dagegen auch Geschäftsräume dem Schutzbereich, s. nur BVerfGE 32, 54 Rn. 38ff.

[20] EuGH, Urt. v. 26.2.2013 – Akerberg Fransson – C-617/10, Rn. 16ff.; EuGH, Urt. v. 26.02.2013 – Melloni – C-399/11, Rn. 35ff.

[21] *Landau* Die jüngere Rechtsprechung des Bundesverfassungsgerichts zu Strafrecht und Strafverfahrensrecht, Vortrag gehalten am 17.04.2015 auf dem Kongress des BACDJ: Ist unser Strafrecht zukunftsfähig? S. 8f. m.w.N.

[22] BVerfGE 89, 155, Rn. 58ff.

[23] BVerfGE 123, 267, Rn. 236ff.

[24] BVerfGE 134, 366ff.

um Verpflichtungen deutscher Organe, deren Überprüfung auch im Rahmen einer Verfassungsbeschwerde unter Berufung auf Art. 38 Abs. 1 S. 1 GG als zulässig angesehen wird. Diese aber hängen wiederum davon ab, ob europäische Organe die ihnen vom AEUV eingeräumten Kompetenzen überschritten haben. Wie insoweit die primärrechtlichen Verpflichtungen zu verstehen sind, bedarf nach Auffassung des BVerfG der Auslegung durch den EuGH.

Die Richterin Lübbe-Wolff und der Richter Gerhardt haben dazu jeweils ein Sondervotum abgegeben, in dem sie eine Verletzung des politischen Ermessens von Bundestag und Bundesregierung bzw. die unzulässige Einräumung eines allgemeinen Gesetzesvollziehungsanspruchs kritisieren.

Mittlerweile hat der EuGH die Vorlagefragen beantwortet, und dabei jedenfalls deutlich gemacht, dass auch die Handlungen der EZB am AEUV zu messen sind.[25] Die letzte Entscheidung des BVerfG steht noch aus.[26]

III. Deutschland und die EMRK

1. Entstehung und Zielsetzung

Die EMRK stellt das wohl wichtigste Vertragswerk des 1949 gegründeten Europarates dar. Sie wurde am 04.11.1950 in Rom unterzeichnet und mittlerweile von 47 Staaten ratifiziert. Von der Zielsetzung her sollte die EMRK für die Staaten, die sich ihr unterworfen haben, einen Mindestschutz der Menschenrechte gewährleisten. Inzwischen ist aber zu beobachten, dass die Entscheidungen des EGMR weit darüber hinausgehen. Der EGMR selbst sieht die EMRK als living instrument an[27] und betont damit die inhaltliche Wandlungsfähigkeit der in ihr festgelegten Rechtsgüter und Werte, die von ihm autonom definiert werden. Entwicklungen in den Konventionsstaaten fließen in die Auslegung der einzelnen Bestimmungen ein. Der EGMR hat auf diese Weise seinen Einfluss stark ausgebaut. Welche Probleme dabei entstehen können, hat Herbert Landau gemeinsam mit seinem Koautor Michael Trésoret für die Sicherheitsverwahrung instruktiv beschrieben.[28] Obwohl Haftstrafen in Deutschland verglichen mit anderen Konventionsstaaten deutlich zurückhaltender verhängt werden und quasi lediglich im Gegenzug Schutzlücken durch die Sicherungsverwahrung geschlossen werden, wird dieses die Freiheit der einzelnen Straftäter tendenziell stärker als in anderen Konventionsstaaten gewährleistende System als nicht mit der EMRK vereinbar angesehen. Zu Recht hat Herbert Landau eine umfassen-

[25] EuGH, Urt. v. 16.06.2015 – OMT-Programm – C-62/14, Rn. 32 ff.

[26] Die mündliche Verhandlung fand am 16.02.2016 statt.

[27] S. nur EGMR, Urt. v. 24.06.2010 – 30141/04, Rn. 57 und EGMR, Urt. v. 22.01.2008 – 43546/02, Rn. 92.

[28] S. *Landau/Trésoret* DVBl. 2012, 1329 (1332).

dere Betrachtung der Rechts*zusammenhänge* im Rahmen einer menschenrechtlichen Gesamtbilanz gefordert.[29] Ansätze dafür finden sich durchaus auch in der Rechtsprechung des EGMR.

2. *Prüfungsmaßstab des EGMR*

Grundsätzlich gewinnt der EGMR seine Entscheidungsmaßstäbe aus einem Rechtsvergleich. An dessen Nachweis werden allerdings häufig keine allzu hohen Ansprüche gestellt.[30] Sozialpolitische Zielsetzungen fließen ein. Die deutsche Richterin am EGMR, Angelika Nußberger, hat zu Recht darauf hingewiesen, dass die Argumentation des EGMR kritischen Fragen ausgesetzt ist. Zum einen beruhe die rechtsvergleichende Argumentation im Grunde auf einem problematischen Schluss vom Sein auf das Sollen. Zum anderen sei die auf Mehrheiten gestützte Argumentation in Menschenrechtsfragen bedenklich. Schließlich werde damit die Grenze zwischen Mindest- und Höchststandards verwischt. Dazu kommt, dass den Mitgliedstaaten bei Abweichungen eine strenge Rechtfertigungslast aufgebürdet wird. Zu Recht plädiert sie vor diesem Hintergrund dafür, bei der Herleitung eines neuen europäischen Konsenses behutsam vorzugehen.[31]

Als Beispiel für eine sowohl grundrechtsgewährleistende als auch austarierte nationale Regelungsbereiche respektierende Vorgehensweise kann die Rechtsprechung des EGMR in den Rs. Al-Khawaja und Tahery v. Großbritannien[32] angesehen werden. In der Sache ging es um die Frage, inwieweit eine Verurteilung nur oder in entscheidendem Ausmaß auf einer Aussage beruhen darf, die von einer Zeugin oder einem Zeugen gemacht worden ist, die bzw. der vom Angeklagten oder seinen Verteidigern während der Ermittlungen und während des gerichtlichen Hauptverfahrens nicht direkt konfrontiert werden konnte.[33] Im Fall Al-Khawaja war die Zeugin verstorben, im Fall Tahery wurde der Zeuge wegen seiner starken Furcht zwar vom Richter vernommen, nicht aber der Konfrontation in der Verhandlung ausgesetzt. Hatte zuvor noch eine Kammer des EGMR in beiden Fällen einen Verstoß gegen das in Art. 6 EMRK geschützte Recht auf ein faires Verfahren gesehen,[34] urteilte die Große Kammer weitaus differenzierter. Mit 15 gegen 2 Stimmen wurde entschieden, dass nur im zwei-

---

[29] S. *Landau/Trésoret* DVBl. 2012, 1329 (1334), Hervorhebung durch diess. In diesem Sinne schon *Landau* DVBl. 2008, 1269 (1274).

[30] Instruktiv dazu *Nußberger* RW 2012, 197 (200 ff.).

[31] S. dazu im Einzelnen *Nußberger* RW 2012, 197 (206 ff.), insbes. 203 f., einen Spielraum hält sie, insbesondere bei mehrdimensionalen Grundrechtskonflikten, für angezeigt.

[32] EGMR, Urt. v. 15.12.2011 – 26766/05 und 22228/06.

[33] In Deutschland wird das Recht des Angeklagten, Zeugen unmittelbar zu befragen oder befragen zu lassen als besondere Ausformung des Grundsatzes der Verfahrensfairness geschützt, vgl. dazu BVerfGK 16, 275, Rn. 12 f.; BGHSt 46, 93, Rn. 12; BGHSt 51, 150, Rn. 16; instruktiv auch BGHSt 55, 70, Rn. 16.

[34] EGMR, Urt. v. 20.01.2009 – 26766/05 und 22228/06.

ten Fall eine Verletzung des Art. 6 Abs. 1 und 3 d EMRK vorlag. Die Große Kammer stellte dabei darauf ab, dass im Einzelfall und in Abhängigkeit von den Besonderheiten des jeweiligen nationalen Strafverfahrenssystems bei der anzustellenden Gesamtprüfung der Fairness berücksichtigt werden müsse, ob hinreichende kompensierende Faktoren vorliegen, die insbesondere eine faire und angemessene Beurteilung des Beweiswerts der Aussage ermöglichen müssten. Bei der Prüfung, ob derartige prozessuale Ausgleichsmaßnahmen in einem Verfahren tatsächlich vorlagen, ist nach dem EGMR mit der größtmöglichen Gründlichkeit vorzugehen.

Wörtlich heißt es in der Entscheidung:[35]

„… It would not be correct, when reviewing questions of fairness, to apply this rule in an inflexible manner. Nor would it be correct for the Court to ignore entirely the specificities of the particular legal system concerned …. To do so would transform the rule into a blunt and indiscriminate instrument that runs counter to the traditional way in which the Court approaches the issue of the overall fairness of the proceedings … The question in each case is whether there are sufficient counterbalancing factors in place …"

Gestützt wurde die Entscheidung außerdem auf umfassende rechtsvergleichende Ausführungen, die die Rechtslage nicht nur in Konventionsstaaten, sondern auch in Kanada, Hongkong, Neuseeland, Südafrika und den USA zum Gegenstand hatten. Soweit sie zum einen die Besonderheiten des jeweiligen nationalen Rechtssystems und zum anderen auch Faktoren berücksichtigt, die eine etwaige Beeinträchtigung kompensieren, bietet sie eine gute Grundlage auch für die Auslegung anderer EMRK-Normen. Dies gilt umso mehr, als in den Rs. Al-Khawaja und Tahery das Recht, Fragen an Belastungszeugen zu stellen oder stellen zu lassen, unmittelbar in Art. 6 Abs. 3 EMRK aufgeführt ist. Bei der Ableitung von Rechten aus weniger spezifischen EMRK-Normen ist deshalb erst Recht besondere Zurückhaltung geboten. In diesem Sinne wirkt auch die Kruzifix-Entscheidung der Großen Kammer des EGMR,[36] in der den Staaten bei der Entscheidung, ob sie eine Tradition fortsetzen wollen, ein weiter Ermessensspielraum eingeräumt wird, den der EGMR zu respektieren habe. Auch in diesem Fall wurde eine entgegengesetzte Entscheidung einer Kammer des EGMR mit 15 zu 2 Stimmen aufgehoben.[37]

In dieselbe Richtung geht die in der Literatur vertretene Forderung, dass der EGMR seine eigene Rechtsprechung zurückstellt, solange die nationale Verfassungsgerichtsbarkeit in dem betroffenen Bereich ein der Konvention vergleichbares Schutzniveau bietet.[38] Vergleichbar ist dies vom Grundsatz her mit der sog. Solange-II-Rechtsprechung des BVerfG. Festgestellt wurde dort im Jahre 1986 und damit lange vor Einführung der Europäischen Grundrechte-Charta,

[35] EGMR, Urt. v. 15.12.2011 – 26766/05 und 22228/06, Rn. 167 f.
[36] EGMR, Urt. v. 18.03.2011 – 30814/06, Rn. 68 ff.
[37] EGMR, Urt. v. 03.11.2009 – 30814/06, Rn. 47 ff.
[38] Aus der Lit. vgl. nur *Klein* NVwZ 2010, 221 (224) und *Weiß* EuZW 2013, 287 ff.

dass das BVerfG sekundäres Unionsrecht nicht mehr am Maßstab der Grundrechte des Grundgesetzes überprüft, solange das europäische Recht einen wirksamen Schutz der Grundrechte gegenüber der europäischen Hoheitsgewalt generell gewährleistet, der dem vom Grundgesetz als unabdingbar gebotenen Grundrechtsschutz im Wesentlichen gleich zu achten ist.[39] Entsprechende Vorlagen sind unzulässig.[40] Da es einen geschriebenen Grundrechtskatalog auf europäischer Ebene noch nicht gab, wurde dabei letztlich auf die Rechtsprechung des EuGH abgestellt. Nach dem zur Umsetzung des Maastricht-Vertrages eingefügten Art. 23 Abs. 1 GG ist durch die EU ein dem Grundgesetz im Wesentlichen vergleichbarer Grundrechtsschutz zu gewährleisten. Abzustellen ist danach auf den EU-Grundrechtsschutz insgesamt, nicht auf die jeweils im Einzelnen betroffenen Grundrechte.

Im Verhältnis zum EuGH ist der EGMR entsprechend verfahren. Der Grundrechtsschutz der EU wird als der EMRK grundsätzlich gleichwertig anerkannt. Die Einzelfallprüfung wird deshalb auf Fälle offensichtlich unzureichenden Menschenrechtsschutzes beschränkt.[41] Diese Prüftiefe gewährleistet die Berücksichtigung der Entwicklung des Menschenrechtsschutzes und damit die Funktion der EMRK als living instrument, respektiert aber auch die ursprüngliche Zielsetzung der EMRK, einen Mindestschutz zu gewährleisten.

3. Verhältnis EMRK und Grundgesetz

Im Verhältnis zur Bundesrepublik Deutschland scheint der EGMR im Ergebnis meist entsprechend zu verfahren. Deutsche Verurteilungen durch den EGMR sind jedenfalls eher selten. Grund dafür ist vermutlich die europaweit einzigartige Überprüfungsdichte von Grundrechtsverletzungen durch das BVerfG.[42] Regelmäßig kann erst nach dessen Befassung der EGMR angerufen werden.[43] Gleichwohl dürfen die Auswirkungen der Rechtsprechung des EGMR nicht nur auf Einzelfälle, sondern für die Auslegung des Grundgesetzes insgesamt, nicht unterschätzt werden. Herbert Landau hat zu Recht darauf hingewiesen, dass mittlerweile die deutsche Grundrechtsdogmatik gegenüber Einflüssen der EMRK weit geöffnet wurde.[44] Obwohl die EMRK gemäß Art. 59 Abs. 2 GG an sich nur auf der Stufe eines einfachen Bundesgesetzes und damit unterhalb der Verfassung steht,[45] beeinflusst sie die Auslegung der Grundrechte sowie der

[39] BVerfGE 73, 339, Rn. 117.

[40] Vgl. BVerfGE 102, 147, Rn. 60.

[41] S. EGMR, Urt. v. 30.06.2005 – 45036/98, Rn. 156.

[42] Vgl. nur *Volkmann* JZ 2011, 835 (841 f.).

[43] S. Art. 35 Abs. 1 EMRK zum Erfordernis der Rechtswegerschöpfung. In Deutschland gehört dazu auch die Verfassungsbeschwerde, s. *Meyer-Ladewig* Europäische Menschenrechtskonvention, 3. Aufl. 2011, Art. 35 Rn. 19.

[44] *Landau/Trésoret* DVBl. 2012, 1329 (1332).

[45] St. Rspr. des BVerfG, vgl. nur BVerfGE 74, 358 u. a., Rn. 35.

rechtstaatlichen Grundsätze des Grundgesetzes. Nach der Rechtsprechung des BVerfG kommt insoweit in den Art. 1 sowie 23–25 GG die Völkerrechtsfreundlichkeit der deutschen Verfassungsordnung zum Ausdruck.[46] Diese erfordere das Aufnehmen von methodisch vertretbaren und mit den Vorgaben des Grundgesetzes zu vereinbarenden Wertungen, nicht aber eine schematische Übernahme der Urteile. Im sog. Görgülü-Beschluss hat das Gericht außerdem deutlich gemacht, dass deutsche Behörden und Gerichte Entscheidungen des EGMR in derselben Sache bei ihrer Entscheidungsfindung zu berücksichtigen, sich mit ihnen auseinanderzusetzen und ein etwaiges Abweichen gegebenenfalls nachvollziehbar zu begründen haben.[47] Die Einpassung hat schonend zu erfolgen. Auf diese Weise ist sicher zu stellen, dass die nationalen Gestaltungsspielräume gewahrt werden.

Grundsätzlich binden nach Art. 46 Abs. 1 EMRK die Entscheidungen des EGMR nur die an einem Rs. beteiligten Parteien. Gleichwohl werden Entscheidungen des EGMR vom BVerfG über den konkret entschiedenen Einzelfall hinaus wegen ihrer jedenfalls faktischen Orientierungs- und Leitfunktion selbst dann berücksichtigt, wenn sie nicht denselben Streitgegenstand betreffen.[48]

Dies liegt auf einer Linie mit der sog. Erklärung von Brighton, in der die Mitgliedstaaten der EMRK darauf hingewiesen haben, dass eine Verurteilung durch den EGMR nicht abgewartet werden dürfe.[49] Nußberger spricht insoweit von „vorauseilendem Gehorsam", der geboten sei und sieht die deutschen Fachgerichte in einer Dilemma-Situation. Nach der Rechtsprechung des BVerfG sind sie einerseits dazu verpflichtet, die Rechtsprechung des EGMR zu berücksichtigen, andererseits ist aber auch die Bindungswirkung der ggfs. von eben dieser Rechtsprechung abweichenden Entscheidungen des BVerfG selbst zu beachten. Auflösen lässt sich dies nur durch eine behutsame und von gegenseitigem Respekt getragene Rechtsprechung der Gerichte. Im Einzelfall ist eine differenzierte Betrachtungsweise erforderlich. Wie diese aussehen kann, soll nachfolgend am Beispiel des deutschen Streikverbots für Beamtinnen und Beamte aufgezeigt werden.[50] Das BVerwG hat insoweit, obwohl es bislang eine belastbare Rechtsprechung des EGMR oder gar ein auf Deutschland bezogenes Urteil nicht gibt, einen Verstoß gegen die EMRK angenommen und eine Neuregelung durch den deutschen Gesetzgeber angemahnt. Legt man die oben herausgearbeiteten Prüfungsmaßstäbe des EGMR zu Grunde, muss man dieses Urteil zumindest als voreilig bezeichnen.

---

[46] BVerfGE 128, 326 ff., Rn. 86 ff.
[47] BVerfGE 111, 307, Rn. 31 ff.
[48] BVerfGE 128, 326, Rn. 89 ff.
[49] Brighton Declaration, Punkt 9 c) IV; s. a. Interlaken Declaration, Punkt B 4 c).
[50] Vgl. zur Problematik schon *Böhm* PersV 2012, 164 ff.

4. Streikverbot im Beamtenrecht

a) Grundlage

Nach Art. 33 Abs. 5 GG ist das Recht des öffentlichen Dienstes unter Berücksichtigung der hergebrachten Grundsätze des Berufsbeamtentums zu regeln und fortzuentwickeln. Dazu gehört nach der h.M. das Verbot des Beamtenstreiks. Das BVerfG hat dies wiederholt entsprechend entschieden.[51] Gestützt hat es sich dabei zum einen darauf, dass das Streikverbot notwendig ist, um die Funktionsfähigkeit der öffentlichen Verwaltung aufrecht zu erhalten. Kompensiert wird es durch die lebenslange Anstellung der Beamtinnen und Beamten. Außerdem sichert das Alimentationsprinzip, dass durch den Gesetzgeber eine amtsangemessene Besoldung festzulegen ist. Dem steht die beamtenrechtliche Treuepflicht gegenüber.

Rechtspolitisch lassen sich sicherlich auch andere Modelle der Organisation des öffentlichen Dienstes vorstellen. So hat beispielsweise im Jahr 2003 die NRW-Regierungskommission „Zukunft des öffentlichen Dienstes – öffentlicher Dienst der Zukunft" eine Angleichung an das Arbeitsrecht und die Aufhebung der bisherigen Zweigleisigkeit zwischen Angestellten und Beamten vorgeschlagen.[52] Dabei wurde davon ausgegangen, dass die Umsetzung der Vorschläge, zu denen jedenfalls grundsätzlich auch die Aufgabe des Streikverbots gehörte, eine Änderung des Grundgesetzes erfordern würde.[53] Jedenfalls vom Grundsatz her bestehen Beteiligungsmöglichkeiten der Beamtenverbände auch nach geltendem Recht.[54] Daneben stellt die Rechtsprechung des BVerfG sicher, dass die angemessene Höhe der Bezüge überprüft werden kann und auch überprüft wird. Die Entscheidungen zur Professoren-[55] und zur Richterbesoldung[56] mögen als Beleg genügen.

b) Rechtsprechung des EGMR

Eine Entscheidung des EGMR zum Streikverbot für deutsche Beamte gibt es bislang nicht. Auf die Beschwerde einer türkischen Gewerkschaft von Angehörigen des öffentlichen Dienstes hat bisher lediglich eine Kammer des EGMR in der Entscheidung Enerji Yapi-Yol Sen/Türkei aus Art. 11 EMRK ein Streikrecht

[51] BVerfGE 19, 303, Rn. 40; BVerfGE 44, 249, Rn. 38 u.a.; aus der Lit. s. nur *Dreier* GG, 2. Aufl. 2010, Art. 9 Rn. 94 m.w.N.

[52] Vgl. dazu nur die Vorschläge der NRW-Regierungskommission „Zukunft des öffentlichen Dienstes – Öffentlicher Dienst der Zukunft", abrufbar unter http://www.regierungskommission.nrw.de/ber/1.htm (Stand: 15.12.2015), insbes. S. 141 ff.

[53] „Zukunft des öffentlichen Dienstes – Öffentlicher Dienst der Zukunft", abrufbar unter http://www.regierungskommission.nrw.de/ber/1.htm (Stand: 15.12.2015), S. 169 ff.

[54] S. nur *Böhm* Mitbestimmung im öffentlichen Dienst, Düsseldorf 2011, m.w.N.

[55] BVerfGE 130, 263 ff.

[56] BVerfG, Urt. v. 05.05.2015 – 2 BvL 17/09 u.a.

für den öffentlichen Dienst abgeleitet.[57] Art. 11 Abs. 1 EMRK beinhaltet neben der Versammlungsfreiheit auch die Freiheit, sich mit anderen zusammenzuschließen. Ausdrücklich wird dabei das Recht erwähnt, zum Schutz seiner Interessen Gewerkschaften zu gründen und beizutreten. Art. 11 Abs. 2 EMRK lässt Einschränkungen zu, soweit sie gesetzlich vorgesehen und in einer demokratischen Gesellschaft notwendig sind für die nationale oder öffentliche Sicherheit. Rechtmäßige Einschränkungen der Ausübung dieser Rechte für Angehörige der Streitkräfte, der Polizei oder der Staatsverwaltung werden ausdrücklich erlaubt.

Im Ergebnis stufte die Kammer des EGMR einen Erlass der Personalabteilung des türkischen Premierministers, mit dem die Teilnahme an dem Streik für alle Angehörigen des öffentlichen Dienstes untersagt wurde, als Verstoß gegen die EMRK ein. Die Begründung dafür ist äußerst knapp. Art. 11 EMRK verpflichte den Staat dazu, Gewerkschaften durch Gesetz zu erlauben, sich für die Durchsetzung der Rechte ihrer Mitglieder einzusetzen. Ein Streik sei wichtig für den Schutz der Interessen der Gewerkschaftsmitglieder. Anstelle einer dogmatischen Begründung und einer Auseinandersetzung mit der Streikpraxis in anderen Konventionsstaaten findet sich ein kurzer Verweis auf die Konvention C 87 der International Labour Organization (ILO) sowie auf die europäische Sozialcharta. Zu überzeugen vermag dies nicht. Wie ggfs. die Große Kammer des EGMR unter Zugrundelegung der in den Rs. Al-Khawaja und Tahery sowie im Kruzifix-Urteil entwickelten Maßstäbe entscheiden würde, ist deshalb zumindest offen.

Vor diesem Hintergrund ist die vom Bundesverwaltungsgericht (BVerwG) vorgenommene Qualifizierung des Streikverbots für verbeamtete Lehrer als Verstoß gegen Art. 11 EMRK kritisch zu betrachten.[58]

c) Die Rezeption des EGMR durch das BVerwG

In den letzten Jahren haben immer wieder beamtete Lehrer gegen das Streikverbot verstoßen und sind gegen deshalb gegen sie verhängte Disziplinarmaßnahmen gerichtlich vorgegangen. Bei den Untergerichten hatte nur ein Teil dieser Klagen Erfolg.[59] Mit Urteil vom 27.02.2014 hat das BVerwG[60] entschieden, dass das Streikverbot für Beamte nicht mit der Rechtsprechung des EGMR vereinbar ist und es Aufgabe des Bundesgesetzgebers sei, einen Ausgleich zwischen den inhaltlich unvereinbaren Anforderungen des Art. 33 Abs. 5 GG und Art. 11 EMRK herzustellen. Solange dies nicht geschehen sei, beanspruche das Verbot

---

[57] EGMR, Urt. v. 21.04.2009 – 68959/01, insb. Rn. 32.

[58] In diesem Sinne auch *Hebeler* JA 2014, 718 ff. und *Battis* ZBR 2014, 201 f.

[59] S. dazu nur *Nußberger* RdA 2012, 270 (272) und *Böhm* PersV 2012, 164 (167 f.) jeweils m. w. N. S. außerdem OVG Münster, Urt. v. 07.03.2012 – 3d A 317/11.0, Rn. 175 ff. und OVG Lüneburg, Urt. v. 12.06.2012 – 20 BD 7/11, insbes. Rn. 88 ff.

[60] BVerwGE 149, 117, Rn. 23 ff.

nach Art. 33 Abs. 5 GG aber weiterhin Geltung. Das BVerwG geht dabei davon aus, dass der EGMR den Begriff „Angehörige der Staatsverwaltung" im Sinne des Art. 11 Abs. 2 S. 2 EMRK nicht status-, sondern aufgabenbezogen und damit funktional verstehe. Das Streikrecht könne demnach jedenfalls für diejenigen Staatsbediensteten ausgeschlossen werden, die an der Ausübung von Hoheitsgewalt im Namen des Staates in den von Art. 33 Abs. 4 GG umfassten Bereichen der öffentlichen Verwaltung beteiligt sind.[61] Ob man die Rechtsprechung des EGMR in diese Richtung verstehen kann, ist aber gerade fraglich.

Vieles spricht dafür, dass das Urteil Enerjy Yapi-Yol Sen jedenfalls nicht unmittelbar auf die Rechtslage in Deutschland übertragen werden kann. Das Urteil legt nahe, dass es sich nur auf ein Streikverbot für den gesamten öffentlichen Dienst bezieht. In Deutschland steht den Angestellten des öffentlichen Dienstes aber sehr wohl ein Streikrecht zu. In der im zu entscheidenden Fall betroffenen Kataster- und Infrastrukturverwaltung insbesondere in den Bereichen Energie und Autobahnbau dürften in Deutschland ohnehin meist Angestellte beschäftigt sein. Diese dürfen jedoch gerade streiken. Weitere Einzelheiten sind bislang nicht geklärt. Eine dem Vorgehen des EuGH entsprechende funktionsbezogene Sichtweise ist in der Rechtsprechung des EGMR bislang im Hinblick auf das in Art. 6 EMRK gewährleistete Recht auf ein faires Verfahren angeklungen.[62] In der Entscheidung ging es um einen technischen Berater im Rahmen eines Projekts des französischen Wirtschaftsministeriums. Ob etwa Lehrer als Angehörige der Staatsverwaltung i. S. des Art. 11 Abs. 2 EMRK anzusehen sind, hat der EGMR soweit ersichtlich bislang ausdrücklich offen gelassen.[63]

In Deutschland setzt Art. 33 Abs. 4 GG den Beamtenstatus nur zur Ausübung hoheitsrechtlicher Befugnisse voraus. Zu Recht hat mittlerweile das BVerfG entschieden, dass Lehrer jedenfalls nicht schwerpunktmäßig hoheitliche Aufgaben wahrnehmen, die der besonderen Absicherung durch den Beamtenstatus bedürften.[64] Lehrer könnten auch im Angestelltenstatus eingestellt werden. Ihnen stünde dann ein Streikrecht grundsätzlich zu.

Fraglich ist aber, ob angesichts der Tatsache, dass in Deutschland dieser Weg nicht in allen Fällen gewählt wurde, auch den verbeamteten Lehrern ein Streikrecht zugestanden werden muss. Unter Zugrundelegung einer funktionellen Betrachtungsweise wären jedenfalls Streikverbote für eine ganze Reihe von Beamtengruppen zu rechtfertigen. Bezüglich der Gruppe der Lehrer müsste geprüft werden, ob es nicht ausreicht, das Streikrecht den nichtbeamteten Lehrern zu gewährleisten. Bei den verbeamteten Lehrern ist zu berücksichtigen, dass durch die Lebenszeitstellung und die gerichtlich überprüfbare Einräumung von Alimentationsrechten eine hinreichende Kompensation im Sinne der Rspr. des

---

61 BVerwGE 149, 117, Rn. 34 ff.

62 EGMR, Urt. v. 08.12.1999 – 28541/95.

63 EGMR NJW 2002, 3087 (3089).

64 BVerfGE 119, 247, Rn. 65; zum Lehrerstatus s. a. *Böhm* DÖV 2006, 16 ff.

EGMR in den Fällen Al-Khawaja und Tahery gegen Großbritannien vorliegen könnte.

Auf all diese Probleme geht das BVerwG jedoch nicht ein. Ebenso wenig auf die ausführliche und instruktive Begründung, mit der das vorgehende Urteil des OVG Münster einen Verstoß gegen die EMRK abgelehnt hatte.[65] Auch rechtsvergleichende Erwägungen fehlen.

Die Besonderheiten des Beamtenstatus in Deutschland, die ggfs. auch als Kompensation für die Verweigerung des Streikrechts angesehen werden könnten, werden überhaupt nicht angesprochen. Das Ergebnis des BVerwG ist nach alledem keineswegs zwingend. Nationale Gestaltungsspielräume werden auf diese Weise ohne Not beschnitten.

IV. Fazit

In den letzten Jahrzehnten haben europäische und internationale Einflüsse auf die deutsche Rechtsordnung stark zugenommen. Den Vorgaben der EU und der Einbindung in die EMRK ist Rechnung zu tragen. Beide Bereiche liefern wichtige Impulse für die Weiterentwicklung des deutschen Rechtssystems insgesamt. Der europäische Staatenverbund und auch die Wirkungskraft der EMRK leben aber auch davon, dass sie den Mitgliedstaaten den ihnen gemäßen Freiraum belassen. Schneidet man einzelne Bestandteile in sich geschlossener nationaler Systeme heraus, kann dies bewährte Strukturen in eine Schieflage bringen. Eine zu starke Vereinheitlichung verhindert außerdem, dass einzelne Mitgliedstaaten als Motor neuer Entwicklungen wirken können. Bei der Aufgabe, die nötige Einheit zu gewährleisten, die erforderliche Vielfalt aber zu bewahren, kommt den Gerichten eine besondere Bedeutung zu. Sie sollten ihr mit der gebotenen Zurückhaltung Rechnung tragen.

[65] Vgl. OVG Münster, Urt. v. 07.03.2012 – 3d A 317/11.0, Rn. 175 ff.; vgl. auch OVG Lüneburg, Urt. v. 12.06.2012 – 20 BD 7/11, insbes. Rn. 90 ff.

Haftung für Verstöße gegen EU-Recht im Zusammenhang mit dem Sportwettenmonopol

Ulrich Herrmann

Bis zum 30.06.12 bestand in Deutschland ein uneingeschränktes staatliches Sportwettenmonopol[1], aufgrund dessen ausschließlich die im Deutschen Lotto- und Totoblock zusammengeschlossenen Lotterieunternehmen der Länder Sportwetten („ODDSET") vertreiben durften. Die privaten Veranstalter und Vermittler von Sportwetten nahmen im Zusammenhang mit der behördlichen Durchsetzung der entsprechenden Regelungen die Verwaltungsgerichte und die ordentlichen Gerichte intensiv in Anspruch. Im Ergebnis stellte sich heraus, dass das Monopol mit der europäischen Dienstleistungsfreiheit (jetzt Art. 56 AEUV) unvereinbar war. Dementsprechend waren aufgrund der Monopolbestimmungen ergangene Untersagungsverfügungen objektiv rechtswidrig.

Dies stand seit den Urteilen des Gerichtshofs der Europäischen Union vom 08.09.10[2] fest. Danach verstießen die Regelungen, die der Eindämmung der Spielsucht dienen sollten, gegen das in früheren Urteilen des Gerichtshofs[3] statuierte Kohärenzgebot, da eine Reihe von Glückspielen (insbesondere Automatenspiele), die nicht unter das staatliche Monopol fielen, ein höheres Suchtpotential aufwiesen als jene, für die das Monopol galt.

Als Konsequenz dieser Entscheidungen des Gerichtshofs nahm eine Reihe von Sportwettenveranstaltern und -vermittlern die Träger der Ordnungsbehörden wegen der erfolgten Untersagungen ihres Gewerbes auf Schadensersatz und Entschädigung in Anspruch. Der III. Zivilsenat des Bundesgerichtshofs, der unter anderem für das Staatshaftungsrecht zuständig ist, hatte über eine Reihe von Rechtsstreiten zu entscheiden, die hierüber geführt wurden. Im Ergebnis hatte keine der Klagen Erfolg.

[1] Siehe § 5 Abs. 2, 4 des Staatsvertrags zum Lotteriewesen in Deutschland vom 13.02.04, z. B.: GV. NRW. S. 315 Anlage 1; siehe jetzt § 10 Abs. 2, 6, § 4 Abs. 1 Satz 2, § 9 Abs. 1 Satz 2 und 3 Nr. 3 unter der Maßgabe von § 10a des z. B. in Nordrhein-Westfalen gemäß Art. 2 § 24 Abs. 1 des Gesetzes zum Ersten Staatsvertrag zur Änderung des Staatsvertrags zum Glücksspielwesen in Deutschland vom 13.11.12 mit Anlage, GV. NRW. S. 524, am 01.12.12 in Kraft getretenen geltenden GlüStV.

[2] EuGH NVwZ 2010, 1422 (Carmen Media); EuGH NVwZ 2010, 1409 (Stoß u.a); EuGH NVwZ 2010, 1419 (Winner Wetten).

[3] Z. B. EuGH, Urt. v. 06.11.03 – Gambelli – C-243/01, Slg. 2003, I-13076 = NJW 2004, 139.

I. Unionsrechtlicher Staatshaftungsanspruch

Der unionsrechtliche Staatshaftungsanspruch stand im Mittelpunkt der Urteile des III. Zivilsenats vom 18.10.12.[4] Der Senat beanstandete die Würdigung der Vorinstanz nicht, dass die objektiv rechtswidrigen Untersagungsverfügungen keinen hinreichend qualifizierten Verstoß gegen das EU-Recht darstellten. Nach der Rechtsprechung des Gerichtshofs der Europäischen Union ist ein Verstoß gegen das Unionsrecht hinreichend qualifiziert, wenn der betreffende Mitgliedstaat bei der Wahrnehmung seiner Rechtsetzungsbefugnisse die Grenzen, die der Ausübung seiner Befugnisse gesetzt sind, offenkundig und erheblich überschritten hat.[5]

Um festzustellen, ob ein hinreichend qualifizierter Verstoß vorliegt, sind alle Gesichtspunkte des Einzelfalls zu berücksichtigen, die für den jeweiligen Sachverhalt kennzeichnend sind. Zu diesen Gesichtspunkten gehören insbesondere das Maß an Klarheit und Genauigkeit der verletzten EU-Vorschrift und die Fragen, ob der Verstoß oder der Schaden vorsätzlich begangen beziehungsweise zugefügt wurde, ob ein etwaiger Rechtsirrtum entschuldbar ist und ob möglicherweise das Verhalten eines Gemeinschaftsorgans dazu beigetragen hat, dass nationale Maßnahmen oder Praktiken in gemeinschaftsrechtswidriger Weise eingeführt oder aufrechterhalten wurden.[6]

Hieran gemessen konnte ein hinreichend qualifizierter EU-Rechtsverstoß wegen des Sportwettenmonopols nicht festgestellt werden. In Ermangelung einer abschließenden gemeinschaftsrechtlichen Harmonisierung auf dem Gebiet des Glücksspielrechts verblieb den Ländern ein erheblicher Gestaltungsspielraum.[7]

Bis zu den erwähnten Urteilen vom 08.09.10 waren in der Rechtsprechung des Gerichtshofs der Europäischen Union die Grenzen zulässiger staatlicher Glückspielmonopole auch noch nicht so präzise geklärt, dass die bis zum 31.12.07 geltende Rechtslage[8] aufgrund der Judikatur des Gerichtshofs als offenkundig mit dem europäischen Recht unvereinbar gewertet werden musste.

---

4 BGH EuZW 2013, 194 und BGH NJW 2013, 168.

5 Z.B. EuGH, Urt. v. 13.03.07 – Test Claimants in the Thin Cap Group Litigation – C-524/04, Slg. 2007, I-2157 Rn. 118; EuGH, Urt. v. 08.10.96 – Dillenkofer u.a – C-178/94, Slg. 1996, I- 4867 Rn. 25; EuGH, Urt. v. 26.03.96 – British Telecommunications – C-392/93, Slg. 1996, I-1654 Rn. 42; EuGH, Urt. v. 05.03.96 – Brasserie du Pêcheur – C-46/93 u.a., Slg. 1996, I-1131 Rn. 45, 55; siehe auch BGH, Beschluss vom 26.04.12 – III ZR 215/11, juris Rn. 12; BGH NJW 2011, 772 (772 f.) [Rn. 7]; BGH NJW 2009, 2534 (2536) [Rn. 22]; BGHZ 134, 30 (38).

6 Z.B. EuGH, Urt. v. 13.03.07 – Test Claimants in the Thin Cap Group Litigation – C-524/04, Slg. 2007, I-2157 Rn. 119; EuGH, Urt. v. 05.03.96 – Brasserie du Pêcheur – C-46/93 u.a., Slg. 1996, I-1131 Rn. 56;EuGH, Urt. v. 04.12.03 – Evans – C-63/01, Slg. 2003, I-14492 Rn. 86; BGH, Beschluss vom 26.04.12 – III ZR 215/11, juris Rn. 12; BGH NJW 2011, 772 (772 f.) [Rn. 7]; BGH NJW 2009, 2534 (2536) [Rn. 22]; BGHZ 134, 30 (38) m. w. *N.*

7 BGH EuZW 2013, 194 (196) [Rn. 21] und BGH NJW 2013, 168 (169) [Rn. 21].

8 Seither galt der Staatsvertrag zum Glücksspielwesen in Deutschland vom 30.10.07

In seinen vorangegangenen Entscheidungen zur staatlichen Regulierung und Monopolisierung von Sportwetten[9] (Gambelli, Zenatti, Läärä und Schindler) hatte der Gerichtshof zwar abstrakte Grenzen für solche Reglementierungen aufgezeigt. Jedoch hatte er zugleich betont, dass den Mitgliedstaaten unter Berücksichtigung ihrer jeweiligen sittlichen, religiösen, kulturellen und soziokulturellen Besonderheiten ein Ermessen zustehe, festzulegen, welche Erfordernisse sich insbesondere bezüglich der Art und Weise der Veranstaltung von Lotterien ergäben. Nähere Vorgaben zur Ausübung dieses Ermessens enthielten die Entscheidungen nicht.

Im Fall Zenatti führte der Gerichtshof aus, die Begrenzung des Glückspielbetriebs zu den Zwecken, die Spiellust und den Betrieb der Spiele in geordnete Bahnen zu lenken, die Risiken eines solchen Betriebs im Hinblick auf Betrug und andere Straftaten auszuschalten und die sich daraus ergebenden Gewinne gemeinnützigen Zwecken zuzuführen, diene europarechtlich legitimen Zielen.[10] Der Gerichtshof grenzte die Zulässigkeit von Beschränkungen des Wettbetriebs negativ dahingehend ab, dass sie wirklich dem Ziel dienen müssten, die Gelegenheiten zum Spiel zu vermindern, und dass die Erzielung von Einnahmen für soziale Aktivitäten nur eine erfreuliche Nebenfolge, nicht aber der eigentliche Grund der betriebenen restriktiven Politik sein dürfe.[11] Dabei betonte der Gerichtshof, es sei Sache des nationalen Gerichts, zu prüfen, ob die mitgliedstaatlichen Rechtsvorschriften gerechtfertigten Zielen dienten und die in ihnen enthaltenen Beschränkungen verhältnismäßig seien.[12] Er hielt dabei auch die Monopolisierung bei einem Anbieter für zulässig.[13]

In der Sache Gambelli führte der Gerichtshof weiter aus, dass die Reglementierungen, die auf zulässige Gründe sowie auf deren Notwendigkeit gestützt seien, auch geeignet sein müssten, die Verwirklichung dieser Ziele in dem Sinne zu gewährleisten, dass sie „kohärent" und systematisch zur Begrenzung der Wetttätigkeiten beitrügen.[14]

(GlüStV 2008), siehe hierzu z.B. nordrhein-westfälisches Gesetz zu diesem Staatsvertrag nebst Anlage, GV. NRW. S. 445.

9 EuGH, Urt. v. 06.11.03 – Gambelli – C-243/01, Slg. 2003, I-13076 = NJW 2004, 139; EuGH, Urt. v. 21.10.99 – Zenatti – C-67/98, Slg. 1999, I-7304 = EuZW 2000, 151; EuGH, Urt. v. 21.09.99 – Läärä – C-124/97, Slg. 1999, I-6104 = EuZW 2000, 148; EuGH, Urt. v. 24.03.94 – Schindler – C-275/92, Slg. 1994, I-1078= NJW 1994, 2013.

10 EuGH, Urt. v. 21.10.99 – Zenatti – C-67/98, Slg. 1999, I-7304 Rn. 35 = EuZW 2000, 151 (153).

11 EuGH, Urt. v. 21.10.99 – Zenatti – C-67/98, Slg. 1999, I-7304 Rn. 36 = EuZW 2000, 151 (153).

12 EuGH, Urt. v. 21.10.99 – Zenatti – C-67/98, Slg. 1999, I-7304 Rn. 31 = EuZW 2000, 151 (153).

13 EuGH, Urt. v. 21.10.99 – Zenatti – C-67/98, Slg. 1999, I-7304 Rn. 32 f. = EuZW 2000, 151 (153); siehe auch EuGH, Urt. v. 21.09.99 – Läärä – C-124/97 Slg. 1999, I-6104 Rn. 34 f. = EuZW 2000, 148 (150).

14 EuGH, Urt. v. 06.11.03 – Gambelli – C-243/01, Slg. 2003, I-13076 Rn. 67 = NJW 2004, 139 (140).

Obgleich die Europarechtswidrigkeit des in Deutschland bestehenden Sportwettenmonopols mit der fehlenden Kohärenz des Monopols mit seinem Schutzzweck – der Begrenzung der Spiellust und -sucht – begründet wurde, war der gemäß den Urteilen vom 08.09.10 für Deutschland maßgebliche Gesichtspunkt, dass eine Reihe von Glückspielen (insbesondere Automatenspiele), die nicht unter das staatliche Monopol fielen, ein höheres Suchtpotential aufwiesen als jene, für die das Monopol galt, diesen früheren Entscheidungen nicht ansatzweise zu entnehmen.

Allerdings hatte sich das Bundesverfassungsgericht in seinem Urteil vom 28.03.06[15] unter verfassungsrechtlichen Gesichtspunkten mit dem Sportwettenmonopol befasst und dessen Kohärenz verneint. Das Gericht führte unter Bezugnahme auf die „Gambelli-Entscheidung" des Gerichtshofs der Europäischen Union aus, die – im zu entscheidenden Fall nicht erfüllten – Anforderungen des deutschen Verfassungsrechts liefen parallel zu den vom Gerichtshof zum Gemeinschaftsrecht formulierten Vorgaben, nach denen die Erzielung von Einnahmen zur Finanzierung sozialer Aktivitäten nur nützliche Nebenfolge, nicht aber der eigentliche Grund einer restriktiven Politik im Bereich von Wetten und Glückspielen sein dürfe.[16] Dies sei bislang nicht gewährleistet.

Gleichwohl konnte ein qualifizierter Verstoß wegen der Aufrechterhaltung des Monopols auch für die Zeit ab März 2006 nicht angenommen werden, da das Bundesverfassungsgericht eine Übergangsfrist zur gesetzlichen Neuregelung bis zum 31.12.07 eingeräumt hatte. Für die Anwendbarkeit der bislang geltenden Normen hatte es Maßgaben statuiert, nach denen unverzüglich ein Mindestmaß an Konsistenz zwischen dem Ziel der Begrenzung der Wettleidenschaft und der Bekämpfung der Wettsucht einerseits und der tatsächlichen Ausübung des staatlichen Monopols andererseits herzustellen war. Danach durften – vor dem Hintergrund, dass die Errichtung eines staatlichen Wettmonopols für sich genommen weder verfassungs- noch europarechtswidrig war – das gewerbliche Veranstalten von Wetten durch private Unternehmen und die Vermittlung solcher Wetten weiterhin als verboten angesehen und ordnungsrechtlich unterbunden werden. Jedoch war damit zu beginnen, das Wettmonopol konsequent an einer Bekämpfung der Wettsucht und einer Begrenzung der Wettleidenschaft auszurichten.[17] Die von den damaligen Urteilen des III. Zivilsenats betroffenen bayerischen Behörden hielten in der Folgezeit diese Maßgaben ein, wie ihnen von den Verwaltungsgerichten attestiert wurde.[18] Dies traf auch auf andere Länder, etwa Nordrhein-Westfalen, Berlin und Bremen zu, wie

15 BVerfGE 115, 276ff.
16 BVerfGE 115, 276 (316).
17 BVerfGE 115, 276 (319).
18 BGH EuZW 2013, 194 (198) [Rn. 32] und BGH NJW 2013, 168 (171) [Rn.32] jew. m. w. N.

das Bundesverfassungsgericht und die jeweils zuständigen Verwaltungsgerichte bestätigten.[19]

Da die verfassungs- und unionsrechtlichen Kriterien für die Kohärenz des Sportwettenmonopols identisch waren, durften die Behörden davon ausgehen, dass mit Einhaltung der vom Bundesverfassungsgericht aufgestellten Maßgaben zur Herstellung der notwendigen Kohärenz nicht nur die verfassungsrechtlichen, sondern auch die unionsrechtlichen Bedenken behoben waren. Daran änderte nichts, dass das Bundesverfassungsgericht formal grundsätzlich nicht abschließend über das Unionsrecht zu befinden hat. Die Verwaltungen durften sich der Sache nach auf die höchstrichterlichen Ausführungen und auf die sich hieraus ohne Weiteres ergebenden Schlussfolgerungen verlassen.[20]

An dieser Würdigung änderte auch das Urteil des Bundesverwaltungsgerichts vom 20.06.13[21] nichts, das ausführte, das in Nordrhein-Westfalen bis 2012 bestehende staatliche Sportwettenmonopol sei wegen einer seinen Zielsetzungen widersprechenden Werbepraxis inkohärent und habe deshalb gegen die unionsrechtliche Niederlassungs- und Dienstleistungsfreiheit verstoßen. Aus dieser ex post im Jahr 2013 getroffenen Feststellung ließ sich nicht ableiten, dass für die Amtsträger im maßgeblichen Zeitraum die vom Bundesverwaltungsgericht beanstandeten Kohärenzmängel entgegen der vorerwähnten Rechtsprechung hinreichend deutlich waren.[22]

Die gleichen Erwägungen treffen für die Zeit ab dem 01.01.08 bis zu den Entscheidungen des Gerichtshofs der Europäischen Union vom 08.09.10 zu. Ab dem 01.01.08 galt der neue Glücksspielstaatsvertrag[23], durch den das Sportwettenmonopol unter Beachtung der vom Bundesverfassungsgericht aufgestellten Maßgaben grundsätzlich aufrechterhalten wurde. Davon, dass die Maßgaben zur Begrenzung der Gefahren der Glücksspielsucht in dem Vertrag ordnungsgemäß umgesetzt waren, ging auch das Bundesverfassungsgericht in einer 2008 getroffenen Entscheidung aus.[24] Erst aufgrund der vorgenannten Urteile des Gerichtshofs der Europäischen Union vom 08.09.10 wurde hinreichend deutlich, dass auch der neue Staatsvertrag nicht die Einhaltung der unionsrechtlichen Vorgaben gewährleistete und das in dem Staatsvertrag geregelte Monopol

---

[19] Siehe z.B. BGH, Beschluss vom 28.02.13 – III ZR 87/12, juris m.w.N., Verfassungsbeschwerde gegen diese Entscheidung durch BVerfG nicht angenommen, Beschluss vom 07.01.14 – 1 BvR 1318/12; BGH BeckRS 2014, 22063 m.w.N. und BGH MDR 2015, 706 Rn. 18; BVerfG, WM 2007, 183 (185); OVG Münster, Beschluss vom 23.10.06 – 4 B 1060/06, juris Rn. 16f; VG Düsseldorf, Urteil vom 06.11.07 – 3 K 162/07, juris Rn. 29ff.

[20] BGH MDR 2015, 706 [Rn. 19] und BGHZ 205, 63 [Rn. 25].

[21] BVerwG, Urteil vom 20.06.13 – 8 C 12.12, juris Rn. 35ff.

[22] BGH MDR 2015, 706 [Rn. 20] und BGHZ 205, 63 [Rn. 26].

[23] Staatsvertrag zum Glücksspielwesen in Deutschland vom 30.10.07 (GlüStV 2008), siehe hierzu z.B. nordrhein-westfälisches Gesetz zu diesem Staatsvertrag nebst Anlage, GV. NRW. S. 445.

[24] BVerfG NVwZ 2008, 1338 (1340) [Rn. 28ff.].

für Sportwetten mit der durch Art. 56 AEUV garantierten Dienstleistungsfreiheit nicht in Einklang stand.

Für den Zeitraum ab dem 08.09.10 war im Ergebnis ebenfalls keine andere Bewertung geboten. Nach der Rechtsprechung des Gerichtshofs sind ungeachtet der Unzulässigkeit des in den bisherigen Staatsverträgen enthaltenen Sportwettenmonopols sowohl Erlaubnisvorbehalte für die Tätigkeit von Wettanbietern (vgl. § 4 Abs. 1 des GlüStV 2008) als auch Beschränkungen auf bestimmte Arten von Wetten möglich. Die Kläger hatten in den vom III. Zivilsenat entschiedenen Rechtsstreitigkeiten keinen Sachvortrag in den Vorinstanzen aufgezeigt, aus dem sich ergab, dass sie ohne die Monopolregelungen einen Anspruch auf Erteilung einer Erlaubnis für ihr Wettangebot gehabt haben könnten.[25] Insofern billigte der Senat auch die Entscheidung eines Oberlandesgerichts, das unter diesem Gesichtspunkt eine Staatshaftungsklage wegen rechtmäßigen Alternativverhaltens abgewiesen hatte.[26]

Die vorstehenden Ausführungen betreffen die Staatshaftungsansprüche gegen die Exekutive. In zwei Verfahren wurde ein Bundesland auch wegen seiner Legislative in Anspruch genommen.[27] Dieser wurde vorgeworfen, die Rechtslage nicht noch vor Ablauf der vom Bundesverfassungsgericht eingeräumten Übergangszeit den europarechtlichen Erfordernissen angepasst zu haben. Der III. Zivilsenat folgte dem nicht und verneinte auch insoweit einen unionsrechtlichen Staatshaftungsanspruch. Dem Gesetzgeber konnte nicht vorgehalten werden, er habe schnellstmöglich, also noch vor Ablauf der vom Bundesverfassungsgericht eingeräumten Übergangszeit, eine „auch dem Buchstaben nach" gemeinschaftsrechtskonforme Gesetzeslage schaffen müssen. Zunächst durfte auch der Gesetzgeber davon ausgehen, dass schon vor Anpassung des Gesetzeswortlauts an die Vorgaben des Bundesverfassungsgerichts die Exekutive willens und in der Lage war, für die Übergangsphase einen Zustand herzustellen, der europarechtlich keinen durchgreifenden Bedenken (mehr) ausgesetzt war. Zudem war ausreichende Zeit vonnöten, um den aus den Vorgaben des Bundesverfassungsgerichts folgenden rechtlichen Anpassungsbedarf sorgfältig zu ermitteln, die hieraus folgenden Handlungsoptionen herauszuarbeiten und sich unter Abwägung der jeweils in Rede stehenden Belange für eine Lösung zu entscheiden. So gab es für die Schaffung einer im Sinne der Rechtsprechung des Gerichtshofs der Europäischen Union kohärenten Lösung für den Bereich der Sportwetten und Glücksspiele eine Vielzahl von denkbaren Lösungen, da den Mitgliedstaaten insoweit ein weiter Ermessensspielraum zusteht. Hinzu kam, dass die maßgeblichen Regelungen nach der Kompetenzordnung des Grundgesetzes von den Ländern zu schaffen waren und diese Regelungen, um einen

[25] BGH MDR 2015, 706 [Rn. 24] und BGHZ 205, 63 [Rn. 18].
[26] BGH BeckRS 2015, 05462 Rn. 1.
[27] BGH EuZW 2013, 194 (198 f.) [Rn. 35] und BGH NJW 2013, 168 (171) [Rn. 35].

– sinnvollen – bundeseinheitlichen Standard zu gewährleisten, in einem Staatsvertrag aller deutschen Länder enthalten waren. Aufgrund dieser Ausgangslage war dem betroffenen Land insbesondere nicht anzulasten, dass es auf einen gesetzgeberischen „Alleingang" verzichtete und zusammen mit den übrigen Ländern wiederum eine – nunmehr den europarechtlichen Vorgaben entsprechende – bundeseinheitliche Regelung anstrebte. Unter Berücksichtigung dieser Umstände war es nicht zu beanstanden, dass das beklagte Land – ebenso wie alle anderen Bundesländer – die bis zum 31.12.07 eingeräumte Übergangsfrist ausschöpfte.[28]

II. Enteignungsgleicher Eingriff, § 39 Abs. 1 Buchst. b OBG NW

Die vorstehenden Ausführungen betreffen den unionsrechtlichen Staatshaftungsanspruch. Die insoweit angestellten Überlegungen sind zwar nicht unkompliziert, haben aber im Schwerpunkt nur die Anwendung der bereits ausformulierten Grundsätze dieses Haftungsinstituts auf die jeweilige Sachlage zum Gegenstand. Rechtlich noch spannendere Fragen stellten sich im Zusammenhang mit der verschuldensunabhängigen Haftung nach den Grundsätzen des enteignungsgleichen Eingriffs beziehungsweise den ordnungsrechtlichen Spezialvorschriften. Während in einer Reihe von Fällen diese Anspruchsgrundlagen nicht in Rede standen, weil etwa das jeweilige Landesrecht eine Haftung hiernach nur für Maßnahmen der Polizeibehörden im engeren Sinn vorsehen, kam es in den zwei am 16.04.15 entschiedenen Sachen[29], die die Rechtslage in Nordrhein-Westfalen betrafen, „zum Schwure". Der III. Zivilsenat verneinte eine Haftung der Verwaltung – eine solche des Gesetzgebers war nicht Gegenstand der Rechtsstreite – nach dem einschlägigen § 39 Abs. 1 Buchst. b OBG NW.

Danach kann derjenige, der durch eine rechtswidrige Maßnahme einer Ordnungsbehörde einen Schaden erlitten hat, diesen ersetzt verlangen, gleichgültig, ob die Behörde ein Verschulden trifft oder nicht. Diese Vorschrift war jedoch auf den der Beklagten, einer Stadt, mit dem Erlass von Untersagungsverfügungen im Jahr 2007 objektiv unterlaufenen Verstoß gegen das Unionsrecht, nicht anwendbar. Gleiches galt für das Aufrechterhalten dieser Verfügungen. Entscheidend hierfür war, dass die Verwaltungsmaßnahmen im Einklang mit den nationalen Gesetzen standen. Nach § 5 Abs. 2 und 4 des zum Zeitpunkt des Erlasses der Verfügungen maßgeblichen, am 01.07.04 in Kraft getretenen Staatsvertrags zum Lotteriewesen in Deutschland, bestand für die in Rede stehenden

---

[28] BGH EuZW 2013, 194 (198 f.) [Rn. 35] und BGH NJW 2013, 168 (171) [Rn. 35].

[29] BGH MDR 2015, 706 und BGHZ 205, 63 vorgesehen; zust. Anmerkung von *Pagenkopf* NVwZ 2015, 1264.

Wetten ein staatliches Veranstaltungsmonopol. Der ab dem 01.01.08 geltende Staatsvertrag zum Glücksspielwesen in Deutschland hielt das Monopol aufrecht.[30]

Der Erlass der Ordnungsverfügungen sowie die Anordnung ihrer sofortigen Vollziehung standen zwar im Ermessen der Ordnungsbehörden. Nach der nationalen Rechtslage erfüllte die Vermittlung von Sportwetten außerhalb des Monopols jedoch den Straftatbestand des § 284 Abs. 1 StGB. Vor diesem Hintergrund stellte sich das sofortige Einschreiten der Ordnungsbehörden lediglich als konsequente Durchsetzung des nationalen Rechts dar und beruhte deshalb keinesfalls auf einer unzureichenden Ermessensausübung.[31]

Damit folgte die objektive Rechtswidrigkeit der in Rede stehenden Maßnahmen ausschließlich daraus, dass das (nationale) Recht, das die Verwaltung für sich genommen zutreffend angewandt hatte, dem Verfassungs- und dem Unionsrecht widersprach. Diese Fallgestaltung wird von § 39 Abs. 1 Buchst. b OBG NW nicht erfasst.[32]

1.

Bei dem verschuldensunabhängigen Ersatzanspruch für Schäden infolge rechtswidriger Maßnahmen der Ordnungsbehörden nach § 39 Abs. 1 Buchst. b OBG NW handelt es sich um eine spezialgesetzliche Konkretisierung der Haftung aus enteignungsgleichem Eingriff.[33] Aus diesem Grund war zur Auslegung dieser Vorschrift die zum enteignungsgleichen Eingriff ergangene Rechtsprechung heranzuziehen. Im Zusammenhang mit dem richterrechtlich geprägten und ausgestalteten Institut des enteignungsgleichen Eingriffs hat der III. Zivilsenat wiederholt entschieden, dass eine Haftung für legislatives Unrecht in Gestalt eines mit dem Grundgesetz nicht zu vereinbarenden formellen Gesetzes ausscheidet.[34] Dies beruht nicht zuletzt auf der Erwägung, die Haushaltsprärogative des Parlaments in möglichst weitgehendem Umfang zu wahren und die Gewährung von Entschädigungen für legislatives Unrecht angesichts der hiermit

[30] § 10 Abs. 2 und 5 GlüStV 2008; siehe jetzt § 10 Abs. 2, 6, § 4 Abs. 1 Satz 2, § 9 Abs. 1 Satz 2 und 3 Nr. 3 unter der Maßgabe von § 10a des in Nordrhein-Westfalen gemäß Art. 2 § 24 Abs. 1 des Gesetzes zum Ersten Staatsvertrag zur Änderung des Staatsvertrags zum Glücksspielwesen in Deutschland vom 13.11.12 mit Anlage, GV. NRW. 524, am 01.12.12 in Kraft getretenen geltenden GlüStV.

[31] BGH MDR 2015, 706 [Rn. 27] und BGHZ 205, 63 [Rn. 32].

[32] BGH MDR 2015, 706 [Rn. 29 ff] und BGHZ 205, 63 [Rn. 33 ff].

[33] BGHZ 72, 273 (276); BGH NJW 1979, 34 (36) jeweils zu § 42 Abs. 1 Buchst. b OBG NW in der ursprünglichen Fassung des Gesetzes; *Krohn* Enteignung, Entschädigung, Staatshaftung, 1993, S. 102 [Rn. 95]; *Schönenbroicher/Heusch* Ordnungsbehördengesetz Nordrhein-Westfalen, § 39 Rn. 24; *Denninger/Rachor* Handbuch des Polizeirechts, 5. Aufl., M Rn. 69 f.

[34] BGHZ 100, 136 (145); BGHZ 102, 350 (359) und BGH VersR 1988, 1046 (1047); siehe auch *Krohn* VersR 1991, 1085 (1087); Maunz/Dürig-*Papier*, GG, Stand 2014, Art. 34 Rn. 45

verbundenen erheblichen finanziellen Lasten für die öffentliche Hand der Entscheidung des Parlamentsgesetzgebers vorzubehalten.[35] Auch für den Vollzug eines verfassungswidrigen Gesetzes haftet die öffentliche Hand nicht unter dem Gesichtspunkt des enteignungsgleichen Eingriffs. Ansonsten würde der Ausschluss der verschuldensunabhängigen Haftung für legislatives Unrecht in weiten Teilen unterlaufen, da Gesetze regelmäßig erst mit der Umsetzung durch die Verwaltung ihre Wirkung auf das Eigentum des Einzelnen entfalten.[36]

Eine Erstreckung der Haftungsregelung des § 39 Abs. 1 Buchst. b OBG auf die Fälle legislativen Unrechts käme deshalb nur in Betracht, wenn der Gesetzgeber eine entsprechende Haftungsausweitung beabsichtigt hätte. Ein solcher Wille kann jedoch nicht angenommen werden.[37] Vielmehr ergibt sich aus den Gesetzesmaterialien, dass der Gesetzgeber lediglich in Orientierung an dem richterrechtlich entwickelten Institut des enteignungsgleichen Eingriffs die Haftung für das Verwaltungshandeln von Ordnungsbehörden gesetzlich regeln wollte.[38]

Mangels ausdrücklicher Regelung im Gesetz und ohne Anhaltspunkte für einen entsprechenden Willen des Gesetzgebers kann nicht davon ausgegangen werden, dass der Gesetzgeber mit der Entschädigungshaftung nach dem Ordnungsbehördengesetz auch die Fälle erfassen wollte, in denen Nachteile durch von der Haftung aus enteignungsgleichem Eingriff nicht umfasstes – legislatives – Unrecht entstanden sind.[39]

2.

a) Ist hiernach die Haftung für legislatives Unrecht und seinen verwaltungsmäßigen Vollzug von § 39 Abs. 1 Buchst. b OBG NW nicht erfasst, gilt dies nicht nur für die Fälle des Verstoßes eines Gesetzes gegen nationales Verfassungsrecht, sondern gleichermaßen, wenn, wie in den zu entscheiden gewesenen Fällen, ein innerstaatliches Gesetz gegen Recht der Europäischen Union verstößt. Der III. Zivilsenat hatte nach seinem Vorabentscheidungsersuchen an den Gerichtshof der Europäischen Union in der Sache „Brasserie du Pêcheur“[40] auf der Grundlage der Antworten des Gerichtshofs auf die Vorlagefragen[41] bereits entschieden, dass eine Haftung des Gesetzgebers nach den Grundsätzen des enteignungsgleichen Eingriffs auch für Nachteile ausscheidet, die durch ein gegen das europäische Unionsrecht verstoßendes formelles Gesetz verursacht wer-

35 BGHZ 100, 136 (145 f.); Maunz/Dürig-*Papier*, GG, Stand 2014, Art. 34 Rn. 45.

36 BGH MDR 2015, 706 [Rn. 30] und BGHZ 205, 63 [Rn. 34] jew. m. w. N.

37 Vgl. BVerwGE 147, 47 [Rn. 20].

38 BGH MDR 2015, 706 [Rn. 31] und BGHZ 205, 63 [Rn. 35] jew. m. w. N.

39 BGH MDR 2015, 706 [Rn. 33] und BGHZ 205, 63 [Rn. 37] jew. m. w. N.

40 BGH ZIP 1993, 345.

41 EuGH, Urt. v. 05.03.96 – Brasserie du Pêcheur – C-46/93 u. a., Slg. 1996, I-1131 = NJW 1996, 1267.

den.[42] Der Gerichtshof hatte auf die Frage des Senats, ob die Entschädigung für die Nichtanpassung des nationalen Rechts an das europäische Recht davon abhängig gemacht werden könne, dass den verantwortlichen staatlichen Amtsträgern ein Verschulden zur Last fällt, ausgeführt, die Haftung dürfe nicht von einem Verschulden abhängig gemacht werden, das über den hinreichend qualifizierten Verstoß gegen das Unionsrecht hinausgehe.[43] Dem ist im Umkehrschluss zu entnehmen, dass es bei Verstößen des Gesetzgebers gegen Unionsrecht einer vom Verschuldenserfordernis beziehungsweise von den Voraussetzungen eines hinreichend qualifizierten EU-Rechtsverstoßes losgelösten (auf nationalem Recht beruhenden) Haftung nicht bedarf. Es reicht vielmehr aus, wenn das nationale Gericht in solchen Fällen eine Haftung (nur) unmittelbar aus dem europäischen Gemeinschaftsrecht herleitet.[44]

Da § 39 Abs. 1 Buchst. b OBG NW aus den vorgenannten Gründen eine Konkretisierung des Grundsatzes der Haftung für enteignungsgleiche Eingriffe darstellt, sind die vorstehenden Erwägungen auf diese Bestimmung übertragbar.

b) Soweit der Ersatzanspruch, wie im zu beurteilenden Sachverhalt, nicht unmittelbar auf das gegen höherrangiges Recht verstoßende Gesetz selbst gestützt wird, sondern auf dessen Vollzug, ist allerdings der folgende – im Ergebnis jedoch nicht entscheidende – Gesichtspunkt zu beachten. Widerspricht die betreffende Norm nationalem Verfassungsrecht, hat die Verwaltung sie gleichwohl anzuwenden, da sie keine Verwerfungskompetenz hat. Diese ist gemäß Art. 100 Abs. 1 GG dem Bundesverfassungsgericht vorbehalten. Demgegenüber sind aufgrund des unionsrechtlichen Anwendungsvorrangs auch die Behörden verpflichtet, dem Unionsrecht widersprechende mitgliedstaatliche Normen von sich aus unangewendet zu lassen.[45] Wendet die Verwaltung das nationale Recht gleichwohl an, könnte dieses Vorgehen bei einer rein begrifflichen Betrachtung deshalb eher dem administrativen als dem legislativen Unrecht zuzuordnen sein, so dass ein Anspruch aus § 39 Abs. 1 Buchst. b OBG NW im Ausgangspunkt in Betracht zu ziehen sein könnte. Diese Erwägung greift jedoch in der zu entscheiden gewesenen Fallgestaltung bei der gebotenen wertenden Betrachtung nicht durch.[46]

Der mit dem Ausschluss legislativen Unrechts vom Anwendungsbereich des § 39 Abs. 1 Buchst. b OBG NW verfolgte Zweck trifft auf die erörterte Fallgestaltung ebenfalls zu. Würde man auch in den Fällen, in denen es nicht um Vollzugsdefizite der Verwaltung im Einzelfall geht, sondern um den für sich ge-

---

[42] BGHZ 134, 30 (33 ff.).

[43] EuGH, Urt. v. 05.03.96 – Brasserie du Pêcheur – C-46/93 u. a., Slg. 1996, I-1131 Rn. 78 ff. = NJW 1996, 1267 (1271).

[44] BGHZ 134, 30 (33 ff.).

[45] Z. B. EuGH, Urteil vom 22.06.89 – Costanzo – C-103/88, juris Rn. 31.

[46] BGH MDR 2015, 706 [Rn. 36 ff] und BGHZ 205, 63 [Rn. 40 ff.].

nommen korrekten Gesetzesvollzug in einer Vielzahl von Fällen, die verschuldensunabhängige Haftung nach dem Ordnungsbehördengesetz durchgreifen lassen, würde der Ausschluss der Haftung der öffentlichen Hand wegen legislativen Unrechts weitgehend leerlaufen. Darüber hinaus wäre eine Erstreckung der „reinen Erfolgshaftung" der Ordnungsbehörden auf den Vollzug eines gegen Unionsrecht verstoßenden Gesetzes mit so weit reichenden finanziellen Folgen für die öffentlichen Haushalte verbunden, dass sich ohne einen eindeutig feststellbaren gesetzgeberischen Willen eine derartige Ausweitung der Haftung verbietet.

Damit ist das „administrative" Unrecht bei der Vollziehung von dem Unionsrecht widersprechendem nationalen Recht dem legislativen Unrecht im Sinne des enteignungsgleichen Eingriffs und des § 39 Abs. 1 Buchst. b OBG NW gleichzusetzen. Denn die Ursache für die Rechtswidrigkeit der Verwaltungsmaßnahme liegt ihrem Schwerpunkt nach in der Sphäre der Legislative, wenn die Verwaltung ein nationales Gesetz vollzieht, das – für sie nicht ohne weiteres erkennbar – mit dem Unionsrecht unvereinbar ist.

c) Der Ausschluss der verschuldensunabhängigen Haftung nach § 39 Abs. 1 Buchst. b OBG NW für die Vollziehung von dem Unionsrecht widersprechendem nationalen Recht ist seinerseits mit dem Recht der Europäischen Union vereinbar, so dass auch die unionsrechtskonforme Auslegung von § 39 Abs. 1 Buchst. b OBG NW zu keinem anderen Ergebnis führt.[47] Wie bereits erwähnt, hatte der Gerichtshof der Europäischen Union in seinem Urteil vom 05.03.1996[48] auf die entsprechende Frage des III. Zivilsenats ausgeführt, dass die Haftung für ein dem europäischen Recht widersprechendes Gesetz (lediglich) nicht von einem Verschulden abhängig gemacht werden dürfe, das über den hinreichend qualifizierten Verstoß gegen das Unionsrecht hinausgehe. Dem ist im Umkehrschluss zu entnehmen, dass bei Verstößen des Gesetzgebers gegen Unionsrecht eine hiervon unabhängige Haftung nicht geboten ist. Dafür, dass dies nur für die Haftung des Gesetzgebers gelten soll, nicht aber für die Exekutive, die das EU-rechtswidrige nationale Gesetz anwendet, gibt es keinen Anhaltspunkt. Eine solche Einschränkung ist dem Urteil des Gerichtshofs nicht zu entnehmen. Sie wäre auch mit dessen weiterer Erwägung nicht in Einklang zu bringen, dass den Erfordernissen der vollen Wirksamkeit des Unionsrecht und des effektiven Schutzes der aus ihm folgenden Rechte mit einer Staatshaftung unter den genannten einschränkenden Voraussetzungen Genüge getan ist. Hinzu tritt auch in diesem Zusammenhang, dass die nach der Entscheidung des Gerichtshofs jedenfalls für die Legislative zulässige Beschränkung der Haftung auf Sachverhalte, in denen ein hinreichend qualifizierter und unmittelbar scha-

---

[47] BGH MDR 2015, 706 [Rn. 39 f] und BGHZ 205, 63 [Rn. 43 f.].

[48] EuGH, Urt. v. 05.03.96 – Brasserie du Pêcheur – C-46/93 u. a., Slg. 1996, I-1131 = NJW 1996, 1267.

denskausaler Verstoß gegen Unionsrecht vorliegt, weitgehend leerliefe, wenn die Exekutive für den Vollzug des entsprechenden nationalen Gesetzes unabhängig von diesen Voraussetzungen haften müsste.[49]

III. Vorlage an den Gerichtshof der Europäischen Union

Wie immer, wenn Europarecht eine Rolle spielt, ist für den Bundesgerichtshof als letztinstanzliches Gericht eine Vorlage an den Gerichtshof der Europäischen Union gemäß Art. 276 Abs. 2, 3 AEUV in den Blick zu nehmen. Der III. Zivilsenat hat in den in diesem Beitrag referierten Entscheidungen hiervon absehen können.

Soweit es den unionsrechtlichen Staatshaftungsanspruch anging, handelte es sich lediglich um die Anwendung der dafür entwickelten Kriterien auf die konkrete Sachlage. Die Würdigung, ob ein Verstoß gegen das Unionsrecht im konkreten Einzelfall hinreichend qualifiziert ist, obliegt nach den vom Gerichtshof hierfür entwickelten Leitlinien den nationalen Gerichten. Unionsrechtliche Fragen im Zusammenhang mit der Frage des hinreichend qualifizierten Charakters des EU-Rechtsverstoßes der jeweiligen Beklagten, die über die bloße Anwendung der Grundsätze des unionsrechtlichen Staatshaftungsanspruchs auf den jeweiligen Sachverhalt hinausgingen, warfen die Fälle nicht auf.[50] Dementsprechend hat das Bundesverfassungsgericht die auf die Verletzung der Vorlagepflicht gestützten Verfassungsbeschwerden gegen die Senatsurteile vom 12.10.12 nicht zur Entscheidung angenommen.[51]

Soweit die Anwendbarkeit von § 39 Abs. 1 Buchst. b OBG NW auf die erörterte Fallgestaltung betroffen war, stand aufgrund der Entscheidung des Gerichtshofs der Europäischen Union vom 05.03.96 mit der nach der „acte-clair-“ beziehungsweise „acte-éclairé-Doktrin“ erforderlichen Gewissheit fest, dass die Erwägungen des Senats zur Vereinbarkeit seiner Auslegung der Vorschrift mit dem Unionsrecht zutrafen.[52] Den Ausführungen des Gerichtshofs im Urteil vom 05.03.96 ist, wie erwähnt – unzweifelhaft – zu entnehmen, dass das Unionsrecht keine verschuldensunabhängige, von einem hinreichend qualifizierten Rechtsverstoß losgelöste Haftung gebietet, wenn das nationale Recht im Widerspruch zum Unionsrecht steht. Dass dies nicht nur für die Haftung der gesetzgebenden Körperschaft gilt, sondern auch für die Behörde, die ein solchermaßen rechtswidriges nationales Gesetz anwendet, folgte ebenfalls mit der erforderlichen Gewissheit aus der genannten Entscheidung. Auch wenn Gegenstand

---

[49] BGH MDR 2015, 706 [Rn. 39] und BGHZ 205, 63 [Rn. 43].

[50] BGH EuZW 2013, 194 (199) [Rn. 38] und BGH NJW 2013, 168 (172) [Rn. 38] jew. m. w. N. sowie BGH MDR 2015, 706 [Rn. 42] und BGHZ 205, 63 [Rn. 46.].

[51] BVerfG Beschluss vom 07.01.14 – 1 BvR 2571/12, juris.

[52] BGH MDR 2015, 706 [Rn. 43 ff.] und BGHZ 205, 63 [Rn. 48 ff.].

des Urteils – bezogen auf die vom Senat und dem Londoner High Court unterbreiteten Sachverhalte – unmittelbar lediglich die Haftung der Legislative war, enthält es keinerlei Einschränkung, dass die Zulässigkeit des Ausschlusses einer vom Verschulden und einem qualifizierten Verstoß unabhängigen Haftung nur für die gesetzgebende Körperschaft gelten soll. Die hierzu angestellte ergänzende Erwägung des Senats, dass anderenfalls die Beschränkung der Haftung wegen „legislativen" Unrechts auf qualifizierte Verstöße de facto weitgehend leerliefe, wenn für den Vollzug unionsrechtswidriger nationaler Gesetze verschuldensunabhängig gehaftet werden müsste, ist in dem Urteil des Gerichtshofs – den zugrunde liegenden Sachverhalten entsprechend – zwar nicht enthalten. Sie lag aber so klar auf der Hand, dass ernsthafte Zweifel nicht bestanden.

Rügevoraussetzungen für die Ultra-vires-Kontrolle von Rechtsakten der Europäischen Union durch das Bundesverfassungsgericht

Hans-Detlef Horn

I. „Große" Sondervoten

Es gibt „große" Entscheidungen des Bundesverfassungsgerichts, und es gibt „große" Sondervoten von Bundesverfassungsrichtern. Anders als die Entscheidung des Gerichts entfaltet das Sondervotum des Richters zwar keine Rechtswirkungen, es erwächst nicht in Rechtskraft und nimmt nicht an der Bindungswirkung der Entscheidung teil.[1] Auch wird jede (Senats-)Entscheidung nicht bloß von der Mehrheit, sondern stets von allen Richtern getragen (und unterschrieben),[2] unbeschadet der abweichenden Ansicht einzelner, sei sie als concurring oder als dissenting opinion ergangen. Doch deren (Möglichkeit zur) Publikation gemeinsam mit der Entscheidung[3] unterstützt die integrativen Funktionen und die Autorität der Verfassungsrechtsprechung.[4] Sondervoten entlasten die Spannung, die zwischen der reinen Idee einer einzig „richtigen" Rechtserkenntnis und der praktischen Einsicht besteht, dass im Einzelfall verschiedene Erkenntnisse „richtig" sein können. Sie öffnen ein Stück weit die Tür in das Beratungszimmer der Richter, indem sie von deren argumentativem Ringen um die verbindliche Entscheidung zeugen und Kontroversen offenlegen, die sonst im Verborgenen bleiben würden. Sie geben der unterlegenen Rechtsauffassung (und der sie vertretenen Prozesspartei!) die öffentliche Form ihres Ge-

---

[1] Vgl. *Christian Pestalozza* Verfassungsprozessrecht, 1991, § 20 Rn. 38; *Klaus Schlaich/Stefan Korioth* Das Bundesverfassungsgericht, 2015, Rn. 51.

[2] § 30 Abs. 1 S. 2 BVerfGG.

[3] Vgl. § 30 Abs. 2 BVerfGG, eingeführt durch die 4. BVerfGG-Novelle vom 21.12.1970, BGBl. I S. 1765. Näheres zum Verfahren bei Abgabe eines Sondervotums ist in der Geschäftsordnung geregelt: § 55 GOBVerfG.

[4] Etwaige Bedenken, Sondervoten würden die Überzeugungskraft der (Mehrheits-)Entscheidung oder gar überhaupt die Autorität des Bundesverfassungsgerichts untergraben, haben sich als vernachlässigbar erwiesen. Im Hinblick auf die Fachgerichtsbarkeit wird man dies wohl anders sehen müssen. Die Personalisierung von Gerichtsentscheidungen ist dem deutschen Rechtsraum, anders als etwa in den USA, an sich fremd.

hörs und steigern dadurch die Akzeptanzfähigkeit der getroffenen Entscheidung.

Hinzu tritt ihr zukunftsweisendes Potential. Mit dem Reservoir an Alternativen, das Sondervoten vorhalten, geben sie Anstöße zur weiteren Reflexion und Impulse zu späterer Rechtsfortbildung. Mit dieser „Vorwirkung" adressieren sie sich gleichermaßen nach außen, an die Fachwelt, namentlich die Rechtswissenschaft, an die Politik und die allgemeine Öffentlichkeit, wie nach innen, an den eigenen Spruchkörper.[5] Zuweilen wirft sich auf sie gar die Hoffnung, dass sich die Rechtsprechung einstmals ändere. Der Fall tritt bevorzugt ein, wenn sich auf der Richterbank ein Wechsel vollzieht. Mit jeder neuen Zusammensetzung wächst die Chance oder, je nach Auge des Betrachters, die Gefahr, dass sich bisherige Mehrheiten verschieben. Zumal dann vermag das frühere Sondervotum seine vornormierende Impulskraft zu entfalten.

Als „Text im Text"[6] vorheriger Gerichtsentscheidungen genießt es den (informellen) Status als bereits eingeführtes „in house"-Argument. Das „Rechtsgespräch" innerhalb der Senate kann unmittelbar daran anknüpfen und im Wege interner Rückkoppelungen an das „Wiedergelesene" zu Weiterbildungen der verfassungsgerichtlichen Überzeugungen finden. Neue Richter-Allianzen sind nicht auf einen harten Bruch mit der bisherigen Rechtsprechungslinie verwiesen. Im „Abweichungsspielraum", den jeder neue Entscheidungsfall bietet, kann das frühere Sondervotum zu veränderten Akzentsetzungen genutzt und verarbeitet werden. Sondervoten dynamisieren so das Spektrum zwischen Kontinuität und Wandel voranschreitender Rechtsprechung.

Das „große" Sondervotum ist das Exempel all dieser Funktionen und Potentiale. Seine „inneren Werte" unterstützen noch seine äußere Wirkung: in Stil und Sache im besten Sinne „argumentativ": nicht aggressiv, sondern konstruktiv, nicht polemisch, sondern juristisch, nicht überheblich, sondern maßvoll, nicht dozierend, sondern konzentriert, aber durchaus auch akzentuiert und pointiert. Mit solchem Sondervotum setzt der Urheber nicht nur eine beiläufige Fußnote, sondern – neben seinen Einflussnahmen als vorbereitender Berichterstatter und intervenierendes Senatsmitglied – eine nachhaltige Duftnote seiner individuellen Rechtsprechungsarbeit. *Herbert Landau*, Richter des Bundesver-

---

[5] Vgl. aus der Lit.: *Gerd Roellecke* in: Badura/Dreier (Hrsg.), 50 Jahre Bundesverfassungsgericht-FS, Bd. I, 2001, S. 363 ff.; *Helmuth Schulze-Fielitz* in: Gunnar Folke Schuppert/Christian Bumke (Hrsg.), Bundesverfassungsgericht und gesellschaftlicher Grundkonsens, 2000, S. 111 (122); *Rolf Lamprecht* Richter contra Richter. Abweichende Meinungen und ihre Bedeutung für die Rechtskultur, 1992; *Willi Geiger* Abweichende Meinungen zu Entscheidungen des Bundesverfassungsgerichts, 1989; *Karl-Heinz Millgramm* Separate Opinion und Sondervotum in der Rechtsprechung des Supreme Court of the United States und des Bundesverfassungsgerichts, 1984; schon *Peter Häberle* in: Häberle (Hrsg.), Kommentierte Verfassungsrechtsprechung, 1979, S. 1 (24 ff.).

[6] *Martin Morlock* in: Alexander Blankenagel/Ingolf Pernice/Helmuth Schulze-Fielitz (Hrsg.), Verfassung im Diskurs der Welt, S. 93 (108).

fassungsgerichts (Zweiter Senat) vom 01.10.2005 bis zu seinem Ausscheiden (wegen Erreichens der Altersgrenze[7]) wollte, so ließ er sich zu Beginn seiner Amtszeit ein, höchstens drei Sondervoten schreiben.[8] Es sind drei „große" Sondervoten geworden: zu den Grenzen staatlicher Schuldenpolitik,[9] zur Kontrolldichte von Ultra-vires-Handlungen europäischer Unionsorgane[10] und zur Erstreckung des einkommensteuerlichen Ehegattensplittings auf eingetragene Lebenspartnerschaften[11].

Alle drei kennzeichnet eine bemerkenswerte Eigentümlichkeit: Die Rede von der normierenden Vorwirkung von Sondervoten assoziiert zumeist deren buchstäblich rechts*fortbildende* Stoßrichtung im Sinne von: progressiv und innovativ, im Modus des Möglichkeitsdenkens das Bisherige überwindend und Neues entfaltend, im Bewusstsein der Mindermeinung vielleicht sogar hie und da kühn experimentierend. Die Sondervoten Herbert Landaus zeigen sich demgegenüber eher getragen von einem rechtskonsolidierenden Impetus: (auch insofern) konservativ und akkurat, ebenso bodenständig[12] wie inständig an das Bisherige erinnernd, die Mehrheit auffordernd, auf der Linie zu bleiben, weder fällige Konsequenzen zu scheuen noch vermeintliche Konsequenzen zu kreieren. In einer Weise, freilich nur in dieser Weise (!), hätte jener, fast schon geflügelte Satz der Sondervotantin *Gertrude Lübbe-Wolff* auch aus der Feder des Sondervotanten *Herbert Landau* stammen können: „Der Senat antwortet auf Fragen, die der Fall nicht aufwirft, mit Verfassungsgrundsätzen, die das Grundgesetz nicht enthält".[13] Ob es den Begriff der Investitionen in Art. 115 Abs. 1 S. 2 GG (a.F.) betraf, ob es um die Voraussetzungen eines feststellbaren Kompetenzverstoßes von Unionsorganen ging oder um den gesetzgeberischen Gestaltungsspielraum zur steuerlichen Ungleichbehandlung von Ehe und eingetragener Lebenspartnerschaft: stets konfrontiert die Abweichende Meinung von Herbert Landau die Senatsmehrheit mit dem Vorhalt, ihrerseits abzuweichen: von den Grundsätzen des Grundgesetzes, von der Rechtsprechung des Gerichts, von der Fragestellung des Sachverhalts.

---

[7] § 4 Abs. 1, Abs. 3 BVerfGG.

[8] Vgl. auch *Reinhard Müller* FAZ vom 07.06.2013, S. 10.

[9] Zu BVerfGE 119, 96 ff., BVerfGE 119, 174 ff. (concurring opinion); neben der zu dieser Entscheidung ebenfalls abgegebenen abweichenden Meinung der Richter *Di Fabio* und *Mellinghoff*, BVerfGE 119, 155 ff.

[10] Zu BVerfGE 126, 286 ff., BVerfGE 126, 318 ff. (dissenting opinion).

[11] Zu BVerfGE 133, 377 ff., BVerfGE 133, 426 ff. (dissenting opinion gemeinsam mit der Richterin *Kessal-Wulf*).

[12] *Reinhard Müller* FAZ vom 07.06.2013, S. 10.

[13] BVerfGE 112, 1 (44).

II. Das Sondervotum zum Honeywell-Beschluss

Die folgenden Überlegungen wollen an das (zweite) *Landausche* Sondervotum zum Honeywell-Beschluss des Zweiten Senats vom 06.07.2010 anknüpfen.[14] Der dort auseinandergesetzte Dissens zur Mehrheitsauffassung des Senats in der Frage, in welchem Umfang bzw. mit welcher Intensität das Bundesverfassungsgericht zur Kontrolle von Rechtsakten der Union am Maßstab des Grundgesetzes berufen ist, die unter Verstoß gegen die der Union von den (Parlamenten der) Mitgliedstaaten nach dem Prinzip der begrenzten Einzelermächtigung übertragenen Kompetenzen ergangen sind, reklamiert in besonders markanter Weise eine Aufweichung und Abweichung von der vorangegangenen Senatsrechtsprechung, hier im Urteil zum Vertrag von Lissabon vom 30.06.2009.[15] Die Honeywell-Entscheidung nehme, so der Dissenter, „ohne überzeugende Gründe" die gerichtliche Kontrolldichte zurück, indem sie die Anforderungen an die Feststellung eines Ultra-vires-Handelns erhöhe („überspannt").

Während das Lissabon-Urteil aus dem Grundsatz der Europafreundlichkeit des Grundgesetzes gefolgert habe, dass die Kontrolle (in materieller Hinsicht[16]) auf ersichtliche – also klare und offensichtliche – Kompetenzüberschreitungen beschränkt sei,[17] verlasse die Senatsmehrheit in der Honeywell-Sache „den der Lissabon-Entscheidung zu Grunde liegenden Konsens, indem sie nun einen ‚hinreichend qualifizierten' Kompetenzverstoß fordert, der nicht nur offensichtlich ist, sondern zudem zu einer strukturell bedeutsamen Verschiebung im Kompetenzgefüge zwischen Mitgliedstaaten und supranationaler Organisation führt". Damit schieße „die Senatsmehrheit über das Ziel einer europarechtsfreundlichen Ausgestaltung der Ultra-vires-Kontrolle hinaus". Sie verkenne „die in der Lissabon-Entscheidung hervorgehobene wesentliche Voraussetzung einer zwingenden demokratischen Legitimation bei Ausübung aller hoheitlichen Gewalt, die bei jeder Kompetenzverletzung durchbrochen ist", und löse das „Spannungsverhältnis zwischen dem Prinzip der Wahrung demokratischer Legitimation und der Funktionsfähigkeit der Union ... einseitig zu Gunsten der Funktionsfähigkeit auf". Im Ergebnis werde „die Senatsmehrheit so ihrer Verantwortung für den rechtsstaatlich-demokratischen Sinngehalt von Kompetenzvorschriften nicht gerecht" und schrecke davor zurück, das „demokratisch begründete nationale Letztentscheidungsrecht über die Anwendung von Hoheitsgewalt im eigenen Territorium und die damit einhergehende Verantwor-

---

[14] BVerfGE 126, 286 ff., BVerfGE 126, 318 ff.

[15] BVerfGE 123, 267 ff.

[16] In formeller Hinsicht ist die Ultra-vires-Kontrolle unter den Vorrang des Rechtsschutzes auf Unionsebene gestellt: BVerfGE 123, 267 (353); dazu unten, Ziff. IV.1.

[17] Vgl. BVerfGE 123, 367 (353 f.) zur Ultra-vires-Kontrolle, neben und unbeschadet der Identitätskontrolle zur Wahrung des unantastbaren Kerngehalts der Verfassungsidentität des Grundgesetzes.

tung auch für die Einhaltung der an die Union verliehenen Kompetenzen" praktisch wirksam zu vollziehen.[18]

Die kritische Positionierung hat vielerorts und verdiente Zustimmung erfahren.[19] Sie gibt bei Gelegenheit des Ausscheidens des Dissenters aus dem Richteramt den willkommenen Anlass, der Frage nachzugehen, welche Folgen sich aus der Honeywell-Rechtsprechung und „deren" Sondervotum für die Möglichkeit des einzelnen Demokratie-Bürgers ergeben, eine solche Ultra-vires-Kontrolle anzustrengen, mithin die bundesverfassungsgerichtliche Feststellung zu betreiben, ein Unionsrechtsakt sei wegen Kompetenzüberschreitung innerstaatlich nicht anwendbar. Den aktuellen Bezug bzw. hintergründigen Anschauungsfall mögen dabei nicht zuletzt alle jene Verfassungsbeschwerden bilden, die in jüngerer Zeit gegen die verschiedenartigen Maßnahmen der Union zur Bekämpfung der Staatsschulden- und Finanzkrise im Euroraum erhoben worden waren bzw. eingelegt sind.[20]

III. Verfassungsbeschwerdefähigkeit kompetenzwidriger Unionsrechtsakte

1. *Akte öffentlicher Gewalt in Deutschland*

Mit der Verfassungsbeschwerde ist dem Bürger die Möglichkeit gegeben, Akte oder Maßnahmen der „öffentlichen Gewalt" der verfassungsrechtlichen Kontrolle durch das Bundesverfassungsgericht zuzuführen (Art. 93 Abs. 1 Nr. 4a GG, § 90 Abs. 1 BVerfGG). Der Möglichkeit unterliegen alle rechtlich relevanten Akte der staatlichen, deutschen, an das Grundgesetz gebundenen öffentlichen Gewalt.[21] Zur Frage, ob und inwieweit auch Rechtsakte von Unionsorganen, mithin europäischer öffentlicher Gewalt, zulässiger Gegenstand einer Verfassungsbeschwerde sein können, weist die Rechtsprechung des Bundesverfassungsgerichts eine zunehmend ausdifferenzierte Entwicklung auf.

Im Maastricht-Urteil erkennt das Gericht zunächst – unter ausdrücklicher Abkehr von seiner vorangegangenen Rechtsprechung –,[22] dass auch Akte der Europäischen Union die Grundrechtsberechtigten in Deutschland „betreffen".

---

[18] BVerfGE 126, 286 ff., BVerfGE 126, 318 ff. (318, 321 f., 323 f. – Zitate).

[19] Vgl. z.B. *Thorsten Stein* ZRP 2010, 265 (266); *Daniel Gehlhaar* NZA 2010, 1053; *Christian Hillgruber* JA 2011, 78 (80); *Christian Hillgruber* JZ 2011, 861 (870); *Robert Chr. Van Ooyen* Der Staat 2011; 45 (58); *Hans-Peter Folz* EuZA 2011, 308 (316 f.); ambivalent *Claus Dieter Classen* JZ 2010, 1186 f.

[20] Vgl. insbes. BVerfGE 129, 124 ff.; BVerfGE 132, 195 ff.; BVerfGE 134, 366 ff.; BVerfGE 135, 317 ff.; anhängige Verfassungsbeschwerden gegen das EZB-Programm zum Ankauf von Staatsanleihen und anderen Schuldtiteln des privaten und öffentlichen Sektors (Asset Purchase Programme – APP).

[21] BVerfGE 22, 293 (295); BVerfGE 58, 1 (27); st. Rspr.

[22] BVerfGE 89, 155 (175): „Abweichung von BVerfGE 58, 1 (27)".

„Sie berühren damit die Gewährleistungen des Grundgesetzes und die Aufgaben des Bundesverfassungsgerichts, die den Grundrechtsschutz in Deutschland und insoweit nicht nur gegenüber deutschen Staatsorganen zum Gegenstand haben." Das Gericht gewährleiste daher „durch seine Zuständigkeit", dass ein wirksamer Schutz der Grundrechte für die Einwohner Deutschlands „auch gegenüber der Hoheitsgewalt der Gemeinschaften" (generell) sichergestellt ist.[23] Eine spätere Kammer-Entscheidung formuliert insoweit sogar ausdrücklich den „Grundsatz der Angreifbarkeit supranationaler Hoheitsakte mit der Verfassungsbeschwerde".[24]

Der Fall, der jenem Kammer-Beschluss zugrunde lag (es ging um eine Entscheidung des Europäischen Patentamtes), gab dem Bundesverfassungsgericht allerdings auch Anlass, die immanente Voraussetzung herauszustellen, unter der jener Grundsatz steht. Um direkter Angriffsgegenstand einer Verfassungsbeschwerde sein zu können, müsse der supranationale Hoheitsakt auch selbst „supranationaler Natur sein, das heißt auf die Rechtsstellung des Adressaten de jure unmittelbar einwirken". Nur dann liege ein Rechtsakt vor, „der den Grundrechtsberechtigten in Deutschland im Sinne der Maastricht-Rechtsprechung ‚betrifft'".[25]

Im Lichte dessen muss auch jene Stelle in der Entscheidung des Bundesverfassungsgerichts zum „Rettungsschirm" bzw. zur „Griechenlandhilfe" vom 07.09.2011 gelesen werden, die in Teilen des Schrifttums manche Irritationen ausgelöst hatte:[26] Das Gericht hatte dort Beschwerden als unzulässig zurückgewiesen, die „unmittelbar" eine Verletzung von Grundrechten durch die angegriffenen EU-Rechtsakte gerügt hatten (es ging um Beschlüsse und eine Verordnung des Rates der Europäischen Union sowie um den Ankauf von Staatsanleihen durch die Europäische Zentralbank). Bei diesen Akten handele es sich, so das Gericht, nicht um „taugliche Beschwerdegegenstände".[27]

Was in der Tat zu Missverständnissen einlud, war die nachfolgende Begründung: Die angegriffenen Akte seien keine Hoheitsakte deutscher öffentlicher Gewalt im Sinne von Art. 93 Abs. 1 Nr. 4a GG und § 90 Abs. 1 BVerfGG.[28] Sollte indes das Gericht mit dieser Begründung buchstäblich beim Wort genommen werden, würde sich ein unauflöslicher Widerspruch zu seiner Maastricht-Rechtsprechung auftun. Ein Rückfall „hinter Maastricht" ist hier aber ganz offenkundig weder beabsichtigt noch erfolgt. Gemeint ist vielmehr nichts anderes als

[23] BVerfGE 89, 155 (174 f.).

[24] BVerfG, 2. Kammer des Zweiten Senats, Beschluss v. 27.04.2010, Az. 2 BvR 1848/07, Rn. 15.

[25] BVerfG, 2. Kammer des Zweiten Senats, Beschluss v. 27.04.2010, Az. 2 BvR 1848/07, Rn. 16.

[26] Siehe z.B. *Daniel Thym* JZ 2011, 1011; *Martin Nettesheim* EuR 2011, 765. (769 f.); *Matthias Ruffert* EuR 2011, 842 (847).

[27] BVerfGE 129, 124 (175 f.).

[28] BVerfGE 129, 124 (175 f.).

das, was die vorgenannte Kammer-Entscheidung auf den Punkt gebracht hatte: Die angegriffenen Unionsakte „betreffen" die Beschwerdeführer – anders als offenbar deren Vortrag zu verstehen war – nicht „unmittelbar" in ihrer Rechtsstellung und sind daher als solche nicht direkt verfassungsbeschwerdefähig.

Diese Ausdeutung der Rechtsprechung im Rettungsschirm-Urteil sieht sich zudem durch das Gericht selbst bekräftigt. An der benannten Stelle wird zugleich ausdrücklich betont, dass die Zurückweisung als unzulässig „unbeschadet anderweitiger Überprüfungsmöglichkeiten auf ihre Anwendbarkeit (sc.: jener EU-Rechtsakte) in Deutschland hin" erfolge.[29] Der anschließende Klammerzusatz, der dazu auf die Rechtsprechung im Maastricht-Urteil und im Honeywell-Beschluss verweist,[30] gibt zusätzlich Aufschluss darüber, was das Gericht bei allem also selbstverständlich nicht in Abrede stellen wollte: nämlich die – auch und gerade im Wege der Verfassungsbeschwerde verfolgbaren – Möglichkeiten, neben der Grundrechtsrüge ebenso die Ultra-vires-Rüge (und die Verfassungsidentitätsrüge) gegen die Anwendbarkeit abgeleiteten Unionsrechts im deutschen Rechtsraum zu erheben.

Allerdings, so gilt es seit der Maastricht-Entscheidung, übt das Bundesverfassungsgericht „seine Rechtsprechung über die Anwendbarkeit von abgeleitetem Gemeinschaftsrecht in Deutschland in einem Kooperationsverhältnis zum Europäischen Gerichtshof aus".[31] Für Verfassungsbeschwerden, die Grundrechtsverletzungen durch EU-Rechtsakte geltend machen, bedeutet das konkret, dass das Bundesverfassungsgericht seine Zuständigkeit, „den Vollzug von europäischem Gemeinschaftsrecht in Deutschland am Maßstab der Grundrechte der deutschen Verfassung zu prüfen..., zurückstellt, und zwar im Vertrauen auf die entsprechende Aufgabenwahrnehmung" durch den Gerichtshof der Europäischen Union – so das Gericht im Lissabon-Urteil.[32] Dies hat nach dem Solange II-Kriterium, verfeinert in der Entscheidung zur Bananenmarktordnung,[33] zur Konsequenz, dass solche Verfassungsbeschwerden „von vornherein" unzulässig sind, deren Begründung nicht darlegen kann, dass auf der Ebene der Union ein dem Grundrechtsschutz des Grundgesetzes im wesentlichen vergleichbarer Grundrechtsschutz generell nicht gewährleistet ist.[34] Doch kann unbeschadet dessen gleichwohl festgehalten werden, dass diese Zurücknahme der „Zuständigkeit" des Bundesverfassungsgerichts auf eine Reservekompetenz dessen grundsätzlich gegebene Kontrollkompetenz impliziert. Dementsprechend ziehen auch die Einschränkungen, die nach dem Solange II-Kriterium für zulässige Grundrechtsrügen gelten, nicht in Zweifel, dass Rechtsakte von

---

29 BVerfGE 129, 124 (175).
30 BVerfGE 89, 155 (175); BVerfGE 126, 286 (302 ff.).
31 BVerfGE 89, 155 (175).
32 BVerfGE 123, 267 (399).
33 BVerfGE 73, 339 (387); BVerfGE 102, 147 (163).
34 BVerfGE 73, 339 (387); BVerfGE 102, 147 (161 ff.).

Unionsorganen im Hinblick auf ihre Anwendbarkeit in Deutschland prinzipiell Gegenstand einer Verfassungsbeschwerde sein können.

Ähnlich verhält es sich mit der Ultra-vires-Kontrolle und der Verfassungsidentitätskontrolle. Diese behält sich das Bundesverfassungsgericht ebenfalls (mindestens) seit der Maastricht-Entscheidung gegenüber abgeleiteten EU-Rechtsakten vor,[35] und auch dabei unterwirft das Gericht seine Rechtsprechungskompetenz der Maxime europarechtsfreundlicher Handhabung. Daraus folgende Einschränkungen kommen allerdings in anderer Weise, nämlich bei Bildung des Prüfungsmaßstabs zum Tragen. Bei der Ultra-vires-Kontrolle greift das Bundesverfassungsgericht, wie eingangs schon erwähnt, nach der Senatsrechtsprechung im Honeywell-Beschluss erst dann ein, wenn Handlungen europäischer Organe oder Einrichtungen in „hinreichend qualifizierter" Weise die ihr übertragenen Kompetenzen überschreiten. Im Bereich der Identitätskontrolle wird der Maßstab für die innerstaatliche Unanwendbarkeit von Maßnahmen der Europäischen Union durch die Grenze gebildet, die Art. 23 Abs. 1 S. 3 i. V. m. Art. 79 Abs. 3 GG für die Übertragbarkeit von Hoheitsrechten zieht.

Weitere Einschränkungen etwa nach dem „Vorbild" der Grundrechtskontrolle greifen hier nicht. Die Zurücknahme der bundesverfassungsgerichtlichen Kompetenz bei der Grundrechtskontrolle hat an der Ultra-vires- und Identitätskontrolle nichts geändert. Sie beruht auf ganz anderen Gründen und folgt demgemäß ganz anderen Regeln als die auf die generelle Sicherung eines adäquaten Grundrechtsstandards „in" Europa abzielende Rechtsprechung. Wie dort gilt es freilich auch hier wiederum festzuhalten, dass die Einschränkung des Prüfungsmaßstabs bei der Ultra-vires-Kontrolle nach den Honeywell-Kriterien gar nicht die Frage betrifft, ob und unter welchen Voraussetzungen Akte eines Unionsorgans unter dem Gesichtspunkt ihrer innerstaatlichen Anwendbarkeit überhaupt Gegenstand einer Verfassungsbeschwerde sein können.[36]

Die Frage bleibt indessen ohne jeden Belang, sofern sich eine Verfassungsbeschwerde gegen einen Akt einer deutschen Behörde oder eines deutschen Gerichts wendet, der auf der Grundlage oder in der Bindung an europäisches Sekundärrecht ergangen ist. Dann richtet sie sich unproblematisch unmittelbar gegen einen Akt deutscher öffentlicher Gewalt im Sinne des Verfassungs- und Verfassungsprozessrechts. Hier ist der konkrete Anwendbarkeitszusammenhang zwischen dem Beschwerdeführer und dem angegriffenen Unionsakt durch den ihn betreffenden deutschen Vollzugsakt hergestellt. Eine derartige Konstellation, wie sie etwa in der Honeywell-Sache gegeben war, steht aber nicht in

---

[35] BVerfGE 89, 155 (188); BVerfGE 123, 267 (354, 399f.); BVerfGE 126, 286 (308); zusammenfassend BVerfGE 134, 366 (381f. Rn. 20ff.).

[36] Ob man die einschränkenden Voraussetzungen der Ultra-vires-Kontrolle dogmatisch dem Prüfungspunkt eines statthaften Beschwerdegegenstandes zuordnet oder als besondere Zulässigkeitsvoraussetzungen unter einen eigenen Prüfungspunkt fasst, ist im Ergebnis einerlei.

Rede, wenn es an einem solchen Vollzugsakt fehlt und der Beschwerdeführer auch nicht auf einen solchen verwiesen werden kann. Der Fall begegnet dann, wenn sich die Beschwerde gegen (die innerstaatliche Anwendbarkeit von) Unionshandlungen richtet, die wegen ihrer Kompetenzüberschreitung das demokratische Legitimationsprogramm der supranationalen Ordnung derart unterlaufen, dass damit eine substantielle Entleerung des subjektiven Wahlrechts aus Art. 38 Abs. 1 S. 1 GG einhergeht.[37]

Auf eine solche Ultra-vires-Rüge passt das Maastricht-Kriterium des unmittelbar „Betroffenseins" als Voraussetzung für die Verfassungsbeschwerdefähigkeit supranationaler Hoheitsakte nicht. Wiederum zeigt sich insofern die gegenüber der Grundrechtsrüge ganz andere Begründung und Stoßrichtung: Es ist eine „Konsequenz"[38] der in der Europäischen Union fortbestehenden Souveränität der Mitgliedstaaten und der auf diese (bzw. deren Ausübung) bezogenen Souveränität des Staatsvolkes und seiner Bürger, dass die Unanwendbarkeit eines EU-Rechtsaktes für Deutschland festgestellt wird, wenn es dafür (in hinreichend qualifiziertem Maße) an einem konstitutiven, durch das Zustimmungsgesetz des demokratischen Gesetzgebers begründeten und durch das Prinzip der begrenzten Einzelermächtigung gesicherten Rechtsanwendungsbefehl mangelt. Und ebenso muss diese Feststellung der Unanwendbarkeit erfolgen, wenn eine solche Ermächtigung, innerhalb oder außerhalb ihrer Grenzen, mit Wirkung für Deutschland so ausgeübt wird, dass dies eine Verletzung der durch Art. 79 Abs. 3 GG vorbehaltenen Verfassungsidentität bedeutet. Die Einhaltung jener Kompetenzgrenzen und Identitätsvorbehalte ist „aus der Sicht des Demokratieprinzips"[39] Voraussetzung für jede unmittelbare und vorrangige Anwendbarkeit oder Verbindlichkeit des europäischen Rechts in Deutschland.

Im Hinblick auf diese Begründung und Stoßrichtung der Ultra-vires- wie der Identitätsrüge und ebenso im Hinblick darauf, dass das Wahlrecht aus Art. 38 Abs. 1 S. 1 GG „nicht auf die inhaltliche Kontrolle demokratischer Prozesse", sondern „auf deren Ermöglichung gerichtet" ist,[40] kann die Rügefähigkeit eines solchen EU-Rechtsaktes schlechterdings nicht davon abhängig sein, dass der Verfassungsbeschwerdeführer durch diesen im Sinne des Maastricht-Kriteriums unmittelbar betroffen ist. Anders gewendet: Vielmehr muss gerade umgekehrt gelten, dass durch den Anspruch auf (vorrangige) Anwendung, den der kompetenzwidrige Unionsrechtsakt in Deutschland erheischt, die im demokratischen Wahlrecht verbürgte Rechtsstellung eines Beschwerdeführers gleichsam immer betroffen wird.

---

[37] Zu diesem materiellen Gewährleistungsgehalt des demokratischen Wahlrechts aus Art. 38 Abs. 1 S. 1 GG BVerfGE 89, 155 (171 f.); BVerfGE 123, 267 (330 ff., 340 ff.); BVerfGE 129, 124 (167 ff.); zusammenfassend BVerfGE 134, 366 (380 ff. Rn. 17 ff.).

[38] BVerfGE 123, 267 (400).

[39] BVerfGE 123, 267 (344).

[40] Siehe zuletzt BVerfGE 134, 366 (381 Rn. 19, 397 Rn. 52 m. w. N.).

Solche Deutung sieht sich ganz und gar in der Konsequenz jener Rechtsprechung des Bundesverfassungsgerichts, die seit der Maastricht-Entscheidung und namentlich im Lissabon-Urteil das „demokratische Teilhaberecht" eines jeden Bürgers und das subjektive Wahlrecht als dessen „wichtigste" Ausprägung[41] in seinem materiellen Gehalt geschärft und damit auch in seiner prozessualen Effektivität gestärkt hat. Folgt man dem, dann müssen Rechtsakte von Organen oder anderen Stellen der Europäischen Union, die im Rahmen einer Ultra-vires- und/oder Verfassungsidentitätsrüge angegriffen werden, als Akte der öffentlichen Gewalt *in Deutschland* i.S.d. Art. 93 Abs. 1 Nr. 4a GG i.V.m. § 90 Abs. 1 BVerfGG zulässiger Gegenstand einer Verfassungsbeschwerde sein können.

Auch das vom Bundesverfassungsgericht insofern behauptete Entscheidungsmonopol bleibt damit gewahrt. Dieses begründet sich zum „Schutz der Funktionsfähigkeit der Gemeinschaftsrechtsordnung" aus der „europarechtsfreundlichen Anwendung von Verfassungsrecht" unter „Beachtung des in Art. 100 Abs. 1 GG zum Ausdruck gebrachten Rechtsgedankens".[42] Somit ist es aber eben allein das Verfahren der Verfassungsbeschwerde,[43] mit dem das Bundesverfassungsgericht vom einzelnen mit der Ultra-vires- und Identitätskontrolle von in Deutschland wirksamen EU-Rechtsakten befasst werden kann.

Indessen hat das Bundesverfassungsgericht die Frage der direkten Angreifbarkeit von europäischen Ultra-vires-Akten im OMT-Vorlagebeschluss zuletzt offen gelassen. Ein solcher Akt löse, so das Gericht, „Unterlassungs- und Handlungspflichten deutscher Staatsorgane aus"; diese seien verfassungsgerichtlich „jedenfalls insoweit einklagbar, als sie sich auf Verfassungsorgane beziehen".[44] Die Sentenz legt sich nicht fest und will sich offenbar bewusst nicht festlegen. Dies beugt offenkundig dem Eindruck vor, das Bundesverfassungsgericht verwerfe hier – entgegen der mit der Maastricht-Rechtsprechung zur Grundrechtskontrolle eingeleiteten Linie – die direkte Verfassungsbeschwerdefähigkeit supranationaler Ultra-vires-Akte. So bleibt auch der (selbstverständliche) Rechtssatz unberührt, den das Gericht im Anschluss ausformuliert: „Handelt ein Organ oder eine sonstige Stelle der Europäischen Union … ultra vires, so dürfen deswegen deutsche Verfassungsorgane, Behörden und Gerichte an der kompetenzüberschreitenden Handlung nicht mitwirken".[45] Nach dem vorstehend Gesagten muss dies aber in prozessualer Hinsicht zur Konsequenz haben, dass die innerstaatliche Anwendbarkeit von Ultra-vires-Akten der Europäischen

[41] BVerfGE 123, 267 (340 f.).

[42] BVerfGE 123, 267 (354).

[43] Jedenfalls solange, wie nicht der Gesetzgeber ein spezielles Verfahren geschaffen hat, in dem die Unanwendbarkeit kompetenzüberschreitender oder identitätsverletzender Unionsrechtsakte „im Einzelfall" geltend gemacht werden kann: BVerfGE 123, 267 (355).

[44] BVerfGE 134, 366 (394 Rn. 44).

[45] BVerfGE 134, 366 (394 Rn. 45, auch 387 f. Rn. 30).

Union unter Berufung auf die damit in Rede stehende Verletzung des demokratischen Teilhaberechts zum selbstständigen Gegenstand einer Individual-Verfassungsbeschwerde gemacht werden kann.

2. Integrationsverantwortung von Bundesregierung und Bundestag

Davon unberührt bleibt, dass der wahlberechtigte Bürger nach insoweit gefestigter Rechtsprechung „jedenfalls" – aber eben nicht ausschließlich – die besondere (Integrations-)Verantwortung, die den Verfassungsorganen im Rahmen der deutschen Mitwirkung an der europäischen Integration für die Einhaltung des Integrationsprogramms obliegt, im Wege der Verfassungsbeschwerde einfordern kann.[46] Diese, namentlich im Urteil zum Lissabon-Vertrag ausgebaute Integrationsverantwortung[47] umschließt, aber erschöpft sich nicht in der verfassungsrechtlichen Verpflichtung, Mitwirkungs- und Umsetzungshandlungen bei Ultra-vires- und solchen Akten zu unterlassen, die die durch Art. 79 Abs. 3 GG geschützte Verfassungsidentität berühren. Sie geht vielmehr „darüber hinaus". Bundestag und Bundesregierung dürfen eine derartige „Usurpation von Hoheitsrechten durch die Organe der Europäischen Union nicht einfach geschehen lassen".[48] Die Verfassungsorgane haben „aktiv" dafür Sorge zu tragen und darauf „hinzuwirken", dass das in Deutschland anwendbare und der damit einhergehende Anwendungsvorrang des Europäischen Rechts sich in den Grenzen des von den Mitgliedstaaten vertraglich konstituierten Kompetenz- und Rechtsrahmens hält.

Versäumen es Bundestag und Bundesregierung, dieser Integrationsverantwortung in der verfassungsgebotenen Weise nachzukommen, dann folgt aus dieser Pflichtverletzung (ebenfalls) eine Verletzung subjektiver Rechte der Wahlberechtigten aus Art. 38 Abs. 1 S. 1 GG, und diese Verletzung kann, weil das damit eingeforderte Verhalten als Verhalten deutscher öffentlicher Gewalt einen ohne weiteres tauglichen Beschwerdegegenstand darstellt, im Verfahren der Verfassungsbeschwerde gerügt werden. Was in dieser Adressierung gleichsam an die Stelle des „Betreffens"-Kriteriums der Maastricht-Rechtsprechung tritt und dieses hinreichend ersetzt, das ist just dieser Anspruch jedes Wahlberechtigten, dass die Verfassungsorgane zur Sicherung seiner demokratischen Einflussmöglichkeit im Prozess der europäischen Integration eigenmächtigen Kompetenzanmaßungen von Unionsorganen entgegentreten. Diese „verfahrensmäßige Komponente"[49] des individuellen Wahlrechts aus Art. 38 Abs. 1 S. 1

---

[46] BVerfGE 134, 366 (394 ff. Rn. 44 ff.); BVerfGE 123, 267 (353 f.).

[47] BVerfGE 123, 267 (351 ff.); ferner m. w. N. BVerfGE 134, 366 (388 f. Rn. 31, 394 f. Rn. 47); BVerfGE 135, 317 (399 Rn. 159 f.).

[48] BVerfGE 134, 366 (394 Rn. 46).

[49] BVerfGE 134, 366 (397 Rn. 53).

GG ist jüngst im OMT-Beschluss des Bundesverfassungsgerichts nochmals erneut bekräftigt worden.[50]

IV. Besondere Voraussetzungen der Ultra-vires-Kontrolle

1. Vorrang des Rechtschutzes auf Unionsebene und Pflicht zur Vorlage an den Europäischen Gerichtshof

Die Kontrolle, die das Bundesverfassungsgericht über kompetenzwidrige („ausbrechende") Rechtsakte der Union ausübt, unterliegt – wie gesagt – dem grundgesetzlichen Gebot der europarechtsfreundlichen Handhabung.[51] Die Zurückhaltung, die dem Kontrollzugriff damit auferlegt ist, äußerst sich im Unterschied zur gänzlich anderes konditionierten Grundrechtskontrolle von EU-Rechtsakten nicht in einer, nach Maßgabe des Solange II-Kriteriums kategorischen Zurücknahme der Rechtsprechungskompetenz gegenüber dem Europäischen Gerichtshof, sondern *zuerst* in der Notwendigkeit, die dem Gerichtshof vertraglich zustehende Kompetenz zu respektieren, die Verträge auszulegen und anzuwenden und damit die Einheit und Kohärenz des Unionsrechts zu wahren (Art. 19 Abs. 1 UAbs. 1 S. 2 EUV, Art. 267 AEUV).

Diese dem Gerichtshof obliegende Aufgabe verdrängt nicht die Berechtigung und die Verpflichtung des Bundesverfassungsgerichts, gegebenenfalls für den deutschen Rechtsraum die Unanwendbarkeit von Unionsrechtsakten festzustellen. Bei einem vollständigen Verzicht auf die Ultra-vires-Kontrolle wäre die Disposition über die vertraglichen Grundlagen des unionsrechtlichen Handelns allein in die Hände der Unionsorgane gelegt. Eine solche Kompetenz-Kompetenz widerspräche der Abhängigkeit der vertraglichen Handlungsermächtigungen von den Übertragungen der Mitgliedstaaten als den Herren der Verträge.[52] Andererseits würden die unionsweit einheitliche Anwendung und der Anwendungsvorrang, den das Unionsrecht in grundsätzlich verfassungskonformer Weise[53] beansprucht, „praktisch unterlaufen", wenn jeder Mitgliedstaat „ohne weiteres" durch eigene Gerichte über die Gültigkeit von Rechtsakten der Union entscheiden könnte.[54]

Für die demnach dem Bundesverfassungsgericht zufallende (und verfassungsrechtlich gebotene) „Reservekompetenz"[55] hat das zur Folge, dass bei der Ultra-vires-Kontrolle die Entscheidungen des Europäischen Gerichtshofs grundsätzlich, das heißt soweit sie im Rahmen methodisch gebundener Rechts-

---

[50] BVerfGE 134, 366 (394 ff. Rn. 47 ff.).
[51] BVerfGE 123, 267 (354); BVerfGE 126, 286 (303).
[52] Zusammenfassend Sondervotum *Landau* BVerfGE 126, 286, BVerfGE 126, 318 (319 ff.).
[53] BVerfGE 123, 267 (402 m. w. N.).
[54] BVerfGE 126, 286 (303).
[55] BVerfGE 123, 267 (401).

anwendung und Rechtsfortbildung die Grenzen des vertraglichen Prinzips der Einzelermächtigung wahren, als verbindliche Auslegung des Unionsrechts zu beachten sind.[56] Das aber setzt wiederum voraus, dass dem Gerichtshof im Zuge eines Vorabentscheidungsverfahrens (Art. 267 AEUV) die Gelegenheit gegeben war oder gegeben wird, über die Auslegung der Verträge und die Gültigkeit und Auslegung der im Einzelfall fraglichen Ultra-vires-Akte zu entscheiden. Nach diesem „ersten Honeywell-Kriterium" gilt mithin: „Solange der Gerichtshof keine Gelegenheit hatte, über die aufgeworfenen unionsrechtlichen Fragen zu entscheiden, darf das Bundesverfassungsgericht für Deutschland keine Unanwendbarkeit des Unionsrechts feststellen".[57]

Diese formelle Maßgabe hat vor allem den prozessualen Regelfall vor Augen, in dem sich eine Verfassungsbeschwerde – wie in der Honeywell-Sache – mit der Ultra-vires-Rüge gegen eine fachgerichtliche Entscheidung richtet, die maßgeblich auf die Auslegung und Anwendung europäischen Sekundärrechts gestützt ist. Bei Zweifeln über dessen Gültigkeit bzw. Kompetenzgemäßheit ist das letztinstanzliche Fachgericht zu einem entsprechenden Vorabentscheidungsersuchen an den Europäischen Gerichtshof nach Art. 267 AEUV verpflichtet. Unterlässt das Fachgericht diese Vorlage, so wäre dies wegen Verletzung des Rechts auf den gesetzlicher Richter angreifbar.[58] Ist dagegen auf die Vorlage hin eine Vorabentscheidung ergangen, so wäre dem ersten Honeywell-Kriterium entsprochen. Die Ultra-vires-Rüge an das Bundesverfassungsgericht hat dann letztlich die Rechtsprechung des Europäischen Gerichtshofs zum Gegenstand und wäre in dem Umfang begründet, wie sie nach Maßgabe des zweiten, materiellen Honeywell-Kriteriums („hinreichend qualifiziert") die Grenzen der Auslegung und der richterlichen Rechtsfortbildung überschreitet.

Anders liegen die Dinge hingegen, wenn das Bundesverfassungsgericht gegen Ultra-vires-Akte angerufen wird, gegen die ein fachgerichtlicher Rechtsweg gar nicht eröffnet ist. Das ist die Konstellation, mit der das Bundesverfassungsgericht im OMT-Verfahren konfrontiert war.[59] Weder war es das Ziel der Beschwerdeführer noch wäre das unter irgendeinem Gesichtspunkt beschwerdefähig, einzelne Ankäufe von Staatsanleihen durch das Europäische System der Zentralbanken bzw. durch die daran mitwirkende Deutsche Bundesbank anzugreifen. Vielmehr ging es ihnen um die gerichtliche Feststellung, dass die Ankaufspolitik im Ganzen außerhalb der begrenzten Einzelermächtigung erfolgt, die der Europäischen Zentralbank von den Mitgliedstaaten übertragen worden

---

[56] BVerfGE 126, 286 (304, 305 ff.).

[57] BVerfGE 126, 286 (304).

[58] Zum Europäischen Gerichtshof als gesetzlicher Richter im Sinne von Art. 101 Abs. 1 S. 2 GG BVerfGE 73, 339 (366 ff.); BVerfGE 126, 286 (315); st. Rspr.

[59] Entsprechend stellt sich die Lage für die Verfassungsbeschwerden dar, die gegen das seit März 2015 laufende Programm der EZB zum Ankauf von Staatsanleihen und anderen Schuldtiteln des privaten und öffentlichen Sektors (Asset Purchase Programme – APP) eingelegt sind.

ist (Art. 119, 123, 127ff. AEUV), und daher gegen das Demokratieprinzip und ihre Rechte aus Art. 38 Abs. 1 S. 1 GG verstößt.

Da hierfür kein fachgerichtlicher Rechtsschutz zur Verfügung steht, entfällt aber auch die Möglichkeit eines fachgerichtlich initiierten Vorabentscheidungsverfahrens vor dem Europäischen Gerichtshof. Auch besteht keinerlei Möglichkeit für die Beschwerdeführer, dieses Rechtsschutzbegehren sonstwie unmittelbar auf Unionsebene zu verfolgen. Eine Nichtigkeitsklage (Art. 263 AEUV) wäre mangels unmittelbarer individueller Betroffenheit unzulässig.[60] Bleibt daher in solchen Konstellationen allein die Verfassungsbeschwerde, so ist es mithin das Bundesverfassungsgericht selbst, für das die Anforderung des ersten Honeywell-Kriteriums gilt, den Europäischen Gerichtshof im Wege der Vorlage um eine Vorabentscheidung zu ersuchen. Dem entsprach auch das Vorgehen des Bundesverfassungsgerichts im OMT-Verfahren.[61]

2. Prozessuale Funktion und Anforderungen der materiellen Kontrollvoraussetzungen

Im Vorfeld eines solchen Vorabentscheidungsersuchens erscheint jedoch die prozessuale Funktion der weiteren Voraussetzungen der Ultra-vires-Kontrolle nicht ganz klarsichtig. Wie bereits dargelegt, trägt das Bundesverfassungsgericht dem Gebot der Europarechtsfreundlichkeit neben der Wahrung dieses vorrangigen Zugriffsrechts des Europäischen Gerichtshofs „darüber hinaus"[62] dadurch Rechnung, dass seine Kontrollbefugnis erst bei einem „hinreichend qualifizierten" Verstoß der unionsrechtlichen Handlung gegen das Prinzip der begrenzten Einzelermächtigung einsetzt. Das ist das „zweite Honeywell-Kriterium", gegen dessen Verschärfung gegenüber den im Lissabon-Urteil gefundenen „Konsens" das *Landausche* Sondervotum den Einwand allzu großer Scheu vor gebotener Konsequenz erhebt.[63]

Als hinreichend qualifiziert erachtet die auch im OMT-Beschluss bekräftige Rechtsprechung einen Kompetenzverstoß, wenn die Kompetenzwidrigkeit des Unionshandelns (1) offensichtlich ist und (2) der angegriffene Akt im Kompetenzgefüge zwischen Mitgliedstaaten und Union zudem zu einer strukturell bedeutsamen Verschiebung zu Lasten der Mitgliedstaaten führt.[64] Wenn aber nun zu der Frage, ob der angegriffene Unionsrechtsakt (hinreichend qualifiziert) die Grenzen der gegebenen Vertragskompetenzen überschreitet, eine dazu vorher einzuholende Auslegung des Europäischen Gerichtshofs zu beach-

---

[60] EuG, Beschluss v. 15.06.2011, Rs. T-259/10; Vgl. auch *Christian Waldhof*, in: Helmut Siekmann (Hrsg.) EWU-Kommentar, 2013, Art. 127 AEUV Rn. 18ff.

[61] Vorlagebeschluss v. 14.01.2014: BVerfGE 134, 366ff.; Vorabentscheidung: EuGH, Urt. v. 16.06.2015, Gauweiler u.a., Rs. C-62/14.

[62] BVerfGE 126, 286 (304).

[63] Oben, Ziff. II.

[64] BVerfGE 126, 286 (304f.); BVerfGE 134, 366 (392 Rn. 37).

ten ist, können diese weiteren Einschränkungen des zweiten Honeywell-Kriteriums eigentlich erst nach dem Ergehen der Vorabentscheidung relevant werden. Dann aber könnten sie genau besehen keine Voraussetzung darstellen, von denen die Zulässigkeit einer Verfassungsbeschwerde und deren Begründung gegen diesen Unionsrechtsakt abhängt. Zu diesem Problem lässt sich auch dem OMT-Vorlagebeschluss kein aufklärender Hinweis entnehmen.[65]

Man könnte – allerdings irrtümlich – meinen, das Problem träte nur in dem Umfang auf, wie eine Vorabentscheidung des Europäischen Gerichtshofs überhaupt erforderlich sei. Nach den europarechtlichen Kriterien zu Art. 267 AEUV entfällt die Vorlagepflicht, wenn die unionsrechtliche Auslegungsfrage vom Gerichtshof schon in einem anderen Verfahren entschieden wurde oder von vornherein keinen vernünftigen Zweifeln unterliegt.[66] Würde das Bundesverfassungsgericht nach diesen Maßgaben eine Vorlage unterlassen, würde jedoch uno actu auch die Möglichkeit einer Ultra-vires-Feststellung entfallen. Andernfalls entstünde ein unauflöslicher Widerspruch zum grundgesetzlichen Gebot der Europarechtsfreundlichkeit, den das Gericht selbst zur Grundlage seiner Vorlageverpflichtung macht.

In den hier betrachteten Konstellationen zielt jedoch die Verfassungsbeschwerde gerade auf eine solche Ultra-vires-Feststellung. Sie impliziert demnach notwendig, dass das Bundesverfassungsgericht die Unanwendbarkeit der angegriffenen Unionsrechtakte nicht feststellen „darf", solange dem Europäischen Gerichtshof keine Gelegenheit gegeben wurde, zu den einschlägigen unionsrechtlichen Auslegungsfragen zu entscheiden.[67] Damit aber steht der Beschwerdeführer letztlich und unausweichlich vor dem Problem, dass sein Beschwerdevortrag nicht schon jene Entscheidung des Europäischen Gerichtshofs berücksichtigen kann, die erst nach ihrer Einholung dem Bundesverfassungsgericht die beantragte Ultra-vires-Feststellung ermöglicht.

Im Hinblick auf diese „Lage" kann es den „besonderen Voraussetzungen der Ultra-vires-Rüge" prozessual letzten Endes allein darum gehen, – unter Einbezug der bis zum Zeitpunkt der Erhebung der Verfassungsbeschwerde ergangenen Rechtsprechung des Europäischen Gerichtshofs ebenso wie der des Bundesverfassungsgerichts – nach Maßgabe des zweiten Honeywell-Kriteriums die

[65] Für die Verfassungsidentitätsrüge entfällt das Problem nicht zur Gänze, zeigt sich aber deutlich entschärft. Denn das Bundesverfassungsgericht legt zwar bei der Identitätskontrolle ebenfalls die Auslegung der unionsrechtlichen Maßnahme zugrunde, wie sie der Europäische Gerichtshof in einer einzuholenden Vorabentscheidung unternommen hat. Doch unterliegt die Feststellung des unantastbaren Kernbestandes der Verfassungsidentität des Grundgesetzes und die Prüfung, ob die Maßnahme in diesen Kernbestand eingreift, von vornherein der alleinigen Rechtsprechungskompetenz des Bundesverfassungsgerichts; vgl. BVerfGE 134, 266 (385 Rn. 27).

[66] Acte-claire-Doktrin: EuGH, Urt. v. 06.10.1982, C.I.L.F.I.T., Rs. 283/81, Slg. 1982, 3415 Rn. 14 ff.

[67] Nochmals BVerfGE 126, 286 (304).

materiellen Voraussetzungen und damit auch die Entscheidungserheblichkeit der aufgeworfenen unionsrechtlichen Auslegungsfragen für ein zu erhebendes Vorabentscheidungsersuchen an den Europäischen Gerichtshof substantiiert darzulegen. Die Vorlage an den Gerichtshof mutiert so zu einem prozessualen Zwischenziel der Verfassungsbeschwerde, die Vorlagebegründung zu deren wesentlichem Inhalt.

Der Beschwerdeführer muss geltend machen, dass das Bundesverfassungsgericht die vorgreifliche unionsrechtliche Kompetenzfrage dem Europäischen Gerichtshof zur Vorabentscheidung vorlegen müsse, weil der angegriffene Unionsrechtsakt seine Kompetenzgrundlage in offensichtlicher und strukturell bedeutsamer Weise überschreite. Für die Zulässigkeit der Verfassungsbeschwerde impliziert das paradoxerweise, aber denknotwendig die (unausgesprochene) Behauptung, dass daran auch die einzuholende Vorabentscheidung nichts ändere, vielmehr auch diese, sollte sie entgegen dem Vorlageersuchen einstmals die Kompetenzgemäßheit des angegriffenen Rechtsaktes feststellen, in offensichtlicher und strukturell bedeutsamer Weise gegen Unionskompetenzen verstoße. Zwar hat das Bundesverfassungsgericht, das schlussendlich in jedem Fall einer Ultra-vires-Rüge auch über eine Rechtsauffassung des Europäischen Gerichtshofs zu befinden hat, Aufgabe und Stellung der unabhängigen überstaatlichen Rechtsprechung zu wahren. Doch auf die daraus abgeleiteten Modalitäten[68] kann es für die Zulässigkeit der verfahrenseinleitenden Verfassungsbeschwerde naturgemäß nicht ankommen.

Was in Anbetracht dieser Vortragslast (und ihrer Erfolgsaussichten) abzuwarten (und zu wünschen) bleibt, ist, dass das Bundesverfassungsgericht gleichsam in Erinnerung an die Mahnungen des Sondervotanten *Herbert Landau* nicht die „problematische Tendenz" fortsetzt, vor der eigenen Rechtsprechung zurückzuschrecken, sondern bei nächster Gelegenheit aus den aufgestellten Prüfungsmaßstäben die gebotenen Konsequenzen zieht und seine Verantwortung für die Einhaltung der an die Union begrenzt verliehenen Kompetenzen auch praktisch wirksam vollzieht.[69]

Es wäre fatal, wenn die Ultra-vires-Kontrolle mit ihrer hohen Anforderung eines „hinreichend qualifizierten", namentlich „strukturell bedeutsamen" Kompetenzverstoßes aus einem „effektiven Kontrollinstrument"[70] ein „stumpfes Schwert"[71] machen würde, das allenfalls in Extremsituationen in Betracht käme, im Übrigen aber in der Praxis kaum nachzuweisen wäre.[72] Ein solcher

[68] Vgl.BVerfGE 126, 286 (307).

[69] Vgl. BVerfGE 126, 286, BVerfGE 126, 318 (324).

[70] BVerfGE 126, 286, BVerfGE 126, 318 (324).

[71] *Hillgruber* JA 2011, 78 (80).

[72] Vgl. BVerfGE 126, 286; BVerfGE 126, 318 (323): „Ob sich … jemals ein Einzelfall einer Kompetenzüberschreitung ausmachen lässt, der die von der Senatsmehrheit geforderte Schwere aufweist und daher den Gegenmechanismus der Ultra-vires-Kontrolle auslöst, er-

Rückzug würde insbesondere verkennen „dass spezifische Gefahren für die Wahrung der Kompetenzen und damit der demokratischen Legitimation im Fall der Europäischen Union, weniger von schwerwiegenden – und als solchen erkennbaren – Kompetenzanmaßungen im Einzelfall als von schleichenden Entwicklungen ausgehen, in deren Verlauf kleinere, für sich betrachtet möglicherweise geringfügige Kompetenzüberschreitungen kumulativ bedeutende Folgen haben“ – ganz abgesehen davon, dass „die Eignung eines Einzelakts, strukturelle Verschiebungen im Kompetenzgefüge herbeizuführen, sich vielfach erst im Nachhinein wirklich wird beurteilen lassen“.[73] All das gilt noch umso mehr, wenn eigenmächtige Kompetenzerweiterungen der Unionsorgane besonders schwer wiegen, weil sie zudem auf solche bei den Mitgliedstaaten verbliebenen Kompetenzbereiche übergreifen, die jedenfalls in Deutschland zu jenem Kernbestand rechnen, der durch Art. 79 Abs. 3 GG selbst dem verfassungsändernden Gesetzgeber entzogen ist, oder in besonderer Weise vom innerstaatlichen, demokratisch diskursiven Prozess abhängen.[74]

---

scheint sehr fraglich…“; siehe auch *Gehlhaar* NZA 2010, 1053; *Hillgruber* JA 2011, 78 (80); *Classen* JZ 2010, 1186: ein Gesetz für das Ultra-vires-Verfahren „wäre ein totgeborenes Kind“.

[73] BVerfGE 126, 286, BVerfGE 126, 318 (323).

[74] Bezug: BVerfGE 123, 267 (357 f.); BVerfGE 126, 286 (307); BVerfGE 134, 366 (383 Rn. 25, 392 Rn. 37).

Die Ultra-vires-Rüge

Peter M. Huber

I. Das Sondervotum zum Honeywell-Beschluss und seine Aufnahme in der Öffentlichkeit

1. Das Sondervotum Landau

Zu den selbst gesteckten Zielen *Herbert Landaus* während seiner 10-jährigen Amtszeit als Bundesverfassungsrichter gehörte es, keinesfalls mehr als drei Sondervoten zu verfassen. Lieber wollte er die sprichwörtliche „Macht der Acht" aus der Mitte heraus beeinflussen und lenken. Diesen Vorsatz hat er – soweit derzeit absehbar – tatsächlich verwirklicht. Die drei von ihm abgegebenen Sondervoten hatten es freilich in sich, allen voran dasjenige zum Honeywell-Beschluss vom 06.07.2010. Dort konstatiert *Landau* donnernd, dass die Senatsmehrheit die Anforderungen an die Feststellung eines Ultra-vires-Handelns der Gemeinschafts- oder Unionsorgane durch das Bundesverfassungsgericht überspanne und ohne überzeugende Gründe von dem Lissabon-Urteil des Senats abweiche.[1] Vor allem das zusätzliche Kriterium der „strukturell bedeutsamen Verschiebung im Kompetenzgefüge zwischen der EU und den Mitgliedstaaten" ist ihm ein Dorn im Auge:

> „Die Senatsmehrheit geht über das Erfordernis einer ersichtlichen – also klaren und offensichtlichen – Kompetenzüberschreitung hinaus und verlässt den der Lissabon-Entscheidung zu Grunde liegenden Konsens, indem sie nun einen ‚hinreichend qualifizierten' Kompetenzverstoß fordert, der nicht nur offensichtlich ist, sondern zudem zu einer strukturell bedeutsamen Verschiebung im Kompetenzgefüge zwischen Mitgliedstaaten und supranationaler Organisation führt".[2]

Hoheitliche Gewalt ohne hinreichende demokratische Legitimation zuzulassen, widerspreche nicht nur der Kernaussage des Lissabon-Urteils; es verkenne auch, dass die spezifischen Gefahren für die demokratische Legitimation im Falle der Europäischen Union weniger von einzelnen schwerwiegenden Kompetenzüberschreitungen ausgingen, als vielmehr von schleichenden Entwicklungen in Gestalt zahlreicher geringfügiger, in der Summe aber bedeutender

---

[1] BVerfGE 126, 286 (318 ff.).
[2] BVerfGE 126, 286 (322).

Kompetenzanmaßungen. Insofern werde das Gericht seiner Verantwortung für den rechtsstaatlich-demokratischen Sinngehalt der Kompetenzvorschriften nicht gerecht.[3] Auch zu der Fehlertoleranz, die dem EuGH einzuräumen sei, äußert er sich kritisch.[4]

2. *Kritik im Schrifttum*

Von all jenen, die in der Ultra-vires-Rüge ohnehin eine vertragswidrige Kompetenzanmaßung des Bundesverfassungsgerichts sehen,[5] wurde der Honeywell-Beschluss überwiegend wohlwollend zur Kenntnis genommen; die anderen teilten hingegen *Landaus* Kritik. Nicht wenige verstanden den Beschluss als ein Begräbnis dritter Klasse für das Institut der Ultra-vires-Rüge und sahen in ihm einen weiteren Beleg dafür, dass das Gericht in Sachen Europa die Lippen immer nur spitze, aber nie pfeife.[6]

Mittlerweile sind jedenfalls diese Vorwürfe verstummt. Seit der Senat mit Beschluss vom 14.01.2014[7] den sog. OMT-Beschluss des EZB-Rates über ein Ankaufprogramm für Staatsanleihen hilfsbedürftiger Staaten (Technical Features of Outright Monetary Transactions – OMT-Beschluss) vom 06.09.2012 zum Anlass genommen hat, den EuGH mit der Frage zu befassen, ob es sich dabei um einen Ultra-vires-Akt handele, steht fest, dass dieses Institut nicht nur „law in the books", sondern „law in action" ist. Vorbehaltlich der Auslegung durch den Gerichtshof sei der OMT-Beschluss mit Art. 119 und Art. 127 Abs. 1 und Abs. 2 AEUV und Art. 17 ff. der ESZB-Satzung unvereinbar, weil er über das währungspolitische Mandat der EZB hinausgehe und in die Zuständigkeiten der Mitgliedstaaten für die Wirtschaftspolitik übergreife. Zudem erscheine er – vorbehaltlich einer primärrechtskonformen (restriktiven) Auslegung, wie sie in der mündlichen Verhandlung vom Vertreter der EZB skizziert wurde, ohne sich jedoch im Text des OMT-Beschlusses niedergeschlagen zu haben – mit dem in Art. 123 AEUV verankerten Verbot monetärer Haushaltsfinanzierung unvereinbar.

Der Vorlagebeschluss hat ein enormes und kontroverses Echo ausgelöst,[8] wobei die Einschätzungen von der „Abdankung des Bundesverfassungsgerichts" bis zu „Amtsanmaßung" reichten. Vor allem letztere hatten die seit dem Klop-

---

[3] BVerfGE 126, 286 (323 f.).

[4] *Landau/Trésoret* DVBl. 2012, 1329 (1335 f.).

[5] Siehe nur *van Ooyen* Der Staat 50 (2011), 45 (48 f.); *Ludwig* NVwZ 2015, 537.

[6] *Hillgruber* JZ 2011, 861 (869 f.). In diesem Sinne schon Editorial EJIL 20 (2009), 505: „The dog that barks but does not bite".

[7] BVerfGE 134, 366 ff.

[8] Befürwortend *Müller-Franken* NVwZ 2014, 514 f.; *Schmidt* in: Geis/Winkler/Bickenbach (Hrsg.), FS Hufen, 2015, S. 219 ff.; differenziert *Herrmann* EuZW 2014, 161 f.; kritisch *Ruffert* JuS 2014, 373; extrem die Suada von *Heun* JZ 2014, 331 ff.; englisch: die Beiträge im German Law Journal 15 (2014), Issue 2.

penburg-Beschluss[9] in der Rechtsprechung immer wieder auftretende Ultra-vires-Kontrolle als theoretischen Merkposten abgetan und erlebten nun zu ihrer Überraschung, dass das Bundesverfassungsgericht auch tat, was es sagte.[10]

II. Grundlagen und Konturen der Ultra-vires-Rüge

1. Grundlagen

Die verbindliche Entscheidung über Anwendung und Auslegung des Unionsrechts ist grundsätzlich Sache des EuGH (Art. 19 Abs. 1 S. 2 EUV). Grundsätzlich ist allein er befugt, Sekundär- und Tertiärrechtsakte auf ihre Vereinbarkeit mit dem Primärrecht zu überprüfen und ggf. zu verwerfen.[11] Ableiten lässt sich dieses Verwerfungsmonopol zum einen aus Art. 344 AEUV – danach sind Streitigkeiten über die Anwendung und Auslegung der Verträge nicht anders als in ihnen vorgesehen zu regeln – und zum anderen aus der allgemeinen Erwägung, dass Einheitlichkeit und Rechtssicherheit innerhalb der Unionsrechtsordnung anderenfalls gefährdet wären. Könnte jeder Mitgliedstaat für sich in Anspruch nehmen, durch eigene Gerichte über die Gültigkeit von unionalen Rechtsakten zu entscheiden, könnte der Anwendungsvorrang unterlaufen und die einheitliche Anwendung des Unionsrechts gefährdet werden. Das Bundesverfassungsgericht erkennt dies im Grundsatz ebenso an[12] wie den Vorrang des Unionsrechts vor innerstaatlichem Recht,[13] den auch die Erklärung Nr. 17 zum Vertrag von Lissabon – wenngleich nicht der Vertrag selbst – bekräftigt.[14]

Da die EU ein Staaten-, Verfassungs- und Verfassungsgerichtsverbund[15] ist, in dem die Mitgliedstaaten Herren der Verträge sind und bleiben, kann es mit dieser zentralistisch verengten Perspektive freilich nicht sein Bewenden haben. Maßnahmen von Organen, Einrichtungen und sonstigen Stellen der EU bedürfen nämlich (auch) einer Grundlage im mitgliedstaatlich gebilligten Integrationsprogramm. Fehlt diese, verstößt der Vollzug – jedenfalls in Deutschland – gegen das Demokratieprinzip und verletzt die wahlberechtigten Bürger möglicherweise in ihren durch Art. 38 Abs. 1 S. 1 GG geschützten Interessen. Würden die Mitgliedstaaten auf die Ultra-vires-Kontrolle verzichten, so wäre die Disposition über die vertraglichen Grundlagen ihres Handelns allein auf die EU-Or-

---

[9] BVerfGE 75, 223 ff.

[10] Des „fitting what judges did is more important than fitting what they said", *Dworkin* Law's Empire, 1986, S. 247 f., bedarf es insoweit nicht.

[11] Vgl. EuGH Rs. C-11/70, Slg. 1970, 1125, Rn. 3 – Internationale Handelsgesellschaft; EuGH Rs. C-92/89, Slg. 1991, I-415, Rn. 23 – Zuckerfabrik Soest.

[12] Vgl. bereits BVerfGE 37, 271 (281 f.).

[13] Vgl. grundlegend EuGH Rs. C-6/64, Slg. 1964, 1251 (1270) – Costa/E.N.E.L.

[14] Vgl. BVerfGE 31, 145 (174); 123, 267 (402); 126, 286 (301 f.); 129, 78 (99 f.).

[15] Zum Begriff *Voßkuhle* NVwZ 2010, 1 (3).

gane verlagert, und zwar auch dann, wenn deren Rechtsverständnis im Ergebnis auf eine Kompetenzausweitung hinausliefe, die ausweislich des Art. 48 EUV einer Vertragsänderung bedürfte.

Die im Ausgangspunkt somit unvermeidliche Spannungslage zwischen eurozentrischem und europaverfassungsrechtlichem Ansatz wirft solange keine Probleme auf, solange beide Ansätze – wie im Regelfall – nicht voneinander abweichen. Soweit dies jedoch der Fall ist und ein Konflikt weder rechtlich noch tatsächlich vermieden werden kann, geht es um die alte Frage, wie das Spannungsverhältnis zwischen den sich überlagernden (Teil-)Rechtsordnungen[16] aufzulösen ist und welche Instanz letztverbindlich hierüber entscheidet. Es liegt auf der Hand, dass es insoweit nur darum gehen kann, unter weitestgehender Schonung der wesentlichen Grundsätze beider Teilrechtsordnungen zu einer Lösung zu gelangen.[17]

2. *Vom Kloppenburg-Beschluss 1987 bis zum OMT-Beschluss 2014*

Das Bundesverfassungsgericht hat sich mit der Frage, ob und inwieweit das Handeln der Organe supranationaler Organisationen einer Kompetenzkontrolle am Maßstab des Grundgesetzes unterliegt, in vier Leitentscheidungen auseinandergesetzt. Es hat die Möglichkeit einer Ultra-vires-Rüge dabei von Anfang an bejaht, die an sie zu stellenden Anforderungen im Laufe der Zeit aber immer weiter konkretisiert bzw. verschärft.

Schon im Kloppenburg-Beschluss vom 08.04.1987 setzt sich der Senat mit den Kompetenzgrenzen der damaligen Europäischen Gemeinschaften und der Rechtsprechung des Gerichtshofes auseinander. Auch wenn er deren Überschreitung verneint, hält er jedoch fest, dass es auch verfassungsrechtlich erheblich ist, ob eine zwischenstaatliche Einrichtung im Sinne des Art. 24 Abs. 1 GG sich in den Grenzen der ihr übertragenen Hoheitsrechte hält oder aus ihnen ausbricht.

„Der Gemeinschaft ist durch den EWG-Vertrag nicht eine Rechtsprechungsgewalt zur unbegrenzten Kompetenzerweiterung übertragen worden. Die Gemeinschaft ist kein souveräner Staat im Sinne des Völkerrechts (…), dem eine Kompetenzkompetenz über innere Angelegenheiten zukäme. Auf sie ist weder die territoriale Souveränität noch die Gebiets- und Personalhoheit der Mitgliedstaaten übertragen worden; ihre auswärtigen Befugnisse betreffen begrenzte Bereiche, mögen sie im Einzelnen hierbei auch nicht, wie im Bereich anderer Vertragsziele, durch den Grundsatz der Spezialermächtigung beschränkt sein. Nach wie vor sind derzeit die Mitgliedstaaten im Rahmen des allgemeinen Völkervertragsrechts die Herren der Gemeinschaftsverträge, wie nicht zuletzt die Einheitliche Europäische Akte vom 17. und 28.02.1986 (…) belegt.“[18]

---

[16] Vgl. dazu *Mayer* Kompetenzüberschreitung und Letztentscheidung, 2000, S. 7, der insofern auf die „fraglos bestehende rechtliche Multipolarität in der EU/EG“ abstellt (dort Fn. 24).

[17] BVerfGE 126, 286 (302 f.).

[18] BVerfGE 75, 223 (242).

Das Maastricht-Urteil vom 12.10.1993, die erste große Bestandsaufnahme zur Stellung des wiedervereinigten Deutschlands im Prozess der Europäischen Integration, nimmt diesen Faden wieder auf und betont:

„Würden etwa europäische Einrichtungen oder Organe den Unions-Vertrag in einer Weise handhaben oder fortbilden, die von dem Vertrag, wie er dem deutschen Zustimmungsgesetz zugrunde liegt, nicht mehr gedeckt wäre, so wären die daraus hervorgehenden Rechtsakte im deutschen Hoheitsbereich nicht verbindlich. Die deutschen Staatsorgane wären aus verfassungsrechtlichen Gründen gehindert, diese Rechtsakte in Deutschland anzuwenden. Dementsprechend prüft das Bundesverfassungsgericht, ob Rechtsakte der europäischen Einrichtungen und Organe sich in den Grenzen der ihnen eingeräumten Hoheitsrechte halten oder aus ihnen ausbrechen."[19]

Das konnte man so verstehen, als sei jedes deutsche Verfassungsorgan, jede Behörde und jede Stelle berechtigt, auf einen „Ultra-vires-Akt" zu erkennen.

Vor diesem Hintergrund bestätigt das Lissabon-Urteil vom 30.06.2009 gut 15 Jahre später zwar einerseits das Institut der Ultra-vires-Kontrolle;[20] im Interesse der Europarechtsfreundlichkeit, d.h. zur Begrenzung potentieller Konfliktfelder, monopolisiert es diese jedoch bei sich:

„Sowohl die Ultra-vires- als auch die Identitätskontrolle können dazu führen, dass Gemeinschafts- oder künftig Unionsrecht in Deutschland für unanwendbar erklärt wird. Zum Schutz der Funktionsfähigkeit der Gemeinschaftsrechtsordnung verlangt die europarechtsfreundliche Anwendung von Verfassungsrecht bei Beachtung des in *Art. 100 Abs. 1 GG* zum Ausdruck gebrachten Rechtsgedankens, dass sowohl eine Ultra-vires-Feststellung wie auch die Feststellung einer Verletzung der Verfassungsidentität nur dem Bundesverfassungsgericht obliegt. In welchen Verfahren das Bundesverfassungsgericht im Einzelnen mit dieser Kontrolle befasst werden kann, braucht an dieser Stelle nicht entschieden zu werden."[21]

Im Honeywell-Beschluss vom 06.07.2010 geht es dann um die – vor allem in Deutschland umstrittenen[22] – unionsrechtlichen Anforderungen an den Schutz vor Altersdiskriminierung. Das bereits im Lissabon-Urteil angedeutete Gebot einer „zurückhaltenden" und „europarechtsfreundlichen" Ausübung der Ultra-vires-Kontrolle wird im Honeywell-Beschluss konkretisiert:

„Eine Ultra-vires-Kontrolle (...) kommt (...) nur in Betracht, wenn ersichtlich ist, dass Handlungen der europäischen Organe und Einrichtungen außerhalb der übertragenen Kompetenzen ergangen sind (...). Ersichtlich ist ein Verstoß, ... wenn ... der Kompetenzverstoß hinreichend qualifiziert ist (...). Dies bedeutet, dass das kompetenzwidrige Handeln der Unionsgewalt offensichtlich ist und der angegriffene Akt im Kompetenzgefüge zwischen Mitgliedstaaten und Union erheblich ins Gewicht fällt."[23]

---

[19] BVerfGE 89, 155 (188).

[20] BVerfGE 123, 267 (353), wobei die Ultra-vires-Kontrolle nicht klar von der Identitätskontrolle abgegrenzt wird.

[21] BVerfGE 123, 267 (354).

[22] EuGH Rs. C-144/04, Slg. 2005, I-9981 – Mangold.

[23] BVerfGE 126, 286 (304).

In verfahrensrechtlicher Hinsicht leitet der Senat aus dem Grundsatz der Europarechtsfreundlichkeit ab, dass jedenfalls die Feststellung einer innerstaatlichen Unanwendbarkeit von Unionsrecht eine vorherige Befassung des Europäischen Gerichtshofs voraussetzt:

„Das bedeutet für die vorliegend in Rede stehende Ultra-vires-Kontrolle, dass das Bundesverfassungsgericht die Entscheidungen des Gerichtshofs grundsätzlich als verbindliche Auslegung des Unionsrechts zu beachten hat. Vor der Annahme eines Ultra-vires-Akts der europäischen Organe und Einrichtungen ist deshalb dem Gerichtshof im Rahmen eines Vorabentscheidungsverfahrens nach Art. 267 AEUV die Gelegenheit zur Vertragsauslegung sowie zur Entscheidung über die Gültigkeit und die Auslegung der fraglichen Rechtsakte zu geben. Solange der Gerichtshof keine Gelegenheit hatte, über die aufgeworfenen unionsrechtlichen Fragen zu entscheiden, darf das Bundesverfassungsgericht für Deutschland keine Unanwendbarkeit des Unionsrechts feststellen (…).“[24]

Der OMT-Vorlagebeschluss vom 14.01.2014 hat den Entwicklungsstand der Ultra-vires-Kontrolle aus der Sicht des Senats noch einmal zusammengefasst:

„Die Ultra-vires-Kontrolle darf nur europarechtsfreundlich ausgeübt werden (...). Die Union versteht sich als Rechtsgemeinschaft; sie ist insbesondere durch das Prinzip der begrenzten Einzelermächtigung und die Grundrechte gebunden und achtet die Verfassungsidentität der Mitgliedstaaten (vgl. im Einzelnen Art. 4 Abs. 2 S. 1, Art. 5 Abs. 1 S. 1 und Abs. 2 S. 1, Art. 6 Abs. 1 S. 1 und Abs. 3 EUV). Nach der Rechtsordnung der Bundesrepublik Deutschland ist der Anwendungsvorrang des Unionsrechts anzuerkennen und zu gewährleisten, dass die dem Bundesverfassungsgericht verfassungsrechtlich vorbehaltenen Kontrollbefugnisse nur zurückhaltend und europarechtsfreundlich ausgeübt werden. Das bedeutet für die vorliegend in Rede stehende Ultra-vires-Kontrolle, dass das Bundesverfassungsgericht die Entscheidungen des Gerichtshofs grundsätzlich als verbindliche Auslegung des Unionsrechts zu beachten hat. (...) Eine Ultra-vires-Kontrolle durch das Bundesverfassungsgericht kommt darüber hinaus nur in Betracht, wenn ersichtlich ist, dass Handlungen der europäischen Organe und Einrichtungen außerhalb der übertragenen Kompetenzen ergangen sind (…). Ersichtlich ist ein Verstoß gegen das Prinzip der begrenzten Einzelermächtigung nur dann, wenn die europäischen Organe und Einrichtungen die Grenzen ihrer Kompetenzen in einer das Prinzip der begrenzten Einzelermächtigung spezifisch verletzenden Art überschritten haben (Art. 23 Abs. 1 GG), der Kompetenzverstoß mit anderen Worten hinreichend qualifiziert ist (…). Dies bedeutet, dass das kompetenzwidrige Handeln der Unionsgewalt offensichtlich ist und der angegriffene Akt im Kompetenzgefüge zwischen Mitgliedstaaten und Union im Hinblick auf das Prinzip der begrenzten Einzelermächtigung und die rechtsstaatliche Gesetzesbindung erheblich ins Gewicht fällt (…).“[25]

Diese Kontrolle sei, so der Vorlagebeschluss weiter, im Hinblick auf Art. 20 Abs. 1 und 2 GG nicht verzichtbar. Andernfalls wäre die Disposition über die vertraglichen Grundlagen auch insoweit auf die Organe und sonstigen Stellen

---

[24] BVerfGE 126, 276 (304); so schon *Huber* in: Merten/Papier (Hrsg.), Handbuch der Grundrechte in Deutschland und Europa, Band VI/2, 2009, § 172 Rn. 75.

[25] BVerfGE 134, 366 (382f.).

der EU verlagert, als deren Rechtsverständnis im praktischen Ergebnis auf eine Vertragsänderung oder Kompetenzausweitung hinausliefe. Dass in derartigen Grenzfällen die verfassungsrechtliche und die unionsrechtliche Perspektive nicht vollständig harmonierten, sei unvermeidbar und dem Umstand geschuldet, dass in der Europäischen Union die Mitgliedstaaten unverändert Herren der Verträge sind.[26]

3. *Tatbestandsvoraussetzungen*

Auch wenn dem EuGH eine „Rechtsfortbildung im Wege methodisch gebundener Rechtsprechung nicht verwehrt" ist, solange und soweit es darum geht, Programme auszufüllen, Lücken zu schließen oder besonderen Umständen des Einzelfalls Rechnung zu tragen,[27] so findet eine dermaßen zulässige Rechtsfortbildung ihre Grenze doch im Prinzip der begrenzten Einzelermächtigung. Dieses lässt weder Generalermächtigungen noch eine Kompetenz-Kompetenz zu.[28]

Einer Ultra-vires-Kontrolle durch das Bundesverfassungsgericht bedarf es daher, wenn Maßnahmen von Organen, Einrichtungen und sonstigen Stellen der EU ersichtlich außerhalb der übertragenen Kompetenzen ergangen sind,[29] also wenn die Organe und Einrichtungen der EU die Grenzen ihrer Kompetenzen in einer das Prinzip der begrenzten Einzelermächtigung spezifisch verletzenden Art überschritten haben (Art. 23 Abs. 1 GG). Praktisch bedeutet dies, dass das kompetenzwidrige Handeln offensichtlich sein und die angegriffene Maßnahme im Kompetenzgefüge zwischen Mitgliedstaaten und Union erheblich ins Gewicht fallen muss.[30]

„Offensichtlichkeit" in diesem Sinne setzt allerdings kein kollektives Evidenzerlebnis voraus; sie wird auch durch abweichende Auffassungen im Schrifttum[31] nicht ausgeschlossen, weil sonst der Manipulation Tür und Tor geöffnet wären.[32] Offensichtlichkeit kann vielmehr auch dann vorliegen, wenn das Ultra-vires-Handeln für einen mit den konkreten Umständen vertrauten Beobachter bei methodisch richtigem Zugriff zweifelsfrei feststeht.[33] In komplexen Fällen kann dies mitunter erst nach einer entsprechenden Prüfung der Sach- und Rechtslage feststellbar sein. Mit einem solchen Verständnis des Tatbe-

---

[26] BVerfGE 134, 266 (384, Rn. 26).

[27] BVerfGE 126, 286 (305 f.).

[28] BVerfGE 126, 286 (306 f.).

[29] BVerfGE 123, 267 (353, 400).

[30] BVerfGE 126, 286 (304 f.).

[31] Zum konkreten Fall siehe etwa *Thiele* Das Mandat der EZB und die Krise des Euro, 2013.

[32] Zur Anfälligkeit der Rechtswissenschaft in dieser Hinsicht siehe *Huber* in: Durner/Peine/Shirvani (Hrsg.), FS Papier, 2013, 307 (314).

[33] Ähnlich *Wendel* ZaöRV 2014, 615 (631 f.). Für eine auf Vertretbarkeit reduzierte „Methodenkontrolle" plädieren *Pötters/Traut* EuR 2011, 580 (587); ähnlich *Klement* JZ 2015, 754 (756 f.).

standsmerkmals der Offensichtlichkeit operiert das Bundesverfassungsgericht auch in anderen Fällen. So können etwa nach § 24 S. 1 BVerfGG „offensichtlich unbegründete Anträge“ durch einstimmigen Beschluss des Senats verworfen werden (A-limine-Abweisung). Das setzt nicht voraus, dass die Unbegründetheit ohne weitere Nachprüfung erkennbar sein, sie m. a. W. auf der Hand liegen muss. Die Bejahung einer „offensichtlichen Unbegründetheit“ kann auch das Ergebnis einer gründlichen Prüfung unter allen rechtlichen Gesichtspunkten sein.[34] Entscheidend ist vielmehr, dass – nach entsprechender Prüfung – kein bedeutsamer Gesichtspunkt erkennbar ist, der für ein anderes Ergebnis sprechen könnte.[35]

Das Tatbestandsmerkmal der „strukturellen Bedeutsamkeit“ soll hingegen sicherstellen, dass der mit einer Ultra-vires-Rüge notgedrungen verbundene Konflikt nicht wegen Bagatellen riskiert wird. Dies soll nur geschehen, wenn das Kompetenzgefüge zwischen EU und Mitgliedstaaten substantiell berührt wird.[36] Ob allerdings die Wendung, dass es sich insoweit um über den Einzelfall hinausgehende Einbrüche in die Zuständigkeit der Mitgliedstaaten handeln müsse, einen für die richterliche Rechtsfindung geeigneten Maßstab benennt, mag man bezweifeln.[37]

4. Fehlertoleranz

Da die Kontrolle der Zuständigkeitsordnung und die Wahrung des Prinzips der begrenzten Einzelermächtigung in der Sache zuvörderst Aufgabe des EuGH ist und mit der Zuerkennung einer Rechtsprechungsaufgabe immer auch das Risiko verbunden ist, dass das ermächtigte Gericht Fehler macht – insoweit unterscheidet sich der EuGH nicht von anderen Gerichten –, muss die verfassungsrechtliche Kontrolle des Integrationsprogramms, ähnlich wie im Verhältnis zur Fachgerichtsbarkeit,[38] eine gewisse Zurückhaltung üben.[39] In der Sache bedeutet dies die Beschränkung auf eine Evidenzkontrolle, was auch durch die o. a. Tatbestandsvoraussetzung der „Offensichtlichkeit“ unterstrichen wird. Die mit Art. 19 Abs. 1 S. 2 EUV verbundene Ermächtigung des EuGH reicht m. a. W. bis

---

[34] BVerfGE 82, 316 (319 f.); 89, 243 (250); 89, 291 (300); 95, 1 (14 f.); siehe auch die umfassende Prüfung in BVerfGE 103, 332 (358 ff.).

[35] BVerfGE 82, 316 (319); 89, 243 (250); 89, 291 (300); *Hömig* in: Maunz/Schmidt-Bleibtreu/Klein/Bethge (Hrsg.), BVerfGG, Band 1, § 24 Rn. 16 (43. Lfg. Februar 2014); *Dollinger* in: Umbach/Clemens/Dollinger (Hrsg.), BVerfGG, 2. Aufl. 2005, § 24 Rn. 23 (jeweils auch mit Nachweisen zur Gegenauffassung); vgl. auch *Klement* JZ 2015, 754 (757) („Maßstäbe der juristischen Kunst“).

[36] BVerfGE 126, 286 (306).

[37] Zum vergleichbaren Problem bei der Grundrechtskontrolle *Huber* in: v. Mangoldt/Klein/Starck (Hrsg.) GG, 6. Aufl. 2010, Art. 19 Abs. 2 Rn. 186 ff. Das würde *Landaus* Kritik unterstützen, wenn auch aus anderen Gründen.

[38] Siehe insoweit *Pauly/Beutel* DÖV 2014, 160 ff.

[39] So bereits *Huber* AöR 116 (1991), 210 (240 f.).

zur Grenze der Willkür, also bis zur Grenze eines methodisch objektiv nicht mehr nachvollziehbaren Ergebnisses.[40] Zu einer methodisch nicht mehr nachvollziehbaren richterlichen Rechts(fort)bildung ermächtigt auch Art. 19 Abs. 1 S. 2 EUV den EuGH nicht. Insofern schlägt das materielle Recht – entgegen einer im Schrifttum geäußerten Kritik[41] – eben doch auf die prozessuale Zuständigkeitsverteilung durch.

5. *Feststellungsmonopol und Vorabentscheidung des Bundesverfassungsgerichts*

Das Kooperationsverhältnis zwischen Bundesverfassungsgericht und EuGH sowie der dieses beherrschende Grundsatz der Europarechtsfreundlichkeit und die Wertungen von Art. 100 Abs. 1 GG verlangen ferner, dass die Ultra-vires-Rüge dem Bundesverfassungsgericht vorbehalten bleibt.[42] Das Grundgesetz wie auch das Bundesverfassungsgerichtsgesetz kennen ein Verwerfungsmonopol des Bundesverfassungsgerichts für Parlamentsgesetze (Art. 100 Abs. 1 GG) und für die Frage der Inkorporierung allgemeiner Regeln des Völkerrechts (Art. 100 Abs. 2 GG). Ziel dieser Regelungen ist es, so weitreichende Entscheidungen, wie sie die Nichtigkeitserklärung eines Parlamentsgesetzes oder die Anerkennung einer allgemeinen Regel des Völkerrechts darstellen, bei der gerichtlichen Instanz zu konzentrieren, die eine hinreichende – auch politische – Folgenberücksichtigung vornehmen kann. Eine solche Folgenberücksichtigung ist erst recht geboten, wenn deutsche Staatsorgane Rechtssätze des Unionsrechts für unanwendbar erklären und damit die Gefahr einer Vertragsverletzung bzw. eines schweren integrationspolitischen Konflikts zwischen Deutschland und der EU bzw. den anderen Mitgliedstaaten heraufbeschwören könnten.[43] Die im Verfassungsprozessrecht vorhandene Lücke ist deshalb durch eine analoge Anwendung von Art. 100 Abs. 1 GG zu schließen.[44] Dafür spricht auch die Regelung des Art. 100 Abs. 2 GG. Auf diese Weise kann das Bundesverfassungsgericht auch dafür sorgen, dass sich deutsche Behörden und Gerichte nicht ohne Weiteres über Geltungsanspruch und Vorrang des Unionsrechts hinwegsetzen.

---

[40] BVerfGE 75, 223 (240): „methodisch unvertretbar".

[41] *Ludwigs* NVwZ 2015, 537 (539 f.); anders für „dauernde und schwerwiegende" Kompetenzüberschreitungen, über die dann wohl doch das Bundesverfassungsgericht zu entscheiden hätte *Oeter* VVDStRL 66 (2007), 361 (377); *Proelß* EuR 2011, 241 (247 f.).

[42] BVerfGE 123, 267 (354).

[43] Zu diesem Rechtsgedanken BVerfGE 80, 74 ff.; *Huber* Recht der Europäischen Integration, 2002, § 21 Rn. 72; *ders.* in: Merten/Papier (Hrsg.), Handbuch der Grundrechte in Deutschland und Europa, Band VI/2, 2009, § 172 Rn. 78.

[44] *Huber* Recht der Europäischen Integration, 2002 § 21 Rn. 72; *Kokott* AöR 119 (1994), 206 (218 f.); *Streinz* Europarecht, 2012, Rn. 250 f.

III. Offene Fragen

Zahlreiche Aspekte der Ultra-vires-Rüge harren freilich noch der Klärung: Ihre dogmatische Einordnung etwa, mögliche Beschwerdegegenstände oder Art und Umfang der Beschwerdebefugnis.

Was die Einordung der Ultra-vires-Rüge anbelangt, so geht die h. M. wohl davon aus, dass sie von der auf Grundrechte oder sonstige Staatsstrukturprinzipien gestützten sog. Identitätsrüge zu unterscheiden sei. In diesem Sinne spricht auch der Zweite Senat davon, dass er berechtigt und verpflichtet sei, Handlungen der europäischen Organe und Einrichtungen darauf zu überprüfen, ob sie aufgrund ersichtlicher Kompetenzüberschreitungen *oder* aufgrund von Kompetenzausübungen im nicht übertragbaren Bereich der Verfassungsidentität (Art. 79 Abs. 3 i. V. m. Art. 1 und Art. 20 GG) erfolgen.[45] Im Honeywell- wie auch im OMT-Beschluss wird dies sogar besonders unterstrichen, wenn es dort heißt, dass die Ultra-vires-Rüge nicht nur greife, „wenn sich eigenmächtige Kompetenzerweiterungen auf Sachbereiche erstrecken, die zur verfassungsrechtlichen Identität der Mitgliedstaaten rechnen oder besonders vom demokratisch diskursiven Prozess in den Mitgliedstaaten abhängen", Kompetenzüberschreitungen dort aber besonders schwer wögen.[46]

Ob damit schon das letzte Wort gesprochen ist, erscheint fraglich. Materiell-rechtlich gründet die Ultra-vires-Rüge auf Art. 20 Abs. 1 und 2 GG. Sie soll die Staatsangehörigen davor bewahren, von einer öffentlichen Gewalt behelligt zu werden, die sie offensichtlich nicht legitimiert haben. Als Instrument gegen die Usurpation öffentlicher Gewalt sichert sie die Grundlagen der durch Art. 20 Abs. 2 S. 1 GG geschützten Volkssouveränität und berührt sich insoweit sogar mit den Wertungen des Art. 20 Abs. 4 GG. So gesehen könnte auch die Ultra-vires-Rüge nur eine Variante der Identitätsrüge sein.[47]

Nicht wirklich geklärt ist ferner, was konkret Gegenstand der Ultra-vires-Rüge sein kann. Klar ist, dass deutsche Stellen an einer offensichtlich kompetenzwidrigen Maßnahme von Organen und Stellen der EU nicht mitwirken, sie nicht umsetzen und nicht operationalisieren dürfen.[48] Was aber ist, wenn es einer solchen Mitwirkung gar nicht bedarf, wie dies etwa bei der Verhängung von Kartellbußen durch die Kommission der Fall ist?[49] Folgt aus Art. 20 i. V. m. Art. 38 Abs. 1 S. 1 GG eine Pflicht deutscher Verfassungsorgane, ihre Integra-

---

[45] BVerfGE 75, 223 (235, 242); 89, 155 (188); 113, 273 (296); 123, 267 (353 f.); 126, 286 (302); *Herdegen* Europarecht, 2015, § 10 Rn. 28 f.; *Streinz* Europarecht, 2012, Rn. 236.

[46] BVerfGE 126, 286 (307); 134, 366 (387 f. Rn. 30).

[47] Ähnlich *Dederer* Die Grenzen des Vorrangs des Unionsrechts – Zur Vereinheitlichung von Grundrechts-, Ultra-vires- und Identitätskontrolle, 2014; *Ludwigs* NVwZ 2015, 537 (541).

[48] BVerfGE 134, 366 (394 Rn. 45).

[49] Siehe etwa BVerfG NJW 2014, 375 f.

tionsverantwortung auch im Interesse der Bürger wahrzunehmen?[50] Gibt es neben grundrechtlich radizierten Schutzpflichten, die dem Einzelnen einen Anspruch auf Tätigwerden des Staates vermitteln können, wenn er nicht in der Lage ist, selbst für die Integrität seiner grundrechtlich geschützten Interessen zu sorgen, auch einen Anspruch des wahlberechtigen Bürgers auf Wahrnehmung der Integrationsverantwortung? Das würde bedeuten, dass der Wähler von seinen Verfassungsorganen verlangen kann, dass sie Ultra-vires-Akten von Stellen der Europäischen Union nicht tatenlos zusehen, sondern sie mit den ihnen zu Gebote stehenden Mitteln zu unterbinden versuchen. Was mit Blick auf die NSA auf der Hand liegt, könnte – mutatis mutandis – auch für die Europäische Kommission oder die EZB gelten.

In welchem Umfang kann der Staatsbürger die Ultra-vires-Rüge schließlich erheben? Sein Recht kann wohl nicht weiter reichen, als der aus Art. 38 Abs. 1 S. 1 GG i. V. m. Art. 79 Abs. 3 i. V. m. Art. 20 Abs. 1 und 2 i. V. m. Art. 1 Abs. 1 GG abgeleitete „Anspruch auf Demokratie",[51] für den der Senat im ESM-Urteil vom 18.03.2014 festgehalten hat:

„Der materielle Gehalt des Wahlrechts wird durch Art. 38 Abs. 1 S. 1 GG nur insoweit geschützt, als er in einem für die politische Selbstbestimmung des Volkes wesentlichen Bereich leerzulaufen droht, das heißt, wenn die demokratische Selbstregierung des Volkes dauerhaft derart eingeschränkt wird, dass zentrale politische Entscheidungen nicht mehr selbstständig getroffen werden können (...). Dieser materielle Schutzgehalt von Art. 38 Abs. 1 S. 1 GG kommt vor allem in Konstellationen zum Tragen, in denen die Kompetenzen des Bundestages auf eine Art und Weise ausgehöhlt werden, die eine parlamentarische Repräsentation des Volkswillens, gerichtet auf die Verwirklichung des politischen Willens der Bürger, rechtlich oder praktisch unmöglich macht (...). Einen ‚Anspruch auf Demokratie' vermittelt Art. 38 Abs. 1 S. 1 GG (...) nur insoweit, als durch einen Vorgang demokratische Grundsätze berührt werden, die Art. 79 Abs. 3 GG auch dem Zugriff des verfassungsändernden Gesetzgebers entzieht."[52]

Soweit der Senat im OMT-Beschluss unterstrichen hat, dass der wahlberechtigte Bürger zur Sicherung seiner demokratischen Einflussmöglichkeit im Prozess der europäischen Integration aus Art. 38 Abs. 1 S. 1 GG grundsätzlich ein Recht darauf besitzt, dass eine Verlagerung von Hoheitsrechten nur in den dafür vorgesehenen Formen von Art. 23 Abs. 1 S. 2 und 3, Art. 79 Abs. 2 GG geschieht, dürfte dies nicht zu einer Erweiterung der subjektiven Rechtsstellung führen. Vielmehr geht es darum, dass der demokratische Entscheidungsprozess, den diese Regelungen neben der gebotenen Bestimmtheit der Übertragung von Hoheitsrechten gewährleisten, bei einer eigenmächtigen Kompetenzanmaßung von Organen und sonstigen Stellen der Europäischen Union unterlaufen wird.[53]

---

[50] BVerfGE 134, 366 (394 Rn. 46 ff.) mit Blick auf eine „offensichtliche und strukturell bedeutsame" Usurpation von Hoheitsrechten.

[51] Zur Formulierung BVerfGE 135, 317 (386 Rn. 125).

[52] BVerfGE 135, 317 (386 Rn. 125).

[53] BVerfGE 134, 366 (396 Rn. 51).

Damit aber erodiert zugleich der materielle Gehalt des Wahlrechts; mit einer actio popularis hat das nichts zu tun.

IV. Zukunftsaussichten der Ultra-vires-Rüge in der Europäischen Union

1. Nachbilder in anderen Mitgliedstaaten

Das Institut der Ultra-vires-Rüge hat mittlerweile Nachbilder in anderen Mitgliedstaaten gefunden. So hat das tschechische Verfassungsgericht mit seinem Urteil im Fall *Holoubec* vom 31.01.2012 erstmals eine Entscheidung des EuGH als Ultra-vires-Akt qualifiziert.[54] In dem Fall ging es um Rentenansprüche nach der Dismembration von Tschechien und der Slowakei, die tschechischen Bürgern nur insoweit zuerkannt worden waren, als sie auch in Tschechien gearbeitet hatten. Der EuGH hatte dies als Verstoß gegen die Verordnung (EWG) Nr. 1408/71 eingestuft,[55] was das Tschechische Verfassungsgericht als Ultra-vires-Akt qualifizierte. Ob diese Beurteilung überzeugt, mag dahinstehen. Fakt ist, dass das Tschechische Verfassungsgericht damit als erstes nationales Gericht auf einen Ultra-vires-Akt erkannt und den Vorrang des Unionsrechts in einem konkreten Fall verneint hat.

Subtiler, in der Sache jedoch mit vergleichbarem Effekt, bemüht sich der UK Supreme Court seit geraumer Zeit darum, das konturenlose Kompetenzverständnis des Gerichtshofs einzudämmen. In der Entscheidung vom 22.01.2014 in Sachen HS2 verweigerte er sich erstmals einem Dialog mit dem EuGH, weil er dessen Auslegung einer Richtlinie über die strategische Umweltplanung (RL 2001/42/EG) für unvertretbar hielt. Unter Berufung auf Art. 9 der Bill of Rights von 1689 wies er die vom EuGH geforderte gerichtliche Kontrolle der strategischen Umweltplanung durch das Parlament kategorisch zurück. Auf der Grundlage einer Art verfassungskonformen Auslegung der in Rede stehenden Richtlinie unterstellte er, dass die andersartige Interpretation durch den EuGH nicht ernst gemeint sein könne – ohne diesem die Sache freilich vorzulegen:

> „In the result, a national court is faced with a clear legislative provision, to which the Fourth Chamber of the European Court of Justice has, in the interests of a more complete regulation of environmental developments, given a meaning which the European legislature clearly did not intend. For this reason, we would, had it been necessary, have wished to have the matter referred back to the European Court of Justice for it to reconsider, hopefully in a fully reasoned judgment of the Grand Chamber, the correctness of its previous decision."[56]

---

[54] Ústavni Soud Urt. v. 31.01.2012 – 2012/01/31 – Pl. ÚS 5/12 -, Abschn. VII (Holoubec).

[55] EuGH Rs. C-399/09, Slg. 2011, I-5573 – Landtová.

[56] UK Supreme Court – R (on the application of HS2 Action Alliance Limited) (Appellant) v The Secretary of State for Transport and another (Respondents) – [2014] UKSC 3, Lord

2. Rechtspolitische Bedeutung

Anders als teilweise behauptet, wird die Funktionsfähigkeit der Unionsrechtsordnung durch das Institut der Ultra-vires-Rüge nicht in Frage gestellt. Die Verträge binden nicht allein die Mitgliedstaaten, sondern auch die durch sie geschaffene Union, die das Ihre tun muss, um Konflikte zwischen beiden Teilrechtsordnungen zu lösen.

In diesem Zusammenhang muss man zur Kenntnis nehmen, dass das insoweit grundlegende Prinzip der begrenzten Einzelermächtigung, obwohl in Art. 5 Abs. 1 EUV ausdrücklich verankert und in den Art. 2ff. AEUV weiter konkretisiert, in der Praxis nicht funktioniert. Die finale Ausrichtung des Integrationsprogramms, die Fixierung auf den Vorrang des Unionsrechts, den Grundsatz der praktischen Wirksamkeit (effet utile) und den Äquivalenzgrundsatz sowie die naturgemäß zentripetalen Interessen von Kommission, Europäischem Parlament und Gerichtshof lassen es als weitgehend leere Hülse erscheinen. So hat der EuGH in den über 60 Jahren seines Bestehens eine Verbandskompetenz der EU bei geschätzt weit über 150.000 Rechtsakten erst zwei- bis dreimal verneint.[57] Andererseits gewinnt die Kompetenzordnung und ihre Einhaltung mit fortschreitender Integration immer stärker an Bedeutung, steht hier doch letztlich die demokratische Legitimation der gegenüber dem Bürger ausgeübten öffentlichen Gewalt in Rede. Sieht sich dieser einer öffentlichen Gewalt ausgesetzt, die er politisch nicht wirkungsvoll beeinflussen kann, so geht er letztlich seiner Rolle als citoyen verlustig.

Wie alle Institute unserer Rechtsordnung ist auch die Ultra-vires-Rüge einer kontinuierlichen Weiter- und Fortentwicklung unterworfen. In dem final programmierten und (zu) dynamischen Unionsrecht gilt das in besonderer Weise, ist sie doch auch ein Seismograph für die bei der Fortentwicklung des Staaten-, Verfassungs- und Verfassungsgerichtsverbundes auftretenden Spannungen und Friktionen. Je stärker diese ausfallen, je gewagter sich die Kompetenzbegründungen ausnehmen und je weniger effektive Möglichkeiten zum Widerspruch der politische Prozess auf nationaler Ebene und der Rechtsschutz auf unionaler Ebene insoweit bieten, desto größer wird auch die Bedeutung der Ultra-vires-Rüge sein.

Neuberger and Lord Mance with whom Lady Hale, Lord Kerr, Lord Sumption, Lord Reed and Lord Carnwath agree.

[57] Eine dieser seltenen Ausnahmen war die Entscheidung zur Tabakwerberichtlinie EuGH Rs. C-376/98, Slg. 2000, I-8419 – Deutschland/Parlament und Rat, die durch EuGH Rs. C-380/03, Slg. 2006, I-11573 – Deutschland/Parlament und Rat wieder überholt wurde. Im Fall der Europäischen Schulen hat der Gerichtshof zwar die Eröffnung des Rechtswegs verneint, nicht aber die Verbandszuständigkeit der EU, EuGH Rs. C-464 u. 465/13 ECLI:EU:C:2015:163 – Oberto and O'Leary, Rs. C-465/1 ECLI:EU:C:2015:163 – Kommission/Österreich.

Verfassungswidrigkeit des OMT-Beschlusses?

Die erste bundesverfassungsgerichtliche Vorlage an den Europäischen Gerichtshof in der Kritik

Sebastian Müller-Franken

I. Das Novum einer Vorlage an den Gerichtshof in Luxemburg aus Karlsruhe

Deutsche Gerichte stellen ihre hohe Sensitivität für mögliche Berührungen ihrer Fälle mit dem Recht der Europäischen Union mit einer steten Bereitschaft, ihre Verfahren auszusetzen und den Europäischen Gerichtshof um eine Vorabentscheidung zu ersuchen, immer wieder aufs Neue unter Beweis.[1] Unter den Gerichten des Bundes ist es einzig das Bundesverfassungsgericht, das hier bislang noch nicht mit derartigen Vorlagen hervorgetreten ist. Das Gericht hat zwar schon vor Jahren erklärt, seine Gerichtsbarkeit über die Anwendbarkeit von abgeleitetem Gemeinschaftsrecht in Deutschland nur in einem „Kooperationsverhältnis" zum EuGH ausüben zu wollen[2] und damit seinen Willen zum Ausdruck gebracht, hier immer erst nur nach einer Vorlage an diesen entscheiden zu wollen. In den dafür in Betracht kommenden Fällen hat es die unionsrechtliche Frage indes stets dahingestellt sein lassen, so dass mangels Entscheidungserheblichkeit der unionsrechtlichen Thematik eine Vorlage an den Gerichtshof der Union nicht nur entbehrlich, sondern sogar unzulässig gewesen wäre.[3]

---

[1] Rund ein Viertel (24,53 %) aller Vorlagen, die den Gerichtshof seit seiner Arbeitsaufnahme im Jahre 1953 erreicht haben, stammten von Gerichten aus Deutschland; Berechnung nach Amt für Veröffentlichungen der Europäischen Union (Hrsg.), Gerichtshof der Europäischen Union – Jahresbericht 2014, S. 119ff. (abrufbar unter: http://curia.europa.eu/jcms/upload/docs/application/pdf/2015-04/de_ecj_annual_report_2014_pr1.pdf, zuletzt aufgerufen am 11.12.2015).

[2] BVerfGE 89, 155, 175 (178); zu dem im Maastricht-Urteil statuierten „Kooperationsverhältnis" und dessen Verhältnis zur vorherigen Rechtsprechung des Gerichts: *Kokott* AöR 119 (1994), 207 (216ff.).

[3] Zur Entscheidungserheblichkeit der Vorlagefrage: EuGH, Urt. v. 16.12.1981 – Foglia – Rs. C-244/80, Slg. 1981, I-3045, Rn. 21; EuGH, Urt. v. 16.7.1992 – Meilicke – Rs. C-83/91, Slg. 1992, I-4871, Rn. 25; EuGH, Urt. v. 26.10.1995 – Furlanis costruzioni generali – Rs. C-143/94, Slg. 1995, I-3663, Rn. 12; EuGH, Urt. v. 15.12.1995 – Bosman – Rs. C-415/93, Slg. 1995, I-4921,

Im Streit um den Beschluss der Europäischen Zentralbank (im Folgenden: EZB) zu den „Technical features of outright monetary transactions" (im Folgenden: OMT) bestand die Möglichkeit eines Dahin-gestellt-sein-Lassens der unionsrechtlichen Frage nicht mehr. Für den Ausgang dieses Verfahrens kommt es auf die Bewertung des Handelns der EZB als ultra vires an, und diese Bewertung hängt nun einmal von der Auslegung des Vertrages über die Arbeitsweise der Europäischen Union ab. Da hierüber zu entscheiden nach dem Vertrag dem Europäischen Gerichtshof zugewiesen ist (Art. 267), kam das Gericht an einer Vorlage in diesem Fall nicht vorbei.[4] Jedoch überantwortete das Gericht dem Europäischen Gerichtshof die Auslegung des Unionsrechts nicht zur Gänze, sondern stellte seine Vorlage unter seinen von ihm stets erhobenen und im Verfahren *Honeywell* näher konturierten Vorbehalt, wonach es bei einem hinreichend qualifizierten Kompetenzverstoß unionaler Organe selbst über das Unionsrecht zu entscheiden gedenkt.[5]

II. Kritik am Bundesverfassungsgericht

Für diese Entscheidung hat das Gericht Kritik erfahren, und zwar nicht, wie regelmäßig in Fragen der europäischen Integration der Fall,[6] aus der Politik,[7] sondern vor allem aus der Wissenschaft.[8] Die wissenschaftliche Kritik war hier

Rn. 59 ff.; EuGH, Urt. v. 13.3.2001 – PreussenElektra – Rs. C-379/98, Slg. 2001, I-2099, Rn. 38 ff.; zur Strategie des Bundesverfassungsgerichts, Vorlagen an den EuGH zu vermeiden: *Lohse* Der Staat 53 (2014), 633 (638 ff.).

[4] Die Zulässigkeit der Vorlage lässt sich nicht mit dem Argument in Frage stellen, dem OMT-Beschluss fehle es aufgrund seines Ankündigungscharakters an der für eine Gültigkeitsfeststellung nach Art. 267 Abs. 1 lit. b) AEUV nötigen Rechtsaktsqualität, da der Gerichtshof dann immer noch prüfen könnte, ob dessen Durchführung mit dem Unionsrecht vereinbar ist, Art. 267 Abs. 1 lit. a) AEUV, BVerfGE 134, 366, (417 f.); dazu *Ruffert* JuS 2014, 373 (374).

[5] BVerfGE 126, 286 (303 f.); Vorbehalt in der Vorlage: BVerfGE 134, 366 (382 ff.).

[6] Zuletzt etwa zur Verfassungswidrigerklärung der 5 % Sperrklausel durch das BVerfG bei der Europawahl kritisch: *Lammert* in: Baus/Borchard u. a. (Hrsg.), 60 Jahre Bundesverfassungsgericht – Grenzüberschreitende Herausforderungen für Karlsruhe. 6. Berliner Rechtspolitische Konferenz der Konrad-Adenauer-Stiftung, 2011, S. 15, (20 ff., insbes. S. 22 f.); *Pöttering* FAZ Nr. 188 v. 14.08.2012, S. 27.

[7] In der Politik wurde der Beschluss vielmehr als nicht weitreichend genug kritisiert, etwa *Starbatty* FAZ.NET v. 07.02.2014, abrufbar unter: http://www.faz.net/aktuell/wirtschaft/eurokrise/nach-ezb-urteil-aus-karlsruhe-das-verfassungsgericht-hat-de-facto-abgedankt-12789940.html (zuletzt aufgerufen am 11.12.2015); *Willsch* Handelsblatt Online v. 07.02.2014, abrufbar unter: http://www.handelsblatt.com/politik/deutschland/ezb-anleihekaufprogramm-cdu-politiker-spricht-von-tragischer-entscheidung/9447158-3.html (zuletzt aufgerufen am 11.12.2015).

[8] *Brauneck* jM 2014, 345 ff.; *Frenz* DVBl. 2014, 451 (452); *Herrmann* EuZW 2014, 161 f.; *Klement* ZG 29 (2014), 169 (187 ff.); *Mayer* EuR 49 (2014), 473 ff.; *Pernice* Maastricht Journal of European and Comparative Law 21 (2014), 3 ff.; *Tomuschat* DVBl. 2014, 645 (646); *Wendel* ZaöRV 74 (2014), 615 ff.

vereinzelt von einer Heftigkeit, wie sie, soweit ersichtlich,[9] bislang noch nicht erhoben worden ist.[10] Seine Spitze fand dies in dem Vorwurf, der Beschluss leide „an derart gravierenden Mängeln bereits im handwerklichen Bereich, aber auch in sachlicher, argumentativer Hinsicht“, dass er „den vom BVerfG aufgestellten Standards rechtsstaatlich nachvollziehbarer Rationalität nicht“ genüge. Grund hierfür sei, dass „die Auslegung (und) Anwendung des Rechts bei einer verständigen Würdigung der das Grundgesetz beherrschenden Gedanken nicht mehr verständlich“ seien und sich daher „der Schluss“ aufdränge, „dass sie auf sachfremden Erwägungen“ beruhten, der „Vorlagebeschluss“ nach „den eigenen Maßstäben des BVerfG verfassungswidrig“ sei.[11]

Nach derartigen Vorhalten kann im wissenschaftlichen Diskurs, der das Bundesverfassungsgericht und seine Tätigkeit begleitet, nicht zur Tagesordnung übergegangen werden. Eine solche Notwendigkeit ergibt sich zunächst schon daraus, dass die Rezeption seiner Entscheidungen in der Öffentlichkeit für das Gericht in der Frage der Fortsetzung einer Rechtsprechung keine irrelevante Größe ist. Das Gericht betrachtet zwar die Kontinuität seiner Rechtsprechung als einen hohen Wert[12] und weicht deshalb nur höchst selten von ihr ab;[13] eine vielfältig geäußerte Kritik kann jedoch durchaus Grund für einen Rechtsprechungswandel sein.[14]

Vor allem aber sind derartige Anwürfe geeignet, die Autorität des Gerichts wie auch die Akzeptanz seiner Entscheidungen in der Öffentlichkeit zu unter-

---

[9] Die bis heute beispiellose, gegen die Richter persönlich gerichtete Invektive eines im Deutschen Bundestag eine führende Funktion innehabenden Abgeordneten und Parteifunktionärs anlässlich des Urteils zum Grundlagenvertrag, BVerfGE 36, 1ff., stellte das Urteil nicht in Frage, sondern fiel allein auf ihren Urheber zurück; zu Reaktionen des BMJ auf das BVerfG in den 1950er Jahren *Dreier* in: Görtemaker/Safferling (Hrsg.), Die Rosenburg, 2013, S. 88 (107ff.) (speziell zu Thomas Dehler).

[10] Hervorzuheben sind hier die Reaktionen auf die Entscheidungen zum „Kruzifix im Klassenzimmer“ (BVerfGE 93, 1ff.) oder zum Tucholsky-Zitat „Soldaten sind Mörder“ (BVerfGE 93, 266ff.; BVerfG NJW 1994, 2943), die das Gericht sogar jeweils zu einer erläuternden Presseerklärung veranlasst haben (Pressemitteilung zur Kruzifix-Entscheidung, FAZ Nr. 196 v. 24.08.1995, S. 3; Pressemitteilung zum „Soldaten-sind-Mörder“-Beschluß, FAZ Nr. 223/38 v. 24.09.1994, S. 1).

[11] *Heun* JZ 2014, 331 (337); gleicher Duktus: *Thiele* EuZW 2014, 694ff.

[12] *Huber* in: Ziemske/Langheid u. a. (Hrsg.), FS-Kriele, 1997, S. 389 (403ff.).

[13] Analyse: *Lundmark* Rechtstheorie 28 (1997), 315 (327ff.). In der causa „Einräumung des Splittingtarifs für die Eingetragene Lebenspartnerschaft“ sah der *Jubilar* keinen Grund für eine Aufgabe der bisherigen Rechtsprechung des Senats, die einen solchen Schritt nicht für verfassungsrechtlich geboten gehalten hat. Er wies vielmehr darauf hin, dass in den in Rede stehenden Veranlagungszeiträumen die Eingetragene Lebenspartnerschaft vom Gesetzgeber bewusst nicht wie die Ehe als eine Gemeinschaft des Erwerbs und Verbrauchs ausgestaltet worden sei und sich die tatsächlichen Umstände auch nicht dahingehend gewandelt hätten, dass i.d.R. in Lebenspartnerschaften Kinder erzogen würden, Sondervotum BVerfGE 133, 337 (426ff.), (432ff.).

[14] BVerfGE 96, 27 (41f.); siehe auch BVerfGE 84, 212 (227), zur Rechtfertigung einer Rechtsprechungsänderung des BAG; zum Ganzen *Lundmark* Rechtstheorie 28 (1997), 315 (339f.).

graben. Einem Gericht, das sich handwerkliche Mängel, sachfremde Motive, ja Verfassungswidrigkeit in einer derart bedeutsamen Entscheidung wie der vorliegenden vorwerfen lassen muss – es war die erste Vorlage an den Europäischen Gerichtshof und dies in einem Fall, der weitreichende Folgen für die Entwicklung der Währungsunion haben kann – fällt es schwer, Anspruch auf Anerkennung zu erheben. Akzeptanz ist jedoch das einzige, worauf sich ein Gericht, das, wie das Bundesverfassungsgericht, nicht über eigene Vollstreckungsmöglichkeiten verfügt, überhaupt stützen kann.[15] Mitgliedstaaten der Europäischen Währungsunion wie auch Organe der Europäischen Union selbst, die andere Strategien zur Lösung der europäischen Staatsschuldenkrise verfolgen, als sie durch das Bundesverfassungsgericht in seiner Auslegung des Unionsrechts entwickelt worden sind, können die in Deutschland geäußerte Kritik, da von prominenter Seite und an herausgehobener Stelle vorgetragen, aufgreifen, um der vor allem auf eben diese Rechtsprechung gestützte Argumentation der Bundesregierung die Grundlage zu entziehen.

Dem Gericht könnte es angesichts dessen zudem künftig schwerer fallen, mit seiner Position im Diskurs als relevante Größe wahrgenommen zu werden, wenn diese Vorwürfe unwidersprochen im Raume stehen bleiben. Für den Fortgang der Diskussion um die rechtliche Bewertung der Politik der „Eurorettung"[16] ist es mithin nicht unwichtig, ob diese, die herkömmlichen Formen des Umgangs mit dem Bundesverfassungsgericht übersteigende Kritik an dessen OMT-Entscheidung berechtigt ist. Dem sei im Folgenden nachgegangen.

III. Zur Zulässigkeit eines solchen Verfahrens

1. Fehlen eines Verfahrensgegenstandes in den Ausgangsverfahren?

a) Die These der Kritik

Bereits die Zulässigkeit der Ausgangsverfahren ist in dieser Kritik mit dem Argument in Frage gestellt worden, ihnen fehle es an einem geeigneten Gegenstand.[17] Der OMT-Beschluss der EZB selbst sei zwar der „eigentliche", aber „grundsätzlich kein zulässiger" Gegenstand dieser Verfahren, da kein Akt deutscher Staatsgewalt. Um ausnahmsweise als Akt der Europäischen Union

[15] *Isensee* JZ 1996, 1085 (1086); *Landau* Interview mit dem Bonner Rechtsjournal (BRJ), 2013, 77 (78).

[16] Begriff Eurorettung übernommen in: BVerfGE 132, 195 (236) (ohne Anführungszeichen).

[17] Das Gericht hatte vier Verfassungsbeschwerden und ein Organstreitverfahren in dem Verfahren verbunden, BVerfGE 134, 366 (366–369); zur Verbindung „artverschiedener" Verfahren vor dem BVerfG: *Bethge* in: Maunz/Schmidt-Bleibtreu/Klein/ders. (Hrsg.), BVerfGG, Stand: 47. EL August 2015, Vorbemerkung vor § 17, Rn. 2, mit Beispielen.

Gegenstand eines Verfassungsbeschwerdeverfahrens sein zu können, entfalte er nicht die nötigen Wirkungen im Inland.[18] Im Blick auf deutsche Staatsorgane komme mangels eines positiven Tuns hier alleine ein Unterlassen in Betracht, das vom Gericht jedoch nicht durch Nennung bestimmter, Bundestag und Bundesregierung obliegender Handlungspflichten konkretisiert werde; sinnvolle Maßnahmen, die deutsche Staatsorgane ergreifen und die so Gegenstand solcher Pflichten sein könnten, seien auch kaum vorstellbar. Einen Anspruch des Bürgers auf eine Debatte in der Bundesregierung sowie im Bundestag, von dem das Gericht als letztlich verbleibende Option auszugehen scheine, kenne das deutsche Verfassungsrecht nicht.[19] Sei aber schon das Ausgangsverfahren unzulässig, fehle es an der Entscheidungserheblichkeit der unionsrechtlichen Frage als Prozessvoraussetzung der Vorlage zum EuGH.

b) In Betracht kommende Verfahrensgegenstände

Diese Sicht der Dinge schöpft die Gegebenheiten des Falles nicht aus. Zunächst einmal kann der OMT-Beschluss der EZB als Maßnahme einer nichtdeutschen öffentlichen Gewalt sehr wohl tauglicher Gegenstand einer Verfassungsbeschwerde sein, da er die für einen solchen Hoheitsakt notwendigen grundrechtlichen Wirkungen im Inland durchaus entfalten kann.[20] Zu solchen Wirkungen kommt es nämlich, wenn der Beschluss im System der Europäischen Zentralbanken durch die Bundesbank als Zentralbank eines Mitgliedstaates umgesetzt würde. Die Bundesbank nähme Risiken in ihre Bilanz, die im Falle ihrer Realisation jedenfalls die Ausschüttungen ihres Gewinns an den Bundeshaushalt und damit staatliche Einnahmen in Wegfall bringen würden.[21] Diese Verfügung über staatliche Einnahmen würde das Haushaltsrecht des Deutschen Bundestages und damit das Grundrecht der Bürger auf demokratische Mitbestimmung (Art. 38 Abs. 1 S. 1 GG) berühren.[22]

---

[18] *Heun* JZ 2014, 331 (331).

[19] *Heun* JZ 2014, 331 (331), unter Bezugnahme auf das Sondervotum *Lübbe-Wolff*, BVerfGE 134, 366 (426).

[20] Zur Abhängigkeit des Schutzes der Grundrechte vor Handlungen supranationaler Organisationen durch das BVerfG von ihrer Berührtheit durch eine in Deutschland wirksame öffentliche Gewalt: BVerfGE 89, 155 (174 f.); BVerfG NJW 2001, 2705; BVerfGK 6, 368 (370); BVerfGK 8, 325 (328 f.); BVerfGK 17, 266 (269 f.).

[21] Diese Wirkung ist unstreitig: Nach § 27 Nr. 2 BBankG hat die Bundesbank den Restbetrag ihres Reingewinnes an den Bund abzuführen; dazu *Murswiek* Der Hauptstadtbrief Nr. 117 (2013), S. 33 (40 f.).

[22] Das BVerfG spricht von einem Recht des Bürgers „auf gleiche Teilhabe an demokratischer Selbstbestimmung", BVerfGE 123, 267 (341), bzw. auf „Mitwirkung an der demokratischen Selbstherrschaft des Volkes", BVerfGE 129, 124 (168), und macht damit deutlich, dass es wegen des kollektiven Bezugs demokratischer Freiheit hier nicht gehen kann um ein Recht des Bürgers auf Selbstbestimmung, sondern nur auf Mitbestimmung, *Müller-Franken* AöR 134 (2009), 542 (537 f.); zu diesem Recht siehe näher *Huber* ZSE 4 (2013), 484 (487 ff.).

Die Feststellung, dass der Akt eines unionalen Organs ultra vires ergangen ist, hat nach dem Grundgesetz zur Folge, dass deutsche Staatsorgane an dessen Umsetzung nicht mitwirken dürfen.[23] Im Falle des OMT-Beschlusses – wie im Falle jedes anderen als ultra vires zu qualifizierenden Anleihekaufbeschlusses der EZB – dürfte sich die Bundesbank an dem Programm zum Kauf der von dem Beschluss erfassten Staatsanleihen damit nicht beteiligen.[24] Hielte sich die EZB also im Falle des OMT-Programmes, wie auch in dem nur kurze Zeit später angekündigten Programm des Quantitative Easing („QE"), an ihr Wort, dass die Anleihekäufe zur Vermeidung einer Gemeinschaftshaftung nicht von ihr, sondern – jedenfalls zu einem großen Teil – von den Zentralbanken der Mitgliedstaaten vorzunehmen seien,[25] fiele im Falle einer Ultra-vires-Feststellung des Programmes durch das Bundesverfassungsgericht mit der deutschen Bundesbank ein bedeutender Akteur bei dessen Umsetzung aus.[26]

Unabhängig von der Frage, ob nur der europäische Rechtsakt selbst angegriffen oder auch gegen die Bundesbank mit einer Klage vor dem Bundesverfassungsgericht vorgegangen werden kann,[27] besteht aufgrund dieser Zusammenhänge in jedem Falle ein rechtlich anerkennenswertes Interesse der Beschwerdeführer an einer verfassungsgerichtlichen Klärung der Frage, ob der OMT-Beschluss der EZB als ultra vires anzusehen ist.[28]

Im Hinblick auf bislang unterlassene Handlungen deutscher Staatsorgane geht es in dem Verfahren keineswegs nur um die Frage, ob es ein Recht des Bürgers auf eine Debatte in der Bundesregierung und im Bundestag geben kann, wie dies die Kritik anzunehmen scheint. Zunächst einmal folgt die hier notwendige Pflicht zum Handeln von Bundestag und Bundesregierung aus ihrer „Integrationsverantwortung", wonach Bundestag und Bundesregierung darauf zu achten haben, dass die europäische Integration in den Bahnen der Integrationsermächtigung verbleibt.[29] Bei einer Feststellung der Ultra-vires-Eigenschaft des OMT-Beschlusses kommt hier gleich eine ganze Reihe von Handlungen in Frage, die von Bundestag und Bundesregierung gegen diesen hätten unternommen werden können.

---

23 BVerfGE 89, 155 (188); BVerfGE 123, 267 (354).

24 BVerfGE 134, 366 (394).

25 FAS Nr. 3 v. 18.01.2015, S. 1; FAZ Nr. 15 v. 19.1.2015, S. 15.

26 Um eine gemeinschaftliche Haftung zu erzeugen, drängen Staaten wie Italien und Irland auf einen Kauf der Anleihen nur durch die EZB, FAZ Nr. 15 v. 19.1.2015, S. 15 u. Nr. 17 v. 21.1.2015, S. 17.

27 Für Letzteres *Pernice* in: Dreier (Hrsg.), GG, Bd. III, 2. Aufl., 2008, Art. 88, Rn. 22; ablehnend *Häde* in: Bonner Kommentar zum Grundgesetz, 159. Aktualisierung, Dezember 2012, Art. 88, Rn. 684.

28 Alternativ zur Nichtigkeitsvorlage, Art. 267 Abs. 1 lit b) AEUV, kommt auch eine Auslegungsvorlage in Betracht, Art. 267 Abs. 1 lit. a) AEUV, siehe oben Fn. 4.

29 Kategorie: BVerfGE 123, 267 (351 ff.).

So könnte in der Tat das Stimmverhalten des Präsidenten der Bundesbank im Direktorium der EZB zum Gegenstand eines Verfahrens vor dem Bundesverfassungsgericht gemacht werden mit dem Ziel, diesen rechtlich auf die Ablehnung der Käufe zu verpflichten. Für diese Einschätzung spielt es keine Rolle, anders als eingewandt wird, dass der derzeit amtierende Bundesbankpräsident sein Stimmrecht bereits ohnehin in diesem Sinne ausübt.[30] Das deutsche Staatsorganisationsrecht unterscheidet zwischen Organ und Organwalter,[31] und im vorliegenden Zusammenhang interessiert allein das Organ, nicht die gerade in diesem Organ agierende natürliche Person, der Organwalter: Bei einem personellen Wechsel im Amt des Präsidenten der Bundesbank wäre so etwa auch ein Nachfolger des derzeitigen Präsidenten in seinem Stimmverhalten nicht mehr frei, sondern rechtlich festgelegt. Ob Deutschland derzeit im Rat der EZB eine Minderheitenposition inne hat und die Stimme des von ihm in das Gremium entsandten Vertreters an den Abstimmungsergebnissen nichts ändern kann, ist gleichfalls irrelevant. Nach dem Vertrag steht das Ergebnis von Abstimmungen vorher nicht fest.

Das Hinwirken auf eine Aufhebung der Maßnahme der EZB, die vom Gericht neben der Vertragsänderung ausdrücklich genannt wird, ließe sich auch, anders als dies angenommen wird,[32] in einer Weise bewerkstelligen, die nicht in Konflikt gerät mit der Unabhängigkeit der EZB. So könnte die Bundesregierung eine Nichtigkeitsklage gegen die EZB vor dem Europäischen Gerichtshof anstrengen mit dem Ziel, dieser gerichtlich ihre Ultra-vires-Aktivitäten zu verbieten (Art. 263 AEUV).[33] Die rechtliche Kontrolle der EZB durch den Europäischen Gerichtshof ist im AEUV selbst vorgesehen und schränkt ihre Unabhängigkeit damit immanent ein.

Bliebe ein solches Verfahren ohne Erfolg, weil der Europäische Gerichtshof den Standpunkt der EZB teilen und sich damit seinerseits ultra vires bewegen würde,[34] bedeutete dies nicht das Ende der Möglichkeiten. In Betracht käme sodann die Aufnahme von Verhandlungen mit den anderen Mitgliedstaaten der Währungsunion mit dem Ziel, das Mandat der EZB so zu präzisieren, dass eine Auslegung dieses Mandats, wie sie die EZB und der Europäische Gerichtshof praktizieren, zukünftig ausgeschlossen ist.[35] Derartige Verhandlungen sind kei-

---

30 So aber *Heun* JZ 2014, 331.

31 *Ipsen* Staatsrecht I – Staatsorganisationsrecht, 26. Aufl., 2014, § 1, Rn. 15; *Maurer* Allgemeines Verwaltungsrecht, 18. Aufl., 2011, § 21, Rn. 19 ff.; *Rupp* Grundfragen der heutigen Verwaltungsrechtslehre, 2. Aufl., 1991, S. 24.

32 So aber *Heun* JZ 2014, 331.

33 Das Sondervotum *Gerhardt* spricht von einer Drohung mit einer solchen Klage, BVerfGE 134, 366 (436), 438; zur Zulässigkeit einer Klage *Schmidt* JZ 2015, 317 (320).

34 Wovon auszugehen ist, EuGH, Urt. v. 16.6.2015 – Gauweiler u. a. – Rs. C-62/14.

35 Dazu würde schon eine Präzisierung in der Satzung der EZB im vereinfachten Änderungsverfahren nach Art. 40.1 EZB-Satzung genügen: *Neumann* FAZ Nr. 119 v. 23.05.2014, S. 16 (mit Formulierungsvorschlag).

neswegs notwendig aussichtslos, denn die Bundesregierung hätte, jedenfalls bei Zugrundelegung der Rechtsprechung des Bundesverfassungsgerichts, ein Druckmittel in der Hand: die Drohung mit dem Austritt aus der Europäischen Union[36] bzw., weniger weitreichend, aus der Währungsunion.[37] Vor dem Hintergrund des grundgesetzlichen Staatsziels der europäischen Integration (Präambel, Art. 23 Abs. 1 S. 1) sind Verhandlungen, die auf ein Verbleiben in der Europäischen Union bzw. der Währungsunion zielen, als der „europafreundlichere“[38] Weg in jedem Falle immer das einem Austritt vorzuziehende Mittel der Wahl. Der Hinweis auf die rechtlich bestehende Option eines Austritts Deutschlands aus den genannten Verbünden würde, glaubhaft vorgetragen, derartigen Verhandlungen jedoch die nötige Ernsthaftigkeit verleihen können. An denkbaren Handlungspflichten deutscher Staatsorgane und damit an möglichen Verfahrensgegenständen mangelt es also nicht.

2. *Fehlen der Beschwerdebefugnis in den Ausgangsverfahren?*

a) Die These der Kritik

Außerdem wurde dem Gericht vorgeworfen, im OMT-Verfahren zu Unrecht die Beschwerdebefugnis der Beschwerdeführer angenommen zu haben. Um dieses Erfordernis bejahen zu können, habe das Gericht die Klagemöglichkeit zur Verteidigung des Wahlrechts der Bürger (Art. 38 Abs. 1 S. 1 GG) bei Ultra-vires-Akten der Europäischen Union zu einer Popularklagebefugnis ausweiten müssen.[39] Sei die bisherige Rechtsprechung, die dem Wahlrecht einen materiellen Anspruch gegen eine zu weitgehende Verlagerung von Parlamentskompetenzen auf die europäische Ebene entnommen habe, zwar kritikwürdig, aber im Hinblick auf die vertragsrechtliche Übertragung und deren verfassungsrechtliche Kontrolle noch akzeptabel gewesen, so eröffne das Gericht hier der Rüge eines qualifizierten Ultra-vires-Aktes das prozessuale Tor, obwohl das Grundgesetz einen allgemeinen Gesetzesvollziehungsanspruch nicht ken-

---

[36] BVerfGE 89, 155 (200 ff.); der Kritik von *Frowein* ZaöRV Bd. 53 (1993), 1 (10 ff.), an dieser Aussage des Maastricht-Urteils, das Gemeinschaftsrecht sehe eine solche Option nicht vor, hat der Vertrag von Lissabon durch die Regelung des Austrittsrechts in Art. 50 EUV abgeholfen. Den von *Frowein* zudem angenommenen indirekten Verstoß gegen das Integrationsgebot der Art. 23 GG und Art. 24 GG hat das Gericht in BVerfGE 123, 267, 350 (396 f.), abermals verneint.

[37] Überblick über die Konstruktion: *Herdegen* Europarecht, 16. Aufl., 2014, § 23, Rn. 55 f.; Teilkündigung: *Herzog* Interview WirtschaftsWoche Nr. 29 v. 16.07.2012, S. 22; Austritt: *Di Fabio* Die Zukunft einer stabilen Wirtschafts- und Währungsunion. Verfassungs- sowie europarechtliche Grenzen und Möglichkeiten, Gutachten für die Stiftung Familienunternehmen (Hrsg.), S. 52 ff.

[38] Grundsatz der „Europarechtsfreundlichkeit“ der Verfassung: BVerfGE 123, 267 (346 f.).

[39] *Heun* JZ 2014, 331 (332), unter Berufung auf das Sondervotum *Gerhardt* BVerfGE 134, 366 (432 f.); *Gerhardt* auch zum Folgenden.

ne. Dieser Ansatz ließe sich darüber hinaus auch nicht auf das Unionsrecht beschränken, sondern müsste konsequenterweise, anders als dies bislang das Bundesverfassungsgericht judiziert hat, zudem auf Übergriffe in die Kompetenzen des Bundestages durch vom Grundgesetz eingerichtete Verfassungsorgane übertragen und hier ebenso eine allein auf Art. 38 Abs. 1 S. 1 GG gestützte Verfassungsbeschwerde für zulässig erachtet werden.

b) Schutzpflichtendimension beim Grundrecht auf demokratische Selbstbestimmung

Diese Einwände überzeugen nicht. Ein materielles Verständnis des Wahlrechts im Sinne eines Rechts auf demokratische Mitbestimmung, wie dies vom Bundesverfassungsgericht entwickelt worden ist,[40] lässt sich nicht auf einen Anspruch gegen die Übertragung von Kompetenzen durch deutsche Verfassungsorgane an überstaatliche Einrichtungen beschränken. Vielmehr muss es auch einen Anspruch auf deren Tätigwerden gegen eigenmächtige Kompetenzusurpationen seitens der Europäischen Union und anderer supranationaler Organisationen umfassen. Denn die einseitige Usurpation von Entscheidungsgewalt durch Organe supranationaler Organisationen[41] kann für das Recht des Bürgers auf demokratische Mitbestimmung die gleiche Wirkung haben wie die zu weitreichende Übertragung von Kompetenzen durch Organe des deutschen Staates selbst: In beiden Fällen kommt es zu einem Verlust an staatlichen Aufgaben und Befugnissen, über die der Bürger nicht mehr demokratisch mitbestimmen kann.

Diese teleologischen Überlegungen sind grundrechtsdogmatisch unterfangen. Es ist seit den 1970er Jahren fester Bestandteil der allgemeinen Grundrechtslehren, dass Grundrechte die Inhaber öffentlicher Gewalt nicht nur dazu verpflichten, eigene Einwirkungen auf das grundrechtlich geschützte Gut zu unterlassen, sondern sich auch schützend und fördernd vor dieses zu stellen und andere an Einwirkungen auf dieses Gut zu hindern.[42] Die Schutzpflichtendimension, mit der diese Wirkungsschicht der Grundrechte umschrieben wird, ist beim grundrechtsgleichen Grundrecht auf allgemeine, gleiche, freie, geheime und unmittelbare Wahl des Art. 38 Abs. 1 S. 1 GG zwar im Hinblick auf die Integrationsverantwortung von Bundestag und Bundesregierung noch nicht in

---

[40] BVerfGE 89, 155 (171); BVerfGE 123, 267 (330 f.); BVerfGE 129, 124 (168); zum Verständnis dieses Rechts oben *Müller-Franken* AöR 134 (2009), 542 (537 f.).

[41] Durch den Vertrag von Lissabon ist die bislang nur „organähnliche" Stellung der EZB in die eines Organs umgewandelt worden, Art. 13 Abs. 1 UA. 2 Spstr. 6 EUV, *Häde* in: Calliess/Ruffert, EUV/AEUV, 4. Aufl., 2011, Art. 282 AEUV, Rn. 28 ff. Alleinstellungsmerkmal der EZB ist jedoch, dass sie als einziges der EU-Organe eigene Rechtspersönlichkeit besitzt, Art. 282 Abs. 3 S. 1 AEUV, *Häde* in: Calliess/Ruffert, EUV/AEUV, Art. 282 AEUV, Rn. 33.

[42] Locus classicus: BVerfGE 39, 1 (41 f.); zuvor schon Ansätze in BVerfGE 1, 97 (104); BVerfGE 33, 303 (339) f.; BVerfGE 35, 202 (221); BVerfGE 36, 321 (331); weitere Nachweise *Müller-Franken* in: Schmidt-Bleibtreu/Hofmann/Henneke (Hrsg.), Grundgesetz, 13. Aufl., 2014, Vorbemerkung vor Art. 1. Allgemeine Grundrechtslehren, Rn. 17 f. m.N.

das allgemeine Bewusstsein vorgedrungen.[43] Jedoch ist zu beachten, dass diesem Recht das im Grundgesetz zwar nicht ausdrücklich genannte, wohl aber von ihm vorausgesetzte Grundrecht auf politische Mitwirkung zugrunde liegt.[44] Es ist nicht zu erklären, warum die Grundrechtsverpflichteten nicht auch hier Einwirkungen Dritter auf dieses in der Verfassung garantierte Recht der Bürger abzuwehren haben.

c) Keine Notwendigkeit von Weiterungen

Diese Überlegungen gebieten es nicht, bei Übergriffen in die Kompetenzen des Bundestages durch innerstaatliche Institutionen aus Gründen der Konsequenz der Rechtsprechung ebenfalls eine Klagebefugnis der Bürger zu bejahen.[45] Das Recht des Bürgers auf demokratische Mitwirkung, das im Recht auf Teilnahme an der Wahl zum Bundestag seinen bedeutsamsten Ausdruck findet, entbindet für Bundestag und Bundesregierung die Pflicht, es vor einer Entleerung zu schützen. Zu einer Entleerung kommt es jedoch nur, wenn Hoheitsgewalt auf Institutionen übertragen oder von diesen eigenmächtig an sich gezogen wird, die nicht in die demokratischen Ableitungszusammenhänge des Grundgesetzes eingebunden sind, wie dies bei der aus diesen Zusammenhängen weitgehend gelösten Europäischen Union und ihren Organen der Fall ist. Usurpiert dagegen etwa die Bundesregierung eigenmächtig Kompetenzen des Bundestages, so geschieht dies durch ein Organ deutscher, vom Grundgesetz begründeter und begrenzter Staatlichkeit, das in die demokratischen Ableitungszusammenhänge der grundgesetzlichen Ordnung eingebunden ist.[46] Zu einem Entgleiten von Hoheitsgewalt aus der demokratischen Einflusssphäre des Bürgers in überstaatliche, ihm gemeinhin entrückte Regionen öffentlicher Gewalt kommt es bei Kompetenzverschiebungen zwischen Bundestag und Bundesregierung nicht. Damit gibt es aber keinen Grund, warum die auf die Europäische Union bezogene Rechtsprechung auf Binnensachverhalte übertragen und Klagen gegen innerstaatliche Übergriffe in Kompetenzen des Bundestages für zulässig erklärt werden müssten.

---

[43] Grundlegung: *Murswiek* in: Franzius/Lejeune u.a. (Hrsg.), Festschrift für Michael Kloepfer zum 70. Geburtstag, 2013, S. 121 (134ff.); erkannt etwa bei *Walter Pauly/Hannes Beutel* BayVBl. 2014, 453 (455) (Zwischenüberschrift).

[44] BVerfGE 89, 155 (171f.); BVerfGE 123, 267 (330, 340f.); *Rupp* JZ 2005, 157f.; *Rupp* in: Merten/Papier (Hrsg.), HGrR, Bd. II, 2006, § 36, Rn. 7; *Huber* in: Merten/Papier (Hrsg.), HGrR, Bd. II, 2006, § 49, Rn. 34.

[45] So aber *Heun* JZ 2014, 331 (332).

[46] Zur demokratischen Legitimation nicht nur des Bundestages, sondern auch der Bundesregierung BVerfGE 49, 89 (125).

IV. Zur Begründetheit eines solchen Verfahrens

1. Zulässige eigenständige Wirtschaftspolitik der EZB?

a) Die These der Kritik

In der Sache wird dem Gericht angelastet, es postuliere eine juristisch trennscharfe Unterscheidbarkeit von Geldpolitik und Wirtschaftspolitik, unter welche sich Maßnahmen unionaler Organe nur alternativ subsumieren lassen könnten.[47] Die Annahme einer solchen Unterscheidbarkeit sei indes illusionär, abgegrenzt werden könnten Geld- und Wirtschaftspolitik nicht inhaltlich oder nach ihren Zielen, sondern eher über die Instrumente. Auch könne nicht, wie das Gericht meint, zwischen eigenständiger und bloß unterstützender Wirtschaftspolitik differenziert werden, da diese keinen Gegensatz bildeten. Die EZB könne stets nur eigenständig handeln, auch wenn dies nur unterstützend zu geschehen habe.

b) Notwendigkeit und Möglichkeit einer Unterscheidung

Dieser Sicht der Dinge ist zunächst entgegenzuhalten, dass sich das Gericht eine solche Unterscheidung nicht aussuchen konnte, sondern von ihr auszugehen hatte. Den Regeln über die Wirtschafts- und Währungspolitik des AEUV (Art. 119 ff.) liegt die Differenzierung zwischen Währungspolitik auf der einen und Wirtschaftspolitik auf der anderen Seite zugrunde. Danach besitzt die Europäische Union gegenüber den Mitgliedstaaten des Eurowährungsgebietes die ausschließliche Zuständigkeit nur für die Währungspolitik,[48] während die Zuständigkeit für die Wirtschaftspolitik bei den Mitgliedstaaten verblieben ist.[49] Die Union darf die Wirtschaftspolitik der Mitgliedstaaten nur koordinieren,[50] die EZB darf die Wirtschaftspolitik der Union nur unterstützen, eine eigenständige Wirtschaftspolitik betreiben darf sie nicht.[51] Dabei ist der EZB auch diese bloß unterstützende Aktivität auf wirtschaftspolitischem Gebiet nur erlaubt, soweit ihr dies ohne Beeinträchtigung ihres vorrangigen Zieles, der Wahrung der Preisstabilität, möglich ist.[52] Das Ziel der Preisstabilität ist dabei im Unionsrecht noch bestimmender, als dies in den für das Handeln der Bundesbank maßgebenden Rechtsgrundlagen der Fall gewesen war; das Unionsrecht hat die Preisstabilität aus seiner bisherigen Gleichordnung mit den anderen Zielen des gesamtwirtschaftlichen Gleichgewichts herausgelöst und zu einem ei-

---

[47] *Heun* JZ 2014, 331 (333); *Heun* auch zum Folgenden.
[48] Art. 3 Abs. 1 Buchst. c) AEUV.
[49] BVerfGE 134, 366 (392), Rn. 39: „eindeutig".
[50] Art. 119 Abs. 1 AEUV.
[51] Art. 119 Abs. 2, Art. 127 Abs. 1 S. 2 AEUV.
[52] Art. 119 Abs. 2, Art. 127 Abs. 1 S. 2, Art. 282 Abs. 2 S. 3 AEUV.

genständigen Ziel mit besonderem Geltungsrang erhöht.[53] Es machte und macht das vielfach als Projekt apostrophierte Unternehmen einer Europäischen Währungsunion zu einer so großen „Herausforderung“, dass diese gestartet werden sollte, ohne zugleich von einer Wirtschaftsunion flankiert worden zu sein.[54] Konnten sich die Mitliedstaaten nicht darauf einigen, der Union mit der Zuständigkeit für die Währungspolitik auch die Zuständigkeit für die Wirtschaftspolitik zu übertragen, ist eine Abgrenzung aber unvermeidlich.

Für die Unterscheidung zwischen Währungs- und Wirtschaftspolitik kommt es jedoch nicht nur auf die von der Politik eingesetzten Mittel, sondern auch – nach Ansicht des Europäischen Gerichtshofs sogar zuerst – auf die von dieser objektiv zu bestimmenden unmittelbaren Zielsetzung an.[55] In der Rechtssache *Pringle* hat der Europäische Gerichtshof im Hinblick auf den „Europäischen Stabilitätsmechanismus“ (ESM) ausgeführt, dass eine Maßnahme, welche die Stabilisierung des Euro-Währungsgebietes insgesamt zum Ziel habe, wirtschaftspolitische Ziele verfolge. Sie könne nicht allein deshalb einer währungspolitischen Maßnahme gleichgestellt werden, weil sie mittelbare Auswirkungen auf die Stabilität des Euro haben könne.[56]

Das Festhalten an dieser Unterscheidung und eine damit verbundene Auslegung der Begriffe, die ihnen einen bestimmten Inhalt gibt, erweist sich auch noch aus einem weiteren Grund als notwendig. Der AEUV hat die EZB, wie dies schon seit jeher für die Bundesbank im BBankG vorgesehen ist (§ 12 S. 1), mit Unabhängigkeit ausgestattet (Art. 282 Abs. 3 S. 3). Wenn das Recht aber eine Institution mit Unabhängigkeit ausstattet, so ist dies nur unter der Voraussetzung akzeptabel, dass die Entscheidungsspielräume eng bemessen werden.[57] Die hier notwendige Grenzziehung mag schwierig sein; von der Schwierigkeit, eine Grenze zu ziehen, darf jedoch nicht darauf geschlossen werden, dass es überhaupt keine Grenze gibt.[58]

---

[53] *Schmidt* in: Geis/Winkler u. a. (Hrsg.), FS-Hufen, 2015, S. 219 (222), im Anschluss an *Herdegen* Europarecht, 17. Augl., 2015, § 23, Rn. 24.

[54] BVerfGE 89, 155 (206 f.); zu den Anforderungen an das Funktionieren eines derartigen Währungsverbundes: *Ausschuss zur Prüfung der Wirtschafts- und Währungsunion* EuR 24 (1989), 274 (278 ff.).

[55] EuGH v. 27.11.2012 – Pringle – Rs. C-370/12, juris, Rn. 60.

[56] EuGH v. 27.11.2012 – Pringle – Rs. C-370/12, juris, Rn. 56 u. 97.

[57] *Schmidt* JZ 2015, 317 (318 f.) (zur EZB); *Schmidt* in: Geis/Winkler u. a. (Hrsg.), FS-Hufen, 2015, S. 219, 225.

[58] Klassisch zum Verbot eines solchen „Grenzenlosigkeitsschlusses“ *Schmitt* in: *ders.*, Verfassungsrechtliche Aufsätze aus den Jahren 1924–1954, 1958, S. 140 (147 f.); zum vorliegenden Zusammenhang: *Schmidt* JZ 2015, 317 (320) mit Fn. 45; zur Herrschaft des Rechts gegenüber den Zwängen des Faktischen in der Europäischen Integration der *Jubilar* in: Baus/Borschard u. a. (Hrsg.), Die Finanzkrise als juristische Zeitenwende?, 7. Berliner Rechtspolitischen Konferenz der Konrad-Adenauer-Stiftung, 2012, S. 39 (40 f.).

2. *Mandat der EZB zum „endgültig Kauf" von Anleihen (Art. 18.1 EZB-Satzung)?*

Der Sicht des Bundesverfassungsgerichts wird sodann vorgeworfen, sie sei nicht nur ökonomisch unsinnig, sondern stünde auch in offenem Widerspruch zum Wortlaut des Art. 18 EZB-Satzung, wonach der EZB ein „endgültiger" Kauf von Staatsanleihen ausdrücklich erlaubt sei.[59]

Eine solche Deutung der EZB-Satzung beruht auf einem Missverständnis. Das im Text der Satzung verwandte Wort „endgültig" ist die deutsche Übersetzung des englischen Wortes „outright", bei dem es sich um einen in diesem Zusammenhang gebrauchten Fachterminus handelt und in dessen Kontext damit das deutsche Wort „endgültig" zu interpretieren ist.[60]

Ein Outright-Geschäft ist der Gegensatz von einem sog. Repogeschäft.[61] Es meint den Erwerb eines Wertpapiers, der nicht, wie der Erwerb im Rahmen eines Repogeschäfts (anderer Ausdruck: Rembourskredit, Wertpapierleihe, Wertpapierpensionsgeschäft),[62] durch einen Rückkauf des Wertpapiers bedingt ist.[63] Es geht um den Kauf von Wertpapieren, ohne dass der Erwerber zugleich im Erwerbsgeschäft die Verpflichtung eingeht, Wertpapiere gleicher Art und Güte auf Termin an den Veräußerer zurückzuübereignen. Der englische Begriff „outright" wäre weniger missverständlich daher im Sinne von „abschließend" übersetzt.[64]

Ist der Begriff also – nur – zu verstehen als Gegensatz zur Wertpapierleihe, sagt er nichts darüber aus, wie lange die „endgültig" erworbenen Wertpapiere im Portfolio des Erwerbers gehalten werden dürfen, ob nur kurze Zeit oder bis zur Endfälligkeit. Diese Frage bemisst sich allein nach dem geldpolitischen Mandat der Bank, und dieses erlaubt der EZB eben nur einen Erwerb zum kurzfristigen Wiederverkauf.[65] Es ist also ein Missverständnis, der Charakterisierung der Käufe als „endgültig" in Art. 18.1 EZB-Satzung selbst eine Kompetenz der EZB entnehmen zu wollen, Anleihen bis zum Datum ihrer Endfälligkeit halten zu dürfen.

Über die ökonomische Sinnhaftigkeit des Kaufs von Anleihen, die nicht bis zur Endfälligkeit gehalten werden, hatte das Bundesverfassungsgericht nicht zu befinden. Wenn allerdings hinter dem Vorwurf, das Bundesverfassungsgericht

---

[59] *Heun* JZ 2014, 331 (336); *Thiele* Das Mandat der EZB und die Krise des Euro, 2013, S. 59ff.

[60] *Neumann*, E-Mail an den Verf. vom 18.12.2014.

[61] Vgl. *Moritz* Geldtheorie und Geldpolitik, 3. Aufl., 2012, S. 76.

[62] *Böhm/Bergfort* in: Assies/Beule u.a. (Hrsg.), Handbuch des Fachanwalts – Bank- und Kapitalmarktrecht, 4. Aufl., 2015, Rn. 648ff. (651).

[63] *Moritz* Geldtheorie und Geldpolitik, 3. Aufl., 2012, S. 76.

[64] *Neumann*, E-Mail an den Verf. vom 18.12.2014.

[65] *Neumann* FAZ Nr. 119 v. 23.05.2014, S. 16; *Schmidt* in: Isensee/Kirchhof (Hrsg.), HStR, Bd. XI, 3. Aufl., 2013, § 252, Rn. 33.

habe eine unökonomische Sicht auf die Dinge,[66] die Annahme steckt, die EZB müsse im gleichen Stil wie andere Zentralbanken Staatsanleihen kaufen können, ist dem zu widersprechen. Denn ein solches ökonomisches Handeln ist der EZB verwehrt. Es ist ein fundamentaler Unterschied, ob die Notenbank einer bundesstaatlichen Ordnung wie das Federal Reserve System der USA mit einem auch die Wirtschaftspolitik umfassenden Mandat Anleihen der zentralstaatlichen Ebene kauft oder ob die in ihren Kompetenzen begrenzte EZB als Notenbank von in einem Staatenverbund zusammengeschlossenen souveränen Staaten Anleihen seiner Mitgliedstaaten erwerben soll, die zudem für ihre Wirtschafts-, Finanz- und Sozialpolitik selbstverantwortlich sind.[67]

V. Der Vorwurf falscher Zitate

1. Gewicht des Vorwurfs

Der Angriff auf die Entscheidung des Bundesverfassungsgerichts erhält seine Wucht jedoch nicht schon durch die beschriebenen Einwände gegen das Vorliegen der Sachentscheidungsvoraussetzungen wie auch gegen die Begründung der Entscheidung in der Sache selbst. Ihre Wucht erhält die Kritik erst durch den an mehreren Stellen erhobenen Vorwurf, das Gericht habe den Inhalt der zur Stützung seiner Aussagen genutzten Belege nicht nur ungenau, sondern sogar in einer diese verfälschenden Weise zitiert.[68] Der Vorwurf derartiger Mängel ist es, der die Autorität der Entscheidung am nachhaltigsten untergräbt: Wer schon formal nicht sauber arbeiten kann, ist dazu auch inhaltlich nicht in der Lage. Das Gericht habe damit, so ließe sich das Gesagte weiter führen, seinen Anspruch, bei diesem Thema ernst genommen zu werden, verwirkt. Die Glaubwürdigkeit des Gerichts hängt damit davon ab, ob diese Vorwürfe begründet sind. Da dem Gericht sein ungenaues Arbeiten geradezu akribisch nachgewiesen werden soll, seien die streitigen Punkte auch hier einer ins Einzelne gehenden Betrachtung unterzogen.

2. „Neutralisierung der Zinsaufschläge und Belastung der Refinanzierung“

Dem Gericht wird vorgehalten, es stütze seine Aussage, das OMT-Programm ziele auf eine „Neutralisierung von Zinsaufschlägen auf Staatsanleihen einzelner Staaten, die sich herausgebildet haben und die Refinanzierung dieser Mitgliedstaaten belasten“,[69] mit zwei Erklärungen der EZB, in denen nichts von dem stehe, was das Gericht behaupte. Mag man den Gedanken einer Neutrali-

---

[66] *Heun* JZ 2014, 331 (334 f.).
[67] *Murswiek* Der Hauptstadtbrief Nr. 120 (2014), S. 26 (26 f.).
[68] *Heun* JZ 2014, 331 (334) („Falschzitat“), (335) („verfälscht“).
[69] BVerfGE 134, 366 (404) Rn. 70.

sierung von Zinsaufschlägen noch als ihre Zusammenfassung verstehen, von einer Belastung der Refinanzierung der Mitgliedstaaten sei in ihnen indes keine Rede.[70]

In der Tat stehen die Aussagen des Urteils, die das Gericht mit den genannten Erklärungen stützen will, so wörtlich nicht in diesen drin. Allerdings bedarf es dessen auch gar nicht. Bei den herangezogenen Belegen handelt es sich nämlich um Erklärungen eines Organs einer supranationalen Organisation, und solche Erklärungen sind der Auslegung fähig und bedürftig. Für die Auslegung einseitiger Akte gilt im Völkerrecht wie auch im Recht der Europäischen Union die Regel, dass nicht nur auf ihren Wortlaut, die Intentionen ihres Urhebers und den Verständnishorizont des Empfängers, sondern auch auf den Kontext, in dem die Akte stehen, abzustellen ist.[71] Zu dem Kontext einer solchen Erklärung gehört neben allen tatsächlichen Umständen, unter denen sie geäußert wurde, und den Reaktionen, zu denen sie Anlass gegeben hat,[72] ebenso das politische Umfeld, in dem sie entstanden ist.[73]

---

[70] *Heun* JZ 2014, 331 (333 f.).

[71] Zur Auslegung einseitiger Erklärungen im Völkerrecht im Allgemeinen: *Fiedler* in: Encyclopedia of Public International Law, Volume Four – Quirin, Ex Patre to Zones of Peace, 2000, S. 1018 (1020 f.); ILC, GA OR, Reports of the International Law Commission, 58th session, 1 May to 9 June and 3 July to 11 August 2006, Unilateral Acts of States, S. 362 (367 ff.) (Guiding Principles applicable to unilateral declarations of States capable of creating legal obligations adopted by the Commission); *Hobe* Einführung in das Völkerrecht – begründet von Otto Kimminich, 9. Aufl., 2008, S. 210; *Ipsen* Völkerrecht, 6. Aufl., 2014, § 19, Rn. 11 ff.; zusätzlich zur Auslegung von Erklärungen internationaler Organisationen im Speziellen: *Bernhardt* in: Encyclopedia of Public International Law, Volume Two – East African Community to Italy-United States Air Transport Arbitration (1965), 1995, S. 1416 (1422 f.); zur Maßgeblichkeit des Kontexts im Europarecht: EuGH, Urt. v. 24.4.1980 – Komission der Europäischen Gemeinschaft – C-72/79, Rn. 24; EuGH, Urt. v. 19.3.2013 – France Télécom – C-399/10 P und C-401/10 P, Rn. 103 f. (130) (Zusammenschau einzelner staatlicher Maßnahmen). Einem Rückgriff auf völkerrechtliche Regeln der Auslegung einseitiger Erklärungen bei der Auslegung solcher Erklärungen im Unionsrecht steht dessen stets betonte Herauslösung aus dem Völkerrecht nicht im Wege (zu dieser *Oppermann/Classen/Nettesheim* Europarecht, 6. Aufl., 2014, Rn. 165). Die Herauslösung des Unionsrechts aus dem Völkerrecht bezieht sich auf die Auslegung des Unionsrechts selbst und will dessen Eigenständigkeit gegenüber der inzwischen zwar auch weitgehend objektivierten, jedoch ihrer Idee nach subjektiven Auslegung des Völkerrechts betonen; zur grundsätzlichen Verankerungen des Unionsrechts im Völkerrecht siehe auch *Dörr* in: Grabitz/Hilf/Nettesheim (Hrsg.), Das Recht der Europäischen Union, 53. Erglfg., Art. 47 EUV, Rn. 78.

[72] Vgl. ILC, GA OR, Reports of the International Law Commission, 58th session, 1 May to 9 June and 3 July to 11 August 2006, Unilateral Acts of States, S. 362 (371 f.).

[73] So wurde etwa im *Anglo-Iranian Oil Co. Case* (United Kingdom v. Iran), Judgment of 22 July 1952, I.C.J. Reports 1952, 93 (105 ff.) vom Internationalen Gerichtshof auch auf eine Erklärung des iranischen Parlaments abgestellt, um die Absichten der Regierung des Landes aus dem Kontext heraus zu ermitteln. Im *Nuclear Tests Case* (Australia v. France; New Zealand v. France), Judgments of 20 December 1974, I.C.J. Reports 1974, 253, 269 f. wurde in diesem Sinne auf eine Zusammenschau von Handlungen bzw. Erklärungen der Regierung Frankreichs, des Präsidenten sowie einer französischen Auslandsvertretung abgestellt.

Bezogen auf den Gehalt der hier in Rede stehenden Erklärungen der EZB ergibt sich aus diesen Regeln aber Folgendes: In der finanzpolitischen Lage, in der diese abgegeben wurden, ging es um keine andere Frage, als um die Unterschiede, die sich im Eurowährungsgebiet zwischen den für Staatsanleihen zu entrichtenden Zinssätzen gebildet hatten; der im Jargon mit dem englischen Wort „Spread“ umschriebene Zinsunterschied meint nichts anderes als das in der Erklärung erwähnte Auseinanderdriften der Renditen für Staatsanleihen.[74] Diese Zinsunterschiede mochten den geldpolitischen Transmissionsmechanismus beeinträchtigt haben. Vor allem aber haben sie die Refinanzierung der betroffenen Staaten belastet. Die EZB bringt diesen Zusammenhang zum Ausdruck, wenn sie von „Verwerfungen an den Staatsanleihemärkten“ spricht, die „insbesondere auf unbegründete Ängste seitens der Anleger bezüglich der Reversibilität des Euro zurückzuführen sind.“ Es sind die Zinsaufschläge, seien sie begründet oder unbegründet, welche die Refinanzierung eines Staates, damit seinen Verbleib im Euro und so am Ende die Unumkehrbarkeit des Euro insgesamt in Frage stellen. Dann aber ist eine Auslegung dieser Erklärungen in dem Sinne, dass das Programm die Zinsaufschläge neutralisieren und so die Refinanzierung der betroffenen Staaten sichern soll, eine zutreffende Interpretation aus dem finanzpolitischen Kontext, in dem sie abgegeben wurden.

Nicht anders verhält es sich mit der vom Gericht zitierten, jedoch ebenso als unzutreffender Beleg gerügten Erklärung der Bundesbank. Auf den S. 6f. ihrer Erklärung, mit denen der Vorwurf der Ungenauigkeit des Zitats begründet wird, setzt sich die Bundesbank mit der zur Rechtfertigung des OMT-Programmes dienenden Behauptung der EZB auseinander, die geldpolitische Transmission sei gestört. Führt die Bundesbank bezogen auf diese These aus, dass die in jüngster Zeit zu beobachtenden Entwicklungen auf dem Markt für Staatsanleihen „nicht zweifelsfrei“ als Begründung für eine Störung der geldpolitischen Transmission herangezogen werden könnten, weil sich nicht feststellen ließe, ob eine Störung bei der Renditeentwicklung auf fundamental gerechtfertigte Ursachen zurückginge oder ob Übertreibungen, Irrationalitäten o. ä. vorlägen, so bringt sie hier nur ihre Zweifel am Vorbringen der EZB und damit an der Wahrung ihres Mandats zum Ausdruck. Die Bundesbank hält hier offensichtlich eine Feststellung der Ursachen für die Entwicklungen auf dem Markt für Staatsanleihen für erforderlich, um mit diesen zweifelsfrei eine Störung der geldpolitischen Transmission begründen zu können. Worin sie selbst diese Ursachen begründet sieht, sagt sie an dieser Stelle nicht, sondern dies erschließt sich aus ihrer gesamten Erklärung, auf die vom Bundesverfassungsgericht Bezug genommen wird; an keiner Stelle seiner Entscheidung nimmt das Gericht nämlich eine Beschränkung auf diese beiden, als nicht hinreichende Belege in-

[74] Springer Fachmedien Wiesbaden (Hrsg.), Kompakt-Lexikon Wirtschaft, 5.400 Begriffe nachschlagen, verstehen, anwenden, 12. Aufl., 2014, S. 516.

kriminierten Seiten der Erklärung der Bundesbank vor, sondern bezieht sein Zitat (S. 405, Rn. 71) auf die Erklärung insgesamt.

Bei einer Betrachtung der gesamten Erklärung wird jedoch deutlich, dass das Gericht seine Deutung der Entstehung von Zinsaufschlägen durchaus mir ihr belegen kann. Wie ein roter Faden zieht sich durch die Ausführungen der Bank der Gedanke des von den Regeln der Währungsunion bezweckten Schutzes der gemeinsamen Geldpolitik vor den – als einziges Beispiel genannten – „unsoliden Staatsfinanzen einzelner Mitgliedstaaten" (Einleitung). Die Bank spricht in immer wieder neuen Varianten von der „Eigenverantwortung" der Staaten (Einleitung, S. 7, 9, 11, 16), von einem gewollten Schutz vor der Umverteilung von „Solvenzrisiken zwischen den Steuerzahlern" (S. 14), von „Solidität" (Einleitung, S. 13: „solide") sowie von „Risikoprämien bei der staatlichen Mittelaufnahme am Kapitalmarkt" (Einleitung, S. 7, 9: „Risikoprämie", S. 10: „Risikoaufschlag", S. 13: „Zinsaufschlag"), welche die Finanzpolitik „disziplinieren" sollen (S. 13). Ist der Grundgedanke der Erklärung der Bank zusammenzufassen in nur einem Satz, dann ist es gerade richtig, ihr die Aussage zu entnehmen, dass die Zinsaufschläge im Kontrast zur EZB nicht als Folge eines möglicherweise gestörten Transmissionsmechanismus, sondern nur als Widerspiegelung der Skepsis der Marktteilnehmer anzusehen sind, dass einzelne Mitgliedstaaten Haushaltsdisziplin wahren, „um zahlungsfähig zu bleiben".

3. „Zusammensetzung des Euro-Währungsgebietes"

Als Beleg für seine Deutung des OMT-Beschlusses, wonach er auf die Bewahrung des Eurowährungsgebietes in seiner derzeitigen Zusammensetzung ziele, habe das Gericht die bekannte Erklärung *Mario Draghis* auf einer Investorenkonferenz in London am 26.07.2012, „within our mandate, the ECB is ready to do whatever it takes to preserve the euro. And believe me, it will be enough",[75] herangezogen, in der sich die unterstellte Aussage jedoch nicht finde.

Auch diese Beobachtung ist, was den Text der Erklärung betrifft, zutreffend. Die Entfaltung des Inhaltes einer einseitigen Erklärung darf im Völker- und Europarecht jedoch nicht, wie erwähnt, bei einer Betrachtung ihres Textes verharren, sondern hat diesen Text wie jede Auslegung nur zu ihrem Ausgangspunkt zu nehmen, um die Erklärung dann unter anderem auch aus ihrem politischen Kontext heraus zu verstehen.[76]

Der politische Kontext der Erklärung *Mario Draghis* lässt sich aber wie folgt beschreiben: In der Zeit vor Abgabe der Erklärung ging es – wie in allen Zuspitzungen der Eurokrise zuvor und seither – nur um ein einzige Frage: Scheidet ein

---

[75] Speech by *Draghi*, President of the European Central Bank at the Global Investment Conference in London, 26.07.2012, abrufbar unter: https://www.ecb.europa.eu/press/key/date/2012/html/sp120726.en.html (zuletzt aufgerufen am 11.12.2015).

[76] Siehe oben V. 2. mit Fn. 71, 72, 73.

Land aus der Eurozone aus, ja oder nein.[77] Das Ausscheiden eines Landes aus dem Euro wurde und wird dabei gleichgesetzt mit dem Ende des Euro („Dominoeffekt"), ja dem Scheitern Europas als Ganzem („scheitert der Euro, dann scheitert Europa").[78] Die Bedeutung der Aussage „we preserve the Euro" war vor diesem Hintergrund dann aber eindeutig: Die EZB werde alles dafür unternehmen, dass kein Land einen Grund hat, aus dem Euro auszuscheiden, es sich also nicht lohnt, auf den Austritt eines Landes aus der Eurozone und damit ein Auseinanderbrechen der Eurozone zu spekulieren[79]. Die Märkte haben die Erklärung genauso verstanden und ihre Spekulationen auf den Austritt eines Landes beendet. Die Eurozone blieb erhalten in ihrer damaligen Konfiguration.

4. „Verbot der monetären Haushaltsfinanzierung"

Schließlich wurde dem Gericht vorgehalten, dass sich in den von ihm für die These eines in den Art. 123 ff. AEUV enthaltenen allgemeinen „Verbots monetärer Haushaltsfinanzierung" angegebenen Literaturangaben keine Belege hierfür finden ließen.[80] Die Stellen beschränkten „sich auf eine mehr oder minder wörtliche Wiedergabe des Art. 123 AEUV" und höben „die Beschränkung auf das Verbot direkter Staatsfinanzierung hervor", sprächen „also gerade für das Gegenteil der Auffassung des *BVerfG*".

Zunächst sei erwähnt, dass nicht allein das Bundesverfassungsgericht dem Unionsrecht ein solches Verbot entnimmt, sondern ebenfalls der Europäische

---

[77] Vgl. dazu etwa die Äußerungen von *Merkel* Deutschland will die Eurozone zusammenhalten, Reuters-Meldung v. 10.11.2011, abrufbar unter: http://de.reuters.com/articlePrint?articleId=DEBEE7A909P20111110, wonach Deutschland ausschließlich das Ziel verfolge, den Euroraum *in seiner jetzigen Form* zu stabilisieren oder *Barroso* Statement by President Barroso following his meeting with Mr Antonis Samaras, Prime Minister of Greece, 26.07.2012, abrufbar unter: http://europa.eu/rapid/press-release_SPEECH-12-571_en.htm (zuletzt aufgerufen am 11.12.2015), wonach Griechenland Teil der Eurozone ist und auch bleiben soll und wonach gemeinschaftlich für die Zukunft der gemeinsamen Währung sowie des europäischen Projekts gearbeitet werden soll; *Plickert* FAZ Nr. 171 v. 26.7.2014, S. 18.

[78] *Merkel* Regierungserklärung von Bundeskanzlerin Dr. Angela Merkel zu den Maßnahmen zur Stabilisierung des Euro vor dem Deutschen Bundestag am 19. Mai 2010 in Berlin, S. 2, abrufbar unter: http://www.bundesregierung.de/Content/DE/Bulletin/2010-2014/2010/05/Anlagen/55-1-bk.pdf;jsessionid=951737AAB4D0EF33A99C4C107352AAC3.s4t2?__blob=publicationFile&v=1 (zuletzt aufgerufen am 11.12.2015).

[79] Siehe nur zu den damaligen Spekulationen der Marktteilnehmer, dass Griechenland die Eurozone verlässt und diese auseinanderbrechen könnte: *Panster* Handelsblatt Online v. 26.07.2012 abrufbar unter: http://www.handelsblatt.com/finanzen/maerkte/anleihen/eurozone-wetten-dass-griechenland-aussteigt/6924592.html (zuletzt aufgerufen am 11.12.2015) oder *Framke* manager magazin online v. 24.07.2013 abrufbar unter: http://www.manager-magazin.de/finanzen/artikel/als-mario-draghi-der-euro-krise-in-london-den-schrecken-nahm-a-912785.html (zuletzt aufgerufen am 11.12.2015): „Nahezu augenblicklich gelang mit dieser als Versprechen getarnten Drohung die Beruhigung der Märkte, die sich zum damaligen Zeitpunkt in hellster Aufregung befanden und auf das Auseinanderbrechen der Währungsunion wetteten."

[80] *Heun* JZ 2014, 331 (335 f.).

Gerichtshof wie auch die EZB vom Bestehen eines solchen allgemeinen Verbotes ausgehen.[81] Die drei Literaturstellen, mit denen das Bundesverfassungsgericht seine Deutung des Vertrages belegt, besagen nun aber ebenfalls genau dies:

Borger als einer von drei zitierten Autoren spricht zwar in der Tat davon, dass Art. 123 AEUV es der EZB verbiete, „to purchase directly government bond from them", also Staatsanleihen „direkt" von der Union oder den Mitgliedstaaten zu kaufen.[82] Das von *Borger* neben dem Verbot der Gewährung von Krediten genannte Verbot des direkten Erwerbs von Schuldtiteln durch die EZB und nationale Notenbanken ist jedoch für ihn nur ein Mittel, mit dem die Norm den in ihr enthaltenen „ban on monetary financing" verwirklicht.[83] Ein solcher allgemeiner „ban" als Inhalt der Norm steht für *Borger* außer Zweifel. Ein einschränkendes Verständnis des Art. 123 AEUV weist *Borger* unter Verweis auf die der Generalanwältin *Kokott* folgenden Ausführungen des Gerichtshofs in der Rechtssache *Pringle*, wonach die EZB und die nationalen Notenbanken „are prohibited from granting overdraft facilities or any other types of credit facility",[84] auch noch einmal ausdrücklich zurück, wenn er sagt, dass die Norm „does not provide convincing evidence in support of a restricted scope of the ‚no-bailout' clause".[85]

Die gleiche Gedankenführung findet sich in der dritten Auflage des European Union Law von *Koen Lenaerts* und *Piet Van Nuffel*, die vom Gericht ebenfalls als Beleg herangezogen werden. Auch diese Autoren sprechen an der angegebenen Stelle davon, dass „neither the European Central Bank (ECB) nor the national central banks may grant them credit or overdraft facilities or purchase their debt instruments directly from them",[86] verwenden also ebenfalls das Wort des „direkten" Kaufs von Staatsanleihen, das eine einschränkende Interpretation des AEUV stützen könnte. Doch dieses Verbot ist nur das Ergebnis („result") dessen, dass Art. 123 AEUV „prohibits monetary financing of Union institutions, bodies, offices or agencies, central governments, regional, local or other public authorities, other bodies governed by public law or public undertakings of the Member States".[87] Auch hier dient die Erwähnung des Verbotes eines direkten Erwerbes also nur zur Illustration der allgemeinen Norm, des Verbots der Vergabe von Krediten an die Mitgliedstaaten und die dort genannten staatlichen Untergliederungen.

---

[81] EuGH v. 27.11.2012 – Pringle – Rs. C-370/12, juris, Rn. 123 ff.; EZB Monatsbericht September 2012, S. 11 und Monatsbericht Oktober 2012, S. 8.

[82] *Borger* German Law Journal 2013, 113 (119).

[83] *Borger* German Law Journal 2013, 113 (119).

[84] View of Advocate General *Kokott*, delivered on 26.10.2012, in Rs. C-370/12, Rn. 141 – Pringle.

[85] *Borger* German Law Journal 2013, 113 (134).

[86] *Lenaerts/ van Nuffel* European Union Law, 3rd edition, 2011, Rn. 11-037.

[87] *Lenaerts/ van Nuffel* European Union Law, 3rd edition, 2011, Rn. 11-037.

Der schließlich zum Beleg der These vom Bestehen eines Verbots der Staatsfinanzierung zitierte Beitrag von *de Gregorio Merino* erläutert die „no-bailout clause" des Vertrages durch eine Bezugnahme auf einen nicht veröffentlichen Bericht aus der Vorbereitung des Vertrages von Maastricht vom 19.07.1990.[88] Haushaltsdisziplin sei ein Grundstein der Wirtschafts- und Währungsunion, weshalb der Vertrag niederlegen sollte, „that monetary financing must be excluded". Die Existenz einer „prohibition of monetary financing under Article 123 TFEU" steht auch für *de Gregorio Merino* damit außer Streit.[89]

Der Vorwurf schließlich, das Gericht habe seine Aussage nicht mit Stimmen aus dem deutschen, sondern aus dem englischsprachigen Schrifttum mit Autoren verschiedener Nationen belegt,[90] überrascht. Gerade weil es sich hier um eine Frage handelt, die für die gesamte Währungsunion Bedeutung hat, und gerade weil der Gedanke der Haushaltsdisziplin als sich aus den Erfahrungen zweier Inflationen speisende Obsession der Deutschen belächelt wird, wäre es nun nicht sehr überzeugend gewesen, wenn das Gericht allein – ohne Mühen in großer Zahl zu findende – deutsche Autoren zum Beleg seiner Aussage aufgeboten hätte. Die Aussage in der Entscheidung erhält ihre Überzeugungskraft, umgekehrt, erst dadurch, dass gerade ausländische Autoren genannt werden, die diese Ansicht vertreten. Dass es sich hierbei sogar noch um Autoren handelt, bei denen aufgrund ihrer beruflichen Stellung jedenfalls eine eurokritische Grundhaltung nicht angenommen zu werden braucht,[91] ist zudem eine besondere Pointe dieses Zitats.

VI. Ausblick

Die als Frontalangriff angelegte Kritik an der ersten Karlsruher Vorlage an den Europäischen Gerichtshof lässt sich bei einer näheren Analyse nicht halten. Für das Gericht erwächst hieraus kein Grund, darüber nachzudenken, ob in zukünftigen Verfahren, in denen um die Rechtmäßigkeit von Maßnahmen zur Lösung der europäischen Staatsschuldenkrise gestritten wird, seine Rechtsprechung zu revidieren sei; seine Autorität ist nicht in Frage gestellt. Die Bundesregierung wird sich auf dem europäischen Parkett auch in Zukunft beim Ringen

[88] *de Gregorio Merino* CMLR 2012, 1613 (1625) Fn. 36.

[89] *de Gregorio Merino* CMLR 2012, 1613 (1627).

[90] *Heun* JZ 2014, 331 (335).

[91] *Borger* ist Nachwuchswissenschaftler am Europainstitut der Universität Leiden, *de Gregorio Merino* arbeitet für den Juristischen Dienst des Rates der Europäischen Union und *Van Nuffel* für den Juristischen Dienst der Kommission wie auch als Teilzeitprofessor für Europarecht an der Katholischen Universität Leuven. *Lenaerts* schließlich ist ein Mitglied des Gerichts, das Berichterstatter in der Rechtssache *Pringle* gewesen war und nur kurze Zeit später von den anderen Richtern zu dessen Präsidenten gewählt werden sollte (Art. 253 Abs. 3 S. 1 AEUV).

um den richtigen Weg zur Lösung der Schuldenkrise auf die Überzeugungskraft der Entscheidungen des Bundesverfassungsgerichts berufen können.

Der Jubilar hat an diesen Entscheidungen mitgewirkt und sie aus seiner inneren Überzeugung mitgetragen, dass „niemals, zumindest nicht in der deutschen Geschichte, ... wieder Macht vor Recht gesetzt werden" darf.[92]

---

92 *Landau* BRJ 2013, 77 (79).

Gedanken zur Verfassungskontrolle der Europäischen Union aus völkerrechtlicher Sicht

Andreas L. Paulus

I. Einleitung: Herbert Landau und die Rechtskontrolle von Unionshandeln

Die zahlreichen Gespräche bei Frühstück und Abendessen mit *Herbert Landau* in Karlsruhe in unserem zeitweise gemeinsamen Quartier gehören zu den Höhepunkten meines ersten Jahres am Bundesverfassungsgericht. In diese Zeit fällt auch sein inzwischen fast kanonisches Sondervotum im Honeywell-Verfahren zur Kontrolle von *ultra-vires*-Handlungen der Europäischen Union.[1] Dass dem Bundesverfassungsgericht eine solche Kontrolle zustehe, hatte der Zweite Senat in der Sache bekanntlich schon im Urteil zum Vertrag von Maastricht in Form des ausbrechenden Rechtsakts entschieden und im Urteil zum Lissabonner Vertrag bestätigt.[2] Es zieht damit die Konsequenzen aus der fortbestehenden vertraglichen Legitimation der Europäischen Union, die eben nicht von einem demokratischen Akt der Unionsbürger, sondern von der freiwilligen demokratischen Zustimmung ihrer Mitgliedstaaten zu einem Vertrag abgeleitet ist. Daran hat auch der Lissabonner Vertrag nichts geändert, der zwar in Art. 48 Abs. 3 UAbs. 1 EUV die Vorbefassung eines Konvents von Vertretern der nationalen Parlamente, der Staats- und Regierungschefs der Mitgliedstaaten, des Europäischen Parlaments und der Kommission mit grundlegenden Vertragsänderungen vorsieht, aber die Änderung durch eine Konferenz der Vertreter der Regierungen der Mitgliedstaaten beschließen lässt und eine Zustimmung der Mitgliedstaaten nach ihren jeweiligen verfassungsrechtlichen Vorschriften, d.h. mit Parlamentszustimmung oder/und Volksentscheid, verlangt (Art. 48 Abs. 4 EUV). Dies hat auch *Herbert Landau* hervorgehoben, wenn er in seiner abweichenden Meinung zum Honeywell-Beschluss auf das Erfordernis der de-

---

1 BVerfGE 126, 286 (318 ff.), abw.M. *Landau*.

2 Vgl. BVerfGE 123, 267 (353); BVerfGE 89, 155 (188). Zu dieser Parallele *Schorkopf* GLJ 12 (2009), 1219 (1221). Kritisch *Paulus* in: Bekker u. a. (Hrsg.), Making Transnational Law Work in the Global Economy, Essays in Honour of Detlev Vagts, 2010, S. 132 (140 f.) m. w. N.

mokratischen Legitimation der Union über die Mitgliedstaaten als Herren der Verträge besteht.[3]

Nicht vollständig gelöst scheint jedoch die Frage, auf welche andere Weise als durch Austritt (Art. 50 EUV) die gegenseitigen vertraglichen Pflichten bei Nichtbefolgung durch einzelne Mitgliedstaaten modifiziert werden oder gar ganz entfallen. Die genannte (völker)vertragliche Grundlage der Union spricht jedenfalls dafür, dass in Abwesenheit vertraglicher Modifikationen das allgemeine Völkervertragsrecht zwischen den Mitgliedstaaten Anwendung findet. Ob man dies dann als analoge Anwendung des Völkerrechts im Europarecht sehen will – wie auch zwischen den deutschen Ländern Völkervertragsrecht analog angewendet wird[4] – oder als unmittelbare Anwendung des Völkerrechts auf zwischenstaatliche Verträge in Abwesenheit europarechtlicher Spezialregeln, ist Geschmackssache, wobei die erstere Variante doch reichlich gequält daherkommt.

Die Bedeutung und Aktualität der Frage nach dem Verhältnis verschiedener Rechtsordnungen zueinander hat mit einer zunehmend pluraler werdenden Rechtslage im Europa des 21. Jahrhunderts zu tun: von den Vereinten Nationen über die Welthandelsorganisation und den Internationalen Strafgerichtshof bis zur Europäischen Union und zum Europarat mit der Europäischen Menschenrechtskonvention werden immer zahlreichere separate Vertragsregime begründet, die gleichermaßen Verbindlichkeit beanspruchen und – jedenfalls sofern sie unmittelbar anwendbare Rechtsnormen enthalten – in den nationalen Rechtsraum hineinwirken. So ist der Rechtspluralismus – und nicht die Idee der Verfassung als Gesamtrechtsordnung – die dominierende rechtstheoretische Strömung unserer Tage.[5]

In einer rechtspluralistischen Situation wird aber für jede Rechtsordnung die Frage existentiell, wo die Grenzen der Beachtung der anderen Rechtsordnungen liegen. Eine Rechtsordnung, die diese Grenzen nicht festlegt, gibt ihren Anspruch auf Eigenständigkeit und Befolgung auf. Das gilt insbesondere für eine staatliche Rechtsordnung, die für sich Souveränität im Sinne der Selbstbindung statt Fremdbestimmung beansprucht.[6]

Die Gerichte des „europäischen Verfassungsgerichtsverbundes"[7] aus europäischen und nationalen Höchstgerichten haben insbesondere drei „Gegenge-

---

[3] BVerfGE abw.M. 126, 318 (319 f.) unter Berufung auf BVerfGE 123, 267 (340 ff.).

[4] Dazu differenzierend v. Mangoldt/Klein/Starck-*Sommermann*, GG, Art. 20 Rn. 54.

[5] Vgl. *Delmas-Marty* Ordering Pluralism, 2009; *Krisch* Beyond Constitutionalism: The Pluralist Structure of Postnational Law, 2010; *MacCormick* Questioning Sovereignty 1999, S. 171 et passim; *Schiff Berman* Global Legal Pluralism 2012, p. 13 (25 ff.); *Müller-Mall* Legal Spaces, 2013; *Teubner* in: Teubner. (Hrsg.), Global Law Without a State, 1997, S. 3 ff.; *Teubner* Verfassungsfragmente, 2012; *Viellechner* Transnationalisierung des Rechts, 2013, S. 301 f.; *Walker* MLR 65 (2002), 317.

[6] Vgl. BVerfGE 123, 267 (346).

[7] *Voßkuhle* NVwZ 2010, 1.

wichte“[8] zu einer mangelnden demokratischen Rückbindung der Entscheidungen anderer Rechtsordnungen entwickelt, die deren Akzeptanz durch das nationale Recht bestimmen. Im Folgenden werde ich mich nicht nur mit der *ultra-vires*-Kontrolle aus völkerrechtlicher Sicht auseinandersetzen, sondern die Entwicklung der Rechtsprechung des Bundesverfassungsgerichts zu den Grenzen der Einwirkung anderer Rechtssysteme von der Solange-Rechtsprechung bis zur Identitätsrechtsprechung nachzeichnen.

II. Solange: Spezieller Identitätsschutz oder allgemeiner Grundsatz?[9]

Die Solange-Rechtsprechung ist zu einem die Bedingung gegenseitigen Vertrauens beschreibenden allgemeinen Topos des Verhältnisses verschiedener Rechtsordnungen geworden, wobei die Einzelheiten zwischen der Solange-Rechtsprechung des Bundesverfassungsgerichts und der Bosphorus-Entscheidung des Europäischen Gerichtshofs für Menschenrechte[10] divergieren. So nimmt sich die Rechtsprechung des Bundesverfassungsgerichts ganz erheblich zurück und würde eine Grundrechtskontrolle europäischer Akte nur vornehmen, wenn der europäische Grundrechtsschutz *in toto* verkäme. Allerdings lassen neuere Entscheidungen erkennen, dass die generelle Unterschreitung des unabdingbaren Grundrechtsschutzes auch in einem Einzelfall geltend gemacht werden kann.[11]

Äquivalenz statt Identität des Menschenrechtsschutzes beschreibt aber nicht nur ein vorhandenes Vertrauensverhältnis zwischen verschiedenen Rechtsordnungen, sondern ist auch Bedingung für die gegenseitige Akzeptanz von Entscheidungen. Der Dialog zwischen Rechtssystemen nach diesem Muster stellt ein Gegenmodell zu den Scheuklappen eines strikten Verweises auf die systemeigene Normenhierarchie dar. Diesen Dialog hat der Gerichtshof der Europäischen Union in seinen vielbeachteten Kadi-Urteilen[12] allenfalls ansatzweise gepflegt – dies sei bei aller Sympathie für die Versuche gesagt, das Urteil in die Solange-Logik einzupassen.[13] In seinem zweiten Kadi-Urteil hat er allerdings darauf abgestellt, dass eine gerichtliche Überprüfung der Balance zwischen

[8] Der Begriff der „controlimiti“ stammt soweit ersichtlich von *Barile* Ancora su diritto comunitario e diritto interno, VI Studi per il XX anniversario dell'Assemblea costituente, 1969, S. 33 (49); jetzt auch in: Corte costituzionale, Urteil Nr. 238 (2014), Z. 3.2 m. w. N. aus der italienischen Rechtsprechung; vgl. dazu *Martinico* EJIL 23 (2012), 401 (419).

[9] Der folgende Abschnitt ist eine aktualisierte Fassung meines Luzerner Vortrags vor der Deutschen Gesellschaft für Internationales Recht, *Paulus* Zusammenspiel der Rechtsquellen aus völkerrechtlicher Perspektive, Berichte DGIR 46 (2012), 7 (30 ff.).

[10] EGMR NJW 2006, 197 ff. S. jetzt auch EGMR (K), Urt. v. 26.11.2013 – *Al-Dulimi v. Schweiz* – Nr. 5809/08, Z. 114 ff.

[11] BVerfGE 102, 147 (163).

[12] EuGH Slg. 2008 I-06351, Z. 285; EuGH, Urt. v. 18.07.2013 – Rs. C-584/10 et al.

[13] S. insbes. *Kokott/Sobotta* EJIL 23 (2012), 1015 (1019).

Frieden und Sicherheit einerseits und dem Schutz der Grundrechte andererseits erforderlich sei und dies zu den gemeinsamen Werten von Europäischer Union und Vereinten Nationen gehöre.[14] Die weitere Exploration dieser Gemeinsamkeit ist die Grundlage der Solange-Logik, der zufolge die beteiligten Gerichte zur Optimierung der jeweils anderen beitragen, statt die Flucht in den Vorrang des eigenen Rechts anzutreten. Das zweite Kadi-Urteil des Gerichtshofs der Europäischen Union ist in diesem Sinne ein Schritt in die richtige Richtung, vermeidet aber eine völkerrechtliche Analyse der gem. Art. 103 der UN Charta an sich vorrangigen Sicherheitsratsresolution.

Das Al-Dulimi-Urteil einer Kammer des Europäischen Gerichtshofs für Menschenrechte wendet wiederum mit Recht die Solange-Logik auf die Terrorlisten des Sicherheitsrats an,[15] führt aber keine eigene Prüfung anhand der Rechtsordnung der Vereinten Nationen durch und berücksichtigt nicht deren Vorrang nach Art. 103 der Charta.[16]

Wünschenswert wäre hingegen, vor Nutzung eines Solange-Vorbehalts zunächst einmal die andere Rechtsordnung anzuwenden, was durchaus Konflikte zwischen den Rechtsordnungen verhindern hilft – es sei denn, man betrachtet den Sicherheitsrat als letzte Autorität hinsichtlich der Rechtmäßigkeit seiner eigenen Handlungen, was die Solange-Kriterien gerade ausschließen wollen. Das Fehlen einer Rechtskontrolle in einem System kann aber nur dann quasi stellvertretend – analog etwa zur stellvertretenden Strafrechtspflege gem. § 7 Abs. 1 a. E. StGB – im anderen System „geheilt" werden, wenn das nationale oder regionale Gericht die Kriterien des ursprünglichen Systems anwendet – und dann feststellt, dass bei einer sinngemäßen Auslegung gar kein Widerspruch zwischen dem Ursprungssystem und dem Empfangssystem besteht, also materiell ein vergleichbarer Menschenrechtsschutz gewährleistet ist. Einen solchen Versuch harmonisierender Auslegung hat in der Sache Nada die Große Kammer des Europäischen Gerichtshofs für Menschenrechte in Bezug auf die Terrorlisten des Sicherheitsrats unternommen[17] und ist dabei bis an die Grenze der Auslegbarkeit gegangen, hat aber gerade dadurch einen Konflikt der Rechtssysteme verhindert. Damit kommt sie auch der Praxis des Bundesverfassungsgerichts bei „ausbrechenden Rechtsakten" bzw. einer *ultra-vires*-Kontrolle nahe.[18]

---

[14] EuGH, Urt. v. 18.07.2013 – Rs. C-584/10, Z. 131: „Eine solche gerichtliche Kontrolle ist unerlässlich, um einen gerechten Ausgleich zwischen der Erhaltung des internationalen Friedens und der internationalen Sicherheit und dem Schutz der Grundfreiheiten und -rechte der betroffenen Person, die gemeinsame Werte der UNO und der Union darstellen, zu gewährleisten." Vgl. auch EuGH, Kadi I, Slg. 2008, I-06351, Z. 296 ff.

[15] EGMR (K), Urteil v. 26.11.2013, Nr. 5809/08, Z. 114 ff.

[16] Dazu näher *Paulus* Zusammenspiel der Rechtsquellen aus völkerrechtlicher Perspektive, Berichte DGIR 46 (2014), 7 (25 ff.) m. w. N.

[17] EGMR (GK), Urteil v. 12.09.2012, Nr 10593/08, Z. 195.

[18] So jetzt auch das BVerfG für die Identitätskontrolle, Beschluss des Zweiten Senats vom 15.12.2015 – 2 BvR 2735/14 Rn. 84 ff.

III. Ultra-vires-Handlungen zwischenstaatlicher Organisationen im Völkerrecht

Für den Völkerrechtler war und ist die Vornahme einer solchen *ultra-vires*-Kontrolle einerseits vielleicht weniger problematisch als für einen Europarechtler, denn die *ultra-vires*-Kontrolle von Schiedsgerichtsentscheidungen war ein akzeptiertes staatliches Instrument des klassischen Völkerrechts.[19] Andererseits gilt nach ständiger internationaler Rechtsprechung für die Beurteilung des Handelns internationaler Organisationen und ihrer Organe eine Vermutung für deren Zuständigkeit.[20] Einige gehen sogar so weit, dass sie die Entscheidung des internationalen Organs genügen lassen wollen,[21] andere erlauben eine Nichtbeachtung nur in eindeutigen Fällen der Kompetenzüberschreitung.[22]

Jedenfalls wenn ein internationales Gericht zur Streitbeilegung vorhanden ist, sehen die meisten Autoren dessen Entscheidung jedoch als verbindlich an,[23] was demnach auch für den Gerichtshof der Europäischen Union gelten müsste, der nach Art. 19 Abs. 1 S. 2 EUV „die Wahrung des Rechts bei der Auslegung und Anwendung der Verträge“ sichert. (Nur) bei einer systematischen Missachtung dieser Regeln könnte das Vertragskonstrukt zusammenbrechen, das hinter dem völkerrechtlichen Vertrag insgesamt steht, und nach allgemeinem Völkervertragsrecht die Befolgungspflicht ganz oder teilweise entfallen lassen.

Die aus dem nationalen Zivilrecht (vgl. §§ 320 ff. BGB) bekannten Einreden bei Nichterfüllung gibt es grundsätzlich auch im Völkerrecht (vgl. Art. 60–62 Wiener Übereinkommen über das Recht der Verträge, WÜV[24]). Sie setzen aber eine erhebliche Vertragsverletzung anderer Vertragsparteien mit einer grundlegenden Veränderung der Lage der Vertragspartei (Art. 60 WÜV) oder einen Wegfall der Geschäftsgrundlage (Art. 62 WÜV)[25] voraus. Insofern ist es nur

---

[19] S. dazu insbesondere *Leibholz* ZaöRV 1 (1929), 77 (94), der allerdings die *ultra-vires*-Lehre auf Staaten anwenden will; *Bernhardt* in: J. Makarczyk (Hrsg.), Theory of International Law at the Threshold of the 21st Century, Essays in Honour of Krzysztof Skubiszewski, 1996, p. 604; *Weiß* Kompetenzlehre internationaler Organisationen, 2008, S. 420-23, 436 m. w. N.

[20] IGH, *Certain Expenses of the United Nations*, Advisory Opinion, ICJ Rep. 1962, 151 (168); *Questions of Interpretation and Application of the 1971 Montreal Convention arising from the Aerial Incident at Lockerbie* (Libya v. UK), ICJ Rep. 1992, 3 (15 Z. 39). Ebenso *Bernhardt* in: J. Makarczyk (Hrsg.), Theory of International Law at the Threshold of the 21st Century, Essays in Honour of Krzysztof Skubiszewski, 1996, S. 604.

[21] So insbes. *Bernhardt* in: J. Makarczyk (Hrsg.), Theory of International Law at the Threshold of the 21st Century, Essays in Honour of Krzysztof Skubiszewski, 1996, S. 604.

[22] *Weiß* Kompetenzlehre internationaler Organisationen, 2008, S. 420–23, 436.

[23] So insbesondere *Frowein* ZaöRV 49 (1989), 778 (781); *Lauterpacht* in: Brownlie (Hrsg.), Cambridge Essays in International Law, Essays in Honour of Lord McNair, 1965, S. 88 (115); *Weiler/Haltern* Harvard International Law Journal 37 (1996), 411 (428 f.).

[24] Wiener Übereinkommen über das Recht der Verträge vom 23.05.1969, UNTS Vol. 1155 S. 331; BGBl. 1985 II S. 1926.

[25] Zum notwendigerweise engen Verständnis des Wegfalls der Geschäftsgrundlage im

konsequent, wenn das Bundesverfassungsgericht in seinen Solange II und Bananenmarkt-Entscheidungen für die Zulässigkeit von Verfassungsbeschwerden gegen EU-Akte darauf abgestellt hat, ob eine generelle Nichtbeachtung der Grundrechte in der Europäischen Union dargelegt werden kann[26] – was nicht ausschließt, dass die Nichtbeachtung einer einzelnen Regel so schwer wiegt, dass das Gesamtsystem beschädigt wird, so dass ein Festhalten an der Befolgungspflicht im Einzelfall unzumutbar erscheint.

Die Hürde für eine Nichtbefolgung liegt in der völkerrechtlichen Perspektive also sehr hoch. Die hier nicht im Einzelnen zu besprechenden Voraussetzungen für eine Nichtbefolgung einer kompetenzwidrigen Entscheidung des Gerichtshofs der Europäischen Union im Einzelfall, die der Zweite Senat des Bundesverfassungsgerichts aufgestellt und die *Herbert Landau* in seiner abweichenden Meinung im Kern auch nicht in Frage gestellt hat,[27] stellen das in Rechnung: Die vertragliche Grundlage der Europäischen Union und die Verfügbarkeit einer europäischen Rechtskontrolle erfordern die Beschreitung des multilateralen Wegs durch Vorlage an den Gerichtshof vor jedem nationalen Ausscheren, wenn die Union als Rechtsgemeinschaft fortbestehen soll.[28] Und es muss sich um wesentliche Fragen handeln,[29] weil diese Rechtsgemeinschaft nicht leichtfertig aufs Spiel gesetzt werden darf – was nicht zuletzt auch eine Folgerung aus der verfassungsrechtlichen Pflicht zur Mitwirkung der Bundesrepublik Deutschland bei der Verwirklichung eines vereinten Europas ist, die aus Art. 23 Abs. 1 GG, aber auch aus der Präambel des Grundgesetzes abzuleiten ist.

Andererseits muss nicht jedes Ausscheren durch eine Nichtbefolgung im Einzelfall als eine Quasi-Katastrophe gewertet werden. Jedenfalls hat das Europarecht die – wohl eher innen- und justizpolitisch motivierte – Abweichung des tschechischen Verfassungsgerichtshofs weitestgehend unbeschadet überstanden.[30] Auch nach *Herbert Landau* soll die „Aktivierung der Reservekompetenz des Bundesverfassungsgerichts zur Feststellung der Nichtanwendbarkeit von Unionsrecht wegen Kompetenzüberschreitung auf Ausnahmefälle beschränkt" bleiben.[31] Sollte aber eine Nichtbefolgung im Einzelfall durch eine generelle

---

Völkerrecht s. IGH, *Gabcikovo,-Nagymaros Project*, ICJ Rep.1997, 7 (64 Z. 104): „only in exceptional circumstances".

[26] BVerfGE 73, 339 (387); 102, 147 (163); kritisch zur „Rückkehr" zu *Solange II* im Bananenmarktordnungsbeschluss aber BVerfGE abw.M. 126, 318 (324).

[27] BVerfGE abw.M. 126, 318 (322).

[28] BVerfGE 126, 286 (303 ff.).

[29] BVerfGE 126, 286 (304); jetzt auch BVerfG, Beschluss vom 15.12.2015 – 2 BvR 2735/14, Rn. 46; kritisch aber BVerfGE abw.M. 126, 318 (323 f.).

[30] S. dazu TschechVerfG, Entscheidung v. 31.01.2012 – Pl.ÚS 5/12 (Holoubec); dazu *Faix* EuGRZ 2012, 597 ff.; *Vincze* EuR 2013, 194; *Komárek* EUConst 2012, 323; als stärkste bisherige Abweichung und als Einzelfall bezeichnet von *Lenaerts* EuR 2015, 3 (17 ff.), der mit Recht beklagt, dass das Gericht ohne Befassung des Gerichtshofs urteilte.

[31] BVerfGE abw.M. 126, 286 (318, 322) (Verweise ausgelassen, die Reservekompetenz bezieht sich auf BVerfGE 123, 267 (401)).

Nichtbefolgung ersetzt werden, dann stünde der Rechtsordnungscharakter des Unionsrechts in der Tat in Frage. Dies würde dem Verfassungsauftrag des Art. 23 Abs. 1 GG jedenfalls dann entgegenlaufen, wenn die tragenden Prinzipien des Art. 23 Abs. 1 i. V. m. Art. 79 Abs. 3 GG nicht wesentlich gefährdet sind, also das Demokratieprinzip, die Beachtung der Grund- und Menschenrechte, Sozialstaatsprinzip, Föderalismus und Subsidiarität.[32] Um den – aber nur um den – Preis der Aufgabe dieser Grundsätze willen ist Europa nach dem Grundgesetz nicht zu haben; sie stellen die Grenze der Mitwirkung dar.

Der Dialog der Gerichte ist jedoch nicht mit einem Verschweigen der Probleme zu verwechseln; ein gelegentlich deutliches Wort gehört hinzu, gerade um radikalere Optionen nicht zum Tragen kommen zu lassen. Die kritische Reaktion auf die Åkerberg Fransson-Rechtsprechung des europäischen Gerichtshofs[33] ordnet sich hier ein. In seinem Urteil zur Antiterrordatei hat der Erste Senat nicht die Befolgung des Urteilsausspruchs selbst in Frage gestellt, sondern nur eine bestimmte Auslegung.[34]

Zum Dialog gehört auch die Bereitschaft der nationalen Gerichte, die Vorlagepflicht gem. Art. 267 AEUV zu beachten, die beide Senate des Bundesverfassungsgerichts auch für sich selbst ausdrücklich erklärt haben.[35] Allerdings übersieht so manche Kritik am Fehlen eigener Vorlagen des Bundesverfassungsgerichts,[36] dass in aller Regel die Vorlage durch die Fachgerichte erfolgt, weil die Erfüllung der europarechtlichen Vorlagepflicht Voraussetzung einer Normenkontrolle durch das Bundesverfassungsgericht ist.[37] Die Vorlagepraxis der Fachgerichte wird dabei – eine Seltenheit in Europa – über die Garantie des gesetzlichen Richters (Art. 101 Abs. 1 S. 2 GG) vom Bundesverfassungsgericht am gleichen (Unhaltbarkeits-)maßstab überprüft wie interne Zuständigkeitsmängel.[38]

---

[32] Für viele vgl. BVerfGE 123, 267 (343 f.).

[33] S. EuGH (GK), Urt. v. 26.02.2013 – Rs. C-617/10, Rn. 16–31: vorsichtiger noch EuGH (Plenum), Urt. v. 27.11.2012 – Rs. C-370/12, Rn. 179–182; wie hier *Huber* NJW 2011, 2385 ff. m. w. N. Dazu BVerfGE 133, 277 (316 Rn. 91); *v. Danwitz* EuGRZ 2013, 253 (261).

[34] BVerfGE 133, 277 (316 Rn. 91).

[35] BVerfGE 126, 286 (304); BVerfGE 125, 260 (308).

[36] So z. B. *Thym* JZ 2011, 1011 (1014).

[37] BVerfGE 129, 186 (199).

[38] S. BVerfGE 128, 157 (187 ff.); BVerfGE 129, 78 (105 f.); BVerfGE 126, 286 (315 ff.); BVerfGE 135, 155 (230 ff. Rn. 173 ff.). Zum Ganzen auch *Britz* NJW 2012, 1313; *Calliess* NJW 2013, 1905. a. A. *Jäger* EuGRZ 2005, 193 (196 f.).

IV. Möglichkeiten und Grenzen der Verfassungsidentität als europarechtliche Ausübungsschranke

Am schwierigsten, aber gleichzeitig von existentieller Bedeutung ist die Verfassungsidentität als Grenze für die Verbindlichkeit des Europarechts für die deutsche Rechtsordnung, die das Bundesverfassungsgericht unter Beteiligung *Herbert Landaus* ausdrücklich als Teil der gerichtlichen Integrationsverantwortung seit dem Lissabon-Urteil setzt.[39] Hier stellt, in den Worten des Urteils, das Bundesverfassungsgericht die Selbstbehauptung eigener Identität als Rechtsgemeinschaft über die völker- oder europarechtliche Bindung, deren Beachtung die Völker- und Europarechtsfreundlichkeit des Grundgesetzes ansonsten einfordert.[40] Zwar ist in Art. 23 Abs. 1 GG gegenüber der Europäischen Union und in Art. 79 Abs. 3 GG gegenüber dem verfassungsändernden Gesetzgeber festgestellt, worin die Verfassungsidentität des Grundgesetzes besteht, nämlich im Wesentlichen in den Rechtsgrundsätzen der Menschenwürde, der Beachtung der Grund- und Menschenrechte, in Demokratie, Sozialstaat, Föderalismus und Subsidiarität. Aber diese allgemeinen Verfassungsprinzipien bedürfen der Auslegung und Anwendung im konkreten Fall, und im Einzelfall ist eben gelegentlich streitig, was sie für die Entscheidung einer Rechtsfrage bedeuten (und was nicht) und wer darüber zur Entscheidung berufen ist. Es geht im Ergebnis daher gar nicht um das Grundproblem, was bei einem Zusammenbruch der europäischen Grundrechtsordnung geschähe, sondern um die Frage, wer sich bei Divergenzen im Einzelfall durchsetzt.

Das Identitätsargument ist problematisch, weil es den nationalen „Ausstieg" aus der Verbindlichkeit des Völker- oder Europarechts ermöglicht und die dazu vertraglich berufenen Instanzen dadurch an der über- oder zwischenstaatlichen Streitschlichtung gehindert werden, die ihre Aufgabe ist. Gleichzeitig würde aber der Staat seine Souveränität und jede Rechtsordnung ihre Eigenständigkeit aufgeben, wenn ihre autorisierten Interpreten nicht einmal ihren Kern verteidigen könnten. Dieses Beharren auf dem Identitätskern einer Rechtsordnung ist dabei anderen Rechtsordnungen nicht fremd. Das Beispiel des völkerrechtlichen *jus cogens* zeigt, dass auch das Völkerrecht selbst in dem Verhältnis seiner Kernregeln zum „gewöhnlichen", aber eben auch verbindlichen Recht nicht ohne ein ähnliches Ausstiegsventil auskommt.[41] Auch der Gerichtshof der Europäischen Union hat sich im Kadi-Fall in zwei Urteilen auf die Unionsgrund-

---

[39] Siehe BVerfGE 123, 267 (345 f., 400 f.).

[40] BVerfGE 123, 267 (401).

[41] S. nur Art. 53 WÜV: „Ein Vertrag ist nichtig, wenn er im Zeitpunkt seines Abschlusses im Widerspruch zu einer zwingenden Norm des allgemeinen Völkerrechts steht. ... [E]ine Norm des allgemeinen Völkerrechts [ist] eine Norm, die ... anerkannt wird als eine Norm, von der nicht abgewichen werden darf ... ." Für das Beispiel des Folterverbots siehe IGH, *Obligation to Prosecute or Extradite (Belgium v Senegal)*, ICJ Rep. 2012, 422 (457 Z. 99).

rechte gegenüber einer verbindlichen und in Art. 103 der UN-Charta mit Vorrangwirkung vor anderen Verträgen versehenen Resolution des UN-Sicherheitsrats berufen,[42] was dem Bundesverfassungsgericht nicht verborgen geblieben ist.[43] Zur Rechtfertigung genügt es dabei aus völkerrechtlicher Sicht nicht, auf die Übereinstimmung der Werte von Europäischer Union und Vereinten Nationen hinzuweisen.[44] Erforderlich wäre vielmehr der Nachweis gewesen, dass der Sicherheitsrat nach der UN Charta selbst an diese Grundsätze gebunden und die Resolution entsprechend auszulegen war – ein angesichts der Förderungspflicht für die Menschenrechte in Art. 1 Z. 3 der UN Charta und der Verbindlichkeit dieses Ziels für den Sicherheitsrat gem. Art. 24 Z. 2 UNC zwar mögliches, aber eben nicht selbstverständliches Unterfangen.

In der Frage der Umsetzung der Entscheidungen des Europäische Gerichtshofs für Menschenrechte zur Europäischen Menschenrechtskonvention[45] und im Fall der von Deutschland erstrittenen Entscheidung im Fall LaGrand zur konsularischen Belehrung nach der Wiener Konsularrechtskonvention[46] hat das Bundesverfassungsgericht – jeweils unter Mitwirkung *Herbert Landaus* – die grundsätzliche Befolgungspflicht nationaler Gerichte im Wege der Auslegung des einfachen Rechts mit einer Pflicht zur Darlegung verfassungsrechtlicher Gründe für eine ausnahmsweise Befolgungsverweigerung verbunden. Auf diese Weise ist sichergestellt, dass die Befolgung internationaler und europäischer Gerichtsentscheidungen mit der ihnen zugeschriebenen „Orientierungs- und Leitfunktion" sogar über deren unmittelbare internationale Bindungswirkung hinaus die Regel und die Nichtbefolgung die krasse – und verfassungsgerichtlich überprüfbare – Ausnahme darstellt. Das ist weit entfernt von einer bloßen „Option der Nichtbefolgung", von der der Oberste Gerichtshof der Vereinigten Staaten gesprochen hat.[47] Stattdessen muss von einem „Grundprinzip der Befolgung" gesprochen werden. Die Berufung auf die Verfassungsidentität mit dem Ziel der Nichtbefolgung internationaler Entscheidungen bleibt die krasse Ausnahme – es gibt bisher keinen Fall, in denen eine verfassungsrechtlich begründete Nichtbefolgung ausgesprochen wurde.[48] Das stellt nicht zuletzt einen durchschlagenden Erfolg der „Übersetzung" oder des „Umdenkens" internationaler Entscheidungen ins innerstaatliche Recht dar, von denen der Zweite Se-

---

[42] EuGH, Urt. v. 18.07.2013 – Rs. C-584/10, Z. 97; EuGH Slg. 2008 I-06351, Z. 326. Dazu *Paulus* Human Rights Protection in a European Network of Courts, Proceedings of the Annual Meeting of the American Society of International Law 107 (2013), 174 (181 f.).

[43] BVerfGE 123, 267 (401).

[44] EuGH, Urt. v. 18.07.2013 – Rs. C-584/10, Z. 131.

[45] BVerfGE 111, 307 (323 ff.); BVerfGE 128, 326 (368).

[46] BVerfGK 9, 174 (186 ff., 191); 17, 390 (399 ff.); BVerfG NJW 2014, 532 (Rn. 11 ff.); vgl. BGH StV 2011, 603.

[47] US Supreme Court – Medellín v. Texas – 552 U.S. 491, 511 (2008).

[48] Das gilt auch für den neulichen Beschluss des Zweiten Senats vom 15.12.2015 zur Auslieferung bei Verurteilung in Abwesenheit – 2 BvR 2735/14 Rn. 84.

nat unter Berufung auf *Peter Häberle* in seinem Urteil zur Sicherungsverwahrung gesprochen hat.[49]

Doch wieviel Rücksichtnahme ist zwischen verschiedenen Rechtsordnungen zumutbar, und ab wann ist ein „Hier stehe ich, ich kann nicht anders" unvermeidbar? Die jeweiligen Richter können und dürfen jedenfalls weder ihre Unabhängigkeit noch ihre Verpflichtung auf die eigene Rechtsordnung ignorieren. Hier liegt die Kunst darin, widersprüchliche Entscheidungen zu vermeiden. Nur in wechselseitiger Rücksichtnahme kann eine Abweichung des nationalen Gerichts und damit die Nichtbefolgung internationalen Rechts vermieden werden.

Die Berufung auf die nationale Verfassungsidentität als Argument für die Nichtbefolgung völker- und europarechtlicher Entscheidungen ist inhärent problematisch, weil die Verfassungsidentität vom betreffenden Staat selbst bestimmt wird – ein Vorbehalt aber, dessen Ausmaß im Ermessen eines Vertragsstaats steht, würde aber der Einheit internationaler Vertragssysteme einen schweren Schlag versetzen.[50] Das gilt grundsätzlich auch für die Beachtungspflicht internationaler und europäischer Gerichtsentscheidungen. Ein Beispiel dafür ist die Entscheidung der italienischen Corte costituzionale zur Immunität Deutschlands[51] in Fällen, in denen sie der Internationale Gerichtshof auch dann aufrechterhalten hatte, wenn sie vor der Haftung gegen schwerste Verstöße gegen das Völkerrecht, deren Ächtung zu dessen zwingendem Kern (*jus cogens*)[52] gehört, schützten.[53] Die Corte hat – anders als das Bundesverfassungsgericht in einer von *Herbert Landau* mitunterzeichneten Kammerentscheidung,[54] und anders als der Europäische Gerichtshof für Menschenrechte für zivilrechtliche Ansprüche[55] – die Immunität für die deutschen Untaten im Zweiten Weltkrieg, also vor Inkrafttreten der italienischen Verfassung, verneint.

Hier nimmt die Corte ausdrücklich keine völkerrechtliche Bewertung der Entscheidung des Internationalen Gerichtshofs zum völkergewohnheitsrechtli-

---

[49] BVerfGE 128, 326 (370); vgl. *Häberle* Europäische Verfassungslehre, 7. Aufl. 2011, S. 255 f.

[50] Zur Gutgläubigkeit als Voraussetzung der Zulässigkeit sog. „self-judging" Vertragsklauseln *Certain Questions of Mutual Assistance in Criminal Matters (Djibouti v. France)*, ICJ Rep. 2008, 177 (229 Z. 145); vgl. auch Art. 72 des Römischen Statuts für den Internationalen Strafgerichtshof, BGBl. 2000 II S. 1394, UNTS Vol. 2187, S. 3. Dazu *S. Schill / R. Briese*, „If the State Considers": Self-Judging Clauses in International Dispute Settlement, Max Planck Yearbook of International Law 13 (2009), 61 (118 f.).

[51] Corte costituzionale, Urteil Nr, 238 (2014), englische Übersetzung durch das Gericht, www.cortecostituzinonale.it (zuletzt aufgerufen am 06.12.2015).

[52] EuGH, Urt. v. 18.07.2013 – Rs. C-584/10, Z. 97; EuGH Slg. 2008 I-06351, Z. 326. Dazu *Paulus* Human Rights Protection in a European Network of Courts, Proceedings of the Annual Meeting of the American Society of International Law 107 (2013), 174 (181 f.).

[53] IGH, Jurisdictional Immunities of the State (Germany v. Italy), ICJ Rep. 2012, 99.

[54] BVerfGK 7, 303.

[55] EGMR EuGRZ 2002, S. 403 Z. 66.

chen Institut der Immunität vor (3.1), die über Art. 10 der italienischen Verfassung Teil der italienischen Rechtsordnung geworden ist (3.1.). Vielmehr stellt sie dem Völkergewohnheitsrecht die „essentiellen Prinzipien der staatlichen Verfassungsordnung, einschließlich der Prinzipien zum Schutz grundlegender Menschenrechte" entgegen, welche eine Begrenzung zur Inkorporation allgemeiner völker- und europarechtlicher Normen in die italienische Rechtsordnung darstellten (3.2). Zu diesen Kernrechten zählte die Corte auch das Recht auf einen gesetzlichen Richter als Teil der unveräußerlichen Menschenrechte (Art. 2 der italienischen Verfassung). Ein vorrangiges öffentliches Interesse, das den effektiven grundrechtlichen Rechtsschutz verdrängen könnte, sei jedoch nicht ersichtlich (3.4). Das gelte auch retroaktiv. Damit setzt die Corte die staatliche Immunität vor Rechtsverfolgung mit der Verletzung von Rechten gleich. Daher müsse sie ebenso zurücktreten (3.5) wie die Befolgungspflicht internationaler Urteile nach Art. 94 UN Charta (4.1). In der verfassungsrechtlichen Analyse wirft die Corte dem Internationalen Gerichtshofs vor, das Recht auf gerichtlichen Rechtsschutz für den Schutz der Grundrechte verletzt zu haben, und hebt hervor, dass die Immunitätseinschränkung für Staatshandlungen nicht hoheitlicher Art (*acta jure gestionis*) gerade durch italienische Richter ins Völkerrecht eingeführt worden seien (3.3).[56] Aber genau auf den Immunitätsschutz für hoheitliches Handeln hatten sich der Internationale Gerichtshof und die Kammer des Bundesverfassungsgerichts[57] berufen, um zugunsten der deutschen Immunität zu entscheiden.

Letztlich lässt sich die Trennung zwischen Völkerrecht und nationalem Recht so klar also nicht durchführen, sondern die Corte macht ein paralleles Völkerrecht auf, das nur für Italien Geltung haben soll. Insbesondere hat sie der Regierung keinen Weg aufgezeigt, wie sie die – anerkannte – völkerrechtliche Befolgungspflicht mit der Zulässigkeit von Klagen gegen Deutschland vor nationalen Gerichten vereinbaren soll; letztlich würde das darauf hinauslaufen, dass der italienische Staat die Betroffenen entschädigen müsste, denn er ist völkerrechtlich gegenüber Deutschland entschädigungspflichtig. Einen Weg, den der Internationale Gerichtshof wies, hat die Corte als unzureichend zurückgewiesen: eine Verpflichtung des italienischen Staates, mit Deutschland über eine Entschädigung zu verhandeln.[58] Außerdem könnte das Urteil auch Entschädigungsforderungen gegen Italien für vergangenes Unrecht provozieren.[59] Der Fall zeigt, dass die Nichtbefolgung internationaler Entscheidungen Risiken hervorruft, welche nationale Gerichte einbeziehen müssen, bevor sie die nationale Rechtsordnung unvermittelt internationalen Entscheidungen entgegenstel-

---

[56] Kritisch *Cannizaro* Rivista Di Diritto Internazionale 98 (2015), 126 (133 f.); *R. Kolb* QIL II (2014), 5 (6). Positiver *Würkert* AVR 53 (2015), 90 ff.

[57] BVerfGK 7, 303 (307).

[58] ICJ Rep. 2012, 144 (Z. 104). So mit Recht *Kolb* QIL II (2014), 5 (15).

[59] Ebenso *Kolb* QIL II (2014), 5 (15).

len. Gerade wenn es um die einseitige Ablehnung des Ergebnisses einer internationalen Streitschlichtung geht, ist eine Abweichung in aller Regel unstatthaft, weil sonst deren Zweck gefährdet wäre.

In Bezug auf die europäische Rechtsordnung ist die nationale Berufung auf die Verfassungsidentität allerdings ausdrücklich im Unionsvertrag angelegt. Sie ist daher kein nationaler Vorbehalt, sondern Teil der vertraglichen Bindung selbst. So achtet die Union gem. Art. 4 Abs. 2 EUV „die Gleichheit der Mitgliedstaaten vor den Verträgen und ihre jeweilige nationale Identität, die in ihren grundlegenden politischen und verfassungsmäßigen Strukturen einschließlich der regionalen und lokalen Selbstverwaltung zum Ausdruck kommt." Der Gerichtshof der Europäischen Union nimmt diese Verschränkung zwischen nationaler Verfassungsidentität und europäischer Bindung – die nach Art. 6f. EUV und der Grundrechtecharta auf einem gemeinsamen Wertefundament aufbaut – auch durchaus auf, wie dies in Entscheidungen wie Sayn-Wittgenstein[60] oder Omega[61] zum Ausdruck kommt. Allerdings hat der Zweite Senat des Bundesverfassungsgerichts mit *Herbert Landau* in seiner OMT-Vorlage die Unterschiede im Ansatz dargelegt: Während Art. 79 Abs. 3 i. V. m. Art. 23 Abs. 1 GG eine „absolute Grenze" darstellt, ist Art. 4 Abs. 2 EUV zwar weiter gefasst, aber dadurch auch offen für eine Abwägung zwischen europäischer Regelung und nationaler Verfassungsidentität.[62]

„Als abwägungsfähiger Belang aber genügt die nach Art. 4 Abs. 2 S. 1 EUV gebotene Achtung der nationalen Identität nicht dem Anspruch auf Schutz des unantastbaren und nicht abwägungsfähigen Kernbestands des Grundgesetzes im Sinne von Art. 79 Abs. 3 GG. Dieser obliegt dem Bundesverfassungsgericht."[63]

Im Übrigen zieht der Gerichtshof für die europäische Rechtsordnung eine ganz ähnliche Grenze bei den Grundwerten des Unionsrechts. In den Worten des neuen Präsidenten des Gerichtshofs, *Koen Lenaerts*: „In Fällen, in denen verfassungsrechtliche Grundwerte der Mitgliedstaaten zur Disposition stehen, kommt diesen Grundwerten insoweit der Vorrang gegenüber einer einheitlichen Anwendung des Unionsrechts zu, als keine Grundwerte des Unionsrechts gefährdet sind."[64] Hier sind also die europäischen Grundwerte die Grenze für eine Akzeptanz des nationalen Identitätsvorbehalts. In der Rechtssache *Melloni* sieht der Gerichtshof die Beeinträchtigung von „Vorrang, ... Einheit und ... Wirksamkeit des Unionsrechts" als Schranke einer Anwendung nationaler Grundrechte gem. Art. 53 Grundrechtecharta an.[65]

---

[60] EuGH – Rs. C-208/09, Slg. 2010, S. I-13693, Rn. 83.

[61] EuGH – Rs. C-36/02, Slg. 2004, S. I-9609, Rn. 23ff.

[62] BVerfGE 134, 366 (386 Rn. 29).

[63] BVerfGE 134, 366 (386f. Rn. 29). Vgl. jetzt – vorsichtiger – BVerfG, Beschluss vom 15.12.2015 – 2 BvR 2735/14, Rn. 46 m. w. N. der mitgliedstaatlichen Rechtsprechung.

[64] *Lenaerts* EuR 2015, 3 (21).

[65] EuGH, Urt. v. 26.02.2013 – Rs. C-399/11, Rn. 60f.

Allerdings sollte dieser Gegensatz nicht überbetont werden. Die beiden Ansätze schließen sich nicht aus. So ist es zu begrüßen, dass die Europäische Union auch auf nicht zum Identitätskern gehörende nationale Verfassungstraditionen und -grundsätze Rücksicht zu nehmen gewillt ist, wenn auch nur als Abwägungsbelange im Rahmen einer Verhältnismäßigkeitsprüfung. Andererseits erfordert eine ernsthafte Abwägung, dass ein unverletzbarer Kern existiert, der einer Abwägung verschlossen ist – etwa aus dem Bereich der in Art. 79 Abs. 3 GG absolut geschützten „in den Artikeln 1 und 20 niedergelegten Grundsätze[n]", also insbesondere in der Menschenwürde und den Staatsstrukturprinzipien des Art. 20 – Demokratie, Sozialstaat, Rechtsstaat, Bundesstaat.[66] Ein Konflikt mit europäischen Grundwerten, wie sie der Vertrag in Art. 2 und 6 EUV zum Ausdruck bringt, also Menschenwürde, Freiheit, Demokratie, Gleichheit, Rechtsstaatlichkeit und die Wahrung der Menschen- und Minderheitenrechte, ist hier nicht zu erkennen, im Kern sind sie vielmehr identisch.

Dass dies dem Gerichtshof der Europäischen Union durchaus präsent ist, hat er in der Entscheidung Digibet bewiesen, in der er aus föderalen Gründen Abstriche von dem von ihm für das Glücksspiel entwickelten Kohärenzprinzip zu machen bereit war.[67] Auch hier zeigt sich, dass gegenseitige Rücksichtnahme auf Kernprinzipien der jeweiligen Verfasstheit eine wechselseitige Verpflichtung von Union und Mitgliedstaaten darstellt, die in dem jeweiligen Recht verankert ist – Art. 23 Abs. 1 i. V. m. Art. 79 Abs. 3 GG einerseits, Art. 4 Abs. 2 EUV andererseits. Die Mitwirkungspflicht bei der Entwicklung der Europäischen Union in Art. 23 Abs. 1 GG und die Achtung der nationalen Identität in Art. 4 Abs. 2 EUV bilden im jeweiligen Verfassungs- bzw. Vertragssystem die Rechtsgrundlage für diese gegenseitige Rücksichtnahme, die im „Vorhof" eine Abwägung verlangt, im „Kern" aber auch eine nicht-hintergehbare Grenze setzt. Darüber entscheiden jeweils als Höchstgerichte Bundesverfassungsgericht und Gerichtshof der Europäischen Union in einer Weise, welche die Zumutungen für das andere Rechtssystem in Grenzen hält. Das Bundesverfassungsgericht hat jedenfalls bewiesen, dass es sich dieser Aufgabe bewusst ist.[68]

---

[66] Vgl. BVerfGE 123, 267 (356).

[67] EuGH, Urt. v. 12.06.2014 – Rs. C-156/13, Rn. 34 – *Digibet.* Allgemein *Lenaerts* EuR 2015, 3.

[68] Vgl. auch die europarechtskonforme Auslegung von Art. 19 Abs. 3 GG in BVerfGE 129, 78 (94 ff.) sowie jetzt die identitätskonforme Auslegung von Art. 4a Abs. 1 des Rahmenbeschlusses über den Europäischen Haftbefehl idF des Rahmenbeschlusses 2009/299/JI, ABl. Nr. L 81/24 v. 27.3.2009 in BVerfG, Zweiter Senat, Beschluss v. 15.12.2015 – 2 BvR 2735/15, Rn. 85 ff.

V. Schluss: Das Prinzip der Rücksichtnahme und seine Grenzen

Mit den drei Rechtsfiguren Solange, *ultra-vires-* und Identitätskontrolle hat das Bundesverfassungsgericht in der Amtszeit und unter Mitwirkung *Herbert Landaus* ein Gleichgewicht hergestellt zwischen der Orientierungs- und Leitfunktion der Entscheidungen internationaler und europäischer Gerichte im Rahmen ihrer jeweiligen Zuständigkeit einerseits und der Einhaltung verfassungs- und insbesondere grundrechtlicher Mindestanforderungen andererseits. Nur so kann die internationale und europäische Rechtsprechung ihrer Funktion der über- und zwischenstaatlichen Streitschlichtung gerecht werden.

Dies entspricht auch dem Willen des historischen Verfassungsgebers, der in der Präambel, in Art. 1 Abs. 2 GG sowie später in Art. 23 Abs. 1 GG die Völkerrechts-, Europarechts- und Menschenrechtsfreundlichkeit des Grundgesetzes festgelegt hat. Nie wieder soll Deutschland sein eigenes Recht über die international anerkannten Rechtsgrundsätze und Grundlagen jeder Rechtsordnung stellen und Menschen ihrer unantastbaren Rechte zu berauben suchen. Niemals aber soll auch irgendein anderes Rechtssystem in Deutschland Geltung erlangen, das die Menschenwürde und ein Mindestmaß an Grundrechten, die Demokratie und die horizontale und vertikale Gewaltenteilung missachtet, ob allgemein oder im Einzelfall. Wenn in schonender Weise angewendet, stellen diese Mindestbedingungen deutscher Staatsgewalt keine Gegensätze, sondern zwei Seiten derselben Medaille dar.

Die Dichotomie unseres Grundgesetzes

Europafreundlichkeit vs. Demokratieprinzip

Thomas Schäfer[*]

Anlässlich der anstehenden Entscheidung des Bundesverfassungsgerichts in den Verfahren über Verfassungsbeschwerden gegen den Beschluss des Rates der Europäischen Zentralbank vom 06.09.2012 betreffend die „Technical features of Outright Monetary Transactions (OMT)“, im Rahmen derer sich die Frage stellen wird, wie das Bundesverfassungsgericht sich zu seiner Rechtsprechung zur „Letztprüfungskompetenz“ des Bundesverfassungsgerichts in Konfliktfragen mit dem Unionsrecht (in der Auslegung durch den Europäischen Gerichtshof (EuGH)) positioniert, ergreife ich die Gelegenheit, die Entwicklung der verfassungsrichterlichen Rechtsprechung in Kürze Revue passieren zu lassen, um sie dann einer persönlichen Bewertung zuzuführen. Diese Bewertung soll im Kontext des Sondervotums meines guten Freundes, des mit dieser Festschrift Geehrten und Richters des Zweiten Senats des Bundesverfassungsgerichts, *Herbert Landau*, im so genannten „Honeywell-Beschluss“ des Bundesverfassungsgerichts (Beschluss vom 06.07.2010, Az. 2 BvR 2661/06) erfolgen.

I. Das Sondervotum des Geehrten im „Honeywell-Beschluss“

Zum Beschluss des Zweiten Senats des Bundesverfassungsgerichts vom 06.07.2010, Az. 2 BvR 2661/06, (Honeywell-Beschluss), in dem das Verhältnis des Unionsrechts zum nationalen Verfassungsrecht thematisiert wird, hat Landau eine abweichende Meinung zur Senatsmehrheit konstatiert. Er beklagt in seinem Votum, dass die Senatsmehrheit in ihrem Beschluss die Anforderungen an die Feststellung eines Ultra-vires-Handelns der Gemeinschafts- oder Unionsorgane durch das Bundesverfassungsgericht überspanne und insofern

[*] Ich danke Herrn Regierungsrat Konstantinos Savvidis sehr herzlich für seine wertvollen Anregungen und kritischen Reflexionen bei der Erstellung dieses Beitrags.

ohne überzeugende Gründe von dem Senatsurteil zum Vertrag von Lissabon (Urteil vom 30.06.2009, Az. 2 BvE 2/08) abweiche.[1] Er sieht verschiedene grundlegende Prinzipien verletzt, die das Bundesverfassungsgericht bisher beachtet, nunmehr aber in seinem Honeywell-Beschluss (teilweise) aufgegeben habe.

1. Begründung für die Prüfungskompetenz des Bundesverfassungsgerichts

a) Demokratische Legitimation der Organe der EU

Landau zufolge sei insbesondere dem Demokratieprinzip nicht mehr ausreichend Rechnung getragen. Das Handeln von Organen der Europäischen Union sei nämlich nur so lange demokratisch legitimiert, wie es sich im Rahmen der Kompetenzen hält, die die Mitgliedstaaten der Union übertragen haben. Denn im demokratischen Regierungssystem folge der Geltungsanspruch einer Norm nicht aus einer einseitigen Machtunterworfenheit des Bürgers, sondern aus ihrer Rückführung auf den Bürger selbst. Demokratische Legitimation erfordere deshalb eine tatsächliche, durchgehende Anknüpfung an das Staatsvolk, die sich innerhalb der Staatengemeinschaft fortsetzen müsse.[2]

b) Mitgliedstaaten als Herren der Verträge

Auch „formaljuristisch" rühre die Ermächtigung, hoheitliche Gewalt supranational auszuüben, von den Mitgliedstaaten als den Herren der Verträge her, es handele sich also um abgeleitetes Recht, das weiterhin von den Mitgliedstaaten abhängig sei. Entsprechend enthalte der Lissabon-Vertrag in Art. 5 Abs. 1 S. 1 und Abs. 2 EUV das Prinzip begrenzter und kontrollierter Einzelermächtigung. Der Vertrag enthalte bei verfassungsgemäßer Interpretation keinerlei Vorschriften, die den Unionsorganen die Kompetenz-Kompetenz verschaffen würden. Entsprechend sei auch die dem Gerichtshof übertragene Kompetenz zur Auslegung und Anwendung des Unionsrechts nicht schrankenlos. Die ihr durch das Grundgesetz gezogenen Grenzen unterlägen letztlich der Gerichtsbarkeit des Bundesverfassungsgerichts.[3]

c) Ohnmacht der Politik

Im Falle von Grenzdurchbrechungen kämen außerdem beim derzeitigen Entwicklungsstand des Unionsrechts allein die nationalen Höchstgerichte, insbesondere die Verfassungsgerichte, als Instanzen für die Ausübung einer Kompetenzkontrolle gegenüber den Unionsorganen in Frage, nachdem auf der euro-

---

[1] BVerfGE 126, 286 – Honeywell, Rn. 95.
[2] BVerfGE 126, 286 – Honeywell, Rn. 96.
[3] BVerfGE 126, 286 – Honeywell, Rn. 97.

päischen Ebene der Gerichtshof den Schlussstein des Systems bilde und diese Position tendenziell gemeinschaftsfreundlich genutzt habe. Die exekutiven und judikativen Instanzen der Europäischen Union hätten weithin die Möglichkeit, das Unionsrecht in der von ihnen für richtig gehaltenen Interpretation durchzusetzen, ohne dass die politischen Instanzen über effektive Mechanismen zur Gegensteuerung für den Fall verfügten, dass sie die Folgen der Interpretation für schädlich erachten. Die Möglichkeit, eingetretenen Kompetenzaushöhlungen legislativ oder durch Vertragsrevisionen zu begegnen, sei angesichts der hierfür bestehenden hohen Hürden in einer Union mit 27 (nunmehr 28) Mitgliedstaaten von geringer praktischer Wirksamkeit.[4]

2. Überspannung des Bogens durch die Senatsmehrheit

a) Grundsatz der Europafreundlichkeit ja, aber...

Zwar sei bei der Ausübung der bundesverfassungsgerichtlichen Prüfungskompetenz der Grundsatz der Europafreundlichkeit des Grundgesetzes als Korrelat des Grundsatzes der loyalen Zusammenarbeit (Art. 4 Abs. 3 EUV) zu beachten. Das Spannungsverhältnis zwischen dem Prinzip der Wahrung demokratischer Legitimation und der Funktionsfähigkeit der Union habe die Senatsmehrheit im Honeywell-Beschluss aber in überzogener Weise einseitig zu Gunsten der Funktionsfähigkeit aufgelöst.[5]

b) Ausgewogenes Modell des Lissabon-Urteils

Damit sei die Senatsmehrheit irrigerweise von dem in der Entscheidung zum Vertrag von Lissabon entwickelten, ausgewogenen Modell abgekommen, das bereits die Kontrolle in materieller Hinsicht auf ersichtliche Grenzdurchbrechungen gegenüber den Mitgliedstaaten beschränke und sie in formeller Hinsicht unter den Vorrang des Rechtsschutzes auf Unionsebene stelle. Erfasst sei damit jede ausdehnende Auslegung der Verträge, die einer unzulässigen autonomen Vertragsänderung gleichkommt. Kompetenzverletzungen peripherer Natur, die einen offensichtlichen und eindeutigen Charakter vermissen lassen und die Substanz demokratischer Verantwortlichkeit nicht in Frage stellen (sowie Kompetenzüberschreitungen, die nur von unionsinterner Bedeutung sind), blieben außer Betracht. „Ersichtliche“, also klare und eindeutige Verletzungen seien zunächst einer Beurteilung durch den Gerichtshof zugänglich zu machen, wobei die Möglichkeit bestehe, bestehende Bedenken in kompetenzieller Hinsicht zu artikulieren.[6]

---

[4] BVerfGE 126, 286 – Honeywell, Rn. 99.
[5] BVerfGE 126, 286 – Honeywell, Rn. 100.
[6] BVerfGE 126, 286 – Honeywell, Rn. 101.

c) Senatsmehrheit schießt über das Ziel hinaus

Die Senatsmehrheit gehe über das Erfordernis einer ersichtlichen – also klaren und offensichtlichen – Kompetenzüberschreitung hinaus und verlasse den der Lissabon-Entscheidung zu Grunde liegenden Konsens, indem sie nun einen „hinreichend qualifizierten" Kompetenzverstoß fordere, der nicht nur offensichtlich ist, sondern zudem zu einer strukturell bedeutsamen Verschiebung im Kompetenzgefüge zwischen Mitgliedstaaten und supranationaler Organisation führt. Damit schieße die Senatsmehrheit über das Ziel einer europarechtsfreundlichen Ausgestaltung der Ultra-vires-Kontrolle hinaus. Sie verkenne die in der Lissabon-Entscheidung hervorgehobene wesentliche Voraussetzung einer zwingenden demokratischen Legitimation bei Ausübung aller hoheitlichen Gewalt, die bei jeder Kompetenzverletzung durchbrochen sei.[7]

d) Gefahren kumulativer Grenzüberschreitungen

Mit der Forderung nach einer strukturell bedeutsamen Verschiebung im Kompetenzgefüge verkenne die Senatsmehrheit zudem, dass spezifische Gefahren für die Wahrung der Kompetenzen und damit der demokratischen Legitimation im Fall der Europäischen Union weniger von schwerwiegenden – und als solchen erkennbaren – Kompetenzanmaßungen im Einzelfall als von schleichenden Entwicklungen ausgingen, in deren Verlauf kleinere, für sich betrachtet möglicherweise geringfügige Kompetenzüberschreitungen kumulativ bedeutende Folgen haben, es bestehe die Gefahr einer „politischen Selbstverstärkung" der europäischen Ebene. Außerdem lasse sich die Eignung eines Einzelakts, strukturelle Verschiebungen im Kompetenzgefüge herbeizuführen, vielfach erst im Nachhinein wirklich beurteilen.[8]

e) Faktischer Rückfall auf Solange II

Im Ergebnis werde die Senatsmehrheit so ihrer Verantwortung für den rechtsstaatlich-demokratischen Sinngehalt von Kompetenzvorschriften nicht gerecht. Sie verfolge damit eine schon in der bisherigen Rechtsprechung des Bundesverfassungsgerichts erkennbare problematische Tendenz weiter, das demokratisch begründete nationale Letztentscheidungsrecht über die Anwendung von Hoheitsgewalt im eigenen Territorium und die damit einhergehende Verantwortung auch für die Einhaltung der an die Union verliehenen Kompetenzen nur noch auf dem Papier zu behaupten und vor deren praktisch wirksamer Vollziehung zurückzuschrecken. Anstatt das im Lissabon-Urteil bestehende taugliche Mittel zur Nachprüfung der Einhaltung der Kompetenzgrenzen zu einem ef-

---

[7] BVerfGE 126, 286 – Honeywell, Rn. 102.
[8] BVerfGE 126, 286 – Honeywell, Rn. 103.

fektiven Kontrollinstrument zu machen, sei das Gericht praktisch wieder zum status quo der Solange II-Entscheidung zurückgekehrt.[9]

II. Historie der Rechtsprechung des Bundesverfassungsgerichts über das Verhältnis von EU-Recht zu nationalem Recht

Die Geschichte des zwar von beiderseitigem Kooperationswillen geprägten, jedoch nicht ganz spannungsfreien Verhältnisses zwischen dem Bundesverfassungsgericht und dem EuGH ist eine lange. In den letzten vier Dekaden hat das Bundesverfassungsgericht seine Rechtsprechung zum Verhältnis seiner Rechtsprechungskompetenz zu derjenigen des EuGH wiederholt fortentwickelt und konkretisiert. Nun hat der EuGH dem Bundesverfassungsgericht mit seinem OMT-Urteil vom 16.06.2015, Az. C-62/14, erneut Anlass gegeben, seine Rechtsprechung zur Letztprüfungskompetenz zu bestätigen oder zu modifizieren. Es darf mit Spannung erwartet werden, wie das Bundesverfassungsgericht sich äußern wird. Bisher stellt sich die Entwicklung der Rechtsprechung des Gerichts wie folgt dar:

1. Solange I (BVerfGE 37, 271)

In seinem Beschluss des Zweiten Senats vom 29.05.1974, Az. BvL 52/71, in dem es sich zu dem Verhältnis zwischen den Grundrechtsgarantien des Grundgesetzes und den Vorschriften des sekundären Gemeinschaftsrechts der Europäischen Wirtschaftsgemeinschaft äußerte, entschied das Bundesverfassungsgericht, dass sich in einem Normenkonflikt von Gemeinschaftsrecht mit den grundgesetzlichen Grundrechtsgarantien die Grundrechtsgarantie des Grundgesetzes durchsetze, solange nicht entsprechend dem Vertragsmechanismus die zuständigen Organe der Gemeinschaft den Normenkonflikt behoben haben.[10] Für seine Entscheidung führte das Gericht die folgenden Gründe an:

a) Qualität des Gemeinschaftsrechts

Der Senat qualifizierte das Gemeinschaftsrecht in seinem Beschluss zwar als eigenständige Rechtsordnung, die aus einer autonomen Rechtsquelle fließe, dabei jedoch weder Bestandteil der nationalen Rechtsordnung noch Völkerrecht sei. Die Europäische Wirtschaftsgemeinschaft sei nämlich kein Staat, insbesondere kein Bundesstaat, sondern „eine im Prozeß fortschreitender Integration stehende Gemeinschaft eigener Art", eine „zwischenstaatliche Einrichtung" im

---

[9] BVerfGE 126, 286 – Honeywell, Rn. 104.
[10] BVerfGE 37, 271 – Solange I, Rn. 45.

Sinne des Art. 24 Abs. 1 GG[11]. Daher stünden die beiden Rechtskreise grundsätzlich unabhängig voneinander und nebeneinander in Geltung.[12] Für den Fall der Diskordanz beider Rechtskreise bedürfe es jedoch einer Regelung zur Auflösung dieses Konfliktes.[13] Einen absoluten Vorrang des Gemeinschaftsrechts gegenüber dem nationalen Verfassungsrecht akzeptiert das Bundesverfassungsgericht dabei nicht. Auch das Argument, ohne diesen Vorrang werde die Gemeinschaft in Frage gestellt, rechtfertige dies nicht. Denn die Bindung der Mitgliedstaaten durch den Vertrag sei nach Sinn und Geist der Verträge nicht einseitig, sondern binde auch die durch sie geschaffene Gemeinschaft, das Ihre zu tun, um den hier unterstellten Konflikt zu lösen, also nach einer Regelung zu suchen, die sich mit einem zwingenden Gebot des Verfassungsrechts der Bundesrepublik Deutschland verträgt.[14]

b) Verfassungsidentität und verfassungskonforme Auslegung von Art. 24 GG

Entsprechend sei Art. 24 GG, wenn er von der Übertragung von Hoheitsrechten auf zwischenstaatliche Einrichtungen spreche, nicht wörtlich zu nehmen, sondern wie jede Verfassungsbestimmung ähnlich grundsätzlicher Art im Kontext der Gesamtverfassung zu verstehen und auszulegen. Er eröffne nicht den Weg, die Grundstruktur der Verfassung, auf der ihre Identität beruhe, ohne Verfassungsänderung zu ändern.[15] Ein unaufgebbares, zur Verfassungsstruktur des Grundgesetzes gehörendes Essentiale sei dabei der Grundrechtsteil des Grundgesetzes. Ihn zu relativieren, gestatte Art. 24 GG nicht vorbehaltlos. Dabei sei der gegenwärtige Stand der Integration der Gemeinschaft von entscheidender Bedeutung. Sie entbehre (im Jahr der Entscheidung 1974) noch eines unmittelbar demokratisch legitimierten, aus allgemeinen Wahlen hervorgegangenen Parlaments mit ausreichend adäquater Kontrolle über die europäische Gesetzgebung sowie eines ausreichend adäquaten Grundrechtskatalogs, um die Grenze, die Art. 24 GG ziehe, nicht zu überschreiten. Solange dies der Fall sei, gelte daher der aus Art. 24 GG hergeleitete Vorbehalt.[16]

2. Solange II (BVerfGE 73, 339)

In seinem Beschluss vom 22.10.1986, Az. 2 BvR 197/83, hat der Zweite Senat des Bundesverfassungsgerichts seine Rechtsprechung zum Verhältnis der Recht-

---

[11] Mit der Schaffung des „Europaartikels" Art. 23 GG durch das Gesetz vom 14.07.1992 hat Art. 24 Abs. 1 GG seine Bedeutung für die Kompetenzübertragung auf die Europäische Union mittlerweile verloren. Art. 23 GG enthält die in Art. 24 GG als immanent angenommenen Grenzen für die Übertragung von Hoheitsrechten nunmehr ausdrücklich.

[12] BVerfGE 37, 271 – Solange I, Rn. 40.

[13] BVerfGE 37, 271 – Solange I, Rn. 41.

[14] BVerfGE 37, 271 – Solange I, Rn. 42.

[15] BVerfGE 37, 271 – Solange I, Rn. 43.

[16] BVerfGE 37, 271 – Solange I, Rn. 44.

sprechungskompetenzen der beiden Gerichte aus dem Solange I-Beschluss weitgehend bestätigt, mit einer Modifikation bei der Würdigung der Tatsachenlage: Solange die Europäischen Gemeinschaften – insbesondere die Rechtsprechung des Gerichtshofs der Gemeinschaften – einen wirksamen Schutz der Grundrechte gegenüber der Hoheitsgewalt der Gemeinschaften generell gewährleisten, der dem vom Grundgesetz als unabdingbar gebotenen Grundrechtsschutz im Wesentlichen gleichzuachten ist, zumal den Wesensgehalt der Grundrechte generell verbürgt, so der Senat, werde das Bundesverfassungsgericht seine Gerichtsbarkeit über die Anwendbarkeit von abgeleitetem Gemeinschaftsrecht, das als Rechtsgrundlage für ein Verhalten deutscher Gerichte und Behörden im Hoheitsbereich der Bundesrepublik Deutschland in Anspruch genommen werde, nicht mehr ausüben. Es werde dieses Recht mithin nicht mehr am Maßstab der Grundrechte des Grundgesetzes überprüfen.[17]

3. Lissabon (BVerfGE 123, 267)

In seinem Urteil vom 30.06.2009, Az. 2 BvE 2/08, (sog. „Lissabon-Urteil“) hat der Zweite Senat des Bundesverfassungsgerichts sich erneut über das Verhältnis des Unionsrechts zum nationalen Verfassungsrecht geäußert. Demnach bestehen für das Bundesverfassungsgericht nunmehr zwei Möglichkeiten zur Überprüfung von Rechtsakten der Europäischen Union. Das ist einmal die aus der Solange II-Rechtsprechung bekannte Identitätsprüfung, im Rahmen derer das Bundesverfassungsgericht die Wahrung des unantastbaren Kerngehalts der Verfassungsidentität des Grundgesetzes nach Art. 23 Abs. 1 S. 3 in Verbindung mit Art. 79 Abs. 3 GG prüft, und zum anderen eine so genannte Ultra-vires-Kontrolle. Im Rahmen der Ultra-vires-Kontrolle prüft das Bundesverfassungsgericht – wenn Rechtsschutz auf Unionsebene nicht zu erlangen ist –, ob Rechtsakte der europäischen Organe und Einrichtungen sich unter Wahrung des unionsrechtlichen Subsidiaritätsprinzips (Art. 5 Abs. 2 EGV; Art. 5 Abs. 1 S. 2 und Abs. 3 EUV) in den Grenzen der ihnen im Wege der begrenzten Einzelermächtigung eingeräumten Hoheitsrechte halten. Dabei solle eine solche Ultra-vires-Kontrolle nur in Fällen ersichtlicher Grenzüberschreitungen möglich sein.[18] Mögliche Rechtsfolge einer festgestellten Verletzung wäre die Erklärung des betreffenden Unionsrechts für unanwendbar in Deutschland.[19] Zur Begründung führt das Bundesverfassungsgericht Folgendes an:

---

[17] BVerfGE 73, 339 – Solange II, Rn. 132.
[18] BVerfGE 123, 267 – Lissabon, Rn. 240.
[19] BVerfGE 123, 267 – Lissabon, Rn. 241.

a) Qualität des Unionsrechts

Seine Prüfungskompetenz begründet das Bundesverfassungsgericht damit, dass die Ermächtigung zur Übertragung von Hoheitsrechten auf die Europäische Union oder andere zwischenstaatliche Einrichtungen zwar eine Verlagerung von politischer Herrschaft auf internationale Organisationen erlaube. Diese Ermächtigung, supranationale Zuständigkeiten auszuüben, stamme allerdings von den Mitgliedstaaten einer solchen Einrichtung, welche dauerhaft die Herren der Verträge blieben; es handele sich dabei um abgeleitetes Recht, beim europäischen Primärrecht um eine abgeleitete – und damit abhängige – Grundordnung. Die Quelle der Gemeinschaftsgewalt und der sie konstituierenden europäischen Verfassung im funktionellen Sinne seien die in ihren Staaten demokratisch verfassten Völker Europas. Die überstaatliche Autonomie bleibe damit immer sachlich begrenzt.[20] Die Ermächtigung im Grundgesetz zur Übertragung von Hoheitsrechten stehe unter der Bedingung, dass dabei die souveräne Verfassungsstaatlichkeit auf der Grundlage eines Integrationsprogramms nach dem Prinzip der begrenzten Einzelermächtigung und unter Achtung der verfassungsrechtlichen Identität als Mitgliedstaaten gewahrt bleibt und zugleich die Mitgliedstaaten ihre Fähigkeit zu selbstverantwortlicher politischer und sozialer Gestaltung der Lebensverhältnisse nicht verlieren.[21]

b) Prinzip der begrenzten Einzelermächtigung, Demokratiedefizit

Entsprechend ermächtige das Grundgesetz die deutschen Staatsorgane auch nicht, Hoheitsrechte derart zu übertragen, dass aus ihrer Ausübung heraus eigenständig weitere Zuständigkeiten für die Europäische Union begründet werden können (sog. „Kompetenz-Kompetenz“).[22] Das Grundgesetz ermächtigt die für Deutschland handelnden Organe nicht, durch einen Eintritt in einen Bundesstaat das Selbstbestimmungsrecht des Deutschen Volkes in Gestalt der völkerrechtlichen Souveränität Deutschlands aufzugeben. Dieser Schritt sei wegen der mit ihm verbundenen unwiderruflichen Souveränitätsübertragung auf ein neues Legitimationssubjekt allein dem unmittelbar erklärten Willen des Deutschen Volkes vorbehalten.[23] Auch eine weitgehende Verselbständigung politischer Herrschaft für die Europäische Union durch die Einräumung stetig vermehrter Zuständigkeiten und eine allmähliche Überwindung noch bestehender Einstimmigkeitserfordernisse oder bislang prägender Regularien der Staatengleichheit könne aus der Sicht des deutschen Verfassungsrechts allein aus der Handlungsfreiheit des selbstbestimmten Volkes heraus geschehen. Solche

[20] BVerfGE 123, 267 – Lissabon, Rn. 231.
[21] BVerfGE 123, 267 – Lissabon, Rn. 226.
[22] BVerfGE 123, 267 – Lissabon, Rn. 233.
[23] BVerfGE 123, 267 – Lissabon, Rn. 228.

Integrationsschritte müssten von Verfassungs wegen durch den Übertragungsakt sachlich begrenzt und prinzipiell widerruflich sein.[24]

Das Prinzip der begrenzten Einzelermächtigung sei deshalb nicht nur ein europarechtlicher Grundsatz (Art. 5 Abs. 1 S. 1 und Abs. 2 EUV), sondern nehme – ebenso wie die Pflicht der Europäischen Union, die nationale Identität der Mitgliedstaaten zu achten (Art. 6 Abs. 3 EUV; Art. 4 Abs. 2 S. 1 EUV) – mitgliedstaatliche Verfassungsprinzipien auf. Das europarechtliche Prinzip der begrenzten Einzelermächtigung und die europarechtliche Pflicht zur Identitätsachtung seien insoweit vertraglicher Ausdruck der staatsverfassungsrechtlichen Grundlegung der Unionsgewalt.[25]

4. Honeywell (BVerfGE 126, 286)

In seinem Beschluss vom 06.07.2010, Az. 2 BvR 2661/06, hat der Zweite Senat des Bundesverfassungsgerichts seine Rechtsprechung über das Verhältnis des Unionsrechts zum nationalen Verfassungsrecht modifiziert. Demnach komme eine Ultra-vires-Kontrolle durch das Bundesverfassungsgericht nur unter der einschränkenden Voraussetzung in Betracht, dass ersichtlich ist, dass Handlungen der europäischen Organe und Einrichtungen außerhalb der übertragenen Kompetenzen ergangen sind. Soweit keine Neuigkeiten. Ersichtlich sei ein Verstoß gegen das Prinzip der begrenzten Einzelermächtigung allerdings (nunmehr) nur dann, wenn die europäischen Organe und Einrichtungen die Grenzen ihrer Kompetenzen in einer das Prinzip der begrenzten Einzelermächtigung spezifisch verletzenden Art überschritten haben (Art. 23 Abs. 1 GG), der Kompetenzverstoß mit anderen Worten hinreichend qualifiziert ist.[26] Dies bedeutet, dass das kompetenzwidrige Handeln der Unionsgewalt offensichtlich ist und der angegriffene Akt im Kompetenzgefüge zwischen Mitgliedstaaten und Union im Hinblick auf das Prinzip der begrenzten Einzelermächtigung und die rechtsstaatliche Gesetzesbindung erheblich ins Gewicht fällt,[27] er im Kompetenzgefüge zu einer strukturell bedeutsamen Verschiebung zulasten der Mitgliedstaaten führt.[28] Dem Gerichtshof sei dabei die Rechtsfortbildung im Wege methodisch gebundener Rechtsprechung nicht verwehrt.[29] Rechtsfortbildung sei allerdings keine Rechtsetzung mit politischen Gestaltungsfreiräumen,

[24] BVerfGE 123, 267 – Lissabon, Rn. 233.

[25] BVerfGE 123, 267 – Lissabon, Rn. 234.

[26] Vgl. zur Formulierung „hinreichend qualifiziert" als Tatbestandsmerkmal im unionsrechtlichen Haftungsrecht etwa EuGH, Urt. v. 10.07.2003 – Fresh Marine – C-472/00 P, Slg. 2003, S. I-7541, Rn. 26 f.

[27] BVerfGE 126, 286 – Honeywell, Rn. 61.

[28] BVerfGE 126, 286 – Honeywell, Leitsätze.

[29] BVerfGE 126, 286 – Honeywell, Rn. 62.

sondern folge den gesetzlich oder völkervertraglich festgelegten Vorgaben, wo sie ihre Gründe und Grenzen finde.[30]

Vor der Annahme eines Ultra-vires-Akts sei dem Gerichtshof der Europäischen Union allerdings im Rahmen eines Vorabentscheidungsverfahrens nach Art. 267 AEUV die Gelegenheit zur Vertragsauslegung sowie zur Entscheidung über die Gültigkeit und die Auslegung der fraglichen Handlungen zu geben, soweit er die aufgeworfenen Fragen noch nicht geklärt hat.[31]

Als Begründung führt der Senat keine grundlegend neuen Argumente an. Er begründet seine Entscheidung weiterhin mit der Übertragung von Hoheitsrechten nach dem Prinzip der begrenzten Einzelermächtigung[32] und mit der Grenze der Verfassungsidentität.[33] Allerdings geht er insoweit einen Kompromiss ein, als er die Kooperationspflicht mit dem EuGH betont und ihm eine gewisse Fehler- und Interpretationstoleranz zugesteht. Außerdem führt der Senat mit dem Kriterium des „hinreichend qualifizierten" Kompetenzverstoßes eine Art Erheblichkeitsschwelle ein.

a) Koordinierungspflicht des BVerfG

Vor dem Hintergrund dessen, dass der Anwendungsvorrang des Unionsrechts grundsätzlich anzuerkennen sei, andererseits aber aus oben genannten Gründen die Pflicht des Bundesverfassungsgerichts, substantiierten Rügen eines Ultra-vires-Handelns der europäischen Organe und Einrichtungen nachzugehen, bestehe, sei diese Pflicht mit der vertraglich dem Gerichtshof übertragenen Aufgabe zu koordinieren, die Verträge auszulegen und anzuwenden und dabei Einheit und Kohärenz des Unionsrechts zu wahren (vgl. Art. 19 Abs. 1 UAbs. 1 S. 2 EUV, Art. 267 AEUV).[34] Die Ultra-vires-Kontrolle dürfe also nur europarechtsfreundlich ausgeübt werden.[35]

b) Fehler- und Interpretationstoleranz des EuGH

Im Falle einer Ultra-vires-Prüfung durch das Bundesverfassungsgericht betreffend eine Entscheidung des EuGH seien zudem Aufgabe und Stellung der unabhängigen überstaatlichen Rechtsprechung zu wahren. Dies bedeute zum einen, dass die unionseigenen Methoden der Rechtsfindung, an die sich der Gerichtshof gebunden sieht und die der „Eigenart" der Verträge und den ihnen eigenen

---

[30] BVerfGE 126, 286 – Honeywell, Rn. 64.
[31] BVerfGE 126, 286 – Honeywell, Rn. 60.
[32] BVerfGE 126, 286 – Honeywell, Rn. 53 f., 59.
[33] BVerfGE 126, 286 – Honeywell, Rn. 59.
[34] BVerfGE 126, 286 – Honeywell, Rn. 56.
[35] BVerfGE 126, 286 – Honeywell, Rn. 58.

Zielen Rechnung tragen, zu respektieren seien. Zum anderen habe der Gerichtshof Anspruch auf Fehlertoleranz.[36]

III. Persönliche Bewertung

1. Argumente des Geehrten

Landau führt zur Begründung seiner Position im Wesentlichen drei Gründe an: das Demokratieprinzip, den formalen Akt der Übertragung von Hoheitsrechten auf die Europäische Union und damit einhergehend die Qualität des europäischen Rechts als lediglich abgeleitetes von den Mitgliedstaaten abhängiges Recht und den praktischen Grund der Machtlosigkeit der Politik. All diese Argumente haben etwas für sich und wiegen in der Reihenfolge ihrer Aufzählung.

Landau ist Recht zu geben, dass der Demokratiegrundsatz ein solch grundlegendes Prinzip unserer Verfassung ist, dass es in seinem Kern für alle Zeiten unantastbar sein muss. Das ist neben der Unantastbarkeit der Würde des Menschen das oberste Gebot unserer Gemeinschaft schlechthin. An diesem Prinzip muss sich alles politische Handeln messen lassen. Das bedeutet, dass auch im Rahmen der folgenden Betrachtungen dieses Prinzip stets im Blick behalten werden muss.

Das Argument, dass das Unionsrecht von den Mitgliedstaaten, von denen es sich ableite, daher auch von ihnen abhängig sei, lässt sich sehr gut vertreten, kann aber nicht per se als absolute Wahrheit angenommen werden. Diese Wertung hängt vielmehr von weiteren Faktoren ab. Zunächst einmal lässt sich darüber streiten – und das geschieht ja auch, wie das Sondervotum[37] zum Solange I-Beschluss zeigt –, inwieweit tatsächlich Hoheitsrechte übertragen worden sind. Daneben stellt sich die Frage, inwieweit dies überhaupt verfassungsmäßig zulässig war, womit wir sogleich wieder bei Argument Nummer 1 wären.

Das Argument, dass gerade das Bundesverfassungsgericht für die Überprüfung des Unionsrechts zuständig sei – und nicht etwa ein politisches Organ –, weil der Politik die Mittel fehlten, ist auch nicht ohne weiteres als evidente Wahrheit zu akzeptieren, sondern bedarf der genaueren Betrachtung.

2. Argumente für den EuGH

Doch auch für eine alleinige oder weitergehende Kompetenz des EuGH streiten einige Argumente.

So zunächst einmal der eine starke Sprache sprechende Wortlaut des Art. 23 Abs. 1 S. 2 GG, in dem von der „Übertragung von Hoheitsrechten" die Rede ist.

---

[36] BVerfGE 126, 286 – Honeywell, Rn. 66.

[37] BVerfGE 37, 271 – Solange I, Rn. 69 ff..

Allerdings ist diese Norm, wie auch jede andere Norm des Grundgesetzes, im Kontext der übrigen Normen des Grundgesetzes, also verfassungskonform, auszulegen. Hier kommt das von Landau angeführte Argument des Demokratieprinzips ins Spiel.

Weiterhin streitet für die Letztprüfungskompetenz des EuGH das universale völkerrechtliche Prinzip des pacta sunt servanda. In Art. 19 Abs. 1 EUV heißt es: „[Der Gerichtshof] sichert die Wahrung des Rechts bei der Auslegung und Anwendung der Verträge." Allerdings gilt Völkervertragsrecht gemäß Art. 59 Abs. 2 GG in Deutschland innerstaatlich nur dann, wenn es innerstaatlich durch Ratifikation umgesetzt worden ist. Damit wären wir wieder bei der Frage angekommen, wie Art. 23 Abs. 1 S. 2 GG auszulegen sei, und damit beim Demokratieprinzip.

Doch könnte man einwenden, das Demokratieprinzip sei überhaupt nicht berührt, da der Europäischen Union lediglich sachlich bestimmte und begrenzte Kompetenzen übertragen worden sind. Damit sei die Souveränität des Mitgliedsstaats gewahrt. Die Allokation der ultimativen Prüfkompetenz beim EuGH stelle keine Gefährdung des Demokratieprinzips dar, da sich der Gerichtshof ja an die inhaltlichen Grenzen zu halten habe. Dem könnte man aber entgegenhalten, dass die Richter der Mitgliedstaaten – so jedenfalls in Deutschland – direkter demokratisch legitimiert seien als die Richter des EuGH. Denn die Richter des Bundesverfassungsgerichts werden gemäß Art. 94 Abs. 1 GG je zur Hälfte vom Bundestage und vom Bundesrate gewählt. Den EuGH-Richtern dagegen haftet das Manko an, von den Regierungen der Mitgliedstaaten bestimmt zu werden (die allerdings immerhin ihrerseits demokratisch gewählt worden sind). Hinzu kommt, dass jeder Mitgliedstaat einen Richter entsendet, womit die (indirekte) Stimme eines EU-Bürgers in den verschiedenen Staaten unterschiedlich stark gewichtet ist.

Andererseits sollen Richter ohnehin unabhängig und unparteiisch sein, sodass die demokratische Herleitung der Richter im Idealfall keine Rolle spielen sollte und dürfte. Das ist es, was einen Richter ausmacht. Und damit er seiner Rolle gerecht werden kann, damit er überhaupt ein Richter sein kann, muss in der Bevölkerung das erforderliche Vertrauen in den Richter, in seine Unabhängigkeit und Unparteilichkeit bestehen. Anderenfalls verliert er jede Autorität. Die wesentliche Frage ist daher, ob dieses Vertrauen der Bürger in der Europäischen Union insgesamt, aber auch in den einzelnen Mitgliedstaaten, in die Institution des EuGH groß genug ist, um den EuGH als vollwertiges höchstes Gericht anzuerkennen. Es macht einen Richter aus, dass man ihm einen Vertrauensvorschuss gewährt und ihm dann im Falle eines Urteilsspruchs folgeleistet, das Urteil nicht, weil es einem unangenehm ist, ablehnt. Die Möglichkeit der Für-Unanwendbar-Erklärung eines Urteils des EuGH ist daher jedenfalls höchst bedachtsam auszuüben.

Schließlich könnte man einwenden, dass es bei der Frage der Übertragung von Hoheitsrechten eher um eine politische denn um eine rechtliche Frage gehe, weshalb es nicht Aufgabe des Bundesverfassungsgerichts sei, europäische Rechtsakte für unanwendbar zu erklären, sondern vielmehr Aufgabe der Politik. Schließlich gesteht auch das Bundesverfassungsgericht dem EuGH keine Rechtsetzung mit politischen Gestaltungsfreiräumen zu. Hierzu äußert Landau, dass der Politik hierfür jedoch die entsprechenden Mittel fehlten, da die Europäische Union mit ihren 27 (nunmehr 28) Mitgliedstaaten und dem im Grundsatz geltenden Einstimmigkeitsprinzip faktisch kaum Möglichkeiten für einen (einzelnen) Mitgliedstaat zulasse, Kompetenzüberschreitungen von EU-Organen selbst effektiv zu begegnen. Dem lässt sich entgegnen, dass die Politik, wie auch das sie legitimierende Volk, durchaus einen letzten Ausweg hätte, nämlich die Aufgabe der die Souveränität einschränkenden Mitgliedschaft oder die Nachverhandlung in Androhung derselben. Allerdings hieße dies im Großen und Ganzen, ein Alles-oder-Nichts-Prinzip zu vertreten, dessen Sinnhaftigkeit fraglich erscheint. Außerdem müssen solche Mittel ultima ratio bleiben, da sie den Zusammenhalt der Union bis ins Mark erschüttern und deren Existenz letztlich gefährden können.

3. Persönliche Bewertung

Letztlich sind für eine Beantwortung der Frage nach der Letztprüfungskompetenz des Bundesverfassungsgerichts die Gefahr der Beeinträchtigung der Funktionsfähigkeit der EU und des Vertrauens der Bürger in diese Institution (durch Nichtanerkennung von EuGH-Urteilen) auf der einen Seite und das Demokratieprinzip auf der anderen Seite gegeneinander abzuwägen.

Das Demokratieprinzip ist ein essentielles Element unserer Verfassung und unseres Gemeinwesens und darf daher in seinem Kern auf Dauer und irreversibel keinesfalls verletzt werden. Auf der anderen Seite funktioniert eine Union – zumal eine solche mit 28 Mitgliedstaaten – nicht ohne Kompromisse. Ein solcher Kompromiss ist die Gewährung eines gewissen Spielraums für den EuGH bei der Auslegung des europäischen Rechts – und zwar inklusive Fehler- und Interpretationstoleranz, solange es sich wirklich um (ungewollte) Fehler handelt und um (vertretbare) Interpretationen, wie sie auch jedem nationalen obersten Gericht zusteht. Denn in beiden Fällen handelt der EuGH rechtmäßig und im Prinzip so, wie es das Bundesverfassungsgericht auch täte; im ersteren Fall gilt: Fehler kann jeder machen, in letzterem: Eine Kompetenzüberschreitung liegt im Falle einer vertretbaren Interpretation überhaupt nicht vor. Dies ist erforderlich, um dem EuGH das notwendige Vertrauen, die notwenige Glaubwürdigkeit und letztlich die notwendige Autorität zu sichern sowie um zu verhindern, dass nationale Gerichte sich der Reihe nach von der Rechtsprechung des EuGH unabhängig machen. Was für Schwierigkeiten entstehen können, wenn die Mitgliedstaaten in der Europäischen Union zu wenig Kompromissbereitschaft zeigen, wird uns durch die gegenwärtige Flüchtlingskrise eindrucksvoll vor Augen geführt. Die Idee einer Europäischen Union kann letztlich nur dann funktionieren, wenn wir unsere eigenstaatlichen Interessen langfristig zugunsten eines gemeinsamen Interesses aufgeben. Dieser Prozess ist, wie die Flüchtlingskrise, aber auch viele andere Problemstellungen zeigen, bei Weitem noch nicht abgeschlossen. Um das Ziel der Integration der Union in der Tiefe erreichen zu können, bedarf es noch eines weiten Weges. Es gilt deshalb, den Keim dieses Prozesses nicht zu ersticken. Es ist Fingerspitzengefühl gefragt. Daher muss das Bundesverfassungsgericht seine im Grundsatz bestehende Prüfungspflicht mit Bedacht ausüben.

Die völlige und dauerhafte Aufgabe von Souveränität droht meines Erachtens nicht, da immer noch der Notausstieg über den Austritt aus der Europäischen Union verbleibt (Art. 50 EUV). Dieser Weg ist freilich ultima ratio und in der Regel nicht praktikabel. Dennoch: das Bestehen eines solchen Rettungsankers relativiert die Gefahr für die Demokratie.

Doch hatte das Bundesverfassungsgericht eine praktikable Lösung für die Auflösung des Spannungsverhältnisses zwischen Wahrung des Demokratieprinzips und dem Funktionieren der Europäischen Union im gelebten Alltag des Miteinanders zu finden. Wie gesagt, wird es hierbei letztlich um eine Abwägung gehen. Zwar ist das Demokratieprinzip im Grundsatz, in seinem Kern, zu wahren. Was allerdings diesen inneren, unantastbaren Kern ausmacht, wann das Prinzip derart hinreichend schwer und dauerhaft verletzt ist, dass eine Gefährdung des Funktionierens der Europäischen Union hingenommen werden kann, das lässt sich absolut nicht bestimmen, sondern ist vielmehr im Einzelfall festzustellen.

Das Mittel des Kriteriums des hinreichend qualifizierten[38] Kompetenzverstoßes scheint hierfür geeignet. Es erlaubt dem Bundesverfassungsgericht, im Einzelfall mit der nötigen Flexibilität zu entscheiden. Auch wenn diese Vorgehensweise dogmatisch nicht völlig unproblematisch ist, da die Frage der Kompetenzüberschreitung eine qualitative (als eine Frage des Ob ein Verstoß vorliegt) und keine quantitative (also eine Frage nach dem Grad des Verstoßes) ist, so erscheint die Vorgehensweise praktikabel und vielmehr noch notwendig, um den von unserer Verfassung und unserer Gemeinschaft gewollten Prozess des Zusammenwachsens der europäischen Völkergemeinschaft nicht zu gefährden, um der Europafreundlichkeit Willen. Es ist unser Ansinnen, langfristig zu einer echten Union des europäischen Interesses, statt einer Union der widerstreitenden einzelstaatlichen Interessen zu werden.

---

[38] Interessant ist die Wahl des Terminus des „hinreichend qualifizierten“ Verstoßes durch das Bundesverfassungsgericht, eine Formulierung die der EuGH verwendet, was als versöhnliches Symbol an den EuGH verstanden werden kann.

Landaus warnende Hinweise können dem Bundesverfassungsgericht dabei als mahnendes Gewissen dienen und so dafür Sorge tragen, dass es den Blick stets auf diejenigen Werte und Grundprinzipien, die für unser Gemeinwesen unverzichtbar und unantastbar sind, gerichtet hat und im gegebenen Einzelfall einschreitet.

Einen echten und endgültigen Bruch mit dem Lissabon-Urteil sehe ich im Honeywell-Beschluss nicht. Insbesondere besteht die Gefahr kumulativer Grenzüberschreitungen, die Landau erblickt, dann nicht, wenn das Bundesverfassungsgericht eine solche Entwicklung in Zukunft als Fallgruppe unter das Merkmal des „hinreichend qualifizierten Kompetenzverstoßes“ subsumieren würde.

Letztlich bleibt abzuwarten, wie der Zweite Senat sich zu dieser bedeutenden Frage zukünftig positionieren wird. Mit Spannung können wir seiner demnächst anstehenden Entscheidung in Sachen OMT entgegenblicken.

Teil III

Strafrecht und Prozessrecht

Das Internet als Herausforderung für die Strafverfolgungsbehörden

Aktuelle Rechtsprobleme und Fallbeispiele

Hans-Josef Blumensatt

Das Internet ist aus dem gegenwärtigen Leben der Menschen nicht hinwegzudenken. Anders als jede andere technische Revolution zuvor hat die Nutzung dieses Mediums die Gesellschaft und die Wirtschaft auf der ganzen Welt verändert. Industrie und Verwaltung sind ohne Internet heute nicht mehr vorstellbar. 8,5 Milliarden Computer sind derzeit miteinander vernetzt. Weltweit basieren bereits 40 % der Wertschöpfung auf der Informations- und Kommunikationstechnologie. Allerdings sind Fluch und Segen im Netz Zwillinge. Zwar sind nach der Shell-Jugendstudie aus dem Jahre 2015 nunmehr 99 % der jungen Menschen im Alter zwischen 12 und 25 Jahren im Internet und verbringen durchschnittlich über 18 Stunden wöchentlich online.[1] Jedoch fühlen sich auch 85 % der deutschen Internetnutzer von Netzkriminalität bedroht. Mehr als jeder Fünfte hat bereits negative Erfahrungen mit Viren und anderen schädlichen Programmen gemacht. Und alle zwei Sekunden entsteht ein neues Schadprogramm. Über 20.000 Webseiten werden pro Tag infiziert. Bereits jedes zweite Unternehmen ist in den vergangenen beiden Jahren Opfer von digitaler Wirtschaftsspionage, Sabotage oder Datendiebstahl geworden und hat dadurch Wettbewerbsvorteile eingebüßt. Nach Angaben des Bundesamtes für Sicherheit in der Informationstechnologie (BSI) wurden im Jahre 2013 täglich bis zu 2000 Cyber-Angriffe auf Systeme des Regierungsnetzwerks registriert. Gegen deutsche Unternehmen und ihr Know-how dürften es wohl Zehntausende sein.[2] Versicherungen gegen Folgeschäden von Hackerangriffen nehmen zu.[3] Der aktuelle Lagebericht des BSI vom Oktober 2015 zur IT-Sicherheit in Deutschland im Jahr 2014 geht von mindestens drei Millionen Schadprogrammen für Smartphones und Tablets aus, die derzeit im Umlauf sind. Kriminelle rüsten sich für

[1] 17. Shell-Jugendstudie vom 13.10.2015, zitiert nach FAZ vom 14.10.2015.
[2] FAZ vom 19.11.2013.
[3] FAZ vom 30.09.2015.

das „Internet der Dinge". Hacker erbeuten nicht nur Daten, sie kapern auch Geräte und könnten damit Patienten oder Autofahrer, ja selbst den Flugverkehr gefährden.[4] Demzufolge ist es geradezu zwingend, dass Internetkriminalität, heutzutage auch in Deutschland als Cybercrime bezeichnet,[5] für die Strafverfolgungsbehörden eine immer größere Rolle spielt und sich diese Dynamik auch in der Zukunft noch erheblich steigern wird.[6]

Das Internet als Tatmittel verändert die modi operandi zahlreicher Deliktsformen des Strafgesetzbuches, hat aber zumeist auch gravierende Auswirkungen auf den Schadensumfang und stellt ganz besondere Anforderungen an eine effektive Verbrechensbekämpfung. Es ist die nahezu perfekte Plattform zur Begehung von Straftaten: weltweit, schnell, anonym, vernetzt und dabei noch extrem günstig. Auch der interessierten Öffentlichkeit wird zunehmend bewusst, Daten sind das Gold des 21. Jahrhunderts und – was nunmehr schon zum Allgemeinwissen zählt – das Internet ist der größte Tatort der Welt.

Man unterscheidet hierbei üblicherweise Cybercrime im a) engeren und b) weiteren Sinne.[7]

Während a) alle kriminellen Handlungen bezeichnet, die gegen elektronische Kommunikationsnetze und Informationssysteme begangen werden (englisch: „cyber-dependent crimes", z.B. Datenveränderung, § 303a StGB, Computersabotage, § 303b StGB, Ausspähen von Daten, § 202a StGB, etc.), meint b) Straftaten, die mittels derartiger Netze und Systeme verübt werden (englisch: „cyber-enabled crimes"). Damit sind Delikte gemeint, bei denen das Internet als virtuelles Tatwerkzeug für die Begehung von Straftaten genutzt wird (z.B. Verbreitung von Kinderpornografie, Volksverhetzung, Verbreitung extremistischer Propaganda, öffentliche Aufforderung zu Straftaten, Erpressung, betrügerisches Anbieten von Waren und Dienstleistungen oder Geldanlagen, verbotenes Glücksspiel, unlautere Werbung, Urheberrechtsverletzungen, Verkauf von Waffen, Betäubungsmitteln oder verbotenen Medikamenten).

Es liegt auf der Hand, dass der hier nicht näher zu untersuchende Anstieg der Fallzahlen für Cybercrime in der Polizeilichen Kriminalstatistik[8] nur die Spitze

---

[4] Der Spiegel Nr.33/2015: „Die Vernetzung von Maschinen und die Digitalisierung der Industrie und ihrer Produkte unter dem Schlagwort 4.0 rückt die Gefahr von Hackerangriffen dem Kunden näher."

[5] Vgl. http://www.bka.de/DE/ThemenABisZ/Deliktsbereiche/InternetKriminalitaet/internetKriminalitaet__node.html (zuletzt aufgerufen am 15.11.2015).

[6] Bundespräsident Gauck hat in seiner Rede zum Tag der Deutschen Einheit am 03.10.2013 die digitale Revolution als eine der großen Herausforderungen bezeichnet. Ähnlich wie einst die industrielle Revolution verändere heute die digitale Revolution unsere gesamte Lebens- und Arbeitswelt, das Verhältnis vom Bürger zum Staat, das Bild vom Ich und vom Anderen.

[7] vgl. Kommission der europäischen Gemeinschaften: Mitteilung der Kommission an das Europäische Parlament, den Rat und den Ausschuss der Regionen vom 22.05.2007, http://eur-lex.europa.eu/LexUriServ/LexUriServ.do?uri=COM:2007:0267:FIN:DE:PDF (zuletzt aufgerufen am 15.11.2015).

[8] Polizeiliche Kriminalstatistik 2012 Bundesrepublik Deutschland: Etwa 64.000 Fälle von

des Eisbergs abbildet. Die Dunkelziffer bei Straftaten im Bereich der Computerkriminalität wird teilweise auf bis zu 90 % geschätzt.[9] Allein die Kosten, die durch Cybercrime entstehen, sind nach realistischer Betrachtungsweise größer als jene, die der Handel mit Heroin, Kokain und Marihuana erzeugt.[10] Viel entscheidender als die quantitative Seite der Entwicklung ist jedoch für die Strafverfolgungsbehörden, also für Staatsanwaltschaft und Polizei, die qualitative Komponente dieses Kriminalitätsbereichs. Cybercrime zeigt sich zunehmend auch im Bereich der Organisierten Kriminalität. Es existiert eine Reihe von Sachverhaltskonstellationen, die Probleme aufwerfen, wie sie zum Teil in der Geschichte der Kriminalitätsbekämpfung noch nie zuvor aufgetreten sind. Dies soll anhand von Fallbeispielen dargestellt werden, die aus der Praxis der Hessischen Zentralstelle zur Bekämpfung der Internetkriminalität (kurz: ZIT) stammen.

Angesichts der vielfältigen Bedrohungen durch alle Formen von Cybercrime hatte das Land Hessen bereits im Jahr 2010 die ZIT bei der Generalstaatsanwaltschaft Frankfurt am Main als spezialisierte Ermittlungseinheit eingerichtet.

Neben einer klassischen Zentralstellentätigkeit und der Aus- und Fortbildung von Staatsanwälten des Geschäftsbereichs bearbeitet die ZIT hessenweit Ermittlungsverfahren wegen besonders schwerwiegender oder umfangreicher Internetstraftaten. Zuständige polizeiliche Ermittlungsbehörde ist dabei oft das Hessische Landeskriminalamt. Ferner wurden der ZIT vom Bundesinnenministerium eine Erstzuständigkeit bei vom Bundeskriminalamt (BKA) geführten Ermittlungsverfahren wegen Cybercrime zugewiesen, sofern eine örtlich zuständige Staatsanwaltschaft noch nicht festgestellt werden kann.[11]

Cybercrime, 229.408 Straftaten mit dem Tatmittel Internet; ca. 76.371 Tatverdächtige. Die Aufklärungsquote beträgt 60 %.

[9] Eine Befragung von Unternehmen zur Betroffenheit der norddeutschen Wirtschaft durch Cybercrime im Jahre 2013 ergab, dass aus Angst um ihr Image nur 6 % der Unternehmen Cyberattacken der Polizei melden. Eine Dunkelfelduntersuchung des LKA Niedersachsens Ende Oktober 2013, an der sich fast 20.000 Niedersachsen im Alter ab 16 Jahre beteiligt hatten, ergab, dass nur 8,5 % aller computerbezogenen Straftaten angezeigt werden.

[10] So der ehemalige Präsident des Bundeskriminalamtes, Jörg Ziercke, anlässlich seiner Begrüßungsrede auf der Herbsttagung des Bundeskriminalamtes vom 12.-13.11.2013. Dabei werden die finanziellen Schäden durch Kriminalität und Spionage im Internet nach konservativen Schätzungen (vgl. EU-Report von 2013) auf mindestens 290 Milliarden Euro weltweit geschätzt; nach realistischeren Betrachtungen betragen sie wohl zwischenzeitlich über eine Billion Dollar jährlich. Die Umsätze der Internetwirtschaft werden nach einer Pressemitteilung der Süddeutschen Zeitung vom 28.06.2014 von dem Center for Strategic and International Studies (CSIS) auf zwei bis drei Billionen Dollar jährlich geschätzt. Durch Cybercrime gingen allein in der Europäischen Union 150.000 Arbeitsplätze mit einer hohen Wertschöpfung verloren. Allerdings sei durch Internetkriminalität der Sicherheitsmarkt auf 20 Milliarden Dollar jährlich angewachsen.

[11] BT-Drs. 18/931, S. 13.

Die zahlreichen Verfahren, die durch die ZIT bearbeitet wurden und werden, lassen die aktuellen Problemlagen für die Ermittler deutlich hervortreten, wie nachfolgend anhand von Beispielen illustriert werden soll.

I. Das Internet als grenzenloser, virtueller Raum

Die Nutzung des Internets hat zu einer Entgrenzung der Kriminalität in allen Deliktsbereichen von Cybercrime geführt. Kriminelle Gruppen können sich problemlos über Ländergrenzen mittels des Internets vernetzen. Weltweit bieten sich den teilweise auf technisch hohem Niveau agierenden Tätern unzählige Angriffspunkte und potentielle Opfer. Sicherheitslücken werden sofort erkannt und ausgenutzt, ehe die Ermittlungsbehörden Gegenmaßnahmen treffen können. Das Entdeckungsrisiko ist dabei im Vergleich zur analogen Welt sehr gering. Andererseits ist aber das Gefahrenpotential sowohl für jeden einzelnen Bürger als auch für Wirtschafts- und Finanzunternehmen, für den Staat und seine Einrichtungen erheblich und allgegenwärtig. Die Abhängigkeit von IT-Systemen und IT-Programmen, ja die gesamte Nutzung von IT-gestützter Infrastruktur, erhöht die Verwundbarkeit von Staaten, Unternehmen und jedes Einzelnen. Dies wirft für die Ermittlungsbehörden zwei schwerwiegende Probleme auf. Dies ist zunächst grundsätzlich die häufige Notwendigkeit von Rechtshilfemaßnahmen (dazu 1.). Darüber hinaus stößt die Rechtshilfe jedoch an faktische und rechtliche Grenzen, die in der heutigen Technik der Datenhaltung im Internet begründet sind. In Zeiten von Cloud-Computing[12] ist es nämlich für die Strafverfolgungsbehörden oftmals unmöglich, den Standort beweiserheblicher Daten festzustellen, so dass schon unklar ist, wer Adressat etwaiger Rechtshilfemaßnahmen ist (dazu 2.).

1. Neue Formen der internationalen Zusammenarbeit als Voraussetzung für erfolgreiche Ermittlungsverfahren.

Die Grenzenlosigkeit des Internets verursacht in der Praxis eine steigende Notwendigkeit von grenzüberschreitenden Ermittlungen. Es gibt nahezu kein bedeutsames Verfahren im Bereich von Cybercrime, das keine Auslandsbezüge ausweist, da die Täter beinahe ausnahmslos auch US-Provider wie Google oder Microsoft nutzen. Während Kriminelle problemlos fast in Echtzeit grenzüberschreitend tätig werden können, sind die Ermittlungsbehörden zunächst einmal grundsätzlich an Staatsgrenzen gebunden. Der völkerrechtliche Grundsatz der Gebietshoheit (Territorialitätsprinzip) erlaubt nicht, dass die Behörden eines Staates ohne weiteres Ermittlungen auf fremdem Hoheitsgebiet durchführen.

[12] Erforderliche Beweismittel für den Strafprozess befinden sich oft ausgelagert in einer Cloud und sind schwer aufzufinden.

Dies verschafft den Straftätern einen erheblichen Vorteil, denn üblicherweise bringt die Beschreitung des Rechtshilfeweges erhebliche Zeitverluste mit sich, was angesichts der Leichtflüchtigkeit von Daten als digitale Beweismittel stets die Gefahr des Verlustes in sich birgt. Erforderliche Strafverfolgungsmaßnahmen im Wege der Rechtshilfe sind zeitaufwendig. Eine Sicherung ausländischer Daten ist durch die technischen Veränderungen schwierig und genügt meist nicht den Anforderungen einer modernen Strafverfolgung.[13] Nur durch eine vertraglich ermöglichte, grenzüberschreitende Zusammenarbeit verschiedener Staaten abseits herkömmlicher bürokratischer Wege können hier Erfolge gelingen. Dies soll anhand der „OP Blackshades"[14] illustriert werden.

Das Verfahren, in dem es um den Verdacht des Ausspähens von Daten und des Computerbetruges ging, wurde gemeinsam mit dem BKA betrieben und richtete sich gegen die mutmaßlichen Verkäufer und Erwerber der Schadsoftware „Blackshades".

Dieser Trojaner, der zum Preis von lediglich rund 80 Dollar erhältlich war, ermöglicht unter anderem, die Kontrolle über das infizierte Computersystem zu übernehmen, dieses aus der Ferne zu steuern und alle Daten, die darauf gespeichert sind, auszuspähen – ein ideales Tatmittel, um an sensible Unternehmensdaten zu gelangen, Computerbetrugstaten oder Erpressungen durchzuführen. Dazu stellte das Schadprogramm u.a. die Einrichtung eines sog. Keyloggers zum Mitschnitt und zur Ausleitung aller Tastatureingaben des Opfers, eine Funktion zur unbemerkten Steuerung der Webcam des Opfersystems, die Anfertigung von Screenshots (Momentaufnahmen) des aktuell sichtbaren Bereiches auf dem Bildschirm des Opfersystems, die Ausführung von DDoS-Angriffen, eine „Ransomware"-Funktion, die dazu dient, alle Dateien auf dem Opfersystem zu verschlüsseln und das Opfer gegen Geldzahlung zur Freigabe der Daten zu erpressen sowie die Möglichkeit zum gezielten Ausspähen digitaler Identitäten (sog. ID-Theft-Funktionalität) zur Verfügung.[15]

---

[13] Durch den Wegfall der Vorratsdatenspeicherung hatte sich für die Strafverfolgungsbehörden ein spürbares Umsetzungsdefizit oft auch dann bemerkbar gemacht, wenn andere Vertragsstaaten entsprechende Ersuchen auf beschleunigte Vorabsicherung dieser Daten an die zuständige deutsche Kontaktstelle, das BKA, richteten und diese zumeist nicht in der erforderlichen Weise erledigt werden konnten. Es bleibt abzuwarten, ob die vom Deutschen Bundestag am 16.10.2015 beschlossene Wiedereinführung der Vorratsdatenspeicherung zu nachhaltigen Erfolgen bei der Bekämpfung schwerster Verbrechen führen wird.

[14] http://www.eurojust.europa.eu/press/PressReleases/Pages/2014/2014-05-19.aspx (zuletzt aufgerufen am 15.11.2015).

[15] Cyberkriminelle benötigen oft nur Grundkenntnisse und beschäftigen sich mit Phishing und dem Verändern von Webseiten. Diese Gruppe (zumeist junge Menschen) will möglichst Erfahrungen sammeln und die Alternativen des Internets erproben. Von fortgeschrittenen Hackern, Hobby-Hackern oder ideologischen Hackern mit einer besonderen Affinität zur Technik gehen dagegen erheblich größere Gefahren aus. Diese Gruppe verfügt über gute bis sehr gute EDV-Kenntnisse, die es ihnen auch ermöglichen, an betriebsinterne Unterlagen oder persönliche Daten, ja selbst an vertrauliche Regierungsdokumente zu gelangen. Profes-

Das Verfahren gegen die Programmierer und Verkäufer der Software hatte in den Vereinigten Staaten seinen Ursprung. Die US-Ermittlungsbehörden übermittelten die im Rahmen der dortigen Ermittlungen gewonnenen Daten über die weltweiten Abnehmer des Programms an ihre internationalen Partner, darunter Deutschland, als sogenannte „Spontaninformationen“ also ohne vorheriges Ersuchen der Datenempfänger.[16]

Da die Vertreiber der Schadsoftware sich nicht in Deutschland aufhielten, richteten sich die Ermittlungen ausschließlich gegen die deutschen Abnehmer. Die aus den USA übermittelten rund 400 Datensätze ermöglichten schließlich die Identifizierung von rund 150 Tatverdächtigen aus Deutschland. Haupthindernis für die Identifizierung war dabei die fehlende Vorratsdatenspeicherung. Der Datensatz eines Abnehmers enthielt neben Namen, Anschrift und E-Mailadresse auch die Bestell-IP-Adresse. Letztere war als Ermittlungsansatz in Deutschland unbrauchbar. Da die bei der Bestellung angegebenen Namen und Adressen häufig fiktiv waren, gestalteten sich die Ermittlungen entsprechend aufwendig.

Zur Koordinierung der weltweiten Ermittlungen fanden insgesamt drei Arbeitstreffen bei Eurojust in Den Haag statt, jeweils unter Beteiligung von Vertretern von Europol (EC3). Bereits beim ersten Treffen kamen die zunächst beteiligten Nationen (Belgien, Deutschland, Frankreich, die Niederlande, Rumänien und die USA) überein, die Maßnahmen gegen die Abnehmer im Rahmen einer zeitlich abgestimmten, weltweiten Operation durchzuführen.

Im Verlauf der Operation und insbesondere während des zweiten Arbeitstreffens wurde als Problem erkennbar, dass, obwohl die teilnehmenden Staaten bis auf Chile alle Unterzeichner- bzw. Beitrittsländer des Budapester Übereinkommens über Computerkriminalität sind, teilweise deutliche materiell-strafrechtliche Unterschiede in Bezug auf den Besitz von sog. „Hackertools“ bestehen. In Deutschland unterfällt die „Blackshades“-Software sowohl § 202c StGB, als auch § 263a Abs. 3 StGB, da sie kein sog. „dual-use“-Tool, welches beispielsweise von IT-Sicherheitsfirmen zu Sicherheitstests eingesetzt wird, darstellt, sondern ausschließlich dazu dient, kriminelle Handlungen zu begehen. Sie ist ferner geeignet und bestimmt, Computerbetrugsstraftaten zu begehen, weswegen sowohl das Sich-Verschaffen, als auch der Besitz strafbar ist. Die aus den USA gelieferten Datensätze genügten mithin zur Begründung eines entsprechenden Anfangsverdachts.

Wegen des Erfordernisses der zeitgleichen Durchsuchung erwirkte die ZIT für alle Beschuldigten im gesamten Bundesgebiet zentral Durchsuchungsbe-

---

sionelle und nicht selten global vernetzte Täter vermögen mittels DDoS-Attacken unter Nutzung eines Bot-Netzes ganze Internetportale lahmzulegen.

[16] Zur Rechtslage in Deutschland bzgl. Spontaninformationen vgl. § 61a IRG.

schlüsse und gab die Verfahren anschließend unter Hinweis auf den weltweiten „Action Day“ an die örtlich zuständigen Staatsanwaltschaften ab.

Im Zuge der von Eurojust und Europol koordinierten weltweiten Ermittlungen wurden im Mai 2014 weltweit über 350 Objekte von Tatverdächtigen durchsucht, hiervon bundesweit die Wohnungen von 99 Tatverdächtigen. Beamte verschiedener hessischer Polizeidienststellen durchsuchten Wohnungen von 12 Tatverdächtigen in Hessen.

Insgesamt wurden in den beteiligten Ländern über 1.000 Computer und Speichermedien sichergestellt. Ferner wurden Drogen, illegale Schusswaffen und aus Straftaten herrührendes Bargeld beschlagnahmt. In den Niederlanden wurde ein Beschuldigter ermittelt, der mit der Schadsoftware über 2.000 Computer infiziert hatte und die Webcams der ahnungslosen Opfer dazu benutzte, heimlich Bilder von jungen Frauen und Mädchen aufzunehmen.

Die Ermittlungen markieren einen Meilenstein in der internationalen Zusammenarbeit im Bereich Cybercrime. Erstmals fand eine multinational koordinierte Aktion statt, bei der die Staatsanwaltschaften der insgesamt 19 Staaten von Beginn an über Eurojust eingebunden waren und am Tag der operativen Maßnahmen eine gemeinsame justizielle und polizeiliche Koordinierungszentrale in Den Haag betrieben wurde.

2. *„Loss of Location“*

Wenn auch das Ergebnis der Operation „Blackshades“ als Erfolg zu bewerten ist, lassen sich bestimmte Problemlagen mit guter und enger internationaler Zusammenarbeit allein nicht lösen.

Die Technik der Datenverarbeitung und -haltung hat sich durch das Internet grundlegend verändert. Während zunächst große Mainframe-Computer im Einsatz waren, bei deren Nutzung ein Rechner vielen Benutzern diente, hielt in den 1980er Jahren das Client-Server-Modell Einzug, bei dem die Verteilung der Rechenleistung in einem Netzwerk erfolgte. Nach wie vor war es jedoch notwendig, auf den einzelnen Arbeitsplatzrechnern (den Clients) Softwareinstallationen vorzuhalten und die Daten aus dem Netzwerk zur lokalen Verarbeitung zu leiten.

Beim Cloud-Computing werden die zur Aufgabenwahrnehmung erforderlichen Dienstprogramme, wie z.B. Text- oder Bildbearbeitungssoftware, nicht mehr lokal installiert, sondern durch einen Anbieter wie z.B. Google auf einer externen Infrastruktur, die über Internet erreichbar ist, zur Verfügung gestellt. Die zu verarbeitenden Daten des Endnutzers werden von ihm über eine allgemeine verfügbare Standardanwendung, etwa einen Webbrowser, dorthin gesendet und extern verarbeitet. Das Grundprinzip des Cloud-Computing ist mithin das Auslagern von Software- oder Hardwarefunktionen der Anwender.

Für die Strafverfolgungsbehörden von besonderer Bedeutung ist dabei vor allem die externe Speicherung von beweiserheblichen Daten wie etwa Digitalfotos oder E-Mails. Zahlreiche Anbieter, von denen sehr viele keinen Sitz in Deutschland unterhalten, bieten kostenlosen externen Speicherplatz an. Der geographische Ort der ausgelagerten Daten ist dabei aufgrund der technischen Besonderheiten des Cloud-Computing häufig variabel. Global agierende Firmen wie Google oder Microsoft speichern die Daten ihrer Kunden nicht zentral, sondern dezentral auf Serverfarmen auf der ganzen Welt. Zudem betreiben sie nicht nur eigene, große Datencenter, sondern mieten zusätzlichen Speicherplatz bei Drittanbietern an, um die Daten möglichst schnell für ihre Kunden verfügbar zu halten. Daten werden ferner dupliziert vorgehalten, so dass eine Datei zugleich in den Vereinigten Staaten und in Deutschland gespeichert sein kann. Die Verlagerung von Daten innerhalb der „Speicherwolke" eines Anbieters erfolgt oft netzlastabhängig in Sekundenschnelle um den halben Globus. Dies führt zu einem Phänomen, welches international als „loss of location", also den Verlust der Lokalisierbarkeit von im Internet gespeicherten Daten, bezeichnet wird.

Die daraus entstehenden Probleme liegen auf der Hand. So ist es beispielsweise nicht möglich, im Rahmen einer Eilsituation, etwa wenn die Polizei während einer Durchsuchung gemäß § 110 Abs. 3 StPO auf extern gespeicherte Daten des Beschuldigten zugreifen will, exakt zu bestimmen, ob der Datenzugriff in Deutschland erfolgt oder nicht.

Die international zur Verfügung stehenden rechtlichen Instrumente, wie etwa das Budapester Übereinkommen zur Computerkriminalität (Convention on Cybercrime, ETS Nr. 185), enthalten keine adäquate Lösung für dieses Problem.

Es scheint sich inzwischen international der Brauch heraus zu bilden, in derartigen Eilfällen bei einer akuten Gefahr des Daten- also Beweismittelverlustes eine vorläufige Sicherung der extern abgelegten Daten vorzunehmen und Maßnahmen der Rechtshilfe dann im Anschluss vorzunehmen, wenn sich herausstellen sollte, dass die Daten tatsächlich im Ausland gespeichert waren.

Wegen der möglichen Kollision mit dem Territorialitätsprinzip wäre es allerdings wünschenswert, über eine Ergänzung des Budapester Übereinkommens zu einer klaren Regelung zu gelangen, die eindeutige Verfahrensbestimmungen für derartige Eilfälle vorsieht.

II. Das Internet als Hauptumschlagplatz für Kinderpornografie und als Medium für den Online-Missbrauch

Die praktischen Erfahrungen der letzten Jahre haben gezeigt, dass wesentliche Bestandteile von Cybercrime sowohl die Verbreitung von Kinderpornografie,[17] aber auch zunehmend der virtuelle Kindesmissbrauch sind.

Hierzu sollen beispielhaft zwei Verfahren dargestellt werden:

1. OP SELM

Wenige Verfahren haben in den letzten Jahren das Internet als Markt für Kinderpornografie so schlaglichtartig beleuchtet wie das Verfahren „OP SELM".

Die „OP SELM" entstand aus dem kanadischen Verfahren „Project Spade". Das „Project Spade" wurde 2010 durch die Toronto Police und den United States Postal Inspection Service begonnen. Hintergrund waren zahlreiche Anzeigen zwischen 2004 und 2010, die im Zusammenhang mit den Webseiten „baikalfilms.com", „moviebizz.com" und „azovfilms.com" erstattet wurden und sich auf den Verkauf von DVDs, die nackte oder halbnackte vorpubertäre Jungen zeigen, bezogen.

Bei der Webseite „azovfilms.com" handelt es sich um die Hauptwebseite der Dachgesellschaft 4Point5Productions Incorporated (4P5P Inc.). Zusammen mit Azov Films, einem in Kanada eingetragenen Unternehmen, wurden innerhalb der Jahre 2009/2010 über diese Webseite ein Umsatz von über 1,6 Millionen kanadische Dollar erzielt und Kunden aus insgesamt 94 Staaten beliefert.

Im Mai 2011 durchsuchten Beamte kanadischer Ermittlungsbehörden die Geschäftsräume der kanadischen Firma 4P5P Inc. sowie die Wohnanschrift des Firmeninhabers. Dabei wurde umfangreiches kinderpornografisches (im Folgenden: KiPo) Material im Umfang von rund 45 Terabyte aufgefunden, und zwar nicht nur Posing- oder FKK-Material, sondern auch Bilder und Videos, die den schweren sexuellen Missbrauch von Kindern zeigen. Sichergestellt wurde auch der Server, auf dem die Website „azovfilms.com" betrieben wurde. Über diese Seite wurden Videos mit kinderpornografischen Inhalten vertrieben (Download und DVD-Versand). Die Ermittler konnten eine Kundendatenbank rekonstruieren, die auch Abnehmer in Deutschland enthielt. Ob die darin genannten deutschen Kunden weiteres KiPo-Material, ggf. solches mit schweren sexuellem Missbrauch, bezogen hatten und hierüber ggf. keine Kundendatenbank geführt wurde (Vertrieb gleichsam „unter der Ladentheke"), ist unklar, aber durchaus nicht fernliegend.

Ende 2011 wurde einer Mitarbeiterin des BKA, Referat SO 12, im Rahmen eines internationalen Lehrgangs in Selm/NW (daher die Bezeichnung der OP)

---

[17] Das wesentliche Medium für die Verbreitung und den Konsum von Kinderpornografie ist heutzutage nahezu ausschließlich das Internet.

eine Festplatte mit ca. 450 Gigabyte Beweismaterial zu rund 850 deutschen Beschuldigten übergeben.

Im ersten Halbjahr 2012 erfolgte die Abarbeitung eines priorisierten Einzelvorgangs (der Beschuldigte war Polizeibeamter) aus dem „Project Spade" durch eine Mitarbeiterin von SO 12. Die vom BKA danach über den Sachverhalt informierte ZIT leitete sodann im Juli 2012 ein Ermittlungsverfahren gegen Unbekannt wegen des Besitzes kinderpornographischer Schriften gem. § 184b StGB ein.

Zwischen Juli und September 2012 wurden durch das BKA, SO 12, insgesamt 354 Filme (pro Film ca. 1 Stunde) und Fotosets (pro Fotoset teilweise über 1000 Fotos) gesichtet und im Hinblick auf die Strafbarkeit nach deutschem Recht ausgewertet.

In Abstimmung mit der ZIT wurde das von der Fa. Azov vertriebene Material, soweit aus der Datenbank ersichtlich, in zwei Kategorien eingeteilt:

KAT1 nach deutschem Recht als Posing strafbar,

KAT2 sog. „Präferenzmaterial", d. h. Bilder und Videos im Grenzbereich zwischen Nudismus/FKK und Posing. Die Bezeichnung „Präferenzmaterial" bedeutet, dass der Charakter des Materials den möglichen Schluss auf eine sexuelle Präferenz des Erwerbers solchen Materials für Kinder zulässt.

Seit der vorletzten Änderung des § 184b StGB im Jahr 2008 sind Posingdarstellungen als KiPo strafbar. Sie erfolgte durch das Gesetz zur Umsetzung des Rahmenbeschlusses des Rates der EU zur Bekämpfung der sexuellen Ausbeutung von Kindern und der Kinderpornografie vom 31.10.2008 (in Kraft getreten am 05.11.2008). Nach dem EU-Rahmenbeschluss vom 22.12.2003 sollte das „aufreizende Zur-Schau-Stellen der Genitalien oder der Schamgegend von Kindern" als KiPo anzusehen sein. Damit ist bereits de lege lata die Definition von KiPo deutlich weiter als bei Erwachsenenpornografie. Auf den pornografischen Charakter der Darstellung (vergröbernde Darstellung des Sexuellen unter Ausklammerung aller sonstigen menschlichen Bezüge) kommt es nicht an, da sexuelle Handlungen mit Kindern generell verboten sind.[18] Die derzeitige Gesetzesfassung des § 184b Abs. 1 StGB stellt Schriften unter Strafe, die „sexuelle Handlungen von, an und vor Kindern" darstellen. Posing ist nach der Rechtsprechung regelmäßig eine „Handlung" im Sinne von § 184b StGB, und zwar auch dann, wenn das Kind lediglich unbewegt „in Positur steht" (oder sitzt oder liegt). Die Vorschrift des § 184g StGB verlangt jedoch eine sexuelle Handlung von einiger Erheblichkeit, so dass Abbildungen nackter Kinder in nicht sexuell aufreizender Haltung derzeit nicht von § 184b StGB erfasst sind.

---

[18] Vgl. BT-Drs. 16/9646.

Nach der Rechtsprechung des BGH ist in folgenden Fällen ein strafbares Posing gegeben:

„Das Spreizen der Beine, um die unbedeckte Scheide offen zur Schau zu stellen, beinhaltet eine – nicht unerhebliche – sexuelle Handlung, durch die der Betrachter sexuell provoziert werden soll."[19]

„Das Posieren von Kindern, bei dem Genitalien und Gesäß unbedeckt zur Schau gestellt werden, ist eine – nicht unerhebliche – sexuelle Handlung, durch die der Betrachter sexuell provoziert werden soll."[20]

In der „OP SELM" hatte die Unterscheidung lediglich die Bedeutung, dass in den KAT2-Verfahren eine Verfahrensabgabe ohne vorherige Einholung eines Durchsuchungsbeschlusses erfolgt, während in den KAT1-Verfahren eine Verfahrensabgabe nach vorheriger Einholung eines Durchsuchungsbeschlusses bei dem Amtsgericht Gießen erfolgt.

Aus übereinstimmender kriminalistischer Erfahrung des BKA und der ZIT bestand für die Frage der Auffindevermutung strafbaren KiPo-Materials bei den Kunden der Fa. Azov-Films kein Unterschied zwischen KAT1- und KAT2-Verfahren. Daher wurde am 12.10.2012 dem BKA mitgeteilt, dass in allen Fällen Verfahren einzuleiten sind:

„...wird der Anfangsverdacht auch hinsichtlich der Personen bejaht, die es unternahmen, sich Produkte der Kategorie 2 zu verschaffen, soweit diese Produkte unbekleidete Kinder / Jugendliche zeigen, ohne dass es jedoch zu sexuellen Handlungen kommt oder eine Fokussierung auf den Genitalbereich gegeben ist. Ein Tätigwerden der Strafverfolgungsbehörden setzt das Vorliegen zureichender tatsächlicher Anhaltspunkte für die Verwirklichung eines Straftatbestandes voraus, also konkrete Hinweise auf tatsächlicher, nachprüfbarer Grundlage, die darauf hindeuten, dass über die allgemein denkbare Möglichkeit der Begehung einer Straftat hinaus eine nach materiellem Strafrecht tatbestandsmäßige sowie rechtswidrige und schuldhafte Handlung begangen wurde. Sprechen lediglich Vermutungen dafür, dass Straftaten begangen worden sind, ist der Staatsanwaltschaft ein Tätigwerden noch nicht erlaubt[21]. Bei der Beantwortung der Frage, ob ein Verdacht „zureicht", um anzunehmen, dass nach kriminalistischer Erfahrung eine verfolgbare Straftat gegeben ist, steht der Staatsanwaltschaft ein Beurteilungsspielraum zu.[22] Im vorliegenden Fall waren auch die Produkte der Kategorie 2 nur gegen Zahlung eines entsprechenden Entgeltes zu erhalten. Auch wenn in diesen Fällen der Pornografiebegriff der §§ 184b, 184c StGB noch nicht erfüllt sein mag, spricht der (versuchte) Erwerb kostenpflichtiger Aktbilder von Kindern und Jugendlichen dafür, dass bei dem Besteller eine pädophile Neigung besteht, aufgrund derer er die jeweilige Handlung vornahm. Aufgrund kriminalistischer Erfahrung aus einer Vielzahl gleichgelagerter Fälle ist davon auszugehen, dass der jeweilige Besteller auch inkriminiertes Material besitzt. Daher ist auch gegen die Besteller der Produkte der Kategorie 2 ein Ermittlungsverfahren einzuleiten."

---

[19] BGHSt 43, 366 (368).

[20] BGHSt 50, 370 (371).

[21] Vgl. *Meyer-Goßner* StPO, 50. Auflage 2007, § 152 Rn. 4.

[22] BVerfG MDR 84, 284; BGH NJW 89, 96 (97).

In diesem Zusammenhang ist in den Blick zu nehmen, welchen Verwendungszweck das gesamte bei Azov Films erhältliche Material für die Bezieher desselben hat: Es diente ausschließlich zur sexuellen Stimulierung. Die Filme wiesen keine Handlung auf, die Aufnahmen waren nicht ästhetisch. Es wohnte ihnen auch kein künstlerischer oder sonstiger Wert inne.

Das Bundeskriminalamt und die ZIT konnten mehr als 800 Deutsche identifizieren, inkl. bestellter Videos, Datum der Bestellung und Auslieferungsinformationen (Download erfolgt bzw. Paket versandt). Durch die ZIT wurden gegen die Beschuldigten Ermittlungsverfahren eingeleitet, beim Amtsgericht Gießen Durchsuchungsbeschlüsse beantragt (soweit KAT1) und nach Erlass dieser die Verfahren an die örtlich zuständigen Staatsanwaltschaften im gesamten Bundesgebiet abgegeben.

Unter den Vorgängen befand sich auch ein Komplex, der einen ehemaligen Abgeordneten des Deutschen Bundestags betraf. Er wurde (aus Gründen der Immunität des Tatverdächtigen als AR-Vorgang) an die zuständigen Strafverfolgungsbehörden in Niedersachsen abgegeben.

An diesem Fall entzündete sich sodann eine bundesweite Debatte über den Anfangsverdacht in KiPo-Verfahren. Am Ende bezog das Bundesverfassungsgericht hierzu in zwei Entscheidungen Stellung. Die zeitlich frühere betraf nicht den ehemaligen Abgeordneten, sondern einen anderen, ähnlich gelagerten Fall aus der „OP Selm“. In diesem Zusammenhang hatte das Bundesverfassungsgericht u. a. Folgendes ausgeführt:[23]

> „...Die den angegriffenen Beschlüssen zugrundeliegende Annahme eines Verdachts des fortdauernden Besitzes kinderpornographischer Schriften ist verfassungsrechtlich nicht zu beanstanden. Bei einer – auf die streitgegenständlichen Entscheidungen zum Zeitpunkt ihres Erlasses bezogenen – Gesamtwürdigung aller den Entscheidungen zugrunde gelegten tatsächlichen Anhaltspunkte war die Auffindevermutung weder objektiv willkürlich noch beruhte sie auf einer grundsätzlich unrichtigen Anschauung der Grundrechte des Beschwerdeführers.
>
> ...Die zu diesen tatsächlichen Anhaltspunkten hinzutretende Heranziehung kriminalistischer Erfahrungssätze für die Annahme des fortdauernden Besitzes begegnet ebenfalls keinen verfassungsrechtlichen Bedenken. Danach durften die Fachgerichte berücksichtigen, dass bei Menschen mit pädophiler Neigung unter anderem ein Hang zum Sammeln und Aufbewahren einmal erworbenen Materials vorliegt, um das Material stets zur Verfügung zu haben und es mit Gleichgesinnten auszutauschen. Ebenso konnte von der Möglichkeit des Bezugs weiterer kinderpornographischer Schriften ausgegangen werden. Diese Erfahrungssätze durften den angegriffenen Entscheidungen schon im Zeitpunkt ihres Erlasses auch ohne Berücksichtigung des erst im Verfassungsbeschwerdeverfahren vorgelegten Materials zugrunde gelegt werden.“

Auch wenn durch die zu Beginn des Jahres 2015 in Kraft getretene erweiterte Neufassung von § 184b StGB der Rechtsfrage für die Zukunft der Boden entzo-

[23] BVerfG NJW 2015, 851.

gen worden ist, bestätigt die Entscheidung des Bundesverfassungsgerichts eindrucksvoll, dass phänomenbezogene kriminalistische Erfahrung bei der Kriminalitätsbekämpfung unabdingbar ist.

2. *OP HARDES*

Das Internet wird auch zunehmend von pädophilen Straftätern dazu genutzt, Kontakt zu kindlichen Opfern aufzunehmen. Dabei genügt es einigen Tätern, lediglich online auf die Kinder einzuwirken. Andere Täter wiederum wollen ein Realtreffen anbahnen, um sodann sexuelle Handlungen mit den Kindern aufzunehmen.

Das gezielte Ansprechen von Kindern durch Erwachsene unter Nutzung digitaler Kommunikationsmittel zum Zwecke der Herbeiführung sexueller Handlungen, sei es vor der Webcam oder durch die Verabredung zu Realtreffen, wird als „Cybergrooming“ bezeichnet (aus dem Englischen: to groom = Fellpflege betreiben, putzen, striegeln; zu Deutsch also etwa sinngemäß Internet-Streicheln). Zumeist ältere Männer geben sich in Chats oder sozialen Netzwerken im Internet gegenüber Kindern oder Jugendlichen als gleichaltrig aus, um sich so das Vertrauen der Minderjährigen zu erschleichen.

Ein Instrument zur Bekämpfung von Cybergrooming sind – wie das durch die hessische ZIT gemeinsam mit dem Hessischen Landeskriminalamt unter dem Arbeitsnamen „OP Hardes“ geführte Ermittlungsverfahren gezeigt hat – Initiativermittlungen der Polizeibehörden, verbunden mit dem Einsatz nicht offen ermittelnder Polizeibeamter, die als vermeintliche Kinder auftreten. In dem genannten Ermittlungsverfahren nahmen innerhalb von nur acht Tagen 395 Personen mit den als Kindern auftretenden Polizeibeamten Kontakt auf und wirkten im Sinne von § 176 Abs. 4 Nr. 3 StGB auf diese ein.

Wegen der fehlenden Versuchsstrafbarkeit konnten jedoch nur in 39 Fällen Strafverfahren eingeleitet werden. Dies betraf Täter, die in den Chats sexuelle Handlungen (Masturbationshandlungen) vor der Webcam vornahmen (strafbar als versuchter sexueller Missbrauch von Kindern gemäß §§ 176 Abs. 4 Nr. 1, Abs. 6, 22, 23 StGB sexuelle Handlungen vor einem Kind) oder Täter, die in den Chats die (vermeintlichen) Kinder zu sexuellen Handlungen, z. B. Masturbationshandlungen, aufforderten (strafbar als versuchter sexueller Missbrauch von Kindern gemäß §§ 176 Abs. 4 Nr. 2, Abs. 6, 22, 23 StGB Bestimmen von Kindern zu sexuellen Handlungen).

Es besteht mithin eine empfindliche Strafbarkeitslücke für den untauglichen Versuch des Cybergroomings. Nach der geltenden Rechtslage bleiben Täter straflos, die auf Kinder über das Internet sexuell einwirken wollen und sich über das Alter des Kommunikationspartners irren und in Wahrheit mit einer erwachsenen Person in Kontakt treten.

Im Bereich des Cybergroomings existiert ein enormes Dunkelfeld. Erfahrungsgemäß werden Vorfälle von den Kindern aus Scham gegenüber den Eltern nicht offenbart und kommen damit auch nicht zur Anzeige. Eine wirksame Verfolgung von Cybergrooming (im Sinne einer internetbasierten Kontaktaufnahme zu Kindern zur Anbahnung sexueller Treffen) mittels solcher Initiativermittlungen ist nur dann möglich, wenn eine Versuchsstrafbarkeit des § 176 Abs. 4 Nr. 3 in Abs. 6 StGB geschaffen würde.

III. Anonymität und Verschlüsselung

Das Internet und die Werkzeuge der Datenverarbeitung wie Desktop-PCs, Laptops und Smartphones bieten den international handelnden Tätern im Bereich Cybercrime aber nicht nur die Möglichkeiten des schnellen Transfers und der Auslagerung von Daten, sondern auch virtuelle Tarnkappen und aufbruchs- und störungssichere Ablagemöglichkeiten für digitale Beweismittel. Die Anonymität des Internets ermöglicht eine Trennung von realer und digitaler Identität. Durch die Anwendung der zahlreich vorhandenen Anonymisierungs- und Verschlüsselungsmöglichkeiten ist die Vorbereitung und Begehung von Cybercrime-Straftaten für die Täter besonders sicher. Diese Werkzeuge sind aufgrund ihrer einfachen Handhabung oft auch für Täter ohne spezielle IT-Spezialkenntnisse nutzbar.

So greifen die technischen Mittel der Strafverfolgungsbehörden zur Telekommunikationsüberwachung heute oft ins Leere, weil Täter über Ende-zu-Ende-verschlüsselte Dienste wie WhatsApp oder TOR (Abkürzung für „The Onion Router") kommunizieren. Die Quellen-TKÜ steht in Ermangelung einer entsprechenden, einsatzbereiten Software noch nicht zur Verfügung. Die herkömmliche Datenausleitung über den Telekommunikationsanbieter hilft nicht weiter.

Dabei bietet die Anonymisierungstechnik für die Täter noch weit mehr: Immer mehr verlagert sich der digitale Handel mit illegalen Waren und Dienstleistungen unter Nutzung der Informationstechnologien und digitaler Währungen in das sogenannte „Darknet", jenen Teil des Internets, der nicht über normale Suchmaschinen auffindbar ist und der als versteckter Dienst z. B. im TOR-Netzwerk die Anonymität der Nutzer durch Verschleierung der Verbindungsdaten wahrt oder ein „anonymes" Hosting ermöglicht. Über solche Online-Plattformen werden beispielsweise der illegale Handel mit Drogen, Waffen und Kreditkartendaten betrieben oder illegale Dienstleistungen, wie die Durchführung von DDoS Attacken, angeboten. Diese arbeitsteilige Cyberunterwelt wird zu Recht als „Underground Economy" bezeichnet. Täter kaufen und verkaufen Waren und Dienstleistungen, finden sich zu international agierenden Banden zusammen, ohne sich ein einziges Mal im wahren Leben getroffen zu haben. Es existiert ein funktionierender globaler Markt, auf dem Angriffswerkzeuge, Schwachstellen oder Schadsoftware eingekauft oder als Dienstleistung in Auftrag gegeben werden können („Crime-as-a-Service").

Gelingt den Strafverfolgungsbehörden die Identifizierung eines Täters, stellt sich das nächste Problem: die Verschlüsselung von Datenträgern. Hat ein Beschuldigter sein Smartphone oder seinen Laptop verschlüsselt und den Zugriff mit einem ausreichend langen Passwort gesichert, ist eine Dekryptierung nahezu unmöglich. Erfolge diese Verschlüsselung aufzuheben sind selten, verursachen hohe Kosten, und verlängern die Auswertungsdauer und demzufolge die Ermittlungen nicht unerheblich. Die z. B. bei einer Durchsuchung sichergestellten Beweismittel sind daher oft wertlos.

Die Verfolgung von Cybercrime-Straftaten sieht sich mithin einem Umstand gegenüber, der in der Justizgeschichte einmalig ist. Selbst wenn die Behörden Beweismittel lokalisieren und physisch in Gewahrsam nehmen können, ist ein Zugriff auf den gedanklichen Inhalt und eine Auswertung faktisch unmöglich. Keine Stahltür, kein Panzerschrank, in denen ein Straftäter in der Vergangenheit Dokumente oder Tatwerkzeuge verborgen hielt, war nach deren Auffinden für die Polizei auf ewig verschlossen. Dies ist heute anders. Die Tat- und Beweismittel der Cyberkriminellen sind Daten, und diese können durch die Straftäter dauerhaft vor dem Zugriff Dritter verschlossen gehalten werden.[24]

Effektive Strafverfolgung erfordert daher einen ganzheitlichen Ermittlungsansatz, d. h. einer auf den konkreten Einzelfall bezogenen Kombination von Ermittlungsansätzen der analogen und digitalen Welt. Verdeckte Informationsgewinnung mittels Observationen, verdeckter Einsatz von Polizeibeamten, aber auch Cyber-Ermittler, sind unerlässlich angesichts der Abschottung der Kommunikation und Interaktion von Straftätern im Internet.

Darüber hinaus, und das scheint zwingend geboten, dürfte es zu den vornehmsten Aufgaben des Gesetzgebers in der Zukunft gehören, verfassungskonforme und gleichzeitig effektive aktuelle Antworten auf Anonymisierung und Kryptierung zu geben.

IV. Ubiquität des Tatorts und Schutzlosigkeit der Opfer

Jeder kann Opfer von Cybercrime werden, sei es der einzelne Bürger, Unternehmen oder auch staatliche Stellen. Insbesondere die deutsche Industrie erscheint heute verwundbarer denn je. Die wirklich gefährlichen Angriffe kom-

---

[24] Das Bundeskriminalamt hatte (Stand November 2013) in Zusammenarbeit mit den Bundesländern 167 herausragende Fälle der Schwerkriminalität ausgewertet, in denen Ermittlungsdefizite entstanden sind, weil die Überwachung und Auswertung von Telekommunikationsdaten rechtlich oder technisch aufgrund von Verschlüsselung und Kryptierung, mithin eine Überwachung von Telekommunikationsinhalten, nicht möglich war.

men überwiegend aus der virtuellen Sphäre und können eine Firma in den Ruin stürzen.[25] Mit der Zunahme der Bedeutung der IT als Bestandteil des Alltags der Bürger steigen die Manipulations- und Angriffsmöglichkeiten auf Seiten der Cyberkriminellen. Cyberkriminelle handeln global; nationale Grenzen spielen keine Rolle, wobei Tatorte, Erfolgsorte und Aufenthaltsorte von Tätern und Opfern nahezu irrelevant sind. Das Internet bringt alles und alle zusammen. Bucht ein Bürger in Frankfurt am Main eine Urlaubsreise über das Internet, hat der am anderen Ende der Welt wartende Straftäter in Echtzeit potentiellen Zugriff auf diese Daten. Digitale Erpressungen können von einem beliebigen Ort aus innerhalb kürzester Zeit eine Vielzahl von Geschädigten mit Schäden bedrohen, diese in die Tat umsetzen sowie die geforderten Geldbeträge weiter transferieren, ohne sich vom PC wegzubewegen. Banküberfälle werden zumeist nicht mehr mit Waffen begangen, sondern, wie im Februar 2013 geschehen, durch Manipulation von Daten in Banksystemen. Damals haben Straftäter Schäden in Höhe von 40 Millionen Euro durch 17.000 Geldabhebungen in 23 Ländern verursacht. Und im bisher größten Cyber-Banküberfall der Geschichte im Jahr 2015 erbeutete eine internationale Hacker-Bande namens Carbanak eine Milliarde Dollar bei über 100 Geldhäusern in 30 Staaten.[26]

Auch der im Januar 2014 bekannt gewordene Diebstahl von 16 Millionen E-Mail-Adressen belegt beispielhaft die Schadensdimensionen im Bereich Cybercrime. Der Diebstahl digitaler Identitäten, also der Diebstahl von Daten, ist ein Massenphänomen. Zuletzt im Oktober 2015 haben Betrüger Millionen Bankkonten von Mobilfunkkonten der Telekom geknackt. Sie spähten die Konten aus, beschafften sich die Mobilnummern und als vermeintliche Mitarbeiter eines Mobilfunkshops die SIM-Karte.

Die digitale Identität ist die Summe aller Möglichkeiten und Rechte des einzelnen Nutzers sowie seiner Aktivitäten innerhalb der Gesamtstruktur des Internets. Konkret handelt es sich um alle Arten von Nutzer-Accounts, also zum Beispiel Zugangsdaten in den Bereichen Kommunikation (E-Mail- und Messengerdienste), E-Commerce (Onlinebanking, internetgestützte Vertriebsportale aller Art), berufsspezifische Informationen (z.B. Nutzung eines Homeoffice für den Zugriff auf firmeninterne technische Ressourcen) und E-Government (z.B. elektronische Steuererklärung oder elektronische Bußgeldakte).

---

[25] Vgl. Pressemitteilung der FAZ vom 19.09.2015. So ist es sehr zu begrüßen, dass vier Dax-Konzerne gemeinsam gegen Internetkriminelle vorgehen und die „Deutsche Cyber-Sicherheitsorganisation" gründen wollen. Bereits heute verdienen Sicherheitsdienstleister alleine in Deutschland 3,7 Milliarden Euro jährlich. Der Tagessatz qualifizierter Internetfahnder beträgt mehr als 2.000 Euro. Das Bewusstsein für IT-Sicherheit bei Unternehmen und Privatpersonen scheint wohl zu steigen.

[26] Süddeutsche Zeitung vom 16.02.2015: Danach hatten Cybergangster ihre E-Mail an Bankangestellte mitsamt einem Anhang, in dem ein Schadprogramm steckte, geschickt. Sobald der Mitarbeiter diesen Anhang öffnete, hatte die Bande Zugang zum internen Netzwerk der Bank und konnte Geld auf eigene Konten überweisen.

Darüber hinaus sind auch alle anderen zahlungsrelevanten Informationen (insbesondere Kreditkartendaten einschließlich der Zahlungsadressen sowie weiterer Informationen) Bestandteil der digitalen Identität. Die Täter nutzen Schadprogramme, um Eingaben des Besitzers bzw. Anmeldedaten zu erlangen und Transaktionen durchführen zu können; sie gehen dabei häufig arbeitsteilig und unter Nutzung professioneller Strukturen vor. Anschließend werden die Daten entweder von den Tätern selbst eingesetzt oder aber ggf. in der Underground Economy an Dritte weiterveräußert, welche die Daten dann kriminell einsetzen.

Legt man die Ergebnisse einer Online-Umfrage aus dem Jahr 2013 zugrunde, wurde schon rund ein Fünftel der Deutschen (21 %) Opfer von Identitätsdiebstahl oder -missbrauch, weitere 27 % können nicht ausschließen, dass ihre personenbezogenen Daten schon missbraucht wurden.[27] Diese Zahlen gehen weit über die polizeilich registrierten Fälle des Ausspähens/Abfangens von Daten hinaus und sind ein Beleg für das hohe Dunkelfeld im Bereich Cybercrime.

Mobile Endgeräte wie Smartphones oder Tablets erreichen eine immer größere Bedeutung in der digitalen Welt. Die wachsende Verbreitung sowie die teilweise immer noch mangelnde Sensibilität der Nutzer hinsichtlich der digitalen Gefahren im Umgang mit diesen Geräten sorgen dafür, dass sich die Täter verstärkt diesem Feld der Internetnutzung zuwenden. Für Betriebssysteme mobiler Endgeräte programmierte Schadprogramme werden immer häufiger festgestellt.

Für die Täter ist dabei wesentlich, dass Mobilgeräte im Gegensatz zum klassischen PC üblicherweise ständig online sind und die jeweiligen Nutzer mittlerweile einen Großteil ihrer digitalen Aktivitäten über diese Geräte abwickeln. Egal ob Transaktionen im Bereich Onlinebanking, den Zugriff auf E-Mailkonten und soziale Netzwerke oder auch Aktivitäten im Bereich E-Commerce über entsprechende Apps, alles wird über das Smartphone vorgenommen. Dazu kommt, dass auch immer mehr geschäftliche Daten über Mobilfunkverbindungen übertragen und ausgetauscht werden.

Kriminelle Aktivitäten im Bereich Cybercrime und das für jeden Internetnutzer bestehende Gefährdungspotential nehmen sowohl qualitativ als auch quantitativ weiter zu. Diese Entwicklung lässt sich nicht zuletzt an der gestiegenen Komplexität der eingesetzten Schadsoftware ablesen. Diese wird immer ausgefeilter und schwerer zu detektieren.

Die Täterseite reagiert auf neue technische Entwicklungen schnell, flexibel und innovativ. Nahezu täglich tauchen neue Modi Operandi auf. Erfolgte z.B. noch vor wenigen Jahren die Verbreitung von Malware überwiegend in Form von E-Mail-Anhängen oder mittels in E-Mails eingefügter Hyperlinks, wo-

---

[27] Online-Umfrage der SCHUFA Holding AG und des Marktforschungsinstituts Innofact AG, http://www.presseportal.de/pm/25316/2556036 (zuletzt aufgerufen am 15.11.2015).

durch eine tatsächliche „Infektion“ in aller Regel nur mittels einer Aktivität seitens des Opfers möglich war, so finden heute solche Angriffe z.B. in Form von Drive-By-Infections statt. Hierbei sucht der Internetnutzer mit seinem Computer eine legitime Internetseite auf, die zuvor von den Tätern unerkannt präpariert wurde. Die Täter schleusen dabei einen Schadcode in die Webseite ein, der dazu führt, dass auf dem Opfercomputer im Hintergrund heimlich Schadprogramme aufgespielt werden und er so zu einem durch Dritte unerkannt fernsteuerbaren Zombie-Computer wird, dessen sämtliche Funktionen und Daten nunmehr eben jenem Dritten, der ihn infiziert hat, offenstehen. Der gesamte Internetverkehr der Opfer kann durch die Straftäter abgehört und verändert werden. Auch soziale Netzwerke und Instant-Messaging-Dienste (wie z.B. Skype oder der Facebook-Chat) werden mittlerweile verstärkt für die Verbreitung von Schadsoftware verwendet.

V. Fazit

Noch immer ist Cybercrime eine von Bürgern und deutschen Unternehmen unterschätzte Gefahr. Nur durch besonders qualifizierte Ermittlungseinheiten und einer guten internationalen Zusammenarbeit können auch bei der Bekämpfung der Internetkriminalität nachhaltige Erfolge erzielt werden.[28]

Gleichwohl wird in der täglichen Arbeit der Staatsanwaltschaften immer wieder offenbar, dass deren gesetzgeberisches Handwerkszeug, das Strafgesetzbuch und die Strafprozessordnung, im Kern aus dem Jahr 1877 stammend, durchaus noch empfindliche Lücken in Bezug auf die neuartigen Herausforderungen der digitalen Gesellschaft aufweist.

Es sollte daher dem Gesetzgeber ein ureigenes Anliegen sein, auf die sich ständig verändernde digitale Gesellschaft zeitnah zu reagieren und die Instrumente der Strafverfolgungsorgane und der Justiz dem aktuellen Stand der Technik im 21. Jahrhundert anzupassen. Nur dadurch lassen sich in einem Rechtsstaat, der auf der Anwendung und Durchsetzung des Rechts beruht, gravierende Gerechtigkeitslücken vermeiden.

[28] Staatsanwaltschaften und Polizei brauchen zukünftig verstärkt spezielle Ermittler, die digitale Spuren von Kriminellen aufzunehmen und auszuwerten in der Lage sind. Informatiker und Cyberanalysten müssen den Strafverfolgungsorganen Erkenntnisse darüber liefern, was im Netz, im Darkweb oder in der Underground Economy vorgeht und welche Reaktionen hierauf erforderlich sind. Mehr denn je ist Internet-Kompetenz eine der Schlüsselkompetenzen, um Straftaten im Internet zukünftig erfolgreich aufzuklären und einer gerichtlichen Ahndung zuzuführen.

Die Bedeutung der forensischen Aussagepsychologie für den heutigen Strafprozess

Axel Boetticher

I. Einleitung

Als Herbert Landau und ich im Januar 1997 in den 1. Strafsenat des Bundesgerichtshofs eintraten, fanden wir einen von Gerhard Schäfer von Juli 1996 bis Oktober 2002 offen geführten, die Entscheidungen des Tatrichters so weitgehend wie möglich achtenden, aber durchaus für Reformen offenen Senat, vor.[1] Bis zum Ausscheiden Herbert Landaus im August 1999 infolge seiner Berufung zum Justiz-Staatssekretär des Landes Hessen waren wir beide die „jungen" Kollegen, die sich erst einmal gegenüber dem Vorsitzenden und den bereits „erfahrenen" Kollegen behaupten mussten. Bei unbestritten unterschiedlichem rechtspolitischem Hintergrund gelangten wir beide dennoch häufig zu gemeinsamen Lösungsansätzen und brachten diese in den Senat ein. Bald hörte man auch auf uns!

II. Das Dilemma der Missbrauchsprozesse

Rund 14.000 Fälle von sexuellem Kindesmissbrauch im Jahr in Deutschland[2] sind eine erschreckende Zahl. In wie vielen Fällen sind eine Aufklärung und eine Sanktionierung möglich? Welche Aufklärungsmöglichkeiten hat die Justiz? Wie geht sie mit den Aussagen meist kindlicher Zeugen um? Wie kann man die bisherige Schutzlosigkeit sexuell missbrauchter Kinder im Strafprozess erträglicher machen? Im Bundesgerichtshof galt immer noch der althergebrachte Grundsatz, dass die Beurteilung der „Glaubwürdigkeit" von Aussagen „ureige-

[1] Zu dessen Ehren gab es das von *Boetticher, Huff, Landau* und *Widmaier* herausgegebene Sonderheft zur Vollendung des 65. Lebensjahres von *Gerhard Schäfer*, das im Verlag C.H. Beck, München verlegt worden ist und in dem dessen Verdienste zur Weiterentwicklung des Strafrechts und des Strafprozessrechts dokumentiert wurden.

[2] PKS 2014, http://www.bka.de/nn_193232/DE/Publikationen/PolizeilicheKriminalstatistik/2014/pks2014__node.html?__nnn=true (zuletzt aufgerufen am 04.12.2015).

ne Aufgabe“ des Strafrichters ist.[3] Aussagepsychologische Methoden zur Beurteilung der Glaubhaftigkeit von Zeugenaussagen fanden trotz langjähriger Forschungen und Erkenntnisse im Strafprozess nur in Ausnahmefällen Berücksichtigung. Das wollte der Senat ändern.

Anlass für die neuen Gedanken und Änderungen in Strafverfahren waren mehrere Großverfahren. Diese offenbarten im erheblichen Ausmaß, wie hilflos die Strafjustiz im Umgang mit kindlichen Zeugenaussagen ist und wie sie sich nicht auf schlecht ausgebildete Gutachterinnen und Gutachtern verlassen konnte. Vor dem Landgericht Münster fand ein Prozess gegen einen 35-jährigen Erzieher statt, der in Borken und Coesfeld in zwei Kindergärten mit reformpädagogischem Konzept nach Maria Montessori arbeitete. Er wurde beschuldigt, in hunderten von Einzelfällen 55 Kinder sexuell missbraucht zu haben. Das Landgericht sprach am 16.05.1995 den Angeklagten nach 120 Verhandlungstagen, der Vernehmung von 120 Zeugen, der Anhörung von fünf Gutachtern und mehr als zweieinhalb Jahren Prozessdauer frei. Der Beschuldigte erhielt für 26 Monate in Untersuchungshaft eine Entschädigung von 20 D-Mark pro Tag.

Vor dem Landgericht Mainz wurden in den Jahren 1994 bis 1997 drei Großverfahren verhandelt, die angeblich massenhaften sexuellen Missbrauch von Kindern (u.a. Herstellen von Porno-Videos, über Gruppenmissbrauch von Kindern durch mehrere Erwachsene) in Worms (Verfahren Worms 1, 2 und 3 nach Familienverbänden) zum Gegenstand hatten. In den Verfahren hatte die Staatsanwaltschaft zwei Diplompsychologinnen und einen Diplompsychologen als Glaubwürdigkeitsgutachter beauftragt. Sie hatten jeweils eine Teilgruppe der insgesamt 15 kindlichen Zeugen begutachtet und sämtliche Bekundungen im Wesentlichen als glaubhaft eingeschätzt. Das Landgericht Mainz bestellte zusätzlich als Gutachter die Aussagepsychologen Prof. Dr. Max Steller, Dr. Marie-Luise Kluck und Prof. Dr. Burkhard Schade. Unabhängig voneinander kamen diese Experten zu dem Ergebnis, dass die belastenden Aussagen der Kinder das Produkt langfristiger und intensiver suggestiver Einflussnahme durch gut gemeinte „Aufdeckungsarbeit“ waren. Alle Verfahren endeten mit Freisprüchen der 24 Angeklagten.[4]

Wie bekam man also die bestens evaluierten Grundsätze der „kriterienbezogenen Inhaltsanalyse“ der Rechtspsychologie in den Strafprozess. Wir waren im Senat davon überzeugt, dass die Justiz nicht mehr allein mit den herkömmlichen Mitteln der traditionellen richterlichen Beweiswürdigung einer Strafprozessordnung aus dem letzten Jahrhundert über Fälle sexuellen Missbrauchs von Kindern urteilen durfte. Sie konnte sich nicht mehr dem qualifizierten aussagepsychologischen Sachverstand verschließen und musste sich auch gegenüber

---

[3] BGHSt 3, 52 (53); 8, 130 (131).

[4] *Steller* Sonderheft 1, November 2000, Themenschwerpunkt Glaubhaftigkeitsbegutachtung, S. 9.

modernen Kommunikationsmitteln wie der Dokumentation der frühen Aussage von Kindern im Ermittlungsverfahren entweder durch audio- oder audiovisuelle Aufnahmemöglichkeiten verweigern, sollten missbrauchte Kinder nicht weiterhin schutzlos bleiben. Wir waren auch mit Ursula Nelles einig, dass es sich zumindest bei Kindern um ein Beweismittel sui generis handelt, die eigentlich ein eigenes nach psychologischen Maßstäben ausgerichtetes Beweisrecht verdient hätten.[5]

Eine Gesamtlösung aller Probleme der Missbrauchsprozesse durch die Schaffung eines eigenen Beweisrechts war nicht durchsetzbar. Also musste es Einzellösungen geben: für eine bessere Handhabung der Konstellation Aussage gegen Aussage (1), für die von den Beschuldigten zu ihrer Entlastung in Anspruch genommenen Einsatz eines Polygraphen (2), für die Verbesserung der Qualität von aussagepsychologischen Sachverständigengutachten (3), für die verbesserte Dokumentation der Aussagen kindlicher Opferzeugen im Ermittlungsverfahren (4) und für die Videokonferenz in der Hauptverhandlung (5).

1. Die Konstellation Aussage gegen Aussage

Die Fälle in Münster und Mainz haben gezeigt, wie heikel die richterliche Beweiswürdigung und Überzeugungsbildung in der Hauptverhandlung sind, wenn sie generell den Vorwurf einer Sexualstraftat betreffen, insbesondere aber eine Sexualstraftat zum Nachteil eines Kindes. Max Steller hat in seinem neuen Buch gefordert, „Wenn Aussage gegen Aussage steht oder Sachbeweise fehlen, sollte jeder das Recht auf diese Prüfmethode (d.h. die der Aussagepsychologie) haben."[6] Das aber kann die Justiz nicht leisten.

Also hat der 1. Strafsenat in der Zeit der Zugehörigkeit von Herbert Landau zum Senat in zwei Grundsatzentscheidungen vom 29.07.1998 – 1 StR 94/98[7] und vom 17.11.1998 – 1 StR 450/98[8] innerhalb kurzer Zeit wichtige Grundsätze zu dieser Konstellation aufgestellt. *Der Tatrichter* ist trotz des Zweifelsgrundsatzes nicht an der Verurteilung gehindert, wenn außer der Aussage des einzigen Belastungszeugen keine weiteren belastenden Indizien vorliegen. Allein die Überzeugung des Richters reicht indes nicht aus. Die Überzeugung muss sich auf eine zuverlässige Tatsachenbasis stützen und die Tatsachen und deren Würdigung müssen vom Gericht im Urteil dargestellt werden. Der Tatrichter darf einen Angeklagten nur verurteilen, wenn er von dessen Schuld überzeugt ist. Es bedarf im Rahmen der Beweiswürdigung einer Gesamtabwägung aller relevan-

---

[5] *Nelles* Anhörung der Fraktion der SPD im Deutschen Bundestag am 10.06.1996 (Dokumente 1/97 S. 27).

[6] *Steller* Nichts als die Wahrheit?, 2015, S. 19 (zukünftig Wahrheit).

[7] BGHSt 44, 153 (158f.).

[8] BGHSt 44, 256ff.

ten Umstände, d.h. derjenigen, die geeignet sind, die Beweiswürdigung zu beeinflussen.[9]

In Fällen, in denen Aussage gegen Aussage steht und der einzige kindliche Belastungszeuge in der Hauptverhandlung in einem wesentlichen Punkt von seiner früheren Tatschilderung abweicht, muss der Tatrichter darlegen, warum er nicht davon ausgeht, dass eine bewusst falsche Aussage vorliegt und er dem Zeugen dennoch folgt. Dazu muss es allerdings Indizien für die Richtigkeit der Aussage geben, die außerhalb der Aussage selbst liegen.[10]

2. *Die trügerische Hoffnung auf die Lösung durch den Polygraphen*

Im Rahmen des Diskurses um Auswege aus dem Dilemma der Missbrauchsprozesse tauchten sowohl in Strafprozessen als auch in Verfahren vor den Familiengerichten Angebote auf, mit Hilfe des Polygraphen der „Wahrheit“ auf die Spur zu kommen.[11] Der verdiente Kölner Aussagepsychologe Professor Dr. Udo Undeutsch war überzeugt, dass die neuen aus den USA stammenden Erkenntnisse beim Einsatz des Polygraphen jeder menschlichen Beurteilung einer Zeugenaussage weit überlegen seien. Der 1. Strafsenat ging der Sache auf den Grund und bestellte zur Funktionsweise des Polygraphen, zu den psychophysiologischen Vorgaben und zur Methodik die Sachverständigen Prof. Dr. phil. Klaus Fiedler, Prof. Dr. med Wilfrid Jänig, Prof. Dr. phil Max Steller sowie Prof. Dr. rer. nat. Udo Undeutsch. In öffentlicher Revisionsverhandlung hörte der Senat die Sachverständigen an und erörterte das Für und Wider.

Unter teilweiser Aufgabe früherer Rechtsprechung[12] hielt der Senat seine Bedenken nicht mehr aufrecht, dass ein Beschuldigter, der sich mit dem Einsatz eines Polygraphen einverstanden erklärt, gegen Verfassungsgrundsätze (Art. 1 Abs. 1 GG) oder § 136a StPO verstößt. Der Senat gelangte aber nach ausführlicher Erörterung mit den Sachverständigen zu der Überzeugung, dass die polygraphische Untersuchung mittels des Kontrollfragentests ein völlig ungeeignetes Beweismittel ist. Das Kontrollfragenverfahren ist ungeeignet, weil es sich nicht um eine in den maßgebenden Fachkreisen allgemein und zweifelsfrei als richtig und zuverlässig eingestufte Methode handelt. Ihr kommt nach dem erreichten Forschungsstand auch unter Berücksichtigung der vorliegenden Validitätsstudien keinerlei Beweiswert zu. Daraus folgt, dass diese Untersuchungsmethode auch i.S.d. § 244 Abs. 3 S. 2 4. Alt. StPO völlig ungeeignet ist.

---

[9] So bereits BGH NStZ 1997, 494.

[10] BGHSt 44, 256 ff.

[11] *Friedrichsen* DER SPIEGEL vom 21.09.1998 „Wahrheit um jeden Preis?“; *Steller* Nichts als die Wahrheit?, 2015, S. 95 ff.

[12] BGHSt 5, 352.

3. Die Mindeststandards für aussagepsychologische Begutachtungen

Als „Meilenstein" wurde – auch von Verteidigerseite – das Grundsatzurteil des BGH vom 30.07. 1999[13] angesehen. Nach Einholung von zwei Fachgutachten wiederum der Professoren Dr. Max Steller und Dr. Klaus Fiedler übernahm der 1. Strafsenat rechtspsychologische Mindeststandards für die Erstellung von aussagepsychologischen Glaubhaftigkeitsgutachten[14] in die juristischer Beweislehre. Zunächst stellte der Senat klar, dass „Gegenstand einer aussagepsychologischen Begutachtung ... nicht die Frage nach einer allgemeinen Glaubwürdigkeit ist, sondern es vielmehr um die Beurteilung geht, ob auf ein bestimmtes Geschehen bezogene Angaben dem tatsächlichen Erleben der untersuchten Person entsprechen". Hierfür, so der Senat weiter, hat der Gutachter methodisch von der sog. Nullhypothese auszugehen, d.h., „der Sachverständige nimmt bei der Begutachtung zunächst an, die Aussage sei unwahr. Zur Prüfung dieser Annahme hat er weitere Hypothesen zu bilden. Ergibt seine Prüfstrategie, dass die Unwahrhypothese mit den erhobenen Fakten nicht mehr in Übereinstimmung stehen kann, so wird sie verworfen, und es gilt dann die Alternativhypothese, dass es sich um eine wahre Aussage handelt". So eingängig diese prägnanten Grundsätze auch erscheinen, so stellen sie sowohl an die psychologischen Gutachter als auch an die Justiz hohe wissenschaftliche Anforderungen. Um die Rechtspsychologie nicht zu sehr an die übernommenen Mindeststandards zu binden, hat es der Senat den Sachverständigen überlassen „sich bei der Begutachtung (allerdings auch ausschließlich) methodischer Mittel zu bedienen, die dem jeweils aktuellen wissenschaftlichen Kenntnisstand gerecht werden..., deren Auswahl allerdings in seinem pflichtgemäßen Ermessen steht".

Die aussagepsychologische Glaubhaftigkeitsbegutachtung ist nach der empirisch-psychologischen Forschung in mehreren Schritten vorzunehmen. Zunächst ist die Aussagetüchtigkeit zu prüfen und darzustellen. Des Weiteren ist die Aussagequalität auf die kognitiven Leistungen, die bereichsspezifischen Erfahrungen und Kenntnisse des Zeugen zu beziehen (Qualitäts-Kompetenz-Vergleich). Eine Fehlerquellenanalyse überprüft Merkmale und Bedingungen der Aussagesituation, die die Zuverlässigkeit und Qualität der Aussage beeinflussen können. Die Glaubhaftigkeits- oder Realkennzeichenanalyse findet auf Basis einer wissenschaftlich begründeten und empirisch überprüften Methode statt: der kriterienorientierten Inhaltsanalyse.[15]

---

[13] BGHSt 45, 164ff. = NJW 1999, 2746ff.

[14] *Steller/Volbert* Anforderungen an die Qualität forensisch-psychologischer Glaubhaftigkeitsbegutachtungen, Praxis der Rechtspsychologie, Sonderheft 1, 2000, S. 102ff.

[15] *Steller/Volbert* Anforderungen an die Qualität forensisch-psychologischer Glaubhaftigkeitsbegutachtungen, Praxis der Rechtspsychologie, Sonderheft 1, 2000, S. 105.

4. Die Videovernehmungen kindlicher Opferzeugen im Ermittlungsverfahren nach § 58a StPO

Die Übernahme von aussagepsychologischen Mindeststandards in den Strafprozess und deren fachgemäße Anwendung durch psychologische Gutachter konnten aber nur für einen Teil der Fälle sexuellen Missbrauchs Abhilfe schaffen. Es ist eine Binsenweisheit: Fehler bei der Anzeige einer Straftat, der Dokumentation der Aussagen von Zeugen, zumeist kindlicher Zeugen, im Ermittlungsverfahren können in der Hauptverhandlung selten korrigiert werden, auch nicht durch aussagepsychologische Sachverständige. Der 1. Strafsenat unterstützte deshalb auch mit seiner Rechtsprechung und in Fortbildungen bei Tatrichtern aus seinen Gerichtsbezirken die gesetzgeberischen Schritte, die die Belastungen von kindlichen Opferzeugen in den Missbrauchsprozessen durch den Einsatz technischer Mittel reduzieren wollte. Seit dem 1. Opferschutzgesetz vom 30.04.1998[16] „kann" nach § 58a StPO die Aussage von kindlichen Opferzeugen im Ermittlungsverfahren mittels einer richterlichen Bild-und-Ton-Aufzeichnung (BTA) schon im Ermittlungsverfahren aufgezeichnet werden. Ist dem Beschuldigten bei der richterlichen Vernehmung ein Verteidiger beigeordnet und nimmt dieser an der Vernehmung teil, so kann die audiovisuelle Vernehmung in der Hauptverhandlung vorgespielt werden und die Vernehmung des Opferzeugen nach § 255a Abs. 2 StPO vollständig ersetzen.

Damals wurde der § 58a StPO nur als „Kann-Vorschrift" eingeführt, weil Strafprozessrechtler und Strafverteidiger im Gesetzgebungsverfahren erhebliche Befürchtungen geäußert hatten: „Jede noch so gut gemeinte Änderung der Rechtsposition des Zeugen bewirkt eine weitere Zerstörung der ohnehin schon aus dem Gleichgewicht geratenen Kräftebalance in der Hauptverhandlung."[17]

Deshalb verhinderte die „Kann-Vorschrift" leider auch eine flächendeckende Ausbreitung der das Opfer schonenden Maßnahmen. Weder statteten die meisten Landesjustizverwaltungen die Gerichte mit den notwendigen Geräten aus, noch war die Mehrzahl der Richterinnen und Richter ohne ausdrücklichen und eindeutigen gesetzlichen Auftrag von der „Kann-Vorschrift" überzeugt.

Daran änderten auch die beiden dazu ergangenen Entscheidungen des 1. Strafsenats aus den Jahren 2003 und 2004 nichts, mit denen der Senat dem Münchener Amts- und Landgericht die Schwierigkeiten bei der Anwendung der Vorschriften zur Übernahme der BTA aus dem Ermittlungsverfahren in die Hauptverhandlung erleichtern wollte. Die vernehmungsersetzende Vorführung der BTA einer früheren richterlichen Vernehmung in der Hauptverhandlung nach § 255a Abs. 2 S. 1 StPO sollte nicht bereits daran scheitern, dass der Vertei-

---

[16] Gesetz zur Änderung der Strafprozessordnung und der Bundesgebührenordnung für Rechtsanwälte Gesetz zum Schutz von Zeugen bei Vernehmungen im Strafverfahren und zur Verbesserung des Opferschutzes; Zeugenschutzgesetz – ZSchG (BGBl 1998 I. S. 820).

[17] *Schünemann* StV 1998, 391 (395).

diger vor seiner Mitwirkung an jener früheren Vernehmung teilweise oder vollständige Akteneinsicht nehmen konnte.

Die ergänzende Vernehmung des Opferzeugen sollte nur ausnahmsweise möglich sein. Sie ist nach der Senatsrechtsprechung nur dann geboten, wenn dies die richterliche Aufklärungspflicht gebietet (§ 255a Abs. 2 S. 2, § 244 Abs. 2 StPO). Die Beurteilung insoweit sollte stets eine Frage des Einzelfalles sein. Ein Antrag auf ergänzende Vernehmung in der Hauptverhandlung sollte nach den Grundsätzen des Beweisantragsrechts zu behandeln sein, wenn der Zeuge zum Beweis einer neuen Behauptung benannt ist, zu der er bei der aufgezeichneten und vorgeführten Vernehmung noch nicht gehört werden konnte.[18]

Der Senat hat aber wenigstens die Möglichkeit einer ergänzenden Vorführung der BTA zur Prüfung der Aussagekonstanz ermöglicht. Dies sollte für die Fälle gelten, in denen § 255a StPO als Rechtsgrundlage nicht in Betracht kommt. Er hat aber die Vorführung nach den Grundsätzen des Urkundenbeweises entsprechend § 253 StPO zu Beweiszwecken für möglich gehalten, die ohne Verstoß gegen den Unmittelbarkeitsgrundsatz des § 250 StPO möglich sein sollte.[19]

Das am 01.09.2004 in Kraft getretene „Opferrechtsreformgesetz"[20] stellte dann zu Gunsten des Beschuldigten und seines Verteidigers klar, dass Videoaufzeichnungen Aktenbestandteile im Sinne der §§ 147 Abs. 1, 406e StPO sind, die den zur Akteneinsicht Berechtigten in Kopie überlassen werden können. Die Videoaufzeichnungen selbst dürfen dagegen im Interesse des Opferschutzes nur auf der Geschäftsstelle der Staatsanwaltschaft eingesehen werden. Auch diese verfahrensrechtlichen Sicherungen haben nicht zu einer weiteren Verbreitung der richterlichen Videovernehmungen beigetragen.

Ob die letzte Neufassung des § 58a Abs. 1 S. 2 StPO im StormG vom 20.06.2013[21] mit der erneuten Erweiterung der „Kann-Vorschrift" in eine „Soll-Vorschrift" für die audiovisuelle Vernehmung von Jugendlichen bis 18 Jahre – dies geschah auf europarechtlichen Druck – mehr bewirken kann, wenn die Aufzeichnung der richterlichen Vernehmung „nach Würdigung der dafür jeweils maßgeblichen Umstände" erfolgen „soll", ist mehr als zweifelhaft.

Die Vorschrift ist weiterhin nicht eindeutig und lässt den Gerichten zu viele Möglichkeiten, von der Nutzung der besseren technischen Möglichkeiten im Sinne des Opferschutzes abzusehen. Auch gegen diese Änderung wird z. B. von Eisenberg zu Lasten der bereits durch die aufzuklärende Tat und den strafprozessualen Ablauf doppelt traumatisierten Opferzeugen angeführt, jede Vorverlagerung von Vernehmungen in das Ermittlungsverfahren führe zu einer „erzwungenen Geständnisbereitschaft" und zu einer „Vorab-Dämonisierung" des

---

18 BGHSt 48, 268.

19 BGHSt 49, 68.

20 Opferrechtsreformgesetz – (OpferRRG) vom 24.06.2004 (BGBl 2004 S. 1354 ff.).

21 Gesetz zur Stärkung der Rechte von Opfern sexuellen Missbrauchs (StormG) vom 20.06.2013 (BGBl 2013 S. 1602).

Beschuldigten, die der Selbstbelastungsfreiheit widerspreche.[22] Vom nachhaltigen Opferschutz sind solche einseitigen Äußerungen zu den letzten Gesetzesänderungen auch jetzt noch weit entfernt.

5. Die bislang nicht ausreichend genutzten Möglichkeiten der Videokonferenz

Selbst nach der Streichung der Subsidiaritätsklausel in § 247a S. 1 StPO („und kann sie nicht in anderer Weise, namentlich durch Entfernung des Angeklagten sowie den Ausschluss der Öffentlichkeit, abgewendet werden") und der damit verbundenen Klarstellung durch das Opferrechtsreformgesetz von 2004 taten sich die Gerichte weiterhin schwer, aktiven Opferschutz zu betreiben. Tatsächlich verzichten die Gerichte mangels vorhandener technischer Ausstattungen weitgehend darauf, eine Videosimultanvernehmung des Opferzeugen durchzuführen. Dabei besteht nunmehr zwischen der Ausschließung des Angeklagten und der Videosimultanvernehmung zum Schutz der Opferzeugen Gleichrangigkeit.[23] Die Befürchtung der Gerichte, sich wegen möglicher Fehler bei der Ausschließung des Angeklagten der Revision auszusetzen, scheint häufig vorgeschoben.[24]

Diese Haltung der Gerichte hat Herbert Landau gemeinsam mit seinen Kolleginnen Gertrude Lübbe-Wolff und Sybille Kessal-Wulf in einem aktuellen Beschluss der 3. Kammer des Zweiten Senats des Bundesverfassungsgerichts vom 27.02.2014 – 2 BvR 261/14 –[25] kritisiert und einer Beschwerdeführerin Recht gegeben, dem das Landgericht Waldshut–Tiengen eine audiovisuelle Vernehmung nach § 247a S. 1 StPO mit der Begründung verweigert hatte, die „spezielle Belastung der Zeugin könne auch durch andere Maßnahmen abgemildert werden, namentlich durch den Ausschluss der Öffentlichkeit oder durch die Begleitung einer Vertrauensperson oder durch die zeitversetzte Ladung des Angeklagten." Die Kammer hat im Wege der einstweiligen Anordnung eine nochmalige Prüfung der Sachlage verlangt. Sie hat ausgeführt, nach der Rechtsauffassung des Landgerichts liefe das prozessuale Institut der audiovisuellen Vernehmung gemäß § 247a S. 1 StPO gerade in den Fällen leer, für die es der Gesetzgeber geschaffen habe. „Bei Sexualstraftaten komme es im Strafverfahren typischerweise zu Aussage-gegen-Aussage-Konstellationen. Wenn allein dies genüge, um die audiovisuelle Vernehmung abzulehnen, könne der mit der

---

[22] Ablehnend *Eisenberg* HRRS 2/2011, 64 (65); zweifelnd der bdp-Rechtspsychologie, http://www.rechtspsychologie-bdp.de/2011/01/stellungnahme-4/ (zuletzt aufgerufen am 04.12.2015).

[23] In der Hauptverhandlung kann nach § 247a StPO nach dem „Englischen Modell" oder nach dem „Mainzer Modell" verfahren werden; siehe dazu *van Gemmeren* NStZ 2001, 263 f.

[24] Ausführlich *Hartz* Empirische und normative Fragen der audiovisuellen Vernehmung kindlicher Opfer, Dissertation, 2004, Mainzer Schriften zur Situation von Kriminalitätsopfern, Band 39.

[25] http://www.bverfg.de/e/rk20140227_2bvr026114.html (zuletzt aufgerufen am 04.12.2015).

Norm bezweckte Schutz von Opferzeugen bei Sexualdelikten faktisch nicht verwirklicht werden."

III. Stillstand beim Einsatz neuer Technologien im Strafprozess

1. Die Verweigerung der Justiz

Bei den Fortbildungen, die die Mitglieder des 1. Strafsenats regelmäßig bei den Strafkammern der Landgerichte in Bayern und Baden-Württemberg durchgeführt haben, haben wir immer wieder für den opferschützenden Einsatz der Videotechnologie geworben. Es war ernüchternd, wenn wir – selbst von Richtern von Jugendschutzkammern – die Meinung hörten: „Wir führen als Richter die Vernehmung von Opferzeugen selbst durch" oder „Wir wollen dem Zeugen in die Augen sehen." Hinter vorgehaltener Hand wurde aber die abwehrende Haltung damit begründet, dass es Richtern nicht zuzumuten sei, die technischen Geräte zu bedienen! Nur der Gesetzgeber kann mit klaren verbindlichen Normen solche Meinungen verhindern.

2. Die aussagepsychologischen Vorteile bei Videovernehmungen kindlicher Opferzeugen im Ermittlungsverfahren

Dabei sollte es eigentlich nach der Einführung der Grundsätze der Aussagepsychologie nach dem Urteil des 1. Strafsenats vom 30.07.1999 auch unter Richtern Gemeingut sein, dass frühe Videovernehmungen im Ermittlungsverfahren nicht nur zu einer Reduzierung von Belastungsfaktoren, sondern auch zur Dokumentation und damit zur Verbesserung der Qualität von Aussagen im Strafprozess führen.

Dies hatte die besonders erfahrene Vertreterin der Rechtspsychologie Prof. Dr. Renate Volbert vom Zentrum für Aussagepsychologie Berlin bereits in ihrem Tagungsbeitrag zu einer Veranstaltung im ZIF Bielefeld im September 2001 aufgezählt, also kurz nach der Einführung des § 58a StPO.[26]

Renate Volbert erhebt grundsätzliche Bedenken gegen die einseitige Ausrichtung und Konzentration des Strafverfahrens bei Sexualdelikten zu Lasten von Kindern (sicher auch zu Lasten von Frauen) auf die Hauptverhandlung.

Dadurch ergeben sich schon *objektive* Belastungsfaktoren für Opferzeugen u. a.:

- dass es vom regelmäßigen Ablauf her lange Wartezeiten zwischen der Tat und dem Prozess gibt, der häufig erst Jahre später stattfindet,
- dass Informationen über den Verlauf des Verfahrens und über die darin stattfindenden Abläufe im Einzelnen fehlen,

[26] *Volbert* in: Barton (Hrsg.), Verfahrensgerechtigkeit und Zeugenbeweis, 2002, S. 149 ff.

- dass allein schon der unbekannte Gerichtssaal mit einer häufig großen Anzahl von Anwesenden und Beteiligten Belastungen auslöst,
- dass, selbst wenn der Prozess endlich beginnt, langes Warten vor dem Gerichtssaal oder im Opferzimmer die Regel sind,
- dass sogar ein Geständnis des letzten Augenblicks, selbst nach der Zeugenaussage und nach Erstattung eines aussagepsychologischen Gutachtens noch zu einer Strafmilderung führt,[27]
- dass eine verfahrensbeendende Absprache getroffen wird, ohne dass der wartende Zeuge vernommen worden ist.

Subjektive Belastungsfaktoren sind bei solchen Verfahrensabläufen unausweichlich:

- es entstehen Zweifel über die eigenen Bewältigungs- und Leistungsmöglichkeiten nach so langer Zeit nach dem Tatgeschehen,
- es werden subjektive Ängste und Befürchtungen gesteigert, sich an die Ereignisse nicht mehr ausreichend oder richtig zu erinnern,
- es werden Ängste geschürt, die zu Verzerrungen führen, die bei aggressivem Verteidigerverhalten zu einer nicht tragfähigen Aussage und damit zum Freispruch des vorher belasteten Beschuldigten führen.
- Objektive und subjektive Belastungsfaktoren führen in der Summe zu einer zweiten erneuten Traumatisierung!

Demgegenüber gewährleistet eine exakte Dokumentation in einer der Tat nahen frühen Videovernehmung gegenüber einer herkömmlichen verbalen Vernehmungsdokumentation durch nacheinander vernehmende Polizeibeamte, Staatsanwälte oder Richter eine zeitnahe Fixierung der Erlebnisse unmittelbar nach dem Ereignis. Aufeinander folgende Vernehmungen führen dagegen häufig zu Veränderungen der Aussage zum Tatgeschehen, werden in eigenen Worten wiedergegeben und führen so gewollt oder ungewollt zu veränderten oder sogar widersprüchlichen Schilderungen. Diese Veränderungen reichen in vielen Fällen aus, dass die belastende Aussage durch die Staatsanwaltschaft oder das Gericht retrospektiv als nicht ausreichend bewertet wird und die Verfahren eingestellt werden oder mit Freisprüchen enden.

Zwar kann in Videovernehmungen auch eine schlechte Befragungstechnik dokumentiert werden und dadurch eine Verlagerung des Interesses von der Aussage des Zeugen auf die Art der Vernehmung erfolgen. Dafür können Fehlerquellen und Verzerrungen in der unveränderbaren Dokumentation des Vernehmungsinhalts bis in die Revisionsinstanz thematisiert werden. Es können aber auch weniger formelle Befragungstechniken eingesetzt werden, die zum Abbau von Barrieren führen können. Jedenfalls müssen alle Vernehmungspersonen in der Lage sein, gute vollständige, nicht suggestive Befragungen durch-

[27] Das kritisiert auch *Steller* Nichts als die Wahrheit?, 2015, S. 111 sehr stark.

zuführen. Dies erfordert freilich umfangreiche und intensive Schulungen und Fortbildungen aller Beteiligten der Polizei und der Justiz.

IV. Neue Impulse

Ein neuer Diskurs über die frühe audiovisuelle richterliche Vernehmung im Ermittlungsverfahren wurde von der Bundesrechtsanwaltskammer (BRAK), dem WEISSEN RING und von mehreren Frauenverbänden angestoßen. Diese Initiativen könnten mit der im Kontext neu begonnenen Diskussion über die notwendige Änderung der materiellen Vorschriften der §§ 177 ff. StGB gemeinsam die Kraft haben, eine umfassende Lösung für die Dokumentation kindlicher und nunmehr auch erwachsener Zeugenaussagen bei sexuellen Gewaltdelikten im Ermittlungsverfahren und den Transfer *in* die Hauptverhandlung zustande zu bringen. Denn insbesondere Frauen verfügen in der Politik über eine stärkere Lobby als Kinder. Sind weibliche Opfer sexueller Gewaltdelikte nicht genauso schützenswert wie missbrauchte Kinder? Warum nutzt die Justiz nicht auch in diesen Fällen die neuen technischen Mittel? Wer hätte oder hat heute noch Interesse daran, den Einsatz dieser Möglichkeiten zu verhindern?

1. Der Gesetzesvorschlag des Strafrechtsausschusses der BRAK

Die Strafverteidiger waren seit der Einführung der ersten Fassung des § 58a im Jahre 1998 immer gegen jede Vorverlagerung der Beweisaufnahme durch die Vernehmung kindlicher Zeugen im Ermittlungsverfahren und erst Recht bei Straftaten gegen erwachsene Zeugen. Sie wollten auf die Befragung solcher Zeugen – in der großen Mehrheit Zeuginnen – in der Hauptverhandlung nicht verzichten.

Im Rahmen der aktuellen Diskussion scheint nun ein Wandel der Auffassungen eingetreten zu sein.

Werner Leitner hat den Prozess des Umdenkens bei den Strafverteidigern in der Schriftenreihe Deutsche Strafverteidiger e.V. in Band 35 dokumentiert.[28] Der Strafrechtsausschuss der Bundesrechtsanwaltskammer hatte nach langen Debatten im Jahr 2010 einen Gesetzesvorschlag zur Verbesserung der Wahrheitsfindung im Strafverfahren durch den verstärkten Einsatz von Bild- und Tontechnik vorgelegt.[29]

---

[28] *Leitner* Videotechnik im Strafverfahren, Ein Petitum für mehr Dokumentation und Transparenz, 2012.

[29] Gesetzesvorschlag der Bundesrechtsanwaltskammer zur Verbesserung der Wahrheitsfindung im Strafverfahren durch den verstärkten Einsatz von Bild- und Tontechnik, BRAK-Stellungnahme-Nr. 1/2010.

Darin wurden u.a. zwei wichtige Ergänzungen für Videovernehmungen im Ermittlungsverfahren vorgeschlagen:

- Nach § 58a Abs. 1 S. 2 Nr. 3 StPO-E „soll" eine BTA-Aufzeichnung in den Fällen vorgenommen werden, wenn „die Mitwirkung eines Verteidigers nach § 140 Abs. 1 oder 2 notwendig sein und der Aussage des Zeugen im Verfahren eine erhebliche Bedeutung zukommen wird."
- Nach § 58a Abs. 1 S. 3 „ist" „in den Fällen von Satz 2 Nr. 3 die Vernehmung aufzuzeichnen, wenn abzusehen ist, dass der Aussage eines Zeugen ausschlaggebende Bedeutung zukommen wird."

Offensichtlich geht es nunmehr auch den Strafverteidigern um mehr Schutz der Zeugen vor Beeinträchtigungen durch wiederholte Vernehmungen im Strafverfahren. § 58a StPO erhält endlich eine Funktion als „Dokumentation", denn wichtig ist für die Strafverteidiger – sowohl bei den Tatopfern wie auch bei den Beschuldigten – der Schutz vor Beweisverlusten. Sie schafft aber auch Aufklärung über die Umstände der Vernehmung einschließlich der nonverbalen Elemente der Interaktion. Dies alles soll der Wahrheitsfindung im Strafprozess dienen.[30]

Die Strafverteidiger haben in dem Gesetzesentwurf verständlicherweise ihren Fokus insbesondere auf den Beschuldigten gerichtet. Sie haben – quasi als „Gegenleistung" und „zur Wiederherstellung der „Waffengleichheit" zum besseren Schutz vor fehlerbehafteten Aussagen und Geständnissen bei der Polizei die Forderung auch nach einer audiovisuellen Vernehmung des Beschuldigten erhoben. Leitner legt dar, der Beschuldigte habe in der StPO bisher keinen Anspruch auf Vernehmung in einer von ihm zu wählenden Form. Der ersten polizeilichen Beschuldigtenvernehmung komme große Bedeutung zu, da alle weiteren am Verfahren beteiligten Personen ihre Informationen zur Sache im Wesentlichen aus den dort angefertigten Vernehmungsniederschriften beziehen.[31]

Dieses Umdenken bei den Strafverteidigern haben wohl auch der auf Gerhard Schäfer folgende Vorsitzende des 1. Strafsenats Armin Nack gemeinsam mit Rechtsanwalt Tido Park und Ministerialdirigent Achim Brauneisen bewirkt. Sie gehörten dem Strafrechtsausschuss der Bundesrechtsanwaltskammer (Nack und Brauneisen als Gäste, Park als ständiges Mitglied) an. In der für den Strafrechtsbereich wichtigen Neuen Zeitschrift für Strafrecht (NStZ) haben sie im Jahr 2011 den Gesetzentwurf kommentiert und unterstützt.[32]

---

[30] *Leitner* Videotechnik im Strafverfahren, Ein Petitum für mehr Dokumentation und Transparenz, 2012, S. 46, 47.

[31] *Leitner* Videotechnik im Strafverfahren, Ein Petitum für mehr Dokumentation und Transparenz, 2012, S. 41 f. und S. 96 ff.

[32] *Nack/Park/Brauneisen* NStZ 2011, 310 ff.

2. *Die rechtspolitischen Forderungen des WEISSEN RINGS*

Der WEISSE RING als einflussreichste Opferschutzorganisation fordert seit Jahren die Überarbeitung der § 58a und § 255a StPO. Zuletzt verlangte er im Juni 2014, dass es bei besonders schutzbedürftigen Zeugen über den Kreis kindlicher und jugendlicher Opfer hinaus die Regel sein sollte, im Ermittlungsverfahren eine frühe richterliche Vernehmung durchzuführen und aufzuzeichnen. Dies würde eine erneute Vernehmung in der Hauptverhandlung überflüssig machten, wenn nicht die Wahrheitsfindung (d. h. die richterliche Aufklärungspflicht nach § 244 Abs. 2 StPO) eine solche ausnahmsweise erfordert. Als vernünftiges Korrektiv fordert der WEISSE RING aber auch eine gesetzliche Verankerung des Widerspruchsrechts des Zeugen gegen eine Videovernehmung.[33]

3. *Starke Initiativen der Frauen*

a) *Die Diskussion um die Neuordnung der §§ 177 ff. StGB*

Auf unterschiedlichen Ebenen wird – im Wesentlichen vorangetrieben von Frauen – die Neuordnung des 13. Abschnitts und des Schutzes vor Straftaten gegen die sexuelle Selbstbestimmung nach den § 177 ff. StGB und seine Anwendung diskutiert.

In einer Stellungnahme vom 09.05.2014 forderte der Deutsche Juristinnenbund e.V. (djb) die Bundesregierung zur Anpassung des Sexualstrafrechts (insbesondere § 177 StGB) an die Vorgaben der Konvention des Europarats zur Verhütung und Bekämpfung von Gewalt gegen Frauen und häuslicher Gewalt (Istanbul-Konvention) von 2011 auf.[34]

Der Verein Gewalt gegen Frauen in Berlin (bff) legte im Juli 2014 unter dem Titel „Was Ihnen widerfahren ist, ist in Deutschland nicht strafbar" eine Auswertung zu bestehenden Schutzlücken in der Anwendung des deutschen Sexualstrafrechts bezüglich erwachsener Betroffener[35] vor. Es wurden 107 Fälle schwerer sexueller Übergriffe analysiert:

- Die Verurteilungsquote im Jahr 2012 lag – gemessen an den Anzeigen – bei 8,4 %!
- An Hand von Einstellungsbescheiden und Urteilsbegründungen bei Freispruch wurde herausgearbeitet, dass nach dem gegenwärtigen Strafgesetzbuch „nicht alle Fälle, in denen sexuelle Handlungen gegen den Willen einer Person geschehen, strafrechtlich verfolgt werden können". Den Verfasserin-

---

[33] WEISSER RING: Strafrechtspolitische Forderungen, https://www.weisser-ring.de/internet/standpunkte/strafrechtspolitische-forderungen/ (zuletzt aufgerufen am 04.12.2015).

[34] http://www.djb.de/Kom/K3/st14-07/ (zuletzt aufgerufen am 04.12.2015).

[35] http://katja-keul.de/userspace/NS/katja_keul/Dokumente_2014_3/bff-Fallanalyse_Schutzluecken_Sexualstrafrecht.pdf (zuletzt aufgerufen am 04.12.2015).

nen geht es um die Frage, ob das bestehende Gesetz zum Schutz der sexuellen Selbstbestimmung von einer angemessenen Definition des Begriffs der sexuellen Nötigung bzw. Vergewaltigung ausgeht, oder ob es zu einer angemessenen oder gerechteren Rechtsprechung führen würde, wenn beispielsweise das ‚Nein' eines Opfers ausreicht, um den Tatbestand der sexuellen Nötigung zu erfüllen.

Die Analyse des bff führte zu einem Entschließungsantrag der Fraktion BÜNDNIS 90/DIE GRÜNEN vom 02.07.2014 (BT-Drucks. 18/1969), in dem die Bundesregierung aufgefordert wurde, einen Gesetzentwurf zur Ratifizierung des Übereinkommens des Europarates zur Verhütung und Bekämpfung von Gewalt gegen Frauen und häuslicher Gewalt (Istanbul-Konvention) vorzulegen.

Am 23.09. 2014 legten die Fraktionen der CDU/CSU und SPD den Entwurf eines ... Gesetzes zur Änderung des Strafgesetzbuches – Umsetzung europäischer Vorgaben zum Sexualstrafrecht (BT-Drucks. 18/2601) vor. Dazu fand am 13.10.2014 im Rechtsausschuss eine öffentliche Anhörung mit sieben Anhörpersonen aus der Justiz, der Anwaltschaft und der Wissenschaft statt.[36]

Am 28.01.2015 fand eine weitere öffentliche Anhörung im Ausschuss für Recht und Verbraucherschutz des Deutschen Bundestages zu dem Fraktionsantrag vom 02.07.2014 statt. Es wurden sieben Anhörpersonen aus dem Bereich der Justiz, der Wissenschaft und dem Bundesverband der Frauenberatungsstellen geladen, die auch umfangreiche schriftliche Stellungnahmen abgaben.[37] Die Anhörung zu dem Vorhandensein von Schutzlücken im materiellen Strafrecht verlief äußerst kontrovers, ohne dass hier auf die Einzelheiten näher eingegangen werden kann.

b) Die vom BMJV eingesetzte Kommission zur Reform des Sexualstrafrechts

Am 20.02.2015 setzte das Bundesministerium der Justiz und für Verbraucherschutz eine Reformkommission, bestehend aus zwölf Expertinnen und Experten aus der Kriminalwissenschaft und der strafrechtlichen Praxis, ein.[38] Die Staatssekretärin Dr. Stefanie Hubig hat zur Einführung ausgeführt: „Es gibt hier Schutzlücken und es spielt aus der Sicht des Opfers keine Rolle, ob diese

[36] Die Namen und die Stellungnahmen sind abrufbar unter: https://www.bundestag.de/bundestag/ausschuesse18/a06/anhoerungen/Archiv/sexualstrafrecht/338854 (zuletzt aufgerufen am 04.12.2015).

[37] Die Namen und die Stellungnahmen sind abrufbar unter: https://www.bundestag.de/bundestag/ausschuesse18/a06/anhoerungen/Archiv/stellungnahmen/356896 (zuletzt aufgerufen am 04.12.2015).

[38] Die Mitglieder sind: *Prof. Dr. Tatjana Hörnle; Prof. Dr. Jörg Eisele; Prof. Dr. Gereon Wolters; Prof. Dr. Klaus Laubenthal; RinBGH Dr. Ursula Schneider; VorsRinLG Andrea Röhrig; LOStAin Birgit Cirullis; Kriminaldirektor Jürgen Thiele; RAin Christina Clemm; RAin Elke Thom-Eben; Christian Kohle; Dr. Anne Herrmann.*

durch die Rechtsprechung oder durch den Gesetzestext veranlasst sind. Es gilt, diese Schutzlücken möglichst zeitnah zu schließen."[39]

Am 14.07.2015 legte das BMJV den Entwurf eines Gesetzes zur Änderung des Strafgesetzbuches – Verbesserung des Schutzes der sexuellen Selbstbestimmung vor:

- Die strafwürdigen Handlungen, die nicht unter § 177 Abs. 1 Nr. 1 und 2 STGB fallen, sollen tatbestandlich neu gefasst werden und in den geltenden Missbrauchstatbestand des § 179 StGB (sexueller Missbrauch widerstandsunfähiger Personen) integriert werden Im Gegenzug können § 177 Abs. 1 Nr. 3 StGB und § 240 Abs. 4 S. 2 Nr. 1 StGB gestrichen werden. Das besondere Tatunrecht des § 177 Abs. 1 Nr. 3 StGB soll als besonders schwerer Fall in § 179 Abs. 3 StGB-E Eingang finden. Damit will der Gesetzgeber der „Istanbul-Konvention" (Art. 36 des Übereinkommens des Europarats zur Verhütung und Bekämpfung von Gewalt gegen Frauen und häuslicher Gewalt vom 11.05.2011 (ETS 210) „noch besser gerecht werden."

V. Die neuen Wege zur Suche nach der Wahrheit

Unabhängig von eventuellen Änderungen des materiellen Strafrechts zur Schließung möglicher Schutzlücken und zur Vermeidung fehlerhafter Rechtsprechung durch die Gerichte kann es weiterhin nur um die Art und Weise der Feststellung des für das Vorliegen eines zu beurteilenden strafbaren Sachverhalts gehen. Egal, ob das Überschreiten eines „Nein" einer Frau bereits strafbar ist, egal, ob es um die Auslegung von „Gewalt," „Drohung" oder „schutzloser Lage" geht, entscheidend ist, ob aussagepsychologisch eine bewusste Lüge, eine auf Irrtum beruhende Aussage oder auf einem tatsächlichen Erlebnis beruht. Es geht in erster Linie um die Qualität der Aussage. Deshalb soll es hier nicht um mögliche materielle Änderungen des materiellen Rechts gehen. *Jede* Änderung muss sich daran messen lassen, wie am besten die tatsächlichen Feststellungen für das Vorliegen einer strafbaren Handlung getroffen werden können. Die Suche nach der prozessualen und materiellen Wahrheit ist in jedem Fall schwierig und kann ohne Unterstützung der Aussagepsychologie schwerlich gelingen.

[39] Rede: Auftakt der Reformkommission „Überarbeitung des 13. Abschnitts des besonderen Teils des Strafgesetzbuches", http://www.bmjv.de/SharedDocs/Reden/DE/2015/02202015_Stn_Reform_Sexualstrafrecht.html (zuletzt aufgerufen am 04.12.2015).

1. Die Expertenkommission zur Ausgestaltung des allgemeinen Strafverfahrens und des Jugendstrafverfahrens

Der Bundesminister der Justiz und für Verbraucherschutz Heiko Maas hatte bereits im Juli 2014 die Expertenkommission zur effektiveren und praxistauglicheren Ausgestaltung des allgemeinen Strafverfahrens und des Jugendstrafverfahrens einberufen. Der Expertenkommission gehörten Vertreter der Wissenschaft und der juristischen Praxis sowie Experten aus den Landesjustizverwaltungen, dem Bundesministerium des Inneren und dem Bundesministerium der Justiz und für Verbraucherschutz an. Den Vorsitz führte die Leiterin der Abteilung Rechtspflege im Bundesministerium der Justiz und für Verbraucherschutz, Frau Ministerialdirektorin Marie Luise Graf-Schlicker.[40]

Die Expertenkommission übergab dem Bundesminister der Justiz am 13.10.2015 einen Abschlussbericht mit umfangreichen Empfehlungen und zwei Bänden Gutachten. Dieser Bericht baut hinsichtlich der Videovernehmungen im Ermittlungsverfahren auf dem Gesetzentwurf der BRAK von 2010 auf. (Auf die Beschlüsse und Empfehlungen zur audiovisuellen Dokumentation der Hauptverhandlung soll hier nicht eingegangen werden.)

In den Empfehlungen zum Ermittlungsverfahren heißt es u. a. auf Seite 67 ff.:

Dokumentation des Ermittlungsverfahrens

Beschuldigten- und Zeugenvernehmungen sollten jedenfalls bei schweren Tatvorwürfen oder bei einer schwierigen Sach- oder Rechtslage im Regelfall audiovisuell aufgezeichnet werden. Die Vernehmung sollte nach den hierfür geltenden Regelungen zusätzlich protokolliert werden.

Mit der Begründung auf Seite 69 haben sich wohl endlich die aussagepsychologischen Erkenntnisse durchgesetzt, die die Befürworter eines umfangreicheren Einsatzes der Videotechnologie seit der Einführung des § 58a und des § 255a StPO im Jahr 1998 vergeblich vorgebracht haben:

„Für die Aufzeichnung der Beschuldigten- und Zeugenvernehmungen spricht jedoch maßgeblich, dass eine effektivere Ausgestaltung des Strafverfahrens gerade auch durch eine Verbesserung der Wahrheitsfindung infolge einer erweiterten Dokumentation erreicht wird. Es besteht kein Zweifel, dass eine authentische Videoaufzeichnung dem herkömmlichen schriftlichen Protokoll weit überlegen ist.

- Das schriftliche Inhaltsprotokoll enthält eine reduzierte Dokumentation des Gesprächs zwischen der Vernehmungsperson und dem zu Vernehmenden, die Ergebnis eines kommunikativen Prozesses ist, bei dem Wahrnehmungsmängel auf beiden Seiten naturgemäß nicht ausgeschlossen werden können.
- Auch wird der Inhalt einer Vernehmung durch die Art der Fragestellung und die Auswahl des Gesprächsstoffs von der Vernehmungsperson gesteuert.

---

[40] https://www.bmjv.de/SharedDocs/Downloads/DE/PDF/Abschlussbericht_Reform_StPO_Kommission.pdf?__blob=publicationFile&v=2 (zuletzt aufgerufen am 04.12.2015).

- Die Schwächen des herkömmlichen Protokolls werden bei Einführung in die Hauptverhandlung im Wege der Vernehmung des Vernehmungsbeamten noch perpetuiert, weil dieser hier wiederum nur seinen eigenen Wahrnehmungs- und Erlebnishorizont wiedergibt.
- Diesen Defiziten kann durch die audiovisuelle Aufzeichnung begegnet werden, weil sich hierdurch Wahrnehmungs- und Verständnismängel im weiteren Verlauf aufklären lassen.
- Im Hinblick auf die spätere Hauptverhandlung und einen möglichen Beweistransfer der Erkenntnisse aus dem Ermittlungsverfahren ist die Videodokumentation in jedem Fall qualitativ hochwertiger als die Einführung über die Verlesung des Inhaltsprotokolls oder die Vernehmung des Vernehmungsbeamten als Zeugen vom Hören-Sagen."

In der Expertenkommission bestand aber auch die Einsicht, dass es sofort keine vollständige Aufzeichnungspflicht für die gesamte Justiz geben kann. Dies ist aufgrund der zu erwartenden erheblichen Kosten zeitlich, technisch und personell derzeit nicht durchzusetzen. Als Maßstab für eine Beschränkung werden neben den Fällen notwendiger Verteidigung gemäß § 140 Abs. 1 und 2 StPO eine solche auf Schwurgerichtssachen, Straftaten gegen die sexuelle Selbstbestimmung und Delikte aus dem Bereich der Organisierten Kriminalität genannt.

Endlich hat sich der aussagepsychologische Ansatz durchgesetzt und ist nicht mehr umkehrbar:

„Die audiovisuelle Vernehmungsdokumentation kann einen wertvollen Beitrag zur Optimierung der Wahrheitsfindung im Ermittlungsverfahren leisten."

Wenn auch den Empfehlungen nicht mit der gebotenen Eindeutigkeit zu entnehmen ist, ob die beteiligten Strafverteidiger konsequenterweise nunmehr in der Regel auch mit dem Transfer der nach § 58a StPO erstellten richterlichen Videovernehmungen in Vergewaltigungsfällen mit volljährigen Zeuginnen gemäß § 255a Abs. 2 StPO einverstanden sind, muss klar sein, dass es ohne diese Erweiterung der Transfermöglichkeiten keinen Erfolg der Arbeit der Expertenkommission geben kann.

Zwar wurde nach Informationen aus Kreisen der Beteiligten dieser Punkt weiterhin kontrovers diskutiert. Der Transfer in die Hauptverhandlung ist aber essentiell und würde im Fall der Verweigerung die gesamten Empfehlungen in Frage stellen. Es dürfte schwierig sein, eine erwachsene Zeugin davon zu überzeugen, dass sie einer richterlichen Videovernehmung zustimmt, wenn der Verteidiger sie in der Hauptverhandlung ohne wesentlich veränderte Beweisgrundlage mit der Absicht ins Kreuzverhör nehmen kann, sie als Person und ihre dokumentierte Aussage zu beschädigen. Haben der Beschuldigte und sein Verteidiger bei der richterlichen Videovernehmung ihr Recht auf aktive Teilhabe an der Einvernahme wahrgenommen, darf einem Transfer wie bei kindlichen oder jugendlichen Opferzeugen in die Hauptverhandlung nicht der Boden entzogen werden. Es muss die Rechtsprechung zur Veränderung der tatsächlichen Grundlagen gelten, die es allein rechtfertigt, die Zeugin nochmals zu vernehmen.

Sollten die Strafverteidiger die notwendige Erweiterung des § 255a StPO doch noch verhindern, wäre die Erweiterung der Vorschrift des § 241a Abs. 1 StPO und dem vorrangigen Recht des Vorsitzenden auf Vernehmung von Zeugen – also auch von erwachsenen Zeugen – bei allen Sexualdelikten ein schlechter, aber doch hinnehmbarer Kompromiss.

VI. Eine neue Aktenanalyse bestätigt die Empfehlungen der Expertengruppe für das Ermittlungsverfahren

Dass die Optimierung der Wahrheitsfindung durch richterliche Videovernehmungen im Ermittlungsverfahren dringend erforderlich ist, ergibt sich aus einer eigenen, gerade abgeschlossenen rechtstatsächlichen Untersuchung in Bremen.

1. Die Aktenanalyse des Jahrgangs 2012 der Staatsanwaltschaft Bremen des Instituts für Polizeiforschung (IPOS)

Die zentrale Forderung der Expertenkommission des BMJV lässt sich auch rechtstatsächlich mit den aktuellen Ergebnissen einer Aktenanalyse von Ermittlungsverfahren des Jahrgangs 2012 der Staatsanwaltschaft Bremen wegen sexueller Nötigung und Vergewaltigung nach §§ 177 ff. StGB begründen. Die Evaluation sollte der Frage nachgehen, wie sich das sog. „Bremer Modell“ weiter entwickelt hatte, einem Anfang der 90er Jahre von einem Arbeitskreis verschiedener Beteiligter an Sexualstrafverfahren, die sich um eine opferorientierte und dem Opferschutz verpflichtete Bearbeitung von Straftaten gegen die sexuelle Selbstbestimmung bemühen.[41] Bereits damals gab es ein Forschungsprojekt an der HfÖV,[42] in dem sich Polizeibeamte mit dem Umgang von Polizei und Justiz mit Vergewaltigungsopfern auseinandergesetzt hatten. Bereits damals gab es in Bremen eine vehemente Diskussion zum Umgang mit Opfern von Sexualdelikten in Strafverfahren nach § 177 StGB. Man bemängelte damals allerdings, dass es *„nur* bei 37,4 % der Fälle zur Anklage bzw. zur Hauptverhand-

[41] Vgl. *Arbeitsgruppe „Institutioneller Umgang mit Vergewaltigungsopfern“*: Gewalt gegen Frauen – Maßnahmen zur Sicherung der weiblichen Menschenwürde, Bremen 1985: Die Teilnehmer/innen kommen aus den an der Akutversorgung beteiligten Institutionen, mit denen Opfer sexueller Gewalt, die angezeigt haben, in der Regel zu tun bekommen: Bremer Kliniken (Gynäkologie), Kriminalpolizei (Kommissariat 32), Kriminaltechnische Untersuchungsstelle (DNA-Analytik der Polizei) und Sonderdezernat der Staatsanwaltschaft (S. 45 ff.) Aktuell im März 2012 ist die Anonyme Spurensicherung nach Sexualstraftat in Bremen hinzugekommen.

[42] *Schleich B.* Gewalt gegen Frauen – Maßnahmen zur Sicherung der weiblichen Menschenwürde, Bremen 1985, S. 30.

lung" kam. Als Konsequenz wurde 1984 bei der Staatsanwaltschaft in Bremen eines der ersten Sonderdezernate eingerichtet, das ausschließlich Verfahren wegen sexueller Gewalt gegen Frauen zum Gegenstand hatte, deren Opfer Mädchen und Frauen ab 14 Jahren waren.[43]

Die aktuelle Studie des Instituts für Polizeiforschung (IPOS) an der Hochschule für Öffentliche Verwaltung (HfÖV) beruht auf einem Auftrag der senatorischen Behörden für Justiz und Inneres, nachdem die Geschäftsführerin Katja Grieger des bff zur Verfolgung von Sexualdelikten erklärt hatte, auch in Bremen „herrsche faktische Straflosigkeit bei Sexualdelikten." Sie räumte aber ein, „Bremen liegt komplett im Bundesdurchschnitt", denn die Verurteilungsquote liege bundesweit im Jahr 2012 bei lediglich 8,4 %.[44]

Vor diesem Hintergrund führte eine „interdisziplinäre Arbeitsgruppe[45] eine vollständige Aktenanalyse des Jahrgangs 2012 durch. Die Ergebnisse werden in dem Abschlussbericht des IPOS vom 30.04.2015 veröffentlicht.[46] Von diesem Jahrgang wurde aus insgesamt 145 bei der Staatsanwaltschaft mit dem Vorwurf des § 177 StGB geführten Verfahren aus den nach § 170 Abs. 2 StPO eingestellten Verfahren eine Zufallsstichprobe von 80 Fällen gezogen. Die 25 Fälle, die 2012 zu einer Anklage führten, wurden voll erhoben. Die Analyse sollte nicht zum Ziel haben, Aussagen darüber zu treffen, ob die staatsanwaltschaftlichen bzw. strafgerichtlichen Entscheidungen „richtig" oder „falsch" waren. Es ging der Arbeitsgruppe darum festzustellen, ob sich den im Ermittlungsverfahren gemachten Aussagen der (zumeist weiblichen) Opferzeugen solche Veränderungen und sogar Widersprüche ergeben, so dass überwiegend eine Verurteilung der Beschuldigten nicht erfolgen konnte.

a) Die Ergebnisse der Aktenanalyse

Der für die quantitative Aktenanalyse genutzte Erhebungsbogen gliederte sich in drei Unterbögen: der Verfahrensbogen, der Beschuldigtenbogen und der Opferbogen. Diese Dreiteilung war für die Auszählung sinnvoll, da es unterschiedliche Gesamtsummen gab. So finden sich in der vorliegenden Stichprobe 107 Beschuldigte, 95 Opfer und 93 Verfahren.[47]

Von insgesamt 95 Opfern der Stichprobe sind 2 Personen männlich und 93 weiblich; unter den 107 Beschuldigten befindet sich eine Frau. In den meisten

---

43 *Lesling/Traub* Projektbericht Schlichten oder Strafen, 1986, S. 153.

44 Interview bei Radio Bremen am 03.12.2014.

45 *Prof. Artur Hartmann* vom IPOS, *Frau Dipl. Soz. Ramona Schrage, Rechtsanwalt Dr. Christian Tietze und RiBGH a.D. Dr. Axel Boetticher.*

46 Demnächst abrufbar unter http://www.ipos.bremen.de/sixcms/detail.php?gsid=bremen02.c.730.de – jetzt auch in einer Kurzfassung in ePsych 1/2016, S. 7–23.

47 Bei mehreren Beschuldigten/Opfern in einem Verfahren kann mit drei unterschiedlichen Erhebungsbögen gewährleistet werden, dass nicht z. B. die Merkmale eines Opfers oder Beschuldigten stärker/schwächer gewichtet wird als die der Anderen.

Verfahren (77,7 %) erfolgt die Anzeige bei der Polizei durch das Opfer selbst. In 24,5 % wendet sich eine Person aus dem persönlichen Umfeld des Opfers an die Polizei. Dabei werden die Tatverdächtigen zumeist unmittelbar durch die Opfer benannt (66,4 % der Fälle). In 17,8 % der Fälle konnten die Tatverdächtigen erst durch gezielte polizeiliche Maßnahmen ermittelt werden. Auf Grundlage der so gewonnenen Daten wurden Gruppengespräche mit den zuständigen Staatsanwältinnen, Polizistinnen und Richterinnen geführt und ausgewertet.

Aus dem Register der Staatsanwaltschaft ergibt sich, dass 120 von 145 Verfahren eingestellt worden sind. Das ergab eine Einstellungsquote von 82,76 %. Das Ergebnis der Aktenanalyse ergab sogar eine Einstellungsquote von 85,7 %.[48]

Vergleich des Anteils der Einstellungen nach § 170 II StPO an allen erledigten Verfahren und bei § 177 StGB Verfahren. Deutschland 2013 und Bremen 2012

	Einstellungen nach § 170 Abs. 2 StPO (alle Verfahren)	Einstellungen nach § 170 Abs. 2 StPO (Verfahren zu § 177 StGB)
Deutschland 2013	28,4 %	40,5 %
Bremen 2012	66,1 %	85,7 %

Im Aktenbestand liegen Daten zu 21 Anklagen vor, die in 16 Fällen zugelassen wurden.[49] In vier Fällen wurde die Eröffnung des Hauptverfahrens aus tatsächlichen Gründen abgelehnt. Diese vier Fälle sind damit den Einstellungen nach § 170 Abs. 2 StPO zuzurechnen. Unter Berücksichtigung der Erkenntnisse aus der Aktenanalyse beträgt die Anklagequote gemessen an allen Verfahren der staatsanwaltschaftlichen Verfahrensstatistik unter Ausschluss fehlender Werte 13,5 %, die Verurteilungsquote 5,5 %.

[48] Die Differenz ergibt sich aus unterschiedlicher Zählweise. So werden im staatsanwaltschaftlichen Register beispielsweise auch Fälle als angeklagte Fälle gezählt, die im Ermittlungsverfahren noch unter § 177 StGB liefen, in denen aber die Anklage nicht nach § 177 StGB erfolgt (sondern zum Beispiel wegen Körperverletzung oder Nötigung). Diese werden, da die Verfahren nach § 177 StGB jeweils eingestellt werden, in der vorliegenden Arbeit als Einstellungen gezählt. Außerdem mussten 2 Verfahren als sogenannte ‚fehlende Werte' aus der Berechnung herausfallen, da nicht klar ist, ob eine Einstellung, oder eine Revision das Verfahren beendete (1 Akte außer Kontrolle und 1 Verfahren in Revision).

[49] Das Register der Staatsanwaltschaft wies Anklagen gegen 25 Beschuldigte aus. Hinsichtlich der Differenz zu den 21 vorliegenden Angeklagten siehe unter 5. Buchstaben b) bis f).

Vergleich der Differenz zwischen den TV- und den Verurteiltenzahlen in Bremen 2012 und Gesamtdeutschland 2013

	Tatverdächtige §§ 177 ff. StGB	Verurteilte §§ 177 ff. StGB [% bezogen auf TV]
Deutschland 2013	10.201	1.129 [11 %]
Bremen 2012	145	7 [5,5 %]*

Überwiegend handelte es sich um Fälle der sexuellen Nötigung nach § 177 Abs. 1 StGB. Von den Beschuldigten wurde 13,5 % in der Mehrzahl wegen § 177 Abs. 2 StGB (vaginales, anales oder orales Eindringen in den Körper) angeklagt[50] aber nur 5,5 % aller Beschuldigten nach § 177 StGB verurteilt.

In den Fällen, in denen es zu einer Hauptverhandlung kam, fällt auf, dass die Staatsanwaltschaft in fünf Fällen (31,3 %) selbst Freispruch beantragte und noch zusätzlich in zwei Fällen (21,5 %) eine Einstellung des Verfahrens. Nach Auffassung der Arbeitsgruppe deutet dieser Befund darauf hin, dass es bereits Zweifel an der Qualität der Aussage im Ermittlungsverfahren gegeben haben muss, die möglicherweise mit Hilfe einer richterlichen Videovernehmung ausgeräumt hätten werden können.

Vergleich des Anteils der Freisprüche zu § 177 StGB bei eröffneter HV

Freisprüche in Deutschland 2013	Freisprüche in Bremen 2012
22,5 %	28,5 %

b) Die Aussage des Opfers als alleiniges Beweismittel

Dass Mehrfachvernehmungen von Zeugen aus Gründen des Zeugenschutzes, aber auch im Interesse der Wahrheitsfindung möglichst vermieden werden sollten, ist allgemein anerkannt. Dem tragen die Ergebnisse der Aktenanalyse für den Jahrgang 2012 in der Weise Rechnung, dass die Zeugen in den Vergewaltigungsverfahren insgesamt in der Mehrheit entweder einmal (31,9 %) oder zweimal (41,5 %) vernommen worden sind. Die gewollte geringe Zahl an Vernehmungen setzt allerdings voraus, dass diese qualitativ so gut sind, dass sie zur Aufklärung des von den Opferzeugen oder anderen Personen aus deren Umfeld angezeigten Sachverhalts voll umfänglich beitragen, denn sonst verkehrt sich dieser an sich gut gemeinte Ansatz in sein Gegenteil. Es war Aufgabe der

---

[50] Prozentzahl beschreibt die gültigen Werte bezogen auf die Gesamtzahl der Verfahren (nicht der Stichprobe) unter Ausschluss der fehlenden Werte (Verfahren, bei der der Ausgang aus verschiedenen Gründen nicht bekannt ist).

Aktenanalyse und der Expertengespräche, näher aufzuklären, in welchem Verhältnis die Anzahl und die Qualität der Zeugenvernehmungen und die Quote der Einstellungen der Ermittlungsverfahren durch die Staatsanwaltschaft stehen. Es musste der Hypothese nachgegangen werden, dass qualitativ unzureichende Vernehmungen mit oder sogar überwiegend dazu beitragen, dass es bei der Staatsanwaltschaft Bremen im Jahrgang 2012 eine höhere Einstellungsquote gab.

Wichtigstes Ergebnis der Aktenanalyse war, dass allein die Aussage des Zeugen das entscheidende Beweismittel in Sexualstrafverfahren ist und überwiegend über den Ausgang des Ermittlungsverfahrens entscheidet. Dies wird belegt durch die von der Staatsanwaltschaft verwendeten Begründungen in den Einstellungsbescheiden an die potentiellen Opfer in den Ermittlungsverfahren. Die verwendeten Begründungen für eine Verfahrenseinstellung variieren zwar, beziehen sich aber im Wesentlichen auf die mangelnde Aussagekraft der Schilderungen der Zeugen.

Als wichtigste Begründungen wurden genannt:

	N	Prozent
Die Aussage der Zeugin ist unschlüssig	5	5,3 %
Opferzeuginnenaussagen widersprechen sich stark	9	9,6 %
Opferzeuginnenaussagen zu lückenhaft	9	9,6 %
Aussage der Geschädigten steht gegen Aussage des Tatverdächtigen, wobei keiner Aussage höhere Bedeutung zukommt	5	5,3 %
Opferzeuginnenaussagen stimmen nicht mit gesicherten Spuren überein	3	3,2 %
Opferzeugin macht von ihrem Zeugnisverweigerungsrecht Gebrauch	5	5,3 %
Opferzeugin widerruft eigene Aussage	15	16,0 %
Aufgrund der Verfassung des Tatverdächtigen bestehen Zweifel, dass ein entgegenstehender Wille des Opfers subjektiv erkannt werden konnte	1	1,0 %
Geschilderter Tathergang ist kein Straftatbestand nach dem StGB	19	20,2 %
Gewaltanwendung war nicht nachweisbar (allerdings behauptet)	10	10,6 %
Zeugin erinnert sich wegen Alkohol-/Drogeneinflusses nicht oder nur bruchstückhaft an das Geschehen	11	11,7 %

	N	Prozent
Die Erinnerung der Zeugin ist verblasst, da die Tat lange her ist	1	1,0 %
Tatverdächtiger ist nicht schuldfähig z. B. wegen einer psychischen Erkrankung, Alkohol- oder Drogenabhängigkeit	1	1,0 %
Sonstige Begründung für Verfahrenseinstellung	16	17,0 %

c) Das „Bremer Modell"

Nach dem „Bremer Modell" wird seit der Gründung im Jahr 1984 gefordert, so wenig Opferbefragungen wie möglich durchzuführen. Als Ergebnis der Aktenanalyse ergab sich folgender regelmäßiger Verfahrensablauf bei der Verfolgung von Sexualdelikten nach §§ 177 ff. StGB:

Überwiegend erfolgt die Anzeige des potentiellen Opfers – allein oder gemeinsam mit Angehörigen oder Freunden – bei der Schutzpolizei.

- In 40 % der Fälle wird dort eine erste Opfervernehmung durchgeführt, die nach Aktenlage häufig über eine bloße Anzeigenaufnahme und eine kurze Befragung hinausgeht.
- Der KDD (allgemeine Kriminalpolizei / Kriminaldauerdienst), an den die Schutzpolizei den Fall abgibt, leitet die nicht zu beanstandende Einleitung der Spurensicherung, der Vorstellung im Krankenhaus/oder beim Vertragsarzt ein.
- Bei 28,4 % der Opfer führt der KDD eine eigene Vernehmung durch. Hier fiel auf, dass einige Befragungen des KDD sehr ausführlich durchgeführt werden. In der vorliegenden Stichprobe wurde jede dieser Vernehmungen am Wochenende oder in der Nacht/am späten Abend durchgeführt. Die Befragung durch Beamtinnen/en, die nicht auf Sexualdelikte spezialisiert sind, erfolgt also „nur" in solchen Fällen, in denen die Anzeige außerhalb der Geschäftszeiten des Sonderkommissariats getätigt wird.
- Der KDD legt die Aussagen des Opfers in der Regel mit eigenen Worten – also sinngemäß nieder – und fertigt kein Protokoll in direkter Rede an. Dies ist der Tatsache geschuldet, dass die Beamten und Beamtinnen des KDD zumeist nicht in den eigenen Räumen vernehmen, sondern etwa im Krankenhaus oder am Tatort, so dass sie das Protokoll erst im Nachhinein erstellen können. In den Gesprächen wird darauf hingewiesen, dass eine möglichst frühe und bis zu einem gewissen Grad detaillierte Opferbefragung für die Planung des weiteren Vorgehens, zum Beispiel in Bezug auf die Art der Beweissicherung oder der Frage nach Haftgründen, unerlässlich sei.

- Zur Verbesserung der Vernehmungssituation hat es die Arbeitsgruppe als unerlässlich angesehen, den KDD mit Tonaufnahmegeräten auszustatten, so dass die Aussagen von Opferzeuginnen möglichst authentisch aufgenommen werden können. Mit der Einführung solcher Technik sind zusätzliche Schreibkräfte erforderlich.
- Im Anschluss daran wird der Fall – in der Regel am nächsten Tag, in Einzelfällen auch sofort – vom Sonderkommissariat K32/K31 übernommen und das Opfer ausführlich vernommen.
  - 54,7 % der Opfer werden hier einmal, 17,9 % zweimal und 4,2 % dreimal vernommen.
  - Die von den Beamtinnen/en selbst angefertigten Protokolle werden von allen Beteiligten als gut bewertet.
  - Eine akustische Vernehmung der Tatopfer fand in 47 Fällen (50 %) statt, eine audiovisuelle Vernehmung gab es nur in 2 Fällen (2,1 %).
  - Eine Mindestforderung war jedoch, dass zur Vermeidung von Veränderungen und möglichen Widersprüchen der Aussagen für die Opferbefragungen auch dem Sonderkommissariat zumindest Tonbandgeräte zur Verfügung stehen, die allerdings auch zu schriftlichen Protokollen verschriftet werden müssen.

Ein Ergebnis der Analyse war auch, dass 51 Strafverteidiger (89,5 %) von 57 Tatverdächtigen Akteneinsicht in die Ermittlungsakte nahmen,

- die Beschuldigten sich aber im Ermittlungsverfahren entweder nicht zur Sache einließen (48,6 %),
- objektive Beweismittel gegen sie fehlten oder
- vom Beschuldigten allenfalls einvernehmlicher Geschlechtsverkehr behauptet wurde.
- Wenn die Beschuldigten Aussagen machen, geschieht dies häufig erst in der Hauptverhandlung.

Die Arbeitsgruppe hat daraus für sich die allerdings bisher noch nicht ausreichend übergeprüfte Hypothese aufgestellt, dass die Verteidiger den Beschuldigten in Kenntnis der im Jahr 2012 in Bremen festgestellten hohen Einstellungsquote bei Sexualdelikten schon allein aufgrund der unzureichenden Aussage des potentiellen Tatopfers geraten haben könnten, von vornherein keine Einlassung im Ermittlungsverfahren abzugeben und erst die vollständige Prüfung durch das Sonderdezernat der Staatsanwaltschaft abzuwarten. Auffällig war, dass die Einstellung des Verfahrens gem. § 170 Abs. 2 StPO sehr häufig bereits kurz nach erfolgter Akteneinsicht und Rückgabe der Akten erfolgte. Die Rückgabe erfolgt häufig mit dem lapidaren Hinweis, dass im Ermittlungsverfahren zunächst keine Einlassung erfolgen sollte.

Auffällig beim Gespräch mit dem Sonderdezernat K 32 war in diesem Zusammenhang, dass Ermittlungen beim Beschuldigten und seinem Umfeld nur äußerst selten durchgeführt und von der Staatsanwaltschaft auch nicht gefordert werden. Begründet wurde dies mit der nicht näher dargelegten „Anweisung von oben?“, aus Gründen der Unschuldsvermutung und des Datenschutzes bei diesen Delikten solche Ermittlungen besser nicht durchzuführen.

Auffällig war auch, dass das Sonderdezernat der Staatsanwaltschaft im gesamten Jahrgang 2012 keine eigenen Vernehmungen der Opfer und der Beschuldigten durchgeführt hat, sondern seine Entscheidung, ob das Verfahren einzustellen oder der Beschuldigte anzuklagen war, vollständig auf der Grundlage der polizeilichen Ermittlungen getroffen wurde.

Auffällig war auch, dass in den Verfahren zu sexueller Nötigung / Vergewaltigung im Jahrgang 2012 kein einziges Opfer oder Beschuldigter durch einen Ermittlungsrichter vernommen wurde.

Auffällig war auch, dass im Jahrgang 2012 nur zwei aussagepsychologische Begutachtungen von Opferzeuginnen in Auftrag gegeben wurden.

Schließlich war besonders auffällig, das von den Opferschutzmöglichkeiten in der Hauptverhandlung so gut wie gar nicht Gebrauch gemacht wurde:

Maßnahmen	Anzahl	Prozent
Anzahl der *Entfernung des Angeklagten* während der Opfervernehmung nach § 247 StPO	0	0,0
Anzahl der *Vernehmungen* des Opferzeugen *an einem anderen Ort* nach § 247a StPO	0	0,0
Anzahl der *Vorführung von Bild-Ton-Aufzeichnung* nach § 255a StPO	0	0,0
Anzahl *Ausschluss der Öffentlichkeit* nach § 171b GVG	1	6,3
Anzahl *Ausschluss der Öffentlichkeit* nach § 172 GVG	0	0,0

Erst recht gab es keinerlei Zusammenspiel zwischen Staatsanwaltschaft und Gerichten, denn in den wenigsten Fällen (nur in 3 Fällen = 18,8 %) waren der oder die Sachbearbeiter/in selbst in der Hauptverhandlung.

d) Gesamtergebnis

Die Evaluation hat die Bedeutung der Aussage der überwiegend weiblichen Opferzeugen für das Verfahren eindrucksvoll deutlich gemacht. Lediglich bei 18 % der Verfahrenseinstellungen spielen Gründe ein Rolle, die keinen Bezug zur Aussage(-bereitschaft) der Opferzeuginnen haben (Schuldfähigkeit der Tatverdächtigen 1 %, sonstige Gründe 17 %).

Aufgrund der während der Aktenanalyse bei einzelnen Fällen aufgetretenen Zweifel an zahlreichen Einstellungsbescheiden ergibt sich die Frage, ob an die Anforderungen, die an die Konsistenz und die Widerspruchsfreiheit der Aussagen der Opferzeugen gestellt werden, dem Stand der Aussagepsychologie als einschlägiger Fachwissenschaft entsprechen. Die Analyse hatte zum Ergebnis, dass die Unklarheiten und Widersprüche, die bei der Staatsanwaltschaft im Stadium der Entscheidung über Einstellung oder Anklage als nicht ausreichend oder als unglaubwürdig angesehen worden sind, in der Mehrzahl zu Lasten der Opferzeuginnen ausgefallen sind. In den meisten Fällen ist eine Einstellung des Verfahrens erfolgt, ohne dass der Verteidiger etwas zur Aufklärung des Sachverhalts – entweder durch eine Einlassung des Beschuldigten im Ermittlungsverfahren oder durch die Darlegung von Widersprüchen – beitragen musste.

Die interdisziplinäre Arbeitsgruppe hat deshalb in ihren Empfehlungen vorgeschlagen, insbesondere die audiovisuelle richterliche Vernehmung auch von erwachsenen Opferzeugen entsprechend dem Münchener Modell auszubauen, damit sich in den Verfahrensakten eine möglichst authentische Zeugenaussage des Opfers findet. Eine Dokumentation, in der nicht nur das Gesagte eins zu eins zu sehen ist, sondern auch nonverbale Signale unverfälscht wiedergegeben werden, scheint auch im Sinne des Abschlussberichts des BMJV die ideale Bedingung zu sein, um sich aus dem Verfahrensablauf entwickelnde widersprüchliche Aussagen der Opferzeugen zu vermeiden und Authentizität zu sichern. Gelingt das im Ermittlungsverfahren nicht, ist im weiteren Verlauf des Strafverfahrens nur noch eine eingeschränkte Wahrheitsfindung möglich.

VII. Das aktuelle Forschungsprojekt der Kriminologischen Zentralstelle, Wiesbaden (KrimZ)

Dem gerade von der Mitgliederversammlung der KrimZ beschlossenen, aber noch nicht ins Werk gesetzten bundesweit angelegten Forschungsprojekt liegt die methodische Erkenntnis zugrunde, dass sich die kriminologische Forschung seit den 1960er Jahren mit dem „Strafverfahren als Bewertungs- und Entscheidungsprozess" befasst hat. Mittels Strafaktenanalyse wurden bereits mehrfach Selektions- und Sanktionierungsmechanismen nicht nur in ihrem Ausmaß sondern auch in ihren Begründungen untersucht. Weil aus einer erneuten Aktenanalyse keine neuen Ergebnisse zu erwarten seien, hat die KrimZ sich in ihrer Konzeption dafür entschieden, keine weitere umfangreiche Untersuchung von Verfahrensabläufen, verbunden mit einem aufwendigen Ländervergleich durchzuführen.[51] Allen bisherigen Untersuchungen sei zu entnehmen, dass bei sexu-

[51] Konzeption eines Forschungsprojekts auf der Mitgliederversammlung der KrimZ am 15./16.06.2015, S. 3 – 5, freundlicherweise überlassen für die Festschrift *Herbert Landau*,

ellen Gewaltdelikten (§§ 177 ff. StGB) im Gegensatz zu anderen Deliktsgruppen die Diskrepanz zwischen der Zahl der Tatverdächtigen und der tatsächlich Verurteilten stetig größer geworden sei, ohne dass erkennbar ist, ob dies an einer unzureichenden Handhabung der Strafvorschriften oder an unzureichender Aufklärung der Tatumstände und der einzelnen Tatbestandsmerkmale liegt.

Tatsächlich sank nach den Recherchen der KrimZ die Zahl der wegen einer Straftat nach § 177 StGB Verurteilten von 29 % im Jahr 1983 auf 11 % im Jahr 2013 (Tabelle 1).

Die Differenz zwischen den TV- und den Verurteilten-Zahlen ist bei sexuellen Gewaltdelikten (§§ 177 f. StGB) inzwischen vergleichsweise hoch

Jahr	Tatverdächtige			Verurteilte [% bezogen auf TV]		
	Gesamt o.V.	KV	§§ 177 f.	Gesamt o.V.	KV	§§ 177 f.
1983	1.441.321	187.986	7.248	477.093 [33 %]	35.990 [19 %]	2.099 [29 %]
1993	2.051.775	262.554	7.624	498.764 [24 %]	32.562 [12 %]	1.706 [22 %]
2003	2.355.161	421.201	12.445	541.019 [23 %]	60.085 [14 %]	2.090 [17 %]
2013	2.094.160	453.495	10.201	596.274 [29 %]	75.170 [17 %]	1.129 [11 %]

Tabelle 1

Hinzu kam nach Erkenntnissen der KrimZ, dass die Einstellungsquote bei Sexualdelikten gegenüber der Einstellungsquote bei der Gesamtkriminalität und der Körperverletzung am höchsten ist. Dies ist aber kein neues Phänomen der letzten Jahre, vielmehr sind die Quoten von 1998 und 2013 praktisch identisch (Tabelle 2). Ebenso ist der Anteil von Freisprüchen bei sexuellen Gewaltdelikten nach § 177 StGB im Vergleich zu den Freisprüchen bei der Gesamtkriminalität vergleichsweise hoch (Tabelle 3).

---

einem der Förderer der KrimZ, durch die Projektleiterin Dipl. Pädagogin und Ass. Iur. *Jutta Elz*.

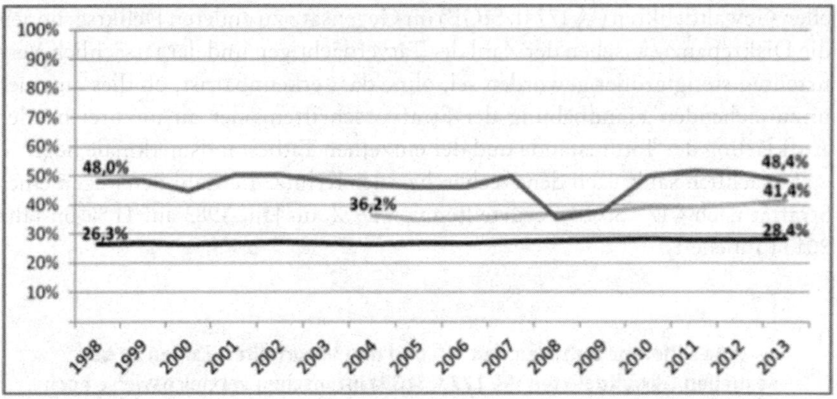

Tabelle 2

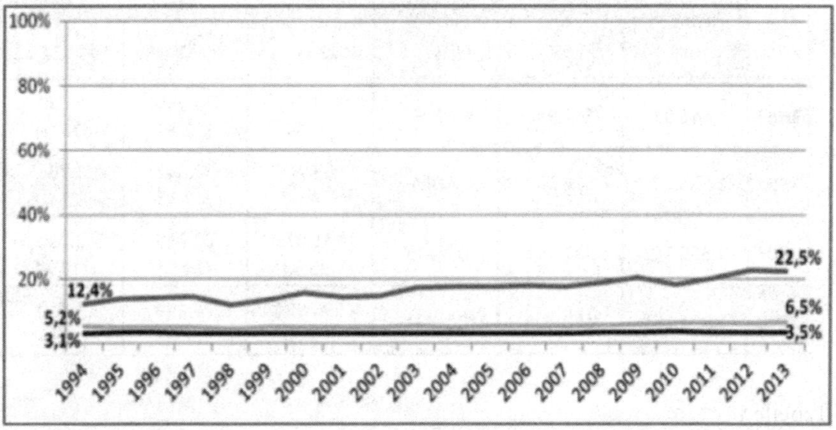

Tabelle 3

Die KrimZ will deshalb einen anderen Weg beschreiten, um zu untersuchen, ob es gesetzgeberischen Handlungsbedarf im materiellen Strafrecht oder im Strafverfahren gibt. Sie will „an zwei entscheidenden Punkten ansetzen" und staatsanwaltschaftliche Einstellungsverfügungen nach § 170 Abs. 2 StPO und dazu ergangene Mitteilungen an die Verletzten (§§ 171, 406d Abs. 1 StPO) sowie freisprechende Gerichtsurteile analysieren. Es sollen allein um die verwendeten Begründungen gehen, aus denen sich mögliche Rückschlüsse auf „Schutzlücken" im Gesetz oder im Prozess der polizeilichen oder staatsanwaltlichen „Wahrheitsfindung" ziehen lassen: Worauf lässt sich z. B. aus häufig vorkommenden Begründungen schließen: kein Straftatbestand erfüllt, Gewalt unterhalb der Erheblichkeitsschwelle, keine Abwehr gegen einen Angriff durch

Überrumpelung, keine qualifizierte Drohung mit gegenwärtigem Übel, keine schutzlose Lage, keine finale Verknüpfung zwischen Gewalt/Drohung und der Vornahme oder Duldung der sexuellen Zwangshandlung?

Dazu sollen 200 Einstellungsbescheide und 200 freisprechende Urteile untersucht werden. Allein zur Klärung von Widersprüchen und zur Nachschau sollen die Akten angefordert werden. Um den Aufwand überschaubar zu halten, sollen bei 40 Staatsanwaltschaften zu einem festzulegenden Stichtag die letzten fünf Einstellungen und die letzten fünf Freisprüche angefordert werden. Damit würden 70 % aller Staatsanwaltschaften einbezogen werden. Mit dieser Analyse soll auch versucht werden, inwieweit es von der Anzeige bei der Polizei bis zur Staatsanwaltschaft zu Umdeutungen oder Selektionen oder den (unfreiwilligen) Einbau von Widersprüchen kommt. Die Untersuchung wird über die Analyse der Staatsanwaltschaft Bremen hinaus einen bundesweiten Vergleich ermöglichen.

Die Untersuchung ist bereits durch die Mitgliederversammlung der KrimZ, der die Vertreter der Justizministerien der Länder und des Bundes angehören, beschlossen worden und soll demnächst mit der Auswahl der Staatsanwaltschaften ins Werk gesetzt werden. Es bleibt abzuwarten, ob es in den jeweiligen Begründungen der Einstellungsbescheide und den freisprechenden Urteilen wesentliche Abweichungen zu der Aktenanalyse des IPOS in Bremen geben wird. Durch die Auswahl der Staatsanwaltschaften und Gerichte wird es aber insbesondere interessant sein, ob sich regionale Unterschiede ergeben werden.

VIII. Das „Münchener Modell" am Amtsgericht München

1. Die Anfänge

Offensichtlich unbeeindruckt von dem jahrelangen zähen Ringen um mehr Opferschutz im rechtspolitischen Diskurs und unbeeinflusst von weiterer wegweisender revisionsrechtlichen Rechtsprechung konnte sich bisher nur vereinzelt eine Praxis richterlicher Videovernehmungen im Ermittlungsverfahren etablieren. Diese war allerdings nur dem Engagement einzelner Kolleginnen und Kollegen zu verdanken. Im Bereich des 1. Strafsenats gab es in unserer gemeinsamen aktiven Zeit immerhin schon Videovernehmungen im Ermittlungsverfahren in München und in Aschaffenburg. Bei der Großen Strafkammer des Landgerichts Bamberg wurde das Beratungszimmer hinter dem Richtertisch mit einer Videoanlage ausgestattet, in dem der Vorsitzende Opferzeugen vernehmen konnte. Die Vernehmung wurde unmittelbar in den Gerichtssaal übertragen.[52]

[52] Ausführlich berichtet auch *RiAG Frank Buckow* im Jahr 2012 über den Einsatz „neuer Medien" im Dezernat des Ermittlungsrichters beim Amtsgericht Berlin-Tiergarten. Obwohl

Eine sehr engagierte Kollegin war die Münchner Ermittlungsrichterin Hemmerich-Schöpf, die als frühere Familienrichterin den Umgang mit Kindern auch nach aussagepsychologischen Maßstäben beherrschte. Sie berichtete auf Fortbildungen von der von ihr und einem Kollegen seit 1999 durchgeführten Praxis einer frühen Vernehmung in einem gut ausgestatteten Vernehmungszimmer der Polizei in München. In 50 % der Fälle legten die Beschuldigten nach Ansicht der Videoaufzeichnung ein Geständnis ab. In jedem Fall seien in den meisten Fällen die Vernehmung des Opferzeugen in der Hauptverhandlung nach § 255a Abs. 2 StPO ersetzt worden. Vogel berichtete 2003 für den WEISSEN RING über die Anfänge des „Münchener Modells." Die erzielten Erfolge verbreiteten sich wegen fehlender systematischer Vergleiche aber nicht ausreichend.[53]

2. Die heutige Praxis

Seit 2009 ist beim Amtsgericht München im Justizzentrum ein mit modernen Geräten ausgestattetes richterliches Vernehmungszimmer eingerichtet, von dem aus auch Übertragungen in den Sitzungssaal der zwei amtierenden Richter und zum Landgericht München I möglich sind. Nach dem Geschäftsverteilungsplan der Abt. 8 – Allgemeine Strafsachen – sind gegenwärtig die RinAG Karin Jung und RiAG Matthias Braunmandl zuständig für alle Ermittlungsverfahren der Staatsanwaltschaften München I und München II für Videovernehmungen:

- Nach der Ziffer 3 des Sachgebiets 2 sind dies im Wesentlichen Jugendschutzsachen nach den §§ 170d, 171,174, 176a, 180, 182, soweit durch die Tat ein Kind oder Jugendlicher verletzt oder unmittelbar gefährdet wird.
- Nach Nr. 4 sind dies Straftaten wie Ausbeutung von Prostituierten (§§ 180a, 180b, 181, 181a StGB) Verbreitung pornografischer Schriften (§§ 184, 184a bis f StGB) und Menschenhandel zum der sexuellen Ausbeutung (§§ 232, 233 StGB).
- Ersuchen inländischer Behörden in Strafsachen (Rechtshilfe) auf ermittlungsrichterliche Vernehmung in Verfahren gemäß Ziffern 3 und 4.
- In Fällen von sexueller Nötigung oder Vergewaltigung nach § 177 StGB wird bisher regelmäßig noch keine Videovernehmung durchgeführt. In einigen Einzelfällen wurde dies beantragt nach § 58a Abs. 1 Nr. 2 StPO, „wenn zu

er bereits am 22.04.2009 als Sachverständiger im Rechtsausschuss des Deutschen Bundestages zur Reform des Untersuchungshaftrechts angehört worden ist, ist auf gesetzgeberischer Seite nicht so viel geschehen, Zeitschrift für Internationale Strafrechtsdogmatik, 2012, 551 ff., www.zis-online.com.

[53] *Vogel* „Erfahrungen mit dem Zeugenschutzgesetz", Mainz 2003, WEISSER-RING Verlag; *Volbert* in: Barton/Kölbel (Hrsg.), Ambivalenzen der Opferzuwendung des Strafverfahrens, 2012, S. 205.

besorgen ist, dass der Zeuge in der Hauptverhandlung nicht vernommen werden kann und die Aufzeichnung zur Erforschung der Wahrheit erforderlich ist.“

- Beschuldigte werden bisher nicht im Wege mit Video vernommen.

Kommt es eine/n der an der Videovernehmung beteiligten beiden Richter/innen zu einer Anklage beim Amtsgericht, verhandelt der/die jeweils andere Richter/in über den Fall und verwendet die Videovernehmung nach § 255a Abs. 2 StPO als Beweismittel, ohne den durch Video vernommenen Opferzeugen nochmals in der Hauptverhandlung zu vernehmen. Wird der Fall nach der Videovernehmung beim Landgericht angeklagt, steht die Videovernehmung beim Landgericht eingespielt. Für die technische Durchführung der Videovernehmungen sorgt ein versierter Justizwachtmeister, der in dem zentralen Raum an der Schaltstelle sitzt, alle Vernehmungszimmer und Aufenthaltszimmer mit den installierten Kameras im Blick hat. Auf Anforderung leitet er die Fragen des Verteidigers oder Staatsanwalts über die Tastatur eines PCs in das Vernehmungszimmer, die der oder die vernehmende Richter oder Richterin auf ihrem Bildschirm erkennen, ohne dass der Zeuge erkennt, wer die Frage gestellt hat. Der Justizwachtmeister füllt die notwendigen Formulare und führt die Statistik.

Die Zahlen seit 2009 sind eindrucksvoll, die Arbeit und die Praxis bleiben aber mangels öffentlicher Kommunikation und wissenschaftlicher Begleitung und Auswertung im Wesentlichen im Verborgenen.

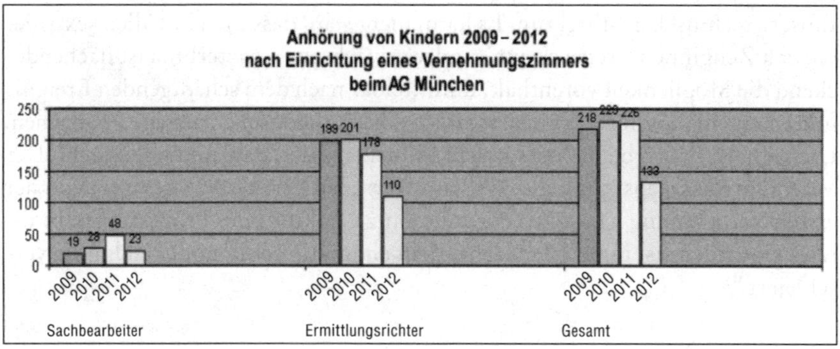

Im Jahr 2012 gab es 110 durchgeführte Vernehmungstermine mit einer Gesamtdauer von 66:11 Stunden reine Vernehmungszeit. 2013 wurden 135 Vernehmungstermine mit insgesamt 186 Zeuginnen und Zeugen durchgeführt. 2014 gab es 118 durchgeführte Vernehmungstermine und im aktuellen Jahr 2015 wurden allein durch Frau RiAG Karin Jung 57 Zeuginnen und Zeugen vernommen. Etwa die gleiche Zahl an Videovernehmungen hat der Kollege RiAG Matthias Braumandl durchgeführt.

Die Kollegen versicherten, dass in allen Fällen in denen Kinder und Jugendliche im Wege von Videoaufzeichnungen vernommen wurden, beim Amtsgericht oder beim Landgericht nicht noch einmal vernommen werden mussten, weil mit den Videovernehmungen nach §255a Abs. 2 StPO die Aussagen der Opferzeugen ersetzt werden konnten.

Das im Fall wegen sexuellen Missbrauchs Widerstandsunfähiger gemäß §179 StGB ergangene Urteil des Schöffengerichts München (Az: 853 Ls-Js-I14) beruhte auf einer nach §58a StPO erfolgter Videovernehmung und Transformation nach §255a Abs. 2 StPO. Es ist das Ergebnis einer eindrucksvollen Einnahme des Augenscheins der Bild-und-Ton-Aufzeichnung. Diese erlaubte dem Gericht, „sich ein anschauliches und ausführliches Bild von der Geschädigten zu machen."

IX. Ausblick

Ohne den längst überfälligen, vom Gesetzgeber mit einer bundeseinheitlichen, klaren, eindeutigen Weiterentwicklung von §58a und §255a Abs. 2 StPO lässt sich ein nachhaltiger Opferschutz nicht durchsetzen. Wenn man wirklich Ernst machen will mit dem, was der 1. Strafsenat mit seinem Urteil vom 30.07.1999 unter der Mitwirkung von Herbert Landau zur nachhaltigen Integration von rechtspsychologischen Elementen zum besseren Schutz von Opferzeugen in den Strafprozess auf den Weg gebracht hat, dann muss man dies auch unter Einsatz technischer Mittel tun. Es kann nicht sein, dass man in Fällen sexueller Gewalt Zeuginnen – seien sie junge oder erwachsene – weiterhin fast flächendeckend die Möglichkeit vorenthält, unmittelbar nach dem schädigenden Ereignis und in einem möglichst frühen Stadium eine authentische Aussage zu machen. Die tägliche Praxis beim Amtsgericht München zeigt, dass und wie es geht. Der Vater der Aussagepsychologie, William Stern, hat bereits 1926 gesagt: „Von der ersten Vernehmung hängt geradezu die ganze Zukunft des Prozesses ab. In ihr wird eigentlich fast immer der Sachverhalt endgültig geklärt oder endgültig verschleiert."

Das rechtsstaatlich-praktische allgemeine Straftatsystem

(K)ein Modell für Lehre, Praxis und Gesetzgebung

Helmut Fünfsinn[*]

Die Diskussion um das Straftatsystem, die Straftatlehre oder den Verbrechensaufbau[1] scheint eine akademische zu sein, eine, mit der Studierende der Rechtswissenschaft ihr Studium des Strafrechts beginnen. Dieser Blick auf die Diskussion soll hier deutlich erweitert werden auf die Wirkungen, die das Straftatsystem auf die strafrechtliche Praxis und die strafrechtliche Gesetzgebung hat oder zumindest haben sollte. Um die Diskussion nicht zu überfrachten, erlaube ich mir, die von *Naucke* entwickelten Grundlinien einer rechtsstaatlich-praktischen allgemeinen Straftat*lehre*[2] hier nur zu skizzieren und die Grundlagen der verschiedenen Straftatlehren und ihre historischen Einordnungen nur anzureißen, um die Auswirkungen auf die Lehre, Praxis und Gesetzgebung an wenigen, ausgewählten Beispielen zu belegen.

I. Grundlagen des Straftatsystems

Für die gegenwärtige Lehre, die den Studierenden schon in den ersten Semestern nahe gebracht wird, aber schon die Praxis nur noch teilweise erreicht, ist

---

[*] Der Beitrag stellt die überarbeitete und gekürzte Fassung der am 02.07.2015 an der Johann Wolfgang Goethe-Universität Frankfurt am Main vom Verfasser gehaltenen Antrittsvorlesung dar. Ich danke Frau Staatsanwältin Dr. Lisa Kathrin Sander für die vielen Diskussionen und ihre wertvollen Hinweise.

[1] Die Begriffe werden überwiegend synonym verwandt. Der Rückgriff auf das Straftatsystem in diesem Beitrag ist weniger der Versuch einer Annäherung an *Kant*, der formuliert, ein System sei die „Einheit der mannigfaltigen Erkenntnisse unter einer Idee" (*Kant* Kritik der reinen Vernunft, 1781, S. 832), ein „nach Prinzipien geordnetes Ganzes der Erkenntnis" (*Kant* Metaphysische Anfangsgründe der Naturwissenschaft, 1786, Vorrede IV), denn wahrscheinlich ist das allgemeine Straftatsystem eher eine Ansammlung festen Erfahrungswissens, was im Nachfolgenden zu begründen sein wird. Vielmehr soll mit diesem Begriff ein Hinweis auf die Systemrelevanz gegeben werden, denn der Beitrag hat die grundsätzliche Beachtung des Straftatsystems in der Lehre, Praxis und Gesetzgebung zum Ziel.

[2] *Naucke* Grundlinien einer rechtsstaatlich-praktischen allgemeinen Straftatlehre, 1979.

eine Straftat ein tatbestandsmäßiges, rechtswidriges und schuldhaftes, gesetzlich mit Strafe bedrohtes Verhalten, für das die objektiven Bedingungen der Strafbarkeit vorliegen und für das keine Strafausschließungs- oder Strafaufhebungsgründe eingreifen, und für das die Strafprozessvoraussetzungen gegeben sind und Prozesshindernisse fehlen.[3]

Diese Merkmale des Verbrechensbegriffes, die in diesem System zusammengefasst werden, sollen eine rationale, sachgebundene und gleichmäßige Rechtsprechung ermöglichen und dadurch wesentlich zur Gewährleistung der Rechtssicherheit beitragen, letztlich also verhindern, dass die Lösung eines Falles unsicher und von Gefühlserwägungen abhängig bleibt.[4] Dabei bilden die einzelnen Merkmale verschiedene Wertungsstufen des Verbrechens. In der praktischen Handhabung schiebt sich das Straftatsystem zwischen das einzelne Gesetz und die Anwendung desselben auf den Sachverhalt, indem es das Gesetz aufbereitet.[5] Das Straftatsystem ist gesetzlich nicht festgeschrieben, vom Strafgesetzgeber jedoch 1975 teilweise beachtet worden (vgl. den Sprachgebrauch in §§ 11 Abs. 1 Nr. 5, 17, 19, 20, 32, 34, 35 StGB), umgekehrt im Besonderen Teil in vielen Fällen wiederum nicht herangezogen worden (vgl. etwa § 218a Abs. 1 StGB – hierzu ausführlich später).

1. Historische Entwicklung und theoretische Diskussion

Die gemeinrechtliche Verbrechenslehre kannte nur die Unterscheidung zwischen objektiver und subjektiver Zurechnung.[6] Der moderne viergliedrige Verbrechensbegriff der tatbestandsmäßigen, rechtswidrigen und schuldhaften Handlung ist erst seit etwa 150 Jahren in mehreren Etappen aus Beiträgen verschiedener Dogmatiker entstanden. *Beling*[7] und *von Liszt*[8] machten zuerst den Begriff der objektiven Rechtswidrigkeit, den *Ihring*[9] für das bürgerliche Recht als eigenständige Kategorie neben dem Verschulden entwickelt hatte, für das Strafrecht nutzbar. *Berner*[10] rückte den Handlungsbegriff in die Position eines Grundbegriffes im Verbrechensaufbau. Als letztes Merkmal wurde – wiederum von *Beling*[11] – das Merkmal der Tatbestandsmäßigkeit der strafbaren Handlung theoretisch erfasst.

---

3 *Naucke* Strafrecht, eine Einführung, 2000, S. 223 ff.; *Wessels/Beulke*, Strafrecht, Allgemeiner Teil, 2010, S. 33 ff.

4 *Naucke* Grundlinien einer rechtsstaatlich-praktischen allgemeinen Straftatlehre, 1979, S. 6, 10, 13 und passim.

5 *Naucke* Strafrecht, Eine Einführung, 2000, S. 225, 314.

6 Siehe hierzu *Jescheck* Lehrbuch des deutschen Strafrechts, Allgemeiner Teil, 1978, S. 160.

7 *Beling* Grundzüge des Strafrechts, 1902, S. 38.

8 Siehe *von Liszt* Lehrbuch, 1884.

9 *Jhring* Das Schuldmoment im römischen Privatrecht, 1887; siehe hierzu *Welzel* JuS 1966, 421 m. w. N.

10 *Berner* Lehrbuch des deutschen Strafrechts, 1857, S. 138 ff.

11 *Beling* Die Lehre vom Verbrechen, 1906.

Nach dieser grundlegenden Feststellung des Verbrechensaufbaus entzündete sich die weitere Diskussion am Handlungsbegriff. Wurde von *Beling*[12] und *von Liszt*[13] Handlung als Körperbewegung und Veränderung der Außenwelt (Erfolg), beide durch das Band der Kausalität verbunden, gesehen (sog. kausaler Handlungsbegriff, entstanden um 1900) und damit die Denkweise der Naturwissenschaften angewandt, bedeutet für die Vertreter der finalen Handlungslehre Handlung die Ausübung menschlicher Zwecktätigkeit, mithin die geplante Benutzung von Kausalität. Diese Auffassung ist seit dem Beginn der 1930er Jahre vor allem von *Welzel*[14] entwickelt worden. Damit sollte nach *Welzel* wieder das wirkliche Sein der menschlichen Handlung zum Zentralbegriff der Verbrechenslehre gemacht werden. Dem finalen Handlungsbegriff liegt somit die Entsprechung von ontologischem Befund und juristischem Eingriff zugrunde und er wendet sich sozialwissenschaftlichen Forschungsergebnissen – auch aus der Psychologie – zu.

Nach dem 2. Weltkrieg schließlich wurde der soziale Handlungsbegriff entwickelt, der nicht auf ein ausschließliches Ergebnis einer Wissenschaft zurückgreift, sondern vielmehr die aus den beiden anderen Lehren vermuteten Einseitigkeiten vermeiden will. Hiernach ist Handlung ein vom Willen getragenes, sozial relevantes, den Mitmenschen berührendes Verhalten.[15]

All diese verschiedenen Handlungsbegriffe wirken sich auf den Inhalt der einzelnen Straftatmerkmale aus.

Die gegenwärtige theoretische Diskussion stellt diesen Meinungsstreit etwas zurück und konzentriert sich auf den Versuch, eine von den Strafzwecken oder der Kriminalpolitik überhaupt ausgehende Straftatlehre zu entwickeln, mithin also der Begründung eines teleologischen[16] oder kriminalpolitischen Straftatsystems[17]. Auch in dieser Diskussion wird der Grundriss der allgemeinen Straftatlehre, vom Verhaltensbegriff bis zu den Prozessvoraussetzungen, übernommen. Es wird darauf gedrängt, die vorgefundenen einzelnen Teile des allgemeinen Straftatsystems bewusst auf die Fragen der Rechtsanwendung hin auszurichten und diese einzelnen Teile auf ihre praktischen Leistungen bei einer Bestrafung zu bestimmten Zwecken zu prüfen. Es können so unterschiedliche Systeme für besondere Straftatbestände erkannt werden. Dieser Gedanke wird später nochmals aufgegriffen.

---

[12] *Beling* Die Lehre vom Verbrechen, 1906.

[13] *Von Liszt* Lehrbuch, 1884.

[14] *Welzel* ZStW 58, 558 f.; *Welzel* Das neue Bild des Strafrechtssystems, 1951.

[15] Siehe etwa *Jescheck* Lehrbuch des Strafrechts, Allgemeiner Teil, 1978, S. 176 ff. und aktuell *Wessels/Beulke* Strafrecht, Allgemeiner Teil, 2010, S. 36.

[16] Siehe z.B. *Schmidhäuser* Strafrecht, Allgemeiner Teil, 1984, S. 139 ff.

[17] Siehe *Roxin* Kriminalpolitik und Strafrechtssystem, 1973; *Jakobs* Schuld und Prävention, 1976; sowie wissenschaftstheoretisch *Hassemer* Strafrechtsdogmatik und Kriminalpolitik, 1974.

2. *Kritik an der theoretischen Diskussion*

Mit den gegenwärtig erörterten Straftatlehren, die als finale, kausale, soziale, generalpräventive und spezialpräventive Straftatlehren bezeichnet werden können, wird möglicherweise der Blick auf das Allgemeine dieser Lehre verdeckt und Probleme der Praxis außer Acht gelassen. Hier wird die These vertreten, dass diese Formen der Straftatlehre nur modernisierte Formen eines vernachlässigten allgemeinen Straftatsystems sind und, dass die Hauptteile dieser allgemeinen Straftatlehre nicht von der Wissenschaft erfunden oder gefunden wurden, also keine Erkenntnisse sind, sondern Zuschärfung von Verfahren, die allenthalben bei der Auseinandersetzung über Konflikte als richtig eingehalten werden.[18] Die Hauptteile des allgemeinen Straftatsystems sind wichtige Teile der Kultur, des Streitens und des Streitbeendens, jedenfalls dann, wenn der Konflikt nicht durch blinde, gefühlsabhängige Gewalt, sondern durch begriffliche Auseinandersetzung, die auch Empathie beinhaltet, entschieden wird.[19]

3. *Alltagsbeispiele für die Allgemeinheit des Systems*

Alltagsbeispiele können das Gesagte verdeutlichen. Betrachten wir Situationen der Personenbeförderung im öffentlichen Nahverkehr, etwa den Tritt auf den Fuß eines Mitreisenden. Studierende in den ersten Semestern werden vielleicht auf § 223 StGB, die Körperverletzung, verweisen und dann die Frage stellen, ob der beschuhte Fuß eine Waffe darstellt und deshalb ggf. von einer gefährlichen Körperverletzung nach § 224 StGB auszugehen ist. Im Gedränge des öffentlichen Nahverkehrs dürften diese Überlegungen eher fernliegen. Dagegen wäre naheliegend, dass der Tritt versehentlich, vielleicht durch eine Unaufmerksamkeit geschah und die Sache mit einer „Entschuldigung" aus der Welt geräumt werden kann. Das Beispiel lässt sich im Übrigen so variieren, dass die gesamte Breite straftatsystematischer Überlegungen zu Tage treten kann: Etwa der von einem außenstehenden Verkehrsteilnehmer verursachte Zusammenstoß mit dem Beförderungsmittel, so dass es trotz ordnungsgemäßen Festhaltens des Fahrgastes an einem Haltegriff zu einer unkontrollierten Reaktion und damit den Tritt auf den Fuß des anderen Fahrgastes kommt. Hier dürfte schon eine Handlung fraglich und die Einordnung als Reflex ohne Handlungsqualität möglich sein. Das scharfe Abbremsen z. B. eines Zuges, das zum Herunterfallen eines Gepäckstückes führt, das von einem Fahrgast aufgefangen wird, damit andere Personen nicht verletzt und das Gepäckteil nicht beschädigt wird, ist ein weiteres Beispiel. Wenn bei dieser „Rettungsaktion" auch der Fuß eines Mitreisenden getroffen wird, wird auch der Nichtjurist den Tritt als „gerechtfertigt"

---

[18] *Naucke* Grundlinien einer rechtsstaatlich-praktischen allgemeinen Straftatlehre, 1979, S. 20.

[19] So *Naucke* Grundlinien einer rechtsstaatlich-praktischen allgemeinen Straftatlehre, 1979, S. 22.

ansehen, jedenfalls als nicht gegen das Recht verstoßend. Die Variationen können fortgeführt werden, aber der Einwand, dass auch diese Alltagssituationen letztlich strafrechtliche Relevanz besitzen können und als Lehrbuchbeispiele taugen, ist nicht von der Hand zu weisen.

Deshalb ein Beispiel, bei dem eine strafrechtliche Norm jedenfalls auf den ersten Blick nicht im Raum stehen dürfte: Die Einladung zu einem Fest: Freundliche Absagen mit Begründungen sind nicht ungewöhnlich, etwa der Verweis auf entgegenstehende Arbeitszeiten, Dienstreisen, Urlaubsreisen und Krankheiten. Bei Absagen mit dem Hinweis auf die Langweiligkeit der Ereignisse oder dem völligen Unterbleiben einer Absage wäre das Verständnis für das Fernbleiben deutlich geringer. Es liegt nahe, dass sehr ähnliche Auffassungen von honorigen „Rechtfertigungen" und „Entschuldigungen" des Nichterscheinens und von „unentschuldigtem" Fernbleiben, bei denen gerade noch von einer Missbilligung abgesehen wird, bestehen.

II. Das rechtsstaatlich-praktische allgemeine Straftatsystem in der Lehre

Die Studierenden beginnen mit der Auseinandersetzung um die unterschiedlichen Straftatlehren in den ersten Semestern. Sie lernen die Unterschiede zwischen den finalen, kausalen, sozialen ggf. auch generalpräventiven und spezialpräventiven Straftatlehren, aber schon im Rahmen der ersten Übungen verblassen diese Unterschiede wieder etwas, weil die praktische Fallarbeit in den Vordergrund tritt. Vielleicht ist auch dies ein Grund dafür, dass die soziale Handlungslehre, die die strikte Entgegensetzung von kausaler und finaler Handlungslehre vermeidet, die – wie gesehen – menschliche Handlung als sozialrelevantes Verhalten bezeichnet und eher praktisch argumentiert unter Studierenden als mehrheitsfähig gilt.[20] In jeder Fallarbeit der Studierenden schiebt sich das Straftatsystem zwischen den Sachverhalt und das Gesetz und bestimmt damit die Reihenfolge der Problemerörterung. Unbestritten dürfte sein, dass ansonsten die Gesetzesanwendung im Strafrecht ein ungeordnetes Tasten von Problem zu Problem wäre. Weit überwiegend wird die Ordnung des Straftatsystems aber nur angenommen und eine Begründung fällt den Studierenden auch bei Nachfragen schwer. Der richtige Hinweis, dass die Strafjustiz an das Gesetz gebunden ist (Art. 103 Abs. 2 GG, § 1 StGB) erklärt nicht hinreichend, dass das Gesetz bei jeder praktischen Falllösung eine Ordnung durch das allgemeine Straftatsystem erhält.[21] Auch die Aufnahme der Begriffe Tatbestand,

---

[20] Sie wird auch in dem weit verbreiteten Lehrbuch *Wessels/Beulke* Strafrecht, Allgemeiner Teil, 2010, S. 36 vertreten.

[21] *Naucke* Grundlinien einer rechtsstaatlich-praktischen allgemeinen Straftatlehre, 1979, S. 12.

Rechtswidrigkeit und Schuld in einigen Bestimmungen des Strafgesetzbuches (§§ 11 Abs. 1 Nr. 5, 17, 19, 20, 32, 34, 35 StGB) erklären die straftatsystematische Ordnung kaum. Zumal hinzukommt, dass sobald die Einordnung einer gesetzlichen Bestimmung im allgemeinen Straftatsystem schwierig wird, das Gesetz – wie in einem Beispiel im Folgenden gezeigt werden wird – schweigt.[22] Gleichwohl wird die grundlegende Ordnung des allgemeinen Straftatsystems in Wissenschaft und Lehre als selbstverständlich auch bei der Gesetzesanwendung vorausgesetzt. Nach den hier gegebenen Begründungen mit dem Rückgriff auf die allgemeine Kultur des Streitens und Streitbeendens sehr gut nachvollziehbar, aber ansonsten doch nicht umfassend begründet.

III. Das rechtsstaatlich-praktische allgemeine Straftatsystem in der Praxis

Betrachtet man staatsanwaltschaftliche Anklageschriften oder erstinstanzliche Urteile, so sind straftatsystematische Gliederungen nur rudimentär zu erkennen. Ein Blick in die vielfältige Handbuchliteratur für Referendare, Staatsanwälte und Richter bestätigt und erklärt dieses Ergebnis. Für die Praxis ist neben der Frage der Feststellung von Tat und Täter aus den Teilen des allgemeinen Straftatsystems die Tatbestandsmäßigkeit von allergrößter Wichtigkeit und wird in den Mittelpunkt gestellt. Dieses Problem wurde schon im Jahre 1906 von *Beling*[23] gesehen und bestätigt sich in der heutigen Praxisliteratur: „Erstes Ziel der Ermittlungen muss sein, die Tatumstände, insbesondere die Erfüllung der objektiven, wie subjektiven Tatbestandsmerkmale zu klären"[24] und weiter: Dabei muss „jedes gesetzliche Merkmal des (äußeren oder inneren) Tatbestandes mit dem entsprechenden (äußeren oder inneren) Vorgang oder Zustand belegt werden"[25].

Die Arbeit der staatlichen Strafrechtspflege entscheidet sich so an der Intensität des Strafverfahrens und der Formulierung und Handhabung der Tatbestände. Weit überwiegend unterscheidet die Praxis nicht zwischen Tatbestandsmäßigkeit, Rechtswidrigkeit und Schuld, sondern nur zwischen objektiver und subjektiver Tatseite, also zwischen dem Tatbestand, in dem, wenn erforderlich, die Rechtswidrigkeit aufgenommen wird und den subjektiven Voraussetzungen für die Bestrafung. Die Praxis legt den Schwerpunkt ihrer Tätigkeit auf die objektive Tatseite und die Sachverhaltsfeststellung, deshalb sind nach ganz herrschender Meinung „Rechtsausführungen nur erforderlich, wenn rechtlich

[22] Siehe *Naucke* Grundlinien einer rechtsstaatlich-praktischen allgemeinen Straftatlehre, 1979, S. 12 ff., 29.

[23] *Beling* Die Lehre vom Verbrechen, 1906, S. 81.

[24] *Heghmanns* Das Arbeitsgebiet des Staatsanwalts, 2003, S. 90.

[25] *Schaefer/Schroers* Mustertexte zum Strafprozess, 2003, S. 29.

zweifelhaft ist, ob ein Tatbestandsmerkmal gegeben ist oder wenn in subjektiver Hinsicht Zweifel bestehen"[26]. Die staatsanwaltschaftliche und gerichtliche Praxis hat mit diesem Vorgehen möglicherweise unbewusst alle straftatsystematischen Aufbauprobleme überspielt, aber mit dem Legen des Schwergewichts der praktischen Tätigkeit auf die objektive Tatseite und die objektive Tatbestandsmäßigkeit die Differenziertheit des Straftatsystems zurückgedrängt.[27] Dieser Hinweis bedeutet nicht, dass in Anklageschriften oder Urteilen nicht auch hochdifferenzierte Textstellen zum Vorliegen von Rechtfertigungs- oder Entschuldigungsgründen enthalten sein können, aber im Regelfall fehlen solche Erörterungen, weil sie für nicht erforderlich gehalten werden.

Für diese Verkürzung des allgemeinen Straftatsystems um die Probleme der Sachverhaltsfeststellung sind Erklärungen möglich. *Naucke* weist zu Recht darauf hin, dass die Strafrechtswissenschaft am Ende des 19. und am Anfang des 20. Jahrhunderts eine Wissenschaft von der Handhabung des materiellen Rechts durch den Richter und zwar des Revisionsrichters der Strafprozessordnung von 1877 ist.[28] Weder andere Verfahrensbeteiligte – Staatsanwälte, Verteidiger, aber auch Beschuldigte, Zeugen, Polizisten, Laien etc. – noch Kollegialgerichte, aber auch nicht der Einzelrichter am Amtsgericht, der ein Strafurteil begründen soll, geraten in den Blick der Wissenschaft. Eine auf die idealtypische Figur des einzelnen Revisionsrichters zugeschnittene und deshalb spezielle Straftatlehre dürfte zugleich der Grund dafür sein, dass die Strafrechtspraxis sich weithin um die aktuelle, subtile Straftatlehre kaum kümmert, also gerade das unmöglich macht, was das allgemeine Straftatsystem erreichen will: Gesetzesanwendung nach ihrem Muster.[29] Ein solcher Zuschnitt verkürzt zugleich den Blick auf die notwendige Prüfung von Rechtfertigungs- und Entschuldigungsgründen. Auch wenn die Strafprozessordnung an einzelnen Stellen vom Richter die Prüfung von Rechtfertigungs- und Entschuldigungsgründen anmahnt (siehe z.B. §§ 203 f., 244 Abs. 2, 337 StPO), wäre es viel zielsicherer, die Rollen der Verfahrensbeteiligten so zu gestalten, dass dem Beschuldigten und seiner Verteidigung zumindest zusätzlich zum Richter die offizielle Aufgabe gegeben wird, für die Diskussion von Rechtfertigungs- und Entschuldigungsgründen zu sorgen.[30]

Es gibt einen weiteren Grund, warum das allgemeine Straftatsystem die Praxis nur teilweise und dann nur sehr eingeschränkt erreicht: Die deutliche Ver-

---

[26] *Meyer-Goßner/Appl* Die Urteile in Strafsachen, 2008, S. 131.

[27] Siehe hierzu *Naucke* Grundlinien einer rechtsstaatlich-praktischen allgemeinen Straftatlehre, 1979, S. 26 f.

[28] *Naucke* Grundlinien einer rechtsstaatlich-praktischen allgemeinen Straftatlehre, 1979, S. 25.

[29] *Naucke* Grundlinien einer rechtsstaatlich-praktischen allgemeinen Straftatlehre, 1979, S. 25.

[30] *Naucke* Grundlinien einer rechtsstaatlich-praktischen allgemeinen Straftatlehre, 1979, S. 28 mit Verweis auf § 267 Abs. 2 StPO.

nachlässigung der Rechtsfolgen der Straftat.[31] Die scharfe Trennung zwischen den allgemeinen Voraussetzungen der Strafbarkeit und den Rechtsfolgen einer Straftat mag bei der Bestrafung schwerer vorsätzlicher Gewaltstraftaten gegen eine Person noch hinzunehmen sein, weil hier die Rechtsfolgen klar erscheinen. Ein Blick in die Strafverfolgungsstatistik zeigt aber, dass ein erheblicher Teil des Strafverfahrens mit der Feststellung endet, dass nicht bestraft wird, obwohl bestraft werden könnte. Die Einstellung des Verfahrens nach §§ 153, 153a StPO und die zahlreichen Vorschriften über das Absehen der Strafe – z.B. §§ 23 Abs. 3, 60, 83a, 84, 218 Abs. 3 StGB – sind die einleuchtendsten Beispiele. Nur am Rande sei bemerkt, dass man in den 1975 geschaffenen §§ 153 ff. StPO auch einen materiell-rechtlichen persönlichen Strafausschließungsgrund im verfahrensrechtlichen Gewand sehen kann,[32] der zu der immer größer werdenden Gruppe der Strafbefreiungsgründe zählt und auch deshalb im Strafprozess zu beachten ist.

Insgesamt ist wichtig zu erkennen, dass erst der wirkliche Ausgang des Strafverfahrens über den Charakter eines Verhaltens als Straftat entscheidet. Die Strafdrohung besagt dagegen wenig oder nichts. Hierin ist auch zu sehen, dass die Wirkung von Strafbefreiungsgründen auf die praktische Strafrechtspflege deutlich nachhaltiger ist als die Wirkung von Rechtfertigungs- und Entschuldigungsgründen.[33] Ein Straftatsystem, das – wie das gegenwärtige – diesem Zustand nicht Rechnung trägt, verfehlt diese allgemeinen Kennzeichen von Straftaten.

Man sollte aus den vorgenannten Gründen im Straftatsystem auch der Sachverhaltsfeststellung, den Rechtsfolgen und der Dynamik einer Straffeststellung Rechnung tragen, um den Kontakt zur Praxis – wieder? – herzustellen. Diese Schwerpunktbildung, die die rechtliche, die rechtsstaatliche Seite der Bestrafung überhaupt in praktischer Absicht hervorheben will, führt zu folgender Definition:

> „Eine Straftat ist ein die einschlägige konkrete gesetzliche Regel verletzendes, nicht zu rechtfertigendes und nicht zu entschuldigendes Verhalten, das in einem förmlichen Verfahren bewiesen worden ist, für das keine besonderen Strafbefreiungsgründe eingreifen und für das die Vollstreckung einer verhängten Strafe angeordnet worden ist."[34]

---

[31] *Naucke* Grundlinien einer rechtsstaatlich-praktischen allgemeinen Straftatlehre, 1979, S. 28.

[32] *Fünfsinn* Jura 1988, 489 (490 f.) m. w. N.; *Fünfsinn* Der Aufbau des fahrlässigen Verletzungsdeliktes durch Unterlassen, 1985, S. 229 ff.

[33] *Naucke* Grundlinien einer rechtsstaatlich-praktischen allgemeinen Straftatlehre, 1979, S. 38.

[34] *Naucke* Grundlinien einer rechtsstaatlich-praktischen allgemeinen Straftatlehre, 1979, S. 39 f.

IV. Das rechtsstaatlich-praktische allgemeine Straftatsystem in der Gesetzgebung

Der Gesetzgeber hat, worauf schon hingewiesen worden ist, Begriffe des Straftatsystems insbesondere im Allgemeinen Teil des Strafgesetzbuches teilweise beachtet, aber vor allem im Besonderen Teil wiederum gerade nicht herangezogen. *Naucke* hat dies am Beispiel des § 113 StGB eindrücklich dargelegt,[35] hier soll ein Beispiel de lege lata (Schwangerschaftsabbruch) und de lege ferenda (Unternehmensstrafrecht) hinzugefügt werden.

1. De lege lata – Schwangerschaftsabbruch

Vielleicht am deutlichsten lässt sich der Umgang des Gesetzgebers mit dem Straftatsystem de lege lata an den Vorschriften zum Schwangerschaftsabbruch aufzeigen. Es dürfte Einigkeit bestehen, dass die Strafbestimmungen über den Schwangerschaftsabbruch zu den am meisten umstrittenen Regelungen des Strafgesetzbuches zählen.[36] Die zwischen den Positionen „Freiheit" und „Lebensschutz" zugespitzte Diskussion der vergangenen Jahrzehnte hat aufgrund der geringen zur Anzeige gebrachten Fälle[37] die Praxis zwar kaum erreicht, aber der Streit war gleichwohl immer wieder unter Heranziehung moralischer Postulate sehr heftig.[38] Rechtsdogmatische oder kriminologische Fragen spielten dabei eine vergleichsweise geringe Rolle.[39] Es ist hier nicht der Ort, diese Auseinandersetzung und die Reformgeschichte[40] nachzuzeichnen und in eine umfassende dogmatische Diskussion u. a. der Regelungssystematik einzutreten, sondern vielmehr soll an dieser Stelle nur der Umgang mit dem Straftatsystem nachgezeichnet werden. Hierzu genügt eine Beschränkung auf § 218a StGB, eine Norm, die jetzt mit der amtlichen Überschrift „Straflosigkeit des Schwangerschaftsabbruches" versehen ist. Auch bedarf es allein der Heranziehung der amtlichen Überschrift und des Absatzes 1 des § 218a StGB.

In der Fassung des 15. Strafrechtsänderungsgesetzes 1976 hieß die Überschrift noch „Indikation zum Schwangerschaftsabbruch", ein Begriff, der als solcher straftatsystematischer Auslegung wohl kaum zugänglich ist. Für § 218a Abs. 1 StGB i. d. F. des Schwangeren- und Familienhilfegesetzes 1992[41] wurde als amtliche Überschrift erstmals „Straflosigkeit des Schwangerschaftsab-

---

[35] *Naucke* in: Jescheck (Hrsg.), Dreher-FS, 1977, S. 459 ff.

[36] Siehe nur *Fischer* StGB, 61. Aufl. 2014, Vor §§ 218–219b Rn. 3.

[37] Siehe hierzu schon BVerfGE 39, 1 (81) und jetzt MK/StGB-*Gropp*, 2. Aufl. 2012, Vor §§ 218 ff. Rn. 88.

[38] *Fischer* StGB, 61. Aufl. 2014, Vor §§ 218–219b Rn. 3, 10b.

[39] *Fischer* StGB, 61. Aufl. 2014, Vor §§ 218–219b Rn. 3.

[40] Siehe hierzu Schönke/Schröder-*Eser*, 29. Aufl. 2014, Vor §§ 218–219b Rn. 1 ff. und MK/StGB-*Gropp*, 2. Aufl. 2012, Vor §§ 218 ff. Rn. 1 ff.

[41] BGBl. 1992 I, 1398.

bruchs" gewählt. Obwohl § 218a Abs. 1 StGB noch vor Inkrafttreten 1993 durch das zweite Fristenregelungsurteil des Bundesverfassungsgerichts[42] für nichtig erklärt wurde, ist die amtliche Überschrift 1995 durch das Schwangerenfamilienhilfeänderungsgesetz nicht mehr geändert worden. Diese Gesetzesfassung gilt im Übrigen bis heute und hat die Diskussion um die Strafbarkeit des Schwangerschaftsabbruchs mit der im Ergebnis zustimmenden Entscheidung des Bundesverfassungsgerichts zu einem vorläufigen Ende gebracht.

Bei einer straftatsystematischen Betrachtung sind aber die jeweiligen Tatbestandsfassungen noch deutlich interessanter:

In der Fassung des 15. Strafrechtsänderungsgesetzes 1976, das die Vorgaben des ersten Fristenregelungsurteils des Bundesverfassungsgerichts[43] aufgreift, spricht § 218a Abs. 1 StGB, der den Kern der damaligen Neuregelung ausmachte, davon, dass der unter der von ihm formulierten Voraussetzung durchgeführte Schwangerschaftsabbruch „nicht nach § 218 strafbar" ist. Damit bleibt die straftatsystematische Einordnung offen. Nach dem Wortlaut könnte es sich bei den Indikationen also um Rechtfertigungs-, Entschuldigungs- oder persönliche Strafausschließungsgründe handeln, möglicherweise könnte sogar der Tatbestand ausgeschlossen sein.

In der Fassung des vor Inkrafttreten für nichtig erklärten Schwangeren- und Familienhilfegesetzes 1992 war der Schwangerschaftsabbruch nach § 218a Abs. 1 StGB unter den dort formulierten vier Voraussetzungen nicht rechtswidrig, also insoweit straftatsystematisch leicht als Rechtfertigungsgrund einzuordnen.

In der aktuellen Fassung des § 218a Abs. 1 StGB heißt es dagegen nunmehr: „Der Tatbestand des § 218 ist *nicht verwirklicht*, wenn …" und es werden im Fortlauf dieselben vier Voraussetzungen aufgeführt wie in der Fassung von 1992.

Somit sind seit dem Jahr 1976 drei unterschiedliche Formulierungen – nicht strafbar, nicht rechtswidrig und nicht verwirklicht – für das immer gewünschte Ergebnis der Straflosigkeit herangezogen worden, eine davon straftatsystematisch verständlich – aber nicht in Kraft getreten – zwei jedenfalls straftatsystematisch verwirrend.

Die Frage, die sich stellt ist, wie Lehre und Praxis mit dieser Situation der straftatsystematischen Ungenauigkeit umgehen. Für die Praxis schien dies schon 1976 keine großen Schwierigkeiten zu bereiten, weil das Gesetz schon damals durch die §§ 218 bis 219d StGB strafrechtliche Ergebnisse wie etwa Strafbarkeit, Straflosigkeit und Absehen von Strafe deutlich formulierte. Für die Lehre hätte sich eigentlich die Frage stellen können, warum eine straftatsystematische Einordnung der vom Gesetzgeber festgelegten Ergebnisse im Kern

[42] BVerfGE 88, 203 ff.
[43] BVerfGE 39, 1 ff.

unterblieb. Diese Frage wurde allerdings – soweit ersichtlich – kaum gestellt, die Strafrechtslehre wandte sich dagegen intensiv der Frage zu, wie die vom Gesetzgeber unterlassene Einordnung der Ergebnisse in straftatsystematische Kategorien vorgenommen werden könnte.[44]

Ein kurzer Blick auf die Hintergründe der gesetzlichen Ergebnisse könnte einen Hinweis geben, warum dem Gesetzgeber – im Ergebnis bis heute – die Kraft für eine präzise straftatsystematische Einordnung fehlte. Schon mit Rückblick auf die Entstehungsgeschichte der Regelungen der §§ 218 ff. StGB durch das 15. Strafrechtsänderungsgesetz 1976 lässt sich feststellen, dass dieses Gesetz mit seinen – für Laien wohl kaum verständlichen – Abstufungen den Konfliktsituationen der Schwangeren als auch der Verwirklichung des Strafrechtsschutzes des ungeborenen Lebens gerecht werden wollte. Dies lässt sich schon mit einem Blick auf die geschützten Rechtsgüter dieser Konzeption verdeutlichen. Primäres Rechtsgut sollte weiterhin das Leben des Embryos als eigenständiges, höchstpersönliches und von den eigenen Interessen der Mutter unabhängiges Rechtsgut sein.[45] Daneben wurde aber auch die Gesundheit der Schwangeren als Schutzgut anerkannt.[46] Bisweilen wurde noch die Entscheidungsfreiheit der Schwangeren im Hinblick darauf, dass die Missachtung ihres Willens einen Strafschärfungsgrund und ihre Einwilligung Indikationsvoraussetzung war, als Schutzgut herangezogen.[47]

Deshalb wurden auch schon vor Schaffung des § 218a Abs. 1 StGB die Indikationen als Schuldausschließungsgründe verbrechenssystematisch zur Geltung gebracht.[48] Dies erfolgte auch nach Schaffung des § 218a StGB mit dem ernstzunehmenden Hinweis, dass für einen Entschuldigungsgrund der typischerweise auch den Indikationen zugrunde liegende Unzumutbarkeitsgedanke charakteristisch ist.[49] Zu bedenken war jedoch damals schon, dass die Entschuldigung – da typisch personenbezogen – immer nur der in der Ausnahmesituation befindlichen Schwangeren, nicht aber dem Arzt zugutekommen konnte und damit der kriminalpolitischen Konzeption des Gesetzgebers, der Schwangeren in dieser Lage ärztliche Hilfe zuteilwerden zu lassen, widersprach, denn dies wäre ersichtlich nur zu erreichen, wenn alle am Abbruch Beteiligten straffrei ausgehen würden.[50]

---

[44] Zu diesem Vorgehen der Lehre grundsätzlich *Naucke* Grundlinien einer rechtsstaatlich-praktischen allgemeinen Straftatlehre, 1979, S. 13 und passim.

[45] Siehe hierzu BVerfGE 39, 1 (42 ff.); Schönke/Schröder-*Eser*, 29. Aufl. 2014, Vor §§ 218–219b Rn. 3.

[46] Siehe Lackner/Kühl-*Kühl*, 28. Aufl. 2014, § 218 Rn. 1 m. w. N. auch zur Gesamtdiskussion.

[47] *Arzt* Strafrecht, Besonderer Teil, LH 1, 1977, S. 112.

[48] So *Peters* in: Baumeister-Smets (Hrsg.), Das Lebensrecht der Ungeborenen, 1950, S. 50 ff.

[49] Siehe BVerfGE 39, 1 (49 f.) sowie *Gössel* JR 1976, 3 f. und *Schmitt* JZ 1975, 357.

[50] Siehe *Sax* JZ 1977, 326 (331).

Ebenso wurde schon früher versucht, die indizierten Schwangerschaftsabbrüche mit der rechtsdogmatischen Kategorie des persönlichen Strafausschließungsgrundes zu erfassen.[51] Es wurde argumentiert, dass der Gesetzgeber zwar nicht Unrecht und Schuld eines Schwangerschaftsabbruches hinwegdeuten, aber auf eine Bestrafung verzichten könne. In diesem Falle bliebe, wenn trotz Unrecht und Schuld eine Strafe nicht angebracht sei, keine andere Möglichkeit als die Annahme eines (persönlichen) Strafausschließungsgrundes.[52] Zu bedenken ist aber auch hier, dass ein Strafausschließungsgrund bei jedem Tatbeteiligten besonders zu prüfen ist, das Rechtswidrigkeitsurteil grundsätzlich aufrecht erhalten bleibt und der Arzt mithin keine Strafbefreiung erreichen kann; ein vom Gesetzgeber ersichtlich nicht gewolltes Ergebnis.

In der Lehre hatte sich aus den o.g. Gründen deshalb 1976 die Einordnung der in §218a Abs.1 StGB aufgestellten Indikationen als Rechtfertigungsgründe weitgehend durchgesetzt.[53] Auch die Beteiligten im Gesetzgebungsverfahren gingen damals davon aus, dass sich nur bei Deutung der Indikation als Rechtfertigungsgrund die Freistellung der an einem indizierten Schwangerschaftsabbruch Beteiligten von der Strafbarkeit nach §218 StGB rechtlich zureichend bewerkstelligen lasse und haben dies auch in den flankierenden arbeits- und sozialrechtlichen Gesetzen mit dem Hinweis der hier aufgeführten Maßnahmen für einen „nicht rechtswidrigen Abbruch“ bekräftigt.[54] Die herrschende Meinung zieht ihr Ergebnis vor allem aus dem Sinn und Zweck des damaligen §218a StGB, die dort normierten Abbrüche nicht mehr mit dem Makel des Illegalen zu behaften.[55] So wurde die Zulässigkeit des ärztlichen Schwangerschaftsabbruchs beim Vorliegen der in §218a StGB beschriebenen Indikationsvoraussetzungen als Ergebnis einer von dem Gesetzgeber generell nach den Maßstäben des rechtfertigenden Notstandes (§34 StGB) vorgenommenen, umfassenden Abwägung und Bewertung, der einander widerstreitenden Interessen gesehen.[56]

Diese Einschätzung erscheint unter Berücksichtigung der zu §34 StGB vertretenen Dogmatik nicht unproblematisch. Nach Abwägung auch des damaligen §218a StGB musste das ungeborene Leben nicht mehr nur gegenüber Lebens- und Gesundheitsinteressen der Schwangeren zurücktreten, sondern im Falle der allgemeinen Notlagenindikation unter Umständen sogar rein materiellen Bedürfnissen weichen. Ob dies mit dem allgemeinen Rangverhältnis der

---

51 So *Peters* JR 1949, 449, vgl. auch *Gössel* JR 1976, 1 (3).

52 *Peters* JR 1950, 742 (745).

53 Siehe nur *Dreher/Tröndle* StGB, 38. Aufl. 1978, §218a Rn. 1; *Lackner* StGB, 12. Aufl. 1978, §218a Anm. 1; Schönke/Schröder-*Eser*, 19. Aufl. 1978, §218a Rn. 3; SK/StGB-*Rudolphi*, 1977, §218a Rn. 1.

54 BT-Drucks. IV, 3434; s. auch *Laufhütte-Wilkitzki* JZ 1976, 329 (331).

55 Siehe nur *Dreher/Tröndle* StGB, 38. Aufl. 1978, §218a Rn. 1; *Lackner* StGB, 12. Aufl. 1978, §218a Anm. 1; Schönke/Schröder-*Eser*, 19. Aufl. 1978, §218a Rn. 3; SK/StGB-*Rudolphi*, 1977, §218a Rn. 1.

56 *Lackner* NJW 1976, 1233 (1239); SK/StGB-*Rudolphi*, 1977, §218a Rn. 1.

kollidierenden Rechtsgüter, deren abstrakte Abwägung in § 34 StGB vorgenommen wird, zu vereinbaren ist, erscheint, selbst wenn man bei der Notlagenindikation dieselbe Konflikts- und Belastungsschwere wie bei den anderen Indikationsfällen fordert, zweifelhaft. Bedenkt man weiterhin, dass Tötungshandlungen auch im Notstand grundsätzlich nicht gerechtfertigt sind, so ergaben sich sogar bei der medizinischen Indikation Schwierigkeiten.[57]

Im Übrigen ist § 218a StGB auch als negative Strafwürdigkeitsvoraussetzung begriffen worden.[58] Eine Einordnung, die dann verständlich wird, wenn man einen Tatbestandsbegriff wählt, der neben dem bisher als gesetzlichen Tatbestand genannten Teil auch die „strafwürdige Rechtsgutsverletzung" miteinbezieht, wie von *Sax*[59] vorgeschlagen. Er geht davon aus, dass Strafrecht als Recht verfassungsrechtlich nur legitimiert ist, soweit es Rechtsgüter durch Strafe zu schützen und zu bewähren bestimmt ist, die den Schutz gerade durch Strafe verdienen und des Schutzes durch Strafe bedürfen.[60] Daraus folgt nun, dass die strafwürdige Rechtsgutsverletzung der unbeschriebene Bestandteil aller Straftatbestände ist.[61]

Die Indikationen sind kriminalpolitische Gründe, die die Strafwürdigkeit der Rechtsgutsverletzung entfallen lassen. Damit ist eine höchst spezifische Straftatsystematik für den Schwangerschaftsabbruch gefunden, die bis heute herangezogen werden kann, aber eben keine allgemeine Straftatsystematik.

Schließlich ist § 218a StGB schon 1976 auch als Ausdruck eines rechtsfreien Raumes gesehen worden. *Arthur Kaufmann*[62] ging davon aus, dass sich der § 218a StGB jeder rechtlichen Wertung enthält, also letztlich weder einen Schwangerschaftsabbruch verbietet noch erlaubt, sondern einen rechtsfreien Raum lässt, innerhalb dessen die Schwangere zur freien, sittlichen, allein vor dem eigenen Gewissen zu verantwortenden Entscheidung aufgerufen ist, die das Recht zu akzeptieren, d. h. unverboten zu lassen hat, wie immer sie auch ausfällt. Mit dem Begriff des rechtsfreien Raumes ist ein Bereich von tragischen Not- und Konfliktsituationen angesprochen, in denen die Rechtsordnung mangels eines rational einsichtigen allgemeinverbindlichen Entscheidungsmaßstabes auf eine Normierung verzichtet und damit der freien Gewissensentscheidung des einzelnen überlässt, was hier zu tun ist.[63]

Zustimmung kann dieser Theorie insoweit gewährt werden, als sich ihre Ausgangspunkte schon bewahrheitet haben. Das heißt, zuzugeben ist, dass dem § 218a StGB seit 1976 durchaus ein kaum lösbarer Konflikt zweier Rechtsgüter

---

57 Auf diese weist *Sax* JZ 1977, 326 (329 Fn. 19) eindrucksvoll hin.
58 *Sax* JZ 1977, 326 ff.
59 *Sax* JZ 1976, 9 ff., 80 (84 f.).
60 *Sax* JZ 1976, 9 (10 f.) m. w. N.
61 *Sax* JZ 1976, 80 (84).
62 *Arthur Kaufmann* JuS 1978, 361 (367).
63 *Arthur Kaufmann* JuS 1978, 361 (366).

– das ungeborene Leben und die Lebensinteresse der Schwangeren – zugrunde liegt. Damit fällt auch eine Einordnung als Rechtfertigungsgrund – wie gesehen – schwer, da es sich durchweg um persönlichkeitsgebundene Güter handelt, die sich nicht gegeneinander abwägen lassen. Zudem wird sichtbar, dass es sich nicht um einen rechtsdogmatischen, sondern um einen rechtsphilosophischen Begriff handelt. Dieser rechtsphilosophische Begriff macht zwar die Einordnungsschwierigkeiten deutlich und erörterbar, hilft aber im Ergebnis bei einer straftatsystematischen Einordnung nicht.

Nach der Skizzierung der Lehren, die zur dogmatischen Einordnung des § 218a StGB i. d. F. des 15. Strafrechtsänderungsgesetzes 1976 vertreten worden sind, stellt sich die Frage, ob diese Darlegungen nach Änderungen des § 218a StGB obsolet geworden sind. Dagegen spricht, dass die zurzeit gültigen Regelungen und damit auch die Kernvorschrift des § 218a StGB nur vor dem Hintergrund der jahrzehntelangen rechtspolitischen Auseinandersetzung um die Strafbarkeit des Schwangerschaftsabbruchs verständlich sind. Zum anderen folgt aus der Diskussion auch die Kraftlosigkeit zur straftatsystematischen Einordnung der Vorschriften. Nur § 218a StGB i. d. F. des Schwangeren- und Familienhilfegesetzes sprach in Abs. 1 von „nicht rechtswidrig" und nahm damit die Einordnung der herrschenden Meinung in der Lehre auf. Da diese Fassung aber nach dem 2. Fristenregelungsurteil des Bundesverfassungsgerichts[64] nie in Kraft trat, sondern der Gesetzgeber sodann in § 218a Abs. 1 StGB formulierte: „Der Tatbestand ist nicht verwirklicht, wenn …" ist der Zustand wie 1976 wieder erreicht, wobei wohl eine Einordnung des § 218a Abs. 1 StGB als Rechtfertigungsgrund nach dem Urteil des Bundesverfassungsgerichts noch etwas schwerer fällt. Seitdem versucht die Lehre wie 1976 straftatsystematische Einordnungen zu liefern und greift dabei auf frühere Einordnungsversuche zurück, die trotz einer teilweise veränderten Ausgangslage auch heute noch Gültigkeit beanspruchen können.

Selbst für die vom Gesetzgeber nach dem Urteil des Bundesverfassungsgerichts aufgenommene Figur eines „tatbestandslosen, aber rechtswidrigen" Handelns und die Annahme einer gespaltenen Rechtswidrigkeit werden weiterhin rechtsdogmatische Einordnungsversuche unternommen, die die rechtlichen und politischen Vorgaben des Gesetzes straftatsystematisch einhegen möchten.[65] Zwar wird inzwischen auch beinahe gänzlich auf eine rechtsdogmatische Einordnung des § 218a StGB verzichtet, um nicht noch das Novum, dass eine durch positives Tun verursachte und objektiv zurechenbare Rechtsgutsverletzung, die in das Zentrum des Schutzbereichs eines Tatbestandes fällt, schon als nicht tatbestandsmäßig ausgesondert wird, zu kaschieren.[66] Ansonsten finden

---

[64] BVerfGE 88, 203 ff.

[65] Siehe hierzu Schönke/Schröder-*Eser*, 29. Aufl. 2014, § 218a Rn. 12 ff. mit umfassenden Nachweisen.

[66] Dazu etwa MK/StGB-*Gropp*, 2. Aufl. 2012, 218a Rn. 3 ff. m. w. N.

sich aber – neben den schon früher vorgefundenen Versuchen – Einordnungen, die auch das Dilemma zugleich sichtbar machen, etwa die Bezeichnung als „Tatbestandsausschluss mit rechtlicher Ambivalenz[67] bzw. Tatbestandsausschluss sui generis“,[68] de facto Rechtfertigungsgrund,[69] „Rechtswidrigkeitsausschluss sui generis“[70] und prozeduraler Rechtfertigungsgrund[71]. Ohne weitere Einschränkung lassen sich – wie schon zur früheren Norm ausgeführt – auch die Thesen vom „Strafunrechtsausschließungsgrund“[72] und weiterhin eher rechtsphilosophisch vom „rechtsfreien Raum“[73] aufstellen.

Zusammenfassend ist festzustellen, dass der Gesetzgeber auch unter Berücksichtigung der Entscheidung des Bundesverfassungsgerichts, das im Übrigen – jedenfalls im vorliegenden Kontext – dem Straftatsystem keine besondere Bedeutung beizumessen scheint[74] im Bereich des Schwangerschaftsabbruchs Ergebnisse präsentiert hat, die mit einem rechtsstaatlich-praktischen allgemeinen Straftatsystem weder begründet noch nachvollzogen werden können. Der vielleicht gegebene Hinweis, der Schutz widerstreitender Rechtsgüter könne aufgrund der Komplexität nicht anders bewerkstelligt werden, verfängt m.E. nicht.[75]

Eine Geringschätzung des Straftatsystems ist aber auch an weiteren Stellen zu sehen und könnte sogar die zukünftige Haltung des Gesetzgebers ausma-

---

[67] Schönke/Schröder-*Eser*, 29. Aufl. 2014, § 218a Rn. 17 m. w. N.

[68] Schönke/Schröder-*Eser*, 29. Aufl. 2014, § 218a Rn. 17.

[69] Siehe hierzu *Denninger/Hassemer* KritV 1993, 69 (99); *Hassemer* in: Däubler-Gmelin (Hrsg.), Mahrenholz-FS, S. 731 ff.

[70] *Hermes/Walther* NJW 1993, 2341.

[71] *Wolter* GA 1986, 227; *Denninger/Hassemer* KritV 1993, 69 (99).

[72] So *Günther* ZStW 103, 874.

[73] S. nochmals *Arthur Kaufmann* JuS 1978, 361 und JZ 1992, 981, 1173 mit Erwiderung zu *Löwisch* JZ 1992, 1172.

[74] Sehr deutlich wird dies in einer Textpassage der abweichenden Meinung der Richter *Mahrenholz* und *Sommer* in: BVerfGE 88, 203 (338, 355 f.): „In der mündlichen Verhandlung über die hier zu beurteilenden Anträge hat Prof. Dr. Eser darauf hingewiesen, dass im Gegensatz zur Kennzeichnung einer Handlung als „nicht rechtswidrig“ die tatbestandliche Ausnahme von einem sonst mit Strafe bedrohten Verhalten als eine Freigabe des Schutzgutes in diesem Bereich verstanden werden müsse (vgl. auch Schönke/Schröder-*Lenker*, 24. Aufl. 1991, Vor §§ 13 ff. Rn. 17). Der Erste Senat hat es als für das Rechtsbewusstsein unerheblich angesehen, ob der damalige § 218a StGB den Tatbestand des § 218 StGB einengte oder ob er eine Rechtfertigung setzte oder ob nur einen Schuld- oder Strafausschließungsgrund zum Inhalt hatte; in jedem Falle müsse der Eindruck entstehen, der Abbruch sei „rechtlich erlaubt“ (vgl. BVerfGE 39, 1, [53]). Der Zweite Senat sieht das anders. Auch hieran zeigt sich, wie wenig Sicherheit in der Handhabung der Mittel zur Prägung des Rechtsbewusstseins besteht. Es kann angesichts dessen nicht Sache des Bundesverfassungsgerichts sein, über die Alternative, Handlungen aus dem Tatbestand auszunehmen oder sie für nicht rechtswidrig zu erklären – und damit über spezifisch-strafrechtsdogmatische Fragen – kategorial im Hinblick auf die Erfüllung der staatlichen Schutzpflicht zu entscheiden. Dies ist Sache des Gesetzgebers und der zuständigen Gerichte.“

[75] Siehe zu den diskutierten Rechtsgütern nochmals Lackner/Kühl-*Kühl*, 28. Aufl. 2014, § 218, Rn. 1.

chen, wie hier noch knapp an einem Beispiel de lege ferenda aufgezeigt werden soll.

2. De lege ferenda – Unternehmensstrafrecht

In den letzten Jahren hat die kriminalpolitische Diskussion um die Einführung eines genuinen Unternehmensstrafrechts einen breiten Raum eingenommen und sie hat durch den im Herbst 2013 vorgelegten nordrhein-westfälischen „Entwurf eines Gesetzes zur Einführung der strafrechtlichen Verantwortlichkeit von Unternehmen und sonstigen Verbänden“[76] ihren Höhepunkt erreicht. Dieses Vorhaben ist zwar nicht in Gänze in den Koalitionsvertrag der laufenden Legislaturperiode aufgenommen worden, allerdings ist das Bundesjustizministerium auf der Grundlage des Koalitionsvertrages für die 18. Legislaturperiode in die Prüfung eines Ausbaus des Ordnungswidrigkeitenrechts für strafbares Verhalten im Unternehmensbereich eingetreten. Darüber hinaus wird auch ein Unternehmensstrafrecht für multinationale Konzerne geprüft.

Aus straftatsystematischer Sicht soll hier das Kernstück des Gesetzentwurfs aus Nordrhein-Westfalen beleuchtet werden, das „Verbandsstrafgesetzbuch“. In dem „Verbandsstrafgesetzbuch“ sind sog. Verbandssanktionen einerseits als Verbandsstrafen in Form der Verbandsgeldstrafe bis zu einer Höhe von 10% des durchschnittlichen (ggf. weltweiten) Gesamtumsatzes der letzten drei Geschäftsjahre, der Verbandsverwarnung mit Strafvorbehalt und der öffentlichen Bekanntmachung der Verurteilung vorgesehen (§ 4 Abs. 1 Verbandsstrafgesetzbuch-Entwurf). Nach § 4 Abs. 2 Verbandsstrafgesetzbuch-E sollen zudem Verbandsmaßregeln in Betracht kommen, im Einzelnen der Ausschluss von Subventionen bzw. von der Vergabe öffentlicher Aufträge sowie als ultima ratio die Verbandsauflösung. Der Entwurf greift hiermit die dem deutschen Strafrecht seit *von Liszt*[77] geläufige Zweiteilung, also das vikariierende System von Strafen und Maßregeln, auf. Eine intensive Auseinandersetzung mit straftatsystematischen Kategorien unterbleibt dagegen.

Der Vorschlag eines Verbandsstrafgesetzbuchs wirft völlig unbestritten sofort Fragen hinsichtlich der Vereinbarkeit mit dem geltenden Strafsystem eines Individualstrafrechts und zugleich mit dem verfassungsrechtlichen Schuldprinzip auf.[78] Ausgehend von diesen Grundlagen kennt das deutsche Strafrecht de

---

[76] Abrufbar etwa unter: https://www.justiz.nrw.de/JM/justizpolitik/jumiko/beschluesse/2013/herbstkonferenz13/zw3/TOP_II_5_Gesetzentwurf.pdf, Stand: 30.09.2015.

[77] Siehe nur *von Liszt* ZStW 3 (1883), 1 (33ff.).

[78] Vgl. zum normativen Schuldbegriff nur BGHSt 2, 194 (200f.): „Strafe setzt Schuld voraus. Schuld ist Vorwerfbarkeit. Mit dem Unwerturteil der Schuld wird dem Täter vorgeworfen, daß er sich nicht rechtmäßig verhalten, daß er sich für das Unrecht entschieden hat, obwohl er sich rechtmäßig verhalten, sich für das Recht hätte entscheiden können. Der innere Grund des Schuldvorwurfs liegt darin, daß der Mensch auf freie, verantwortliche, sittliche Selbstbestimmung angelegt und deshalb befähigt ist, sich für das Recht und gegen das Un-

lege lata eine Unternehmensstrafe nicht, weil Verbände strafrechtlich als nicht handlungsfähig und damit als nicht schuld- und straffähig angesehen werden.[79]

Auch das Bundesverfassungsgericht hat die Ableitung des Schuldgrundsatzes aus der Menschenwürdegarantie des Art. 1 Abs. 1 GG und dem Rechtsstaatsprinzip, wie jüngst bereits in der Lissabon-Entscheidung,[80] zuletzt bekanntlich in seinem Urteil zur Verständigung im Strafverfahren, nachdrücklich bestätigt.[81] Auch nach dieser Entscheidung beruht das Strafrecht „auf dem Schuldgrundsatz, der den gesamten Bereich staatlichen Strafens beherrscht", Verfassungsrang besitzt und in der Garantie der Würde und Eigenverantwortlichkeit des Menschen (Art. 1 Abs. 1 GG und Art. 2 Abs. 1 GG) sowie im Rechtsstaatsprinzip verankert ist.[82]

Mit den Worten des Bundesverfassungsgerichts und dem Blick auf das rechtsstaatlich-praktische, allgemeine Straftatsystem, das die Frage der Schuld als eine zentrale Frage herausgearbeitet hat, könnte die Diskussion eigentlich beendet werden. Sie ist es aber gerade nicht. Einwände werden vielmehr von den Apologeten einer „Verbandsstrafbarkeit" als entkräftet angesehen. Die Argumentation ist einfach, ergebnisorientiert und politisch stringent. So erfolgt der nachvollziehbare Hinweis, dass in Europa wie in außereuropäischen Rechtsordnungen die Verbandsstrafe seit langem auf dem Vormarsch sei und auch die Europäische Union sich im „corpus juris" auf das Modell der Verbandsstrafe festgelegt habe.[83] Und im Übrigen seien Geldbußen nach dem Ordnungswidrigkeitenrecht angesichts des begrifflich geringen Unwertgehalts einer Ordnungswidrigkeit generell nicht als adäquate Antwort auf schwerere Verfehlungen im Bereich der Wirtschaftskriminalität geeignet.[84]

Allein diese Hinweise und Äußerungen lassen erahnen, wie es mit dem Verbandsstrafgesetzbuch weitergehen wird. Sollten sich für dieses Vorhaben politische Mehrheiten finden, dann werden diese Vorhaben weder verfassungsrechtliche noch straftatsystematische Bedenken aufhalten.

Zusammenfassend kann festgestellt werden, dass der Gesetzgeber das rechtsstaatlich-praktische allgemeine Straftatsystem weder de lege lata noch de lege ferenda ernst nimmt.

---

recht zu entscheiden, sein Verhalten nach den Normen des rechtlichen Sollens einzurichten und das rechtlich Verbotene zu vermeiden, …".

[79] Siehe hierzu anstelle vieler nur *Neumann* in: Kempf/Lüderssen/Volk (Hrsg.), Unternehmensstrafrecht, 2012, S13 ff., 20, m. w. N. und *Naucke* Begriff der politischen Wirtschaftsstraftat – eine Annäherung, 2012, der auch für den Begriff der politischen Wirtschaftsstraftat eine persönliche Zurechnung fordert, etwa S. 4 und passim.

[80] BVerfGE 123, 267 (413).

[81] BVerfGE 133, 168 ff.

[82] BVerfGE 133, 168 (197 f.).

[83] Vgl. auch im Folgenden *Kutschaty* DRiZ 2013, 16 f.; *Kutschaty* ZRP 2013, 74 f.

[84] *Kutschaty*, ZRP 2013, 74.

V. Fazit

Die Ergebnisse der Betrachtungen sind ernüchternd: In der *Lehre* wird ein Straftatsystem zwar völlig unbestritten als Ordnungssystem für strafrechtliche Problemstellungen vorausgesetzt, aber kaum begründet, warum sich dieses System zwischen das Strafgesetz und die Aufbereitung eines ggf. strafrechtlich relevanten Sachverhaltes schieben soll. Darüber hinaus betreffen die intensiven Diskussionen einzelne Merkmale des Systems, aber nicht die Betrachtung des allgemeinen.

Die *Praxis* greift auf ein eher allgemeines Straftatsystem zurück, wenn eine Ordnung der Probleme in objektive und subjektive Voraussetzungen der Strafbarkeit nicht genügt. Mit den Feinheiten eines Straftatsystems setzt sie sich zumeist nicht auseinander.

Die *Strafgesetzgebung* nutzt in Teilen die Begriffe des allgemeinen Straftatsystems wenn überhaupt nur solange, bis die Begründungen gewünschter Ergebnisse straftatsystematisch so schwierig werden, dass sie, um nicht das gewünschte Ergebnis zu gefährden, besser unterbleiben.

Gerade aus diesem Grunde sollte für die Anerkennung eines rechtsstaatlich-praktischen allgemeinen Straftatsystems als Modell für Lehre, Praxis und Gesetzgebung gestritten werden, um Ergebnisse umfassend rechtsstaatlich begründen zu können. Nur eine Kultur des Streitens und Streitbeendens in rechtsstaatlich-praktischen allgemeinen Formen kann Willkür verhindern.

Bilder von Angeklagten aus dem Gerichtssaal

Ein Plädoyer für eine große Zurückhaltung

Martin W. Huff

I. Einleitung

Bilder spielen in der Berichterstattung aus deutschen Gerichtssälen eine große Rolle. Keine Zeitschrift, kein Blog im Internet, keine Nachrichtensendung oder Nachmittags-„Informations"-Sendung wie Brisant vom öffentlich-rechtlichen MDR oder Explosiv von RTL kommt ohne sie aus. Es ist heute Medienereignis, wenn sich Beate Zschäpe am Tag ihrer Einlassung, verlesen von ihrem Verteidiger, von vorne und in epischer Breite fotografieren lässt. Die Bilder gehen um die Welt und sorgen für intensive Diskussionen, etwa über die Motive der Angeklagten, sich nunmehr von vorne ablichten zu lassen und sich nicht mehr wegzudrehen, wie die über 200 Verhandlungstage zuvor.

Bilder haben heute eine große Macht. Auf dem Eindruck von Bildern beruht in vielen Fällen die Meinung, die sich die Öffentlichkeit, die sich die Bürger von einem Ereignis, von einer Person machen.

Wie selbstverständlich gehen heute weite Teile der Medien[1] und der Öffentlichkeit insgesamt davon aus, dass Bilder aus deutschen Gerichtsälen auch von Angeklagten selbstverständlich sind. Auch die Beteiligten anderer Verfahren, wie etwa im Zivilprozess, aber auch in allen anderen Verfahrenszweigen, sollen sich selbstverständlich abfilmen lassen.

Die Justizministerkonferenz ging auf ihrer Frühjahrstagung 2015 in Stuttgart davon aus, dass Änderungen an § 169 GVG notwendig erscheinen.[2] So sollen die Entscheidungsverkündungen oberster Bundesgerichte „grundsätzlich von den Medien übertragen werden können"[3], und die audio-visuelle Doku-

[1] Zur durchaus kontroversen Diskussion *Henrik Wieduwilt* und *Lucie Gerhardt* lto vom 30.6.2015 „Kameras in Gerichtssälen".

[2] Siehe den Beschluss zu TOP II.16 zum Abschlussbericht der Arbeitsgruppe „Zeitgemäße Neufassung des § 169 GVG" der Frühjahrskonferenz am 17. und 18.06.2015 in Stuttgart.

[3] Hier haben sofort erfahrene Gerichtsberichterstatter wie Annette Ramelsberger von der Süddeutschen Zeitung (SZ vom 19.06.2015) kritisiert, warum nur der obersten Bundesgerichte und nicht bei allen „wichtigen" Verfahren, wie immer man diese auch definiert.

mentation von Gerichtsverfahren von herausragender zeitgeschichtlicher Bedeutung soll ermöglicht werden. Von der Stellung des oder der Angeklagten als Hauptbetroffener solcher Verfahren wird nicht gesprochen.

Der Beitrag will zeigen, dass es aufgrund der Persönlichkeitsrechts des Angeklagten, der Kläger und Beklagten, der Beigeladenen und Zeugen, wie auch aus dem Recht auf ein faires Gerichtsverfahren nicht selbstverständlich ist, dass sich die persönlich betroffenen Verfahrensbeteiligten vor dem Beginn der Hauptverhandlung, in den Verhandlungspausen und nach Ende der Verhandlung im Saal, auf dem Weg vom und in den Saal und im Gerichtsgebäude fotografieren[4] lassen müssen.[5]

II. Bilder aus dem Gerichtssaal

Es soll an dieser Stelle nicht die gesamte Entwicklung der Zulässigkeit von Bildern aus dem Gerichtssaal nachgezeichnet werden. Einige Stichpunkte mögen genügen.

Nach dem Erlass einer einstweiligen Verfügung[6] hat das BVerfG in der Hauptsache in der so genannten Honecker-Entscheidung[7] klargestellt, dass im Umfeld der Hauptverhandlung Bilder aus dem Saal aller Prozessbeteiligen erlaubt sein müssen. Dies war das erste Mal in dem die so genannte Pool-Lösung praktiziert wurde, also die zahlenmäßige Beschränkung der zugelassenen Fotografen und Fernsehteams aufgrund der Würde und Ruhe im Gerichtssaal.[8]

Einschränkungen hat das BVerfG nur in Ausnahmefällen – kurz vor der Hauptsacheentscheidung in dem Honecker-Verfahren[9] hauptsächlich aus Sicherheitsgründen zugelassen.

Die Erlaubnis, Bilder anzufertigen, beinhaltet den Einzug des Gerichts in den Saal, also nicht nur die Aufnahmen im Saal vorher, und umfasst den gesamten Spruchkörper[10] einschließlich der Schöffen. Die Erlaubnis endet, mit dem tatsächlichen Eintritt in die Hauptverhandlung/mündliche Verhandlung – also meist mit dem Aufruf der Sache. Hier kommt es immer wieder vor, dass es eini-

[4] Wobei der Begriff „fotografieren" hier für alle Formen der Bildherstellung verwendet wird, also auch für die Herstellung bewegter Bilder.

[5] S. dazu ausdrücklich, BVerfG, Beschl. v. 12.11.2007 – 1 BvR 2855/05 zum Kölner Müllprozess.

[6] BVerfG NJW 1992, 3288.

[7] BVerfGE 91, 125 = NJW 1995, 184.

[8] Erstmals – soweit ich es sehe, hat das BVerfG 2008 (BVerfG NJW-RR 2008, 1069) ausdrücklich die Zulässigkeit der Poollösung aus verfassungsrechtlicher Sicht bestätigt.

[9] BVerfG NJW 1996, 310 (spät veröffentlicht) – ob die Entscheidung vom Gericht so noch einmal getroffen würde, ist offen.

[10] So BVerfG NJW-RR 2007, 1416.

ge Zeit dauert, bis die Fotografen/Kameramänner den Saal tatsächlich verlassen. Bilder durch die noch einen Spalt offene Tür sind gar nicht selten.

Dies gilt nicht nur für Verfahren vor den obersten Bundesgerichten, sondern nach der Entscheidung des BVerfG aus dem Jahr 2000 auch bei nur regionaler Bedeutung des Verfahrens.[11] Im Ergebnis bedeutet dies, dass die Medien bestimmen, in welchem Verfahren sie Bilder anfertigen möchten, und damit der Vorsitzende sich heute kaum mehr erfolgreich dagegen wehren kann.

Dabei obliegt im Saal und seinem direkten Umfeld die Weisungsbefugnis dem Vorsitzenden aufgrund seiner sitzungspolizeilichen Befugnis nach § 176 GVG. Außerhalb dieses Bereichs ist der Gerichtspräsident als Hausherr zuständig und darf Aufnahmen generell untersagen.[12]

Zusammenfassend: Heute kann sich kein Spruchkörper mehr dagegen wehren, dass im Umfeld des Verfahrens Bilder angefertigt werden. Versuche hiergegen vorzugehen, sind immer wieder vor dem BVerfG gescheitert.

Ob allerdings das BVerfG in Zukunft noch so rasch Gelegenheit haben wird, über diese Verfahren zu entscheiden, ist nach seinem – von mir durchaus kritisch gesehenen[13] – Beschluss vom 17.04.2015[14] eher unwahrscheinlich. Denn das BVerfG hat nach langer Praxis nunmehr entschieden, dass es statt der Verfassungsbeschwerde zum BVerfG – weil der Rechtsweg gegen Anordnungen des Vorsitzenden nicht gegeben ist – nunmehr im Wege der Beschwerde im Wesentlichen die Oberlandesgerichte zuständig sind. Es bleibt hier abzuwarten, wie sich die Rechtsprechung entwickelt.

III. Bilder des Angeklagten aus dem Gerichtssaal

Die Bilder, die heute von Angeklagten – und auch anderen Klägern und Beklagten – im Gerichtsaal angefertigt werden, lassen sich in folgende Kategorien einteilen:

(1) Der Angeklagte, der sich gerne fotografieren lässt und vor dem Termin und danach sich bereitwillig zur Verfügung stellt.
(2) Der Angeklagte, der sich vermummt, verkleidet, eine Zeitung vor das Gesicht hält, der sich verstecken will, der sich dem Anfertigen von Bildern aber nicht entziehen kann oder vielleicht auch in dieser Verkleidung gar nicht entziehen will. Es muss ja nicht zu Handgreiflichkeiten kommen, wie im

[11] S. BVerfG, NJW 2000, 2890 mit Besprechung *Ernst* NJW 2001, 1624.
[12] S. dazu BVerfG, NJW-RR 2007, 1053.
[13] *Huff* DRiZ 2015, 213.
[14] S. BVerfG, Beschl. v. 17.4.2015 – 1 BvR 3276/08 = NJW 2015, 2175.

Fall des OLG Hamburg,[15] in dem sich der Angeklagte gegen den Fotografen mit Schlägen gegen die Kamera gewehrt hatte.

(3) Der Angeklagte, der es mit Hilfe des Gerichts schafft, so in den Saal zu kommen, dass die Fotoapparate und Kameras bereits wieder – s. oben – den Saal verlassen mussten. Von ihm gibt es meist nur Bilder aus einem anderen Umfeld, zum Teil durchaus gesteuert von der Verteidigung.

Besondere Sorge bereiten mir die Fälle, in denen der Angeklagte (und seine Verteidigung) entscheidet, sich nicht filmen lassen zu wollen.

Wie kann er dies durchsetzen?

Nach der bisherigen Rechtsprechung des BVerfG musste er es meistens hinnehmen, dass er sich filmen lässt, aber die Bilder nur gepixelt veröffentlicht werden durften.

Ein Beispielsfall – in dem sich das BVerfG wohl am intensiven mit der angesprochenen Frage auseinandergesetzt hat, ist der Beschluss des BVerfG vom 03.04.2009.[16] In dem – leider – wieder nur durch eine einstweilige Anordnung entschiedenen Fall ging es auch um eine Anordnung des Vorsitzenden im Wege des § 176 GVG, der unter anderem entschieden hatte, dass Bilder von dem Angeklagten nur gepixelt veröffentlicht werden durften und der Verteidigung die Möglichkeit gegeben wurde, den Saal, erst nachdem die Kameras nicht mehr dort waren, zu betreten.

Das BVerfG führt unter anderem aus:

[25] Die Folgenabwägung führt daher zu einem Überwiegen der drohenden Beeinträchtigungen des Angekl. gegenüber der Beschränkung der Berichterstattung, soweit die Anonymisierung von ihm gefertigter Lichtbilder in Rede steht.

[26] bb) Dagegen überwiegt das Interesse der Bf. an einer Berichterstattung, soweit der Vorsitzende über die Anonymisierungsanordnung hinaus eine Verfahrensgestaltung gewählt hat, die bereits das Anfertigen jeglicher Fernsehbilder vom Angekl. und seinem Verteidiger unterbindet.

[27] Nach dem bisher erkennbaren Sachstand sind keine Umstände für eine Gefährdung des Persönlichkeitsrechts des Angekl. oder seines Verteidigers bzw. für eine Gefährdung für den ungestörten Verfahrensablauf erkennbar, deren Abwehr eine solch weitgehende Einschränkung der Bildberichterstattungsmöglichkeiten als geboten erscheinen lassen. Dass die Anonymisierungsanordnung zum Schutz des Persönlichkeitsrechts des Angekl. nicht ausreicht, ist den Gründen der angegriffenen Verfügungen nicht zu entnehmen. Auch das Interesse des Verteidigers am Schutz seines Persönlichkeitsrechts überwiegt hier nicht das Berichterstattungsinteresse der Bf. Die in der Veröffentlichung von Bildnissen des Verteidigers liegende Einschränkung seines Persönlichkeitsrechts hat nach den bisher erkennbaren Umständen nur geringes Gewicht. Organe der Rechtspflege stehen kraft der ihnen obliegenden Aufgaben anlässlich ihrer Teilnahme an einer öffentlichen Gerichtsverhandlung im Blickfeld der Öffentlichkeit einschließlich der Medienöffentlichkeit. Dies gilt nicht nur für die Mitglieder des Spruchkörpers, in

---

15 OLG Hamburg ZUM-RD 2012, 462.

16 BVerfG NJW 2009, 2117.

deren Person ein Interesse, allein von den in der Sitzung Anwesenden wahrgenommen zu werden, angesichts der Bedeutung des Grundsatzes der Öffentlichkeit für ein rechtsstaatliches Strafverfahren regelmäßig nicht anzuerkennen ist (vgl. BVerfGK 10, 435 [439] = NJW-RR 2007, 986; BVerfG [1. Kammer des Ersten Senats], NJW 2000, 2891), sondern auch für die mitwirkenden Rechtsanwälte (vgl. BVerfGE 119, 309 = NJW 2008, 977). Personen, die im Gerichtsverfahren infolge ihres öffentlichen Amtes oder als Organ der Rechtspflege im Blickpunkt der Öffentlichkeit stehen, haben nicht in gleichem Maße einen Anspruch auf Schutz ihrer Persönlichkeitsrechte wie eine von dem Verfahren betroffene Privatperson (vgl. BVerfGE 103, 69 = NJW 2001, 1633; BVerfGE 119, 309f. = NJW 2008, 977). Zwar steht auch den als Richtern, Staatsanwälten, Rechtsanwälten oder Justizbediensteten am Verfahren Mitwirkenden ein Anspruch auf Schutz zu, der das Veröffentlichungsinteresse überwiegen kann, etwa wenn die Veröffentlichung von Abbildungen eine erhebliche Belästigung oder eine Gefährdung ihrer Sicherheit durch Übergriffe Dritter bewirken kann (vgl. BVerfGE 119, 309 = NJW 2008, 977). Der Vorsitzende der Strafkammer hat die Einschränkungen der Bildberichterstattung mit Blick auf den Verteidiger aber nicht auf solche besonderen Umstände gestützt. Solche Umstände sind auch sonst nicht ersichtlich."

Diese Entscheidung ist vor der von vielen unbeachtet gebliebenen Entscheidung des VI. Zivilsenat des BGH vom 07.06.2011 ergangen.[17] In diesem Urteil hat der BGH entschieden, dass ein Angeklagter, dessen Bild von einer Nachrichtenagentur trotz einer Pixelungsanordnung ungepixelt ins Netz gestellt und von einer Zeitung übernommen wurde, sich nicht gegen die Veröffentlichung seines Bildes wenden kann, wenn der Strafprozess, dem er sich stellen musste, und der in erster Instanz zu einer Verurteilung führte, ein „Ereignis der Zeitgeschichte" im Sinne des § 23 Nr. 1 KUG darstellt. Auf die Pixelungsanordnung kommt es nach der Ansicht der Bundesrichter überhaupt nicht mehr an.

Diese Entscheidung des BGH hat, wie ausführlich dargestellt,[18] erheblichen Einfluss auf die hier besprochene Fallgestaltung:

Jede Pixelungsanordnung kann jederzeit von den Medien dann ausgehebelt werden, wenn es sich nach ihrer Einschätzung um ein Ereignis der Zeitgeschichte handelt, und dies auch später von den Gerichten bestätigt wird.

Daher muss die oben vom BVerfG[19] vorgenommene Folgenabschätzung neu vorgenommen werden: Es muss abgewogen werden, ob der Angeklagte es dulden muss, gegen seinen Willen fotografiert zu werden und damit das Risiko einzugehen, dass eventuelle Pixelungsanordnungen des Gerichts unbeachtlich sind.

Abzuwägen ist hier das Recht am eigenen Bild in einer existenziellen Lebenssituation – nämlich einer strafrechtlichen Hauptverhandlung oder einem anderen Klageverfahren – gegenüber dem Recht der Medien auf ein Bild aus dem

[17] BGH NJW 2011, 3153 m. Anm. *Gostomzyk* NJW 2011, 3156 und Besprechung *Huff* K&R 2011, 517.

[18] *Huff* K&R 2011, 517.

[19] BVerfG NJW 2009, 2117.

Saal, dass sie sich unter Umständen auch auf andere Weise beschaffen und veröffentlichen dürfen.

Auch nach der bisherigen Verfassungsgerichtsrechtsprechung muss diese Abwägung, wie auch schon das BVerfG 2009 angedeutet hat, in diesem Fall zugunsten des Betroffenen ausgehen.

Er muss es nicht dulden, dass er im Saal gegen seinen Willen fotografieren wird. Sein Persönlichkeitsrecht wird stärker, während für die bildberichterstattenden Medien die Einschränkung nur minimal ist. Sie können, wenn es sich tatsächlich um ein Ereignis der Zeitgeschichte handelt, ein Bild, dass sie aus anderem Zusammenhang haben, beziehungsweise ihnen zur Verfügung gestellt wird, veröffentlichen und sind nicht auf die Bilder aus dem Saal angewiesen.

Nach dem Urteil des BGH hat die den Angeklagten durchaus schützende Pixelungsanordnung ihre Bedeutung verloren. Es muss hier neu nachgedacht werden.

IV. Ergebnis

Ein Angeklagter oder ein Kläger/Beklagter, der sich bei einer Anwesenheitspflicht in einem Gerichtssaal nicht fotografieren lassen möchte, hat aus seinem Persönlichkeitsrecht das Recht darauf, dass ihm der Staat den Schutz vor solchen Aufnahmen bietet. Er kann von dem Gericht verlangen, dass er erst dann den Saal betritt, wenn die bildberichtenden Medien nicht mehr im Saal sind. Er muss sich nicht auf „Verkleidungen“ etc. einlassen. Es ist unwürdig, wenn aus einem deutschen Gerichtssaal Bilder von einem Angeklagten veröffentlicht werden, in dem er verschleiert/vermummt auf den Beginn seines Verfahrens warten muss.

Es ist zu hoffen, dass bald ein Betroffener zusammen mit seinem Rechtsbeistand den Mut findet, sich gegen die Verweigerung des Rechts auf „Nichtfotografiertwerden“ zur Wehr zu setzen und notfalls auch den Weg durch die Instanzen zu gehen. Dann wird das BVerfG die Gelegenheit haben, sich mit den entsprechenden Fragen der Bildberichterstattung ausführlich zu befassen.

Gedanken zur Krise des Strafrechts

Alexander Ignor

I. Einleitung

Als ob es nicht schon genug Krisen gäbe, ist auch noch eine Krise des Strafrechts zu konstatieren. Dieser Befund drängt sich selbst dann auf, wenn man unter einer Krise nicht nur, wie häufig, eine schwierige Situation versteht, sondern eine solche, in der die Funktionstüchtigkeit von Systemen bedroht oder gefährdet erscheint. Das Strafrecht in seiner Gesamtheit, bestehend aus den Normen des materiellen und formellen Strafrechts, der Strafrechtsdogmatik und der Strafrechtspraxis, lässt sich als ein Subsystem des Staates begreifen, das in spezifischer Weise zu dessen inneren Frieden und zum Schutz seiner Bürger beitragen soll. Dem dienen seine Verbote und das Institut der Strafe als Mittel der Sanktion. Dieses System funktioniert nicht (mehr) so, wie es idealiter funktionieren soll.

Herbert Landau hat sich im Laufe seines beruflichen Wirkens mit einer Reihe von Phänomenen beschäftigt, die als Symptome dieser Krise erscheinen, insbesondere mit dem Institut der Verständigung. Deshalb möchte ich zu dieser Krise in dem ihm gewidmeten Band einige Gedanken äußern.[1] Seine juristischen Maximen und Reflexionen begleiten mich seit der Zeit, in der er Ständiger Gast im Strafrechtsausschuss der Bundesrechtsanwaltskammer (BRAK) war. Er hat dort die Entstehung des Vorschlags einer gesetzlichen Regelung der Verständigung im Strafverfahren[2] begleitet – kritisch, aber nicht grundsätzlich abgeneigt. In diese Zeit fiel auch eine gemeinsame Vortragsveranstaltung in Rumänien, bei der wir anregende Gespräche über das Strafrecht im Allgemeinen und Besonderen geführt haben. Einige Jahre später, als die Verständigung gesetzlich geregelt worden war, hatte ich als Vorsitzender des Strafrechtsausschusses am Ende der mündlichen Verhandlung in dem gegen das Gesetz gerichteten Verfassungsbe-

---

[1] Sie waren z.T. Gegenstand eines Vortrags auf einer Tagung der Evangelischen Akademie in Loccum unter dem Thema „Strafe – wozu? Auf welchem Weg und wohin entwickelt sich die Kriminalpolitik" v. 31.5.-2.6.2013, auf der auch *Herbert Landau* referiert hat.

[2] Stellungnahme der BRAK 2005/25; abrufbar unter http://www.brak.de/zur-rechtspolitik/stellungnahmen-pdf/stellungnahmen-deutschland/2005/september/stellungnahme-der-brak-2005-25.pdf (zuletzt aufgerufen am 10.12.2015).

schwerdeverfahren Gelegenheit, mich namens der BRAK für das Gesetz auszusprechen, das im Laufe der Verhandlung von *Herbert Landau* als Berichterstatter kritisch hinterfragt worden war. Seit einiger Zeit kommentiere ich zentrale Vorschriften des Gesetzes, nicht zuletzt mit Blick auf die, wie mir scheint, stark von ihm geprägte diesbezügliche Rechtsprechung des Gerichts.[3] Schließlich sind die Ausführungen *Herbert Landaus* zur *„Funktionstüchtigkeit der Strafrechtspflege“*[4], ebenso wie die vorausgegangenen seines Lehrers *Winfried Hassemer*[5], mit denen sie sich auseinandersetzen, fester Bestandteil meiner Lehrveranstaltungen zum Strafprozessrecht. Die Unterschiedlichkeit der Positionen zu diesem Topos von Verfassungsrang ist, wie mir scheint, in besonderer Weise dazu angetan, die Studierenden zum kritischen Nachdenken anzuregen.

Die nachfolgenden Überlegungen zur Krise des Strafrechts sind zu einem nicht geringen Teil von den Ausführungen der beiden Strafrechtsprotagonisten beeinflusst. Sie sind aber nicht fixiert auf den Begriff der funktionstüchtigen Strafrechtspflege und deren Inhalte, die das BVerfG der verfassungsrechtlichen *„Aufgabe des Strafprozesses“* zuordnet.[6] Vielmehr nehmen sie das Strafrecht insgesamt in den Blick und sind auf ein bestimmtes insbesondere verfassungsrechtlich geprägtes Verständnis vom „Wesen“ der Strafe und von der Aufgabe des Strafrechts überhaupt ausgerichtet. Danach ist Strafe ein tiefgreifender Grundrechtseingriff, der zu seiner Legitimation der Beachtung verfassungsrechtlicher Maßgaben bedarf. Die Aufgabe des Strafrechts erblicke ich darin, von dem Recht zu strafen, rational, gerecht und verfassungsgemäß, d.h. insbesondere auch verhältnismäßig Gebrauch zu machen. Das ist eine Aufgabe, die sich allen stellt, die mit dem Strafrecht zu tun haben.

Im Folgenden beschreibe ich zunächst Symptome, die mich zum Befund einer Krise des Strafrechts veranlassen (unter II.), stelle sodann Überlegungen über ihre möglichen Ursachen an (unter III.) und präsentiere schließlich einige Gedanken zur Abhilfe (unter IV.). Insgesamt handelt es sich um eine Skizze, in die viele Beobachtungen einfließen, die ich im Laufe einer langjährigen theoretischen und praktischen Beschäftigung mit dem Strafrecht gemacht habe. Vieles bedarf genauerer Forschung und Analyse, dennoch wage ich, sie hier mitzuteilen. Es gehört zu den schönen Traditionen von Festgaben, dass sie Raum geben, auch unfertige Gedanken zu präsentieren und Denkanstöße zu geben.

---

[3] Grundlegend BVerfGE 133, 168.
[4] *Landau* NStZ 2007, 212.
[5] *Hassemer* StV 1982, 275.
[6] Siehe BVerfGE 133, 168 Rn. 56 f.

II. Befund

Als Symptome einer Krise des Strafrechts erscheinen mir insbesondere drei Phänomene der Strafrechtspraxis, die sich schlagwortartig mit den Begriffen Entformalisierung, Ökonomisierung und Privatisierung der Strafverfolgung bezeichnen lassen.

Mit Entformalisierung meine ich die prozessuale Wirklichkeit, die der gesetzlichen Verständigung (vgl. § 257c StPO) vorausgegangen ist: also die mehr oder weniger weit gehende Ersetzung rechtsförmiger Entscheidungsfindungen zugunsten kommunikativer Aushandlungsprozesse. Das war eine höchst ambivalente Entwicklung, die in verschiedener Hinsicht sowohl Vorteile als auch Nachteile mit sich gebracht hat. Diese wurden in den Diskussionen, die dem Verständigungsgesetz vorausgegangen sind und seine Entstehung begleitet haben, sattsam diskutiert, so dass sie hier nicht noch einmal ausgebreitet werden müssen. Bemerkenswert ist, dass die Entwicklung durch das Verständigungsgesetz zunächst kaum aufgehalten wurde, wie das vom BVerfG in Auftrag gegebene Sachverständigengutachten zur Rechtstatsächlichkeit von Verständigungen vor Augen geführt hat.[7] Ob von den Entscheidungen des BVerfG zur Verständigung und den daran anknüpfenden des BGH eine Bändigung der Praxis ausgeht, bleibt abzuwarten.

Jedenfalls ist meinem Eindruck nach die Praxis zum Teil dazu übergegangen, die Aushandlungen in das Ermittlungsverfahren vorzuverlagern, in eine Phase also, in der das Gericht mit der Sache noch nicht befasst ist und Verständigungen im engeren Sinn gar nicht möglich sind. Insbesondere im Rahmen großer Wirtschaftsstrafprozesse erfolgen unter dem Schlagwort der „Kooperation" mit der Staatsanwaltschaft häufig vielfältige Absprachen, die letztlich nichts anderes sind als informelle Verständigungen über Verfahrensergebnisse und, durchaus nicht selten, darauf abzielende Verfahrensweisen.

Im Zusammenhang damit steht eine Entwicklung, die man als Ökonomisierung der Strafverfolgung bezeichnen kann. Dieser Begriff meint allgemein das Ausgreifen wirtschaftlicher Kosten-Nutzen-Kalküle über das eigentliche Wirtschaftsleben hinaus in andere Bereiche politischen und gesellschaftlichen Lebens wie z. B. die Kultur, das Gesundheitswesen oder die staatliche Rechtspflege, bis hin zur Überlagerung ihrer originären Zwecke durch das Streben nach Gewinnerzielung.[8]

Ein solches Ausgreifen ist seit einiger Zeit in den angesprochenen Wirtschaftsstrafverfahren zu beobachten, in denen Verfahrensergebnisse bereits im Ermittlungsverfahren im Wege der Kooperation insbesondere zwischen Unter-

---

[7] Siehe BVerfGE 133, 168 Rn. 48 f.

[8] Hierzu und zum Folgenden vgl. *Ignor* in: U. Müßig (Hrsg.), Ungerechtes Recht 2013, S. 1 (16 ff.) (Der Band enthält eine Reihe von Vorträgen, die auf einem Symposium anlässlich des 80. Geburtstags von *Dietmar Willoweit* gehalten wurden).

nehmensanwälten und Staatsanwaltschaften auf den Weg gebracht werden. Hier kann man nicht selten den Eindruck gewinnen, dass für die Beteiligten die finanzielle Sanktion in Form von Geldauflagen, Geldbußen und Verfall als solche eine größere Rolle spielt als die Frage ihrer exakten rechtlichen Begründung. Wenn irgendwo, dann werden hier Verfahrensergebnisse nach den Regeln ökonomischer Logik ausgedealt. Den Strafverfolgern ist an hohen Abschöpfungen gelegen, den Unternehmen an möglichst „geräuschlosen" Erledigungen, für die sie zu zahlen bereit sind. Das Recht fungiert als Mittel zum Zweck und gewinnt den Charakter einer Ware.

Das ist ersichtlich eine gefährliche Entwicklung. Wenn der Staat mit der Strafverfolgung zugleich eigene materielle Interessen verfolgt, dann büßt er seine für eine gerechte Strafverfolgung notwendige Neutralität und Distanz ein. Er läuft Gefahr, im Strafrecht eine Einnahmequelle zu erblicken. Problematischer Weise hat der Gesetzgeber die Möglichkeit der Abschöpfung von Vermögenswerten im Strafverfahren in den letzten Jahren erweitert; und die Rechtsprechung hat sie auch noch forciert. Das geschah gewiss auch in der gut gemeinten kriminalpolitischen Absicht, Verbrechen dürfe sich nicht lohnen.[9] Es hat jedoch die Strafrechtspflege auch den Verlockungen des Geldes ausgesetzt.

Einhergehend mit der Tendenz zur Ökonomisierung zeichnet sich eine Privatisierung der Strafverfolgung ab. Signifikant hierfür sind die aus dem anglo-amerikanischen Rechtskreis stammenden unternehmensinternen Ermittlungen (internal investigations). Gemeint sind neben der Durchsicht und Auswertung von schriftlichen Unterlagen vor allem mündliche Anhörungen (Interviews, Audits) von Unternehmensangehörigen durch Rechtsanwälte und/oder Wirtschaftsprüfer im Auftrag der Unternehmensleitung auf Grund von Hinweisen auf mögliche arbeitsrechtliche und/oder strafrechtlich relevante Vorgänge im Unternehmen. Solche unternehmensinternen Ermittlungen erfolgen in jüngerer Zeit häufig kumulativ oder gar alternativ zu staatlichen Strafverfolgungsmaßnahmen. Ihre Ergebnisse fließen in die Aushandlungsprozesse ein.

Die Problematik solcher Ermittlungen liegt auf der Hand. Sie liegt vor allem in der Gefährdung der Wahrheitsfindung. Private Ermittler haben keine den staatlichen Strafverfolgungsbehörden vergleichbare Pflicht zur Erforschung der Wahrheit und typischer Weise nur ein spezielles Interesse daran. Ihre Beauftragung erfolgt vor dem Hintergrund einer Gemengelage von Interessen, die der Verdacht einer Straftat zwangsläufig auslöst: Verteidigungsinteressen der an der Straftat möglicherweise Beteiligten, Schadensersatzinteressen der möglichen Geschädigten, Interessen von Unternehmensleitern und Mitarbeitern am Erhalt ihres Arbeitsplatzes. Die internen Ermittler agieren nicht erhaben über den Interessen derer, die sie beauftragen. Die Befragten antworten nicht losgelöst von ihren persönlichen Belangen. Die rechtliche Berücksichtigung dieser Belange –

---

[9] Bspw. BGHSt 47, 369, 373; BGH NStZ-RR 2004, 214 ff. zum Bruttoprinzip bei Verfall.

im Strafprozessrecht insbesondere durch Auskunfts-, Aussage- und Zeugnisverweigerungsrechte geregelt – ist bei internen Ermittlungen ungeklärt. Das Bestehen von Verwertungsverboten ist umstritten. Arbeitsrechtliche Sichtweisen streiten gegen strafrechtliche.[10] Informelle Abreden – Arbeitsplatz gegen Aussage, Geständnis gegen Pension u.a.m. – sind die Regel.

Warum aber sind diese Phänomene – Entformalisierung, Ökonomisierung, Privatisierung – Zeichen einer „Krise" und nicht bloß Entwicklungen? Weil es sich hierbei um Brüche des Strafrechtssystems handelt, die dieses in Frage stellen. Wenn der Staat nicht in der Lage ist, das Strafrecht mit Mitteln des Strafrechts durchzusetzen, wenn er nicht rechtliche Gleichbehandlung und Willkürfreiheit garantieren kann, dann wird dieser Anspruch selbst zweifelhaft.

III. Ursachen

Fragt man nach den Ursachen dieser Entwicklung, die sich durch weitere Beispiele eigentümlicher Verfahrensweisen in der strafrechtlichen Praxis beleuchten ließe, muss man zunächst feststellen, dass diese wenig erforscht sind. Zwar gilt gemeinhin eine zunehmende Arbeitsbelastung der Strafjustiz als Hauptursache, doch verlangt diese, sofern sie tatsächlich der Fall ist, ihrerseits nach einer Erklärung, die sich nicht ohne Weiteres findet.

Plausibel wäre der Befund eines signifikanten Anstiegs von Kriminalität, der sich indessen nicht ausmachen lässt. Im Gegenteil ist seit etwa zwanzig Jahren ein deutlicher Rückgang der Tatverdächtigenzahlen in der Polizeistatistik zu beobachten, dem eine tatsächliche Tendenz zu weniger Straftaten entspricht.[11]

Freilich bezieht sich diese Aussage auf das Gesamtbild der Kriminalität, das nach wie vor von Diebstählen und anderen Vermögensdelikten dominiert wird.[12] In einzelnen Kriminalitätsbereichen dürfte es sich anders verhalten, z.B. im Bereich der Wirtschaftskriminalität, die in den letzten zwanzig, dreißig Jahren zunehmend in den Fokus der Strafverfolgungsbehörden geraten ist und

---

[10] Vgl. *Ignor* CCZ 2011, 143; ferner die Stellungnahme der Bundesrechtsanwaltskammer zum Unternehmensanwalt im Strafrecht (2010/35), abrufbar unter http://www.brak.de/zur-rechtspolitik/stellungnahmen-pdf/stellungnahmen-deutschland/2010/november/stellungnahme-der-brak-2010-35.pdf (zuletzt aufgerufen am 10.12.2015).

[11] S. dazu *H.E. Müller* http://blog.beck.de/2014/10/10/langfristige-kriminalit-tsentwicklung-seit-20-jahren-immer-weniger-straftaten-in-deutschland vom 10.10.2014 (zuletzt aufgerufen am 10.12.2015) (Langfristige Kriminalitätsentwicklung – seit 20 Jahren immer weniger Straftaten in Deutschland) unter Bezug auf *Antholz* Monatszeitschrift für Kriminologie und Strafrechtsreform 97 (2014) 115ff.

[12] *H.E. Müller* http://blog.beck.de/2014/10/10/langfristige-kriminalit-tsentwicklung-seit-20-jahren-immer-weniger-straftaten-in-deutschland vom 10.10.2014 (zuletzt aufgerufen am 10.12.2015) (Langfristige Kriminalitätsentwicklung – seit 20 Jahren immer weniger Straftaten in Deutschland) unter Bezug auf *Antholz* Monatszeitschrift für Kriminologie und Strafrechtsreform 97 (2014) 115ff.

deutlich mehr Ressourcen beansprucht als früher. Die Bildung zahlreicher Schwerpunktstaatsanwaltschaften und Sonderkommissionen zeigt das eindrücklich.

Auffällig ist, dass der Gesetzgeber diese Entwicklung maßgeblich mitgestaltet, indem er bislang straflose oder nur bußgeldbewehrte Verhaltensweisen pönalisiert und zugleich das Instrumentarium zu ihrer Verfolgung beträchtlich verstärkt. Exemplarisch seien die Korruptionsdelikte genannt, die, rein statistisch gesehen, keinen großen Anteil der Gesamtkriminalität ausmachen, aber seit ihrer zunehmenden Verschärfung und Ausweitung (u.a. auf Auslandssachverhalte), enorme Strafverfolgungskapazitäten binden.

Gleiches gilt etwa für die Delikte, die Verstöße gegen die vielfältigen Abgabenpflichten betreffen, den die Bürger des Landes unterworfen sind, allen voran die Steuerhinterziehung (§ 370 AO) und das Vorenthalten von Sozialversicherungsbeiträgen (§ 266a StGB). Zwar ist die Steuerhinterziehung in Deutschland schon seit langem strafbar, und auch die Strafbarkeit der Beitragsvorenthaltung hat tiefere historische Wurzeln.[13] Aber das Ausmaß an Strafbarkeit und die Intensität der Verfolgung sowie die strafprozessuale und personelle Ausstattung des Strafverfolgungsapparates hat nie zuvor gekannte Ausmaße angenommen. Sie wird übrigens begleitet von einer Rechtsprechung, die jedenfalls teilweise normative Auslegungsspielräume zugunsten der Strafbarkeit und der Verfolgungserleichterung ausfüllt. Man denke im Bereich der Steuerhinterziehung an die Rechtsprechung zum Vorsatz[14] und bei der Beitragsvorenthaltung an die Lohnpflichttheorie[15]. Im Medizinstrafrecht hat der BGH mit seiner strengen Rechtsprechung zum sog. Abrechnungsbetrug, wonach der Vergütungsanspruch des niedergelassenen Arztes bei Verstößen gegen die den Anspruch begründenden Vorschriften entfällt[16], die Strafverfolgung stark forciert und die Krankenkassen zur deren Unterstützung auf den Plan gerufen.

Vornehmlich ist es aber der Bundesgesetzgeber, der, in den Worten des BVerfG, eine *immer stärkere strafrechtliche Durchdringung vieler Lebensbereiche* vornimmt und dadurch zu der wachsenden Arbeitsbelastung der Strafjustiz beiträgt, worin das BVerfG eine wesentliche Ursache für die praktische Bedeutung der Verständigungen erblickt.[17] Das dürfte auch damit zusammenhängen, dass insbesondere das von dieser Durchdringung betroffene Wirtschaftsleben

---

[13] Zur Entstehungsgeschichte von § 266a StGB s. *Pananis* in: Ignor/Mosbacher (Hrsg.), Handbuch Arbeitsstrafrecht, 3. Aufl. 2016, § 6 .

[14] S. BGH NStZ 2012, 160 Rn. 26.

[15] Vgl. BGHZ 144, 311 = NStZ 2001, 91, die der Änderung des Gesetzes zur Erleichterung der Bekämpfung von illegaler Beschäftigung und Schwarzarbeit v. 23.7.2002 (BGBl. I S. 2787) zugrunde liegt (dazu *Ignor/Rixen* NStZ 2002, 510 (512)), s. *Pananis* in: Ignor/Mosbacher (Hrsg.), Handbuch Arbeitsstrafrecht, 3. Aufl. 2016, § 6 Rn. 3.

[16] Insb. BGHSt 57, 95.

[17] BVerfGE 133, 168 Rn. 3. Zum Phänomen der Strafrechtsausweitung s. aus der Lit. z.B. *Hassemer*, StV 1995, 488; *Hilgendorf* in: Hilgendorf/Weitzel (Hrsg.), Der Strafgedanke in

grundsätzlich eine erlaubte und sogar höchst erwünschte Betätigungsform menschlichen Handelns ist, bei der die Abgrenzung zwischen Erlaubtem und Verbotenem relativ und im Einzelfall nicht leicht zu ziehen ist. Auch in tatsächlicher Hinsicht erfordern Wirtschaftstrafverfahren oftmals aufwendige Ermittlungen.

Folgt man dieser Analyse, dann fragt es sich, warum sich der Gesetzgeber zu immer neuen Kriminalisierungen bestimmter Verhaltensweisen und einer zunehmenden Verschärfung der Strafverfolgung gerade im Bereich des Wirtschaftsstrafrechts veranlasst sieht.

Die Antwort, die sich den Gesetzesbegründungen entnehmen lässt, läuft im Wesentlichen darauf hinaus, dass er dies im Interesse eines weit verstandenen Rechtsgüterschutzes tut, der über den Schutz einzelner Rechtsgüter und der staatlichen Sicherheit hinausgeht und das Wirtschafts- und Sozialleben insgesamt im Blick hat. Gegenstand neuer oder verschärfter Pönalisierungen sind vornehmlich Zuwiderhandlungen gegen die staatliche Ordnung des Sozialwesens, des Gesundheitswesens, des Abgabenwesens, des Wettbewerbs und anderer Institutionen, deren normgemäßes Funktionieren als unverzichtbar für das Gemeinwohl angesehen wird.

Diese Ausweitung führt dazu, dass das Strafrecht seine traditionelle Rolle als ultima ratio der Sozialpolitik resp. Sozialkontrolle einbüßt. Es mutiert zu einem universal einsetzbaren „*Durchsetzungsmittel von Politik*", wie es in einer programmatischen Mitteilung der Europäischen Kommission aus dem Jahre 2011 heißt, deren Überschrift lautet: „*Auf dem Weg zu einer europäischen Strafrechtspolitik: Gewährleistung der wirksamen Durchführung der EU-Politik durch das Strafrecht*".[18]

Das ist ein Vorgang von größter Tragweite, der, wie mir scheint, den Charakter eines Paradigmenwechsels haben könnte. Unter einem Paradigma verstehe ich in Anlehnung an Arbeiten des amerikanischen Wissenschaftsphilosophen *Thomas S. Kuhn* ganz allgemein einen Grundstock von Überzeugungen über einen Gegenstand, der die damit befassten Personen leitet. *Kuhn* bezog den Begriff ursprünglich auf forschungsleitende theoretische Überzeugungen im Bereich der Naturwissenschaften.[19] Er lässt sich aber auch auf Grundüberzeugungen in Bereichen des Soziallebens anwenden, z.B. eben auf das Strafrecht.

Dem Strafrecht liegt traditioneller Weise die Vorstellung zugrunde, dass es die Grundlagen eines friedlichen Zusammenlebens zu schützen habe, indem es Verletzungen der wichtigsten Grundregeln für das soziale Verhalten mit Strafe

---

seiner historischen Entwicklung 2007, S. 191 ff.; *Silva Sanchez* Die Expansion des Strafrechts 2003.

[18] Mitteilung der Kommission v. 20.9.2011, KOM (2011/573) endg. Krit. gegenüber einer Verwendung des Strafrechts zur Durchsetzung gesellschaftlicher und politischer Ziele *Hassemer* z.B. StV 1990, 328 (330), StV 1995, 483; *Landau* NStZ 2013, 194 (195 f.) m.w.N.

[19] *Kuhn, T.S.* Die Struktur wissenschaftlicher Revolutionen 1967.

bedroht.[20] Dementsprechend enthält das StGB, dessen Grundstruktur dem 19. Jahrhundert entstammt, in seinem ursprünglichen Kern Delikte, die sich gegen den Staat, gewisse Aspekte der öffentlichen Ordnung, vor allem aber gegen personale Rechtsgüter richten. Es pönalisiert konkrete Verletzungen von Leib und Leben, Ehre, Freiheit und Eigentum sowie des Vermögens anderer, die Verletzung staatlicher Interessen und in begrenztem Umfang gemeingefährliche Handlungen. Erst in neuerer Zeit wurden vermehrt Delikte gegen allgemeine Rechtsgüter wie die Umwelt oder den Wettbewerb in das StGB aufgenommen.[21] Die im StGB angedrohte Strafe ist als Reaktion auf die Verletzung des geschützten Rechtsguts konzipiert: Wer dies und das tut, der wird bestraft. Die Strafrechtsnormen verlangen dem Bürger regelmäßig ein Unterlassen ab, nur ausnahmsweise fordern sie konkretes Handeln. Bestraft wird, wer eine Rechtsgutsverletzung kausal verursacht. Diese besteht üblicherweise in einem konkreten Schaden, nicht lediglich in einer Gefährdung. Die Kenntnis des Verletzungsverbote, sprich: der Strafrechtsnormen, wird als Jedermann unmittelbar einsichtig vorausgesetzt. Sie gründen, mit *Isensee* zu sprechen, auf den traditionsverfestigten ethischen Anschauungen der Gesellschaft.[22] Man kann dieses Verständnis des Strafrechts schlagwortartig als bürgerlich-liberales Strafrechtsdenken – resp. Strafrechtsparadigma – bezeichnen, denn es entwickelte sich in Ablösung des vorangehenden theologisch-feudal geprägten Strafrechtsdenkens im Verlaufe des 18./19. Jahrhunderts mit dem Aufstieg und der Ausformung der bürgerlichen Gesellschaft.[23]

Bestandteil dieses Denkens ist die Differenzierung zwischen den mit (Kriminal-)Strafe und in sonstiger Weise sanktionierten staatlichen Verhaltensgeboten, insbesondere den früher sogenannten Polizeivergehen und jetzigen Ordnungswidrigkeiten. Abstrakt lässt sich von einem primären und einem sekundären Strafrecht sprechen.[24] Letzteres wird traditioneller Weise als Annex des Verwaltungsrechts verstanden („Verwaltungsunrecht"), als Sanktionsinstrument der Verletzung von Normen, mit denen der Gesetzgeber Gefahren für die Sicherheit und Ordnung des Gemeinwesens in all seinen Ausprägungen vorbeugen will. Dementsprechend sind als Ordnungswidrigkeiten vor allem Zuwi-

---

[20] S. z.B. die Einleitung zur dtv-Taschenbuchausgabe des StGB 48. Aufl. 2011, von *Weigend* S. IX: „Das Strafrecht ist für das menschliche Zusammenleben von fundamentaler Bedeutung. In ihm spiegeln sich die wichtigsten Grundregeln für das soziale Verhalten wider: Wenn für die Verletzung bestimmter Regeln Freiheitsentzug oder Geldstrafe angedroht wird, so zeigt dies, dass die Gesellschaft die Einhaltung dieser Regeln als absolut notwendig ansieht."

[21] *Hassemer* spricht von „Gesamtrechtsgütern" bzw. „Universalrechtsgütern".

[22] *Isensee* in: J.H. Müller/Isensee, Wirtschaftsethik-Wirtschaftsstrafrecht 1991, S. 101; ähnlich *Landau*, NStZ 2013, 194 (196).

[23] Näher *Ignor* Geschichte des Strafprozesses in Deutschland 1532–1846 (2002).

[24] Vgl. für den Bereich des Wirtschaftsstrafrechts *Isensee* in: J.H. Müller/Isensee, Wirtschaftsethik-Wirtschaftsstrafrecht 1991, S. 100ff.

derhandlungen gegen bestimmte Handlungspflichten zur Verhütung von Gefahren sanktioniert. Da diese Zweckmäßigkeitsüberlegungen folgen und oftmals nur temporären Charakter haben, haftet der Sanktion der Geldbuße nach traditioneller Auffassung nicht das sog. sozialethische Unwerturteil an, das als Spezifikum der Kriminalstrafe gilt.

Das primäre Strafrecht und das sekundäre Strafrecht haben unterschiedliche historische Wurzeln.

Im Bereich des heutigen Deutschlands – und anderen europäischen Ländern – hat sich das später Strafrecht genannte „Peinliche Recht" nach Anfängen im frühen Mittelalter seit dem hohen Mittelalter entwickelt. Hierbei spielte die theologische Vorstellung, dass schwere Straftaten Sünden gegen Gott seien, eine wichtige Rolle. Damit verband sich der Gedanke, dass die an Leib und Leben gehenden „Peinlichen" Strafen nicht nur den Zweck haben, Menschen von der Begehung von Straftaten abzuhalten, sondern zusätzlich die Schuld, die der Straftäter mit der Straftat auf sich geladen hat, zu vergelten und Gott zu versöhnen.[25] Politisch gesehen, fungierte das Peinliche Recht häufig als Mittel, territoriale Herrschaft mit dem Anspruch der Friedenssicherung durchzusetzen.[26]

Das heutige Ordnungswidrigkeitenrecht hingegen hat seine Wurzeln in der „guten Policey" der frühen Neuzeit, als die entstandenen Obrigkeiten über die Friedensicherung hinaus beanspruchten, das Verhalten ihrer Untertanen durch Gebote und Verbote im Interesse des Gemeinwohls (bonum commune) zu steuern, das *Thomas von Aquin*, aufbauend auf der „Politik" des *Aristoteles*, den Herrschern als Maxime ihres Handelns vorgeschrieben hatte.[27] Mittel hierfür waren die sogenannten Policey-Ordnungen, die alle möglichen Bereiche des Zusammenlebens regelten.[28]

Bemerkenswerterweise enthielten bereits die Policey-Ordnungen Sanktionsregelungen wie z.B. Geldstrafen, die man heute bedenkenlos dem Strafrecht zuordnen würde, ein Begriff, den es damals nicht gab und der erst anfangs des 19. Jahrhunderts entstand. Bis dahin wurde streng unterschieden zwischen den Delikten (crimina), die peinliche Strafen an Leib und Leben nach sich zogen, und Policey-Vergehen mit sehr viel milderen Sanktionen.

Die für die frühe Neuzeit charakteristische Differenzierung zwischen Policeyrecht und Peinlichem Recht zeigt exemplarisch das gleichzeitige Zustandekommen der „Reichspoliceyordnung" von 1530 zum einen und der „Peinlichen

---

[25] S. *Ignor* Geschichte des Strafprozesses in Deutschland 1532–1846 (2002), S. 68 ff.

[26] Vgl. *Wesel* Geschichte des Rechts 1997, Rn. 236; *Rüping/Jerouschek* Grundriss der Strafrechtsgeschichte 5. Aufl. 2007, S. 26 f.

[27] Vgl. *Willoweit* Reich und Staat. Eine kleine deutsche Verfassungsgeschichte 2013, S. 40 f. (52 ff.).

[28] Instruktiv *Iseli* Gute Policey. Öffentliche Ordnung in der frühen Neuzeit 2009; aus wirtschafts- und sozialhistorischer Sicht *W. Schulze* Einführung in die Neuere Geschichte 1987, S. 144 ff., der in der „Policey" der frühen Neuzeit den Beginn einer Traditionslinie des Interventionsstaates sieht, die bis in unsere Zeit reicht.

Gerichtsordnung" Kaiser *Karls V.* von 1532 zum anderen. Offensichtlich handelte es sich für die Zeitgenossen um qualitativ unterschiedliche Materien.

Mit der Aufklärung ging diese Gewissheit verloren. Dazu trug ein grundlegender Wandel im Strafrechtsdenken bei, wonach Straftaten nicht länger als Sünden gegen Gott verstanden wurden, sondern als Verletzung menschlicher Interessen oder, wie *Cesare Beccaria* es formulierte, als Verletzungen des Gesellschaftsvertrages.[29] Das Strafrecht wurde sozusagen säkularisiert und berührte sich mit seiner Aufgabe, die Untertanen resp. Staatsbürger und den Staat vor Schäden zu bewahren, mit dem Polizeirecht. Seither bemüht sich die Strafrechtswissenschaft nach einer Abgrenzung strafwürdiger Delikte von sonstigen sanktionswürdigen Zuwiderhandlungen.[30] Mit der Einführung des Gesetzes über Ordnungswidrigkeiten 1952 wurde diese Unterscheidung mehr formell als materiell getroffen und der Regelung der Sachgebiete überlassen.[31] Immerhin entwickelte sich eine gefestigte Differenzierung zwischen der Sanktion der Kriminalstrafe einerseits und der für eine Ordnungswidrigkeit verhängten Geldbuße andererseits. Wie schon bemerkt, gilt es bis heute als das Signum der Strafe, dem Täter ein „rechtswidriges sozialethisches Fehlverhalten" vorzuwerfen[32], wobei dieses Fehlverhalten in der Verletzung von Rechtsgütern Einzelner und der Allgemeinheit gesehen wird.[33] Die Strafe zielt dementsprechend auf Repression (des Fehlverhaltens) und Vergeltung (der Schuld, die der Täter mit dem Verhalten auf sich geladen hat).[34] Der Zweck der Geldbuße wird demgegenüber darin gesehen, „eine bestimmte Ordnung durchzusetzen". Sie soll ein mit einer Sanktion verbundener und deshalb spürbarer Pflichtenappell an den Betroffenen sein, der keine ins Gewicht fallende Beeinträchtigung des Ansehens und des Leumunds zur Folge hat.[35] Die Geldbuße zielt auf Prävention, auf die Vornahme nützlicher Handlungen im Interesse des Gemeinwohls, insbesondere der Gefahrenabwehr.

Indessen wird diese Differenzierung zunehmend bezweifelt. So verneint bspw. *Ivo Appel* in seiner Habilitationsschrift *„Verfassung und Strafe"* ein selbstständiges Kriterium des sozialethischen Unwerturteils, weil ein solches

---

[29] Vgl. *Ignor* Geschichte des Strafprozesses in Deutschland 1532–1846 (2002), S. 289.

[30] Für das 19. Jahrhundert s. *Kesper-Biermann* Einheit und Recht. Strafgesetzgebung und Kriminalrechtsexperten in Deutschland vom Beginn des 19. Jahrhunderts bis zum Reichsstrafgesetzbuch 1871 (2009), S. 433 ff.

[31] *Mitsch* Recht der Ordnungswidrigkeiten, Rn. 5. Ähnlich bereits § 513 i. V. m. § 512 Allgemeines Landrecht für die Preußischen Staaten, 2. Theil, 20. Titel (1794).

[32] S. BVerfGE 95, 96 (140); BVerfG(Kammer)NJW 1998, 2585; BGHSt 47, 369 (375 f.); *Landau* NStZ 2013, 194 (195).

[33] Vgl. z. B. BVerfGE 133, 168, Rn. 56 m. w. N.

[34] Vgl. BGHSt 47, 369 (375 f.).

[35] *Gürtler* in: Göhler OWiG 15. Aufl. 2009, Vor § 1 unter Hw. auf BVerfGE 27, 18 (33). Ausführlich zur Differenzierung zwischen Kriminal(straf)recht und Ordnungswidrigkeitenrecht bzw. Nebenstrafrecht *Hassemer*, Theorie und Soziologie des Verbrechens 1973, S. 217 ff.

nur in den Wertungen des (allein) unmittelbar legitimierten, verfassungsrechtlich gebunden Gesetzgebers liegen könne.[36] Korrespondierend dazu erblickt *Appel* den Zweck des Einsatzes von Strafe ausschließlich darin, das Festhalten des Staates an der Norm zu belegen. Ziel sei es, den durch die Tat eingetretenen Geltungsschaden der Verhaltensnorm aufzuheben.[37] Staatliche Sanktionsnormen hätten die Aufgabe, bestimmte staatliche Verhaltensvorgaben zu schützen, die der Gesetzgeber als wichtig einschätzt.[38] Nach dieser Auffassung hat der demokratische Gesetzgeber Pleinpouvoir, alle möglichen Verhaltensnormen mit Strafsanktionen zu versehen. Ein Maßstab außerhalb seiner Einschätzung (*Appel*: „*wichtig*") existiert nicht. Die Prüfung der Verhältnismäßigkeit hat allein normativ zu erfolgen, d.h. mit Blick darauf, ob sie zum Zweck der Normrehabilitierung geeignet, erforderlich und angemessen ist.[39] Damit bildet diese Auffassung die komplementäre Theorie zu der oben beschriebenen Strafrechtspolitik, die das Strafrecht als ein „Durchsetzungsmittel von Politik" begreift und, wie dargestellt, zur Überlastung der Strafjustiz und letztlich zur Krise des Strafrechts beiträgt. Sie nivelliert die Unterscheidung zwischen Repression und Prävention.

Ohne den Anspruch erheben zu können, die deutsche Strafrechtswissenschaft zu überblicken, scheint mir, dass diese Auffassung grosso modo von nicht wenigen Strafrechtsjuristen geteilt wird und die expansive Strafrechtspolitik nicht nur nachvollzieht, sondern geradezu befördert. Dass sie möglicherweise Teil eines grundlegenden Auffassungswandels vom Sinn und Zweck des Strafrechts ist, der den Charakter eines Paradigmenwechsels hat, zeigt sich daran, dass sie mit veränderten Auffassungen grundlegender Institute des Strafrechts einhergeht, die die expansive Tendenz des Strafrechts, seine Handhabung als „Durchsetzungsmittel von Politik", faktisch unterstützen. Dies scheint mir in Bezug auf dogmatische Entwicklungen wie die funktionalistische Auslegung des Rechtsgutsbegriffs[40] und die im Einzelnen unterschiedliche, insgesamt aber zunehmende Normativierung strafrechtlicher Grundbegriffe wie Vorsatz und Schuld der Fall zu sein[41], die letztlich auf ein Funktionieren des strafrechtlichen Normgefüges abzielen.[42] Strafrechtstheoretisch wird diese Entwicklung durch

---

[36] *Appel* Verfassung und Strafe 1998, S. 482ff.

[37] *Appel* Verfassung und Strafe 1998, S. 460.

[38] *Appel* Verfassung und Strafe 1998, S. 459.

[39] *Appel* Verfassung und Strafe 1998, S. 576.

[40] S. dazu *Theile* Wirtschaftskriminalität und Strafverfahren 2009, S. 14ff. m.w.N. Kritisch *Hassemer*, bereits in seiner Habilitationsschrift „Theorie und Soziologie des Verbrechens" 1973 und später vielfach, z.B. Grundlinien einer personalen Rechtsgutslehre in: FS Arthur Kaufmann 1989, S. 85ff.

[41] Zur Normativierung strafrechtlicher Grundbegriffe vgl. *Pawlik* ZiS 2010, 339 (Rezension der Habilitationschriften von *Bung, Safferling* und *Stuckenberg*); *Bröckers* Strafrechtliche Verantwortung ohne Willensfreiheit 2015, S. 60ff. (zum „funktionalen Schuldbegriff").

[42] Vgl. *Appel* Verfassung und Strafe 1998, S. 466: „Es muss gezeigt werden, dass das Norm-

eine zunehmend (positiv-)generalpräventive Ausrichtung des Strafrechts unterstützt.[43]

Dementsprechend könnte man das sich möglicherweise neu abzeichnende Paradigma schlagwortartig als „etatistisch-funktionales" Strafrechtsdenken bezeichnen.

Diese Entwicklung scheint nicht zuletzt einer ökonomischen Logik zu folgen. Die Existenz des modernen Sozialstaats hängt nicht nur – wie die des liberalen Rechtsstaates, in dem der Ultima-ratio-Gedanke postuliert wurde – von der äußeren und inneren Sicherheit des Staates, von der Integrität der staatlichen Institutionen und davon ab, dass jeder Bürger die Rechtgüter des anderen respektiert. Sie hängt vor allem davon ab, dass die sozialen Sicherungssysteme funktionieren, was wiederum vor allem die Sicherung ihrer Finanzierung durch Abgaben erfordert. Es kann daher nicht überraschen, dass das Strafrecht, dem traditionell die Aufgabe zugeschrieben wird, die Grundlagen friedlichen Zusammenlebens zu schützen, vermehrt zur Sicherung des Sozialstaats, seiner Einrichtungen und seiner finanziellen Ressourcen (nicht zuletzt auch durch Sicherung des Wettbewerbs) eingesetzt wird.[44] Die Errungenschaften des Sozialstaats zählen heutzutage zu den Grundlagen des friedlichen Zusammenlebens. Eine andere Frage ist allerdings, ob zu ihrer Sicherung tatsächlich unbedingt das Strafrecht erforderlich ist.

IV. Abhilfe

Ist die Expansion des Strafrechts mit all seinen krisenhaften Folgewirkungen eine unaufhaltbare Entwicklung? Oder gibt es Möglichkeiten und gute Gründe ihr gegenzusteuern? Ich meine, dass sowohl das eine wie auch das andere der Fall ist. Insbesondere eine stärkere Beachtung des Grundsatzes der Verhältnismäßigkeit könnte und sollte eine gewisse Abhilfe schaffen.[45]

---

gefüge funktioniert, dass die normative Steuerung durch Recht letzten Endes die Oberhand behält."

[43] Vgl. *Hilgendorf* in: Hilgendorf/Weitzel (Hrsg.), Der Strafgedanke in seiner historischen Entwicklung 2007, S. 191 f. (199); kritisch zur positiven Generalprävention *Hassemer* in: Schünemann/von Hirsch/Jareborg (Hrsg.), Positive Generalprävention 1988, S. 29 ff.

[44] Vgl. *Theile* Wirtschaftskriminalität und Strafverfahren 2009, S. 11 ff. Bezeichnend BGH NStZ 2014, 640 (642): Der Beschluss begründet das Vorliegen eines Schadens i. S. d. § 263 StGB bei der Abrechnung von Pflegeleistungen, die unter Verstoß formaler Anforderungen des Sozialrechts erbracht wurden, u. a. damit, dass die Regelungen im Sozialrecht „in erster Linie der Wirtschaftlichkeit und der finanziellen Stabilität der gesetzlichen Kranken- und Pflegeversicherung" dienen, „welche einen überragend wichtigen Gemeinwohlbelang darstellen (vgl. BVerfG NJW 2014, 2340 (2341) Tz. 34)".

[45] Ähnlich *Hefendehl* JA 6/2011, 401 ff. Weitgehend ausgeklammert lasse ich die komplexe Frage, ob und inwieweit das Schuldprinzip (z. B. BVerfGE 123, 267) in der Lage ist, einer rechtstechnischen Instrumentalisierung des Strafrechts zwecks Effektivierung bestimmter

Der Grundsatz der Verhältnismäßigkeit gehört zu den fundamentalen Rechtsgrundsätzen unseres Gemeinwesens. Er gilt als Bestandteil des Rechtsstaatsprinzips und hat damit Verfassungsrang (Art. 20 Abs. 3 GG). Jede(r) Studierende bekommt ihn gleichsam mit der „rechtlichen Muttermilch" eingeflößt. Er/sie lernt, dass ein staatlicher Eingriff in ein Grundrecht eines legitimen Zwecks bedarf und zu dessen Erreichung geeignet, erforderlich und angemessen sein muss.

Theoretisch gilt der Verhältnismäßigkeitsgrundsatz auch für die Legislative.[46] Strafgesetze sind Eingriffe in die Freiheitsrechte der Einzelnen – und was für welche! Sie zwingen dem Bürger bestimmte Verhaltensweisen auf und bewirken im Fall der Zuwiderhandlung Einbußen an Ansehen, Vermögen und persönlicher Freiheit. Auch sie müssen daher einen zulässigen Zweck verfolgen und zur Erreichung dieses Zwecks geeignet, erforderlich und angemessen sein. Das ist nicht nur ein normatives Konzept. Es ist ein Gebot der praktischen Vernunft. Der Verhältnismäßigkeitsgrundsatz, hat einmal der Staatsrechtler *Josef Isensee* formuliert, sei die *„Rationalitätsprobe"* staatlicher Intervention in grundrechtliche Freiheit.[47] Er stelle inhaltliche Anforderungen an die Gesetze, deren Vernünftigkeit nicht ohne weiteres dadurch verbürgt ist, dass sie durch Mehrheitsentscheidungen zustande kommen.

Leider macht es sich der Gesetzgeber mit der Rationalitätsprobe oftmals recht einfach oder lässt sie schlicht beiseite. So ist häufig eine „symbolische Strafgesetzgebung" wahrzunehmen, bei der es mehr um die Manifestation politischer Handlungsfähigkeit als um zwecktaugliche Strafandrohungen geht.[48] Die Prüfung der Verhältnismäßigkeit erfolgt nicht selten sehr pauschal („Alternativen: keine").[49]

Ein aktuelles Beispiel für eine Missachtung des Grundsatzes der Verhältnismäßigkeit ist der vom Land Nordrhein-Westfalen vorgelegte Entwurf eines Gesetzes zur Einführung der strafrechtlichen Verantwortlichkeit von Unternehmen und sonstigen Verbänden.[50] Er bricht radikal mit der traditionellen Unter-

politischer Ziele entgegen zu wirken; s. dazu *Landau* NStZ 2013, 194 und NStZ 2015, 665; ferner die Stellungnahme der BRAK zum Vorlagebeschluss des LG Berlin vom 16.04.2015 – (572) 242 AR 27/12 NS (82/12) – Rindfleischetikettierungsgesetz – 2 BvL 1/15, an der *Verf.* als Berichterstatter mitgewirkt hat = Stellungnahme N.3/2016, abrufbar unter http://www.brak.de.

[46] Näher *Appel* Verfassung und Strafe 1998, insb. S. 576 ff.

[47] *Isensee* in: J. H. Müller/Isensee (Hrsg.) Wirtschaftsethik-Wirtschaftsstrafrecht 1991, S. 87 ff. (92).

[48] S. z. B. *Hassemer* NStZ 1989, 553.

[49] Grundlegende Kritik an einer undifferenzierten Strafgesetzgebung und „Leitlinien einer rationalen Kriminalpolitik" bei *Hassemer* Theorie und Soziologie des Verbrechens 1973, S. 192 ff.

[50] Entwurf eines Gesetzes zur Einführung der strafrechtlichen Verantwortlichkeit von Unternehmen und sonstigen Verbänden, abrufbar unter https://www.justiz.nrw.de/JM/justizpolitik/jumiko/beschluesse/2013/herbstkonferenz13/zw3/TOP_II_5_Gesetzentwurf.pdf

scheidung von Straf- und Ordnungswidrigkeitenrecht und mit den damit einhergehenden Vorstellungen von Schuld und Sanktion, indem er Handlungspflichten zur Vermeidung von Straftaten pönalisieren und juristischen Personen Schuld zuweisen will.

Schon die Erforderlichkeit eines solchen Strafgesetzes muss bezweifelt werden. Es wird behauptet, das gegenwärtige Sanktionssystem sei nicht ausreichend, um auf Wirtschaftsstraftäter hinreichend einwirken zu können. Empirisch belegt ist diese Behauptung nicht. Zuverlässige rechtstatsächliche Kenntnisse zu Struktur und Umfang von Unternehmenskriminalität liegen nicht vor.

Buchstäblich maßlos ist die vorgesehene Anordnung einer Verbandsstrafe für jede auch nur fahrlässige Verletzung einer Aufsichtspflicht, deren Beachtung eine vorsätzliche oder fahrlässige Zuwiderhandlung gegen ein Strafgesetz verhindert oder wesentlich erschwert hätte (§ 2 Abs. 1 des Entwurfs). Die Vorschrift würde nicht nur strafrechtliche Vorwürfe schaffen, gegen die eine Verteidigung nahezu aussichtslos erscheint – der Vorwurf ungenügender Aufsicht lässt sich fast immer erheben. Darüber hinaus würde eine solche Vorschrift eine unabsehbare Zahl von Verdachtsbildungen provozieren. Jeder Störfall in einem Betrieb oder Unternehmen wäre zwingend ein möglicher Strafrechtsfall, der zu staatsanwaltlichen Ermittlungen Anlass böte. Eine weitere Belastung der Strafjustiz wäre damit vorprogrammiert. Vermutlich würden mit der geplanten Strafvorschrift mehr Straftaten in Form von Aufsichtspflichtverletzungen geschaffen als potentielle Straftaten mangels Aufsicht verhindert.

Ein aktuelles Beispiel für die Ungeeignetheit strafrechtlicher Normen sind die Strafvorschriften im neu geschaffenen „Gesetz zur Abschirmung von Risiken und zur Planung der Sanierung und Abwicklung von Kreditinstituten und Finanzgruppen".[51] Danach sollen Geschäftsleiter von Kreditinstituten bzw. Versicherungsunternehmen bestraft werden, die nicht sicherstellen, dass ihr Unternehmen über im Gesetzentwurf ausführlich beschriebene Strategien, Prozesse, Verfahren, Funktionen und Konzepte des Risikomanagements verfügt und dadurch eine Bestandsgefährdung des Kreditinstituts bzw. eine Gefährdung der dauernden Erfüllbarkeit der Versicherungsverträge herbeigeführt wird. Risikovorsorge ist gewiss ein löbliches Ziel. Aber die vorgesehenen Strafvorschriften erscheinen schon wegen ihrer außergewöhnlichen Komplexität als gar nicht justiziabel. Allein zur Ermittlung einer Bestandgefährdung müsste man auf die Vorschriften der §§ 10 und 11 KWG zurückgreifen, die ihrerseits zu weiteren Rechtsverordnungen ermächtigen, zu denen u. a. die Solvabilitätsver-

---

(zuletzt aufgerufen am 10.12.2015). Kritisch dazu z. B. die Stellungnahme der BRAK 9/2013, abrufbar unter http://www.brak.de/zur-rechtspolitik/stellungnahmen-pdf/stellungnahmen-deutschland/2013/mai/stellungnahme-der-brak-2013-09.pdf (zuletzt aufgerufen am 10.12.2015).

[51] BGBl I 2013, S. 3090.

ordnung mit über 300 Einzelparagraphen zählt.[52] Welch' riesigen Ermittlungsaufwand die Aufklärung einer Verdachtslage erfordern würde, kann man sich vorstellen. Dass am Ende eine Verurteilung stehen könnte, erscheint wenig realistisch.

Die Angemessenheit bildet das vielleicht schwierigste, weil wertende Kriterium der Verhältnismäßigkeit. Um die Angemessenheit einer strafrechtlichen Sanktion für einen Regelverstoß zu beurteilen, muss man sich Folgendes klar machen:

Die Besonderheit des Strafrechts liegt in der Strafe, mit der ein Rechtsbruch geahndet wird. Die Strafe – man kann sich das nicht oft genug vor Augen führen – ist ein einzigartiges Übel. Wen sie trifft, der erleidet nicht nur eine Einbuße an Geld oder Freiheit, sondern er büßt auch seinen Status als unbescholtener Bürger ein. Ihn trifft ein sozialer Makel, der ihn stigmatisiert und sich oftmals auf sein ganzes bürgerliches Leben auswirkt.

Dieser Makel ist gewollt. Er bildet den einzigen stets sicheren Effekt der Strafe. Die mit der Strafe im Weiteren verfolgten Zwecke – Vergeltung, Abschreckung, Normbewehrung, Resozialisierung – erscheinen demgegenüber ungewiss oder fragwürdig.

Bereits der Status eines Beschuldigten, gar des Angeklagten kann Menschen in hohem Maße beeinträchtigen. Wer nicht in der strafrechtlichen Praxis zu Hause ist, macht sich schwerlich ein Bild davon, wie intensiv Menschen von Strafverfahren getroffen werden, nicht selten zu Unrecht.

Der Makel der Strafe darf nur denjenigen treffen, der ihn verdient, und das heißt zunächst: er darf nur den wahren Täter einer Straftat treffen. Der Unschuldige darf nicht verurteilt werden. Das ist ein Gebot der Gerechtigkeit und folgt aus dem in der Verfassung verankerten Schuldprinzip.[53] Wahrheit und Gerechtigkeit werden daher zu Recht als Ziele des Strafverfahrens angesehen.[54]

Ebenso dürfte es ein unbestrittenes Gebot der Gerechtigkeit und des Schuldprinzips sein, dass die Strafe dem Rechtsbruch und der Schuld angemessen sein muss.[55] Dieses Gebot wird indes häufig gerade vom Gesetzgeber übersehen, weil bei der Pönalisierung der Abschreckungsgedanke im Vordergrund steht.[56] Die Strafdrohung soll vom Rechtsverstoß abhalten. Ob der Rechtsbruch die Verhängung der angedrohten Strafe rechtfertigt, wird vom Gesetzgeber meist nicht näher geprüft. Die Häufigkeit, mit der die Praxis die Vorschrift des § 153a StPO anwendet, nicht nur aus Gründen der Überlastung, sondern auch der An-

---

[52] So die Stellungnahme des DAV durch den Ausschuss Strafrecht (29/2013), abrufbar unter http://anwaltverein.de/de/newsroom/id-2013-29 (zuletzt aufgerufen am 10.12.2015).

[53] Zum Schuldprinzip *Landau* NStZ 2013, 194 (195 ff.) und NStZ 2015, 665.

[54] Näher *Ignor* in: U. Müßig (Hrsg.), Ungerechtes Recht 2013, S. 1 ff.

[55] Vgl. *Landau* NStZ 2013, 194 (196).

[56] Nach *Landau* NStZ 2013, 194 (196) m. w. N. hat Prävention als gesellschaftsnützlicher Aspekt nur Raum innerhalb der Schuldangemessenheit, nicht darüber hinaus.

gemessenheit, zeigt, dass viele präventiv begründete Strafdrohungen im Einzelfall problematisch erscheinen.

Die Ermittlung des wahren Täters (§ 244 Abs. 2 StPO) und die Verhängung einer angemessenen Sanktion (§ 46 StGB) erfordern einen erheblichen prozessualen Aufwand, der im geltenden Strafprozessrecht normiert ist. Dieser Aufwand kann nicht beliebig minimiert werden, ohne dass der Staat seinen Anspruch als Rechtsstaat einbüßen würde. Dies zeigen z. B. die Arbeitsergebnisse der im Jahre 2015 vom Bundesjustizminister eingesetzten „Expertenkommission zur effektiveren und praxistauglicheren Ausgestaltung des allgemeinen Strafverfahrens und des jugendgerichtlichen Verfahrens". Die darin vertretenen Strafjuristen aus der Strafjustiz, der Anwaltschaft, der Justizverwaltung und der Rechtswissenschaft haben eine Reihe von Vorschlägen zur Beschleunigung und Verfahrensvereinfachung des Strafprozesses erarbeitet. Zu radikalen Vereinfachungen indes, wie sie sich vielleicht mancher gewünscht hat, waren sie unter der Maßgabe, rechtsstaatliche Grundsätze zu wahren, nicht gewillt.[57] Mit anderen Worten: Die grundgesetzlich im Schuldgrundsatz und im Rechtsstaatsprinzip verbürgten Anforderungen an das Strafrecht[58] beschränken den Gesetzgeber beim Einsatz des Strafrechts zur Durchsetzung seiner Ziele.

V. Fazit

Einer fortschreitenden Expansion des materiellen Strafrechts sind praktische und normative Grenzen gesetzt. Die beschriebenen Krisensymptome veranschaulichen dies eindrücklich. Sie zeigen, dass das Strafrechtssystem mit der ständigen Ausweitung des materiellen Strafrechts überfordert ist und fragwürdige Entlastungsstrategien zeitigt. Das kann der Rechtsstaat auf Dauer nicht hinnehmen. Er muss rechtliche Abhilfe schaffen. Diese kann darin bestehen, die verfassungsrechtlichen Grenzen der Strafrechtsexpansion, insbesondere den Grundsatz der Verhältnismäßigkeit, ernst zu nehmen. So sollte sich die Strafrechtswissenschaft nicht damit begnügen, die Beachtung des Ultima-ratio-Grundsatzes anzumahnen.[59] Darüber hinaus sollte sie es sich angelegen sein,

[57] Der Abschlussbericht ist abrufbar unter http://www.bmjv.de/SharedDocs/Downloads/DE/PDF/Abschlussbericht_Reform_StPO_Kommission.pdf?__blob=publicationFile&v=2 (zuletzt aufgerufen am 10.12.2015).

[58] S. dazu z. B. BVerfGE 133, 168 = BVerfG, Urt. v. 19.3.13 – 2BvR 2628/10 u. a. – Verständigungsgesetz.

[59] Detaillierte Kritik an Rechtsakten der Europäischen Union unter dem Gesichtspunkt des Verhältnismäßigkeitsgrundsatzes bzw. des Ultima-ratio-Prinzips im „Manifest zur Europäischen Kriminalpolitik" veröffentlicht in: ZiS 2009, 59. Dazu *Landau* NStZ 2013, 194 (195).

das materielle Strafrecht soweit als möglich dogmatisch am Verhältnismäßigkeitsgrundsatz auszurichten.[60]

Insoweit ist auch das Nachdenken über Alternativen zum Strafrecht im Verwaltungsrecht, im Ordnungswidrigkeitenrecht und im Zivilrecht gefordert.[61] Vom Strafrecht wird oft gesagt, es dürfe als „schärfste" staatliche Sanktion nur dort eingreifen, wo „mildere" staatliche Mittel wie zivilrechtliche Sanktionen, öffentlich-rechtliche Verbote, der Einsatz von Ordnungs-widrigkeiten und andere sozialpolitische Maßnahmen zu Wahrung von Frieden und Freiheit nicht ausreichen.[62] Die „Schärfe" der Strafe steht nach Maßgabe des Verhältnismäßigkeits-prinzips jedoch erst beim Übermaßverbot auf dem Prüfstand. Vorrangig geht es um Geeignetheit und Erforderlichkeit. Und da zeigt sich, dass die Strafe häufig nicht per se das effektivste Mittel ist, Rechtsgüterschutz und Steuerungsansprüche des Staates in der Wirklichkeit durchzusetzen. Das gilt insbesondere für Verbote oder Gebote, die im Vorfeld unmittelbarer Rechtsgutverletzungen Gefährdungen von Rechtsgütern entgegenwirken sollen. Der fehlerhaften Herstellung und Lieferung einer kerntechnischen Anlage z. B. wird nicht erst durch ihre Pönalisierung (§ 309 StGB) vorgebeugt, sondern durch zahlreiche gesetzliche Anforderungen an ihre ordnungsgemäße Herstellung, an die Zuverlässigkeit des Herstellungsbetriebes und die Kompetenz der Beschäftigten, durch Genehmigungserfordernisse, Auflagen und Prüfungen sowie durch zivilrechtliche Primär- und Sekundäransprüche. Niemand käme auf die Idee, auf diese Mittel im Hinblick auf das „Durchsetzungsmittel" der in § 309 StGB angedrohten Strafe zu verzichten. Überhaupt ist es eine unendliche Vielzahl ineinander greifender Normen formeller und informeller Art, die die Sicherheit der Bürger und die allgemeine Wohlfahrt überwiegend auch ohne Strafrecht befördert. Der präventive Mehrwert der Strafe versteht sich daher nicht von selbst, sondern ist bei jeder neuen Pönalisierung begründungsbedürftig.[63]

Zweifel an der empirischen Wirksamkeit des Strafrechts haben in jüngerer Zeit einem „Normativismus" den Weg geebnet, wonach das „Wesen" der Straftat vor allem im Bruch der strafrechtlichen Norm besteht und Strafe vor allem die Funktion hat, die verletzte Norm zu stabilisieren oder zu rehabilitieren.[64]

---

[60] Ausführlich *Kaspar* Verhältnismäßigkeit und Grundrechtsschutz im Präventionsstrafrecht, 2014; dazu *Jung* GA 2015, 462 ff.

[61] Zu alternativen Maßnahmen der Sozialpolitik und technischen und organisatorischen Präventionen s. z. B. *Hassemer* StV 1995, 493.

[62] Bspw. *Roxin* GA 2011, 678 (680).

[63] Ähnlich bereits *Hassemer* Theorien und Soziologie des Verbrechens, 1973, S. 205 („Rechtsgüterschutzpolitik muss mit einer Entscheidungsreflexion und -argumentation einsetzen, welche die Alternativen der Rechtsgüterschutztechnik voll auswertet.") Nach Auffassung des BVerfG steht dem Gesetzgeber bei der Strafgesetzgebung ein weiter Beurteilungsspielraum zu, wobei er allerdings Bestimmungen der Verfassungsgrundsätze und Grundentscheidungen des Grundgesetzes zu beachten hat, s. z. B. BVerfGE 120, 224 = BVerfG – 2 BvR 392/07, Beschl. v. 26.2.2008 – Strafbarkeit des Geschwisterinzests, Rn. 36 ff.

[64] Vgl. z. B. *Appel* Verfassung und Strafe, 1998, S. 460 ff. m. w. N.; Krit. gegenüber einem

Diese Konzepte faszinieren durch ihre gedankliche Stringenz. Sie leisten aber wenig für die praktische Arbeit mit und am Strafrecht. Rechtspolitisch wirken sie affirmativ, weil sie in ihrer Ausrichtung auf das Funktionieren des strafrechtlichen Normgefüges (s.o.) der Expansion dieses Normgefüges und den daraus resultieren Folgen für die Praxis wenig entgegenzusetzen haben. Welche Norm wäre, wenn sie verletzt wird, nicht stabilitätsbedürftig?!

Schließlich sei angeregt, gezielt Möglichkeiten der Entkriminalisierung auszuloten und zu realisieren. Hier tun sich weite Felder auf, die vorliegend nur angedeutet seien: z.B. bei den Bagatelldelikten, den Vermögensdelikten[65] und im Betäubungsmittelstrafrecht[66].

Die Aufgabe des Strafrechts erschöpft sich nicht in der Realisierung von Strafzwecken. Strafrecht ist der normative Umgang mit Strafe. Strafrecht fragt, ob und, wenn ja, unter welchen Voraussetzungen und warum Strafe sein muss – oder nicht. Strafrecht verortet Strafe im Rechtsstaat. Noch einmal: Die Aufgabe des Strafrechts im freiheitlich-demokratischen Rechtsstaat sollte darin bestehen, vom Institut der Strafe, die ein massiver staatlicher Eingriff in die Freiheit von Menschen ist, rational, gerecht und verhältnismäßig Gebrauch zu machen.

„empiriefreien Normativismus" (Begriff von *Schünemann,* in: FS Roxin 2001, S. 1 ff. (4)) *Roxin* GA 2011, 678 m. w. N.

[65] S. dazu demnächst einen Gesetzesvorschlag des Strafrechtsausschusses der BRAK zur Schaffung eines Strafbefreiungsgrundes der Tätigen Reue.

[66] Vgl. das Manifest des „Schildower Kreises", abrufbar unter www.schildower-kreis.de (zuletzt aufgerufen am 10.12.2015). Für eine Entkriminalisierung des Betäubungsmittelstrafrechts bereits *Hassemer* in: KritV 1993, 198.

Steuerstrafrecht im Spannungsfeld zwischen dem Gebot unionsrechtskonformer Auslegung und dem Verbot strafbegründender Analogie

Markus Jäger

I. Einleitung

Es gehört zu den großen Verdiensten von *Herbert Landau*, dem dieser Beitrag gewidmet ist, dass er als Richter des Bundesverfassungsgerichts immer wieder mit Nachdruck darauf hingewiesen hat, dass zu den Fundamenten des deutschen Strafrechtssystems auch das Verfassungsgebot der Funktionstüchtigkeit der Strafrechtspflege gehört.[1] Das Strafrecht müsse „jederzeit in der Lage sein – für den Bürger sichtbar, erlebbar und nachvollziehbar –, den Strafanspruch in angemessen kurzer Zeit durchzusetzen, wenn nicht die Idee der materiellen Gerechtigkeit selbst Schaden nehmen soll".[2] *Herbert Landau* hat dabei aber stets deutlich gemacht, dass dieses Gebot – als Teil einer Trias von Begriffspaaren, die das deutsche Strafrechtssystem kennzeichnen[3] – mit der rechtsstaatlichen Sicherung der Freiheitsrechte abgewogen werden muss.[4]

Wie auch im Lissabon-Urteil des Bundesverfassungsgerichts hervorgehoben wird, gehört das Strafrecht zu den traditionellen Kernaufgaben des Staates,[5] sodass die Verantwortlichkeit des demokratischen Gesetzgebers für das Strafrecht besonders hoch ist.[6] Daher erfüllt es *Herbert Landau* erkennbar mit Sorge, dass der Gerichtshof der Europäischen Union (EuGH) „Rechtsfortbildung und Rechtsschöpfung in einem Umfang betreibt, der sich von politischen Vertrags-

---

[1] Vgl. die schriftliche Fassung seines Vortrags zur jüngeren Rechtsprechung des Bundesverfassungsgerichts zu Strafrecht und Strafverfahrensrecht auf dem Kongress des BACDJ zum Thema „Ist unser Strafrecht zukunftsfähig?" am 17.04.2015 in der Karlsburg in Durlach (NStZ 2015, 665 (666)) sowie seinen Aufsatz „Die Pflicht des Staates zum Erhalt einer funktionstüchtigen Strafrechtspflege" (NStZ 2007, 121) und „Strafrecht nach Lissabon" (NStZ 2013, 537 (544)).

[2] *Landau* NStZ 2015, 665 (669).

[3] Als weitere Begriffspaare nennt er „Menschenwürde und Schuldprinzip" sowie „Rechtsstaat und das Gebot materieller Gerechtigkeit allen Strafens".

[4] *Landau* NStZ 2015, 665 (666).

[5] BVerfGE 123, 267 (408).

[6] BVerfGE 123, 267 (408 ff).

revisionen nur wenig unterscheidet".[7] Ihm ist es deshalb ein ganz besonderes Anliegen, dass jedenfalls das Bestimmtheitsgebot des Art. 103 Abs. 2 GG strikt gewahrt wird; in den Worten des mit dem vorliegenden Beitrag Geehrten: „Es verlangt exakte Befolgung."[8] Denn dieses Gebot muss in der Lage sein, einen Teil der limitierenden verfassungsrechtlichen Funktionen des dem Strafrecht auch zugrunde liegenden ultima-ratio-Prinzips zu übernehmen.[9] Das Bestimmtheitsgebot richtet sich dabei nicht nur an den Gesetzgeber, der die Voraussetzungen der Strafbarkeit so konkret umschreiben muss, dass Tragweite und Anwendungsbereich der Straftatbestände zu erkennen sind und sich durch Auslegung ermitteln lassen,[10] sondern auch an die Rechtsanwender.[11] Insoweit enthält Art. 103 Abs. 2 GG einen strengen Gesetzesvorbehalt, der es der vollziehenden und der rechtsprechenden Gewalt verwehrt, die normativen Voraussetzungen einer Bestrafung festzulegen.[12] Hieraus folgt ein Verbot strafbegründender Analogie.[13] Für *Herbert Landau* bezweckt die limitierende Funktion des Bestimmtheitsgebots auch, „die Zuweisung von Schuld für den Täter einsichtig und zugleich für alle Bürger nachvollziehbar zu machen".[14] Er äußerte deshalb den ihm ersichtlich am Herzen liegenden Wunsch, „dass die *Strafsenate* des BGH und die Instanzgerichte diesen Ansatz weiter vertiefen".[15]

II. Der Bestimmtheitsgrundsatz des Art. 103 Abs. 2 GG und das Steuerstrafrecht

1. Anforderungen des Art. 103 Abs. 2 GG an das Steuerstrafrecht als „Blankettstrafrecht"

Bereits viele Jahre bevor *Herbert Landau* gegen Ende seiner Amtszeit als Richter des Zweiten Senats[16] diesen Wunsch aussprach, nahm das Bundesverfassungsgericht die Einhaltung des Analogieverbotes durch die Strafgerichte mit Nachdruck in den Blick. Entscheidungen, in denen Merkmale eines Straftatbestandes über deren möglichen Wortsinn hinaus ausgelegt worden waren, hatten keinen Bestand.[17] Wegen der „blankettartigen" Ausgestaltung des Straftatbe-

[7] *Landau* NStZ 2015, 665 (666).
[8] *Landau* NStZ 2015, 665 (670).
[9] *Landau* NStZ 2015, 665 (670).
[10] BVerfG wistra 2010, 396 (402 Rn. 54).
[11] *Landau* NStZ 2015, 665 (670); BVerfGE 126, 170 (208ff.).
[12] Vgl. BVerfGE 75, 329 (340f.); BVerfG wistra 2010, 396 (402 Rn. 54).
[13] Vgl. *Landau* NStZ 2015, 665 (670).
[14] *Landau* NStZ 2015, 665 (670).
[15] *Landau* NStZ 2015, 665 (671).
[16] Dort nach eigenen Angaben in den letzten sieben Jahren seiner Amtszeit als Berichterstatter für Verfahren aus dem Strafrecht (NStZ 2015, 665).
[17] Vgl. z.B. BVerfGK 10, 442 (447) und BVerfGK 14, 177 (182f.).

standes der Steuerhinterziehung (§ 370 AO) geriet auch das Steuerstrafrecht diesbezüglich in den verfassungsgerichtlichen Fokus.[18] Gegenstand der Überprüfung durch das Bundesverfassungsgericht waren dabei insbesondere die Entscheidungen des beim Bundesgerichtshof seit dem Jahr 2008 für Revisionen aus Steuerstrafrecht allein zuständigen 1. Strafsenats[19].

Steuerstrafrecht wird in der Rechtsprechung als „Blankettstrafrecht" bezeichnet.[20] Mit dieser Formulierung soll zum Ausdruck gebracht werden, dass bei der Anwendung der Steuerstrafgesetze stets ein Rückgriff auf die materiellen Steuergesetze erforderlich ist, aus denen sich ergibt, ob und in welcher Höhe ein Steueranspruch besteht und welche steuerlichen Erklärungen mit welchem Inhalt abzugeben sind.[21] Ausgehend von diesem Begriffsverständnis[22] ist auch der Straftatbestand der Steuerhinterziehung (§ 370 AO) eine „Blankettstrafnorm", und zwar nicht nur im Unterlassungstatbestand des § 370 Abs. 1 Nr. 2 AO, der eine Verweisung[23] auf die in den Steuergesetzen normierten Erklärungspflichten enthält, sondern auch in § 370 Abs. 1 Nr. 1 AO. Alle Tatbestände des § 370 AO enthalten normative Tatbestandsmerkmale, deren Auslegung einen Rückgriff auf andere Steuergesetze erfordert. So werden etwa die Merkmale „steuerlich erhebliche Tatsachen" und „Steuern verkürzt" im Einzelnen durch die Vorschriften der Steuergesetze bestimmt. Deshalb muss sich der im Steuerstrafverfahren tätige Richter selbst mit den die Strafnorm ausfüllenden Normen des materiellen Steuerrechts befassen und diese auf den Einzelfall anwenden.[24]

Für die Verweisungen auf außerstrafrechtliche Regelungen greift der Gesetzgeber auf unterschiedliche Regelungstechniken zurück. Entweder verwendet er Blankette, bei denen das Verweisungsobjekt Bestandteil der verweisenden

---

[18] Vgl z. B. BVerfG (Kammer) wistra 2003, 255; BVerfG (Kammer) wistra 2010, 396.

[19] Diesem Senat, dessen Mitglied der Verfasser ist, gehörte auch *Herbert Landau* in den Jahren 1996 bis 1999 an.

[20] St. Rspr.; vgl. BVerfGE 37, 201 (208); BVerfG (Kammer) wistra 1991, 175; BVerfG (Kammer) wistra 2011, 458; BGHSt 40, 194 (197); BGHSt 47, 138 (140); BGHSt 53, 221 (229).

[21] Vgl. zur Bezeichnung des Steuerstrafrechts als „Blankettstrafrecht" auch Klein-*Jäger*, AO, 12. Aufl., § 370 Rn. 5 f. und *Jäger* Stellung, Abgrenzung und Sanktionierung der Steuerhinterziehung im Strafrechtssystem DStJG 38 (2015), 29 (35 ff.).

[22] Das Begriffsverständnis wird in der Literatur teilweise geteilt (vgl. z. B. Graf/Jäger/Wittig-*Allgayer*, Wirtschafts- und Steuerstrafrecht, § 369 AO Rn. 20 ff.; Flore/Tsambikakis-*Flore*, Steuerstrafrecht, 2. Aufl., § 370 AO Rn. 8; zum Teil ist es auf Kritik gestoßen vgl. *Gaede* wistra 2008, 184 (185); Kohlmann-*Ransiek*, Steuerstrafrecht, § 370 AO Rn. 27 f.; Hübschmann/Hepp/Spitaler-*Hellmann*, AO, § 370 Rn. 4; *Schuster* Das Verhältnis von Strafnormen und Bezugsnormen aus anderen Rechtsgebieten, 2012, S. 188, 195 f. und 211; *Wulf* wistra 2011, 41 (43); MK/StGB-*Schmitz/Wulf*, 2. Aufl. 2015, Band 7, § 370 AO Rn. 13 ff. und 362 ff.). Einige Autoren sehen im Straftatbestand des § 370 AO insgesamt keine Blankettstrafnorm, sondern einen normativen Tatbestand (vgl. zum Streitstand *Juchem* wistra 2014, 300).

[23] Zur Bedeutung von Verweisungen in Straftatbeständen vgl. *Bülte* JuS 2015, 769.

[24] BGH wistra 2007, 346 (347); vgl. auch BGH wistra 2009, 396 (397), BGH, Beschluss vom 2. November 2010 – 1 StR 544/09, Rn. 76, sowie zu weiteren Nachweisen aus der Rechtsprechung *Jäger* StraFo 2006, 477.

Strafnorm wird, oder Straftatbestände mit normativen Tatbestandsmerkmalen, die mit den Wertungen aus dem in Bezug genommenen Rechtsgebiet auszufüllen sind.[25] Unabhängig davon, welchen der beiden Wege der Gesetzgeber wählt, genügen nach der Rechtsprechung des Bundesverfassungsgerichts Strafgesetze dem verfassungsrechtlichen Bestimmtheitsgebot nur dann, wenn sich die möglichen Fälle der Strafbarkeit aufgrund eines Gesetzes voraussehen und vorausberechnen lassen,[26] und zwar entweder auf der Grundlage des Straftatbestandes selbst oder aufgrund der in Bezug genommenen Gesetze.[27] Das Gebot der Gesetzesbestimmtheit aus Art. 103 Abs. 2 GG verpflichtet den Gesetzgeber, die Voraussetzungen der Strafbarkeit so genau zu umschreiben, dass Tragweite und Anwendungsbereich der Straftatbestände für den Normadressaten schon aus dem Gesetz selbst zu erkennen sind und sich durch Auslegung ermitteln und konkretisieren lassen.[28] Dies soll gewährleisten, dass jedermann vorhersehen kann, welches Verhalten verboten und mit Strafe bedroht ist. Andererseits soll sichergestellt werden, dass der Gesetzgeber selbst abstrakt-generell über die Strafbarkeit entscheidet. Insoweit enthält Art. 103 Abs. 2 GG einen strengen Gesetzesvorbehalt, der es der vollziehenden und der rechtsprechenden Gewalt verwehrt, die normativen Voraussetzungen einer Bestrafung festzulegen.[29]

Nach der Rechtsprechung des Bundesverfassungsgerichts genügt der Straftatbestand der Steuerhinterziehung (§ 370 AO) als solcher den Bestimmtheitsanforderungen des Art. 103 Abs. 2 GG.[30] Allerdings dürfen die Gerichte bei der Auslegung einer Strafnorm nicht über den Inhalt der Norm hinausgehen, wobei der aus Sicht des Normadressaten zu bestimmende mögliche Wortsinn die äußerste Grenze zulässiger Interpretation ist.[31] Hierüber wacht das Bundesverfassungsgericht.[32] Es prüft dabei auch die Auslegung und Anwendung der den Straftatbestand ausfüllenden steuerrechtlichen Vorschriften am Maßstab des Art. 103 Abs. 2 GG.[33]

---

[25] Vgl. dazu *Bülte* JuS 2015, 769 (773).

[26] BVerfGE 57, 250; BVerfG (Kammer) wistra 1991, 157.

[27] BVerfGE 37, 201 m. w. N.

[28] BVerfG NJW 2002, 1779; BVerfG (Kammer) wistra 2010, 396 (402).

[29] Vgl. BVerfGE 75, 329 (340); BVerfG (Kammer) wistra 2010, 396 (402 Rz 53 ff.).

[30] Vgl. BVerfG (Kammer) wistra 1991, 175; BVerfG (Kammer) NJW 1995, 1883.

[31] Vgl. BVerfG (Kammer) wistra 2011, 458.

[32] Vgl. § 13 Nr. 8a BVerfGG.

[33] Vgl. BVerfG (Kammer) wistra 2011, 458. Von Teilen der Literatur wird diese Auffassung allerdings nicht geteilt. Da sie einen „Blankettcharakter" der steuerstrafrechtlichen Tatbestände verneinen, gilt nach ihrer Ansicht auch die Wortlautgrenze des Art. 103 Abs. 2 GG für die erforderliche steuerrechtliche Bewertung nicht. Sie vertreten die Auffassung, dass bei normativen Tatbestandsmerkmalen für die ausfüllenden Vorschriften ausschließlich die Anforderungen aus dem jeweiligen Rechtsgebiet gelten, durch dessen Wertungen das Merkmal des Straftatbestandes ausgefüllt wird (*Bülte* JuS 2015, 769 (773); vgl. auch Kohlmann-*Ransiek*, Steuerstrafrecht, § 370 AO Rn. 27; MK/StGB-*Schmitz/Wulf*, 2. Aufl. 2015, Band 7, § 370 AO Rn. 23).

2. Das Steuerstrafrecht im Spannungsfeld unterschiedlicher Rechtsmaterien

Insbesondere aufgrund des „Blankettcharakters" des Straftatbestandes der Steuerhinterziehung besteht im Steuerstrafrecht ein Spannungsfeld unterschiedlicher Rechtsmaterien, deren Grundsätze in einem Steuerstrafverfahren jeweils zu beachten sind.[34] Hierzu gehören neben dem Strafrecht und dem Steuerrecht auch das Strafprozessrecht und das steuerliche Verfahrensrecht. Soweit die jeweils anzuwendenden Grundsätze im Einzelfall nicht in Einklang zu bringen sind, muss bestimmt werden, welchen Grundsätzen der Vorrang zusteht. Besondere Bedeutung kommt dem Recht der Europäischen Union zu, insbesondere den Richtlinien der Europäischen Union, soweit sie den nationalen Steuergesetzen zugrunde liegen.[35] Die Auslegung des Unionsrechts durch den EuGH ist von den nationalen Gerichten zu beachten. Nach Auffassung *Landaus* beeinflusst die Rechtsanwendung oder Rechtsfortbildung durch den EuGH und durch den Europäischen Gerichtshof für Menschenrechte (EGMR) das deutsche Strafrechtssystem bereits viel stärker, als dies zuletzt der nationale Gesetzgeber getan habe.[36]

3. Das Spannungsfeld zwischen dem Gebot unionsrechtskonformer Auslegung und dem Verbot strafbegründender Analogie

Bei der Auslegung der nationalen Steuergesetze, auf die sich der Straftatbestand der Steuerhinterziehung bezieht, kann, soweit es sich bei ihnen um umgesetztes Unionsrecht handelt, eine Kollision zwischen dem Gebot unionsrechtskonformer Auslegung und den Auslegungsschranken des Art. 103 Abs. 2 GG auftreten.[37] Zur Frage, wie diese Kollision aufzulösen ist, gibt es unterschiedliche Auffassungen. Unstreitig ist, dass der Grundsatz der unionsrechtskonformen Auslegung auch im Strafrecht zu beachten ist; denn es besteht ein Anwendungsvorrang des Unionsrechts vor dem nationalen Recht.[38] Die Mitgliedstaaten sind nach dem im EU-Vertrag verankerten Loyalitätsgebot[39] zur Durchsetzung des Unionsrechts sowie zur Gewährleistung seiner praktischen Wirksamkeit (sog. effet utile) verpflichtet.[40] Im Bereich der Mehrwertsteuerhinterziehung ergibt sich der Vorrang des Unionsrechts bereits aus Art. 325 Abs. 1 und 2 AEUV.[41] Dieser Vorrang gebietet den Mitgliedstaaten, dem Unionsrecht bei der Auslegung des nationalen Rechts Rechnung zu tragen. Dies gilt auch für das Straf-

---

[34] Vgl. dazu *Jäger* DStJG 38 (2015), 29 (35 ff.).
[35] Zur Europäisierung des Steuerstrafrechts vgl. *Dannecker* DStJG 38 (2015), 373 (406).
[36] *Landau* NStZ 2015, 665.
[37] Vgl. hierzu auch *Jäger* DStJG 38 (2015), 29 (37).
[38] Vgl. *Fischer* StGB, 63. Aufl. 2016, Vor §§ 3–7 Rn. 6.
[39] Art. 4 Abs. 3 EUV.
[40] Vgl. Graf/Jäger/Wittig-*Heine*, Wirtschafts- und Steuerstrafrecht, § 369 AO Rn. 69.
[41] Vgl. EuGH, Rechtssache C-105/14 – Taricco u. a., NZWiSt 2015, 390 (Rn. 52) mit Anm. *Bülte* S. 396.

recht, das deshalb unionsrechtskonform auszulegen und im Lichte des Unionsrechts fortzubilden ist.[42] Nach der Rechtsprechung des EuGH sind Bestimmungen des nationalen Rechts, die dem Unionsrecht entgegenstehen, sogar ohne Weiteres unanwendbar.[43]

Der EuGH geht davon aus, dass Normen des Unionsrechts stets gleich auszulegen sind, sei es im Rahmen eines außerstrafrechtlichen Verfahrens oder im Rahmen des Strafrechts, wenn dieses außerstrafrechtliche Regeln des Unionsrechts in Bezug nimmt.[44] Auch sonst sollte eine voneinander abweichende steuerrechtliche und steuerstrafrechtliche Auslegung (sog. „gespaltene" Normauslegung) möglichst vermieden werden. Denn das Ergebnis erschiene ungereimt; es bestünde ein Steueranspruch des Staates, der strafrechtlich nicht geschützt ist.[45] Steht aber im Einzelfall die unionsrechtskonforme Auslegung in klar erkennbarem Widerspruch zum Wortlaut des nationalen Gesetzes, könnte diese „Normspaltung" nur dadurch verhindert werden, dass man der unionsrechtlichen Auslegung Vorrang vor der nationalen Verfassungsnorm des Art. 103 Abs. 2 GG einräumte, sofern man nicht – wie von Teilen der Literatur vertreten – Art. 103 Abs. 2 GG auf in normativen Tatbestandsmerkmalen in Bezug genommene außerstrafrechtliche Vorschriften von vornherein für unanwendbar hält.[46] Gegen eine Anerkennung der unionsrechtlichen Auslegung als ranghöchstes Auslegungsprinzip spricht, dass selbst der EuGH die Auffassung vertritt, die unionsrechtskonforme Auslegung finde ihre Grenzen in den allgemeinen Rechtsgrundsätzen, die Teil des Unionsrechts sind, und dabei insbesondere in dem Grundsatz der Rechtssicherheit und im Rückwirkungsverbot.[47] Zudem hat der EuGH ausdrücklich auf die Geltung von Art. 49 Abs. 1 der Charta der Grundrechte der Europäischen Union hingewiesen, der den Grundsatz der Gesetzmäßigkeit im Zusammenhang mit Straftaten festschreibt.[48] Nach dieser Vorschrift darf niemand wegen einer Handlung oder Unterlassung verurteilt werden, die zur Zeit ihrer Begehung nach innerstaatlichem oder internationalem Recht nicht strafbar war. Der Wortlaut des Gesetzes bildet daher jedenfalls im Strafrecht eine unüberwindliche Grenze für die unionsrechtskonforme Auslegung, sofern sie zu einer Ausweitung des Anwendungsbereichs einer Strafnorm über den Wortsinn hinaus führen würde.[49] Zwar trifft das nationale Ge-

---

[42] Vgl. LK/StGB-*Dannecker*, 12. Aufl. 2007, § 1 StGB Rn. 342.

[43] EuGH Rechtssache C-105/14 – Taricco u. a., NZWiSt 2015, 390 (Rn. 52).

[44] EuGH Slg. 1986, 805; vgl. dazu LK/StGB-*Dannecker*, 12. Aufl. 2007, § 1 StGB Rn. 342 m. w. N.

[45] Zutr. Graf/Jäger/Wittig-*Allgayer*, Wirtschafts- und Steuerstrafrecht, § 369 AO Rn. 38.

[46] Vgl. zB *Bülte* JuS 2015, 769, 773; vgl. auch Kohlmann-*Ransiek*, Steuerstrafrecht, § 370 Rn. 27; MK/StGB- *Schmitz/Wulf*, 2. Aufl. 2015, Band 7, § 370 Rn. 23.

[47] Vgl. LK/StGB-*Dannecker*, 12. Aufl. 2007, § 1 StGB Rn. 348 mit Hinweis auf EuGH, Rechtssache Kolpinghuis Nijmegen – 80/86, Slg. 1987, 3986.

[48] EuGH NZWiSt 2015, 390 (Rn. 54 ff.).

[49] Vgl. LK/StGB-*Dannecker*, 12. Aufl. 2007, § 1 StGB Rn. 348, der allerdings der Auffas-

richt die Verpflichtung, die volle Wirkung des Unionsrechts zu gewährleisten; dies gilt aber nur, soweit ihm dies im Rahmen der ihm zur Verfügung stehenden Auslegungsmethoden auch möglich ist.[50] Im Ergebnis müssen sich daher jedenfalls im Strafrecht der Bestimmtheitsgrundsatz und das Analogieverbot aus Art. 103 Abs. 2 GG in ihrem Anwendungsbereich durchsetzen.

III. Versagung der Steuerbefreiung innergemeinschaftlicher Lieferungen als Verstoß gegen das Verbot strafbegründender Analogie?

1. Beschluss des Bundesgerichtshofs vom 20.11.2008 im Verfahren 1 StR 354/08

Dass die Aufgabe der Wahrung des Bestimmtheitsgebots vom Bundesverfassungsgericht nicht nur im Kernstrafrecht,[51] sondern auch im Steuerstrafrecht sehr ernst genommen wird, zeigt das Verfahren 1 StR 354/08. In diesem Verfahren hatte der Bundesgerichtshof über einen Fall innergemeinschaftlicher Lieferungen von Kraftfahrzeugen zu entscheiden,[52] bei denen die Täuschung über die wirklichen Empfänger eine Umsatzsteuerhinterziehung ermöglichen sollte. Die Lieferungen sollten steuerlich so deklariert werden, dass letztlich weder im Ausgangsstaat noch im Bestimmungsland Umsatzsteuer erhoben werden konnte.

a) Nach den Feststellungen des Landgerichts betrieben die Angeklagten in Deutschland einen Handel mit Kraftfahrzeugen. Sie erwarben im Inland gegen Rechnung mit offen ausgewiesener Umsatzsteuer hochwertige Kraftfahrzeuge, die sie steuerfrei an gewerblich tätige Kunden in Italien verkauften. Ihre Verkaufsrechnungen, in denen keine Umsatzsteuer ausgewiesen war, stellten sie nicht auf die wirklichen Empfänger, sondern in Absprache mit diesen an Scheinkäufer aus. Hiermit unterstützten sie die Empfänger, die aus in Italien ausgestellten Scheineingangsrechnungen mit Umsatzsteuerausweis einen unberechtigten Vorsteuerabzug vornahmen. Die beim innergemeinschaftlichen Erwerb geschuldete Erwerbsumsatzsteuer wurde plangemäß von keinem der beteiligten Unternehmen an den italienischen Fiskus abgeführt. Die wahren Erwerber traten nicht als Importeure in Erscheinung; die Scheinkäufer führten als „Missing Trader“ keine Steuern ab. Die Angeklagten machten in Deutschland den Vorsteuerabzug aus ihren Ankäufen geltend und behandelten ihre Lieferungen ins Ausland als steuerfreie innergemeinschaftliche Lieferungen. Durch diese

---

sung ist, dass Schranke für die unionsrechtskonforme Auslegung nicht nationales Verfassungsrecht und damit auch nicht Art. 103 Abs. 2 GG sei, sondern der unionsrechtliche Bestimmtheitsgrundsatz mit geringeren Anforderungen (Rn. 349).

[50] Vgl. Graf/Jäger/Wittig-*Heine*, Steuerstrafrecht, § 369 AO Rn. 69 mit Hinweis auf EuGH Slg. 04, I-8835 = NJW 2004, 3547 (Rn. 116).

[51] Vgl. z. B. BVerfGK 10, 442 (447) und BVerfGE 14, 177 (182 f.).

[52] BGHSt 53, 45.

Vorgehensweise war der durch den unberechtigten Vorsteuerabzug verminderte effektive Einkaufspreis der wirklichen Erwerber in Italien niedriger als der Nettoeinkaufspreis. Der Einkauf war damit gegenüber der legal arbeitenden Konkurrenz unschlagbar billig. Auch die Angeklagten hatten wirtschaftliche Vorteile: Sie konnten höhere Nettopreise für die Kraftfahrzeuge durchsetzen als sie bei einer ordnungsgemäßen Erwerbsbesteuerung der Fahrzeuge in Italien hätten verlangen können. Für den italienischen Fiskus bedeutete der Vorsteuerabzug einen erheblichen finanziellen Schaden. An die Scheinkäufer konnte er sich nicht halten, weil diese nur auf dem Papier existierten oder plangemäß unauffindbar waren.

b) Das Landgericht verurteilte die in Deutschland ansässigen Angeklagten jeweils wegen Steuerhinterziehung, weil es den grenzüberschreitenden Lieferungen der Kraftfahrzeuge wegen kollusiven Zusammenwirkens der Beteiligten die Qualifikation als steuerfreie innergemeinschaftliche Lieferung (§ 6a Abs. 1 S. 1 i. V. m. § 4 Nr. 1 Buchst. b UStG) absprach. Indem die Lieferungen unzutreffend als steuerfreie innergemeinschaftliche Lieferungen deklariert worden seien, hätten die Angeklagten falsche Angaben gemacht und dadurch deutsche Umsatzsteuer verkürzt.

c) Der 1. Strafsenat des Bundesgerichtshofs sah die rechtliche Würdigung des Landgerichts als rechtsfehlerfrei an, weil die an sich bei innergemeinschaftlichen Lieferungen im Sinne von § 6a UStG nach § 4 Nr. 1 Buchst. b UStG gegebene Befreiung von der Umsatzsteuer hier wegen der besonderen Umstände des Einzelfalls entfallen sei.[53] Zu den Voraussetzungen der Steuerbefreiung gehöre auch die Vorschrift des § 6a Abs. 1 Nr. 3 UStG. Danach sei erforderlich, dass der Erwerb des Gegenstands beim Empfänger den Vorschriften der Erwerbsbesteuerung unterliege. Dies sei dann nicht der Fall, wenn aufgrund des kollusiven Zusammenwirkens von Lieferant und Empfänger und deren Verschleierungsmaßnahmen der Erwerb der Waren im anderen Mitgliedstaat *faktisch nicht* den Vorschriften der Umsatzbesteuerung *unterliege*.

Zwar ging der 1. Strafsenat des Bundesgerichtshofs dabei in Übereinstimmung mit der finanzgerichtlichen Rechtsprechung davon aus, dass die Vorschrift des § 6a UStG grundsätzlich nicht verlangt, dass der Gegenstand des Erwerbs in dem anderen Mitgliedstaat tatsächlich besteuert wird.[54] Der Senat war aber der Auffassung, dass diese Vorschrift im Hinblick auf die Rechtsprechung des EuGH zum Verbot rechtsmissbräuchlicher Berufung auf Gemeinschaftsrecht einer gemeinschaftskonformen Auslegung bedürfe. Danach sei die

---

[53] BGHSt 53, 45.

[54] Maßgeblicher Anknüpfungspunkt hierfür war Art. 28c Teil A Buchstabe a der Sechsten Richtlinie 77/388/EWG des Rates vom 17.05.1977 zur Harmonisierung der Rechtsvorschriften der Mitgliedstaaten über die Umsatzsteuern – Gemeinsames Mehrwertsteuersystem: einheitliche steuerpflichtige Bemessungsgrundlage, ABl. EG 1977 Nr. L 145 S. 1.

Befreiungsvoraussetzung des § 6a Abs. 1 S. 1 Nr. 3 UStG („Unterliegen") dann nicht gegeben, wenn die im Bestimmungsland vorgesehene Erwerbsbesteuerung der konkreten Lieferung nach dem übereinstimmenden Willen von Lieferanten und Abnehmer durch Verschleierungsmaßnahmen und falsche Angaben gezielt umgangen werden soll, um dem Erwerber einen ungerechtfertigten Steuervorteil zu verschaffen.[55] Denn nach der ständigen Rechtsprechung des EuGH sei eine betrügerische oder missbräuchliche Berufung auf Gemeinschaftsrecht nicht erlaubt.[56] Missbräuchliches Verhalten führe je nach Fallkonstellation entweder zur Versagung des Vorsteuerabzugs oder des erstrebten Steuervorteils.

Für den 1. Strafsenat war damit nach der Rechtsprechung des EuGH offenkundig (acte clair), dass ein Lieferant von Fahrzeugen, der mit Verschleierungsmaßnahmen dem Erwerber die Hinterziehung der Umsatzsteuer auf den Erwerb ermöglichen will, die Steuerbefreiung für die grenzüberschreitenden Lieferungen nicht beanspruchen kann. Denn dann geht der Lieferant „den Urhebern der Hinterziehung zur Hand und macht sich ihrer mitschuldig."[57] Wer sich aber an einem Umsatz beteiligt, der in eine Umsatzsteuerhinterziehung einbezogen ist, ist als Beteiligter an der Steuerhinterziehung anzusehen.

d) Gleichwohl untersagte das Bundesverfassungsgericht am 23.07.2009 in einer auf eine mögliche Verletzung des Art. 103 Abs. 2 GG gestützten einstweiligen Anordnung die Vollstreckung der Freiheitsstrafen aus der vom Bundesgerichtshof bestätigten Verurteilung der Angeklagten wegen Steuerhinterziehung für die Dauer von zunächst sechs Monaten.[58] Die einstweilige Anordnung wurde dann noch insgesamt viermal wiederholt,[59] bevor das Bundesverfassungsgericht am 16.07.2011 über die Verfassungsbeschwerden in der Sache entschied.[60] Zur Begründung der einstweiligen Anordnungen wies es jeweils darauf hin, dass eine Verletzung des Art. 103 Abs. 2 GG durch die von den Angeklagten angefochtenen Beschlüsse jedenfalls nicht von vornherein ausgeschlossen sei. Denn der Bundesgerichtshof sei zur Begründung einer Umsatzsteuerpflicht und in deren Folge zu einer strafbaren Steuerhinterziehung nach § 370 Abs. 1 Nr. 1 AO durch eine Auslegung des § 6a Abs. 1 S. 1 UStG gelangt, die Fragen nach der Grenze des möglichen Wortsinns aufwerfe.

---

[55] BGHSt 53, 45.

[56] Vgl. EuGH, Rechtssachen C-439/04 und C-440/04, Kittel und Recolta Recycling, Slg. 2006, I-6161, Rn. 54.

[57] EuGH Slg. 2006, I-6161, Rn. 57.

[58] BVerfG (Kammer) BFH/NV 2009, 1767.

[59] BVerfG, Einsteilige Anordnungen im Verfahren 2 BvR 542/09 vom 14.01., 14.07. und 15.12.2010 sowie 10.06.2011.

[60] BVerfG (Kammer) wistra 2011, 458.

2. Die Rechtssache R.

Nur wenige Monate nach der Entscheidung vom 20.11.2008 hatte der 1. Strafsenat des Bundesgerichtshofs in der Rechtssache R. über einen ähnlichen Sachverhalt zu entscheiden. Gegenstand war die Lieferung von mehr als 1000 gebrauchten Kraftfahrzeugen nach Portugal. Belege und Buchhaltung des dann angeklagten Lieferanten wiesen auch hier Scheinkäufer als Erwerber aus, um den wirklichen Abnehmern in Portugal die Umgehung der Erwerbsbesteuerung zu ermöglichen. Der Angeklagte konnte daher die Fahrzeuge zu einem Preis verkaufen, der bei rechtmäßiger Vorgehensweise auf dem Markt nicht erzielbar gewesen wäre.[61]

a) Noch bevor der Bundesgerichtshof über die Revision des vom Landgericht zu einer mehrjährigen Freiheitsstrafe verurteilten Angeklagten entscheiden konnte, äußerte das Finanzgericht Baden-Württemberg im zeitgleich geführten finanzgerichtlichen Verfahren Bedenken gegen die Rechtsauffassung des Bundesgerichtshofs zur Versagung der Steuerbefreiung in derartigen Sachverhaltskonstellationen und gab einem Antrag auf Aussetzung der Vollziehung des Steuerbescheids statt, [62] die in dem von den Finanzbehörden betriebenen Beschwerdeverfahren vom Bundesfinanzhof kurze Zeit später bestätigt wurde.[63] Im Wesentlichen gründeten sich die Bedenken aus der Finanzgerichtsbarkeit darauf, dass die Kraftfahrzeuge tatsächlich ausgeführt worden seien und deshalb die Umsatzsteuer nach dem Bestimmungslandprinzip dem Staat zustehe, in dem der Endverbrauch stattfinde. Zudem stelle es einen Verstoß gegen den Grundsatz der Neutralität der Mehrwertsteuer dar, wenn in beiden Staaten Steuer erhoben werden könne.

Nach diesen Bedenken konnte der 1. Strafsenat des Bundesgerichtshofs nicht mehr von einem acte clair ausgehen und wandte sich deshalb am 07.07.2009 in der Rechtssache R. mit einem Vorabentscheidungsersuchen an den EuGH.[64] Dieser hatte nun zu klären, ob die Steuerbefreiung bei tatsächlich ausgeführten innergemeinschaftlichen Lieferungen dann zu versagen ist, wenn sich der Lieferant an einem Warenumsatz beteiligt, der vom Empfänger auf eine Umsatzsteuerhinterziehung ausgelegt ist, oder wenn von ihm der wahre Erwerber verschleiert wird, um diesem oder einer anderen Person eine Umsatzsteuerhinterziehung zu ermöglichen.

b) Am 07.12.2010 entschied der EuGH,[65] dass der Ausgangsmitgliedstaat die Umsatzsteuerbefreiung unter den Umständen des Ausgangsverfahrens versa-

---

[61] BGH wistra 2009, 441.
[62] Finanzgericht Baden-Württemberg, Beschl. v. 11.03.2009 – 1 V 4305/08.
[63] BFH DStR 2009, 1693.
[64] BGH wistra 2009, 441.
[65] EuGH, Rechtssache C-285/04-R, NJW 2011, 203.

gen kann. Die Steuerbefreiung müsse sogar versagt werden, wenn ernsthafte Gründe bestünden, dass der mit der fraglichen Lieferung zusammenhängende innergemeinschaftliche Erwerb im Bestimmungsland der Zahlung der Umsatzsteuer entgehen könnte. Dies sei geboten, um zu vermeiden, dass der fragliche Umsatz jeglicher Besteuerung entgehe. Der EuGH verwies dabei ausdrücklich darauf, dass die Vorlage von Scheinrechnungen oder die Übermittlung unrichtiger Angaben sowie sonstige Manipulationen die Erhebung der Steuer verhinderten und demzufolge das gemeinsame Mehrwertsteuersystem in Frage stellten. Der Bundesgerichtshof verwarf daraufhin die Revision des Angeklagten gegen seine Verurteilung wegen Steuerhinterziehung.[66]

3. Beschluss des Bundesverfassungsgerichts vom 16.06.2011 im Verfahren 2 BvR 542/09

Nach der Entscheidung des EuGH in der Rechtssache R., nach der in der verfahrensgegenständlichen Fallkonstellation die Versagung der Steuerbefreiung innergemeinschaftlicher Lieferungen zwingend zu erfolgen hatte, wurde mit Spannung erwartet, ob das Bundesverfassungsgericht trotz der unionsrechtlich gebotenen Versagung der Steuerbefreiung bei einer entsprechenden Auslegung des § 6a UStG im Strafverfahren einen Verstoß gegen das Analogieverbot des Art. 103 Abs. 2 GG annehmen würde.

Dies war indes nicht der Fall. Vielmehr nahm das Bundesverfassungsgericht die Verfassungsbeschwerde gegen den Beschluss des Bundesgerichtshofs vom 20.11.2008[67] nicht zur Entscheidung an.[68] Entgegen seinen mehrfach in einstweiligen Anordnungen wiederholten Bedenken stellte es nun fest, dass die Auslegung des § 6a UStG durch den Bundesgerichtshof nicht gegen Art. 103 Abs. 2 GG verstoße. Das von systematischen Erwägungen getragene Verständnis des § 6a Abs. 1 S. 1 Nr. 3 UStG durch den Bundesgerichtshof sei mit dessen Wortlaut vereinbar und entspreche zudem der zwischenzeitlich erfolgten verbindlichen Auslegung der zur Tatzeit geltenden Sechsten Mehrwertsteuerrichtlinie 77/388/EWG durch den EuGH. Das Bundesverfassungsgericht brauchte daher letztlich doch nicht zu entscheiden, welche Bedeutung die verbindliche Auslegung der dem § 6a UStG zugrunde liegenden EG-Richtlinie durch den EuGH für die Frage der Wahrung des Bestimmtheitsgebots aus Art. 103 Abs. 2 GG gehabt hätte, wenn diese mit dem möglichen Wortsinn des § 6a UStG nicht mehr zu vereinbaren gewesen wäre.

---

[66] BGHSt 57, 32

[67] BGHSt 53, 45.

[68] BVerfG (Kammer) wistra 2011, 458.

IV. Schluss

Zwar war nun für den Fall der Verschleierung des wahren Leistungsempfängers bei innergemeinschaftlichen Lieferungen höchstrichterlich geklärt, dass die aufgrund unionsrechtlicher Vorgaben gebotene Versagung der Umsatzsteuerfreiheit solcher Lieferungen auch Grundlage einer strafgerichtlichen Verurteilung sein kann. Das von *Herbert Landau* dankenswerterweise in den Blick gerückte Spannungsfeld zwischen dem Gebot unionsrechtskonformer Auslegung und dem Verbot strafbegründender Analogie erfasst jedoch eine Vielzahl weiterer Vorschriften. Angesichts der zunehmenden Anzahl von Entscheidungen des EuGH zur Auslegung der Richtlinien der Europäischen Union auf dem Gebiet der Mehrwertsteuer und der harmonisierten Verbrauchsteuern nehmen die Sachverhaltskonstellationen stetig zu, in denen die unionsrechtlich gebotene Auslegung nationaler steuerrechtlicher Vorschriften mit deren möglichen Wortsinn nicht mehr ohne Weiteres vereinbar zu sein scheint. Hingewiesen sei insoweit nur auf zwei Urteile des EuGH:

In der Rechtssache Gross (C-165/13) hat der EuGH auf ein Vorabentscheidungsersuchen[69] des Bundesfinanzhofs hin am 03.07.2014 anhand der einschlägigen Richtlinie 92/12/EWG[70] entschieden,[71] dass im Tabaksteuerrecht beim Verbringen von Tabakwaren in einen Mitgliedstaat der Europäischen Union der für die Steuerentstehung maßgebliche Begriff des „Empfängers" deutlich weiter zu verstehen ist, als der 1. Strafsenat des Bundesgerichtshofs dies mit dem Wortlaut des § 19 S. 2 TabStG a. F.[72] für vereinbar angesehen hatte.[73] Nach der Richtlinie 92/12/EWG habe jeder Besitzer von Waren zu gewerblichen Zwecken als Steuerschuldner zu gelten.[74] Der 1. Strafsenat hatte demgegenüber im Jahr 2010 ausgehend vom Wortlaut und der Systematik des § 19 TabStG a. F. die Ansicht vertreten, dass als weiterer Steuerschuldner neben dem Verbringer allein derjenige „Empfänger" der Ware in Betracht komme, der den Besitz an den Tabak-

[69] BFH ZfZ 2013, 138 und NZWiSt 2014, 232 mit Anmerkung *Allgayer/Sackreuther* S. 235.

[70] Richtlinie 92/12/EWG des Rates vom 25.02.1992 über das allgemeine System, den Besitz, die Beförderung und die Kontrolle verbrauchsteuerpflichtiger Waren, ABl. EG 1992 Nr. L 76 S. 1, ber. ABl. EG 1995 Nr. L 17, S. 20; sie wurde ersetzt durch die Richtlinie 2008/118/EG des Rates über das allgemeine Verbrauchsteuersystem und zur Aufhebung der Richtlinie 2008/118/EG, vom 16.12.2008, ABl. EU 2009 Nr. L 9 S. 12.

[71] EuGH, Rechtssache C-165/13 – Gross, wistra 2014, 433 = ZfZ 2014, 253 mit Anm. *Rüsken* S. 255.

[72] Die Vorschrift des § 19 S. 2 TabStG hatte den Inhalt „Steuerschuldner ist, wer verbringt oder versendet und der Empfänger, sobald er Besitz an den Tabakwaren erlangt." In dieser Fassung galt sie bis zum 31.03.2010; sie wurde dann ersetzt durch die Regelung des § 23 Abs. 1 S. 2 TabStG, nach der „Steuerschuldner ist, wer die Lieferung vornimmt oder die Tabakwaren in Besitz hält und der Empfänger, sobald er Besitz an den Tabakwaren erlangt hat".

[73] BGH wistra 2010, 226, Abschnitt II Nr. 1 Buchst. b.

[74] EuGH wistra 2014, 433 (Rn. 27).

waren im Rahmen des Verbringungsvorgangs erlangt habe.[75] In Umsetzung des Urteils des EuGH vom 03.07.2014 hat der Bundesfinanzhof entschieden, dass auch eine Person, die erst nach Beendigung des Verbringens unversteuerter Zigaretten nach Deutschland Besitz an diesen erlangt habe, „Empfänger" dieser Zigaretten und damit Schuldner der deutschen Tabaksteuer sein könne.[76] Ob die steuerrechtlichen Normen im Strafrecht anhand einer durch Art. 103 Abs. 2 GG vorgegebenen, eigenständigen strafrechtlichen Auslegung abweichend auszulegen sind, sodass als Folge eine „Normspaltung"[77] eintritt,[78] haben nun die Strafgerichte unter Beachtung des Bestimmtheitsgrundsatzes und des Analogieverbots aus Art. 103 Abs. 2 GG zu entscheiden. Der Bundesfinanzhof hat diese Frage ausdrücklich offen gelassen.[79] Die Beantwortung der Frage wird im Bereich des Verbrauchsteuerstrafrechts weitreichende Folgefragen auslösen. Denn sie entscheidet nicht nur darüber, wer in solchen Fällen Täter einer Steuerhinterziehung sein kann, sondern auch über das grundsätzliche Verhältnis der Straftatbestände von Steuerhinterziehung (§ 370 AO) und Steuerhehlerei (§ 374 AO) zueinander. Damit kann auch eine über Jahrzehnte hinweg gefestigte höchstrichterliche Rechtsprechung ins Wanken geraten.

Noch bedeutsamer für das deutsche Steuerstrafrecht dürften aber die aktuellen Entwicklungen in der Rechtsprechung des EuGH zur Versagung der Rechte auf Vorsteuererstattung, auf Mehrwertsteuerbefreiung und auf Mehrwertsteuererstattung sein. Danach müssen diese Rechte versagt werden, wenn sich der Steuerpflichtige durch den Umsatz, auf den er sich zur Begründung des entsprechenden Rechts beruft, an einer im Rahmen einer Lieferkette begangenen Mehrwertsteuerhinterziehung beteiligte.[80] So hat etwa der EuGH, nachdem er bereits zuvor die Versagungsgründe für einen Vorsteuerabzug deutlich erweitert hatte,[81] in seinem Urteil vom 18.12.2014 in der Rechtssache C-131/14 („Italmoda") entschieden, dass die Versagung des Vorsteuerabzugs und der Steuerbefreiung innergemeinschaftlicher Lieferungen auch dann vorzunehmen sei, wenn das nationale Recht keine Bestimmungen enthalte, die eine solche Versagung vorsehen.[82] Denn diese Konsequenz sei als dem System der Mehrwertsteuer inhärent anzusehen.[83] Es stellt sich nun die Frage, ob dieser dem Mehr-

---

[75] BGH wistra 2010, 226.

[76] BFH wistra 2015, 203.

[77] Vgl. zum Begriff der „Normspaltung" *Bülte* JuS 2015, 769 (771).

[78] S. dazu auch *Jäger* DStJG 38 (2015), 29 (40).

[79] BFH wistra 2015, 203.

[80] Dies ist bereits dann der Fall, wenn der Steuerpflichtige „wusste oder hätte wissen müssen, dass er sich mit dem betreffenden Umsatz an einem Umsatz beteiligte, der in einer vom Lieferer oder von einem anderen Wirtschaftsteilnehmer auf einer vorhergehenden oder nachfolgenden Umsatzstufe der Lieferkette einbezogen war", EuGH DStR 2015, 573 (Rn. 50) m. w. N.

[81] Vgl. EuGH MwStR 2013, 37 (Rn. 37 ff.).

[82] EuGH DStR 2015, 573 (Rn. 62).

[83] EuGH DStR 2015, 573 (Rn. 59).

wertsteuersystem immanente Versagungsgrund auch strafgerichtlichen Entscheidungen zugrunde gelegt werden darf oder sogar muss. Muss der deutsche Gesetzgeber diesen Versagungsgrund ausdrücklich im Umsatzsteuergesetz normieren, damit der Bestimmtheitsgrundsatz des Art. 103 Abs. 2 GG gewahrt ist? Oder genügt es für die Bestimmtheit der Regelung, dass der EuGH entschieden hat, dass es einer im Gesetz ausdrücklich formulierten Beschränkung für den Vorsteuerabzug wegen der sich aus dem Mehrwertsteuersystem ergebenden Schranke überhaupt nicht bedarf, sodass die zutreffende Rechtsanwendung im Strafrecht für den Bürger ausreichend vorhersehbar ist? Die Beantwortung dieser Fragen wird sachgerecht nur unter Beachtung des von *Herbert Landau* in den Fokus gerückten Grundsatzes erfolgen können, dass die limitierende Funktion des Bestimmtheitsgebots aus Art. 103 Abs. 2 GG gebietet, „die Zuweisung von Schuld für den Täter einsichtig und zugleich für alle Bürger nachvollziehbar zu machen." Der für das Steuerstrafrecht beim Bundesgerichtshof zuständige 1. Strafsenat wird bei der Gesetzesauslegung seinen Wunsch, „dass die *Strafsenate* des BGH ... diesen Ansatz weiter vertiefen",[84] nicht nur deshalb, weil *Herbert Landau* früher diesem Senat als Richter angehört hat, fest im Blick behalten. Denn es ist eine zentrale Aufgabe der im Steuerstrafrecht tätigen Gerichte, im Spannungsfeld zwischen dem Gebot unionsrechtskonformer Auslegung und dem Verbot strafbegründender Analogie für Rechtssicherheit zu sorgen.

[84] *Landau* NStZ 2015, 665 (671).

Beweisverwertungsverbote im Strafverfahren und das Verfassungsrecht

Henning Radtke

I. Anlass und Einführung

Beweisverwertungsverbote im Strafverfahren scheinen ein sperriges Thema zu sein; sperrig für den Gesetzgeber wie für den Rechtsanwender. Gesetzliche Regelungen über Beweisverwertungsverbote sind zwar in der Zahl nicht mehr gering. Sie lassen sich aber nicht ohne Weiteres auf einheitliche Kriterien oder gar nur ein einziges maßgebliches Kriterium zurückführen, die/das Orientierung für oder gegen die Statuierung von Verwertungsverboten im Strafverfahren geben können bzw. kann.[1] Selbst dort, wo das Gesetz zu Beweisverboten[2] schreibt, bleibt gelegentlich undeutlich, was es meint. So schreibt § 252 StPO von einem Verbot der Verlesung der früheren Aussage eines sich erst in der Hauptverhandlung auf das ihm gesetzlich eingeräumte Weigerungsrecht berufenden Zeugen. Verstanden wird das Verbot aber als Verbot der Verwertung der früheren Aussage.[3] Die Reichweite dieses Verwertungsverbotes[4] wird bekanntlich kontrovers beurteilt.[5] Welch komplexen Regelungsgehalt eine Gesetzesvorschrift über ein Beweisverbot haben soll, deren Wortlaut sich in einem Verbot der Verlesung (der Niederschriften) früherer Aussagen eines Zeugen erschöpft, ist bemerkenswert. Die Kontroverse um die Bedeutung von § 252 StPO darf als Beleg für die Sperrigkeit des Umgangs mit Beweisverboten, insbesondere Beweisverwertungsverboten, dienen.

Ein Teil der Unsicherheiten im Zusammenhang vor allem mit Beweisverwertungsverboten findet seinen Grund auch in nicht von vornherein eindeutigen Vorgaben des Verfassungsrechts für die Statuierung solcher Verbote. So formu-

---

[1] Vgl. *J.-P. Becker* Referat zum 67. Deutschen Juristentag (DJT), 2008, Band II/1, L 63.

[2] Zu Begrifflichkeiten und zu Systematisierungen von Beweisverboten im Strafverfahren siehe nur *Jahn* Gutachten für den 67. Deutschen Juristentag (DJT), 2008, Band I, C 27ff.; Radtke/Hohmann-*Radtke,* StPO, 2011, Einl. Rn. 68 ff m. w. N.

[3] Insoweit allg.M.; siehe nur Löwe/Rosenberg-*Sander/Cirener,* StPO, 26. Aufl., Band VI/1, § 252 Rn. 1 und 7.

[4] Dem bereits ein Erhebungsverbot vorausgeht, Löwe/Rosenberg-*Sander/Cirener,* StPO, Band VI/1, 26. Aufl., § 252 Rn. 7.

[5] Dazu BGH, Beschl. v. 18.03.2015 – 2 StR 656/13 Rn. 5ff. m. w. N.

lierte etwa die 3. Kammer des Zweiten Senats des BVerfG in einem Nichtannahmebeschluss aus dem Jahr 2000 unter Verweis auf vorangegangene Rechtsprechung der Senate, feste Maßstäbe für die Frage, ob und unter welchen Voraussetzungen von Verfassungs wegen ein Beweisverbot im Strafverfahren in Betracht komme, gebe es in der verfassungsgerichtlichen Rechtsprechung „noch nicht".[6] Keine leichte Ausgangslage; weder für den Gesetzgeber bei der Aufnahme von Beweisverwertungsverboten in das Gesetz noch für den Rechtsanwender, insbesondere bei der Beurteilung des Eingreifens ungeschriebener und unselbständiger Beweisverwertungsverbots als Reaktion auf Rechtsverstöße bei der Beweiserhebung. In der Strafverfahrensrechtswissenschaft konnte bislang trotz zahlreicher und umfangreicher einschlägiger Beiträge, auch monographischen Charakters,[7] Konsens über Leitlinien für (vor allem unselbständige) Beweisverwertungsverbote ebenfalls nicht erzielt werden.

Entwicklungen der jüngeren Zeit auf unterschiedlichen Ebenen lassen allerdings immerhin eine wieder intensivere Beschäftigung mit Beweisverwertungsverboten erkennen. Die nachfolgend im ersten Teil des Beitrags zu beschreibenden Entwicklungen bilden den Anlass, Beweisverwertungsverbote im Strafverfahren im Hinblick darauf zu betrachten, ob und in welcher Weise das Verfassungsrecht – trotz der im vorstehenden Absatz angeklungenen Skepsis – sowohl die einfachgesetzliche Ausgestaltung solcher Verbote als auch die Rechtsanwendung in Konstellationen (möglicher) ungeschriebener Beweisverwertungsverbote zu leiten vermag.

1. Gesetzgebung und Beweisverwertungsverbote

Der nationale Gesetzgeber hat sich seit jeher darauf beschränkt, an verschiedensten Stellen innerhalb und außerhalb der Strafprozessordnung (StPO) Einzelregelungen über Beweisverwertungsverbote zu statuieren. § 136a Abs. 3 S. 2 StPO dürfte die wohl prominenteste davon sein. Nimmt man zu Vorschriften über Beweisverwertungsverbote noch solche über Beweisverwendungs- und Beweiserhebungsverbote hinzu,[8] ergibt sich ein schwer überschaubares Bild im Strafverfahren maßgeblicher Regelungen über Beweisverbote. Ohne die Tragfä-

[6] BVerfG NStZ 2000, 489 f. m. w. N.

[7] Etwa *Ambos* Beweisverwertungsverbote, 2010; *Ch. Jäger* Beweisverwertung und Beweisverwertungsverbote im Strafprozess, 2003; *Jahn* Gutachten für den 67. Deutschen Juristentag (DJT), 2008, Band I, C 27 ff.; *Löffelmann* Die normativen Grenzen der Wahrheitserforschung im Strafverfahren, 2008; *Pitsch* Strafprozessuale Beweisverbote. Eine systematische, praxisnahe und rechtsvergleichende Untersuchung unter besonderer Berücksichtigung des Steuerstrafverfahrens, der Zufallsfunde und der Fernwirkungsproblematik, 2009; grundlegend auch *Dencker* Verwertungsverbote im Strafprozeß, 1977; *Koriath* Über Beweisverbote im Strafprozeß, 1994 jeweils m. w. N.

[8] Zu den Begrifflichkeiten *Jahn* Gutachten für den 67. Deutschen Juristentag (DJT), 2008, Band I, C 27 ff.; Radtke/Hohmann-*Radtke* StPO, 2011, Einl. Rn. 68 ff m. w. N.

higkeit der beiden nachfolgenden Einschätzungen in diesem Beitrag näher belegen zu können, dürfte bezogen auf Gesetzgebung und Gesetzgeber gelten:

(1.) Ein Teil von Beweisverwertungs- teils auch Beweisverwendungsregelungen steht im Zusammenhang mit dem verfassungsrechtlich zwingend gebotenen Schutz des Kernbereichs der privaten Lebensgestaltung (etwa § 100a Abs. 4 S. 2, § 110c Abs. 5 S. 3 StPO). Angesichts insoweit eindeutiger Vorgaben des Verfassungsrechts besteht hier weder maßgeblicher Gestaltungsbedarf noch Gestaltungsspielraum des Gesetzgebers.

(2.) Außerhalb solcher – lediglich exemplarisch angesprochener – Bereiche existiert dagegen sowohl Bedarf für den als auch Spielraum des Gesetzgeber(s) Beweisverwertungsverbote im Strafverfahren gesetzlich zu regeln. Soweit er dem bislang nachgekommen ist, lassen sich allerdings Leitlinien, an denen Ob und ggf. Wie von Verwertungsverboten ausgerichtet sind, nur schwer ausmachen. In der umfangreichen höchstrichterlichen Rechtsprechung der Strafgerichte über das Verhältnis von Beweiserhebungsfehlern und daraus (möglicherweise) resultierenden Beweisverwertungsverboten (meist sog. unselbständige Beweisverwertungsverbote),[9] die im Ergebnis auf Abwägungen von konfligierenden Interessen bei gleichzeitigem Zugriff auf Schutzzweckerwägungen hinausläuft,[10] drückt sich das Fehlen gesetzgeberischer Leitliniensetzung aus. Dass ein nationaler Gesetzgeber solche Leitlinien formulieren kann, zeigt Art. 141 schweiz.StPO.

Ein Bedürfnis für mehr und/oder für andere gesetzliche Regelungen über Beweisverbote, vor allem Beweisverwertungsverbote, scheint auch auf der rechtspolitischen Ebene verspürt zu werden. Das Bundesministerium der Justiz und für Verbraucherschutz (BMJV) hatte in Erfüllung einer im Koalitionsvertrag getroffenen Vorgabe eine Kommission eingesetzt, deren Aufgabe darin bestand, Vorschläge zur praxistauglicheren und effektiveren Gestaltung des Strafverfahrens zu unterbreiten.[11] Die Themen Beweisverbote und Beweisverwertungsverbote waren von der Kommission allerdings bewusst aus ihrer Arbeit ausgeklammert worden. Zum einen wäre innerhalb der für die Kommissionstätigkeit zur Verfügung stehenden Zeit das Themenfeld kaum zu bewältigen zu gewesen. Zum anderen zeichnete sich ab, dass das BMJV der Großen Strafrechtskommission des Deutschen Richterbundes einen gesonderten Gutachtenauftrag zu Beweisverboten im Strafverfahren erteilen würde. Die Große Strafrechtskommission wird ihr Gutachten vor dem Erscheinen dieser Ehrengabe für Herbert

---

[9] Zur Terminologie wiederum *Jahn* Gutachten für den 67. Deutschen Juristentag (DJT), 2008, Band I, C 33 ff.; Radtke/Hohmann-*Radtke* StPO, 2011, Einl. Rn. 76 jeweils m. w. N.

[10] Einführend mit Nachw. der einschlägigen Rechtsprechung des BGH Radtke/Hohmann-*Radtke* StPO, 2011, Einl. Rn. 77–79.

[11] Abschlussbericht ist abrufbar unter https://www.bmjv.de/SharedDocs/Downloads/DE/PDF/Abschlussbericht_Reform_StPO_Kommission.pdf?__blob=publicationFile&v=2 (zuletzt aufgerufen am 14.12.2015).

Landau veröffentlicht haben.[12] Zu einigen praktisch bedeutsamen Fragen der strafprozessualen Beweisverwertungsverbote – etwa der Art und Weise ihrer Berücksichtigung im Strafverfahren[13] – wird das Gutachten der Strafrechtskommission Vorschläge unterbreiten. Inwieweit dadurch Gesetzgebungsvorhaben mit dem Ziel gesetzlicher Regelungen wesentlicher Fragen der Beweisverwertung im Strafverfahren angeregt werden, bleibt abzuwarten.

2. *Rechtsprechung und Beweisverwertungsverbote*

a) Sperrig und komplex sind strafprozessuale Beweisverwertungsverbote – wie bereits angedeutet – auch für die Gerichte. Zu beachtende Vorgaben des Verfassungsrechts und zumindest zu berücksichtigende Vorgaben des Völkerrechts in Gestalt der EMRK[14] sind nicht ohne Weiteres geeignet, die Komplexität der Rechtsfragen um Beweisverwertungsverbote zu reduzieren und Leitlinien für die Lösung gesetzlich nicht normierter Beweisverwertungsverbote im nationalen Strafverfahren zu geben.

b) Exemplarisch lässt sich dies an der Beantwortung der Frage zeigen, ob Informationen, die aus einer polizeilich veranlassten Tatprovokation[15] hervorgegangen sind, im Strafverfahren gegen die „provozierten" Täter verwertet werden dürfen. Die Strafsenate des BGH nahmen bislang die Kompensation für die mit dem Grundsatz des fairen Verfahrens (und dem Rechtsstaatsprinzip) unvereinbare Beweisgewinnung in solchen Konstellationen durch Berücksichtigung bei der Strafzumessung vor.[16] Der EGMR hat in seinem Urteil vom 23.10.2014 im

[12] Geplant ist die Fertigstellung des Gutachtens der Großen Strafrechtskommission für Januar 2016.

[13] Angesprochen ist vor allem die durch richterliche Rechtsfortbildung entwickelte meist sog. Widerspruchslösung; nach dieser ist es in Bezug auf einige Beweisverwertungsverbote erforderlich, bereits gegenüber dem Tatgericht der Verwertung des betroffenen Beweises zu widersprechen, um durch Verfahrensrüge mit der Revision die dennoch erfolgte Verwertung rügen zu können, grundlegend BGHSt 38, 214, 225ff.; krit. dazu etwa *J.-P. Becker* Referat zum 67. DJT, 2008, L 51ff.; *Schlothauer/Jahn* RuP 2012, 222ff..

[14] Zu Art und Reichweite der Pflicht der nationalen Gerichte, die Rechtsprechung des EGMR bei der Anwendung des nationalen Rechts zu berücksichtigen grundlegend BVerfGE 111, 307 (317) und BVerfGE 128, 326 (366f. Rn. 53).

[15] Gemeint sind damit Konstellationen, die sich nach dem in der Rspr. des EGMR entwickelten substantive test of incitement (siehe nur EGMR Urt. v. 04.11.2010 – 18757/06 – Bannikova vs. Russia – Rn. 37; Urt. v. 23.10.2014 – 54648/09 – Furcht gegen Deutschland – Rn. 48f. m.w.N; zu diesem Urteil u.a. *Meyer/Wohlers* JZ 2015, 761ff.; *Pauly* StV 2015, 411f.; *Sinn/Maly* NStZ 2015, 379ff.) als mit Art. 6 Abs. 1 EMRK unvereinbare, staatlichen Strafverfolgungsbehörden zurechenbare Tatprovokationen erweisen. Die in der Rspr. des BGH angewendeten Kriterien einer rechtsstaatswidrigen Tatprovokation (dazu BGH, Beschl. v. 19.05.2015 – 1 StR 128/15 Rn. 24 und Urt. vom 10.06.2015 – 2 StR 97/14 Rn. 24 – beide Entscheidungen sind zur Veröffentlichung in BGHSt vorgesehen) entsprechen den Kriterien des substantive test of incitement weitgehend (BGH, Beschl. v. 19.05.2015 – 1 StR 128/15 Rn. 29, siehe aber auch BGH, Urt. v. 10.06.2015- 2 StR 97/14 Rn. 36).

[16] Etwa BGH, Urt. v. 21.10.2014 – 1 StR 78/14 Rn. 7 m.w.N.

Verfahren „Furcht gegen Deutschland“[17] eine solche Kompensation aber nunmehr konventionsrechtlich für nicht ausreichend gehalten.[18] Unter Bezugnahme auf frühere Rechtsprechung wird Folgendes ausgeführt:

„Under the Court's well-established case-law, Article 6 § 1 of the Convention *does not permit the use of evidence* obtained as a result of police incitement. For the trial to be fair within that provision, *all evidence obtained as a result of police incitement must be excluded or a procedure with similar consequences must apply* (see paragraphs 47 and 64 above). In view of this case-law, it must be concluded *that any measure short of excluding such evidence at trial or leading to similar consequences must also be considered as insufficient* to afford adequate redress for a breach of Article 6 § 1.“[19] (Hervorhebungen H.R.)

Die Rezeption dieser Entscheidung des EGMR durch die inländische Gerichtsbarkeit ist unterschiedlich ausgefallen. Die 2. Kammer des Zweiten Senats des BVerfG, der Herbert Landau angehört, hat in einem der genannten Entscheidung des EGMR nachfolgenden Nichtannahmebeschluss der „Strafzumessungslösung“ des BGH bescheinigt, sich (grundsätzlich) schlüssig in das deutsche Strafrechtssystem einzufügen.[20] Denn alternierende Kompensationsmöglichkeiten wie ein Beweisverwertungsverbot oder ein Verfahrenshindernis seien, so wird der Beschluss zu verstehen sein dürfen, weniger schlüssig in das nationale Strafrechtssystem einzufügen. Beweisverwertungsverbote seien im deutschen Strafverfahrensrecht grundsätzlich eng auf die jeweils unzulässige Ermittlungshandlung zu begrenzen.[21] Das Kompensationskonzept des EGMR „*all evidence* obtained as a result of police incitement must be excluded“ verlangt aber ein Fernwirkungen umfassendes Beweisverwertungsverbot. Zu der möglichen Kompensation durch ein Verfahrenshindernis[22] bemerkt das BVerfG, aus Rechtsstaatsgesichtspunkten herzuleitende Verfahrenshindernisse seien eine seltene Ausnahme. Selbst die Anwendung verbotener Vernehmungsmethoden i. S. v. § 136a Abs. 1 und 2 StPO führe lediglich zur Unverwertbarkeit der so erlangten Informationen, nicht aber zum Verfahrenshindernis.[23] Ob die „Strafzumessungslösung“ stets und in jedem Einzelfall den Anforderungen des EGMR genüge, müsse für den konkreten Einzelfall nicht entschieden werden. Denn jedenfalls vorliegend verstoße die Anwendung der „Strafzumessungslösung“ auch unter Berücksichtigung von Art. 6 Abs. 1 EMRK nicht gegen den

[17] EGMR, Urt. vom 23.10.2014 – 54648/09; veröffentlicht u. a. in NStZ 2015, 412 ff.
[18] EGMR, Urt. vom 23.10.2014 – 54648/09 Abs. 69.
[19] EGMR, Urt. vom 23.10.2014 – 54648/09 Abs. 69.
[20] BVerfG NJW 2015, 1083 ff.
[21] BVerfG NJW 2015, 1083 (1085 Rn. 45).
[22] Verstanden als ein Verfahren mit vergleichbaren Konsequenzen („similar consequences“) im Sinne der Rspr. des EGMR (siehe nur EGMR Urt. v. 04.11.2010 – 18757/06 – Bannikova vs. Russia – Rn. 37; Urt. v. 23.10.2014 – 54648/09 – Furcht gegen Deutschland – Rn. 48 f. m.w.N).
[23] BVerfG NJW 2015, 1083 (1085 Rn. 45).

verfassungsrechtlichen Grundsatz des fairen Verfahrens.[24] Der Beschluss des Zweiten Senats endet allerdings mit dem Satz, dennoch würden die Strafgerichte unter Berücksichtigung der Rechtsprechung des EGMR zukünftig zu erwägen haben, „in vergleichbaren Fällen ausdrücklich ein Verwertungsverbot bezüglich der unmittelbar durch die rechtsstaatswidrige Tatprovokation gewonnenen Beweise, also insbesondere bezüglich der unmittelbar in die rechtsstaatswidrige Tatprovokation verstrickten Tatzeugen, auszusprechen."[25] Das deutet auf ein Beweisverwertungsverbot ohne Fernwirkung beschränkt auf diejenigen Informationen,[26] die auf Wahrnehmungen von unmittelbar in die Tatprovokation „verstrickte(n) Tatzeugen" beruhen. Nimmt man die bereits referierte Passage aus dem Beschluss über Verfahrenshindernisse als enge Ausnahme, die nicht einmal bei den gravierenden Erhebungsfehlern des § 136a Abs. 1 StPO eingreife, lässt sich wohl eine Präferenz des BVerfG für eine enge Beweisverwertungsverbotslösung annehmen.

Der 2. Strafsenat des BGH hat im Gegensatz dazu in seinem Urteil vom 10.06.2015[27] ein Beweisverwertungsverbot in den Konstellationen der Tatprovokation als mit grundlegenden Wertungen des deutschen Strafrechtssystems nicht in Einklang stehend und mit unlösbaren Abgrenzungsschwierigkeiten verbunden bewertet.[28] Ein Beweisverwertungsverbot sei als Folge der polizeilichen Tatprovokation strukturell nicht geeignet, weil diese nicht erst die Erlangung von Beweisen bewirke, sondern bereits die Tat als solche hervorbringe.[29] Zudem hält der Senat die Unterscheidung von unmittelbar und mittelbar in die Tatprovokation verstrickten Tatzeugen für nicht durchführbar. Diese zeige sich insbesondere in solchen Konstellationen, in denen der provozierte Täter im Verlaufe des Verfahrens ein Geständnis ablege und/oder weitere Beweismittel jenseits der Aussagen der unmittelbar in die Provokation verstrickten Akteure (typischerweise V-Personen der Ermittlungsbehörden oder verdeckt ermittelnde Polizeibeamten) zur Verfügung stehen. Selbst wenn die Angaben des Lockspitzels durch ein Beweisverwertungsverbot ausgeschlossen würden, könne die nach der Rechtsprechung des EGMR maßgebliche Gesamtfairness des Verfahrens nicht gewährleistet werden.[30] Die Annahme eines Verfahrenshindernisses

[24] BVerfG NJW 2015, 1083 (1086 Rn. 46).

[25] BVerfG NJW 2015, 1083 (1086 Rn. 53).

[26] Beweisverwertungsverbote im Strafverfahren sind nichts anderes als Tatsachenverwertungsverbote; vgl. *Ch. Jäger* Beweisverwertung und Beweisverwertungsverbote im Strafprozess, 2003, S. 133; *Jahn* Gutachten für den 67. Deutschen Juristentag (DJT), 2008, Band I, C 25.

[27] BGH, Urt. v. 10.06.2015 – 2 StR 97/14, zur Veröffentlichung in BGHSt vorgesehen.

[28] BGH, Urt. v. 10.06.2015 – 2 StR 97/14 Rn. 50 m. w. N.

[29] BGH, Urt. v. 10.06.2015 – 2 StR 97/14 Rn. 51.

[30] BGH, Urt. v. 10.06.2015 – 2 StR 97/14 Rn. 52 unter Verweis v. a. auf *Meyer/Wohlers* JZ 2015, 761 (765).

füge sich dagegen schonend in das deutsche Strafrechtssystem ein und „genüge" den Vorgaben des EGMR.[31]

3. Folgerungen

Die nachfolgenden Erwägungen, die Herbert Landau in langjähriger und herzlicher Verbundenheit gewidmet sind, zielen nicht darauf, die in den zentralen Aussagen zuvor dargestellte Rechtsprechung zu einem möglichen Beweisverwertungsverbot als Konsequenz polizeilicher Tatprovokation näher zu analysieren. Der Blick über die Judikatur aus jüngerer Zeit mit den unterschiedlichen Zugängen zur Beantwortung der Frage nach Bestehen und gegebenenfalls Reichweite eines Beweisverwertungsverbots als Folge polizeilicher Tatprovokation dient als Beleg dafür, dass eine nähere Beschäftigung mit Beweisverwertungsverboten im Strafverfahren Not tut. Ziel dieser von den Vorgaben des Verfassungsrechts ausgehenden Betrachtungen ist das Skizzieren von Leitlinien, die sowohl dem Gesetzgeber bei der Statuierung von Beweisverwertungsverboten als auch dem Rechtsanwender bei der (möglichen) Begründung solcher Verbote im Rahmen richterrechtlicher Rechtsfortbildung Hilfe bieten können. Der Anspruch, mit solchen Leitlinien für sämtliche denkbaren Fallgestaltungen von Beweiswertungsverboten einen „tauglichen Ansatz" zu deren Herleitung präsentieren zu können, wird nicht erhoben.[32] Aber eine gewisse Orientierung, die einem nicht vorhersehbaren Zugriff auf je unterschiedliche Kriterien für oder gegen die Annahme von Verwertungsverboten entgegensteht, sollte erreichbar sein.

II. Verfassungsrecht und strafprozessuale Beweisverwertungsverbote – Vorgaben

1. Bestandsaufnahme

Trotz der zu Eingang dieses Beitrags angesprochenen Einschätzung des BVerfG, feste verfassungsrechtliche Maßstäbe dafür, unter welchen Voraussetzungen von Verfassungs wegen ein Beweisverbot in Frage komme, gebe es noch nicht,[33] benennt die Judikatur des Gerichts mehrere für strafprozessuale Beweisverwertungsverbote relevante verfassungsrechtliche Vorgaben. Drei Aspekte scheinen mir im Hinblick auf die angestrebte Leitlinienfunktion für die einfachgesetzliche Ausgestaltung (de lege ferenda) und die Anwendung des geltenden Rechts von besonderer Bedeutung zu sein: das Ziel und die Aufgaben des Strafverfah-

[31] BGH, Urt. v. 10.06.2015 – 2 StR 97/14 Rn. 53.
[32] Vgl. *J. –P. Becker* Referat zum 67. Deutschen Juristentag (DJT), 2008, Band II/1, L 63.
[33] BVerfG NStZ 2000, 489f. m. w. N.

rens[34] aus verfassungsrechtlicher Perspektive (nachfolgend a), das Verhältnis von strafprozessualen Beweisverwertungsverboten zu Ziel und Aufgaben des Strafprozesses (nachfolgend b) sowie die verfassungsrechtliche Überprüfung von einfachgesetzlichen Konzepten, die das Vorliegen von Beweisverwertungsverboten in einzelnen Konstellationen beurteilen (nachfolgend c).

a) Ziel und Aufgaben des Strafverfahrens aus verfassungsrechtlicher Perspektive

In seinem die Verfassungsmäßigkeit der gesetzlichen Regelungen über die Urteilsabsprache betreffenden Urteil vom 19.03.2013,[35] Berichterstatter Herbert Landau, legt der Zweite Senat des BVerfG als „Aufgabe des Strafprozesses" fest, „den Strafanspruch des Staates um des Schutzes der Rechtsgüter Einzelner und der Allgemeinheit willen in einem justizförmigen Verfahren durchzusetzen und dem mit Strafe Bedrohten eine wirksame Sicherung seiner Grundrechte zu gewährleisten".[36] „Zentrales Anliegen" des Strafverfahrens sei die Ermittlung des „wahren Sachverhalts". Ohne dessen Aufklärung sei das materielle Schuldprinzip nicht zu verwirklichen.[37] In dieser Ausprägung wird dem Strafverfahren eine der Verwirklichung des materiellen Rechts dienende Funktion zugewiesen. Zugleich wird durch die Verknüpfung des Gebots der Ermittlung des wahren Sachverhalts mit dem verfassungsrechtlichen Schuldprinzip der verfassungsrechtliche Gehalt der zentralen Aufgabe des Strafverfahrens gestärkt. Denn das Schuldprinzip gehört nach der Rechtsprechung des BVerfG zu der selbst für den Verfassungsgesetzgeber unverfügbaren Verfassungsidentität.[38] Bedarf es zur Gewährleistung des grundrechtlich-individuell in der Menschenwürdegewährleistung des Art. 1 Abs. 1 GG und institutionell im Rechtsstaatsprinzip aus Art. 20 Abs. 3 GG verankerten Schuldprinzips der Ermittlung des wahren Sachverhalts, erweisen sich Begrenzungen der Wahrheitserforschung verfassungsrechtlich als begründungsbedürftig.[39] Darauf wird zurückzukommen sein.

Die Erfüllung der genannten Aufgabe des Strafverfahrens kann lediglich in einem justizförmigen Verfahren bei ausreichender Sicherung der Grundrechte des in dem Verfahren Beschuldigten bzw. Angeklagten erfolgen. Konkret bedeutet das eine Gewährleistung seiner Subjektstellung im Verfahren, insbesondere seien die Möglichkeiten seiner Einflussnahme auf Gang und Ergebnis des

[34] Zur Unterscheidung von Ziel und Aufgaben des Strafverfahrens siehe Radtke/Hohmann-*Radtke*, StPO, 2011, Einl. Rn. 4 ff.; vgl. auch *Radtke* GA 2012, 187 (188 ff.).
[35] BVerfGE 133, 168 ff.
[36] BVerfGE 133, 168 (199 Rn. 56).
[37] BVerfGE 133, 168 (199 Rn. 56).
[38] BVerfGE 123, 267, 413; siehe auch *Radtke* GA 2011, 636 (640 ff.) m. w. N.
[39] BVerfGE 130, 1 (28).

Verfahrens zu gewährleisten.[40] Das im Rechtsstaatsprinzip in Verbindung mit den Freiheitsrechten sowie in Art. 1 Abs. 1 GG enthaltenen Recht auf ein faires Verfahren[41] garantiert dem Beschuldigten, seine prozessualen Rechte und Möglichkeiten sachkundig wahrnehmen und Übergriffe staatlicher Stellen oder anderer Verfahrensbeteiligter angemessen begegnen zu können.[42] Die unter die – verkürzt formuliert – Wahrung der Interessen des Beschuldigten (bzw. anderer vom Strafverfahren Betroffener) gestellte Bewältigung des „zentralen Anliegens" des Strafprozesses, den wahren Sachverhalt aufzuklären, geht mit der Möglichkeit einher, wegen der rechtsstaatlich unverzichtbaren Wahrung solcher Interessen, die Sachverhaltsaufklärung nicht durchgängig in einer dem materiellen Schuldgrundsatz entsprechenden Weise zu betreiben.[43] Wegen der Verknüpfung des Gebots der Aufklärung des wahren Sachverhalts mit dem materiellen Schuldprinzip wird bei Beweisverwertungsverboten im Strafverfahren stets zu berücksichtigen sein, ob solche Verbote – bei generalisierender Betrachtung – auf die vorangegangene Gewinnung von Informationen unter Bedingungen bezogen sind, die die Zuverlässigkeit der Information zweifelhaft erscheinen lassen. *Matthias Jahn* hat insoweit zu Recht daran erinnert,[44] dass das Verbot des § 136a Abs. 3 S. 2 StPO typischerweise unzuverlässige Informationen ausschließen soll.[45]

b) Beweisverwertungsverbote im Verhältnis zu Ziel und Aufgaben des Strafverfahrens

Das Verhältnis des Gebots der Wahrheitsermittlung zu der Statuierung von Beweisverwertungsverboten im Strafverfahren wird in mehreren Entscheidungen des BVerfG angesprochen. Wesentlich für die Beantwortung der Frage, ob und unter welchen Voraussetzungen als Konsequenz aus Rechtsverstößen bei der Beweiserhebung ein Verbot der Verwertung der derart erlangten Information eingreift, erscheinen folgende Vorgaben:[46]

„Ein Beweisverwertungsverbot stellt von Verfassungs wegen eine begründungsbedürftige Ausnahme dar, weil es die Beweismöglichkeiten der Strafverfolgungsbehörden zur

---

[40] BVerfGE 133, 168 (200 Rn. 58).

[41] Zu den verfassungsrechtlichen Grundlagen BVerfG BVerfGE 118, 212 (231); BVerfGE 122, 248 (271); BVerfGE 130, 1 (25) m. w. N.

[42] BVerfGE 133, 168 (200 Rn. 59) m. w. N.

[43] *Jahn* Gutachten für den 67. Deutschen Juristentag (DJT), 2008, Band I, C 25 zeigt allerdings in Bezug auf Beweisverbote (auch) als Ausprägungen solcher Interessenwahrung zutreffend auf, dass solche sich nicht durchgängig antagonistisch zu der Aufgabe der Wahrheitsermittlung verhalten.

[44] Siehe bereits zuvor etwa *Hilgendorf* JZ 2004, 331 (332 f.); *Jerouscheck/Kölbel* JZ 2003, 613 (617 f.) m. w. N.

[45] *Jahn* Gutachten für den 67. Deutschen Juristentag (DJT), 2008, Band I, C 25.

[46] BVerfGE 130, 1 ff.

Erhärtung oder Widerlegung des Verdachts strafbarer Handlungen einschränkt und so die Findung einer materiell richtigen und gerechten Entscheidung beeinträchtigt."

„Grundrechtsverletzungen, zu denen es außerhalb der Hauptverhandlung gekommen ist, führen daher nicht zwingend dazu, dass auch das auf dem Inbegriff der Hauptverhandlung beruhende Strafurteil gegen Verfassungsrecht verstößt."[47]

Ausgehend vom zentralen Anliegen des Strafverfahrens, den wahren Sachverhalt zu ermitteln, ist der Ausnahmecharakter von Beweisverwertungsverboten kaum in Frage zu stellen. Das gilt jedenfalls dann uneingeschränkt, wenn der Rechtsverstoß bei der Erhebung der entsprechenden Information nicht typischerweise mit der Gefahr mangelnder Zuverlässigkeit der Informationen verbunden ist. Unter Berücksichtigung der einfachgesetzlichen Entscheidung für den Grundsatz der freien Würdigung der in der Hauptverhandlung erhobenen Beweise (besser: Informationen) in § 261 StPO verdient die Ablehnung eines gleichsam Automatismus der Unverwertbarkeit einer Information für die tatrichterliche Überzeugungsbildung als Folge eines Erhebungsverstoßes in vorgelagerten Verfahrensstadien uneingeschränkte Zustimmung. Kann die Information trotz des vorausgegangenen Rechtsverstoßes eine zuverlässige Quelle für die Überzeugung des Tatrichters vom wahren Sachverhalt sein, bedarf es gewichtiger Interessen des Beschuldigten oder ggf. anderer von dem Strafverfahren Betroffener, um die bekannte Information als Grundlage der Überzeugungsbildung auszuschließen.

In der Benennung der bei der Entscheidung für oder gegen das Beweisverwertungsverbot zu berücksichtigenden Kriterien liegt der zweite wesentliche Ertrag des genannten Beschlusses des BVerfG. Verfassungsrechtlich sei ein Beweisverwertungsverbot als Folge eines Rechtsverstoßes in vier – offenbar je für sich zur Begründung des Verbots hinreichenden – Konstellationen geboten: (1.) Der Rechtsverstoß würde mit einer Beeinträchtigung der Subjektstellung des Beschuldigten einhergehen, weil ihm keine ausreichende Einflussnahme auf Gang und Ergebnis des Strafverfahrens gewährt worden ist. (2.) Die Verwertung der Information würde zu einem unverhältnismäßigen Eingriff in das allgemeine Persönlichkeitsrecht führen. (3.) Die Verwertung der unter Verstoß gegen Rechtsvorschriften gewonnenen Information dürfe nicht zu einer Begünstigung rechtwidriger Beweiserhebungen führen. Ein Beweisverwertungsverbot komme daher insbesondere „nach schwerwiegenden, bewussten oder objektiv willkürlichen Rechtsverstößen, bei denen grundrechtliche Sicherungen planmäßig oder systematisch außer Acht gelassen worden sind", in Betracht. (4.) Die Mindestanforderungen an eine zuverlässige Wahrheitserforschung sind nicht mehr gewahrt.[48]

---

[47] BVerfGE 130, 1 (28); ebenso BVerfG medstra 2015, 363 ff. mit Anm. *Petri* ZD 2015, 426 ff.

[48] BVerfGE 130, 1 (28); ebenso BVerfG medstra 2015, 363 ff. mit Anm. *Petri* ZD 2015, 426 ff.

In den genannten Konstellationen wird der Grund des Verwertungsverbots ersichtlich je auf unterschiedliche verfassungsrechtliche Aspekte gestützt. Die jeweils maßgeblichen Gesichtspunkte weisen zudem unterschiedlich starke und unterschiedlich geartete Verknüpfungen mit dem Ziel und den Aufgaben des Strafverfahrens auf. Einige können Beweisverwertungsverbote lediglich eines bestimmten Typus begründen, weil sie einen Rechtsverstoß bei der (erstmaligen) Erhebung der Information voraussetzen, es sich also lediglich um meist sog. unselbständige Beweisverwertungsverbote handelt. Andere sind im Anwendungsbereich weitergehend. So setzt etwa die Unverhältnismäßigkeit eines Eingriffs in das allgemeine Persönlichkeitsrecht nicht notwendig einen Verstoß bei der Gewinnung der Information voraus. Die Unverhältnismäßigkeit wird hier vorrangig, gegebenenfalls ausschließlich, auf die (drohende) Verwertung und den allein damit verbundenen Eingriff in (Grund)Rechte des Betroffenen bezogen. Ein vorheriger Verstoß gegen die Beweiserhebung regelnde Vorschriften mag die Beurteilung der Verhältnismäßigkeit beeinflussen. Ausschlaggebend für Entscheidung über die Verhältnismäßigkeit einer Verwertung ist aber die Intensität des mit ihr einhergehenden Eingriffs in Relation zu der Bedeutung der betroffenen Rechtsposition. Mit der Zuverlässigkeit der Information („Mindestanforderungen an eine zuverlässige Wahrheitserforschung") besteht in diesen Konstellationen regelmäßig kein Zusammenhang. Vielmehr kann sich die fragliche Information als besonders zuverlässig erweisen. Ihre eventuelle Unverwertbarkeit resultiert allein aus der Intensität des in der Verwertung selbst liegenden Grundrechtseingriffs.

Auch in den Konstellationen eines Verwertungsverbots als Reaktion auf einen Rechtsverstoß, der mit einer unzureichenden Gewährleistung des Rechts des Beschuldigten bzw. Angeklagten, auf Gang und Ergebnis des Verfahrens Einfluss zu nehmen,[49] einhergeht, besteht regelmäßig lediglich eine schwache Verknüpfung mit der Zuverlässigkeit der gewonnenen Information. Die verfassungsrechtlich gebotenen und im rechtsstaatlichen Strafverfahren unverzichtbaren Beteiligungsrechte des Beschuldigten in diesem Verfahren sichern seine Subjektstellung und räumen ihm das Recht ein, gleichberechtigt mit Gericht und Staatsanwaltschaft an der „Suche" nach dem wahren Sachverhalt teilzunehmen.[50] Anders als Gericht und Staatsanwalt ist der Beschuldigte aber nicht auf die Ermittlung des wahren Sachverhalts verpflichtet. Eine Verknüpfung mit dem zentralen Anliegen des Strafverfahrens, den wahren Sachverhalt aufzuklären, besteht bei den Beteiligungsrechten insoweit, als deren Ausübung mit dazu beitragen kann, die Zuverlässigkeit gewonnener Informationen zu beurteilen. Das in Art. 6 Abs. 3 lit. d EMRK ausdrücklich gewährleistete Recht des Be-

[49] Siehe dazu näher *Radtke* GA 2012, 187 (194 f.) m. w. N.

[50] Vgl. *Kühne* GA 2008, 361 (362).

schuldigten bzw. Angeklagten „Belastungszeugen“ konfrontativ zu befragen,[51] stellt eine solche Verknüpfung zwischen Beteiligungsrecht und Einflussnahme auf die Zuverlässigkeit im Strafprozess gewonnener Informationen dar.

Als Ertrag der verfassungsrechtlichen Vorgaben für Beweisverwertungsverbote im Strafverfahren lässt sich bislang festhalten: Ein für sämtliche Konstellationen möglicher Verwertungsverbote geltendes Leitprinzip der Verfassung, anhand dessen das Gebot der Unverwertbarkeit beurteilt werden kann, scheint nicht zu bestehen. Das Anliegen, den wahren Sachverhalt zu ermitteln, um auf dessen (zuverlässiger) Grundlage die materielle gerechte Entscheidung in der Strafsache zu treffen, widerstreitet grundsätzlich[52] dem Verwertungsverbot. Bestehen wegen der Art und Weise der Beweiserhebung Zweifel an der Zuverlässigkeit der so gewonnenen Information, kann bereits die Kombination aus Rechtsverstoß bei der Erhebung und zweifelhafter Validität der Information für deren Unverwertbarkeit sprechen. Dabei ist nicht die zweifelhafte Validität einer konkreten Information im einzelnen Strafverfahren gemeint, sondern ob in bestimmten Erhebungssituationen typischerweise mit nicht ausreichend zuverlässigen Informationen zu rechnen ist. § 136a Abs. 3 S. 2 StPO schließt die Verwertung durch verbotene Vernehmungsmethoden zwar primär wegen der Eingriffsintensität des Erhebungsvorgangs aus. Zugleich werden aber – wie bereits angesprochen – die so erlangten Informationen wegen ihrer aus der Art der Erlangung resultierenden Unzuverlässigkeit ausgeschlossen.[53] Jenseits der auf mangelnder Validität der Information beruhenden Verwertungsverbote ergeben sich solche regelmäßig aus dem Gebot der Wahrung im rechtsstaatlichen Strafverfahren unverzichtbarer Rechte des Beschuldigten oder anderer im oder vom Strafverfahren Betroffener. Die auf eine Gewährleistung ihrer Rechte gestützte Unverwertbarkeit von Informationen kann – etwa bei einem Teil der vom BVerfG genannten Konstellationen – selbst dann greifen, wenn die Zuverlässigkeit der Information nicht in Zweifel steht.

c) Beurteilung von Beweisverwertungsverboten in einzelnen Konstellationen (Abwägungslösungen)

Letztgenannte Erwägung leitet über zu dem dritten hier betrachteten Aspekt verfassungsrechtlicher Vorgaben für die Handhabung von Beweisverwertungs-

---

[51] Zum konventionsrechtlichen Konfrontationsrecht und seiner Bedeutung im nationalen Strafverfahren etwa *Cornelius* NStZ 2008, 245 (247 ff.); *Esser* Auf dem Weg zu einem Europäischen Strafverfahrensrecht, 2002, S. 641 ff.; *H. Jung* GA 2009, 235 ff.; *Mahler* Das Recht auf konfrontative Befragung von Belastungszeugen, 2011, S. 49 ff. und 75 ff.; *Radtke* GA 2012, 187 (195 ff.); *Schmitt* in: Fischer/Bernsmann (Hrsg.), Rissing-van Saan-FS, 2011, 617 ff.

[52] Siehe aber *Jahn* Gutachten für den 67. Deutschen Juristentag (DJT), 2008, Band I, C 25 zeigt allerdings in Bezug auf Beweisverbote (auch) als Ausprägungen solcher Interessenwahrung zutreffend auf, dass solche sich nicht durchgängig antagonistisch zu der Aufgabe der Wahrheitsermittlung verhalten.

[53] *Jahn* Gutachten für den 67. Deutschen Juristentag (DJT), 2008, Band I, C 25 m. w. N.

verboten im Strafverfahren, der Methodik und den Kriterien, mittels derer durch den Rechtsanwender über das Eingreifen ungeschriebener, meist unselbständiger Beweisverwertungsverbote entschieden werden kann. Das BVerfG geht auf der einfachgesetzlichen Ebene von § 261 StPO aus. Diese Vorschrift bilde die Rechtsgrundlage für die Beweiswürdigung im strafgerichtlichen Urteil. Anhaltspunkte für die Unzulässigkeit oder nur eingeschränkte Zulässigkeit der Verwertung rechtswidrig erlangter Beweise ließen sich dem Wortlaut der Vorschrift nicht entnehmen.[54] Im Rahmen der Anwendung von § 261 StPO sei gemessen am Maßstab des Rechts des Beschuldigten auf ein faires Verfahren verfassungsrechtlich nicht zu beanstanden, dass die Rechtsprechung des BGH die Verwertung von Beweisen, die durch einen Rechtsverstoß bei der Erhebung gewonnen worden sind, von dem Ergebnis einer Abwägung abhängig mache.[55] Innerhalb einer solche spreche für die Verwertbarkeit das staatliche Aufklärungsinteresse. Dessen Gewicht sei im konkreten Fall unter Berücksichtigung der Verfügbarkeit weiterer Beweismittel, der Intensität des Tatverdachts und der Schwere der Straftat zu bestimmen.[56] Auf der anderen Seite der Waagschale sei das Gewicht des bei der Erhebung begangenen Rechtsverstoßes zu berücksichtigen. Dieses werde vor allem durch die Begehungsform des Verstoßes (gutgläubig, fahrlässig, vorsätzlich), den Schutzweck der verletzten Erhebungsnorm, die mögliche Beeinträchtigung des Beweiswertes, den Grad der Schutzbedürftigkeit des Betroffenen sowie davon beeinflusst, ob die Beweiserhebung auch rechtmäßig hätte durchgeführt werden können.[57] Am Maßstab des fairen Verfahrens vorgenommene Abwägungslösungen als Grundlage für Beweisverwertungsverbote seien auch mit den Anforderungen der EMRK vereinbar.[58]

2. *Einordnungen*

Die zu II.1.a) referierte verfassungsrechtliche Aufgabenzuweisung an das Strafverfahren, „den Strafanspruch des Staates ... in einem justizförmigen Verfahren durchzusetzen und dem mit Strafe Bedrohten eine wirksame Sicherung seiner Grundrechte zu gewährleisten“,[59] macht Abwägungslösungen für die Entscheidung über die Verwertbarkeit oder Unverwertbarkeit von Informationen im Strafverfahren unausweichlich. Anderes könnte nur gelten, wenn sämtliche strafverfahrensrechtlichen Vorschriften über die Beweiserhebung im Strafprozess, bei denen es sich in einer großen Zahl um einfachgesetzliche Gewährleistungen grundrechtlich geschützter Rechtspositionen von – weit verstanden – Verfahrensbeteiligten handelt, stets auch der Aufklärung des wahren Sachver-

[54] BVerfGE 130, 1 (29) m. w. N.
[55] BVerfGE 130, 1 (29 und 31).
[56] BVerfGE 130, 1 (29).
[57] BVerfGE 130, 1 (29 f.).
[58] BVerfGE 130, 1 (30 f.).
[59] BVerfGE 133, 168 (199 Rn. 56).

halts als Grundlage der gerechten Entscheidung über die Strafsache dienten, dieser zumindest aber nicht entgegenstünden. So verhält es sich aber nicht. Ein Beispiel: Die Sperrerklärung gemäß § 96 S. 1 StPO bezweckt den Schutz von berechtigten Geheimhaltungsinteressen des Staates. Enthalten mit einer Sperrerklärung versehene Aktenbestandteile Informationen, die für die Aufklärung der im Strafverfahren gegenständlichen Tat bedeutsam sind, führt eine wirksame Sperrerklärung dazu, dass eine Aktenvorlagepflicht entfällt, die Beschlagnahme unzulässig[60] und ein auf Urkundsbeweis gerichteter Beweisantrag wegen Unerreichbarkeit des Beweismittel gemäß § 244 Abs. 3 S. 2 StPO abzulehnen ist.[61] Die Sachaufklärung wird typischerweise erschwert.

Bestehen damit im Strafverfahren Konstellationen, in denen aus unterschiedlichsten Gründen Beweisverbote, insbesondere Beweisverwertungsverbote, in Betracht kommen, obwohl die fragliche Information generell als zuverlässig gelten darf,[62] kann die Verwertbarkeitsentscheidung lediglich innerhalb von Abwägungslösungen getroffen werden. Die Abwägung ist vorrangig durch den Gesetzgeber zu treffen, indem bei gesetzlichen Regelungen über die Beweiserhebung im Strafverfahren im Gesetz geregelt wird, ob Verstöße bei der Erhebung der Information deren Unverwertbarkeit zur Folge haben. Bei einer gewissen Anzahl von Beweiserhebungsvorschriften existieren solche Regelungen; § 136a Abs. 3 S. 2 StPO ist insoweit nicht mehr singulär. Fehlt ein geschriebenes Beweisverwertungsverbot, obliegt die Abwägungsentscheidung über die Verwertbarkeit dem Rechtsanwender. Die in der Judikatur des BVerfG ausgeführten Abwägungskriterien (oben II.1.c) taugen sowohl für den Gesetzgeber als Abwägenden als auch für den Rechtsanwender, mögen die Formulierungen in den einschlägigen Entscheidungen des BVerfG auch eher auf den Rechtsanwender als Abwägenden „passen".

Steht damit die Notwendigkeit von Abwägungen auf beiden genannten Ebenen unter den verfassungsrechtlichen Rahmenbedingungen nicht ernsthaft zur Disposition, kommt der Frage nach der Durchführung dieser Abwägung als Grundlage für Beweisverwertungsverbote im Strafverfahren entscheidendes Gewicht zu. Gerade hier liegen aber die eigentlichen Schwierigkeiten. Die bisherigen Abwägungslösungen leiden nicht an einem Mangel als maßgeblich erachteter Einzelkriterien, sondern daran, dass deren Gewicht im Einzelfall und das Verhältnis der Einzelkriterien zueinander wenig transparent sind.[63] Das ermöglicht zwar die Flexibilität der Handhabung im Einzelfall gerade für den Rechtsanwender; in einer Konstellation mag dem Schutzzweck der verletzten Beweiserhebungsnorm bestimmendes, vielleicht gar alleiniges Gewicht (Ge-

[60] SK/StPO-*Wohlers/Greco*, Band II, 5. Aufl. 2016, § 96 Rn. 41 m. w. N.

[61] h.M., siehe nur Meyer-Goßner/Schmitt-*Schmitt*, StPO, 58. Aufl. 2015, § 96 Rn. 10.

[62] Ob sie es im konkreten Strafverfahren ist, ist bei Verwertbarkeit eine Frage der Beweiswürdigung.

[63] Vgl. dazu oben II.1.b).

danke des Rechtskreises) zu kommen, in der anderen Konstellation kann es die Art und Weise des Rechtsverstoßes bei der Erhebung der Informationen sein, die den Ausschlag über die Verwertbarkeit gibt. Eine Prognose über das Ergebnis der Abwägung fällt dementsprechend schwer. Ein Meta-Kriterium für die Abwägung, an dem die Anwendung der relevanten Einzelaspekte ausgerichtet ist, scheint zu fehlen.[64]

III. Leitlinien für Beweisverwertungsverbote – ein Versuch

Die verfassungsrechtliche Aufgabenzuweisung an das Strafverfahren, den wahren Sachverhalt als Grundlage der im Sinne des Schuldprinzips materiell gerechten Entscheidung aufzuklären, bildet den Ausgangspunkt für die Entscheidung über das Bestehen oder Nichtbestehen von Beweisverwertungsverboten im Strafprozess. Das BVerfG legt dies selbst zumindest implizit zugrunde, indem es Beweisverwertungsverbote von Verfassungs wegen als begründungsbedürftige Ausnahme bewertet.[65] Wie bereits angesprochen bedarf diese Bewertung im Hinblick auf das Gebot der Aufklärung des wahren Sachverhalts insoweit der Konkretisierung, als Verwertungsverbote, die dem Ausschluss bei genereller Betrachtung nicht ausreichend zuverlässiger Informationen dienen, wegen des Ziels, das materiell wahre vergangene Geschehen bestmöglich zu rekonstruieren, keine in dem gemeinten Sinne begründungsbedürftige Ausnahmen sind. Der Ausschluss unzuverlässiger Informationen fördert vielmehr das Erreichen des Ziels materieller Wahrheitsfindung.

Entscheidende Weichen für oder gegen das Eingreifen von Beweisverwertungsverboten sind daher bei der Ableitung vom Ziel der Wahrheitsermittlung[66] her zum einen die Beurteilung, ob Mängel bei der Beweiserhebung bei generalisierender Betrachtung mit dem Verlust oder zumindest der Einschränkung der Validität der erlangten Informationen verbunden sind und zum anderen, ob die Beurteilung der Zuverlässigkeit der Beweiswürdigung überlassen werden darf oder ob bei bestimmten Beweiserhebungsmängeln, die Information wegen des Mangels typischerweise als von vornherein unzuverlässig zu bewerten und deshalb der Würdigung im Einzelfall zu entziehen ist. Die an sich triviale Differenzierung geht von dem Kriterium der Zuverlässigkeit der durch Beweiserhebung gewonnenen Information aus. Von dieser Perspektive aus sind die bisher bereits anerkannten Kriterien der Abwägungslehren (unter Einbeziehung von Schutzzweckerwägungen) anzuwenden, um über das Bestehen oder Nicht-

[64] Siehe – nochmals *J.-P. Becker* Referat zum 67. Deutschen Juristentag (DJT), 2008, Band II/1, L 63.

[65] BVerfGE 130, 1 (28).

[66] Zu dem hier zugrunde gelegten Wahrheitsverständnis näher *Radtke* GA 2012, 187 (188 ff.).

bestehen eines Beweisverwertungsverbotes zu entscheiden. Will der Gesetzgeber ein Verwertungsverbot als Konsequenz eines Rechtsverstoßes bei der Erhebung des Beweises statuieren, sollte die Entscheidung für oder gegen das Verbot davon abhängen, welchem Zweck die Erhebungsregelung dient. Sollen die im Gesetz festgelegten Regeln der Erhebung des Beweises nach den Vorstellungen des Gesetzgebers zumindest auch dazu dienen, die Zuverlässigkeit der erhobenen Information zu sichern, spricht dies grundsätzlich für die Statuierung eines Verwertungsverbots für die durch einen Rechtsverstoß generierte Information.[67] Stellt der Gesetzgeber dagegen Regeln für die Beweiserhebung auf, denen ein solcher Zweck fehlt, lässt sich angesichts des Gebots materieller Wahrheitsfindung ein Verwertungsverbot für den Fall des Regelverstoßes kaum tragfähig begründen. Die in der Vergangenheit durchaus verbreitete Vorstellung, es gebe – auch im Kontext der Beweiserhebung – bloße Ordnungsvorschriften im Strafverfahrensrecht, deren Verletzung beweisrechtlich folgenlos bleibt, hat hier ihren zutreffenden Kern.

Die vorstehende Schutzzweckerwägung ist nicht identisch mit derjenigen, die etwa der meist sog. Rechtskreistheorie[68] zugrunde liegt. Rechtskreisgedanke wie die in die Abwägungslösungen einbezogenen Schutzwecke der verletzten Beweiserhebungsvorschrift zielen auf deren personalen Schutzweck, also auf die Frage zu Gunsten welches Betroffenen die Vorschrift wirkt. Davon kann abhängen, ob der Beschuldigte bzw. Angeklagte sich prozessual auf den Rechtsverstoß bei der Beweisgewinnung berufen kann, wenn aus diesem überhaupt ein Verwertungsverbot folgte. Die hier als Meta-Kriterium postulierte Schutzzweckerwägung zielt dagegen auf den Zweck der Gewährleistung der Zuverlässigkeit der gewonnenen Information ab.

Exemplarisch: Die gegenüber dem Zeugen bestehende Belehrungspflicht aus § 55 Abs. 2 StPO dient nach überwiegendem Verständnis in personaler Hinsicht nicht dem Schutz des im fraglichen Verfahren Angeklagten;[69] er kann daher eine Verletzung der Pflicht in dem gegen ihn gerichteten Verfahren prozessual nicht geltend machen.[70] Die durch den über sein bestehendes Weigerungsrecht aus § 55 S. 1 StPO nicht belehrten Zeugen erlangten Informationen sind im Verfahrens gegen den Angeklagten verwertbar. Anders verhält es sich aber in einem späteren Strafverfahren gegen den im ersten Verfahren (noch) in der Zeugenrolle befindlichen jetzigen Angeklagten.[71] Für die hier gemeinte Schutzzweckerwägung als Leitlinie von Beweisverwertungsverboten ist vorrangig von Bedeu-

[67] Über die Reichweite der Unverwertbarkeit ist damit noch nichts gesagt.

[68] Grundlegend BGHSt 11, 213 (214 ff.).

[69] BGHSt 11, 213, 216 f.; Meyer-Goßner/Schmitt-*Schmitt*, StPO, 58. Aufl. 2015, § 55 Rn. 17; KK-*Senge*, StPO, 7. Aufl., 2013, § 55 Rn. 19 m.w.N auch zur Gegenansicht.

[70] Meyer-Goßner/Schmitt-*Schmitt*, StPO, 58. Aufl. 2015, § 55 Rn. 17; KK-*Senge*, StPO, 7. Aufl., 2013, § 55 Rn. 19.

[71] OLG Celle NStZ 2002, 386, Meyer-Goßner/Schmitt-*Schmitt*, StPO, 58. Aufl. 2015, § 55 Rn. 17 m. w. N.

tung, ob die Belehrungspflicht aus § 55 S. 2 StPO und das zugrunde liegende Weigerungsrecht der Sicherung zuverlässiger Informationen dienen. Das ist nach allerdings bestrittener Auffassung nicht der Fall;[72] vielmehr ergänzt die Vorschrift – außerhalb des auf den Angehörigen bezogenen Weigerungsrechts – das einem Beschuldigten umfassend zustehende Recht, sich nicht selbst in einem Strafverfahren belasten zu müssen (nemo tenetur se ipsum accusare).[73] Bei einer solchen Schutzrichtung liegt ein aus dem Verstoß gegen die Belehrungspflicht aus § 55 S. 2 StPO abgeleitetes Verwertungsverbot für die durch den nicht belehrten Zeugen preisgegebenen Informationen im Verfahren gegen den Angeklagten fern. In einem späteren Strafverfahren gegen den vormaligen Zeugen lässt sich das allgemein postulierte Verbot der Verwertung der vormals preisgegebenen Informationen ebenfalls nicht auf den Leitgedanken der Sicherung der Zuverlässigkeit der offenbarten Tatsachen stützen. Das dem Ziel der Aufklärung der materiellen Wahrheit hier widerstreitende Verwertungsverbot kann sich im Sinne einer „begründungsbedürftigen Ausnahme“[74] lediglich auf die verfassungsrechtliche Bedeutung der Aussagefreiheit des Beschuldigten und des Verbots des Zwangs zur Selbstbelastung stützen. Da es sich bei beidem jeweils um den Ausdruck einer „auf dem Leitgedanken der Achtung der Menschenwürde beruhenden rechtsstaatlichen Grundhaltung“[75] handelt, mithin die Subjektstellung des Beschuldigten berührt ist, ist ein Verwertungsverbot im Verfahren gegen den früheren Zeugen selbst trotz des Widerspruchs zum Gebot der Ermittlung der materiellen Wahrheit erforderlich. Entsprechendes gilt für das Verbot, Informationen zu verwerten, die ein Beschuldigter ohne die gemäß § 136 Abs. 1 S. 2, § 163a Abs. 2 S. 2, Abs. 4 S. 2 StPO erforderliche Belehrung über sein Schweigerecht[76] offenbart.

Ohne die skizzierte Konzeption im Rahmen dieses Beitrags näher ausführen zu können, lassen sich folgende Leitgesichtspunkte herausstellen:

1. Vor dem Hintergrund der verfassungsrechtlichen Vorgabe, im Strafverfahren den Strafanspruch des Staates um des Schutzes der Rechtsgüter Einzelner und der Allgemeinheit willen in einem justizförmigen Verfahren durchzusetzen und (zugleich) dem mit Strafe Bedrohten eine wirksame Sicherung seiner Grundrechte zu gewährleisten, kann durch Gesetzgeber und Rechtsanwender über die Statuierung von (vor allem unselbständigen) Beweisverwertungsverboten lediglich auf der Grundlage von Abwägungen entschieden würden.

---

[72] BGHSt 11, 213 (215); Meyer-Goßner/Schmitt-*Schmitt*, StPO, 58. Aufl. 2015, § 55 Rn. 1 m.w.N; KK-*Senge*, StPO, 7. Aufl., 2013, § 55 Rn. 1.

[73] Zur verfassungsrechtlichen Fundierung dieses Rechts näher BVerfGE 133, 168 (201) Rn. 60 m. w. N.

[74] BVerfGE 130, 1 (28).

[75] BVerfGE 133, 168 (201 Rn. 60) m. w. N.

[76] Dazu BGHSt 38, 214 (225 ff.); auf die dort zudem entwickelte Widerspruchslösung kommt es im hier betrachteten Zusammenhang nicht an.

2. Die in die Abwägung einzustellenden Gesichtspunkte, wie sie in der Rechtsprechung sowohl des BVerfG als auch des BGH entwickelt worden sind, müssen in der Handhabung auf das Ziel der Aufklärung des wahren Sachverhalts ausgerichtet sein. Maßgeblich ist damit vor allem, ob mit Rechtsverstößen bei der Beweiserhebung generell relevante Beeinträchtigungen der Zuverlässigkeit der erhobenen Informationen einhergehen.

3. Ist dies nicht der Fall, können Beweisverwertungsverbote verfassungsrechtlich dann in Betracht kommen, wenn mit der Beweiserhebung oder Beweisverwertung im rechtsstaatlichen Strafverfahren unverzichtbare Rechtspositionen der Betroffenen beeinträchtigt werden.

Zur Legitimation des deutschen Anti-Doping-Gesetzes (AntiDopG)

Dieter Rössner

I. Regelungsgehalt und Kritik des neuen AntiDopG

Nach langen und kontroversen Diskussionen bekommt Deutschland ab dem 01.01.2016 ein spezifisches AntiDopG.[1] Damit liegt zum ersten Mal ein spezifisches gesetzliches Programm zum Schutz des Sports gegen Manipulationen mit leistungssteigernden Mitteln und Methoden vor. Das Gesetz könnte eine gelungene Steilvorlage für einen sauberen Sport in Deutschland werden. Es schützt nicht nur die Gesundheit Sport treibender Menschen, sondern ausdrücklich auch die Grundwerte des Sports Fairness und Chancengleichheit. Das neue AntiDopG greift so die Probleme der Dopingkontrolle und des Schutzes des fairen Wettkampfs im modernen Sport in seiner Vielschichtigkeit auf und macht zugleich deutlich, dass die gewachsene gesellschaftliche Bedeutung des Sports vom pädagogisch orientierten Schulsport bis zum wirtschaftlich relevanten Leistungssport staatliche Aufmerksamkeit verdient.

Die Neuregelung im AntiDopG ab 2016 erfasst das Dopingverbot zum Schutz der Gesundheit und der Fairness und Chancengleichheit (§ 1 AntiDopG) differenziert auf fünf Ebenen:

- die spezielle Kontrolle des Arzneimittelmarktes zum Gesundheitsschutz der Bevölkerung bei der *Verteilung von Wirkstoffen zu Dopingzwecken* im Sport (§ 2 Abs. 1 AntiDopG) mit Strafbewehrung (§ 4 Abs. 1 Nr. 1 AntiDopG)
- sämtliche Formen der *Fremdanwendungen* von Dopingmitteln oder Dopingmethoden bei Athleten von Dritten (§ 2 Abs. 2 AntiDopG) mit Strafbewehrung (§ 4 Abs. 1 Nr. 2 AntiDopG)
- die Kontrolle des *nicht geringen Besitzes* bei allen Sportlern als Indiz für erfolgte verbotene Verteilung von Dopingmitteln und daraus resultierender konkreter Gesundheitsgefahr (§ 2 Abs. 3 AntiDopG) mit Strafbewehrung (§ 4 Abs. 1 Nr. 3 AntiDopG)

[1] BT-Drs. 18/4898 vom 13.05.2015, vom Bundestag beschlossen am 13.11.2015

- die Kontrolle von *Besitz und Anwendung bei Wettkämpfen des organisierten Sports durch Athleten zum Schutz des fairen Wettbewerbs und der Gesundheit für den Fall des Selbstdopings (§ 3 AntiDopG) nur im Fall der Zugehörigkeit zum organisierten Sport als Spitzensportler oder bei Gewinnerzielung aus dem Wettkampf in erheblichem Umfang (§ 4 Abs. 1 Nr. 4, Abs. 2 i. V. m. Abs. 6 AntiDopG)*
- *die enge Zusammenarbeit zwischen staatlicher Dopingkontrolle und der Dopingverfolgung und Sanktionierung im organisierten Sport sowie die Stärkung der sportinternen Schiedsgerichtsbarkeit (§§ 8–11 AntiDopG)*

Das Gesetz ist trotz seiner erklärten Schutzrichtung für die Werte des Sports erheblichen Einwänden überraschender Weise insbesondere von Seiten des organisierten Sports ausgesetzt. So wird sehr grundsätzlich vorgebracht, dass Chancengleichheit und Fairness keine legitimen Schutzgüter für Straftatbestände darstellen würden. Die Gegner eines speziellen AntiDopG führen weiter an, die Strafbarkeit des Eigendopings führe zu einer unzuträglichen und für die Sportverbände mit Gefahren und Effektivitätsverlust verbundenen Kollision zwischen staatlichem Ermittlungs- und Verbandsverfahren. Besonders wird auf die Probleme der Doppelbestrafung („ne bis in idem"), die gegenseitige Beeinflussung und Haftungsprobleme bei unterschiedlichem Ausgang von staatlichem Strafverfahren und verbandsrechtlichen Sanktionen hingewiesen.[2]

II. Die Notwendigkeit eines eigenständigen AntiDopG

In Deutschland wurde lange die Vorstellung aufrechterhalten, man habe im Anti-Doping-Kampf schon Alles unternommen und es gebe ausreichende staatliche Kontrolle. Nicht im Grundsätzlichen, allenfalls in Details sei über Verbesserungen nachzudenken.

Bei genauem Hinsehen sieht es jedoch anders aus: Das bisher geltende deutsche Antidopingrecht steckte in einigen Vorschriften des Arzneimittelgesetzes (AMG) in Anlehnung an die Kontrolle von Arzneimitteln ausschließlich gegen die Verbreitung von Dopingmitteln (§§ 6a, 95 Abs. 1 Nr. 2a,b AMG), nicht aber gegen deren Besitz in den Händen der Athleten oder deren Anwendung beim Betrug gegenüber Konkurrenten im Wettkampf. In der Realität wurden mit dem AMG fast nur Bodybuilder in Fitnessstudios und andere Freizeitsportler erfasst. Das unmittelbare Dopinggeschehen im Sport – die Verletzung der Fairness und Chancengleichheit, der gesundheitliche und berufliche Schutz der Konkurrenten und die regelgerechte Ausführung von Wettbewerben – fand kei-

[2] Konzentrierte Darstellung aller Argumente bei *Jahn* Schriftliche Stellungnahme im Rahmen der öffentlichen Anhörung zu dem Entwurf eines Gesetzes zur Bekämpfung von Dopings im Sport (AntiDopG), (BR-Drs. 18/4898) vom 13.05.2015.

ne Beachtung. Eigendoping von Sportlern – der zentrale Sachverhalt und Ausgangspunkt des Unrechts – wurde nicht erfasst, ja konnte es gar nicht, weil das AMG die bloße Selbstschädigung mit Arzneimitteln aus verfassungsrechtlichen Gründen straflos lassen muss.[3]

Das Fehlen eines spezifischen Anti-Doping-Gesetzes in Deutschland hatte wenig anerkennenswerte Gründe, sondern beruhte eher auf der Devise „mehr scheinen als sein", um die Dopingkontrolle an die Leine zu legen.

Erste deutsche Anti-Doping-Aktivitäten in den 1960er Jahren bezogen sich ursprünglich auf den Leistungssport. In dieser Diskussion gab das BMI bald vor, dass man bei der Dopingbekämpfung *„so lange wie möglich mit anpassungsfähigen und praxisnahen Verbandsregelungen auskommen"* sollte. Eine verbindliche staatliche Regelung für den Leistungssport war also trotz Erfassung der Dopingsituation auch in Westdeutschland nicht erwünscht.

In diesem Kontext steht die spätere Aufnahme des Anti-Dopingkampfes in das AMG, denn sie beruhte auf der zwischenzeitlich erfolgten zwingenden Vorgabe zur Einführung eines AntiDopG durch das Anti-Doping Übereinkommen des Europarats vom 16.11.1989. Dort ging es neben der Gesundheit um den Grundsatz des fairen Spiels und den Leistungsvergleich bei Wettkämpfen, die durch staatliche Gesetze in den Mitgliedstaaten zu schützen sind.

Die Wahl des AMG als Ort der verlangten staatlichen Anti-Dopingregeln in Deutschland führte aus rechtssystematischen Gründen zu einer totalen rechtspolitischen Umorientierung der staatlichen Dopingbekämpfung auch im Widerspruch zur europäischen Vorgabe: Es ging nicht mehr schwerpunktmäßig und sachspezifisch um den Leistungssport, sondern um allgemeine Maßnahmen gegen Dopingmittel, die zur körperlichen Leistungssteigerung eingesetzt werden.

Auf die zweite internationale Verpflichtung aus der 2007 in Deutschland ratifizierten UNESCO-Konvention von 2005 in Paris, die Ethos und Ansehen des Sports geschützt wissen wollte, wurde mit dem Gesetz zur „Verbesserung der Bekämpfung des Dopings im Sport" vom 24.10.2007 mit Änderungen im AMG reagiert. Hier lässt sich der Begründung[4] in gewisser Umkehr und Annäherung an die Vorgabe entnehmen, dass sich die Gesetzesänderung neben der „Volksgesundheit" ebenso den „ethisch-moralischen Werten des Sports" verpflichtet fühlt und die Neuregelung mit der Besitzstrafbarkeit bei nicht geringen Mengen zu Dopingzwecken im Sport auch zum Schutz des Wettkampfes und der individuellen Gesundheit der Sportler dient.

Der Einsatz für die Werte des Sports verliert aber jede Relevanz, wenn dann auf die verbindlichen Grundprinzipien des AMG verwiesen und eine Krimina-

---

[3] Zur Problematik des Schutzguts Gesundheit in der alten Regelung des AMG (§ 95 Abs. 1 Nr. 2a AMG) siehe *Freund* in: Bannenberg u.a. (Hrsg.), Rössner-FS, 2015, S. 579 ff.

[4] BT-Drs. 16/5526.

lisierung des Eigendopings wie früher ausgeschlossen wird. Erst ordnet man die Regelung dem AMG zu und beruft sich dann auf dessen Grundsätze, ohne zu reflektieren, ob die Materie dort überhaupt hingehört!

Der oft gehörte Einwand gegen ein spezifisches Anti-Doping-Gesetz, die fehlenden Elemente der Dopingbekämpfung im AMG würden sich in allgemeinen strafrechtlichen Regelungen finden, ist ebenfalls nicht mehr als ein „Keeping up Appearences"[5], um den Status quo zu erhalten.

Aber sowohl die Körperverletzungstatbestände als auch der sehr herausgehobene Betrugstatbestand des § 263 StGB waren untaugliche Instrumente einer systematischen Dopingbekämpfung.[6] Insbesondere § 263 StGB zeigt das Dilemma der systematischen Dopingbekämpfung: In den meisten Fällen fehlt es von vornherein an einer überhaupt möglichen Täuschung derjenigen, die den Betrieb organisieren und auch am Vermögensschaden, wenn gerade die Doping basierenden Leistungen exorbitante Gewinne erbringen. Im bisher einzigen aktuellen Fall eines Radprofis vor dem LG Stuttgart wurde das bestätigt[7] und hat die geheime Hoffnung dezidierter Gegner eines spezifischen AntiDopG zunichte gemacht. Sie hatten darauf gesetzt, mit der Verurteilung in einem Einzelfall die gesamten Überlegungen zu einer neuen Antidopinggesetzgebung auch im Leistungssport flächendeckend zu Fall bringen zu können. Nachdem diese Bastion gefallen war, wurde der Weg zu einem AntiDopG geebnet.

Die rechtspolitische Legitimation für das neue AntiDopG liegt daher zuvörderst in der bisher fehlenden spezifischen Gesamtkonzeption einer effektiven Dopingbekämpfung. Erstmals werden die Probleme durch das AntiDopG offen verhandelt, angesprochen und zu lösen versucht. Damit erfüllt man internationale Vorgaben und versucht die Rolle des Sports und seiner Schutzbedürftigkeit in der modernen Gesellschaft zu reflektieren. Das AntiDopG ist daher grundsätzlich notwendig, da nur so die Probleme des Dopings im Sport in ihrer „herausragenden gesellschaftlichen Bedeutung" umfassend diskutiert und geregelt werden können. Bisher gab es nur Scheinlösungen.

III. Die Legitimationsgrundlage des „Rechtsguts"

Die rechtspolitische Legitimation zur Regelung des Problems Doping beinhaltet selbstverständlich nicht schon die Verwendung staatlicher Zwangsmittel in unbeschränkter Weise. Vielmehr bedürfen vor allem die im AntiDopG vorgesehenen Strafbewehrungen spezieller Rechtfertigung. Ein strafrechtliches Verbot

---

[5] Titel der britischen Sitcom, bei der Mrs. Bucket sich stets den Anschein eines hohen sozialen Status gibt, indem sie sich Mrs. Bouquet nennt.

[6] Ausführlich und überzeugend dazu *Schöch* in: Bannenberg u.a. (Hrsg.), Rössner-FS, 2015, S. 669 ff.

[7] Rechtskräftiges Urteil des LG Stuttgart vom 29.10.2013 – 16 KLs 211 Js 88929/08.

ist nur legitim, wenn es ein geeignetes, erforderliches und angemessenes Mittel ist, um ein in der Regel aus der Verfassung abzuleitendes und gegen andere als vorrangig abgewogenes Rechtsgut zu schützen gilt.[8] Der kriminalpolitische Filter für eine beabsichtigte Verhaltenskriminalisierung ist damit unmittelbar an die Prinzipien der Verfassung und v.a. die sich daraus ergebenden Beschränkungen gebunden. Es geht um den Schutz von Gegebenheiten oder Zwecksetzungen, die dem Einzelnen und seiner freien Entfaltung im Rahmen eines auf dieser Zielvorstellung aufbauenden sozialen Gesamtsystems oder dem Funktionieren dieses Systems selbst nützlich sind[9] und verfassungsrechtliche Relevanz haben.[10] Der moderne Rechtsgutbegriff ist damit nicht mehr und nicht weniger als ein kriminalpolitischer Filter zur rechtsstaatlichen Begrenzung des Strafrechts.

Die Frage nach legitimen Strafrechtsgütern spitzt sich so auf die Frage nach verfassungsrechtlich zulässigen Zwecken von einigem Gewicht zu. Im konkreten Fall müssten die vom Gesetzgeber verfolgten Schutzbelange der Gesundheit der Sportler und vor allem der Chancengleichheit im Wettkampf vor der Verfassung Bestand haben[11] und ein besonderes öffentliches Interesse tangieren.[12] Auf den Punkt gebracht müssen die verfassungsrechtlichen Voraussetzungen drei Prüfungsstationen durchlaufen: die Verfolgung verfassungsrechtlich zulässiger Zwecke mit einer Verhaltensnorm; die Geeignetheit und Erforderlichkeit gerade der strafrechtlichen Verhaltenskontrolle und die Angemessenheit des schärfsten staatlichen Mittels der Kriminalstrafe in Relation zur Gefährlichkeit des inkriminierten Verhaltens.[13]

Das AntiDopG nennt in § 1 die zu schützenden Rechtsgüter: Gesundheit der Sportler und Sportlerinnen, Fairness und Chancengleichheit bei Sportwettbewerben sowie die Erhaltung der Integrität des Sports. Im Hinblick darauf sind die einzelnen Straftatbestände des § 4 AntiDopG differenziert auf ihre Legitimität anerkannter Voraussetzungen der Strafbarkeit zu untersuchen. Im Gesetzgebungsprozess nicht umstritten waren die bisher schon im AMG enthaltenen Fälle der Strafbarkeit von Verteilung, Fremdanwendung und nicht geringem Besitz (§ 4 Abs. 1 Nr. 1 bis 3 AntiDopG), die wie im AMG mit dem Schutz der „Volksgesundheit“ zu begründen sind. Damit läuft alles auf die entscheidende Streitfrage zu, ob es legitim ist, das *Eigendoping von Spitzenathleten* nach den neuen Zielsetzungen des individuellen Gesundheitsschutzes und der Wahrung von Chancengleichheit im Wettbewerb unter Strafe zu stellen (§ 4 Abs. 1 Nr. 4, Abs. 2 i. V. m. Abs. 6).

---

8 BVerfGE 27, 18; 29, 45; 39, 1 ff.; 51, 60 (74); eingehend BVerfGE 90, 145 ff.

9 *Roxin* Strafrecht AT, Band I, § 2 Rn 7.

10 SK/StGB-*Rudolphi* Vor § 1 Rn 19 ff.

11 BVerfGE 90, 145.

12 BVerfGE 80, 244 (255 f.); BVerfGE 87, 399 (408 ff.).

13 Dazu BVerfGE 92, 277 (327).

1. Legitimation der strafbewehrten Dopingverbote aus Gründen des Gesundheitsschutzes

Die Legitimation der Kriminalisierung des Eigendopings ist kaum zu bewerkstelligen, wenn das Verbot aus Gründen des Gesundheitsschutzes erfolgt. Bei mündigen Sportlern gilt dann der strafrechtliche Grundsatz, dass bloß selbstgefährdende oder selbstverletzende Handlungen straflos sind.

Die Legitimation des Verbots ist also nur möglich, wenn man entweder *ausnahmsweise den paternalistischen Schutz der Gesundheit des Einzelnen* gegen seine eigene Unvernunft doch zulässt oder die *„Volksgesundheit"* als generelles Schutzgut über die Interessen des Einzelnen stellt.

Beide Ansätze führten bei der Beurteilung von speziellen Fällen zu einem positiven Ergebnis. Das BVerfG lässt ausnahmsweise eine Einschränkung der Handlungsfreiheit auch bei Selbstgefährdungen zu, wenn „es ein legitimes Gemeinwohlanliegen ist, Menschen davor zu bewahren, sich selbst einen größeren persönlichen Schaden zuzufügen".[14] In grundlegenden Entscheidungen zum BtmG wird die „Volksgesundheit" als selbständiges Rechtsgut hervorgehoben[15] und auch beim Schutz des sich selbst dopenden Sportlers orientiert man sich daran.[16]

Die Situation des Dopings im Sport vom Fitnesssport bis zum Leistungssport enthält Strukturen, die die Anwendung von gesundheitsgefährdenden Stoffen fördern und insoweit eine große potentielle allgemeine Gesundheitsgefahr beinhalten.[17] Die Ausnahmen vom Grundsatz der straflosen Selbstschädigung könnten daher in Parallelisierung zu den genannten Ausgangsfällen auch hier in Frage kommen. Dagegen spricht aber, dass die Körperintegrität ein disponibles Rechtsgut ist und der dispositionsbefugte Inhaber selbstgefährdend und selbstschädigend handeln darf, wenn er die Tragweite seines Tuns überblickt.[18] Die Voraussetzungen einer Strafbarkeit sind daher unter dem Aspekt des Gesundheitsschutzes nicht gegeben.

---

[14] BVerfG NJW 1999, 3399 (3401).

[15] BGHSt 37, 179 (182).

[16] BGH NStZ 2012, 218 (219).

[17] Im Einzelnen s. *Ott* Strafwürdigkeit und Strafbedürftigkeit des Selbstdopings im Leistungssport, 2013, S. 128ff. mit negativem Fazit, weil die Volksgesundheit auch nicht mehr bedeuten könne als die Summe der Individualgesundheit, deren Eigenverletzung kein Strafgrund sei.

[18] *Freund* in: Bannenberg u.a. (Hrsg.), Rössner-FS, 2015, S. 590 mit der konsequenten Feststellung, dass eigentlich auch kein Teilnehmerverhalten mangels Haupttat strafrechtliche Bedeutung erlangen dürfte.

2. Legitimation der Kriminalisierung des Eigendopings im Bereich des kommerzialisierten Leistungssports wegen Verletzung der Chancengleichheit (§ 4 Abs. 1 Nr. 4 i. V. m. Abs. 6)

Im Rahmen des wirtschaftlich orientierten Leistungssports, auf den § 4 Abs. 6 AntiDopG die Strafbarkeit des Eigendopings zu Recht beschränkt, liegt der *Angriff auf den wirtschaftlichen Wettbewerb* auf der Hand, wenn Verfälschungen durch Doping die Wettbewerbssituation in eine Schieflage bringen. Der sportliche Wettbewerb beruhend auf dem Leistungsprinzip und dem Bewusstsein der sportinteressierten Bevölkerung von der Geltung der Chancengleichheit wird durch Manipulationen des an sich nicht wirtschaftlich, sondern ideell ausgerichteten Wettkampf- und Spielbetriebs im Sport in den wirtschaftlichen Folgen erheblich beeinträchtigt.[19] Die besondere Sozialschädlichkeit der Sportmanipulation mit dem Ziel, unlautere wirtschaftliche Gewinne zu erzielen, liegt in der doppelten Angriffsrichtung auf das Rechtsgut: Die Manipulation verzerrt nicht nur die auf natürlicher Leistung basierenden Wettbewerbschancen auf wirtschaftlichen Gewinn der Sportler, sondern wirkt sich verheerend auch für die Sportkultur im Bewusstsein der Bevölkerung und der Erziehung zum Fair-Play aus. Über die starken Anreize zum schnellen Erfolg durch Doping im kommerzialisierten Sport besteht so nicht nur die große Gefahr, dass die sauberen Berufssportler erhebliche regelwidrige wirtschaftliche Nachteile erleiden, sondern dass zusätzlich die sportlichen Prinzipien des Wettkampfes ausgehebelt werden.

Auch die beruflichen Interessen der regelgerecht tätigen Wettkämpfer sind betroffen. Natürliche Leistung, Chancengleichheit und die Grundsätze des Fairplay sind für verdeckte Manipulation mit dem Ziel unlauterer Gewinne (Siegprämien, Meisterschaften, Wetten usw.) anfällig. Die Verknüpfung der Manipulationen im Wettkampf mit hohen finanziellen Anreizen im kommerziellen Bereich des Sports gefährdet zudem das Gesamtsystem des Sports in der Gesellschaft. Die wirtschaftlichen Folgen für Sportler, Vereine bis hin zur Sportwette sind gravierend. Damit wird durch die Manipulationen zumindest das Grundrecht der Athleten auf *freie Berufsausübung nach Art. 12 Abs. 1 GG* beeinträchtigt.

Der kommerzialisierte Leistungssport unterscheidet sich damit nicht vom Wettbewerb in der freien Wirtschaft: Hier wie dort bestehen Regeln zur Wahrung der verfassungsrechtlich gebotenen Chancengleichheit bei der Teilnahme am (sportlichen) Wirtschaftsleben. Ohne ein Dopingverbot und seine sanktionsbewehrte Umsetzung stünde der „saubere“ Berufssportler vor der Entscheidung, entweder auch zu den wettbewerbsverfälschenden Mitteln zu greifen oder aber wirtschaftliche Nachteile in Kauf zu nehmen. Der Athlet gerät

---

[19] Zur auch internationalen Bedeutung der legitimen Bekämpfung von Sportmanipulationen s. *Kretschmer* in: Bannenberg u. a. (Hrsg.), Rössner-FS, 2015, S. 628 ff.

beim Wettkampf in eine ausweglose Drucksituation: Soll er unter der Vermutung der Mitkonkurrent habe verbotene leistungsfördernde Mittel genommen ebenso dazu greifen und seine Siegchancen wieder erhöhen oder von vornherein darauf verzichten, damit aber seine Siegchancen im Fall eines gedopten Konkurrenten erheblich vermindern. Diese Drucksituation lässt sich ohne weiteres als *Einschränkung der Handlungsfreiheit i. S. d. Art. 2 Abs. 1 GG* qualifizieren.

Es steht also fest, dass ein Dopingverbot für Athleten im Leistungssport sich auf den Schutz des lauteren Wettbewerbs berufen kann und damit grundsätzlich dem strafrechtlichen Schutz zugänglich ist.[20]

IV. Sozialschädlichkeit des Dopings sowie Geeignetheit und Erforderlichkeit des Strafrechts zur Durchsetzung des Doping-Verbots

Die Ausführungen zum Rechtsgut haben schon ergeben, dass Doping im wirtschaftlich orientierten Leistungssport weder der Durchsetzung bloßer Moralvorstellungen der Sportgemeinschaft dient, noch eine Bagatelle ist. Die Sportmanipulation durch Doping verursacht immense Schäden bei Veranstaltern, staatlicher Sportförderung, Sponsoren und möglicherweise auch bei Sportwetten. In diesem insgesamt lukrativen Bereich des Leistungssports liegt es nahe, dass sich korrupte Strukturen bilden.

Die *Geeignetheit* des strafrechtlichen Schutzes zur Durchsetzung des Dopingverbots folgt aus zwei wesentlichen Elementen der Verhaltenssteuerung: einem individuellen und einem allgemeinen. Die Möglichkeit, durch Doping schnell und im Leistungssport gewinnbringende Erfolge ohne langes und hartes Training zu erreichen, ist sehr attraktiv. Wenn Erfolge eintreten, wird das Verhalten zusätzlich verfestigt. Die effektive Gegensteuerung erfordert die Kosten des Dopings durch Kontrolle und spürbare Kosten so zu erhöhen, dass sich der Erfolg nicht mehr lohnt. Die Qualifizierung des Doping-Verbots als Straftat würde hinsichtlich dieses Verhaltensverbots eine erhebliche Verstärkung erfahren, wenn es in das Rechtsbewusstsein gehoben wird (positive Generalprävention). Verhaltensweisen ohne besondere soziale Einbettung wie das Doping-Verbot können durch ihre Verankerung im sichtbaren und wahrgenommenen Straftatenkatalog eine höhere Anerkennung und Akzeptanz erlangen.[21] Dieser Effekt wurde gerade beim strafrechtlichen Schutz des Wettbe-

[20] *Jahn* in Bannenberg u. a. (Hrsg.), Rössner-FS, 2015, S. 599 ff. trägt sehr eingehend die „erheblichen verfassungsrechtlichen Risiken“ einer Kriminalisierung auf der Basis des Wettbewerbsschutzes vor. M.E. kann man das Risiko aber mit den hier vorgebrachten Argumenten eingehen.

[21] *Killias* Die Veränderung des Rechtsgefühls durch Normsetzung und Sanktion. Jahrbuch für Rechtssoziologie und Rechtstheorie 10, 1985.

werbs festgestellt.[22] Der generalpräventive Effekt eines strafrechtlichen Dopingverbots wird sich lernpsychologisch in der „Einübung in Rechtstreue" und in der Stärkung des Vertrauens in die Gültigkeit der Norm niederschlagen.[23]

Die grundsätzliche Geeignetheit der Strafbewehrung zur Durchsetzung des Doping-Verbots im Leistungssport ist damit hinreichend dargetan. Es ist abschließend zu fragen, ob der strafrechtliche Schutz unter dem Aspekt der *Erforderlichkeit* und des subsidiären Rechtsschutzes auch die wirksamste Alternative ist oder ob es gleich effektive und zugleich mildere Formen der Kontrolle gibt.

Als Alternative zur Kontrolle des Eigendopings mit dem Ziel des unlauteren Einsatzes im Wettbewerb des Leistungssports kommt die im Sport vorhandene Verbandsgerichtsbarkeit mit den eigenen Sanktionsmöglichkeiten bis zu mehrjährigen Sperren im Rahmen der Vereinsautonomie in Betracht. Die innersportliche Kontrolle ist ein wichtiger Bestandteil im Kampf gegen Doping im Sport,[24] aber sie hat auch einige nicht behebbare Schwächen, die nur durch einen ergänzenden strafrechtlichen Schutz so ausgeglichen werden können, dass das Dopingverbot insgesamt möglichst effektiv umgesetzt wird. Dazu gehört zunächst die bei den Delikten der neuen Wirtschaftskriminalität beobachtete Beeinflussung der verhaltenswirksamen Bewusstseinslage durch die signalhafte Definition als kriminelles Unrechts, wie dies z. B. nach Einführung des § 298 StGB im Jahre 1997 beim Rückgang der Submissionsabsprachen beobachtet worden ist.[25] Hinzu kommt die gegenüber den Verbandsverfahren meist stärkere öffentliche Wahrnehmung der Strafverfahren mit ebenfalls präventiver Wirkung.

Schließlich ist festzustellen, dass der Verbandsstrafe neben der Verbindlichkeit und der öffentlichen Aufmerksamkeit vor allem ein effektives Instrumentarium zur Ermittlung der Dopingverstöße fehlt. Dazu ist man auf die strafprozessualen Zwangsmittel wie Durchsuchung, Beschlagnahme, U-Haft u. a. angewiesen.[26] Die einzig wirksame Möglichkeit zur Kriminalitätsprävention in nach außen abgeschotteten kriminellen Strukturen wie der Dopinganwendung (Kartell des Schweigens) sieht *Bannenberg* im vergleichbaren Bereich der Wirtschaftskorruption nur im Zusammenwirken zwischen Wirtschaft und Strafverfolgung. Aufgrund ihrer empirisch gesicherten Ergebnisse stellt sie fest, dass bei den „kalkulierbaren Delikten" der Wirtschaftskriminalität der strafrechtliche Ermittlungsdruck die entscheidende Rahmenbedingung für eine Erhöhung des Entdeckungs-, Verfolgungs- und Verurteilungsrisiko ist.[27] Eine weitere Steigerung der Effektivität ist – so die Ergebnisse von *Bannenberg* – durch eine Spezialisierung der Strafverfolgung bei den Ermittlungen im Rahmen krimineller

---

[22] LK-*Tiedemann* § 298 Rn 8.
[23] *Roxin* Strafrecht AT, Band 1, § 3 Rn 27.
[24] *Rössner* in: Digel/Dickhuth (Hrsg.), Doping im Sport, 2002, 132 ff.
[25] LK-*Tiedemann* § 298 Rn 8.
[26] *Haas/Mertens* Sport, 2004, 111.
[27] *Bannenberg* Korruption in Deutschland 2002, 438.

Strukturen zu erreichen. Begründet wird dies vor allem damit, dass der strafrechtliche Rahmen einen erheblichen Druck auf den Einsatz der alternativen Kontrollsysteme ausübt und so geradezu Wirksamkeitsbedingung für die verbandsrechtliche Dopingbekämpfung ist.[28]

Die strafrechtliche Kontrolle ist daher zur Durchsetzung des Doping-Verbots im Leistungssport erforderlich. Der Gesetzgeber ist gehalten, entsprechende strafrechtliche Regelungen zu treffen, da der Schutz des Sports als gemeinsame Aufgabe des Staates und der Sportverbände in Deutschland und in Europa gesehen wird.

V. Legitimation des AntiDopG durch Effektivitätssteigerung der Dopingbekämpfung

Gegner des neuen AntiDopG bringen vor, die Strafbarkeit des Eigendopings führe zu einer unzuträglichen und für die Sportverbände mit Gefahren verbundenen Kollision zwischen staatlichem Ermittlungs- und Verbandsverfahren. Besonders wird auf die Probleme der Doppelbestrafung („ne bis in idem"), die gegenseitige Beeinflussung und Haftungsprobleme bei unterschiedlichem Ausgang hingewiesen. Diese Argumente sind bei genauem Hinsehen nicht als ernsthafte Hindernisse einer Strafbarkeit des Eigendopings auszumachen.[29]

Das ergibt sich in jeder Hinsicht aus der gefestigten Rechtslage und Rechtspraxis in diesen Problemfeldern. Danach laufen Disziplinar- und Strafverfahren in sehr vielen speziellen Lebensbereichen bewusst und gewollt nebeneinander, wie z. B. bei Beamten, Ärzten, Rechtsanwälten. Ebenso verhält es sich mit Formen der Betriebsjustiz. Es besteht Einigkeit, dass das Doppelbestrafungsverbot des Art. 103 Abs. 3 GG weder direkt noch analog gilt. Das ist auch im Verhältnis zwischen einer verbandsrechtlichen Dopingstrafe zu einer Kriminalstrafe so.[30] Die anerkannten unterschiedlichen Verfahrensprinzipien im straf- bzw. verbandsrechtlichen Dopingverfahren ergeben weder entscheidungsrelevante noch haftungsrechtliche Kollisionen. Kollisionsfragen mit möglichen negativen Konsequenzen für den Sport treten also nicht auf oder sind entsprechend geklärt.

Bei einer vergleichenden Gesamtschau der beiden Verfahren[31] ergeben sich erhebliche Unterschiede hinsichtlich der Verfahrensprinzipien. Dabei treten als

[28] *Bannenberg* Korruption in Deutschland 2002, 445.

[29] So überzeugend RiaBGH *Maihold* in seiner schriftlichen Stellungnahme zur Sitzung des Sportausschusses am 30.01.2013, S. 16f.

[30] Eingehend *Lüer* Dopingstrafen im Sport und der Grundsatz „Ne bis in idem", 2006.

[31] *Rössner* in: Adolphsen/Nolte/Lehner/Gerlinger (Hrsg.), Handbuch Sportrecht in der Praxis, 2012, Rn 1728ff.

Nachteil der Verbandsverfahren das Fehlen von zwangsweise durchsetzbaren Tatsachenermittlungen hervor, die aber im Verfahren durch erhebliche Beweiserleichterungen bei der Verantwortungsfeststellung wieder kompensiert werden. Diese Verfahren sind schnell, betreffen aber immer nur einen Einzelfall, ohne kriminelle Strukturen angehen zu können. Dem staatlichen Verfahren stehen dagegen strafprozessuale Zwangsmittel bis hin zu verdeckten Ermittlungsmethoden zur Verfügung, die auch in abgeschotteten kriminellen Netzwerken wirken. Freilich muss am Ende vor einer Sanktion die Schuld nachgewiesen werden.

Entgegen der „Schwächungstheorie" ist davon auszugehen, dass die beiden Verfahren mit ihren unterschiedlichen Grundsätzen und Vorgehensweisen nebeneinander entscheidende *Synergieeffekte bei der Dopingbekämpfung* ergeben können. Es steht außer Zweifel, dass die verbandsrechtliche Kontrolle des Dopings die zentrale Stelle einnimmt. Dies insbesondere auch, weil sie in den letzten Jahren erheblich an Substanz und Kontur gewonnen hat: Vereinheitlichung und Verbindlichkeit angemessener und strikter Regeln zur Dopingbekämpfung durch den NADC und Institutionalisierung der Kontrolle durch die NADA. Daher ist es ein zentrales Anliegen des AntiDopG, neben der strafrechtlichen Flankierung auf eine wirksame Sportgerichtsbarkeit zu setzen, die durch Partizipationsmöglichkeiten an den Ermittlungsergebnissen und ihrer Anerkennung erheblich gestärkt wird (§§ 8–11 AntiDopG). Die Parallelisierung zwischen beiden Verfahren ist eine Grundlage für die Erfolge der amerikanischen Dopingaufklärung.

Auch die Befürchtung die Strafdrohung gegen den Sportler gebe diesem ein Aussageverweigerungsrecht, das die innersportliche Aufklärung erschwere, trifft nicht zu. Die Gesamtbetrachtung der Dopingbekämpfung führt zu einem anderen Ergebnis: Da Doping im Einverständnis und regelmäßig gleichlaufenden Interessen aller Beteiligten stattfindet, handelt es sich um ein klassisches Kontrolldelikt, das nicht durch Anzeigen und Aussagen von Beteiligten und Opfern, sondern nur durch *außengesteuerte und eindringende Ermittlungsmethoden* aufzudecken ist – wie sie gegen schweigende Beschuldigte natürlich möglich sind. In einem Milieu des Schweigens, wie sie die funktionierende Dopingszene darstellt, ist der Beweis mit Aussagen faktisch nicht möglich, sondern allein durch (verdeckte) Ermittlungsmethoden. Die Vorteile des Einsatzes staatlicher Ermittlungsmethoden überwiegen bei Weitem die praktisch kaum wahrnehmbaren Verluste durch Schweigerechte des Angeklagten.

Als *Fazit* bleibt eine eindeutig positive Bilanz hinsichtlich der Legitimation des neuen AntiDopG und seines grundsätzlichen Inhalts. Die zuvor bestehende desolate Rechtslage der Dopingkontrolle, die Schutzbedürftigkeit des gesellschaftlichen anerkannten Sports gegen Manipulationen, die Notwendigkeit staatlicher Unterstützung und die Effektsteigerung machen das spezifische AntiDopG unverzichtbar. Über verschiedene Einzelreglungen kann man dann weiter streiten und Gewinn bringend nachdenken.[32] Der legitime Rahmen dafür ist jetzt gegeben.

Es gibt in jedem Fall viel zu tun für das neue AntiDopG: Nach einer aktuellen Studie der WADC zum Doping im Spitzensport bei Großereignissen (2163 Athleten) der Leichtathletik (u. a. Weltmeisterschaft in Südkorea 2012) dürften mindestens 30 % der Wettkämpfer gedopt angetreten sein und im Jahr davor 40 % entsprechend hantiert haben. Die Untersuchung war so schockierend, dass sie zunächst zurückgehalten wurde.[33]

---

[32] S. dazu die weiterführenden konkreten und eingehend begründeten Vorschläge von *Lehner* in Bannenberg u. a. (Hrsg.), Rössner-FS, 2015, S. 646 ff. und *Trüg* in Bannenberg u. a. (Hrsg.), Rössner-FS, 2015, S. 686 ff., der die strafrechtliche Kontrolle des sportimmanenten Eigendopings mit guten Gründen generell durch Maßnahmen des Ordnungswidrigkeitenrechts ersetzen will.

[33] Inzwischen sind die Ergebnisse der Studie abrufbar beim Englischen Parlament unter: http://www.parliament.uk/business/committees/committees-a-z/commons-select/culture-media-and-sport-committee/news-parliament-2015/chairs-statement-blood-doping-15-16/ (zuletzt aufgerufen am 20.12.2015).

Das humanitäre Völkerrecht im nicht-internationalen Konflikt und das deutsche Strafrecht

Christoph Safferling

I. Einleitung

Das Thema der folgenden Ausführungen umfasst zwei Begriffe, die heute in sehr engem Zusammenhang gesehen werden: das humanitäre Völkerrecht und das Strafrecht. Häufig wird das Wort Kriegsverbrechen verwendet, womit – jedenfalls in einer engeren Wortbedeutung – diejenigen Verstöße gegen das humanitäre Völkerrecht gemeint sind, die strafbewehrt sind.[1] Im deutschen Strafrecht fanden sich lange keine besonderen Regelungen für diese Materie. Man meinte, auch nach dem Ersten Weltkrieg in den sog. Leipziger Prozessen, mit dem nationalen Strafrecht, den Tatbeständen Mord, Totschlag, Körperverletzung, Freiheitsberaubung und Nötigung, diese Fälle in hinreichendem Maße im Griff zu haben.[2] Der besonderen Situationsbeschreibung und dem hohen Grad an Ausdifferenziertheit des humanitären Völkerrechts wurde diese Einstellung schon im Ersten Weltkrieg nicht gerecht; die Verfolgung von Kriegsverbrechen nach dem Zweiten Weltkrieg zeigte auf noch dramatischere Art, wie wenig eine Ghettoräumung durch SS-Verbände oder der Einsatz von Gaswägen durch Einsatzgruppen mit einem Tötungsdelikt nach §§ 211, 212 StGB zu tun haben.

Heute, sicherlich unter dem Druck der Entwicklung des Völkerrechts im allgemeinen und dem Völkerstrafrecht im Besonderen, umfasst die deutsche Straf-

---

[1] Das Wort „Kriegsverbrechen“ wird häufig auch als Synonym für das gesamte Völkerstrafrecht verwendet, wenn etwa vom Nürnberger Hauptkriegsverbrecherprozess die Rede ist. Dieses weite Begriffsverständnis würde dann alle Tatbestände des Art. 5 des IStGHSt umfassen, namentlich Völkermord, Verbrechen gegen die Menschlichkeit, Kriegsverbrechen und das Verbrechen der Aggression; dazu *Safferling* Internationales Strafrecht, 2011, § 6 Rn. 108.

[2] Das Völkerstrafrecht war nach dem 1. Weltkrieg natürlich noch nicht ausdifferenziert; Kriegsverbrechen im engeren Sinne waren aber auf der Grundlage der Genfer Konvention und der Haager Landkriegsordnung bereits völkerrechtlich normiert. Gleichwohl wurden die „Leipziger Prozesse“ allein auf nationalem Recht nach dem Gesetz zur Verfolgung von Kriegsverbrechen und Kriegsvergehen v. 18.12.1919, RGBl. 1919, 2125 f. durchgeführt; vgl. dazu *Wiggenhorn* Verliererjustiz. Die Leipziger Kriegsverbrecherprozesse nach dem Ersten Weltkrieg, 2005, S. 42–61.

rechtsordnung das Völkerstrafgesetzbuch (VStGB), in dessen zweiten und dritten Abschnitt die Kriegsverbrechen seit dem Jahr 2002 normiert sind. Der Ausspruch Ciceros „Silent enim leges inter arma" wurde nicht nur von Kant philosophisch angegriffen und widerlegt, sondern entspricht nicht mehr unserer Rechtsrealität. Heute wird – im Gegenteil – versucht, jede einzelne Kriegshandlung an rechtlichen Maßstäben zu messen und Verantwortlichkeiten auch im Kriegsgewirr zu konstruieren.[3]

Im Folgenden soll diese Herangehensweise kritisch hinterfragt werden. Dabei geht es nicht darum den Krieg als gesetzlosen Zustand auszurufen. Es soll darum gehen, Grenzen auszuloten: Den Anwendungsbereich des *ius in bello* zu definieren und den *telos* des humanitären Völkerrechts aufzuzeigen. Schließlich soll auch die Wirkungsmacht des deutschen Strafrechts vor diesem Hintergrund neu verortet werden.

II. Das Humanitäre Völkerrecht

1. *Anwendungsbereich des ius in bello*

Wenn das Verhältnis des humanitären Völkerrechts (*ius in bello*) zum Strafrecht betrachtet werden soll, so muss die Herkunft dieser Rechtsmaterie geklärt werden. Zunächst aber eine begriffliche Klärung: Das *ius in bello* ist streng zu unterscheiden vom *ius ad bellum*. Dieses meint das Recht zur Kriegsführung oder modern formuliert das Recht zur Gewaltanwendung. Jenes hingegen umfasst die Gebräuche und Gesetze, die in einem bewaffneten Konflikt gelten, wenn die Gewaltanwendung also bereits begonnen hat.[4]

Historischer Ausgangspunkt dieser Regelungen war die Schlacht bei Solferino 1859 und die Sorge um die Soldaten durch den frankophonen Schweizer und ersten Friedensnobelpreisträger (1901) Henry Dunant.[5] In der Konsequenz folgten die Gründung des Internationalen Komitees des Roten Kreuzes und die Verabschiedung der ersten Genfer Konvention von 1864, maßgeblich formuliert von Gustave Moynier. Sie trägt den Titel: Konvention zur Verbesserung des Loses der Verwundeten bei den im Felde stehenden Heeren.[6] Bei der zweiten

---

[3] Der Begriff „Krieg" wird im modernen Völkerrecht nicht mehr verwendet. An seine Stelle ist aus verschiedenen Gründen der Begriff des „bewaffneten Konflikt" getreten; vgl. dazu *Safferling* Internationales Strafrecht, 2011, § 6 Rn. 108. Wenn hier im Folgenden der Begriff „Krieg" verwendet wird, so ist das untechnisch als Synonym für den bewaffneten Konflikt gemeint.

[4] Zur Unterscheidung: *Safferling* Internationales Strafrecht, § 6 Rn. 109 ff. und *Sassòli* in: Schmitt/Pejic (Hrsg.), International Law and Armed Conflict, Exploring the Faultlines: Essays in Honour of Yoram Dinstein, 2007, S. 241 ff.

[5] 1862 erfolgte die Veröffentlichung der Schrift „Un souvenir de Solferino", vgl. dazu *Kahn* JZ 2009, 621.

[6] Abgedruckt in *Schindler/Toman* The Law of Armed Conflicts, 2004, S. 203.

Genfer Konvention von 1929 geht es um „die Behandlung von Kriegsgefangenen". Diese beiden Titel machen deutlich, dass es um das Schicksal der Kombattanten geht, nicht etwa um den Schutz der Zivilbevölkerung. Einerseits dürfen also im Krieg gegnerische Kombattanten angegriffen und getötet werden, andererseits haben Kombattanten ein Recht auf Kriegsgefangenenstatus, d.h. sie können nicht wegen ihrer Teilnahme an den Kampfhandlungen strafrechtlich belangt werden und sind nach Ende der militärischen Auseinandersetzungen der anderen Partei zu übergeben.[7] Das erste wird „Schädigungsrecht", das zweite „Kombattantenprivileg" genannt.

Zur Durchsetzung der Regeln dienten allerdings nicht strafrechtliche Sanktionen gegen Einzelpersonen. Die Einhaltung der Regelungen war, wie im Völkerrecht üblich, eine Angelegenheit der Reziprozität unter den Staaten als (einzige) Völkerrechtssubjekte.[8] Sanktionencharakter hatte allein die Möglichkeit der Repressalie, um die gegnerische Partei zur Einhaltung der Regeln anzuhalten.[9] Im Schatten dieser Genfer Regelungen entstand zwar auch die Idee eines internationalen Strafgerichts; diese hatte aber Ende des 19. Jahrhunderts keine Realisierungschancen.[10]

Neben dieser Genfer Entwicklung wurde auf zwei großen Friedenskonferenzen in Den Haag 1899 und 1907 die Haager Landkriegsordnung zwischen den Staatenlenkern vereinbart.[11] Auch diese Normierung der Gesetze und Gebräuche des Krieges kannte keine unmittelbare Strafbewehrung. Die „Verstrafrechtlichung", die Individualisierung auf Täterseite materialisierte sich letztlich erst in Art. 6 b) der Charta des Internationalen Militärgerichtshofs in Nürnberg (IMT).[12] 1949 wurden dann vier Genfer Konventionen verabschiedet, die in dem sog. *Grave Breaches*-Regime eine Verpflichtung zur Kriminalisierung auf nationaler Ebene umfassten.[13] Der Schutz der Zivilbevölkerung gewann an

---

[7] *Crawford* The Treatment of Combatants and Insurgents under the Law of Armed Conflict, 2010, S. 52f.

[8] Vgl. etwa *Stein/von Buttlar* Völkerrecht, 13. Aufl. 2012, Rn. 1286; *Lietzau/Rutigliano* in: Gill/Fleck (Hrsg.), The Handbook of the International Law of Military Operations, 2011, S. 21.

[9] Vgl. *Safferling* Internationales Strafrecht, 2011, § 5 Rn. 64. Die Zulässigkeit der Repressalie ist heute im Völkerrecht umstritten, vgl. *Kempen/Hillgruber* Völkerrecht, 2. Aufl. 2012, 8. Kap. § 43; vgl. dazu etwa auch die Diskussion um die Zulässigkeit von Repressalien im 2. Weltkrieg etwa in BGHSt 49, 189 (Fall Engel: Massenerschießung am Turchino-Pass 1944); BGHSt 56, 11 (Erschießung von Zivilsten in Falzone di Cortona); vgl. zu diesem Problem insgesamt auch: *Gribbohm* Selbst mit einer Repressalquote von zehn zu eins? Über Recht und Unrecht einer Geiseltötung im Zweiten Weltkrieg – Rechtsgeschichte und Rechtsgeschehen Kleine Schriften Bd. 6, 2006.

[10] Vgl. *Safferling* Internationales Strafrecht, 2011, § 4 Rn. 19.

[11] Abgedruckt in *Bassiouni* A Manual on International Humanitarian Law and Arms Control Agreements, 2000, S. 97ff.

[12] Vgl. hierzu *Safferling* JZ 2015, 1061, 1062.

[13] Art. 50 GK I; Art. 51 GK II; Art. 130 GK III; Art. 147 GK IV; Art. 11, 85 ZP I. Dazu auch *Safferling* Internationales Strafrecht, 2011, § 6 Rn. 122.

Wichtigkeit und stand bei den Zusatzprotokollen von 1977 im Mittelpunkt, wo streng zwischen zivilen und militärischen Zielen unterschieden wurde.[14]

2. *Anwendungsbereich des ius ad bellum*

Ganz im Gegensatz dazu steht die Frage des Kriegsführungsrechts. Die Legalität des gerechten Krieges war seit dem Mittelalter ein umstrittenes rechtliches und philosophisches Problem. Krieg galt nicht erst seit Clausewitz als Fortsetzung der Politik mit anderen Mitteln. Einen ersten Regelungsversuch – lässt man den unbeholfenen Versuch des Versailler Vertrages beiseite – enthält der Briand-Kellogg-Pakt von 1928, in dem die Signatarstaaten den Krieg als Mittel der Politik ächten.[15] Auch hier wird erstmals im Nürnberger Prozess eine Strafnorm als „Verbrechen gegen den Frieden" formuliert.[16] Im Gewand des Gewaltverbotes von Art. 2 Nr. 4 erscheint das Kriegsverbot in der UN Charta, dort freilich auch ohne Strafcharakter. Im Selbstverteidigungsrecht nach Art. 51 UN-Charta ist die Diskussion um den gerechten Krieg noch enthalten. Ansonsten sieht die UN-Charta in Kapitel VII, Art. 39 ff., ein System kollektiver Sicherheit vor, allerdings auch ohne Strafrecht.[17] Erst im jüngsten Kampala-Kompromiss wird das Verbrechen der Aggression modern formuliert. Ob die bis 2017 ausgesetzte Regelung aus ihrem „Wartezustand" heraustritt und jemals verfolgt werden wird, steht aber in den Sternen.[18]

3. *Telos des humanitären Völkerrechts*

Vor dem Hintergrund dieser historischen Entwicklung muss die Antwort auf die Frage nach dem *telos* des humanitären Völkerrechts gefunden werden.

a) Kriegsführungsrecht

Eine wesentliche Grundlage des humanitären Völkerrechts ist die strukturelle Unterscheidung zwischen *ius ad bellum* und *ius in bello*. Diese Differenzierung verdeutlicht, dass die häufig politisch überlagerte Kriegsschuldfrage gerade vom humanitären Völkerrecht ferngehalten werden soll. Die Legitimation des humanitären Völkerrechts ergibt sich im Grunde daraus, dass es unabhängig von dem Grund für die bewaffnete Auseinandersetzung gültig ist.[19] Das *ius in bello* soll

---

[14] Art. 48, 50, 51 ZP I.

[15] *Ambos/Bock* Internationales Strafrecht, 4. Aufl. 2014, § 7 Rn. 262 und *Roscher* Der Briand-Kellogg von 1928 – Studien zur Geschichte des Völkerstrafrechts Bd. 8, 2004.

[16] Vgl. hierzu *Safferling* JZ 2015, 1061, 1062.

[17] *Safferling* Internationales Strafrecht, 2011, § 6 Rn. 174–176.

[18] Vgl. *Tomuschat* Die Friedens-Warte 73 (1998), 335, 337; vgl. auch *Schmalenbach* JZ 2010, 745. *Hoven* in: Safferling/Kirsch (Hrsg.), Völkerstrafrechtspolitik, 2014, S. 339 ff.

[19] MK/StGB-*Ambos*, 2. Aufl. 2013, Vor §§ 8 ff. VStGB, Rn. 1; *Cottier* in: Triffterer/Ambos, The Rome Statute of the International Criminal Court, 3. Aufl. 2016, Art. 8 Rn. 27 f.

so für alle gleichermaßen gelten, um optimalen Schutz zu gewährleisten, Schutz der Soldaten vor großem Leid und Schutz der Zivilbevölkerung vor willkürlichen Angriffen. *In concreto* bedeutet dies, dass auch der, der sich nach Art. 51 UN-Charta in Selbstverteidigung befindet, also rechtmäßig Gewalt anwendet, sich an die Genfer Konventionen und das Zusatzprotokoll I halten muss und nicht etwa vorsätzlich die Zivilbevölkerung angreifen darf.[20] Umgekehrt darf auch der Aggressor, also derjenige welcher unrechtmäßig Gewalt anwendet, feindliche Kombattanten töten und ist nicht wegen des völkerrechtswidrigen Griffs zu den Waffen mit allen Kriegshandlungen *per se* kriminalisiert.

b) Schutz der Zivilbevölkerung

Ein zweiter Punkt ist hier für den Sinn und Zweck des humanitären Völkerrechts wesentlich, der sich aus dem systematischen Zusammenhang der Verstöße gegen das humanitäre Völkerrecht im Kontext der anderen internationalen Straftatbestände ergibt. Ursprünglich gaben die Kriegsverbrechen die Legitimation für völkerrechtliches Eingreifen in einen Konflikt. Nur ein internationaler bewaffneter Konflikt gab der internationalen Gemeinschaft die Möglichkeit die Staatssouveränität zu durchbrechen. Dabei wurde der Schutz der Zivilbevölkerung sukzessive verstärkt und damit das Prinzip der „Hegung" des Kriegs verstärkt.[21] Die technischen Mittel und die Rigorosität eines „Vernichtungskrieges" ließen die Gefahren für diejenigen Menschen, die nicht aktiv an Kampfhandlungen teilnehmen, stetig steigen. Dazu muss man nur die Schlacht von Solferino, die Zerstörung Coventrys und Lidices, der Terror der Einsatzgruppen, die Bombardierung Dresdens, und den Einsatz der Atombombe in Hiroshima und Nagasaki gegenüberstellen.

Aus dieser verbrecherischen Kriegsführung heraus entwickelten sich schließlich auch die Verbrechen gegen die Menschlichkeit. Das erbarmungslose Besatzungsregime der Wehrmacht, der Polizei und SS-Verbände wurde in Nürnberg vom Internationalen Militärtribunal als Verbrechen gegen die Menschlichkeit abgeurteilt, aber nur so lange der bewaffnete Konflikt fortdauerte. Erst im Kontrollratsgesetz Nr. 10 und den Nachfolgeprozessen wurde der Kriegskonnex gelöst, so dass Verbrechen gegen die Menschlichkeit auch auf Szenarien vor Kriegsbeginn 1939 in Deutschland anwendbar waren, wie etwa im Zusammenhang mit der Reichspogromnacht oder in Denunziation-Fällen.[22] Die systematische oder massenhafte Verletzung fundamentaler Menschenrechte wurde schließlich nach einigen Windungen als hinreichende Legitimationsgrundlage

---

[20] Vgl. *Garraway* in: Gill/Fleck (Hrsg.), The Handbook of the International Law of Military Operations, 2011, S. 131 f.; *Stein/von Buttlar* Völkerrecht, 13. Aufl. 2012, Rn. 1210.

[21] *Stein/von Buttlar* Völkerrecht, 13. Aufl. 2012, Rn. 1210.

[22] Hierzu: *Segesser* in: Priemel/Stiller, Die Nürnberger Militärtribunale zwischen Geschichte, Gerechtigkeit und Rechtschöpfung, 2013, S. 586

für eine völkerrechtliche Intervention auch in rein innerstaatliche Angelegenheiten angesehen.

Auch der Völkermord als spezifische Strafnorm zum Schutz von speziellen Minderheiten wurde zunächst als Sonderfall der Kriegsverbrechen behandelt. Raphael Lemkins nervendes Einwirken auf das amerikanische Anklägerteam in Nürnberg brachte immerhin dieses Resultat.[23] Ein eigenständiger Tatbestand wurde zwar nicht in das Statut aufgenommen, aber in der Anklageschrift wurde das Kriegsverbrechen der Verfolgung von Minderheiten als „Genozid" bezeichnet und entsprechend definiert.[24] Die Annahme, der Völkermord habe sich aus den Verbrechen gegen die Menschlichkeit entwickelt ist aber nicht nur historisch, sondern auch systematisch irrig. Der individualistische Ansatz der Verbrechen gegen die Menschlichkeit, zurückgehend auf Hersch Lauterpacht, unterscheidet sich fundamental von dem kollektiven Anknüpfungspunkt des Völkermordes in der Lemkinschen Tradition, wie er schließlich in der Völkermordkonvention von 1948 seinen Niederschlag gefunden und rasch weltweite Anerkennung als *erga omnes*-Verpflichtung und *ius cogens* errungen hat.

3. Konfliktarten

Die weitere wichtige Folgerung aus der Entwicklungsgeschichte ist der Umstand, dass das Kriegsvölkerrecht zwischen Staaten gilt, also für „internationale Konflikte". Die Genfer Konventionen beziehen ausdrücklich den Geltungsbereich auf die hohen Vertragsparteien. Allein Art. 3, der allen vier Konventionen gemeinsam ist, umfasst als integrierte „Miniatur-Konvention" einen rudimentären Mindeststandard für nicht-internationale Konflikte, die nicht bloße innere Unruhen sind.[25]

a) Kriegskonzept abgelöst durch „bewaffneten Konflikt".

Mit dem Briand-Kellogg-Pakt und der darin enthaltenen Ächtung des Krieges, war der Untergang des Begriffs, nicht aber des tatsächlichen Phänomens militärischer Auseinandersetzungen bestimmt. In den Genfer Konventionen von 1949 wird der Anwendungsbereich wie folgt bestimmt:

---

[23] Vgl. hierzu *Barrett* in: Safferling/Conze (Hrsg.), The Genocide Convention Sixty Years after its Adoption, 2010, S. 35.

[24] Vgl. IMT 1946, Vol. I, S. 43. Der Vorwurf richtet sich deshalb auch explizit gegen die Deutsche Wehrmacht.

[25] Vgl. *Zahar/Sluiter* International Criminal Law, 2008, S. 113 ff.: „Convention in miniature" und *Heinsch* Die Weiterentwicklung des Humanitären Völkerrechts durch die Strafgerichte für das Ehemalige Jugoslawien und für Ruanda, Bochumer Schriften Bd. 57, 2007, S. 149 ff.

„Art. 2 Genfer Konvention IV

Außer den Bestimmungen, die bereits in Friedenszeiten zu handhaben sind, ist das vorliegende Abkommen in allen Fällen eines erklärten Krieges oder jedes anderen bewaffneten Konflikts anzuwenden, der zwischen zwei oder mehreren der Hohen Vertragsparteien entsteht, und zwar auch dann, wenn der Kriegszustand von einer dieser Parteien nicht anerkannt wird."

Der „erklärte Krieg" findet zwar Erwähnung, wichtiger ist aber der darauf folgende Begriff des „bewaffneten Konflikts". Dies ist kein normatives, sondern ein empirisches Konzept, wonach es entscheidend darauf ankommt, ob Konfliktparteien ihre Streitigkeiten mit militärischen Mitteln austragen, solange es sich nicht lediglich um innere Unruhen und Spannungen handelt.[26] Dies ist rein faktisch zu bestimmen und ist unabhängig vom Willen der Beteiligten.[27]

In der späteren Entwicklung des humanitären Völkerrechts kreiste die Diskussion vor allem um die Anwendbarkeit. Die Dekolonialisierungskriege in den 1960er Jahren beherrschten die Auseinandersetzung. Nach der Forderung der um Freiheit ringenden Völker sollten diese als internationale Konflikte anerkannt werden. Dies war aber keine juristische Fragestellung oder eine Folge rechtstatsächlicher Erkenntnisse, sondern eine politische Forderung, durch die Dekolonialisierungskämpfe gleichsam völkerrechtlich „geadelt" werden sollten. Befreiungskämpfe würden als internationale Konflikte zwischen zwei Völkerrechtssubjekten anerkannt werden.[28] So kam es auch, denn neben einem Verweis auf die oben zitierte Norm des gemeinsamen Art. 2 der Genfer Konventionen heißt es:

Art. 1 (4) Zusatzprotokoll I

„Zu den in Absatz 3 genannten Situationen gehören auch bewaffnete Konflikte, in denen Völker gegen Kolonialherrschaft und fremde Besetzung sowie gegen rassistische Regimes in Ausübung ihres Rechts auf Selbstbestimmung kämpfen, wie es in der Charta der Vereinten Nationen und in der Erklärung über Grundsätze des Völkerrechts betreffend freundschaftliche Beziehungen und Zusammenarbeit zwischen den Staaten im Einklang mit der Charta der Vereinten Nationen niedergelegt ist."

Hingegen ist die Aufrichtung von Regelungen für nichtinternationale Konflikte weitgehend gescheitert.[29] Das ZP II von 1977 erwies sich im Grunde als überflüssig und wurde allein beim Statut des Ruandastrafgerichtshofs kurzzeitig

---

[26] Vgl. dazu die Entscheidung JStGH Prosecutor v. Tadic, Decision on the Defence Motion for Interlocutory Appeal on Jurisdiction, Berufungskammer, 02.10.1995, § 70; zur Unterscheidung: *Sivakumaran* The Law of Non-International Armed Conflict, 2012, S. 155 ff. und *Clapham/Gaeta/Sassòli* The 1949 Geneva Conventions – A Commentary, 2015, Kap. 5, Rn. 20.

[27] *Ambos/Bock* Internationales Strafrecht, 4. Aufl. 2014, § 7 Rn. 236.

[28] *Sivakumaran* The Law of Non-International Armed Conflict, 2012, S. 216 ff

[29] Vgl. *Safferling* Internationales Strafrecht, 2011, § 6 Rn. 115.

juristisch relevant.[30] Dahinter steckt natürlich wieder ein politischer Grund, denn Staaten wollen weitgehend nichtinternationale Konflikte auch als rein interne Angelegenheit verstanden wissen, jede Form äußerer Einflussnahme abwehren und die „Kämpfer" entsprechend als Terroristen „kriminalisieren" anstatt sie als Kombattanten zu privilegieren.

Die Stellvertreterkriege und Regimebekämpfungen in Lateinamerika oder auch der Vietnam-Krieg liefen deshalb weitgehend fern vom humanitären Völkerrecht und dem Völkerstrafrecht ab.[31] Nach Ende des Ost-West-Konfliktes brachen auf dem Balkan religiöse und ethnische Konflikte erbarmungslos aus. In einem mit Waffengewalt desintegrierenden Staat verschwimmen Grenzen zwischen internationalem und nicht-internationalem Konflikt.[32] Nach dem 11. September 2001 kam es zu weiteren Verschiebungen im Rahmen der militärischen Anti-Terror Einsätze in Afghanistan, die teilweise durch UN-Resolutionen gedeckt waren, teilweise nicht. Weiter verkompliziert wird die Situation dadurch, dass in zunehmendem Maße nicht-staatliche, d.h. private Akteure als Parteien in Konflikte involviert sind, die aber quasi-staatliche Funktionen über ein gewisses Territorium ausüben. Das gilt etwa für die Taliban in Afghanistan, für den IS in Syrien und Irak oder für die FDLR im Kongo. Die Präsenz und Aktivität internationaler Truppen macht die Situation endgültig undurchsichtig.[33] Phänotypisch sind diese Konflikte kriegsähnlich und werden über einen längeren Zeitraum mit schwerem, militärischem Gerät ausgetragen.

b) Kategorien der Unterscheidung international-nichtinternational

Für die Frage, welches Rechtsregime auf einen bewaffneten Konflikt anwendbar ist, wird stets der Ausgangskonflikt analysiert. Betrachtet man etwa die Situation in Afghanistan, so ist der momentane Ausgangskonflikt einer zwischen der afghanischen Regierung und den Taliban. Die internationalen Streitkräfte sind auf der Seite der Regierung und auf deren Einladung hin tätig. Es handelt sich deshalb um einen nichtinternationalen Konflikt.[34] Im benachbarten Nord-Wasiristan auf pakistanischem Hoheitsgebiet, einem Rückzugsgebiet der

---

[30] Vgl. *Zahar/Sluiter* International Criminal Law, 2008, S. 116 und *Sivakumaran* The Law of Non-International Armed Conflict, 2012, S. 182ff.

[31] Die in Anbetracht des Vietnam-Krieges und der dort verübten Kriegsverbrechen abgehaltenen sog. Russell-Tribunale, einberufen und geleitet vom britischen Literaturnobelpreisträger Lord Bertrand Russell, waren politische Instrumente zur Untersuchung und Dokumentation der Vorkommnisse und erhoben weder den Anspruch, Strafprozesse zu sein, noch können sie mit einer strafgerichtlichen Aufarbeitung verglichen werden; vgl. *Conze* in: Safferling/Kirsch (Hrsg.), Völkerstrafrechtspolitik, 2014, S. 9, 22.

[32] Verschwimmt auch durch willkürliche Anerkennungspolitik (Bsp: Slowenien, Kroatien –Kosovo).

[33] Dazu zusammenfassend *Ambos/Bock* Internationales Strafrecht, 4. Aufl. 2014, §7 Rn. 241f. mwN.

[34] Vgl. genauer hierzu: *Safferling/Kirsch* JA 2010, 81.

Taliban, werden Terrorcamps seitens der Vereinigten Staaten mit Drohnen bekämpft (sog. targeted killings).[35] Tatsächlich handelt es sich um einen Nebenkriegsschauplatz des nichtinternationalen Konflikts in Afghanistan. Da es sich aber auf pakistanischem Territorium abspielt, stellt sich die Frage nach der völkerrechtlichen Zulässigkeit derartiger Angriffe. Als Grundkonflikt lässt sich ein pakistanischer Antiterror-Kampf ausmachen den die USA mit Drohnenangriffen maßgeblich führen und das mit stillschweigender Tolerierung der pakistanischen Regierung. Dann läge auch hier ein nichtinternationaler bewaffneter Konflikt vor.[36]

In Libyen lag der Grundkonflikt in dem Bestreben verschiedener bewaffneter Oppositionsgruppen, den früheren Machthaber Muammar al-Gaddafi zu stürzen. Auf der Grundlage der UN-Sicherheitsratsresolution 1973[37] griffen internationale Streitkräfte auf Seiten der Oppositionskämpfer in die Auseinandersetzung ein. Es handelte sich also um einen internationalen Konflikt.

Völlig undurchsichtig ist die Lage in Syrien. Ausgangspunkt war der Kampf bewaffneter Oppositionsgruppen gegen den Machthaber Baschar al-Assad und die regierende Baath-Partei. Oppositionsgruppen kämpfen demnach gegen die syrische Armee. Das ist zunächst ein nicht-internationaler Konflikt. In der weiteren Entwicklung des Konflikts brachte aber der sog. Islamische Staat im Irak und in Syrien (IS) ein Territorium von erheblicher Größe auf syrischem und irakischem Gebiet unter seine Kontrolle und errichtete dort ein islamisches Kalifat. Dabei stellt sich die Frage, ob der IS nicht bereits die Voraussetzungen eines Staates erfüllt. Nach der herkömmlichen Drei-Elementen-Lehre, braucht es dazu ein Staatsvolk, Staatsgewalt und ein Staatsgebiet.[38] Das kann wahrscheinlich schon bejaht werden, jedenfalls wird man von einem de-facto Regime ausgehen müssen, das völkerrechtlich einen quasi-staatlichen Status hat.[39] Damit wäre der Konflikt bereits ein internationaler. Die Luftschläge verschiedener Staaten passieren hier nicht auf Einladung der syrischen Regierung, sondern aus humanitären Gründen zum Schutz der kurdischen und anderen Minderheiten. Im Irak hingegen kämpfen die internationalen Truppen auf Einladung der Regierung an der Seite irakischer Verbände gegen den IS. Es könnte also kaum komplexer sein.

---

[35] *Melzer* Targeted Killings in International Law, 2008.

[36] Ähnlich GBA, Einstellungsverfügung v. 20.06.2013, „Offene Version" v. 23.07.2013, in NStZ 2013, 644; dazu *Ambos* NStZ 2013, 634.

[37] UN Sicherheitsrat Resolution 1973 v. 17.03.2011, mit der auf der Grundlage von Kapitel VII der UN-Charta eine Flugverbotszone errichtet wurde. Deutschland, damals Mitglied im Sicherheitsrat, enthielt sich bei der Abstimmung über die Resolution, was auch innenpolitisch scharf kritisiert wurde.

[38] Eine eingehende Auseinandersetzung mit den Staatskriterien nach der Theorie von Jellinek findet sich in *Aust* Handbook of International Law, 2010, S. 15f.

[39] *Raap* in: Schöbener (Hrsg.), Völkerrecht: Lexikon zentraler Begriffe und Themen, 2014, S. 50ff.

Die Konsequenzen der Einordnung als internationalen oder nichtinternationalen Konflikt sind aber sehr weitreichend, denn es finden jeweils unterschiedliche Rechtsregime Anwendung.

c) Assimilierung internationaler und nichtinternationaler Konflikte

Die unterschiedliche Behandlung der Konfliktarten lässt sich nicht rechtfertigen. Vom tatsächlichen Bild der Auseinandersetzungen her lässt sich in den oben beschriebenen Szenarien kein Unterschied ausmachen. Richtigerweise hat sich demnach das humanitäre Völkerrecht auch bereits in die Richtung einer Angleichung entwickelt. Wegweisend war hier die Berufungskammer des Jugoslawientribunals, die bereits 1995 unter Führung ihres Präsidenten Antonio Cassese die „Gesetze und Gebräuche des Krieges" im internationalen und nichtinternationalen Konflikt vollständig assimiliert hat. Die Richter beriefen sich letztlich auf Völkergewohnheitsrecht, wonach diese „Gebräuche" immer dann Anwendung finden, wenn über einen längeren Zeitraum militärische Waffengewalt ausgeübt wird, unabhängig davon, ob Staaten oder private Organisationen gegeneinander kämpfen.[40] Ob diese Erkenntnis methodisch sauber abgeleitet ist, mag man bezweifeln. Das ist als Kritik an der Rechtsquelle „Völkergewohnheitsrecht" insgesamt zu verstehen, wo nach Empirie: „ständige Übung der Staaten" und Normativität: „Rechtsüberzeugung – opinio iuris" gleichzeitig gefragt wird.[41] Dabei wird man zugestehen müssen, dass im Bereich Menschenrechte und Humanität beides von vorneherein zum Scheitern verurteilt ist und die Staaten, als Primärverpflichtete, ein denkbar schlechter Gradmesser sind. Gleichwohl ist die Entscheidung im Ergebnis richtig. Eine Differenzierung auf der Grundlage der Konfliktart wird dem tatsächlichen Geschehen und dem Schutzzweck des humanitären Völkerrechts nicht gerecht.

Die Genfer Konventionen sowie die Zusatzprotokolle von 1977 indes gehen, wie beschrieben, von einer Differenzierung aus. Auch das Römische Statut für den Internationalen Strafgerichtshof folgt nicht der Entscheidung des Jugoslawientribunals, sondern sieht in Art. 8 IStGH-St einen „two-box approach" vor.[42] Aber immerhin wurde in Art. 8 Abs. 2 lit. e/f) IStGHSt eine partielle Assimilierung vorgenommen.

Das VStGB hingegen fühlte sich dem modernen Ansatz des ICTY verpflichtet und sieht die Assimilierung beider Konflikttypen vor, wie es etwa in § 11 VStGB deutlich zum Ausdruck kommt.[43] Daraus folgt, dass die Anwendung

[40] JStGH Prosecutor v. Tadic, Decision on the Defence Motion for Interlocutory Appeal on Jurisdiction, Berufungskammer, 02.10.1995, § 71 ff.

[41] *Payandeh* Internationales Gemeinschaftsrecht, 2010, S. 245 ff.

[42] *Zimmermann/Geiß* in: Triffterer/Ambos (Hrsg.), The Rome Statute of the International Criminal Court, 3. Aufl. 2016, Art. 8 Rn. 833 ff.

[43] *Kirsch* in: Festschrift für W. Kargl, 2015, S. 287, 289.

des VStGB meist nur einen „bewaffneten Konflikt" voraussetzt, unabhängig von seiner Konfliktnatur.

Kriterium ist also der „bewaffnete Konflikt". Das wäre nach der Definition des ICTY und auch von Art. 8 Abs. 2 f) IStGHSt eine Auseinandersetzung mit lang-anhaltender militärischer Gewaltanwendung (protracted armed violence). Diese setzt voraus, dass die Gegner über einen längeren Zeitraum in der Lage sind, systematische und koordinierte militärische Operationen durchzuführen.[44] Dazu gehört in aller Regel, dass das gewaltsam vorgehende Regime Herrschaft über ein gewisses Territorium ausübt. Wenn dem so ist, ist doch der Umstand, ob das nun mit staatlichem Hintergrund oder durch nicht-staatliche Mittel bewerkstelligt wird, rein zufällig.

Will man also ein in sich konsistentes System und will man Rechtsregeln, die für die tatsächlichen Umstände passen, die wesentlich Gleiches auch gleich behandeln, so gibt es mE nur eine Konsequenz: Der internationale und der nichtinternationale bewaffnete Konflikt müssen vollständig gleichgestellt, assimiliert werden.

III. Konsequenzen für das Strafrecht

1. Grundsätzliche Rechtswahl

Welche Konsequenzen hat die vollständige Assimilierung von internationalem und nichtinternationalem Konflikt für das Strafrecht? Bislang gilt für den nichtinternationalen Konflikt das Kombattantenprivileg nicht, d.h. es gibt in dieser Konfliktform nur Zivilisten. Die partielle Assimilierung hat indes zu einer Zwischenform des „feindlichen Kämpfers" geführt.[45] Die „Kämpfer" gelten als legitime Ziele, wenn sie an feindlichen Handlungen aktiv teilnehmen. Sie selber haben aber kein „Schädigungsrecht" und bleiben in der Illegalität und damit Strafbarkeit, wenn sie Soldaten beschießen.[46] Diese Asymmetrie wurde zuletzt durch den Generalbundesanwalt verstärkt, indem er von einer „continuous combat function" des Kämpfers ausgeht, die dann eintritt, wenn eine Person von einer Gruppe mit dem Ziel der fortgesetzten und unmittelbaren Teilnahme an Feindseligkeiten rekrutiert, ausgebildet und ausgerüstet worden ist.[47] Eine Bekämpfung organisierter bewaffneter Gruppen darf also stattfinden, auch wenn diese in diesem Moment nicht unmittelbar an Feindseligkeiten teil-

---

[44] *Zimmermann/Geiß* in: Triffterer/Ambos (Hrsg.), The Rome Statute of the International Criminal Court, 3. Aufl. 2016, Art. 8 Rn. 922ff.

[45] *Sivakumaran* The Law of Non-International Armed Conflict, 2012, S. 359f.

[46] *Kleffner* in: Gill/Fleck (Hrsg.), The Handbook of the International Law of Military Operations, 2011, S. 56f.

[47] GBA, Einstellungsverfügung v. 20.06.2013, NStZ 2013, 644.

nehmen[48] und somit keine konkrete Gefahr im Sinne des Polizeirechts darstellen.[49] Die Kämpfer dürfen sich noch nicht einmal zur Wehr setzen. Das Notwehrrecht wäre gegenüber einer staatlichen Armee nicht anwendbar, weil diese ja die bewaffnete Gruppe (die kämpfenden Zivilisten) rechtmäßig bekämpfen darf.[50] Es findet damit also eine weitere Angleichung des „Kämpfers" und des „Kombattanten" statt, allerdings einseitig zu Lasten des Kämpfers. Hier wird so getan als handele es sich trotz einer handfesten kriegerischen Auseinandersetzung um einen Polizeieinsatz und einen Anwendungsfall des „gewöhnlichen" Strafrechts. Das ist gerade wegen des langanhaltenden, mit militärischen Mitteln ausgetragenen Konflikts nicht angemessen. In diesem Fall bietet nicht das einfache Strafrecht mit seinem individuellen Rechtsgüterschutz das effektivere Schutzniveau für die Zivilbevölkerung, sondern das humanitäre Völkerrecht.

Wenn ein „bewaffneter Konflikt" vorliegt, findet eine partielle Modifikation des Rechtsgüterschutzes und der Menschenrechte statt.[51] Da ein legitimes militärisches Ziel bekämpft werden kann, sind das Tötungsverbot sowie das Verbot der Verletzung der körperlichen Integrität insoweit zurückgedrängt. Das gilt auch für die Fortbewegungsfreiheit, insoweit als Kriegsgefangene ohne Verfahren festgehalten werden dürfen. Freilich nur bis zum Ende der militärischen Auseinandersetzung. An die Stelle dieser auch menschenrechtlich verbürgten Rechtsgüter treten die Ziele und Zwecke des humanitären Völkerrechts.

Insoweit gilt, dass die Kämpfe als solche nicht verhindert werden sollen, weil sie bereits existieren und mit den Mitteln des Rechts auch nicht beendet werden können. Es soll aber durch das humanitäre Völkerrecht gewährleistet sein, dass ein nach den Umständen größtmöglicher Schutz für die Kombattanten und die Zivilbevölkerung erreicht werden soll, indem Exzesstaten (= Kriegsverbrechen) verhindert werden sollen.[52] An der Einhaltung der Regeln haben alle beteiligten Parteien ein Interesse, weil dadurch letztlich auch ihre Kämpfer und ihre Zivilbevölkerung geschützt werden.

Im Übrigen darf auch die Rolle des Internationalen Roten Kreuzes hier nicht vernachlässigt werden; dieses ist durch das humanitäre Völkerrecht in besonderer Weise geschützt und wird als neutrale Instanz zur Versorgung Verletzter und Kriegsgefangener in aller Regel auch anerkannt.[53]

---

48 *Ambos* NStZ 2014, 634, 635.

49 Wohl enger: *Melzer* in: Gill/Fleck (Hrsg.), The Handbook of the International Law of Military Operations, 2011, S. 281.

50 MK/StGB-Ambos, 2. Aufl. 2013, Vor §§ 8ff VStGB, Rn. 40.

51 *Kleffner* in: Gill/Fleck (Hrsg.), The Handbook of the International Law of Military Operations, 2011, S. 72ff.

52 Der Aspekt der „Hegung" des Kriegs, vgl. *Stein/von Buttlar* Völkerrecht, 13. Aufl. 2012, Rn. 1210.

53 *Bugnion* The International Committee of the Red Cross and the Protection of War Victims, 2003.

2. *Einzelfälle*

Halten wir uns noch einmal vor Augen, um welche Fälle es sich hier handelt. Zunächst war da der Fall Kundus, indem ein deutscher Oberst einen Angriff auf zwei von Taliban entführte Tanklastzüge befahl. Die rechtliche Bewertung bliebe unverändert, da diese ein legitimes militärisches Ziel darstellten und die Tat nur dann rechtswidrig wäre, wenn unverhältnismäßig hohe Kollateralschäden entstanden wären, was im internationalen wie im nichtinternationalen Konflikt nach § 11 Abs. 1 Nr. 3 VStGB zu beurteilen ist. Hinsichtlich des Drohnenangriffs in Mir Ali/Pakistan stellte sich die Lage insofern anders da, als die Kämpfer, den Kombattanten völlig gleichgestellt, als legitimes militärisches Ziel bekämpft werden können, auch wenn sie nicht in aktuellen Streitigkeiten aktiv sind.

Wie aber verhält es sich in Syrien, wenn deutsche Staatsangehörige auf Seiten des IS etwa in Kobane gegen Kurden kämpfen. Hier würde nun das Schädigungsrecht der Kombattanten eingreifen und für Kriegshandlungen, die sich im Rahmen des humanitären Völkerrechts bewegen, könnte keine Bestrafung etwa nach § 212 StGB erfolgen. Gleichermaßen wäre auch derjenige von Bestrafung freigestellt, der – gegebenenfalls mit einer aus Deutschland gelieferten Waffe – auf der Seite der Kurden den IS bekämpft. *Mutatis mutandis* gilt dies auch für deutsche Staatsangehörige, die im Ukrainekonflikt für eine der Kriegsparteien aktiv ist.

3. *Erforderliche Ausnahmen*

Natürlich ist dieses Ergebnis vor allem zu Gunsten der IS-Kämpfer politisch heikel, ergreift doch die Bundesregierung in diesem Konflikt Partei zugunsten der für die Zerschlagung des IS kämpfenden Gruppen, insbesondere der Kurden, und zur Unterstützung internationaler Luftschläge. So stellt sich die Frage, ob die hier vertretene Symmetrie der Konfliktparteien doch unter bestimmten Voraussetzungen verschoben werden kann und muss. Aus den Regeln des Kriegsführungsrechts, des *ius ad bellum*, lassen sich solche Verschiebungen gerade nicht rechtfertigen. Weder im Fall einer strafbaren Aggression (jetzt Art. 8bis IStGHSt[54] und § 80 StGB) noch im Fall der (stets umstrittenen) humanitären Intervention lässt das humanitäre Völkerrecht eine grundlegende Kriminalisierung der Kombattanten zu. Dies würde dem oben beschriebenen Schutzzweck des humanitären Völkerrechts zuwider laufen, das gerade eine Bewertung der Parteien nach Gut und Böse verbietet.

Auch ein Abstellen auf einen extremen Fall der Selbstverteidigung lässt ein Aussetzen der Regeln des humanitären Völkerrechts nicht zu. So hat etwa der

---

[54] *Zimmermann/Freiburg* in: Triffterer/Ambos (Hrsg.), The Rome Statute of the International Criminal Court, 3. Aufl. 2016, Art. 8bis.

IGH in seinem Gutachten zur Legalität des Androhens und des Einsatzes von Nuklearwaffen festgestellt, dass in einem solchen Fall der Einsatz einer taktischen Atomwaffe rechtmäßig sein könnte.[55] Allerdings hat dieses im Übrigen selbst sehr umstrittene Gutachten nicht behauptet, der Waffeneinsatz stünde außerhalb des humanitären Völkerrechts. Auch in diesem Fall kann die Atomwaffe nicht etwa gegen ein ziviles Ziel eingesetzt werden.

Eine normative Stufung könnte aber nach dem Völkerstrafrecht immanenten Kriterien gefunden werden. Aus dem materiell-rechtlichen Konkurrenzverhältnis der Kernverbrechen des internationalen Strafrechts gilt das für den Völkermord nach Art. 6 IStGHSt und § 6 VStGB gesagte. Wenn im Rahmen eines bewaffneten Konflikts eine Seite einen Völkermord durchführt, fällt das Kombattantenprivileg. Wenn der „Kämpfer" demnach selbst zurechenbar an einem Völkermord teilnimmt, d.h. er muss entweder selbst Völkermordabsicht aufweisen oder – nach den Regeln der Beihilfe – wenigstens wissen, dass eine geschützte Gruppe i.S. des § 6 VStGB ganz oder teilweise zerstört werden soll, kann er sich nicht auf das Schädigungsrecht berufen. Hier überwiegt der Tatbestand des Völkermordes und die Regeln des humanitären Völkerrechts treten zurück.[56] Das Schutzgut des humanitären Völkerrechts, eine möglichst schonende Kriegsführung zu gewährleisten, muss hinter dem völkerrechtlichen Schutz der spezifisch geschützten Minderheit zurückstehen. Das entspricht auch dem *ius cogens*-Charakter des Völkermordes.[57] Die Person, die selbst mit Zerstörungsabsicht handelt oder von der Zerstörungsabsicht weiß, ist auch nicht mehr als Kombattant schützenswert, sondern stellt sich gleichsam selbst außerhalb der Regeln des humanitären Rechts.

Bei Verbrechen gegen die Menschlichkeit nach Art. 7 IStGHSt[58] und § 7 VStGB könnte ähnlich argumentiert werden. Kommt es der einen Seite also darauf an, in ausgedehnter oder systematischer Art und Weise Menschenrechte zu verletzen, könnte ebenso das Kombattantenprivileg zurückstehen müssen, da hier der bewaffnete Konflikt in eine normative Schieflage gerät. Der einen

---

[55] IGH Gutachten v. 08.07.1996, Legality of the Treat or Use of Nuclear Weapons, ICJ Reports 1996, S. 226; dazu zusammenfassend *Safferling* NZWehrr 40 (1998), 177–192.

[56] Zum Völkermord *Schabas* in: Triffterer/Ambos (Hrsg.), The Rome Statute of the International Criminal Court, 3. Aufl. 2016, Art. 6.

[57] Bereits IGH Urt. v. 05.02.1970, *Barcelona Traction*, ICJ Reports 1970, 3, 32; IGH, Urt. v. 03.02.2006, *Armed Activities on the Territory of the Congo (New Application 2002) (Democratic Republic of the Congo* v. *Rwanda)*, § 64; IGH, Urt. v. 26.2.2007, *Application of the Convention on the Prevention and Punishment of Genocide (Bosnia and Hercegovina v. Serbia and Montenegro)* § 161; in der Zulässigkeitsentscheidung wurde nur von *erga omnes*-Verpflichtung gesprochen: IGH, Urt. v. 11.7.1996, *Application of the Convention on the Prevention and Punishment of Genocide*, Preliminary Objections, Rep. 1996, 595; Kempen/Hillgruber, Völkerrecht, 2. Aufl. 2012, Kap. 3 Rn. 2f.

[58] *Hall/Ambos* in: Triffterer/Ambos (Hrsg.), The Rome Statute of the International Criminal Court, 3. Aufl. 2016, Art. 7.

Partei kommt es gerade auf die Verletzung der Menschenrechte an. Das greift im Ergebnis aber aus zwei Gründen nicht durch.

(1) Verbrechen gegen die Menschlichkeit und Kriegsverbrechen sind teilweise deckungsgleich. Humanitäres Völkerrecht will ja gerade Übergriffe auf dic Zivilbevölkerung und unnötiges Leid unter den Kämpfern verhindern. Es fehlt das überschießende subjektive Unrechtsmerkmal der Völkermordabsicht, wodurch sich Völkermord von Verbrechen gegen die Menschlichkeit abhebt.

(2) Nach dem Wortlaut muss ein Angriff auf eine Zivilbevölkerung erfolgen. Die Auslegung dieses Tatbestandsmerkmals ist zwar umstritten, aber es dient wohl der Abgrenzung zu den Kriegsverbrechen. In Friedenszeiten ist der Begriff überflüssig. In diesem Moment unterscheiden sich Uniformierte nicht von Nicht-Uniformierten.[59] Sie sind beide gleichermaßen schutzwürdig. Eine rein formale Unterscheidung ist also fehl am Platze; die tatsächliche Schutzbedürftigkeit steht im Zentrum.

Im Rahmen eines bewaffneten Konflikts hingegen sollen die Regelungen des humanitären Völkerrechts als speziellere Regelungen für Kombattanten, Kämpfer oder sonst an kriegerischen Handlungen aktiv teilnehmenden Personen vorgehen.[60] Es bleibt also beim Schädigungsrecht und die kriegerischen Handlungen können, so lange sie sich im Rahmen des nach humanitärem Völkerrecht zulässigem bewegen, nicht als Verbrechen gegen die Menschlichkeit bestraft werden.

4. Mitgliedschaften

Zuletzt ist noch zu fragen, ob eine Kriminalisierung durch Mitgliedschaft in einer terroristischen Organisation nach §§ 129a/b StGB denkbar ist. Paramilitärische Vereinigungen sind vom BGH als solche Vereinigungen angesehen worden.[61] Nach humanitärem Völkerrecht sind nur Situationen privilegiert, die sich phänotypisch nicht von einem „Krieg“ unterscheiden. Dazu gehört, dass die Vereinigung in der Lage ist, über einen längeren Zeitraum militärischer Operationen durchzuführen. Ist es dabei ihr Ziel, diese Operationen im Rahmen des humanitären Völkerrechts durchzuführen, sind sie nicht terroristisch i.S. von §§ 129a/b StGB. Einzelne Kriegsverbrechen sind als Exzesstaten hinzunehmen. Kommt es der Vereinigung aber auf die Kriegsführung mit unlauteren Mitteln oder gar auf die Begehung von Völkermord oder Verbrechen gegen die Mensch-

---

59 *Ambos/Bock* Internationales Strafrecht, 4. Aufl. 2014, S. 191; a. A. *Hall/Ambos* in: Triffterer/Ambos (Hrsg.), The Rome Statute of the International Criminal Court, 3. Aufl. 2016, Art. 7 Rn. 24.

60 Vgl. *Safferling* Internationales Strafrecht, 2011, § 6 Rn. 66.

61 BGH v. 17.06.2010 – AK 3/10, BGHSt 55, 157; vgl. auch *Safferling* JZ 2010, 965, 968.

lichkeit an, handelt es sich um eine terroristische Vereinigung nach § 129a Abs. 1 Nr. 1 StGB.[62] Es käme aber bei der Bewertung der einzelnen Kampfhandlung auf die tatsächliche Einhaltung des humanitären Völkerrechts an. Auch wenn sich dann eine Strafbarkeit wegen Mitgliedschaft nach §§ 129a/b StGB ergibt, ist die einfache Tötung eines gegnerischen Kämpfers straflos. Auch hier gilt: Keine normative Differenzierung auf dem Schlachtfeld auch nicht durch Beteiligung einer terroristischen Vereinigung an den Kampfhandlungen.

IV. Schlussbetrachtung

Die These der vollständigen Assimilierung des nichtinternationalen mit dem internationalen bewaffneten Konflikt wird nicht jedem gefallen. Immerhin wird damit dem Talibankämpfer in Afghanistan ein Schädigungsrecht auch gegen Bundeswehrsoldaten zugestanden. Anderseits gelten dann auch andere Schutzmechanismen, wie das Kriegsgefangenenprivileg oder der besondere Schutz ziviler Einrichtungen und Hilfsorganisationen. Außerdem wird auch für die Bundeswehr klarer, wie der Feind bekämpft werden kann, ohne dass juristische Klimmzüge zur Begründung eines legalen Zieles erforderlich sind. Nimmt man aber die Idee des humanitären Völkerrechts ernst und vertraut auf die Sinnhaftigkeit seiner Zwecksetzung, scheint mir die Anerkennung des lang andauernden nichtinternationalen bewaffneten Konflikts als dem internationalen Konflikt gleichstehend, alternativlos. Phänotypisch unterscheiden sich die Situationen nicht und eine Differenzierung allein anhand der am Konflikt beteiligten Parteien ist nicht angemessen und willkürlich.

Dieses Petitum darf nicht missverstanden werden als Legalisierung terroristischer Kriegsführung. Kriegsverbrechen bleiben selbstverständlich strafbar, bei systematischer Begehung auch als Verbrechen gegen die Menschlichkeit. Eine Organisation, die Kriegsverbrechen als militärische Strategie ausgibt, ist eine terroristische Vereinigung und die Mitgliedschaft ist strafbar nach § 129a/b StGB. Kommt es ihr dabei auf die Begehung eines Völkermordes an, wird den Teilnehmern der Schutz des humanitären Völkerrechts versagt und jeder kriegerischer Akt ist als Völkermord oder Teilnahme am Völkermord strafbar. Hier treten die Regeln des humanitären Völkerrechts hinter der Strafbarkeit des Völkermordes zurück.

Im Einzelfall werden daher die Unterschiede in der Bestrafung nicht so groß sein, wie die politische Kehrtwende in der juristischen Beurteilung des Konfliktes insgesamt das vermuten lässt. Im Gegenteil: Wer auf Seiten der Kurden Kobane gegen den IS verteidigt, darf gegnerische Kombattanten töten. Wer auf Seiten des IS gegen Kurden kämpft, macht sich bei jeder Tötungshandlung

---

[62] MK/StGB-*Schäfer* 2. Aufl. 2012, § 129 a, Rn. 34

strafbar, wenn festgestellt werden kann, dass der IS eine religiöse Gruppe ganz oder teilweise vernichten will und ist wegen Mitgliedschaft in einer terroristischen Vereinigung strafbar, wenn die Begehung von Kriegsverbrechen eine militärische Strategie darstellt. Beides dürfte im Fall des IS zu bejahen sein.

Von der Herrin und von Objekten des Ermittlungsverfahrens

Gerhard Schäfer

Herbert Landau war von 1996 bis 1999 Mitglied des 1. Strafsenats des Bundesgerichtshofs. Die Jahre im 1. Strafsenat zählen, gerade auch in der Zusammenarbeit mit Herbert Landau, zu den schönsten und ertragreichsten meines beruflichen Lebens. In diese Zeit fallen zahlreiche Entscheidungen des Senats zu den Beschuldigtenrechten, an denen Herbert Landau mitgewirkt hat. Daneben muss aber auch seine Tätigkeit als Ermittlungsrichter des Bundesgerichtshofs hervorgehoben werden. Seine Erfahrungen flossen unter anderem in Überlegungen,[1] dem gestiegenen Autoritäts- und Verantwortungszuwachs im Interesse des Schutzes der Grundrechte des Beschuldigten dadurch Rechnung zu tragen, dass im Interesse des Schutzes der Grundrechte ermittlungsrichterliche Verfahrensverstöße zu Verwertungsverboten führen müssten.

All dies sei Anlass, eine auf den ersten Blick überraschende Entscheidung einer Ermittlungsrichterin des Bundesgerichtshofs näher zu untersuchen.

I. Die Entscheidung einer Ermittlungsrichterin des BGH

Eine Ermittlungsrichterin des Bundesgerichtshofs hat durch Beschluss vom 9. September 2015 entschieden,[2] dass dem Beschuldigten im Ermittlungsverfahren kein Antragsrecht auf Bestellung eines Verteidigers zustehe.

In einem vom Generalbundesanwalt geführten Verfahren wegen des Verdachts der Gründung einer und der Mitgliedschaft in einer terroristischen Vereinigung nach § 129a Abs. 1 StGB[3] hatte der Beschuldigte unter Berufung auf § 141 Abs. 3 Satz 1, 2 StPO[4] beantragt, ihm einen Verteidiger zu bestellen. Sein

---

[1] *Landau/Sander* StraFo 1998, 397.

[2] 3 BGs 134/14 -2 BJs 18/15-5, NJW 2015, 3383 mit Anm. *Müller-Jacobsen*, ebenda, S. 3385.

[3] Ein Verbrechen im Sinne von § 12 StGB mit einer angedrohten Strafe von einem bis zu zehn Jahren Freiheitsstrafe.

[4] Im Folgenden werden Vorschriften der StPO ohne diesen Zusatz zitiert.

Antrag wurde als unzulässig zurückgewiesen. Die Entscheidung[5] wird unter Verwendung der einschlägigen Literatur im Wesentlichen damit begründet, das Gesetz sehe ein Antragsrecht des Beschuldigten nicht vor. Dem Regelungsgefüge des § 141 sei vielmehr zu entnehmen, dass im Ermittlungsverfahren ein Verteidiger in genau bestimmten Fällen entweder von Amts wegen oder auf Antrag der Staatsanwaltschaft bestellt wird. Diese differenzierte Regelung stehe „in Einklang mit der grundsätzlichen Unterscheidung der Strafprozessordnung zwischen Ermittlungsverfahren und Verfahren ab Anklageerhebung. Im Ermittlungsverfahren sei die Staatsanwaltschaft „Herrin des Verfahrens", das Gericht könne in diesem Verfahrensabschnitt keine „Maßnahmen gegen den Willen bzw. ohne Antrag der Staatsanwaltschaft treffen" (Rn. 17 des Beschlusses).

In der Literatur sind die Meinungen nicht einheitlich.[6] *Laufhütte/Willnow* und *Schmitt* lehnen ein Antragsrecht des Beschuldigten ohne weitere Begründung wohl wegen fehlender gesetzlicher Regelung ab.[7] Es wird auf die Verpflichtung der Staatsanwaltschaft hingewiesen, nach § 141 Abs. 3 Satz 2 den Antrag auf Beiordnung eines Verteidigers zu stellen, wenn „nach ihrer Auffassung in dem gerichtlichen Verfahren die Mitwirkung eines Verteidigers nach § 140 Abs. 1 oder 2 notwendig sein wird". Ein Antrag des Beschuldigten auf Beiordnung sei in eine Anregung an die Staatsanwaltschaft, diese möge einen Antrag nach § 141 Abs. 3 Satz 2 stellen, umzudeuten.[8] Ohne weitere Begründung geht eine Expertenkommission des Bundesministers der Justiz und für Verbraucherschutz 2015 von einem im Ermittlungsverfahren bestehenden „Monopol der Staatsanwaltschaft aus, eine gerichtliche Entscheidung über die Notwendigkeit einer Pflichtverteidigung herbeizuführen" und plädiert sodann *de lege ferenda* für die Einführung eines Antragsrechts des Beschuldigten.[9]

Die Gegner dieser Ansicht tun sich teilweise schwer. Ein Antrag des Beschuldigten sei „zu beachten", heißt es beispielsweise bei *Lüderssen/Jahn.*[10] Die Kommentierung fährt fort: „Offengeblieben ist dabei bisher, ob der Beschuldigte auch ein Recht auf Bescheidung dieses Antrags hat". Damit wird eine Antragsbefugnis wohl nicht bejaht, denn zulässige Anträge müssen beschieden werden. *Pfeiffer* allerdings bezieht mit aller wünschenswerten Klarheit Stel-

---

[5] Für diese war, wie im Beschluss unter Rn. 22 selbst ausgeführt, die Ermittlungsrichterin gar nicht zuständig, § 141 Abs. 4 Satz 1.

[6] Umfassende Nachweise zum Streitstand bei SK-*Wohlers*, 4. Aufl. 2011, § 141 Rn. 5.

[7] KK-*Laufhütte/Willnow*, 7. Aufl. 2013, § 141 Rn. 5; Meyer-Goßner/Schmitt-*Schmitt*, StPO, 58. Aufl. 2015, § 141 Rn. 5; ähnlich AnwK-*Krekeler/Werner*, StPO, 2. Aufl 2014, § 141 Rn. 4; SSW-*Beulke*, 2. Aufl. 2014, § 141 Rn. 18 jeweils mit weiteren Nachweisen.

[8] KK-*Laufhütte/Willnow*, 7. Aufl. 2013, § 141 Rn. 5; Meyer-Goßner/Schmitt-*Schmitt*, StPO, 58. Aufl. 2015, § 141 Rn. 5.

[9] Bericht der Expertenkommission zur effektiveren und praxistauglicheren Ausgestaltung des allgemeinen Strafverfahrens und des jugendgerichtlichen Verfahrens, Berlin 2015, Seite 44.

[10] LR-*Lüderssen/Jahn*, 26. Aufl. 2007, § 141 Rn. 24; wörtlich ebenso schon *Lüderssen* in der 24. Aufl. an derselben Stelle.

lung. Da das Institut der Pflichtverteidigung eine Konkretisierung des Rechtsstaatsprinzips und des daraus folgenden Gebots eines fairen Verfahrens sei, dürfe die Beiordnung eines Verteidigers nicht zur Disposition der Strafverfolgungsbehörde stehen. Dem Beschuldigten stehe deshalb ein eigenes Antragsrecht zu.[11] Ähnlich argumentiert *Wohlers.*[12]

II. Bedenken gegen diese Entscheidung

Gegen die Ablehnung eines Rechts des Beschuldigten, im Ermittlungsverfahren die Beiordnung eines Verteidigers beantragen zu können, bestehen erhebliche Bedenken. Dies gilt schon deswegen, weil der Wortlaut der Vorschrift neben den Antragspflichten der Staatsanwaltschaft auch eine Antragsbefugnis des Beschuldigten zulässt (1), aus der Entstehungsgeschichte der Vorschriften über die notwendige Verteidigung eindeutig und zweifelsfrei folgt, dass der Beschuldigte ein Antragsrecht hat und dass Einzelregelungen über die zwingende Bestellung eines Verteidigers bei bestimmten Verfahrenslagen (wie bei Vollstreckung eines Haftbefehls, § 240 Abs. 1 Nr. 4) oder über die Antragsverpflichtung der Staatsanwaltschaft (wie in § 241 Abs. 3 Satz 2) lediglich Mindestgewährleistungen darstellen (2), dass eine solche Auslegung der Bedeutung des Ermittlungsverfahrens (3) und dem Grundsatz des fairen Verfahrens entspricht, wonach der Beschuldigte nicht Objekt des Verfahrens sein darf (4).

1. Auslegung der §§ 140 und 141

a) Gerichtliches Verfahren

§ 140 („Notwendige Verteidigung") bestimmt zunächst, wann Verteidigung notwendig ist. Dazu enthält Abs. 1 einen Katalog und Abs. 2 eine Schwereklausel. Der Katalog ist zwingend; liegen seine Voraussetzungen vor, muss der Betroffene verteidigt sein. Auch im Falle des Abs. 2 ist die Bestellung zwingend; da hier die Bestellung aber nur zu erfolgen hat, wenn Verteidigung „geboten erscheint", besteht ein Beurteilungsspielraum. Beide Regelungen betreffen, mit Ausnahme des erst 2009 eingefügten Abs. 1 Nr. 4, zunächst nur das gerichtliche Verfahren.[13] Das folgt aus dem im Gesetz genannten Zeitpunkt für die Bestel-

[11] *Pfeiffer* StPO, 5. Aufl. 2005, § 141 Rn. 2; ähnlich KMR-*Haizmann*, 62. EL. § 141, Rn. 6.

[12] SK-*Wohlers*, 4. Aufl. 2011, § 141 Rn. 4 ff.

[13] Durch die Einfügung von Nr. 4 in den Katalog des § 140 Abs. 1, wonach ein Fall notwendiger Verteidigung auch schon im Ermittlungsverfahren vorliegt, wenn Untersuchungshaft oder einstweilige Unterbringung vollstreckt wird, wurde das Prinzip durchbrochen; vgl. UHaftRÄndG vom 29.07.2009 (BGBl I 2274). In diesen Fällen wird der Verteidiger „unverzüglich nach Beginn der Vollstreckung bestellt" (§ 141 Abs. 3 Satz 4), zuständig ist „das nach § 126 oder § 275a zuständige Gericht" (§ 141 Abs. 4 Halbsatz 2).

lung: „sobald er[14] gemäß § 201 zur Erklärung über die Anklageschrift aufgefordert wird". Zuständig ist der Vorsitzende des Gerichts, das für das Hauptverfahren zuständig ist oder bei dem das Verfahren anhängig ist (§ 141 Abs. 4 Satz 1 Halbsatz 1). Die Entscheidung ergeht im Falle der Voraussetzungen des Abs. 1 von Amts wegen, im Falle der Voraussetzungen des Abs. 2 auf Antrag oder von Amts wegen. Dass hier dem Angeschuldigten ein Antragsrecht eingeräumt wird, ist wegen des Merkmals „geboten" sinnvoll, weil dieser so seine individuellen Gründe für das Erfordernis einer notwendigen Verteidigung zu Gehör bringen kann.

b) Ermittlungsverfahren

§ 140 Abs. 3 Satz 1 bestimmt lapidar „Der Verteidiger kann auch schon während des Vorverfahrens bestellt werden". Nach Satz 2 dieser Vorschrift „beantragt dies" die Staatsanwaltschaft, wenn nach ihrer Auffassung im gerichtlichen Verfahren notwendige Verteidigung geboten sein wird, und nach Satz 3 ist der Verteidiger nach dem Abschluss der Ermittlungen auf Antrag der Staatsanwaltschaft zu bestellen. Von einer Antragsbefugnis des Beschuldigten ist also nicht die Rede, wohl aber in Satz 2 und 3 von Verpflichtungen der Staatsanwaltschaft, auf eine Verteidigerbestellung hinzuwirken.

Dass aus dieser Regelung staatsanwaltschaftlicher Pflichten auf einen Ausschluss einer Antragsbefugnis des Beschuldigten geschlossen werden kann, ist nicht ohne weiteres einsichtig. Das Gesetz enthält auch sonst nicht stets eine Regelung darüber, wer antragsberechtigt ist. Dies gilt zum Beispiel für das Beweisantragsrecht (§ 244). Ohne dass dies ausdrücklich geregelt oder auch nur angedeutet wäre, sind dort die Staatsanwaltschaft, der Angeklagte, sein Verteidiger, aber auch in demselben Verfahren Mitangeklagte und ihre Verteidiger, Nebenkläger usw. antragsbefugt.

Es ist deshalb gut möglich, § 141 Abs. 3 so zu lesen, dass eine allgemeine Antragsbefugnis des Beschuldigten und der Staatsanwaltschaft besteht, dass letztere die Bestellung aber jedenfalls dann zu beantragen hat, wenn nach ihrer Auffassung im gerichtlichen Verfahren die Verteidigung nach § 140 Abs. 1 oder 2 notwendig sein wird. Mindestens ist aber in einem solchen Fall ein Verteidiger nach Abschluss der Ermittlungen zu bestellen. Dem steht entgegen der Auffassung der Ermittlungsrichterin des Bundesgerichtshofs die gesetzliche Regelung über die Zuständigkeit nicht entgegen. Zwar ist es richtig, dass nach § 141 Abs. 4 über die Bestellung im Ermittlungsverfahren der Vorsitzende des Gerichts zuständig ist, welches für das Hauptverfahren zuständig ist, eines Gerichts also, das zu diesem Zeitpunkt wegen des Wahlrechts der Staatsanwaltschaft bei mehreren Gerichtsständen noch gar nicht feststeht. Daraus darf aber nicht geschlossen werden, nur die Staatsanwaltschaft könne einen derartigen Antrag stellen,

---

[14] Gemeint ist der Angeschuldigte.

weil sie wisse, wo sie anklagen werde. Niemand wird die Staatsanwaltschaft wegen eines Antrags auf Verteidigerbestellung in ihrem Wahlrecht mit Anklageerhebung das zuständige Gericht zu bestimmen, beschneiden wollen. Bis zur Anklageerhebung können sich die Gerichtsstände durch Verbindung oder Trennung von Verfahren in vielfältiger Weise verändern. Dies mag dem Beschuldigten das Antragsrecht erschweren; doch gilt dies auch für die Staatsanwaltschaft, sollte sie von § 141 Abs. 2 Satz 2 Gebrauch machen. Zuständig muss in solchen Fällen jeder Vorsitzende sein, bei dessen Gericht zur Zeit der Antragstellung ein Gerichtsstand begründet wäre. Dass er den Fall nicht kennt und deshalb auf – sicher beschränkte – Aktenvorlage angewiesen ist, unterscheidet ihn nicht von einem Beschwerdegericht, das im Ermittlungsverfahren über die Rechtmäßigkeit einer Durchsuchung oder Beschlagnahme zu entscheiden hat.

2. Entstehungsgeschichte der Vorschriften über die Verteidigerbestellung

Schon nach der Wortlautauslegung spricht viel dafür, dass neben der Verpflichtung der Staatsanwaltschaft unter bestimmten Voraussetzungen die Verteidigerbestellung zu beantragen, ein eigenständiges Antragsrecht des Beschuldigten wie auch der Staatsanwaltschaft besteht. Erhellendes zur Auslegung der Vorschriften über die Bestellung des Verteidigers in Fällen notwendiger Verteidigung ergibt sich aus der Entstehungsgeschichte der Vorschriften.

a) RStPO 1877

Die heutige Struktur der gesetzlichen Regelung der notwendigen Verteidigung war zwar im Kern bereits in der Strafprozessordnung vom 1. Februar 1877[15] angelegt. Diese unterschied aber klarer zwischen der Bestellung im gerichtlichen Verfahren und im Ermittlungsverfahren und zwischen den Fällen zwingender und fakultativer Bestellung.

§ 140 enthielt für das gerichtliche Verfahren in einem Katalog die Fälle notwendiger Verteidigung, in denen von Amts wegen ein Verteidiger zu bestellen war.[16] § 140 Abs. 1 enthielt den Katalog der Fälle notwendiger Verteidigung, Abs. 2 die Generalklausel. § 141 und § 142 enthielten die Fälle fakultativer Bestellung, wobei die erste Vorschrift das gerichtliche Verfahren, die zweite das Vorverfahren betraf.

§ 141 und § 142 lauteten danach so:

---

[15] RGBl. 253.

[16] Mit der Besonderheit freilich, dass notwendige Verteidigung bei vor dem Landgericht zu verhandelnden Verbrechen einen Antrag des Beschuldigten auf Bestellung eines Verteidigers voraussetzte, § 140 Abs. 2 Nr. 2 StPO 1877.

§ 141
In anderen als den in § 140 bezeichnete Fällen kann das Gericht und bei vorhandener Dringlichkeit der Vorsitzende desselben auf Antrag oder von Amts wegen einen Vertheidiger bestellen.

§ 142
Die Bestellung des Vertheidigers kann schon während des Vorverfahrens erfolgen.

In der Kommentierung wird bei § 141 der Grund für die Bestellung „aus der Beschaffenheit der Sache wie aus der Persönlichkeit des Beschuldigten" entnommen.[17] Damit entsprach die Vorschrift in der Zielrichtung der Schwereklausel im heutigen § 140 Abs. 2. Unter „Vorverfahren" war sowohl die damalige gerichtliche Voruntersuchung wie auch das „Vorbereitende Verfahren", damals wie heute als „Vorbereitung der öffentlichen Klage" bezeichnet, zu verstehen.[18]

Auf wessen Initiative die Bestellung im Vorverfahren zu erfolgen habe, ist nicht ausdrücklich geregelt. Besondere Antragspflichten der Staatsanwaltschaft, wie sie heute § 141 Abs. 3 kennt, gab es nicht. Die Lösung folgt aber aus der Systematik des Gesetzes: Auf die Fälle zwingender notwendiger Verteidigung in § 140, in denen die Bestellung von Amts wegen zu erfolgen hat, folgen in § 141 die Fälle fakultativer Bestellung im gerichtlichen Verfahren mit der ausdrücklichen Regelung, dass diese auf Antrag oder von Amts wegen zu geschehen habe. Wenn dazu § 142 keine Regelung enthält, kann dies nur bedeuten, dass wegen des Initiativrechts stillschweigend auf den anderen Fall fakultativer Bestellung, eben auf § 141 verwiesen wird. Irgendjemand muss ja schließlich auch bei § 142 die Bestellung in die Wege leiten.

Folgerichtig geht die Kommentierung zu § 142 ganz selbstverständlich von einer Antragsbefugnis des Beschuldigten aus:

„Wie nach § 141, so kann auch nach § 142 die Bestellung ‚*auf Antrag oder von Amtswegen*'[19] erfolgen. Das zu § 141 Note 3, 4 Bemerkte findet auch hier Anwendung".

Dort ist im übrigen weiter ausgeführt, dass ein Antrag des Beschuldigten auf Bestellung eines Verteidigers ausdrücklich zu bescheiden und dass gegen die Ablehnung Beschwerde zulässig sei.[20]

Diese Rechtslage änderte sich bis 1939 nicht. Es ist hervorzuheben, dass die Kommentierung bis zu diesem Zeitpunkt am Antragrecht des Beschuldigten im Ermittlungsverfahren, an der Pflicht zur Bescheidung seines Antrags und an seiner Beschwerdebefugnis festhielt.[21]

---

[17] Löwe/*Hellweg*, StPO, 11. Aufl. 1904, § 141 Anm. 3.
[18] Löwe/*Hellweg*, StPO, 11. Aufl. 1904, § 142 Anm. 3; Vor § 158.
[19] Hervorhebung im Original.
[20] Löwe/*Hellweg*, StPO, 11. Aufl. 1904, § 141 Anm. 3 und 4.
[21] LR/StPO, 14. Aufl. 1914, § 142 Anm. 1; LR/StPO, 16. Aufl. 1925, § 142 Anm. 1; LR/StPO-*Hellweg* StPO, 19. Aufl. 1934, § 142 Anm. 1.

b) Gesetz vom 12. September 1950[22]

Das Rechtsvereinheitlichungsgesetz 1950 ordnete die Paragraphenfolge neu, ohne sachlich den früheren vor 1933 bestehenden Rechtszustand ändern zu wollen.[23]

§ 140 Abs. 1 enthielt den Katalog der Fälle notwendiger Verteidigung, Abs. 2 die Generalklausel.

§ 141 lautete jetzt:

(1) In den Fällen des § 140 Abs. 1 und 2 wird dem Angeschuldigten, der noch keinen Verteidiger gewählt hat, ein Verteidiger bestellt, sobald er gemäß § 201 zur Erklärung über die Anklageschrift aufgefordert worden ist, oder wenn eine solche Aufforderung nicht vorgeschrieben ist, sobald dem Angeschuldigten der Eröffnungsbeschluß zugestellt worden ist. Der Verteidiger kann auch schon während des Vorverfahrens bestellt werden.

(2) Ergibt sich erst später, daß ein Verteidiger notwendig ist, so wird er sofort bestellt.

(3) Zur Bestellung ist der Vorsitzende des Gerichts zuständig, bei dem das Verfahren anhängig ist. Im Vorverfahren entscheidet der Vorsitzende des Gerichts, das für das Hauptverfahren zuständig wäre.

Damit war die bis dahin bestehende klare Gliederung der Normen zerstört und insbesondere der enge Bezug zwischen den Fällen fakultativer Bestellung in § 141 aF mit der Antragsbefugnis des Beschuldigten und § 142 aF aufgegeben. Andererseits ist nicht ersichtlich, dass sachlich sich etwas geändert hätte.

Ob für die Bestellung im Ermittlungsverfahren wie in den Fällen des § 140 Abs. 2 ein Antragsrecht des Beschuldigten besteht, wird nicht mehr gesondert diskutiert[24], aber auch nicht in Zweifel gezogen. In den Kommentierungen zu § 141 ist von einer Beschwerdemöglichkeit die Rede, falls die Bestellung eines Verteidigers abgelehnt wird.[25] Dafür, dass sich diese nur auf Fälle der Schwereklausel beziehen könnte, spricht nichts.

c) StPÄG 1964[26]

Erstmals eine bedeutende Änderung des Rechts der Verteidigung und der Verteidigerbestellung im Ermittlungsverfahren, die für die hier zu untersuchende Frage von Bedeutung ist, brachte das StPÄG 1964, das sich zum Ziel gesetzt hatte, „den dringendsten Reformanliegen zu entsprechen".[27]

---

[22] Gesetz zur Wiederherstellung der Rechtseinheit auf dem Gebiete der Gerichtsverfassung, der bürgerlichen Rechtspflege, des Strafverfahrens und des Kostenrechts v. 12.09.1950, BGBl I 455.

[23] LR-*Rieß*, 25. Aufl. Einl. Abschn. E 86.

[24] Vgl. *Eb. Schmidt* Lehrkommentar zur StPO, 1957, § 140 Rn. 10a und § 141 Rn. 10.

[25] Vgl. *Eb. Schmidt* Lehrkommentar zur StPO, 1957, § 140 Rn. 10a und § 141 Rn. 10; LR-*Niethammer* 20. Aufl. 1958; LR-*Dünnebier* 21. Aufl. 1963, jeweils zu § 141.

[26] Gesetz zur Änderung der Strafprozessordnung und des Gerichtsverfassungsgesetzes (StPÄG) vom 19. Dezember 1964, BGBl I 1067

[27] Begründung des Regierungsentwurfs BT-Drucks. IV/178, S. 15.

Der Umfang der notwendigen Verteidigung wurde erweitert. Nach Möglichkeit sollte erreicht werden, dass der Verteidiger seine Aufgaben als Organ der Strafrechtspflege frühzeitig wahrnehmen kann. Deshalb macht es der Entwurf dem Staatsanwalt zur Pflicht, dem Beschuldigten schon im vorbereitenden Verfahren einen Verteidiger bestellen zu lassen, wenn nach seiner Auffassung in dem zu erwartenden gerichtlichen Hauptverfahren die Verteidigung nach § 140 Abs. 1 notwendig sein wird[28]. Obwohl von der gesetzlichen Regelung nicht erfasst, hält die Begründung einen solchen Antrag auch in den Fällen des § 140 Abs. 2 für zulässig.

Auch die Einführung des Vermerks über den Abschluss der Ermittlungen (§ 169a Abs. 1) und des Schlussgehörs (§§ 169a bis 169c) sollte die Stellung des Beschuldigten stärken, indem in den gewichtigeren Fällen seinem Verteidiger vor Anklageerhebung nicht nur Akteneinsicht ermöglicht, sondern auch er und sein Verteidiger zu der beabsichtigten Anklageerhebung angehört werden sollten. Dies führte zu Änderungen bei § 141 Abs. 3 und 4. Jedoch blieb Abs. 3 Satz 1 wie schon früher unverändert.

§ 141 Abs. 3 und Abs. 4 heißen nun:

(3) Der Verteidiger kann auch schon während des Vorverfahrens bestellt werden. Nach dem Abschluß der Ermittlungen (§ 169a Abs. 1) ist er auf Antrag der Staatsanwaltschaft zu bestellen. Die Staatsanwaltschaft soll diesen Antrag stellen, falls die Gewährung des Schlußgehörs in Betracht kommt und nach ihrer Auffassung in dem gerichtlichen Verfahren die Verteidigung nach § 140 Abs. 1 notwendig sein wird. Der Abschluß der Ermittlungen soll in diesem Falle auch dem Beschuldigten erst nach der Bestellung des Verteidigers mitgeteilt werden (§ 169a Abs. 2).

(4) Über die Bestellung entscheidet der Vorsitzende des Gerichts, das für das Hauptverfahren zuständig oder bei dem das Verfahren anhängig ist."

Damit erfolgen zum ersten Mal Handlungsanweisungen an die Staatsanwaltschaft zur Verteidigerbestellung im Ermittlungsverfahren. *Eb. Schmidt*[29] beanstandete mit harschen Worten Schwarz/*Kleinknecht*[30] zustimmend, dass das Gesetz nicht ausdrücklich „darauf hingewiesen" habe, dass der Beschuldigte, der sich einen Verteidiger nicht zu wählen vermag, die Bestellung beantragen könne. Aus Abs. 3 Satz 1 müsse das herausgelesen werden. Schwarz/*Kleinknecht* sähen in der Sollvorschrift des Abs. 3 Satz 2 eine „Verpflichtung" der Staatsanwaltschaft, was *Eb. Schmidt* zu der berechtigten Frage veranlasst, warum der Gesetzgeber dies durch die Verwendung „hat" statt „soll" nicht deutlich zu erkennen gegeben habe.

Möglicherweise haben diese Überlegungen *Kleinknecht* veranlasst, in seiner Kommentierung diesen Punkt ausdrücklich und eindeutig anzusprechen. Dort

---

[28] Begründung des Regierungsentwurfs BT-Drucks. IV/178, S. 17, 31.

[29] *Eb. Schmidt* Lehrkommentar zur StPO und zum GVG, Nachträge zu Teil II, Nachtragsband I § 141 Rn. 5.

[30] Schwarz/*Kleinknecht*, StPO, 26. Aufl. 1966, § 141 Anm. 4 B.

heißt es jetzt zur Bestellung im vorbereitenden Verfahren drei Auflagen lang von 1970 bis 1974:

„Den Antrag kann der Beschuldigte stellen, auch die Staatsanwaltschaft nach pflichtgemäßem Ermessen“.[31]

d) 1. StVRG[32]

Wohl noch den Zorn *Eb. Schmidts* im Ohr ändert der Gesetzgeber § 141 Abs. 3 Satz 2 unter Hinweis auf die von diesem geäußerte Kritik. Das Gesetz soll nach der Begründung des Regierungsentwurfs „zu einer weiteren Verbesserung der Rechtsstellung des Beschuldigten“ führen.[33] Aus der früheren Sollvorschrift wird nun – schärfer – eine zwingende Verpflichtung. Diese erstreckt sich auf alle Fälle notwendiger Verteidigung und nicht nur wie nach der letzten Gesetzesänderung auf die nach § 140 Abs. 1. Das Schlussgehör entfällt wieder und damit auch die Beschränkung auf die von diesem erfassten Fälle.

§ 141 Abs. 3 erhielt nun folgende Fassung:

Der Verteidiger kann auch schon während des Vorverfahrens bestellt werden. Die Staatsanwaltschaft beantragt dies, wenn nach ihrer Auffassung in dem gerichtlichen Verfahren die Mitwirkung eines Verteidigers nach § 140 Abs. 1 oder 2 notwendig sein wird. Nach dem Abschluß der Ermittlungen (§ 169a) ist er auf Antrag der Staatsanwaltschaft zu bestellen.

Kleinknecht sah durch diese zwingende Verpflichtung der Staatsanwaltschaft den Schutz der Rechte des Beschuldigten offensichtlich ausreichend gewährleistet und änderte ohne jegliche Begründung und ohne Hinweis auf seine in den Vorauflagen vertretene andere Meinung seine Kommentierung. Der Beschuldigte könne das Verfahren nach § 141 Abs. 3 Satz 2 nur anregen, heißt es jetzt.[34] Diese Auffassung wurde in der Folge in der Literatur von vielen Autoren übernommen und wirkt bis heute nach.

e) StORMG[35]

Da eine vernehmungsersetzende Aufzeichnung einer Video-Aufzeichnung nur verwertbar ist, wenn das Konfrontationsrecht aus Art. 6 Abs. 3 lit. d EMRK gewahrt wurde,[36] hat das Gesetz zur Stärkung der Rechte von Opfern sexuellen

---

[31] *Kleinknecht*, StPO 29. Aufl. 1970, 30. Aufl. 1971 und 31. Aufl. 1974, jeweils Anm. 4B.

[32] Erstes Gesetz zur Reform des Strafverfahrensrechts vom 9. Dezember 1974, BGBl I 3393.

[33] BT-Drucks 7/551 Seite 43 und 69.

[34] *Kleinknecht*, StPO 32. Aufl. 1975 Anm. 4.

[35] Gesetz zur Stärkung des Rechte von Opfern sexuellen Missbrauchs vom 26.06.2013, BGBl I 1805.

[36] LR-*Mosbacher*, 26. Aufl. § 255a Rn. 12 unter Hinweis auf BGHSt 46, 93 und BGHSt 48, 268.

Missbrauchs (StORMG) indirekt durch die Neufassung des § 141 Abs. 4 die Möglichkeit der Bestellung eines Verteidigers im Ermittlungsverfahren für richterliche Vernehmungen anerkannt. Dass dies nur über eine Zuständigkeitsregelung erfolgte, ist freilich beschämend. Diese Erweiterung der Verteidigung erfolgte gewiss nicht zum Schutz der Rechte des Beschuldigten. Um Mehrfachvernehmungen von Opfern zu vermeiden, soll der Weg zu § 255a Abs. 2 eröffnet und damit vernehmungsersetzendes Abspielen einer Bild-Tonaufzeichnung der Zeugenvernehmung in der Hauptverhandlung ermöglicht werden. Diese ist nämlich nur zulässig, wenn der Angeklagte und sein Verteidiger Gelegenheit hatten, an der Vernehmung teilzunehmen.[37] § 141 Abs. 4 wurde wie folgt neu gefasst, wobei der eingeschobene Satzteil hier fett markiert ist:

Über die Bestellung entscheidet der Vorsitzende des Gerichts, das für das Hauptverfahren zuständig oder bei dem das Verfahren anhängig ist, *oder das Gericht, das für eine von der Staatsanwaltschaft gemäß § 162 Absatz 1 Satz 1 oder Satz 3 beantragte richterliche Vernehmung zuständig ist, wenn die Staatsanwaltschaft dies zur Beschleunigung des Verfahrens für erforderlich hält;* im Fall des § 140 Absatz 1 Nummer 4 entscheidet das nach § 126 oder § 275a Absatz 6 zuständige Gericht."

Danach bedarf der Ermittlungsrichter in solchen Fällen für die Bestellung eines Verteidigers des Antrags der Staatsanwaltschaft. Hält der Richter einen Fall notwendiger Verteidigung für gegeben, steht ihm aber ein scharfes Schwert zur Seite: Er muss dann die Untersuchungshandlung wegen Verstoßes gegen § 140 Abs. 3 Satz 2 ablehnen.[38]

f) Gesetz zur Stärkung der Verfahrensrechte von Beschuldigten im Strafverfahren[39]

Das Gesetz dient unter anderem der Umsetzung der Richtlinie 2012/13/EU über das Recht auf Belehrung und Unterrichtung im Strafverfahren. Es soll, ebenso wie die Richtlinie selbst, keine weiteren Rechte schaffen, sondern lediglich die Unterrichtung des Beschuldigten über bestehende Rechte garantieren. Zu diesem Zweck sollte nach dem Regierungsentwurf[40] § 136 dahin geändert werde, dass in Abs. 1 Satz 3 nach der Belehrung über die Möglichkeit, weitere Beweiserhebungen zu beantragen, eingefügt werden sollte:

---

[37] Dies muss dem Zusammenhang der Neuregelungen durch das StORMG entnommen werden, die auch eine Änderung des § 255a Abs. 2 S. 1 brachte. Die Begründung des Regierungsentwurfs .If dem Gebiete der Gerichtsverfassung, der bürgerlichen Rechtspflege, des Strafverfahrens und BT-Drucks 17/6261, S 12 schweigt dazu. Die Einfügung geht ersichtlich auf die Rechtsprechung des Bundesgerichtshofs zurück, wonach im Hinblick auf Art. 6 Abs. 3 lit. d EMRK die Mitwirkung eines Verteidigers geboten ist, wenn der zentrale zeugnisverweigerungsberechtigte Belastungszeuge unter Ausschluss des Beschuldigten durch den Ermittlungsrichter zur Beweissicherung vernommen werden soll und bei einem Verstoß ein Verwertungsverbot besteht, BGHSt 46, 93.

[38] Vgl. SK-*Wohlers*, StPO 4. Aufl. § 141 Rn. 6.

[39] Vom 2. Juli 2013, BGBl I 1938.

[40] BR-Drucks. 816/12.

„und unter den Voraussetzungen des § 140 Abs. 1 und 2 die Bestellung eines Verteidigers beanspruchen"

Dies missfiel dem Bundesrat.[41] Die vorgesehene Belehrung stehe im Widerspruch zur Vorschrift des § 141 Abs. 1 und 3, wonach die Bestellung eines Pflichtverteidigers im Vorverfahren bis zum Abschluss der Ermittlungen grundsätzlich nur auf Antrag der Staatsanwaltschaft erfolge. Ein Antrag des Beschuldigten sei lediglich als Anregung an die Staatsanwaltschaft zu behandeln. Nach § 140 Abs. 1 und 2 sei deshalb

„nach Maßgabe des § 141 Absatz 1 und 3"

einzufügen. Dem stimmte die Bundesregierung in ihrer Gegenäußerung[42] und später auch der Rechtsausschuss des Bundestags[43] jeweils ohne weitere Begründung zu. So wurde der Vorschlag des Bundesrats Gesetz. Dass auch der zum Gesetzentwurf angehörte Ausschuss Strafrecht des DAV in seiner Stellungnahme keine Bedenken hatte, vielmehr zu der Änderung des § 136 StPO überhaupt nicht Stellung nahm, verwundert angesichts der Brisanz der Begründung.

Indessen ist die in der Gesetzesbegründung zum Ausdruck gekommene, nirgends näher begründete Rechtsauffassung nicht in das Gesetz, das sich mit ganz anderen Fragen befasste eingeflossen. Man spürt in der Stellungnahme des Bundesrats geradezu den kalten Hauch der Länderfinanzminister im Nacken des Verfassers, die Sorge vor weiteren Kosten und vor einer weiteren Komplizierung des Verfahrens hatte. Beschämend ist, dass dabei eine Rechtslage ignoriert wurde, wie sie seit 1877 bis in die Zeit des 2. Weltkriegs unangefochten bestand und auch danach lange nicht in Zweifel gezogen wurde.

3. Die Bedeutung des Ermittlungsverfahrens

Bei der Auslegung des § 141 Abs. 3 Satz 1 kann auch nicht außer Betracht bleiben, welches Gewicht die Verteidigung schon im Vorverfahren hat. Das Ermittlungsverfahren hat in den letzten Jahrzehnten einen starken Bedeutungswandel erfahren.[44] Die Stellung des Beschuldigten wurde durch Einführung von Belehrungs- und Hinweispflichten sowie von Gestaltungs- oder Teilhaberechten[45] gestärkt. Dies hat schon *Eb. Schmidt* 1967 nach Inkrafttreten des StPÄG 1964[46] hervorgehoben und betont, die neueren gesetzlichen Regelungen würden es ver-

---

[41] BR-Drucks. 816/1/12, S. 3; BT-Drucks. 17/12578, S. 20.

[42] BT-Drucks. 17/12578, S. 21.

[43] BT-Drucks. 17/13528, S. 3.

[44] *Landau/Sander* StraFo 1998, 397; LR-*Erb*, 26. Aufl., Vor § 158 Rn. 45; *Dahs* Handbuch des Strafverteidigers, 8. Aufl. 2015, Rn. 234.

[45] Vgl. hierzu LR-*Erb*, 26. Aufl., Vor § 158 Rn. 45; *Dahs* Handbuch des Strafverteidigers, 8. Aufl. 2015, Rn. 234.

[46] Gesetz zur Änderung der Strafprozessordnung und des Gerichtsverfassungsgesetzes vom 19. Dezember 1964 BGBl I 1067.

bieten, den Beschuldigten noch als „Untersuchungsobjekt“ zu bezeichnen[47]. *Dahs* weist zutreffend darauf hin, dass die Mitwirkung des Verteidigers am Ermittlungsverfahren „jedenfalls in vielen Fällen unter dem Gebot der Mitgestaltung“ stehe.[48]

Auf der anderen Seite haben die Ergebnisse des Ermittlungsverfahrens für das weitere Verfahren großes Gewicht. *Dahs* spricht nicht zu Unrecht davon, dass ihnen sogar „urteilsprägende Bedeutung“ zukomme.[49] Frühere Aussagen des Beschuldigten oder von Zeugen können durch Vernehmung der Verhörsperson, Niederschriften oder Bild- und Tonaufzeichnungen über Zeugenvernehmungen neben einer erneuten Zeugenvernehmung oder diese sogar ersetzend in die Hauptverhandlung eingeführt werden. Die Beispiele könnten fortgeführt werden. Ein alter Verteidigergrundsatz lautet deshalb, was im Ermittlungsverfahren versäumt wurde, könne in keiner Phase des weiteren Verfahrens wieder gutgemacht werden.[50]

Es liegt auf der Hand, dass der Beschuldigte bei allen diesen Vorgängen des Beistands eines Verteidigers bedarf, will er Frage-, Hinweis-, Beanstandungs- oder Antragsrechte sachgerecht ausüben und dass er ohne einen solchen Beistand Fehler begeht, die später nur schwer oder gar nicht ausgebügelt werden können.

Die Entscheidung, ob der Beschuldigte schweigt oder aussagt, wird zunächst hier getroffen. Jede der beiden Möglichkeiten kann prozesstaktisch richtig oder falsch sein. Ein Schweigen nimmt dem Beschuldigten die Möglichkeit, durch eine frühe Aussage die Polizei oder Staatsanwaltschaft von seinem Standpunkt einzunehmen und so vielleicht mit Hilfe herbeigeschaffter Unterlagen oder anderweitiger weiterer Beweiserhebung das Verfahren insgesamt zu vermeiden oder doch weniger belastend zu gestalten. Macht der Beschuldigte Angaben, ist der Inhalt seiner Aussage in der Welt und kann auch bei späterem Schweigen in der Hauptverhandlung verwertet werden, wenn nicht ganz ausnahmsweise ein Verwertungsverbot eingreift. Was richtig ist, Reden oder Schweigen, kann der Beschuldigte selbst nicht entscheiden. Für die sachgerechte Wahrnehmung seiner Rechte bedarf er des Beistands eines Verteidigers im Grunde schon vor der ersten Vernehmung. Eine Bestellung nach § 140 Abs. 2 auf Antrag der Staatsanwaltschaft erfolgt trotz Belehrung nach §§ 136, 163a in dieser Phase kaum jemals. Wie wichtig gerade die erste Vernehmung ist, zeigen auch die Verstöße gegen das Gebot, den auf Grund eines Haftbefehls Festgenommenen „unver-

[47] Lehrkommentar zur StPO und zum GVG, Nachträge zu Teil II, Nachtragsband I Vor § 158 Rn. 2.

[48] *Dahs* Handbuch des Strafverteidigers, 8. Aufl. 2015, Rn. 235.

[49] *Dahs* Handbuch des Strafverteidigers, 8. Aufl. 2015, Rn. 234.

[50] *Dahs* Handbuch des Strafverteidigers, 8. Aufl. 2015, Rn. 234, der an dieser Stelle und folgend in Rn. 235 auch eingehend und in der Sache überzeugend die Möglichkeiten der Verteidigung im Ermittlungsverfahren darstellt.

züglich" dem zuständigen Gericht zur richterlichen Vernehmung zuzuführen (§ 115 Abs. 1 und 2). Der Verdacht drängt sich auf, dass die unverzügliche Vorführung zugunsten einer unzulässig[51] eingeschobenen polizeilichen Beschuldigtenvernehmung deshalb unterblieben ist, weil bei richterlichen Vernehmungen häufiger die Zuziehung eines Verteidigers erfolgt. Es gibt viele Richter, die gerade bei Kapitalsachen auf der Mitwirkung eines Verteidigers bei Beschuldigtenvernehmungen bestehen. In der Sache BGHSt 60, 38 hatte der Verstoß äußerst schwerwiegende Folgen, wenn durch die unzulässige polizeiliche Vernehmung die Zuziehung eines Verteidigers tatsächlich unterblieben sein sollte.[52]

Dies gilt auch für Anwesenheitsrechte des Beschuldigten bei den wichtigen beweissichernden richterlichen Vernehmungen von Zeugen oder Sachverständigen (§ 168c) und beim Augenschein (§ 168d). Zu sachgerechten Fragen, Vorhalten oder Hinweisen oder gar zu einer Entscheidung über die Entbindung von der Schweigepflicht bei den in § 53 Abs. 1 Satz 1 Nr. 2 bis 3b genannten Personen als Zeugen wird der durchschnittliche Beschuldigte ebenfalls ohne Beistand nicht in der Lage sein.

Von großer Bedeutung kann schließlich schon im Ermittlungsverfahren das Akteneinsichtsrecht sein. Zwar kann dieses von der Staatsanwaltschaft teilweise beschränkt werden und wird dies auch in der Regel. Keiner Beschränkung unterliegt aber die Akteneinsicht durch den Verteidiger in Niederschriften über die Vernehmung des Beschuldigten und über solche Untersuchungshandlungen bei denen dem Verteidiger die Anwesenheit gestattet wurde oder hätte gestattet werden können sowie in die Gutachten von Sachverständigen (§ 147 Abs. 3). Die Kenntnis dieser Akten schafft einem Verteidiger die Möglichkeit, bereits im Ermittlungsverfahren aktiv zu werden, sei es dass er selbst weitere Ermittlungen anstellt oder dass er Anträge stellt.

Auch wird dem Verteidiger die Einsicht in beim Beschuldigten beschlagnahmte Unterlagen nicht nach § 147 Abs. 2 versagt werden können, da diese Unterlagen dem Beschuldigten bekannt sind und deshalb von ihrer Kenntnis keine Gefährdung des Untersuchungszwecks zu befürchten ist. Das Akteneinsichtsrecht des Beschuldigten bleibt hinter diesen Rechten weit zurück (§ 147 Abs. 7), kann also die Mitwirkung eines Verteidigers nicht ersetzen.

Auch die Geltendmachung des Anspruchs auf Beweiserhebung nach § 163a Abs. 2 und § 166 setzt fachliche Kenntnisse und Erfahrung voraus. Sachgerechte Anträge sind häufig nur auf der Grundlage der durch die Akteneinsicht des

---

[51] BGHSt 60, 38 Rn. 12; BGH StV 1995, 283; BGH JR 1991, 84 mit Anm. *Fezer*; Meyer-Goßner/Schmitt-*Schmitt*, StPO 58. Aufl. 2015, § 115 Rn. 4.

[52] *Wohlers* in seiner Anmerkung zu dieser Entscheidung JR 2015, 218: „Eine Rechtsprechung, die eine Beiordnung erst dann für zwingend erachtet, nachdem der Beschuldigte sich um Kopf und Kragen geredet hat, opfert den Status des Beschuldigten als Prozesssubjekt auf dem Altar des kurzen Prozesses".

Verteidigers erlangten Erkenntnisse über die früheren Angaben des Beschuldigten oder erhobene Sachverständigengutachten möglich.

4. Der Beschuldigte als Objekt des Ermittlungsverfahrens?

Letztlich spricht auch das Rechtsstaatsprinzip dafür, dem Beschuldigten im Ermittlungsverfahren ein Recht auf Beantragung eines Verteidigers zuzusprechen. Aus diesem Prinzip in Verbindung mit Art. 2 Abs. 1 GG folgt, dass der Beschuldigte nicht nur Objekt des Verfahrens sein darf, dass ihm vielmehr die Möglichkeit gegeben werden muss, zur Wahrung seiner Rechte auf den Gang und das Ergebnis des Verfahrens Einfluss zu nehmen.[53] Auch wenn die Rechtsprechung des Bundesverfassungsgerichts diesen Grundsatz – so weit ersichtlich – für das Ermittlungsverfahren noch nicht ausdrücklich ausgesprochen hat, kann doch kein Zweifel bestehen, dass er auch hier gelten muss. Das folgt aus der geschilderten Bedeutung des Ermittlungsverfahrens und den Einflussmöglichkeiten des Beschuldigten.

Die gesetzlichen Regeln über die materiellen Voraussetzungen notwendiger Verteidigung, wie sie in § 140 Abs. 1 und 2 umschrieben sind, könnten dem Rechnung tragen. Fraglich ist es aber, ob dies auch für die Regelung über die Bestellung des Verteidigers gilt.

Kaum vereinbar mit dieser Rolle des Beschuldigten als Verfahrenssubjekt ist es, wenn seine Verteidigungsmöglichkeiten mehr oder weniger vom Wohlwollen der Staatsanwaltschaft abhängen, weil er etwa, aus welchen Gründen auch immer, auf die Bestellung eines Verteidigers angewiesen ist. Das Recht auf Verteidigung darf nicht zur Disposition der Staatsanwaltschaft gestellt werden.[54] Zwar gibt es im Ermittlungsverfahren keine „Waffengleichheit" und es kann sie auch nicht geben. Die Staatsanwaltschaft braucht einen Informationsvorsprung, um wirksam ermitteln zu können. Wo aber Beteiligungsrechte des Beschuldigten dem Verfahren nicht schaden, müssen sie ihm eingeräumt werden. Natürlich kann eine frühe Verteidigerbestellung dazu führen, dass der Beschuldigte schweigt und damit die Sachaufklärung nicht gerade fördert. Er macht dann aber nur von einem verfassungsrechtlich verbürgten Recht Gebrauch, das ihm nicht zum Nachteil ausschlagen kann. Das alles spricht dafür, dem Beschuldigten ein Antragsrecht zuzusprechen. Dieses ist auch psychologisch wichtig. Den Beschuldigten in den regelmäßig schwer wiegenden Fällen einer notwendigen Verteidigung auf die (ausschließlichen) Antragsbefugnisse der Staatsanwaltschaft zu verweisen, stärkt nicht das Vertrauen in den Rechtsstaat. Gewiss ist auch die Staatsanwaltschaft dem Recht verpflichtet und soll die Rechtmäßigkeit des Ermittlungsverfahrens garantieren.[55] Dass dies häufig nicht gelingt, ist aber

---

[53] BVerfGE 70, 297, 322; 63, 380, 390; 46, 202, 210.
[54] *Pfeiffer* StPO, 5. Aufl. § 141 Rn. 2.
[55] Vgl. nur BVerfGE 133, 168 Rn. 93.

evident. Es sei nur auf die öffentlichkeitswirksamen Durchsuchungsaktionen verwiesen, in denen unter dem Beifall der (von wem informierten?) Medien lastwagenweise Material abtransportiert wird. Verfahrensnotwendig wäre solches Vorgehen häufig nicht. Schlimmer ist es aber, dass in vielen Fällen das spätere Verfahren im Sand verläuft oder allenfalls die sprichwörtliche Maus gebiert. Der Beschuldigte darf zur Durchsetzung seiner Rechte nicht in die Objektrolle gedrängt und auf eine solchermaßen belastete Staatsanwaltschaft als „Herrin des Verfahrens" verwiesen werden. Im gerichtlichen Verfahren gibt es den Ablehnungsgrund der „Besorgnis der Befangenheit", der tatsächliche Befangenheit nicht voraussetzt. Im Ermittlungsverfahren ist die Lage ähnlich. Dies ist bei der Frage einer Antragsbefugnis des Beschuldigten zu beachten.

Nur am Rande sei noch bemerkt: § 141 Abs. 3 Satz 2 gibt dem Beschuldigten keinen Schutz. Es gibt wenige Vorschriften, die so offenkundig, freilich mit Billigung eines Teils der höchstrichterlichen Rechtsprechung,[56] von der Staatsanwaltschaft missachtet werden wie diese, obwohl deren Wortlaut eindeutig ist[57] und sogar von einer Sollvorschrift zu einer Mussvorschrift verschärft wurde. Missachtet wurde diese Vorschrift unter anderem in den Verfahren wegen Mordes, die zu den Entscheidungen BGHSt 47, 172, BGHSt 47, 233, BGHSt 60, 38 geführt haben.[58]

Soweit es um den Antrag nach Abs. 3 Satz 2 geht, kann eigentlich kein Zweifel bestehen, dass dessen Voraussetzungen vorliegen, wenn der Gegenstand der Ermittlungen in den Katalogbereich des § 140 Abs. 1 fällt. Dessen Abs. 2 setzt eine Abwägung voraus. Sie in den verbleibenden Schöffengerichtsfällen angemessen vorzunehmen, ist kein Kunststück. Von irgendeiner Art von Anklagewahrscheinlichkeit weiß das Gesetz nichts. Die Staatsanwaltschaft ermittelt im Übrigen nicht, um die Akte alsbald wieder zu schließen, sondern um anzuklagen. Und gerade in den kritischen Fällen kann Verteidigung nicht deshalb unterbleiben, weil der Staatsanwalt sich nicht sicher ist, ob es – überspitzt ausgedrückt – zu einer Mordanklage reicht. Gerade in solchen Fällen ist sie doppelt nötig. Dass die Vorschrift, so strikt sie auch klingen mag, pragmatisch gehandhabt werden kann, hat die Rechtsprechung auch aufgezeigt[59].

---

[56] Vgl. nur BGHSt 60, 38 Rn. 9 mit Nachweisen aus der Rechtsprechung desselben Senats = JR 2015, 279 mit krit. Anm. *Wohlers* zu der Divergenz zwischen dem 1. und 5. Strafsenat in dieser Frage.

[57] BGHSt 46, 93; BGH JR 2002, 290 mit Anm. *Wohlers.*

[58] Weitere Beispielsfälle bei BGHSt 60, 38 Rn. 9.

[59] BGHSt 46, 93, 99.

III. Was bleibt?

Die Rechtslage scheint mir eindeutiger zu sein, als dies zunächst den Anschein hat. Der Wortlaut der Vorschrift enthält zwingende Antragspflichten der Staatsanwaltschaft, die dieser kein Ermessen, allenfalls bei Abs. 3 Satz 2 bezüglich der Schwereklausel in § 140 Abs. 2 einen geringen Beurteilungsspielraum lassen. Sie wurden eingeführt, um die Verteidigung zu stärken. Das folgt aus den Begründungen zum StPÄG 64 und zum 1. StVRG.

Der Wortlaut schließt Anträge des Beschuldigten und über die Voraussetzungen des § 141 Abs. 3 Satz 2 und 3 hinausgehende Anträge der Staatsanwaltschaft nicht aus. Berücksichtigt man, dass seit Inkrafttreten der RStPO im Jahre 1877 bis 1939 ein Antragsrecht des Beschuldigten ohne Bedenken bejaht wurde, ist nicht ersichtlich, warum wegen nach und nach eingeführten und verschärften Antragspflichten der Staatsanwaltschaft, die allesamt einer wirksameren Verteidigung dienen sollen, das Recht des Beschuldigten verkürzt werden soll. Die enge Fassung dieser Pflichten zeigt vielmehr, dass sie eine Mindestgewährleistung garantieren sollen. Daneben bleibt Raum für weitergehende Anträge des Beschuldigten und der Staatsanwaltschaft. Für letztere räumt dies die Begründung zum Regierungsentwurf des StPÄG 64 sogar ausdrücklich ein.[60] Ob und wann solche Anträge begründet sind, ist eine andere Frage. Mit der Verfahrensherrschaft der Staatsanwaltschaft im Ermittlungsverfahren hat das nichts zu tun. Diese ist auch sonst nicht frei von gerichtlichen Entscheidungen.

[60] BT-Drucks. IV/178, S. 31 zu § 141.

Art. 103 Abs. 2 GG zwischen allgemeinem Sprachgebrauch und juristischer Fachsprache

Franz Streng

I. Grundlagen der Garantiefunktion des Strafgesetzes

Als allgemein gültige Vorstellung von einer Subsumtion unter das Gesetz dürfte gelten, dass der fragliche Lebenssachverhalt danach untersucht wird, ob er alle im Gesetz für das Eintreten der Rechtsfolge genannten und implizit enthaltenen Voraussetzungen erfüllt. Unübersehbar ist freilich, dass die gesetzlich genutzten Begriffe Unschärfen aufweisen.[1] Diese sind teils unvermeidlicher Natur, wenn nämlich die Sprache keinen dem gesetzgeberischen Anliegen exakt dienenden Begriff kennt, also der vom Gesetzgeber gewünschte Regelungsbereich den etablierten Bedeutungsgehalt des gewählten Begriffes unter- oder überschreitet. Entsprechende Defizite treten auf, wenn auf einen im Grundsatz bereits eingeführten Rechtsbegriff zurückgegriffen wird, der im fraglichen Zusammenhang aber anders (z.B. weiter oder enger) gemeint ist oder gemeint sein kann, als in den anderen Regelungszusammenhängen. Teils sind die Unschärfen handwerklicher Natur, wenn nämlich der Gesetzgeber vor der Komplexität seines Regelungsanliegens kapituliert und einen eher vagen Begriff wählt, der für eine in der Praxis noch zu entwickelnde Detail-Konturierung der Norm genug Spielraum lässt. Und schließlich kann sich durch Veränderungen im Lebensumfeld wie im Sprachgebrauch auch ein Wandel in der Aussage des Normtextes ergeben.

Besondere Bedeutung gewinnen diese Defizite des geschriebenen Gesetzes im Bereich des Strafrechts angesichts des in Art. 103 Abs. 2 GG (und § 1 StGB) niedergelegten *nullum crimen, nulla poena, sine lege (scripta)*-Grundsatzes. Hier lässt sich der Frage nicht mehr ausweichen, anhand welchen Begriffsverständnisses man die Garantie des Strafgesetzes gewähren will oder muss. Als rechtsstaatlich besonders stringent könnte man den Ansatz einstufen, hinsichtlich strafbegründender Normen stets die denkbar engste grammatische Ausle-

---

[1] Sehr nachdrücklich *Arthur Kaufmann* Rechtsphilosophie im Wandel, 1972, S. 276ff.; *Jakobs* Strafrecht AT, 1991, 4. Abschn. Rn. 35; vgl. andererseits *Schünemann* Nulla poena sine lege?, 1978, S. 19ff.; *Hruschka* Strafrecht nach logisch-analytischer Methode, 1988, S. XVI ff.

gung zu wählen, hinsichtlich strafbefreiender Normen hingegen die weiteste Interpretation. Freilich würde man mit dieser Direktive die bereits geschilderten Gesetzes-Unschärfen zuspitzen. Eine die Strafbarkeit denkbar stark einschränkende Auslegung der Gesetzesbegriffe überfordert demnach die Belastbarkeit des Gesetzestexts und konterkariert die kriminalpolitischen Bemühungen des Gesetzgebers. Zudem ruft der Wortlaut des Art. 103 Abs. 2 GG durchaus nicht nach einer derartigen Extremlösung, die dem erklärten Willen des Gesetzgebers überdies nicht gerecht würde.[2]

Tatsächlich verlangt die Garantie für den Staatsbürger, nicht überraschend strafrechtlich zur Verantwortung gezogen werden, keine derart restriktiv ansetzende Wortlautexegese. Es reicht aus, wenn der Bürger es angesichts des ihm soweit verständlichen Gesetzeswortlauts für ernstlich möglich hält, mit seinem projektierten Verhalten in den Bereich des Strafbaren hineinzugelangen.[3] Denn bereits angesichts derartiger Wahrnehmung kann er sein Verhalten entsprechend einrichten. Wenn ihm das eigentlich Vorgehabte – z. B. aus geschäftlichen Gründen – besonders wichtig erscheint, mag er angesichts möglicherweise drohender strafrechtlicher Folgen juristische Beratung in Anspruch nehmen, um das Risiko zu klären.[4] So bleibt festzuhalten, dass die für die Garantiefunktion zentrale Orientierungsfunktion des Strafgesetzes gewahrt bleibt, solange die Auslegung des Strafgesetzes durch die Justiz im Bereich des sprachlich – nämlich alltagssprachlich – eingebürgerten Bedeutungsgehalts bleibt.[5] In diesem Sinne formuliert das Bundesverfassungsgericht, dass „der mögliche Wortlaut als äußerste Grenze zulässiger richterlicher Interpretation aus der Sicht des

[2] Vgl. auch Maunz/Dürig-*Schmidt-Aßmann*, GG, Stand: Mai 2015, Art. 103 Abs. 2 Rn. 230: „Eine benigna interpretatio verlangt Art. 103 Abs. 2 nicht".

[3] Das BVerfG verlangt zwar, dass die Normadressaten „im Regelfall bereits anhand des Wortlauts der gesetzlichen Vorschrift voraussehen können, ob ein Verhalten strafbar ist oder nicht" (BVerfGE 126, 170 (195); ferner BVerfGE 92, 1, (12)), relativiert das dann aber nicht unwesentlich und lässt es „ausnahmsweise" genügen, „wenn lediglich das Risiko einer Bestrafung erkennbar ist" (BVerfGE 126, 170 (196); ferner BVerfGE 92, 1 (12)). – Zu Grenzen der Orientierungsfunktion des Strafgesetzes auch *Silva Sànchez* in: Kudlich/Montiel/Schuhr (Hrsg.), Gesetzlichkeit und Strafrecht, 2012, S. 55, 61; Epping/Hillgruber-*Radtke*, GG, 2. Aufl. 2013, Art. 103 Rn. 28 ff.

[4] Zur Rspr. des EGMR vgl. *Safferling* Internationales Strafrecht, 2011, § 13 Rn. 62; zur Rspr. des EuGH vgl. *Schuhr* in: Kudlich/Montiel/Schuhr (Hrsg.), Gesetzlichkeit und Strafrecht, 2012, S. 255, 269 ff.

[5] Vgl. etwa *Schünemann* Nulla poena sine lege?, 1978, S. 20 f.; *Roxin* Strafrecht. AT I, 2006, § 5 Rn. 28 (umgangssprachlicher Wortsinn); von Heintschel-Heinegg StGB, 2. Aufl. 2015, § 1 Rn. 13; Baumann/Weber/Mitsch-*Weber*, Strafrecht AT, 11. Aufl. 2003, § 9 Rn. 84 f.; LK-*Dannecker*, 12. Aufl. 2007, § 1 Rn. 250 ff., 302 (vgl. aber Rn. 303 f.); Dreier-*Schulze-Fielitz*, GG, 2. Aufl. 2008, Art. 103 II Rn. 46 f.; v. Mangoldt/Klein/Starck-*Nolte*, GG, 6. Aufl. 2010, Art. 103 Abs. 2 Rn. 158; Matt/Renzikowski-*Basak*, 2013, § 1 Rn. 21; Maunz/Dürig-*Schmidt-Aßmann*, GG, Stand: Mai 2015, Art. 103 Abs. 2 Rn. 227; Lackner/Kühl-*Kühl*, 28. Aufl. 2014, § 1 Rn. 6; SSW/StGB-*Satzger*, 2. Aufl. 2014, § 1 Rn. 39; Jarass/Pieroth-*Pieroth*, GG, 13. Aufl. 2014, Art. 103 Rn. 50; ausführlich NK/StGB-*Hassemer/Kargl*, 3. Aufl. 2013, § 1 Rn. 106 ff.

Normadressaten zu bestimmen ist".[6] Diese auf die Garantie für den Bürger hin ausgerichtete Orientierung am Gesetzeswortlaut[7] meint einen Wortsinn, der von genuin juristischen Auslegungsbemühungen soweit möglich noch unabhängig ist.[8]

Die Orientierung der Garantiefunktion des Gesetzes am allgemeinen Sprachgebrauch liegt in der Natur eines „demokratischen Strafrechts", da dieses die Werthaltungen der Bürger nicht nur aufnimmt, sondern durch eindeutige Bezeichnung des Strafbaren im Gesetz und durch dementsprechende gerechte Strafe auch wieder bestätigt. In einem „technokratischen Strafrecht" hingegen, welches einer Gesellschaft mit dominanten außerstrafrechtlichen Bedingungsfaktoren angepassten Sozialverhaltens – etwa kulturelle Tradition, Religion oder soziale Zwänge – zuzuordnen ist, würde es bei der Formulierung des Gesetzes vorrangig um die Orientierung des Rechtsanwenders für eine Herstellung gesetzeskonformer Entscheidungen gehen, weshalb das uneingeschränkte Abstellen auf die juristische Terminologie systemkonform wäre.[9]

Die Bedeutung einer über bloße grammatische Auslegung im Sinne des allgemeinen Sprachgebrauchs hinausgehenden Interpretationsarbeit zur Bestimmung der Grenzen der *lex scripta* betont die neuere Rechtsprechung des Bundesverfassungsgerichts in bestimmten Zusammenhängen. Hervorgehoben wird die Notwendigkeit, den tatbestandseinschränkenden Sinn eines an sich weit gefassten Tatbestandsmerkmals dann per Auslegung „anhand des Normgefüges" zu bestimmen, wenn dieses Tatbestandsmerkmal ansonsten gegenüber anderen Tatbestandsmerkmalen der nämlichen Strafvorschrift überflüssig wäre[10]. Einzelne Tatbestandsmerkmale dürfen auch innerhalb ihres möglichen Wortsinns nicht so weit ausgelegt werden, dass sie vollständig in anderen Tatbestandsmerkmalen derselben Strafnorm aufgehen (Verschleifungsverbot)[11].

Auch in anderen Fällen lässt der mögliche Wortsinn als „äußerste Grenze" der Auslegung[12] Raum für davor liegende Grenzen. So hat das Bundesverfassungsgericht hervorgehoben, dass eine vom Wortlaut her mögliche Strafbarkeit

---

[6] BVerfGE 126, 170 (197); ferner BVerfGE 92, 1 (12).

[7] Zur Diskussion um die Leistungsfähigkeit der Wortlautgrenze vgl. *Klatt* in: Kudlich/Montiel/Schuhr (Hrsg.), Gesetzlichkeit und Strafrecht, 2012, S. 121 ff.

[8] Ganz berechtigt wird darauf hingewiesen, dass nur ein – soweit überhaupt möglich – auslegungsexterner Fixpunkt dazu tauglich ist, der juristischen Auslegung eine tragfähige Grenzziehung zu liefern; vgl. *Schünemann* Nulla poena sine lege?, 1978, S. 20 f.; NK/StGB-*Hassemer/Kargl*, 3. Aufl. 2013, § 1 Rn. 78 ff. – Zum Gegenentwurf im strafjuristischen Schrifttum vgl. unten II.

[9] Zu der hier zugrunde gelegten dreiteiligen Strafrechtstypologie (demokratisches, autoritäres und technokratisches Strafrecht) näher *Streng* in: Zieschang/Hilgendorf/Laubenthal (Hrsg.), Strafrecht und Kriminalität in Europa, 2003, S. 143, 146 ff.; *ders.* in: Streng/Kett-Straub (Hrsg.), Strafrechtsvergleichung als Kulturvergleich, 2012, S. 1, 5 f., 11 ff.

[10] Vgl. BVerfGE 92, 1 ff. (Gewaltbegriff bei Nötigung); vgl. auch BVerfG NJW 2013, 1750.

[11] Vgl. BVerfGE 126, 170 (198); BVerfG-Kammer NJW 2013, 365 (366).

[12] Vgl. BVerfGE 92, 1, (12); BVerfGE 126, 170 (197).

eines Verhaltens dann unzulässig ist, wenn dieses Verhalten nach dem Willen des Gesetzgebers straflos sein soll. Die Garantiefunktion des Strafgesetzes erfährt hier eine Präzisierung durch eine historisch ansetzende restriktive Auslegung des Gesetzeswortlauts.[13]

Es zeigt sich also, dass auch im Rahmen der Garantie des Art. 103 Abs. 2 GG der vom Bürger als Normadressaten verstandene Gesetzeswortlaut nicht allein über die äußerste Grenzen zulässiger Strafbarkeit bestimmt. Mit Blick auf das, was der Gesetzgeber als strafbar bestimmt sehen wollte, werden entsprechende Einschränkungen des Geltungsbereichs der Strafnorm vorgenommen. Der Wille des Gesetzgebers wird dabei aus den unmittelbar erkennbaren Gesetzesmotiven oder aus der Struktur der Regelung erschlossen. Die historische Auslegung und eine damit verbundene grammatische sowie systematische Auslegung kommen hier zu ihrem Recht.[14]

Derartige Einschränkungen gegenüber einer am allgemeinen Sprachgebrauch gemessenen *lex scripta* konkretisieren in sinnvoller Weise die Garantiefunktion des Gesetzes. Denn Art. 103 Abs. 2 GG verdankt seine Existenz nicht nur der Orientierungsfunktion des Strafgesetzes zugunsten der Bürger, sondern nicht zuletzt auch dem Demokratieprinzip bzw. der rechtsstaatlichen Gewaltenteilung.[15] Es ist allein Sache des Gesetzgebers, unter Berücksichtigung der Menschenrechte und der Grundrechte darüber zu befinden, welches Verhalten auf abstrakter Ebene als strafbedürftig und strafwürdig einzustufen ist. Von daher ist eine dem gesetzgeberischen Willen zur Geltung verhelfende restriktive Auslegung des Wortlauts des Strafgesetzes zulässig und geboten. Da diese wortlautinterne Begrenzung im Rahmen dessen liegt, was vom Gesetzeswortlaut abgedeckt ist, und überdies zu Gunsten der Normadressaten erfolgt, lassen sich dagegen keinerlei rechtsstaatlichen Bedenken erheben.

---

[13] Vgl. BVerfGE 126, 170 (198); ferner v. Mangoldt/Klein/Starck-*Nolte*, GG, 6. Aufl. 2010, Art. 103 Abs. 2 Rn. 161; Epping/Hillgruber-*Radtke*, GG, 2. Aufl. 2013, Art. 103 Rn. 26.

[14] Zur Bedeutung der anerkannten Auslegungsmethoden auch LK-*Dannecker*, 12. Aufl. 2007, § 1 Rn. 251; *Christensen/Kudlich* Gesetzesbindung: Vom vertikalen zum horizontalen Verständnis, 2008, S. 186 ff.; *Duttge* in: Amelung/Günther/Kühne (Hrsg.), Krey-FS, 2010, S. 39 (54); *Kudlich* in: Paeffgen u. a. (Hrsg.), Puppe-FS, 2011, S. 123 (129 f.); Maunz/Dürig-*Schmidt-Aßmann*, GG, Stand: Mai 2015, Art. 103 Abs. 2 Rn. 228; *Schuhr* Eine Theorie des Gesetzlichkeitsprinzips – Verhaltensregeln und Unmöglichkeit im Strafrecht (Habilitationsschrift Erlangen 2015; im Druck), Teil 4, 2. Kap. B II.

[15] Vgl. zur doppelten Begründung der Garantiefunktion des Gesetzes etwa BVerfGE 92, 1 (12); BVerfGE 126, 170 (194 f.); *Roxin* AT I, 4. Aufl. 2006, § 5 Rn. 19 ff.; LK-*Dannecker*, 12. Aufl. 2007, § 1 Rn. 52 ff.; Dreier-*Schulze-Fielitz*, GG, 2. Aufl. 2008, Art. 103 II Rn. 38; *Duttge* in: Amelung/Günther/Kühne (Hrsg.), Krey-FS, 2010, S. 39 (44 ff.); Jarass/Pieroth-*Pieroth*, GG, 13. Aufl. 2014, Art. 103 Rn. 49; ferner *Grünwald* ZStW 76 (1964), 1 (12 ff.); *Schünemann* Nulla poena sine lege?, 1978, S. 9 f.; *Krey* ZStW 101 (1989), 838 (863 f.); *Landau* ZStW 121 (2009), 954 (973); *Schuhr* Eine Theorie des Gesetzlichkeitsprinzips – Verhaltensregeln und Unmöglichkeit im Strafrecht (Habilitationsschrift Erlangen 2015; im Druck), Teil 6, 3. Kap. A II–III.

Spezifisch strafrechtsdogmatischer Streit über „das richtige" Verständnis eines unklaren bzw. offenen Gesetzeswortlauts wird regelmäßig eine Klärung erst im Rahmen der gerichtlichen Praxis durch die höchstrichterliche Rechtsprechung erfahren. Auf diese Orientierung muss der Bürger sich verlassen können, solange keine neuen Entwicklungen im Sinne eines nun die Strafbarkeit weiter ausdehnenden Verständnisses des Gesetzeswortlauts sich abzeichnen. Freilich geht es insoweit „nur" um eine Frage des Vertrauensschutzes im Rechtsstaat bzw. um Fragen des Verbotsirrtums, nicht aber um die Garantie des Art. 103 Abs. 2 GG[16].

II. Zur Bedeutung strafjuristischer Begrifflichkeit für Gesetzlichkeitsprinzip und Gewaltenteilung

1. Strafrechtliche anstelle allgemeinsprachlicher Begrifflichkeit

Von einer Wortauslegung, die die Zentralfunktion des Gesetzgebers betont (oben I), zu unterscheiden sind in Literatur und Rechtsprechung anzutreffende Bemühungen, für die Definition der *lex scripta* in weiterem Umfang als eben vorausgesetzt, die etablierten Auslegungsmethoden heranzuziehen.[17] Und dies steht durchaus in Einklang mit einem von *Hruschka* ausformulierten Selbstverständnis der deutschen Strafrechtswissenschaft „nicht von den Zufälligkeiten positiver Gesetzgebung" abhängig zu sein, sondern „einen in der Geschichte gewachsenen, überlieferten Corpus von Begriffen" zu untersuchen.[18] Ganz auf dieser Linie wird ein durch juristisch-semantische, gesetzessystematische und

---

[16] Vgl. *Schünemann* Nulla poena sine lege?, 1978, S. 27 ff.; *Roxin* Strafrecht. AT, 4. Aufl. 2006, § 5 Rn. 61; NK/StGB-*Hassemer/Kargl*, 3. Aufl. 2013, § 1 Rn. 50 (zu Sonderfällen Rn. 51 ff.); Schönke/Schröder-*Eser/Hecker*, 29. Aufl. 2014, § 2 Rn. 7. – Grundsätzlich anderer Ansicht *Hettinger/Engländer* in: Eser/Goydke/Maatz/Meurer (Hrsg.), Meyer-Goßner-FS, 2001, S. 145, 152 f.; *Kuhlen* in: Kudlich/Montiel/Schuhr (Hrsg.), Gesetzlichkeit und Strafrecht, 2012, S. 429 (438 f.).

[17] Vgl. etwa *Simon* Gesetzesauslegung im Strafrecht, 2005, S. 116 f.: „es gilt … der Vorrang der Fach- vor der Rechtssprache"; MK/StGB-*Schmitz*, 2. Aufl. 2011, § 1 Rn. 73: „Sofern ein (engerer) juristischer Sprachgebrauch existiert, ist er für die Auslegung maßgebend"; SK/StGB-*Rudolphi/Jäger*, 8. Aufl. 2014, § 1 Rn. 29: „dass der juristische Wortsinn prinzipiell den Ausschlag geben muss"; *Kirsch* Die Geltung des Gesetzlichkeitsprinzips im Allgemeinen Teil des Strafgesetzbuchs, 2014, S. 186 (maßgeblich ist die Fachsprache, wenn „sie eine eindeutig feststellbare, klare Bedeutung des juristischen Begriffs kennt").

[18] *Hruschka* in: de Wall/Germann (Hrsg.), Link-FS, 2003, S. 687; vgl. auch *Silva Sànchez* in: Kudlich/Montiel/Schuhr (Hrsg.), Gesetzlichkeit und Strafrecht, 2012, S. 55, 67 f.: „Entscheidend für die Auslegung des Strafgesetzes sollte letztendlich aber die strafrechtliche (d. h. strafrechtsdogmatische) Tradition sein"; ferner *Freund* in: Hettinger u. a. (Hrsg.), Küper-FS, 2007, S. 63 (64 f.); *Jakobs* System der strafrechtlichen Zurechnung, 2012, S. 18 f.; *Greco* in: Brunhöber/Höffler u. a. (Hrsg.), Strafrecht und Verfassung, 2013, S. 13 (24 f.); *Schünemann* in: Hilgendorf/Schulze-Fielitz (Hrsg.), Selbstreflexion der Rechtswissenschaft, 2015, S. 223 (232, 234).

teleologische Auslegung gewonnenes Verständnis der Norm der Garantiefunktion des Art. 103 Abs. 2 GG zugeordnet. Diese Bezugnahme gerade auf die juristische Terminologie tritt in unterschiedlicher Form und Zielrichtung auf und soll im Folgenden anhand von zwei Beispielen plastisch gemacht werden.

a) Wortlautüberschreitung – Urkundenbegriff

Für eine Wortlautüberschreitung, gemessen am allgemeinsprachlichen Begriff, lässt sich als besonders markantes Beispiel die „Urkunde" im Sinne von § 267 StGB heranziehen.[19] Denn der etablierte juristische Urkundenbegriff reicht weit über das hinaus, was sich noch unter den alltagssprachlichen Urkundenbegriff fassen lässt. So hat der Bundesgerichtshof die Fabriknummer des Fahrgestells (Fahrzeug-Identifizierungsnummer) an einem PKW als urkundengleiches Beweiszeichen angesehen und auf eine Manipulation der Fabriknummer § 267 StGB angewendet.[20] Und noch bemerkenswerter mutet an, wenn der vor dem Gast platzierte Bierdeckel mit den vom Bedienungspersonal zum Erinnern der servierten Getränke angebrachten Strichen von der wohl überwiegenden Meinung als Urkunde angesehen wird.[21]

Im Rahmen der ganz herrschenden Meinung erweisen sich hier die für die Urkunde typischen Funktionen (Perpetuierung, Beweis und Garantie) als begriffsprägend für das juristische Urkundenverständnis,[22] nicht aber der alltagsbegrifflich erfasste Gegenstand „Urkunde" als solcher.[23] Der Hintergrund dieser eklatanten Überschreitung des alltagssprachlichen Begriffs der Urkunde wurzelt in kriminalpolitischen Bedürfnissen oder – anders herum – in der Saumseligkeit des Gesetzgebers, der es unterlassen hat, den kriminalpolitischen Bedürfnissen durch weitere legislative Arbeit Rechnung zu tragen. Dass die

---

[19] Dazu etwa *Simon* Gesetzesauslegung im Strafrecht, 2005, S. 113 f.; *Schuhr* Eine Theorie des Gesetzlichkeitsprinzips – Verhaltensregeln und Unmöglichkeit im Strafrecht (Habilitationsschrift Erlangen 2015; im Druck), Teil 4, 1. Kap. B II 2 und 2. Kap. F VII 2.b; für weitere Beispiele *Schünemann* Nulla poena sine lege?, 1978, S. 4, 21 f.

[20] Vgl. BGHSt 9, 235 (238); *Gössel/Dölling* Strafrecht BT 1, 2. Aufl. 2004, § 52 Rn. 5; *Kindhäuser* Strafrecht BT I, 5. Aufl. 2012, § 55 Rn. 32; *Rengier* Strafrecht BT II, 16. Aufl. 2015, § 32 Rn. 15; zu diesem und weiteren Beweiszeichen ausführl. MK/StGB-*Erb*, 2. Aufl. 2014, § 267 Rn. 41 ff.; SSW/StGB-*Wittig*, 2. Aufl. 2014, § 267 Rn. 23 f.

[21] Bejahend RG, DStZ 1916, 77; *Krey/Heinrich* Strafrecht BT 1, 13. Aufl. 2005, Rn. 685 ff.; *Freund* Urkundenstraftaten, 2. Aufl. 2010, Rn. 208 ff.; *Hohmann/Sander* Strafrecht BT II, 2. Aufl. 2011, § 17 Rn. 13; *Kudlich* Strafrecht BT II, 3. Aufl. 2013, S. 138; *Rengier* BT II, 16. Aufl. 2015, § 32 Rn. 15 (18); ohne Bezugnahme auf Fragen der Garantiefunktion ablehnend NK/StGB-*Puppe*, 4. Aufl. 2013, § 267 Rn. 52; MK/StGB-*Erb*, 2. Aufl. 2014, § 267 Rn. 24; Schönke/Schröder-*Heine/Schuster*, 29. Aufl. 2014, § 267 Rn. 27.

[22] Vgl. auch *Schünemann* Nulla poena sine lege?, 1978, S. 30 f.; Schönke/Schröder-*Heine/Schuster*, 29. Aufl. 2014, § 267 Rn. 22; *Wessels/Hettinger* Strafrecht BT 1, 39. Aufl. 2015, Rn. 806 f.

[23] Detailliert zur Definition der Urkunde etwa *Freund* Urkundenstraftaten, 2. Aufl. 2010, Rn. 62a ff.; MK/StGB-*Erb*, 2. Aufl. 2014, § 267 Rn. 16 ff.; Lackner/Kühl-*Heger*, 28. Aufl. 2014, § 267 Rn. 2 ff.

Rechtslehre diese Wortlautüberschreitung klaglos akzeptiert, obwohl es sich dabei um einen eindeutigen Verstoß gegen die Garantiefunktion des Gesetzes in dem oben (in I) dargestellten Zuschnitt darstellt, erscheint umso bemerkenswerter, wenn man die wortlautunterschreitende Variante (s.u.) zum Vergleich heranzieht.

b) Wortlautunterschreitung – actio libera in causa

Als Beispiel für die Virulenz einer besonders engen Auslegung, die den Anwendungsbereich der Norm durch Wortlautunterschreitung in Relation zum allgemeinsprachlichen Begriff einengt, sei der Streit um die Tragfähigkeit der *actio libera in causa* etwas ausführlicher erörtert. Hier wird in der neueren Literatur mit Blick auf das Analogieverbot zunehmend davon ausgegangen, dass die Schuldzurechnung mittels der *actio libera in causa* unzulässig sei, weshalb in entsprechenden Fällen allein § 323a StGB eingreifen könne.[24]

In diesem Sinne wird die von Rechtsprechung und wohl noch herrschender Meinung vertretene sog. Vorverlagerungstheorie zur *actio libera in causa* – berechtigt – deshalb kritisiert, weil die tatvorbereitende Selbstintoxikation (zumeist Berauschung durch Alkohol) bei Vorsatzdelikten nicht sinnvoll als eigentliche Tathandlung angesehen werden kann. An der sog. Ausnahmelösung wird – wiederum berechtigt – kritisiert, dass unter Geltung der Garantiefunktion des Strafgesetzes ein Gewohnheitsrecht zur Strafbegründung nicht herangezogen werden kann. Die den Schuldtatbestand über den Unrechtstatbestand nach vorne hin ausdehnende sog. Ausdehnungslösung schließlich wird mit der Begründung abgelehnt, dass der Gesetzgeber den Tatbegriff insbesondere in § 16 und in § 17 StGB anders – nämlich enger – verwendet habe, als von der Ausdehnungstheorie für § 20 StGB vorausgesetzt.[25]

---

[24] Vgl. *Hettinger* Die „actio libera in causa“: Strafbarkeit wegen Begehungstat, 1988, S. 436 ff. (449); *Hettinger* in: Schlüchter (Hrsg.), Geerds-FS, 1995, S. 623 ff.; *Paeffgen* ZStW 97 (1985), 513 (526 ff.); *Paeffgen* in: Egg/Geisler (Hrsg.), Alkohol, Strafrecht und Kriminalität, 2000, S. 49, 52 ff.; *Salger/Mutzbauer* NStZ 1993, 561, 565; *Hruschka* JZ 1996, 64 (68); *Hruscka* JZ 1997, 22 (24); *Köhler* Strafrecht. AT, 1997, 7.II.5.3.1; *Sydow* Die actio libera in causa nach dem Rechtsprechungswandel des Bundesgerichtshofs, 2002, S. 164; *Zenker* Actio libera in causa, 2003, S. 22 ff., 198; *Leupold* Die Tathandlung der reinen Erfolgsdelikte und das Tatbestandsmodell der „actio libera in causa“ im Lichte verfassungsrechtlicher Schranken, 2005, S. 21 f., 195; *Rudolph* Das Korrespondenzprinzip im Strafrecht, 2006, S. 83 f.; *Thilmann* Die Auswirkungen von Alkohol und Drogen auf die Schuldfähigkeit, 2007, S. 234; *Zabel* Schuldtypisierung als Begriffsanalyse, 2007, S. 423; *Bringewat* Grundbegriffe des Strafrechts, 2. Aufl. 2008, Rn. 514 f.; *Kirsch* Die Geltung des Gesetzlichkeitsprinzips, 2014, S. 285; Satzger/Schluckebier/Widmaier-*Kaspar*, StGB, 2. Aufl. 2014, Rn. 104; AnwK/StGB-*Conen*, 2. Aufl. 2015, Rn. 104; *Hilgendorf/Valerius* Strafrecht. AT, 2. Aufl. 2015, § 6 Rn. 17 ff.; ambivalent Schönke/Schröder-*Perron/Weißer*, 29. Aufl. 2014, Rn. 33 ff. (35 b).

[25] Wenn gelegentlich auch der Tatbegriff des § 22 StGB als Argument gegen die Ausdehnungslösung herangezogen wird, so sei zur Widerlegung dessen auf frühere Ausführungen verwiesen: ausführl. *Streng* ZStW 101 (1989), 273 (312 f.).

Die strafrechtsdogmatische Kritik an Vorverlagerungstheorie wie auch Ausnahmelösung muss an dieser Stelle nicht vertieft werden.[26] Unmittelbar mit dem Thema des vorliegenden Beitrags zu tun hat freilich die vom BGH und der überwiegenden Rechtslehre vorgetragene Kritik an der Ausdehnungslehre;[27] man hält es für einen Verstoß gegen das Analogieverbot, tatbezogenes Vorverhalten im Schuldtatbestand zu berücksichtigen.

Die Kritik an der Ausdehnungslösung konzentriert sich also ganz auf den Wortlaut des § 20 StGB, der auf Schuld(un)fähigkeit „bei Begehung der Tat" abstellt. Man identifiziert den hier angesprochenen Zeitpunkt der Tatbegehung mit dem Tatzeitpunkt der §§ 16, 17 StGB, welcher sich unstreitig auf die eigentliche Tathandlung bezieht. Denn §§ 16, 17 StGB enthalten eigenständige Vorverschuldensregelungen, weshalb der Tatbegriff hier eng zu fassen ist, nämlich unabhängig von einer vorverschuldensrelevanten Phase. In § 20 StGB hingegen besteht keine separate Vorverschuldensregelung, die eine begriffliche Differenzierung von tatbezogenem Vortatverhalten und Tatverhalten im engeren Sinne rechtfertigen könnte.[28] Zwar hatte man in den Fachberatungen bei der Großen Strafrechtsreform zunächst die Idee verfolgt, mit dem „bei Begehung der Tat" einen für die §§ 17 und 20 StGB einheitlich zu interpretierenden Begriff zu schaffen. Letztlich musste man dieses Projekt aber aufgeben.[29] Und das Zusammenspiel von § 17 und § 20 StGB macht die Unterschiede in den Tatbegriffen auch ganz deutlich: Der Wortlaut von § 17 StGB erfasst mit seiner Vermeidbarkeitsregelung nämlich die Unrechtsbewusstseins-Variante der *actio libera in causa* positiv-gesetzlich,[30] was sich im Sinne widerspruchsfreier Auslegung dann auf den Tatbegriff des § 20 StGB auswirkt, nämlich hier zu einem das Vorverschulden einschließenden weiten Tatverständnis führt. Allenfalls ein der herrschenden Meinung widersprechender Ansatz, wonach § 20 StGB eine den

---

[26] Detaillierte Kritik zu den *actio libera in causa*-Konstruktionen bei MK/StGB-*Streng*, 2. Aufl. 2011, § 20 Rn. 116 ff.; *Streng* in: Kudlich/Montiel/Schuhr (Hrsg.), Gesetzlichkeit und Strafrecht, 2012, S. 179, 181 ff., 186 f.

[27] Vgl. etwa BGHSt 42, 235 (240); *Simon* Gesetzesauslegung im Strafrecht, 2005, S. 149 f.; *Heinrich* Strafrecht AT, 2. Aufl. 2010, Rn. 604; *Kudlich* Strafrecht. AT, 4. Aufl. 2013, S. 95; SSW/StGB-*Kaspar*, 2. Aufl. 2014, § 20 Rn. 103a; *Frister* Strafrecht AT, 7. Aufl. 2015, Kap. 18 Rn. 18.

[28] Vgl. *Streng* JZ 2000, 20, 23 f.; MK/StGB-*Streng*, 2. Aufl. 2011, § 20 Rn. 134 f.

[29] Zur Idee eines gleichartigen Regelungsgehalts des „bei Begehung der Tat" vgl. *Horstkotte* Protokolle des Sonderausschusses für die Strafrechtsreform, 90. Sitzung vom 13.12.1967, S. 1784. Angesichts des Verzichts des Ausschusses auf Auflösung von Friktionen zwischen den Schuldregelungen in § 17 und § 20 (vgl. *Horstkotte*, ebd., S. 1790 f.) und der Überzeugung, die an sich unumstrittene *actio libera in causa* nicht gesetzlich regeln zu müssen (vgl. u. Anm. 34), verliert die Harmonisierungsperspektive bezüglich der Auslegung des „bei Begehung der Tat" aber jede Bindungswirkung für die zur Beseitigung der Friktionen Aufgerufenen, nämlich die Rechtsanwender (vgl. in Protokolle, ebd., S. 1792, zu den Alternativen einer gesetzlichen Klärung oder einem der Praxis Überlassen).

[30] Vgl. *Streng* in Egg/Geisler (Hrsg.), Alkohol, Strafrecht und Kriminalität, 2000, S. 69 (78 ff.); MK/StGB-Streng, 2. Aufl. 2011, § 20 Rn. 130.

§ 17 StGB verdrängende Spezialregelung darstellt,[31] könnte wieder auf den Weg der Harmonisierung der Tatbegriffe führen. Letztlich steht die Behauptung, dass in § 20 StGB nicht anders als in §§ 16, 17 StGB ein enger Tatbegriff verwendet sei, also auf denkbar schwachen Füßen. Überdies übergeht der Verweis auf §§ 16, 17 StGB die allgemeine Feststellung, dass der juristische Bedeutungsgehalt eines Begriffs sich aus der Aufgabe der jeweiligen Regelung ergibt, weshalb derselbe Rechtsbegriff in verschiedenen Regelungszusammenhängen nicht notwendig genau dieselbe Bedeutung aufweisen muss.[32]

Vor allem aber ignoriert die an dem juristischen Sprachgebrauch festgemachte Wortlautargumentation bezüglich eines möglichen Verstoßes der *actio libera in causa* gegen das Analogieverbot, dass es für die Frage der Garantiefunktion des Strafgesetzes unter dem Aspekt der Orientierungsfunktion des Strafgesetzes für den Bürger allein auf den allgemeinen Sprachgebrauch ankommen kann, nicht aber auf die strafjuristische Terminologie. Zudem leidet jede die *actio libera in causa* grundsätzlich ablehnende Ansicht an einer Missachtung der Intentionen des Gesetzgebers. Denn es lässt sich die damals im Gesetzgebungsverfahren leitende Annahme nicht ignorieren, dass das herkömmliche Verständnis von der Tragfähigkeit der *actio libera in causa* und der entsprechenden Verneinung eines auf eigenverantwortlicher Selbstintoxikation beruhenden Schuldausschlusses gem. § 20 StGB nachgerade selbstverständlich Gültigkeit beansprucht. Die dementsprechende Rechtsprechung wurde auch durch das Schrifttum durchwegs gestützt.[33] Im Gesetzgebungsverfahren ging man davon aus, dass die *actio libera in causa* lediglich in der rechtlichen Konstruktion der Rechtsprechung und Rechtslehre zu überlassen sei.[34] Und dass eine derartige

---

[31] Für Vorrang von § 20 StGB etwa NK/StGB-*Schild*, 4. Aufl. 2013, § 21 Rn. 12 f.; *Frister* Strafrecht AT, 7. Aufl. 2015, Kap. 18 Rn. 14; *Gropp* Strafrecht. AT, 4. Aufl. 2015, § 6 Rn. 95 f. – Überzeugend für Vorrang von § 17 StGB etwa Baumann/*Weber*/Mitsch, Strafrecht AT, 11. Aufl. 2003, § 19 Rn. 27; *Roxin* Strafrecht AT I, 4. Aufl. 2006, § 20 Rn. 35; LK-*Schöch*, 12. Aufl. 2007, § 20 Rn. 12, § 21 Rn. 8 f.; MK/StGB-*Streng*, 2. Aufl. 2011, § 20 Rn. 16 f., 50, 130; Matt/Renzikowski-*Safferling*, 2013, § 20 Rn. 63, 73; NK-StGB-*Neumann*, 4. Aufl. 2013, § 17 Rn. 97; Lackner/*Kühl* StGB, 28. Aufl. 2014, § 20 Rn. 15; Schönke/Schröder-*Perron*/*Weißer*, 29. Aufl. 2014, § 20 Rn. 4, § 21 Rn. 6/7; *Schreiber*/*Rosenau* in: Venzlaff/Foerster (Hrsg.), Psychiatrische Begutachtung, 6. Aufl. 2015, S. 89 (109 f.).

[32] Vgl. BGHSt 55, 36 (48 f.); BGH NJW 1999, 299 (300).

[33] Vgl. für die damals fehlende Hinterfragung der *actio libera in causa* etwa bei Schwarz/*Dreher*, StGB, 30. Aufl. 1968, § 51 Nr. 7; Schönke/*Schröder*, 14. Aufl. 1969, § 51 Rn. 36 ff.; *Welzel* Das Deutsche Strafrecht, 11. Aufl. 1969, S. 156; *Blei* Strafrecht AT, 17. Aufl. 1977, § 58 I.

[34] Der Gesetzgeber hatte den Umgang mit der damals überhaupt nicht in Frage gestellten *actio libera in causa* „auch künftig der Rechtsprechung und Rechtslehre überlassen" wollen. So die *Sachbearbeiter des BMJ* in den Niederschriften über die Sitzungen der Großen Strafrechtskommission, 4. Band 1958, S. 483; ganz ähnlich *Baldus* in Niederschriften (a. a. O.), 1. Band 1956, S. 347, 348; ferner „Entwurf eines Strafgesetzbuches – E 1962" (Bundestagsvorlage), S. 538 f.; vgl. zum Ganzen *Kuhn-Päbst* Die Problematik der actio libera in causa, 1984, S. 111 f.; *Hettinger* Die „actio libera in causa", 1988, S. 335 ff.; *Hettinger* in: Schlüchter (Hrsg.), Geerds-FS, 1995, S. 623 (636); NK/StGB-*Schild*, 4. Aufl. 2013, § 20 Rn. 25; *Streng* in: Fahl/Müller/Satzger/Swoboda (Hrsg.), Beulke-FS, 2015, S. 313 (322 f.).

gesetzgeberische Intention für die Grenzziehung der Garantien des Art. 103 Abs. 2 GG von zentraler Bedeutung ist, wurde bereits oben (I a. E.) hervorgehoben. Hinzu kommt, dass auch über die zugunsten der Normadressaten erfolgende Konkretisierung der Garantiefunktion des Gesetzes hinaus, die gesetzgeberischen Intentionen gemäß Demokratieprinzip und Gewaltenteilung (Art. 20 GG) bei der Auslegung des Gesetzes zu berücksichtigen sind.

Die auf die strafjuristische Begrifflichkeit abstellende Lehre könnte folglich nur dann Überzeugungskraft reklamieren, wenn die dargestellte gesetzgeberische Intention einer Anerkennung der *actio libera in causa* durch den allgemeinsprachlichen Wortlaut des Gesetzes nicht gedeckt wäre. Denn der Gesetzeswortlaut stellt auch für eine subjektiv-historische Auslegung die äußerste Grenze dar. Unverkennbar erfasst aber im allgemeinen Sprachgebrauch das „bei Begehung der Tat" auch die unmittelbar vor der eigentlichen Tathandlung liegende Selbstberauschung, die die Tathandlung erleichtern oder ermöglichen soll.[35] Unter der Tat versteht man herkömmlich den zeitlich und örtlich zusammenhängenden Angriff gegen geschützte Rechtsgüter (bzw. aus Sicht des Normalbürgers: gegen Tatobjekte). Und es dürfte kaum zweifelhaft sein, dass in die vom Begriff umfasste Gesamtschau auch eine – bei isolierter Betrachtung – tatbestandlich zunächst noch (straflose) Vorbereitungshandlung mit eingeht. Die juristische Zergliederung von an sich zusammengehörigen Lebenssachverhalten in Vorbereitung, Versuch und Tatvollendung dient der tatbestandlich-rechtssicheren Abgrenzung von mehr oder weniger vollständig durchgeführten Rechtsgutsangriffen. Dies bedeutet aber nicht, dass ein allgemeinsprachlicher Tatbegriff den dann in den Bereich des Strafbaren hineingeführten Rechtsgutsangriff nicht zur Gänze, nämlich von der unmittelbaren Tatvorbereitung bis zur Tatvollendung (oder auch -beendigung), erfassen würde. Und es spricht viel dafür, dass überdies im juristischen Sprachgebrauch mit Blick auf die Bewertung von Taten (unter dem Rechtswidrigkeits- wie dem Schuldaspekt) ein ganz entsprechend weiter Tatbegriff angebracht ist, nachdem die normative Beurteilung eines Verhaltens sich kaum jemals auf die Tatsachenlage in der tatbestandlichen Verhaltenssequenz beschränken kann, sondern Vorverhalten notwendig mitberücksichtigen muss.[36]

Der neueren Meinung von der fehlenden Tragfähigkeit der *actio libera in causa* lässt sich entgegenhalten, dass sie die gesetzliche Bestimmtheit i. S. v. Art. 103

---

[35] Dass dem Strafrecht ein weit ausgreifender Tatbegriff nicht fremd ist, lässt sich unschwer mit Blick auf den prozessualen Tatbegriff festhalten; vgl. etwa bei LR/StPO-*Kühne*, 26. Aufl. 2006, Einl. Abschn. K Rn. 48 ff.; *Roxin/Schünemann* Strafverfahrensrecht, 2012, § 20 Rn. 5 ff.; HK/StPO-*Julius*, 5. Aufl. 2012, § 264 Rn. 2 ff.

[36] Vgl. schon *Lang-Hinrichsen* in: Bockelmann (Hrsg.), Engisch-FS, 1969, S. 353 (359 f.); *Lange* in: Kaufmann (Hrsg.), Bockelmann-FS, 1979, S. 261 (273); *Krümpelmann* GA 1983, 337 (354 ff.); *Streng* ZStW 101 (1989), 273 (310 ff.); *Safferling* Vorsatz und Schuld, 2008, S. 246; ausführlich mit Fallgruppen *Streng* in: Fahl/Müller/Satzger/Swoboda (Hrsg.), Beulke-FS, 2015, S. 313 ff.

Abs. 2 GG nicht mit Blick auf den – für die Garantiefunktion des Gesetzes maßgeblichen – allgemeinen Sprachgebrauch, sondern in spezifisch strafjuristischer Auslegung des „bei Begehung der Tat" i. S. v. § 20 StGB definiert. Derart werden die Grenzen der Strafbarkeit anders bestimmt, als dies vom Gesetzgeber intendiert und dann auch formuliert wurde. Unter dem Aspekt der Orientierungsfunktion für die Bürger wäre eine solche Einschränkung gegenüber einer weiter reichenden allgemeinsprachlichen Wortbedeutung des Strafgesetzes mit entsprechend ausgreifendem Strafbarkeitsbereich zwar unproblematisch. Denn es markiert der Wortlaut zunächst einmal die „äußerste Grenze zulässiger richterlicher Interpretation".[37] Man könnte von daher argumentieren, dass der strafrechtsdogmatisch begründete Strafbarkeitsbereich der konkreten Strafnorm den Bereich der gesetzlichen Wortbedeutung zwar ausfüllen *kann*, aber *nicht muss*. Anders sieht das freilich mit Blick auf die gesetzgeberische Prärogative aus, nämlich die in einem demokratischen Rechtsstaat allein dem Gesetzgeber obliegende Aufgabe, aufgrund kriminalpolitischer und gerechtigkeitsorientierter Überlegungen über Umfang und Grenzen der Strafbarkeit zu bestimmen. Dieser Aspekt der Gewaltenteilung verbietet es dem Rechtsanwender, entgegen einer noch aktuellen legislativen Direktive den Gesetzestext in Widerspruch zum allgemeinen Sprachgebrauch mit strafbarkeitseinschränkendem Effekt auszulegen.

Dem lassen sich auch nicht die hier noch nicht angesprochenen anderen anerkannten Auslegungsmethoden entgegenhalten, speziell die objektiv-teleologische Auslegung. Denn diese gewinnen erst dann an Bedeutung, wenn die subjektiv-historische Betrachtung wegen veränderter Umstände an Relevanz eingebüßt hat[38] oder es um vom Gesetzgeber nicht vorbedachte Konstellationen geht. Davon kann freilich bezüglich der *actio libera in causa* keine Rede sein, nachdem der Sachstand damals völlig bekannt sowie hinsichtlich des Ergebnisses konsentiert war und sich die Problemlage nicht verändert hat.

2. *Conclusio zum Verhältnis von Rechts- und Bürgersprache*

Die dargestellten beiden Formen einer Relativierung des allgemeinsprachlichen Wortlauts des Strafgesetzes, nämlich zum einen das wenig hinterfragte Überschreiten der Wortlautgrenze bei § 267 StGB und zum anderen das zunehmend geforderte Unterschreiten bei § 20 StGB, werfen die Frage nach dem Warum dieser Entwicklung auf. Die Sorglosigkeit bei der Überdehnung des Urkundenbegriffs könnte damit zusammenhängen, dass es sich um einen Solitärbegriff aus dem Besonderen Teil handelt, der in keine andere juristische Systematik

---

37 BVerfGE 126, 170 (197).

38 Grundsätzlich zurückhaltend bezüglich einer Annahme solcher Veränderungen *Simon* Gesetzesauslegung im Strafrecht, 2005, S. 281 (299 ff.).

eingebunden ist, als in die der Urkundenfunktionen.[39] Hier siegt folglich die Kriminalpolitik.

Anders sieht es bei § 20 StGB aus. Denn der Allgemeine Teil des Strafrechts stellt die bedeutsamste „Spielwiese" der Strafrechtsdogmatik dar. Gerade angesichts der unvollständigen Kodifizierung dieses Gebiets werden Systeme entwickelt und möglichst allgemeingültige Theorien entworfen.[40] Von daher liegt der Anspruch einer homogenen Begrifflichkeit nahe. Einen eigenständigen Tatbegriff in § 20 StGB zu akzeptieren erscheint deshalb – gerade auch mit Blick auf die Schuldregelung in § 17 StGB – angesichts des strafrechtsdogmatischen Anspruchs begrifflicher Einheitlichkeit wenig attraktiv. Überdies sieht man das kriminalpolitische Anliegen mittels Anwendung von § 323a StGB hinlänglich gesichert, wobei die rechtsstaatlichen Defizite gerade dieser Vorschrift[41] bemerkenswerterweise übergangen werden.

Die bei § 20 StGB von Teilen der Lehre gewählte Verabsolutierung einer gerade durch juristische Auslegung gewonnenen Begriffsbedeutung erweist sich insbesondere dann als nicht tragfähig, wenn man sowohl die Orientierungsfunktion des Gesetzes als auch Demokratieprinzip und Gewaltenteilung und das daraus sich ergebende Prinzip des Vorrangs des Gesetzes[42] ernst nimmt. Die Orientierungsfunktion weist letztlich der Alltagssprache die zentrale Bedeutung für die Geltung von Art. 103 Abs. 2 GG zu. Der Versuch einer Etablierung juristisch-begrifflicher Harmonie zum Zwecke der Klärung der Reichweite der Garantiefunktion eines Strafgesetzes kollidiert überdies nur zu leicht mit der notwendigen Beachtung des gesetzgeberischen Willens. Allein bei Vorliegen von in dieselbe Richtung weisenden Gesetzesmotiven oder einer Entkräftung dieser Motive durch neuere Entwicklungen lässt sich die juristische Begrifflichkeit gegen die Alltagssprache ins Feld führen und derart eine Begriffsunterschreitung – nie aber eine Begriffsüberschreitung – rechtfertigen. Nur unter diesen Kautelen entgeht man der Gefahr, den ganz anderen Zwecken dienenden Art. 103 Abs. 2 GG dazu zu missbrauchen, die eigene strafrechtsdogmatische Position auf Kosten des Vorrangs des Gesetzes zu überhöhen.

---

[39] Vgl. oben bei und in Fn. 22.

[40] Vgl. auch *Kudlich* in: Paeffgen u. a. (Hrsg.), Puppe-FS, 2011, S. 123 (124).

[41] Dazu *Streng* JZ 2000, 20 (26 f.).; *Streng* in: Kudlich/Montiel/Schuhr (Hrsg.), Gesetzlichkeit und Strafrecht, 2012, S. 179 (189 f.); vgl. auch *Paeffgen* in: Egg/Geisler (Hrsg.), Alkohol, Strafrecht und Kriminalität, 2000, S. 49 (59 ff.); Matt/Renzikowski-*Safferling*, 2013, § 323a Rn. 3.

[42] Vgl. dazu Maunz/Dürig-*Hillgruber*, GG, Stand: Mai 2015, Art. 97 Rn. 27 ff.

III. Anschlussprobleme strafjuristischer Auslegung mit Blick auf die gesetzgeberische Prärogative

Gar nicht übersehen werden kann, dass das hier betonte Abstellen auf den allgemeinen Sprachgebrauch und auf den Willen des historischen Gesetzgebers für die Anwendung von Art. 103 Abs. 2 GG das strafjuristische Arbeiten erschwert. Strafrechtsdogmatik im Sinne begrifflich, logisch und wertungsmäßig konsistenter Gewinnung von Auslegungsergebnissen bedient sich dafür möglichst eindeutiger und einheitlich verwendeter Rechtsbegriffe. Von daher gibt es naheliegender Weise „Anschlussprobleme" zwischen dem allgemeinen Sprachgebrauch und der juristischen Fachsprache.

Vor allem am Beispiel des Streits um die *actio libera in causa* ließ sich zeigen, dass die Juristen dazu tendieren, das Anschlussproblem durch Verabsolutierung der juristischen Fachsprache zu eliminieren. Dort führt dies zu einer Strafbegrenzung, was durchaus im Trend der Strafrechtswissenschaft liegen dürfte. Gleichwohl erscheint die Verabsolutierung der Fachsprache hier bemerkenswert, weil im Grundsatz eine über die Jahrzehnte hinweg zunehmende Intensivierung der Bezugnahme des Strafrechts auf das Verfassungsrecht zu beobachten ist.[43] Und eben dem widerspricht eine „Verstrafrechtlichung" des Art. 103 Abs. 2 GG mit ihren Negativwirkungen für die Geltung von Demokratieprinzip und Gewaltenteilung.

Von daher wird man sich daran gewöhnen müssen, dass u.U. auch über den strafjuristischen Sprachgebrauch hinaus Strafbarkeit dann zu bejahen ist, wenn mit Blick auf Art. 103 Abs. 2 GG bzw. auf das Gewaltenteilungsprinzip der hier maßgebliche allgemeine Sprachgebrauch und die Gesetzesmotive den entsprechenden objektivierten Willen des Gesetzgebers hinlänglich klar machen. Dann ist – um bei der *actio libera in causa* zu bleiben – im Rahmen des Allgemeinsprachlichen eine für die Regelung des § 20 StGB passende Terminologie mit einem entsprechenden Tatbegriff zugrunde zu legen, auch wenn dabei der Anspruch auf eine für den Allgemeinen Teil des Strafgesetzbuches homogene strafjuristische Begrifflichkeit leidet.

Im Rahmen der Auslegung des Strafgesetzes nicht befriedigend lösbar sind Konstellationen einer vom Gesetzgeber offenbar hingenommenen Wortlautüberschreitung, wie sie am Beispiel des Urkundenbegriffs des § 267 StGB aufgezeigt wurde. Die kriminalpolitische Sinnhaftigkeit und nachgerade Notwendigkeit einer Pönalisierung der Fälschung von Beweiszeichen lässt sich kaum bestreiten. Andererseits verbietet Art. 103 Abs. 2 GG die Überschreitung

---

[43] Vgl. etwa *Appel* Verfassung und Strafe. Zu den verfassungsrechtlichen Grenzen staatlichen Strafens, 1998; *Lagodny* Strafrecht vor den Schranken der Grundrechte. Die Ermächtigung zum strafrechtlichen Vorwurf im Lichte der Grundrechtsdogmatik, 1996; kritische Perspektive bei *Greco* in: Brunhöber/Höffler u.a. (Hrsg.), Strafrecht und Verfassung, 2013, S. 13 (17 ff).

des möglichen Wortsinns – was die im Strafrecht derzeit exzessive Auslegung des Urkundenbegriffs delegitimiert. *Herbert Landau* hat die hier und anderenorts relevante Problematik ganz präzise auf einen allgemeinen Nenner gebracht.[44] Er spricht von der häufig „jahrzehntelangen Fortentwicklung der Normauslegung durch die Rechtsprechung, die immer neue Entwicklungen und Sachverhaltsgestaltungen unter den unveränderten Wortlaut alter Strafrechtsnormen zu packen versucht". Daher fordert er ein „tragfähiges Gesamtkonzept" ein, welches einerseits unerträgliche Strafbarkeitslücken und andererseits verbotene Analogie „deutlicher als bisher markiert". Abschließend spielt er den Ball für eine Problemlösung freilich ins Feld der Strafrechtswissenschaft zurück. Nur insoweit sind Vorbehalte anzubringen. Denn es lässt sich kaum umgehen, vor allem den Gesetzgeber in Pflicht zu nehmen, auf kriminalpolitische Entwicklungen, die bei gesetzgeberischer Untätigkeit zu justiziellen Grenzüberschreitungen führen können, zügig zu reagieren.

---

[44] *Landau* ZStW 121 (2009), 954 (975).

Teil IV

Sonstiges

Das Bearbeitungsentgelt bei Verbraucherdarlehen

Jürgen Ellenberger

I. Einleitung

Der XI. Zivilsenat des Bundesgerichtshofs hat im Jahr 2014 grundlegend zu formularmäßig vereinbarten Bearbeitungsentgelten in Verbraucherdarlehen von Banken Stellung bezogen. Nachfolgend sollen die Grundlagen und die Hauptlinien der Entscheidung dargestellt werden.

II. Grundsätze der Kontrolle von Entgeltregelungen in Allgemeine Geschäftsbedingungen

1. Preisverzeichnisse von Banken als Allgemeine Geschäftsbedingungen

Die für eine Vielzahl von Verträgen vorformulierten und nicht mit den Kunden ausgehandelten, sondern von Banken vorgegebene Klauseln über Bankentgelte in Preisverzeichnissen oder Formularverträgen sind Allgemeine Geschäftsbedingungen im Sinne von § 305 Abs. 1 BGB. Nach § 305b BGB ist zwar der Vorrang der Individualabrede zu beachten. Allerdings sind regelmäßig auch Klauseln mit ausfüllungsbedürftigen Leerräumen Allgemeine Geschäftsbedingungen. So wenn es um bloße unselbständige Ergänzungen wie die Einfügung von Namen oder des Vertragsobjekts geht.[1]

2. Grundsätze der Klauselkontrolle

a) Einbeziehungskontrolle

Nach § 305 Abs. 2 BGB ist zunächst zu prüfen, ob die Klausel mit Einverständnis der anderen Vertragspartei wirksamer Bestandteil eines Vertrages geworden ist. Dabei sind an die Einbeziehung des Preisverzeichnisses von Banken keine sehr hohen Anforderungen zu stellen. Ausgeschlossen ist die Einbeziehung

---

[1] Vgl. Palandt-*Grüneberg*, 75. Aufl. 2016, § 305 Rn. 8 m. w. N.

aber dann, wenn es sich nach § 305c Abs. 1 BGB um eine überraschende Klausel handelt.

b) Inhaltskontrolle

Ist das Preisverzeichnis wirksam Vertragsinhalt geworden, schließt sich die Inhaltskontrolle gemäß §§ 307 ff. BGB an. Es ist zu prüfen, ob eine verbotene Klausel nach § 309 BGB (Klauselverbote ohne Wertungsmöglichkeit) oder nach § 308 BGB (Klauselverbote mit Wertungsmöglichkeit) vorliegt. Ist das nicht der Fall, ist zu prüfen, ob ein Verstoß gegen die Generalklausel des § 307 BGB vorliegt. Auf letzteres wird nachfolgend eingegangen.

aa) Transparenzkontrolle (§ 307 Abs. 1 S. 2 BGB)

Nach § 307 Abs. 1 S. 2 BGB liegt eine unangemessene Benachteiligung vor, wenn die Bestimmung nicht klar und verständlich ist. Verwender Allgemeiner Geschäftsbedingungen sind daher nach den Grundsätzen von Treu und Glauben verpflichtet, Rechte und Pflichten ihrer Vertragspartner möglichst klar und durchschaubar darzustellen. Dazu gehört auch, dass Allgemeine Geschäftsbedingungen wirtschaftliche Nachteile und Belastungen soweit erkennen lassen, wie dies nach den Umständen gefordert werden kann.[2] Der Verwender muss somit die tatbestandlichen Voraussetzungen und Rechtsfolgen so genau beschreiben, dass für ihn kein ungerechtfertigter Beurteilungsspielraum entsteht. Die Beschreibung muss für den anderen Vertragsteil nachprüfbar und darf nicht irreführend sein.

Bei der Bewertung der Transparenz einer Vertragsklausel ist die Erkenntnismöglichkeit eines durchschnittlichen Vertragspartners des Verwenders im Zeitpunkt des Vertragsschlusses maßgeblich. Dabei sind Allgemeine Geschäftsbedingungen nach ihrem objektiven Inhalt und typischen Sinn einheitlich so auszulegen, wie sie von verständigen und redlichen Vertragspartnern unter Abwägung der Interessen der normalerweise beteiligten Kreise verstanden werden.[3]

Das Transparenzgebot führt aber nicht dazu, dass der Klauselverwender interne Kalkulationsgrundlagen offenbaren muss. Wer über seine Zahlungspflicht hinreichend deutlich informiert wird, braucht nicht auch darüber aufgeklärt zu werden, welche Tätigkeiten und Aufwendungen die Gegenseite der Bemessung ihrer Forderung zugrunde gelegt hat.[4] Das Transparenzgebot hat nur zum Ziel, dem Kunden des Verwenders die Pflichten und wirtschaftlichen Nachteile der konkreten Entgeltregelung zu verdeutlichen, bezweckt darüber hinaus jedoch

[2] Vgl. Palandt-*Grüneberg*, 75. Aufl. 2016, § 307 Rn. 21 m. w. N.
[3] BGH, Urt. v. 13.05.2014 – XI ZR 405/12, BGHZ 201, 168 Rn. 25.
[4] BGH, Urt. v. 07.12.2010 – XI ZR 3/10, WM 2011, 263 Rn. 19 ff.

nicht, eine höhere Markttransparenz im Sinne der besseren wirtschaftlichen Vergleichbarkeit zu anderen Finanzierungsmodellen herzustellen.[5] Auch über die rechtliche Einordnung seiner Zahlungspflichten muss der Kunde, dem die Voraussetzungen und die Höhe der Zahlungspflicht verdeutlicht wurden, nicht unterrichtet werden.[6]

bb) Unangemessene Benachteiligung

Nach § 307 Abs. 3 S. 1 BGB unterliegen solche Preisklauseln der Inhaltskontrolle, durch die von Rechtsvorschriften abweichende oder diese ergänzende Regelungen vereinbart werden. Da es den Vertragspartnern grundsätzlich freigestellt ist, Leistung und Gegenleistung im Vertrag frei zu bestimmen, unterliegen Abreden über den unmittelbaren Gegenstand der Hauptleistung nicht der Angemessenheitskontrolle nach § 307 BGB.[7]

Davon zu unterscheiden sind Entgelte für Nebenleistungen, die durch § 307 Abs. 3 S. 1 BGB nicht der Inhaltskontrolle entzogen werden. Entscheidendes Kriterium für eine Preisnebenabrede ist, dass an ihre Stelle beim Fehlen einer wirksamen vertraglichen Regelung Rechtsvorschriften im Sinne von § 307 Abs. 3 S. 1 BGB treten, so dass eine Inhaltskontrolle möglich ist.[8]

Die Unterscheidung zwischen Preishaupt- und Preisnebenabreden gilt auch dann, wenn die Entgeltklausel in einem Regelwerk enthalten ist, das – wie üblicherweise Preis- und Leistungsverzeichnisse von Geldinstituten – Preise für Einzelleistungen bei der Vertragsabwicklung festlegt. Der Verwender kann ein Entgelt also nicht dadurch, dass er es als „Preis" einer dort näher bezeichneten Leistung in ein Preisverzeichnis aufnimmt, der Inhaltskontrolle entziehen.

Der XI. Zivilsenat des Bundesgerichtshofs geht, bei der Unterscheidung von Preishaupt- und Preisnebenabreden, bei der Inhaltskontrolle von Entgeltklauseln nach § 307 Abs. 1 und 2 BGB in ständiger Rechtsprechung von drei Grundprinzipien aus: Um kontrollfähige Preisnebenabreden handelt es sich, wenn Arbeiten, die keine Dienstleistung für den Kunden sind, bepreist werden, wenn für vertraglich geschuldete Nebenleistungen oder für die Erfüllung von Pflichten zur Vermeidung von sekundären vertraglichen Schadensersatzansprüchen ein Entgelt verlangt wird oder wenn für die Erfüllung gesetzlicher Pflichten ein Entgelt gefordert wird.[9] Demgegenüber unterliegen Sonder- und Zusatzleistungen, die nicht von dem oben dargestellten Trias umfasst werden, nicht der Inhaltskontrolle.[10]

---

[5] BGH, Urt. v. 07.12.2010 – XI ZR 3/10, BGH WM 2011, 263 Rn. 24.
[6] BGH, Urt. v. 28.01.2003 – XI ZR 156/02, BGHZ 153, 344 (352 f.)
[7] Vgl. Palandt-*Grüneberg*, 75. Aufl. 2016, § 307 Rn. 41, 46 m. w. N.
[8] Vgl. Palandt-*Grüneberg*, 75. Aufl. 2016, § 307 Rn. 47 m. w. N.
[9] BGH, Urt. v. 21.04.2009 – XI ZR 78/08, BGHZ 180, 257 Rn. 21.
[10] Vgl. Palandt-*Grüneberg*, 75. Aufl. 2016, § 307 Rn. 48 m. w. N.

III. Entscheidung zum Bearbeitungsentgelt vom 13.05.2014 (XI ZR 405/12, BGHZ 201, 168)

1. Sachverhalt

Eine Privatbank verwendet gegenüber ihren Privatkunden einen mit „Regelsätze im standardisierten Privatkundengeschäft" überschriebenen Preisaushang. Dieser enthält unter der Zwischenüberschrift „Privatkredit" Zinssätze für Ratenkredite ein „Repräsentatives Beispiel" in dem u.a. ein Bearbeitungsentgelt von einmalig 1 % ausgewiesen ist.[11]

2. Kontrollfähigkeit der Klausel

Die Auslegung der Klausel nach den Maßstäben des § 307c Abs. 2 BGB ergibt, dass das Bearbeitungsentgelt weder eine kontrollfreie Preishauptabrede für die vertragliche Hauptleistung noch ein Entgelt für eine Sonderleistung ist.[12]

a) Die Hauptleistung des Bankkunden, die gemäß § 307 Abs. 3 S. 1 BGB der Inhaltskontrolle entzogen ist, ist beim Darlehen – vorbehaltlich etwaiger kontrollfreier Entgelte für Sonder- oder Zusatzleistungen – der gem. § 488 Abs. 1 S. 2 BGB zu zahlende Zins. Der Darlehensnehmer hat ein Darlehen gemäß § 488 Abs. 1 S. 2 BGB bei Fälligkeit zurückzuzahlen und als Gegenleistung für die Zurverfügungstellung des Geldbetrags den vertraglich vereinbarten Zins zu zahlen. Beim Darlehensvertrag stellt daher der Zins den Preis für die Kapitalnutzung dar.[13]

Aus dem Umstand, dass in § 6 Preisangabenverordnung (PAngV) und auch in Vorschriften des materiellen Rechts neben Zinsen von „Kosten" die Rede ist, ergibt sich nicht, dass beim Verbraucherdarlehen nicht nur der vereinbarte Zins, sondern das Gesamtentgelt einschließlich sämtlicher Kosten die der Inhaltskontrolle entzogene Preishauptabrede ist.[14] Denn diese Bestimmungen legen – anders als § 488 BGB – weder die vertraglichen Hauptleistungspflichten fest noch enthalten sie ein Recht der darlehensgebenden Bank zur Entgelterhebung. Vielmehr regeln sie entsprechend dem Schutzgedanken des Verbraucherdarlehensrechts die vorvertragliche oder vertragliche Information des Darlehensnehmers (§§ 491a, 492 Abs. 2 BGB i.V.m. Art. 247 §§ 3, 6–13 EGBGB und § 6 PAngV, § 505 Abs. 1 und 2 BGB i.V.m. Art. 247 § 17 EGBGB), die Rechtsfolgen bei Formmängeln (§§ 494, 505 Abs. 3 BGB), die Rückabwicklung beim verbundenen Geschäft (§ 358 Abs. 4 S. 2 BGB), die Berechnung des Rückzahlungsbe-

---

[11] BGH, Urt. v. 13.05.2014 – XI ZR 405/12, BGHZ 201, 168 Rn. 1.
[12] BGH, Urt. v. 13.05.2014 – XI ZR 405/12, BGHZ 201, 168 Rn. 31.
[13] BGH, Urt. v. 13.05.2014 – XI ZR 405/12, BGHZ 201, 168 Rn. 32 f.
[14] BGH, Urt. v. 13.05.2014 – XI ZR 405/12, BGHZ 201, 168 Rn. 34.

trags bei vorzeitiger Vertragsbeendigung (§ 501 BGB) und den Anwendungsbereich der Vorschriften über das Verbraucherdarlehen (§ 491 BGB).[15]

Die Preisangabenverordnung dient der Gewährleistung von Preiswahrheit und -klarheit durch ordnungsgemäße Verbraucherinformation, der Stärkung der Stellung des Verbrauchers gegenüber Handel und Gewerbe durch optimale Preisvergleichsmöglichkeiten sowie der Förderung des Wettbewerbs. Sie trifft hingegen weder eine materiell-rechtliche Unterscheidung zwischen Haupt- und Nebenleistungen noch kann ihr als Verbraucherschutzvorschrift eine generelle Billigung sämtlicher, neben dem Zins anfallender Entgelte entnommen werden. In den nach der Preisangabenverordnung ermittelten effektiven Jahreszins sind die erfassten Kosten vielmehr allein schon deshalb einzubeziehen, weil sie – ob berechtigt oder unberechtigt – vom Kunden tatsächlich verlangt werden.[16] Dass der Gesetzgeber in materiell-rechtlichen Vorschriften auf die Preisangabenverordnung verweist, lässt deren Charakter als lediglich formelles Preisrecht unberührt.[17]

Dass das Bearbeitungsentgelt, wenn es erhoben wird, in die Berechnung des effektiven Jahreszinses einzubeziehen ist, macht es ebenfalls nicht zur Hauptleistung. Der effektive Jahreszins ist kein Zins im Rechtssinne, sondern eine bloße der Transparenz dienende Rechengröße, durch seine Angabe soll dem Kunden die mit der Kreditaufnahme verbundene Gesamtbelastung vor Augen geführt werden.[18]

Auch aus § 501 BGB ergibt sich nicht, dass laufzeitunabhängige Kosten als Teil der Gesamtkosten der Inhaltskontrolle entzogen sind. Aus der Vorschrift folgt lediglich, dass sich die Gesamtkosten des Kredits im Sinne von § 6 Abs. 3 PAngV bei vorzeitiger Vertragsbeendigung um die Zinsen und die „laufzeitabhängigen Kosten" ermäßigen, die auf die Zeit nach der Fälligkeit oder Erfüllung entfallen. Das Gesetz hält damit zwar im Umkehrschluss die Existenz „laufzeitunabhängiger Kosten" für möglich, die dem Kunden bei vorzeitiger Rückzahlung nicht anteilig erstattet werden. § 501 BGB enthält aber nach Wortlaut sowie Sinn und Zweck der Regelung lediglich eine für sämtliche laufzeitunabhängigen Kosten geltende Berechnungsvorschrift für die Rückabwicklung. Sie ist weder Anspruchsgrundlage noch verhält sie sich dazu, ob Bearbeitungsentgelte Teil der gesetzlich geschuldeten Hauptleistung des Darlehensgebers sind.[19]

Soweit § 491 BGB für Verbraucherdarlehen von „entgeltlich" spricht, wird damit lediglich der Anwendungsbereich der Vorschriften über das Verbraucherdarlehen festgelegt, aber die vertraglichen Hauptleistungspflichten beim Darlehen nicht abweichend von § 488 BGB definiert. § 491 Abs. 1 BGB spricht nur

---

15 BGH, Urt. v. 13.05.2014 – XI ZR 405/12, BGHZ 201, 168 Rn. 35.
16 BGH, Urt. v. 13.05.2014 – XI ZR 405/12, BGHZ 201, 168 Rn. 36.
17 BGH, Urt. v. 13.05.2014 – XI ZR 405/12, BGHZ 201, 168 Rn. 37.
18 BGH, Urt. v. 13.05.2014 – XI ZR 405/12, BGHZ 201, 168 Rn. 38.
19 BGH, Urt. v. 13.05.2014 – XI ZR 405/12, BGHZ 201, 168 Rn. 39.

deshalb von „entgeltlichen" – statt von „verzinslichen" – Darlehen, um den Anwendungsbereich der §§ 491 ff. BGB im Interesse eines wirksamen Verbraucherschutzes auf solche Darlehen zu erstrecken, bei denen der Darlehensgeber auf die Vereinbarung von Zinsen verzichtet, dieser Verzicht jedoch durch hohe Kosten wieder ausgeglichen wird.[20]

Das Bearbeitungsentgelt ist auch nicht mit dem Disagio vergleichbar. Es ist anerkannt, dass der Darlehensgeber neben dem Zins ein Disagio als zinsähnliches (Teil-)Entgelt für die zeitweilige Kapitalnutzung in Gestalt eines Einmalentgelts erheben kann, das in der Regel integraler Bestandteil der laufzeitabhängigen Zinskalkulation ist.[21] Das hat zur Folge, dass das Disagio bei vorzeitiger Vertragsbeendigung anteilig für den nicht verbrauchten Zeitraum zurückzuzahlen ist. Das ist beim Bearbeitungsentgelt gerade nicht der Fall. Das Entgelt für die „Bearbeitung" eines Darlehens ist laufzeitunabhängig ausgestaltet. Damit wird gerade nicht die Gewährung der Kapitalnutzungsmöglichkeit „bepreist".[22] Auch eine anteilige Rückerstattung bei vorzeitiger Vertragsbeendigung ist nicht vorgesehen.

Ein laufzeitunabhängiges Bearbeitungsentgelt kann gemessen an § 488 Abs. 1 S. 2 BGB nicht als der Inhaltskontrolle entzogenes Teilentgelt für die Kapitalüberlassung qualifiziert werden. Gemäß § 488 Abs. 1 BGB zählt die Kapitalüberlassung zu den gesetzlich geregelten Hauptleistungspflichten des Darlehensgebers, die ebenso wie dessen Verpflichtung zur fortdauernden Belassung der Darlehensvaluta im synallagmatischen Verhältnis zur Zinszahlungspflicht steht. Der laufzeitabhängige Zins ist deshalb im Regelfall nicht nur Entgelt für die Belassung der Darlehensvaluta, sondern mit ihm werden zugleich interne Kosten im Zusammenhang mit der Kapitalüberlassung abgegolten.[23]

b) Das Bearbeitungsentgelt ist auch keine Vergütung für eine Sonder- oder Zusatzleistung der Bank. Vielmehr werden mit dem Bearbeitungsentgelt lediglich Kosten für Tätigkeiten auf die Kunden der Bank. abgewälzt, die sie im eigenen Interesse erbringt oder auf Grund bestehender eigener Rechtspflichten zu erbringen hat.[24]

Dies gilt zunächst für die Bearbeitung des Darlehensantrags und die damit verknüpfte Prüfung der Bonität des Kunden. Die Bonitätsprüfung wie auch die Bewertung der angebotenen Sicherheiten liegen im Regelfall allein im Interesse des Kreditinstituts und im öffentlichen Interesse der Kreditwirtschaft, Forderungsausfälle zum Schutz der Einleger zu vermeiden. Soweit die Bonitätsprüfung im Einzelfall – insbesondere bei günstigem Ergebnis – zugleich dem Kunden zugutekommt, handelt es sich lediglich um einen reflexartigen Nebeneffekt.

---

[20] BGH, Urt. v. 13.05.2014 – XI ZR 405/12, BGHZ 201, 168 Rn. 40.
[21] BGH, Urt. v. 13.05.2014 – XI ZR 405/12, BGHZ 201, 168 Rn. 42.
[22] BGH, Urt. v. 13.05.2014 – XI ZR 405/12, BGHZ 201, 168 Rn. 44.
[23] BGH, Urt. v. 13.05.2014 – XI ZR 405/12, BGHZ 201, 168 Rn. 46.
[24] BGH, Urt. v. 13.05.2014 – XI ZR 405/12, BGHZ 201, 168 Rn. 48.

Dieser genügt nicht, um die Prüfung als gesondert vergütungsfähige Leistung für den Kunden einzuordnen Denn die von der Bonitätsprüfung abhängige Festlegung der Vertragskonditionen ist weder vorrangig noch zumindest auch an den Interessen des Kunden ausgerichtet.[25] Ebenso wenig vermag der Umstand, dass dem Kunden der Kredit überhaupt gewährt wird, eine Einordnung als Sonderleistung zu rechtfertigen. Denn die Prüfung, ob und unter welchen Bedingungen ein Vertrag geschlossen werden kann, liegt allein im Interesse desjenigen, der die Abgabe einer auf den Vertragsschluss gerichteten Willenserklärung erwägt.[26]

Ebenso wenig stellen die vor Vertragsschluss liegende Erfassung der Kundenwünsche und Kundendaten sowie die Führung der Vertragsgespräche selbstständige Leistungen für den Kunden dar. Die Bank prüft allein im eigenen Geschäftsinteresse, ob sie mit dem Kunden in eine Vertragsbeziehung treten will, und bahnt zu diesem Zweck den Vertragsschluss – etwa durch die Gesprächsführung und die Vorbereitung eines unterschriftsfähigen Vertrags – an.[27]

Auch die Abgabe des Darlehensangebots ist keine rechtlich nicht geregelte, gesondert vergütungsfähige Sonderleistung. Zwar sind Kreditinstitute im nicht regulierten Rechtsverkehr nicht zum Abschluss von Darlehensverträgen verpflichtet. Hieraus ergibt sich aber nicht, dass sie neben dem Zins unter Berufung auf die Erbringung einer Sonderleistung gleichsam ein zusätzliches „Abschlussentgelt" als Vergütung für den Vertragsschluss verlangen können. Der Vertragsschluss selbst ist nach allgemeinen schuldrechtlichen Grundsätzen keine Sonderleistung, sondern Grundlage für die Entstehung der vertraglichen Hauptleistungspflichten und löst als solcher überhaupt erst den vertraglichen Vergütungsanspruch aus.[28]

Zudem kann die Einordnung als selbstständig vergütungsfähige Sonderleistung nicht auf die Erbringung einer Beratungstätigkeit für den Kunden gestützt werden. Die Annahme einer gesondert vergütungsfähigen Beratungsleistung setzte eine Beratungstätigkeit voraus, die über bloße Akquise- und Vorbereitungstätigkeiten im Rahmen der Antragsbearbeitung hinausgeht. Solche Beratungsleistungen sind der Vergabe von Verbraucherkrediten jedoch üblicherweise weder immanent noch lässt die Bezeichnung als „Bearbeitungsentgelt" erkennen, dass hier über die bloße Kundenbetreuung hinausgehende Beratungsleistungen erbracht werden.[29]

Die Beschaffung des Kapitals und die Überlassung des vereinbarten Darlehensbetrags sind ebenfalls nicht als gesondert vergütungsfähige, neben die Kapitalbelassung tretende Sonderleistungen für den Kunden einzuordnen. Die

[25] BGH, Urt. v. 13.05.2014 – XI ZR 405/12, BGHZ 201, 168 Rn. 50.
[26] BGH, Urt. v. 13.05.2014 – XI ZR 405/12, BGHZ 201, 168 Rn. 51.
[27] BGH, Urt. v. 13.05.2014 – XI ZR 405/12, BGHZ 201, 168 Rn. 53.
[28] BGH, Urt. v. 13.05.2014 – XI ZR 405/12, BGHZ 201, 168 Rn. 54.
[29] BGH, Urt. v. 13.05.2014 – XI ZR 405/12, BGHZ 201, 168 Rn. 55.

Beschaffung des Kapitals dient der Sicherstellung der eigenen Refinanzierung und der ordnungsgemäßen Vertragserfüllung seitens der Bank. Mit der Überlassung des vereinbarten Geldbetrags erfüllt die Beklagte lediglich ihre gesetzliche Hauptleistungspflicht aus § 488 Abs. 1 S. 1 BGB.[30]

Schließlich stellen etwaige vom Bearbeitungsentgelt erfasste Folgetätigkeiten wie die Prüfung, ob der Kunde die vertraglichen Voraussetzungen für die Auszahlung der Darlehensvaluta erfüllt hat, die Überwachung, ob die vereinbarten Zins- und Tilgungsleistungen vertragsgemäß erbracht werden, oder typische „Serviceleistungen" – wie beispielsweise die Beantwortung von Kundenanfragen zum Darlehen – keine gesondert vergütungsfähigen Dienstleistungen für den Kunden dar. Vielmehr wird die Bank hierbei allein im eigenen Vermögensinteresse oder kraft vertraglicher Treuepflichten tätig, ohne Leistungen auf rechtsgeschäftlicher Grundlage für den Kunden zu erbringen.[31]

c) Die Tatsache, dass dem Kunden mitgeteilt wird, dass er ein Bearbeitungsentgelt zahlen soll, steht der Kontrollfähigkeit der Klausel nicht entgegen. Lässt eine Klausel die bei planmäßiger Durchführung des Vertrags zu erwartende effektive Gesamtbelastung für den Kunden hinreichend deutlich erkennen, wahrt sie zwar die Anforderungen des Transparenzgebots des § 307 Abs. 1 S. 2 BGB. Dieser Umstand lässt jedoch weder die Möglichkeit noch das Bedürfnis entfallen, die Klausel einer inhaltlichen Angemessenheitskontrolle nach § 307 Abs. 1 S. 1 BGB zu unterziehen. Die Inhaltskontrolle hat einen weitergehenden Zweck als das Transparenzgebot. Sie soll einen lückenlosen Schutz vor inhaltlich unangemessenen AGB gewährleisten. Das verlangt nicht nur den Schutz vor solchen Entgeltvereinbarungen, die irreguläre Geschäftsvorfälle betreffen, deren Eintritt bei Vertragsschluss noch ungewiss ist und denen der Kunde deshalb naturgemäß geringere Aufmerksamkeit widmet. Vielmehr soll die Inhaltskontrolle Kunden auch gerade vor solchen Klauseln schützen, bei denen das auf einen gegenseitigen Interessenausgleich gerichtete dispositive Gesetzesrecht durch einseitige Gestaltungsmacht des Klauselverwenders außer Kraft gesetzt wird. Diesem Schutzbedürfnis wird ein rein „marktbezogener" Ansatz nicht gerecht.[32]

d) Schließlich führt auch die richtlinienkonforme Auslegung des Begriffs der kontrollfreien Hauptleistung im Lichte der EU-Klauselrichtlinie[33] nicht zur Annahme, dass sämtliche in den effektiven Jahreszins einzubeziehenden Darlehensnebenkosten von der Inhaltskontrolle ausgenommen sind. Denn die Klauselrichtlinie enthält – wie Art. 8 zeigt – nur eine Mindestharmonisierung.[34]

---

30 BGH, Urt. v. 13.05.2014 – XI ZR 405/12, BGHZ 201, 168 Rn. 56.

31 BGH, Urt. v. 13.05.2014 – XI ZR 405/12, BGHZ 201, 168 Rn. 57.

32 BGH, Urt. v. 13.05.2014 – XI ZR 405/12, BGHZ 201, 168 Rn. 60.

33 RL 93/13/EWG des Rates vom 05.04.1993 über missbräuchliche Klauseln in Verbraucherverträgen, ABl. 1993 L 95, 29 = NJW 1993, 1838.

34 BGH, Urt. v. 13. 05.2014 – XI ZR 405/12, BGHZ 201, 168 Rn. 61 f.

3. Unangemessenheit der Klausel

Die danach kontrollfähige Klausel ist unwirksam, weil die Erhebung eines laufzeitunabhängigen Entgelts für die Bearbeitung eines Verbraucherdarlehens mit wesentlichen Grundgedanken der gesetzlichen Regelung unvereinbar ist und die Kunden der Beklagten entgegen den Geboten von Treu und Glauben unangemessen benachteiligt (§307 Abs. 1 S. 1, Abs. 2 Nr. 1 BGB).[35]

a) Gesetzliches Leitbild

Eine Bank hat anfallende Kosten für die Kreditbearbeitung und -auszahlung nach dem gesetzlichen Leitbild des §488 Abs. 1 S. 2 BGB durch den laufzeitabhängig bemessenen Zins zu decken und kann daneben kein laufzeitunabhängiges Bearbeitungsentgelt verlangen.[36]

Zwar ist §488 Abs. 1 S. 2 BGB keine zwingende Vorschrift in dem Sinne, dass laufzeitunabhängige Entgelte neben dem Zins in jedem Falle ausgeschlossen sind. Jedoch müssen sich Bestimmungen in Allgemeinen Geschäftsbedingungen, die von der vertragstypischen Ausgestaltung des Entgelts für die Darlehensgewährung als laufzeitabhängiger Zins abweichen, an §307 Abs. 2 Nr. 1 BGB messen lassen. §488 BGB legt ausweislich der amtlichen Überschrift die vertragstypischen Pflichten beim Darlehensvertrag fest. Die Gesetzgebungsgeschichte belegt, dass der Gesetzgeber mit der Neufassung des §488 BGB im Rahmen der Schuldrechtsreform nicht nur bezweckt hat, das entgeltliche Darlehen in Einklang mit der Lebenswirklichkeit als gesetzlichen Regelfall einzuordnen. Vielmehr hat er die charakteristischen Hauptleistungspflichten beim Darlehen besonders herausgestellt. Zudem folgt aus dem Wesen des Darlehens als gegenseitiger Gebrauchsüberlassungsvertrag, dass das darlehensvertragliche Entgelt im Interesse eines ausgewogenen Verhältnisses von Leistung und Gegenleistung grundsätzlich von der Laufzeit des Vertrages abhängig ist.[37]

Entgeltklauseln in Allgemeinen Geschäftsbedingungen sind mit wesentlichen Grundgedanken der Rechtsordnung unvereinbar, wenn Aufwand für Tätigkeiten auf den Kunden abgewälzt wird, zu denen der Verwender gesetzlich oder nebenvertraglich verpflichtet ist oder die er überwiegend im eigenen Interesse erbringt. Denn es gehört zu den wesentlichen Grundgedanken des dispositiven Rechts, dass jeder Rechtsunterworfene solche Tätigkeiten zu erfüllen hat, ohne dafür ein gesondertes Entgelt verlangen zu können. Ein Anspruch hierauf besteht nur, wenn dies im Gesetz ausnahmsweise besonders vorgesehen ist. Derartige Entgeltklauseln stellen eine Abweichung von Rechtsvorschriften dar und sind deshalb grundsätzlich nach §307 Abs. 2 Nr. 1 BGB unwirksam.[38]

---

[35] BGH, Urt. v. 13.05.2014 – XI ZR 405/12, BGHZ 201, 168 Rn. 63.
[36] BGH, Urt. v. 13.05.2014 – XI ZR 405/12, BGHZ 201, 168 Rn. 65.
[37] BGH, Urt. v. 13.05.2014 – XI ZR 405/12, BGHZ 201, 168 Rn. 67f.
[38] BGH, Urt. v. 13.05.2014 – XI ZR 405/12, BGHZ 201, 168 Rn. 66.

b) Interessenabwägung

Gründe, die die Klausel bei der gebotenen umfassenden Interessenabwägung gleichwohl als angemessen erscheinen lassen, liegen nicht vor.

Der Gesetzgeber hat ein laufzeitunabhängiges Bearbeitungsentgelt nicht ausdrücklich gebilligt. Ein gesetzgeberischer Wille, die Rechtswirksamkeit einzelner Bankentgelte zu regeln, findet in den Gesetzesmaterialien keine Stütze. Im Übrigen sind Äußerungen im Gesetzgebungsverfahren nur maßgebend, soweit sie im Gesetz einen hinreichenden Niederschlag gefunden haben, was hier nicht der Fall ist.[39] Wie bereits zur Kontrollfähigkeit ausgeführt hat die Preisangabenverordnung nur transparenzrechtlichen Charakter. Sie dient ebenso wenig wie die materiell-rechtlichen Vorschriften, die sie in Bezug nehmen, dazu, Rechtsgrundlagen für die Entgeltforderungen der Kreditwirtschaft zu schaffen.[40]

Auch hat der Gesetzgeber mit §312a Abs.3 BGB in der ab dem 13.06.2014 geltenden Fassung des Gesetzes zur Umsetzung der Verbraucherrechterichtlinie und zur Änderung des Gesetzes zur Regelung der Wohnungsvermittlung vom 20.09.2013[41] nicht zum Ausdruck gebracht, dass er Bearbeitungsentgelte generell für zulässig erachtet. Vielmehr müssen künftig sämtliche Zahlungen, die – wie Bearbeitungsentgelte – über das vereinbarte Entgelt für die Hauptleistung hinausgehen, ausdrücklich vereinbart werden, um überhaupt erst Vertragsbestandteil zu werden. Der Gesetzgeber hat damit die formalen Anforderungen an die Vereinbarung von „Extrazahlungen“ verschärft, ohne jedoch Festlegungen zur materiell-rechtlichen Wirksamkeit solcher Entgelte bei einzelnen Vertragstypen zu treffen.[42]

Bankbetriebswirtschaftliche Erwägungen vermögen die Erhebung eines laufzeitunabhängigen Bearbeitungsentgelts ebenfalls nicht zu rechtfertigen.[43] Maßgeblich gegen die Angemessenheit eines laufzeitunabhängigen Bearbeitungsentgelts in Verbraucherdarlehensverträgen spricht, dass hiermit nicht bloß unerhebliche Nachteile für die Kunden bei der Vertragsabwicklung verbunden sind. Das Bearbeitungsentgelt wird üblicherweise nicht separat erhoben, sondern mitkreditiert. Das bedeutet, der Kunde schuldet nicht nur das Bearbeitungsentgelt, sondern er finanziert dieses mit. Folge ist, dass er bis zur vollständigen Tilgung des Bearbeitungsentgelts zugleich Zinsen hierauf zu zahlen hat. Hinzu kommt, dass sich die Erhebung eines laufzeitunabhängigen Bearbeitungsentgelts im Fall einer vorzeitigen Vertragsbeendigung zu Lasten des Kunden auswirkt. Kündigt er das Darlehen oder zahlt er es vorzeitig zurück, ver-

---

[39] BGH, Urt. v. 13.05.2014 – XI ZR 405/12, BGHZ 201, 168 Rn.70.
[40] BGH, Urt. v. 13.05.2014 – XI ZR 405/12, BGHZ 201, 168 Rn.71.
[41] BGBl. I S.3642.
[42] BGH, Urt. v. 13.05.2014 – XI ZR 405/12, BGHZ 201, 168 Rn.72.
[43] BGH, Urt. v. 13.05.2014 – XI ZR 405/12, BGHZ 201, 168 Rn.73.

bleibt der Bank das laufzeitunabhängige Bearbeitungsentgelt selbst bei nur kurzer Vertragslaufzeit in voller Höhe. Zugleich kann die Bank als weitergehenden Ersatz für den ihr entgangenen Gewinn und einen etwaigen Zinsverschlechterungsschaden eine – auf 1 % gedeckelte – Vorfälligkeitsentschädigung verlangen (§ 502 Abs. 1 S. 2 Nr. 1 BGB). Demgegenüber stünde ihr, wenn sie die Bearbeitungskosten in den Zins einkalkulierte, zum Ausgleich ihrer Kosten und sonstigen Schäden allein die gedeckelte Vorfälligkeitsentschädigung zu.[44]

Durch die von der Bank gewählte Vertragskonstruktion steigt damit bei nur kurzer Vertragslaufzeit der im Darlehensvertrag genannte effektive Jahreszins beträchtlich an. Zudem ist der vollständige Einbehalt eines Bearbeitungsentgelts, dem keine selbständige Leistung für den Kunden gegenübersteht, geeignet, das jederzeitige Ablösungsrecht aus § 500 Abs. 2 BGB zu gefährden, das bei Krediten, die keine Immobiliarkredite sind (vgl. § 503 Abs. 1 BGB), gemäß § 511 BGB zwingend ist.[45]

Auch stellt sich die Klausel nicht als angemessen dar, weil etwaige Preiserhöhungen Kleinkreditnehmer und Kunden belasten könnten, die ihren Kredit vertragsgemäß bis zum Ende fortführen. Derartige preiskalkulatorische Erwägungen sind grundsätzlich ungeeignet, unangemessene Vertragsgestaltungen zu rechtfertigen. Denn Kreditinstitute müssen ihre Angebote zu solchen Bedingungen kalkulieren, die sich mit den Geboten von Treu und Glauben vereinbaren lassen.[46]

c) Verfassungsgemäßheit der Unwirksamkeitserklärung

Verfassungsrechtliche Erwägungen stehen der Annahme, Bearbeitungsentgelte in Allgemeinen Geschäftsbedingungen seien unwirksam, nicht entgegen. Das AGB-rechtliche Verbot, Bearbeitungsentgelte in Allgemeinen Geschäftsbedingungen zu erheben, stellt einen Eingriff in die verfassungsrechtlich geschützte Berufsfreiheit (Art. 12 Abs. 1 S. 1 i. V. m. Art. 19 Abs. 3 GG) der Beklagten dar. Denn das Grundrecht der Berufsfreiheit umfasst auch die Freiheit, das Entgelt für berufliche Leistungen selbst festzusetzen bzw. mit Vertragspartnern auszuhandeln. Dieser Eingriff ist jedoch gerechtfertigt.[47]

§ 307 BGB ist taugliche Schranke im Sinne von Art. 12 Abs. 1 S. 2 GG zur Rechtfertigung eines Eingriffs in die Berufsfreiheit. Denn die Inhaltskontrolle ist verfassungsrechtlich zum Schutz der Privatautonomie der Verbraucher geboten, um im Sinne praktischer Konkordanz die erforderliche Waffengleichheit zwischen Klauselverwendern und Verbrauchern herzustellen. Die Annahme der Unwirksamkeit der angegriffenen Klausel entspricht zudem dem Grund-

---

[44] BGH, Urt. v. 13.05.2014 – XI ZR 405/12, BGHZ 201, 168 Rn. 77 ff.
[45] BGH, Urt. v. 13.05.2014 – XI ZR 405/12, BGHZ 201, 168 Rn. 80.
[46] BGH, Urt. v. 13.05.2014 – XI ZR 405/12, BGHZ 201, 168 Rn. 82.
[47] BGH, Urt. v. 13.05.2014 – XI ZR 405/12, BGHZ 201, 168 Rn. 84 f.

satz der Verhältnismäßigkeit. Entgegen der Ansicht der Revision ist die Unwirksamkeit der Klausel im Interesse eines effektiven Verbraucherschutzes erforderlich. Eine andere, gleich geeignete, aber mildere Maßnahme kommt nicht in Betracht. Insbesondere genügt eine transparente Information über die anfallenden Gesamtkosten des Kredits unter Berücksichtigung des vom Gesetzgeber vorgegebenen Schutzzwecks der Inhaltskontrolle allein nicht, um unangemessene Benachteiligungen für die Kunden der Beklagten auszuschließen. Die Klausel für unwirksam zu erklären, ist zudem verhältnismäßig im engeren Sinne. Denn der Beklagten war und ist es unbenommen, ihren mit der Darlehensgewährung verbundenen Bearbeitungsaufwand während der Vertragslaufzeit durch entsprechende Kalkulation des Zinses zu decken, den sie innerhalb der Grenzen des § 138 BGB frei bestimmen kann.[48]

Ferner ist die angegriffene Klausel nicht aus Gründen des Vertrauensschutzes (Art. 2 Abs. 1, Art. 20 Abs. 3 GG) zumindest teilweise als wirksam zu behandeln, soweit sie bereits in Darlehensverträgen Verwendung gefunden hat. Zwar sind Bearbeitungsentgelte in früheren Entscheidungen des Bundesgerichtshofs unbeanstandet geblieben. Dem Verwender Allgemeiner Geschäftsbedingungen ist jedoch, soweit sich Klauseln aufgrund einer Änderung der höchstrichterlichen Rechtsprechung als unwirksam erweisen, im Allgemeinen kein Vertrauensschutz zuzubilligen. Höchstrichterliche Urteile sind kein Gesetzesrecht und erzeugen damit keine vergleichbare Rechtsbindung. Gerichtliche Entscheidungen, die die Wirksamkeit eines Rechtsgeschäfts betreffen, wirken schon ihrer Natur nach auf einen in der Vergangenheit liegenden, in seiner rechtlichen Bewertung noch nicht abgeschlossenen Sachverhalt ein. Für diese grundsätzlich zulässige so genannte unechte Rückwirkung können sich zwar im Einzelfall unter dem Gesichtspunkt des Vertrauensschutzes Schranken aus dem Prinzip der Rechtssicherheit ergeben. Das Risiko, dass eine zunächst unbeanstandet gebliebene Allgemeine Geschäftsbedingung in späteren höchstrichterlichen Entscheidungen wegen unangemessener Benachteiligung des Vertragspartners als unwirksam beurteilt wird, trägt aber grundsätzlich der Verwender.[49]

d) Kein Verstoß gegen Unionsrecht

Die Verbraucherkreditrichtlinie 2008/48/EG regelt nur die (vor-)vertragliche Information über die Kosten eines Verbraucherdarlehens. Sie beschränkt aber nicht die Befugnis der Mitgliedstaaten, Regelungen darüber zu treffen, welche Arten von „Provisionen" der Darlehensgeber erheben darf.[50]

Die Dienstleistungsfreiheit (Art. 56 AEUV) verbietet es nicht, formularmäßige Bearbeitungsentgelte in Verbraucherdarlehensverträgen für unwirksam zu

[48] BGH, Urt. v. 13.05.2014 – XI ZR 405/12, BGHZ 201, 168 Rn. 86.
[49] BGH, Urt. v. 13.05.2014 – XI ZR 405/12, BGHZ 201, 168 Rn. 87 f.
[50] BGH, Urt. v. 13.05.2014 – XI ZR 405/12, BGHZ 201, 168 Rn. 90.

erklären. Für eine unmittelbare Anwendung des Art. 56 AEUV fehlt es bereits an einem grenzüberschreitenden Bezug. Zudem kann sich die Beklagte nicht mittelbar unter Hinweis auf eine Inländerdiskriminierung (Art. 3 Abs. 1 GG) auf einen Verstoß gegen die Dienstleistungsfreiheit berufen.[51] Das Verbot formularmäßiger Bearbeitungsentgelte betrifft ausnahmslos alle Marktteilnehmer, die im Inland kreditvertragliche Dienstleistungen anbieten, und beschränkt die Dienstleistungsfreiheit ausländischer Kreditinstitute nicht. Eine Ungleichbehandlung ausländischer und deutscher Kreditinstitute als zwingenden Anknüpfungspunkt für die Annahme einer Inländerdiskriminierung liegt deshalb nicht vor.[52]

IV. Ausblick

Die Entscheidung des XI. Zivilsenats des Bundesgerichtshofs betraf ein Verfahren nach dem Unterlassungsklagengesetz und gilt daher ausschließlich für Verbraucherdarlehen. Wie der Fall zu entscheiden ist, wenn das Darlehen eines Unternehmers im Sinne von § 14 BGB betroffen ist, bei dem gemäß § 310 Abs. 1 S. 1 und S. 2 Hs. 2 BGB auf die im Handelsverkehr geltenden Gewohnheiten und Gebräuche angemessene Rücksicht zu nehmen ist, ist offen.

[51] BGH, Urt. v. 13.05.2014 – XI ZR 405/12, BGHZ 201, 168 Rn. 91.
[52] BGH, Urt. v. 13.05.2014 – XI ZR 405/12, BGHZ 201, 168 Rn. 92.

Internationale Schiedsgerichtsbarkeit in Konkurrenz zur staatlichen Gerichtsbarkeit

Gilbert Gornig

I. Allgemein

Schließt man als Unternehmer Verträge mit Partnern im Ausland, sollte man sich mit der Frage auseinandersetzen, welche Gerichte berufen sein sollen, im Streitfall den Rechtsstreit zu entscheiden. Nicht immer ist es sinnvoll auf einen ausschließlichen Gerichtsstand am Unternehmenssitz zu bestehen. Zuständigkeitsvereinbarungen zugunsten ausländischer staatlicher Gerichte werden sehr häufig nicht akzeptiert. Zudem werden in vielen Staaten Urteile ausländischer Gerichte weder anerkannt noch sind sie vollstreckbar. Im Vorfeld des Vertragsschlusses ist zu prüfen, ob die Vereinbarung eines Schiedsgerichts in Betracht kommt. Anstelle einer Gerichtstandvereinbarung[1] können insbesondere nichtstaatliche Parteien in Verträgen Schiedsgerichtsvereinbarungen treffen. Damit wird die Zuständigkeit staatlicher Gerichte ausgeschlossen. Es finden die Regeln des vereinbarten Schiedsgerichts Anwendung.[2] Die Streitparteien können aber auch entscheiden, ob die Regeln des ICC International Court of Arbitration[3], die Regeln einer anderen Schiedseinrichtung oder gar keine Regeln zur Anwendung kommen.

Die Zuständigkeit eines Schiedsgerichts kann nur durch eine entsprechende schriftliche Vereinbarung der Parteien begründet werden. Die Vereinbarung einer wirksamen Schiedsklausel stellt dabei das größte Problem für die Partner

---

[1] Vgl. hierzu beispielhaft die deutsche Zivilprozessordnung: § 38 ZPO.

[2] Die Entscheidungsträger werden Schiedsrichter (*arbitrator*) und das Gericht Schiedsgericht (*arbitral tribunal*) genannt. Die Schiedseinrichtung umfasst mehrere unabhängige Personen, die von den Parteien als Schiedsrichter ausgewählt oder durch einen Mechanismus, dem die Parteien zugestimmt haben, als Schiedsrichter bestimmt werden. Die Entscheidung wird Schiedsspruch (*award*) genannt. Die Schiedssprüche sind grundsätzlich nicht Gegenstand einer Berufung und können sowohl national als auch international vollstreckt werden. Hierbei sei auf die 1958 entstandene New York Convention on the Recognition and Enforcement of Foreign Arbitral Awards verwiesen.

[3] Vgl. http://www.iccwbo.org/about-icc/organization/dispute-resolution-services/icc-international-court-of-arbitration/ (zuletzt aufgerufen am 02.12.2015).

des Vertrages dar. Deshalb bieten alle international anerkannten Schiedsinstitutionen Musterklauseln in verschiedenen Sprachen an.

II. Vollstreckung des Schiedsspruchs

Jeder Schiedsspruch bedarf der Anerkennung und Vollstreckbarerklärung in dem Staat, in dem es zur Vollstreckung kommen soll. Die Anerkennung erfolgt dabei ohne eigenes Verfahren, wenn die entsprechenden Voraussetzungen vorliegen. Hingegen durchläuft die Vollstreckbarerklärung ein gesondertes Verfahren vor dem im Vollstreckungsland zuständigen Gericht.

In vielen Fällen bedarf es allerdings keiner Zwangsvollstreckung des Schiedsurteils, da dieses von den Vertragsparteien grundsätzlich eher akzeptiert wird als Urteile der staatlichen Gerichte. Grund dafür ist, dass ein Teil der Schiedsrichter oder alle Schiedsrichter selbst bestimmt und der Spruchkörper insgesamt aufgrund der speziellen Fachkenntnisse ausgesucht wurde.

Sollte dennoch die zwangsweise Durchsetzung des ergangenen Urteils erfolgen müssen, regelt das New Yorker Übereinkommen über die Anerkennung und Vollstreckung ausländischer Schiedssprüche vom 10. Juni 1958[4] das Verfahren (englisch: „*Convention on the Recognition and Enforcement of Foreign Arbitral Awards*, kurz New Yorker Übereinkommen“ bzw. „New York Convention“ oder NYC). Das New Yorker Übereinkommen ist das wichtigste internationale Übereinkommen in Fragen der Schiedsgerichtsbarkeit. Die unterzeichnenden Staaten verpflichten sich, privatrechtliche Schiedsvereinbarungen als Ausschluss des gerichtlichen Rechtswegs zu akzeptieren und Schiedssprüche von in anderen Staaten durchgeführten Schiedsverfahren anzuerkennen und zu vollstrecken.[5] Die New Yorker Konvention, dem praktisch alle Industrienationen sowie alle wichtigen Schwellen- und Entwicklungsländer beigetreten sind, legt die Minimalstandards fest, denen Schiedssprüche genügen müssen, um international vollstreckbar zu sein. Sie ist am 07.06.1959 in Kraft getreten.

Ein in Übereinstimmung mit der New Yorker Konvention von den Schiedsrichtern gefälltes Urteil ist international anerkannt und wird in den Mitgliedstaaten in einem schnellen Verfahren vollstreckt. Deshalb stellt heute die Schiedsgerichtsbarkeit im internationalen Handel die bevorzugte Streiterledigungsmethode dar.

Durch das New Yorker Übereinkommen ist die internationale Vollstreckung der Schiedsgerichtsurteile möglich und häufig leichter erreichbar als bei ausländischen Gerichtsurteilen, deren Anerkennung zum Beispiel in Deutschland von

[4] BGBl. 1961 II, S. 121 ff.; 1987 II, S. 389 ff.; http://www.uncitral.org/pdf/english/texts/arbitration/NY-conv/XXII_1_e.pdf (zuletzt aufgerufen am 02.12.2015).

[5] Vgl. Art. II Abs. 1 New Yorker Übereinkommen.

der Verbürgung der Gegenseitigkeit abhängt.[6] Die Konvention kommt immer dann zum Tragen, wenn der Schuldner nicht freiwillig leistet und in dem Land, in dem der Schiedsspruch ergangen ist (am sogenannten Schiedsort), keine ausreichenden Vermögenswerte der unterlegenen Partei vorhanden sind, so dass im Ausland vollstreckt werden muss.

III. Insbesondere: Investitionsstreitigkeiten

1. Allgemein

Besondere Bedeutung kommt der Schiedsgerichtsbarkeit bei der Beilegung von Investitionsstreitigkeiten zu. Bilaterale Investitionsschutzverträge werden zwischen den Staaten geschlossen und betreffen den Schutz des Investors im fremden Staat. Der ausländische Investor ist also nicht Partei des Investitionsschutzabkommens. Bilaterale Investitionsschutzvereinbarungen sehen vor, dass die Vertragsparteien Meinungsverschiedenheiten hinsichtlich der Anwendung und Auslegung der Bestimmungen des Abkommens, über die sie sich nicht auf diplomatischem Wege einigen können, einem Schiedsgericht unterbreiten. Diese Schiedsgerichtsbarkeit steht aber nur den Vertragsparteien offen. Scheitern also die in einem bilateralen Investitionsschutzabkommen vorgesehenen Verhandlungen und Konsultationen zwischen den Vertragsparteien, so kann die Streitigkeit einem zu schaffenden bilateralen Schiedsgericht zur Entscheidung vorgelegt werden. Die Bildung eines solchen ad hoc Schiedsgerichts findet auf Antrag einer der beiden Parteien statt. Parteien können jedoch auch vereinbaren, Investitionsstreitigkeiten vor den Investor-Schiedsgerichten des Haager Schiedsgerichtshofes zu bringen. Soweit keine andere Vereinbarung getroffen wurde, kann die Streitigkeit auch vor das *International Centre for Settlement of Investment Disputes (ICSID)* gebracht werden, das zur Weltbank-Gruppe gehört. Es bietet ein Forum für die unabhängige internationale Beilegung von Streitigkeiten zwischen ausländischen Investoren und Staaten. Die ICSID-Konvention (*Convention on the Settlement of Investment Disputes between States and Nationals of other States*)[7] wurde am 18.03.1965 unterzeichnet und ist zwischenzeitlich von 151 Staaten ratifiziert worden,[8] darunter von Deutschland. Die Zuständigkeit des Zentrums erstreckt sich auf alle unmittelbar mit einer

[6] Ein Urteil wird in Deutschland anerkannt, wenn die Voraussetzungen des § 328 Abs. 1 Nr. 1 bis 5 ZPO erfüllt sind.

[7] BGBl. 1969 II, S. 369 ff. Deutsch: https://www.admin.ch/opc/de/classified-compilation/19650042/index.html (zuletzt aufgerufen am 21.12.2015). Englisch: https://icsid.worldbank.org/ICSID/StaticFiles/basicdoc/CRR_English-final.pdf (zuletzt aufgerufen am 21.12.2015).

[8] In Deutschland wurde das Abkommen am 18.04.1969 ratifiziert und trat am 18.05.1969 in Kraft.

Investition zusammenhängenden Rechtsstreitigkeiten zwischen einem Vertragsstaat einerseits und einem Angehörigen eines anderen Vertragsstaats andererseits, wenn die Parteien schriftlich eingewilligt haben, die Streitigkeiten dem Zentrum zu unterbreiten. Haben die Parteien ihre Zustimmung erteilt, so kann keine von ihnen sie einseitig zurücknehmen.[9]

Das Schiedsgericht stützt sich bei seinem Schiedsspruch auf das Abkommen, auf andere Verträge zwischen den beiden Vertragsparteien sowie auf die allgemeinen Regeln des Völkerrechts. Der Schiedsspruch ist für beide Vertragsparteien bindend.

2. *Bilaterales Schiedsgericht*

Das bilaterale Schiedsgericht wird von Fall zu Fall von den Regierungen der Vertragsparteien zusammengestellt und besteht aus je einem Mitglied der Vertragsparteien sowie einem dritten vorsitzenden Schiedsrichter und kann auch für Investitionsstreitigkeiten zuständig sein. Die Ad hoc Schiedsgerichte wenden in der Regel schiedsgerichtliches Modellrecht an und beziehen sich auf Präzedenzfälle, soweit nach dem bilateralen Investitionsvertrag nichts anderes geregelt ist. Die Entscheidungen des Schiedsgerichts sind bindend nach Stimmenmehrheit.

3. *Ständiger Haager Schiedshof*

Der Ständige Haager Schiedshof wurde aufgrund der Haager Konvention von 1899 und 1907 zur friedlichen Erledigung internationaler Streitfälle eingerichtet. Seit Februar 1962 steht er durch seine Schieds- und Vergleichsordnung für Streitigkeiten zwischen einem Staat und einer nichtstaatlichen Partei auch der Anrufung durch nichtstaatliche Parteien offen. Dabei können auch dann Privatpersonen an einem solchen Verfahren teilnehmen, wenn ihr Heimatstaat nicht dem Haager Abkommen beigetreten ist. Bei Streitigkeiten zwischen Staaten ist jedoch nur ein Signatar der Haager Konvention parteifähig. Die Schieds- und Vergleichsordnung ist dennoch nicht ausreichend auf Investitionsstreitigkeiten spezialisiert. Von Nachteil ist auch, dass keine Vollstreckungsregeln für Schiedssprüche vorgesehen sind.[10]

---

[9] Art. 25 Abs. 1 ICSID-Konvention.

[10] Ein Haager Schiedsgericht erkannte im Sommer 2015 drei ehemaligen Yukos-Aktionären einen Schadensersatzanspruch von 50 Milliarden Dollar zu, die Russland nicht zahlen will. Der Yukos-Schiedsspruch verdeutlicht, dass ein internationales Schiedsgericht zu Entscheidungen kommen kann, die von einem deutschen Gericht bei Anwendung gesetzlicher Beweislastregelungen wahrscheinlich nicht getroffen worden wären. Vollstreckungsmaßnahmen gegen Russland in Deutschland sind aber aussichtslos; das gilt insbesondere für Vollstreckungsmaßnahmen gegen russische Staatsunternehmen wie Rosneft oder Gazprom, etwa durch Pfändung von Zahlungsansprüchen aus Öl- oder Gaslieferungen bei deutschen Abnehmern; vgl. http://www.manager-magazin.de/politik/weltwirtschaft/welche-folgen-das-yu

4. Schiedsabkommen des Washingtoner Gremiums ICSID

Für die Beilegung von Investitionsstreitigkeiten zwischen Investor und Gaststaat (Art. 1 Abs. 2 ICSID-Konvention) kommt das ICSID in Betracht, welches ein komplettes in sich geschlossenes System der Streitbeilegung darstellt.[11] Im Gegensatz zur privaten Schiedsgerichtsbarkeit beruht das ICSID auf einem völkerrechtlichen Vertrag. Das Schiedsverfahren nach dem Übereinkommen zur Beilegung von Investitionsstreitigkeiten zwischen Staaten und Angehörigen anderer Staaten wird nicht durch das Zentrum selbst geführt, sondern durch Schiedsgerichte, die im Einklang mit Art. 37 ff. ICSID-Konvention zusammengesetzt sind und die nach den von ICSID erlassenen Schiedsverfahrensregeln verhandeln. Die Definition des Begriffs Investition ist für die Zuständigkeit des Internationalen Zentrums für die Beilegung von Investitionsstreitigkeiten maßgebend. Nach Art. 25 ICSID-Konvention beschränkt sich die Rechtsprechung auf unmittelbar mit einer Investition zusammenhängende Rechtsstreitigkeiten.[12] Wenn die Voraussetzungen wie Parteifähigkeit, Investitionsstreitigkeit und schriftliche Zustimmung der Parteien vorliegen, ist die Zuständigkeit durch das ICSID eröffnet. Das ICSID-Verfahren wird durch schriftlichen Antrag einer oder beider Streitparteien eingeleitet und besteht entweder aus einem Vergleichs- oder Schiedsverfahren (Art. 28 ff., 36 ff. ICSID-Konvention), die jedoch auch miteinander verbunden werden können. Das Vergleichsverfahren[13] wird gemäß Art. 28 ICSID-Konvention durch ein Begehren an den Generalsekretär eingeleitet. Die Vergleichskommission, die entweder aus einem Einzelvermittler oder einer ungeraden Zahl von Vermittlern besteht, versucht die Streitfrage zu klären und einer für beide Streitparteien akzeptablen Lösung zuzuführen (Art. 34 Abs. 1 S. 1 ICSID-Konvention). Die Entscheidung des Schiedsgerichts im Schiedsverfahren[14] muss gemäß Art. 48 Abs. 1 ICSID-Konvention mit absoluter Mehrheit der Mitglieder getroffen werden. Nach Art. 53 Abs. 1 ICSID-Konvention wird der Schiedsspruch mit seinem Erlass grundsätzlich sowohl formell als auch materiell rechtskräftig und kann nicht mit einer Berufung

---

kos-schiedsverfahren-fuer-deutschland-haben-kann-a-1000199.html; http://www.faz.net/aktuell/wirtschaft/yukos-streit-putin-wehrt-sich-gegen-kontosperrungen-13657733.html; http://www.faz.net/aktuell/wirtschaft/thema/yukos (jeweils zuletzt aufgerufen am 02.12.2015).

[11] Convention on the Settlement of Investment Disputes between States and Nationals of Other States, https://icsid.worldbank.org/ICSID/StaticFiles/basicdoc/CRR_English-final.pdf (zuletzt aufgerufen am 02.12.2015).

[12] Vgl. hierzu *Johannsen*, Beiträge zum transnationalen Wirtschaftsrecht, Heft 87, 2009, 1 (6 ff.).

[13] Rules of Procedure for Conciliation Proceedings (Conciliation Rules), https://icsid.worldbank.org/ICSID/StaticFiles/basicdoc/CRR_English-final.pdf (zuletzt aufgerufen am 02.12.2015).

[14] Rules of Procedure for Arbitration Proceedings (Arbitration Rules), https://icsid.worldbank.org/ICSID/StaticFiles/basicdoc/CRR_English-final.pdf (zuletzt aufgerufen am 02.12.2015).

oder einem anderen Rechtsmittel als denen, die in dem Übereinkommen vorgesehen sind, überprüft werden. Damit werden die Parteien auch inhaltlich an die in der Entscheidung getroffene Rechtslage gebunden. Die getroffene Entscheidung ist für die Parteien verbindlich (Art. 54 Abs. 1 S. 1 ICSID-Konvention).

Nicht von der Ermächtigung der Schiedsgerichte ist die Möglichkeit erfasst, die Aufhebung oder Ungültigerklärung von Hoheitsakten der beteiligten Staaten zu verlangen, da sonst zu stark in die innerstaatliche Gesetzgebung eingegriffen werden würde. Auch können vorläufige Maßnahmen zur Sicherung der Rechte beider Parteien nur empfohlen, nicht aber angeordnet werden (Art. 47 ICSID-Konvention). Jede Partei kann binnen 120 Tagen nach Erlass des Schiedsspruchs (Art. 52 Abs. 2 S. 1 ICSID-Konvention) beim Generalsekretär des ICSID schriftlich die Aufhebung eines Schiedsspruchs bei nicht ordnungsgemäßer Bildung des Gerichts, offensichtlicher Überschreitung der Befugnisse des Gerichts, Bestechung eines Mitglieds des Gerichts, schwerwiegender Abweichung von einer grundlegenden Verfahrensvorschrift oder Fehlen der Begründung des Schiedsspruchs beantragen (Art. 52 Abs. 1 ICSID-Konvention).

Für die Zwangsvollstreckung des für vollstreckbar erklärten Schiedsspruchs verweist die ICSID-Konvention auf die *lex fori* des Vollstreckungsstaates. Die Handlungsfähigkeit der nationalen Vollstreckungsorgane ist allerdings wegen des hoheitlichen Charakters der Zwangsvollstreckung auf das jeweilige Staatsgebiet beschränkt.[15] Die Staatenimmunität im nationalen Vollstreckungsrecht wird dabei gemäß Art. 55 ICSID-Konvention nicht berührt.

Ein Vertragsstaat darf hinsichtlich einer Streitigkeit, die einer seiner Angehörigen und ein anderer Vertragsstaat im gegenseitigen Einvernehmen dem Schiedsverfahren nach der ICSID-Konvention unterwerfen wollen oder bereits unterworfen haben, keinen diplomatischen Schutz gewähren. Eine Ausnahme besteht aber dann, wenn der andere Vertragsstaat den in der Streitsache erlassenen Schiedsspruch nicht befolgt (Art. 27 Abs. 1 ICSID-Konvention). Die Nichtbeachtung des Schiedsspruchs stellt gleichzeitig einen Verstoß des Mitgliedstaates gegen seine völkerrechtliche Verpflichtung aus Art. 53 ICSID-Konvention dar, den der Heimatstaat gemäß Art. 64 ICSID-Konvention dem IGH vorlegen kann. Ebenso drohen einem nicht erfüllenden Staat negative Konsequenzen bei der Vergabe zukünftiger Kredite durch die Weltbank. Ein Staat wird also in der Regel den Investor entschädigen, um nicht weitere potenzielle Investoren abzuschrecken und in Verruf zu geraten.

[15] *Bubrowski* Internationale Investitionsschiedsverfahren und nationale Gerichte, 2013, S. 279. Zu den Voraussetzungen des Vollstreckungsverfahrens vgl. ebenda, S. 279 ff.

5. *International Chamber of Commerce und andere*

Es gibt auch noch eine Schiedsgerichtsbarkeit privater Organisationen, wie die Schiedsregelung nach der International Chamber of Commerce (ICC)[16]. Der ICC Schiedsgerichtshof ist eine anerkannte Schiedsinstitution, die Schiedsverfahren, Mediations- und Schlichtungsverfahren durchführt und so Streitigkeiten zwischen internationalen Handelspartnern zu lösen versucht. Die ICC wurde 1919 auf privatrechtlicher Ebene mit Hauptsitz in Paris gegründet und ist eine nichtstaatliche internationale Organisation. Ihre wesentliche Aufgabe ist es, internationale Handelsstreitigkeiten durch die ICC-eigene Schiedsgerichtsbarkeit beizulegen. Während die meisten Streitschlichtungseinrichtungen nur im nationalen oder regionalen Bereich tätig werden, agiert das ICC-Gericht auf internationalem Feld. Die ICC-Mitgliedschaft steht allen Unternehmen weltweit offen, die sich mit einem nationalen ICC-Komitee zusammenschließen oder selbst direkt Mitglied des ICC International Secretariat werden. Nachdem dieses Verfahren zunächst meist nur von Unternehmen wahrgenommen wurde, nehmen mittlerweile auch Staaten daran teil. Das ICC führt nicht selbst die streitigen Schiedsverfahren durch, sondern überwacht deren Durchführung anhand der ICC-Regeln. Dem eigenen International Court of Arbitration können jedoch auch Schiedsurteile zur Überprüfung und Modifizierung vorgelegt werden. Die Parteien können sich darauf verständigen, eine Streitsache der ICC-Schiedsgerichtsbarkeit zu unterwerfen, selbst wenn der Vertrag keine ICC-Schiedsklausel enthält.

Von größerer Bedeutung sind beispielsweise auch die American Arbitration Association mit Hauptsitz in New York, das British Institute of Arbitrators, der London Court of International Arbitration, das Comité Français de l'Arbitrage und die Inter-American Arbitration Commission, das Netherlands Arbitration Institute, das Arbitration Institute of the Stockholm Chamber of Commerce in Schweden.

IV. Schiedsgerichtliche Streiterledigung im TTIP-Verfahren umstritten

1. *Vor- und Nachteile von Schiedsgerichten*

Die schiedsgerichtliche Streiterledigung ist parteienübergreifend umstritten. Besonders streitig ist die Schiedsgerichtsbarkeit im Rahmen des geplanten Freihandels- und Investitionsabkommens zwischen den USA und der Europäischen Union, der Transatlantic Trade and Investment Partnership (TTIP). Das Investor-State Dispute Settlement (ISDS; deutsch Investor-Staat-Streitbeilegung) erlaubt es einem ausländischen Investor gegen einen Staat, in dem er

---

[16] Vgl. dazu http://www.iccwbo.org/., ferner: http://www.iccgermany.de/.

investiert hat, ein Streitbeilegungsverfahren anzustoßen, wenn er meint, in seinen nach internationalem öffentlichem Recht garantierten Rechten verletzt zu sein. Voraussetzung für ISDS ist, dass der Gastgeberstaat seine Zustimmung erteilt hat. Zahlreiche bilaterale *Investitionsschutzabkommen* sehen ISDS vor, ebenso aber auch die *NAFTA*, der *Vertrag über die Energiecharta* und die aktuellen Entwürfe zu *TTIP* und *CETA*. Der ISDS-Mechanismus wird vom Bundesverband mittelständische Wirtschaft (BVMW) in dem geplanten TTIP-Abkommen zwischen der Europäischen Union und den USA allerdings als überflüssig abgelehnt, da die geplanten Regelungen die mittelständische Wirtschaft benachteiligen würden. Der ISDS-Mechanismus begünstige Großkonzerne, die so geltendes nationales Recht und die staatliche Gerichtsbarkeit umgehen könnten. Sollte ein entsprechender Mechanismus in der derzeit zur Diskussion stehenden Form in das TTIP-Abkommen integriert werden, werde es massive negative Folgen für Mitgliedstaaten der Europäischen Union und für die mittelständische Wirtschaft nach sich ziehen. Die Erfahrungen aus den bisher stattgefundenen Schiedsverfahren zeigten, dass es dem Verfahren an Transparenz und einer übergeordneten ständigen Berufungsinstanz fehle. Es bestehe die Gefahr einer möglichen indirekten Beeinflussung der staatlichen Regulierungspolitik. Die Einrichtung von ISDS-Schiedsstellen unter der Herrschaft des TTIP würde ein Zweiklassenrecht schaffen. Begünstigt würden Konzerne, die über die strategischen, personellen und ökonomischen Mittel verfügen, solche Schiedsgerichte anzurufen. Ein mittelständisches Unternehmen könne sich schon die Prozesskosten von durchschnittlich acht Millionen Dollar pro Verfahren nicht leisten.[17] Es verwundert daher nicht, dass der Bundesverband mittelständischer Wirtschaft sich entschieden gegen die Aufnahme von ISDS in die TTIP- und CETA-Abkommen[18] ausgesprochen hat.

2. *Vorteile*

Schiedsgerichte bieten eine Reihe von Vorzügen. Ein Vorteil ist die Flexibilität des Verfahrens, denn die Personen und die Zahl der Schiedsrichter, die Verfahrenssprache, der Verfahrensablauf und der Verfahrensort sowie die anzuwendenden Regeln können von den Parteien selbst festgelegt werden. Bei internationalen schiedsgerichtlichen Verfahren haben beispielsweise die Parteien die

[17] Vgl. Positionspapier. Stellungnahme im Rahmen des Konsultationsverfahrens der EU-Kommission zum Investitionsschutz im geplanten Transatlantischen Freihandelsabkommen TTIP, http://www.bvmw.de/fileadmin/download/Downloads_allg._Dokumente/politik/Positionspapier_TTIP.pdf (zuletzt aufgerufen am 03.12.2015); vgl. auch Frankfurter Allgemeine Zeitung, 14.07.2015, S. 20.

[18] Im Jahr 2009 wurden Verhandlungen zwischen der Europäischen Union und Kanada über ein umfassendes Wirtschafts- und Handelsabkommen CETA (= Comprehensive Economic and Trade Agreement) aufgenommen. Das Abkommen soll neben dem Abbau noch bestehender Zölle den gegenseitigen Marktzugang für Waren und Dienstleistungen deutlich verbessern. Die Verhandlungen mit Kanada wurden Mitte 2014 abgeschlossen.

Möglichkeit, ihren Schiedsvertrag nach den jeweiligen Gesetzen ihres Landes, einer Mischung aus diesen oder völlig frei zu gestalten. Wurde eine diesbezügliche Vereinbarung jedoch nicht getroffen, können die Schiedsrichter anhand der Gesetze jenes Landes, welches am meisten Anteile am Gegenstand des Verfahrens hat, entscheiden. Ferner können die Parteien entscheiden, ob sie ein langsames und dafür gründliches oder ein schnelles und dafür wirtschaftlich günstiges Verfahren wünschen. Jedenfalls kann das schiedsgerichtliche Verfahren schneller ablaufen als ein Verfahren vor einem nationalen Gericht, zumal es keine Berufung gibt. Falls sich die Parteien etwa über Verfahrensfragen nicht einigen können, können gleichwohl die Ansichten der Parteien sorgfältig berücksichtigt werden, falls das Schiedsgericht die Sache entscheidet.

Da bei Streitigkeiten in internationalen Angelegenheiten ein Gericht in einem der Heimatstaaten der Parteien zuständig wäre, könnte dies zur Folge haben, dass die Richter, die die Nationalität mit einer Streitpartei teilen, deren Rechtsauffassung näher stehen, da Verfahren und Gerichtssprache der anderen Partei weniger vertraut sind. Das kann ein wirklicher oder zumindest vermeintlicher Vorteil für eine Partei sein. Das Schiedsgericht hingegen ist neutral. Die Schiedsrichter haben in der Regel die erforderlichen rechtlichen Kenntnisse und sprachlichen Fertigkeiten sowie regelmäßig die nötige Unabhängigkeit bei der Entscheidung des Falles. Da die Parteien ihre Schiedsrichter wählen, können auch Fachleute, die sich in der konkreten Sache besonders gut auskennen, wie etwa Ingenieure oder andere Sachverständige, als Schiedsrichter benannt werden. Werden drei Schiedsrichter gewünscht, kann jeweils einer aus dem Heimatstaat einer Partei kommen. Diese können theoretisch auch den Vorsitzenden bestimmen.

In der Regel ist bei Schiedsgerichten die Verfahrensdauer geringer, zumal es nur eine Instanz gibt. Auch haben die Schiedsrichter sofort Zeit, den Fall zu übernehmen; es entfallen somit die langen Wartezeiten bei Gericht. Es besteht wegen der Nichtöffentlichkeit des Verfahrens die Möglichkeit der Geheimhaltung. Damit erfährt die Öffentlichkeit nichts von dem Verfahren, es sei denn die Parteien wünschen es. Es ist nicht erforderlich, dass ein Bezug zu einem der Heimatstaaten der Parteien besteht. Die Parteien können jeden beliebigen Gerichtsort, jede beliebige Sprache und jede beliebige Rechtsordnung als Maßstab wählen.

Schiedssprüche finden auf internationaler Ebene schneller Anerkennung als nationale Gerichtsentscheidungen. Aufgrund des New Yorker UN-Übereinkommens über die Anerkennung und Vollstreckung ausländischer Schiedssprüche von 1958 kann eine Vollstreckung in der Regel leichter, schneller und billiger erfolgen als bei Urteilen staatlicher Gerichte.

3. Nachteile

a) Transparenz

Investor-Staat-Schiedsverfahren werden heftig kritisiert, weil sie nicht transparent sind,[19] insbesondere nicht öffentlich tagen und ihre Entscheidungen nicht veröffentlichen.[20] Die wenigsten Investitionsschutzabkommen und die wenigsten Schiedsverfahrensordnungen sehen Transparenzvorschriften vor. Im Jahre 2013 veröffentlichte die UNCITRAL[21] neue Regeln zur Transparenz bei Investor-Staat-Schiedsverfahren.[22] Danach müssen der gesamte Schiedsspruch und alle verfahrensrelevanten Dokumente wie die Schriftsätze der Parteien, Verhandlungsprotokolle und Beschlüsse der Öffentlichkeit zugänglich gemacht werden (Art. 3 der Regeln). Auch die mündlichen Verhandlungen sind nun grundsätzlich öffentlich, es sei denn, das erweist sich als logistisch unmöglich (Art. 6). Die Transparenz aller Verfahrensschritte steht außerdem unter dem Vorbehalt der Betriebs- und Geschäftsgeheimnisse der Unternehmen und der Sicherheitsinteressen des Staates (Art. 7 Abs. 1 bis 5). Außerdem darf die „Integrität" des Verfahrens durch Transparenz nicht beeinträchtigt werden, indem die Beweisaufnahme behindert, Zeugen, Parteivertreter oder Schiedsrichter eingeschüchtert werden oder vergleichbare außergewöhnliche Umstände vor-

---

[19] Vgl. dazu *Sackmann* Transparenz im völkerrechtlichen Investitionsschiedsverfahren: Gewährleistungen der ICSID-Konvention, der UNCITRAL-Schiedsregeln sowie völker- und und Internationalen Wirtschaftsordnung, 2012.

[20] *Krajewski* Kurzgutachten zu Investitionsschutz und Investor-Staat-Streitbeilegung im transatlantischen Handels- und Investitionspartnerschaftsabkommen (TTIP), 19.06.2014, S. 9, https://www.gruene-bundestag.de/fileadmin/media/gruenebundestag_de/Veranstaltungen/140505-TTIP/Kurzgutachten_Investititionsschutz_TTIP_Endfassung_layout.pdf (zuletzt aufgerufen am 03.12.2015).

[21] Die United Nations Commission on International Trade Law, UNCITRAL, hat die Aufgabe, die Vereinheitlichung des internationalen Handelsrechts zu fördern, GA Res. 2205 (XXI) vom 17.12.1966. – Das UNCITRAL-Modellgesetz zur Internationalen Handelsschiedsgerichtsbarkeit (http://www.uncitral.org/uncitral/en/uncitral_texts/arbitration.html [zuletzt aufgerufen am 03.12.2015]) wurde am 21.06.1985 verabschiedet und von vielen Staaten ganz oder teilweise übernommen, so im Jahre 1998 von Deutschland im Rahmen der Reform des 10. Buchs der Zivilprozessordnung, §§ 1025 – 1066 ZPO (10. Buch: Schiedsrichterliches Verfahren).

[22] Die UNCITRAL-Schiedsgerichtsordnung enthält eine Verfahrensordnung für Ad-hoc-Schiedsverfahren. Sie wurde am 28.04.1976 von der UNCITRAL angenommen und von der Vollversammlung am 15.12.1976 zur Verwendung empfohlen. Am 25.06.2010 wurde zur Anpassung an geänderte Bedürfnisse eine neue UNCITRAL-Schiedsgerichtsordnung beschlossen (UNCITRAL-Schiedsgerichtsordnung 2010 – http://www.uncitral.org/pdf/english/texts/arbitration/arb-rules-revised/arb-rules-revised-2010-e.pdf [zuletzt aufgerufen am 03.12.2015]). Text der neuen Regeln von 2013: http://www.uncitral.org/pdf/english/texts/arbitration/rules-on-transparency/Rules-on-Transparency-E.pdf (zuletzt aufgerufen am 03.12.2015), ferner: http://www.uncitral.org/uncitral/uncitral_texts/arbitration/2014Transparency.html (zuletzt aufgerufen am 03.12.2015).

liegen (Art. 7 Abs. 6 und 7).[23] Die neuen UNCITRAL-Regeln enthalten also weitgehende Transparenzvorschriften im internationalen Investitionsschutz. Es bleiben allerdings Bedenken bestehen: So stellt sich die Frage, ob und wie die neuen Regeln in der Praxis angewendet werden können, ob Schiedsrichter, die bislang überwiegend vertrauliche Verfahren gewöhnt waren, gegenüber den neuen Transparenz- und Öffentlichkeitsanforderungen hinreichend aufgeschlossen sind und ob die Ausnahmen zugunsten der Vertraulichkeit weit ausgelegt werden.[24] Im Einzelnen wäre auch zu fragen, wie das Recht eines Schiedsgerichts, gemäß Art. 6 Abs. 3 UNCITRAL-Regeln aus logistischen Gründen von einer öffentlichen Anhörung abzusehen, gehandhabt wird.[25] Es fällt ferner auf, dass in dem EU-Konsultationsdokument die in den UNCITRAL-Regeln erwähnte Möglichkeit von Videoaufzeichnungen nicht aufgeführt wird.[26] Die Kommission der Europäischen Union ist ebenfalls der Auffassung, dass die ISDS-Verhandlungen, in denen es häufig um Belange von öffentlichem Interesse geht, nicht hinter verschlossenen Türen geführt werden dürften. Die Kommis-

---

[23] Um die Anwendung der Regeln sicherzustellen, ohne dass alle bestehenden Investitionsabkommen neu verhandelt werden müssen, verabschiedete die UN-Hauptversammlung Ende 2014 eine Konvention zur Transparenz in Investor-Staat-Schiedsverfahren (Mauritius-Konvention), die seit März 2015 ratifiziert werden kann (vgl. dazu Bundesministerium für Wirtschaft und Energie: https://www.bmwi.de/BMWi/Redaktion/PDF/M-O/mauritius-konvention,property=pdf,bereich=bmwi2012,sprache=de,rwb=true.pdf,bereich=bmwi2012,sprache=de,rwb=true.pdf [zuletzt aufgerufen am 03.12.2015]). Bis zum 01.04.2015 haben zehn Staaten, darunter Deutschland, die Konvention unterzeichnet. Mit der Mauritius-Konvention werden die UNCITRAL-Transparenzregeln auf bereits bestehende Investitionsschutzverträge erstreckt. Voraussetzung ist, dass der beklagte Staat die Mauritius-Konvention ratifiziert hat und der Investor einem Staat angehört, der ebenfalls an die Mauritius-Konvention gebunden ist. http://www.un.org/en/ga/search/view_doc.asp?symbol=ARES/69/116 (zuletzt aufgerufen am 03.12.2015). – Die Anwendbarkeit der Regeln ist in dem im September 2014 veröffentlichten Entwurf des Freihandelsabkommens zwischen der EU und Kanada vorgesehen.

[24] So *Krajewski* Kurzgutachten zu Investitionsschutz und Investor-Staat-Streitbeilegung im transatlantischen Handels- und Investitionspartnerschaftsabkommen (TTIP), 19.06.2014, S. 10, https://www.gruene-bundestag.de/fileadmin/media/gruenebundestag_de/Veranstaltungen/140505-TTIP/Kurzgutachten_Investititionsschutz_TTIP_Endfassung_layout.pdf (zuletzt aufgerufen am 03.12.2015).

[25] Art. 6 Abs. 3 lautet: „The arbitral tribunal shall make logistical arrangements to facilitate the public access to hearings (including where appropriate by organizing attendance through video links or such other means as it deems appropriate). However, the arbitral tribunal may, after consultation with the disputing parties, decide to hold all or part of the hearings in private where this becomes necessary for logistical reasons, such as when the circumstances render any original arrangement for public access to a hearing infeasible."

[26] *Krajewski* Kurzgutachten zu Investitionsschutz und Investor-Staat-Streitbeilegung im transatlantischen Handels- und Investitionspartnerschaftsabkommen (TTIP), 19.06.2014, S. 10, https://www.gruene-bundestag.de/fileadmin/media/gruenebundestag_de/Veranstaltungen/140505-TTIP/Kurzgutachten_Investititionsschutz_TTIP_Endfassung_layout.pdf (zuletzt aufgerufen am 03.12.2015).

sion weist daher in einem Schreiben an den Bundesrat vom 20. März 2015[27] darauf hin, dass sich aus diesem Grund die Kommission in den vergangenen Jahren für neue UNCITRAL-Transparenzregeln für die Investor-Staat-Streitbeilegung eingesetzt und bei der Aushandlung und Annahme der neuen Regeln eine führende Rolle gespielt habe.[28] Außerdem sei die Kommission im Namen der EU an der Aushandlung eines Übereinkommens der Vereinten Nationen über die Anwendung der UNCITRAL-Transparenzregeln auf die bereits bestehenden Investitionsabkommen beteiligt. Diesem Übereinkommen können ab März 2015 alle Mitgliedstaaten der EU mit Blick auf die Anwendung der UNCITRAL-Transparenzregeln auf ihre Investitionsabkommen beitreten. Auch die USA stehen ausweislich ihres 2012 U.S. Model Bilateral Investment Treaty[29] fest hinter dem Gebot größtmöglicher Transparenz von ISDS-Verfahren. Hinzu kommt, dass auch die internationale Gerichtsbarkeit, etwa der IGH, ein hohes Maß an Transparenz pflegt.[30]

b) Unabhängigkeit der Schiedsrichter

Einerseits wird die Neutralität der Richter gewürdigt, andererseits aber auch die unter Umständen mangelnde Unabhängigkeit der Schiedsrichter kritisiert. In der Tat können die Schiedsrichter wegen ihrer gelegentlichen Doppelrolle als Anwälte und Schiedsrichter einseitig bestimmten Interessen verpflichtet und Interessenkollisionen ausgesetzt sein.[31] Da nur Investoren, nicht aber Staaten Investitionsschiedsverfahren anstoßen können, haben die Schiedsrichter daher ein großes Interesse daran, Investorenrechte großzügig auszulegen, um wieder beauftragt zu werden. Besonders zu vermerken ist, dass TTIP-Schiedsrichter im Völkerrecht und insbesondere im Investitionsvölkerrecht kompetent sein müssen. Tatsächlich dürften im öffentlichen Recht im weitesten Sinne ausgewiesene Schiedsrichter eher zum abwägenden Ausgleich von Individual- und

[27] http://ec.europa.eu/transparency/regdoc/rep/3/2015/DE/3-2015-1665-DE-F1-1.PDF (zuletzt aufgerufen am 03.12.2015).

[28] Mitteilung der Kommission an den Rat, das Europäische Parlament, den Europäischen Wirtschafts- und Sozialausschuss und den Ausschuss der Regionen: „Auf dem Weg zu einer umfassenden europäischen Auslandsinvestitionspolitik", 07.07.2010, S. 10.

[29] Treaty between the Government of the United States of America and the Government of [Country] Concerning the Encouragement and Reciprocal Protection of Investment, http://www.state.gov/documents/organization/188371.pdf (zuletzt aufgerufen am 03.12.2015).

[30] Dederer, Neujustierung der Balance von Investorenschutz und „right to regulate", 16.04.2014: http://www.verfassungsblog.de/neujustierung-balance-von-investorenschutz-und-right-to-regulate/ (zuletzt aufgerufen am 03.12.2015).

[31] *Krajewski* Kurzgutachten zu Investitionsschutz und Investor-Staat-Streitbeilegung im transatlantischen Handels- und Investitionspartnerschaftsabkommen (TTIP), 19.06.2014, S. 11, https://www.gruene-bundestag.de/fileadmin/media/gruenebundestag_de/Veranstaltungen/140505-TTIP/Kurzgutachten_Investititionsschutz_TTIP_Endfassung_layout.pdf (zuletzt aufgerufen am 03.12.2015).

Allgemeininteressen fähig sein, als allein in der Handelsschiedsgerichtsbarkeit bewanderte Schiedsrichter.[32] Die EU-Kommission will hierauf mit verschiedenen Maßnahmen reagieren und erklärt auf entsprechende Hinweise des Bundesrates, dass beispielsweise im Rahmen der Verhandlungen mit Singapur[33] ein strikter und verbindlicher Verhaltenskodex für Schiedsrichter vereinbart wurde, der fester Bestandteil des Vertrags ist. Das Abkommen zwischen der EU und Kanada sehe ebenfalls höchste ethische Standards für das Verhalten von Schiedsrichtern vor. Anders als bei vielen bestehenden Investitionsabkommen, bei denen Co-Schiedsrichter über das Verhalten ihrer Kollegen urteilen, werden die Entscheidungen in Bezug auf das Verhalten der Schiedsrichter gemäß dem Abkommen mit Kanada von einer unabhängigen Stelle getroffen. Schiedsrichter, die gegen den Verhaltenskodex verstoßen, werden von den Schiedsgerichten ausgeschlossen. Darüber hinaus sehen alle EU-Investitionsabkommen vor, dass die Vertragsparteien Schiedsrichter-Listen erstellen, von denen die Schiedsrichter ausgewählt werden können. Dies dürfte nach Ansicht der Kommission gewährleisten, dass nur Personen mit hoher beruflicher Qualifikation und den geforderten sittlichen Eigenschaften im Rahmen der EU-Vereinbarungen als Schiedsrichter fungieren werden.[34] Die Kommission weist außerdem darauf hin, dass sie in den Dokumenten zur TTIP-Konsultation vorgeschlagen hat, die Einsetzung eines Berufungsgremiums näher zu prüfen.

c) Kostenproblematik

In der Vergangenheit haben Fälle offensichtlich rechtsmissbräuchlich erhobener Klagen vor internationalen Schiedsgerichten und Kostenentscheidungen in bestimmten Verfahren, die den Staat auch bei Obsiegen zur Kostentragung verpflichteten, für öffentliche Kritik gesorgt.[35] Die EU möchte dies verhindern, indem man Schiedsgerichten die Möglichkeit einräumt, Klagen, die erkennbar ohne Rechtsgrund oder bereits aus Rechtsgründen unbegründet sind, in einem

---

[32] So zutreffend: *Dederer* Neujustierung der Balance von Investorenschutz und „right to regulate", 16.04.2014: http://www.verfassungsblog.de/neujustierung-balance-von-investorenschutz-und-right-to-regulate/ (zuletzt aufgerufen am 03.12.2015).

[33] Im September 2013 und Oktober 2014 (Investitionsschutz) haben sich die Europäische Union und Singapur auf ein gemeinsames Freihandelsabkommen EUSFTA (= EU-Singapore Free Trade Agreement) verständigt. Das EUSFTA verankert beispielsweise auch die höchst umstrittenen Schiedsgerichte für den Investitionsschutz.

[34] Vgl. Brief der EU-Kommission an den Bundesratspräsidenten vom 20.03.2015, http://ec.europa.eu/transparency/regdoc/rep/3/2015/DE/3-2015-1665-DE-F1-1.PDF (zuletzt aufgerufen am 03.12.2015).

[35] *Krajewski* Kurzgutachten zu Investitionsschutz und Investor-Staat-Streitbeilegung im transatlantischen Handels- und Investitionspartnerschaftsabkommen (TTIP), 19.06.2014, S. 11, https://www.gruene-bundestag.de/fileadmin/media/gruenebundestag_de/Veranstaltungen/140505-TTIP/Kurzgutachten_Investititionsschutz_TTIP_Endfassung_layout.pdf (zuletzt aufgerufen am 03.12.2015).

vereinfachten Verfahren abzulehnen.[36] Diese Möglichkeit besteht bereits nach Regel 41 Abs. 6 der ICSID-Schiedsregeln, wird allerdings durch den von der EU vorgeschlagenen Text auch für alle anderen Verfahrensregeln verankert. Ein weiterer Verfahrensvorschlag der EU betrifft die Regel, wonach die unterlegene Partei die Kosten tragen soll. Damit wird ausgeschlossen, dass der Staat auch bei unbegründeten Klagen seine eigenen Kosten tragen muss. Umgekehrt muss jedoch der Staat die Kosten des Investors tragen, die regelmäßig höher sein dürften als die Kosten des Staats, da sich Investoren regelmäßig von externen Anwälten vertreten lassen, während Staaten oft auch eigene Rechtsabteilungen einschalten.[37] Es sei aber darauf hingewiesen, dass in vielen Fällen, in denen Schiedsgerichte bereits angerufen wurden, enorme Verfahrenskosten von mehreren Millionen auf die Beteiligten zugekommen sind. Kosten, die für einen Konsumenten oder einen Mittelständler im Gegensatz zu Großkonzernen in der Regel nicht aufzubringen sind.[38] In der Tat lohnen Schiedsverfahren in aller Regel nur bei sehr hohen Streitwerten. Bei niedrigen Streitwerten können die Verfahren im Vergleich zu staatlichen Verfahren relativ teuer sein.

d) Verhältnis der Schiedsgerichte zu nationalen und zwischenstaatlichen Gerichten

Eine weitere Problematik in diesem Zusammenhang mit der Staat-Investor-Schiedsgerichtsbarkeit besteht in ihrem Verhältnis zur staatlichen oder zwischenstaatlichen Gerichtsbarkeit.[39] So kann insbesondere die gleichzeitige Inanspruchnahme des innerstaatlichen und des internationalen Rechtswegs zu Rechtsunsicherheit führen. Im Streit zwischen Energiebranche und Bundesregierung über die Rechtmäßigkeit des Atomausstiegs hat neben den Konzernen E.on und RWE nun auch Vattenfall Verfassungsbeschwerde eingelegt.[40] Der

---

[36] Vgl. Public consultation on modalities for investment protection and ISDS in TTIP, S. 36 (question 9); http://trade.ec.europa.eu/doclib/docs/2014/march/tradoc_152280.pdf (zuletzt aufgerufen am 03.12.2015).

[37] So *Krajewski* Kurzgutachten zu Investitionsschutz und Investor-Staat-Streitbeilegung im transatlantischen Handels- und Investitionspartnerschaftsabkommen (TTIP), 19.06.2014, S. 12, https://www.gruene-bundestag.de/fileadmin/media/gruenebundestag_de/Veranstaltungen/140505-TTIP/Kurzgutachten_Investititionsschutz_TTIP_Endfassung_layout.pdf; vgl. dazu auch *Dederer* Neujustierung der Balance von Investorenschutz und „right to regulate", 16.04.2014: http://www.verfassungsblog.de/neujustierung-balance-von-investorenschutz-und-right-to-regulate/ (jeweils zuletzt aufgerufen am 03.12.2015).

[38] „Streit im Mittelstand über Freihandelsabkommen", in: FAZ vom 14.07.2015, S. 20.

[39] *Krajewski* Kurzgutachten zu Investitionsschutz und Investor-Staat-Streitbeilegung im transatlantischen Handels- und Investitionspartnerschaftsabkommen (TTIP), 19.06.2014, S. 10f., https://www.gruene-bundestag.de/fileadmin/media/gruenebundestag_de/Veranstaltungen/140505-TTIP/Kurzgutachten_Investititionsschutz_TTIP_Endfassung_layout.pdf (zuletzt aufgerufen am 03.12.2015).

[40] Vgl. http://www.zeit.de/wirtschaft/unternehmen/2012-07/vattenfall-atomaustieg-klage (zuletzt aufgerufen am 03.12.2015).

Entzug der Betriebserlaubnis für Kernkraftwerke im Zuge der Energiewende stelle nach Ansicht des Konzerns einen „Eingriff in das verfassungsrechtlich geschützte Eigentum dar". Hierfür sei „eine angemessene Entschädigung" zu entrichten. Neben der Verfassungsbeschwerde hat der drittgrößte Erzeuger von Atomstrom in Deutschland auch ein Verfahren vor dem internationalen Schiedsgericht der Weltbank in Washington vorbereitet. Das Unternehmen beantragte bei dem Gericht die Eröffnung eines entsprechenden Schiedsverfahrens. Ferner eröffnete die EU-Kommission ein Vertragsverletzungsverfahren gegen Deutschland wegen Verstoßes gegen eine EU-Richtlinie. Dass Hamburg gegen die EU-Richtlinie verstoßen hat, ist Folge eines sogenannten Investor-Staat-Schiedsverfahrens, das vom Energiekonzern Vattenfall gegen die Bundesrepublik Deutschland vor dem Washingtoner ICSID-Gericht geführt wurde.[41] Die Folge des Vertragsverletzungsverfahrens kann nun sein, dass die Auflagen wieder einzuhalten sind, was aber eigentlich wegen des schiedsgerichtlichen Vergleichs nicht möglich ist. Die EU-Kommission, die das Verfahren gegen Deutschland begonnen hat, will die Investor-Staat-Schiedsverfahren international gleichwohl weiter etablieren. So hat die EU in einem bilateralen Handelsabkommen mit Singapur auf deren Einrichtung gedrängt; auch bei dem CETA-Abkommen mit Kanada ist bilateraler Investitionsschutz vorgesehen. Beide Verträge sind verhandelt, aber noch nicht in Kraft. Und auch im europäisch-US-amerikanischen Abkommen TTIP will die Kommission die Schiedsverfahren verankern. Das Verhältnis der Schiedsgerichtsentscheidungen zu nationalen und europäischen Entscheidungen bleibt ungeklärt.

Die allgemeine völkerrechtliche Regelung, wonach ein internationales Gericht erst nach Erschöpfung des innerstaatlichen Rechtswegs angerufen werden kann, gilt nach den meisten Investitionsschutzverträgen nicht. Die EU-Kommission beabsichtigt jedoch nicht, diese Regel für das TTIP einzuführen, obwohl die EU laut Konsultationsdokument den nationalen Rechtsweg bevorzugt[42]. Vielmehr schlägt die EU vor, für Investoren Anreize zu schaffen, die veranlassen sollen, Ansprüche vor nationalen Gerichten zu verfolgen oder einvernehmliche Lösungen wie auf dem Weg der Mediation anzustreben. Dafür will die EU verschiedene Instrumente vorschlagen. Eines ist, die relevanten Fristen eines Investors zu verlängern, falls er sich entscheidet, zu einem nationalen Gericht zu gehen oder den Weg der Mediation zu suchen. Weiterhin wird vorgeschlagen, die parallele Anrufung eines staatlichen Gerichts und eines In-

---

[41] *Pinzler* Verrückt, verrückter, Moorburg, 02.04.2015, http://www.zeit.de/wirtschaft/2015-04/private-schiedsgerichte-verfahren-ttip-deutschland-europa-aerger (zuletzt aufgerufen am 03.12.2015).

[42] Vgl. European Commission, Public consultation on modalities for investment protecti on and ISDS in TTIP, S. 12, http://trade.ec.europa.eu/doclib/docs/2014/march/tradoc_152280.pdf (zuletzt aufgerufen am 03.12.2015).

vestitionsschiedsgerichts in derselben Sache auszuschließen.[43] Die Frage bleibt offen, ob der Investor nach Anrufung des staatlichen Gerichts noch ein Schiedsgericht oder nach Anrufung eines Schiedsgerichts noch ein staatliches Gericht anrufen darf. Sollte dies erlaubt sein, stellt sich die Frage wie sich die jeweiligen Entscheidungen zueinander verhalten, da eine Über- und Unterordnung der beiden Gerichte nicht zu konstruieren ist. Jedenfalls ist ausgeschlossen, dass man im Rahmen des Investitionsschutzes nationale Gerichtsentscheidungen von Schiedsgerichten überprüfen lässt. Schiedsgerichte können nicht de facto als „oberste Gerichte" fungieren[44] und damit unter Umständen nationale Gerichtsentscheidungen als gleichsam letzte Instanz verdrängen. Für die Einführung einer Klausel, die zwingend vorschreibt, sich zwischen einem Schiedsverfahren und den staatlichen Rechtsmitteln zu entscheiden (sog. *„fork in the road"*/„Scheideweg" und *„no U-turn"*/„keine Umkehr") sprechen also gute Argumente.[45] Natürlich könnte umgekehrt der Investor bei Klageerhebung vor einem Schiedsgericht darauf verzichten, Klagen vor innerstaatlichen Gerichten zu erheben. Was passiert aber, wenn die schiedsrichterliche Entscheidung gegen nationale oder internationale Normen verstößt, beispielweise gegen Normen des Umweltrechts. Es kann nämlich dann eine Schiedsgerichtsentscheidung natürlich nicht nationale oder internationale Normen verdrängen. § 1059 ZPO, der nur für inländische Schiedssprüche gilt, sieht unter bestimmten Voraussetzungen einen Aufhebungsantrag vor. Ein solcher Aufhebungsantrag muss daher auch in den Schiedsvereinbarungen aufgenommen werden.[46] Ein internationaler Schiedsspruch muss aufgehoben werden, wenn die Schiedsvereinbarung nach dem Recht, das territorial ausschlaggebend ist, oder nach internationalem

[43] Vgl. European Commission, Public consultation on modalities for investment protection and ISDS in TTIP, S. 12, http://trade.ec.europa.eu/doclib/docs/2014/march/tradoc_152280.pdf (zuletzt aufgerufen am 03.12.2015); vgl. auch *Krajewski* Kurzgutachten zu Investitionsschutz und Investor-Staat-Streitbeilegung im transatlantischen Handels- und Investitionspartnerschaftsabkommen (TTIP), 19.06.2014, S. 10f., https://www.gruene-bundestag.de/fileadmin/media/gruenebundestag_de/Veranstaltungen/140505-TTIP/Kurzgutachten_Investititionsschutz_TTIP_Endfassung_layout.pdf (zuletzt aufgerufen am 03.12.2015).

[44] So zutreffend: Das sozialdemokratische Positionspapier zu ISDS: Private Schiedsgerichte bleiben, https://www.reimon.net/2015/02/24/das-sozialdemokratische-positionspapier-zu-isds-private-schiedsgerichte-bleiben/ (zuletzt aufgerufen am 03.12.2015).

[45] Vgl. ähnlich *Krajewski* Kurzgutachten zu Investitionsschutz und Investor-Staat – Streitbeilegung im transatlantischen Handels- und Investitionspartnerschaftsabkommen (TTIP), 19.06.2014, S. 10f., https://www.gruene-bundestag.de/fileadmin/media/gruenebundestag_de/Veranstaltungen/140505-TTIP/Kurzgutachten_Investititionsschutz_TTIP_Endfassung_layout.pdf (zuletzt aufgerufen am 03.12.2015).

[46] Die ICSID hat ein „Annulment Committee", das Schiedssprüche annullieren kann, wenn sie unter Verletzung des rechtlichen Gehörs zustande gekommen sind; vgl. *Sushama* Appellate Structure and Need for Legal Certainty in Investment Arbitration, in: http://kluwerarbitrationblog.com/blog/2014/05/01/appellate-structure-and-need-for-legal-certainty-in-investment-arbitration/ (zuletzt aufgerufen am 03.12.2015).

Recht ungültig ist[47] oder die Anerkennung oder Vollstreckung des Schiedsspruchs zu einem Ergebnis führt, das der öffentlichen Ordnung (*ordre public*) widerspricht.[48] Ist die Aufhebung beantragt worden, so mag das Gericht in geeigneten Fällen auf Antrag einer Partei unter Aufhebung des Schiedsspruchs die Sache an das Schiedsgericht zurückverweisen.[49] Eine Frist für den Aufhebungsantrag sollte nicht gesetzt werden, da sonst im Falle einer (eventuell auch bewussten) Fristversäumung eine rechtswidrige Vereinbarung wirksam bliebe.

e) Divergierende Entscheidungen von Schiedsgerichten

In der Vergangenheit haben divergierende Entscheidungen von Schiedsgerichten zu Rechtsunsicherheit geführt. So wurden Begriffe sowie ähnliche oder gar gleichlautende Klauseln unterschiedlich ausgelegt. Aus diesem Grund forderten Praxis und Wissenschaft immer wieder die Einrichtung einer gemeinsamen Berufungsinstanz. Diese Vorschläge setzten sich allerdings bislang nicht durch.

Die EU schlägt nunmehr eine Berufungsinstanz für Entscheidungen vor, die auf der Grundlage des TTIP ergehen.[50] Auch wenn eine Berufungsmöglichkeit von vielen begrüßt wird, da aufgrund der kurzen Verfahrensdauer es häufiger zu Fehlentscheidungen kommen kann, so stellt sich doch die Frage, wie sich das Berufungsgericht zusammensetzen soll und welche höhere Kompetenz die dort tätigen Richter befähigen soll, über die Schiedssprüche der Richter der ersten Instanz zu urteilen.

Im Übrigen würde durch die Einführung einer Berufungsinstanz das Problem divergierender Entscheidungen, die auf unterschiedlichen Abkommen beruhen, nicht gelöst,[51] denn in der Praxis bestand das Problem häufig darin, dass gleiche Texte unterschiedlicher Abkommen unterschiedlich ausgelegt wurden.

V. Resümee

Schiedsgerichte sind seit Jahrzehnten ein erfolgreiches Instrument und helfen den Parteien, ihre Interessen in unbekannten fremden Rechtsräumen durchzusetzen. TTIP bietet nun die Chance, die Verfahren der Schiedsgerichte weiter zu

---

[47] Vgl. dazu auch § 1059 Abs. 2 Nr. 1 a ZPO.

[48] Vgl. § 1059 Abs. 2 Nr. 2 b ZPO.

[49] Vgl. § 1059 Abs. 4 ZPO.

[50] Vgl. European Commission, Public consultation on modalities for investment protection and ISDS in TTIP, S. 24, http://trade.ec.europa.eu/doclib/docs/2014/march/tradoc_152280.pdf (zuletzt aufgerufen am 0312.2015).

[51] So zu recht *Krajewski* Kurzgutachten zu Investitionsschutz und Investor-Staat-Streitbeilegung im transatlantischen Handels- und Investitionspartnerschaftsabkommen (TTIP), 19.06.2014, S. 12 f., https://www.gruene-bundestag.de/fileadmin/media/gruenebundestag_de/Veranstaltungen/140505-TTIP/Kurzgutachten_Investititionsschutz_TTIP_Endfassung_layout.pdf (zuletzt aufgerufen am 03.12.2015).

entwickeln und transparenter zu machen. Die Schiedsrichter müssen hochqualifiziert und mit juristischem Fachwissen ausgestattet sein sowie höchsten ethischen Anforderungen genügen. Interessenkonflikte sind zu vermeiden. Es dürfen aber Schiedsgerichte nicht faktisch staatlichen und zwischenstaatlichen Gerichten übergeordnet sein. Auch muss die Möglichkeit bestehen, Schiedssprüche, die gegen nationales oder internationales Recht verstoßen, aufzuheben. Die Möglichkeit Berufung einzulegen kann die Glaubwürdigkeit der Schiedsgerichtspraxis verbessern. Die Kosten hat der zu tragen, der das Schiedsgerichtsverfahren verloren hat.

Prometheus

Goethes Aneignung einer mythischen Gestalt

Hans H. Klein

Bedecke deinen Himmel, Zeus,/mit Wolkendunst
und übe, dem Knaben gleich,/der Disteln köpft,
an Eichen dich und Bergeshöhn!/Musst mir meine Erde
doch lassen stehn/und meine Hütte, die du nicht gebaut,
und meinen Herd,/um dessen Glut
du mich beneidest.

Ich kenne nichts Ärmeres/unter der Sonn' als euch, Götter!
Ihr nähret kümmerlich/von Opfersteuern
und Gebetshauch/Eure Majestät
und darbtet, wären/nicht Kinder und Bettler
hoffnungsvolle Toren.

Da ich ein Kind war,/nicht wusste, wo aus noch ein,
kehrt ich mein verirrtes Auge/zur Sonne, als wenn drüber wär'
ein Ohr, zu hören meine Klage,/ein Herz wie meins,
sich des Bedrängten zu erbarmen.

Wer half mir/wider der Titanen Übermut?
Wer rettete vom Tode mich,/von Sklaverei?
Hast du nicht alles selbst vollendet,/heilig glühend Herz?
Und glühtest jung und gut,/betrogen, Rettungsdank
dem Schlafenden da droben?

Ich dich ehren? Wofür?/Hast du die Schmerzen gelindert
je des Beladenen?/Hast du die Tränen gestillet
je des Geängsteten?/Hat nicht mich zum Manne geschmiedet
die allmächtige Zeit/und das ewige Schicksal,
meine Herren und deine?

Wähntest du etwa,/ich sollte das Leben hassen,
in Wüsten fliehn,/weil nicht alle
Knabenmorgenblütenträume reiften?

Hier sitz ich, forme Menschen/nach meinem Bilde,
ein Geschlecht, das mir gleich sei,/zu leiden, zu weinen,
zu genießen und zu freuen sich,/und dein nicht zu achten,
wie ich!

I. Die frühen Werke

1. Einführung

Goethe war mit der antiken Sagenwelt wie auch mit Literatur und Kunst der Antike von Jugend an vertraut; sie waren lebenslängliche Begleiter seines Schaffens.[1] Als er sich in jenen Frankfurter Jahren nach der Rückkehr aus Straßburg und Wetzlar seines „produktiven Talents", seiner „Naturgabe", bewusst wurde, verwandelte sich ihm diese Vorstellung „in ein Bild, die alte mythologische Figur des Prometheus fiel mir auf, der, abgesondert von den Göttern, von seiner Werkstätte aus eine Welt bevölkerte".[2] Fühlend, „dass sich etwas Bedeutendes nur produzieren lasse, wenn man sich isoliere", sonderte sich *Goethe* „nach Prometheischer Weise auch von den Göttern ab. (...) Die Fabel des Prometheus ward in mir lebendig. Das alte Titanengewand schnitt ich mir nach meinem Wuchse zu."[3] Die Prometheus-Figur begleitete *Goethe* durch sein ganzes Leben. In seiner Rede „Zum Shakespeares-Tag"[4] im Jahr 1771 attestierte er dem Gefeierten: „Er wetteiferte mit dem Prometheus, bildete ihm Zug vor Zug seine Menschen nach, nur in kolossalischer Größe." Und am Schluss seines Hymnus auf *Erwin von Steinbach*, den Erbauer des Straßburger Münsters, entstanden 1771/72, vergleicht er den Meister mit Prometheus, der die Seligkeit der Götter auf die Erde leitete.[5] In vorgerücktem Alter endlich hat er sich der Figur des

[1] In einem Bericht des in schwedischen Diensten stehenden Diplomaten *G. F. E. Schönborn*, der *Goethe* im Oktober 1773 in Frankfurt besuchte, heißt es: „Seine Stube ist voller schöner Abdrüke der besten Antiken." Abgedruckt bei *E.* und *R. Grumach* Goethe. Begegnungen und Gespräche, Band I 1749–1776, 1965, S. 239. Im 3. Akt des Faust II erwähnt der Chor „Hellas' urväterlicher Sagen göttlich-heldenhaften Reichtum" (Verse 9334–9336).

[2] Dichtung und Wahrheit, 15. Buch, Goethes Werke, Hamburger Ausgabe (HA), Band 10, S. 48.

[3] Dichtung und Wahrheit, 15. Buch, Goethes Werke, Hamburger Ausgabe (HA), Band 10, S. 48

[4] Goethes Werke, HA Band 12, S. 224 ff. (Zitat S. 227).

[5] Von deutscher Baukunst, Goethes Werke, HA Band 12, S. 7 ff. (15); dazu *H. von Einem* Goethes Werke, HA Band 12, S. 560, mit Hinweisen auf spätere Äußerungen *Goethes* zu diesem Aufsatz.

Prometheus in dem 1808 entstandenen Festspiel „Pandora“[6] noch einmal zugewandt.

Kein antiker Mythos hat *Goethe* so beschäftigt wie der des Prometheus.[7] „Der mythologische Punkt, wo Prometheus auftritt“, schreibt *Goethe* in den Tag- und Jahresheften 1817, war „mir immer gegenwärtig und zur belebten Fixidee geworden.“ Prometheus wurde *Goethe*, eine seit *Shaftesbury*[8] im 18. Jahrhundert geläufige Vorstellung, zum Sinnbild schöpferischen Künstlertums. Allerdings befleißigte sich *Goethe*, wann immer er die mythologischen Stoffe der Antike aufgriff – und das geschah häufig von den großen Hymnen der frühen 70er Jahre und „Iphigenie auf Tauris“ über „Pandora“ und „Des Epimenides Erwachen“ bis zur Klassischen Walpurgisnacht und zum Helena-Akt im 2. Teil des „Faust“, um nur einige zu nennen – eines freien Umgangs mit dem Mythos: er schnitt ihn sich nach seinem Wuchse zu. Gegenüber *Eckermann* erklärte er seine Vorgehensweise am 31.01.1827 so: „Kein Dichter hat je die historischen Charaktere gekannt, die er darstellte, hätte er sie aber gekannt, so hätte er sie schwerlich so gebrauchen können. Der Dichter muss wissen, welche Wirkungen er hervorbringen will, und danach die Natur seiner Charaktere einrichten.“ „(...) einzig in der schöpferischen Umgestaltung, in der ästhetischen Anverwandlung“ vermag *Goethe* dem Mythos „erneute Bedeutung abzugewinnen“ – er „goss neuen Sinn in neue Konstellationen“.[9]

2. *Quellen*

Die ältesten der uns erhaltenen Quellen für die Sage von Prometheus und Pandora sind die um 700 v.Chr. entstandenen Werke des Hesíodos: die Theogonie und das Lehrgedicht Werke und Tage (erga kai hemerai).[10] Prometheus, der Vorausbedenkende, Sohn des Titanen Japetos und Bruder des Menoitios, des Atlas und des Epimetheus, des hinterher (also zu spät) Bedenkenden, erzürnte den Göttervater Zeus auf doppelte Weise: Bei einem Gastmahl ließ er ihn zwischen zwei Teilen eines geschlachteten Rindes wählen, den zur Tarnung mit Fett überdeckten Knochen und dem unter der Haut des Rindes verborgenen Fleisch. Zeus tat, als ließe er sich täuschen und wählte die Knochen, trug aber Prometheus den Betrugsversuch nach. Als dann Prometheus auch noch den Göttern das Feuer stahl und den Menschen schenkte, ließ ihn Zeus zur Strafe an einen Felsen im Kaukasus schmieden,

---

[6] Goethes Werke, HA Band 5, S. 332.

[7] *I. Müller-Bach* in: Goethe-Handbuch, Band 2, 1996, S. 100ff. (100).

[8] *Anthony Ashley Cooper Shaftesbury* (1671–1713).

[9] *C. Siegrist* in: W. Hinderer (Hrsg.), Goethes Dramen. Neue Interpretationen, 1980, S. 226ff. (235).

[10] Theogonie Verse 508–617; Werke und Tage Verse 27–109 – zit. nach *W Storch/P. Damerau* Mythus Prometheus, 1995.

„und sandte ihm dazu den schwingenbreitenden Adler,
und der fraß nun die Leber, die unvergängliche,
die aber wuchs nach, nach allen Seiten, in der Nacht,
in gleichem Maß, wie sie über den langen Tag hin,
der flügelbreitende Vogel gefressen hatte."
(Hesiod, Theogonie)

Erst nach langer Zeit wurde Prometheus durch Herakles von seinen Qualen erlöst und als Berater der Götter zum Olymp erhoben.[11]

Zeus' Rachedurst war allerdings mit der Bestrafung des Prometheus nicht gestillt. Sein Zorn galt nun den Menschen, denen Prometheus zu göttlichen Eigenschaften verholfen hatte.[12] Ihnen, die bis dahin von Krankheit und Tod verschont geblieben waren, sandte er die auf sein Geheiß von Hephaistos geschaffene Pandora, die von allen (Göttern) mit allen Gaben Beschenkte oder auch die Allschenkende, eine mit allen Reizen ausgestattete verführerische Schönheit. Ihrem Charme erlag, trotz der Warnung seines Bruders Prometheus, Epimetheus, der sie zur Gattin nahm. Kaum unter der Haube, öffnet Pandora das mitgebrachte Fass (das erst später zur Büchse wurde),[13] und es entwichen daraus alle Übel dieser Welt. Nur die Hoffnung blieb darin zurück.[14]

Eine weitere antike Quelle ist die Prometheus-Trilogie des Aischylos, von deren drei Teilen „Der gefesselte Prometheus", „Der befreite Prometheus" und „Der Fackelträger Prometheus" uns nur der erste erhalten ist.[15] Prometheus, soeben an den Felsen geschmiedet, rühmt sich in dem Stück seiner Menschenfreundlichkeit und weist auf den Undank der olympischen Götter hin, denen er doch selbst im Kampf gegen die Titanen zur Macht verholfen hat. Reue zeigt er nicht und lehnt es standhaft ab, sich einem Kompromissangebot des Zeus zu unterwerfen: Danach sollte Prometheus die Erde beherrschen, aber unter der Oberherrschaft der Götter. Neu ist bei Aischylos vor allem der Gedanke, dass auch Zeus der Notwendigkeit, dem Schicksal, unterworfen ist: „Dem ihm beschiednen Lose kann er nicht entfliehn." (Vers 318). *Goethe* hat diesen Gedanken aufgegriffen:

---

[11] In Athen war Prometheus ein Altar errichtet, und jährlich fanden dort die Promethea zum Gedenken an das vom Himmel geholte Feuer statt.

[12] Prometheus als Menschenschöpfer ist Hesiod und Aischylos nicht bekannt; dieser Teil der Sage begegnet erst bei Ovid (Metamorphosen I Verse 69–88).

[13] Vermutlich durch *Erasmus von Rotterdam* (1469–1536); vgl. *A.-B. Renger/I. Musäus* (Hrsg.), Mythos Pandora. Texte von Hesiod bis Sloterdijk, 2002, S. 73 und 207 ff.

[14] Vgl. *Schillers* Gedicht „Hoffnung" und *Goethes* „Urworte.Orphisch" die letzte Strophe „Elpis" sowie „Des Epimenides Erwachen" (Verse 616 ff.). Nach anderen war es Epimetheus, der die Büchse öffnete. Das griechische Elpis bedeutet nicht nur die (gute) Hoffnung, sondern auch Erwartung, sei es auch des Bösen.

[15] Es wird vermutet, dass „Der gefesselte Prometheus" nicht von Aischylos selbst sondern aus seiner „Schule" stammt; vgl. *W. Nestle* in: Aischylos, Die Tragödien und Fragmente, 1957, S. 352 f.

„Hat nicht mich zum Manne geschmiedet
die allmächtige Zeit
und das ewige Schicksal,
meine Herren und deine?“[16]

Was *Goethes* Quellen angeht, so waren ihm Ovids Metamorphosen und die Werke des im 2. Jahrhundert n.Chr. wirkenden griechischen Schriftstellers Lukian und wohl auch das Drama des Aischylos bekannt. Vor allem aber hat er sich auf das 1770 in 2. Auflage erschienene „Gründliche Mythologische Lexikon“ von *Benjamin Hederich*[17] und auf den Artikel „Aischylos“ in *Johann Georg Sulzers* „Allgemeiner Theorie der schönen Künste“ (1771) gestützt.[18] Aischylos allerdings handelt von dem seiner Bestrafung bereits zugeführten Prometheus, *Goethe* von dem auf der Höhe seines Wirkens stehenden. *Shaftesbury* hat in seinen „Characteristics of Men, Manners, Opinions, Times“ zu Beginn des 18. Jahrhunderts Prometheus zwar als das Urbild des schöpferischen Dichters dargestellt, aber „unter Jupiter“ (under Jove), während *Goethe* ihn als eine sich den Göttern ebenbürtige Kraft denkt; Zeus' Vasall zu sein, kommt für *Goethes* Prometheus (wie bei Aischylos) nicht in Betracht.[19]

Hier sitz ich, forme Menschen
nach meinem Bilde,
ein Geschlecht, das mir gleich sei:
zu leiden, zu weinen,
zu genießen und zu freuen sich -
und dein nicht zu achten,
wie ich!

Das Prometheus-Gedicht zeigt den Sprecher in seinem Prozess der Selbstfindung, der am Ende seinen Selbststand gefunden hat.

3. Die Prometheus-Dichtungen

a) Die „überfreie Gesinnung“[20], deren sich *Goethe* in seinen Frankfurter Jahren nach eigenem Zeugnis erfreute – Jahre, in denen er auf der Suche war nach sei-

---

[16] Vgl. ähnlich Minerva im Drama (Verse 199 f.): „Dem Schicksal ist es, nicht den Göttern, zu schenken das Leben und zu nehmen.“

[17] Nachdruck 1968, Sp. 2089 ff. Zu Pandora, Nachdruck 1968, Sp. 1872 ff. Nach *A. Schöne* Johann Wolfgang von Goethe, Faust. Kommentare, 1999, S. 625, hat *Goethe Hederich* mit den sich eng an dessen Lexikon anlehnenden Versen 9667 – 9678 im Faust 11 ein kleines Denkmal errichtet.

[18] Vgl. *I. Mülder-Bach* in: Goethe-Handbuch, Band 2, 1996, S. 100 ff.(101). Eingehend zu *Sulzer: O. Walzel* Das Prometheussymbol von Shaftesbury zu Goethe, 2. Aufl., 1932, S. 71 ff., der vermutet, dass *Goethe* sein Bild des Prometheus aus *Sulzers* Artikel übernommen hat.

[19] Vgl. den Schluss der Prometheus-Ode und im Drama die Verse 241 ff.

[20] Dichtung und Wahrheit 14. Buch, Goethes Werke, HA Band 10, S. 38. Im Juni 1773 schrieb *Goethe* an *J. C. Kestner*, den Ehemann von *Charlotte Buff*. „Und so träum' ich denn und gängle durchs Leben (...)“ (Goethes Briefe, HA I 1764–1786, 1976, S. 149.)

nem eigenen Stil,[21] die Zeit „der raschen und genialischen Entladung"[22] – mündete in einen Schaffensprozess „von einzigartiger Ursprünglichkeit".[23] Die großen Männer faszinierten ihn: Caesar, Sokrates, Mahomet – aber die Beschäftigung mit ihnen führte über Ansätze nicht hinaus.[24] *Cornelias* entschiedener Unglaube an des Bruders Beharrlichkeit, geäußert, als er ihr die ersten Szenen des „Götz" vorlas,[25] bestätigte sich meist. So blieb auch das im Sommer 1773 entstandene Prometheus-Drama, in dem *Goethe* seine „Situation zum Schauspiel zum Trutz Gottes und der Menschen" zu bearbeiten gedachte,[26] Fragment.[27]

Das Drama zeigt Prometheus, bei *Goethe* kein Titan, sondern ein Sohn des Zeus (der zu dieser Zeit schwelende Vater/Sohn-Konflikt scheint auf), in seiner Empörung gegen Jupiter, wie er dessen Angebot

> Sie wollen dir Olympus' Spitze räumen,
> dort sollst du wohnen,
> sollst der Erde herrschen! (Verse 64–66)

und seinen Geschöpfen das Leben zu geben (Verse 187f.), stolz zurückweist. Seine Welt, d.i. der Kreis, den seine Wirksamkeit erfüllt (Vers 77), will er mit den Göttern nicht teilen. Er dünkt sich ihnen gleich, wenn nicht überlegen; denn: „Dauer und Macht und Weisheit und Liebe" (Verse 156f.) sind nicht allein den Göttern zu eigen. Prometheus lehnt es ab, ihr Statthalter, ihr „Burggraf" (Vers 67) zu sein. Vasall zu sein „under Jove", kommt für ihn nicht in Betracht. Aber das Verhältnis zu den Göttern ist nicht abgebrochen: es bedarf der Hilfe Minervas, um des Prometheus Statuen zu beleben. Minerva stellt fest: „Dem Schicksal ist es, nicht den Göttern, zu schenken das Leben und zu nehmen" (Verse 199f.). Der Künstler, bei aller Eigenständigkeit, bedarf der Inspiration, die sich in Minerva verkörpert.[28] Nur die Zeit und das Schicksal, „meine Herren und deine", setzen der Schöpferkraft des Künstlers eine Grenze. Der 2. Akt setzt ein mit dem Bericht Merkurs an Jupiter über den „Hochverrat" (Vers 207) Minervas: Sie hat ihm (scil. Prometheus) des Lebens Quell eröffnet

---

21 Dichtung und Wahrheit 15. Buch, Goethes Werke, HA Band 10, S. 48.

22 *F. Gundolf* Goethe, 1922, S. 298.

23 *E. Staiger* Goethe 1749–1786, 1957, S. 96.

24 Von Mahomet allerdings blieb das Gedicht „Mahomets Gesang". *Goethe* zu Mahomet: Dichtung und Wahrheit 14. Buch, Goethes Werke, HA Band 10, S. 39ff.

25 Dichtung und Wahrheit 13. Buch, Goethes Werke, HA Band 9, S. 570.

26 Brief an *Kestner* Mitte Juli 1773 – zitiert nach *R. Safranski* Goethe. Kunstwerk des Lebens, 2013, S. 143.

27 Es wurde erstmals im 33. Band der Ausgabe letzter Hand gedruckt (1830). *Goethes* Manuskript galt lange als verloren. Das Original befindet sich heute in der Straßburger Universitätsbibliothek. Als *Goethe* sich 1813 im 15. Buch von „Dichtung und Wahrheit" (Goethes Werke, HA Band 10, S. 48ff.) zu dem Drama äußerte, lag ihm der Text nicht vor. Erst 1818/19 erhielt er aus dem Nachlass von *J.M.R. Lenz* (1751–1792) eine von diesem gefertigte Abschrift.

28 *Safranski* Goethe. Kunstwerk des Lebens, 2013, S. 144; s.a. *A. Bielschowski* Goethe. Sein Leben und seine Werke, 1. Band, 9. Aufl. 1905, S. 250.

und seinen lettnen Hof,
seine Welt von Ton
um ihn belebt. (Verse 210–214)

Jupiter gibt sich gelassen, macht aber aus seiner Verachtung des Menschengeschlechts keinen Hehl:

Das Wurmgeschlecht vermehret
die Anzahl meiner Knechte. (Verse 224 f.)

Zugleich droht er ihnen nach Despotenart:

Wohl ihnen, wenn sie meiner Vatersleitung folgen;
weh ihnen, wenn sie meinem Fürstenarm
sich widersetzen. (Verse 226–228)

Im weiteren Verlauf lehrt Prometheus den Menschen die Fähigkeiten, deren sie zum Überleben bedürfen, den Hüttenbau etwa und die Heilkunst, aber es zeigt sich auch die Unterscheidung von Mein und Dein und damit, *Rousseau* folgend,[29] der Ursprung von Streit und gewalttätigem Konflikt. Thema der letzten Szene ist die Einführung Pandoras, hier eine Tochter des Prometheus und keineswegs die Überbringerin aller Übel dieser Welt, sondern ganz im Gegenteil „heiliges Gefäß der Gaben alle, die ergötzlich sind (...)" (Verse 174 f.), in Liebe und Tod. Diese Verse gehören zu den zartesten, die *Goethe* in jenen Tagen gedichtet hat:

Wenn aus dem innerst tiefsten Grunde
du ganz erschüttert alles fühlst,
was Freud und Schmerzen jemals dir ergossen,
im Sturm dein Herz erschwillt,
in Tränen sich erleichtern will und seine Glut vermehrt,
und alles klingt an dir und bebt und zittert,
und all die Sinne dir vergehn,
und du dir zu vergehen scheinst
und sinkst, und alles um dich her
versinkt in Nacht, und du, in inner eigenem Gefühle,
umfassest eine Welt,
dann stirbt der Mensch. (Verse 395–406)

Aber der Tod ist nicht das Ende:

Wenn alles – Begier und Freud und Schmerz –
im stürmenden Genuss sich aufgelöst,

---

[29] Zu *Rousseaus* „Pygmalion" als eine der Quellen *Goethes* s. *O. Walzel* Das Prometheussymbol von Shaftesbury zu Goethe, 2. Aufl., 1932, S. 67 f.; s. a. *N. Boyle* Goethe. Der Dichter in seiner Zeit, Band II 1791–1803, 1999, S. 751.

dann sich erquickt in Wonneschlaf, –
dann lebst du auf, aufs jüngste wieder auf,
aufs neue zu fürchten, zu hoffen und zu begehren.[30] (Verse 410–414)

Sterben ist die Verwandlung in eine andere Form der Existenz.[31]

b) Die im zeitlichen Zusammenhang mit dem Drama entstandene[32] Prometheus-Ode war zunächst nicht zur Veröffentlichung bestimmt. *Goethe* ließ Abschriften im Freundeskreis zirkulieren. Es ärgerte ihn darum sehr, dass *Friedrich Heinrich* (gen. *Fritz*) *Jacobi* (1743–1819), mit dem er eng befreundet war, die Vertraulichkeit brach und das Gedicht (ohne den freilich leicht zu erratenden Autor zu nennen) ohne *Goethes* Zustimmung 1785 in seiner Schrift „Über die Lehre des Spinoza in Briefen an den Herrn Moses Mendelssohn" publizierte.[33] Das geschah in der Weise, dass der Schrift zwei lose, also leicht herausnehmbare, Blätter mit dem Text des Gedichtes beigefügt wurden – vermutlich, um gegebenenfalls die Schrift selbst vor einem etwaigen Zugriff der Zensur zu bewahren.[34] In *Jacobis* Abhandlung wird von einem Gespräch berichtet, welches der Verfasser im Juli 1780 mit *Lessing* (1729–1781) geführt hat. Entgegen *Jacobis* Erwartung äußerte sich *Lessing* überaus positiv zu dem weltanschaulichen Gehalt von *Goethes* Gedicht. In dem von *Jacobi* nachgezeichneten Dialog erklärte *Lessing*, er habe kein Ärgernis an dem Gedicht genommen,

---

30 *W. Kayser* (Goethes Werke, HA Band 4, S. 527) spricht von einer „der schönsten Gestaltungen des dionysischen Versinkens beim jungen Goethe". *R. Friedenthal* Goethe. Sein Leben und seine Zeit, 1978, S. 156, deutet den Schluss des Dramas so: „Das ist etwa sein (d. i. *Goethes*) Evangelium."

31 Dazu: *W Keller* in: Goethe-Handbuch, Band 4/2, S. 1059 ff. Auf seiner Italienreise notiert *Goethe* am 16.09.1786 in Verona: „Die Grabmäler sind herzlich und rührend und stellen immer das Leben her." (Goethes Werke, HA Band 11, S. 42). *N. Boyle* Goethe. Der Dichter in seiner Zeit, Band II 1791–1803, 1999, S. 583, sieht darin „Spitzfindigkeiten", wie man sie wohl auch in Fausts ausweichender Antwort auf die Frage Gretchens sehen kann, ob er an Gott glaube (dazu sogleich unter c.).

32 Dass die Ode einen Bestandteil des Dramas bilden sollte (so *Goethe* in seinem Brief an *Zelter* vom 11.05.1820, Goethes Briefe 1805–1821, HA Band 3, 1988, S. 476 ff. [477], aber auch in Dichtung und Wahrheit 15. Buch, Goethes Werke HA Band 10, S. 48 f.) – in der Veröffentlichung des Dramas 1830 erscheint die Prometheus-Hymne als Eingangsmonolog des nicht geschriebenen 3. Aktes – dürfte auf einem Irrtum *Goethes* beruhen: nicht nur erscheinen einige Verse der Ode schon in früheren Teilen des Dramas (vgl. Verse 27–30, 243–247), vor allem ist der Prometheus des Dramas ein anderer als der des Gedichts.

33 Allerdings war *Jacobis* Schrift *Goethe* vor der Publikation bekannt – so *K.O. Conrady* in: B. v. Wiese (Hrsg.), Die deutsche Lyrik, 1964, S. 214 ff. (219) – von der beabsichtigten Veröffentlichung seiner Ode dürfte er allerdings nicht gewusst haben.

34 Nach dem Wiederauftauchen des Dramenfragments befürchtete *Goethe,* nun unter dem Eindruck der Karlsbader Beschlüsse von 1819, Ähnliches. An *Zelter* schrieb er am 11.05.1820: „Lasset ja das Manuskript nicht zu offenbar werden, damit es nicht im Druck erscheine. Es käme unsrer revolutionären Jugend" – das Wartburg-Fest lag noch nicht lange zurück – „als Evangelium recht willkommen, und die hohen Kommissionen zu Berlin und Mainz möchten zu meinen Jünglingsgrillen ein sträflich Gesicht machen." vgl. Goethes Briefe 1805–1821, HA Band 3, 1988, S. 476 ff. (477).

er finde es gut. „Der Gesichtspunkt, aus welchem das Gedicht genommen ist, das ist mein eigener Gesichtspunkt. (...) Die orthodoxen Begriffe von der Gottheit sind nicht mehr für mich (...) Hen kai pan! Ich weiß nichts anders. Dahin geht auch dies Gedicht; und ich muss bekennen, es gefällt mir sehr."[35]

Jacobis Schrift erregte großes Aufsehen. Sie lenkte die öffentliche Aufmerksamkeit auf den im 17. Jahrhundert wirkenden niederländischen Philosophen *Baruch Spinoza* (1632–1677), dessen rationalistische Philosophie ihm den Ruf eines Atheisten eingebracht hatte,[36] eine Meinung, der auch *Jacobi* anhing. Indem er *Lessing* im unmittelbaren Zusammenhang mit dessen anerkennenden Bemerkungen über *Goethes* Prometheus als Spinozisten und damit als Atheisten darstellte, lenkte er, gewollt oder ungewollt, einen entsprechenden Verdacht auch auf *Goethe*. Die Prometheus-Hymne wurde so, wie es in „Dichtung und Wahrheit" heißt,[37] „zum Zündkraut einer Explosion, welche die Verhältnisse würdiger Männer aufdeckte und zur Sprache brachte." Der Adressat von *Jacobis* Briefen, der Philosoph *Moses Mendelssohn* (1729–1786), verfasste eine Gegenschrift,[38] in welcher er *Lessing* gegen den Vorwurf des Spinozismus/Atheismus in Schutz nahm, an *Goethes* Gedicht aber kein gutes Haar ließ.

Der über die Kontroverse zwischen *Jacobi* und *Mendelssohn* entstandene Spinozismus – oder auch Pantheismus-Streit – deus sive natura[39] – braucht uns nicht näher zu beschäftigen. Die Prometheus-Ode aber geriet für lange Zeit in den Bannkreis dieses Streits.[40] *Goethe* selbst sah sich noch Jahrzehnte später veranlasst, darauf hinzuweisen, dass sein Gedicht „ganz eigentlich der Poesie" gehöre,[41] also nicht als religiöses oder gar antireligiöses Bekenntnis zu deuten

---

[35] Zit. nach *K.O. Conrady* in: B. v. Wiese (Hrsg.), Die deutsche Lyrik, 1964, S. 219. Das „Eins und Alles" beschäftigte *Goethe* zeitlebens – vgl. das Gedicht gleichen Namens und „Vermächtnis": Goethes Werke, HA Band 1, S. 368 (369). Dazu: *B. Sorg* in: Goethe-Handbuch, Band 1, S. 474 ff.

[36] *W. Loos* Goethes Werke, HA Band 10, S. 607 bemerkt: „Als ‚Atheismus' bezeichnete man damals nicht nur die Leugnung des Daseins Gottes schlechthin, sondern jede Ablehnung des ‚Theismus', d. h. der Vorstellung eines persönlichen außerweltlichen Gottes."

[37] Dichtung und Wahrheit 15. Buch, Goethes Werke, HA Band 10, S. 49.

[38] „Moses Mendelssohn an die Freunde Lessings".

[39] Nach *R. Safranski* Goethe. Kunstwerk des Lebens, 2013, S. 293, ist „Gott im spinozistischen Sinne nichts weiter als der Inbegriff von allem, was ist, und er wirkt durch die Kausalität zwischen Dingen und Menschen." *Goethe* formuliert: „Er (scil. Spinoza) beweist nicht das Dasein Gottes, das Dasein ist Gott." (Brief an *Jacobi* vom 09.06.1785, Goethes Briefe, HA Band 1 1764–1786, S. 475). Bei *R. Friedenthal* Goethe. Sein Leben und seine Zeit, 1978, S. 356, heißt es, das „deus sive natura" sei für *Goethe* ein „Kern und Glaubenssatz" gewesen.

[40] Vgl. nur die Polemiken gegen *Staiger* und *Walzel* bei *M. Bollacher,* Der junge Goethe und Spinoza, 1969, S. 133 f. und 193 f. *O. Walzel* Das Prometheussymbol von Shaftesbury zu Goethe, 2. Aufl. 1932, S. 80 ff. wie *E. Staiger* Goethe 1749–1786, 1957 S. 130 ff., wenden sich gegen die Deutung des „Prometheus" als spinozistisch, während *M. Bollacher,* passim, *Goethes* Nähe zu *Spinoza* nachzuweisen bemüht ist. *W. Loos* Goethes Werke, HA Band 10, S. 607 betont, das Gedicht habe weder nach seiner Entstehung noch nach seinem Gehalt etwas mit dem Spinoza-Streit zu tun.

[41] Dichtung und Wahrheit 15. Buch, Goethes Werke, HA Band 10, S. 49.

sei. Die „große Wirkung“, welche „die Hauptpunkte jenes Verhältnisses zu Spinoza“ auf die Folge seines Lebens ausübten, gestand *Goethe* indessen unumwunden ein.[42] Ohne den „Dünkel“ zu hegen, Spinoza vollkommen zu verstehen, und schon gar nicht, sich „buchstäblich“ zu seinen Schriften bekennen zu wollen, bekannte er sich doch als *Spinozas* „leidenschaftlichen Schüler, zu seinem entschiedenen Verehrer“.[43] Sein Zutrauen zu *Spinoza* „ruhte auf der friedlichen Wirkung“, die er bei ihm hervorbrachte, er verdankte ihm „Beruhigung und Klarheit“, und zwar umso mehr, als er „Kontroversen nicht liebte“.[44] Der Abstempelung *Spinozas* als Atheisten widersprach *Goethe* mit Nachdruck. Spinozismus und Atheismus seien ihm zweierlei, schrieb er an *Jacobi* am 21.10.1785,[45] und deutlicher noch am 09.06.1785: „Und wenn ihn andere (...) Atheum schelten, so möchte ich ihn theissimum, ja christianissimum nennen und preisen“.[46]

c) Wohl mit einiger Lust an der Provokation gab sich *Goethe* gern als Heiden. An *Lavater*[47] schrieb er, er sei „zwar kein Widerkrist, kein Unkrist, aber doch ein dezidierter Nichtkrist“.[48] In den Tag- und Jahresheften 1811 bemerkte *Goethe* im Anschluss an seine Lektüre der im gleichen Jahr erschienenen Schrift *Jacobis* „Von den göttlichen Dingen und ihrer Offenbarung“, seine angeborene Anschauungsweise habe ihn „unverbrüchlich gelehrt“, „Gott in der Natur, die Natur in Gott zu sehen“. *Goethe* war Pantheist; er ehrte Gott in seinen Werken:

> Was wär' ein Gott, der nur von außen stieße,
> im Kreis das All am Finger laufen ließe!
> Ihm ziemt's, die Welt im Innern zu bewegen,
> Natur in Sich, Sich in Natur zu hegen,
> so dass, was in Ihm lebt und webt und ist
> nie Seine Kraft, nie Seinen Geist vermisst.[49]

nicht ohne diesen Standpunkt gelegentlich zu relativieren: „Wir sind naturforschend Pantheisten, dichtend Polytheisten, sittlich Monotheisten.“[50]

---

[42] In einem Brief an *Zelter* vom 7.11.1816 (Goethes Briefe, HA Band 3 1805–1821, S. 376) schreibt er von *Linné:* „Außer Shakespeare und Spinoza wüßt' ich nicht, dass irgend ein Abgeschiedner eine solche Wirkung auf mich getan.“

[43] Zum Vorigen: Dichtung und Wahrheit 14. und 16. Buch, Goethes Werke, HA Band 10, S. 35, 76–79.

[44] Dichtung und Wahrheit 14. und 16. Buch, Goethes Werke, HA Band 10 -die Zitate, S. 76, 76f., 78.

[45] Goethes Briefe, HA Band 1 1764–1786, S. 488.

[46] Goethes Briefe, HA Band 1 1764–1786, S. 475. Zum Verhältnis *Goethe/Spinoza* vgl. auch *T. Mann* Phantasie über Goethe in: *derselbe,* Schriften und Reden zur Literatur, Kunst und Philosophie, 3. Band, 1968, S. 54ff. (71f.).

[47] *Johann Kaspar Lavater* (1742–1801).

[48] Brief vom 29.07.1782, Goethes Briefe 1764–1786, HA Band 1, S. 402. Näher zum Thema: *P. Burg* in: Goethe Handbuch, Band 4/1, 1998, S. 473ff.

[49] *Prooemion* Goethes Werke, Band 1, S. 357.

[50] Maximen und Reflexionen Nr. 49, Goethes Werke, HA Band 12, S. 372; s.a. *Goethe* an

Mit seinem „Prometheus" – im Gedicht schroffer als im Drama – wandte sich *Goethe* nicht gegen das Göttliche schlechthin;[51] er war kein Atheist.[52] Wohl aber legt er seine Empörung gegen einen despotischen Gott, der ihn in seiner Wirksamkeit beschränkt, seine künstlerische Schöpferkraft zu begrenzen sucht, Prometheus in den Mund, und ebenso wandte er sich gegen die Vorstellung, durch das Gebet lasse sich Gott zu unmittelbarer Einwirkung auf den Gang des Lebens bestimmen. Eine solche Vorstellung, wie sie ihm etwa bei *Lavater* und *Jung-Stilling*[53] begegnete, lehnte er als „zu anmaßlich" ab.[54] Etwa zur gleichen Zeit wie „Prometheus" entstanden „Mahomets Gesang" und „Ganymed", Gedichte, die, mit *Gundolf* zu reden, „das Gefühl des gotterfüllten Führertums und die Versenkung ins gotterfüllte All" zum Ausdruck brachten.[55] Vor allem aber ist an die Katechisationsszene im Faust zu erinnern, die schon im Urfaust (Verse 1118 ff.) enthalten ist. Faust spricht von dem „Allumfasser", dem „Allerhalter"; „Gefühl ist alles". Gretchen spürt zu Recht, dass Faust „kein Christentum" hat, dass er sich nicht festlegen will. Und das entsprach in der Tat dem Lebensgefühl des jungen *Goethe*.[56] Auch später blieb ihm jede dogmatische Verfestigung des Glaubens fremd.[57]

4. Resumée

In den Jahren zwischen Straßburg und Weimar war *Goethe* gleichsam auf der Suche nach sich selbst. In seinem titanischen Schöpferdrang, wie er sich im „Prometheus" kundtut, dem „Urbild des Verselbstens",[58] findet er kein Genügen. Er stellt ihm – im Drama – deshalb Pandora gegenüber, das „Urbild des Entselbstigens".[59] Am Ende des 8. Buches von „Dichtung und Wahrheit" formuliert er aus dieser Polarität[60] – aus dem Rhythmus von Systole (Zusammen-

---

Jacobi am 6.01.1813, Goethes Briefe 1805–1821, HA Band 3, S. 220. Zum Stichwort Pantheismus s. *M. Bollacher* in: Goethe-Handbuch Band 4/2, 1998, S. 828 ff.

[51] Vgl. das wohl 1783 entstandene Gedicht „Das Göttliche": „Edel sei der Mensch, hilfreich und gut (...)", Goethes Werke, HA Band 1, S. 147.

[52] Kanzler *Friedrich von Müller* Unterhaltungen mit Goethe, überliefert unter dem 07.04.1830 *Goethes* Äußerung: „Sie wissen, was ich von dem Christentum halte – oder Sie wissen es vielleicht auch nicht; – wer ist denn noch heutzutage ein Christ, wie Christus ihn haben wollte? Ich allein vielleicht, ob ihr mich gleich für einen Heiden haltet. (...)".

[53] *Johann Heinrich Jung* gen. Stilling (1740–1817), Arzt, Schriftsteller.

[54] Dichtung und Wahrheit 16. Buch, Goethes Werke HA Band 10, S. 90.

[55] *F. Gundolf* Goethe, 1922, S. 137.

[56] Vgl. nur *E. Staiger* Goethe 1749–1786, 1957, S. 106. Im Alter dachte *Goethe* viel differenzierter: vgl. die Hinweise *Eckermanns* in seiner Wiedergabe des am 02.03.1831 mit *Goethe* geführten Gesprächs.

[57] Vgl. *M. Bollacher* in: Goethe-Handbuch Band 4/1, S. 165 ff., bes. S. 167 ff.

[58] *E. Trunz* Goethes Werke, HA Band 3, S. 468.

[59] *E. Trunz* Goethes Werke, HA Band 3, S. 468.

[60] *P. Huber* in: Goethe-Handbuch Band 4/2, S. 863 ff.

ziehung) und Diastole (Ausdehnung)[61] – die Erkenntnis, dass es unsere „Pflicht" sei, „die Absichten der Gottheit dadurch zu erfüllen, dass wir, indem wir von einer Seite uns zu verselbsten genötiget sind, von der anderen in regelmäßigen Pulsen uns zu entselbstigen nicht versäumen".[62] Die Mitte zwischen diesen beiden Polen zu finden – wir würden heute vielleicht sagen: zwischen Selbstverwirklichung und gemeinwohldienlichem Handeln –, die „Bedingtheit des Lebens"[63] anzuerkennen, hat *Goethe* in der Folge als seine Aufgabe erkannt. Das Schlüsselwort lautete „Entsagung".[64] Bei dem „strengen Gegensatz" zwischen dem ihm von der Natur verliehenen Talent, der Ausübung seiner oft „unwillkürlich, ja wider Willen" hervortretenden Dichtergabe,[65] und den „großen Pausen", in denen sie ruhte und nurmehr „Langeweile" zurückblieb, trat ihm „der Gedanke entgegen, ob ich nicht von einer anderen Seite das, was menschlich, vernünftig und verständig an mir sei, zu meinem und anderer Nutzen und Vorteil gebrauchen und die Zwischenzeit, wie ich es ja auch schon getan und wie ich immer stärker aufgefordert wurde, den Weltgeschäften widmen (...) sollte?"[66] So beendete *Goethe* sein „bisheriges Schwanken und Zaudern".[67] Das „stets ins Unbegrenzte strebende Naturell", das *Goethe* dem von ihm hochgeschätzten *Lord Byron* bescheinigte,[68] war seine Sache nicht. Der Boden für Weimar war bereitet.

II. Pandora

1. Das Festspiel

Als *Goethe* 1807 – das Heilige Römische Reich Deutscher Nation lag in Trümmern, Weimar als Mitglied des unter *Napoleons* Protektorat stehenden Rheinbundes lag nun im unmittelbaren Machtbereich des Kaisers der Franzosen – von zwei „vieljährigen Freunden", den Wiener Schriftstellern *von Seckendorf* und *Stoll*, um einen Beitrag für ihren neuen Musenalmanach „Prometheus" gebeten wurde, entschloss er sich auf seine alte „Fixidee" zurückzugreifen, den „mytho-

---

[61] *P. Huber* in: Goethe-Handbuch Band 4/2, S. 1034 f. Vgl. Westöstlicher Divan, Goethes Werke, HA Band 2, S. 10: „Im Atemholen sind zweierlei Gnaden:/die Luft einziehen, sich ihrer entladen;/jenes bedrängt, dieses erfrischt;/so wunderbar ist das Leben gemischt/Du danke Gott, wenn er dich presst,/und dank ihm, wenn er dich wieder entlässt."

[62] Goethes Werke, HA Band 10, S. 353. Vgl. dazu nochmals das Gedicht „Eins und Alles", Goethes Werke, HA Band 1, S. 368 (369).

[63] Goethes Werke, HA Band 10, S. 353. Vgl. dazu nochmals das Gedicht „Eins und Alles", Goethes Werke, HA Band 1, S. 368 (369).

[64] Dichtung und Wahrheit 16. Buch, Goethes Werke HA Band 10, S. 77.

[65] Dichtung und Wahrheit 16. Buch, Goethes Werke HA Band 10, S. 80.

[66] Dichtung und Wahrheit 16. Buch, Goethes Werke HA Band 10, S. 82.

[67] Dichtung und Wahrheit 16. Buch, Goethes Werke HA Band 10, S. 82.

[68] Gespräch mit *Eckermann* am 24.02.1825.

logischen Punkt, wo Prometheus auftritt".[69] Es entstand „Pandora", ursprünglich treffender „Pandoras Wiederkunft" genannt, ein vom Autor selbst so bezeichnetes „Festspiel". „Nur der erste Teil ward fertig", schrieb *Goethe*[70], andere Arbeiten, vor allem die „Wahlverwandtschaften" und die „Farbenlehre", drängten, und so blieb es auch in diesem Fall beim Fragment. In der genannten Zeitschrift wurden 1808 die Verse 1 – 402 veröffentlicht, der Rest in einem „Taschenbuch für das Jahr 1810".

„Der Schauplatz" des Festspiels zeigt nach *Goethes* Regieanweisung symbolisch die Unterschiedlichkeit der Brüder Prometheus und Epimetheus: auf der einen Seite der Bühne „Fels und Gebirg", „Höhlen", zum Teil „mit Toren und Gattern verschlossen, alles roh und derb", auf der anderen Seite einfach, aber bequem ausgestattete Wohnungen, von einer Gartenlandschaft umgeben. Zeitlich ist der vollendete Teil des Festspiels angesiedelt zwischen Pandoras Erscheinen und Entrückung einerseits und ihrer Wiederkunft andererseits – die Hauptperson, um die sich gleichwohl alles dreht, tritt selbst nicht auf. Das Stück spielt also in der von Unsicherheit geprägten Zwischenzeit, die auf der Suche ist nach einer neuen Ordnung. Der Zeitbezug ist nicht zu übersehen.

Zu Beginn stößt, auf Liebespfaden wandelnd, Phileros, Prometheus' Sohn, auf seinen Onkel Epimetheus, den Romantiker, der der Vergangenheit nachsinnt und in dem Verliebten sich selbst wiedererkennt, „als mir Pandora nieder vom Olympos kam" (Vers 86). Als die Gattin, so erinnert er sich, den Deckel des „irdenen Gefäßes" (Vers 93) hob, „da schwoll gedrängt ein leichter Dampf aus ihm empor" (Vers 96), in dem, was den Menschen Freude bringt, sich in Wolken auflösend, entschwebt. Vergeblich versucht er die Gattin zu halten, die sich ihm wie jener Dampf entzieht. Indem er sich, unfähig, Schein und Wirklichkeit zu unterscheiden, seinem Traum von der Entschwundenen hingibt, schläft Epimetheus ein.

Nun tritt Prometheus auf, noch vor der Morgendämmerung die Schar der Schmiede zu fleißigem Schaffen aufrufend. Kennzeichnend für die unsichere Zwischenzeit verlangt Prometheus von ihnen: „Nur Waffen schafft! Geschaffen habt ihr alles dann, auch derbster Söhne übermäß'gen Vollgenuss". (Verse 308/09).

Es folgt der Auftritt Elpores (Hoffnung), einer der beiden Zwillingstöchter Pandoras und Epimetheus', die Pandora mit sich nahm, als sie von der Erde schied. Als Geistwesen sich ihres Vaters Umarmung entziehend, verspricht sie ihm „der Liebe Glück, Pandorens Wiederkehr" (Vers 345). Da betritt Epimeleia (die Fürsorgliche) die Bühne, die ihm verbliebene Tochter, verfolgt von Phileros, der sie aus unbegründeter Eifersucht mit einem Beil verletzt und bedroht. Prometheus tritt dazwischen, verweist seinem Sohn die Gewalt, und Phileros eilt in

[69] Tag- und Jahreshefte 1807.
[70] Tag- und Jahreshefte 1807.

Verzweiflung zu den Felsen, um sich von ihnen in den Tod zu stürzen. Epimeleia, die Phileros liebt, erklärt in einem bewegenden Gesang Vater und Oheim das Missverständnis und beklagt ihr Schicksal: „Ach! Warum, ihr Götter, ist unendlich alles, alles, endlich unser Glück nur!" (Verse 498/99, 523/24).

Epimetheus seinerseits gibt sich seinem Gram hin und zerfließt im Dialog mit Prometheus in Selbstmitleid: „Wer von der Schönen zu scheiden verdammt ist, fliehe mit abgewendetem Blick! Wie er, sie schauend, im Tiefsten entflammt ist, zieht sie, ach! reißt sie ihn ewig zurück." (Verse 761–764, 523/24). Prometheus, dessen Skepsis gegenüber Pandora spürbar bleibt (er hat Epimetheus seinerzeit gewarnt, dieses Geschenk der Götter anzunehmen), ermahnt den Bruder, nicht länger der Vergangenheit nachzuhängen – „Blick' auf aus deinem Jammer" (Vers 819) – und sich der Gegenwart und der ihm verbliebenen Tochter zu erfreuen. Sie, Epimeleia, tritt auf, um mitzuteilen, dass ein Brand ausgebrochen sei und sie sich an den gefährlichen Rettungsarbeiten beteiligen wolle. Daraufhin ruft Prometheus seine Krieger auf, Epimetheus bei der Rettung der Tochter beizustehen. Da steigt Eos, die Göttin der Morgenröte, aus dem Meer herauf und verkündet, dass Phileros und Epimeleia gerettet seien:

> Aus den Fluten schreitet Phileros her,
> aus den Flammen tritt Epimeleia;
> sie begegnen sich, und eines im andern
> fühlt sich ganz und fühlet ganz das andre. (Verse 1053 – 1056)

Goethe hat, wie gesagt, sein Festspiel nicht vollendet. Ein von ihm am 18.05.1808 ausgearbeitetes knappes Schema der Fortsetzung[71] zeigt, dass für den 2. Teil Pandoras Wiederkehr, die Ausschüttung der guten Gaben sowie die Erhebung Pandoras und des verjüngten Epimetheus in himmlische Sphären geplant war.

2. *Die Verwertung der Quellen*

Auch für „Pandora" bediente sich *Goethe* der antiken Quellen, vorzüglich des Hesiod. Indes: wie schon im Prometheus-Drama erscheint Pandora – im Festspiel eine Göttin, Tochter des Kronion, also Schwester des Zeus – als Bringerin guter Gaben, als „menschheitsgeschichtliche Heilsfigur, in der Züge Evas und Marias zusammenfließen",[72] kurz: als „Lichtgestalt".[73] Die positive Sicht auf Pandora ist – im Unterschied zur Idee ihrer Wiederkehr – nicht *Goethes* Erfindung. Er knüpft hier an eine ältere Überlieferung an: *Philon von Alexandria*, der um die Zeitenwende lebte (ca. 15 v.Chr.-50 n.Chr.), sieht Pandora als Nach-

[71] Goethes Werke, HA Band 5, S. 533 ff.

[72] G. *Sander* Festspiele, in: Goethe-Handbuch, Band 2, S. 334 ff. (336). In der „Achilleis" (Goethes Werke, HA Band 2, S. 515 ff.) erinnert Achilleus demgegenüber an die Bildung Pandoras durch Hephaistos: „Danach war beschlossen der unvermeidliche Jammer allen sterblichen Menschen, die je die Erde bewohnen (...)" (Verse 595/96).

[73] *R. Friedenthal* Goethe. Sein Leben und seine Zeit, 1978, S. 561.

ahmerin der Erde (Gaia), „weil sie alles schenkt zum Nutzen und lustvollen Genuss, und zwar (...) allen, denen das Leben verliehen wurde".[74]

Von dem gegen die Götter aufbegehrenden Prometheus ist im Festspiel kaum etwas geblieben. *Goethe* übernimmt aus *Platons* „Protagoras" die Darstellung der beiden Titanen Prometheus und Epimetheus als Repräsentanten einander entgegengesetzter, im Bühnenbild zur Anschauung gebrachter Lebenswelten,[75] des mit nimmermüdem Fleiß schaffenden, aktiven, stetig wirkenden Prometheus – „des echten Mannes wahre Feier ist die Tat!" (Vers 1045) – und des nostalgischen, der verlorenen Schönheit nachtrauernden, passiven Epimetheus – „Der Seligkeit Fülle, die hab' ich empfunden!" (Vers 635) – „Nachtwandler, Sorgenvoller, Schwerbedenklicher" (Vers 314) nennt ihn sein Bruder. Beide Titanen verharren in ihrer Welt, sie empfinden vielleicht sogar dank wieder auflebender brüderlicher Empathie das Unbefriedigende ihrer je einseitig auf Vergangenheit und Gegenwart ausgerichteten Existenz, ihrer „Entfremdung", aber es gelingt ihnen nicht, ihrer beider Standpunkte miteinander zu versöhnen. Die Möglichkeit einer solchen Versöhnung deutet sich in der sich dramatisch entwickelnden Liebe ihrer Kinder, Phileros und Epimeleia, zwar an, bleibt aber an Pandoras Wiederkehr gebunden.[76] In der Marienbader Elegie wiederholt sich des Epimetheus Klage, dass er statt der Geliebten nur ein „Luftbild" festzuhalten sich bemüht; eine Wiederkehr der Verlorenen allerdings erhofft sich *Goethe* nicht mehr.[77]

3. Betrachtungen

a) Die Literatur bescheinigt *Goethes* „Pandora" „künstlerische Dichte" und stellt sie neben die großen Werke des alten *Goethe*: den Divan und den 2. Teil des Faust.[78] Auf die sprachliche Anlehnung an die griechische Tragödie wird hingewiesen; damit werde die Atmosphäre der Feierlichkeit erreicht, die dem Weihe-

---

[74] Zit. nach *A.-B. Renger/I. Musäus* (Hrsg.), Mythos Pandora. Texte von Hesiod bis Sloterdijk, 2002, S. 56. Hingewiesen sei auf *A. Schopenhauer;* Parerga und Paralipomena, Kap. 18 § 200: nicht alle Übel, sondern alle Güter dieser Welt habe Pandora in ihrer Büchse. Als Epimetheus sie öffnet, fliegen sie davon, und nur die Hoffnung bleibt darin zurück. Darin wiederum sieht *F Nietzsche* Menschliches, Allzumenschliches I 71, ein besonders zynisches Geschenk des Zeus („das übelste der Übel"), der nur will, dass der Mensch das Leben nicht wegwirft, sondern sich immer aufs Neue durch die anderen Übel quälen lässt; beide Zitate bei *A.-B. Renger/I. Musäus* (Hrsg.), Mythos Pandora. Texte von Hesiod bis Sloterdijk, 2002, S. 65, 170.

[75] Vgl. *J. Kunz* in: Goethes Werke, HA Band 5, S. 526 f.

[76] Dazu *C. Siegrist* in: W. Hinderer (Hrsg.), Goethes Dramen. Neue Interpretationen, 1980, S. 236 f.; *G. Sander,* Festspiele, in: Goethe-Handbuch, Band 2, S. 337. Nach *E. Cassirer* in: E. Cassirer, Idee und Gestalt, 1975, S. 22, steigt mit Pandoras Wiederkehr die Welt der „Form" zu den Menschen hernieder. „Das Reich der *Form* gewinnt Leben und Wirklichkeit im Reich der *Tat.*"

[77] Goethes Werke, HA Band 1, S. 381 ff. (Verse 44 und 133 ff.).

[78] *J. Kunz* in: Goethes Werke, HA Band 5, S. 530.

spiel angemessen sei.[79] *Wilhelm von Humboldt* äußerte sich in einem Brief an seine Frau (28.12.1808) geradezu verzückt: „Es ist eine der wunderbarsten Produktionen, aber der allerschönsten und größesten. Die Hauptsache beruht auf dem Kontrast der beiden ungleichen Brüder, des kalten, rastlosen, gewerbfleißigen Prometheus und des empfindsamen, unglücklichen und müßigen Epimetheus (...) Das Neue und Schöne ist, daß alle Urtöne der Leidenschaften, der Gefühle, alle Elemente der menschlichen Gesellschaft darin vorkommen und mit einer Reinheit, ja man kann sagen mit einer Nacktheit dargestellt sind, daß daraus selbst eine ungeheure Größe hervorgeht."[80] Und *Goethes* „Urfreund" *Knebel,*[81] dem der Dichter „Pandora" schon ein Jahr früher vorgelesen hatte, schrieb an seine Schwester am 15.12.1807 nicht weniger begeistert: „Ich kann dir weiter nichts davon sagen, als dass es herrlich gedacht und ausgeführt ist. (...) Vorzüglich gefällt mir die Idee von Pandorens Büchse oder Urne, die nach der Fabel alle menschliche Übel soll enthalten haben und an deren Grunde die Hoffnung allein noch zurückblieb. Goethe hat diese Übel in liebliche Traumgestalten verwandelt, die sich bei eröffneter Urne Dünsten gleich in die Höhe ziehen, nach deren Bildern die Sterblichen immer rennen, aber nur durch den törichten Verfolg derselben unglücklich werden."[82] *Herders* Witwe *Caroline* hingegen, *Goethe* nicht immer wohlgesonnen, sah in „Pandora" „eine verkünstelte, unnatürliche Manier, die mir auch nicht einen lebendigen Tropfen gibt". Sie erschien ihr als „eine wahre Versündigung an seinem eigentlichen Talent." Ja, sie verstieg sich zu der Bemerkung, *Goethe* habe „seinen großen Beruf als Dichter sehr verfehlt".[83]

b) Das Verständnis von *Goethes* Dichtungen erschließt sich nicht selten – jedenfalls bis zu einem gewissen Grad – aus der biographischen Situation, in der sie entstanden sind. Als *Goethe* an der „Pandora" arbeitete, lag das traumatische Ereignis des 14.10.1806, der Einfall plündernder französischer Soldaten in Weimar und *Goethes* Haus nach der Schlacht bei Jena und Auerstädt, kaum mehr als ein halbes Jahr zurück. Das Erlebnis ist gespiegelt in dem Lied der Krieger (Pandora, Verse 900ff.), etwa: „Will einer was, verwehren wir's, hat einer was,

---

[79] *J. Kunz* in: Goethes Werke, HA Band 5, S. 530. Zum Versmaß in „Pandora" s. bes. *E. Staiger* Goethe, 2. Band 1786–1814, 1956, S. 449ff. *E. Cassirer* in: E. Cassirer, Idee und Gestalt, 1975, S. 9, spricht von der „Neugewinnung und Neubelebung antiken Erbguts".

[80] In: *R. Otto/P.-G. Wenzla.ff* (Hrsg.), Goethe in vertraulichen Briefen seiner Zeitgenossen. zusammengestellt von W. Bode, Band II 1794 – 1816, 1982, S. 417.

[81] *Carl Ludwig von Knebel* (1744 – 1834); *Henriette Magdalene von Knebel* (1755 – 1813), seine Schwester. Zu beiden: *E. Biedrzynski* Goethes Weimar, 2. Aufl., 1993, S. 243ff., 250f. Ein Portrait *Knebels* zeichnet *Goethe* in seinem *Carl August* zu dessen 26. Geburtstag am 03.09.1783 gewidmeten Gedicht „Ilmenau": Goethes Werke, HA Band 1, S. 107ff. (Verse 59–68).

[82] In: *R. Otto/P.-G. Wenzla.ff* (Hrsg.), Goethe in vertraulichen Briefen seiner Zeitgenossen. zusammengestellt von W. Bode, Band II 1794 – 1816, 1982, S. 378.

[83] Brief an *Knebel* vom 17.05.1808; *E. Biedrzynski* Goethes Weimar, 2. Aufl., 1993, S. 391.

verzehren wir's." So konkret wird *Goethe* sonst nicht. Im Gegenteil: Wie auch sonst im Alter oft, ist *Goethe* auch in seiner „Pandora" „aus dem spezifischen mehr in das Generische" gegangen; „denn Spezifikation und Varietät gehören der Jugend an" – so hat er sich gegenüber *Riemer* geäußert;[84] *Goethe* zieht nach dem Bericht *Riemers* zum Vergleich *Tizian* heran, der „im hohen Alter diejenigen Stoffe, die er früher so konkret nachzuahmen gewusst hatte, auch nur in abstracto, z.B. den Sammet nur als Idee davon" gemalt habe. So ist es denn nicht verwunderlich, dass *Goethe* selbst in einem Brief an *Frau von Stein* anmerkt, das Ganze könne „auf den Leser (nur) gleichsam geheimnisvoll wirken",[85] und gegenüber *Eckermann* bestätigte er später, es sei „alles wie ineinander gekeilt".[86] *Goethe* liebte die Verschlüsselungen. Immer klingt Verschwiegenes mit.[87]

Seinen geheimnisvollen Charakter hat das Festspiel „von wunderbarem Inhalt und seltsamer Form", wie *Goethe* es bei anderer Gelegenheit genannt hat,[88] bis heute bewahrt. Als gesichert kann immerhin gelten, dass der Realist Prometheus und der aus der Wirklichkeit gefallene Epimetheus zwei Sphären versinnbildlichen, die in der Zeit noch nicht zur Einheit gefunden haben, die jedoch *Goethe* für seine Person durch die praktische Arbeit in der herzoglichen Administration einerseits und sein Dichtertum andererseits zu einem harmonischen Ausgleich gebracht zu haben hoffte. Er hat in diesem Sinne einmal an *Zelter* geschrieben, er komme sich „wie eine Doppelherme vor, von welcher die eine Maske dem Prometheus, die andere dem Epimetheus ähnlicht".[89] Dabei ist ihm bewusst, dass die Zusammenführung von „Tun und Schauen",[90] die für den 2. Teil des Festspiels vorgesehen war, sowohl seitens des Tätigen wie seitens des Schauenden „Entsagung" erfordert, nicht im Sinne von Resignation, sondern im Sinne von Anerkennung der Bedingtheit des Lebens, die Konzentration auf das Wesentliche erlaubt.[91]

Goethe war durch die Französische Revolution aufs Tiefste bewegt. Die, wie er früh erkannte, irreversible Erschütterung aller überkommenen Ordnungen

---

[84] Zitiert nach *E. Trunz* in: Goethes Werke, HA Band 3, S.455f. Vgl. auch eine weitere Äußerung *Goethes* gegenüber *Riemer* am 04.04.1814 in: Goethes Werke, HA Band 5, S.477.

[85] Brief vom 16.08.1808, Goethes Briefe HA Band 3, 1805–1821, S.83f.

[86] Am 21.10.1823.

[87] *E. Staiger* Goethe, 3. Band 1814–1932, 1959, S.485.

[88] Brief an *Carl Friedrich Graf von Reinhard* (1761–1837; französischer Diplomat und langjähriger Briefpartner *Goethes*) vom 22.07.1810, in: Goethes Briefe HA Band 3, 1805–1821, S.134.

[89] Goethes Briefe, HA Band 3 1805–1821, S.159f.; s.a. *R. Safranski* Goethe. Kunstwerk des Lebens, 2013, S.487.

[90] Formulierung: *F. Gundolf* Goethe, 1922, S.589.

[91] S. schon oben *I. 4.* und das Sonett „Natur und Kunst", Goethes Werke, HA Band 1, S.245 (Vers 13: „In der Beschränkung zeigt sich erst der Meister.") Dazu die Anmerkung von *E. Trunz* in: Goethes Werke, HA Band 1, S.529. „Es mag sich einer nur für frei erklären, so fühlt er sich den Augenblick als bedingt. Wagt er es, sich für bedingt zu erklären, so fühlt er sich frei."(Maximen und Reflexionen Nr. 1117, in: Goethes Werke, HA Band 12, S.520).

hatte jene „Zwischenzeit“ mit sich gebracht, die er in der „Pandora“ symbolisch darstellt. „Verwirrende Lehre zu verwirrtem Handel waltet über die Welt“, schrieb er bekanntlich in seinem letzten Brief.[92] Als er an der „Pandora“ arbeitete, war er auf der Suche nach neuen Konstanten und setzte dabei auf *Napoleon*. Von ihm erhoffte er sich eine neue Stabilität für Europa, vor allem aber für das kleine Land, in dem er Verantwortung trug. Deshalb war ihm der Rheinbund – oder doch die Vorstellung, die er sich davon machte – nicht zuwider. *Goethe* meinte in ihm die Gewähr zu sehen für den ihm seit seiner Beschäftigung mit *Justus Möser* (1720–1794) am Herzen liegenden Fortbestand „einer Menge kleiner Staaten“, in denen die „Ausbreitung der Kultur im einzelnen, nach den Bedürfnissen, welche aus der Lage und Beschaffenheit der verschiedensten Provinzen hervorgehn“,[93] gesichert war.[94] Von Pandoras Wiederkehr erwartete sich *Goethe* die Versöhnung der Gegensätze, die „Steigerung“[95] der von vielerlei Plagen heimgesuchten Gegenwart in eine friedvolle Zukunft, kurz: eine neue (nicht etwa die Erneuerung der alten) Ordnung, in der Schönheit, Kunst und Wissenschaft statt Unfrieden und Gewalt das Leben bestimmen, in welcher die guten Gaben Pandoras, die sich einst in Rauch auflösten (Verse 85ff.), endlich die Menschen beglücken, in der prometheische Tüchtigkeit und epimetheische Nachdenklichkeit, Leidenschaft (Phileros) und sorgende Schönheit (Epimeleia) zueinander finden. „Das schmerzliche Gefühl der Entbehrung“, das nach *Goethes* Aussage in der „Pandora“ wie in den „Wahlverwandtschaften“ zum Ausdruck kommt,[96] wird überwunden sein. „Es wird der Trug entdeckt, die Ordnung kehrt zurück, es folgt Gedeihn und festes, ird'sches Glück.“[97]

---

[92] An *Wilhelm von Humboldt* am 17.03.1832, Goethes Briefe, HA Band 4 1821–1832, S.480f.

[93] Dichtung und Wahrheit 15. Buch, Goethes Werke, HA Band 10, S. 52.

[94] S. schon *H.H. Klein*, Die Reorganisation des Herzogtums Sachsen-Weimar und Eisenach durch die Konstitution vom 26.09.1809, 2001, S. 34f.

[95] Vgl. *P. Huber* in: Goethe-Handbuch Band 4/2, S. 863ff.

[96] Tag- und Jahreshefte 1807.

[97] „Ilmenau“, Goethes Werke HA Band 1, S. 107ff. (Verse 174f.).

Zwischen Machbarkeit und Vision

Elektronischer Rechtsverkehr und elektronische Aktenführung in justiziellen Verfahren in Deutschland und über seine Grenzen hinaus

Ralf Köbler

Das Gesetz zur Förderung des elektronischen Rechtsverkehrs mit den Gerichten vom 10.10. 2013[1] ist kein Fördergesetz im überkommenen Sinne. Es ist vielmehr das Gesetz zur mittelfristigen, aber durchaus zwangsweisen Einführung ausschließlich elektronischer Kommunikation zwischen Anwälten und anderen professionell im Rechtswesen Tätigen und den Gerichten: Ab 2022 wird die gesetzliche Schriftform bestimmender Schriftsätze in allen gerichtlichen Verfahrensordnungen für die vom Anwendungsbereich des Gesetzes Erfassten nur noch durch elektronische Einreichung auf dafür zugelassenen Wegen erfüllt werden. Das ist ein gravierender Eingriff in gewohnte Arbeitsweisen – kein Postweg mehr, kein Gerichtsfach, aber auch kein Kampf mit dem Faxgerät kurz vor Fristablauf und auch kein nächtlicher Besuch beim Fristenbriefkasten des Gerichtes.

Wie ist es zu diesem Gesetz gekommen, das seine Hauptwirkung ungewöhnlicher Weise erst rund acht Jahre nach seiner Veröffentlichung im Bundesgesetzblatt entfalten wird und welche organisatorisch-kommunikativen Perspektiven eröffnet es?

I. Die Rechtslage bis zum Justizkommunikationsgesetz 2005

Geht man den normativen Möglichkeiten zur Einführung elektronischen Rechtsverkehrs und elektronischer Akten nach, so stellt man – vermutlich überrascht – fest, dass bereits das Formvorschriftenanpassungsgesetz aus dem Jahr

---

[1] BGBl. 2013 I S. 3786.

2001[2] bis heute grundlegende Regelungen für die Rechtsgültigkeit elektronischer Dokumente und zum elektronischen Rechtsverkehr trifft.

Das Gesetz fügt den Schriftformvorgaben des BGB die grundsätzliche Gleichstellung der elektronischen mit der eigenhändigen schriftlichen Form an. Der damals neue § 126 Abs. 3 BGB lautet:

„(3) Die schriftliche Form kann durch die elektronische Form ersetzt werden, wenn sich nicht aus dem Gesetz ein anderes ergibt."

Und zur Gestalt der elektronischen Form wurde bis heute gültig normiert:

§ 126a Abs. 1 BGB: „Soll die gesetzlich vorgeschriebene schriftliche Form durch die elektronische Form ersetzt werden, so muss der Aussteller der Erklärung dieser seinen Namen hinzufügen und das elektronische Dokument mit einer qualifizierten elektronischen Signatur nach dem Signaturgesetz versehen."

Darüber hinaus fügte das Gesetz den bislang maßgeblichen § 130a ZPO sowie die gleichlautenden Parallelvorschriften der übrigen gerichtlichen Verfahrensordnungen ein, nach denen für „vorbereitende Schriftsätze und deren Anlagen, für Anträge und Erklärungen der Parteien sowie für Auskünfte, Aussagen und Gutachten und Erklärungen Dritter", soweit hierfür Schriftform vorgesehen ist, ein für die Bearbeitung bei Gericht geeignetes elektronisches Dokument „genügt" – der Duktus könnte Symptom für die damalige Wertschätzung sein. Als weitere Bedingungen sah das Gesetz vor, dass die Dokumente für die Bearbeitung durch das Gericht „geeignet" und mit einer qualifizierten elektronischen Signatur versehen sind. Letztlich wurde die Zulassung dieses eng gefassten elektronischen Rechtsverkehrs von der Zulassung durch Rechtsverordnung der Bundes- und Landesregierungen für ihren jeweiligen Geschäftsbereich abhängig gemacht, die auch die zur Bearbeitung geeignete Form umfasst (§ 130a Abs. 2 ZPO).

Das Zustellungsreformgesetz vom 25.06.2001[3] ergänzt diese Regelungen um die Möglichkeiten, an die Berechtigten Empfangsbekenntnisse per Telekopie (Fax) oder auch elektronisch mit qualifiziert elektronisch signiertem Dokument zuzustellen.

Hohe Hürden mit hohem Sicherheitsanspruch, die bis auf das allfällige Fax überdies Zukunftsmusik waren: Wer verfügte in der Praxis schon über die geforderte Technik?

Das Justizkommunikationsgesetz vom 22.03.2005[4] sucht schließlich den Wirkungszusammenhang zwischen elektronischem Rechtsverkehr und elektronischer Aktenführung zu vervollständigen.

---

[2] Gesetz zur Anpassung der Formvorschriften des Privatrechts und anderer Vorschriften an den modernen Rechtsgeschäftsverkehr vom 13.07.2001, BGBl 2001 I S. 1542.

[3] Gesetz zur Reform des Verfahrens bei Zustellungen im gerichtlichen Verfahren vom 25.06.2001, BGBl. 2001 I S. 1206.

[4] BGBl. 2005 I S. 837.

Im Kern führte dieses Artikelgesetz die elektronische Akte als normative Regelungsoption ein – nach § 298a Abs. 1 ZPO und den Parallelvorschriften in den Fachverfahrensordnungen können seither die Prozessakten elektronisch geführt werden, sofern Bundesregierung oder Landesregierungen dies kraft Rechtsverordnung einschließlich des Starttermins bestimmen und zugleich „die technisch-organisatorischen Rahmenbedingungen für die Bildung, Führung und Aufbewahrung der elektronischen Akten" festlegen. Das Gesetz selbst legt einige Regeln für die Bewältigung des Medienbruchs fest: Elektronisch eingegangene Dokumente sollen ausgedruckt und mit einem „Transfervermerk" zum Ergebnis der Signaturprüfung zu den Papierakten genommen werden (§ 298 ZPO), in Papierform eingereichte Dokumente dürfen mit dem Vermerk, wann und durch wen die Übertragung erfolgt ist, gescannt und zu elektronischen Akten genommen werden (§ 298a Abs. 3 ZPO). Zudem wird konsequent das „gerichtliche elektronische Dokument" normiert (§ 130b ZPO) – die gesetzlich vorgeschriebene eigenhändige Unterschrift des Richters, des Rechtspflegers und Gerichtsvollziehers kann durch die qualifizierte elektronische Signatur ersetzt werden.

Die durch beide Gesetze geschaffene Rechtslage ging davon aus, dass der elektronische Rechtsverkehr freiwillig ist und nur eine fakultative Nutzung stattfindet: Bund und Länder erhielten die Option, mit Rechtsverordnungen zu bestimmende elektronische Kommunikationswege zu eröffnen und die Rahmenbedingungen wie die einreichbaren Dateiformate festzulegen. Hiervon machten zuerst einige Bundesministerien für die Bundesgerichte Gebrauch.[5]

Formulierungsunterschiede in den Verfahrensordnungen, die dem Zustandekommen des Justizkommunikationsgesetzes kurz vor dem Ende der Regierung Schröder geschuldet sein dürften, führten zu erstem Durcheinander, das freilich kaum Auswirkungen auf die Rechtspraxis gehabt haben dürfte: Die Verfahrensordnungen gingen einhellig davon aus, dass die Ersetzung der herkömmlichen Schriftform in die elektronische Form der Beifügung einer qualifizierten elektronischen Signatur im Sinne des § 2 Nr. 3 i. V. m. Nr. 2 SigG bedürfe, um Herkunft (Authentizität) und Unverändertheit (Integrität) der Datei beweisbar zu machen. Die gesetzlichen Verordnungsermächtigungen differierten dabei in der Formulierung: Für die Fachverfahrensordnungen war vorgesehen, dass in der Rechtsverordnung die qualifizierte Signatur „vorzuschreiben" sei (§ 52a Abs. 1 S. 3 FGO). Dies sah der BFH angesichts der Formulierung der Verord-

---

[5] VO über den elektronischen Rechtsverkehr beim Bundesverwaltungsgericht und beim Bundesfinanzhof vom 26.11.2004, BGBl. 2004 I S. 3091; VO über den elektronischen Rechtsverkehr beim Bundesarbeitsgericht vom 09.03.2006, BGBl. 2006 I S. 519; VO über den elektronischen Rechtsverkehr beim Bundessozialgericht vom 18.12.2006, BGBl. 2006 I S. 3219; VO über den elektronischen Rechtsverkehr beim Bundesgerichtshof und Bundespatentgericht vom 24.08.2007, BGBl. 2007 I S. 2130.

nung vom 26.11.2004[6] als nicht gegeben an und hielt die elektronische Einreichung auch ohne Signatur für wirksam.[7] Mit ein wenig Auslegungskunst wäre der Verordnung allerdings schon zu entnehmen gewesen, dass sie die Signatur anordnen und die Rahmenbedingungen regeln wollte.[8]

II. Die ersten „Pflichtgebiete" elektronischer Einreichung

Im Handelsregister wurden die Notare in Umsetzung der Richtlinie 2003/58/EG des Europäischen Parlaments und des Rates zur Änderung der Richtlinie 68/151/EWG in Bezug auf die Offenlegungspflichten von Gesellschaften bestimmter Rechtsformen[9] zum 01.01.2007 verpflichtet, ausschließlich elektronisch und mit qualifizierten elektronischen Signaturen zu den in den Ländern eingeführten elektronischen Handelsregistern einzureichen. Die Länder hatten hierzu gemeinsam mit dem Bund das Elektronische Gerichts- und Verwaltungspostfach entwickeln lassen, das einen doppelt verschlüsselten Versand elektronischer Nachrichten ermöglicht – zunächst wird die Anlage der Nachricht, der Schriftsatz, verschlüsselt, danach die gesamte Nachricht einschließlich der Anlage. Das System prüft die qualifizierten elektronischen Signaturen und erteilt Prüfbescheinigungen sowie, was für die Absender komfortabel ist, Empfangsbestätigungen. Dieses nach wie vor als sicher geltende System wurde in Betrieb genommen mit einer Auslastung von bereits 1.040.000 eingehenden und 708.000 ausgehenden Nachrichten im Jahr 2008, 2014 waren es dann schon knapp 7.200.000 eingehende und 6.950.000 ausgehende Nachrichten.[10]

Im Jahr 2008 fügte der Gesetzgeber für das gerichtliche Mahnverfahren mit § 690 Abs. 3 S. 2 ZPO[11] eine Vorschrift ein, die bei Einreichung durch Rechtsanwälte und Rechtsdienstleister wie Inkassoinstitute eine maschinelle Lesbarkeit verlangt. Dieses Erfordernis wird natürlich nicht nur durch die elektronische Einreichung über den eigens geschaffenen Online-Mahnantrag, sondern auch durch Einreichung von Datenträgern wie CDs oder DVDs erfüllt. Gleichwohl wurde der Online-Mahnantrag in der Praxis sehr gut angenommen.

---

6 BGBl. 2004 I S. 3091.

7 BFH NVwZ 2007, 1456.

8 BFH DStRE 2009, 701 bestätigt die Rechtsauffassung, fügt indessen hinzu, dass es 2004 auch an einer ausreichenden VO-Ermächtigung gefehlt habe.

9 ABl. EU Nr. L 221, S. 13.

10 Im Land Hessen überstieg im Jahr 2014 die Zahl der versandten Nachrichten mit über 730.000 die der eingegangenen mit 560.000 deutlich. Dies liegt vorrangig an dem hessischen Projekt E-Rechnung, bei dem die per EGVP erreichbaren Anwälte und Notare initiativ (also ohne Aufforderung) mit elektronischen Kostenrechnungen bedacht werden, die auch per E-Payment bezahlbar sind.

11 BGBl. 2007 I S. 2840.

Über diese Rechtsgebiete hinaus blieb es ruhig um den elektronischen Rechtsverkehr: Außer den Bundesgerichten, Brandenburg und Hessen eröffneten die Länder den elektronischen Rechtsverkehr zunächst nur sehr verhalten für Pilotierungen.[12] Zur Einführung elektronischer Akten kam es 2008 nur in dem Pilotverfahren eOWi in Hessen.[13] In diesem Verfahren werden die Daten der Zentralen Bußgeldstelle des Regierungspräsidiums Kassel (Ende 2011 der Daten der Verfahren des Regierungspräsidiums Gießen in Fahrpersonalsachen und seit 2012 auch die Daten der Verfahren der Bußgeldstelle der Stadt Frankfurt) zu elektronischen Akten aufbereitet, der Staatsanwaltschaft und von dieser anschließend dem Amtsgericht elektronisch bereitgestellt. Bis auf die Beschwerdeinstanz wird in diesem Verfahren tatsächlich papierlos gearbeitet.

Das zögerliche Verhalten der Länder erklärt sich aus einem selbsterfundenen Junktim: Der elektronische Rechtsverkehr könne erst dann umfassend eröffnet werden, wenn der durchgängige elektronische Geschäftsprozess dargestellt werden könne – was erst nach möglichst umfassender Einführung elektronischer Akten der Fall sein kann. Man nahm mithin den technisch-organisatorisch erheblich schwierigeren Teil des elektronischen Geschäftsablaufs zum Anlass, von der Einführung des Einfacheren abzusehen. Das Argument: Andernfalls werde man zum „Drucker der Anwaltschaft" – dass man diese Position seit der Einführung des Fax-Gerätes längst innehat, wurde nicht gehört. Und dass in den Bundesländern, in denen eine weitergehende Zulassung des elektronischen Rechtsverkehrs geschehen war, keine revolutionären Eingangszahlen zu verzeichnen waren, veranlasste auch keinen Durchbruch des elektronischen Rechtsverkehrs. Als weiteres Flächenland ließ schließlich 2012 Sachsen den elektronischen Rechtsverkehr umfassend zu.[14]

In diesem Stadium der Geschichte des elektronischen Rechtsverkehrs wurde klar, dass dem Junktim „elektronischer Rechtsverkehr nur mit E-Akten" nur dann gerecht zu werden ist, wenn massenweise elektronische Eingänge die Schaffung und den Betrieb von Systemen der elektronischen Aktenführung rechtfertigen würden. Revisions- und natürlich betriebssichere elektronische Akten sind ein Aufgabenfeld für professionelle Rechenzentren und können nicht in jedem Kleinstgericht technisch betrieben werden. Die technischen und finanziellen Aufwände solcher Akten, klassischerweise sogenannter Dokumen-

---

[12] Zum aktuellen Einführungsstand in den Ländern siehe www.egvp.de/Rechtliche Grundlagen/ (zuletzt aufgerufen am 14.12.2015); für Hessen VO über den elektronischen Rechtsverkehr bei hessischen Gerichten und Staatsanwaltschaften vom 26.10.2007, GVBl. 2007 I S. 699, zuletzt verlängert mit VO vom 4.11.2014, GVBl. 2014 I S. 274.

[13] Verordnung über die elektronische Aktenführung bei hessischen Gerichten und Staatsanwaltschaften vom 23.11.2007, GVBl. 2007 I S. 827; Anlage der teilnehmenden Gerichte und Behörden zuletzt geändert am 28.10.2012 durch Hinzufügung der Straßenverkehrsordnungswidrigkeiten im Zuständigkeitsbereich der Stadt Frankfurt am Main.

[14] Sächsische E-Justizverordnung, aktuelle Neufassung vom 23.04.2014, SächsGVBl. 2014 S. 294.

tenmanagementsysteme, sind enorm hoch – ihre Wirtschaftlichkeit, die nach den Haushaltsordnungen darzulegen ist, lässt sich nur bei intensiver Nutzung darlegen.

Eine Länderarbeitsgruppe, geführt von Baden-Württemberg, Hessen und Sachsen, arbeitete daher – ausgehend von den beschriebenen „Pflichtgebieten" – den Gedanken aus, die Nutzung des elektronischen Rechtsverkehrs von der Freiwilligkeit in die Pflicht zu führen, jedenfalls für beruflich im Rechtswesen Tätige – eine solche Nutzungspflicht wird die Nutzung des elektronischen Rechtsverkehrs zum Regelfall der Rechtspraxis machen und das Potenzial zur Schaffung durchgängig elektronischer Geschäftsprozesse einschließlich elektronischer Akten eröffnen.

III. Der Regelungsbereich des Gesetzes zur Förderung des elektronischen Rechtsverkehrs

Die Länderarbeitsgruppe erarbeitete zunächst die Bundesratsinitiative eines Gesetzes (Gesetz zur Förderung des elektronischen Rechtsverkehrs in der Justiz), die am 12.10.2012 mit sehr großer Mehrheit verabschiedet wurde.[15] Diesem Entwurf begegnete die Bundesregierung mit einem eigenen Entwurf mit erheblich verringerten Inhalten. Durch die Unterstützung der verfassten deutschen Anwaltschaft gelang es der Länderarbeitsgruppe, eine Annäherung des Regierungsentwurfs an die Inhalte der Bundesratsinitiative zu erreichen, die schließlich in einem umfangreichen Änderungsantrag im Rechtsausschuss des Deutschen Bundestages Ausdruck fand. Kurz vor Ende der Tätigkeit des Bundestages in der 17. Legislaturperiode wurde das Gesetz am 13.06.2013 mit breiter Mehrheit verabschiedet.[16]

Kern des Gesetzes ist die Verpflichtung der Anwaltschaft, ab 01.01.2016 ein sogenanntes „besonderes Anwaltspostfach" zu unterhalten, aus dem „vereinfachter" elektronischer Rechtsverkehr möglich ist: Es bedarf zur Erfüllung der gesetzlichen Formerfordernisse für elektronische Post aus diesem Postfach keiner qualifizierten elektronischen Signatur – das Gesetz geht davon aus, dass die Zulassung des Postfachinhabers nach Durchlaufen eines einmaligen Identifizierungsverfahrens dazu führt, dass der Post aus diesem Postfach vertraut werden kann und sie dem Postfachinhaber zugerechnet werden kann. Das Versenden der verschlüsselten elektronischen Dokumente ist natürlich rechtssicher nur dann möglich, wenn sich der Postfachinhaber nach den Prinzipien der IT-Sicherheit mit Besitz und Wissen, also z.B. mit einer Chipkarte und einem persönlichen Identifizierungscode beim System angemeldet hat. Dieses Prinzip der

---

[15] BR-Drucks. 503/12.

[16] Verkündet am 13.10.2013, GVBl. 2013 I S. 3786.

Schaffung einer „Vertrauensdomäne“ liegt auch der gesetzlich geregelten DE-Mail[17] zugrunde. Auch die DE-Mail, in Gestalt der sogenannten absenderbestätigten DE-Mail (vom Provider mit einer maschinellen qualifizierten Signatur versehen), wird vom Gesetz als formgerechter Übermittlungsweg zugelassen. Darüber hinaus bleibt die herkömmliche Übertragung mit dem elektronischen Gerichtspostfach und qualifizierter elektronischer Signatur zulässig.

Um eine gewisse Zukunftsoffenheit zu beweisen, lässt das Gesetz ferner zu, im Wege der Rechtsverordnung neue „sichere Übertragungswege“ zu definieren – davon sollte zur Gewährleistung der Handhabbarkeit des elektronischen Rechtsverkehrs nach Möglichkeit auf absehbare Zeit abgesehen werden.

Das Gesetz gibt dem Anwalt nicht nur die Verpflichtung, das Instrumentarium des einfachen elektronischen Rechtsverkehrs zu unterhalten – für das System der „besonderen Anwaltspostfächer“ ist nach § 31a BRAO die Bundesrechtsanwaltskammer zuständig –, sondern es auch zu nutzen: Die Nutzungspflicht, die ab 01.01.2022 eintritt und von Bund und Ländern bis zu 2 Jahre auf den 01.01.2020 nach vorne gezogen werden kann, ist in § 130d ZPO und den Parallelvorschriften der Fachverfahrensordnungen geregelt. Ab diesem Zeitpunkt kann der Anwalt schriftformbedürftige Prozesshandlungen rechtswirksam nur noch elektronisch kommunizieren – von technischen Ausfällen abgesehen, für die § 130d S. 2 und 3 ZPO eine papierne „Noteinreichung“ vorsieht. Die elektronische Empfangsbereitschaft der Gerichte ist nach Maßgabe des Inkrafttretens der Neufassung des § 130a ZPO und seiner Parallelvorschriften zum 01.01.2018 herzustellen, mit Rechtsverordnung kann dieser Zeitpunkt nach Art. 24 noch zwei Jahre hinausgeschoben werden. Allein diese Möglichkeit lässt die Dimension der technischen Umsetzungs- und Einführungserfordernisse erahnen.

Das Gesetz bleibt nicht bei den Anwälten stehen: Auch die Rechtsvertreter von Körperschaften des öffentlichen Rechts werden durch § 130d ZPO und seine Parallelvorschriften zur Nutzung des elektronischen Rechtsverkehrs verpflichtet. Das Gesetz gibt ihnen allerdings nicht die Schaffung „besonderer Postfächer“ als Pflicht auf, sondern eröffnet lediglich die Option, auch für diese Berufsgruppe eine solche Vereinfachung einzuführen. Weiteren am professionellen Rechtsleben beteiligten Akteuren, den für Empfangsbekenntnisse Berechtigten – § 174 ZPO nennt neben den Anwälten bespielhaft Notare, Gerichtsvollzieher, Steuerberater und öffentliche Stellen – legt das Gesetz in einer weiteren Abstufung die Pflicht auf, ein Postfach zu unterhalten, in das die Gerichte zustellen können. Eine Pflicht zum elektronischen Versand sieht das Gesetz für diese Einreicher nicht vor – zur Kritik am Gesetz noch im Folgenden.

Eine wichtige weitere Regelung des Gesetzes ist die nahezu umfassende Abschaffung von Beglaubigungspflichten in § 169 Abs. 3 und 4 ZPO. Dies ermög-

[17] De-Mail-Gesetz vom 28.04.2011, BGBl. 2011 I S. 666.

licht es, sämtliche in Papierform zuzustellenden gerichtlichen Dokumente ohne qualifizierte elektronische Signaturen elektronisch zu versenden, Digitalfax-Systeme oder große Postnachbearbeitungsanlagen, sog. Druckstraßen, zum Einsatz zu bringen. Eine bereits seit 01.07.2014 in Kraft befindliche Neuerung mit erheblichem organisatorischen Vereinfachungs- und Entlastungspotenzial für die gerichtliche Praxis, die noch weitgehend ihrer Umsetzung harrt.

Das Gesetz sieht eine Reihe weiterer Regelungen vor wie etwa die der Beweiskraft gescannter öffentlicher Urkunden, die hier ausgespart werden.

Der Bundesgerichtshof hat mit zwei Entscheidungen in den Jahren 2007 und 2015 eine interessante, aber wesentlich „unsicherere" Variante des elektronischen Rechtsverkehrs „erfunden":[18] Seiner Auffassung nach ist der im Original vor dem Scannen unterschriebene Schriftsatz, der elektronisch als E-Mail-Anhang übermittelt wird, zwar zutreffend kein zugelassener elektronischer Rechtsverkehr. Der Ausdruck des Schriftsatzes erfülle allerdings im gerichtlichen Geschäftsgang die papierne Schriftform. Der BGH leitet diese Auffassung konsequent aus seiner Rechtsprechung zu Telegramm, Fax und Computer-Fax her, wo letztlich eine wie auch immer geartete schriftliche Wiedergabe einer im Original vollzogenen Unterschrift ausreichen soll. Damit hat der BGH den Bann gebrochen, den (s. o.) gerade die Länder selbst gesprochen hatten: Das Gericht wird zum Drucker des wirksam Einreichenden. Denn dass ausgedruckt werden muss und dies nicht etwa im Wege von Dienstanweisungen oder Geschäftsordnungen unterbunden werden kann, liegt auf der Hand: Über die Zulässigkeit von Anträgen und die Schriftformerfüllung hat immer der Richter zu entscheiden und nicht die Poststelle.

Damit steht – von der Rechtspraxis bisher nicht wahrgenommen und für Rechtsberufe wenig empfehlenswert – gerade für den bisher vom elektronischen Rechtsverkehr nicht erfassten Bürger eine einfache, für viele am heimischen PC realisierbare Form der Partizipation an elektronischen Geschäftsabläufen zur Verfügung.

IV. Was das Gesetz nicht regelt

Einige Themen, die den elektronischen Rechtsverkehr der Zukunft deutlich praxisgerechter und auch effizienter machen würden, sind im Gesetz zur Förderung des elektronischen Rechtsverkehrs nicht geregelt – teils ist dies den Kompromissen in einem Gesetzgebungsverfahren geschuldet, teils wurden die Themen erst im Nachhinein identifiziert.

---

[18] BGH NJW 2015, 1527; zuvor bereits BGH NJW 2008, 2649 sowie BAG NZA 2013, 983 und BFH NJW 2011, 487 mit instruktiver Darstellung der Rechtsprechung zur eigenhändigen Unterschrift, insbes. beim Computerfax.

Ein wichtiges Thema ist die stets präsente Bewältigung des Medienbruchs – was nicht gescannt werden muss, vermindert die Aufwände zur Erstellung und Betreuung elektronischer Akten. Es wäre daher sinnvoll, mittelfristig den Kreis der auf elektronische Einreichung Verpflichteten zu erweitern. Hier ist nicht nur an Notare, Steuerberater, Wirtschaftsprüfer, Gewerkschaften und Arbeitgebervereinigungen, öffentliche Stellen im Sinne des § 8 Abs. 1 Nr. 3 bis 5 RDG wie Verbraucherzentralen und Verbände der freien Wohlfahrtspflege, Insolvenzverwalter und anerkannte Betreuungsvereine, sondern auch an Gutachter, Übersetzer und Sachverständige zu denken. In Österreich sind auch Banken und Versicherungen in die Nutzungspflicht einbezogen. Die Scanaufwände insbesondere der Fachgerichtsbarkeiten ließen sich erheblich verringern, wenn die Gerichte die beteiligten Verwaltungen und öffentlich-rechtlichen Körperschaften verpflichten dürften, ihre Verwaltungsakte digital vorzulegen.

Wichtig und vereinfachend wäre es, Zwangsvollstreckungsverfahren aller Art und die Gerichtsvollzieher in der Mobiliarzwangsvollstreckung einzubeziehen, sowie ein elektronisches Kostenfestsetzungsverfahren einzuführen. Daneben könnte das Mahn- und Vollstreckungsbescheidverfahren noch wesentlich umfassender als bisher einbezogen werden.

Für die Praxis einer elektronischen Akte wird es notwendig sein, Regelungen zur Akteneinsicht zu schaffen, die der aktuellen Diskussion um Datensicherheit gerecht werden – ein externer Zugang zu justiziellen Produktivsystemen wird auf Dauer aus Gründen der Datensicherheit nicht möglich sein. Dann aber bedarf es einer normativen Regelung, dass und unter welchen Bedingungen die Einsicht in Datenkopien den Anforderungen an eine rechtswirksame und einem rechtsstaatlichen Verfahren angemessene Akteneinsicht gerecht werden kann. Dies ist bisher nicht der Fall.

Innerorganisatorische Vereinfachungen könnten Organisations- und Kanzleisignaturen ermöglichen, die in Gestalt von Softwarezertifikaten auf dem Dienstrechner gespeichert werden können und damit partiell Signaturkarten und Lesegeräte obsolet machen könnten. Eine ebenfalls ungeklärte Frage ist, wie das Unterschriftserfordernis für ehrenamtliche Richter in der Arbeitsgerichtsbarkeit und bei den Kammern für Handelssachen bei den Landgerichten in der digitalen Welt gelöst werden kann – seine Beibehaltung würde ggf. millionenschweren Ausstattungsbedarf auslösen. Da die übrigen Fachgerichtsbarkeiten und auch die Strafgerichte für die Schöffen für die Wirksamkeit der Urteile ohne die Unterschrift der ehrenamtlichen Richter auskommen, wäre die Abschaffung auch für Arbeitsgerichte und Kammern für Handelssachen die organisatorisch gewiss sinnvollste Lösung, die freilich der rechtspolitischen Diskussion bedarf.

Es gibt also noch reichlich (und weiteren…) Diskussionsstoff.

V. Die europäische Perspektive

Der grenzüberschreitende sichere elektronische Rechtsverkehr, der im internationalen Rechtshilfeverkehr und auch im nichtforensischen Rechtsverkehr unter beratenden Anwälten und ihren Mandanten aber als verlässliches und dem E-Mailing insoweit um Längen überlegenes Übermittlungsmedium an Bedeutung gewinnen wird, leidet unter der Unterschiedlichkeit nationaler Systeme des elektronischen Rechtsverkehrs und deren Inkompatibilität und verschiedenen Anforderungen an Signatur- und Sicherheitsniveau.

Um die digitale rechtssichere Zusammenarbeit über die Grenzen hinweg gleichwohl gewährleisten zu können, hat die EU die Verordnung vom 23.07.2014 über elektronische Identifizierung und Vertrauensdienste für elektronische Transaktionen im Binnenmarkt und zur Aufhebung der Richtlinie 1999/93/EG[19] geschaffen, die normative Grundregeln der grenzüberschreitenden elektronischen Kommunikation für den digitalen Binnenmarkt setzt, die auch für die justizielle Kommunikation bindend sind, regeln sie doch die Grundsätze des Signaturrechts neu. Dabei ist die Idee des Vertrauensdienstes vergleichbar der des „besonderen Anwaltspostfaches" die, dass die unter den jeweiligen nationalen Bedingungen von einem zugelassenen Sender an einen „Vermittlungsdienst" verschickte elektronische Nachricht als vertrauenswürdig und authentisch behandelt wird und von diesem Dienst mit dieser Bewertung an den nationalen Dienst des Empfängerstaates weitergeleitet wird, ggf. nach Anpassung an die technischen Anforderungen im Empfängerstaat.

In dem von Nordrhein-Westfalen für die gesamte EU federführend betreuten Projekt E-Codex wurde zur Umsetzung des Gedankens eines EU-weiten Vertrauensdienstes, der zwischen den unterschiedlichen Anforderungen und Sicherheitsniveaus vermittelt, bereits eine Software entwickelt, die bei der von EU-Richtlinie 2012/17/EU[20] vorgesehenen EU-weiten Vernetzung der Handelsregister die sichere Vermittlung der Anfragen und Auskünfte bewerkstelligen soll. Mit anderen Worten: Die fehlende Interoperabilität wird auf diese Weise sichergestellt werden. Damit ist die europäische Perspektive rechtssicheren, verlässlichen elektronischen Geschäfts- und Rechtsverkehrs eröffnet. Wie rasch sie sich entwickeln wird, lässt sich nicht beurteilen – siehe die langsame nationale Entwicklung in Deutschland. Dass sie sich im kommerziellen Bereich schneller entwickeln dürfte als im justiziellen ist allerdings zu erwarten.

---

[19] ABl. EU Nr. L 257/73.

[20] Richtlinie 2012/17/EU des Europäischen Parlaments und des Rates vom 13.06.2012 zur Änderung der Richtlinie 89/666/EWG und 2009/101/EG des Europäischen Parlaments und des Rates in Bezug auf die Verknüpfung von Zentral-, Handels- und Gesellschaftsregistern, ABl. Nr. L 156, S. 1; in deutsches Recht umgesetzt mit Gesetz vom 22.12.2014, BGBl. 2014 I S. 2409.

VI. Perspektive, Chancen und Risiken

Die Rechtslage gibt es vor: Der elektronische Rechtsverkehr wird Pflicht, die elektronische Akte bleibt fakultativ. Und in genau dieser Abstufung sollte die Chance ergriffen werden – die flächendeckende Einführung des elektronischen Rechtsverkehrs in allen Gerichten in Deutschland über das „besondere Anwaltspostfach" ab 2016 bis hin zur umfassenden Öffnung aller Gerichte für den Empfang elektronischer Nachrichten 2018 sollte darstellbar sein. Die technische Realisierung steht softwareseitig mit dem EGVP seit vielen Jahren zur Verfügung, und dies in allen Bundesländern und praxiserprobt. Ob die Netzinfrastruktur in den Ländern und auch die Inhouse-Technik in den Gerichten für einen massenhaften elektronischen Rechtsverkehr ausreichen, bleibt Hausaufgabe oder Rätsel. Solange die elektronische Aktenführung in den Gerichten nicht eingeführt ist, muss die elektronische Post ausgedruckt und zu den Papierakten genommen werden. Die Furcht hiervor ist größer als nötig: Moderne Multifunktionsdrucker werden diese Aufgabe vor Ort in angemessener Zeit lösen – und was die Furcht vor den Kosten angeht: Wenn die Gerichte die Ausgangspost an „Rechtsprofis" nahezu vollständig elektronisch verschicken werden, wird es vice versa zu einer Kostenersparnis auf Seiten der Justiz kommen, die sich nicht in Papier- und Portoersparnis erschöpft, sondern auch in einer spürbaren Arbeitsverringerung ausdrücken wird.

Damit wäre den Anforderungen des Gesetzes bereits Rechnung getragen.

Die wirklichen Effizienzpotenziale liegen natürlich in der Schaffung durchgehend elektronischer Geschäftsprozesse mit elektronischen Akten. Dies ist der wesentlich schwierigere Teil der Aufgabe, der mit Vorab-Investitionen verbunden ist. Hierzu bedarf es zunächst der Schaffung betriebs- und zugriffssicherer Dokumentenablagen, die den Anforderungen an Revisionssicherheit zu genügen haben und angesichts der Berge von Akten der Praxis enorm hoher Speicherkapazitäten und eines professionellen Betriebsmanagements bedürfen. Hier sollte die Justiz von der Wirtschaft, insbesondere Banken und Versicherungen lernen, die dergleichen seit vielen Jahren erfolgreich betreiben.

Das E-Akten-Repository ist aber nur der technisch-organisatorische Teil des Ganzen: Es bedarf auf gerichtliche Bedürfnisse zugeschnittener Bedieneroberflächen, die den Nutzen elektronischer Akten individuell erkennbar und verfügbar machen: Richter, Rechtspfleger und Servicepersonal müssen die Arbeitsvereinfachung und die Vorteile elektronischer Akten unmittelbar spüren – ansonsten wird die fehlende Akzeptanz die Nutzeffekte konterkarieren. Ansätze hierfür, die über bloße Präsentationen hinausgehen, sind in den Entwicklungsverbünden der deutschen Justiz-IT bereits vorhanden.

Die elektronische Akte ist der Papierakte in mehrfacher Hinsicht überlegen:

- Sie ist sehr schnell durchsuchbar.
- Sie lässt die Darstellung unterschiedlichster Blätter nebeneinander zu.
- Sie muss nie gesucht werden, selbst wenn sie vorgelegt ist.
- Sie kann zur Akteneinsicht gegeben werden und ist gleichwohl verfügbar.
- Sie muss nicht auf dem „Wägelchen“ transportiert werden – die Vorlage ist millisekundenschnell.
- Sie ist über Fernzugriffe auch von Zuhause oder wo auch immer aufrufbar.
- Sie muss nach Rechtskraft nicht jahrelang in einem feuchten Keller archiviert werden, und sie schimmelt auch nicht.

Es liegt auf der Hand, dass die umsichtige Entwicklung und Bereitstellung eines solchen Systems, das die Gerichte in eine unbekannte Zukunft katapultiert, professionell geschehen muss und ganz erhebliche Investitionen verursacht, die gerade in der Einführungs- und Umsetzungsphase des Abzugs des vermuteten „return on invests“ nicht zugänglich sind. Das größte Risiko besteht mithin gerade in den Jahren der Umsetzung der Schuldenbremse darin, dass Haushaltsgesetzgeber und Finanzministerien zu ungeduldig Einsparungen der Justiz einfordern, die zum Teil ohnehin schon geschehen sind und durch moderne Technik kompensiert werden könnten.

Es sind spannende Jahre, in die das Gesetz zur Förderung des elektronischen Rechtsverkehrs die deutsche Justiz geführt hat. Und jetzt ist auch deutlich: Die Zeitspanne bis 2022, die das Gesetz zur Umsetzung vorsieht, mag ungewöhnlich sein, sie ist aber kurz.

Der Liebe Recht

Theologische Rohgedanken und eine Predigt zum Recht der Liebe

Rudolf Landau

Ergo, ut arcem causae invadamus; Putasne Deum esse Justum?
Ego vero puto, imo scio.
Quem vocas Deum?
Substantiam omnisciam, et omnipotentem.
Quid Justum esse?
Justus est, qui amat omnes.
Amare autem?
Felicitate alterius delectari.
Quid delectari?
Sentire harmoniam.
Quid tandem harmonia?
Similitudo in varietate, seu diversitas identitate compensata.
(Gottfried Wilhelm Leibniz, Confessio Philosophi)

I.

Gerechtigkeit Gottes ist ein Geschehen der Gerechtmachung des Menschen allein durch den Glauben an die allein durch Jesus Christus unüberholbar vollbrachte rechte Liebestat in seinen Sterben und Auferstehen und die darin gegründete und unablässig daraus folgende Rechtstat des von Gott gerecht gemachten Menschen zum Heil seines Nächsten: *Du sollst den Herrn, deinen Gott lieben von ganzem Herzen, von ganzer Seele und von ganzem Gemüt und von allen deinen Kräften*...(und) *Du sollst deinen Nächsten lieben wie dich selbst. Es ist kein anderes Gebot größer als diese.* (Markus 12, 30 f.) Geschieht das in dieser Welt, gewinnt das von Leibniz behauptete harmonische Geschehen von Gerechtigkeit, Rechttun und Liebe Raum. Das ist keine Utopie, sondern einfaches spiegelbildliches, von Gottes heilsamem Gebot einforderbares Handeln, das den Glanz der Liebe immer neu durchscheinen läßt in den oft unerträglich dunklen, schmutzigen tödlichen Verhältnissen, die Menschen gegeneinander schaffen können.

Es geht um der Liebe Recht auf den Menschen, weil sie Gottes Menschenrecht widerspiegelt, und so um das Recht auf Liebe jedes Menschen – von Gott gewollt und gefordert. Liebe schafft die Anerkennung, die jeder zum Leben braucht!

Liebe hat immer Recht, auch wenn sie gegen von Menschen gesatztes Recht verstoßen muß, denn Liebe liebt bedenkenlos zugunsten des Menschen. Also geht es immer und einfach, geradlinig um das Tun des Gerechten.

Da darf Liebe kein Programm sein, kein Ideal, dem nach zu eifern wäre, denn dann würde auch Liebe vernutzt und tödlich werden, sondern alles, was in Liebe geschieht, läßt Leben entstehen und wachsen und fördert diejenige Harmonie, die Leibniz als Lebensgrundlage und Lebensziel anvisiert, die im Leben des Individuums, wie im Zusammenleben und Gesellschaft und Staat, ja zwischen den Völkern Ziel jeglicher Rechtssatzung sein muß.

> *Die Liebe läßt sich nicht messen, sie misst selbst,*
> *Ist Richterin, die unbestechlich alles*
> *Am Maßstab dessen misst, was an ihr maßlos ist.*
> *Den Ruf erhalten alle wir, jedoch*
> *Erwählt wird nur, wer die verbrauchte Stunde*
> *Zur Flamme wandelt, die nach oben strebt,*
> *Und Finger, die klammern, in Hände, die geben.*
> (José Saramago, Maßstab)

So gilt also, christliche Gemeinde, Luther: die Christenheit, andere: die Kirche(n), habe keine andere Berufung, als diese sie gründende Liebe unbedingt zu leben, gleichsam rücksichtslos, so Heimat, zumindest „Inseln“ der Rettung im Meer der Gestrandeten zu sein.

„Die Liebe ist eine Meisterin im Erfinden rettender, lebensförderlicher Ausnahmen. Da sich die Liebe nicht nur in den geliebten Menschen versenkt, sondern auf dessen Umgebungen zu dessen Förderung direkt und indirekt einwirkt, baut sie beständig neue Formen des Lebens und Zusammenlebens auf. Sie steckt an mit ihrer freien Selbstzurücknahme. Sie steckt an mit ihrer Freude an der freien Selbstentfaltung anderer. Wie keine andere den Menschen verliehene Kraft fördert die Liebe das Leben, das Aufleben und die Erneuerung von Lebensverhältnissen... In dieser belebenden Kraft entspricht die Liebe als Frucht des Geistes dem schöpferischen Geist selbst. Sie entspricht diesem Geist darin, daß sie imperiale Monokulturen zugleich unterwandert und zugunsten freierer, vollkommenerer Formen von Gemeinschaft auflöst. Die Liebe als Frucht des Geistes duldet keine sexistischen, rassistischen und anderen Frontbildungen und Feindbilder. Sie löst sie ebenso auf wie soziale Hierarchiebildungen. Nur *gegen* die Kraft der Liebe können sich Klassen- und Rassenideologie behaupten... Sie bewirkt die *Kultur freier Selbstzurücknahme zugunsten von Mitgeschöpfen* und die Freude an freier Selbstentfaltung der Mitgeschöpfe, die wiederum in freie Selbstzurücknahme zugunsten anderer mündet. Indem diese Liebe rechtliche, moralische und politische Prozesse beeinflußt – ohne sich von ihnen gefangennehmen, funktionalisieren, in sie einpassen zu lassen – , indem sie in ihrer grenzenlosen Erneuerungskraft und Freiheit auf diese Prozesse ausstrahlt, verändert die Liebe Gemeinschaftssituationen und die Atmosphären von Gemeinschaften. Damit aber wirkt sie Frieden." (Michael Welker)

Dieser „Königsgedanke der Menschheit" (Alfred Döblin) von dem in, für, mit und um der *Liebe* willen leidenden Gott, den der christliche *Glaube* im menschgewordenen Christus als sich letztendlich durchsetzende Gottesmacht glaubt, ist die *Hoffnung* der Menschen. Geringer darf man davon nicht reden und denken, denn diese Liebe ist es, die auch in den finstersten, blutigsten Örtern der Welt gilt und lebt – wie unzählige Geschichten erzählen. 1. Korinther 13 ist die Quintessenz dieser Gott und den Menschen unaufhebbar verknüpfenden Liebesgeschichte, die in Kreuz und Auferstehung Jesu Christi sich ereignet hat.

II.

Der Liebe Stückwerke – eine Predigt über 1. Korinther 13 gepredigt am 18.07.2015 in der Langau /Oberbayern

Wenn ich mit Menschen- und mit Engelzungen redete
und hätte der Liebe nicht,
so wäre ich ein tönend Erz oder eine klingende Schelle.
Und wenn ich weissagen könnte
und wüßte alle Geheimnisse und alle Erkenntnis
und hätte allen Glauben,
also daß ich Berge versetzte,
und hätte der Liebe nicht,
so wäre ich nichts.
Und wenn ich alle meine Habe den Armen gäbe
und ließe meinen Leib brennen,
und hätte der Liebe nicht,
so wäre mir's nichts nütze.
Die Liebe ist langmütig und freundlich,
die Liebe eifert nicht,
die Liebe treibt nicht Mutwillen,
sie blähet sich nicht auf,
sie stellet sich nicht ungebärdig,

sie suchet nicht das Ihre,
sie läßt sich nicht erbittern,
sie rechnet das Böse nicht zu,
sie freuet sich nicht der Ungerechtigkeit,
sie freuet sich aber der Wahrheit;
sie verträgt alles,
sie glaubet alles,
sie hoffet alles,
sie duldet alles.
Die Liebe höret nimmer auf,
so doch die Weissagungen aufhören werden
und die Sprachen aufhören werden
und die Erkenntnis aufhören wird.
Denn unser Wissen ist Stückwerk,
und unser Weissagen ist Stückwerk.
Wenn aber kommen wird das Vollkommene,
so wird das Stückwerk aufhören.
Da ich ein Kind war, da redete ich wie ein Kind
und war klug wie ein Kind und hatte kindische Anschläge;
da ich aber ein Mann ward, tat ich ab, was kindisch war.
Wir sehen jetzt durch einen Spiegel in einem dunklen Wort;
dann aber von Angesicht zu Angesicht.
Jetzt erkenne ich's stückweise,
dann aber werde ich erkennen,
gleichwie ich erkannt bin.
Nun aber bleibt
Glaube, Hoffnung, Liebe,
diese drei,
aber die Liebe ist die größte unter ihnen.

Und jetzt, sogleich, liebe Brüder und Schwestern, da Ihr diese Worte schön, überschwänglich, atemberaubend gefunden habt, da ihr sie wieder einmal gerne hörtet, da dieses Raunen der Liebe durchs Ohr in die Seele drang, da ihr versucht seid, zu nicken und zu sagen: ja, ja so ist es, so sollte es sein, so wäre es schön, das Leben in dieser Liebe wäre liebens- und lebenswert;

jetzt brecht nun alles vom himmelhoch jauchzenden Liebesgefühl herunter, brecht es, weil es selbst zerbricht, denn Liebe lebt im Zerbrochenen, damit man nicht im nicht erreichbaren Ganzen schwelge und Liebesideologie betreibe. Brecht sie herunter, die herunter kommt vom Himmel, wie man Brot bricht und eine Hostie, wie ein Spiegel zerbricht und ein Bild und ihr aus den Scherben liebevoll zusammen fügen dürft, was wieder ein Bild wird, diesmal ein irdisches, erdnahes, das euch mit euren Liebesfragen und Liebesproblemen und mitsamt eurer Nichtliebenswürdigkeit und Liebesverrat und Verschmutzung von Liebe enthält und ins Bild der wahren Liebe setzt.

1.

Anders wird die Liebe missbraucht, wird benutzt, menschenverachtendes Handeln zu kaschieren, wird gedreht zur Liebeslüge, in der man Unrecht nach ideologischen Gesetzen Recht nennt, man hört dann den Spruch aller politischen oder klerikalen Tyrannen, die Menschen nur benutzen zu ihren Zielen und Zwecken, und die Liebe mit Füßen treten, aber das Liebeswort säuseln oder heraus schreien wie es der Stasioberverbrecher Mielke am Ende seiner Politkarriere in der zugrunde gerichteten DDR weinerlich rief: „Aber ich liebe euch doch alle!"

Liebe, die definiert wird, bevor man sie tut und in der man auf ein ideales Ganzes zielt, steht in einer Reihe mit all den Idealen, die das Ganze propagieren und gegen das Elend des genau Beschreibbaren stehen: die gnostische Erkenntnis gegen die von Gott aufgehobene Ungleichheit aller Menschen; das hochherrschaftliche Prophezeien von Gerechtigkeit, um Ungerechtigkeit hoch leben zu lassen; das Reden mit Engels- und Menschenzungen, und in ihr die Verfälschung der Worte und Bilder und der Sprache und Wahrheit zur Unterdrückung jeglichen Freiheitswillens; kurzum das Zungenreden der Besitzenden, das immer schon vorgibt, man habe die Höhe menschlichen Seins in Sprache, Rede, Produktivität und Wissen erreicht und man könne und müsse guten Gewissens unwerte Söhne und nutzlose Töchter, verlorenes Leben übergehen, und die dann für sich, nur für sich und mit ihren Gesinnungsgenossen das Fest der Eigen- und Besitzerliebe feiern und sich gütlich tun am der dem Nächsten vorenthaltenen Liebe, die eben doch nur, wie Gerechtigkeit und Freiheit auch, den politischen Zungenrednern, medialen Wahrsagern, philosophisch-theologischen Seelenmördern gehöre, so meinen sie.

Aber herunter muß die Liebe kommen, damit niemand sie vermissen, keiner sie entbehren muß, und sei er und fühle sie sich auch noch so ungeliebt oder liebesmissbraucht. In kleine Stücke, lebenswichtige Münzen geprägt wird sie. Liebe ist gerne Stückwerk – und nur so geschieht sie unter uns und mit uns – ein starkes Stück! Denn „*die Liebe sucht die Liebe, der Schmerz die Einsamkeit. – Jene die leiden und hoffen, halten den Blinden das Licht...*" (Ludwig Fels). So kommt sie nämlich ins wirklich wahre Bild, wie sie hier gemeint ist, wie sie selber hier redet. Denn sie, die Liebe redet hier, klaubt den zweifelnden Glauben zusammen und hellt die in tiefen Anfechtungen und Lebensverstörungen ausgehöhlte und verdunkelte Hoffnung in dir auf. Bindet die beiden, Glauben und Hoffen – und immer geht es um das lebendige Tun im Namen des lebendigen Christus wohlgemerkt – fest ein in das Band der Liebe, das über alles gelegt ist, damit alles zusammenhält, was sonst auseinanderfallen, ja, manchmal auseinanderfliegen will, wenn die Fetzen der gebrochenen Liebe fliegen.

2.

Nicht *über* die Liebe wird hier geredet und gepredigt, dann geht alles schief, denn über das, über was man redet, kommt man nicht hinein in das, was Liebe ist. Liebe redet nicht über den andern, sondern redet ihm gut zu, redet zu ihm, hält ihn geborgen in Worten und im umarmenden Schweigen, wenn Wörter genug gemacht sind in Sachen Liebe. Liebe ist dann auch diese unendlich Lust am andern, Wollust und Sich Verlieren und ist dies nicht Verlierenwollen und nicht mehr eins sein ohne sie, ist selbst Zerbrochensein, wenn sie nicht da ist. Platons Liebesmythos von der zerbrochnen Kugel hat Recht und Paulus hat Recht und erst recht Recht hat das Hohelied, von dem auch zu handeln ist.

Und so: wehrt der Liebesverschmalzung in unseren Hochzeitspredigten, die vorgaukeln, hier sei von der Liebe, die die beiden, die sich da noch trauen, die Rede und die dann plötzlich merken, ach, es ja gar nicht richtig glaubten, nicht wahr, schon bei der Rede des Pfarrers ins Zweifeln kamen: so schafft das keiner. Und dann sagt der Pfarrer, der von dieser Liebe meint, alles über sie zu wissen und von ihr alles verstanden zu haben und doch vor den Konsequenzen zögert, die er einem Brautpaar mit solchem Trautext zumutet: sagt dann fromm tönend: Aber wir können das ja nicht erfüllen; das müssen wir ja auch nicht können, denn hier ist ja von Jesus die Rede, der ist ja *die* Liebe, der hat das alles genau so gemacht – und lügt sich in die Liebestasche.

Damit aber wird Jesus zum Liebesheros, zum Liebesfürsten, zum Wörterersatz nur für das Wort Liebe degradiert, wird zum Seelenliebhaber idealisiert, und vergessen wird, dass diese Liebe sich zerbrechen ließ und verhöhnt werden mußte und unterzugehen drohte in Blut und Schrei und finstersten Kreuzesängsten, bevor sie gleichsam neu und vollkommen zusammengesetzt und gültig für alle und für jeden in seinem Zerbrochensein und in seinem großen Liebesversuch und mißlingenden Liebesverrat aus dem Grab erstand.

Und nun ein für allemal für jedes, ausnahmslos jedes Menschenkind gilt: Du kannst glaubend und hoffend einstimmen in dies den Urgrund und Ursprung durch Gottes herrliche Macht gültig gemachte Liebe bewundernde Lied: *Liebe, Liebe, Du bist stark, du streckest den in Grab und Sarg vor dem die Felsen springen...*

3.

Die Liebe gibt es nicht, es gibt sie nur im Lieben und Geliebtwerden und Sich Liebenlassen, aber da ist sie auf ihre Weise radikal, an die Wurzeln des menschlichen Lebens mit seinen Sehnsüchten und Bedürfnissen, seinen Ängsten und Nöten gehend, aber in kleinen Stücklein. Die jeweils dein Leben aufheben, bewahren, beschützen, es erfreuen, es tief glücklich erfüllen für Augenblicke. Diese kleinen bedingungslosen, unbedingten Stücklein wunderbarer Erfahrungen menschlicher Nähe und heilenden Beistandes und tröstender Zuwendung und vergebender Zuneigung – das ist: geliebt sein.

Hier ist sie eingebrochen in dein Leben, wie überall da, wo Liebe geschieht und über Wissen, Glauben, Hoffen und – Vernunft hinausgeht. Denn Liebe ist Verstehen auch des Unverständlichen an und in dir!

Da nun kommt der Jesus, der von Gott ins Todeslebensspiel der Welt gebrachte wahre Mensch ins Spiel, spielt das niedrige, dreckige, geheimnisvoll verletzte, blutende, unschöne Liebesspiel des Gottes, der unbändig liebt, nicht, weil er ein Ideal gesetzt hat, sondern hinein ging in diese ganz und gar nicht liebenswerte Menschenwelt, in der die Liebe alsbald scheitert am Machtwillen, am Schönheitsideal, am Jugendkraftbild und Intelligenzbestien-Modell, das Menschen allüberall insgeheim oder offen propagieren und an und in dem sie leidend und versagend zugrunde gehen.

Dies wird zerbrochen, weil diese Idealisten den Jesus zerbrechen und der, der da steht, der Geschundene und Gefolterte, Verhöhnte und Verspottete ist der von Gott für den Menschen gesetzte wahre Mensch: die Liebe wird verspottet im wahren Menschen und wahren Gott, Jesus, der da ausgestellt wird und dem Haß preisgegeben: *Ecce Homo*! Und allein so ist er der dir in seiner Liebe zu dir zugeneigte Gott.

4.

So geht es doch schlicht und einfach um das alltägliche, kleine Zugeneigtsein, das einfache Lieben, das dem folgt:

So sei jeder, der – durch die Taufe im Glauben – in Jesus Christus ist, *gesinnt, wie Jesus Christus gesinnt war, der seine Herrlichkeit dran gab und derart niedrig wurde, daß man Gott da im Niedrigen findet,* bis der Jesusgott einmal auch das niedrigste, kranke, leidende und nur nach dem Sinn scheinbar unsinnigen Leidens noch fragende Menschenkind und die seufzende Menschenwelt samt Kreatur aufgehoben und neu geschaffen und vollendet haben wird. Liebe sieht im Verachteten, im Niedrigen, im zum Tode Geschleppten und durch Krankheit Zerfressenen: Gott!

Dieser, dein Gott, sagt: liebe mich. Hilf mir. Steh mir bei! Wende dich nicht ab. Schäme dich meiner nicht. Nimm mich in die Arme!

Und du, ja du antwortest, ihn so sehend und hörend:

Ich will hier bei dir stehen, verachte mich doch nicht – singt der Christenmensch dem gekreuzigten Gott zu! (EG 85,6)

Und so ist Lieben ja jedem vernünftigen Urteilen voraus: wie schön, daß Liebe blind macht! Ich bin lieber tausendmal in meiner Liebe blind, als einmal in meiner Vernunft unanständig hochmütig! Die Liebe stirbt am Ganzen, wird unfruchtbar, wie der Baum der Gottlosigkeit in Psalm 1, trägt keine Früchte, sondern will die große einzigartige, unverwechselbare Frucht, die hinaus hebt über das Menschenmaß. Das waren die korinthischen Überflieger, Enthusiasten, die frommen Alles- und Besserwisser, Superspiritualisten, die in einem alles hatten – wie sie meinten, und das Zerbrechliche, Kleine, Stückwerkartige im Leben der Menschen und also auch der Christen verachteten, solange sie in ihren Gaben rasten und rasteten!

5.

Das langmütige, das demütige, das wahrheitliebende und das duldende, nicht berechnende ganz und gar freie und freimütige Lieben aber sieht so aus, wie der wunderbare, so früh an einem Hirntumor verstorbene russische Filmemacher *Andrej Tarkowskij* sie einmal, seinen Film *Stalker* (das meint keinen Stalker, sondern einen Namen) erläutert:

„Tragisch ist nur, daß wir es gar nicht verstehen, wirklich frei zu sein: Wir fordern eine *Freiheit*, die auf Kosten anderer geht, und sind nicht bereit, um eines andern willen zurückzustecken, da wir hierin eine Beeinträchtigung unserer persönlichen Rechte und Freiheiten sehen. Und alle charakterisiert heute ein geradezu unglaublicher Egoismus. ...

Freiheit – das ist das Bringen von Opfern im Namen der Liebe.

...

Als Stalkers Frau in die Stehkneipe kommt, in der die drei eine Pause machen, sehen sich der Schriftsteller und der Wissenschaftler mit einem für sie rätselhaften und unverständlichen Problem konfrontiert: Vor ihnen steht eine Frau, der die Lebensweise ihres Mannes und die Geburt des behinderten Kindes unendlich viel Leid brachten, die ihren Mann aber dennoch hingebungsvoll und selbstlos wie in ihrer frühesten Jugend liebt. Diese *Liebe* und Ergebenheit ist das letzte Wunder, das dem Unglauben, Zynismus und der Leere der modernen Welt entgegengesetzt werden kann. ...

Im Stalker verspürte ich vielleicht zum erstenmal die Notwendigkeit, jenen wichtigsten, positiven Wert, von dem der Mensch und seine Seele lebt, klar und unzweideutig herauszuarbeiten..., daß die menschliche *Liebe* jenes Wunder ist, das jedewedem trockenen Theoretisieren über die Hoffnungslosigkeit unserer Welt erfolgreichen Widerstand entgegenzusetzen vermag."

6.

„Da hört sich aber alles auf!" – sagt dazu die die Grammatik verfehlende Empörung, und mit starker Emphase setzt sie hinzu: da hört aber die Liebe auf!" Hat ihre Grenzen, wie alles.

Nein, sagt das Evangelium: Die Liebe höret nimmer auf! Nun aber gerade bleibt sie und du in ihr!

Jetzt erst recht, wenn das empörte Rechthaben ruft: jetzt hört alles auf!

Nun aber bleiben Glaube, Hoffnung, Liebe, *aber* die Liebe!

Die größte unter den Dreien. Unaufhebbar, hörbar, lebbar, erlebbar.

Welche Liebe?

Noch einmal: Dies Reden von Liebe – hochzeitlich – bleibt kindlich, bewundernd und hilflos gegen alles Vergehen dieser Liebe, die den Tod nicht überdauert, sondern im Trauern vergeblich gegen ihn anrennt, der die Liebe, dh den geliebten Menschen, fraß. Das ist Erkenntnis vor der Aufklärung durch das Evangelium. Ist die, so nennen wir sie einmal, erste Naivität, die mit dem Tod die Liebe besiegt glaubt und deshalb nicht mehr hoffen muß. Die in Nostalgie mündet, wenn Liebe zerbricht in freche oder wehmütige Gleichgültigkeit.

Das ist eine missbrauchte, unter einer scheinbaren humanen Toleranz schlummernde Lieblosigkeit, eine Grausamkeit, eine Ausschließlichkeit, das ganz leicht und ganz schnell zu einem inhumanen – als freiheitsliebendes Lieben zu allen Menschen – kaschiertes inhumanes Sortierungsdenken führt.

Da richtet sich die Paradiesessehnsucht nach hinten zurück und man/frau versucht auf vielfältigste Weise, das Paradies selber zu schaffen, und sei es über Leichen! Aber die im Lieben und Geliebtwerden aufwachende und klar sehende *zweite Naivität* ist die, die durch das Kreuz des Jesus und die Auferstehung des Gekreuzigten hindurch ist und aufgeklärt wurde am Ostermorgen über die im Grab mächtig unvergängliches, neues Leben wirkende allmächtige Liebe Gottes. Sie ist also Liebe, gebunden an den Namen Jesu, in den Namen des dreieinigen Gottes verflochten, der sich ungeheuer anstrengt, Liebe zum Leben zu bringen! Das ist das Liebesbewusstsein des Erwachsenen. Der weiß um den Bruch und weiß, daß es keine Kontinuität als Teleologie, Vervollkommnung gibt, sondern in der Kraft der neu schaffenden Gottesliebe immer neues Lieben, Anrennen gegen Haß und Vernichtung, immer wieder, als ob man die Todesmauern erstürme, neue Versuche, neues schlichtes, einfaches, nicht nach dem Vollkommenen fragendes Lieben!

7.

Dieses Lieben hier ist ganz einfach, elementar, es gibt sich hinein, fraglos, hilflos, aber gewiß. Durch die Bibel wird es wieder und wieder im Gotteswillen bekundet:

Brich dem Hungrigen dein Brot
und die im Elend ohne Obdach sind, führe ins Haus.
Wenn du einen nackt siehst, so kleide ihn
und entzieh dich nicht deinem Fleisch und Blut! (Jesaja 58,7)

Errette, die man zum Tode schleppt, und entzieh dich nicht denen, die zur Schlachtbank wanken. Sprichst du: siehe, wir haben's nicht gewußt, fürwahr, der die Herzen prüft, merkt es... (Sprüche 24,11)

Es ist dir nämlich gesagt, Mensch, was gut ist und was Gott von dir will, als ob die Gottesliebe in dein Herz geschrieben sei, auf fleischerner Herzenstafel : *Liebe üben* (Micha 6,8)*!*

Jawohl: *üben*, wieder und wieder in aller Vorläufigkeit und Gebrechlichkeit gegen das menschmörderische Ideal einer reinen Rasse, einer reinen Religion, einer reinen Gesundheit, einer reinen Jugendlichkeit, eines gesunden Menschen anrennen!

Es gibt für die Liebesverweigerer und Rechtsverdreher, die zum Volke Gottes gehören, es gibt auch für die real existierenden sog. Landeskirchen hierzulande kein Ausweichen vor diesen unbedingten Forderungen des lebendigen, liebes- und menschensüchtigen Gottes! Flucht in Liturgie und kirchliche Events, staatsangepaßte und in fromme Mystik und kerzenschimmernde und die eigene Frömmigkeit feiernde Gottesdienstformen sind abgeriegelt, es gilt nur eines:

Ich bin euren Feiertagen gram und verachte sie
und mag eure Versammlungen nicht riechen...
Tu weg von mir das Geplärr deiner Lieder... (Amos 5, 21–23*)*

Und für jedes Staatswesen wird gelten, was als Telos hinter Recht- und Gerechtigkeitsgesetzen steht, nämlich: „Und wenn wir genau hinsehen, sind all die Gesetze und völkerrechtlichen Regelungen, die wir gegen unser Bedürfnis nach Rache errichtet haben, Ausdruck für etwas anderes, etwas, was hinter ihnen steht und was größer ist als sie." (Ferdinand von Schirach) Dieses Größere aber kommt aus dem sich zur unbedingten Gerechtigkeitsforderung entwickelnden Gottesrecht des biblischen Gottes in seiner Geschichte mit den Menschen, das prophetisch fordert:

Es ströme aber das Recht wie Wasser
und die Gerechtigkeit wie ein nie versiegender Bach. (Amos 5, 21–24)

Denn:
Gerechtigkeit erhöht ein Volk, die Sünde aber ist der Leute Verderben (Sprüche 14,34).

Das wird dann klare Sicht nach vorne, die unsere Liebesstückwerke von Gott allein ins Vollkommene verwandelt sieht, diese heilige, eifernde Liebesvernunft, die deshalb nicht verzagt, weil sie weiß, glaubt und hofft, immer schon sei Liebe auf der Seite des Siegers Jesus Christus sieghaft am Werk, auch im Zerbruch. Unverzagt. Auf dem Wege dahin, wo alles Liebe ist, überfließend, immer schon geborgen, umhüllt ummantelt und aufgeklärt durch den einen, alle rettenden Satz:

Nichts, nicht einmal das Nichts, wenn es es denn gäbe, *kann uns scheiden von der Liebe Gottes in Jesus unserm Herrn;* nicht einmal unsere unbedenkliche, gleichgültige, erbärmliche Lieblosigkeit, denn sie ist in allem was lebt, von Gott, dem Liebhaber des Lebens, aufgehoben zur Vollendung in Gottes Reich.

Und das strahlt so:

Dann wird dein Licht hervorbrechen wie die Morgensonne und deine Heilung wird voranschreiten und deine Gerechtigkeit wird vor die hergehen und die Herrlichkeit des HERRN wird deinen Zug beschließen (Jesaja 58,8).

Liebe Schwestern und Brüder, ja so würde alles ganz einfach, hell und klar sein.

III.

Nachwort zum unausdenkbar, weil unerschöpflich liebenden Gott:

So ist am Ende Leibniz' Gespräch über die Harmonie des Gottes, der gerecht ist und liebt und zum Lieben gerecht macht, nicht als bloße Möglichkeit einer Utopie zu verstehen, sondern als Verheißung im theologisch-biblischen Sinne, als *promissio Dei*, die zielt auf eine eschathologisch vollendete und in der Zeit = Geschichte sich je und je ereignende, der gerechten und freiheitlichen Zukunft verpflichtete stückweise, aber glanzvolle, weil Leben ermöglichende und schützende Verwirklichung von Gerechtigkeit.

Der Glanz der Recht schaffenden Menschenliebe spiegelt ja das nicht zu löschende Feuer der Liebe Gottes:

Nun wollen wir von der frucht dieses sacraments, welche die liebe ist, reden, das wir uns also lassen finden gegen unserm nächsten, wie es (lies: uns) von got geschehen ist; nun haben wir von got eyttel liebe und wolthat empfangen, dann Christus hat fur uns gesatzt und geben gerechtickeit und alles, was er hatt; alle seyne guter uber uns außgeschüttet, welche nyemants ermessen kann, keyn engel kann sie begreyffen noch ergründen, dann got ist ein glüender backofen foller liebe, der da reichet von der erden bis an den hymmel.

(Martin Luther, Predigt, 15.03.1522, WA 10 III, 55,10–56,3)

Schiedsgerichte und Schlichtungsstellen

Willkommene Ergänzung oder gefährliche Konkurrenz für die Justiz?

Roman Poseck

I. Einleitung

Art. 92 GG begründet das Rechtsprechungsmonopol des Staates und damit einen Funktionsvorbehalt der unabhängigen, nur durch Recht gebundenen Justiz in Bund und Ländern. Nach Art. 101 GG sind Ausnahmegerichte unzulässig. Niemand darf seinem gesetzlichen Richter entzogen werden. Trotz dieser Vorgaben werden in Deutschland immer weniger zivilrechtliche Streitigkeiten vor den staatlichen Gerichten ausgetragen und immer mehr Verfahren außergerichtlich erledigt, zum Beispiel im Rahmen der Mediation oder vor Schlichtungsstellen.

Die Auswirkung dieser Entwicklung auf die staatlichen Gerichte ist ambivalent. Auf der einen Seite ist der Rückgang der Fallzahlen eine willkommene Entlastung im Hinblick auf die immer wieder beklagte Überlast. Zu Recht wird in Justiz und Öffentlichkeit auf eine Zunahme der Komplexität von staatlichen Zivilverfahren hingewiesen. Ein Rückgang der absoluten Verfahrenszahlen erleichtert die Bearbeitung dieser umfangreichen Fälle. Auf der anderen Seite besteht die Gefahr eines Bedeutungsverlustes staatlicher Gerichte.[1]

Die emotional geführte Diskussion über die Freihandelsabkommen TTIP und Ceta hat das Verhältnis zwischen staatlicher Justiz und privaten Streiterledigungsformen überdies in ein neues Licht gestellt. Während Schiedsgerichte über lange Zeit ein kaum beachtetes Schattendasein führten, wird über sie zurzeit in Öffentlichkeit und Politik heftig und überwiegend kritisch diskutiert.

---

[1] Die Präsidentin des Bundesgerichtshofs *Limperg* hat bei ihrer Amtseinführung im Oktober 2014 vor einer „privaten Paralleljustiz“ gewarnt und ihre Sorge ausgedrückt, dass Bereiche aufgegeben würden, die zum Kernbereich staatlicher Ordnung gehören würden. Vgl. hierzu unter anderem Welt Online vom 02.10.2014: http://www.welt.de/regionales/baden-wuerttemberg/article132866642/BGH-Praesidentin-Limperg-kritisiert-private-Schlich tungsstellen.html (zuletzt aufgerufen am 03.12.2015) sowie *Risse* SchiedsVZ 2014, 265 (266).

Dabei wird auch ihre verfassungsrechtliche Legitimation in Frage gestellt.[2] Demokratiedefizite und Intransparenz werden beklagt. Auf dem 70. Deutschen Juristentag 2014 ist die Schiedsgerichtsbarkeit als eine Ursache für den Rückgang der Zivilverfahren vor den staatlichen Gerichten angesehen und mit dem Stempel einer Paralleljustiz versehen worden.[3] Außerdem wir darauf hingewiesen, dass Einnahmeverluste zu besorgen sind, wenn Verfahren mit hohen Streitwerten der Justiz entzogen werden.[4]

Die folgenden Ausführungen versuchen die Debatte zu versachlichen und auf den Boden rechtlicher Vorgaben und konkreter Zahlen zurückzuführen.

II. Rechtliche Grundlagen privater Streiterledigungsformen

Private Streiterledigungsformen haben überwiegend gesetzliche Grundlagen, die zum Teil schon seit langem im deutschen Recht existieren und teilweise durch neue europäische Richtlinien angestoßen wurden. Sowohl die Europäische Union als auch der deutsche Gesetzgeber haben über lange Zeit eine freundliche Haltung gegenüber außergerichtlichen Formen der Streiterledigung eigenommen, bspw. durch die Richtlinien über die Mediation in Zivil- und Handelssachen[5] sowie über die außergerichtliche Streitbeilegung in Verbraucherangelegenheiten.[6] Auch das Mediationsgesetz aus dem Jahre 2012 verfolgt den Zweck, die Mediation als Instrument außergerichtlicher Streitbeilegung in Deutschland zu fördern. Die Politik hat also selbst durch gesetzliche Vorgaben einen Weg angestoßen, Verfahren vor den Zivilgerichten durch außergerichtliche Streiterledigungsformen zu vermeiden und zu ersetzen.

1. Rechtliche Grundlagen der Schiedsgerichtsbarkeit

Die Schiedsgerichtsbarkeit ist die Form der außergerichtlichen Streitbeilegung mit der längsten Tradition. In allen Epochen haben Schiedsgerichte bei der pri-

---

[2] So unter anderem *Ernst*, stellvertretender Vorsitzender der Partei Die Linke, in einem Gastbeitrag in der Frankfurter Rundschau am 19.10.2014; ebenso: *Fischer-Lescano* DIE ZEIT, Nr. 45/2014. Anders *Bubrowski* „Kein Fall für das Bundesverfassungsgericht“, FAZ vom 04.11.2015, die auch darauf hinweist, dass das Bundesverfassungsgericht bislang alle eingegangenen Verfassungsbeschwerden der „Freihandelsgegner“ nicht zur Entscheidung angenommen habe.

[3] Vgl. *Prütting* AnwBl. 2015, 546 (547).

[4] Justizminister *Maas* hat auf diese Gefahr bei der Amtseinführung der neuen BGH-Präsidentin hingewiesen. Vgl. das Handelsblatt Online vom 02.10.2014: http://www.handelsblatt.com/politik/deutschland/private-streitbeilegung-justizminister-kritisiert-trend-im-zivilrecht/10787620.html (zuletzt aufgerufen am 03.12.2015); sowie *Risse* SchiedsVZ 2014, 265 (266).

[5] Richtlinie 2008/52/EG vom 21.05.2008.

[6] Richtlinie 2013/11/EU vom 21.05.2013.

vatrechtlichen Konfliktlösung eine recht bedeutende Rolle eingenommen.[7] Dementsprechend beruht die Schiedsgerichtsbarkeit auf römisch-rechtlichen und germanisch-deutschen Wurzeln.[8] Die deutsche Civilprozeßordnung (CPO) vom 30.01.1877 enthielt in ihrem 10. Buch (§§ 1025 – 1048 ZPO) vom ersten Tag an eine ausführliche Regelung des schiedsgerichtlichen Verfahrens, die bis zum Dezember 1997 nahezu unverändert blieb.[9] Die (verfassungs-)rechtliche Legitimation der Schiedsgerichtsbarkeit war bis vor kurzem unbestritten.

Durch den Abschluss einer Schiedsvereinbarung nehmen die Parteien eine durch die Privatautotomie eingeräumte Möglichkeit wahr. Nach § 1030 ZPO können alle vermögensrechtlichen Ansprüche Gegenstand einer Schiedsvereinbarung sein. Die Parteien verzichten durch eine solche Abrede in zulässiger Weise auf ihren Justizgewährleistungsanspruch durch den gesetzlichen Richter.[10] Art. 92 GG ist nicht verletzt, weil dieser Artikel nur die Rechtsprechung durch staatliche Gerichte erfasst.

Schiedsgerichte sollten durch das Grundgesetz gerade nicht ausgeschlossen werden.[11] Sie üben auch keine „Gewalt" im Sinne von Art. 92 GG aus, weil sie weder die Rechtslage gestalten noch auf die Rechtsordnung unmittelbar durchgreifen.[12]

Das Schiedsverfahren folgt klaren gesetzlichen Regelungen (§§ 1025 ff. ZPO), die der verfassungsrechtlichen Messlatte genügen.[13] Grundlegende rechtsstaatliche Prinzipien, wie das rechtliche Gehör und die Gleichbehandlung der Parteien, sind festgeschrieben (§ 1042 ZPO). Schiedsgerichte sind bei ihrer Entscheidung an das von den Parteien gewählte materielle Recht gebunden. Schiedsrichter sind keine Interessenvertreter, sondern sie unterliegen ähnlichen Anforderungen an Unparteilichkeit und Neutralität wie staatliche Richter (vgl. § 1036 ZPO). Schließlich hat der Staat die Kontrolle gerade nicht aus der Hand gegeben. Die unmittelbare Vollstreckung aus einem Schiedsspruch ist nicht möglich. Staatliche Gerichte können die Vollstreckung versagen oder den Schiedsspruch aufheben, wenn er gegen den *ordre public* verstößt, also mit grundlegenden Wertvorstellungen der Rechtsgemeinschaft unvereinbar ist

[7] MK/ZPO-*Münch*, 4. Aufl. 2013, vor § 1025 Rn. 45.

[8] MK/ZPO-*Münch*, vor § 1025 Rn. 45.

[9] Zur Geschichte der Schiedsgerichte u. a. *Prütting* AnwBl. 2015, 546 (547).

[10] MK/ZPO-*Münch*, vor § 1025 Rn. 45.

[11] *Prütting* AnwBl. 2015, 546 (547); MK/ZPO-*Münch*, vor § 1025 Rn. 45 sowie BVerfGE 22, 49 (73) m. w. N.

[12] Vgl. *Ohler* JZ 2015, 337 (344).

[13] Vgl. BGH NJW 2000, 1713 sowie MK/ZPO-*Münch*, vor § 1025 Rn. 45; *Prütting* AnwBl. 2015, 546 (549 f.); *Bouffier* hat in einem Standpunkt in der FAZ vom 11.12.2014 mit dem Titel „Schiedsgerichte sind notwendig" ebenfalls darauf hingewiesen, dass schiedsgerichtliche Verfahren seit langem Bestandteil der deutschen Zivilprozessordnung sind, ohne dass der Staat die Kontrolle über die Einhaltung rechtsstaatlicher Mindeststandards aus der Hand gegeben hat.

(§ 1059 ZPO).[14] Dabei besteht eine erstinstanzliche Zuständigkeit der Oberlandesgerichte.[15] Freiwilligkeit, rechtsstaatliches Verfahren, Entscheidung nach Recht und Gesetz sowie die Unparteilichkeit sind mithin Eckpfeiler des Schiedsverfahrens.[16]

Die Debatte über die Schiedsgerichte wird verkürzt geführt, wenn sie sich ausschließlich auf die durch TTIP und Ceta berührte internationale Investitionsschiedsgerichtsbarkeit bezieht. Insoweit ist im Verhältnis zur gesamten Schiedsgerichtsbarkeit nur ein kleiner Ausschnitt berührt, der speziellen Fragestellungen unterliegt.

Auch die Investitionsschiedsgerichtsbarkeit stellt keine neue Erscheinung dar, wenngleich die Bundesrepublik Deutschland bislang selten Zielscheibe entsprechender Streitigkeiten gewesen ist. So wurde Deutschland bislang nur von einer Firma, nämlich der Firma Vattenfall verklagt. Den Streit um ein Kohlekraftwerk erledigten beide Seiten im Vergleichswege. Nun aber fordern die Schweden in einer Klage beim Internationalen Zentrum zur Beilegung von Investitionsstreitigkeiten (ICSID) in Washington fünf Milliarden Euro wegen des im Jahre 2011 beschlossenen Atomausstiegs.[17] Dagegen haben deutsche Unternehmen wie Hochtief, Siemens oder Fraport schon häufige entsprechende Verfahren gegen andere Länder angestrengt.[18]

Auch das Oberlandesgericht Frankfurt am Main hatte sich mit einem Schiedsspruch in einer internationalen Investorenstreitigkeit zu befassen. So hat das Gericht mit Beschluss vom 18.12.2014 festgestellt, dass die in einem bilateralen völkerrechtlichen Investitionsschutzabkommen zwischen Mitgliedsstaaten der EU enthaltene Schiedsklausel für Streitigkeiten zwischen einem Investor und einem Mitgliedsstaat mit dem durch Art. 267, 344 AEUV gewährleisteten Rechtsschutzsystem der EU vereinbar ist.[19] Das Verfahren betraf ein niederländisches Krankenversicherungsunternehmen als Schiedskläger und die Slowakische Republik als Rechtsnachfolgerin der Tschechoslowakei als Schiedsbeklagte.

Bislang war die internationale Investitionsschiedsgerichtsbarkeit rechtlich im Wesentlichen akzeptiert. Zum einen gelten vergleichbare Grundlagen wie in der Handelsschiedsgerichtsbarkeit. Zum anderen basiert sie auf zahlreichen Investitionsschutzabkommen, die vor allem exportorientierte Staaten wie die Bundesrepublik Deutschland mit anderen Staaten geschlossen haben.[20]

---

[14] Vgl. *Risse* SchiedsVZ 2014, 265 (267).

[15] Der Verfasser ist Vorsitzender des beim Oberlandesgericht Frankfurt am Main für diese Verfahren zuständigen 26. Zivilsenates. Nach den Erfahrungen des Senates ist die Aufhebung eines Schiedsspruches eher die Ausnahme.

[16] *Risse* SchiedsVZ 2014, 265 (267).

[17] Vgl. hierzu u. a.: *Balser* „Jeder gegen Jeden", Süddeutsche Zeitung vom 20.03.2015.

[18] *Balser* „Jeder gegen Jeden", Süddeutsche Zeitung vom 20.03.2015.

[19] BGH NJW 2015, 1253.

[20] In den vergangenen 50 Jahren hat die Bundesrepublik Deutschland mehr als 130 Inves-

Direktinvestitionen dienen der Bildung internationaler Wertschöpfungsketten; sie sind für eine funktionierende Weltwirtschaft unerlässlich. Typisches Element von Investitionsschutzabkommen sind dabei auch Schiedsklauseln, die es den Investoren ermöglichen, Rechtsstreitigkeiten mit dem Vertragsstaat direkt durch ein internationales Schiedsgericht entscheiden zu lassen.[21] Gerade bei Ländern, die über geringere rechtsstaatliche Standards verfügen – manchmal sind Gerichte in diesen Ländern auch der verlängerte Arm der Staatsmacht –[22] hat dies für den Investor den Vorteil, dass er sich nicht auf das Rechtsschutzsystem des Gastlandes einlassen muss.

Das Grundgesetz steht einer internationalen Schiedsgerichtsbarkeit grundsätzlich offen gegenüber.[23] Art. 24 Abs. 3 GG nennt die internationale Schiedsgerichtsbarkeit ausdrücklich. Auch wenn sich diese Vorschrift explizit nur auf zwischenstaatliche Streitigkeiten und damit gerade nicht auf den klassischen Investorenschutz bezieht, ist das Grundgesetz insgesamt durch den Grundsatz internationaler Zusammenarbeit geprägt.[24] Völkerrechtliche Verträge, zu denen auch Investitionsschutzabkommen zählen, bedürfen eines Bundesgesetzes und damit der Mitwirkung des Parlaments (vgl. Art. 59 Abs. 2 GG). Daraus lässt sich auch die demokratische Legitimation von Investitionsschiedsgerichten herleiten, soweit die Bundesrepublik Deutschland als Schiedsbeklagte betroffen ist.[25]

2. *Rechtliche Grundlagen anderer privater Streiterledigungsformen*

Schlichtungsstellen haben ihre rechtliche Grundlage bislang vor allem in Gesetzen, die bestimmte Branchen regulieren und Schlichtungsvorschriften enthalten. Beispiele sind § 214 des Versicherungsvertragsgesetzes (VVG) oder §§ 57 ff. des Luftverkehrsgesetzes (LuftVG). Schlichtungsverfahren bewegen sich häufig zwischen dem rechtlich geprägten Schiedsverfahren und dem auf Interessenausgleich ausgerichteten Mediationsverfahren. So wird das Verfahren regelmäßig durch einen Schlichtungsvorschlag beendet, der sich am geltenden Recht orientiert und auf eine angemessene Beilegung des Streits gerichtet ist.[26] Mit der Annahme des Schlichtungsvorschlages kommt ein Vertrag zustande, der beide Parteien bindet und aus dem im Nichterfüllungsfall geklagt werden kann.[27]

---

titionsschutzabkommen mit Schiedsklauseln geschlossen, vgl. *Prütting* AnwBl. 2015, 546 (550).

[21] Vgl. hierzu und zum folgenden: *Ohler* JZ 2015, 337 (340 f.) m. w. N.

[22] Vor diesem Hintergrund sieht unter anderem *Bouffier* das blinde Vertrauen in die staatlichen Gerichte anderer Länder als naiv an, vgl. Standpunkt in der FAZ vom 11.12.2014.

[23] *Ohler* JZ 2015, 337 (342).

[24] *Classen* EuR 2012, 611 (626); *Ohler* JZ 2015, 337 (342).

[25] *Ohler* JZ 2015, 337 (344); so auch *Bubrowski* „Kein Fall für das Bundesverfassungsgericht", FAZ vom 04.11.2015.

[26] Vgl. exemplarisch: § 13 Abs. 1 S. 2 LuftSchlichtV.

[27] *Bollweg* NZV 2015, 361 (365).

Auch im freiwilligen Schlichtungsverfahren gelten verfassungsrechtliche Mindestgarantien wie das Gleichbehandlungsgebot oder das Recht auf Gehör.[28]

In Deutschland wird in Kürze ein Verbraucherstreitbeilegungsgesetz (VSBG) in Kraft treten, mit dem die ADR-Richtlinien der EU umgesetzt werden.[29] „ADR" ist dabei die Abkürzung für den englischen Begriff „alternative dispute resolution", der verschiedene Verfahren zur außergerichtlichen Beilegung von Streitigkeiten einschließt. Den europäischen Richtlinien liegt die Annahme fehlender Effizienz der gerichtlichen Verfahren in Verbraucherstreitigkeiten in den Mitgliedsstaaten zugrunde. Schlichtungsstellen sollen dem Verbraucher ein unkompliziertes, schnelles und preisgünstiges Angebot zur Streitbeilegung zur Verfügung stellen. Nach dem deutschen Gesetzentwurf sollen flächendeckend Schlichtungsstellen für Verbraucher unter Einbeziehung des bereits vorhandenen Systems von Schlichtungsstellen geschaffen werden. Die angerufene Verbraucherschlichtungsstelle soll den Parteien binnen 90 Tagen einen Schlichtungsvorschlag unterbreiten, der sich an der Sachlage und dem geltenden Recht ausrichtet (vgl. § 19, 20 VSBG-E). Die Schlichtungsstelle hat eine Verfahrensordnung zu schaffen, die aber nicht das Recht des Verbrauchers ausschließen darf, die Gerichte anzurufen (§ 5 VSBG-E).

Das Mediationsgesetz aus dem Jahr 2012 hat einen rechtlichen Rahmen für die Mediation geschaffen, die im Übrigen aus der Freiheit des Einzelnen folgt, bestehende Konflikte eigenverantwortlich und einvernehmlich zu lösen. Das Verfahren ist dabei von rechtlichen Kriterien weitgehend losgelöst. Eine Mediation ist nicht gleichzusetzen mit (sonstigen) Formen der alternativen Streitbeilegung. Anders als Schiedsgerichte oder Schlichtungsstellen bewertet der Mediator weder die Positionen der Parteien in rechtlicher Hinsicht noch macht er konkrete Lösungs- und Kompromissvorschläge.[30] Parallel hat der Gesetzgeber das Güterichterverfahren in das gerichtliche Verfahren integriert (§ 278 Abs. 5 ZPO).

---

[28] Vgl. *Hess* JZ 2015, 548 (549) m. w. N.

[29] Vgl. den Gesetzentwurf der Fraktionen von CDU/CSU und SPD, BT-Drucks. 18/5089, der die Richtlinie 2013/11/EU des Europäischen Parlaments und des Rates vom 21.05.2013 über die alternative Beilegung verbraucherrechtlicher Streitigkeiten und zur Änderung der Verordnung (EG) Nr. 2006/2004 und der Richtlinie 2009/22/EG in innerstaatliches Recht umsetzen soll.

[30] So ausdrücklich: OLG Frankfurt GRUR 2015, 919. Nach Ansicht des Gerichts stellt daher auch die von einer Rechtsschutzversicherung in Allgemeinen Geschäftsbedingungen verwendete Klausel, wonach die Übernahme der Kosten für eine anwaltliche Beratung von der vorherigen Durchführung eines Mediationsversuchs abhängig ist, eine unangemessene Benachteiligung des Versicherungsnehmers dar.

III. Entwicklung privater und außergerichtlicher Streiterledigung

Die Diskussion der letzten Monate hat den Eindruck erweckt, als ob die privaten und außergerichtlichen Streiterledigungsformen massiven Zulauf gehabt hätten. Viel spricht dafür, dass es in diesem Bereich in der Tat einen erkennbaren Anstieg gegeben hat. Bei einer genauen Betrachtung fällt dieser aber wahrscheinlich deutlich geringer aus als gemeinhin angenommen. Verlässliche Zahlen fehlen überdies, weil das Geschäft der privaten Streiterledigung auf viele unterschiedliche Bereiche und Institutionen verteilt ist.

Für die Schiedsgerichtsbarkeit kann der Blick auf nationale und internationale Organisationen einen Hinweis auf ihre zahlenmäßige Entwicklung geben. Nicht erfasst sind dabei allerdings sog. ad hoc Verfahren, die ohne Einbeziehung einer Schiedsinstitution abgewickelt werden.

Bei der Deutschen Institution für Schiedsgerichtsbarkeit (DIS) wurden im Jahr 2014 132 neue Verfahren betreut gegenüber 121 im Jahr 2013 und 178 im Jahr 2011.[31]

Rückläufige Zahlen verzeichnet das Arbitration Institute of the Stockholm Chamber of Commerce (SCC). Nach 203 neuen Verfahren im Jahr 2013 waren es 2014 nur noch 183 neue Verfahren. Auch das Singapore International Arbitration Centre (SIAC) hatte im vergangenen Jahr mit 222 einen Rückgang gegenüber den 259 im Jahr 2013 neu eingeleiteten Verfahren zu verzeichnen. Auch das International Centre for Dispute Resolution (ICDR) vermeldet mit 1052 neuen Schiedsverfahren im Jahr 2014 einen Rückgang um fast 10% (2013: 1165).

Die Zahl der Schiedsverfahren, die den 26. Zivilsenat des Oberlandesgerichts Frankfurt am Main in den letzten Jahren, vor allem im Hinblick auf die Vollstreckbarerklärung oder Aufhebung des Schiedsspruches, beschäftigt haben, ist leicht schwankend; eine Tendenz lässt sich nicht erkennen (2012: 37 Verfahren; 2013: 42 Verfahren; 2014: 38 Verfahren). Dabei ist zu berücksichtigen, dass nur ein kleiner Ausschnitt der Schiedsverfahren noch vor einem staatlichen Gericht landet. In der Regel findet das Verfahren mit dem Schiedsspruch und der anschließenden (freiwilligen) Zahlung sein Ende.

Zusammenfassend lassen alle vorstehenden Zahlen eher den Schluss auf eine Seitwärtsbewegung bei der Entwicklung der Schiedsverfahren denn auf den oft behaupteten signifikanten Anstieg zu.

Auch bei anderen privaten Streiterledigungsformen können vorhandene Zahlenwerke allenfalls Rückschlüsse auf Tendenzen ermöglichen. Der frühere BGH-Präsident Günter Hirsch hat in seiner Eigenschaft als Ombudsmann der deutschen Versicherungsbranche angegeben, dass ca. 19.000 Beschwerden jedes

---

[31] Zu diesen und den folgenden Zahlen vgl. *Wilske/Markert/Bräuninger* SchiedsVZ 2015, 49 (53) sowie *Wagner* DRiZ 2015, 264 (266).

Jahr in der Ombudsstelle ankommen würden. Dabei sei das Verfahren in vielen Fällen keine Alternative zu den Gerichten, sondern der einzige Weg.[32]

Weitere bedeutsame Schlichtungsstellen gibt es für Banken, Bausparkassen, Energie und Verkehr. Die Rechtsprechung des BGH zur Rückzahlung von Gebühren bei Verbraucherkrediten hat zu einem rasanten Anstieg der Verfahren von Kunden bei den Ombudsleuten von Banken und Bausparkassen geführt. So ist der Branchenverband der Volksbanken und Raiffeisenbanken 2014 von mindestens 10.000 Eingängen ausgegangen, nachdem die Zahl 2013 noch bei 2.081 gelegen hatte.[33] Die Schlichtungsstelle für den öffentlichen Personenverkehr e.V. verzeichnete im Jahr 2014 8.070 Anträge nach 5.271 Anträgen 2013 und 3.196 Anträgen in 2012.[34] Grund für den Anstieg ist vor allem der Ausbau der Schlichtung im Bereich Flug gewesen.

Noch schwieriger ist es, verlässliche Zahlen für die außergerichtliche Mediation zu gewinnen. Die auf diesem Wege beigelegten Streitigkeiten werden naturgemäß nicht statistisch erfasst. Die intensive Diskussion über die Thematik, das Mediationsgesetz aus dem Jahr 2012 und die zunehmende Zahl von Mediatoren lassen einen erheblichen Anstieg erfolgreicher Mediationen vermuten, ohne dass dies zuverlässig zu belegen ist.

IV. Rechtliche Grundlagen der staatlichen Ziviljustiz

Der IX. Abschnitt des Grundgesetzes ist der Rechtsprechung gewidmet. Er enthält die verfassungsrechtlichen Grundlagen für die Organisation der Gerichte, die Rechtsstellungen der Richter und die grundrechtsähnlichen Verbürgungen des Einzelnen in Bezug auf die Justiz.[35] Die rechtsprechende Gewalt ist für den Rechtsstaat konstitutiv. Sie sichert den Rechtsfrieden, gewährleistet Rechtsschutz und Rechtssicherheit.[36] Angelegenheiten der Rechtsprechung dürfen ausschließlich den Gerichten und keinen anderen Stellen zugewiesen werden.[37]

Das geltende Zivilprozessrecht folgt einem liberalen Ansatz, zum Beispiel in der Dispositionsmaxime und dem Verhandlungs- und Beibringungsgrundsatz.[38] Weitere tragende Grundsätze sind die Mündlichkeit und die Öffentlich-

---

[32] Vgl. *Budras* „Lieber zum Schlichter als zum Richter“, FAZ vom 24.05.2015.

[33] Vgl. *Grabitz* „Ombudsmänner? Das Feigenblatt der Finanzbranche“, Stuttgarter Nachrichten vom 29.04.2015.

[34] Vgl. den Jahresbericht der Schlichtungsstelle für den öffentlichen Personenverkehr e.V. für das Jahr 2014 vom 03.03.2015: https://soep-online.de/assets/files/Service/150317-soep_Jahresbericht-2014.pdf (zuletzt aufgerufen am 03.12.2015).

[35] Sodan-*Haratsch*, 3. Aufl. 2015, Art. 92 Rn. 1.

[36] Sodan-*Haratsch*, Art. 92 Rn. 1.

[37] BVerfGE 103, 111 (136).

[38] Hierzu und zum Folgenden: vgl. *Gaier* NJW 2013, 2871.

keit. Eine Ausstrahlungswirkung des Verfassungsrechts zeigt sich im Zivilprozess im Gebot der Rechtsschutzgleichheit. Das Rechtsstaatsprinzip nach Art. 20 Abs. 3 GG tritt hinzu. Die Verweisung der Beteiligten zur Durchsetzung ihrer Rechte vor die Gerichte bedingt nicht nur, dass der Staat überhaupt Gerichte schafft, sondern auch, dass der Zugang zu ihnen für jedermann in grundsätzlich gleicher Weise eröffnet wird.[39]

Das formale Gebot des Zuganges zu den Gerichten umfasst dabei auch, dass der Betroffene die Möglichkeit erhält, bei Gericht substanziell anzukommen.[40] Hierzu ist ihm rechtliches Gehör gemäß Art. 103 Abs. 1 GG zu gewähren. Gleichzeitig bestehen auch Fürsorgepflichten des Gerichts.[41]

Im Kontrast zum Mediator handelt der Richter normorientiert. Er ist nach Art. 20 Abs. 3 GG an Gesetz und Recht gebunden. Selbst seine Vergleichsvorschläge als Ausdruck der gütlichen Streitbeilegung (§ 278 Abs. 1 ZPO) sind gesetzesgeleitet.[42]

Die Veröffentlichung der Gerichtsentscheidungen trägt zu Rechtsfortbildung, Rechtsklarheit, Rechtssicherheit und damit zur Orientierung der Bürger bei. Eine lebende Rechtsordnung erfordert öffentliche Streitverfahren und die Zugänglichkeit ihrer Ergebnisse. In einer Kultur des Vergleiches bleibt die Rechtsfortbildung dagegen auf der Strecke.[43]

Die wesentlichen einfachgesetzlichen Grundlagen des Zivilprozesses gelten seit vielen Jahrzehnten unverändert. Sie werden bei Bedarf Modernisierungen unterzogen, so beispielsweise durch das Gesetz zur Einführung des elektronischen Rechtsverkehrs aus dem Jahr 2013, ohne dass dabei tragende Prinzipien aufgegeben werden. Punktuell hat der Gesetzgeber das Rollenverständnis staatlicher Gerichte verändert, so zum Beispiel im Rahmen des Güterichterverfahrens, indem der Richter – allerdings nicht der erkennende – Mediator und nicht Streitentscheider ist.

V. Entwicklung der staatlichen Ziviljustiz

Die Verfahren vor den deutschen Zivilgerichten sind in den letzten Jahren signifikant zurückgegangen. Dabei lassen sich erhebliche regionale Unterschiede feststellen. So fällt der Rückgang in den neuen Bundesländern deutlich stärker als in den alten Ländern aus. Außerdem scheint die Wirtschaftsstärke eines Bundeslandes oder einer Region Einfluss auf die Verfahrensentwicklung zu haben.

---

[39] *Gaier* NJW 2013, 2871.
[40] BVerfGE 107, 395 (409).
[41] Vgl. hierzu: *Gaier* NJW 2013, 2871.
[42] Vgl. *Roth* JZ 2013, 637 (640).
[43] So: *Risse/Bach* SchiedsVZ 2011, 14f.

Die Eingänge in Zivilsachen bei den Amtsgerichten sind deutschlandweit von 1.315.738 im Jahr 2006 auf 1.138.419 Zivilverfahren im Jahr 2013 zurückgegangen.[44] In Hessen sind im Jahr 2006 100.522 Verfahren bei den Amtsgerichten eingegangen; 2013 waren es 97.593, also nur geringfügig weniger. In Niedersachsen sind die Verfahren dagegen im gleichen Zeitraum von 115.812 auf 94.847 und in Sachsen-Anhalt von 31.589 auf 24.269 zurückgegangen.

Eine ähnliche Entwicklung zeigt sich bei den erstinstanzlichen Zivilsachen bei den Landgerichten. 2006 sind in Deutschland 381.014 Neueingänge zu verzeichnen gewesen; im Jahr 2013 waren es 348.651 und damit gut 11% weniger. Der Rückgang in Hessen lag dabei mit 5,5 % deutlich unter dem anderer Bundesländer. So sind die Verfahrenszahlen in Brandenburg im gleichen Zeitraum um 20,1 % und in Sachsen-Anhalt gar um 27,9 % zurückgegangen.

Die Suche nach den Ursachen für diesen Verfahrensrückgang hat erst begonnen. Im Interesse der sinnvollen Weiterentwicklung der staatlichen Ziviljustiz sind weitere Forschungen zu den Ursachen wünschenswert. Bislang angenommene Ursachen bewegen sich noch zu sehr auf dem Gebiet der Spekulation. Dies gilt ganz besonders für das immer wieder behauptete Abdriften von Verfahren der staatlichen Justiz in die Schiedsgerichtsbarkeit. Schon die absoluten Zahlen sprechen gegen diesen Zusammenhang. Wenn die Eingänge bei den erstinstanzlichen Zivilverfahren deutschlandweit von 1,6 Millionen in 2006 um 200.000 auf ungefähr 1,4 Millionen in 2013 zurückgegangen sind und Schiedsverfahren nach den vorstehend dargestellten Zahlen allenfalls im 3–4-stelligen Bereich angestiegen sind, kann die Schiedsgerichtsbarkeit als Begründung für den Verfahrensrückgang bei den Gerichten kaum herhalten. Es kann sich insoweit allenfalls um einzelne Verfahren handeln, die in die Schiedsgerichtsbarkeit abgewandert sind.

Etwas anders sieht es bei den Schlichtungsstellen aus. Ihre Verfahrenszahlen sind in den letzten Jahren erheblich angestiegen, so dass die Quantität dieser Verfahren durchaus Einfluss auf die Verfahrenszahlen vor den staatlichen Gerichten haben kann. Für die meisten Verfahren vor den Schlichtungsstellen sind diese aber vermutlich einzige Anlaufstelle und nicht Alternative für ein streitiges Gerichtsverfahren.[45] Im Übrigen liegt auch die Zahl der Verfahren vor Schlichtungsstellen trotz ihres Anstieges noch erheblich unter dem Verfahrensrückgang bei staatlichen Gerichten. Sie dürften sich in einer 5-stelligen Größenordnung bewegen, wobei die ADR-Richterlinie bislang noch keine unmittelbare Wirkung entfaltet hat.[46] Ferner können die Schlichtungsstellen auch nicht die

---

[44] Diese und die folgenden Zahlen sind zur Vorbereitung der 67. Jahrestagung der Präsidentinnen und Präsidenten der Oberlandesgerichte, des Kammergerichts und des Bundesgerichtshofs im Juni 2015 in Frankfurt am Main zusammengetragen worden.

[45] Vgl. insoweit auch die Angaben von *Hirsch* s.o. unter III.

[46] Die Anträge von Verbrauchern vor Schlichtungsstellen werden zurzeit mit ca. 60.000 angegeben; vgl. hierzu BT-Drucks. 18/5089, S. 42. Die Präsidentin des Bundesgerichtshofs

starken regionalen Unterschiede beim Rückgang der Fallzahlen plausibel machen.

Die Ursachen für den Verfahrensrückgang bei den staatlichen Gerichten müssen damit vielschichtiger sein, als es manche Verweise auf private Streiterledigungsformen vermuten lassen. Die regionalen Differenzen sprechen dafür, dass demografische und wirtschaftliche Entwicklungen eine Rolle spielen. Vielleicht trägt die anhaltend gute wirtschaftliche Lage dazu bei, dass Gerichte seltener in Anspruch genommen werden. Rechtzeitige Zahlungen und außergerichtliche Einigungen werden durch die guten wirtschaftlichen Rahmenbedingungen jedenfalls erleichtert. Auch Imagebetrachtungen können ein Unternehmen veranlassen, von einem Rechtsstreit abzusehen. Schließlich könnte auch die Streitkultur insgesamt im Wandel begriffen sein.[47]

Denkbar ist – und das ist für die Justiz zweifellos ein Punkt, der Diskussion auslösen muss –, dass es einen Verlust an Vertrauen in die Lösung von zivilrechtlichen Auseinandersetzungen durch staatliche Gerichte gibt.

Die deutsche Justiz kann insgesamt noch immer auf beachtlichen Vertrauenswerten aufbauen. So hat eine Befragung des Instituts für Demoskopie in Allensbach im Jahr 2014 ergeben, dass 66 % der Bürger großes Vertrauen in die Gerichte haben, beim Bundesverfassungsgericht sind es sogar 79 %.[48] Diese Vertrauenswerte sind in Anbetracht der schwierigen Aufgaben für die Justiz erfreulich, zumal die Vertrauenswerte gegenüber anderen Bereichen, zum Beispiel gegenüber der öffentlichen Verwaltung, mit 49 %, deutlicher niedriger ausfallen. Die Studie hat aber auch einen Befund hervorgebracht, der einen Zusammenhang zu dem Rückgang der Verfahren haben kann: So setzt die Hauptkritik an dem deutschen Justizsystem an der Überlastung der Gerichte und den daraus resultierenden Verfahrensdauern an. 2014 waren 81 % davon überzeugt, dass Verfahren zu lange dauern; im Jahr 2010 lag dieser Wert noch bei 74 %. Der Eindruck, dass viele Gerichte überlastet sind, hat im selben Zeitraum von 60 % auf 71 % zugenommen.

In der Tat: Die Verfahren werden weniger, sie dauern aber im Schnitt immer länger. So haben die erstinstanzlichen Zivilverfahren vor den Landgerichten in Hessen 2014 im Schnitt 10,1 Monate gegenüber 9,3 Monaten im Jahr 2009 gedauert, obschon die Verfahrenszahlen zurückgegangen sind. Noch drastischer ist die Entwicklung bei den Kammern für Handelssachen, die 2009 in Hessen ein Verfahren nach 6,8 Monaten abschließen konnten und im Jahr 2014 mehr als 10 Monate im Schnitt für ein Verfahren gebraucht haben. Offensichtlich hat der

Limperg schätzt das Fallaufkommen bei den Schlichtungsstellen zukünftig auf bis zu 200.000, vgl. Interview geführt von *Gersemann* DRiZ 2015, 382 (383).

[47] Vgl. hierzu *Jaeger* AnwBl. 2015, 196 unter Hinweis auf die Befassung des 66. Anwaltstages mit der Thematik.

[48] Zur Studie: FAZ Online vom 19.08.2014: http://www.faz.net/aktuell/politik/inland/allensbach-analyse-im-namen-des-volkes-13106492.html (zuletzt aufgerufen am 03.12.2015).

Verfahrensrückgang keine Entspannung in der Belastung bewirkt. Vielmehr hat der Zuwachs an Komplexität und Umfang die Rückgänge mehr als kompensiert.

Im internationalen Vergleich steht die deutsche Justiz mit ihren Verfahrenslaufzeiten aber weiterhin gut da. Nach einer Statistik der Europäischen Kommission benötigten Verbraucherprozesse in der ersten Instanz durchschnittlich in Österreich 440 Tage, in Luxemburg 600 Tage, in Frankreich 720 Tage, in den Niederlanden und Deutschland jedoch nur 260 Tage.[49]

VI. Verhältnis zwischen privaten Streiterledigungsformen und staatlicher Justiz

Staatliche Justiz und private Streiterledigungsformen stehen nebeneinander, ohne dass allgemeine Aussagen dazu möglich sind, wer Konflikte besser lösen kann. Alle Formen haben ihre Berechtigung und eine tragfähige rechtliche Grundlage. Die staatliche Justiz bietet jedenfalls ein Angebot, das auf breite Akzeptanz in der Bevölkerung stößt. Dennoch können für die Streitparteien auch gute Gründe dafür sprechen, andere Wege zu beschreiten. Vorteile eines Schiedsverfahren können beispielsweise in der größeren Autonomie der Parteien bei der Verfahrensgestaltung liegen. So können die Parteien die Zusammensetzung des Schiedsgerichts, die Sprache und den Ort des Verfahrens sowie die rechtlichen Grundlagen im Wesentlichen selbst bestimmen.[50] Auch die Vertraulichkeit des Schiedsverfahrens kann ein Gesichtspunkt sein. Dagegen ist das staatliche Verfahren in der Regel preisgünstiger. Schlichtungsstellen schaffen daneben ein Angebot, das gegenüber einem staatlichen Verfahren wiederum in der Regel preiswerter, schneller und einfacher ist.

Private Streiterledigungsformen und staatliche Justiz sollten in „friedlicher Koexistenz" auch in Zukunft nebeneinander arbeiten können. Es besteht kein Anlass für die staatliche Justiz, ein „Arbitration Bashing" zu betreiben.[51]

Staatliche Gerichte sind immer noch hoch belastet, was vor allem auf die zugenommene Komplexität von Verfahren zurückzuführen ist. Von daher sind private Streiterledigungsformen auch eine willkommene Entlastung. Im Übrigen sprechen alle Zahlen dafür, dass die staatliche Justiz ihre dominante Stellung trotz des Verfahrensrückgangs absehbar behält.[52] Dies zeigt allein die Relation von wenigen hundert Schiedsverfahren gegenüber den Zivilverfahren, die

---

[49] The 2014 EU Justice Scoreboard: http://ec.europa.eu/justice/effective-justice/files/justice_scoreboard_2014_en.pdf (zuletzt aufgerufen am 03.12.2015).

[50] Grundlegend zum Vergleich zwischen Schiedsverfahren und staatlichem Gerichtsverfahren zum Beispiel *Hamann/Lennarz* JA 2012, 801ff.

[51] *Risse* spricht von einem „Arbitration bashing" in SchiedsVZ 2014, 265ff.

[52] So auch: *Wagner* DRiZ 2015, 264 (267).

pro Jahr die Millionengrenze deutlich übersteigen. Auch die Schlichtungsstellen stellen primär ein ergänzendes Angebot dar, das gerichtliche Verfahren gerade nicht ausschließt und bislang auch nicht dazu geführt hat, dass bestimmte Branchen „justizfreie“ Räume geworden sind. Die Auswirkungen der Umsetzung der ADR-Richtlinien bleiben allerdings abzuwarten.

Das Plädoyer für ein entspanntes Nebeneinander von staatlicher Ziviljustiz und privaten Streiterledigungsformen sollte aber nicht von möglichen Optimierungen abhalten. Die hohen Akzeptanzwerte der Justiz sind kein Selbstläufer. Sie können nur erhalten werden, wenn die Gerichte für alle Verfahrensbereiche auch in Zukunft ein adäquates Angebot vorhalten. Die zunehmende Dauer komplexer Verfahren ist dabei ein Punkt, der die Attraktivität reduziert und auch im Interesse des Wirtschaftsstandorts aufgegriffen werden sollte.

Für die Weiterentwicklung des Rechtsstaats ist es elementar, dass die staatliche Justiz ihre ordnende Funktion behalten und das Recht weiterentwickeln kann. Diese Funktion wäre dann beschädigt, wenn ganze Bereiche, zum Beispiel Unternehmenskaufverträge, aus der staatlichen Justiz herausbrechen würden. Zurzeit ist eine solche Entwicklung noch nicht zu besorgen. Eine Modernisierung der Verfahrensrechte ist aber sinnvoll, damit die staatliche Justiz ihre Dominanz auch weiter behalten kann.

VII. Möglichkeiten zur Steigerung der Attraktivität staatlicher Justiz

Die Präsidentinnen und Präsidenten der Oberlandesgerichte und des Kammergerichts haben im Rahmen ihrer 67. Jahrestagung in Frankfurt am Main im Juni 2015 Vorschläge unterbreitet, welche die Zivilverfahren effektiver und die staatliche Justiz damit attraktiver machen sollen.[53]

Ein Ansatz ist dabei der Ausbau der Spezialisierung bei den Land- und Oberlandesgerichten und zwar auch gerichts- und in Einzelfällen sogar länderübergreifend. Hierzu könnte der Katalog des § 348 ZPO mit mehr Verbindlichkeit ausgestaltet und zu einem Programm des Gesetzgebers gemacht werden.[54] Ein Mehr an Spezialisierung hilft bei einer frühzeitigen Strukturierung der Prozesse, die gerade in komplexen Verfahren wichtig ist, um auch diese in einer überschaubaren Zeit zu Ende bringen zu können.

Denkbar ist es auch, einzelne Elemente privater Streiterledigungen in die staatliche Justiz zu integrieren, solange dies nicht ihrer besonderen Stellung und Aufgabe widerspricht. Mehr Möglichkeiten der Einflussnahme der Parteien auf ihr Verfahren, so beispielsweise durch eine Verkürzung des Instanzenzuges

---

[53] Vgl. hierzu: *Poseck* DRiZ 2015, 303.
[54] Vgl. *Poseck* DRiZ 2015, 303.

oder eine Einschränkung der Öffentlichkeit auf übereinstimmenden Antrag, können die Attraktivität staatlicher Justiz erhöhen.[55]

Daneben ist auch eine flexiblere Gestaltung der Geschäftsverteilung in Betracht zu ziehen.[56] Eine vorsichtige Auflockerung des Jährlichkeitsprinzips in §21e GVG und eine Verankerung des zivilprozessualen Beschleunigungsgrundsatzes als Leitlinie für die Geschäftsverteilung stellen behutsame Veränderungen dar, mit deren Hilfe auf Überlastungen oder unzureichende Auslastungen direkter reagiert werden kann.

Zur Erhöhung der Attraktivität der staatlichen Justiz im Verhältnis zur Schiedsgerichtsbarkeit ist auch zu erwägen, Englisch als Gerichtssprache auf übereinstimmenden Antrag der Parteien zuzulassen. Englisch ist die dominierende Sprache im internationalen Wirtschaftsverkehr; dementsprechend werden die meisten Schiedsverfahren auf Englisch durchgeführt. Das Rechtssystem und die Justiz sind bedeutende Standortfaktoren. Die Notwendigkeit, Prozesse auf Deutsch führen zu müssen, kann ein Hemmschuh bei der Anrufung deutscher Gerichte sein und den Weg in die Schiedsgerichtsbarkeit sowie in andere Rechtssysteme begünstigen. Die Initiative „Law made in Germany“ und der Bundesverband der Deutschen Industrie fordern daher schon länger eine Öffnung des §184 GVG, durch die die Einrichtung englischsprachiger Kammern für Handelssachen möglich gemacht wird.[57]

Dieser Vorschlag war bei der 67. Jahrestagung der Präsidentinnen und Präsidenten nicht mehrheitsfähig, weil erhebliche praktische Schwierigkeiten bei der Zusammensetzung der Spruchkörper gesehen wurden. Diese Probleme bestehen in der Tat: So braucht es Richter, die die englische Sprache nicht nur sehr gut, sondern perfekt beherrschen. Außerdem ist es zweifelhaft, dass der Zug durch die Instanzen auf Englisch möglich ist. Dennoch könnte es lohnen, den Weg zur Möglichkeit englischsprachiger Gerichtsverfahren nach Maßgabe der personellen Möglichkeiten weiter zu beschreiten. Gerade in den Wirtschaftsmetropolen dürfte eine Nachfrage bestehen.

Weiterhin sollte das Angebot der staatlichen Justiz in Verbraucherstreitigkeiten mit geringen Streitwerten überdacht werden. Ein beschleunigtes und vereinfachtes Verfahren könnte die Attraktivität der Gerichte auch auf diesem Gebiet bewahren und die Nachfrage nach Schlichtungsstellen limitieren.

---

[55] Vgl. *Poseck* DRiZ 2015, 303. Umgekehrt sollte die Schiedsgerichtsbarkeit auch darüber nachdenken, ihre Akzeptanz durch ein Mehr an Transparenz zu erhöhen. *Bubrowski* „Kein Fall für das Bundesverfassungsgericht“, FAZ vom 04.11.2015, weist darauf hin, dass für TTIP und Ceta Transparenzregeln vorgesehen seien, die der Öffentlichkeit deutlich mehr Rechte gewähren würden als in staatlichen Verfahren.

[56] *Poseck* DRiZ 2015, 303.

[57] Vgl. auch die Bundesratsinitiative der Bundesländer Hamburg, Hessen, Niedersachsen und Nordrhein-Westfalen, BR-Drucks. 17/2163.

VIII. Ausblick und Zusammenfassung

Die staatliche Justiz hat in Deutschland einen hohen Stellenwert. Ihr Angebot ist umfassend und attraktiv. Die allermeisten Verfahren werden zügig und qualitativ hochwertig erledigt. Die Entwicklungen in Schlichtungsstellen und Schiedsgerichten können die Gerichte entspannt und selbstbewusst betrachten. Ein Verlust der Dominanz staatlicher Streiterledigung ist zurzeit nicht zu besorgen.

Die aufgeregte Debatte über TTIP und Ceta ist der falsche Aufhänger, die Schiedsgerichtsbarkeit grundsätzlich in Frage zu stellen und zu dämonisieren. Schiedsgerichte haben sich über viele Jahre neben der staatlichen Justiz etabliert und dabei auch zu einer sinnvollen Entlastung der Gerichte beigetragen. Sie bewegen sich auf dem Boden des Rechts. Es ist Ausdruck der verfassungsrechtlich verbürgten Privatautonomie, dass die Parteien eine Schiedsabrede schließen können, um mögliche Auseinandersetzungen vor privaten Schiedsgerichten und damit außerhalb der staatlichen Justiz zu führen. Die Letztkontrolle durch die Oberlandesgerichte bleibt davon unberührt.

Die Justiz hat eine wichtige Funktion im Hinblick auf Transparenz, Fortentwicklung und Einheitlichkeit bei Auslegung und Anwendung des Rechts. Diese Funktion füllt sie nach wie vor mit Erfolg aus. Die Rahmenbedingungen müssen auch in Zukunft so gestaltet sein, dass die Justiz ihre Aufgaben im Verhältnis zu Schiedsgerichten und Schlichtungsstellen erfolgreich wahrnehmen kann. Dazu bedarf es neben einer angemessenen personellen Ausstattung auch der Änderung einzelner prozessualer Vorschriften. Bei stabilen und guten Rahmenbedingungen hat die Justiz keinen Anlass, um ihre Bedeutung besorgt zu sein, selbst wenn private Formen der Streiterledigungen weiter ausgebaut werden sollten.

Verhütung von Folter und anderen Misshandlungen in Deutschland

Die Tätigkeit der Nationalen Stelle zur Verhütung von Folter im nationalen und internationalen Kontext

Helmut Roos und Jan Schneider

Mit der Einrichtung der Bundesstelle zur Verhütung von Folter 2009, gefolgt von der Länderkommission zur Verhütung von Folter 2010, die gemeinsam als Nationale Stelle zur Verhütung von Folter firmieren, setzte die Bundesrepublik den wesentlichen Bestandteil des Fakultativprotokolls zur UN-Antifolterkonvention von 2001 (OPCAT) um.[1] Die Nationale Stelle als Nationaler Präventionsmechanismus ist damit ein neuer Akteur an der Schnittstelle zwischen dem national- und völkerrechtlich verankerten Schutz vor Folter und anderen Misshandlungen. Zur Erfüllung ihres präventiven Auftrags führt die Nationale Stelle in erster Linie Besuche an Orten der Freiheitsentziehung durch und gibt aufgrund der dabei gewonnenen Erkenntnisse Empfehlungen an die zuständigen Aufsichtsbehörden ab. Darüber hinaus kann sie zu Gesetzen und Gesetzentwürfen Stellung nehmen. Nach nunmehr sechs Jahren ihrer Tätigkeit kann ein Ausblick auf Möglichkeiten der Zusammenarbeit mit anderen Institutionen, die gleichgelagerte Ziele verfolgen, insbesondere aber auch mit der Judikatur gewagt werden.

I. Das Folterverbot und die Entwicklung des präventiven Schutzmechanismus

Das Verbot von Folter und grausamer, unmenschlicher oder erniedrigender Behandlung oder Strafe ist eines der wesentlichen Grund- und Menschenrechte. Als solches ist es sowohl im Grundgesetz wie auch in völkerrechtlichen Übereinkommen sowie dem Völkergewohnheitsrecht als eingriffsfestes Recht ausgestaltet. Seiner Durchsetzung wird besonderes Gewicht beigemessen. Zu diesem

---

[1] UNTS Vol. 2375 S. 237; BGBl. 2008 II S. 854.

Ziel wurde, neben der repressiven Ahndung von Verstößen, bereits seit den 1970er Jahren ein präventiver Ansatz vorgeschlagen, der zunächst auf europäischer und mit dem OPCAT seit 2001 auch auf internationaler Ebene verfolgt und angewendet wird. Auf diesen Ebenen und in den Mitgliedsstaaten des OPCAT wurden spezielle Präventionsmechanismen eingerichtet. Aber auch der *per se* reaktiv ausgerichteten Judikatur kommt eine wichtige präventive Rolle zu.

1. Die rechtliche Verankerung des Folterverbots

Das moderne Verbot von Folter und anderer grausamer, unmenschlicher oder erniedrigender Behandlung oder Strafe fand im Rahmen der Kodifizierungen der Menschenrechte nach dem zweiten Weltkrieg Eingang in das Völkerrecht. Die erste ausdrückliche Erwähnung findet sich in Artikel 5 der – unverbindlichen – Allgemeinen Erklärung der Menschenrechte von 1948.[2] Verbindlich wurde das Verbot mit Inkrafttreten der vier Genfer Konventionen von 1949 für den Bereich des Kriegsvölkerrechts.[3] Die europäischen Staaten legten zudem in Artikel 3 der Europäischen Konvention zum Schutz der Menschenrechte (EMRK) ein Verbot von Folter und Misshandlungen verbindlich fest.[4]

Über Europa hinaus erlangte das Folterverbot mit Inkrafttreten des Internationalen Pakts über bürgerliche und zivile Rechte 1977 einen verbindlichen Schutzstatus.[5] Im Grundgesetz ist das Verbot von Folter und Misshandlungen ausdrücklich in Artikel 104 Abs. 1 S. 2 festgeschrieben. Diese Norm konkretisiert die allgemeine Menschenwürdegarantie des Artikels 1 Abs. 1 GG, die in allen Bereichen staatlichen Handelns Folterungen ausnahmslos untersagt.[6]

All diesen Kodifizierungen ist gemein, dass sie das Verbot von Folter und Misshandlungen feststellen, nicht aber bestimmen, was darunter im Einzelnen zu verstehen ist. Es fiel deshalb zunächst der Rechtsprechung zu, die Begriffe zu definieren. Das Bundesverfassungsgericht (BVerfG) fasste die Menschenwürdegarantie in der „Objektformel" zusammen, wonach die Menschenwürdegarantie es verbietet, einen Menschen zum bloßen Objekt staatlichen Handelns zu machen.[7] Eine erste Definition des Folterbegriffs nach der EMRK nahm die Europäische Kommission für Menschenrechte (EKMR) in ihrer Griechenland-Entscheidung vor.[8] Nach Ansicht der Kommission qualifiziert sich Folter gegenüber unmenschlicher Behandlung dadurch, dass mit ihr ein Zweck ver-

---

[2] UN-Dok. A/RES/217 A (III).

[3] UNTS Vol. 75 S. 31, 85, 135, 287; BGBl. 1954 II S. 783, 813, 838, 917.

[4] ETS Nr. 5; BGBl. 1952 II S. 685; in der aktuellen Fassung des 14. Zusatzprotokolls: BGBl. 2010 II S. 1198.

[5] UNTS Vol. 999 S. 171; BGBl. 1973 II S. 1534.

[6] Sachs -*Höfling*, GG, 5. Aufl. 2009, Art. 1 Rn. 20.

[7] BVerfGE 9, 89; BVerfGE 27, 1.

[8] Die EKMR war in der EMRK neben dem EGMR als ein Bestandteil des europäischen Menschrechtsschutzsystems angelegt. Einzelpersonen konnten sich mit ihren Beschwerden nur an die Kommission wenden, die, neben den Staaten, allein berechtigt war, Fälle dem Ge-

folgt wird und sie in der Regel eine erschwerte Form dieser Behandlung darstellt.[9] Der Europäische Gerichtshof für Menschenrechte (EGMR) hingegen sah das entscheidende Abgrenzungskriterium der unterschiedlichen Modalitäten allein in der Schwere der zugefügten Handlung.[10]

Völkervertragsrechtlich wurde in Artikel 1 der UN-Antifolterkonvention von 1984 (UNCAT) zumindest der Begriff der Folter umschrieben.[11] Diese Definition orientiert sich an der Vorarbeit der EKMR und beinhaltet insbesondere das Erfordernis eines besonderen Zwecks, um eine Behandlung als Folter zu qualifizieren.[12] Was eine „grausame, unmenschliche oder entwürdigende Behandlung oder Strafe" im Sinne von Artikel 16 UNCAT darstellt, lässt das Übereinkommen hingegen offen. Ob eine Handlung im Einzelfall als entwürdigend einzustufen ist, ist deshalb anhand der Jurisprudenz der einschlägigen internationalen und nationalen Organe zu bestimmen. Hierbei kommt auch der Rechtsprechung des Bundesverfassungsgerichts eine wichtige Rolle zu.

Inzwischen sind die Begrifflichkeiten des Folterverbotes weitestgehend geklärt. Aktuelle Diskussionen zum Folterverbot betreffen im Wesentlichen die Frage, ob unter Umständen in den Schutzbereich des Folterverbots eingegriffen werden darf.[13]

2. Die Entwicklung des präventiven Ansatzes zur Verbesserung des Schutzes vor Folter

Bereits seit den 1970er Jahren gibt es Bestrebungen, den menschenrechtlichen Schutz vor Folter und anderer grausamer, unmenschlicher oder entwürdigender Behandlung oder Strafe durch einen Besuchsmechanismus zu ergänzen. Zuerst wurde die Idee von dem Schweizer Jean-Jacques Gautier vorgebracht, dem die Besuchskompetenz des Internationalen Komitees vom Roten Kreuz als Vorbild diente. Bei den Beratungen in der Menschenrechtskommission der Vereinten Nationen zu einem Abkommen gegen Folter konnte sich ein von Costa Rica eingebrachter entsprechender Entwurf für einen präventiven Besuchsmechanismus jedoch nicht durchsetzen.[14] Auf europäischer Ebene wurde diese Idee aber

---

richtshof vorzulegen. Sie wurde mit Inkrafttreten des 11. Zusatzprotokolls zur EMRK am 01.11.1998 abgeschafft und Einzelpersonen der direkte Zugang zum Gerichtshof ermöglicht.

[9] EKMR, Dänemark, Norwegen, Schweden, Niederlande ./. Griechenland, Bericht v. 05.11.1969 – Y.B. 12 (1969), S. 186.

[10] EGMR, Irland ./. Vereinigtes Königreich, Urt. v. 18.01.1978 – Rs. 5310/71, Rn. 167.

[11] UNTS Vol. 1465 S. 85; BGBl. 1990 II S. 246.

[12] *Nowak/McArthur* The United Nations Convention against Torture, 2008, S. 28.

[13] Vgl. zum Ticking-Bomb-Szenario: *Steiger* Das völkerrechtliche Folterverbot und der „Krieg gegen den Terror", 2013; zum *Gäfgen* Fall zuletzt: *Greer* HRLR 2015, 101.

[14] Im Detail: *Murray/Steinerte/Evans/Hallo de Wolf* The Optional Protocol to the UN Convention against Torture, 2011, S. 7; s. zu dem Besuchsrecht des Internationalen Komitees vom Roten Kreuz: Artikel 126 des 3. Genfer Abkommens vom 12.08.1949 über die Behandlung der Kriegsgefangenen, UNTS Vol. 75 S. 135; BGBl. 1954 II, S. 838; und Artikel 143 des

weiter verfolgt. Auf Initiative der Parlamentarischen Versammlung des Europarats wurde deshalb der Vorschlag für ein Fakultativprotokoll zur EMRK an das Ministerkomitee weitergeleitet. Nach weiteren Vorarbeiten durch das Steering Committee for Human Rights nahm das Ministerkomitee die „Europäische Konvention zur Verhütung von Folter und unmenschlicher oder erniedrigender Behandlung oder Strafe" (ECPT) am 26.06.1987 an, durch welche das Europäische Komitee zur Verhütung von Folter (CPT) gegründet wurde.[15]

Nachdem das CPT seine Arbeit erfolgreich aufgenommen hatte und auch im Rahmen der Vereinten Nationen der Schutz vor Folter mit der Ernennung eines Sonderberichterstatters zu Folter 1985 weiter verstärkt worden war, brachte Costa Rica 1991 einen überarbeiteten Entwurf für einen präventiven Schutzmechanismus in die UN-Menschenrechtskommission ein. Nach umfangreichen Diskussionen über die Einrichtung eines internationalen Besuchsmechanismus mit uneingeschränkten Zutrittsrechten zu allen Orten der Freiheitsentziehung wurde 2001 vorgeschlagen, die präventive Arbeit in erster Linie durch nationale Präventionsmechanismen zu verrichten, die von einem internationalen Organismus unterstützt würden. Das vorgeschlagene zwei Säulen Modell wurde schließlich von der Mehrheit der Staaten akzeptiert und das Fakultativprotokoll am 18.12.2002 in der Generalversammlung der Vereinten Nationen angenommen.[16]

II. Die Nationale Stelle zur Verhütung von Folter im Kontext

Seit Inkrafttreten des OPCAT bestehen mehrere Organisationen mit sich überschneidenden Zuständigkeiten im Bereich der Verhütung von Folter und anderen Misshandlungen, in die die Nationale Stelle eingebunden ist.

Ergänzt wird dieses System präventiver Kontrolle durch die Arbeit der Judikatur, die in erheblichem Maße zur Standardisierung von Bedingungen in Freiheitsentziehung beiträgt. Dieses System verlangt von allen Beteiligten, Wege der produktiven Zusammenarbeit zu finden.

1. Organe der Folterprävention

Auf europäischer Ebene ist das CPT mit der Aufgabe betraut, Besuche an Orten der Freiheitsentziehung durchzuführen. Einen ähnlichen Aufgabenbereich deckt auf Ebene der UN der im OPCAT geregelte Unterausschuss zur Verhü-

---

4. Genfer Abkommens vom 12.08.1949 zum Schutze von Zivilpersonen in Kriegszeiten, UNTS Vol. 75 S. 287; BGBl. 1954 II, S. 917.

15 ETS Nr. 126; BGBl. 1989 II S. 946.

16 Hierzu im Detail: *Murray/Steinerte,/Evans/Hallo de Wolf* The Optional Protocol to the UN Convention against Torture, 2011, S. 22 ff.

tung von Folter (SPT) ab. Auf nationaler Ebene errichteten die Mitgliedsstaaten des OPCAT Nationale Präventionsmechanismen (NPM), die ebenfalls einer Besuchstätigkeit nachgehen.

a) Europäisches Komitee zur Verhütung von Folter

Ziel der Antifolterkonvention des Europarates ist es, das System zum Schutz vor Folter und anderer Misshandlung nach Artikel 3 EMRK durch einen präventiven Mechanismus zu verstärken, der keine gerichtliche Funktion wahrnimmt.[17] Diese Aufgabe überträgt die Konvention dem CPT, in welches jeder Vertragsstaat ein Mitglied entsendet. Hierzu reichen die Staaten dem Büro der Parlamentarischen Versammlung eine Liste mit drei Vorschlägen ein, aus denen das Ministerkomitee einen auswählt. Dabei können auch Mitglieder aus Drittstaaten, die nicht zum Europarat gehören, vorgeschlagen werden.

Aufgabe des CPT ist es, gemäß Artikel 2 ECPT Orte in den Mitgliedsstaaten aufzusuchen, an denen Personen durch eine öffentliche Behörde die Freiheit entzogen wird. Hierzu führt das Komitee periodische Besuche in allen Mitgliedsstaaten durch, die sich nach derzeitigem Stand alle fünf Jahre wiederholen. Zudem kann es *ad hoc* Besuche durchführen sowie einzelne besuchte Einrichtungen erneut aufsuchen.[18] Das CPT veröffentlicht vorab die Namen der Staaten, die besucht werden sollen, und fordert die betroffenen Regierungen auf, ihm Aufstellungen der Besuchsorte zuzuschicken. Gegebenenfalls werden weitere Angaben zu der Situation in dem Staat oder zu bestimmten Einrichtungen erbeten. Die konkreten Besuchsdaten werden in der Regel kurzfristig bekanntgegeben. Konkrete Besuchsorte können vorab mitgeteilt werden, das CPT kann aber nach Artikel 8 Abs. 1 ECPT auch spontan Besuchsorte auswählen. Neben den Besuchen an Orten der Freiheitsentziehung führt das CPT auch Gespräche mit Vertretern des Staates und der Zivilgesellschaft.

Eine Besuchsdelegation kann dem Staat bereits während des Besuchs erste Befunde mitteilen, insbesondere wenn dringlicher Verbesserungsbedarf besteht.[19] Alle Befunde des Besuchs und seine Empfehlungen teilt das CPT dem Mitgliedsstaat in einem vertraulichen Bericht mit und fordert den Staat zur Stellungnahme auf. Bericht und Stellungnahme können mit Zustimmung des Staates veröffentlicht werden. In Fällen, in denen sich der Staat nach dem Besuch weigert, mit dem CPT weiter zusammenzuarbeiten oder Verbesserungen der Unterbringungsbedingungen vorzunehmen, kann das CPT nach Artikel 10 Abs. 2 ECPT entscheiden, zu diesen Punkten auch ohne Zustimmung des Staates eine öffentliche Erklärung abzugeben. Hiervon macht es allerdings nur selten Gebrauch, so dass diesen Erklärungen ein besonderes Gewicht zukommt.

---

[17] Präambel Abs. 5 ECPT.
[18] Regeln 29–31, CPT Rules of Procedure, CPT/Inf/C (2008) 1, 07.03.2008.
[19] Artikel 8 Abs. 5 ECPT.

Über seine allgemeine Besuchstätigkeit hinaus hat das CPT zudem ein Abkommen mit dem Internationalen Gerichtshof für das ehemalige Jugoslawien geschlossen, wonach es auch die Unterbringung der von dem Gerichtshof Verurteilten in den Vertragsstaaten der ECPT prüft.[20]

b) UN-Unterausschuss zur Verhütung von Folter

Das OPCAT installiert die Idee der Folterprävention auf internationaler Ebene. Gemäß dem als Kompromiss gewählten gemischten Präventionsmodell wurde innerhalb des UN-Systems ein Unterausschuss des Ausschusses zur Verhütung von Folter (SPT) eingerichtet. Dieser Unterausschuss bestand ursprünglich aus zehn, nach Beitritt des fünfzigsten Vertragsstaates zum OPCAT besteht er nun aus 25 Mitgliedern und ist damit der größte Ausschuss des UN-Systems. Seine Mitglieder werden von den Vertragsstaaten vorgeschlagen und von der Versammlung der Vertragsstaaten gewählt.

Der kombinierten Wahrnehmung der Präventionsaufgabe nach dem OPCAT durch SPT und NPMs ist es geschuldet, dass das Aufgabenspektrum des SPT weiter gefasst ist als das des CPT. Neben eigenen Besuchen an Orten der Freiheitsentziehung in den Vertragsstaaten unterstützt der SPT die Vertragsstaaten beim Aufbau der Nationalen Präventionsmechanismen und arbeitet danach direkt mit diesen zusammen. Der SPT besucht die Vertragsstaaten dementsprechend entweder zur Begutachtung der Situation an Orten der Freiheitsentziehung, zur Beratung bereits bestehender NPMs oder zur Unterstützung der Staaten beim Aufbau dieser Mechanismen.[21] Die Mehrzahl der bisher durchgeführten Besuche des SPT fand zur Begutachtung der Situation an Orten der Freiheitsentziehung statt. Hiervon waren, mit Ausnahme Schwedens und Italiens, in erster Linie nicht-europäische Staaten betroffen. Die Besuche in den europäischen Staaten waren auf spezifische Fragestellungen beschränkt. Weitere sechs Staaten Europas wurden unter dem Aspekt der Beratung von NPMs besucht. Hierin spiegelt sich das Bemühen des SPT wider, Dopplungen seiner Besuchstätigkeit mit derjenigen des CPT zu vermeiden.[22]

Aufgrund der großen Anzahl der vom SPT zu besuchenden Staaten kann er kein periodisches Besuchsprogramm verfolgen. Vielmehr ist er bestrebt, Staaten aus allen Staatengruppen regelmäßig zu besuchen. Auch darüber hinaus bemühen sich SPT und CPT ihre Aktivitäten beispielsweise durch den Austausch von Informationen abzustimmen.[23]

---

[20] CPT (2000) 36, 19.06.2000.

[21] Der SPT besuchte Deutschland vom 08. bis 12.04.2013 mit dem Ziel der Unterstützung der Nationalen Stelle zur Verhütung von Folter als deutschem NPM.

[22] Vgl. CAT/C/40/2, Rn. 21.

[23] Vgl. CAT/C/40/2, Rn. 37.

c) Nationale Präventionsmechanismen

Nationale Präventionsmechanismen sind in den einzelnen Staaten jeweils der dritte Bestandteil der Bemühungen zur Verhütung von Folter und anderen Misshandlungen. Den Staaten wird im OPCAT ein weiter Spielraum in der Ausgestaltung ihrer Präventionsmechanismen gewährt. Es werden in Artikel 18 OPCAT allein Festlegungen hinsichtlich der Unabhängigkeit der NPMs, der ausgewogenen Zusammensetzung hinsichtlich Geschlechtern und ethnischen Gruppen und Minderheiten sowie der Beachtung der Grundsätze betreffend die Stellung nationaler Institutionen zur Förderung und zum Schutz der Menschenrechte (Pariser Prinzipien) getroffen.

Die von den Mitgliedstaaten gewählten NPM-Modelle lassen sich grob in drei Gruppen einteilen. In vielen Staaten, wie z.B. Österreich, Spanien, Schweden, Norwegen oder vielen lateinamerikanischen Staaten, bestanden bereits vor dem Beitritt zum OPCAT Ombudseinrichtungen. Diese Staaten erklärten entweder ihre Ombudseinrichtungen zu NPMs oder erweiterten sie um entsprechende Abteilungen. In anderen Staaten, wie dem Vereinigten Königreich oder den Niederlanden, war die Überwachung einiger oder aller vom OPCAT umfasster Besuchsorte bereits durch andere Überwachungsmechanismen sichergestellt. Diese Staaten passten die Zuständigkeiten dieser Mechanismen an oder füllten gegebenenfalls Lücken in der Zuständigkeit und erklärten die Mechanismen gemeinsam zum nationalen Präventionsmechanismus. Eine dritte Gruppe von Staaten, zu der Deutschland, Frankreich und die Schweiz zählen, entschied sich, zur Umsetzung des OPCAT völlig neue Strukturen zu schaffen.

Erhebliche Unterschiede sind in der Ausstattung der NPMs festzustellen. Während in Deutschland der Bund und die Länder ursprünglich eine Ausstattung mit insgesamt fünf ehrenamtlichen Mitgliedern und einem Budget von 300.000 Euro für ausreichend erachteten, installierte Frankreich einen NPM mit mehreren hauptamtlichen Kontrolleuren und stattete ihn mit einem Budget von 4 Mio. Euro aus. In Österreich wurde die Volksanwaltschaft zur Wahrnehmung des NPM-Mandats um fünf Kommissionen mit insgesamt 48 nebenberuflichen Experten erweitert und erhielt ein zusätzliches Budget von 2,9 Mio. Euro. Deutschland hat mittlerweile die Zahl der Mitglieder der Nationalen Stelle auf zehn erweitert und das Budget auf 540.000 Euro erhöht.

2. Rechtsprechung

Auch die Rechtsprechung trägt insbesondere durch Entscheidungen der Obergerichte indirekt zur Prävention von Folter und Misshandlungen an Orten der Freiheitsentziehung bei. Zwar liegt ein entscheidender Unterschied zwischen der Tätigkeit der Rechtsprechung und derjenigen der Präventionsmechanismen darin, dass Gerichte nachträglich die Verletzung grund- oder menschenrechtlicher Standards im Einzelfall feststellen. Ihre Urteile, besonders zu Umständen der Unterbringung in Freiheitsentziehung, sind daher nicht ohne weiteres zu verallgemeinern. So hängt beispielsweise die Beurteilung, ob ein Haftraum für die Unterbringung von Gefangenen hinreichend groß ist, von einer Vielzahl von Faktoren ab, etwa der Zeit, die der Gefangene täglich dort verbringen muss, den Lichtverhältnissen, den baulichen Gegebenheiten oder den Beschäftigungsangeboten. Obergerichtliche Urteile, besonderes die des Bundesverfassungsgerichts und auf europäischer Ebene des EGMR, haben aber eine Präzedenzwirkung, die die Situation an Orten der Freiheitsentziehung über den konkreten Einzelfall hinaus beeinflusst. Ihnen wohnt damit ein standardisierendes Element inne. Diese Präzedenzwirkung setzt Maßstäbe für die Situation an Orten der Freiheitsentziehung. Dies gilt beispielsweise für Entscheidungen des BVerfG allein aus dem Jahr 2015 zur Größe von Hafträumen[24], zur Notwendigkeit der Beteiligung des Richters bei der Anordnung freiheitsentziehender Maßnahmen in der Pflege[25] oder zur Unterbringung unbekleideter Personen in besonders gesicherten Hafträumen[26].

Diese Auswirkungen der Rechtsprechung haben auch Bedeutung für die Arbeit der Präventionsmechanismen, deren Aufgabe darin besteht, in die Zukunft gerichtet Bedingungen zu beschreiben, unter denen die Verletzung von Menschenrechten vermieden wird. Sie müssen daher die Vorgaben der Rechtsprechung entsprechend verallgemeinern und können auch über die dort für den Einzelfall festgestellten Umstände einer Rechtsverletzung hinaus Empfehlungen abgeben.

III. Die Arbeit der Nationalen Stelle zur Verhütung von Folter

1. Aufbau und Organisation

Die Nationale Stelle zur Verhütung von Folter hat ihren Sitz in Wiesbaden. Sie ist keine eigenständige Behörde, sondern ist der Kriminologischen Zentralstelle als Abteilung angegliedert. Sie besteht aus einer Länderkommission mit acht und einer Bundesstelle mit zwei ehrenamtlichen Mitgliedern. Hinzu kommt eine hauptamtlich besetzte gemeinsame Geschäftsstelle. Die Mitglieder der Länderkommission werden von der Konferenz der Justizministerinnen und Justizminister in Abstimmung mit anderen betroffenen Fachkonferenzen für einen Zeitraum von vier Jahren ernannt. Die Bundesstelle wird vom Bundesministerium der Justiz und für Verbraucherschutz in Absprache mit den Bundesministerien der Verteidigung, des Innern und der Finanzen besetzt. Alle Mit-

[24] BVerfG, Beschl. v. 14.07.2015 – 1 BvR 1127/14.
[25] BVerfG, Beschl. v. 10.06.2015 – 2 BvR 1967/12.
[26] BVerfG, Beschl. v. 18.03.2015 – 2 BvR 1111/13.

glieder sind Experten aus den in den Zuständigkeitsbereich der Nationalen Stelle fallenden Bereichen und üben ihr Amt ehrenamtlich und unabhängig aus.

2. *Arbeitsweise*

Arbeitsschwerpunkt der Nationalen Stelle sind Besuche an Orten der Freiheitsentziehung im Sinne des OPCAT. Dazu zählen im Zuständigkeitsbereich der Länder etwa 13.000 Einrichtungen, in der überwiegenden Mehrzahl Alten- und Pflegeheime, aber auch Justizvollzugsanstalten, Vollzugskliniken des Maßregelvollzugs, geschlossene Abteilungen psychiatrischer Krankenhäuser, Unterbringungseinrichtungen an Flughäfen nach § 65 AufenthG, Abschiebungshafteinrichtungen, Dienststellen der Landespolizeien, Vorführabteilungen in Gerichten, Einrichtungen der Jugendfürsorge, geschlossene Heime für Kinder und Jugendliche sowie das Gefangenentransportwesen. Für den Bund besucht die Bundesstelle die etwa 280 Gewahrsamseinrichtungen der Bundespolizei, der Bundeswehr und des Zolls. Sie kann außerdem von Deutschland organisierte Rückführungsflüge begleiten.

Bei jedem Besuch verschafft sich die Besuchsdelegation durch Inaugenscheinnahme und Gespräche mit der Leitung der besuchten Einrichtung, verschiedenen Beschäftigtengruppen sowie Personen, denen dort die Freiheit entzogen ist, einen Eindruck von der Unterbringungssituation vor Ort. Sie bespricht ihre Befunde am Ende jedes Besuchs mit der Leitung der Einrichtung oder den anwesenden Stellvertretern. Auf den Befunden des Besuchs basierend erstellen die Mitglieder der Besuchsdelegation einen Bericht, in dem die Einrichtung kurz dargestellt wird und dann Empfehlungen und Vorschläge zur Verbesserung der Situation der Untergebrachten unterbreitet werden. Die Berichte gehen dem für die Aufsicht der betroffenen Einrichtung zuständigen Ministerium zu, welches der Nationalen Stelle gegenüber zur Stellungnahme aufgefordert ist.

Durch ihre bundeweite regelmäßige Besuchstätigkeit kann die Nationale Stelle die Unterbringungsbedingungen in demselben Einrichtungstyp in verschiedenen Bundesländern, aber auch in unterschiedlichen Einrichtungstypen direkt miteinander in Beziehung setzen und in ihren Empfehlungen auf Erfahrungen aus vorherigen Besuchen verweisen und so zur Verbreitung guter Praxis in der Behandlung und Unterbringung von Personen, denen die Freiheit entzogen ist, beitragen. Immer wieder hat die Stelle bei ihrer Tätigkeit festgestellt, dass es über die Ländergrenzen hinweg – und teilweise auch innerhalb der Länder – wenig Austausch über konkrete Unterbringungsbedingungen gibt. Hier können die Berichte der Nationalen Stelle nicht nur den einzelnen Einrichtungen, sondern auch den Aufsichtsbehörden Anstöße zu neuen Lösungsansätzen für Missstände geben.

Über die Besuchstätigkeit hinaus ist die Nationale Stelle dazu berufen, Gesetze und Gesetzesentwürfe in Hinblick auf die Verhütung von Folter und anderen Misshandlungen zu kommentieren. Entsprechende Empfehlungen können sich zum einen aus konkreten Besuchsbefunden ergeben. Zum anderen werden der Nationalen Stelle einschlägige Gesetzesentwürfe durch die zuständigen Behörden mit der Bitte um Stellungnahme zugeleitet.

3. Entwicklung von Standards

Die Nationale Stelle legt ihren Empfehlungen und Vorschlägen eine Reihe unterschiedlicher Erkenntnisquellen zugrunde. Zum einen bezieht sie sich auf gesetzliche Regelungen für die Unterbringung von Personen, denen die Freiheit entzogen ist. Darüber hinaus wird Rechtsprechung nationaler und internationaler Gerichte beachtet, ebenso wie internationale Standards und Regeln, wie zum Beispiel die Europäischen Strafvollzugsgrundsätze.[27] Wesentlich ist auch die durch die Besuchstätigkeit erlangte Kenntnis der Unterbringungsbedingungen in verschiedenen Einrichtungstypen in allen Bundesländern. Dies gibt die Möglichkeit, die Verbreitung guter Praxis zu fördern und bei vorgefundenen Missständen auf Lösungen aus anderen Bereichen oder Bundesländern hinzuweisen. Die so nach und nach entwickelten Standards werden in den Jahresberichten veröffentlicht und der weiteren Besuchstätigkeit zugrundegelegt. Besonderes Gewicht hat dabei die schwerpunktmäßige Beschäftigung mit einem Themenbereich über ein Jahr hinweg, die es der Stelle erlaubt, über einen kurzen Zeitraum einen detaillierten Überblick über die Bedingungen in einem Einrichtungstyp oder der Handhabung bestimmter Situationen zu gewinnen.

Bisher hat die Nationale Stelle allgemeine Empfehlungen zu den vergangenen Schwerpunktthemen Abschiebungshaft sowie Jugendarrest abgegeben. Bezüglich der Abschiebungshaft wies die Stelle auf die Vorteile eigenständiger Abschiebungshafteinrichtungen gegenüber der Unterbringung in Justizvollzugsanstalten hin und bemerkte, dass die insgesamt rückläufigen Belegungszahlen in der Abschiebungshaft zu ungewollter Isolation bei geringer Belegung führen können. Zudem empfahl sie, für den Abschiebungshaftvollzug eigene Rechtsgrundlagen zu schaffen, in Zugangsgesprächen mögliche Traumatisierungen der Betroffenen zu berücksichtigen sowie das Personal in den Anstalten besonders zu schulen und zu betreuen. Gefordert wird von der Nationalen Stelle auch, den Zugang zu Rechtsberatung sicherzustellen, Minderjährige nach Möglichkeit nicht in Abschiebungshaft zu nehmen und insgesamt das Abstandsgebot von Abschiebungs- und Strafhaft zu wahren. Nachdem mehrere entsprechende Fälle bei Ihren Besuchen angetroffen wurden, empfahl die Nationale Stelle auch, keine Abschiebungshaft im Anschluss an Strafhaft zu verhängen, sondern dafür Sorge zu tragen, dass Gefangene zum Haftende direkt abgescho-

[27] Ministerkomitee des Europarats, Empfehlung Rec(2006)2DE, 11.01.2006.

ben werden.[28] In der Empfehlung nach strikter Trennung von Abschiebungs- und Strafhaft und den sich daraus ergebenden Konsequenzen sah sich die Nationale Stelle durch die entsprechenden Entscheidungen des Europäischen Gerichtshofs aus 2014 bestätigt.[29]

Der Jugendarrestvollzug war Schwerpunkt der Besuchstätigkeit im Jahre 2014. Die hier gewonnenen Erkenntnisse mündeten in verschiedenen Empfehlungen der Nationale Stelle zum Vollzug des Jugendarrests. So erscheint auch unter dem Gesichtspunkt der menschwürdigen Behandlung die Empfehlung angezeigt, Jugendlichen mit Respekt zu begegnen und unberechtigte Bevormundung zu unterlassen. Die Bediensteten im Jugendarrest sollten für den Umgang mit dieser Personengruppe die notwendige Qualifizierung mitbringen. Der Vollzug selbst sollte auf nachvollziehbaren Konzepten beruhen, die schriftlich niedergelegt und den Arrestanten bekannt gemacht werden. Die bauliche Ausgestaltung und die Sicherheitsmaßnahmen in den Jugendarrestanstalten sollten den verfolgten pädagogischen Zielen nicht zuwider laufen. Dass auch Arrestanten über eine Intimsphäre verfügen, die zu wahren ist, hätte eigentliche keiner entsprechenden Empfehlung bedürfen sollen. Im Übrigen bezogen sich die Empfehlungen auf die Anwendung besonderer Sicherungs- und erzieherischer Maßnahmen, die Behandlung der Arrestanten im Rahmen des Aufnahmeverfahrens, die psychologische und psychiatrische Betreuung sowie nicht zuletzt auf die Personalausstattung und -qualifikation.[30]

Generell beschäftigte sich die Nationale Stelle einrichtungsübergreifend unter anderem mit Fragen der Videoüberwachung und von Türspionen, Fixierungen, der Ausstattung von Räumen zur kurzzeitigen Unterbringung oder dem Inhalt von Belehrungen. Sie empfahl, bei videoüberwachten Orten den Sanitärbereich unkenntlich zu machen. Allein im Einzelfall ist eine abgewogene, begründete Entscheidung, einen Haftraum ohne Einschränkung zu überwachen, zu tolerieren. Dabei sind die Betroffenen über die Überwachung aufzuklären.[31] Türspione sollten, besonders wenn eine Toilette einsehbar ist, nur nach Anklopfen oder anderweitiger Ankündigung genutzt und Betroffene über dieses Vorgehen entsprechend informiert werden. Auch zur Frage der Fixierung hat sich die Nationale Stelle hinsichtlich der Gurt- oder Bandagensysteme sowie zur Art der notwendigen Bekleidung der fixierten Person geäußert.

Auch zur Größe und Ausgestaltung von Hafträumen hat die Nationale Stelle Empfehlungen erarbeitet. Neben hinreichender Grundfläche ist ein ungefilterter Zugang zu natürlichem Licht geboten. Deshalb sollte vom Einsatz undurchsichtiger Plexiglasscheiben abgesehen werden. Gewahrsamsräume bei Polizei,

---

[28] *Nationale Stelle zur Verhütung von Folter* Jahresbericht 2013, 2014, S. 21 ff. verfügbar unter www.nationale-stelle.de (zuletzt aufgerufen am 30.11.2015).

[29] EuGH, Urt. v. 17.07.2014 – Bero und Bouzalmate – Rs. C-473/13 und C-514/13.

[30] *Nationale Stelle zur Verhütung von Folter* Jahresbericht 2014, 2015, S. 27 ff.

[31] *Nationale Stelle zur Verhütung von Folter* Jahresbericht 2013, S. 27 f.

Zoll oder Feldjägern sollten immer mit Brandmeldern und Nachtbeleuchtung ausgestattet sein. Außerdem sollten schwer entflammbare, abwaschbare Matratzen vorgehalten werden. Erheblich ist in diesem Bereich ebenso die ordentliche Belehrung aller untergebrachten Personen zumindest über das Recht, einen Anwalt und eine Vertrauensperson zu kontaktieren sowie sich ärztlich untersuchen zu lassen. Belehrungen sollten im Gewahrsamsbuch dokumentiert werden.[32]

Da es der Nationalen Stelle unmöglich ist, regelmäßig eine hinreichend repräsentative Anzahl der in ihren Zuständigkeitsbereich fallenden Orte der Freiheitsentziehung zu besuchen, kommt den allgemeinen Empfehlungen ein hoher Stellenwert zu. Sie sollen deshalb von den zuständigen Behörden über den Jahresbericht besonders zur Kenntnis genommen werden und ihre Anwendung unabhängig von einer einrichtungsbezogenen Empfehlung für alle Orte der Freiheitsentziehung geprüft werden.

IV. Ausblick

Nach nunmehr sechs Jahren Tätigkeit ist die Nationale Stelle im Bewusstsein der Einrichtungen und Aufsichtsbehörden zumindest im Justiz- und Polizeibereich angekommen. In den übrigen Einrichtungstypen, insbesondere in Psychiatrien und Alten- und Pflegeheimen, haben bisher wenig bis gar keine Besuche stattgefunden. Angesichts der erheblichen Zahl betroffener Einrichtungen – es gibt allein etwa 11.000 Alten- und Pflegeheime in Deutschland mit der Möglichkeit, gerichtlich genehmigte Freiheitsentziehungen durchzuführen – ist absehbar, dass der Standardsetzung in diesem Bereich ein noch größeres Gewicht zukommen wird.

Dass bei der Erarbeitung dieser Standards die Rechtsprechung einen wesentlichen Bezugspunkt der Nationalen Stelle darstellt, ist oben ausgeführt. Hier wird deutlich, dass sich der reaktive Auftrag der Gerichte und der präventive Ansatz der Arbeit der Nationalen Stelle gewinnbringend ergänzen.

Umgekehrt kann der umfassende Einblick der Nationalen Stelle in die Realität einer Vielzahl von Orten der Freiheitsentziehung für die Erkenntnisse der Rechtsprechung von Interesse sein. Dies zeigt die gegenseitige Bezugnahme von CPT und EGMR. Nachdem das CPT explizit als Ergänzung zum Schutzsystem der EMRK gegründet wurde, bezieht es sich bei seiner Bewertung von Situationen in den einzelnen Mitgliedsstaaten häufig auf die Rechtsprechung des EGMR. Aber auch der EGMR zieht seinerseits Berichte des CPT als Erkenntnisquelle für die Entscheidung von Individualbeschwerden betreffend Haftsituationen bei. Ein ähnliches Verhältnis ist zwischen nationaler Rechtsprechung und Nationaler Stelle denkbar. Durch ihre Berichte kann die Nationale Stelle

[32] *Nationale Stelle zur Verhütung von Folter* Jahresbericht 2014, S. 15 f.

die jeweils mit einem Einzelfall befasste Rechtsprechung um eine systemische Perspektive ergänzen und zur Einordnung der konkret zu entscheidenden Situation in einen weiteren Kontext beitragen. Ein intensiverer Austausch zwischen Rechtsprechung und Präventionsmechanismus könnte das Erarbeiten von Standards befördern und damit der Klarstellung von Zweifelsfragen in der Unterbringung an Orten der Freiheitsentziehung dienen. Hierzu sollten Wege zur besseren gegenseitigen Wahrnehmung gefunden werden.

Dauerschuldverhältnisse von Ehe bis Nachbarschaft bei Gericht

Christoph Ullrich

I. Einführung

Gerichtliche Streitigkeiten haben oft eine Grundlage in der lange andauernden Verbindung der beiden Parteien. Rechtlich handelt es sich um völlig unterschiedliche Ansprüche. Anspruchsgrundlagen und mögliche Rechtsfolgen sind sehr unterschiedlich gestaltet. Trotzdem gibt es viele Gemeinsamkeiten. In der langjährigen Erfahrung als Familienrichter und Vorsitzender einer zweitinstanzlichen Zivilkammer ergeben sich in der praktischen Bewältigung viele Parallelen.

Ehe und Nachbarschaft gehören auf den ersten Blick ebenso wenig zueinander wie eine langjährige Geschäftsbeziehung und ein Mietverhältnis. Im Folgenden wird herausgearbeitet, welche Gemeinsamkeiten die unterschiedlichen Rechtsstreitigkeiten haben und welche Konsequenzen sich daraus für die Bearbeitung in der Beratungspraxis aber auch in der gerichtlichen Praxis ergeben. Am Ende stehen Handlungsempfehlungen für die Bearbeitung.

II. Dauerschuldverhältnisse

1. Definition

„Ein Dauerschuldverhältnis ist ein Schuldverhältnis, das sich nicht in einmaligen Erfüllungshandlungen erschöpft (z.B. Kauf-, Werkvertrag), sondern eine Verpflichtung zu einem fortlaufenden Tun, Unterlassen oder Verhalten begründet (z.B. Miete, Pacht, Arbeitsvertrag)“.[1] Gemeinsam ist den Dauerschuldverhältnissen, dass es sich um eine andauernde Verbindung mit einer Vielzahl von Berührungspunkten handelt. Immer wieder treffen die Beteiligten in irgendeiner Weise aufeinander und haben mindestens im Tatsächlichen Angelegenheiten miteinander zu regeln.

---

[1] www.rechtswoerterbuch.de, Stand: 07.12.2015.

Juristisch liegen ganz unterschiedliche Konstellationen zu Grunde. Von der grundgesetzlich geschützten Institution der Ehe über zum Teil ausgefeilte vertragliche Konstruktionen wie bei Geschäftsbeziehungen oder Miete bis hin zu einem nachbarschaftlichen Gemeinschaftsverhältnis reicht die Spanne. So vielfältig wie die Rechtsgebiete sind, ist auch die gerichtliche Zuständigkeit. Nachbarschaft, Geschäftsbeziehungen und Miteigentum kommen je nach Streitwert zu Amts- oder Landgericht. Wohnungseigentum beginnt am Amtsgericht mit zum Teil eigenem Verfahrensrecht. Regelungen ehelicher Auseinandersetzungen gehören zum Familiengericht (Amtsgericht) und Auseinandersetzungen nichtehelicher Lebenspartner wiederum zum Amts- oder Landgericht.

Der Rechtsweg kann jeweils über mehrere Instanzen gehen. Bei allen diesen Streitigkeiten können dann noch je nach Eskalationsgrad die Verwaltungsgerichte im Hinblick auf Beteiligung von (Genehmigungs-) Behörden oder die Staatsanwaltschaft im Hinblick auf behauptete Straftaten einbezogen werden.

2. *Einzelne Schuldverhältnisse*

In der gerichtlichen Praxis gibt es eine Vielzahl von wiederkehrenden Konstellationen in Dauerschuldverhältnissen, die zu Streit führen können. In der Regel sind es keine schwierigen Rechtsprobleme, die die Gerichte beschäftigen. Der Schwerpunkt der Streitigkeiten liegt im Tatsächlichen. Große Bedeutung hat dabei die subjektive Wahrnehmung der Beteiligten. Die folgende Darstellung betrifft die wesentlichen in der Praxis auftauchenden Streitfragen und erhebt keinen Anspruch auf Vollständigkeit.

a) Miete

Die unter Umständen lang andauernde Miete von Wohn- und Geschäftsräumen basiert auf einem für die gesamte Laufzeit ausgelegten Vertrag. Der Vermieter stellt die Mietsache zur Verfügung, der Mieter zahlt den Mietzins. Beliebter Streitpunkt ist die Abrechnung der Nebenkosten. Rückerstattungen werden gerne entgegen genommen, Nachzahlungen in ihrer Ermittlung bezweifelt. Der Mieter versteht die komplizierte Berechnungsweise nicht und hat bei Nachzahlungen den Eindruck, benachteiligt worden zu sein. Dazu kommt, dass das Recht der Nebenkostenabrechnung sehr komplex ist und nur mit speziellem Sachverstand überschaut werden kann.

Beliebt sind Streitigkeiten über die Qualität der Mietwohnung. Diverse Mängel werden geltend gemacht, insbesondere wenn Zahlungsverzug besteht. Nicht jedem Mieter ist einsichtig, dass eine billige Altbauwohnung nicht den Standard einer gut ausgestatteten Neubauwohnung hat. Nicht jedem Vermieter ist verständlich, dass der Mieter elementare Dinge wie Beheizbarkeit, Abschließbarkeit etc. einfordert.

Beliebt ist der Streit wegen Lärm, den andere Mieter machen und der dann zu Mietminderung berechtigen soll. Auseinandersetzungen mit Mitmietern gehören ebenfalls hier her. Zu Rechtsstreitigkeiten führt dies bei Ansprüchen auf Mietzahlungen, da Minderung geltend gemacht und Miete einbehalten wird. Ebenfalls tauchen diese Probleme im Rahmen eines Kündigungsverfahrens auf, wenn die Beendigung des Mietverhältnisses im Hinblick auf unterbliebene Zahlungen verlangt wird und der Mieter nicht räumt.

Dass Miete pünktlich und vollständig zu zahlen ist, ist Gegenstand manchen Gerichtsverfahrens. Schwerpunkte der mietvertraglichen Auseinandersetzung bilden allerdings Streitigkeiten um Mängel und daraus resultierenden Mietminderungen.

Dritte sind an solchen Rechtsstreiten zumindest mittelbar beteiligt, insbesondere als Mitmieter, die entweder Störer des Mietverhältnisses sind oder die eine ähnliche Problematik mit dem Vermieter auszufechten haben.

b) Nachbarschaft

Grundstücksnachbarn haben in der Regel keine vertraglichen Verbindungen miteinander. Die gemeinsame Grenze gibt aber Anlass für diverse Verfahren. Gestritten wird über Art und Höhe der Grundstückseinfriedung (Zaun) oder über Bäume und Hecken, die zu nah an der Grenze sind bzw. das andere Grundstück beeinträchtigen. Auf der Grenze stehende (Neben-) Gebäude und deren Unterhaltung sind ebenfalls in der Praxis ein beliebtes Thema.

Nicht immer justiziabel, aber dennoch ein Quell von Auseinandersetzungen ist das Parken. Wer parkt vor wessen Grundstück, gegenüber der Ausfahrt oder auf der „falschen" Straßenseite. Im Tatsächlichen schwer zu fassen sind die Probleme im Zusammenhang mit Lärmimmissionen.

Dritte spielen gelegentlich eine Rolle, wenn ein Grundstückseigentümer mit mehreren Nachbarn in Streit ist. Baugenehmigungsbehörden werden für die Überprüfung der Rechtmäßigkeit diverser Bauteile einbezogen. Die Polizei bzw. die Ordnungsbehörden wirken im Zusammenhang mit Parkverstößen oder auch Lärmbelästigungen mit.

c) Wohnungseigentum

Auseinandersetzungen beim Wohnungseigentum sind eine Kombination der Streitigkeiten aus Miete und Nachbarschaft. Dazu kommt noch die Abgrenzung zwischen Sondereigentum und Gemeinschaftseigentum. Wer darf was auf dem Gemeinschaftseigentum? Auf den ersten Blick skurril erscheinende

Rechtsstreitigkeiten wie etwa über die Berechtigung des Aufstellens von Gartenzwergen im Vorgarten, haben ihre Grundlage darin.[2]

Dritte sind insoweit einbezogen als es ähnliche Probleme mit bzw. zwischen mehreren Wohnungseigentümern gibt. Die Baubehörden werden zur Überprüfung von baulichen Veränderungen bemüht.

d) Miteigentum

Wenn mehrere Personen gemeinschaftlich Eigentümer einer Sache oder eines Grundstücks sind, ergeben sich ähnliche Probleme wie beim Wohnungseigentum bzw. bei der Miete. Hinzu kommt, dass es keine Abgrenzung von Eigentumsanteilen in körperlicher Form gibt. Streitigkeiten über die Benutzung sind zwischen Miteigentümern immer wieder an der Tagesordnung. Differenzen aus der Unterhaltung des Miteigentums werden mit Hilfe von Zahlungsklagen geklärt, weil einer der Beteiligten notwendige Reparaturen hat durchführen lassen. Es gibt zudem Schadenersatzklagen, weil dieser dazu keine Berechtigung hatte.

Weitere Personen können beteiligt sein, als es eine Vielzahl von Miteigentümern geben kann. Insbesondere, wenn es zu einem unfreiwilligen Miteigentum wie zum Beispiel bei einer Erbengemeinschaft gekommen ist, gilt es immer wieder die eigentlich anstehende Auflösung des Miteigentums im Blick zu behalten.

e) Geschäftsbeziehung

Langjährige Geschäftsbeziehungen beruhen meist auf einer Kette von Einzelverträgen, gelegentlich auf einer Rahmenvereinbarung. Mängel der gelieferten Waren bzw. Dienstleistungen führen zu reduzierten Zahlungen und entsprechenden Klagen. Lieferverzögerungen können Schadensersatzansprüche auslösen. Ob Nachbesserungen durchzuführen sind oder richtig durchgeführt wurden, ist ebenfalls Grund für die Beschäftigung der Justiz. Zahlungsklagen tauchen als Folgen der Mängelansprüche und daraus resultierender Einbehalte auf.

Dritte sind beteiligt, soweit es zu Schäden bei Kunden kommen kann oder mangelhafte Ware von Vorlieferanten bezogen wurde.

f) Ehe/Lebensgemeinschaft

Im Zusammenhang mit der Trennung eines Paares gibt es eine Vielzahl von Möglichkeiten für Auseinandersetzungen. Wenn die Beteiligten über die Ehe miteinander verbunden sind/waren, gelten andere rechtliche Regelungen als bei nichtehelichen Lebensgemeinschaften, die meist modifizierten allgemeinen bürgerlich-rechtlichen Regelungen unterworfen sind.

---

[2] OLG Hamburg, Urt. v. 20.04.1988 – 2 W 7/87; AG Essen-Borbeck, Beschl. v. 30.12.1999 – 19 II 35/99 WEG; AG Recklinghausen, Urt. v. 18.10.1995 – 9 II 65/95.

Die in der Praxis häufigsten Streitpunkte sind Auseinandersetzungen über Unterhaltsansprüche eines (Ehe-)Partners und/oder für die Kinder. Danach kommen Verfahren bezüglich des Vermögens als Rechtsstreit um Zugewinn, Hausrat oder ein Grundstück. Bei der Vermögensauseinandersetzung spielen Probleme des Miteigentums ebenso eine Rolle wie die Frage des ehelichen Güterstandes (Zugewinngemeinschaft/Gütertrennung). Wo kein Vermögen ist, können Schulden bestehen. Über deren Bedienung bzw. Ausgleich kann gestritten werden.

Eine hohe emotionale Belastung haben die Auseinandersetzungen um gemeinsame Kinder beim Sorgerecht und/oder Umgangsrecht.

Dritte sind beteiligt insbesondere durch gemeinsame Kinder. Daneben treten Probleme mit Zuwendungen von Schwiegereltern auf.

III. Gemeinsames

Allen diesen Dauerschuldverhältnissen ist gemeinsam, dass es sich um eine Beziehung der Beteiligten handelt, die unter Umständen über eine lange Zeit hinweg Bestand haben und in vielen Fällen auch in der Zukunft noch bestehen werden. Aufgrund der langen Zeit und der Komplexität der Beziehung ergeben sich viele rechtliche und tatsächliche Berührungspunkte. Oft ist alles mit allem irgendwie verbunden. Eine Regelung in einer Detailfrage und einem Problempunkt hat Auswirkungen auf viele andere Problempunkte bzw. Fragen. Die Querverbindungen der verschiedenen, in solchen langwierigen Dauerschuldverhältnissen offenstehenden Themen, sind mit rechtlichen Kategorien oft nur schwer zu packen.

Bei den allermeisten Dauerschuldverhältnissen sind Dritte in irgendeiner Weise beteiligt. Dies betrifft nicht nur die mehr oder weniger neutrale Beteiligung anderer wie Kunden/Vorlieferanten/Mitmieter oder andere Geschäftspartner. Dritte werden auch bei Eskalationsstufen einbezogen. Die rechtliche Überprüfung des Tuns und Lassens des Partners eines Dauerschuldverhältnisses durch die zuständigen Behörden erweitert die Zahl der Beteiligten. Daraus resultierende Konsequenzen haben Auswirkungen auf das Verhältnis der ursprünglich Beteiligten. Verfügungen einer Bauaufsichtsbehörde, die aufgrund der Veranlassung eines Nachbarn angeschoben wurden, sind zwar formal nur Themen der Bauaufsicht, wirken sich aber wegen der Veranlassung durch den anderen Partner des Dauerschuldverhältnisses auch auf diesen aus.

Bei Einbeziehung von Strafverfolgungsbehörden verschärft sich ein Streit, wenn einem Beteiligten strafbares Verhalten vorgeworfen wird. Soweit es sich um Offizialdelikte handelt, kann der Anzeigeerstatter eine einmal angeschobene Ermittlung nicht wieder selbst bremsen.

Die Einbeziehung Dritter erfolgt oft nicht im Hinblick auf das eigentliche Problem zwischen den Beteiligten, sondern um zusätzliches „Störfeuer" zu entfachen. Wenn in einem Rechtsstreit ein Baum bemängelt wird, der zu nah an der Grenze steht, geht es gelegentlich nicht um diesen Baum sondern um ganz andere, offenbar vielfach nicht justiziable Diskussionspunkte zwischen den Beteiligten.

Eigentlicher Streitpunkt vieler gerichtlicher Auseinandersetzungen in den hier zu erörternden Konstellationen, ist die Störung der Beziehungsebene zwischen den Beteiligten. Man hat sich in früheren Zeiten verstanden und im Laufe der Zeit kamen immer neue gegenseitige „Verletzungen" dazu, die dazu führten, dass ein umgängliches Miteinander nicht mehr möglich ist. Die Störung auf emotionaler Ebene kann sich im eher wirtschaftlichen Verkehr darin zeigen, dass eine Vielzahl von Problempunkten aufgetreten ist, die von der Gegenseite nicht mehr in der gewünschten Form behandelt werden. Im mehr persönlichen Bereich wie Ehe oder Lebensgemeinschaft spielt die persönliche Verbindung der Beteiligten zueinander eine vorrangige Rolle.

Kleine, echte oder vermeintliche Kritikpunkte sammeln sich an. Eine Klärung erfolgt nicht. Irgendwann ist „das Maß voll" und der Weg zu Rechtsanwalt und zu Gericht werden beschritten. Nicht das vom Gericht zu entscheidende Problem ist der eigentliche Konflikt zwischen den Parteien sondern deren Vorgeschichte.

IV. Trennendes

Die Dauerschuldnerverhältnisse unterscheiden sich danach, ob eine Beendigung der Beziehung der Beteiligten zueinander möglich oder nicht möglich ist.

Eine Ehe bzw. nichteheliche Lebensgemeinschaft kann geschieden werden. Das Gesetz sieht Regelungen für die Abwicklung vor.

Ein Mietverhältnis kann durch Kündigung eines Vertragspartners beendet werden. Eine Wohnung kann meist auch an derer Stelle bezogen werden.

Geschäftsbeziehungen können ebenfalls, zumindest mit einem gewissen zeitlichen Vorlauf, beendet werden.

Eine Beendigung ist auch bei einem Arbeitsverhältnis, das schon lange gedauert hat, möglich. Abgesehen von Sonderkonstellationen kann ein Arbeitnehmer einen anderen geeigneten Arbeitsplatz erhalten. Die Auseinandersetzung von Miteigentum ist machbar, wenn es sich z. B. um eine größere Gemeinschaft handelt oder auch bei Miteigentum an wirtschaftlich interessanten Gegenständen/ Immobilien. Schwieriger wird es, wenn aus wirtschaftlichen Gründen, im Hinblick z. B. auf einen gemeinsamen Geschäftszweck oder Verbindlichkeiten, eine Auflösung der Miteigentümergemeinschaft erschwert wird.

Ein Ende des Dauerschuldverhältnisses ist kaum im nachbarschaftlichen Verhältnis möglich, da die wirtschaftlichen Werte, die dort bewegt werden, immens sein können. Ein Grundstück kann nur mit hohen Nebenkosten verkauft werden (Notar, Grundbuchamt, Grunderwerbssteuer). Dadurch kann es zu finanziellen Beeinträchtigungen kommen. Ähnliches gilt auch für die Auseinandersetzung einer Wohnungseigentumsgesellschaft. Hier entstehen bei Veräußerungen des Wohnungseigentums ebenfalls hohe Kosten.

V. Gericht

Für die gerichtliche Auseinandersetzung ergeben sich aus der Komplexität der Verfahren Konsequenzen. Nicht nur die im Klageantrag angesprochene Frage ist zu bearbeiten. Ein ganzheitlicher Ansatz muss die gesamte Beziehung der Beteiligten zueinander in den Blick nehmen, um der Befriedungsfunktion des Rechts gerecht zu werden.

Gerichte entscheiden üblicherweise durch Urteil oder Beschluss über den ihnen vorgetragenen Sachverhalt. Bei den hier zu erörternden Dauerschuldverhältnissen, beinhaltet diese Entscheidung nur einen kleinen Ausschnitt aus dem Gesamtkomplex, der zwischen den Beteiligten steht. Unsere Rechtsordnung sieht eine umfassende Erörterung der Gesamtkonstellation zwischen den Beteiligten unter Einbeziehung von Dritten aus verschiedenen nachvollziehbaren Gründen nicht vor. Die singuläre Regelung eines einzigen dem Gericht vorgetragenen Themas löst aber nicht die Gesamtproblematik der Beteiligten. Sie kann nur Einzelfragen regeln, wo eine Gesamtlösung notwendig wäre. Eine Vielzahl von Fragen bleibt, bedingt durch diese Struktur, offen. Auf eine gerichtliche Entscheidung folgen oft mehrere neue Verfahren.

Hinzu kommt, dass nach einem rechtskräftigen Titel noch eine Zwangsvollstreckung notwendig werden kann, mit der Folge weiterer Auseinandersetzungen und der Möglichkeit insbesondere des Scheiterns der Bemühungen, den ausgeurteilten Betrag bzw. die Leistung zu erhalten.

Die Zivilprozessordnung[3] sieht dieses Problem und verpflichtet das Gericht in jeder Lage des Verfahrens auf eine gütliche Beilegung des Rechtsstreits hin zu wirken. Die eigenverantwortliche Entscheidung der Beteiligten geht einem staatlichen Machtspruch vor und ist grundsätzlich ein milderes Mittel.[4]

Alle hier behandelten Dauerschuldverhältnisse lassen diese Möglichkeit zu. Das Gericht muss diese Konstellation erkennen und danach handeln. Im Folgenden werden Überlegungen vorgetragen, wie bei Dauerschuldverhältnissen

---

[3] § 278 Abs. 1 ZPO: „Das Gericht soll in jeder Lage des Verfahrens auf eine gütliche Beilegung des Rechtsstreits oder einzelner Streitpunkte bedacht sein."; für die Freiwillige Gerichtsbarkeit, § 113 FamFG i. V. m. § 278 ZPO.

[4] Vgl. BVerfG NJW-RR 2007, 1073 (1074).

eine einvernehmliche Lösung erzielt werden kann. Der rechtliche Abschluss eines Verfahrens ist dann ein „Einigung“. Dieser bietet gegenüber dem Urteil/Beschluss in mehrfacher Hinsicht Vorteile. Er ermöglicht beiden Parteien das Gesicht zu wahren und die Frage des „Verlierens“ bzw. „Gewinnens“ durch ein Urteil/Beschluss zu entschärfen. Ein Vergleich wird zwischen den Beteiligten ausgehandelt und dadurch können wesentlich mehr und ganz andere Kriterien maßgeblich sein, als bei einer streitigen Entscheidung. Die Parteien streiten nicht mehr; sie reden und verhandeln miteinander. Das Verhandlungsergebnis ist ihr eigenes Werk und nicht die Entscheidung eines Dritten.

Der Vergleich kann sich über den Streitgegenstand hinaus erstrecken und die Wünsche der Parteien können eingearbeitet werden. So kann Zahlungsaufschub oder Ratenzahlung gewährt werden. Rücktritt vom Vertrag oder Minderung können durch eine Reparatur ersetzt werden. Andere Streitpunkte bzw. Gerichtsverfahren werden miterledigt und dritte Personen können sich an der Lösung des Konflikts beteiligen. Ein umfassender Vergleich kann Rechtsfrieden stiften und die zerstrittenen Parteien versöhnen. Durch diese, über die enge Begrenzung einer streitigen Entscheidung hinausgehenden Merkmale, unterscheidet sich der Vergleich ganz wesentlich von der singulären Entscheidung über einen einzelnen Streitpunkt und gibt mehr Möglichkeiten für die Parteien.

Dauerschuldverhältnis/Urteil/Vergleich

Konflikt-	*Dauerschuld-verhältnis*	*Urteil*	*Vergleich*
Konfliktbeteiligte	Kläger/Beklagter Familie Freunde und Helfer Dritte	Kläger und Beklagter (Streitgenossen) (Zeugen)	alle Beteiligten können mitwirken
Konfliktstoff	Komplexer Sachverhalt, laufende Geschäfts-/Rechtsbeziehungen, drohende Streitpunkte, Sach- *und* Beziehungsebene	Entscheidung nach rechtlichen „Anspruchsgrundlagen“ und „Streitgegenstand“	umfassende Regelung
Konfliktverlauf	dynamischer Verlauf	der Streitgegenstand des Prozesses	dynamisch

Konflikt-	*Dauerschuldverhältnis*	*Urteil*	*Vergleich*
Konfliktstrategie	psychischer Druck, Kommunikation, Resignation, Beteiligung Dritter, Gewalt	Ermittlung des Sachverhaltes zu den Anspruchsgrundlagen, Beweiserhebung, Beweislast, rechtliche, nicht wirtschaftliche Lösung	flexible Anpassung möglich
Konfliktbeendigung	Konsens, Dauerstreit, Trennung, Eskalation,	„Urteil" durch das Gericht! Beendigung ungewiss	Freiheit der Regelungsform
Grundstruktur	hohe Komplexität, regellos schwieriges Regelwerk	reduziert auf Anspruchsgrundlage, fremdbestimmt	Erweiterung der Komplexität, autonom, eigenverantwortlich

Bei allen Vorteilen des Vergleiches dürfen die Qualitäten der Prozessförderung und des Urteils nicht außer Acht gelassen werden. Die streitige Entscheidung ist besonders gefordert, wenn im Hinblick auf ein Ungleichgewicht der Beteiligten eine Partei zu unterliegen droht. Dieser muss die Möglichkeit haben, staatliche Hilfe zu erhalten.

Bei allzu intensiven Vergleichs- bzw. Mediationsbemühungen, die nicht das Recht als Leitlinie haben, kann dies zu rechtsferner Konfliktlösung führen und so eine Erosion der Rechtsordnung verursachen.[5] Einen Zwang zum Vergleich darf es nicht geben.[6] Das Gericht ist an Recht und Gesetz gebunden. Im Rahmen eines Vergleiches geht es allein um interessenorientierte Lösungen. Hieraus können Konflikte entstehen, die nicht zuletzt im Zusammenhang mit der Frage der gerichtsinternen Mediation bzw. des Güterichtermodelles diskutiert werden.[7]

---

5 Vgl. *Hirtz* NJW 2012, 1686; *Ewer* AnwBl 2012, 18.

6 Wirksame Vergleichsanfechtung: BAG NZA 2010, 1250; *Brugger/Ziegler* NJW-Spezial 2011, 114; *Knauss* ZRP 2009, 206.

7 *Aumüller* in: Studienzentrum der Finanzverwaltung und Justiz in Rotenburg a.d. Fulda (Hrsg.), Festschrift für Studienzentrum der Finanzverwaltung und Justiz, 2007, S. 33 ff.; *Hirtz* NJW 2012, 1686; *Ewer* AnwBl 2012, 18; *Steinberg* DRiZ 2012, 19.

Für gerichtliche Einigungsversuche gilt, dass der Vergleich das Urteil nicht aus dem Prozess drängen darf. Die Rechtsordnung benötigt die bindende Entscheidung, das Urteil/der Beschluss. Nur dadurch kann das Recht weiter entwickelt und fortgebildet werden. Das Grundgesetz spricht von Rechtsprechung, nicht von Schlichtung.[8] Der an Recht und Gesetz gebundene Richter darf seine Autorität bei den Vergleichsverhandlungen nicht dazu missbrauchen, einer Partei ein Urteil zu verweigern. Auch wenn es unvernünftige Gründe für die Verweigerung eines Vergleiches gibt, kann ein solcher nur bei Zustimmung *beider* Parteien zustande kommen.

Es lohnt sich in geeigneten Fällen, mit Engagement den Parteien die Vorteile einer einvernehmlichen Lösung aufzuzeigen und damit § 278 ZPO Rechnung zu tragen, wonach in jeder Lage des Verfahrens auf eine einvernehmliche Lösung hinzuarbeiten ist – zum Wohl der Parteien.

Für die komplexe Frage der Konfliktlösung im Dauerschuldverhältnis bietet sich zudem die außergerichtliche Mediation an. Diese agiert letztlich mit den gleichen Zielen wie eine gerichtliche Vergleichsverhandlung. Die verwendeten Methoden sind ähnlich. Die außergerichtliche Mediation ist daher ebenfalls als geeignete Möglichkeit der Beilegung von Streitigkeiten von Dauerschuldverhältnissen anzusehen. Dieser Weg soll im Rahmen des vorliegenden Beitrags nicht weiter beleuchtet werden.

VI. Konkrete Vergleichsverhandlungen[9]

1. Sachkunde des Verhandlungsführers

Nur ein Richter, der qualifiziert und engagiert Vergleichsverhandlungen vorbereitet und führt, wird einen guten Vergleich erarbeiten können. Unbedingte Voraussetzung für eine gute Vergleichsverhandlung ist eine umfangreiche Aktenkenntnis. Der Richter muss mindestens so gut wie die Parteivertreter die Akten kennen und wissen, was zwischen den Beteiligten umstritten ist.

Gerne wird die Arbeitsersparnis für den Richter erwähnt, die durch einen Vergleich entsteht. Eine gut vorbereitete und engagiert geführte Verhandlung, mit dem Ziel einer umfassenden Regelung, trägt nicht unbedingt zur Arbeitsersparnis bei, führt aber zu einem besseren Ergebnis für die Parteien.

Der schnelle lieblose Apell: „Alles ganz schwierig und offen, vergleichen Sie sich auf die Hälfte“ ist mit diesem Beitrag nicht gemeint! Er verdient nicht den Namen „Einigung“.

---

[8] Artikel 92 GG.

[9] Ausführlich: *Ullrich* in: Gornig (Hrsg.), Bohl-FS, 2015.

2. Aktive Teilnahme aller Betroffenen

Die persönliche Anwesenheit der Parteien in der Verhandlung ist sehr wichtig. Trotz der Vertretung durch Rechtsanwälte, haben sie selbst die meisten Informationen und letztlich die alleinige Entscheidungsbefugnis. Ein noch so gut informierter und mit allen Vollmachten[10] ausgestatteter Vertreter verfügt in der Regel nicht über Details, die nur die Partei bzw. deren sachkundiger Vertreter[11] hat. Die Anordnung des persönlichen Erscheinens[12] sollte in geeigneten Fällen erfolgen, aber nicht generell.[13]

Die Parteien müssen selbst in der Verhandlung die Gelegenheit zur Äußerung erhalten. Sie kommen zum Termin mit dem Wunsch ihre Sicht der Dinge darzustellen. Hierzu muss man ihnen Gelegenheit geben. Wenn eine Partei in dieser Phase der Verhandlung etwas aus juristischer Sicht völlig daneben liegendes sagt, hält sie es aber für den Ausgang des Verfahrens für wichtig. Eine Partei, die an dieser Stelle nicht zu Wort kommt, wird sich nicht ernst genommen fühlen und es fällt schwerer, diesen Beteiligten zu einer sinnvollen Einigung zu bewegen.

In geeigneten Fällen bietet es sich an, Dritte mit in die Verhandlungen einzubeziehen, auch wenn sie nicht Verfahrensbeteiligte sind. Dies können z.B. hinter den Beteiligten stehende Vorlieferanten oder Subunternehmer sein. Gelegentlich werden Verfahren auch nicht zwischen den unmittelbar Beteiligten geführt, da die eigentlich Agierenden aus verschiedenen Gründen nicht die juristisch Zuständigen sind.

Sofern sich dies im Vorfeld einer Verhandlung abzeichnet, kann es sinnvoll sein, diese Frage mit den Parteien des Rechtsstreits zu erörtern. Im allseitigen Einvernehmen kann diesen Personen in der mündlichen Verhandlung ein Anwesenheits- und insbesondere auch ein Rederecht zustehen. Sofern sie im rechtlichen Sinne Beteiligte des Vergleiches werden, können sie diesem förmlich beitreten.

3. Umfassende Information über eventuelle weitere Streitigkeiten

Der Vergleich im Zivilprozess ermöglicht sämtliche, zwischen den Parteien im weitesten Sinne streitigen Fragen zu bearbeiten und zu lösen. Deshalb sollte bereits im Vorfeld, soweit dies absehbar ist, versucht werden, entsprechende Informationen über weitere Diskussionspunkte, die bislang nicht Verfahrensgegenstand sind, zu bekommen. Gelegentlich gibt es eine Vielzahl von Verfahren, die bei diversen Gerichten und Instanzen anhängig sind. Die singuläre Bearbeitung des einzelnen Rechtsproblems, das gerade Streitgegenstand ist, kann dann

[10] vgl. § 141 Abs. 3 S. 2 ZPO.

[11] bei größeren Unternehmen bzw. organschaftliche Vertreter bei juristischen Personen.

[12] § 141 Abs. 1 S. 1 ZPO.

[13] Zum Missbrauch der Anordnung: *Engelke* AnwBl 2010, 116.

nur begrenzt sinnvoll durch einen isolierten Vergleich geregelt werden. Eigentlich ist immer eine umfassende Regelung sämtlicher, zwischen den Beteiligten streitiger Fragen anzustreben.

Ziel muss eine Verhandlung auf der Basis von Interessen und nicht von Positionen sein.[14] Was wollen die Parteien eigentlich im Rahmen des Verfahrens und darüber hinausgehend erreichen? Was wäre aus der Sicht der jeweiligen Partei eine „sinnvolle“ Lösung, mit der aus ihrer Sicht beide Seiten einverstanden sein könnten? Auch hier ist es sinnvoll, die Parteien reden zu lassen, um hinter dem Rechtsstreit stehende Motive zu erkennen und dann mit einbeziehen zu können.

In der Phase der Interessensbekundung sollten auch dahinterstehende Dritte mit Berücksichtigung finden. Verschiedene denkbare Wege und Alternativen können angesprochen werden, ohne dass hier bereits eine formelle Wertung bzw. ein Ausschluss dieser Variante erfolgt.

4. Alternativen zur Einigung

Mit den Beteiligten ist schon in einem frühen Verhandlungsstadium über die möglichen Alternativen zu einer Einigung zu reden. Neben den bereits umfassend beschriebenen Vorteilen des Vergleichs sind hier die Kosten des weiteren Verfahrens mit teuren Gutachten und auch der Zeitfaktor zu erwähnen. Beweiserhebung dauert. Dazu kommt noch das Instanzenrisiko. Nach weiteren Monaten/Jahren kommt die nächste Instanz eventuell zu anderen Erkenntnissen als das Eingangsgericht. Zeit, Kosten und fehlende Planbarkeit sind für rational und wirtschaftlich denkende Parteien wichtige Gesichtspunkte. Bei hoch emotionalen Beteiligten kann der Appell an die eigenen Kräfte helfen: „Wollen Sie die nervlichen Belastungen des Verfahrens noch so lange mit sich herumtragen?“

5. Verhandlungsführung

Nur ein strukturiertes Vorgehen führt zum Erfolg. Der Richter als Lenker der Verhandlungen hat es in der Hand, durch systematische Bearbeitung der verschiedenen Fragen, die Beteiligten auf ihrem Weg zur Einigung zu unterstützen und ihnen Wege aufzuzeigen.

Zu einer fairen und rechtsstaatlichen Verhandlungsführung gehört es, den Parteien zu ermöglich, sich außerhalb des Verhandlungssaales mit ihren Rechtsanwälten bzw. mit Dritten zu beraten. Entsprechenden diesbezüglichen Wünschen einer Partei ist unbedingt nachzukommen. Selbst wenn niemand diesen Wunsch äußert, ist es in komplexen Verhandlungen erforderlich, seitens des Gerichts solche Unterbrechungen anzubieten. Es darf nicht der Eindruck entstehen, durch die Dynamik einer Verhandlung werde jemand „über den Tisch

[14] Vgl. *Fisher/Ury* Das Harvard-Konzept.

gezogen“. Spätestens vor der endgültigen Formulierung und Protokollierung des Vergleiches ist eine solche Zwischenberatung notwendig.

Insgesamt müssen Sinn und Zweck der Vergleichsverhandlungen sein, für beide Parteien eine gesichtswahrende Lösung zu finden. Kleinigkeiten können dabei oft sehr wirkungsvoll sein. Eine Erklärung beider Parteien, dass sie die Vorfälle der Vergangenheit bedauern, kann hilfreich sein. Diese Formulierung ist für jede Seite in ihrer Richtung auslegungsfähig. Gleichzeitig enthält sie eine positive Botschaft in Richtung Zukunft.

Vielfach befinden sich hinter den Auseinandersetzungen Probleme auf der Beziehungsebene. Hier bietet es sich an, diese Probleme herauszuarbeiten und dann zu versuchen mit psychologischen Hilfsmitteln Irritationen auszuräumen. Ganz wichtig können in solchen Situationen auch „Ehrenerklärungen“ von Beteiligten in den Vergleichsverhandlungen sein. Es geht nicht immer nur um das Geld sondern oftmals um Kränkungen und das Vermeiden des Verlustes von Ansehen.

Insgesamt sollte die Zukunft und deren Gestaltung immer wieder in den Vordergrund gestellt werden. Die Angelegenheiten der Vergangenheit sind abgeschlossen und können in der Regel nicht rückgängig gemacht werden. Gestaltung ist nur für die Zukunft möglich.

Für den Verhandlungsführer ist dies gelegentlich sehr mühsam. Immer wieder tauchen vermeintlich unüberwindbare Hürden auf und es wird aus mehr oder weniger rationalen Gründen ein Konsens verweigert. Hier gilt es „dran zu bleiben“ und nicht bei der ersten Verweigerung weitere Verhandlungen abzubrechen. Mit Beharrlichkeit und Überzeugungskraft können vermeintlich gescheiterte Vergleichsverhandlungen weitergeführt und zu einem guten Ende gebracht werden. Dabei darf nicht der Eindruck entstehen, dass das Gericht einen „Basar“ unterstützt. Eine solche Situation lässt sich nicht immer vermeiden. Erstrebenswert ist sie nicht.[15]

Bei allen Detailregelungen darf nicht vergessen werden, das eigentliche Verfahren in vollem Umfang für erledigt zu erklären und möglichst sämtliche weiteren Streitigkeiten zwischen den Parteien zu erledigen.

Einen Überblick über die Struktur einer konsensorientierten Verhandlung gibt die nachfolgende Tabelle:

[15] Vgl. *Baumbach/Lauterbach* § 278 ZPO, Rn. 46.

Phasenschema der Verhandlung

Phase	*Ziel*
Eröffnungsphase	
– Begrüßung	wichtig für Gesamtatmosphäre, den Parteien die Angst nehmen, „Wir-Gefühl" schaffen
– prozessuale *Vor*fragen (z. B. Zuständigkeit, Verspätung etc.)	werden gerne von Parteien als Dominanzgeste eingesetzt, neutralisieren durch schnelles Klären oder Ausklammern und Zurückstellen
Gesprächsphase	
– Sammlung zusätzlicher Informationen	Präzisierung des Konflikts
– allgemeine Erörterung mit den Beteiligten	Rede- und Präsentationsbedürfnis der Parteien und Anwälte bedienen
Ankündigungsphase	
– Darstellung von: *Risiken* (rechtlich und tatsächlich), *Nachteilen* eines Urteils, *Vorteile* einer einvernehmlichen Regelung	Klärung eines realistischen Umfeldes, Annäherung in der Sache, Interesse an Kooperation wecken, Ziel: Wille zur Einigung
Lösungsphase	
– Konsens suchen (unstreitig stellen von Einzelpunkten	gute Stimmung machen und Einigkeit hervorheben
– „fast" Unstreitiges feststellen	nicht zu Ende diskutieren, da zu viel Streitpotential, besser „mit Fragezeichen" stehen lassen
– „echte" Streitpunkte ermitteln – vorläufige Einschätzung der Sach- und Rechtslage durch Gericht	Aufklärung des echten Streitpotentials
– Erarbeiten alternativer Lösungen – Einbeziehen von Themen jenseits des Prozesses	umfassende Einigung, Vergrößerung des Spielraumes/der Verhandlungsmasse

Phase	*Ziel*
– Vorteile der Einigung immer wieder darstellen, – Teilkonsens betonen	schon erzielten Konsens loben und Motivation zur Lösung noch offener „Reste“ fördern
Beratungspause(n) anbieten/ermöglichen!	
Formulierungsphase	
– präzise rechtliche Formulierung des Besprochenen	Klare Regelung und gegebenenfalls Vollstreckungstitel schaffen
– Achtung Kostenfrage	Nach Obsiegen und Unterliegen (wenn klar feststellbar, Kostenaufhebung (weil „umfassender“ Vergleich), Ausklammern und Entscheidung durch Gericht, § 91a ZPO
– vorspielen und genehmigen	Zustimmung der Partei zur Einigung ausdrücklich einfordern und §§ 160 Abs. 3 Ziff. 1, 162 Abs. 1 ZPO
Beendigungsphase	
– Rückblick auf Verhandlung	Lob des Ergebnisses, Dank an Beteiligte
– Verabschiedung	menschlicher Abschluss der schwierigen langen Verhandlungen
– Ausblick	Warnung vor Besserwissern, Blick in die Zukunft

Es ist Aufgabe des Richters die Parteien und ihre Anwälte zu führen und im Rahmen eines positiven Verhandlungsklimas die Gemeinsamkeiten zu betonen und weitere Gemeinsamkeiten zu erarbeiten. Der Richter hat die Aufgabe, die Parteien zu einer sinnvollen Lösung zu führen. Er darf ihnen keinesfalls einen Vergleich überstülpen und sie auch nicht in einen Zwangsvergleich drängen.

VII. Von Ehe bis Nachbarschaft

Dauerschuldverhältnisse aus verschiedenen Lebenssachverhalten haben ganz viele Gemeinsamkeiten. Der emotionale Aspekt überlagert oft rationale Entscheidungen und allein mit der rechtlichen Bearbeitung von Einzelfragen lässt sich das Gesamtproblem nicht lösen. Es ist ein umfassendes Herangehen erforderlich, um die Beteiligten zu motivieren, eine für alle Beteiligten sinnvolle Lösung zu erreichen.

Die Strukturen der Verhandlungen sind dabei sehr vergleichbar und Richter, denen ein entsprechender Sachverhalt vorgetragen wird, sollten versuchen, diesen umfassend zu betrachten und umfassend zu lösen. Eine rechtlich saubere Entscheidung, die nur einen kleinen Teil des Gesamtkomplexes betrifft, gibt den Parteien vielfach Steine statt Brot. Bei Dauerschuldverhältnissen ist mehr zu betrachten als nur der in den Rechtsstreit eingebrachte Einzelsachverhalt.

Die Ehe

Sie hat eine Vergangenheit und eine Gegenwart – hat sie auch eine Zukunft?

Dieter Wolst

I. Vergangenheit

1. Beginn

Die Vergangenheit der Ehe reicht weit zurück. „Gefühlt“ hat es sie schon immer gegeben. Nach dem Buch der Bücher setzte die Entwicklung der Ehe nahezu zeitgleich mit dem Beginn der Menschheitsentwicklung ein. Danach hat Gott zu Beginn der Menschheitsgeschichte noch im Garten Eden eine Frau geschaffen und sie dem Mann zugeführt.[1] Weiter heißt es dort: „Darum verlässt der Mann Vater und Mutter und hängt seiner Frau an. Und sie werden ein Leib sein.“[2] Berichtet wird ebenso, dass beiden zwei Söhne geboren wurden. Damit sind bereits wesentliche Voraussetzungen gegeben, die eine Ehe ausmachen: Verschiedengeschlechtlichkeit zweier Personen und verfestigte Paarbeziehung; dazu – nicht zwingend – Kinder. Wenn das Bundesverfassungsgericht später ausführte, die Ehe sei die Vereinigung eines Mannes und einer Frau zu einer umfassenden, grundsätzlich unauflösbaren Lebensgemeinschaft,[3] deren Eingehung auf der Willensübereinstimmung der Ehegatten beruht und des Ordnungselements der staatlichen Mitwirkung durch den Standesbeamten bedarf,[4] so sprach das nicht gegen die biblische Fundstelle. Verständlicherweise kann für die damalige Zeit noch nicht die Mitwirkung eines Standesbeamten verlangt werden.

---

[1] 1. Buch Mose, Kap. 2, 22, 24.

[2] 1. Buch Mose, Kap.4, 1 ff. (Wortlaut nach der Übertragung der Bibel von *Hans Bruns*, 1977).

[3] BVerfGE 62, 323 (330).

[4] BVerfGE 29, 166 (176).

2. *Entwicklung*

Rückblickend kann gesagt werden, dass Ehe (und Familie) über Jahrhunderte in ihrem Kern unverändert blieben, auch wenn die rechtliche Regelung sich häufig änderte.[5] Ein beschämendes Beispiel aus jüngerer Zeit ist hierfür das Gesetz zur Vereinheitlichung des Rechts der Eheschließung und der Ehescheidung im Lande Österreich und im übrigen Reichsgebiet vom 06.07.1938.[6] Nach dessen § 4 (Blutsverschiedenheit) bestimmte sich etwa das Verbot von Eheschließungen zwischen Staatsangehörigen deutschen oder artverwandten Blutes und Personen artfremden Blutes nach dem Gesetz zum Schutze des deutschen Blutes und der deutschen Ehre vom 15.09.1935.[7] Beseitigt wurde dieser Schandfleck durch das Kontrollratsgesetz Nr. 16 vom 20.02.1946.[8] Seit dem Wirksamwerden des Einigungsvertrages vom 29.09.1990 gilt gemäß der dortigen Regelung (Art. 8 des Vertrages vom 31.08.1990 i. V. m. Anl. I, Art. 234)[9] das Eherecht des Bürgerlichen Gesetzbuches der „alten" Länder der Bundesrepublik auch für die „neuen Länder" des Bundesgebiets.

3. *Bedeutung des Grundgesetzes*

a) *Gleichberechtigungsgebot*

Mit Inkrafttreten des Grundgesetzes vom 23.05.1949 wurde der Gesetzgeber unter Änderungsdruck gesetzt: Art. 117 Abs. 1 GG bestimmte, dass dem Gleichberechtigungsgebot der Verfassung entgegenstehendes Recht nur bis längstens 31.03.1953 in Kraft bleibt. Dem Gesetzgeber gelang es allerdings nicht, fristgerecht das traditionelle Familienrecht grundgesetzkonform zu reformieren. Erst das Gleichberechtigungsgesetz vom 18.06.1957, in Kraft getreten am 01.07.1958,[10] beendete den seit 01.04.1953 „gesetzlosen" Zustand, der zwischenzeitlich notgedrungen durch Richterrecht ausgefüllt werden musste.

Die wesentlichen Punkte des Gleichberechtigungsgesetzes,[11] das sich noch am Typ der Hausfrauenehe orientierte,[12] waren:

- das Letztentscheidungsrecht des Ehemannes in allen Eheangelegenheiten wird ersatzlos gestrichen;

---

[5] *Dethloff* Familienrecht, 2012, § 1 Rn. 2.

[6] RGBl. I S. 807 ff.

[7] RGBl. I S. 1246.

[8] Amtsblatt des Kontrollrats in Deutschland S. 77, ber. S. 294.

[9] Gesetz vom 23.09.1990, BGBl. II S. 885 ff.

[10] BGBl. 1957 I S. 609.

[11] siehe insgesamt Wikipedia; https://de.wikipedia.org/wiki/Gleichberechtigungsgerstz, Stand 16.09.15.

[12] Maunz/Dürig-*Badura*, Stand: Mai 2015, Art. 6 Abs.1, Rn. 52.

- die Zugewinngemeinschaft wird der gesetzliche Güterstand. Frauen verwalten ihr in die Ehe eingebrachtes Vermögen selbst; die frühere alleinige Befugnis des Ehemannes über das Vermögen der Frau zu verfügen, entfällt;
- beseitigt wird das Recht des Ehemannes, ein Dienstverhältnis der Ehefrau zu kündigen;
- die Ehefrau wird berechtigt, ihren Geburtsnamen als Namenszusatz zu führen;
- die väterlichen Vorrechte bei der Erziehung der Kinder werden eingeschränkt.

Am 29.07.1959 entschied der Erste Senat des Bundesverfassungsgerichts,[13] dass die §§ 1628, 1629 Abs. 1 des BGB in der Fassung des Gleichberechtigungsgesetzes vom 18.06.1957 nichtig seien. Die Bestimmungen hatten den väterlichen Stichentscheid bei Uneinigkeit zwischen Vater und Mutter in Fragen der elterlichen Gewalt und den väterlichen Alleinvertretungsanspruch bei der gesetzlichen Vertretung des Kindes enthalten. Begründung des Gerichts: Die zwischen den Eltern bestehende sittliche Lebensgemeinschaft und ihre gemeinsame unteilbare Verantwortung gegenüber dem Kind führten in Verbindung mit dem umfassenden Gleichberechtigungsgebot der Verfassung im Bereich der elterlichen Gewalt zu voller Gleichberechtigung von Vater und Mutter.

b) Das Namensrecht insbesondere

Das Eingehen auf das Namensrecht rechtfertigt sich, weil es zeigt, welche Mühe es dem Gesetzgeber mitunter bereitet, dem Gleichberechtigungsgebot zu genügen. Früher hielt man es für selbstverständlich, dass die Ehegatten als sichtbaren Ausdruck ihrer Lebensgemeinschaft einen gemeinsamen Namen führen.[14] Diese Regelung nach § 1355 a. F. BGB war auch verfassungskonform.[15] Von Gesetzes wegen erhielt die Frau bei der Eheschließung den Namen ihres Mannes.[16] Darin eine Bevorzugung des weiblichen Geschlechts zu sehen, blieb wohl eine krasse Mindermeinung.[17] Dies widersprach dem Gleichberechtigungsgebot. In einem ersten Schritt wurde deshalb der Frau zugestanden, ihren Mädchennamen dem Namen des Mannes hinzuzufügen und damit einen Doppelnamen zu führen.[18] Die Bestimmung des § 1355 BGB wurde sodann dahin abgewandelt, dass die Ehegatten einen gemeinsamen Familiennamen führen, die Ehegatten bei der Eheschließung dazu den Geburtsnamen des Mannes oder der Frau bestimmen und der Geburtsname des Mannes Ehename wird, wenn sie keine Be-

---

13 BVerfGE 10, 59 ff.

14 So etwa *Beitzke* Familienrecht, 2013, § 11 I.

15 BVerfG NJW 1964, 291.

16 § 1355 BGB i. d. F. vom 18. August 1896 (RGBl. S. 195).

17 So aber *Thomas Mann* in: „Bekenntnisse des Hochstaplers Felix Krull, 9. Kap.; zitiert nach *Wagenitz* FamRZ 1994, S. 409.

18 Art. 1 Nr. 6d. Gleichberechtigungsgesetzes vom 18. Juni 1957, in Kraft getreten am 01.07.1958, BGBl. I S. 609.

stimmung treffen. Zudem kann der Ehegatte, dessen Geburtsname nicht Ehename wird, seinen zur Zeit der Eheschließung geführten Namen voranstellen.[19] Nach der jetzigen Fassung des § 1355 BGB *sollen* – nicht müssen – die Ehegatten einen gemeinsamen Familiennamen führen. Bestimmen die Ehegatten keinen Ehenamen, so führen sie ihren zur Zeit der Eheschließung geführten Namen auch nach der Eheschließung. Seit der Gültigkeit dieser Bestimmung wird nicht mehr gewährleistet, dass durch einen Familiennamen die eheliche Lebensgemeinschaft kenntlich wird.

II. Gegenwart

Der Diskurs um das Recht der Ehe ist zu einem „Kampfplatz" geworden,[20] zu einem Brennpunkt politischer Auseinandersetzung.[21] Dies zeigen Entstehungsgeschichte und Fassung des am 01.08.2001 in Kraft getretenen Lebenspartnerschaftsgesetzes vom 16.02.2001.[22]

1. Entstehungsgeschichte des Lebenspartnerschaftsgesetzes

Im Juni 1994 brachte die Gruppe BÜNDNIS 90/DIE GRÜNEN einen Entwurf zur Einführung des Rechts auf Eheschließung für Personen gleichen Geschlechts in den Bundestag ein.[23] Danach sollte § 1353 Abs. 1 BGB die Fassung erhalten: „Die Ehe wird von zwei Personen verschiedenen oder gleichen Geschlechts geschlossen." Zur Begründung wurde ausgeführt, zahlreiche schwule Männer und lesbische Frauen in der Bundesrepublik lebten in einer Wohn- und Wirtschaftsgemeinschaft mit ihren gleichgeschlechtlichen Partnern/Partnerinnen. „... Unsere Rechtsordnung erlaubt ihnen weder rechtliche Absicherung noch offizielles Zeremoniell bei den Standesämtern." In der weiteren Begründung[24] werden insgesamt 15 Probleme bzw. Benachteiligungen für gleichgeschlechtliche Lebensgemeinschaften aufgeführt. Der Antrag wurde nicht Gesetz, jedoch von der Fraktion BÜNDNIS/DIE GRÜNEN nahezu wortgleich, allerdings mit erweiterter Begründung, im Juni 2011 erneut eingebracht.[25]

Die Beratungen auch zu weiteren entsprechenden Entwürfen riefen ein gespaltenes Echo im Schrifttum hervor. Reformgegner argumentierten insbesondere mit Art. 6 Abs. 1 GG, wonach Ehe und Familie unter dem *besonderen*

---

[19] Gesetz vom 14.06.1976 (BGBl. I S. 1421).
[20] *Dethloff* Familienrecht, 2012, § 1 Rn. 2.
[21] Maunz/Dürig-*Badura*, Stand: Mai 2015, Art. 6 Abs.1, Rn. 54.
[22] BGBl. I S. 266.
[23] BT-Drs. 12/7885.
[24] BT-Drs. 12/7885 Begründung A Nr.5.
[25] BT-Drs. 17/6343.

Schutz (Hervorhebung vom Verf.) der staatlichen Ordnung stehen.[26] Der „besondere Schutz" setze notwendig eine Exklusivität voraus. Deshalb dürfe auch nicht einfach unter einem anderen Namen ein inhaltsgleiches Institut geschaffen werden.[27] Ebenso wurde die Geschlechtsverschiedenheit zu den prägenden Merkmalen einer Ehe gezählt und angenommen, ein Gesetz, das homosexuelle Verbindungen mit der Ehe insgesamt oder in wesentlichen Rechtsfolgen des Familien- und Erbrechts gleichstelle, sei verfassungswidrig.[28] Von anderer Seite wird ein solches Abstandsgebot überraschenderweise auch mit dem „allgemeinen Grundprinzip christlich-abendländischen Gerechtigkeitsgedanken" verneint.[29] Begründung: Es sei uns danach fremd, über die eigene Besserstellung hinaus die Schlechterstellung anderer zu verlangen.

Aufgrund eines Antrags der Regierungskoalition vom 04.07.2000[30] und weiteren Beratungen wurde das Lebenspartnerschaftsgesetz als Artikel 1 des „Gesetzes zur Beendigung der Diskriminierung gleichgeschlechtlicher Gemeinschaften" am 16.02.2001 beschlossen. Es ist am 01.08.2001 in Kraft getreten.[31]

2. Regelungen des Lebenspartnerschaftsgesetzes

Das Gesetz enthält unter anderem Bestimmungen über (jeweils hier in Klammer der entsprechende Paragraph) die Form und Voraussetzungen einer Begründung einer Lebenspartnerschaft (§ 1), die Partnerschaftliche Lebensgemeinschaft (§ 2), das Namensrecht (§ 3), den Umfang der Sorgfaltspflicht (§ 4), das Erbrecht (§ 10), die Familienangehörigkeit und Schwägerschaft (§ 11), das Getrenntleben (§§ 12 ff.). Bis zur derzeit letzten Änderung mit Gesetz vom 20.06.2014[32] wurde das ursprüngliche Gesetz durch über zehn weitere Gesetze geändert bzw. ergänzt. Bedeutsam ist darunter etwa das Gesetz zur Überarbeitung des Lebenspartnerschaftsrechts vom 15.12.2004.[33] Dieses Reformgesetz enthält u. a. Reglungen zum gegenseitigen Unterhalt, insbesondere zum Güterstand (Zugewinngemeinschaft) und führt den Versorgungsausgleich ein.

3. Entscheidungen des Bundesverfassungsgericht

Im Wesentlichen können drei Entscheidungen genannt werden.

a) Beschluss vom 18.07.2001, wonach die Anträge der Bayerischen und der Sächsischen Staatsregierung, dass das Gesetz zur Beendigung der Diskrimi-

---

[26] *Pauly* NJW 1997, 1955 ff. m. w. N. auch zur Gegenansicht.
[27] *Pauly* NJW 1997, 1955 (1956).
[28] Maunz/Dürig-*Badura*, Stand: Mai 2015, Art. 6 Abs.1, Rn. 58.
[29] *Freytag* DÖV 2002, 445 (451).
[30] BT-Drs. 14/3751.
[31] BGBl. I S. 266.
[32] BGBl. I S. 786.
[33] BGBl. I S. 3396.

nierung gleichgeschlechtlicher Lebenspartnerschaften bis zur Entscheidung über die Normenkontrollanträge der Antragsteller nicht in Kraft tritt, hilfsweise außer Vollzug gesetzt wird, für unbegründet erachtet werden.[34]

b) Urteil über die Vereinbarkeit des Gesetzes mit dem Grundgesetz.[35]

c) Beschluss vom 07.05.2013, wonach das steuerrechtliche Ehegattensplitting auch eingetragenen Lebenspartnern offen stehen muss.[36]

Der heftige Meinungsstreit, der Entstehen und Geltung des Gesetzes begleitet hat bzw. begleitet, spiegelt sich auch darin, dass keine der genannten Entscheidungen einstimmig ergangen ist. Zur Entscheidung zu a) gaben Vizepräsident *Papier*, die Richterin *Haas* und der Richter *Steiner* abweichende Voten, zur Entscheidung nach b) Richter *Papier* und die Richterin *Haas*, zur Entscheidung nach c) der Richter *Landau* und die Richterin *Kessal-Wulf*.

4. Welche Verfassungsnorm greift ein?

Wesentlich im Meinungsstreit ist die Beurteilung des Konkurrenzverhältnisses zwischen Art. 6 GG und Art. 3 GG. Nach einer Auffassung ist Art. 6 GG die speziellere Regelung gegenüber dem Gleichheitssatz.[37] Die Gegenansicht verneint diesen Vorrang jedenfalls insoweit, als es um eine Schlechterbehandlung von Art. 6 GG nicht erfassten Lebenspartnerschaften geht.[38]

Die Mehrheitsmeinung im Ersten Senat des Bundesverfassungsgerichts sieht die Bedeutung des Art. 6 Abs. 1 GG darin, dass der Staat alles zu unterlassen habe, was die Ehe schädigt oder sonst beeinträchtigt, und sie sonst durch geeignete Maßnahmen zu fördern.[39] Durch das Institut der eingetragenen Lebenspartnerschaft werde der Schutz der Ehe nicht beeinträchtigt. Denn die Gleichgeschlechtlichkeit unterscheide es von der Ehe und konstituiere es zugleich. Die eingetragene Lebenspartnerschaft sei keine Ehe, damit (sinngemäß) sei die Ehe als Institut auch nicht betroffen.[40] Weiter wird ausgeführt, wegen Art. 6 Abs. 1 GG sei es dem Gesetzgeber nicht verwehrt, die Ehe gegenüber anderen Lebensformen zu begünstigen, es lasse sich aber hieraus auch kein Gebot herleiten, andere Lebensformen gegenüber der Ehe zu benachteiligen.[41]

Damit verneint die Senatsmehrheit die Exklusivität der Ehe. Das greift *Papier* mit beachtlichen Gründen in seiner abweichenden Meinung zur Entscheidung zum Lebenspartnerschaftsgesetz auf. Nach seiner Auffassung ist die Ehe durch Art. 6 Abs. 1 GG nicht nur dem Namen nach, sondern in seinen strukturbilden-

---

34 BVerfGE 104, 52 ff.
35 BVerfGE 105, 313.
36 BVerfGE 133, 377 ff.
37 Maunz/Dürig-*Badura*, Stand: Mai 2015, Art. 6 Abs.1, Rn. 55 f.; *Pauly* NJW 1997, 1955.
38 *Freytag* DÖV 2002, 445,451 f.
39 BVerfGE 105, 313 Rn. 90.
40 BVerfGE 105, 313 Rn. 87 f.
41 BVerfGE 105, 313 Rn. 98.

den Merkmalen vor beliebigen Dispositionen des Gesetzgebers geschützt. Es sei ein Fehlschluss anzunehmen, dass gerade aufgrund des Abweichens von einem wesentlichen Strukturprinzip (Anm. d. Verf.: gemeint wohl Verschiedengeschlechtlichkeit) die verfassungsrechtliche Institutsgarantie als Maßstab ausscheide. Der Gesetzgeber sei daher gehindert, unter anderem Namen für gleichgeschlechtliche Paare ein der Ehe im Übrigen entsprechendes Institut einzuführen.[42] Auch die Richterin *Haas* unterstellt mit ausführlicher Begründung der Senatsmehrheit in ihrer abweichenden Meinung ein Missverständnis der Institutsgarantie des Art. 6 Abs. 1 GG.[43] Für die Ansicht, die Einführung eines Rechtsinstituts unter anderem Namen, das im Übrigen der Ehe entspreche, verletze die Exklusivität der Ehe, spricht folgende schlichte Überlegung: Wenn etwa der Autohersteller Mercedes ein in Design, Komfort, Technik und Leistung einzigartiges Fahrzeug auf den Markt bringt, ist dieses sicher exklusiv. Sollte etwa der Konkurrent BMW nunmehr ein in Design, Komfort, Technik und Leistung entsprechendes Fahrzeug anbieten, verliert das erstgenannte Produkt seine Exklusivität.

Die abweichenden Meinungen konnten die Mehrheitsbildung im Bundesverfassungsgericht nicht beeinflussen. Im Beschluss des Zweiten Senats vom 07.05.2013,[44] wonach der Ausschluss eingetragener Lebenspartnerschaften vom Ehegattensplitting verfassungswidrig sei, wird ausgeführt, Art. 6 Abs. 1 GG bilde einen sachlichen Differenzierungsgrund, der dazu geeignet sei, die Ehe gegenüber anderen Lebensgemeinschaften besser zustellen, die durch ein geringeres Maß an wechselseitiger Pflichtbindung geprägt seien. Gehe die Privilegierung der Ehe aber mit einer Benachteiligung anderer, in vergleichbarer Weise rechtlich verfasster Lebensformen einher, rechtfertige der bloße Verweis auf das Schutzgebot der Ehe eine solche Differenzierung nicht. Anders als die Senatsmehrheit sehen der Richter Landau und die Richterin *Kessal-Wulf* in ihrer abweichenden Meinung einen sachlichen Differenzierungsgrund, der geeignet sei, die Besserstellung der Ehe zu rechtfertigen. Denn die Ehe könne Vorstufe zur Familie sein, die wiederum Voraussetzung der Generationenfolge und damit Voraussetzung der Zukunftsgerichtetheit von Gesellschaft und Staat.[45] Abgesehen davon monieren sie, der Streitgegenstand der zugrunde liegenden Verfassungsbeschwerden umfasse ausschließlich die steuerlichen Veranlagungsjahre 2001 und 2002. In diesen Jahren könnte die eingetragene Lebenspartnerschaft noch nicht (wie die Ehe) als Gemeinschaft von Erwerb und Verbrauch im Sinne der Splittingvorschriften angesehen werden. Denn erst seit Anfang 2005 wur-

---

42 BVerfGE 105, 313 Rn. 126 f.
43 BVerfGE 105, 313 Rn. 128 ff.
44 BVerfGE 133, 377 Rn. 83 ff.
45 BVerfGE 133, 377 Rn. 118.

den der Versorgungsausgleich und die Zugewinngemeinschaft als gesetzlicher Regelgüterstand für diese Lebensform eingeführt.[46]

5. Statistisches

Nach dem Statistischen Jahrbuch 2014 ist die Zahl der Eheschließungen in Deutschland insgesamt noch leicht rückläufig. 1950 wurden 11,0 Ehen je 1000 Einwohner/innen geschlossen. Die Zahl verringerte sich bis 2000 auf 5,1. Die Statistik schließt mit 2012 und gibt hierfür eine Eheschließungszahl von 4,8 je 1000 Einwohner/innen an. Im Jahr 2012 sind die „Ehemuffel" in Berlin und Hamburg zuhause: je 3,9; die „Ehefreudigsten" in Mecklenburg-Vorpommern: 6,7. Die Ehescheidungen je 1000 bestehender Ehen sind von 1991 bis 2003 von 7,1 bis auf 11,4 gestiegen; bis 2009 auf 10,4 gesunken.

III. Zukunft

Der Blick in die Zukunft der Ehe muss spekulativ bleiben. Möglicherweise erlauben öffentliche Verlautbarungen und Verhaltensweisen eine vorsichtige Beurteilung. Eine solche Verlautbarung könnte die Denkschrift der EKD vom Juni 2013 sein: „Zwischen Autonomie und Angewiesenheit – eine Orientierungshilfe des Rates der EKD zum Thema Familie." Zur Vorstellung dieser Denkschrift sagte der damalige Ratsvorsitzende der EKD, Nikolaus *Schneider*, laut der Presseerklärung der EKD vom 19.06.2013: „Angesichts der Vielfalt biblischer Bilder und der historischen Bedingtheit des familiären Zusammenlebens entsprechen ein normatives Verständnis der Ehe als ‚göttliche Stiftung' und eine Herleitung der traditionellen Geschlechterrollen aus einer vermeintlichen ‚Schöpfungsordnung' weder der Breite des biblischen Zeugnisses noch unserer Theologie. .... Bei aller Hochschätzung als ‚göttlich Werk und Gebot' erklärte Luther die Ehe zum ‚weltlich Ding', das von den Partnern gestaltbar sei und gestaltet werden müsse. ... Aus einem evangelischen Eheverständnis kann heute eine neue Freiheit auch im Umgang mit gesellschaftlichen Veränderungen erwachsen – im Umgang mit Geschiedenen genauso wie mit Einelternfamilien oder auch mit gleichgeschlechtlichen Paaren." Die Süddeutsche Zeitung titelte daraufhin: „Kurswechsel der evangelischen Kirche – Traditionelle Ehe hat als Leitbild ausgedient.[47] Es kann auch nicht als Wertschätzung der Ehe – die als lebenslängliche Verbindung bezeichnet wird, gewertet werden, wenn Personen – ohne verwitwet zu sein – mehrfach hintereinander Ehen schließen. Eher drückt sich da wohl darin eine Geringschätzung aus, die auch von Personen geteilt wird, die im Staat eine herausgehobene Stellung einnehmen; vgl. etwa die

[46] BVerfGE 133, 377 Rn. 120ff.
[47] Süddeutsche Zeitung SZ.de vom 20.06.2013.

fünfmalige Eheschließung eines ehemaligen Bundesaußenministers, oder die vier gescheiterten Ehen eines ehemaligen Bundeskanzlers.[48] Ein negatives Bild auf die Wertschätzung der Ehe wird auch durch den aktuellen Bundespräsidenten geprägt, der auf Staatsbesuchen ins Ausland stets die Freundin mitnimmt, während die Ehefrau schon lange von ihm getrennt lebt.

Die katholische Kirche hingegen betrachtet die Ehe als eine sich aus der Natur des Menschen ergebende Einrichtung, deren Wesen und Eigenschaften sich aus der personalen Liebe zwischen Mann und Frau und ihrer grundsätzlichen Offenheit für Kinder ergeben. Dass die Ehe nur zwischen Mann und Frau möglich … und grundsätzlich unauflösbar ist, sieht die katholische Kirche als Folge der von Gott geschaffenen menschlichen Natur.[49]

Bei der starken Betonung des verfassungsrechtlichen Gleichheitssatzes ist es eine offene Frage, wie die Forderungen der „Öffnung" der Ehe für mehr als zwei Personen (eine Frau und zwei Männer, oder zwei Frauen und ein Mann oder drei Männer oder drei Frauen) beantwortet werden. Wie auch immer, das letzte Wort in Bezug auf rechtlich abgesichertes partnerschaftliches Zusammenleben ist wohl noch nicht gesprochen. Damit Verfassung und Rechtswirklichkeit nicht länger auseinander klaffen, sollte allerdings durch Verfassungsänderung nach Art. 79 GG in Art. 6 Abs. 1 GG das Wort „besonderer" gestrichen werden.

---

[48] Einschlägige Berichte der Regenbogenpresse.

[49] Die Ehe im Kirchengesetzbuch von 1983 (CIC 1983), abrufbar unter Wikipedia im Internet, Stand 16.09.15.

Literaturverzeichnis von Herbert Landau

I. Buchveröffentlichungen

1. Reden zum Recht, herausgegeben vom Hessischen Ministerium der Justiz, Wiesbaden 1990.
2. Freiheit zur Verantwortung, Festschrift für Karl-Heinz Koch zum 75. Geburtstag (zusammen mit H. Stephan und M.W. Huff), Neuwied 1999.
3. Gewalt in sozialen Nahbeziehungen, Frankfurter Tage der Rechtspolitik 2000 (zusammen mit H. Kohl), Neuwied 2001.
4. Sonderheft zur Vollendung des 65. Lebensjahres von Gerhard Schäfer (zusammen mit A. Boetticher, W. Huff und G. Widmaier), Frankfurt/Main 2002.

II. Aufsätze

1. Der Status der Bewährungshelfer bei den Gerichten, DBS 1984, S. 105–114.
2. Die Geschichte der Revidierten Berner Übereinkunft zum Schutz von Werken der Literatur und Kunst, DRiZ 1986, S. 325–329.
3. Urheberrecht im Medienzeitalter – Zum gegenwärtigen Stand der deutschen Urheberrechtsgesetzgebung, in: Landau/Hubmann/Herrmann u. a.: Urheberrecht für das Medienzeitalter, Schwerte 1986, S. 7–29.
4. Rechtsstellung und Kompetenzen der als Sitzungsvertreter eingesetzten Rechtsreferendare, NStZ 1992, S. 68–72 (zusammen mit A. P. Globuschütz).
5. Weitergabe personenbezogener Daten, DRiZ 1992, S. 130–135 (zusammen mit K. Dames).
6. Verfahrensabsprachen in Ermittlungsverfahren, DRiZ 1995, S. 132–141.
7. Ermittlungsrichterliche Entscheidungen und ihre Revisibilität, StraFO 1998, S. 397–402 (zusammen mit G. M. Sander).
8. Das strafrechtliche Risiko der am Bau Beteiligten, Wistra 1999, S. 47–52.
9. Gerechtigkeit und Sicherheit – Rekurs auf Grundsätzliches, in: Landau/Stephan/Huff (Hrsg.), Freiheit zur Verantwortung, Festschrift für Karl-Heinz Koch zum 75. Geburtstag, Neuwied 1999, S. 57–69.
10. Absprachen zur strafrechtlichen Hauptverhandlung, NJW 1999, S. 321–326 (zusammen mit R. Eschelbach).

11. Polizeiliches Strafgeld als Reaktion auf den Ladendiebstahl – Der neueste Vorschlag zur Entkriminalisierung, ZRP 2000, S. 5–7 (zusammen mit H. Fünfsinn).
12. Verwirklichung eines europaweiten „ne bis in idem" im Rahmen der Anwendung des § 153 c Abs. 1 Nr. 3 StPO, in: Köbler/Heinze/Hromadka (Hrsg.), Europas universale rechtsordnungspolitische Aufgabe im Recht des dritten Jahrtausends, Festschrift für Alfred Söllner zum 70. Geburtstag, München 2000, S. 627- 646.
13. Personenstandswesen zwischen gestern und morgen: Wohin geht die Reise?, Das Standesamt 2000, S. 1–3.
14. Plädoyer für eine Stärkung des Richters im Ermittlungsverfahren, in: Geiß/Nehm/Brandner/Hagen (Hrsg.), Festschrift aus Anlaß des fünfzigjährigen Bestehens von Bundesgerichtshof, Bundesanwaltschaft und Rechtsanwaltschaft beim Bundesgerichtshof, Köln, Berlin, Bonn, München 2000, S. 555–568 (zusammen mit A. Boetticher).
15. Die Neuregelung des Arbeitsentgelts im Strafvollzug. Zugleich eine Erwiderung auf Calliess NJW 2001, 1692, NJW 2001, S. 2611–2613 (zusammen mit T. Kunze und R. Poseck).
16. Häuslicher Gewalt entgegen wirken: Mehr Prävention und verbesserte gesetzliche Regelungen, in: Kohl/Landau (Hrsg.), Gewalt in sozialen Nahbeziehungen, Neuwied 2001, S. 5–10.
17. Pro & Contra – Streit um die nachträgliche Sicherungsverwahrung, ZRP 2002, S. 324 (zusammen mit K. Greven).
18. Modernisierung der Justiz – Rahmenbedingungen und Handlungsspielräume, BDVR-Rundschreiben 2002, S. 36–41 (zusammen mit R. Köbler).
19. Der Lügendetektor im Strafprozess, in: Boetticher/Huff/Landau/Widmaier (Hrsg.), Sonderheft zur Vollendung des 65. Lebensjahres von Gerhard Schäfer, Frankfurt/Main 2002, S. 42- 46.
20. Ist das deutsche Jugendstrafrecht noch zeitgemäß?, Referat auf dem 64. Deutschen Juristentag, in: Verhandlungen des 64. Deutschen Juristentags, Band II/2: Sitzungsberichte, München 2002, N 37–N 68.
21. Die Konkurrentenklage im Spannungsfeld der Justiz, NJW 2003, S. 1648–1649 (zusammen mit E. Christ).
22. „Im Namen des Volkes – made in Germany", Qualität in der Rechtsprechung – Qualität in der Justiz, BDVR-Rundschreiben 2003, S. 125–127 (zusammen mit R. Köbler).
23. Den Wandel gestalten – Handlungsspielräume der Rechtspolitik, in: Munk/Winter: Zukunftsfragen im Standort Deutschland, Aachen 2003, S. 25–37.
24. Altersgrenzen im Jugendstrafrecht, in: Kube/Schneider/Stock (Hrsg.), Kriminologische Spuren in Hessen: Freundesgabe für Arthur Kreuzer zum 65. Geburtstag, Frankfurt 2003, S. 207–214.

25. Chancen und Risiken einer Reform des Strafverfahrens, ZRP 2004, S. 146–150.
26. Heiligkeit des Lebens und Selbstbestimmung im Sterben, ZRP 2005, S. 50–54.
27. Bodenmanagement und Bodenmanagementbehörde, in Merle/Krüger/Krämer/Kreuzer (Hrsg.): Festschrift für Joachim Wenzel zum 65. Geburtstag, Köln 2005, S. 377–390.
28. Urteilsabsprache im Strafverfahren: Erwiderung zu ZRP 2005, 235, ZRP 2005, S. 268–273 (zusammen mit R. Bünger)
29. Definitionen des Altersbegriffs aus sozialpolitischer Sicht, in: Schumpelick/Vogel (Hrsg.), Alter als Last und Chance, Freiburg 2005, S. 132–136.
30. Stärkung der familiären Solidarität im Alter – Reform des Betreuungsrechts, in: Schumpelick/Vogel (Hrsg.), Alter als Last und Chance, Freiburg 2005, S. 420–425.
31. Politische Rahmenbedingungen, in: Schumpelick/Vogel (Hrsg.), Arzt und Patient, Freiburg 2006, S. 160–168.
32. Juristisch-ethische Grenzfragen am Lebensende, in: Neef (Hrsg.), Theologie und Gemeinde, Festschrift für Rudolf Landau zum 60. Geburtstag, Stuttgart 2006, S. 275–290.
33. Urteilsabsprache im Strafverfahren, in: Der Deal im Strafverfahren – unverzichtbare Entlastung der Strafgerichte oder rechtsstaatswidriges Gemauschel?: Podiumsdiskussion der Bundesrechtsanwaltskammer in Zusammenarbeit mit der Humboldt-Universität Berlin und der NJW, München 2006, S. 20–25 (zusammen mit R. Bünger).
34. Ausgewählte neuere Entscheidungen des Bundesverfassungsgerichts zum Strafrecht und Strafverfahrensrecht, in: Beulke/Müller (Hrsg.), Festschrift zu Ehren des Strafrechtsausschusses der Bundesrechtsanwaltskammer, Neuwied 2006, S. 201–216.
35. Verfassungs- und arztrechtliche Grenzen und Leitlinien bei der Verteilung knapper Ressourcen im Gesundheitswesen, in: Schumpelick/Vogel (Hrsg.), Was ist uns die Gesundheit wert? Gerechte Verteilung knapper Ressourcen, Freiburg 2007, S. 273–283.
36. Zur Zukunft des Berufsbeamtentums in Deutschland, DVBL 2007, S. 133–143 (zusammen mit M. Steinkühler).
37. Die Pflicht des Staates zum Erhalt einer funktionstüchtigen Strafrechtspflege, NStZ 2007, S. 121–129.
38. So viel Staat muss sein – Verfassungsrechtliche Grenzen der Privatisierung, in: „Wie viel Staat braucht das Land?“: 27. Triberger Symposium des Justizministeriums Baden-Württemberg, Tagungsbericht vom 23. und 24. November 2006, Justizministerium Baden-Württemberg (Hrsg.), Stuttgart 2007, S. 30–51.

39. Das Beschleunigungsgebot als zentrales Thema an der Schnittstelle von Strafprozess und Verfassungsrecht, in: Jahn/Nack (Hrsg.), Strafprozessrechtspraxis und Rechtswissenschaft – getrennte Welten? Referate und Diskussionen auf dem 1. Karlsruher Strafrechtsdialog 2007, Köln 2008, S. 39–41.
40. Demokratie und Rechtsstaat – Freiheit und Sicherheit, in: Schöch/Satzger/Schäfer/Ignor/Knauer (Hrsg.), Strafverteidigung, Revision und die gesamten Strafrechtswissenschaften, Festschrift für Gunter Widmaier zum 70. Geburtstag, Köln 2008, S. 839–850.
41. Grund und Grenzen effektiver Strafverfolgung, in: Görgen/Hoffmann-Holland/Schneider/Stock (Hrsg.), Festschrift für Arthur Kreuzer zum 70. Geburtstag, Köln 2008, S. 839–850.
42. Die Entwicklung der Menschenrechte in der Rechtsprechung des Bundesverfassungsgerichts und des Europäischen Gerichtshofs für Menschenrechte, DVBl. 2008, S. 1269–1277.
43. La evolución de los derechos humanos en la jurisprudencia de la Corte Constitucional Federal y del Tribunal Europeo de Derechos Humanos, Anuario de derecho constitucional latinoamericano 14 (2008), S. 399–417.
44. Strafvollzug unter Geltung des Grundgesetzes, Festrede zur Festveranstaltung des Hessischen Landtags zum 60-jährigen Jubiläum des Unterausschusses Justizvollzug am 11. Mai 2007 in der Justizvollzugsanstalt Rockenberg, in: Schriften des Hessischen Landtags 2008, Heft 7, S. 29–41.
45. Zwischen Strafbedürfnis und Schutzbedürftigkeit – Der Umgang mit straffälligen jungen Menschen in Straf- und Verfassungsrecht, Zeitschrift für Jugendkriminalrecht und Jugendhilfe 2008, S. 218–223.
46. Die Idee der Freiheit und die Wirtschaftsordnung des Grundgesetzes, in: Ganter/Gottwald/Lwowski (Hrsg.), Haftung und Insolvenz, Festschrift für Gero Fischer zum 65. Geburtstag, München 2008, S. 319–331.
47. Grund und Grenzen effektiver Strafverfolgung, in: Görgen/Hoffmann-Holland/Schneider/Stock (Hrsg.), Festschrift für Arthur Kreuzer zum 70. Geburtstag, Band II, 2. Auflage Frankfurt 2009, S. 480–495.
48. Die deutsche Strafrechtsdogmatik zwischen Anpassung und Selbstbehauptung – Grenzkontrolle der Kriminalpolitik durch die Dogmatik?, ZStW 121 (2009), S. 965–976.
49. Gesundheit als Staatsziel? Verfassungsrecht und Staatsaufgaben, in: Schumpelick/Vogel (Hrsg.), Volkskrankheiten – Gesundheitliche Herausforderungen in der Wohlstandsgesellschaft, Freiburg 2009, S. 589–602.
50. Justiz und Verfassung, in: Präsidium des Deutschen Richterbundes (Hrsg.), Justiz und Recht im Wandel der Zeit, Festgabe 100 Jahre Deutscher Richterbund, Köln, München 2009, S. 41–53.
51. Die Ambivalenz des Beschleunigungsgebots, in: Neumann/Herzog (Hrsg.), Festschrift für Winfried Hassemer, München 2010, S. 1073–1088.

52. Bundesverfassungsgericht und Strafvollzug – Das Menschenbild des Grundgesetzes, in: Mitteilungen der Konferenz der katholischen Seelsorge bei den Justizvollzugsanstalten in der Bundesrepublik Deutschland Nr. 1/2010, S. 8–17.
53. Europäisches und Internationales Strafrecht: Impulse für nationales Recht, in: Baus/Borchard/Krings (Hrsg.), Europäische Integration und deutsche Verfassungsidentität, Sankt Augustin/Berlin 2010, S. 163–178.
54. Innovation für die Gesellschaft? Verfassungsrechtliche Grundsatzfragen, in: Schumpelick/Vogel (Hrsg.), Innovationen in Medizin und Gesundheitswesen, Freiburg 2010, S. 459–476.
55. Rechtsmissbrauch im Strafprozess: eines der meistdiskutierten Themen in der Strafprozessrechtswissenschaft, in: Jahn/Nack, Rechtsprechung, Gesetzgebung, Lehre: Wer regelt das Strafrecht? Referate und Diskussionen auf dem 2. Karlsruher Strafrechtsdialog am 19. Juni 2009, Köln 2010, S. 71–73.
56. Staatlicher Rechtsschutz im kirchlichen Bereich, in: Berger/Kayser/Pannen (Hrsg.), Sanierung, Insolvenz, Berufsrecht der Rechtsanwälte und Notare, Festschrift für Hans Gerhard Ganter zum 65. Geburtstag, München 2010, S. 587–596.
57. Grundgesetz und Strafvollzug: Menschenbild des Grundgesetzes und Umgang mit Straftätern, Forum Strafvollzug 60 (2011), S. 129–137.
58. Strafrecht nach Lissabon, NStZ 2011, S. 537–546.
59. Menschenrechtsschutz im europäischen Mehrebenensystem, DVBl. 2012, S. 1329–1338 (zusammen mit M. Trésoret).
60. Europa und das deutsche Strafrecht, Marburg Law Review 2012, S. 26–30.
61. Rechtsstaat und Recht, in: Kraus/Schröder (Hrsg.), Kulturelle Grundlagen Europas: Grundbegriffe, Band 1, Berlin 2012, S. 159–173.
62. Welches Gesundheitssystem ist möglich? Grenzziehungen aus verfassungsrechtlicher Sicht, in: Schumpelick/Vogel (Hrsg.), Gesundheitssystem im Umbruch, Freiburg 2012, S. 77–91.
63. Auf dem Weg zum europäischen Bundesstaat? Standortbestimmungen und Perspektiven der Integration, in: Baus/Borchard/Gelinsky/Krings (Hrsg.), Die Finanzkrise als juristische Zeitenwende? Zur Zukunft von europäischer Integration und Grundgesetz, Berlin/Sankt Augustin 2012, S. 39–50.
64. El sistema europeo a varios niveles, Anuario de derecho constitucional latinoamericano 18 (2012), S. 315–332.
65. Strafrecht in seinen europäischen Bezügen – Gemeinsamkeiten, Diskrepanzen, Entscheidungen und Impulse, NStZ 2013, S. 194–199.
66. Repräsentative Demokratie und Bürgerbeteiligung, in: Wallmann/Nowak/Mühlhausen/Steingässer (Hrsg.), Moderne Finanzkontrolle und öffentliche Rechnungslegung, Denkschrift anlässlich der Verabschiedung von Herrn Prof. Dr. Manfred Eibelshäuser aus dem Amt des Präsidenten des Hessischen Rechnungshofs, Köln 2013, S. 217–232.

67. Das Urteil des Zweiten Senats des BVerfG zu den Absprachen im Strafprozess vom 19. März 2013, NStZ 2014, S. 425–431.
68. Verfassungsrechtliche Dimension der Aufarbeitung der NS-Vergangenheit, in: Bundesministerium der Justiz und für Verbraucherschutz (Hrsg.), Die Rosenburg, 4. Symposium, Die justizielle NS-Aufarbeitung – Täter, Opfer Justiz, 2014, S. 52–62.
69. Das ultima-ratio-Prinzip im Strafrecht, in: Hadding/Hermann/Krämer (Hrsg.), Festschrift für Wolfgang Schlick zum 65. Geburtstag, Köln 2015, S. 523–533.
70. Die jüngere Rechtsprechung des Bundesverfassungsgerichts zu Strafrecht und Strafverfahrensrecht, NStZ 2015, S. 665–671.

III. Besprechungen

1. Lackner, Kommentar zum Strafgesetzbuch, 19. Auflage 1991, in: Hess. JMBl. 1992, S. 294.
2. Pfeiffer, Grundzüge des Strafverfahrensrechts, 2. Auflage 1993, in: Hess. JMBl. 1994, S. 36.
3. Alternativ-Entwurf zur Reform des Ermittlungsverfahrens, 2001, in: ZRP 2002, S. 136–137.

Autorenverzeichnis

Blumensatt, Hans-Josef, Generalstaatsanwalt a.D., Frankfurt am Main

Böhm, Monika, Professor Dr., Professur für Öffentliches Recht, Philipps-Universität Marburg

Boetticher, Axel, Dr., Richter am Bundesgerichtshof a.D.

Bouffier, Volker, Ministerpräsident, Land Hessen

Broß, Siegfried, Professor Dr. Dr. h.c., Richter des Bundesverfassungsgerichts a.D.

De Felice, Jürgen, Dr., Vizepräsident Landessozialgericht Hessen

Ellenberger, Jürgen, Dr., Vorsitzender Richter am Bundesgerichtshof

Fünfsinn, Helmut, Professor Dr., Generalstaatsanwalt, Hessen

Gornig, Gilbert, Professor Dr. Dr. h.c. mult., Professur für Öffentliches Recht, Völkerrecht und Europarecht, Philipps-Universität Marburg

Herrmann, Ulrich, Dr., Vorsitzender Richter am Bundesgerichtshof

Horn, Hans-Detlef, Professor Dr., Professur für Öffentliches Recht, Philipps-Universität Marburg

Huber, Peter M., Professor Dr., Richter des Bundesverfassungsgerichts

Huff, Martin W., Geschäftsführer der Rechtsanwaltskammer Köln

Ignor, Alexander, Professor Dr. Dr., Rechtsanwalt, Ignor & Partner GbR, Berlin

Jäger, Markus, Professor Dr., Richter am Bundesgerichtshof

Kanther, Wilhelm, Ministerialdirigent, Hessisches Ministerium des Innern und für Sport

Klein, Hans Hugo, Professor Dr., Richter des Bundesverfassungsgerichts a. D.

Köbler, Ralf, Dr., Präsident des Landgerichts Darmstadt

Landau, Rudolf, Dr. theol., Baden-Baden

Mellinghoff, Rudolf, Professor Dr. h.c., Präsident des Bundesfinanzhofs

Müller-Franken, Sebastian, Professor Dr., Professur für Öffentliches Recht, Philipps-Universität Marburg

Nack, Armin, Vorsitzender Richter am Bundesgerichtshof, a. D.

Nettersheim, Gerd J., Ministerialdirigent, Bundesministerium der Justiz und für Verbraucherschutz

Osterloh, Lerke, Professor Dr., Richterin des Bundesverfassungsgerichts a. D.

Paulus, Andreas L., Professor Dr., Richter des Bundesverfassungsgerichts

Poseck, Roman, Dr., Präsident des Oberlandesgerichts Frankfurt am Main

Radtke, Henning, Professor Dr., Richter am Bundesgerichtshof

Roos, Helmut, Dr., Ministerialdirigent a. D., Mitglied Nationale Stelle zur Verhütung von Folter

Rössner, Dieter, Professor em. Dr., Rechtsanwalt, Dr. Schmehl Anwaltskanzlei, Tübingen

Safferling, Christoph, Professor Dr. LL.M., Lehrstuhl für Strafrecht, Strafprozessrecht, Internationales Strafrecht und Völkerrecht, Friedrich-Alexander-Universität Erlangen-Nürnberg

Schäfer Gerhard, Dr., Vorsitzender Richter am Bundesgerichtshof, a. D.

Schäfer, Thomas, Dr., Finanzminister Land Hessen

Schlick, Wolfgang, Vizepräsident des Bundesgerichtshofs, a. D.

Streng, Franz, Professor em. Dr. Dr. h.c., Forschungsstelle für Kriminologie und Sanktionenrecht, Friedrich-Alexander-Universität Erlangen-Nürnberg

Ullrich, Christoph, Dr., Regierungspräsident, Gießen

Voßkuhle, Andreas, Professor Dr., Präsident des Bundesverfassungsgerichts

Wahl, Bernhard, Dr., Richter am Bundesgerichtshof a. D.

Wolf, Wilhelm, Dr., Präsident des Landgerichts Gießen

Wolst, Dieter, Dr., Richter am Bundesgerichtshof, a. D.